Die Kriegsgesetze

privatrechtlichen Inhalts.

(Stand vom 1. Dezember 1916).

Erläutert von

Dr. R. Wassermann und **L. Erlanger,**
Rechtsanwälte in München

unter Mitwirkung von

Dr. A. Engel,
Rechtsanwalt in München.

---

3. Auflage.

1917
München, Berlin und Leipzig
J. Schweitzer Verlag (Arthur Sellier).

Druck: Dr. F. P. Datterer & Cie. (Arthur Sellier) München und Freising.

Vorwort zur 3. Auflage.

Der von Rechtsanwalt Ludwig Erlanger und mir besorgten 2. Auflage dieses Kommentars ist ein überraschend günstiger Erfolg beschieden gewesen.

Es ist selbstverständlich, daß uns dieser unerwartete Erfolg ein starker Ansporn war, unsere Arbeit bei der Veranstaltung einer Neuauflage nach Möglichkeit zu erweitern und zu vertiefen. Dies kommt auch äußerlich darin zum Ausdruck, daß der Kommentar nunmehr im Rahmen der Schweitzerschen Handausgaben erscheint und an Ausdehnung fast auf den doppelten Umfang angewachsen ist.

Die sachlichen Schwierigkeiten, die sich uns dabei in den Weg stellen, sind nicht gering anzuschlagen. Lag bei der 2. Auflage die Hauptschwierigkeit darin, das weit zerstreute Material — das lediglich in den trefflichen Übersichten der deutschen Rechtsanwaltszeitung eine gewisse Zusammenfassung erfahren hatte — zu sammeln und kritisch zu beurteilen, so litt die Neubearbeitung schwer unter der Überfülle des Stoffes, wenn auch andererseits nicht zu verkennen ist, daß die seitdem erschienenen — wenn auch ganz anderen Zwecken dienenden — Darbietungen von Güthe-Schlegelberger, die Sammlung erleichterten und die Übersichten der „Juristischen Wochenschrift“ auch wertvolle kritische Behelfe boten.

Dazu kamen weitgehende Hindernisse persönlicher Natur. Sowohl Kollege Erlanger als ich wurden kurze Zeit nach Abschluß der 2. Auflage zum Heeresdienst einberufen und da ich diese Zeilen niederschreibe, steht mein Mitarbeiter bereits im Felde. Nichtsdestoweniger war es ihm möglich, vor seinem Abgange auf den Kriegsschauplatz den weitaus größeren Teil seines Manuskriptes fertigzustellen.

An seine Stelle trat Rechtsanwalt Dr. Albert Engel, der auch die Überarbeitung des größeren Teiles der von mir ursprünglich bearbeiteten Partien übernommen hat. Außerdem habe ich den Rechtspraktikanten Karl Loewenstein und Alfred Rosenberg für ihre Mitarbeit zu danken, die eine Reihe von Verordnungen selbständig bearbeitet haben, nachdem es auch Kollege Engel durch erneute Einberufung nicht möglich war, bis zur Veröffentlichung an der Arbeit mitzuwirken.

Die Gesetzestexte sind bis Ende November 1916 nachgetragen. Die Kommentierung entspricht durchwegs dem Stande der Literatur und Rechtsprechung vom 1. Juni, doch sind vielfach, wo dies einem besonderen Bedürfnisse entsprach und der Satz noch nicht zu weit fortgeschritten war, auch spätere Erzeugnisse berücksichtigt worden. Der Plan des Ganzen hat insoweit eine Veränderung erfahren, als nunmehr sämtliche wichtigeren Gesetzestexte einheitlich nach der Staubschen Methode systematisch möglichst erschöpfend kommentiert worden sind. Neu eingefügt wurde eine kurze Übersicht des Rechtszustandes der okkupierten Gebiete und der ausländischen Moratoriengesetzgebungen. Letztere ist ein Abdruck einer Zusammenstellung von Rechtsanwalt Willemsen (Berlin), die mit Genehmigung des Autors der „Juristischen Wochenschrift" entnommen wurde.

Ich hoffe, daß mein eifriges Bemühen, die Einheitlichkeit der Arbeit nicht unter der Mehrzahl der Mitarbeiter leiden zu lassen, erfolgreich war.

München, im Dezember 1916.

Dr. Rudolf Wassermann.

Inhaltsverzeichnis.

A. Allgemeine Kriegsnotgesetze.

I. Bestimmungen auf dem Gebiet des allgemeinen bürgerlichen Rechts.

a) Bestimmungen über die Zahlungsmittel.

b) Bestimmungen über Sicherheitsleistung.

c) Bestimmungen über Verjährung.

II. Bestimmungen auf dem Gebiet des Handels- und Genossenschaftsrechts.

a) Handelsrecht.

b) Ausländisches Recht.

c) Verlängerung der Prioritätsfristen.

V. Bestimmungen auf dem Gebiet des Prozeß- und Vollstreckungsrechts.

a) Änderungen der Rechtspflegeorganisation.

C. Maßnahmen gegen das Ausland.

I. Gegenmoratorien (mit Beilage: Moratorien des Auslandes).

II. Maßnahmen betreffend die Fälligkeit der im Ausland ausgestellten Wechsel.

III. Zahlungsverbote.

IV. Handelsverbote.

Abkürzungen.

Die Abkürzungen sind im allgemeinen die des Deutschen Juristentages. Die Titel der Spezialwerke finden sich zumeist in den Literaturübersichten der einzelnen Nummern.

Berichtigungen.

S. 287 Zeile 8 von oben statt „einfache Beschwerde (§ 567 ZPO.)" setze „sofortige Beschwerde (§ 252 ZPO.)".

A. Allgemeines Kriegsnotrecht.

I. Bestimmungen auf dem Gebiet des allgemeinen bürgerlichen Rechts.

a) Bestimmungen über die Zahlungsmittel.

Vorbemerkungen. Gesetzliche Zahlungsmittel sind unter Berücksichtigung nachstehender Bestimmungen zurzeit:

1. Reichsgoldmünzen (§ 1 MünzG. vom 1. Juni 1909);
2. Reichssilbermünzen bis zum Betrag von 20 Mk., Nickel- und Kupfermünzen bis zum Betrage von 1 Mk. (§ 9 MünzG. vom 1. Juni 1909).
3. Reichsbanknoten (Art. 3 d. Ges. betr. die Änderung des BankG. vom 1. Juni 1909).
4. Reichskassenscheine (§ 1 d. Ges. vom 4. Aug. 1914 Nr. 4448 s. unten Ges. 1).

Jeder Gläubiger muß deshalb auch die unter 3 und 4 bezeichneten Zahlungsmittel entgegennehmen, selbst wenn — wie dies im Hypothekenverkehr häufig vorkommt — vertraglich ausdrücklich Zahlung in Gold vereinbart ist (§ 1 der Bek. vom 28. Sept 1914 s. unten S. 3).

„In einer Zeit, in der die Reichsbank die Einlösung ihrer Noten gegen Gold sperrt, während der Verkehr nichtsdestoweniger die Vollwertigkeit der No unbeschränkt anerkennt, erschien die vorübergehende Außerkraftsetzung derartiger Goldklauseln erforderlich, um den Schuldner gegen schikanöse Ausübung des Gläubigerrechts zu schützen, aber auch unbedenklich, da sie den Gläubiger in keiner Weise benachteiligt. Ihre Aufrechterhaltung würde überdies dem allgemeinen Streben nach Konzentrierung des Goldvorrates bei der Reichsbank entgegenwirken." (Denkschrift S. 7.) Verweigert der Gläubiger die Annahme, so gerät er in Annahmeverzug (§§ 293—304 BGB., insbesondere § 301 BGB., ferner § 372 BGB.).

Keine gesetzlichen Zahlungsmittel sind die von den Kriegsdarlehenskassen (RG. vom 4. August 1914 RGBl. 1914 S. 304 Nr. 4446) herausgegebenen „Darlehenskassenscheine". Sie sind zwar „Geldzeichen" und sind rechtlich als Geld zu behandeln. (Vgl. die §§ 91, 92, 232, 270, 702, 1006, 1007, 1376, 1377, 653, 1806 BGB.; §§ 808, 815, 930 ZPO.) Ein Zwang, derartige Scheine in Zahlung zu nehmen, besteht jedoch für Private nicht (§ 2 Abs. 1 DarlehenskassenG.[1]). Vgl. auch Springer, Recht und Wirtschaft 1914 S. 262; Salomon u. Bud, DarlehenskassenG. S. 49/50.)

Die Bekanntmachungen unter 4 und 5 sollen den Abfluß des Goldgeldes, insbesondere ins Ausland verhüten und den Zufluß zur Reichsbank vermehren. Unter die Bekanntmachung vom 25. Januar 1915 Nr. 5 fallen insbesondere Veranstaltungen von Geschäften, wonach bei Bezahlung in Gold besondere Vergünstigungen gewährt werden, aber natürlich nur unter der Voraussetzung, daß die eingehenden Goldmünzen tatsächlich an die Reichsbank abgeführt werden.

1. Gesetz, betreffend die Reichskassenscheine und die Banknoten.

Vom 4. August 1914.

(RGBl. 1914 S. 347 Nr. 4448).

Wir Wilhelm, von Gottes Gnaden Deutscher Kaiser, König von Preußen ꝛc. verordnen im Namen des Reichs, nach erfolgter Zustimmung des Bundesrats und des Reichstags, was folgt:

§ 1.

Reichskassenscheine sind bis auf weiteres gesetzliches Zahlungsmittel.

§ 2.

Bis auf weiteres ist die Reichshauptkasse zur Einlösung der Reichskassenscheine und die Reichsbank zur Einlösung ihrer Noten nicht verpflichtet.

§ 3.

Bis auf weiteres sind die Privatnotenbanken berechtigt, zur Einlösung ihrer Noten Reichsbanknoten zu verwenden.

§ 4.

Der Bundesrat wird ermächtigt, den Zeitpunkt zu bestimmen, zu welchem die Vorschriften in den §§ 1 bis 3 dieses Gesetzes außer Kraft treten.

§ 5.

Dieses Gesetz tritt bezüglich der §§ 2, 3 mit Wirkung vom 31. Juli 1914, im übrigen mit dem Tage seiner Verkündung in Kraft.

---

[1]) Diese lautet: „Für den ganzen Betrag der bewilligten Darlehen soll unter der Benennung „Darlehenskassenscheine" ein besonderes Geldzeichen ausgegeben werden. Diese Scheine werden bei allen Reichskassen sowie bei allen öffentlichen Kassen in sämtlichen Bundesstaaten nach ihrem vollen Nennwert in Zahlung genommen; im Privatverkehr tritt ein Zwang zu deren Annahme nicht ein."

2. Gesetz, betreffend Änderung des Münzgesetzes.

Vom 4. August 1914.
(RGBl. 1914 S. 326 Nr. 4434).

Wir Wilhelm, von Gottes Gnaden Deutscher Kaiser, König von Preußen rc. verordnen im Namen des Reichs nach erfolgter Zustimmung des Bundesrats und des Reichstags, was folgt:

§ 1.

Bis auf weiteres werden die Vorschriften im § 9 Abs. 2 Satz 2 und 3 des Münzgesetzes vom 1. Juni 1909 (Reichs-Gesetzbl. S. 507) dahin geändert, daß an Stelle der Goldmünzen Reichskassenscheine und Reichsbanknoten verabfolgt werden können.

§ 2.

Der Bundesrat wird ermächtigt, den Zeitpunkt zu bestimmen, zu welchem die im § 1 dieses Gesetzes bezeichneten Vorschriften wieder in Kraft treten.

§ 3.

Dieses Gesetz tritt mit dem Tage der Verkündung in Kraft.

3. Bekanntmachung über die Unverbindlichkeit gewisser Zahlungsvereinbarungen.

Vom 28. September 1914.
(RGBl. 1914 S. 417 Nr. 4502).

Der Bundesrat hat auf Grund des § 3 des Gesetzes über die Ermächtigung des Bundesrats zu wirtschaftlichen Maßnahmen usw. vom 4. August 1914 (Reichs-Gesetzbl. S. 327) folgende Verordnung erlassen:

§ 1.

Die vor dem 31. Juli 1914 getroffenen Vereinbarungen, nach denen eine Zahlung in Gold zu erfolgen hat, sind bis auf weiteres nicht verbindlich.

§ 2.

Diese Verordnung tritt mit dem Tage der Verkündung in Kraft. Den Zeitpunkt des Außerkrafttretens bestimmt der Reichskanzler.

Bemerkung: Durch diese Bek. hat die Verpflichtung des Schuldners in Gold zu erfüllen (Goldklausel) ihre Wirksamkeit verloren. Das Gläubigerrecht wird indessen nicht aufgehoben, sondern lediglich gesetzlich betagt (Bendix S. 32). Auch nach dem 31. Juli 1914 sind Vereinbarungen der Goldklausel noch zulässig, der Schuldner hat in diesem Fall die nachfolgende Unmöglichkeit zu tragen (Mayer S. 129).

4. Bekanntmachung, betreffend Verbot des Agiohandels mit Reichsgoldmünzen.

Vom 23. November 1914.

(RGBl. 1914 S. 481 Nr. 4550.

Der Bundesrat hat auf Grund des § 3 des Gesetzes über die Ermächtigung des Bundesrats zu wirtschaftlichen Maßnahmen usw. vom 4. August 1914 (Reichs-Gesetzbl. S. 327) folgende Verordnung erlassen:

§ 1.

Wer ohne Genehmigung des Reichskanzlers es unternimmt, Reichsgoldmünzen zu einem ihren Nennwert übersteigenden Preise zu erwerben, zu veräußern oder solche Geschäfte über sie zu vermitteln oder dazu auffordert oder sich erbietet, wird, sofern nicht andere Vorschriften schwerere Strafen androhen, mit Gefängnis bis zu einem Jahre und zugleich mit Geldstrafe bis zu fünftausend Mark bestraft. Sind mildernde Umstände vorhanden, so kann ausschließlich auf Geldstrafe erkannt werden.

§ 2.

In dem Urteil sind die Reichsgoldmünzen, die zu einer nach § 1 strafbaren Handlung gebraucht oder bestimmt sind, einzuziehen, sofern sie dem Täter oder einem Teilnehmer gehören.

§ 42 des Strafgesetzbuchs findet Anwendung.

§ 3.

Diese Verordnung tritt mit dem 26. November 1914 in Kraft. Den Zeitpunkt des Außerkrafttretens bestimmt der Reichskanzler.

5. Bekanntmachung, betreffend Ausnahme vom Verbote des Agiohandels mit Reichsgoldmünzen.

Vom 25. Januar 1915.

(Deutscher Reichsanzeiger Nr. 21 vom 26. Januar 1915).

Auf Grund der Verordnung, betreffend Verbot des Agiohandels mit Reichsgoldmünzen, vom 23. November 1914 (RGBl. S. 481) wird folgendes bestimmt:

Die in § 1 der genannten Verordnung bezeichneten Handlungen sind zulässig, sofern sie ausschließlich zu dem Zwecke der Abführung von Goldmünzen an die Reichsbank vorgenommen werden.

b) Bestimmungen über Sicherheitsleistung.

6. Bekanntmachung über die Sicherheitsleistung mit Wertpapieren.

Vom 22. Dezember 1914.

(RGBl. 1914 S. 541 Nr. 4587).

Vorbemerkung: Der Stillstand der deutschen Börse hat, abgesehen von den direkten wirtschaftlichen Folgen, auch auf Gebieten, die mit dem Effektenmarkte nicht unmittelbar in Zusammenhang stehen, in störender Weise eingewirkt. Diese Störungen beruhen darauf, daß eine Reihe gesetzlicher Vorschriften die Existenz börsenfähiger Wertpapiere und ihren Kurswert voraussetzt. Dies gilt insbesondere für die zahlreichen Fälle der Berechtigung und Verpflichtung zur Sicherheitsleistung (vgl. Jacusiel, BankArch. Bd. 14 S. 64; ferner die Zusammenstellung bei Fischer-Henle Anm. 1 zu § 232 BGB.); denn wenn auch der § 232 BGB. verschiedene Arten der Sicherheitsleistung zuläßt, so ist im Verkehr die Sicherheitsleistung durch Wertpapiere doch die allein herrschende geworden. Für die Sicherheitsleistung durch Wertpapiere gibt aber § 234 BGB. die Vorschrift, daß nur mündelsichere (§ 1807 Abs. 1 Nr. 2—4 BGB.) Wertpapiere, die einen Kurswert haben, geeignet sind, Sicherheit bis zu drei Vierteilen des Kurswertes zu bieten und ähnlich bestimmt § 69 ZVG., daß nur mit Wertpapieren, die einen Kurswert haben, Sicherheit geleistet werden kann, und zwar in Höhe des ganzen Kurswertes. Die Folge dieser Vorschriften war, daß seit der Schließung der deutschen Börsen in diesen Fällen[1]) Sicherheit durch Hinterlegung von Wertpapieren überhaupt nicht geleistet werden konnte (Jäckel-Güthe 5. Aufl. S. 921 und 922), da Börsenkurse nicht notiert wurden und auch außerhalb der Börse — nach herrschender Ansicht ist es nicht unbedingt erforderlich, daß der Kurswert ein amtlich notierter Kurs ist — Umsätze in der Öffentlichkeit nicht in einem derartigen Umfang stattfanden, daß man von einem allgemein gültigen Kurs sprechen konnte. (Jacusiel a. a. O.) Besonders mißfällig wurde es auch in der Tagespresse bemerkt, daß die Gerichte Sicherheitsleistungen in Reichskriegsanleihen als nicht zulässig erklären mußten, weil auch für diese kein allgemein gültiger Tageskurs vorhanden war. Diesem Übelstande hilft die vorliegende Verordnung nunmehr ab. Kriegsanleihen des Reichs, die keinen Kurswert vor dem Krieg hatten, werden zum Ausgabekurs angerechnet.

Der Bundesrat hat auf Grund des § 3 des Gesetzes über die Ermächtigung des Bundesrats zu wirtschaftlichen Maßnahmen usw. vom 4. August 1914 (Reichs-Gesetzbl. S. 327) folgende Verordnung erlassen:

---

[1]) Bei den auf Grund der Zivilprozeßordnung zu leistenden Sicherheiten kann das Gericht nach § 108 ZPO. auch andere Wertpapiere (ohne Kursnotiz) zulassen, wenn sie nach seinem Ermessen genügend Deckung gewähren.

§ 1.

Für eine Sicherheitsleistung, für welche die Vorschriften der §§ 234, 236 des Bürgerlichen Gesetzbuchs oder des § 69 des Gesetzes über die Zwangsversteigerung und die Zwangsverwaltung gelten, sind Wertpapiere, die vor Ausbruch des Krieges einen Kurswert hatten, auch jetzt als Papiere mit Kurswert anzusehen.

Sind die Vorschriften der §§ 234, 236 des Bürgerlichen Gesetzbuches maßgebend, so kann die Sicherheit in Höhe von drei Vierteilen des Kurswerts vom 25. Juli 1914 geleistet werden.

Sind die Vorschriften des § 69 des Gesetzes über die Zwangsversteigerung und die Zwangsverwaltung maßgebend, so kann die Sicherheit in Höhe des ganzen Kurswerts vom 25. Juli 1914 geleistet werden. Das Gericht kann auf Antrag nach freiem Ermessen die Sicherheitsleistung nur in Höhe eines geringeren Betrags für zulässig erklären.

Ist für ein Wertpapier am 25. Juli 1914 ein Kurs nicht notiert worden, so tritt der letzte vorher notierte Kurs an die Stelle.

§ 2.

Die Vorschriften des § 1 finden auf die vom Reiche aus Anlaß des Krieges ausgegebenen Schuldverschreibungen entsprechende Anwendung. An die Stelle des Kurses vom 25. Juli 1914 tritt der Preis, zu dem die Ausgabe erfolgt ist.

§ 3.

Diese Verordnung tritt mit dem Tage der Verkündung in Kraft.

c) Bestimmungen über Verjährung.

7. Bekanntmachung betreffend Verjährungsfristen.

Vom 22. Dezember 1914.

(RGBl. 1914 S. 543 Nr. 4589).

Vorbemerkung: Die Verordnung gilt — im Gegensatz zu § 8 KTSchG. (unten Nr. 34) — nicht nur für die Kriegsteilnehmer, sondern für alle natürlichen und juristischen Personen, Inländer und Ausländer. Andererseits gilt sie nur für die in §§ 196 und 197 BGB. aufgeführten Ansprüche, nicht auch für andere kurzfristige Verjährungen. Sie gilt aber für die dort erwähnten Ansprüche auch dann, wenn infolge dazwischenliegender Hemmung oder Unterbrechung die Verjährung nicht mehr (nach § 201 BGB.) mit dem Schluß des Kalenderjahres abläuft, sofern nur die Verjährung am 22. Dez. 1914 noch nicht eingetreten war. (Hachenburg, DJZ. 1915 S. 170.) Über Verjährung vgl. auch die Anm. zu

§ 8 KTSchG., unten Nr. 34; ferner allgemein über Krieg und Verjährung: Hallbauer, BankArch. Bd. 14 S. 408 ff.

Über das Verhältnis dieser Vorschriften zu den übrigen Kriegsvorschriften über Verjährung (§ 8 Abs. 1 KTSchG., Bek. über die Verjährungsfristen vom 4. November 1915 RGBl. S. 732, Verordnung über Verjährungsfristen des Seerechts vom 9. Dezember 1915 RGBl. S. 811) vgl. v. Miltner LZ. 1916 S. 213 ff. und Sintenis Bem. 3 S. 169.

Über die Verjährung deutscher Rechtsansprüche im neutralen Ausland vgl. Asch, Dtsch. Außenhandel 1916 S. 161.

Der Bundesrat hat auf Grund des § 3 des Gesetzes über die Ermächtigung des Bundesrats zu wirtschaftlichen Maßnahmen usw. vom 4. August 1914 (Reichs-Gesetzbl. S. 327) folgende Verordnung erlassen:

§ 1.

Die in den §§ 196, 197 des Bürgerlichen Gesetzbuchs bezeichneten Ansprüche, die noch nicht verjährt sind, verjähren nicht vor dem Schlusse des Jahres 1915.

§ 2.

Diese Verordnung tritt mit dem Tage der Verkündung in Kraft.

8. Bekanntmachung betreffend Verjährungsfristen.

Vom 4. November 1915.

(RGBl. 1915 S. 732 Nr. 4945.)

Der Bundesrat hat auf Grund des § 3 des Gesetzes über die Ermächtigung des Bundesrats zu wirtschaftlichen Maßnahmen usw. vom 4. August 1914 (RGBl. S. 327) folgende Verordnung erlassen:

Die in den §§ 196, 197 des Bürgerlichen Gesetzbuchs bezeichneten Ansprüche, die zur Zeit des Inkrafttretens der Verordnung über die Verjährungsfristen vom 22. Dezember 1914 (RGBl. S. 543) noch nicht verjährt waren, verjähren nicht vor dem Schlusse des Jahres 1916. Dies gilt auch insoweit, als für die Ansprüche die Verjährungsfrist durch andere reichsgesetzliche Vorschriften als die der §§ 196, 197 des Bürgerlichen Gesetzbuchs geregelt ist.

Bemerkung: Der Zweck der Bek. vom 4. Nov. 1915 ist die Abwendung von der Gesamtheit drohender wirtschaftlicher Schädigungen und daneben eine Entlastung der Gerichte gegenüber den zum Jahresende sich häufenden Klagen und Zahlungsbefehlen, mit denen die Gläubiger die Verjährung zu unterbrechen beabsichtigen (vgl. v. Miltner LZ. 1916 S. 213). Die Verjährungsfrist wird verlängert für alle Ansprüche, die 1915 ablaufen, ferner diejenigen, die bis Ende 1915 durch § 1 der VO. vom 22. Dez. 1914 hinausgeschoben sind und schließlich diejenigen, deren Verjährungsfrist in der Zwischenzeit gehemmt oder unterbrochen war und deshalb sonst während des Jahres 1916 ihr Ende nehmen würde (vgl. die Begr. in der Nordd. Allg. Ztg. vom 5. November 1915). „Andere reichsgesetzliche Vorschriften" nur solche, die inhaltlich §§ 196, 197 ergänzen, z. B. §§ 901, 902 HGB. (vgl. Begr. Abs. 2: v. Dassel, Recht 1915, 629; Kallmann ebenda 1916, 89).

9. Verordnung über Verjährungsfristen des Seerechts.

Vom 9. Dezember 1915.

(RGBl. 1915 S. 811 Nr. 4982.)

Der Bundesrat hat auf Grund des § 3 des Gesetzes über die Ermächtigung des Bundesrats zu wirtschaftlichen Maßnahmen usw. vom 4. August 1914 (RGBl. S. 327) folgende Verordnung erlassen:

Die in den §§ 901, 902 sowie im § 904 Abs. 2 des Handelsgesetzbuchs (in der Fassung des Gesetzes vom 7. Januar 1913, RGBl. S. 90) bezeichneten Ansprüche, die noch nicht verjährt sind, verjähren nicht vor dem Schlusse des Jahres 1916.

Diese Vorschrift findet keine Anwendung bei den Entschädigungsforderungen aus einem Zusammenstoße von Schiffen oder aus einem unter § 738 des Handelsgesetzbuchs fallenden Ereignis sowie bei den Forderungen auf Berge- oder Hilfslohn.

II. Bestimmungen auf dem Gebiet des Handels- und Genossenschaftsrechts.

a) Handelsrecht.

10. Bekanntmachung, betreffend die zeitweilige Außerkraftsetzung einzelner Vorschriften des Handelsgesetzbuches usw.

Vom 8. August 1914.

(RGBl. 1914 S. 365 Nr. 4460.)

Vorbemerkung: Nach den in der Bekanntmachung angeführten Bestimmungen sind die Vorstände, Geschäftsführer und Liquidatoren von Aktiengesellschaften, Kommanditgesellschaften auf Aktien, Gesellschaften mit beschränkter Haftung und eingetragenen Genossenschaften verpflichtet, bei Eintritt der Zahlungsunfähigkeit der Gesellschaft oder Genossenschaft sofort die Eröffnung des Konkurses zu beantragen. Diese Verpflichtung ist aus denselben Erwägungen, auf denen die unten (Nr. 33) erörterte Verordnung über die Geschäftsaufsicht beruht, bis auf weiteres aufgehoben worden. Für den Fall der Überschuldung bleiben diese Bestimmungen jedoch in Kraft. (Sieskind S. 100; Hachenburg, LZ. 1914 S. 1605; Jaeger, BankArch. Bd. 14 S. 32; Pinner, BankArch. Bd. 14 S. 122; a. M. Bendix S. 48/49.) Eine Verpflichtung an Stelle des Konkurses die Anordnung einer Geschäftsaufsicht zu beantragen, besteht nicht. (Hachenburg a. a. O.) Den verantwortlichen Personen bleibt es aber trotz der Bek. überlassen, bei eintretender Zahlungsunfähigkeit doch zum Schutze der Gläubiger den Konkurs zu eröffnen (Mayer S. 21). Gemäß § 2 Abs. 2 StGB. findet diese Verordnung auch dann Anwendung, wenn die in den erwähnten Gesetzesbestimmungen enthaltenen Verpflichtungen schon vor dem Inkrafttreten der Bekanntmachung verletzt wurden, die Handlung aber erst nach diesem Zeitpunkt zur Aburteilung (durch den Tatrichter) gelangten; auch ein zeitweilig geltendes, milderes Strafgesetz hat rückwirkende Kraft. (Feilitsch, LZ. 1914 S. 1777 ff.; auch Frank, LZ. 1915 S. 8 Fußnote 10; a. M. OLG. Dresden vom 11. Sept. 1914 Recht 1914 S. 645/646.)

Der Bundesrat hat auf Grund des § 3 des Gesetzes über die Ermächtigung des Bundesrats zu wirtschaftlichen Maßnahmen usw. vom 4. August 1914 (RGBl. S. 327) folgende Verordnung erlassen:

§ 1.

Die nachstehenden Vorschriften werden, soweit sie die Verpflichtung, bei Zahlungsunfähigkeit einer Gesellschaft oder einer Genossenschaft die Eröffnung des Konkursverfahrens zu beantragen, sowie das Verbot von Zahlungen nach Eintritt der Zahlungsunfähigkeit betreffen, bis auf weiteres außer Kraft gesetzt:

1. **die Vorschriften des § 240 Abs. 2, des § 241 Abs. 3, 4, des § 249 Abs. 3, des § 298 Abs. 2, des § 315, des § 325 Nr. 8 des Handelsgesetzbuchs;**
2. **die Vorschriften der §§ 64, 71, 84 des Gesetzes, betreffend die Gesellschaften mit beschränkter Haftung;**
3. **die Vorschriften der §§ 99, 118, 142, 148 des Gesetzes, betreffend die Erwerbs- und Wirtschaftsgenossenschaften.**

§ 2.

Diese Verordnung tritt mit dem Tage der Verkündung in Kraft.

11. Bekanntmachung, betreffend die Veröffentlichung der Handelsregistereintragungen usw.

Vom 11. Februar 1915.

(RGBl. 1915 S. 71 Nr. 4635).

Vorbemerkung: Die Deckung der Bedürfnisse der Heeresverwaltung und Durchführung wirtschaftlicher Maßnahmen aus Anlaß des Krieges erfolgt teilweise unter Mitwirkung von Aktiengesellschaften und Gesellschaften m. b. H., welche zu diesem Zwecke gegründet wurden. Die öffentliche Bekanntmachung usw. dieses Teils der „wirtschaftlichen Mobilmachung" erscheint manchmal im Interesse der erfolgreichen Durchführung dieser Maßnahmen nicht erwünscht. Die nachstehende Bekanntmachung ermächtigt deshalb den Reichskanzler zur Abänderung der allgemeinen gesetzlichen Bestimmungen. (Vgl. Denkschrift vom 8. März 1915 S. 94.)

Die besonderen Bestimmungen, welche der Reichskanzler auf Antrag treffen kann, können sich beziehen auf § 10 Abs. 1 HGB. (Veröffentlichung der Handelsregistereintragungen), § 9 Abs. 1 (Einsicht ins Handelsregister und die dort eingereichten Schriftstücke), § 9 Abs. 2 (Erteilung von Abschriften), § 244 Abs. 1 (Verpflichtung des Vorstandes einer AG. zur öffentlichen Bekanntmachung der Personalveränderungen im Aufsichtsrat). Eine Vorschrift, durch die der Reichskanzler ermächtigt wird von der öffentlichen Bekanntmachung der Bilanz durch den Vorstand zu entbinden, ist noch nicht ergangen. Vgl. dazu Schlegelberger, Gruchot Bd. 59 S. 270 ff. Die Bekanntmachung vom 25. Februar 1915 betr. die Bilanzen von Aktiengesellschaften usw., die Vermögen im Ausland oder in den Schutzgebieten haben (RGBl. 1915 S. 123 Nr. 4661), ist nicht im Interesse der Allgemeinheit erlassen wie die vorliegende Bek. vom 11. Febr. 1915, sondern gewährt denjenigen Aktiengesellschaften, die ihr Geschäft zu einem erheblichen Teil in oder mit dem Ausland oder den Schutzgebieten betreiben, eine Erleichterung; mit Rücksicht auf die besonderen Verhältnisse kann nämlich die Landeszentralbehörde auf Grund der Ermächtigung durch den Bundesrat auf Antrag die im Gesetz oder Vertrag bestimmte Frist für die Aufstellung und Vorlegung der Bilanz, der Gewinn- und Verlustberechnung sowie des Geschäftsberichts verlängern oder auch den Vorstand für das abgelaufene Geschäftsjahr von der Verpflichtung zur Aufstellung und Vorlegung ganz entbinden.

Der Bundesrat hat auf Grund des § 3 des Gesetzes über die Ermächtigung des Bundesrats zu wirtschaftlichen Maßnahmen usw. vom 4. August 1914 (RGBl. S. 327) beschlossen, den Reichskanzler zu ermächtigen, bei Aktiengesellschaften und Gesellschaften mit beschränkter Haftung, die während des Krieges gegründet sind oder gegründet werden, auf Antrag über die Verpflichtung des Gerichts zur Veröffentlichung der Eintragungen im Handelsregister und der zu diesem eingereichten Schriftstücke, über die Einsicht des Registers und der Schriftstücke, über die Erteilung von Abschriften und Bescheinigungen sowie über die Verpflichtung des Vorstandes zur Veröffentlichung von Änderungen in den Personen der Mitglieder des Aufsichtsrats besondere Bestimmungen zu treffen.

12. Bekanntmachung, betreffend das vorzeitige Inkrafttreten einer Vorschrift aus dem Gesetze vom 10. Juli 1914 zur Änderung der §§ 74, 75 usw. des Handelsgesetzbuchs (RGBl. 1914 S. 209).

Vom 10. September 1914.

(RGBl. 1914 S. 404 Nr. 4492.)

Vorbemerkung: Der Kriegszustand und die damit verbundene Umwälzung der wirtschaftlichen Verhältnisse hatten die Einschränkung vieler

Geschäftsbetriebe und damit die Entlassung zahlreicher Handlungsgehilfen, teils auf Grund ordentlicher, teils auf Grund außerordentlicher Kündigung zur Folge. Für diese Kündigungen lag beim Geschäftsherrn ein erheblicher, nicht von ihm verschuldeter Anlaß vor. Nach § 75 Abs. 2 HGB. in der alten Fassung mußte deshalb der Handlungsgehilfe eine (gültig) übernommene Verpflichtung zur Einschränkung des Wettbewerbes (Konkurrenzklausel) einhalten. Nach § 75 Abs. 2 HGB. in der Fassung des RG. vom 10. Juli 1914 wird der Handlungsgehilfe durch derartige Kündigungen vom Wettbewerbsverbot befreit, da der erhebliche Anlaß zur Kündigung nicht „in der Person des Gehilfen vorliegt". Diese Bestimmung des neuen Gesetzes wurde durch nachfolgende Bekanntmachung mit Wirksamkeit ab 11. September in Kraft gesetzt. Sie findet deshalb auf alle an diesem Tage noch bestehenden, wenn auch schon gekündigten Dienstverhältnisse Anwendung und zwar auf sämtliche Handlungsgehilfen ohne Rücksicht darauf, ob sie Heeresangehörige sind oder nicht. Der Geschäftsherr war nicht berechtigt, mit Rücksicht auf die Verordnung eine für einen späteren Zeitpunkt bereits ausgesprochene Kündigung zurückzunehmen. Er konnte in diesem Fall nur die — bei späteren Kündigungen gleichzeitig mit dieser abzugebende — Erklärung, den Gehalt fortzahlen zu wollen, unverzüglich nach dem Inkrafttreten der Verordnung nachholen und dadurch den Fortbestand des Wettbewerbsverbotes bewirken. (Baum, JW. 1914 S. 949; Sieskind S. 102 Anm. 4 zu Art. 1.)

Inzwischen ist am 1. Januar 1915 das (oben erwähnte) RG. zur Änderung der §§ 74, 75 und des § 76 Abs. 1 HGB. vom 10. Juni 1914 (RGBl. S. 209)[1]) in Kraft getreten, so daß die Bekanntmachung vom 10. September 1914 nur noch für die zwischen dem 11. September 1914 und 31. Dezember 1914 beendigten Dienstverhältnisse Bedeutung hat.

Da (zwar nicht der Bekanntmachung) wohl aber dem Gesetz rückwirkende Kraft auch für die vor seinem Inkrafttreten aufgelösten Dienstverhältnisse beigelegt ist, sind die vor dem 11. September 1914 (insbesondere wegen Einberufung zum Heere) entlassenen Angestellten nach dem 1. Januar 1915 (insbesondere nach ihrer Rückkehr aus dem Krieg) nicht mehr an das Wettbewerbsverbot gebunden, soferne sich nicht der Geschäftsherr bis zum 1. April 1915 zu den in Art. 3 Abs. 2 Satz 2 des Gesetzes vom 10. Juni 1914 bestimmten Leistungen erbietet. (Baum, JW. 1914 S. 1000 und Komment. Anm. 3 zu Art. 3; a. M. Hachenburg, DJZ. 1915 S. 60.)

Der Bundesrat hat auf Grund des § 3 des Gesetzes über die Ermächtigung des Bundesrats zu wirtschaftlichen Maßnahmen usw. vom 4. August 1914 (RGBl. S. 327) beschlossen, den im Artikel 1

---

[1]) Vgl. hiezu Baum, Das vertragliche Wettbewerbverbot (Berlin 1914); derselbe JW. 1914 S. 998 ff.; Potthoff, Kommentar zur Konkurrenzklausel (Stuttgart 1914); Hachenburg, DJZ. 1915 S. 55; Bedall, BayZfR. 1914 S. 365—376; Roeder, Neue Pelzwarenztg. v. 22. Juli 1916; ferner sind die Bestimmungen dieses Gesetzes berücksichtigt bei: Frankenburger, Handelsgesetzbuch für das Deutsche Reich 4. Aufl. (1914 Schweitzers braune Handausgaben); Hachenburg, Textausgabe des HGB. (1914); Schweitzers blaue Textausgabe des Handelsgesetzbuches (1915).

§ 75 Abs. 2 des Gesetzes vom 10. Juni 1914 (RGBl. S. 209) ausgesprochenen Grundsatz alsbald in Kraft zu setzen, und demgemäß folgende Verordnung erlassen:

Art. 1.

Der § 75 Abs. 1 Satz 2 des Handelsgesetzbuchs vom 10. Mai 1897 (RGBl. S. 219) wird für Dienstverhältnisse, die zur Zeit des Inkrafttretens dieser Verordnung noch nicht beendet sind, durch folgende Verordnung ersetzt:

Das gleiche gilt, wenn der Prinzipal das Dienstverhältnis kündigt, es sei denn, daß für die Kündigung ein erheblicher Anlaß in der Person des Gehilfen vorliegt oder daß sich der Prinzipal bei der Kündigung oder, falls die Kündigung zur Zeit des Inkrafttretens der Verordnung schon erfolgt war, unverzüglich nach dem Inkrafttreten bereit erklärt, während der Dauer der Beschränkung dem Gehilfen die vollen zuletzt von ihm bezogenen vertragsmäßigen Leistungen zu gewähren.

Art. 2.

Diese Verordnung tritt mit dem Tage der Verkündung in Kraft. Am 1. Januar 1915 tritt die Verordnung außer Kraft.

13. Bekanntmachung, betr. Bilanzen von Aktiengesellschaften usw., die Vermögen im Auslande oder in den Schutzgebieten haben.

Vom 25. Februar 1915.

(RGBl. 1915 S. 123 Nr. 4661).

Vorbemerkung: Die Verordnung hilft zahlreichen Gesellschaften über die durch den Krieg entstandenen Schwierigkeiten hinweg eine ordnungsgemäße Bilanz aufzustellen. Es kommen die Gesellschaften in Betracht, die das Geschäft in oder mit dem Ausland oder den Schutzgebieten betreiben oder die erhebliches Vermögen dort besitzen.

Der Bundesrat hat auf Grund des § 3 des Gesetzes über die Ermächtigung des Bundesrats zu wirtschaftlichen Maßnahmen usw. vom 4. August 1914 (Reichs-Gesetzbl. S. 327) folgende Verordnung erlassen:

§ 1.

Läßt sich bei einer Aktiengesellschaft, Kommanditgesellschaft auf Aktien oder Gesellschaft mit beschränkter Haftung, die ihr Geschäft zu einem erheblichen Teile in oder mit dem Ausland oder den deutschen Schutzgebieten betreibt oder von deren Vermögen sich erhebliche Teile dort befinden, infolge der durch den Krieg herbeigeführten Unsicherheit über die dortigen tatsächlichen oder rechtlichen Verhältnisse der Stand des Vermögens und der Schulden, auch mit Hilfe von Schätzungen, nicht darstellen, so kann auf Antrag der Gesellschaft die Landeszentralbehörde, in deren Bezirke die Gesellschaft ihren Sitz hat, die Frist, innerhalb deren nach dem Gesetz oder dem Gesellschaftsvertrage die Bilanz, die Gewinn- und Verlustrechnung und der Geschäftsbericht aufzustellen sowie dem Aufsichtsrate, der Generalversammlung oder Gesellschafterversammlung vorzulegen sind, verlängern oder für das abgelaufene Geschäftsjahr von der Verpflichtung zur Aufstellung und Vorlegung Befreiung gewähren. Die Landeszentralbehörde kann auf Antrag auch für die Abhaltung der im Gesellschaftsvertrage vorgesehenen ordentlichen Generalversammlung oder Gesellschafterversammlung Fristverlängerung oder Befreiung gewähren.

Die Entscheidung der Landeszentralbehörde ist für die Gerichte bindend.

§ 2.

Die Vorschriften des § 1 finden auf Gesellschaften, denen nach § 11 des Schutzgebietsgesetzes (Reichs-Gesetzbl. 1900 S. 813) die Rechtsfähigkeit verliehen ist, entsprechende Anwendung.

Die Entscheidung über den Antrag erfolgt bei ihnen durch den Reichskanzler. Das gleiche gilt für Gesellschaften der im § 1 bezeichneten Art, die ihren Sitz in den Schutzgebieten oder in den Konsulargerichtsbezirken haben.

§ 3.

Diese Verordnung tritt mit dem Tage der Verkündung in Kraft. Der Reichskanzler bestimmt, wann sie außer Kraft tritt.

14. Bekanntmachung über die Ladung zur Gesellschafterversammlung einer Gesellschaft mit beschränkter Haftung.

Vom 8. Oktober 1914.

(RGBl. 1914 S. 428 Nr. 4508).

Vorbemerkung: Die Berufung der Gesellschaftsversammlung einer Gesellschaft mit beschränkter Haftung erfolgt nach § 51 GmbHG. durch Einladung der Gesellschafter mittels eingeschriebener Briefe. Dieser Weg ist infolge des Krieges oft nicht benutzbar, insbesondere für Briefe, die ins Ausland oder ins Inland mit beschränktem Postverkehr zu schicken wären oder wenn der Einberufer weiß, daß der Adressat „vermißt" ist. (Die Ladung ist eine empfangsbedürftige Rechtshandlung und wird nicht erst mit dem Zugang an den Adressaten wirksam, sondern da der Fristenlauf nach E. des RG. Bd. 60 S. 144 schon mit der Aufgabe zur Post beginnt, schon mit der Aufgabe zur Post; Altschul Sächs. Arch. f. Rpfl. 1916 S. 49). Man wird die Vertreterbestellung nach Sinn und Wortlaut der VO. auch dann zulassen, wenn die Ladung infolge des Kriegs zwar nicht gerade völlig unmöglich gemacht, aber doch sehr erschwert ist (a. M. Altschul a. a. O. S. 80). Die Ladungsunmöglichkeit muß jedoch stets eine Folge des Kriegs sein und nicht auf andere Umstände zurückgeführt werden können. Erfolgt die Ladung statutarisch auf andere Weise als durch eingeschriebenen Brief und ist diese Ladungsform durch die Kriegslage verunmöglicht, so ist für die Vertreterbestellung kein Raum. Fehlt es in solchen Fällen an einem erreichbaren Vertreter und läßt sich auch eine die förmliche Ladung erübrigende Verständigung mit dem Gesellschafter nicht ermöglichen, so kann die Herbeiführung eines ordnungsmäßigen Gesellschaftsbeschlusses in Frage gestellt sein. Zum Teil bietet der § 1911 BGB. (unter Umständen auch § 1909 BGB., Schlegelberger Gruchot Bd. 59 S. 254), nach dem unter bestimmten Voraussetzungen für einen Anwesenden zur Wahrnehmung seiner Vermögensangelegenheiten ein Abwesenheitspfleger bestellt werden kann, einen angemessenen, den Interessen aller Beteiligten genügenden Ausweg. Die Voraussetzungen des § 1911 BGB. passen aber nicht für alle hier in Frage kommenden Fälle; sie sind insbesondere dann nicht gegeben, wenn der Gesellschafter an dem ausländischen Ort seinen Wohnsitz hat oder wenn die Abwesenheitspflegschaft im Interesse dritter Personen, die Ansprüche gegen den Abwesenden geltend machen wollen, erfolgen soll.

Für diejenigen Fälle, in denen die Bestellung eines Pflegers nicht möglich ist, sei es daß sie nicht zulässig oder nicht ausführbar ist (z. B. wegen Stillstands der Rechtspflege, so Schlegelberger Gruchot Bd. 59 S. 254/55, dagegen Altschul a. a. O. S. 51/52), gibt die nachstehende Bekanntmachung, auf deren Mängel und enge Fassung Altschul a. a. O. mehrfach hinweist, die Möglichkeit der Bestellung eines Vertreters. Zuständig zur Vertreterbestellung ist das Amtsgericht, in dessen Bezirk die Gesellschaft ihren Sitz hat (§ 3 Abs. 1 Nr. 1 GmbHG.) also nicht notwendig das Registergericht oder Pflegschaftsgericht (Altschul a. a. O. S. 52: die Vormundschaftsbehörde). Die Vertreterbestellung erfolgt auf Antrag; § 18 Abs. 1 Satz 2 und § 20 Abs. 2 FGG. finden Anwendung.

Antragsberechtigt, weil beteiligt, sind die Geschäftsführer, ein satzungsgemäß bestehender Aufsichtsrat und die Liquidatoren, ebenso die einberufungsberechtigte Minderheit nach § 50 GmbHG., ferner die einzelnen Gesellschafter mit Einschluß dessen, der Vertreter werden soll. Nicht antragsberechtigt sind die Gläubiger der Gesellschaft oder des Gesellschafters (Altschul a. a. O. S. 53 hält jeden Interessenten im weitesten Sinn für antragsberechtigt). Ein hiernach bestellter Vertreter kann sowohl für Ausübung der Gesellschafterrechte bei der Beschlußfassung und zur Entgegennahme der Ladung gleichzeitig als auch für jede einzelne der beiden Funktionen allein aufgestellt werden und auch zur Ausübung sonstiger, dem Gesellschafter in bezug auf die Führung der Geschäfte zustehender Rechte ermächtigt werden, z. B. zur Ausübung der Rechte, die dem Gesellschafter in bezug auf die etwa für notwendig erachtete Einberufung einer neuen Versammlung nach § 50 des Gesetzes zustehen. Der gleiche Vertreter kann auch für mehrere abwesende Gesellschafter bestellt werden, für die er dann verschieden stimmen darf (Staub-Hachenburg GmbHG. Note 6 zu § 47). Soweit möglich, wird sich der Vertreter mit dem Gesellschafter in Verbindung zu setzen und seine Weisungen einzuholen haben.

Hierzu und zur sonstigen Vorbereitung des Vertreters wird die Frist von einer Woche, die nach § 51 des Gesetzes zwischen der Ladung und der Versammlung mindestens liegen soll, regelmäßig nicht ausreichen. Die Verordnung des Bundesrats gibt daher dem Gerichte die Befugnis von Amts wegen ohne Antrag die Ladungsfrist zu verlängern und zwar sowohl dann, wenn ein Vertreter auf Grund der neuen Verordnung, wie auch dann, wenn ein Pfleger nach den allgemeinen Vorschriften bestellt ist; die Fristverlängerung ist dem Einberufer der Versammlung bekannt zu geben. Die Bestellung ist aufzuheben, sobald das Bedürfnis dazu weggefallen ist, was das Sitzgericht von Amts wegen zu beachten hat (Denkschrift vom 22. Nov. 1914 S. 89). vgl. ferner: Schlegelberger Gruchot Bd. 59 S. 252ff., Altschul Sächs. Arch. f. Rpfl. 1916 S. 49ff.

Rechtsmittel: Gegen die Entscheidungen des Amtsgerichts findet die Beschwerde gemäß §§ 19ff. FGG. statt; zuständig ist die Zivilkammer des Landgerichts (Schlegelberger Gruchot Bd. 59 S. 261).

Der Bundesrat hat auf Grund des § 3 des Gesetzes über die Ermächtigung des Bundesrats zu wirtschaftlichen Maßnahmen usw. vom 4. August 1914 (Reichs-Gesetzbl. S. 327) folgende Verordnung erlassen:

§ 1.

Kann ein Gesellschafter zu der Versammlung der Gesellschafter einer Gesellschaft mit beschränkter Haftung infolge des Krieges durch eingeschriebenen Brief nicht geladen werden und ist die Bestellung eines zur Entgegennahme der Ladung berechtigten Pflegers nach den Bestimmungen des Bürgerlichen Gesetzbuchs nicht möglich, so kann auf Antrag eines Beteiligten das Amtsgericht, in dessen Bezirke die Gesellschaft ihren Sitz hat, einen Vertreter zur Entgegennahme der Ladung sowie zur Ausübung der Rechte des Gesellschafters bei der Beschlußfassung bestellen. Der Vertreter kann auch zur Ausübung sonstiger dem Gesellschafter in bezug auf die Führung der Geschäfte zustehender Rechte ermächtigt werden. Die Vertretung ist aufzuheben, wenn das Bedürfnis weggefallen ist.

§ 2.

Diese Verordnung tritt mit dem Tage der Verkündung in Kraft.

b) Genossenschaftswesen.

15. Bekanntmachung, betreffend die Revision der eingetragenen Genossenschaften.

Vom 8. September 1914.

(RGBl. 1914 S. 400 Nr. 4489).

Vorbemerkungen: Nach § 53 des Gesetzes, betreffend die Erwerbs- und Wirtschaftsgenossenschaften, in der Fassung vom 20. Mai 1898 (RGBl. S. 810), sind die Einrichtungen der Genossenschaft und ihre Geschäftsführung mindestens in jedem zweiten Jahre der Prüfung durch einen sachverständigen Revisor zu unterwerfen. Die Frist ist so zu berechnen, daß innerhalb zweier Jahre nach Beendigung der letzten Revision die neue Revision zu beginnen hat (zu vgl. die Begründung zum § 49 des Entwurfs des Genossenschaftsgesetzes, Drucksachen des Reichstags 1888/89 Nr. 28 Stenographische Berichte des Reichstags Bd. 108 S. 225). Infolge der kriegerischen Ereignisse, insbesondere mit Rücksicht darauf, daß ein großer Teil der Revisoren zu den Fahnen einberufen ist, wird es vielfach unmöglich sein, die Revisionen rechtzeitig vorzunehmen. Nach einem aus Genossenschaftskreisen gemachten Vorschlag ist daher nachstehende Verordnung erlassen worden. Einer weiteren Anregung zu entsprechen, die sechsmonatige Frist für die Veröffentlichung der Jahresbilanz (§ 33 Abs. 2 GenG.) zu verlängern, erschien dem Bundesrat nicht notwendig. In der Regel wird es möglich sein, die Bilanz auch unter den gegenwärtigen Verhältnissen rechtzeitig herzustellen. Ist der Vorstand dazu ausnahmsweise trotz aller Sorgfalt nicht in der Lage, so können ihm oder der Genossenschaft aus der Versäumung der Fristen zivil- oder strafrechtliche Nachteile nicht erwachsen. (Denkschrift vom 23. Nov. 1914 S. 90.)

Der Bundesrat hat auf Grund des § 3 des Gesetzes über die Ermächtigung des Bundesrats zu wirtschaftlichen Maßnahmen usw. vom 4. August 1914 (Reichs-Gesetzbl. S. 327) folgende Verordnung erlassen:

§ 1.

Die Frist, innerhalb deren nach § 53 des Gesetzes, betreffend die Erwerbs- und Wirtschaftsgenossenschaften (Reichs-Gesetzbl. 1898 S. 810), die Einrichtungen der eingetragenen Genossenschaften und ihre Geschäftsführung einer Prüfung durch einen Revisor zu unterwerfen sind, wird bis auf weiteres um vier Monate verlängert.

§ 2.

Diese Verordnung tritt mit dem Tage der Verkündung in Kraft.

16. Bekanntmachung über die Vertretung eines Genossen in der Generalversammlung einer Erwerbs- und Wirtschaftsgenossenschaft und über das Ausscheiden aus der Genossenschaft.

Vom 17. Dezember 1914.

(RGBl. 1914 S. 518 Nr. 4575).

Vorbemerkungen: Der § 1 bildet eine Ergänzung des KTSchG. und ist im Hinblick auf die Bestimmung des § 43 Abs. 4 GenG., nach welcher die Genossen das Stimmrecht nicht durch Bevollmächtigte ausüben können, soweit aber ausnahmsweise — bei handlungsunfähigen Personen und Frauen — eine Vertretung überhaupt zulässig ist, ein Bevollmächtigter nur einen Genossen vertreten kann, notwendig geworden. Die Vorschrift des § 1 Satz 2 entspricht dem § 252 Abs. 2 Satz 2 HGB.; Verwahrung der Vollmacht durch die Gesellschaft ist jedoch nicht vorgeschrieben.

Der § 2 knüpft an den § 70 Abs. 2 GenG. an, wonach der Genosse erst mit dem Schluß desjenigen Geschäftsjahres aus der Genossenschaft ausscheidet, während dessen die sein Ausscheiden begründende Tatsache in die vom Gericht zu führende Liste der Genossen eingetragen wurde und läßt das Ausscheiden auch ohne Eintragung wirksam werden, wenn im Bezirk des zuständigen Gerichts auch nur vorübergehend Stillstand der Rechtspflege eingetreten ist. Dabei soll es, um Beweisschwierigkeiten zu vermeiden, nicht darauf ankommen, ob trotz des Stillstandes der Rechtspflege die Eintragung etwa noch möglich gewesen wäre. (Vgl. Denkschrift vom 8. März 1915 S. 90.)

Der Bundesrat hat auf Grund des § 3 des Gesetzes über die Ermächtigung des Bundesrats zu wirtschaftlichen Maßnahmen usw. vom 4. August 1914 (Reichs-Gesetzbl. S. 327) folgende Verordnung erlassen:

§ 1.

Gehört ein Genosse einer eingetragenen Genossenschaft zu den Personen, die im § 2 des Gesetzes, betreffend den Schutz der infolge des Krieges an Wahrnehmung ihrer Rechte behinderten Personen, vom 4. August 1914 (Reichs-Gesetzbl. S. 328) bezeichnet sind, so kann er sein Stimmrecht in der Generalversammlung durch einen Bevollmächtigten ausüben. Für die Vollmacht ist die schriftliche Form erforderlich und genügend. Ein Bevollmächtigter kann mehr als einen Genossen vertreten.

§ 2.

Ist bei dem Gerichte, das die Liste der Genossen führt, infolge des Krieges ein, wenngleich nur vorübergehender, Stillstand der Rechtspflege eingetreten, so gilt, falls die Tatsache, die gemäß §§ 65 bis 68 des Gesetzes, betreffend die Erwerbs- und Wirtschaftsgenossenschaften, das Ausscheiden eines Genossen begründet, nicht bis zum

Schlusse des Geschäftsjahrs, zu dem das Ausscheiden erfolgen soll, in die Liste eingetragen ist, das Ausscheiden auch ohne Eintragung mit dem Schlusse dieses Geschäftsjahrs als erfolgt. Unter der gleichen Voraussetzung findet, falls der Tod eines Genossen nicht bis zum Schlusse des Geschäftsjahrs in die Liste der Genossen eingetragen ist, die im § 125 Abs. 2 des Gesetzes gegebene Vorschrift über die Haftung des Erben für die bis zum Tage der Eintragung von der Genossenschaft eingegangenen Verbindlichkeiten keine Anwendung.

Die im § 69 des Gesetzes bezeichnete Verpflichtung des Vorstandes, die Eintragung in die Liste zu veranlassen, wird durch die Vorschriften des Abs. 1 nicht berührt; konnte der Vorstand der Verpflichtung nicht bis zu dem im § 69 bezeichneten Zeitpunkt nachkommen, so hat er das Ausscheiden in dem von ihm geführten Verzeichnis der Genossen zu vermerken und das zur Eintragung in die Liste Erforderliche unverzüglich nach Wegfall des Hindernisses nachzuholen.

§ 3.

Diese Verordnung tritt mit dem Tage der Verkündung in Kraft.

III. Bestimmungen über die Ermächtigung des Bundesrats zu wirtschaftlichen Maßnahmen und über die Fristen für wechsel- und scheckrechtliche Handlungen.

a) Änderungen des Wechsel- und Scheckrechts.

17. Gesetz über die Ermächtigung des Bundesrats zu wirtschaftlichen Maßnahmen und über die Verlängerung der Fristen des Wechsel- und Scheckrechts im Fall kriegerischer Ereignisse.

Vom 4. August 1914.

(RGBl. S. 327 Nr. 4436).

Vorbemerkung.

1. **Literatur:** Sieskind, Prozeßrechtlicher Schutz der Kriegszeit (2. Aufl.); Sintenis, Finanz- und wirtschaftspolitische Kriegsgesetze (2. Aufl.); Bendix, Bürgerliches Kriegssonderrecht, Denkschrift über wirtschaftliche Maßnahmen aus Anlaß des Krieges vom 8. März 1915 mit Nachträgen: Güthe-Schlegelberger, Kriegsbuch I und II; Bernhard Mayer, Privatrecht des Krieges; Schiffer, Die Diktatur des Bundesrats DJZ. 1915, 1158; Köhler, BayZfR. 1915, 26; Adamkiewicz, Die höhere Gewalt im Kriegsnotrecht, Recht 1916, 177.

2. **Allgemeines.** Die zur Erhaltung oder Ausübung des Wechselrechts oder der Regreßrechte aus dem Scheck vorgeschriebenen Hand-

lungen sind an bestimmte Fristen gebunden, deren Lauf auch nicht durch höhere Gewalt beeinträchtigt wird. Die eingetretenen kriegerischen Ereignisse nötigten daher zur Erlassung von Bestimmungen, die eine Hinausschiebung dieser Fristen ermöglichten. Das Gesetz vom 4. August 1914 trifft teils diese Vorsorge selbst, teils ermächtigt es den Kaiser und den Bundesrat die entsprechenden Bestimmungen zu erlassen.

Das Gesetz gilt solange, als es nicht durch Kaiserliche Verordnung aufgehoben wird (§ 4). Seine Bestimmungen gelten daher allgemein für den Fall kriegerischer Ereignisse, auch nach Beendigung des gegenwärtigen Krieges und zwar muß dies auch für § 3 gelten, der nachträglich in das Gesetz eingefügt wurde, zur Vermeidung von Mißverständnissen aber besser als besonderes Gesetz erlassen worden wäre. Durch die in ihm enthaltene Ermächtigung des Bundesrats zu wirtschaftlichen Maßnahmen ist das Gesetz, abgesehen vom KTSchG., zur Grundlage des Kriegsprivatrechts geworden.

§ 1.

Wird in Veranlassung kriegerischer Ereignisse die rechtzeitige Vornahme einer Handlung, deren es zur Ausübung oder Erhaltung des Wechselrechts oder des Regreßrechts aus dem Scheck bedarf, durch höhere Gewalt verhindert, so verlängern sich die für die Vornahme der Handlung vorgeschriebenen Fristen um so viel als erforderlich ist, um nach Wegfall des Hindernisses die Handlung vorzunehmen, mindestens aber bis zum Ablauf von zwei Wochen nach dem Wegfall des Hindernisses.

Als Verhinderung durch höhere Gewalt gilt es insbesondere,

1. **wenn der Ort, wo die Handlung vorgenommen werden muß, von dem Feinde besetzt ist; es sei denn, daß sie bei Anwendung der im Verkehr erforderlichen Sorgfalt trotzdem bewirkt werden kann;**
2. **wenn die zwecks Herbeiführung der Handlung zu benutzende Postverbindung derart unterbrochen ist, daß ein geregelter Postverkehr nicht mehr besteht.**

I. **Voraussetzung** der Fristverlängerung ist Verhinderung der Handlung durch höhere Gewalt in Veranlassung kriegerischer Ereignisse.

A. **Höhere Gewalt** liegt vor, wenn der zur Handlung Verpflichtete durch Einwirken von Natur- oder Menschenkraft an der Vornahme der Handlung verhindert wird (vgl. hiezu auch Sieskind a. a. O.; Josch, LZ. 45, 261; Adamkiewicz a. a. O.).

B. **In Veranlassung kriegerischer Ereignisse** kann Verhinderung eintreten durch jedes Einwirken von Umständen, die auf den Kriegszustand zurückzuführen sind. Hierher gehört nicht nur die Besetzung durch den Feind, die Einbeziehung in das Gefechtsgebiet, sondern auch die Behinderung des zur Handlung Verpflichteten, durch feindliche Flieger, Eisenbahnverkehrsstörungen infolge inländischer Militärtransporte, Absperrungsmaßregeln der Militärbehörde, Verzögerung des gewöhnlichen

Postverkehrs durch amtliche Zurückhaltung oder Überprüfung der Briefe. Das Hindernis muß z. Zt. des Ablaufs der Frist noch bestehen, oder so kurz vorher behoben sein, daß die fristgemäße Vornahme der Handlung bei Anwendung der im Verkehr üblichen Sorgfalt nicht mehr möglich ist. (Begr.)

C. **Beweispflichtig** für das Vorliegen dieser beiden Voraussetzungen ist der zur Handlung Verpflichtete; (a. M. anschein. Hachenburg, LZ. 14, 1597). Eine Beweiserleichterung für den Nachweis der Verhinderung durch höhere Gewalt hat er dadurch, daß diese als gegeben gilt

1. wenn der Ort, wo die Handlung vorgenommen werden muß, von dem Feinde besetzt ist; es sei denn (Gegenbeweis!), daß sie bei Anwendung der im Verkehr erforderlichen Sorgfalt trotzdem bewirkt werden kann (§ 1 Ziff. 1);
2. wenn die zwecks Herbeiführung der Handlung zu benutzende Postverbindung derart unterbrochen ist, daß ein geregelter Postverkehr nicht mehr besteht (Ziff. 2);
3. wenn die Handlung durch eine im Ausland erlassene Vorschrift verhindert wird. Bek. Nr. 4458 vom 7. August 1914 s. unten S. 27.

und zwar gilt Ziff. 3 absolut „als Verhinderung in Veranlassung kriegerischer Ereignisse" nach der Fassung der Bekanntmachung, stellt also eine Fiktion auf, da derartige Vorschriften des Auslands nicht notwendig die Folge kriegerischer Ereignisse sein müssen; Ziff. 1 kann der Natur seiner Bestimmung nach nur im Fall kriegerischer Ereignisse eintreten, Ziff. 2 verlangt dagegen noch den Nachweis der Veranlassung durch kriegerische Ereignisse, da die Postverbindung auch durch gewöhnliche Naturereignisse (Hochwasser, Dammbruch) unterbrochen worden kann.

II. Die hinausgeschobenen Fristen.

A. beim Wechsel

1. die Frist für die Vorlegung des Wechsels zur Zahlung und Erhebung des Protestes mangels Zahlung (Art. 41 WO.). Diese Handlungen müssen sonst spätestens am zweiten Werktage nach Fälligkeit des Wechsels erfolgen, widrigenfalls die Regreßansprüche gegen den Aussteller und die Indossanten verloren gehen.

2. Die Frist für die Benachrichtigung des unmittelbaren Vormannes von der Nichtzahlung des Wechsels (Art. 45 WO.). Notifikationsfrist. Diese Frist beträgt sonst zwei Tage nach der Protesterhebung. Die Richteinhaltung der Frist begründet nicht nur Schadensersatzansprüche, sondern zieht auch den Verlust des Anspruches auf Kosten und Zinsen nach sich. Die Notifikationsfrist fällt nur unter die verlängerbaren Fristen des Gesetzes, nicht unter die durch Bundesratsbekanntmachung bisher hinausgeschobenen Fristen. Vgl. Bek. Nr. 4480 vom 29. August 1914 § 3 s. unten S. 28 und Bek. Nr. 5142 vom 13. April 1916 s. unten S. 36.

3. Die zweijährige Frist für die Vorlegung eines Nachsichtwechsels zur Annahme und Protesterhebung mangels Annahme (Art. 19, 20 WO.).

4. Die Präsentationsfrist bei Domizilwechseln (Art. 24 Abs. 2 WO.), die Präsentationsfrist für die Vorlegung von Sichtwechseln zur

Zahlung (Art. 31 WO.), die Frist für die Vorlegung des Wechsels an den Ehrenakzeptanten zwecks Zahlung (Art. 60 WO.), die Frist für die Vorlegung an die Notadressaten (Art. 62 WO.), die Fristen für die Vorlegung und Protesterhebung von eigenen Wechseln (Art. 98, 99 WO.).

Nicht hinausgeschoben sind die zweitägige Frist zur Benachrichtigung des Honoraten durch den Ehrenakzeptanten, da hier die Unterlassung nicht den Verlust eines Wechselrechts, sondern nur einen Schadensersatzanspruch begründet (Art. 58 WO.), **a. M.** Mayer a. a. O. 116, die Verjährungsfristen, der Fälligkeitstag, vgl. hiezu auch unten Nr. 48 ff.

B. Beim Scheck.

1. Die zehntägige Vorlegungsfrist (§§ 11, 16 ScheckG.).

2. Die zweitägige Frist zur Benachrichtigung des Vormanns im Fall der Nichtzahlung (§ 17 ScheckG.) mit der in A 2 erwähnten Ausnahme.

III. A. Die Fristverlängerung beträgt in den Fällen des Gesetzes soviel als erforderlich ist, um nach Wegfall des Hindernisses die Handlung vorzunehmen, **mindestens aber zwei Wochen nach Wegfall des Hindernisses.**

Der Mindestzeitraum betrug ursprünglich sechs Werktage. Die neue Frist wurde durch Bundesratsverordnung vom 29. August 1915 Nr. 4480 s. unten S. 28 eingeführt, die auf Grund des § 3 vom Bundesrat erlassen werden konnte, ebenso Meyer, BankArch. 13, 406; Schiffer a. a. O.; **a. M.** Gorden, DJZ. 1914, 1299, der gemäß § 2 die ausschließliche Zuständigkeit des Kaisers als gegeben erachtet, dabei aber übersieht, daß die Befugnis des Bundesrats nach § 3 die weitergehende ist.

Tritt während der zweiwöchentlichen Frist eine neue unter das Gesetz fallende Verhinderung ein, so läuft nach deren Behebung die Frist von neuem, ebenso Mayer a. a. O. 118.

Die zweiwöchentliche Frist knüpft unmittelbar an den Wegfall des Hindernisses an. Sonn- und Feiertage sind in ihr mitzurechnen; fällt aber der letzte Tag der zwei Wochen auf einen Sonn- oder Feiertag, so endigt sie mit Ablauf des nächstfolgenden Werktags (§ 193 BGB., Art. 92 WO.).

B. Für in Elsaß-Lothringen zahlbare Wechsel oder Schecks sind die Fristen, soweit sie nicht am 31. Juli 1914 abgelaufen waren, bis zum 31. Oktober 1916 verlängert, ausgenommen die Notifikationsfristen, weitere Verlängerung durch andere Vorschriften vorbehalten, s. Bek. vom 13. Juli 1916 Nr. 5320 unten S. 36. Die Frist kann gegebenenfalls eine weitere Verlängerung nach A erfahren.

C. Früherer Rechtszustand.[1]) Die Fristen waren, ausgenommen die Notifikationsfrist, ohne besondere Begründung verlängert, soweit sie nicht schon am 31. Juli 1914 abgelaufen waren,

1. bei sämtlichen Wechseln um 30 Tage, Bek. vom 6. August 1914 Nr. 4454, s. unten S. 26 aufgehoben durch Bek. vom 17. Mai 1915 Nr. 4737, s. unten S. 27.

---

[1]) (d. h. vor dem 15. Jan. 1916). Näheres s. in der 2. Aufl.

2. Die Fristen bei den Wechseln und Schecks, die in den Ostpreußischen Regierungsbezirken Allenstein und Gumbinnen, den Kreisen Gerdauen und Memel zahlbar waren, oder bei solchen in anderen Teilen Ostpreußens oder im Stadtkreis Danzig zahlbar gezogenen Wechseln, die als Wohnort des Bezogenen einen Ort angeben, der in einem der bezeichneten Teile Ostpreußens liegt, bis zum 15. Januar 1916.

3. Die Fristen bei den Wechseln und Schecks, die in den übrigen Teilen Ostpreußens und in den Westpreußischen Kreisen Marienburg, Elbing Stadt und Land, Stuhm, Marienwerder, Rosenberg, Graudenz Stadt und Land, Löbau, Culm, Briesen, Strasburg, Thorn Stadt und Land, zahlbar waren, sowie bei den gezogenen im Stadtkreis Danzig zahlbaren Wechseln, die als Wohnort des Bezogenen einen Ort angeben, der in den übrigen Teilen Ostpreußens oder in einem der bezeichneten westpreußischen Kreise gelegen ist, bis zum 31. Mai 1915.

Vgl. zu 2 und 3 die Bekanntmachungen Nr. 4480, 4488, 4498, 4520, 4551, 4576, 4618, 4665, 3736, 4813, 4918, s. unten S. 28 ff.

D. Die der Fristverlängerung entsprechende **Änderung der Postordnung** s. unten S. 36 ff.

IV. Materiellrechtliche Wirkungen der Fristverlängerung.

Die Verlängerung gibt dem Wechselinhaber die Möglichkeit, die für die Erhaltung des Wechselrechts oder Regreßrechts aus Wechsel und Scheck erforderlichen Handlungen hinauszuschieben, ohne daß für ihn eine Pflicht bestünde, von dem ihm so gebotenen Behelf Gebrauch zu machen. Umgekehrt hat der Wechselschuldner keinen Anspruch auf Hinausschiebung der wechsel- und scheckrechtlichen Handlungen. Die Vorschriften über die Fristenverlängerung sind kein Wechselmoratorium. Nicht hinausgeschoben wird daher der Fälligkeitstag. Die Fristhinausschiebung ist auch auf die mit diesem Tag beginnende Zinspflicht (Art. 50 Ziff. 1 WO.) ohne Einfluß, ebenso auf die Anspruchsverjährung. Über den Einfluß von Stillstand der Rechtspflege und Verhinderung der Rechtsverfolgung durch höhere Gewalt auf die Verjährung des Anspruchs s. § 203 BGB.

V. Anwendungsgebiet der Fristverlängerung.

1. Sie findet Anwendung, soweit deutsches Recht zur Anwendung kommt. Dies ist dann der Fall, wenn der in Anspruch genommene Regreßschuldner (Regressat) seinen Wohnsitz in Deutschland hat. (WO. Art. 86.) Gleichgültig ist dabei, ob es sich um im Inland, neutralen oder feindlichen Ausland ausgestellte Wechsel handelt (ebenso Felix Meyer, BankArch. 13, 386), da Ausländer den Inländern bürgerlichrechtlich grundsätzlich gleichgestellt sind. Vgl. unten Vorbem. 2 zu Teil C. Soweit im Ausland ausgestellte im Inland zahlbare Wechsel in Betracht kommen, ist dabei das Wechselmoratorium für Auslandwechsel s. unten Nr. 48 ff. zu beachten. Die Fristen für die wechselrechtlichen Handlungen laufen in diesem Fall erst vom letzten Tag der Moratoriumsfrist.

2. Die Vorschriften finden keine Anwendung, wenn der Regressat im Ausland seinen Wohnsitz hat. Dort gilt ausländisches Recht, in das einzugreifen sich der Macht des Deutschen Reichs entzieht. Darum auch die Bestimmung in Art. 86 WO. Dazu Staub-Stranz Anm. 9 und die dort zitierten; ferner Wehberg im BankArch. 12, 82, der

die gegenteilige von Alexander am gleichen Ort S. 42 vertretene Auffassung bekämpft. RG. 36, 127 kann für die gegenteilige Ansicht nicht verwendet werden, da dort nur von den Pflichten des Ausstellers gegenüber dem Akzeptanten bei örtlicher Verschiedenheit der Rechte, nicht aber bei nachträglicher Änderung der Gesetze die Rede ist. Das gleiche gilt hinsichtlich des Schecks. (ScheckG. § 16). (Vgl. auch Sintenis, BankArch. 14, 52, kurz zusammenfassend Wassermann, JW. 1915, 13.) Insoweit ist also auch heute noch die ganze zum französischen Moratorium von 1870 vorhandene Literatur von Bedeutung (ebenso Wassermann, JW. 1915, 13; a. M. Sintenis, BankArch. 14, 52. Vgl. hiezu die Zusammenfassung bei Wehberg, BankArch. 12, 82 und die gelegentliche Bemerkung bei Leo, BankArch. 14, 94).

Dagegen ist es möglich, daß das ausländische Recht eine Hinausschiebung des Protestes wegen höherer Gewalt gestattet und damit dem deutschen Wechselinhaber die Rechte gegen den ausländischen Regressaten erhalten bleiben. So das französische Recht (ROHG. 11, 75; Spöring, Französisches, englisches, belgisches Wechselrecht im Anschluß an die Deutsche Wechselordnung, 160) und das englische Recht (Rehbein, WO. Anm. 8 zu Art. 41; Felix Meyer, BankArch. 13, 385), die Wechselgesetze Skandinaviens, die Rechtsprechung und teilweise auch die Gesetzgebung in den romanischen Ländern und im Bereiche der anglo-amerikanischen Rechtsgruppe (nach Felix Meyer a. a. O.).

VI. Kriegsnotgesetzgebung des Auslands.

In denjenigen Ländern, die eine Hinausschiebung des Protestes infolge höherer Gewalt nicht kennen, ist, teilweise ähnlich wie in Deutschland, durch die Kriegsnotgesetzgebung eine Hinausschiebung bewirkt worden. Die einschlägigen Bestimmungen sind wiedergegeben in der Sammlung der Moratorien des Auslands, herausgegeben von der Handelskammer zu Berlin, sowie in den Nachrichten für Handel und Industrie, herausgegeben vom Reichsamt des Innern. (Vgl. auch unten Vorbem. I zu Teil C). Wegen der fortwährenden Änderungen ist vorsichtige Benützung geboten. Das österreichische Moratorium, das auch für die Hinausschiebung der Protestfristen besondere Bestimmungen enthielt, ist nunmehr in seiner Wirksamkeit erloschen. Für Galizien und die Bukowina sind ähnlich wie für die deutschen Grenzgebiete besondere Bestimmungen erlassen, ebenso wie für Dalmatien, das Küstenland und die Kreisgerichtssprengel von Roveredo und Trient.

§ 2.

Unbeschadet der Vorschrift des § 1 können die dort bezeichneten Fristen im Falle kriegerischer Ereignisse durch Kaiserliche Verordnung mit Zustimmung des Bundesrats für das gesamte Reichsgebiet oder für Teile des Reichsgebiets um einen bestimmten Zeitraum verlängert werden.

Diese Vorschrift findet auf die Schutzgebiete mit der Maßgabe Anwendung, daß es der Zustimmung des Bundesrats nicht bedarf.

Das Gesetz vom 13. April 1914 über die Folgen der Verhinderung wechsel- und scheckrechtlicher Handlungen im Auslande hatte (auf Grund der Erfahrungen anläßlich der Balkankriege) den Kaiser ermächtigt, mit

Zustimmung des Bundesrats zu bestimmen, daß die Rechte aus einem Wechsel oder Scheck bestehen bleiben, wenn die rechtzeitige Vornahme einer Handlung, die im Auslande zur Ausübung oder Erhaltung dieser Rechte vorzunehmen ist, durch eine dort erlassene gesetzliche Vorschrift verhindert ist und wenn weiter die Handlung unverzüglich nach Wegfall des Hindernisses nachgeholt wird. Wohl im Hinblick darauf hat § 2 dem Kaiser die gleiche Befugnis übertragen.

Von der Befugnis ist bisher nicht Gebrauch gemacht worden, da der später eingefügte § 3 dem Bundesrat die Befugnis zu wirtschaftlichen Maßnahmen in weitestem Umfang gibt, insbesondere auch für das Gebiet des Wechselrechts. Dementsprechend stützen sich die weiteren Fristverlängerungen auf § 3. Etwa auf Grund des § 2 ergehende Verlängerungen würden (wie nach § 3) neben der Frist des § 1 laufen („unbeschadet der Vorschrift des § 1"), so daß, wenn die Frist des § 1 abgelaufen ist, eine Verlängerung infolge des § 2 möglich ist.

§ 3.

Der Bundesrat wird ermächtigt, während der Zeit des Krieges diejenigen gesetzlichen Maßnahmen anzuordnen, welche sich zur Abhilfe wirtschaftlicher Schädigungen als notwendig erweisen.

Diese Maßnahmen sind dem Reichstage bei seinem nächsten Zusammentritt zur Kenntnis zu bringen und auf sein Verlangen aufzuheben.

I. **Die Ermächtigung des Bundesrats** zu gesetzlichen Maßnahmen wurde nachträglich dem Gesetz eingefügt (s. oben Vorbem. 2) und gilt nur für den gegenwärtigen Krieg. Die auf Grund des § 3 ergehenden Verordnungen haben Gesetzeskraft. Der Reichstag hat mit § 3 für das darin bezeichnete Gebiet dem Bundesrat ein Blankett zur Verfügung gestellt, das dieser vorbehaltlich des Vetorechts des Reichstags nach Abs. 2 nach freiem Ermessen ausfüllen kann, ohne daß es der Mitwirkung des Reichstags bedarf. Dem Bundesrat ist durch § 3 die alleinige gesetzgebende Gewalt auf dem Gebiet der gesetzlichen Maßnahmen zur Abhilfe wirtschaftlicher Schädigungen „gleich einem Diktator" übertragen (vgl. RG. 4. ZS. vom 21. Mai 1915 DJZ. 1915, 1032; RG. 4. ZS. vom 11. Juni 1915 LZ. 1915, 890). Die dementsprechend getroffenen Bestimmungen sind formell Bundesratsverordnungen. Die Verkündungsbefugnis des Kaisers geht daher an den Reichskanzler über. § 2 der Reichsverfassung, wonach im Zweifel die Reichsgesetze 14 Tage nach Ausgabe des sie enthaltenden Reichsgesetzblattes in Kraft treten, gilt nur für formelle Reichsgesetze und ist auf die nach § 3 ergehenden Bundesratsverordnungen oder die auf Grund deren ergehenden Reichskanzlerbekanntmachungen unanwendbar. Beide treten daher mit dem Tage der Verkündung, d. h. der Ausgabe des sie enthaltenden Reichsgesetzblattes bzw. Reichsanzeigers oder Zentralblattes in Kraft. Der Tag der Ausgabe ist auf den Reichsgesetzblättern besonders vermerkt. Im übrigen geben die Bundesratsbekanntmachungen in der Regel auch ausdrücklich an, daß sie mit dem Tage der Verkündung in Kraft treten.

II. **Umfang der Ermächtigung.**

Sie beschränkt sich auf das Gebiet der Abwehr wirtschaftlicher Schäden. Ob auf einem Gebiet des Wirtschaftslebens ohne gesetzliches rechtzeitiges Eingreifen Schädigungen zu befürchten sind, unterliegt der freien Beurteilung des Bundesrats,[1]) kontrolliert durch das Vetorecht des Reichstags (ebenso Miltner, LZ. 1915, 1414). Der Bundesrat ist insbesondere auch zum Erlaß von Strafbestimmungen ermächtigt; dagegen nicht zur Aufnahme von Anleihen oder Erhebung von Steuern (vgl. Köhler, BayZfR. 1915, 26). Daß die Schäden durch den Krieg eingetretenen sind oder ihr Eintritt zu befürchten ist, ist nicht Voraussetzung für die Zuständigkeit des Bundesrats. (Vgl. hiezu auch Laband, DJZ. 1915, 838 und Schiffer a. a. O. 1160.)

Die Maßnahmen dürfen nur während des Krieges getroffen werden; es ist aber nicht nötig, daß sie nur für die Zeit des Krieges getroffen werden; eine derartige Beschränkung wäre in vielen Fällen auch unzweckmäßig, da ein unvermittelter Übergang von der Kriegswirtschaft zur Friedenswirtschaft nicht im Interesse des Wirtschaftslebens liegt (ebenso Köhler, BayZfR. 1915, 28; Laband a. a. O.; a. M. Beling, ZfStrafrW. 37, 264; Gothein VossZtg. 1915 Nr. 456). Soweit die Abwehr wirtschaftlicher Schäden in Betracht kommt, ist der Bundesrat auch befugt, Bestimmungen zu erlassen, die früheren oder gleichzeitigen Reichsgesetzen widersprechen, mit der Wirkung, daß die reichsgesetzliche Regelung der Materie zugunsten der durch den Bundesrat geschaffenen ruht; er ist aber nicht berechtigt, Reichsgesetze (dauernd) aufzuheben oder abzuändern (teilweise a. M. Köhler a. a. O. 27). Über das Verhältnis der Ermächtigung des Bundesrats zu Anordnungen auf Grund Militärgewalt RG. III. 5. Juli 15, LZ. 1915, 1234.

III. Richterliches Prüfungsrecht.

Ob der Bundesrat sich mit den von ihm auf Grund des § 3 erlassenen Bestimmungen im Rahmen seiner Ermächtigung bewegt, untersteht der Prüfung des Reichstags, aber nicht der Prüfung des Richters. Dies folgt daraus, daß die ergehenden Verordnungen keine bloßen Ausführungsbestimmungen zu bereits erlassenen Gesetzen sind, sondern originäre Gesetzesbestimmungen, die im Interesse möglichster Beschleunigung anstatt von Bundesrat und Reichstag zusammen, vom Bundesrat allein mit nachträglicher Prüfungs- und Ablehnungsbefugnis des Reichstags erlassen werden. Dieses Vetorecht des Reichstags sorgt genügend dafür, daß sich der Bundesrat im Rahmen seiner Ermächtigung hält. Wollte man jedem Richter das Recht und damit zugleich die Pflicht zuweisen nachzuprüfen, ob eine gesetzliche Maßnahme zur Abhilfe wirtschaftlicher Schädigungen notwendig war, d. h. letzten Endes, ob sie zweckmäßig ist, so wäre die gewissenhafte Erfüllung dieser Aufgabe dem Richter bei dem Mangel an den nötigen Unterlagen praktisch unmöglich. Im übrigen würde dadurch nur eine gefahrvolle Rechtsunsicherheit Platz greifen, die in Kriegszeiten die Lebensinteressen des Reichs gefährden könnte; ganz zu schweigen von dem Wirrwarr, der entsteht, wenn der Reichstag von seinem Vetorecht keinen Gebrauch macht, Bundesrat und Reichstag sich also über die Notwendigkeit der gesetzlichen Maßnahmen für unsere Kriegswirtschaft einig sind und anderseits der Richter erklärt, er wende die gesetzliche Bestimmung nicht an, weil er sie nicht für

---

[1]) Über die Literatur zu dieser Frage anläßlich der GerichtsEntlVO. v. 9. Sept. s. unten Fußnote S. 53.

notwendig halte. Der Richter ist zur Anwendung des Gesetzes berufen, nicht zur Prüfung seiner Zweckmäßigkeit.

Gegen das richterliche Prüfungsrecht Neukamp, Bek. zur Entlastung der Gerichte 1; für dasselbe, soweit die Prüfung sich darauf erstreckt, ob die Verordnung zur Abhilfe wirtschaftlicher Schädigungen dient, Schmidt, ZfStrafrW. 37, 77, Beling am gleichen Ort, 267. Eine Unterscheidung zu machen zwischen Notwendigkeit und „Dienen" ist weder durch die Fassung des Gesetzes veranlaßt, noch kann sie praktisch zu einem andern Ergebnis führen.

IV. Vetorecht des Reichstags. Der Reichstag kann die ganze oder teilweise Aufhebung der Maßnahmen verlangen; er darf aber nicht die inhaltliche Veränderung fordern; seine diesbezüglichen Wünsche kann er nur durch Resolutionen zum Ausdruck bringen. Das Vetorecht ist nicht befristet oder an die unmittelbare Ausübung nach Kenntnisnahme gebunden; es darf auch später ausgeübt werden (da die für die Aufhebung sprechenden Gründe sich oft erst im Lauf der Zeit ergeben werden); ebenso Schiffer a. a. O. 1162. Vgl. hiezu auch die Reichstagsverhandlungen v. 8. April 1916 über die Entlastungsverordnung JW. 1916, 659 ff. Eine rückwirkende Kraft kommt der etwaigen Aufhebung nicht zu. Die Gültigkeit der Verordnung ist nicht etwa abhängig von der Nichtausübung des Vetorechts, der Reichstag kann nur verlangen, daß bisherige gesetzliche Bestimmungen außer Kraft gesetzt werden. Aufhebung ist nicht Zurücknahme. Auch würde eine etwaige Rückwirkung im Wirtschaftsleben vielfach geradezu Verheerungen anrichten (ebenso Sintenis a. M. Sieskind).

§ 4.

Dieses Gesetz tritt mit seiner Verkündung in Kraft. Der Zeitpunkt, in dem das Gesetz außer Kraft tritt, wird durch Kaiserliche Verordnung mit Zustimmung des Bundesrats bestimmt.

17a. Bekanntmachung, betreffend Verlängerung der Fristen des Wechsel- und Scheckrechts.

Vom 6. August 1914.

(RGBl. 1914 S. 357 Nr. 4454).

Auf Grund von § 3 des Gesetzes über die Ermächtigung des Bundesrats zu wirtschaftlichen Maßnahmen und über die Verlängerung der Fristen des Wechsel- und Scheckrechts im Falle kriegerischer Ereignisse vom 4. August (Reichs-Gesetzbl. S. 327) hat der Bundesrat die folgenden Anordnungen getroffen:

§ 1.

Die Fristen für die Vornahme einer Handlung, deren es zur Ausübung oder Erhaltung des Wechselrechts oder des Regreßrechts aus dem Scheck bedarf, werden bis auf weiteres, soweit sie nicht am 31. Juli 1914 abgelaufen waren, um 30 Tage verlängert.

§ 2.

Diese Vorschrift tritt mit dem Tage der Verkündung in Kraft.

Aufgehoben durch nachfolgende Bek. v. 17. Mai 1915 Nr. 4737 mit Wirkung vom 30. Juni 1915.

17b. Bekanntmachung, betreffend Aufhebung der für die Fristen des Wechsel- und Scheckrechts angeordneten dreißigtägigen Verlängerung.

Vom 17. Mai 1915.

(RGBl. 1915 S. 284 Nr. 4737).

Der Bundesrat hat auf Grund des § 4 des Gesetzes über die Ermächtigung des Bundesrats zu wirtschaftlichen Maßnahmen usw. vom 4. August 1914 (RGBl. S. 327) folgendes bestimmt:

Die in der Verordnung, betreffend Verlängerung der Fristen des Wechsel- und Scheckrechts, vom 6. August 1914 (RGBl. S. 357)[1]) angeordnete dreißigtägige Verlängerung der Fristen für die Vornahme einer Handlung, deren es zur Ausübung oder Erhaltung des Wechselrechts oder des Regreßrechts aus dem Scheck bedarf, tritt am 30. Juni 1915 in der Weise außer Kraft, daß eine an diesem Tage laufende Verlängerung mit dem Ablauf dieses Tages endet.

1. s. die vorhergehende Bekanntmachung.

17c. Bekanntmachung, betreffend die Verlängerung der Fristen für wechsel- und scheckrechtliche Handlungen.

Vom 7. August 1914.

(RGBl. 1914 S. 361 Nr. 4458).

Der Bundesrat hat auf Grund des § 3 des Gesetzes über die Ermächtigung des Bundesrats zu wirtschaftlichen Maßnahmen und über die Verlängerung der Fristen des Wechsel- und Scheckrechts im Falle kriegerischer Ereignisse vom 4. August 1914 (RGBl. S. 327) beschlossen, daß die im § 1 Abs. 1 des genannten Gesetzes getroffene Vorschrift auch dann für anwendbar zu erachten ist, wenn die rechtzeitige Vornahme einer Handlung, deren es zur Ausübung oder Erhaltung der Rechte aus einem Wechsel oder einem Scheck bedarf, durch eine im Ausland erlassene gesetzliche Vorschrift verhindert wird.

Die Bestimmung wurde durch die ausländischen Moratoriumsgesetze erforderlich. Vgl. oben. Daß das Gesetz auch zur Anwendung kommt, wenn Fälligkeit hinausgeschoben ohne ausdrückliches Protestverbot, bejaht zutreffend Leo, BankArch. 14. Jahrg. S. 14.

17d. Bekanntmachung, betreffend weitere Verlängerung der Fristen des Wechsel- und Scheckrechtes.

Vom 29. August 1914.

(RGBl. 1914 S. 387 Nr. 4480).

Der Bundesrat hat auf Grund des § 3 des Gesetzes über die Ermächtigung des Bundesrats zu wirtschaftlichen Maßnahmen usw. vom 4. August 1914 (RGBl. S. 327) folgende Verordnung erlassen:

§ 1.

An Stelle der im § 1 Abs. 1 des Gesetzes über die Ermächtigund des Bundesrat zu wirtschaftlichen Maßnahmen usw. vom 4. August 1914 (RGBl. S. 327) festgesetzten Frist von sechs Werktagen tritt eine Frist von zwei Wochen.[1]

1. **zwei Wochen:** Siehe S. 21.

§ 2.

(**Die Fristen für die Vornahme einer Handlung, deren es zur Ausübung oder Erhaltung des Wechselrechts oder des Regreßrechts aus dem Scheck bedarf, werden, soweit sie nicht am 31. Juli 1914 abgelaufen waren, für solche Wechsel oder Schecks, die in Elsaß-Lothringen, in der Preußischen Provinz Ostpreußen oder in Westpreußen in den Kreisen Marienburg, Elbing Stadt und Land, Stuhm, Marienwerder, Rosenberg, Graudenz Stadt und Land, Löbau, Culm, Briesen, Strasburg, Thorn Stadt und Land zahlbar sind, im Anschluß an die in der Bekanntmachung vom 6. August 1914 (Reichs-Gesetzbl. S. 357)** vorgesehene Verlängerung um weitere [dreißig Tage] verlängert.)[1]

1. **§ 2:** Die Frist wurde zuerst mehrfach verlängert, dann ersetzt und aufgehoben durch die Bekanntmachung Nr. 4576 vom 17. Dezember 1914 unten S. 30.

§ 3.

Die in der Bekanntmachung vom 6. August 1914 und im § 2 vorgesehene Fristverlängerung findet keine Anwendung auf die Frist, innerhalb deren nach den gesetzlichen Vorschriften der Regreßpflichtige von der Nichtzahlung des Wechsels oder Schecks zu benachrichtigen ist.[1]

1. Die sogen. **Notifikationsfristen** (Art. 45 WO.; § 17 ScheckG.). Vgl. S. 20 II A 2.

§ 4.

Diese Verordnung tritt mit dem Tage der Verkündung in Kraft.

17e. Bekanntmachung, betreffend weitere Verlängerung der wechselrechtlichen Fristen für Domizilwechsel, die im Stadtkreis Danzig zahlbar sind.

Vom 8. September 1914.

(RGBl. 1914 S. 399 Nr. 4488).

(Der Bundesrat hat auf Grund des § 3 des Gesetzes über die Ermächtigung des Bundesrats zu wirtschaftlichen Maßnahmen usw. vom 4. August 1914 (Reichs-Gesetzbl. S. 327) folgende Verordnung erlassen:

Die im § 2 der Bekanntmachung vom 29. August 1914 (Reichs-Gesetzbl. S. 387) vorgesehene weitere Verlängerung der am 31. Juli noch nicht abgelaufenen wechselrechtlichen Fristen gilt auch für solche im Stadtkreis Danzig zahlbare gezogene Wechsel, die als Wohnort des Bezogenen einen Ort angeben, der in Ostpreußen oder in einem der in jener Bekanntmachung bezeichneten westpreußischen Kreise gelegen ist.

Diese Verordnung tritt mit dem Tage der Verkündung in Kraft.)

Aufgehoben durch die Bekanntmachung Nr. 4576 vom 17. Dezember 1914 unten S. 30.

17f. Bekanntmachung, betreffend weitere Verlängerung der Fristen des Wechsel- und Scheckrechtes für Elsaß-Lothringen, Ostpreußen usw.

Vom 24. September 1914.

(RGBl. 1914 S. 413 Nr. 4498).

Die Verordnung[1]) verlängert die Protestfrist usw. für die in den Verordnungen vom 29. August 1914 Nr. 4480, § 2 und 8. September 1914 Nr. 4488 bezeichneten Gebiete um weitere dreißig Tage, also insgesamt 90 Tage, und ist aufgehoben durch die Bekanntmachung vom 17. Dezember 1914 Nr. 4576, s. unten S. 30.

17g. Bekanntmachung, betreffend weitere Verlängerung der Fristen des Wechsel- und Scheckrechtes für Elsaß-Lothringen, Ostpreußen usw.

Vom 22. Oktober 1914.

(RGBl. 1914 S. 449 Nr. 4520).

Die Verordnung[1]) verlängert die Protestfrist usw. für die in den Verordnungen vom 29. August 1914 Nr. 4480, § 2 und 8. September 1914 Nr. 4488 bezeichneten Gebiete um weitere dreißig Tage, also insgesamt 120 Tage, und ist aufgehoben durch die Bekanntmachung vom 17. Dezember 1914 Nr. 4576, s. unten S. 30.

[1]) Der Wortlaut dieser und der folgenden Verordnungen, die nur inhaltlich wiedergegeben sind, wurden in der 2. Aufl. abgedruckt.

17h. Bekanntmachung, betreffend weitere Verlängerung der Fristen des Wechsel- und Scheckrechtes für Elsaß-Lothringen, Ostpreußen usw.

Vom 23. November 1914.

(RGBl. 1914 S. 482 Nr. 4551).

Die Verordnung[1]) verlängert die Protestfrist usw. für die in den Verordnungen vom 29. August 1914 Nr. 4480 § 2 und 8. September 1914 Nr. 4488 bezeichneten Gebiete um weitere dreißig Tage, also insgesamt 150 Tage, und ist aufgehoben durch die folgende Bekanntmachung Nr. 4576 vom 17. Dezember 1914.

17i. Bekanntmachung, betreffend die Fristen des Wechsel- und Scheckrechtes für Elsaß-Lothringen, Ostpreußen usw.

Vom 17. Dezember 1914.

(RGBl. 1914 S. 519 Nr. 4576).

Der Bundesrat hat auf Grund des § 3 des Gesetzes über die Ermächtigung des Bundesrats zu wirtschaftlichen Maßnahmen usw. vom 4. August 1914 (RGBl. S. 327) folgende Verordnung erlassen:

§ 1.

[Für solche Wechsel oder Schecks, die in Elsaß-Lothringen, in der Preußischen Provinz Ostpreußen oder in Westpreußen in den Kreisen Marienburg, Elbing Stadt und Land, Stuhm, Marienwerder, Rosenberg, Graudenz Stadt und Land, Löbau, Culm, Briesen, Strasburg, Thorn Stadt und Land zahlbar sind, sowie für solche im Stadtkreis Danzig zahlbare gezogene Wechsel, die als Wohnort des Bezogenen[1] einen Ort angeben, der in Ostpreußen oder in einem der bezeichneten westpreußischen Kreise gelegen ist, werden in Ansehung der Fristen für die Vornahme einer Handlung, deren es zur Ausübung oder Erhaltung des Wechselrechts oder des Regreßrechts aus dem Scheck bedarf, soweit die Fristen nicht am 31. Juli 1914 schon abgelaufen waren, die nachstehenden Bestimmungen getroffen:]

I. **Der § 2 der Bekanntmachung vom 29. August sowie die Bekanntmachungen vom 8. und 24. September, vom 22. Oktober und vom 23. November 1914 (RGBl. S. 387, 399, 413, 449, 482) werden aufgehoben.**[2]

[II. Die Fristen laufen, soweit sich nicht aus anderen Vorschriften ein späterer Ablauf ergibt, zu dem im folgenden bezeichneten Zeitpunkt ab:[3]

---

[1]) Der Wortlaut dieser Verordnung, der nur inhaltlich wiedergegeben ist, wurde in der 2. Aufl. abgedruckt.

1. wenn der Zahlungstag des Wechsels oder der sonstige für den Beginn der Frist maßgebende Zeitpunkt vor dem 1. Januar 1915 eingetreten ist;
   fünf Monate nach dem Beginne der Frist, jedoch frühestens mit (dem 1. Februar 1915);[4]
2. wenn der Zahlungstag des Wechsels oder der sonstige für den Beginn der Frist maßgebende Zeitpunkt am 1. Januar 1915 oder später eintritt,
   mit dem 31. Mai 1915.

1. **Wohnort des Bezogenen**: Sogen. Domizilwechsel (Art. 24, 43 WO.).

2. **aufgehoben**: Die Bestimmungen sind oben erläutert S. 28 u. 29.

3. **Ablauf**: Durch die Verordnung vom 29. August und ihre Verlängerungen waren zu der für das ganze Reichsgebiet gegebenen Verlängerung der Frist von 30 Tagen (Bekanntm. vom 6. August, oben S. 26) noch 4 mal 30 Tage, also insgesamt 150 Tage Verlängerung gekommen. Man trug nunmehr Bedenken, die Frist nochmals ohne weiteres um 30 Tage zu verlängern; denn das hätte z. B. bedeutet, daß ein am 1. Januar zahlbarer Wechsel noch am 1. Juli hätte protestiert werden können. Der Bundesrat ging daher zu einer anderen Art der Regelung über, durch die sich die Protestfrist allmählich verkürzte. Die Frist läuft nunmehr nicht mehr wie bisher vom Ablauf des zweiten Werktages nach dem Zahlungstage an (gegen diesen Modus mit Recht Bendix S. 63, wegen der dadurch notwendig werdenden umständlichen Berechnung), sondern vom Zahlungstage selbst an. Der Lauf der Frist beginnt daher, wenn der Zahlungstag auf einen Sonntag fällt, erst mit dem nächsten Werktag (WO. Art. 92); ebenso tritt nach allgemeinen Grundsätzen, wenn der Schlußtag der Frist ein Sonn- oder Feiertag ist, der nächste Werktag an seine Stelle (BGB. § 193). (Ebenso Denkschrift, 2. Nachtr. S. 4). Das gleiche gilt für Schecks.

4. **dem 1. Februar**: Die Worte sind ersetzt durch „dem 31. März" (Bekanntmachung Nr. 4618 vom 21. Januar 1915 RGBl. 1915 S. 32, unten S. 31) und neuerdings durch „dem 31. Mai" (Bekanntmachung Nr. 4665 vom 4. März 1915 RGBl. 1915 S. 129, unten S. 32).

§ 2.

[Die Vorschriften dieser Verordnung finden keine Anwendung auf die Frist, innerhalb deren nach den gesetzlichen Vorschriften der Regreßpflichtige von der Nichtzahlung des Wechsels oder Schecks zu benachrichtigen[1] ist.[2]]

1. **benachrichtigen**: Wie bisher, s. o. S. 21.

2. **aufgehoben**: Durch Bek. Nr. 4665, s. unten S. 32.

§ 3.

[Diese Verordnung tritt mit dem Tage der Verkündung in Kraft.]

Vgl. §§ 1 und 2.

17k. Bekanntmachung, betreffend die Fristen des Wechsel- und Scheckrechtes für Elsaß-Lothringen, Ostpreußen usw.

Vom 21. Januar 1915.

(RGBl. 1915 S. 32 Nr. 4618).

Die Verordnung[1]) setzt an Stelle des 1. Februar 1915 in der Verordnung vom 17. Dezember 1914 Nr. 4576 § 1 Nr. II den 31. März 1915. Aufgehoben durch Bek. vom 4. März 1915 Nr. 4565 unten S. 33.

17l. Bekanntmachung, betreffend die Fristen des Wechsel- und Scheckrechtes für Elsaß-Lothringen, Ostpreußen usw.

Vom 4. März 1915.

(RGBl. 1915 S. 129 Nr. 4665).

Der Bundesrat hat auf Grund des § 3 des Gesetzes über die Ermächtigung des Bundesrats zu wirtschaftlichen Maßnahmen usw. vom 4. August 1914 (RGBl. S. 327) folgende Verordnung erlassen:

Vorbemerkung. Die Norddeutsche Allgemeine Zeitung erläutert die neue Bekanntmachung wie folgt: „Nach den Verordnungen vom 17. Dezember vorigen Jahres und vom 21. Januar dieses Jahres läuft bei solchen in Elsaß-Lothringen, Ostpreußen oder einzelnen Teilen Westpreußens zahlbaren Wechseln, bei denen der Zahlungstag vor dem 1. Januar 1915 eingetreten ist, die Protestfrist fünf Monate nach dem Zahlungstage, jedoch frühestens mit dem 31. März 1915 ab, während für die nach dem Jahreswechsel fällig gewordenen Wechsel die Frist — unbeschadet eines sich aus anderen Vorschriften ergebenden späteren Ablaufs — mit dem 31. Mai 1915 endet.

Manche Teile der in Frage kommenden Bezirke sind so wenig von den kriegerischen Ereignissen der Grenzbezirke berührt worden, daß man sich für sie mit dem Ablauf eines Teiles der Protestfristen am 31. März begnügen könnte. In anderen Teilen sind die Zustände aber noch derart, daß es zu Schwierigkeiten führen würde, wenn die Protesterhebung demnächst erfolgen müßte. Der Bundesrat hat daher beschlossen, den Termin vom 31. März noch um zwei Monate, bis zum 31. Mai 1915, hinauszuschieben. Damit fällt die Unterscheidung zwischen den im vorigen und den im laufenden Jahre verfallenden Wechseln weg. Nach der neuen Verordnung läuft die Protestfrist für beide Arten von Wechseln am 31. Mai 1915 ab, sofern sich nicht aus den sonstigen Vorschriften ein späterer Ablauf ergibt. Ein solcher späterer Ablauf kann sich aus der ordentlichen Protestpflicht des Artikels 41 Absatz 2 WO. und, falls die für das ganze Reichsgebiet erlassene Verordnung vom 6. August

---

[1]) Wortlaut siehe 2. Auflage.

1914 über die dreißigtägige Verlängerung der Fristen des Wechselrechts noch längere Zeit in Kraft bleibt, aus dieser ergeben; beispielsweise würde bei einem Wechsel, der am 10. Mai fällig wäre, nach der gegenwärtigen Rechtslage die Protestfrist am 11. Juni ablaufen.

Um die Übersichtlichkeit der gesetzlichen Vorschriften nicht zu gefährden, ist auf die besondere Behandlung einzelner Bezirke verzichtet worden, so daß die neue Verordnung sich wiederum auf ganz Elsaß-Lothringen und Ostpreußen sowie auf die bisher berücksichtigten Kreise Westpreußens bezieht. Es konnte dies um so eher geschehen, als der Gläubiger durch die erweiterte Frist nicht gehindert ist, den Protest schon früher zu erheben; auch eine freiwillige Rücksichtnahme auf den Schuldner wird von ihm in solchen Fällen, wo dazu kein Grund mehr vorliegt, nicht erwartet werden können."

§ 1.

Für solche Wechsel oder Schecks, die in Elsaß-Lothringen (in der Preußischen Provinz Ostpreußen oder in Westpreußen in den Kreisen Marienburg, Elbing Stadt und Land, Stuhm, Marienwerder, Rosenberg, Graudenz Stadt und Land, Löbau, Culm, Briesen, Strasburg, Thorn Stadt und Land) **zahlbar sind,** (sowie für solche im Stadtkreis Danzig zahlbare gezogene Wechsel, die als Wohnort des Bezogenen einen Ort angeben, der in Ostpreußen oder in einem der bezeichneten westpreußischen Kreise gelegen ist,) **werden in Ansehung der Fristen für die Vornahme einer Handlung, deren es zur Ausübung oder Erhaltung des Wechselrechts oder des Regreßrechts aus dem Scheck bedarf, soweit die Fristen nicht am 31. Juli 1914 schon abgelaufen waren, die nachstehenden Bestimmungen getroffen:**

I. **Die Bekanntmachung vom 17. Dezember 1914 (RGBl. S. 519),[1] mit Ausnahme der Bestimmung des § 1 Nr. I über die Aufhebung früherer Vorschriften, sowie die Bekanntmachung vom 21. Januar 1915 (RGBl. S. 32)[2] tritt außer Kraft.**

II. **Die Fristen laufen, soweit sich nicht aus anderen Vorschriften ein späterer Ablauf ergibt, mit dem 31. Mai 1915 ab.**[3]

1. Siehe oben S. 30.
2. Siehe oben S. 31.
3. Durch Bek. vom 17. Mai 1915 Nr. 4736, vom 22. Juli 1915 Nr. 4813 und 21. Oktober 1915 Nr. 4918, s. unten S. 34, 35 f., wurden die Fristen bis 31. Juli, 30. Oktober 1915 und 31. Januar 1916 für Elsaß-Lothringen und Teile von Ost- und Westpreußen verlängert, durch Bek. vom 6. Januar 1916, und 13. April 1916 bis 1. Mai bzw. 31. Juli u. 31. Oktober 1916 für Elsaß-Lothringen, s. unten S. 36.

§ 2.

Die Vorschriften dieser Verordnung finden keine Anwendung auf die Frist, innerhalb deren nach den gesetzlichen Vorschriften

der Regreßpflichtige von der Nichtzahlung des Wechsels oder Schecks zu benachrichtigen[1] ist.

1. benachrichtigen: Wie bisher, s. oben S. 20.

§ 3.

Diese Verordnung tritt mit dem Tage der Verkündung in Kraft.

17m. Bekanntmachung, betreffend die Fristen des Wechsel- und Scheckrechtes für Elsaß-Lothringen, Ostpreußen usw.

Vom 17. Mai 1915.

(RGBl. 1915 S. 284 Nr. 4736).

Der Bundesrat hat auf Grund des § 3 des Gesetzes über die Ermächtigung des Bundesrats zu wirtschaftlichen Maßnahmen usw. vom 4. August 1914 (Reichs-Gesetzbl. S. 327) folgende Verordnung erlassen:

Artikel 1.

Für solche Wechsel oder Schecks, die in Elsaß-Lothringen (oder in den nachbenannten Teilen Ostpreußens) zahlbar sind:

(Regierungsbezirke Allenstein und Gumbinnen, Kreise Gerdauen und Memel,)

wird der § 1 Nr. 2 der Bekanntmachung, betreffend die Fristen des Wechsel- und Scheckrechts für Elsaß-Lothringen, Ostpreußen usw. vom 4. März 1915 (Reichs-Gesetzbl. S. 129) dahin geändert, daß die Fristen frühestens mit dem (31. Juli 1915) ablaufen[1].

(Das gleiche gilt für solche in anderen Teilen Ostpreußens oder im Stadtkreis Danzig zahlbare gezogene Wechsel, die als Wohnort des Bezogenen einen Ort angeben, der in den in Abs. 1 bezeichneten Teilen Ostpreußens gelegen ist).

1. Die Frist wurde für die in der Bekanntmachung aufgeführten Gebiete bis 1. Januar 1916 verlängert, für Elsaß-Lothringen bis 31. Oktober 1916, s. die folgenden Bekanntmachungen.

Artikel 2.

Diese Verordnung tritt mit dem Tage der Verkündung in Kraft.

17n. Bekanntmachung, betreffend die Fristen des Wechsel- und Scheckrechtes für Elsaß-Lothringen, Ostpreußen usw.

Vom 22. Juli 1915.

(RGBl. 1915 S. 450 Nr. 4813).

Der Bundesrat hat auf Grund des § 3 des Gesetzes über die Ermächtigung des Bundesrats zu wirtschaftlichen Maßnahmen

usw. vom 4. August 1914 (Reichs-Gesetzbl. S. 327) folgende Verordnung erlassen:

Artikel 1.

Der Artikel 1 der Bekanntmachung, betreffend die Fristen des Wechsel- und Scheckrechts für Elsaß-Lothringen, Ostpreußen usw. vom 17. Mai 1915 (Reichs-Gesetzbl. S. 284) wird dahin geändert, daß an die Stelle des 31. Juli 1915 der 30. Oktober 1915 tritt.

Artikel 2.

Diese Verordnung tritt mit dem Tage der Verkündung in Kraft.

Die Bekanntmachung verlängert die Fristen für die in Artikel 1 der Bekanntmachung vom 17. Mai 1915 bezeichneten Gebiete bis 30. Oktober 1915.

17o. Bekanntmachung, betreffend die Fristen des Wechsel- und Scheckrechtes für Elsaß-Lothringen, Ostpreußen usw.

Vom 21. Oktober 1915.

(RGBl. 1915 S. 677 Nr. 4918).

Der Bundesrat hat auf Grund des § 3 des Gesetzes über die Ermächtigung des Bundesrats zu wirtschaftlichen Maßnahmen usw. vom 4. August 1914 (Reichs-Gesetzbl. S. 327) folgende Verordnung erlassen:

Artikel 1.

Der Artikel 1 der Bekanntmachung, betreffend die Fristen des Wechsel- und Scheckrechts für Elsaß-Lothringen, Ostpreußen usw., vom 22. Juli 1915 (Reichs-Gesetzbl. S. 450) wird dahin geändert, daß an die Stelle des 30. Oktober 1915 der 31. Januar 1916 tritt.

Artikel 2.

Diese Verordnung tritt mit dem Tage der Verkündung in Kraft.

Die Bekanntmachung verlängert die Fristen für die in Artikel 1 der Bekanntmachung vom 17. Mai 1915 bezeichneten Gebiete bis 31. Januar 1916.

17p. Bekanntmachung, betreffend die Fristen des Wechsel- und Scheckrechtes für Elsaß-Lothringen.

Vom 6. Januar 1916.

(RGBl. 1916 S. 2 Nr. 5008).

Der Bundesrat hat auf Grund des § 3 des Gesetzes über die Ermächtigung des Bundesrats zu wirtschaftlichen Maßnahmen usw.

vom 4. August 1914 (Reichs-Gesetzbl. S. 327) im Anschluß an die Bekanntmachung vom 21. Oktober 1915 (Reichs-Gesetzbl. S. 677) folgende Verordnung erlassen:

Die Fristen für die Vornahme einer Handlung, deren es zur Ausübung oder Erhaltung des Wechselrechts oder des Regreßrechts aus dem Scheck bedarf, werden, soweit sie nicht am 31. Juli 1914 abgelaufen waren, für die in Elsaß-Lothringen zahlbaren Wechsel oder Schecks in der Weise verlängert, daß sie mit dem 1. Mai 1916 ablaufen, sofern sich nicht aus anderen Vorschriften ein späterer Ablauf ergibt.

Diese Vorschrift findet keine Anwendung auf die Frist, innerhalb deren nach den gesetzlichen Vorschriften der Regreßpflichtige von der Nichtzahlung des Wechsels oder Schecks zu benachrichtigen ist.

Die Bek. ist ersetzt durch die nachfolgende Bekanntmachung.

17q. Bekanntmachung, betreffend die Fristen des Wechsel- und Scheckrechtes für Elsaß-Lothringen.

Vom 13. April 1916 (RGBl. 1916 S. 273 Nr. 5142) in der Fassung vom 13. Juli 1916 (RGBl. 1916 S. 694 Nr. 5320).

Der Bundesrat hat auf Grund des § 3 des Gesetzes über die Ermächtigung des Bundesrats zu wirtschaftlichen Maßnahmen usw. vom 4. August 1914 (Reichs-Gesetzbl. S. 327) im Anschluß an die Bekanntmachung vom 6. Januar 1916 (Reichs-Gesetzbl. S. 2) folgende Verordnung erlassen:

Die Fristen für die Vornahme einer Handlung, deren es zur Ausübung oder Erhaltung des Wechselrechtes oder des Regreßrechtes aus dem Scheck bedarf, werden, soweit sie nicht am 31. Oktober 1914 abgelaufen waren, für die in Elsaß-Lothringen zahlbaren Wechsel oder Schecks in der Weise verlängert, daß sie mit dem 31. Juli 1916 ablaufen, sofern sich nicht aus anderen Vorschriften ein späterer Ablauf ergibt.

Diese Vorschrift findet keine Anwendung auf die Frist, innerhalb deren nach den gesetzlichen Vorschriften der Regreßpflichtige von der Nichtzahlung des Wechsels oder Schecks zu benachrichtigen ist.

Vgl. zu dieser Bek. oben S. 32.

b) Änderungen der Postordnung.

Vorbemerkung.

I. § 18 PostO. sieht vor, daß neben Postaufträgen zur Einziehung von Geldbeträgen auch solche zur Einholung von Wechselprotesten zulässig sein sollen. Nach Ziffer VI dieser Bestimmungen kann der Auftraggeber verlangen, daß der Postauftrag nach einmaliger vergeblicher Vorzeigung an ihn zurückgesandt oder an eine andere Person weitergesandt wird. Wünscht der Auftraggeber nun die Weitersendung an eine zur Aufnahme von Wechselprotesten befugte Person, so muß dies durch den Vermerk „Sofort zum Protest" zum Ausdruck gebracht werden. Die Bekanntmachung vom 6. August 1914 Nr. 4455, siehe unten, hatte in Ziff. 1 den Gläubiger, falls er von der verlängerten Protestfrist keinen Gebrauch machen wollte, verpflichtet, auf dem Postauftragformular den Vermerk „Sofort zum Protest ohne Rücksicht auf die verlängerte Protestfrist" anzubringen. Die Bek. vom 23. Juli 1915 Nr. 4826, s. unten S. 39, hat diesen Vermerk wieder durch den früheren Vermerk „Sofort zum Protest" ersetzt.

II. § 18a PostO. regelt alle sogenannten Postproteste im einzelnen. Nach VII dieser Bestimmung erfolgt die Einziehung der Wechselsumme gegen Vorzeigung des Postauftrages und gegen Aushändigung des Wechsels. Ist die Zahlung der Wechselsumme nicht zu erlangen, oder bleibt der Versuch, den Postauftrag vorzuzeigen, erfolglos, so wird der Postauftrag bei der Postanstalt bis zum Schlusse der Schalterdienststunden des ersten Werktages nach dem Zahlungstage des Wechsels zur Einlösung bereit gehalten. Erfolgte die Einlösung des Wechsels auch bis zu diesem Zeitpunkte nicht, so war der Wechsel bisher am zweiten Werktage nach dem Zahlungstage nochmals zur Zahlung vorzulegen und erst, wenn auch die zweite Vorzeigung oder der Versuch zu dieser erfolglos blieb, war Protest zu erheben. Durch die Kriegsnotgesetzgebung war, nachdem die Frist zur Erhebung des Protestes hinausgeschoben war, nun Einklang auch mit den Vorschriften betreffend den Postprotest herzustellen und außerdem den jeweils erforderlichen Veränderungen Rechnung zu tragen. Das gelang anfangs nicht in einer jegliche Zweifel ausschließenden Weise.

Die Änderungen des § 18a entsprechen in der Hauptsache den jeweiligen Bestimmungen über Fristverlängerung für Wechsel und Schecks. Im Nachstehenden werden daher der Übersichtlichkeit halber nur die derzeit noch geltenden Postprotestvorschriften wiedergegeben.

18. Bekanntmachung betreffend Änderung der Postordnung vom 20. März 1900.

Vom 6. August 1914.

(RGBl. 1914 S. 357 Nr. 4455).

Regelt die Postprotestaufnahme entsprechend der Bek. vom 6. August 1914 Nr. 4454, s. oben S. 26. Ersetzt in Ziff. 1 durch die Bek. vom 23. Juli 1915 Nr. 4826 Ziff. 1, s. unten S. 39 und im übrigen aufgehoben durch die Bek. vom 27. September 1914 Nr. 4503, s. unten Nr. 18c.

18a. Bekanntmachung, betreffend Änderung der Postordnung vom 20. März 1900.

Vom 30. August 1914.

(RGBl. 1914 S. 391 Nr. 4482).

Regelt die Postprotestaufnahme entsprechend der Bekanntmachung vom 29. August 1914 Nr. 4480 s. oben S. 28. Aufgehoben durch Bekanntmachung vom 27. September 1914 Nr. 4503 Ziff. 2, s. unten Nr. 18 c.

18b. Bekanntmachung, betreffend Änderung der Postordnung vom 20. März 1900.

Vom 8. September 1914.

(RGBl. 1914 S. 401 Nr. 4490).

Regelt die Postprotestaufnahme entsprechend der Bekanntmachung vom 8. September 1914 Nr. 4488, s. oben S. 28. Aufgehoben durch nachfolgende Bekanntmachung Nr. 4503 vom 27. September 1914.

18c. Bekanntmachung, betreffend Änderung der Postordnung vom 20. März 1900.

Vom 27. September 1914.

(RGBl. 1914 S. 419 Nr. 4503).

Regelt die Postprotestaufnahme entsprechend der Bekanntmachung vom 24. September 1914 Nr. 4498 s. oben S. 29. Aufgehoben durch Bekanntmachung vom 22. Mai 1915 Nr. 4745, s. unten S. 39 und durch die nachfolgende Bekanntmachung.

18d. Bekanntmachung, betreffend Änderung der Postordnung vom 20. März 1900.

Vom 26. Oktober 1914.

(RGBl. 1914 S. 457 Nr. 4530).

Regelt die Postprotestaufnahme entsprechend der Bekanntmachung vom 22. Oktober 1914 Nr. 4520 s. oben S. 29 und die Einziehung von Wechselzinsen durch die Post entsprechend der Bekanntmachung Nr. 4465 vom 12. August 1914 s. unten Nr. 49. Ersetzt durch die nachfolgende Bekanntmachung vom 23. Juli 1915 Nr. 4826, s. unten S. 39.

18e. Bekanntmachung, betreffend Änderung der Postordnung vom 20. März 1900.

Vom 27. November 1914.

(RGBl. 1914 S. 491 Nr. 4560).

Regelt die Postprotestaufnahme entsprechend der Bekanntmachung vom 23. November 1914 Nr. 4551, s. oben S. 29. Ersetzt durch die nachfolgende Bekanntmachung und durch die Bekanntmachung vom 23. Juli 1915 Nr. 4826, s. unten S. 39.

18f. Bekanntmachung, betreffend Änderung der Postordnung vom 20. März 1900.

Vom 21. Dezember 1914.

(RGBl. 1914 S. 549 Nr. 4593).

Regelt die Postprotestaufnahme entsprechend der Bekanntmachung vom 17. Dezember 1914 Nr. 4576, s. oben S. 30. Ersetzt durch die nachfolgende Bekanntmachung.

18g. Bekanntmachung, betreffend Änderung der Postordnung vom 20. März 1900.

Vom 25. Januar 1914.

(RGBl. 1915 S. 47 Nr. 4624).

Regelt die Postprotestaufnahme entsprechend der Bekanntmachung vom 21. Januar 1915 Nr. 4618, s. oben S. 31. Ersetzt durch die nachfolgende Bekanntmachung.

18h. Bekanntmachung, betreffend Änderung der Postordnung vom 20. März 1900.

Vom 16. März 1915.

(RGBl. 1915 S. 153 Nr. 4679).

Regelt die Postprotestaufnahme entsprechend der Bekanntmachung vom 4. März 1915 Nr. 4665, s. oben S. 31. Ersetzt durch die nachfolgende Bekanntmachung.

18i. Bekanntmachung, betreffend Änderung der Postordnung vom 20. März 1900.

Vom 22. Mai 1915.

(RGBl. 1915 S. 302 Nr. 4745).

Regelt die Postprotestaufnahme entsprechend der Bekanntmachung vom 17. Mai 1915 Nr. 4736, s. oben S. 33. Ersetzt durch die nachfolgende Bekanntmachung.

18k. Bekanntmachung, betreffend Änderung der Postordnung vom 20. März 1900.

Vom 23. Juli 1915.

(RGBl. 1915 S. 474 Nr. 4826).

Die Bekanntmachung stellt in Ziff. 1 für den Protestvermerk bei Postaufträgen zur Einholung von Wechselprotesten nach § 18 PO. wieder die alte Fassung her. Vgl. Vorbemerkung I, von Ziff. 2 ist nur noch der abgedruckte Absatz V A in Geltung. Abs. V B und C regeln die Postprotestaufnahme entsprechend der Bekanntmachung vom 22. Juli 1915 Nr. 4813, s. oben S. 34 und sind ersetzt durch die nachfolgende Bekanntmachung.

Auf Grund des § 50 des Gesetzes über das Postwesen vom 28. Oktober 1871 (Reichs-Gesetzbl. S. 347) und des § 3 Abs. 2 des Gesetzes, betreffend die Erleichterung des Wechselprotestes, vom 30. Mai 1908 (Reichs-Gesetzbl. S. 321) sowie auf Grund des Artikels 1 der Bekanntmachung des Bundesrats vom 22. Juli 1915 (Reichs-Gesetzbl. S. 450), betreffend die Fristen des Wechsel- und Scheckrechts für Elsaß-Lothringen, Ostpreußen usw., wird die Postordnung vom 20. März 1900 wie folgt geändert:

1. Im § 18 „Postaufträge zur Einziehung von Geldbeträgen usw." erhält der letzte Satz des Abs. VI die Fassung:

Wünscht der Auftraggeber, daß die Weitersendung an eine zur Aufnahme des Wechselprotestes befugte Person geschieht, so genügt der Vermerk „Sofort zum Protest" auf der Rückseite des Postauftragsformulars, ohne daß es der namentlichen Bezeichnung einer solchen Person bedarf.

Im Abs. XVIII wird dementsprechend der Vermerk „Sofort zum Protest ohne Rücksicht auf die verlängerte Protestfrist" wieder ersetzt durch den Vermerk „Sofort zum Protest".

2. Im § 18a „Postprotest" erhält der Abs. V folgende Fassung:

V A. Die Einziehung der Wechselsumme erfolgt gegen Vorzeigung des Postauftrags und gegen Aushändigung des Wechsels. Für die Vorzeigung sind die Vorschriften des § 39, I bis V maßgebend. Wird die Wechselsumme gezahlt, so wird der Postauftrag wie ein solcher zur Geldeinziehung behandelt.

Ist die Zahlung der Wechselsumme nicht zu erlangen, oder bleibt der Versuch, den Postauftrag vorzuzeigen, erfolglos, so wird der Postauftrag bei der Postanstalt bis zum Schlusse der Schalterdienststunden des ersten Werktags nach dem Zahlungstage des Wechsels zur Einlösung bereitgehalten. Erfolgt die Einlösung auch bis zu diesem Zeitpunkt nicht, so wird der Wechsel mit dem Postauftrag am zweiten Werktag nach dem Zahlungstage des Wechsels nochmals zur Zahlung vorgezeigt. Bleibt die zweite Vorzeigung oder der Versuch zu dieser erfolglos, so wird gegen die im Postauftrage bezeichnete Person Protest nach den Vorschriften der Wechselordnung erhoben.

Die Aufnahme des Protestes geschieht bereits nach der ersten Vorzeigung, wenn bei dieser Vorzeigung die Zahlung ausdrücklich verweigert wird. Als Zahlungsverweigerung gilt nur die Erklärung der Person, die Zahlung leisten soll, oder ihres Bevollmächtigten. Ebenso wird der Protest schon nach der ersten Vorzeigung oder nach dem ersten Versuche der Vorzeigung erhoben, wenn der Postprotestauftrag auf der Rückseite mit dem Vermerk „Ohne Protestfrist" versehen ist, wenn die Protestfrist mit dem Tage der Vorzeigung abläuft, oder wenn die Person, die Zahlung leisten soll, am Zahlungsorte des Wechsels weder ein Geschäftslokal noch eine Wohnung hat, oder wenn die Postanstalt die Erhebung des Protestes nach der ersten Vorzeigung aus einem anderen Grunde für erforderlich erachtet.[1])

3. Die Änderungen treten sofort in Kraft.

18l. Bekanntmachung, betreffend Änderung der Postordnung vom 20. März 1900.

Vom 21. Oktober 1915.

(RGBl. 1915 S. 678 Nr. 4919).

Regelt die Postprotestaufnahme entsprechend der Bekanntmachung vom 21. Oktober 1915 Nr. 4918, f. oben S. 35. Ersetzt durch die nachfolgende Bekanntmachung.

18m. Bekanntmachung, betreffend Änderung der Postordnung vom 20. März 1900.

Vom 9. Januar 1916.

(RGBl. 1916 S. 11 Nr. 5015).

Regelt die Postprotestaufnahme entsprechend der Bekanntmachung vom 6. Januar 1916 Nr. 5008, f. oben S. 35. Ersetzt durch die nachfolgende Bekanntmachung.

18n. Bekanntmachung, betreffend Änderung der Postordnung vom 20. März 1900.

Vom 16. April 1916 (RGBl. 1916 S. 287 Nr. 5150) in der Fassung vom 17. Juli 1916 (RGBl. 1916 S. 753 Nr. 5333).

Die Bekanntmachung regelt die Postprotestaufnahme entsprechend der Bekanntmachung vom 13. Juli 1916 Nr. 5320, f. oben S. 36.

Auf Grund des § 50 des Gesetzes über das Postwesen vom 28. Oktober 1871 (Reichs-Gesetzbl. S. 347) und des § 3 Abs. 2 des Gesetzes, betreffend die Erleichterung des Wechselprotestes, vom 30. Mai 1908 (Reichs-Gesetzbl. S. 321) sowie auf Grund der Bekanntmachung

---

[1]) Änderungen zu V, B und C überholt durch Bek. v. 16. April 1916, f. dort.

des Bundesrats vom 13. April 1916 (Reichs-Gesetzbl. S. 273), betreffend die Fristen des Wechsel- und Scheckrechts für Elsaß-Lothringen, wird die Postordnung vom 20. März 1900 wie folgt geändert:

1. Im § 18a „Postprotest" erhält der Abs. V unter B und C folgende Fassung:

B. Postprotestaufträge mit Wechseln, die in Elsaß-Lothringen zahlbar sind, werden erst an folgenden Tagen nochmals zur Zahlung vorgezeigt:

a) wenn der Zahlungstag des Wechsels in der Zeit vom 30. Juli 1914 bis einschließlich 28. Oktober 1916 eingetreten ist,
am 31. Oktober 1916;

b) wenn der Zahlungstag des Wechsels nach dem 28. Oktober 1916 eintritt,
am zweiten Werktag nach dem Zahlungstage.

Solange die Verlängerung der Fristen des Wechsel- und Scheckrechts nach der Vorschrift des vorhergehenden Satzes besteht, kann der Auftraggeber verlangen, daß ein davon betroffener Wechsel mit dem Postprotestauftrage schon am zweiten Werktag nach dem Zahlungstage des Wechsels nochmals zur Zahlung vorgezeigt und, wenn auch diese Vorzeigung oder der Versuch dazu erfolglos bleibt, protestiert werde. Dieses Verlangen ist durch den Vermerk »Ohne die verlängerte Protestfrist« auf der Rückseite des Postprotestauftrages auszudrücken. Auch kann die Post damit betraut werden, für solche Wechsel neben der Wechselsumme auch die für die verlängerte Frist vom Tage der ersten Vorzeigung des Wechsels an fälligen Wechselzinsen einzuziehen und im Nichtzahlungsfalle deswegen Protest zu erheben. Wird hiervon Gebrauch gemacht, so ist in den Vordruck zum Postprotestauftrage hinter „Betrag des beigefügten Wechsels" einzutragen „nebst Verzugszinsen von 6 vom Hundert vom Tage der ersten Vorzeigung, nämlich vom . . . . . . ab". Der Zeitpunkt, von dem an die Zinsen zu berechnen sind, ist nicht anzugeben, wenn die Post die erste Vorzeigung des Wechsels bewirkt. Hat der Auftraggeber die Einziehung der Zinsen verlangt, so wird der Wechsel nur gegen Bezahlung der Wechselsumme und der Zinsen ausgehändigt, bei Nichtzahlung auch nur der Zinsen aber wegen des nicht gezahlten Betrags Protest mangels Zahlung erhoben.

C. Als Zahlungstag gilt der Fälligkeitstag des Wechsels oder, wenn dieser ein Sonn- oder Feiertag ist, der nächste Werktag. Fällt der Schlußtag der Frist zur Vorzeigung des Wechsels auf einen Sonn- oder Feiertag, so wird der Wechsel am nächsten Werktag zur Zahlung vorgezeigt. Die Postverwaltung behält sich vor, die Vorzeigung der Wechsel, deren Protestfrist am 31. Oktober 1916 (Abs. B) abläuft, auf mehrere vorhergehende Tage zu verteilen.

2. Die Änderungen treten sofort in Kraft.

IV. Bestimmungen auf dem Gebiete des Patent-, Gebrauchsmuster- und Warenzeichenrechts.

Vorbemerkungen zu A bis C: Durch die Verordnung vom 10. September 1914 (s. Nr. 19) sind für das bezeichnete Gebiet einige Erleichterungen geschaffen, um die Beteiligten gegen Nachteile zu schützen, die ihnen aus den strengen Vorschriften der geltenden Gesetze über die zu wahrenden Fristen erwachsen können. Die Vergünstigung ist nicht auf Kriegsteilnehmer beschränkt.

Der in § 2 eingeführte Rechtsbehelf der Wiedereinsetzung in den vorigen Stand, der sonst im patentamtlichen Verfahren für Patent-, Gebrauchsmuster- und Warenzeichensachen fehlt, gilt nicht nur für Patente, sondern auch für Gebrauchsmuster und Warenzeichen (Denkschrift vom 22. Nov. 1914 S. 22; Alexander-Katz, LZ. 1914 S. 1834 = Mitt. d. VerDeutsPatAnw. 1914 S. 158) und kommt für folgende Fristen in Betracht (vgl. Alexander-Katz a. a. O.):

Patentgesetz: § 21 Abs. 2—4, § 24 Abs. 1, § 24 Abs. 2, § 26 Abs. 1 und 2; § 28 Abs. 3; § 29, § 33 Abs. 1 in Verb. mit § 2 Abs. 1 der Verord. betr. das Berufungsverf. beim RG. in Patentsachen, § 33 Abs. 3 in Verb. mit § 3 Abs. 1 vorbez. Verordnung.

Gebrauchsmustergesetz: § 8 Abs. 1.

Warenzeichengesetz: § 5 Abs. 1, § 8 Abs. 2 Ziff. 1 und Abs. 3.

Die Wiedereinsetzung ist ferner auch dann gegeben, wenn durch den Kriegsausbruch die Berufungseinlegung gegen eine Entscheidung des Patentamts versäumt wurde (RG. vom 7. Nov. 1914, Recht 1915 S. 409 Nr. 756).

Soweit nach § 3 der Verordnung vom 10. Sept. 1914 (s. Nr. 19) in Verbindung mit den Bekanntmachungen vom 21. Okt. 1914, vom 20. Febr. 1915, vom 12. März 1915, vom 13. Mai 1915 und vom 23. Sept. 1915 (s. Buchst. B Nr. 1—5) auch Angehörigen ausländischer Staaten Vergünstigungen der ersteren Verordnung zugute kommen, kommt außerdem noch die Prioritätsfrist des Unionsrechts in Betracht.

Außerdem hat das Patentamt durch Bek. vom 4. August 1914 über die Verlängerung der richterlichen Fristen Bestimmungen über die Verlängerung der vom Patentamt gesetzten (richterlichen) Fristen getroffen. (Bl. f. PM. und Z. 1914 S. 251; MarkenschWettbew. Bd. 14 S. 6, Hüfner a. gl. O. S. 7 und LZ. 1915 S. 1074).

Kurze Erläuterungen dieser Vorschriften gibt Sintenis 2. Aufl.

A. Inländisches Recht.

19. Bekanntmachung, betreffend vorübergehende Erleichterungen auf dem Gebiete des Patent-, Gebrauchsmuster- und Warenzeichenrechts.

Vom 10. September 1914.

(RGBl. 1914 S. 403 Nr. 4491).

Vorbemerkung: Vgl. Vorbemerkungen zu A—C S. 43.

Der Bundesrat hat auf Grund des § 3 des Gesetzes über die Ermächtigung des Bundesrats zu wirtschaftlichen Maßnahmen usw. vom 4. August 1914 (Reichs-Gesetzbl. S. 327) folgende Verordnung erlassen:

§ 1.

Das Patentamt kann bis auf weiteres einem Patentinhaber, der infolge des Krieges außerstand gesetzt worden ist, die nach § 8 Abs. 2 des Patentgesetzes vom 7. April 1891 (Reichs-Gesetzbl. S. 79) fällige Jahresgebühr zu zahlen, auf Antrag die Gebühr (bis zum Ablauf von längstens neun Monaten vom Beginne des laufenden Patentjahrs an) **stunden und die Zuschlagsgebühr (§ 8 Abs. 3 a. a. O.) erlassen. Die Entscheidung des Patentamts ist unanfechtbar.**

Für Patente, die am 31. Juli 1914 noch nicht erloschen waren, ist die Stundung auch dann zulässig, wenn sie nach Ablauf der gesetzlichen Zahlungsfristen (§ 8 Abs. 3 a. a. O.) beantragt ist.

§ 2.

Wer durch den Kriegszustand verhindert worden ist, dem Patentamt gegenüber eine Frist einzuhalten, deren Versäumung nach gesetzlicher Vorschrift einen Rechtsnachteil zur Folge hat, ist auf Antrag wieder in den vorigen Stand einzusetzen. (Die Wiedereinsetzung muß innerhalb einer Frist von zwei Monaten beantragt werden; im übrigen sind die Bestimmungen der §§ 233 ff. der Zivilprozeßordnung entsprechend anzuwenden.)

§ 3.

Die Vorschriften der §§ 1, 2 finden zugunsten von Angehörigen ausländischer Staaten nur dann Anwendung, wenn in diesen Staaten nach einer im Reichs-Gesetzblatt enthaltenen Bekanntmachung den deutschen Reichsangehörigen gleichartige Erleichterungen gewährt werden.

§ 4.

Diese Verordnung tritt mit dem Tage der Verkündung in Kraft.

19a. Bekanntmachung, betreffend weitere Erleichterungen auf dem Gebiete des Patent- und Gebrauchsmusterrechts.

Vom 31. März 1915.

(RGBl. 1915 S. 212 Nr. 4704).

Der Bundesrat hat auf Grund des § 3 des Gesetzes, betreffend die Ermächtigung des Bundesrats zu wirtschaftlichen Maßnahmen usw., vom 4. August 1914 (Reichs-Gesetzbl. S. 327) folgende Verordnung erlassen:

§ 1.

Die durch § 1 der Verordnung, betreffend vorübergehende Erleichterungen auf dem Gebiete des Patent-, Gebrauchsmuster- und Warenzeichenrechts, vom 10. September 1914 (Reichs-Gesetzbl. S. 403) dem Patentamt erteilte Befugnis zur Stundung von Gebühren wird auf die im § 8 Abs. 1 des Gesetzes, betreffend den Schutz von Gebrauchsmustern, vom 1. Juni 1891 (Reichs-Gesetzbl. S. 290) vorgesehene Gebühr ausgedehnt. Die Stundungszeit beginnt mit dem Ablauf der gesetzlichen Schutzfrist.

§ 2.

Die gestundeten Gebühren für Patente und Gebrauchsmuster können mit Wirkung vom Ablauf der Stundungszeit auf Antrag weiter gestundet werden, wenn die Löschung noch nicht erfolgt ist. Der Reichskanzler setzt fest, wann die ohne genauere Zeitbestimmung bis nach der Beendigung des Krieges gestundeten Gebühren spätestens gezahlt werden müssen.

§ 3.

Über die Anträge auf Stundung oder Erlaß von Gebühren entscheidet der Präsident des Patentamts. Die Entscheidung des Präsidenten ist endgültig.

§ 4.

Die Zeit, für welche die Bekanntmachung der Patentanmeldung ausgesetzt werden kann (§ 23 Abs. 4 des Patentgesetzes vom 7. April 1891, Reichs-Gesetzbl. S. 79), wird (um ein Jahr) verlängert.

Der Anspruch des Patentsuchers auf die Aussetzung fällt weg, wenn der Präsident des Patentamts erklärt, daß sie nicht dem öffentlichen Interesse entspricht; hierüber befindet der Präsident endgültig.

§ 5.

Diese Verordnung tritt mit dem 7. April 1915 in Kraft.

Der Reichskanzler bestimmt, wann diese Verordnung und die Verordnung vom 10. September 1914 außer Kraft treten.

Nach § 8 Abs. 1 GebrMusterSchG. beträgt die Dauer des Schutzes 3 Jahre; gegen eine Gebühr von 60 Mark wird die Frist um 3 Jahre verlängert; § 1 der vorliegenden Bek. überträgt dem Patentamt auch die für diesen Fall gebotene Stundung; § 2 erklärt eine weitere Stundung für zulässig, so daß sie bis nach Kriegsschuß ausgedehnt werden kann. Über die Stundungen und Gebührenerlässe entscheidet nach § 3 statt der Anmeldeabteilungen der Präsident des Patentamts selbständig. Nach § 4 wird die Frist für Aussetzung der Bekanntmachung durch das Patentamt (§ 23 PatG.) um 1 Jahr verlängert, wenn nicht öffentl. Interessen entgegenstehen; weitere Verlängerung s. Nr. 19b § 2.

19b. Bekanntmachung über Erleichterungen im Patent-, Gebrauchsmuster- und Warenzeichenrecht.

Vom 13. April 1916.

(RGBl. 1916 S. 278 Nr. 5147).

Der Bundesrat hat auf Grund des § 3 des Gesetzes über die Ermächtigung des Bundesrats zu wirtschaftlichen Maßnahmen usw. vom 4. August 1914 (Reichs-Gesetzbl. S. 327) folgende Verordnung erlassen:

§ 1.

Im § 2 der Verordnung, betreffend vorübergehende Erleichterungen auf dem Gebiete des Patent-, Gebrauchsmuster- und Warenzeichenrechts, vom 10. September 1914 (Reichs-Gesetzbl. S. 403) wird Satz 2 gestrichen und folgender Absatz 2 angefügt:

> Die Wiedereinsetzung muß innerhalb einer Frist von zwei Monaten nach dem Wegfall des Hindernisses beantragt werden. Der Reichskanzler bestimmt, von welchem Zeitpunkt an der Antrag nicht mehr zulässig ist. Im übrigen sind die Bestimmungen der §§ 236 ff. der Zivilprozeßordnung entsprechend anzuwenden.

§ 2.

Die Bekanntmachung der Patentanmeldung kann nach Ablauf der im § 4 Abs. 1 der Verordnung, betreffend weitere Erleichterungen auf dem Gebiete des Patent- und Gebrauchsmusterrechts, vom 31. März 1915 (Reichs-Gesetzbl. S. 212) vorgesehenen Zeit weiter ausgesetzt werden. Der Reichskanzler bestimmt, bis zu welchem Zeitpunkt die Aussetzung dauert.

§ 3.

Diese Verordnung tritt mit dem Tage der Verkündung in Kraft. Der Reichskanzler bestimmt den Zeitpunkt des Außerkrafttretens.

B. Ausländisches Recht.[1])

20. Bekanntmachung, betreffend vorübergehende Erleichterungen auf dem Gebiete des Patent-, Gebrauchsmuster- und Warenzeichenrechts in ausländischen Staaten.

Vom 21. Oktober 1914.

(RGBl. 1914 S. 450 Nr. 4523).

Auf Grund des § 3 der Verordnung des Bundesrats, betreffend vorübergehende Erleichterungen auf dem Gebiete des Patent-, Gebrauchsmuster- und Warenzeichenrechts, vom 10. September 1914 (Reichs-Gesetzbl. S. 403) wird hierdurch bekannt gemacht, daß in Dänemark,[2]) Italien,[2]) Norwegen,[2]) in der Schweiz,[2]) in Spanien[2]) und den Vereinigten Staaten von Nordamerika[2]) deutschen Reichsangehörigen gleichartige Erleichterungen gewährt werden.

20a. Bekanntmachung, betreffend Erleichterungen auf dem Gebiete des Patent-, Gebrauchsmuster- und Warenzeichenrechts in ausländischen Staaten.

Vom 20. Februar 1915.

(RGBl. 1915 S. 107 Nr. 4652).

Auf Grund des § 3 der Verordnung des Bundesrats, betreffend vorübergehende Erleichterungen auf dem Gebiete des Patent-, Gebrauchsmuster- und Warenzeichenrechts, vom 10. September 1914 (Reichs-Gesetzbl. S. 403) wird hierdurch bekannt gemacht, daß in Belgien,[2]) Österreich-Ungarn[2]) und Portugal[2]) sowie zur Zeit in Frankreich[2]) deutschen Reichsangehörigen gleichartige Erleichterungen gewährt werden.

20b. Bekanntmachung, betreffend Erleichterungen auf dem Gebiete des Patent-, Gebrauchsmuster- und Warenzeichenrechts in ausländischen Staaten.

Vom 12. März 1915.

(RGBl. 1915 S. 151 Nr. 4675).

Auf Grund des § 3 der Verordnung des Bundesrats, betreffend vorübergehende Erleichterungen auf dem Gebiete des Patent-, Gebrauchsmuster- und Warenzeichenrechts, vom 10. September 1914 (Reichs-Gesetzbl. S. 403) wird hierdurch bekannt gemacht, daß in Schweden[2]) deutschen Reichsangehörigen gleichartige Erleichterungen gewährt werden.

---

[1]) Vgl. § 3 S. 44, der auch auf die ergänzenden VO. Nr. 19a u. 19b Anwendung findet.

[2]) Im Original nicht gesperrt.

20c. Bekanntmachung, betreffend Erleichterungen auf dem Gebiete des Patent-, Gebrauchsmuster- und Warenzeichenrechts in ausländischen Staaten.

Vom 13. Mai 1915.

(RGBl. 1915 S. 278 Nr. 4733).

Auf Grund des § 3 der Verordnung des Bundesrats, betreffend vorübergehende Erleichterungen auf dem Gebiete des Patent-, Gebrauchsmuster- und Warenzeichenrechts, vom 10. September 1914 (Reichs-Gesetzbl. S. 403) wird hierdurch bekanntgemacht, daß in Brasilien[1]) und Griechenland[1]) deutschen Reichsangehörigen gleichartige Erleichterungen gewährt werden.

20d. Bekanntmachung, betreffend Erleichterungen auf dem Gebiete des Patent-, Gebrauchsmuster- und Warenzeichenrechts in ausländischen Staaten.

Vom 23. September 1915.

(RGBl. 1915 S. 626 Nr. 4900).

Auf Grund des § 3 der Verordnung des Bundesrats, betreffend vorübergehende Erleichterungen auf dem Gebiete des Patent-, Gebrauchsmuster- und Warenzeichenrechts, vom 10. September 1914 (Reichs-Gesetzbl. S. 403) wird zufolge einer Erklärung des Großherzoglich Luxemburgischen Staatsministeriums hierdurch bekanntgemacht, daß in Luxemburg[1]) deutschen Reichsangehörigen gleichartige Erleichterungen gewährt werden.

C. Verlängerung der Prioritätsfristen.

21. Bekanntmachung, betreffend die Verlängerung der im Art. 4 der revidierten Pariser Übereinkunft zum Schutze des gewerblichen Eigentums vom 2. Juni 1911 vorgesehenen Prioritätsfristen.[2])

Vom 7. Mai 1915.

(RGBl. 1915 S. 272 Nr. 4728).

Der Bundesrat hat auf Grund des § 3 des Gesetzes, betreffend die Ermächtigung des Bundesrats zu wirtschaftlichen Maßnahmen usw. vom 4. August 1914 (Reichs-Gesetzbl. S. 327) folgende Verordnung erlassen:

---

[1]) Im Original nicht gesperrt. [2]) Verlängert durch VO. Nr. 21g.

§ 1.

Die im Artikel 4 der revidierten Pariser Übereinkunft zum Schutze des gewerblichen Eigentums vom 2. Juni 1911 (Reichs-Gesetzbl. 1913 S. 209) vorgesehenen Prioritätsfristen werden, soweit sie nicht vor dem 31. Juli 1914 abgelaufen sind, bis zum Ablauf von sechs Monaten von der Beendigung des Kriegszustandes an, längstens aber bis zum 30. Juni 1916 verlängert; der Reichskanzler bestimmt den Zeitpunkt, mit dem der Kriegszustand als beendet anzusehen ist.

Diese Vorschrift findet zugunsten von Angehörigen ausländischer Staaten Anwendung, wenn und insoweit in diesen Staaten nach einer im Reichs-Gesetzblatt enthaltenen Bekanntmachung die Prioritätsfristen zugunsten der deutschen Reichsangehörigen verlängert sind.

§ 2.

Diese Verordnung tritt mit dem Tage ihrer Verkündung in Kraft.

21a. Bekanntmachung, betreffend Erleichterungen auf dem Gebiete des Patent-, Gebrauchsmuster- und Warenzeichenrechts in ausländischen Staaten.

Vom 13. Mai 1915.

RGBl. 1915 S. 278 Nr. 4733).

Auf Grund des § 3 der Verordnung des Bundesrats, betreffend vorübergehende Erleichterungen auf dem Gebiete des Patent-, Gebrauchsmuster- und Warenzeichenrechts, vom 10. September 1914 (Reichs-Gesetzbl. S. 403) wird hierdurch bekanntgemacht, daß in Brasilien[1]) und Griechenland[1]) deutschen Reichsangehörigen gleichartige Erleichterungen gewährt werden.

21b. Bekanntmachung, betreffend die Verlängerung der Prioritätsfristen in Frankreich.

Vom 28. Juni 1915.

(RGBl. 1915 S. 411 Nr. 4787)

Auf Grund des § 1 Abs. 2 der Verordnung des Bundesrats, betreffend die Verlängerung der im Artikel 4 der revidierten Pariser Übereinkunft zum Schutze des gewerblichen Eigentums vom 2. Juni 1911 vorgesehenen Prioritätsfristen, vom 7. Mai 1915 (Reichs-Gesetzbl. S. 272) wird hiedurch bekanntgemacht, daß in Frankreich[1]) die bezeichneten Fristen, soweit sie nicht vor dem 1. August 1914 abgelaufen sind, für die Dauer der Feindseligkeiten und darüber hinaus

[1]) Im Original nicht gesperrt.

bis zu bestimmten, demnächst festzusetzenden Tagen zugunsten der Angehörigen derjenigen Verbandsländer, die den französischen Staatsangehörigen denselben Vorteil gewähren, mithin bis auf weiteres auch zugunsten der deutschen Reichsangehörigen verlängert sind.

21c. Bekanntmachung, betreffend die Verlängerung der Prioritätsfristen in ausländischen Staaten.

Vom 15. Juli 1915.

(RGBl. 1915 S. 447 Nr. 4811).

Auf Grund des § 1 Abs. 2 der Verordnung des Bundesrats, betreffend die Verlängerung der im Artikel 4 der revidierten Pariser Übereinkunft zum Schutze des gewerblichen Eigentums vom 2. Juni 1911 vorgesehenen Prioritätsfristen, vom 7. Mai 1915 (Reichs-Gesetzbl. S. 272) und im Anschluß an die Bekanntmachung vom 13. Mai 1915 (Reichs-Gesetzbl. S. 278) wird hierdurch bekanntgemacht, daß in den nachstehend genannten Staaten die zugunsten der deutschen Reichsangehörigen erstreckten Prioritätsfristen weiter verlängert worden sind, und zwar:

in Dänemark[1]) bis zum 1. Januar 1916;

in der Schweiz[1]) vorläufig bis zum Ablauf des 31. Dezember 1915 und, sofern dieser Tag nicht endgültig als der äußerste erklärt wird, darüber hinaus bis zu einem Zeitpunkt, der demnächst festgesetzt werden wird.

Für Dänemark vgl. auch Nr. 21f. und 21i.

21d. Bekanntmachung, betreffend die Verlängerung der Prioritätsfristen in Belgien.

Vom 17. August 1915.

(RGBl. 1915 S. 511 Nr. 4848).

Auf Grund des § 1 Abs. 2 der Verordnung des Bundesrats, betreffend die Verlängerung der im Artikel 4 der revidierten Pariser Übereinkunft zum Schutze des gewerblichen Eigentums vom 2. Juni 1911 vorgesehenen Prioritätsfristen, vom 7. Mai 1915 (Reichs-Gesetzbl. S. 272) wird hierdurch bekanntgemacht, daß in den besetzten Gebieten Belgiens[1]) die bezeichneten Fristen, soweit sie nicht vor dem 31. Juli 1914 abgelaufen sind, bis auf weiteres zugunsten der deutschen Reichsangehörigen verlängert sind.

---

[1]) Im Original nicht gesperrt.

21e. Bekanntmachung, betreffend die Verlängerung der Prioritätsfristen in Österreich.

Vom 7. Januar 1916.
(RGBl. 1916 S. 9 Nr. 5014).

Auf Grund des § 1 Abs. 2 der Verordnung des Bundesrats, betreffend die Verlängerung der im Artikel 4 der revidierten Pariser Übereinkunft zum Schutze des gewerblichen Eigentums vom 2. Juni 1911 vorgesehenen Prioritätsfristen vom 7. Mai 1915 (Reichs-Gesetzbl. S. 272) wird hierdurch bekanntgemacht, daß in Österreich[1]) die bezeichneten Fristen, soweit sie nicht vor dem 31. Juli 1914 abgelaufen sind, bis zu einem Zeitpunkt, der später festgesetzt werden wird, zugunsten der deutschen Reichsangehörigen verlängert sind.

21f. Bekanntmachung, betreffend die Verlängerung der Prioritätsfristen in ausländischen Staaten.

Vom 8. Februar 1916.
(RGBl. 1916 S. 89 Nr. 5054).

Auf Grund des § 1 Abs. 2 der Verordnung des Bundesrats, betreffend die Verlängerung der im Artikel 4 der revidierten Pariser Übereinkunft zum Schutze des gewerblichen Eigentums vom 2. Juni 1911 vorgesehenen Prioritätsfristen, vom 7. Mai 1915 (Reichs-Gesetzbl. S. 272) und im Anschluß an die Bekanntmachung vom 15. Juli 1915 (Reichs-Gesetzbl. S. 447) wird hierdurch bekanntgemacht, daß in den nachstehend genannten Staaten die Prioritätsfristen zugunsten der deutschen Reichsangehörigen verlängert worden sind, und zwar

in Dänemark[1]) weiter bis zum 1. Juli 1916;
in Ungarn,[1]) soweit sie nicht vor dem 31. Juli 1914 abgelaufen sind, bis zu einem Zeitpunkt, der später festgesetzt werden wird.

21g. Bekanntmachung, betreffend die verlängerten Prioritätsfristen.

Vom 8. April 1916.
(RGBl. 1916 S. 259 Nr. 5138).

Der Bundesrat hat auf Grund des § 3 des Gesetzes über die Ermächtigung des Bundesrats zu wirtschaftlichen Maßnahmen usw. vom 4. August 1914 (Reichs-Gesetzbl. S. 327) folgende Verordnung erlassen:

---

[1]) Im Original nicht gesperrt.

Im § 1 Abs. 1 der Verordnung, betreffend die Verlängerung der im Artikel 4 der revidierten Pariser Übereinkunft zum Schutze des gewerblichen Eigentums vom 2. Juni 1911 vorgesehenen Prioritätsfristen, vom 7. Mai 1915 (Reichs-Gesetzbl. S. 272) werden die Worte „längstens aber bis zum 30. Juni 1916" gestrichen.

Diese Verordnung tritt mit dem Tage der Verkündung in Kraft.

21h. Bekanntmachung, betreffend die Verlängerung der Prioritätsfristen in Spanien.

Vom 14. Juni 1916.

(RGBl. 1916 S. 524 Nr. 5257).

Auf Grund des § 1 Abs. 2 der Verordnung des Bundesrats, betreffend die Verlängerung der im Artikel 4 der revidierten Pariser Übereinkunft zum Schutze des gewerblichen Eigentums vom 2. Juni 1911 vorgesehenen Prioritätsfristen, vom 7. Mai 1915 (Reichs-Gesetzbl. S. 272) wird hierdurch bekanntgemacht, daß in Spanien[1]) für Patente die bezeichneten Fristen, soweit sie nicht am 31. Juli 1914 abgelaufen sind, bis zu einem Zeitpunkt, der nach Beendigung des Krieges festgesetzt werden wird, zugunsten der deutschen Reichsangehörigen verlängert sind.

21i. Norwegen und 21k. Dänemark siehe Anhang.

V. Bestimmungen auf dem Gebiet des Prozeß- und Vollstreckungsrechts.

A. Änderungen der Rechtspflegeorganisation.

1. Gerichtsentlastung.

22. Bekanntmachung zur Entlastung der Gerichte.

Vom 9. September 1915 in der Fassung vom 18. Mai 1916.

(RGBl. 1915 S. 562 Nr. 4874 und 1916 S. 393 Nr. 5202).

Einleitung.

1. Allgemeines. Die zunehmenden Einberufungen zum Heeresdienst bringen es mit sich, daß Richter, Staatsanwälte, Gerichtsschreiber und andere Gerichtsbeamte sowie Rechtsanwälte in wachsender Zahl ihrer Tätigkeit im Bereich der Rechtspflege entzogen werden. Zahlreiche Angehörige dieser Berufsstände befinden sich bereits bei den Fahnen. Bei längerer Dauer des Krieges muß mit weiteren Einberufungen und infolgedessen

[1]) Im Original nicht gesperrt.

mit einer fortschreitenden Verringerung der für die Erledigung der gerichtlichen Geschäfte verfügbaren Kräfte gerechnet werden.

Nun hat der Krieg zwar, wie das auch die Hauptübersicht der Geschäfte bei den preußischen und waldeckischen Amtsgerichten für das Jahr 1914 (Justiz-Ministerialblatt für die preußische Gesetzgebung und Rechtspflege, 77. Jahrgang S. 139 ff.) bestätigt, für die Gerichte eine nicht unerhebliche Verminderung der Geschäftslast zur Folge gehabt. Diese ist aber nicht beträchtlich genug, um den zunehmenden Mangel an Arbeitskräften auszugleichen.

Die Verhältnisse hatten sich, wie die Erfahrungen der Königlich preußischen Justizverwaltung beweisen, nunmehr aber derart gestaltet, daß zu befürchten war, es werde bei längerer Dauer des Krieges nicht mehr möglich sein, eine zuverlässige und schnelle Rechtspflege mit den verfügbar gebliebenen Kräften zu gewährleisten.

Es erschien deshalb geboten, geeignete Anordnungen zu treffen, um eine möglichste Entlastung der Gerichte herbeizuführen. In dieser Beziehung kamen zunächst Verwaltungsanordnungen in Frage, durch welche die den Gerichtsbehörden zugewiesenen Geschäfte der Justizverwaltung auf das unbedingt erforderliche Maß beschränkt werden. Im Bereiche mehrerer Justizverwaltungen, insbesondere in Preußen, sind bereits vor längerer Zeit Verfügungen ergangen, die auf eine Erleichterung und Vereinfachung des Geschäftsverkehrs hinzielen. Durch Verwaltungsanordnungen allein konnte aber eine Entlastung der Gerichte nicht in dem erforderlichen Maße erreicht werden, vielmehr mußten daneben Einschränkungen hinsichtlich der den Gerichten gesetzlich zugewiesenen Aufgaben in die Wege geleitet werden.

Für Maßnahmen dieser Art erschien der im § 3 des Ermächtigungsgesetzes vorgesehene Weg des Erlasses einer Bundesratsverordnung gangbar und gewiesen. Jede auch nur geringfügige Störung oder Verzögerung der Rechtspflege müßte notwendig nachteilige Rückwirkungen auf das Wirtschaftsleben ausüben. Gerade in einer Zeit, wo die heimische Volkswirtschaft fortdauernd vor neue Aufgaben gestellt wird, besteht ein dringendes Interess daran, daß die Rechtspflege pünktlich und sicher arbeitet, damit die unausbleiblichen Verwickelungen möglichst schnell durch richterliche Entscheidungen gelöst werden. Anordnungen, welche die Gefahr einer Störung oder Verzögerung der Rechtspflege beseitigen sollen, stellen sich sonach als Maßnahmen dar, die mittelbar zur Verhütung wirtschaftlicher Schädigungen notwendig sind.[1]) (Amtl. Begr.)

---

[1]) Vgl. hiezu Miltner, LZ. 1915 S. 1265, 1270; Bovensiepen, ThürBlfR. Bd. 62 S. 177; Neumiller, BayZfR. 1915 S. 313; Levin, GruchotsBeitr. Bd. 60 S. 2; Vierhaus, JW. 1915 S. 1393; Oppler, LZ. 1915 S. 1498; Heilberg, JW. 1915 S. 1105, 1512; Trendelenburg, S. 21 Note 2, Neukamp, Vorbem. vor und 1; aber auch Goldfeld, Hamburger Nachrichten v. 16. Sept. 1915 Nr. 435 und Hamburger Koresp. 18. Sept. 1915, 2. Beibl. zu Nr. 476; Hachenburg, DJZ. 1915 S. 995; Kullmann, Recht 1915 S. 529; Beling, ZStW. Bd. 37 S. 272; Soldan, DRAZ. 1916 S. 42; ferner Reichstagsverhandlungen vom 8. April 1916, 13. LegislP., II. Session 1914/16, Amtl. Bericht S. 932 ff. (Abg. Liesching [Berichterstatter], Heine, Dove, Junck, Landsberg gegen die Anwendbarkeit des § 3 des ErmächtGes., Staatssekretär Lisco dafür).

2. Übersicht:[1])

Abschnitt 1 (§§ 1—12) enthielt Einführung eines Mahnverfahrens einschließlich Urkunden- und Wechselmahnverfahren vor den Landgerichten; nunmehr durch Bekanntmachung vom 18. Mai 1916 s. unten S. 109 aufgehoben.

Abschnitt 2 (§§ 13—17) enthält die Einführung eines notwendigen Mahnverfahrens vor den Amtsgerichten, sowie das Urkunden- und Wechselmahnverfahren vor den Amtsgerichten;

Abschnitt 3 (§§ 18—22) betrifft den Sühneversuch und das Verfahren in geringfügigen Sachen, insbesondere die Einschränkung der Kostenerstattung und der Rechtsmittel;

Abschnitt 4 (§ 23) enthält eine Einschränkung der mündlichen Verhandlung;

Abschnitt 5 (§§ 24—26) betrifft Erleichterungen bei der Abfassung und der Ausfertigung von Urteilen;

Abschnitt 6 (§ 27) führt auch für das landgerichtliche Verfahren die beschlußmäßige Verweisung des Rechtsstreits an das zuständige Gericht ein;

Abschnitt 7 (§ 28) bringt Erleichterung für die Armenrechtsbewilligung in Unterhaltssachen;

Abschnitt 8 (§§ 29—30) regelt das Inkrafttreten und die Geltungsdauer der Verordnung.

3. Kommentare und sonstige Literatur: Trendelenburg, BRV. zur Entlastung der Gerichte, Berlin 1915; Seuffert, Kommentare zur Verordnung des BR. zur Entlastung der Gerichte, München 1916; Sydow-Busch, BRV. zur Entlastung der Gerichte mit Erläuterung, Sonderabdruck des Nachtrags zum Komm. zur ZPO., Berlin 1915; Samter, Die Bundesratsverordnung zur Entlastung der Gerichte; Halle 1915; Neukamp, Bekanntmachung zur Entlastung der Gerichte, Nachtrag zum Kommentar zur ZPO., Leipzig 1915; Braun, Die Verordnung des Bundesrats zur Entlastung der Gerichte, Berlin 1915; Wassermann, Verordnung des Bundesrats zur Entlastung der Gerichte, erläutert durch die amtliche Begründung, München 1915; Sintenis 2. Aufl.; ferner: Cahn, Gerichtsentlastung und Güterverfahren im Krieg und im Frieden, Berlin 1916; Güthe-Schlegelberger, Kriegsbuch (Sonderband von Neumanns Jahrbuch des Deutschen Rechts), 2. Bd., S. 462 ff., Berlin 1916; vgl. ferner: Kallir, Die Entlastungsverordnung und die praktischen Erfahrungen, JW. 1916, 621; Volkman, DJZ. 1916 S. 591 ff.; Mengler, ThürBlfR. 1916 S. 81 ff.

Der Bundesrat hat auf Grund des § 3 des Gesetzes über die Ermächtigung des Bundesrats zu wirtschaftlichen Maßnahmen usw. vom 4. August 1914 (Reichs-Gesetzbl. S. 327) folgende Verordnung erlassen:

---

[1]) Über die Anwendung der Verordnung im Verfahren vor den Kaufmannsgerichten und Gewerbegerichten (in Betracht kommt nur der § 18 der Verordnung) s. Seuffert, Einleitung S. 3 und Anm. 2 zu § 18 und ausführlich Kallee, Gew.- und Kaufm.-Ger., Bd. 21 (1916) S. 168 ff.; vor den Konsular- und Schutzgebietsgerichten s. Doerr, LZ. 1916 S. 590.

Mahnverfahren vor den Landgerichten.

§ 1.

(Wird im Verfahren vor den Landgerichten eine Klageschrift eingereicht, in der lediglich ein im Mahnverfahren verfolgbarer Anspruch geltend gemacht wird, so soll der Vorsitzende binnen vierundzwanzig Stunden zunächst einen bedingten Zahlungsbefehl erlassen. Von dem Erlasse des Zahlungsbefehls soll abgesehen werden, wenn der Kläger glaubhaft macht, daß der Beklagte den Anspruch bestreiten und sich auf die Klage einlassen werde.

Der Klage soll eine Berechnung der Kosten beigefügt werden, deren Erstattung der Kläger verlangt.)

§ 2.

(Entspricht die Klageschrift nicht den Vorschriften des § 253 Abs. 2 der Zivilprozeßordnung oder ergibt sich aus ihrem Inhalt, daß die Klage oder der Kostenanspruch ganz oder teilweise nicht begründet ist, so soll von dem Zahlungsbefehl abgesehen werden. Vor der Terminsbestimmung soll der Kläger gehört werden.)

I. Allgemeines. Die Regelung des landgerichtlichen Mahnverfahrens ist den Vorschriften der Zivilprozeßordnung über das amtsgerichtliche Mahnverfahren (§§ 688 ff.) nachgebildet. Jedoch ist das landgerichtliche Verfahren nicht wie das amtsgerichtliche Mahnverfahren als ein dem ordentlichen Verfahren gewissermaßen vorgelagertes besonderes Verfahren konstruiert, vielmehr beschränkt sich die Verordnung auf gewisse Änderungen des ordentlichen landgerichtlichen Verfahrens; das Wesen der Neuerungen ist — nach der Begründung — darin zu erblicken, daß die Rechtsstreitigkeiten, auf die der Beklagte sich nicht einläßt, also die sogenannten Versäumnissachen, ohne mündliche Verhandlung erledigt werden. Das landgerichtliche Mahnverfahren ist also lediglich eine Abart des ordentlichen landgerichtlichen Verfahrens, ein Teil des Rechtsstreits selbst, der sich nur nicht in mündlicher, sondern in schriftlicher Verhandlung abspielt.

Die **Paragraphen** 1 und 2 bestimmen die Voraussetzungen des landgerichtlichen **Mahnverfahrens**.

Die **Voraussetzungen**, unter denen die Einreichung einer Klageschrift im Verfahren vor den Landgerichten nicht gemäß §§ 253, 216 ZPO. die sofortige Anberaumung eines Verhandlungstermins zur Folge hat, sondern zum Erlaß eines Zahlungsbefehls führt, sind:

II. Ein im Mahnverfahren verfolgbarer Anspruch muß in der Klage geltend gemacht werden.

a) Nach § 688 ZPO. kann wegen eines Anspruchs, welcher die Zahlung einer bestimmten Geldsumme oder die Leistung einer bestimmten Quantität anderer vertretbarer Sachen oder Wertpapiere zum Gegenstand hat, ein Zahlungsbefehl erlassen werden. Gleichgültig ist der Rechtsgrund des Anspruchs. Es gehören deshalb insbesondere auch dingliche Familien- und erbrechtliche Ansprüche auf Geldleistung hierher, demnach auch Ansprüche aus einer Hypothek, Grundschuld oder Rentenschuld. Auch der Anspruch auf Duldung der Zwangsvollstreckung (§§ 737, 739, 743, 745, 748 ZPO.) kann im Mahnverfahren verfolgt werden, wenn der Anspruch, dessen Vollstreckung der Beklagte zu dulden hat, im Mahnverfahren geltend gemacht werden kann, also insbesonders, wenn es sich um die Duldung der Zwangsvollstreckung wegen einer Geldforderung handelt. (Unbestritten; vgl. auch Anm. I B c 1 zu §§ 1—3 der ZahlFrVerord. unten S. 127.)

Nicht zulässig ist das Mahnverfahren für Ansprüche, die noch nicht fällig (also für Klagen auf künftige Leistung nach §§ 257—259 ZPO.), die bedingt oder von einer noch nicht erfolgten Gegenleistung abhängig sind. Trendelenburg Anm. 2a und b zu § 1; Seuffert Anm. 1a zu § 1; Sydow-Busch Anm. 4 zu § 1; Samter Anm. 2 zu § 1; vgl. auch Gaupp-Stein Anm. 3 zu § 688 ZPO.; A. M. Harder, JW. 1915 S. 283 und Gerstlauer, DRZ. 1915 S. 751, welche das Mahnverfahren auch für künftig fällige Ansprüche zulassen wollen.

b) Ausgeschlossen ist ein Zahlungsbefehl nach § 688 Abs. 2 ZPO. dann, wenn die Zustellung des Zahlungsbefehls im Ausland (§§ 199—202 ZPO.) oder durch öffentliche Bekanntmachung (§§ 203—206 ZPO.) erfolgen müßte. (Unbestritten: KG. vom 8. Nov. 1915, LZ. 1915 S. 1671 = Recht 1915 S. 619 Nr. 1184 = JW. 1915 S. 1452 = DJZ. 1915 S. 1238).

Ist trotzdem ein Zahlungsbefehl erlassen worden, so ist hiegegen ungeachtet des § 10 der Verordnung Beschwerde zulässig, weil ein Fall, auf den die Verordnung Anwendung findet, nicht vorliegt. KammerG. a. a. O. Ergibt sich erst bei der Zustellung, daß sie im Ausland oder als öffentliche erfolgen müßte, so hat der Vorsitzende, ohne daß es einer ausdrücklichen Aufhebung des Zahlungsbefehls bedürfte, auf Antrag des Klägers nunmehr Verhandlungstermin anzuberaumen, weil Rechtshängigkeit (nach § 4 der Verord.) erst mit der Zustellung des Zahlungsbefehls eintritt. A. M. Trendelenburg Anm. 2d zu § 1 (der Zahlungsbefehl ist auf Antrag aufzuheben und Verhandlungstermin anzuberaumen); Samter Anm. 2 zu § 1 (unter Benachrichtigung der Parteien ist von Amts wegen Verhandlungstermin anzusetzen).

Als Ausland gelten auch die von deutschen Truppen besetzten feindlichen Gebiete; Braun Anm. 4 zu § 1; Katz, JW. 1915 S. 1050; Fiege, JW. 1915 S. 1146; KG. a. a. O. (betrifft Warschau); vgl. ferner unten Nr. 44.

c) Werden mehrere Ansprüche des Klägers gegen denselben Beklagten in einer Klage geltend gemacht (objektive Klagehäufung nach § 260 ZPO.), so ist ein Zahlungsbefehl nur dann zulässig, wenn sämtliche Ansprüche sich für das Mahnverfahren eignen. Ist dies nicht der Fall, wird z. B. der Mietzinsanspruch mit dem Räumungsanspruch oder ein Zahlungsanspruch mit einem Herausgabeanspruch verbunden, so ist für alle Ansprüche das Mahnverfahren ausgeschlossen und Verhandlungstermin zu bestimmen; Teil-Zahlungsbefehle sind nicht zulässig, denn der § 1 findet nur Anwendung, wenn „lediglich" ein im Mahnverfahren verfolgbarer Anspruch geltend gemacht wird.

Wird mit dem Hauptantrag ein oder mehrere Hilfsanträge verbunden, sei es daß aus demselben Klagegrunde verschiedene Ansprüche und Anträge abgeleitet werden, sei es daß der Hilfsanspruch auf einen anderen Tatbestand gegründet wird, wie der Hauptanspruch[1]) (sog. eventuelle Klagenverbindung), so entscheidet ausschließlich die Natur des Hauptanspruchs. Vgl. Gaupp-Stein, Vorbem. V 9 vor § 128 ZPO.

Werden mehrere Personen als Streitgenossen gemeinschaftlich verklagt[2]) und ist bei einem von ihnen das Mahnverfahren nach der persönlichen Seite unzulässig (wegen der Notwendigkeit der Zustellung im Ausland oder öffentlicher Zustellung), so ist gegen die übrigen Streitgenossen Zahlungsbefehl zu erlassen, sofern einfache Streitgenossenschaft vorliegt (§ 61 ZPO.), dagegen für sämtliche Beklagte Verhandlungstermin anzuberaumen, wenn notwendige Streitgenossenschaft vorliegt (§ 62 ZPO.). Harder, JW. 1915 S. 1143; Levin, Gruchot Bd. 60 S. 6 Fußnote 5.

Ausgeschlossen ist die Verbindung mehrerer getrennt eingereichter Klagen zwecks Erlasses eines gemeinsamen Zahlungsbefehls, denn nach § 147 ZPO. kann eine Verbindung nur durch das Gericht, nicht vom Vorsitzenden allein und nur auf Grund mündlicher Verhandlung beschlossen werden.

d) Für Widerklagen und nachträgliche Klagserweiterungen ist das Mahnverfahren ausgeschlossen. Neumiller, BayZfR. 1915 S. 316 Fußnote 20.

III. Die Klageschrift muß den Vorschriften des § 253 Abs. 2 ZPO. entsprechen. Sie muß also die Bezeichnung der Parteien und des Gerichts, die bestimmte Angabe des Gegenstands und des Grundes des erhobenen Anspruchs sowie einen bestimmten Antrag und die Ladung des Beklagten vor das Prozeßgericht zur mündlichen Verhandlung des Rechtsstreits enthalten. Daß die Klageschrift auch den Vorschriften des Abs. 3 u. 4 des § 253 ZPO. (Angabe des Streitwerts und Befolgung der allgemeinen Bestimmungen über die vorbereitenden Schriftsätze) entspricht, ist nicht Voraussetzung für die Zulässigkeit des Mahnverfahrens, wohl aber muß die Klageschrift von einem beim Prozeßgericht zugelassenen Rechtsanwalt unterzeichnet sein; wenn die Verordnung dies auch nicht ausdrücklich hervorhebt, so enthält sie doch auch keine Bestimmung, welche den Anwaltszwang (§§ 78, 130 Nr. 6 ZPO.) für das landgerichtliche Verfahren beseitigt. In der Begründung zur Verordnung ist im Gegenteil an verschiedenen Stellen (z. B. Einleitung zum ersten Abschnitt, Abs. 2 der Begründung zu § 3) ausdrücklich betont, daß durch die Verordnung der Anwaltszwang in dem bisherigen Umfang im landgerichtlichen Verfahren aufrecht erhalten werden soll. Bleiben demnach die oben erwähnten Bestimmungen der Zivilprozeßordnung in Kraft und ist daher der Vorsitzende wegen Fehlens der Unterschrift eines Anwalts auf der Klage sogar verpflichtet, die Terminsbestimmung abzulehnen (Gaupp-Stein Anm. II zu § 216 und Vorbem. V 7 vor § 128 ZPO.), so darf er gewiß keinen Zahlungsbefehl erlassen. So auch:

---

[1]) Vgl. hiezu RG. vom 13. Nov. 1911, Bd. 77 S. 120; OLG. Hamburg vom 28. Sept. 1915, SeuffArch. Bd. 71 S. 170.

[2]) Die Bestimmung eines gemeinschaftlichen Gerichts nach § 36 Nr. 2—4 ZPO. ist (jedenfalls im landgerichtlichen Verfahren) trotz der Verordnung zulässig, da hier nach wie vor eine wirkliche Klage vorliegt. Harder, JW. 1915 S. 1145; Levin, Gruchot Bd. 60 S. 11.

Kaufmann, JW. 1915 S. 1238 Fußnote 2; Weinmann, JW. 1915 S. 1388; Vierhaus, JW. 1915 S. 1393; Harder, JW. 1916 S. 251; Neumiller, BayZfR. 1915 S. 316 Fußnote 22; Mangler, DRZ. 1915 S. 654; Friedleben, JW. 1916 S. 570. A. M. Denkhaus, JW. 1915 S. 1220 u. 1916 S. 31; Auerbach, JW. 1916 S. 177 u. JW. 1916 S. 1015. (Die gegenteilige Ansicht würde zu dem Schluß führen, daß die Klage überhaupt nicht, auch nicht von der Partei, unterzeichnet sein muß.)

Ein besonderer Antrag auf Erlaß eines Zahlungsbefehls ist nicht erforderlich und hat keinerlei sachliche Bedeutung.

Entspricht die Klageschrift voraufgeführten Erfordernissen nicht, so findet § 2 der Verordnung Anwendung. Hierüber nachfolgende Anm. VII.

IV. **Aus dem Inhalt der Klage darf sich nicht ergeben, daß sie ganz oder teilweise unbegründet ist.** Die hiernach dem Vorsitzenden obliegende Prüfung der Klage deckt sich mit der dem Gericht bei Erlaß eines Versäumnisurteils nach § 331 ZPO. obliegenden Prüfung. Dies ergibt sich einmal daraus, daß diese Vorschrift im § 2 der Verordnung dem § 691 Abs. 1 ZPO. nachgebildet ist (so die amtliche Begründung) und daß auch nach letzterer Bestimmung — bei Verbescheidung eines amtsgerichtlichen Mahngesuchs — die gleichen Voraussetzungen erfüllt sein müssen, wie bei Erlaß eines Versäumnisurteils (vgl. Gaupp-Stein Anm. I zu § 691 ZPO.). Dies tritt in der Praxis allerdings nicht so recht in Erscheinung, weil bei amtsgerichtlichen Mahngesuchen die allgemeinsten Angaben über das der Forderung zugrundeliegende Rechtsverhältnis und über den Grund des Anspruchs für genügend erachtet werden, so daß eine strenge Nachprüfung der Begründetheit des Gesuchs regelmäßig nicht möglich ist (vgl. Levin, Gruchot Bd. 60 S. 175). Hiezu kommt noch, daß — nach der amtl. Begründung — die Einführung des landgerichtlichen Mahnverfahrens lediglich in der Absicht erfolgte, das Versäumnisverfahren aus einem mündlichen in ein schriftliches Verfahren zu verwandeln, daß aber an den sachlichen Voraussetzungen für die Erlangung eines Vollstreckungstitels beim Landgericht keinerlei Änderungen, insbesondere auch keinerlei Erleichterungen beabsichtigt waren. So: Seuffert Anm. 2 zu § 2; Sydow-Busch Vorbemerkung vor § 1 und Anm. 3 zu § 2; Samter Anm. 1 zu § 2; Neukamp Anm. 2c zu § 1; Bovensiepen, ThürBlfR. Bd. 62 S. 184; Kann, JW. 1914 S. 1131; Heinsheimer, JW. 1916 S. 105; Levin, Gruchot Bd. 60 S. 175. Eingabe des Vorstands des Deutschen Anw.-Ver. v. 23. Febr. 1916, JW. 1916 S. 560. A. M. Trendelenburg Anm. 3b zu § 2 u. JW. 1915 S. 1065 (eine Prüfung wie im Falle des § 331 ZPO. sei nicht vorzunehmen; es dürfe sich aus dem Vorbringen des Klägers nur nicht ergeben, daß der Anspruch nicht begründet ist, was z. B. der Fall sein würde, wenn eine Spielschuld eingeklagt wird); Heilberg, JW. 1915 S. 1106 u. S. 1513 (der Vorsitzende sei, wie bei der Terminsbestimmung, nicht berechtigt, materiell zu prüfen, ob das tatsächliche Vorbringen den Klagsanspruch rechtfertigt und habe auch nicht die von Amts wegen zu berücksichtigenden Prozeßvoraussetzungen zu prüfen).

Nach der hier vertretenen Ansicht hat der Vorsitzende insbesondere zu prüfen:

a) die prozessuale Zulässigkeit der Klage, soweit es sich um Umstände handelt, die von Amts wegen zu berücksichtigen sind: nämlich insbesondere Zulässigkeit des Rechtswegs, Zulässigkeit der Rechtsverfolgung, namentlich wenn der Kläger im Ausland seinen Wohnsitz hat (vgl. BRV. vom 7. August 1914 unten Nr. 44), Parteifähigkeit, Prozeßfähigkeit, Vertretungsmacht des gesetzlichen Vertreters[1]) (§ 56 ZPO.). So auch amtl. Begründung zu § 2; Trendelenburg a. a. O.; Seuffert a. a. O.; Sydow-Busch a. a. O.; Kann a. a. O.; Samter a. a. O.; Neumiller, BayZfR. 1915 S. 316. **A. M.** Heilberg a. a. O. Die örtliche oder sachliche Unzuständigkeit des Gerichts steht dem Erlaß eines Zahlungsbefehls dann entgegen, wenn entweder ein ausschließlicher Gerichtsstand besteht oder sich nach den Behauptungen der Klage eine Zuständigkeit des angegangenen Gerichts nicht ergibt. Neumiller, BayZfR. 1915 S. 316 Anm. 24.[2]) **A. M.** Samter a. a. O. (die örtliche Zuständigkeit sei nur im Falle eines ausschließlichen Gerichtsstands zu prüfen); Heilberg a. a. O.

b) Materiellrechtlich, ob das tatsächliche Vorbringen der Klageschrift den Klagsantrag rechtfertigt (bestritten: siehe oben).

c) Wegen der Nachprüfung des Kostenanspruchs s. nachfolg. Anm. V.

V. Der Klage soll eine Berechnung der Kosten beigefügt werden, deren Erstattung der Kläger verlangt (vgl. die entsprechende Vorschrift des § 692 ZPO.).

1. In die Kostenberechnung sind aufzunehmen:[3])

a) Die Kosten des klägerischen Anwalts, nämlich $^{10}/_{10}$ Prozeßgebühr im ordentlichen Verfahren (§ 13 Nr. 1 u. 9 RAGO.), $^{6}/_{10}$ Gebühr im Urkunden- und Wechselprozeß (§§ 19, 9 RAGO.) nebst einem Pauschsatz von 20 v. H. der Prozeßgebühr, jedoch mindestens 4 Mk. und höchstens 50 Mk. (§ 76 RAGO.). **A. M.** nur Striemer, JW. 1915 S. 1158 (der nicht den Mindestpauschsatz von 4 Mk. nach § 76 Abs. 3 RAGO., sondern nur den Mindestsatz von 50 Pfg. nach § 76 Abs. 2 RAGO. zubilligen will; s. dagegen Oppenheim, JW. 1915 S. 1284; Levin, Gruchot Bd. 60 S. 16 Fußn. 24).

b) Sonstige Kosten und Auslagen des Klägers, soweit sie nach § 91 ZPO. als Prozeßkosten anzusprechen sind, z. B. Korrespondenzgebühr eines auswärtigen Anwalts (§§ 44, 76 RAGO.), Kosten eines Armenrechtsgesuchs (§§ 29, 49 RAGO.), Reiseauslagen der Partei zur Information des Rechtsanwalts, Auslagen für Aufenthaltserkundigungen. Näheres vgl. die Kommentare zu ZPO. § 91.

c) Die Gerichtskosten für den Erlaß des Zahlungsbefehls, nämlich $^{2}/_{10}$ der vollen Gebühr (§ 12 der Verordnung, § 8 GKG.) und zwar für den ordentlichen und den Urkunden- und Wechselprozeß gleichmäßig nebst einem Pauschsatz von 10 v. H. der Gebühr, mindestens aber im Betrage

---

[1]) Die übrigen Schriftsteller behandeln nur den Fall der ausschließlichen Zuständigkeit.

[2]) Vgl. Deiler, JW. 1915 S. 1144.

[3]) Die Befürchtung Heilbergs, JW. 1915 S. 1106, daß das Fehlen des Handelsregisterauszugs oder der Bestellung des Vormunds oder Konkursverwalters den sofortigen Erlaß des Zahlungsbefehls hindere, ist im allgemeinen unbegründet, da das Gericht einen Nachweis nur dann verlangen kann, wenn es begründete Zweifel hinsichtlich der Angaben der Parteien hat. Gaupp-Stein Anm. II, Fußnote 13 zu § 56 ZPO.; Rothbarth, LZ. 1916 S. 628.

von 50 Pfg., höchstens im Betrage von 100 Mk. und der Einhebegebühr zu 10 bzw. 20 Pfg.

d) Die Gebühr für den Vollmachtsstempel, soweit nach Landesrecht ein solcher zu entrichten ist.

e) Die aus der Zustellung des Zahlungsbefehls erwachsenden Zustellungskosten, nämlich: für die Zustellung einer Klageschrift am Ort der Gerichtsvollzieherei 65 Pfg. (§§ 2 mit 14 GVGebO.) und wenn persönliche Zustellung verlangt wird, 80 Pfg. (§ 2 GVGebO.); für Zustellung der Klage nach auswärts und soferne das Gewicht der zuzustellenden Klage einen Doppelbrief, also über 20 g ergibt, 90 Pfg. Diese Zustellungskosten fallen so oft an, als Klageschriften zugestellt werden müssen. In Preußen (Allg. Verf. vom 14. Sept. 1915, PrJMBl. 1915 S. 204) und Bayern (JMBek. vom 30. September 1915, BayJMBl. 1915 S. 78) sind die Gerichtsvollzieher angewiesen, vor der Zustellung eines landgerichtlichen Zahlungsbefehls auf den Zahlungsbefehl die Gebühren und Auslagen für die Zustellung sowie die für die Einziehung dieser Kosten und für Rückgabe des Zahlungsbefehls nach erfolgter Zustellung an den Auftraggeber diesem erwachsenden notwendigen Auslagen im einzelnen zu vermerken, so daß diese Kosten im einzelnen durch die Partei nicht vermerkt zu werden brauchen.

f) Eine Kostenfestsetzungsgebühr kann für die Kostenberechnung nicht verlangt werden (Striemer, JW. 1915 S. 1158; Klotsch, JW. 1915 S. 1221; Levin, Gruchot Bd. 60 S. 16, Fußnote 24). Die Kosten, die durch den Antrag, Erlaß und Zustellung des Vollstreckungsbefehls entstehen, sind in die Klage nicht aufzunehmen, sondern erst in das Gesuch um Erlaß des Vollstreckungsbefehls.

2. Wird eine Kostenberechnung mit der Klage nicht eingereicht, so kann trotzdem Zahlungsbefehl erlassen werden („soll" beigefügt werden). Es ist dann anzunehmen, daß die regelmäßig entstehenden Anwaltskosten, sowie die Gerichts- und Zustellungskosten beansprucht werden und es sind deshalb — gemäß § 3 der Verord. — diese Kosten in den Zahlungsbefehl aufzunehmen. Entsprechendes gilt, wenn vom Kläger nur eine Aufstellung der außergerichtlichen Kosten beigefügt wurde. Vgl. Braun Anm. 2 zu § 2; Wach, JW. 1915 S. 1104; Levin, Gruchot Bd. 60 S. 9.

Werden Kosten beansprucht, die nach Ansicht des Vorsitzenden nicht zuzubilligen sind, so kann ein Zahlungsbefehl nicht erlassen werden; es ist der Kläger, ebenso wie wenn der geltend gemachte Anspruch nicht begründet erscheint, zu hören und dann gegebenenfalls Verhandlungstermin anzuberaumen.[1]) Vgl. hierüber nachstehende Anm. VIII. Sind bei der Klageeinreichung alle oder einzelne Kosten versehentlich nicht berechnet — und auch vom Gericht nicht eingesetzt worden —, so kann auf Grund des Vollstreckungsbefehls, der

---

[1]) Daß wegen des Kostenanspruchs, auch wenn die Hauptsache gar nicht streitig ist, die Überleitung in das ordentliche Verfahren stattfinden muß, ist eine wenig zweckmäßige Regelung. Vgl. Wach a. a. O.; Levin a. a. O.; Heilberg a. a. O.; Eingabe des Vorstands des Deutsch. Anw.-Ver. v. 23. Febr. 1916, JW. 1916 S. 560; Reichstagsverhandl. vom 8. April 1916, 13. LegislP., II. Session 1914/1916, Amtl. Bericht S. 933 (Berichterstatter Abg. Liesching).

ein zur Kostenfestsetzung geeigneter Titel im Sinne des § 103 ZPO. (mit § 794 Nr. 4 ZPO.) ist, Kostenfestsetzung erfolgen; die Kosten dieses Verfahrens treffen jedoch den Gläubiger, da sie zur zweckentsprechenden Rechtsverfolgung nicht notwendig sind (§ 91 ZPO.). Braun Anm. 4 zu § 8; Levin, Gruchot Bd. 60 S. 16 Fußnote 24; vgl. Gaupp-Stein Anm. II 1 und 3 zu § 103 ZPO.; a. M. Neumiller, BayZfR. 1915 S. 317.

VI. Wenn der Kläger glaubhaft macht, daß der Beklagte den Anspruch bestreiten und sich auf die Klage einlassen wird, so ist das Mahnverfahren unzulässig. Die Glaubhaftmachung kann mit allen Mitteln des § 294 ZPO. erfolgen, insbesondere durch Vorlage des Briefwechsels mit dem Beklagten oder seinem Anwalt,[1]) durch eidesstattliche Versicherungen (a. M. Samter Anm. 5 zu § 1; Neumiller, BayZfR. 1915 S. 316 Fußnote 21) über Äußerungen oder über das Verhalten des Beklagten. Soweit aus der Art des Rechtsstreits oder aus der Persönlichkeit der Parteien das Gericht an sich die Überzeugung schöpfen kann, daß ein Versäumnisurteil nicht ergehen wird, der Beklagte vielmehr den Klagsanspruch bestreiten werde, ist eine besondere Glaubhaftmachung nicht erforderlich (vgl. § 291 ZPO.), z. B. Schadensersatzprozesse gegen Versicherungsgesellschaften, gegen den Fiskus oder andere öffentliche Korporationen, ferner Klagen gegen Personen, die amtsbekanntermaßen streitsüchtig sind. In derartigen Fällen würde die Erlassung eines Zahlungsbefehls nur verzögernd wirken. Heilberg, JW. 1914 S. 1105 und S. 1512; Haberstumpf, DRZ. 1915 S. 703; Graßhof, Pr. VerwBl. Bd. 37 S. 114. **A. M. Kullmann, Recht** 1915 S. 528. Von einem Zahlungsbefehl ist auch dann abzusehen, wenn der Gegner nur die Fälligkeit der Forderung bestreitet oder eine Zahlungsfrist oder Beseitigung einer Rechtsfolge verlangt, die ihm der Kläger nicht freiwillig zubilligen will und der Kläger dies glaubhaft macht; auch in diesen Fällen wäre der Erlaß eines Zahlungsbefehls nur eine Verzögerung des Verfahrens, Heilberg a. a. O.

Ein besonderer Nachweis, daß der Beklagte sich auf die Klage einlassen werde, kann wohl nicht gefordert werden, vielmehr ist in der Beifügung dieses Ausdrucks nur eine unschädliche Wortfülle zu erblicken. Levin, Gruchots Beiträge Bd. 60 S. 6; auch Heilberg, JW. 1915 S. 1105; Auerbach, JW. 1916 S. 177; Seuffert Anm. 2.

Sind mehrere Personen als Streitgenossen verklagt und ist nur bezüglich des einen oder einiger von ihnen glaubhaft, daß sie den Anspruch bestreiten werden, so ist gegen die übrigen Zahlungsbefehl zulässig, soferne nicht notwendige Streitgenossenschaft vorliegt; letzterenfalls ist gegen alle von dem Zahlungsbefehl abzusehen. Harder, JW. 1916 S. 25.

Erachtet der Vorsitzende die Glaubhaftmachung nicht für durchgreifend, so kann er soferne die übrigen Voraussetzungen gegeben sind, sofort Zahlungsbefehl erlassen, ohne daß es einer ausdrücklichen Ablehnung des Gesuchs auf Terminsanberaumung bedarf. Der Kläger ersieht dann die Ablehnung seines Gesuchs aus dem Erlaß des Zahlungsbefehls. Gegen die Entscheidung des Vorsitzenden ist nach § 10 der Verordnung ein Rechtsmittel nicht zulässig.

VII. Zwischenverfügung: Liegt zwar ein im Mahnverfahren verfolgbarer Anspruch vor (siehe oben II), sind aber die unter III—V auf-

---

[1]) Insbesondere auch die Bescheinigung nach Art. 2 bayer. AG. ZPO.

geführten Erfordernisse nicht erfüllt, so soll der Vorsitzende nicht sofort Termin anberaumen, sondern vorher den Kläger hören, um ihm Gelegenheit zu geben, durch Ergänzung der Klage oder durch Aufklärung das Bedenken zu beseitigen. Die Anfrage des Vorsitzenden ist nicht an den Kläger selbst, sondern an den Anwalt des Klägers zu richten. Seuffert Anm. 2 zu § 2; Sydow-Busch Anm. 5 zu § 2; Weinmann, JW. 1915 S. 1388. Eine Form ist für die Zwischenverfügung des Vorsitzenden nicht vorgeschrieben; die Anfrage kann schriftlich oder mündlich, auch durch Fernsprecher erfolgen; zur Beantwortung der Anfrage ist dem Kläger eine nach den Umständen zu bemessende Frist zu stellen (Samter Anm. 4 zu § 2). Äußert sich der Kläger überhaupt nicht — er ist hiezu nicht verpflichtet — oder wird durch seine Erklärung der Mangel nicht beseitigt, so hat der Vorsitzende nunmehr Verhandlungstermin zu bestimmen, soferne es sich nicht um solche formelle Mängel handelt, die den Vorsitzenden berechtigen, die Terminsbestimmung abzulehnen, z. B. Mangel der Unterschrift eines beim Prozeßgericht zugelassenen Rechtsanwalts (Neukamp Anm. 3 zu § 2; Gaupp-Stein Anm. II zu § 216).

VIII. Hat der Vorsitzende Termin anberaumt, sei es weil er die Bestreitung des Anspruchs durch den Beklagten für glaubhaft erachtet, sei es weil ein im Mahnverfahren verfolgbarer Anspruch nach Ansicht des Vorsitzenden nicht vorliegt, sei es weil er formelle oder materielle Bedenken bezüglich der Klage oder Kosten hat, so geht die Klage nebst Terminsbestimmung an den Kläger zurück, der sodann nach den Vorschriften der Zivilprozeßordnung §§ 214, 216, 253 den Beklagten zu laden hat; eine Ladung von Amts wegen findet nicht statt. Einer besonderen Ablehnung eines von dem Kläger etwa angebrachten Gesuchs, einen Zahlungsbefehl zu erlassen, bedarf es nicht; der Kläger ersieht die Ablehnung seines Gesuchs aus der Terminsanberaumung. Gegen diese Entscheidung des Vorsitzenden ist nach § 10 der Verordnung ein Rechtsmittel nicht zulässig.

Für das weitere Verfahren gelten dann die Bestimmungen der ZPO. unverändert.

§ 3.

(Der Zahlungsbefehl enthält den Befehl an den Beklagten, binnen einer vom Vorsitzenden zu bestimmenden Frist, die vom Tage der Zustellung läuft, bei Vermeidung sofortiger Zwangsvollstreckung den Kläger wegen des Anspruchs nebst den dem Betrage nach zu bezeichnenden Kosten des Verfahrens und den geforderten Zinsen zu befriedigen, oder, wenn er Einwendungen gegen den Anspruch habe, bei dem Gerichte Widerspruch zu erheben. Die Frist ist den Vorschriften über die Einlassungsfrist entsprechend zu bemessen.

Der Zahlungsbefehl muß den Hinweis enthalten, daß der Widerspruch nur durch einen bei dem Gerichte zugelassenen Rechtsanwalt erfolgen kann.

Der Zahlungsbefehl wird auf die Urschrift der Klage oder ein damit zu verbindendes Blatt gesetzt. Im letzteren Falle findet die Vorschrift des § 313 Abs. 3 Satz 6 der Zivilprozeßordnung entsprechende Anwendung.)

Dieser Paragraph regelt **Inhalt** und **Form** des Zahlungsbefehls. Der Zahlungsbefehl hat demnach zu enthalten:

I. **Den Befehl an den Beklagten** bei Meidung sofortiger Zwangsvollstreckung, den Kläger wegen des Anspruchs nebst den dem Betrage nach bezeichneten Kosten des Verfahrens und den geforderten Zinsen zu befriedigen. Bei einem Zahlungsbefehl wegen eines dinglichen, insbesondere eines Hypothekanspruchs ist die Beschränkung auf das Grundstück beizufügen („bei Vermeidung sofortiger Zwangsvollstreckung in das Grundstück, GrB. Bd. . . . . . den Kläger wegen der aus anliegender Klageschrift ersichtlichen Hypothekforderung auf Zahlung von Mk. . . . . aus dem Grundstück sowie wegen der unten berechneten Kosten zu befriedigen"). Wird ein Anspruch auf Duldung der Zwangsvollstreckung geltend gemacht, so ist dem Beklagten aufzugeben, die Befriedigung zu dulden.

II. **Die Aufforderung an den Beklagten** bei dem Gericht **Widerspruch** gegen den Zahlungsbefehl zu erheben, wenn er Einwendungen gegen den Anspruch habe, sowie den **Hinweis**, daß der Widerspruch nur durch einen bei dem Gericht zugelassenen Rechtsanwalt erfolgen kann. Fehlt dieser Hinweis, welcher der im § 215 ZPO. vorgeschriebenen Aufforderung zur Bestellung eines Anwalts entspricht, so leidet der Zahlungsbefehl an einem wesentlichen Mangel und ist deshalb rechtsungültig; seine Zustellung erzeugt nicht die Wirkung der Rechtshängigkeit und er kann nicht die Grundlage für den Erlaß eines Vollstreckungsbefehls bilden (wie auf Grund einer der Aufforderung nach § 215 ZPO. entbehrenden Klage nach § 235 Abs. 1 Nr. 2 ZPO. ein Versäumnisurteil nicht erlassen werden kann). Trendelenburg Anm. 6; Seuffert Anm. 2; Samter Anm. 4; Neukamp Anm. 4. Es ist deshalb in diesem Falle der Zahlungsbefehl zu ergänzen und unter Setzung einer neuen Widerspruchsfrist (mit der Klage) nochmals zuzustellen. Trendelenburg a. a. O.; Samter a. a. O.

Nicht notwendig ist der Hinweis, wenn die Zustellung an einen Anwalt erfolgt (§ 215 ZPO.); Schloß, JW. 1915 S. 1464; vgl. im übrigen über den Widerspruch Anm. zu § 5.

III. Die vom Vorsitzenden zu bestimmende **Widerspruchsfrist**, die vom Tage der Zustellung an läuft und den Vorschriften über die Einlassungsfrist entsprechend zu bemessen ist. Während im amtsgerichtlichen Verfahren die Widerspruchsfrist eine unabänderliche, gesetzliche Frist von einer Woche ist (§ 691 ZPO.), ist sie im landgerichtlichen Verfahren eine bewegliche richterliche Frist.[1]) (A. M. nur Braun Anm. 3.) Nach § 262 ZPO. ist die Frist im allgemeinen auf zwei Wochen, in Meß- und Marktsachen auf 24 Stunden zu bemessen, im Wechselprozeß je nach dem Ort der Klagszustellung auf 24 Stunden, drei Tage oder eine Woche (§ 604 Abs. 2 ZPO.). Werden mehrere Wechselverpflichtete im Wechselprozeß gleichzeitig verklagt, die an verschiednenen Orten wohnen, so ist die Widerspruchsfrist für jeden Beklagten, der für ihn geltenden Einlassungsfrist entsprechend, zu bemessen. Trendelenburg Anm. 5; Braun Anm. 5d; Heilberg, JW. 1915 S. 1513.

---

1) Vgl. hiezu die kritischen Äußerungen von Levin, Gruchot Bd. 60 S. 13; Neumiller, BayZfR. 1915 S. 316, andererseits Wach, JW. 1915 S. 1104.

Da die Widerspruchsfrist eine richterliche Frist ist, finden die §§ 224 ff. ZPO. auf sie Anwendung; die Frist kann daher auf Antrag des Klägers, wenn erhebliche Gründe glaubhaft gemacht werden, **abgekürzt werden**, und zwar ohne vorgängige Anhörung des Gegners, da die Vorschriften über die Einlassungsfrist, somit auch der § 226 Abs. 3 ZPO. bei ihrer Bemessung einzuwenden sind. Trendelenburg Anm. 5; Sydow-Busch Anm. 3; Neukamp Anm. 3; Braun Anm. 5 c; Levin, DJZ. 1915 S. 969 und Gruchot Bd. 60 S. 12; Heilberg, JW. 1915 S. 513. A. M. Seuffert Anm. 1; Sintenis Anm. 3; Vierhaus, DJZ. 1916 S. 16 Fußnote 1 (gegen die Zulässigkeit der Abkürzung); Samter Anm. 2 (die Abkürzung kann nur nach vorgängigem Gehör des Klägers erfolgen gemäß § 225 Abs. 2 ZPO.). Die Frist kann aber auch — auf Antrag des Beklagten — **verlängert** werden, wenn erhebliche Gründe glaubhaft gemacht werden §§ 224 mit 225 ZPO. Z. B. um dem Beklagten Zeit zu geben zur Überlegung, ob und in welchem Umfang er Widerspruch einlegen soll. Samter Anm. 2; Levin, Gruchot Bd. 60 S. 12; a. M. Landsberg, PosMSchr. Bd. 15 S. 99 (Verlängerung sei unzulässig, weil sie dem Zweck des Mahnverfahrens widerspreche). Ist die Frist, ohne daß ausdrücklich ein Abkürzungsbeschluß erging, kürzer bemessen als die gesetzliche Einlassungsfrist ist, so ist die Fristbestimmung doch rechtswirksam und der Zahlungsbefehl kann nach Ablauf der Frist für vollstreckbar erklärt werden, weil eben die Widerspruchsfrist im landgerichtlichen Verfahren keine gesetzliche, an die Erlassung des Zahlungsbefehls sich schlechthin anknüpfende Frist ist, sondern eine vom Richter bestimmte, wobei allerdings dem Vorsitzenden zur Pflicht gemacht ist, die Bestimmungen über die Einlassungsfristen anzuwenden. Vgl. hiezu Sydow-Busch Anm. 3; Neukamp Anm. 3; Levin, Gruchot Bd. 60 S. 12 Anm. 5; Heilberg, JW. 1915 S. 1513, a. M. Trendelenburg Anm. 5 (der Vollstreckungsbefehl könne erst nach Ablauf eines der Einlassungsfrist entsprechenden Zeitraums erteilt werden).

Die Widerspruchsfrist läuft nach § 223 Abs. 2 ZPO. auch während der **Gerichtsferien**; denn wenn das landgerichtliche Mahnverfahren auch nicht wie das amtsgerichtliche ein dem ordentlichen Verfahren vorgelagertes Verfahren ist, sondern ein Teil des landgerichtlichen Rechtsstreits, so ist es doch in der Verordnung als Mahnverfahren bezeichnet und ist deshalb Feriensache im Sinne des § 204 GVG. Sydow-Busch Anm. 3; Levin, Gruchot Bd. 60 S. 15; Neumiller, BayZfR. 1915 S. 317. A. M. Braun Anm. 4; Trendelenburg Anm. 1 zu § 5. Da diese Frage zweifelhaft ist, empfiehlt es sich immerhin nötigenfalls die Erklärung als Feriensache ausdrücklich zu beantragen. Heilberg, JW. 1915 S. 1513.

IV. Die **Form des Zahlungsbefehls** ist entsprechend der Form der abgekürzten Versäumnis- und Anerkenntnisurteile (§ 313 Abs. 3 ZPO.) geregelt. Abweichend von den im § 692 ZPO. für den amtsgerichtlichen Zahlungsbefehl vorgeschriebenen Erfordernissen ist die Bezeichnung der Parteien, des Gerichts, des Betrags oder Gegenstands und des Grunds des Anspruchs nicht erforderlich, da sich dies aus der Klage ergibt. Es genügt deshalb: „wegen des aus der anliegenden Klageschrift — und ihrer Anlage — ersichtlichen Anspruchs". Nur die Kosten des Verfahrens müssen dem Betrage nach bezeichnet sein (die in dem bayerischen Muster BayJMBek. vom 30. Sept. 1915 Muster 4, JMBl. 1915 S. 95, vorgesehene Angabe der Höhe des Anspruchs ist nicht erforderlich, aber zur Vermeidung von Irrtümern empfehlenswert). Der Zahlungsbefehl muß vom Vorsitzenden des Gerichts unterzeichnet sein (§ 315 ZPO.). Sydow-Busch Anm. 5; Neukamp Anm. 2 zu § 1. Wird der Zahlungsbefehl auf ein Blatt gesetzt, das mit der Klageschrift verbunden wird, so soll die Verbindungsstelle mit dem Gerichtssiegel versehen oder die Verbindung mit Schnur und Siegel bewirkt werden (§ 313 Abs. 3 Satz 6 ZPO.). Die Nichtbeachtung dieser Sollvorschrift macht den Zahlungsbefehl nicht ungültig (Seuff. Anm. 3).

Die Urschrift der Klage mit der Urschrift des Zahlungsbefehls geht nach Ausfertigung an den Kläger zurück, auf die bei dem Gerichtsakt verbleibende Klagabschrift ist lediglich ein Vermerk zu machen.

§ 4.

(Auf die Zustellung einer mit dem Zahlungsbefehle versehenen Klage finden die Vorschriften über die Zustellung einer Klageschrift entsprechende Anwendung. Die Zustellung hat die Wirkungen, die mit der Zustellung einer mit der Terminsbestimmung versehenen Klage verbunden sind.)

I. Die **Zustellung** des landgerichtlichen Zahlungsbefehls erfolgt — abweichend von der Bestimmung des § 693 Abs. 1 ZPO. — **nicht** von Amts wegen, sondern nur auf Veranlassung der Partei. Gemäß der Auffassung der Verordnung, daß der landgerichtliche Zahlungsbefehl lediglich eine neue Form zur Einleitung des ordentlichen Verfahrens darstellt, erhält entsprechend der Vorschrift des § 261 Abs. 3 ZPO. der Anwalt des Klägers die Urschrift der Klage mit der darauf befindlichen Urschrift des Zahlungsbefehls zurück, muß sodann (wie sonst die Terminsnote) den Zahlungsbefehl auf die zur Zustellung an den Beklagten bestimmte Abschrift der Klage übertragen, beglaubigen und sodann durch Vermittlung des Gerichtsvollziehers zustellen lassen (§ 160 Abs. 1, § 170 Abs. 1 u. 2 ZPO.). Eine Vermittlung des Gerichtsschreibers bei der Zustellung (§ 166 Abs. 2 ZPO.) findet **nicht** statt.

Wegen der Zustellungskosten siehe oben Anm. IV d zu §§ 1—2.

II. Die **Wirkungen der Zustellung** der mit dem Zahlungsbefehl versehenen Klageschrift sind die gleichen, die mit der Zustellung einer mit der Terminsbestimmung versehenen Klage verbunden sind, d. h. mit der Zustellung treten die prozeßrechtlichen und materiellrechtlichen Wirkungen der Rechtshängigkeit ein (§ 253 Abs. 1 mit § 263 Abs. 1 ZPO.). Im einzelnen ist zu bemerken:

a) § 693 Abs. 3 ZPO. — **Rückdatierung** der Zustellungswirkungen auf den Zeitpunkt der Einreichung des Gesuchs findet **keine** Anwendung[1]) — Neukamp Anm. 3; Heilberg, JW. 1915 S. 1105; Levin, Gruchot Bd. 60 S. 17.

b) Die **Einrede der Rechtshängigkeit** (§ 263 Abs. 2 Ziff. 1 ZPO.) wird begründet, die Zuständigkeit des Prozeßgerichts wird durch eine Veränderung der sie begründenden Umstände nicht berührt (§ 263 Abs. 2 Ziff. 2), Klagsänderungen sind nur noch im Rahmen des § 264 ZPO.

---

[1]) Für Einführung einer entsprechenden Vorschrift Graßhof, Pr. VerwBl. Bd. 37 S. 114.

zulässig, die Abtretung des geltend gemachten Anspruchs hat die Wirkungen der §§ 265, 266 ZPO.

c) Von der Zustellung des Zahlungsbefehls ab wird **Hauptintervention** (§ 64 ZPO., vgl. Gaupp-Stein Fußnote 13 zu § 64; a. M. Seuffert Note 2a zu § 65 ZPO.; Neumiller Anm. zu § 64 ZPO.), **Nebenintervention** (§ 66 ZPO.; vgl. Gaupp-Stein Fußnote 11 zu § 66 ZPO.; Seuffert Anm. 2a zu § 66 ZPO.; Neumiller Anm. zu § 66 ZPO.), insbesondere Einlegung des Widerspruchs durch den Nebenintervenienten des Beklagten (Gaupp-Stein Anm. III zu § 67 ZPO.) und **Streitverkündung** (§ 72 ZPO.) zulässig. Trendelenburg Anm. 2c; a. M. Samter Anm. 2; Heilberg, JW. 1916 S. 151 (Haupt- und Nebenintervention seien erst nach erhobenem Widerspruch bzw. Einspruch zulässig).

III. Ein **Erlöschen der Wirkungen der Rechtshängigkeit** infolge Fristablaufs, wie es in § 701 ZPO. für den amtsgerichtlichen Zahlungsbefehl vorgesehen ist, tritt beim landgerichtlichen Zahlungsbefehl nicht ein. Trendelenburg Anm. 2d; Samter Anm. 7 zu § 8; Levin, Gruchot Bd. 60 S. 17ff.; Landsberg, PosMSchr. 15 S. 101. Die Rechtshängigkeit endigt daher:

a) durch rechtskräftiges Endurteil oder durch gerichtlichen Vergleich, soferne Widerspruch erhoben wird;

b) durch rechtskräftige Erteilung oder endgültige Versagung des Vollstreckungsbefehls (§§ 8 und 9 der Verordnung);

c) durch Zurücknahme der Klage (§ 271 ZPO.; auch § 113 ZPO.).

§ 5.

(Der Beklagte kann gegen den Anspruch oder einen Teil des Anspruchs Widerspruch erheben, solange der Vollstreckungsbefehl nicht verfügt ist. Der Widerspruch wird durch Einreichung eines Schriftsatzes erhoben. Der Gerichtsschreiber hat dem Beklagten auf Verlangen eine Bescheinigung darüber zu erteilen, daß er rechtzeitig Widerspruch erhoben habe.

Die Vorschriften des § 2 und des § 5 Abs. 2 der Verordnung über die gerichtliche Bewilligung von Zahlungsfristen (Reichs-Gesetzbl. 1915 S. 290) finden entsprechende Anwendung.

Einer Zurückweisung des nicht rechtzeitig erhobenen Widerspruchs bedarf es nicht.)

Die **Erhebung des Widerspruchs** ist in Anlehnung an den amtsgerichtlichen Zahlungsbefehl nach der im § 694 ZPO. getroffenen Regelung erfolgt.

I. Die **Frist für die Erhebung des Widerspruchs** ist nach § 3 der Verordnung vom Vorsitzenden im Zahlungsbefehl zu bestimmen. Gegen die Versäumung der Frist findet eine Wiedereinsetzung in den vorigen Stand nicht statt, da die Frist keine Notfrist ist. Wegen des Laufs der Frist während der Gerichtsferien siehe oben Anm. III zu § 3. Wie im amtsgerichtlichen Mahnverfahren kann jedoch auch im landgerichtlichen Verfahren der Widerspruch auch nach Ablauf der richterlichen Frist eingelegt werden, solange nicht der Gerichtsschreiber nach § 8 der Verordnung die Vollstreckbarkeitserklärung des Zahlungsbefehls verfügt hat. Auch der Eingang des Antrags des Klägers auf Erteilung des Vollstreckungsbefehls sowie die Vorlage dieses Antrags an das Gericht zur Entscheidung durch den Gerichtsschreiber im Falle des § 8 Abs. 2 der Verordnung machen den Widerspruch nicht unzulässig. Samter Anm. 4.

II. Als **Form für die Erhebung des Widerspruchs** ist im § 5 Abs. 1 Satz 2 mit § 3 Abs. 2 und § 78 ZPO. die Einreichung eines durch einen beim Gericht zugelassenen Rechtsanwalt unterzeichneten Schriftsatzes vorgeschrieben. Weinmann, JW. 1915 S. 1388; Cahn S. 41. Nach § 88 ZPO. ist die Vorlage der Vollmacht bei Erhebung des Widerspruchs nicht erforderlich.

Die Erhebung des Widerspruchs zu Protokoll des Gerichtsschreibers ist unzulässig.

III. Dem Beklagten ist, wenn der Widerspruch rechtzeitig war, auf Verlangen vom Gerichtsschreiber eine **Bescheinigung** zu erteilen; gegen die Versagung steht ihm Erinnerung an das Prozeßgericht (§ 576 Abs. 1 ZPO.) zu.

Der Kläger ist von der Erhebung des Widerspruchs nicht zu benachrichtigen, da er aus der ihm nach § 7 der Verordnung von Amts wegen zuzustellenden Ladung zum Verhandlungstermin ersieht, daß Widerspruch erhoben wurde.

IV. Ist der **Widerspruch nicht rechtzeitig** eingereicht oder ermangelt er der vorgeschriebenen Form, insbesonders der Unterzeichnung durch einen beim Prozeßgericht zugelassenen Rechtsanwalt, so ist eine besondere Zurückweisung dieses Widerspruchs nicht erforderlich; diese liegt in der Erteilung eines Vollstreckungsbefehls (vgl. § 694 Abs. 3 ZPO.).

V. Nach Abs. 2 des § 5 kann der Schuldner auch im landgerichtlichen Mahnverfahren unter Anerkennung der eingeklagten Forderung die **Bestimmung einer Zahlungsfrist** verlangen[1]) (siehe Anm. zu §§ 1—3 ZahlFrVerordn. unten S. 125 ff.). Die Zahlungsfrist kann auch — wie am angegebenen Ort näher ausgeführt — für nach dem 31. Juli 1914 entstehende Ansprüche bewilligt werden und ist nicht auf drei Monate beschränkt, soferne der Gläubiger einverstanden ist. Trendelenburg Anm. 4; Müller, DRZ. 1915 S. 754; irrig: Sydow-Busch Anm. 6. Der Fristantrag ist dem Kläger zur Gegenäußerung mitzuteilen. Verweigert der Kläger die Zustimmung, so gilt der Antrag als Widerspruch.

Der Antrag kann nur von einem beim Prozeßgericht zugelassenen Rechtsanwalt gestellt werden (§ 78 ZPO.)(unbestritten). Unzulässig ist es, ohne Anhörung des Klägers dem Beklagten eine Zahlungsfrist zu bewilligen. Gegen eine derartige Entscheidung steht dem Kläger die Beschwerde zu. OLG. Stuttgart vom 9. November 1915; LZ. 1916 S. 253 = Recht 1916 S. 22 Nr. 61.

---

[1]) Vgl. hiezu Pink, JW. 1916 S. 472, der nachweist, daß der Beklagte erheblich weniger Gerichtskosten zu zahlen hat, wenn er unbeschränkt Widerspruch erhebt und erst in der mündlichen Verhandlung unter Anerkennung des Anspruchs um Bewilligung einer Zahlungsfrist bittet.

§ 6.

(Durch die rechtzeitige Erhebung des Widerspruchs gegen den Anspruch oder einen Teil des Anspruchs verliert der Zahlungsbefehl seine Kraft. Die Wirkungen der Rechtshängigkeit bleiben bestehen.)

I. Die **Wirkung des Widerspruchs**, der rechtzeitig und formgerecht erhoben ist, besteht — wie nach § 695 ZPO. im amtsgerichtlichen Mahnverfahren — darin, daß der Zahlungsbefehl seine Kraft verliert, d. h. daß kein Vollstreckungsbefehl erlassen werden kann; dagegen bleibt die Rechtshängigkeit des geltend gemachten Anspruchs bestehen. Auch wenn nur gegen einen Teil des Anspruchs Widerspruch erhoben wird oder nur gegen eine Nebenforderung (Zinsen) oder gegen die Kosten, so wird hiedurch der ganze Zahlungsbefehl entkräftet.[1] Ist aber der Zahlungsbefehl wegen mehrerer selbständiger Ansprüche erlassen, so wird durch den Widerspruch gegen einen oder mehrere dieser Ansprüche die Wirksamkeit des Zahlungsbefehls bezüglich der übrigen Ansprüche nicht berührt. Das Gleiche gilt, wenn der Zahlungsbefehl zugunsten mehrerer als Streitgenossen klagender Gläubiger erlassen wird, soferne nicht notwendige Streitgenossenschaft vorliegt.

II. **Verzicht** auf Einlegung des Widerspruchs ist zulässig mit der Folge, daß der Zahlungsbefehl dann schon vor Ablauf der Widerspruchsfrist für vorläufig vollstreckbar erklärt werden kann. Trendelenburg Anm. 4 zu § 6; Samter Anm. 1; Braun Anm. 4; vgl. auch Gaupp-Stein Anm. 1 zu § 695.

Auch die **Zurücknahme** eines erhobenen Widerspruchs ist zulässig mit der Wirkung, daß der Widerspruch als nicht erhoben gilt und der Zahlungsbefehl auch schon vor Ablauf der Widerspruchsfrist für vollstreckbar erklärt werden kann. Trendelenburg a. a. O.; Samter a. a. O.; Braun a. a. O.: Gaupp-Stein a. a. O. (für das amtsgerichtliche Mahnverfahren bestritten).

Verzicht und Zurücknahme des Widerspruchs unterliegen im landgerichtlichem Verfahren dem Anwaltszwang (§ 78 ZPO.).

Wer Widerspruch erhebt und dann vor der mündlichen Verhandlung den begründeten Klageanspruch befriedigt, hat die Kosten des Rechtsstreits zu tragen, auch wenn er zur Klageerhebung keinen Anlaß gegeben hatte. OLG. Stuttgart vom 28. März 1916, Recht 1916, 246.

§ 7.

(Wird rechtzeitig Widerspruch erhoben, so bestimmt der Vorsitzende von Amts wegen Termin zur mündlichen Verhandlung. Die Parteien sind von Amts wegen zu laden; die Ladungsfrist beträgt mindestens drei Tage.)

I. Durch die Erhebung des Widerspruchs wird der Rechtsstreit in das **ordentliche, mündliche Verfahren übergeleitet.** Der Vorsitzende hat — ohne daß es, wie nach § 696 ZPO. im amtsgerichtlichen Verfahren,

[1]) Daß wegen des Streites um die Kosten auch die Hauptsache selbst in das ordentliche Verfahren übergeleitet werden muß, ist eine wenig zweckmäßige Regelung. Wach, JW. 1915 S. 1104; Levin, Gruchot Bd. 60 S. 9; Bielschowsky, JW. 1915 S. 1394.

eines besonderen Antrags bedarf — von Amts wegen Termin anzuberaumen und die Parteien zu laden. Da der Beklagte bereits mit dem Zahlungsbefehl Abschrift der Klage erhalten hat, bedarf es nur noch der Zustellung der Terminsnote mit Ladung.

II. Die **Ladungsfrist** beträgt — abweichend von der Bestimmung des § 217 ZPO. — mindestens drei Tage; nach §§ 224, 226 ZPO. kann diese Frist auf Antrag abgekürzt werden.

Diese abgekürzte Ladungsfrist gilt jedoch nur für den ersten nach dem Widerspruch anzuberaumenden Termin, wie sich aus dem engen Zusammenhang der Bestimmung mit der vorhergehenden Bestimmung, daß die Ladung von Amts wegen erfolge, ergibt; für jede neue Ladung zu folgenden, nicht von Amts wegen anzuberaumenden Terminen sind die längeren normalen Fristen des § 217 ZPO. einzuhalten. Braun Anm. 6 zu § 11; a. M. Levin, Gruchot Bd. 60 S. 14.

§ 8.

(Der Zahlungsbefehl ist nach Ablauf der darin bestimmten Frist auf schriftlichen Antrag des Klägers für vorläufig vollstreckbar zu erklären, sofern nicht vor der Vollstreckbarkeitserklärung von dem Beklagten Widerspruch erhoben ist. Die Vollstreckbarkeitserklärung wird von dem Gerichtsschreiber verfügt. In den Vollstreckungsbefehl sind die von dem Kläger zu berechnenden Kosten des bisherigen Verfahrens aufzunehmen.

Will der Gerichtsschreiber dem Antrag nicht entsprechen, so hat er das Gesuch nach Anhörung des Klägers dem Gerichte zur Entscheidung vorzulegen. Gegen den Beschluß des Gerichts, durch welchen der Antrag zurückgewiesen wird, findet sofortige Beschwerde statt.

Der Vollstreckungsbefehl wird auf die mit dem Zahlungsbefehle versehene Klage oder auf ein damit zu verbindendes Blatt gesetzt. Im letzteren Falle findet die Vorschrift des § 313 Abs. 3 Satz 6 der ZPO. entsprechende Anwendung.)

Dieser Paragraph regelt die **Erteilung des Vollstreckungsbefehls** in Anlehnung an die Bestimmung des § 699 ZPO.

I. Der **Antrag auf Vollstreckbarkeitserklärung** des Zahlungsbefehls kann wie auch im amtsgerichtlichen Mahnverfahren nicht schon — bedingt — gleichzeitig mit der Einreichung der Klage gestellt werden, sondern erst nach Ablauf der Widerspruchsfrist. Trendelenburg Anm. 3; Braun Anm. 1; Mangler, DRZ. 1915 S. 655; vgl. Gaupp-Stein Anm. II 1 zu § 699 ZPO.; zweifelnd Bierhaus, DJZ. 1916 S. 16. Jedoch ist ein nach Zustellung des Zahlungsbefehls aber vor Ablauf der Widerspruchsfrist eingereichter Antrag erst nach Ablauf der Frist zu verbescheiden. Seuff. Anm. 1 b. Der Antrag kann auf einen Teil des Anspruchs und auch auf die Kosten (wenn z. B. nach Zustellung des Zahlungsbefehls die Hauptsache bezahlt wurde) beschränkt werden. Trendelenburg Anm. 3; Samter Anm. 1.

Als **Form** für den Antrag auf Vollstreckbarkeitserklärung ist — abweichend von § 699 ZPO. — die Schriftform vorgeschrieben. Nach § 78 Abs. 1 ZPO. unterliegt der Antrag daher auch dem Anwaltszwang; denn es handelt sich weder um eine Prozeßhandlung, die vor dem Gerichtsschreiber vorgenommen (§ 78 Abs. 2 ZPO.) d. h. zu Protokoll des Gerichtsschreibers erklärt werden kann, noch um ein Gesuch, das an den Gerichtsschreiber zu richten ist, wie z. B. §§ 103, 209 ZPO., vielmehr ist der Antrag — wenn er auch regelmäßig vom Gerichtsschreiber zu verbescheiden ist — an das Gericht zu richten. Gibt hienach der Wortlaut der Verordnung keinen Anlaß zur Anwendung des § 78 II ZPO., so trifft dies erst recht nach dem Sinn und der Absicht der Verordnung nicht zu; die amtliche Begründung hebt nämlich an verschiedenen Stellen (z. B. Einleitung zum 1. Abschnitt Abs. 2 der Begründung zu § 3) hervor, daß an dem Anwaltszwang im landgerichtlichen Verfahren durch die Verordnung nicht gerüttelt werden soll. Trendelenburg Anm. 3; Seuffert Anm. 1; Sydow-Busch Anm. 3; Samter Anm. 1; Braun Anm. 1; Zelter, JW. 1915 S. 1234; Heilberg, JW. 1915 S. 1514 und 1916 S. 151; Landsberg, PosMSchr. 1915 S. 100; a. M. Neukamp Anm. 2a; Denkhaus, JW. 1915 S. 1220 und 1916 S. 31; Weinmann, JW. 1915 S. 1388.

Mit dem Antrag ist Urschrift der Klage mit Zahlungsbefehl und Zustellungsurkunde sowie eine Kostenberechnung (siehe nachfolgende Anmerkung II) einzureichen. Die Vorlage einer Vollmacht ist (abweichend vom § 703 ZPO.) nicht erforderlich; § 88 Abs. 2 ZPO.

II. Die **Kostenberechnung**, die mit dem Antrag auf Vollstreckbarkeitserklärung vorzulegen ist, hat grundsätzlich nur die durch die Erwirkung des Vollstreckungsbefehls dem Kläger erwachsenden Kosten zu enthalten. Es sind dies (Deiler, JW. 1915 S. 1144): $^5/_{10}$ Anwaltsgebühr im ordentlichen Verfahren, $^3/_{10}$ Anwaltsgebühr im Urkunden- und Wechselverfahren je mit Pauschsatz nach § 76 RAGO., $^{10}/_{10}$ Gerichtskosten im ordentlichen Verfahren, $^6/_{10}$ Gerichtskosten im Urkunden- und Wechselverfahren. Die aus der *Zustellung des Vollstreckungsbefehls* erwachsenden Kosten brauchen nicht aufgenommen zu werden, da sie nach § 788 ZPO. als Vollstreckungskosten ohne vorherige gerichtliche Festsetzung beigetrieben werden können.

Sind bei der mit der Klage einzureichenden Kostenberechnung (siehe oben Anm. zu §§ 1 u. 2) Kosten übersehen worden, so ist nach dem Wortlaut Abs. 1 Satz 3 § 8 die Aufnahme dieser Kosten in die mit dem Antrag auf Vollstreckbarkeitserklärung vorzulegende Berechnung und die Aufnahme dieser Kosten in den Vollstreckungsbefehl nicht unzulässig. A. M. Sydow-Busch Anm. 7; Trendelenburg Anm. 6 zu § 1; vgl. auch Gaupp-Stein Anm. IV zu § 699 ZPO. Fußnote 14.

Unterläßt der Kläger auch hier die Angabe der ihm entstandenen Kosten ganz oder teilweise, so ist eine **nachträgliche Kostenfestsetzung** auf Grund des Vollstreckungsbefehls, der ein zur Zwangsvollstreckung geeigneter Titel nach § 103 ZPO. ist, zulässig. Braun Anm. 4; Levin, Gruchot Bd. 60 S. 16 Fußnote 24; vgl. Gaupp-Stein Anm. II 3 zu § 107 ZPO.; a. M. Sydow-Busch Anm. 7; Trendelenburg Anm. 6 zu § 1; Striemer, JW. 1915 S. 1514; amtliche Begründung zu § 1.

Die hiedurch entstehenden Kosten treffen jedoch den Gläubiger, da sie zur zweckentsprechenden Rechtsverfolgung nicht notwendig sind.

III. Die **Erteilung des Vollstreckungsbefehls** ist eine selbständige Verfügung des *Gerichtsschreibers*. Führt diesen die Prüfung der Erfordernisse zur Bejahung der Zulässigkeit, so braucht er den Antrag dem Vorsitzenden oder dem Gericht nicht vorzulegen. Soweit jedoch nach § 796 Abs. 1 ZPO. der Vollstreckungsbefehl noch einer besonderen Vollstreckungsklausel bedarf, wenn nämlich die Zwangsvollstreckung für einen anderen als den in der Klage bezeichneten Gläubiger oder gegen einen anderen als den in der Klage bezeichneten Schuldner erfolgen sollte, darf diese Vollstreckungsklausel nach § 730 ZPO. nur auf Anordnung des Vorsitzenden erteilt werden und ist diese Anordnung in der Vollstreckungsklausel zu erwähnen. Sydow-Busch Anm. 6. Bevor der Gerichtsschreiber den Vollstreckungsbefehl verfügt, hat er selbständig **zu prüfen**, ob sämtliche Voraussetzungen gegeben sind, nämlich

a) ob der Zahlungsbefehl den im § 3 vorgeschriebenen Inhalt hat, insbesondere ob er den Hinweis enthält, daß der Widerspruch durch einen Rechtsanwalt erhoben werden muß;

b) ob Klage mit Zahlungsbefehl ordnungsgemäß zugestellt ist;

c) ob die mit der Zustellung beginnende Widerspruchsfrist abgelaufen ist, sofern nicht ein Verzicht oder eine Zurücknahme des Widerspruchs vorliegt (siehe oben Anm. II zu § 6); hiebei ist insbesonders zu beachten, ob der Fristenlauf nicht infolge Unterbrechung oder Aussetzung des Verfahrens gehemmt wurde, wie dies z. B. bei einer Klage gegen einen Kriegsteilnehmer im Sinne des § 2 des KTSchG. regelmäßig der Fall ist. Ob die Widerspruchsfrist vom Vorsitzenden entsprechend den Vorschriften über die Einlassungsfrist festgesetzt wurde, unterliegt dagegen nicht der Nachprüfung durch den Gerichtsschreiber. Vgl. oben Anm. 2 zu § 3; a. M. Trendelenburg Anm. 7; Braun Anm. 5; Eingabe des Vorstands des Deutsch. Anw.-Ver. vom 23. Febr. 1916, JW. 1916 S. 560;

d) ob nicht rechtzeitig (d. h. bevor der Gerichtsschreiber den Vollstreckungsbefehl verfügt hat, siehe oben Anm. I zu § 5) und formgerecht, insbesonders durch einen beim Gericht zugelassenen Rechtsanwalt Widerspruch gegen den Zahlungsbefehl erhoben worden ist;

e) ob der Antrag auf Vollstreckbarkeitserklärung in gehöriger Form (siehe vorstehende Anm. I) gestellt ist; an eine Frist ist dieser Antrag nicht gebunden, da der § 701 ZPO. auf das landgerichtliche Mahnverfahren keine Anwendung findet;

f) ob die Kostenberechnung, die der Kläger vorgelegt hat, richtig ist.

IV. Glaubt der Gerichtsschreiber, daß eine der vorerwähnten Voraussetzungen nicht erfüllt ist oder will er aus einem anderen Grund dem Antrag nicht entsprechen, so muß er zunächst **den Kläger hören**. Dies gilt auch dann, wenn der Gerichtsschreiber den Antrag nur zum Teil oder nur wegen der Kosten für unbegründet hält. Eine Teil-Vollstreckbarkeitserklärung ist, soweit nicht der Kläger seinen Antrag beschränkt hat, unzulässig.

Die Anhörung ist an keine Form gebunden, kann deshalb schriftlich oder mündlich oder durch Fernsprecher erfolgen, unterliegt jedoch wie das ganze landgerichtliche Mahnverfahren (siehe vorstehende Anm. I u. Anm. III zu §§ 1 u. 2) dem Anwaltszwang; a. M. Neukamp Anm. 3 zu § 8; Weinmann, JW. 1915 S. 1389. Werden durch die Antwort des Klägers die Bedenken des Gerichtsschreibers beseitigt, so hat er nunmehr den Vollstreckungsbefehl zu erlassen; Seuffert Anm. 2; andernfalls hat er den Antrag dem Gericht zur Entscheidung vorzulegen.

V. Hält das **Gericht** den Antrag des Klägers für begründet, so erläßt es — ohne mündliche Verhandlung — Beschluß, durch den der Gerichtsschreiber zur Erteilung des Vollstreckungsbefehls angewiesen wird. An diesen Beschluß ist der Gerichtsschreiber gebunden; daß die Vollstreckbarkeitserklärung auf Anordnung des Gerichts erfolgt, ist in dem Vollstreckungsbefehl nicht zu vermerken. Hält das Gericht die Erteilung des Vollstreckungsbefehls für unzulässig, wenn auch nur wegen eines Teils oder auch nur wegen der Kosten, so kann es entweder den Kläger nochmals hören (Seuffert Anm. 2; Samter Anm. 6) oder kann sofort durch Beschluß — ohne mündliche Verhandlung — den Antrag zurückweisen. Dieser Beschluß ist dem Kläger, nicht aber auch dem Beklagten (Seuffert Anm. 2; Trendelenburg Anm. 9; vgl. Gaupp-Stein Anm. 3 zu § 699; **a. M.** Samter Anm. 6), von Amts wegen nach § 329 Abs. 3 ZPO. zuzustellen. Gegen den Beschluß findet sofortige Beschwerde (§ 577 ZPO., aber auch § 22 der Verordnung) statt, welche dem Anwaltszwang unterliegt (unbestritten).

Ist der Antrag auf Vollstreckbarkeitserklärung wegen eines behebbaren Mangels rechtskräftig zurückgewiesen, z. B. weil die Widerspruchsfrist noch nicht abgelaufen oder weil der Antrag mangelhaft ist oder weil die Kosten nicht richtig berechnet sind, so kann nach Behebung des Mangels ein neuer Antrag auf Vollstreckbarkeitserklärung gestellt werden; bis dahin ruht das Verfahren. Es liegt die gleiche Sachlage vor, wie wenn im mündlichen Verfahren nach §§ 335, 336 ZPO. ein Antrag auf Erlaß des Versäumnisurteils rechtskräftig zurückgewiesen ist. Handelt es sich dagegen um einen Mangel, der nicht behebbar ist, so bleibt dem Kläger nur die Anstellung einer neuen Klage, die jedoch erst nach Zurücknahme der früheren Klage erhoben werden kann, da eine Beendigung der Rechtshängigkeit durch Fristablauf wie im § 701 ZPO. im landgerichtlichen Verfahren nicht stattfindet. Samter Anm. 7; Heilberg, JW. 1916 S. 151.

VI. Die **Zustellung des Vollstreckungsbefehls** ist gemäß §§ 317 I, 496 I mit § 9 der Verordnung (und wie auch in der amtlichen Begründung ausdrücklich hervorgehoben wird) Sache des Klägers, an den die Urschrift des gemäß Abs. 3 des § 8 ausgefertigten Vollstreckungsbefehls hinausgegeben wird. Eine gesetzlich vermutete Ermächtigung des Gerichtsschreibers zur Zustellung des Vollstreckungsbefehls, wie sie im amtsgerichtlichen Mahnverfahren auf Grund der §§ 699 Abs. 1 Satz 4 u. 550 Abs. 1 ZPO. besteht, ist im landgerichtlichen Verfahren nicht gegeben. Samter Anm. 8; **a. M.** Seuffert Anm. 3. Der Vollstreckungsbefehl kann (im Gegensatz zum Zahlungsbefehl) auch im Ausland oder durch öffentliche Bekanntmachung zugestellt werden.

VII. Da die Urschrift des Vollstreckungsbefehls an den Kläger hinausgegeben wird, ist die **Erteilung einer weiteren vollstreckbaren Ausfertigung**, sofern die erste vollstreckbare Ausfertigung verloren gegangen ist, unmöglich. Samter Anm. 1 zu § 9; Braun Anm. 10; Harder, JW. 1916 S. 30; zweifelnd Neumiller, BayZfR. 1915 S. 317 Fußnote 32. (Während nach der BayJMBek. vom 30. Sept. 1915 II 3 eine Abschrift des Zahlungsbefehls bei den Gerichtsakten verbleibt, ist dies nach der Preuß. JMVerf. vom 14. September 1915 II nicht der Fall).

§ 9.

(Der Vollstreckungsbefehl steht einem für vorläufig vollstreckbar erklärten, auf Versäumnis erlassenen Endurteile gleich. Gegen den Vollstreckungsbefehl findet der Einspruch nach den Vorschriften der §§ 339 bis 346 der Zivilprozeßordnung statt.)

I. Die Bestimmung entspricht dem § 700 ZPO. Die **Einspruchsfrist** beträgt jedoch hier zwei Wochen (§ 339); Einlegung des Einspruchs muß durch einen beim Gericht zugelassenen Rechtsanwalt erfolgen. Bei einem anderen Einspruch hat der Vorsitzende keinen Termin anzusetzen; Striemer, JW. 1916 S. 151; Weinmann, JW. 1915 S. 1389. Für die Vollstreckungsgegenklage (§ 767 ZPO.) und für Klagen auf Erteilung der Vollstreckungsklausel (§§ 731, 768 ZPO.) ist in entsprechender Anwendung des § 796 Abs. 2 u. 3 ZPO. das Landgericht zuständig, dessen Gerichtsschreiber den Vollstreckungsbefehl erteilt hat. Das gleiche Gericht ist in entsprechender Anwendung des § 584 Abs. 2 ZPO. ausschließlich zuständig für Nichtigkeits- (§ 579 ZPO.) und Restitutionsklagen.

II. Der **Vollstreckungsbefehl** ist von der Zustellung ab **vollstreckbar** und zwar ohne Sicherheitsleistung,[1]) auch wenn im Klagsantrag vorläufige Vollstreckbarkeit nur gegen Sicherheitsleistung verlangt war. Samter Anm. 1 zu § 8; Trendelenburg Anm. 5 zu § 8.

Durch die Einlegung des Einspruchs wird die Zwangsvollstreckung nicht gehemmt, jedoch ist nach §§ 719, 707 ZPO. die vorläufige Einstellung der Zwangsvollstreckung zulässig. Wird der Einspruch durch Versäumnisurteil verworfen, so ist dies Urteil ohne Antrag (und ohne Sicherheitsleistung) für vorläufig vollstreckbar zu erklären nach § 708 Nr. 3. Gaupp-Stein Anm. II 3 a. E. zu § 708 ZPO.

III. **Nach rechtskräftiger Verwerfung** des Einspruchs wird der Vollstreckungsbefehl rechtskräftig und äußert dann auch die Wirkungen der materiellen Rechtskraft.

§ 10.

(In den Fällen der §§ 1 bis 3 findet eine Anfechtung der Entscheidung des Vorsitzenden nicht statt.)

I. Die Zulassung eines **Rechtsmittels gegen Entscheidungen des Vorsitzenden**, soweit sie die Wahl trifft zwischen Erlaß eines Zahlungsbefehls oder Terminsanberaumung unter Abstandnahme von dem Erlaß eines Zahlungsbefehls oder vorgängige Anhörung des Klägers ist nicht erforderlich. „Der Beklagte ist durch die Möglichkeit des Widerspruchs gegen den Zahlungsbefehl hinreichend geschützt und wird der Zahlungsbefehl nach § 2 nicht erlassen, so wird über den in der Klage geltend gemachten

[1]) Erhebt der Beklagte dagegen Widerspruch und läßt dann Versäumnisurteil gegen sich ergehen, so kann dieses nur gegen Sicherheitsleistung für vorläufig vollstreckbar erklärt werden. Abg. Liesching in der Reichstagssitzung vom 8. April 1916, Amtl. Bericht S. 933 B.

Anspruch mündlich verhandelt und vom Gericht entschieden. Hiedurch und durch die Zulassung der sofortigen Beschwerde gegen die Versagung des Vollstreckungsbefehls (§ 8 Abs. II der Verordnung) sind auch die Interessen des Klägers hinreichend gewahrt." (Amtl. Begründung.)

II. Zulässig ist die Beschwerde, wenn der Vorsitzende weder einen Zahlungsbefehl erläßt, noch Verhandlungstermin anberaumt (nach § 567 ZPO.), OLG. Dresden v. 18. Okt. 1915, OLGRspr. Bd. 31 S. 392 = Sächs. Arch. 1915 S. 461, wenn ein Zahlungsbefehl erlassen worden ist, in einem Fall, auf den die Verordnung keine Anwendung findet, z. B. weil das Mahnverfahren wegen der Notwendigkeit der Zustellung des Zahlungsbefehls im Ausland unzulässig ist. KammerG. vom 8. Nov. 1915, LZ. 1915 S. 671 = JW. 1915 S. 1452 = DJZ. 1915 S. 1238. Die Beschwerde ist ferner für zulässig erklärt worden in einem Fall, in dem der Vorsitzende auf das Gesuch des Beklagten ohne den Kläger zu hören, eine Zahlungsfrist bewilligte, weil gegen eine derartige „in unzulässiger Weise ergangene Entscheidung nach der Natur der Sache und den allgemeinen Grundsätzen der Zivilprozeßordnung ein Rechtsmittel zulässig sein müsse, das hier nur die Beschwerde sein könne" OLG. Stuttgart vom 9. November 1915, LZ. 1916 S. 253.

Zulässig ist die Beschwerde endlich auch bezüglich derjenigen Entscheidungen, die zwar im landgerichtlichen Mahnverfahren ergehen, aber nicht auf Grund der §§ 1—3 der Verordnung, so ist z. B. gegen die Zurückweisung eines Antrags auf Abkürzung der Widerspruchsfrist nach § 567 ZPO. mit § 225 ZPO. (vgl. Gaupp-Stein Anm. 3 zu § 325 ZPO.) die einfache Beschwerde zulässig. Samter Anm. zu § 10.

III. Im Hinblick auf die Unanfechtbarkeit der Entscheidungen des Vorsitzenden kommt der Haftung auf Grund des § 593 BGB. erhöhte Bedeutung zu.

§ 11.

(Für den Urkunden- und Wechselprozeß gelten die folgenden besonderen Vorschriften:

1. Die Urkunden sollen in Urschrift oder in Abschrift der Klage beigefügt und in Abschrift mit der Klage zugestellt werden.
2. Bei Erlaß des Zahlungsbefehls (§ 1) und des Vollstreckungsbefehls (§ 8) bedarf die Statthaftigkeit der gewählten Prozeßart keiner Prüfung.
3. Beschränkt sich der Widerspruch auf den Antrag, dem Beklagten die Ausführung seiner Rechte vorzubehalten, so ist der Vollstreckungsbefehl (§ 8) unter diesem Vorbehalte zu erlassen. Auf das weitere Verfahren findet die Vorschrift des § 600 der Zivilprozeßordnung entsprechende Anwendung.
4. Die Ladungsfrist (§ 7) beträgt mindestens vierundzwanzig Stunden.

I. Der § 11 regelt das landgerichtliche Mahnverfahren im **Urkunden- und Wechselprozeß** (dem nach § 28 Abs. 3 Scheckgesetz der Scheckprozeß gleichsteht), d. h. wenn die beim Landgericht eingereichte Klageschrift die Erklärung enthält, daß im Urkunden- oder im Wechselprozeß geklagt werde (§§ 593 Abs. 1 ZPO.; 604 Abs. 1 ZPO.). Auch hier finden die §§ 1—10 der Verordnung grundsätzlich Anwendung, soweit sich nicht aus § 11 1—4 abweichendes ergibt.

II. Nach § 593 Abs. 2 müssen die **Urkunden**, welche die zur Begründung des Anspruchs erforderlichen Tatsachen beweisen wollen, nicht schon der Klage in (Ur- oder Abschrift) beigefügt werden, sondern es kann dies auch mit einem vorbereitenden Schriftsatz nachgeholt werden (wobei allerdings zwischen der Zustellung des Schriftsatzes und dem Termin zur mündlichen Verhandlung ein der Einlassungsfrist gleicher Zeitraum liegen muß). Nunmehr sollen nach § 11 Nr. 1 diese Urkunden schon der Klageschrift beigefügt und mit der Klage zugestellt werden, damit der Beklagte in der Lage ist, die Urkunden vor Ablauf der Widerspruchsfrist zu prüfen. (Amtliche Begründung). Da einerseits der § 11 Nr. 1 wenn auch nur als „Soll"-Vorschrift die Beifügung der Urkunden in Ur- und Abschrift vorschreibt, andererseits aber nach § 11 Nr. 2 bei Erlaß des Zahlungsbefehls und des Vollstreckungsbefehls die Statthaftigkeit der gewählten Prozeßart vom Vorsitzenden nicht nachzuprüfen ist, erscheint es zweifelhaft, welche Folge es hat, wenn die Urkunden nicht beigefügt werden. Nachdem die Begründung ausdrücklich hervorhebt, daß Vorsorge getroffen werden muß, daß der Beklagte vor Ablauf der Widerspruchsfrist die Urkunden prüfen kann, wird man sagen müssen, daß der Vorsitzende den Zahlungsbefehl dann nicht erlassen darf, wenn die in der Klage in Bezug genommenen Urkunden nicht mitvorgelegt werden, daß aber ein trotz dieses Mangels erlassener Zahlungsbefehl nicht ungültig ist. (Dies die Bedeutung der Nr. 1 des § 11). Daß weiterhin weder beim Erlaß des Zahlungsbefehls noch beim Erlaß des Vollstreckungsbefehls die Urschriften der Urkunden zu prüfen sind und daß nicht zu prüfen ist, ob durch die vorgelegten Urkunden die sämtlichen zur Begründung des Anspruchs erforderlichen Tatsachen (§ 592 ZPO.) bewiesen werden. (Dies die Bedeutung von Nr. 2 § 11). Bei Erlaß des Vollstreckungsbefehls ist lediglich zu prüfen, ob die mit der Klage dem Gericht vorgelegten Urkunden dem Beklagten ordnungsgemäß und rechtzeitig zugestellt worden sind. Sydow-Busch Anm. 3, 4, 5 und 6; Samter Anm. 2 und 3 (unklar); a. M. Trendelenburg Anm. 3; Seuffert Anm. 1; Braun Anm. 2; Heilberg, JW. 1915 S. 1514 (welche trotz Mangels der Urkunden den Zahlungsbefehl für zulässig halten). Zweifelnd: Auerbach, JW. 1916 S. 177.

Sieht der Vorsitzende von der Erlassung eines Zahlungsbefehls ab, so hat er (bei der nach § 2 vorgeschriebenen Anhörung des Klägers) diesen auch auf den Mangel der Urkunden und auf etwaige Bedenken der Statthaftigkeit des Urkunden- oder Wechselprozesses hinzuweisen. Neukamp Anm. 2.

Wird Widerspruch oder Einspruch eingelegt, so ist im nachfolgenden mündlichen Verfahren die Statthaftigkeit der gewählten Prozeßart nach den allgemeinen Bestimmungen der Zivilprozeßordnung (§ 597 Abs. 2) vom Gericht zu prüfen.

III. Der in § 11 Nr. 3 zugelassene **beschränkte Widerspruch** entspricht den Bestimmungen des § 599 ZPO.; er bedarf wie der unbeschränkte Widerspruch nach § 5 Abs. 2 der Verordnung der Schriftform und unterliegt wie dieser dem Anwaltszwang. Eine Zustellung des beschränkten Widerspruchs an den Kläger findet nicht statt, da dieser aus dem Inhalt des Vorbehaltsvollstreckungsbefehls hievon Kenntnis erhält. Dagegen ist dem Beklagten nach § 5 Abs. 1 Satz 3 auf Verlangen eine Bescheinigung über die rechtzeitige Einlegung des beschränkten Widerspruchs zu erteilen. Wird ein Vollstreckungsbefehl mit Vorbehalt erlassen, so bleibt nach § 600 ZPO. der Rechtsstreit im ordentlichen Verfahren anhängig. Terminsanberaumung und Ladung zur mündlichen Verhandlung erfolgen jedoch nicht von Amts wegen, vielmehr bleibt es den Parteien überlassen, das Nachverfahren in Gang zu bringen, da der § 7 der Verordnung einen unbeschränkten Widerspruch, der den Erlaß eines Vollstreckungsbefehls hindert, zur Voraussetzung hat; Samter Anm. 6 und 7; Seuffert Anm. 3; Sydow-Busch Anm. 8; Heilberg, JW. 1915 S. 1514; a. M. Trendelenburg Anm. 6; Neukamp Anm. 2; Braun Anm. 4. Auch der Vorbehaltsvollstreckungsbefehl ist ohne Sicherheitsleistung vollstreckbar und es ist unzulässig, dem Beklagten nachzulassen, durch Sicherheitsleistung die Vollstreckung abzuwenden. Harder, JW. 1916 S. 25. Jedoch ist auch gegen den Vorbehaltsvollstreckungsbefehl Einspruch zulässig, worauf das Gericht nach §§ 707 bis 719 ZPO. die Zwangsvollstreckung vorläufig einstellen kann. Sydow-Busch Anm. 7; a. M. Seuffert Anm. 3 (Einspruch sei nicht zulässig, sondern nur das Nachverfahren nach § 600 ZPO.) und Buff, JW. 1916, 652.

Ist der Vollstreckungsbefehl fälschlich ohne Vorbehalt erlassen worden, so kann er durch nachträgliche Aufnahme des Vorbehalts ergänzt bzw. berichtigt werden. Der § 321 ZPO. ist entsprechend anzuwenden mit der Maßgabe, daß das Verfahren schriftlich ist. Daneben bleibt jedoch dem Beklagten die Möglichkeit des Einspruchs gegen den Vollstreckungsbefehl. Samter Anm. 5. Einen beschränkten Einspruch gegen den Vollstreckungsbefehl gibt es jedoch nicht, vielmehr geht beim Einspruch gegen den Vollstreckungsbefehl das Verfahren stets in den Urkunden- und Wechselprozeß über.

IV. Die **Ladungsfrist** zu dem nach erhobenem Widerspruch anzuberaumenden Verhandlungstermin ist in § 11 Nr. 4 der Verordnung auf 24 Stunden abgekürzt, da nicht die Partei selbst, sondern der von ihr bestellte, bei dem Gericht zugelassene, in der Regel also beim Sitz des Prozeßgerichts wohnhafte Rechtsanwalt zu laden ist (§ 176 ZPO; amtl. Begr.). **Zu beachten** ist, daß die Verordnung hiebei den gewöhnlichen Urkundenprozeß dem Wechselprozeß gleichstellt, während die Zivilprozeßordnung den gewöhnlichen Urkundenprozeß bezüglich der Einlassungs- und Ladungsfristen dem ordentlichen Verfahren gleichstellt. Braun Anm. 6.

Diese kurze Ladungsfrist von 24 Stunden gilt nur für den ersten, nach dem erhobenen Widerspruch von Amts wegen anzuberaumenden Termin; für die weiteren Termine gelten die normalen Fristen gemäß § 217, 604 Abs. 2 ZPO.; vgl. oben Anm. II zu § 7.

§ 12.

(Im Verfahren vor den Landgerichten werden für den Erlaß eines Zahlungsbefehls (§ 1) zwei Zehntel der vollen Gebühr (§ 8 des Gerichtskostengesetzes) erhoben. Die Gebühr wird auf spätere Gebühren des Rechtsstreits angerechnet. Die Entscheidung über den Antrag auf Erlaß des Vollstreckungsbefehls (§ 8) gilt im Sinne des Gerichtskostengesetzes als Entscheidung über den Antrag auf Erlaß des Versäumnisurteils.

Im Verfahren vor den Landgerichten gilt der Antrag auf Erlaß des Vollstreckungsbefehls (§ 8) im Sinne der Gebührenordnung für Rechtsanwälte als ein in nicht kontradiktorischer Verhandlung gestellter Antrag auf Erlaß des Versäumnisurteils.)

Der § 12 regelt die **Gebühren und Kosten** für das landgerichtliche Mahnverfahren; die für das amtsgerichtliche **Mahnverfahren** geltenden Vorschriften des § 37 GKG. und § 38 RAGO. mit § 17 der Verord. finden auf das landgerichtliche Mahnverfahren **keine Anwendung**.

I. Gerichtskosten.

a) Für den Erlaß des Zahlungsbefehls wird eine Gebühr von $^{2}/_{10}$ der Gebühr des § 8 GKG. erhoben und zwar gleichmäßig im ordentlichen Verfahren wie im Urkunden- und Wechselprozeß; § 25 GKG. findet auf diese Gebühr keine Anwendung.

b) Für die Entscheidung über den Antrag auf Erlaß des **Vollstreckungsbefehls** (auch für die ablehnende Entscheidung) wird nach § 12 der Verordnung und § 18 Nr. 3 GKG. die Entscheidungsgebühr erhoben und zwar $^{10}/_{10}$ der Gebühren des § 18 GKG. im ordentlichen Verfahren, $^{6}/_{10}$ im Urkunden- und Wechselverfahren. Auf die Gebühr für den Vollstreckungsbefehl wird die Gebühr für den Zahlungsbefehl voll angerechnet, so daß für Zahlungs- und Vollstreckungsbefehl zusammen nicht mehr als $^{10}/_{10}$ bzw. $^{6}/_{10}$ zu berechnen sind.

c) Wird gegen den Zahlungsbefehl **Widerspruch** erhoben, so wird die Zahlungsbefehlsgebühr voll auf die im ordentlichen Verfahren anfallenden Gebühren angerechnet. Wird die Klage vor Erlaß des Zahlungsbefehls **zurückgezogen**, so wird eine Gebühr nicht erhoben; § 46 Abs. 2 GKG. findet keine Anwendung. Trendelenburg Anm. 2. Eine nach Erlaß des Zahlungsbefehls erfolgende Zurückziehung hat keinen Einfluß auf die schon angefallenen Gebühren.

d) Neben diesen Gebühren wird ein **Pauschsatz** von 10 vom Hundert erhoben, wobei jedoch der Pauschsatz für die Instanz mindestens 50 Pfg., höchstens 100 Mk. beträgt. § 80b GKG. (Vgl. hierher auch Hümmert, Bl. f. d. bay. Finanzwesen 1915, 303).

II. Die Gebühren des Rechtsanwalts.

a) Dem **Rechtsanwalt des Klägers** steht für die Einreichung der Klageschrift die Prozeßgebühr nach § 13 Ziff. 1 RAGO. zu und zwar $^{10}/_{10}$ im ordentlichen Verfahren nach § 9, $^{6}/_{10}$ im Urkunden- und Wechselprozeß nach § 19 RAGO. nebst dem Pauschsatz nach § 76 Abs. 3 RAGO. Trendelenburg Anm. 4b; Levin, Gruchot Bd. 60 S. 16 Fußnote 24; Striemer, JW. 1915 S. 1160; Deiler, JW. 1915 S. 1144; Müller, BayZfR. 1915 S. 367.

Wird mit der Klage noch ein besonderes Gesuch auf Erlaß eines Zahlungsbefehls (was überflüssig, aber unschädlich ist) oder ein Gesuch auf Abstandnahme vom Mahnverfahren eingereicht, fällt hiefür keine besondere Gebühr an. Samter Anm. 2.

b) Für den Antrag auf Erlaß des **Vollstreckungsbefehls** erhält der Rechtsanwalt des Klägers $^{5}/_{10}$ Verhandlungsgebühr im ordentlichen Verfahren, $^{3}/_{10}$ im Urkunden- und Wechselprozeß (§ 13 Nr. 2, 16 u. 19 RAGO.) nebst dem Pauschsatz § 76 RAGO.

c) Eine **Anrechnung** dieser Gebühren auf spätere Gebühren im ordentlichen Rechtsstreit findet **nicht** statt, da der § 38 RAGO. im Mahnverfahren vor den Landgerichten nicht anwendbar ist. Trendelenburg a. a. O.

d) Der Rechtsanwalt des **Beklagten** erhält für die Erhebung des Widerspruchs die Prozeßgebühr von $^{10}/_{10}$ im ordentlichen Prozeß, $^{5}/_{10}$ im

Urkunden- und Wechselprozeß nebst dem Pauschsatz § 76 Abs. 3 RAGO., eine besondere Gebühr für die Erhebung des Widerspruchs fällt daneben nicht an. Trendelenburg Anm. 4e; Samter Anm. 2b; Deiler, JW. 1915 S. 1144; Striemer, JW. 1915 S. 1160; a. M. Neukamp Anm. 2; Zelter, JW. 1915 S. 1233 (welche dem Anwalt für die Erhebung des Widerspruchs nur $^{2}/_{10}$ nach § 38 Nr. 2 RAGO. zubilligen wollen).

Mahnverfahren vor den Amtsgerichten.

§ 13.

Ein Anspruch, der zur Zuständigkeit der Amtsgerichte gehört soll unbeschadet der §§ 500, 510c der Zivilprozeßordnung im Mahnverfahren geltend gemacht werden, wenn es gemäß § 688 der Zivilprozeßordnung zulässig ist.

I. Die Verordnung führt für den **Amtsgerichtsprozeß ein rechtsnotwendiges Mahnverfahren** ein. Das im 7. Buch (§§ 688—703) der Zivilprozeßordnung geregelte Mahnverfahren erleidet an und für sich keine Veränderung. Während es aber bisher von dem freien Belieben der Parteien abhing, ob sie von dem Mahnverfahren Gebrauch machen wollten oder nicht, wird nach der Verordnung in denjenigen Sachen, die zur Zuständigkeit des Amtsgerichts gehören, der Partei die Pflicht auferlegt, in der Regel zunächst den Weg des Mahnverfahrens zu beschreiten, bevor das förmliche Streitverfahren eingeleitet wird. Auf Grund der §§ 13 und 14 der Verordnung kann nunmehr ein Anspruch vor dem Amtsgericht auf folgende Weise geltend gemacht werden.

a) Ohne Rücksicht auf den Gegenstand des Rechtsstreits können die Parteien nach § 500 ZPO. zur Verhandlung des Rechtsstreits ohne Klagserhebung an der Gerichtsstelle zur Verhandlung erscheinen oder der Kläger kann das Sühneverfahren nach § 510c ZPO. einleiten (amtl. Begr.). Beide Wege werden allerdings in der Praxis fast nie eingeschlagen.

b) Handelt es sich um einen Anspruch, der nicht im Mahnverfahren nach § 688 ZPO. (siehe oben Anm. II zu § 1) verfolgt werden kann, so ist wie bisher nach den Bestimmungen der Zivilprozeßordnung Klage schriftlich oder zu Protokoll des Gerichtsschreibers zu erheben.

c) Handelt es sich um einen Anspruch, der im Mahnverfahren nach § 688 ZPO. verfolgt werden kann (vgl. oben Anm. II zu § 1), so „soll" ein Gesuch um Erlaß eines Zahlungsbefehls eingebracht werden und zwar entweder im ordentlichen Mahnverfahren nach §§ 688 ff. ZPO. oder im Urkunden- und Wechselmahnverfahren nach §§ 15 und 16 der Verordnung, sofern ein im Urkunden- und Wechselprozeß verfolgbarer Anspruch vorliegt. (Rechtsnotwendigkeit des Mahnverfahren). Wird trotzdem in einem derartigen Falle Klage erhoben, so gilt die Klage regelmäßig als Mahngesuch (näheres siehe Anm. I u. II zu § 14).

d) Der § 13 setzt die Notwendigkeit des Mahnverfahrens nur für Ansprüche fest, die zur „Zuständigkeit der Amtsgerichte gehören", und der § 14 der Verordnung erstreckt sich nur auf solche Ansprüche, die unter § 13 fallen. Nach dem Wortlaut der VO. gehören hierher nicht Ansprüche, die nicht (ipso iure oder auf Grund Vereinbarung nach § 38 ZPO.) zur Zuständigkeit des Landgerichtes gehören, also insbes.

Ansprüche mit einem Streitwert über 600 Mk. Wird in solchen Fällen kein Zahlungsbefehlsgesuch, sondern Klage eingereicht, so gilt diese nicht als Gesuch um Erlassung eines Zahlungsbefehles. Hier wäre auch das notwendige Mahnverfahren wenig zweckmäßig, da derartige Sachen nahezu immer im kontradiktorischen Prozeß zum Austrag gebracht werden. Sydow-Busch Anm. 2 u. 3 zu § 15; Neukamp Vorbem. 2 vor § 13; Cahn S. 34; Zelter, JW. 1915, 233; a. M. Seuffert Anm. 1g zu § 14; **Wach**, JW. 1915 S. 1104; Vierhaus, JW. 1915 S. 1393; Heilberg, JW. 1915 S. 1514.

§ 14.

Wird bei dem Amtsgerichte der Vorschrift des § 13 zuwider eine Klage angebracht, die lediglich auf einen im Mahnverfahren verfolgbaren Anspruch gerichtet ist, so gilt sie als Gesuch um Erlaß des Zahlungsbefehls, es sei denn, daß der Kläger glaubhaft macht, der Beklagte werde den Anspruch bestreiten und sich auf die Klage einlassen.

Der Klage soll eine Berechnung der Kosten beigefügt werden, deren Erstattung der Kläger verlangt.

Der Zahlungsbefehl wird auf die Urschrift der Klage oder ein damit zu verbindendes Blatt gesetzt. Im letzteren Falle findet die Vorschrift des § 313 Abs. 3 Satz 6 der Zivilprozeßordnung entsprechende Anwendung. Der Zahlungsbefehl braucht die im § 690 Nr. 1 bis 3 der Zivilprozeßordnung bezeichneten Erfordernisse des Gesuchs nicht zu enthalten.

Die Zustellung einer mit dem Zahlungsbefehle versehenen Klage hat die Wirkungen, die mit der Zustellung eines Zahlungsbefehls verbunden sind.

An die Stelle der Zurückweisung des Gesuchs (§ 691 der Zivilprozeßordnung) tritt die Anberaumung eines Termins zur mündlichen Verhandlung.

I. Wird entgegen der Vorschrift des § 13 wegen eines Anspruchs, der im Mahnverfahren verfolgbar ist, eine **Klage** eingereicht, so ist diese nach § 14 Abs. 1 **als Gesuch um Erlassung eines Zahlungsbefehls** zu **behandeln**. Es wird also vom Amtsrichter kein Verhandlungstermin anberaumt, sondern, sofern die Voraussetzungen gegeben sind, Zahlungsbefehl erlassen.

II. Von der **Erlassung** des Zahlungsbefehls ist **abzusehen und Verhandlungstermin anzuberaumen**

a) wenn in der Klage m e h r e r e A n s p r ü c h e verbunden sind (objektive Klagehäufung § 260 ZPO.) und nicht sämtliche Ansprüche für das Mahnverfahren geeignet sind, vgl. oben Anm. IIc zu §§ 1 u. 2, oder wenn mit einer Klage m e h r e r e P e r s o n e n als Streitgenossen verklagt werden und bei einem von ihnen das Mahnverfahren wegen Notwendigkeit der Zustellung im Ausland oder der öffentlichen Zustellung unzulässig ist, sofern notwendige Streitgenossenschaft nach § 62 ZPO. vorliegt; vgl. oben Anm. II c zu § 1;

b) wenn der Kläger glaubhaft macht, daß der Beklagte den Anspruch bestreiten und sich auf die Klage einlassen wird, näheres hierüber oben Anm. 6 zu §§ 1 u. 2;

c) wenn die Klage nicht den Erfordernissen entspricht, welche nach § 690 ZPO. für das Zahlungsbefehlsgesuch aufgestellt sind, § 14 Abs. 5 mit § 691 Abs. 1 Satz 1, wenn also die Klage nicht enthält: Bezeichnung der Parteien nach Gewerbe, Stand und Wohnort, Bezeichnung des Gerichts und bestimmte Angabe des Betrags oder Gegenstands oder Grundes ihres Anspruchs. Doch würde sich in diesem Falle empfehlen, dem Kläger Beseitigung des Mangels anheimstellen. Vgl. auch nachstehende Anmerkung V;

d) wenn sich aus dem Inhalt der Klage ergibt, daß der Anspruch ganz oder teilweise nicht begründet ist; vgl. hierüber oben Anm. V zu §§ 1 u. 2 und unten Anm. V. Wegen der Kosten siehe unten S. 88.

III. Mit der Klage soll der Kläger eine Berechnung der Kosten vorlegen, deren Erstattung er verlangt. In die Kostenberechnung sind aufzunehmen, die durch die Erwirkung des Zahlungsbefehls entstehenden Anwaltskosten unter Berücksichtigung des § 19 der Verordnung, Gerichtskosten sowie etwaige Parteiauslagen, soweit deren Ersatz nach § 91 Abs. 1 ZPO. verlangt werden kann. Über die Beträge der Kosten siehe unten Anm. zu § 12. Fehlt die Kostenberechnung oder sind die berechneten Kosten zu hoch oder zu niedrig, so ist die Anberaumung eines Verhandlungstermins hiewegen nicht zulässig (ebenso wie die Zurückweisung eines Mahngesuchs hiewegen nicht zulässig ist), da die Kosten kein Teil des Anspruchs sind und der § 14 — abweichend von der im § 2 Abs. 1 der Verordnung für das landgerichtliche Mahnverfahren getroffenen Regelung — die Unbegründetheit des Kostenanspruchs nicht als Grund für die Terminsanberaumung anführt. Vielmehr ist eine unrichtige Kostenberechnung — nach fakultativer Anhörung des Gläubigers — von Amts wegen zu berichtigen und der Gläubiger — nicht auch der Schuldner — hievon formlos (s. aber nachfolgenden Absatz) zu benachrichtigen. Dies gilt insbesonders auch für den Fall, wenn der Ersatz von Anwaltskosten, deren Ersatz das Gericht im Hinblick auf § 19 Verord. nicht zubilligen will, beansprucht wird; Samter Anm. 3; Levin, Gruchot Bd. 60 S. 8 ff.; Lersch, JW. 1915 S. 1284; Striemer, JW. 1915 S. 1464; Heilberg, JW. 1916 S. 152; Hermann, KammerGBl. 1916 S. 15; Müller, BayZfR. 1915 S. 368; a. M. Trendelenburg Anm. 5 (es sei nach Anhörung des Gläubigers Termin anzuberaumen); Zelter, JW. 1915 S. 1235; Oppenheimer, JW. 1915 S. 1284; Landgericht Berlin I vom 9. November 1915 S. 1458.

Gegen die Kostenfestsetzung will Levin a. a. O. die Beschwerde nach § 104 Abs. 3 ZPO. eröffnen, da die Entscheidung über die Kosten, auch wenn sie in den Zahlungsbefehl aufgenommen wird, ihrer Natur nach eine Kostenfestsetzung bleibt, da fernerhin der Gläubiger gegen den Abstrich von Kosten nicht rechtlos gestellt werden dürfe (soweit nicht § 22 der Verordnung eingreift), andererseits dem Schuldner die Möglichkeit gegeben werden müsse, ohne den Hauptanspruch selbst durch Widerspruch in das ordentliche Verfahren überzuleiten, den Kostenansatz allein zu bemängeln. Die Entscheidung, durch welche Kosten abgesetzt werden, wäre zuzustellen, aber erst nach Erlaß des Vollstreckungsbefehls, da eine frühere Zustellung und Anfechtung durch den Widerspruch des Beklagten gegen den Zahlungsbefehl gegenstandslos werden könnte. Diese Regelung wäre zweifellos sehr wünschenswert und praktisch. Ob sie dem geltenden Recht entspricht, erscheint, wie auch Levin betont, zweifelhaft.

IV. Die Vorlage einer **Prozeßvollmacht** ist nicht erforderlich, da die Klageschrift grundsätzlich als Gesuch um Erlaß des Zahlungsbefehls gilt, wonach § 703 Ziff. 3 ZPO. anzuwenden ist; aber auch wenn ausnahmsweise Verhandlungstermin anzuberaumen ist, schadet das Fehlen der Prozeßvollmacht nichts, da der Mangel der Vollmacht erst in der mündlichen Verhandlung zu prüfen ist (vgl. Gaupp-Stein III 3 zu § 88); Trendelenburg Anm. 3; a. M. Samter Anm. 3; Heilberg, JW. 1916 S. 152.

V. Die **Entscheidung**, ob auf Grund der Klage ein Zahlungsbefehl erlassen werden kann, erfolgt nach den Grundsätzen des § 691 ZPO. (vgl. hiezu auch oben Anm. V zu §§ 1 u. 2), jedoch tritt an Stelle der im § 691 ZPO. vorgeschriebenen Zurückweisung eines prozessual unzulässigen oder unbegründeten Gesuchs die **Anberaumung eines Verhandlungstermins** (§ 14 Abs. 5 der Verordnung).

Erscheint der Anspruch *teilweise* nicht begründet, so ist nach § 691 Abs. 2 vor der Terminsbestimmung der Kläger zu hören; erscheint der Anspruch im ganzen Umfang nicht begründet oder erfüllt die Klageschrift nicht die prozessualen Erfordernisse des § 690 ZPO., so ist eine vorgängige Anhörung des Klägers zwar nicht vorgeschrieben, aber zulässig und zweckmäßig. Werden durch die Antwort des Klägers die Mängel oder Bedenken beseitigt, so ist nunmehr Zahlungsbefehl zu erlassen, andernfalls Termin zu bestimmen. Gegen die Entscheidung, durch welche unter Ablehnung des Zahlungsbefehls Termin bestimmt wird, ist nach § 691 Abs. 3 Beschwerde nicht zulässig. Trendelenburg Anm. 9; Sydow-Busch Anm. 10; Samter Anm. 6.

Für die Terminsanberaumung wird eine **Gerichtsgebühr** insbesonders auf Grund des § 37 GKG. nicht erhoben; denn wenn einer der Ausnahmefälle vorliegt, in denen an Stelle des Erlasses des Zahlungsbefehls Terminsanberaumung stattfindet, entfällt die Fiktion, daß die Klage als Gesuch um Zahlungsbefehl zu gelten habe; Samter Anm. 6; Striemer, JW. 1916 S. 152; a. M. Trendelenburg Anm. 9 (es sei eine auf den nachfolgenden Rechtsstreit nicht anzurechnende Gebühr nach § 37 Abs. 1 Nr. 2 bzw. § 37 Abs. 2 GKG. zu erheben; vgl. hiezu Heilberg, JW. 1915 S. 1515).

Durch diese Bestimmung erscheint der Gläubiger, der entgegen der Vorschrift des § 13 statt des Gesuchs um Zahlungsbefehl eine Klage einreicht, gegenüber dem Gläubiger, der vorschriftsmäßig ein Gesuch um Zahlungsbefehl einreicht, bevorzugt, da dieser bei einem Verstoß nach § 691 Abs. 1 ZPO. die Zurückweisung seines Gesuchs zu gewärtigen hat, während jener die Anberaumung eines Verhandlungstermins erzwingt. Samter Anm. 6; Heilberg, JW. 1915 S. 1107; Wach, JW. 1915 S. 1104; Levin, DJZ. 1915 S. 969. Diese Regelung war jedoch notwendig, da der Gläubiger sonst überhaupt nicht in der Lage gewesen wäre, einen vom Amtsgericht für unbegründet erachteten Anspruch durch streitige Verhandlung zur urteilsmäßigen Verbescheidung zu bringen mit der Möglichkeit der Berufung; Trendelenburg, JW. 1915 S. 1067; amtliche Begründung zu §§ 13 und 14 Abs. 2.

VI. Die **Form des Zahlungsbefehls**, der auf Grund einer eingereichten Klageschrift erlassen wird, entspricht der zu dem landgerichtlichen Zahlungsbefehl vorgeschriebenen Form. Siehe oben § 3 Anm. IV. Dagegen gelten für einen auf Grund eines Mahngesuchs erlassenen Zahlungsbefehl die Vorschriften des § 692 ZPO.

Die **Zustellung des Zahlungsbefehls** erfolgt von Amts wegen; deshalb bleibt Urschrift der Klage mit der Urschrift des Zahlungsbefehls zunächst bei den Gerichtsakten. Die Wirkungen der Zustellung bestimmen sich nach § 693 ZPO.; d. h. es treten die Wirkungen der Rechtshängigkeit ein, soweit jedoch durch die Zustellung eine Frist gewahrt oder Verjährung unterbrochen werden soll, rückwirkend auf den Zeitpunkt der Klagseinreichung. Näheres vgl. die Kommentare zu § 693 ZPO. Auch finden auf das durch eine amtsgerichtliche Klage (anders beim Landgericht siehe oben Anm. II zu § 4) eingeleitete Mahnverfahren die Vorschriften des § 701 ZPO. Anwendung, d. h. die Rechtshängigkeit erlischt, wenn nicht binnen einer Frist von sechs Monaten seit Ablauf der Zahlungsbefehlsfrist die Erlassung des Vollstreckungsbefehls beantragt wird. Samter Anm. 5; Levin, Gruchot Bd. 60 S. 18.

VII. Für die **Einlegung des Widerspruchs** gelten die Bestimmungen der §§ 694—697 ZPO. Die **Frist** zur Erhebung des Widerspruches ist nunmehr gemäß § 14a vom Gerichte in dem Zahlungsbefehle zu bestimmen und den Vorschriften über die Einlassungsfrist entsprechend zu bemessen (vgl. Anm. zu § 14a).

Nach Erhebung des Widerspruchs ist von Amts wegen Verhandlungstermin anzuberaumen, ohne daß es des in § 696 Abs. 2 ZPO. vorgeschriebenen besonderen Antrags bedarf; denn durch die Klagseinreichung ist schon von vorneherein deutlich zum Ausdruck gebracht, daß der Kläger die Sache im Falle des Widerspruchs zur Verhandlung bringen will, d. h. die Klage enthält, auch wenn es nicht ausdrücklich zum Ausdruck gebracht wird, in jedem Falle den nach § 696 Abs. 2 ZPO. erforderlichen Antrag. Samter Anm. 5; Levin, Gruchot Bd. 60 S. 12; Neumiller, BayZfR. 1916 S. 320; a. M. Seuffert Anm. 6.

Für die Erteilung des Vollstreckungsbefehls gelten die Vorschriften der §§ 699, 700 ZPO.

§ 14a.

Die Frist für den Widerspruch wird von dem Gericht in dem Zahlungsbefehle bestimmt; sie ist den Vorschriften über die Einlassungsfrist entsprechend zu bemessen.

§ 14a wurde durch die Bek. vom 18. Mai 1916 (s. unten S. 109) eingefügt und führt die bis dahin nur für das Urkunden- und Wechselverfahren geltende Bestimmung des § 16 Nr. 2 allgemein für das amtsgerichtliche Mahnverfahren ein. Dementsprechend wurde § 16 Nr. 2 durch die gleiche Bekanntmachung gestrichen. Ist Klage oder Zahlungsbefehlsgesuch vor dem Inkrafttreten der Verordnung vom 18. Mai 1916 angebracht, so bemißt sich die Widerspruchsfrist nach den bisherigen Bestimmungen (Art. 2 der genannten Bek.). Hinsichtlich der bisherigen Bestimmungen vgl. Levin, DJZ. 1915 S. 869 und Gruchot Bd. 60 S. 15; Neumiller, BayZfR. 1915 S. 320 Fußnote 55a; Jordan, JW. 1916 S. 30.

Die Frist ist abweichend vom ordentlichen Mahnverfahren keine unabänderliche gesetzliche, sondern eine wechselnde richterliche Frist, die den Vorschriften über die Einlassungsfrist entsprechend zu bemessen ist. Also

a) beim gewöhnlichen Zahlungsbefehl und beim Urkundenzahlungsbefehl nach § 499 Abs. 1 ZPO. drei Tage oder eine Woche je nach dem Ort, an dem die Zustellung erfolgen muß, in Meß- und Marktsachen 24 Stunden.

b) beim Wechselzahlungsbefehl nach § 604 Abs. II ZPO. 24 Stunden oder drei Tage oder eine Woche je nach dem Ort, an dem die Zustellung zu erfolgen hat.

Bei mehreren Schuldnern mit verschiedenen Wohnorten ist die Widerspruchsfrist je nach dem Wohnorte jedes einzelnen zu bestimmen.

Bezüglich der Abkürzung und Verlängerung dieser Frist, die allerdings praktisch hier kaum angängig sein dürfte, gilt das in Anm. III zu § 3 Ausgeführte. Vgl. auch Langenbach, JW. 1915 S. 1143.

Die Widerspruchsfrist ist, wenn dies auch im Gesetz nicht ausdrücklich vorgeschrieben ist, dem Kläger — mit der Mitteilung von der erfolgten Zustellung des Zahlungsbefehls — mitzuteilen, da er sonst ja nicht weiß, wann er den Vollstreckungsbefehl beantragen kann. Braun S. 8; Oppenheimer, JW. 1915 S. 1380, Schloß, JW. 1915 S. 1465; Heilberg, JW. 1916, 153; Levy, JW. 1916, 570.

§ 15.

Der Zahlungsbefehl wird als Urkunden- oder als Wechsel-Zahlungsbefehl bezeichnet:

1. **wenn das Gesuch des Gläubigers auf den Erlaß eines Urkunden- oder eines Wechsel-Zahlungsbefehls gerichtet ist;**
2. **wenn im Falle des § 14 Abs. 1 die Klage die Erklärung enthält, daß im Urkunden- oder Wechselprozesse geklagt werde.**

§ 16.

Für das Urkunden- und Wechsel-Mahnverfahren gelten folgende besonderen Vorschriften:

1. **Die Bezeichnung als Urkunden- oder als Wechsel-Zahlungsbefehl hat die Wirkung, daß die Klage, wenn rechtzeitig Widerspruch erhoben wird, als im Urkunden- oder im Wechselprozeß erhoben anzusehen ist.**

(2. Die Frist für den Widerspruch wird vom Gericht in dem Zahlungsbefehle bestimmt; sie ist den Vorschriften über die Einlassungsfrist entsprechend zu bemessen.)

3. **Die Urkunden sollen in Urschrift oder in Abschrift dem Gesuch um Erlaß des Zahlungsbefehls (§ 15 Nr. 1) oder der Klage (§ 15 Nr. 2) beigefügt und in Abschrift mit dem Zahlungsbefehle zugestellt werden.**

4. Bei Erlaß des Zahlungsbefehls und des Vollstreckungsbefehls bedarf die Statthaftigkeit der gewählten Prozeßart keiner Prüfung.

5. Beschränkt sich der Widerspruch auf den Antrag, dem Beklagten die Ausführung seiner Rechte vorzubehalten, so ist der Vollstreckungsbefehl unter diesem Vorbehalte zu erlassen. Auf das weitere Verfahren findet die Vorschrift des § 600 der Zivilprozeßordnung entsprechende Anwendung.

6. Die Ladungsfrist beträgt mindestens drei Tage; soweit die Einlassungsfrist kürzer ist, entspricht sie dieser.

I. Entsprechend der Regelung des landgerichtlichen Mahnverfahrens bei einer im Urkunden- oder Wechselprozeß erhobenen Klage in § 11 der Verordnung führen §§ 15 und 16 der Verordnung für das amtsgerichtliche Verfahren eine besondere Abart des Mahnverfahrens ein: das **Urkunden- oder Wechselmahnverfahren**, welches für solche Ansprüche bestimmt ist, die nach § 592 ZPO. bzw. § 602 ZPO. im Urkunden- oder Wechselprozeß geltend gemacht werden können. Nach § 28 Abs. 3 des Scheckgesetzes finden die Vorschriften auf den Scheckprozeß entsprechende Anwendung.

Die Besonderheit dieses neuen Verfahrens besteht insbesondere darin, daß ein beschränkter Widerspruch entsprechend den §§ 599, 600 ZPO. zulässig ist und daß bei einem unbeschränkten Widerspruch das Verfahren als Urkunden- oder Wechselverfahren nach §§ 592 ff. ZPO. fortgeführt wird.

II. Die **Voraussetzungen** für den Erlaß eines Urkunden- oder Wechselzahlungsbefehls sind:

a) ein Zahlungsbefehlsgesuch, in dem der Gläubiger erklärt, daß er um Erlaß eines Urkunden- oder Wechselzahlungsbefehls bitte (§ 15 Nr. 1) oder eine Klageschrift, die nach § 14 der Verordnung als Zahlungsbefehlsgesuch zu behandeln ist (vgl. Anm. I u. II zu § 14) und die Erklärung enthält, daß im Urkunden- oder Wechselprozeß geklagt werde. In beiden Fällen genügt der bloße Verweis auf die Urkunde oder die beiliegende Urschrift nicht, vielmehr muß ein ausdrücklich auf einen Urkunden- oder Wechselzahlungsbefehl bzw. -Prozeß gerichteter Antrag gestellt werden. (Vgl. §§ 593 Abs. 1 und 604 Abs. I ZPO.) Seuffert I u. II zu § 15; a. M. Landsberg, PosMSchr. 1915 S. 102; Heilberg, JW. 1915 S. 1515.

b) Die im Zahlungsbefehlsgesuch oder in der Klage angezogenen **Urkunden** sollen in Ur- und Abschrift mit dem Zahlungsbefehl oder der Klage eingereicht und in Abschrift mit dem Zahlungsbefehl zugestellt werden.[1]) Werden diese Urkunden nicht mit vorgelegt, so soll das Gericht den Zahlungsbefehl nicht erlassen; ein trotzdem erlassener Zahlungsbefehl ist jedoch nicht ungültig. Die Urschriften der Urkunde kann das Gericht nicht verlangen; ebenso hat es nicht zu prüfen, ob

[1]) Es sind also mit dem Gesuch oder der Klage so viele Abschriften einzureichen, als Beklagte vorhanden sind; Striemer, JW. 1915 S. 1159.

durch die vorgelegten Urkunden die sämtlichen zur Begründung des Anspruchs erforderlichen Tatsachen bewiesen werden können (§ 16 Nr. 3 u. 4). Bei der Erlassung des Vollstreckungsbefehls ist lediglich zu prüfen, ob sämtliche mit dem Gesuch oder der Klage dem Gericht vorgelegten Urkunden dem Schuldner zugestellt wurden. Sydow-Busch Anm. 6 u. 8 zu § 16; a. M. Trendelenburg Anm. 3 zu § 16; Braun Anm. 5 zu § 16; Heilberg, JW. 1915 S. 1515 — der Urkunden- und Wechselzahlungsbefehl sei auch zu erlassen, wenn die Urkunden nicht mit vorgelegt werden —; unklar und widerspruchsvoll Samter Anm. 3 u. 4 zu § 16. Näheres über die Streitfrage, welche Bedeutung es hat, wenn die Beifügung der Urkunden unterblieben ist; siehe oben Anm. II zu § 11. Wird das Verfahren infolge Widerspruchs streitig, so ist die Zulässigkeit der gewählten Prozeßart nach §§ 592, 593, 595, 597 Abs. 2 ZPO. nachzuprüfen.

c) Außer diesen besonderen Voraussetzungen müssen die allgemeinen Voraussetzungen für die Zulässigkeit eines Zahlungsbefehls nach § 691 ZPO. oder § 14 der Verordnung vorliegen.

III. § 16 Nr. 2 ist durch die Bek. vom 18. Mai 1916 gestrichen und durch § 14a ersetzt. Siehe unten S. 109.

IV. Der **Widerspruch** gegen den Zahlungsbefehl kann entweder ein unbeschränkter oder beschränkter sein:

a) Wird **unbeschränkt** (rechtzeitig) Widerspruch gegen den Zahlungsbefehl erhoben, so ist der Rechtsstreit als im Urkunden- und Wechselprozeß anhängig anzusehen; die §§ 594—605 ZPO. finden Anwendung. Im übrigen sind für die Behandlung und Wirkung des Widerspruchs die allgemeinen Vorschriften der §§ 694—696 ZPO. maßgebend.

Termin zur mündlichen Verhandlung ist, wenn ein Zahlungsbefehlsgesuch vorlag, nur auf besonderen Antrag, der auch gleichzeitig mit dem Gesuch gestellt werden kann (§ 696 Abs. 2 ZPO.), wenn eine Klage vorlag, ohne besonderen Antrag (Langenbach, JW. 1915 S. 1143), da das notwendige Mahnverfahren an sich geeignet ist gegenüber dem bisherigen Verfahren Verzögerung herbeizuführen, von Amts wegen (siehe oben Anm. VII zu § 14) anzuberaumen. Die Ladungsfrist beträgt nach § 16 Ziff. 6 mindestens drei Tage; soweit die Einlassungsfrist kürzer ist (nämlich im Wechselprozeß, wenn die Klage am Ort des Prozeßgerichts zugestellt wird und in Meß- und Marktsachen 24 Stunden), entspricht sie dieser.

b) **Beschränkt sich der Widerspruch** auf den Antrag, dem Beklagten die Ausführung seiner Rechte vorzubehalten, so ist auf entsprechenden Antrag des Klägers Vollstreckungsbefehl zu erlassen, mit der Maßgabe, daß dem Beklagten die Ausführung seiner Rechte vorbehalten wird. Ist dieser Vorbehalt irrtümlich unterblieben, so kann der Beklagte entweder Ergänzung gemäß § 321 ZPO. beantragen oder gegen den Vollstreckungsbefehl Einspruch einlegen; siehe oben Anm. III zu § 11. Der beschränkte Widerspruch ist dem Kläger nicht besonders mitzuteilen, da er hievon durch den Inhalt des Vorbehalts-Vollstreckungsbefehls Kenntnis erhält.

Nach Erlaß des Vorbehalts-Vollstreckungsbefehls ist in dem nach § 600 ZPO. anhängigen **Nachverfahren** Termin von Amts wegen zweifellos dann nicht anzuberaumen, wenn ein Zahlungsbefehlsgesuch vorlag und nicht Antrag auf Terminsanberaumung gleichzeitig oder später gestellt wurde (§ 696 Abs. II); aber auch wenn mit dem Zahlungsbefehlsgesuch ein Antrag nach § 692 ZPO. gestellt wurde oder wenn, was nach der hier vertretenen Ansicht dem gleich zu erachten ist, eine als Zahlungsbefehlsgesuch behandelte Klage erhoben worden ist, ist im Nachverfahren nur auf besonderen Antrag des Klägers oder Beklagten Termin anzuberaumen, da mit dem Vorbehalts-Vollstreckungsbefehl das Verfahren zunächst beendigt ist und der Betrieb des Nachverfahrens den Parteien anheimgestellt bleiben muß, daher der § 497 ZPO. keine Anwendung findet. Sydow-Busch Anm. 11; vgl. Seuffert 1a zu § 600; Skonjetzki-Gelpcke Anm. 4 zu § 497; a. M. Samter Anm. 11; Braun Anm. 7; Gaupp-Stein Anm. II zu § 600.

§ 17.

Im Mahnverfahren erhält der Rechtsanwalt:

1. **die Sätze des § 9 der Gebührenordnung für Rechtsanwälte für die Erwirkung des Zahlungsbefehls, einschließlich der Mitteilung des Widerspruchs an den Auftraggeber;**
2. **zwei Zehntel der Sätze des § 9 für die Erhebung des Widerspruchs;**
3. **fünf Zehntel der Sätze des § 9 für die Erwirkung des Vollstreckungsbefehls.**

Die Gebühren in Nr. 1 und 2 werden auf die in dem nachfolgenden Rechtsstreit zustehende Prozeßgebühr voll angerechnet.

Im Urkunden- oder Wechsel-Mahnverfahren (§§ 15, 16) erhält der Rechtsanwalt nur sechs Zehntel der Gebühren in Nr. 1 bis 3.

I. Dieser Paragraph enthält eine **Neuregelung der dem Rechtsanwalt im Mahnverfahren zustehenden Gebühren**, die sich bisher nach § 38 RAGO. bestimmten. Er sieht insbesonders eine Vermehrung der Gebühren um $^5/_{10}$ der Gebühr des § 9 RAGO. (Vollstreckungsbefehlgebühr)[1] vor, um nach der Absicht des Gesetzgebers die mit der Durchführung des notwendigen Mahnverfahrens und der Einschränkung der Erstattungsfähigkeit von Anwaltskosten verbundenen Beeinträchtigungen der Einkünfte der Rechtsanwälte tunlichst einzuschränken.

II. Die **Gebühren des Rechtsanwalts** im Mahnverfahren betragen:

a) für die Erwirkung des Zahlungsbefehls einschließlich der Mitteilung des Widerspruchs an den Auftraggeber im ordentlichen Mahnverfahren $^{10}/_{10}$ der Gebühr des § 9 RAGO., im Urkunden- und Wechselmahnverfahren $^6/_{10}$. Hiezu kommt ein Pauschsatz von 20 % nach § 76 Abs. II RAGO., jedoch nicht der Mindestpauschsatz des § 76 Abs. III RAGO., da diese Bestimmung nur Anwendung findet, wenn dem Rechtsanwalt die Prozeßgebühr nach § 13 Nr. 1 (oder §§ 19, 52) RAGO.

---

[1]) Diese Gebühr steht deshalb dem Anwalt auch zu, wenn er das Mahnverfahren nach der ZPO. einschlägt, nicht nur wenn er eine als Zahlungsbefehlsantrag zu behandelnde Klage einreicht, wie in der WürttZ. 1916 S. 35 ff. gegenüber manchen in der Praxis entstandenen Zweifeln betont wird.

zusteht, nicht aber auch, wenn ihm auf Grund einer anderen Bestimmung, wie hier des § 17 eine gleich hohe Gebühr zusteht. Hiebei ist es unerheblich, ob der Anwalt ein Zahlungsbefehlsgesuch eingereicht hat oder eine Klageschrift, die nach § 14 der Verordnung als Zahlungsbefehlsgesuch behandelt werden muß und die deshalb auch gebührenrechtlich als Zahlungsbefehlsgesuch zu behandeln ist. Seuffert Anm. 3; Sydow-Busch Anm. 1; Zelter, JW. 1915 S. 1234; Heilberg, JW. 1915 S. 1515; Striemer, JW. 1914 S. 1157 u. S. 1464; Levin, Gruchot Bd. 60 S. 16 Fußnote 24; Müller, BayZfR. 1915 S. 367, WürttZ. 1916 S. 37; a. M. Oppenheim, JW. 1915 S. 1284 und DJZ. 1915 S. 1228 (die Gebühr des § 17 sei die wirkliche Prozeßgebühr und auch in der Begründung als solche bezeichnet, daher § 76 Abs. III anwendbar). Kaufmann, JW. 1915 S. 1237 (wenn entgegen dem § 13 der Verordnung Klage eingereicht wurde, fällt die Prozeßgebühr nach § 13 Nr. 1 RAGO. an und damit der Pauschsatz § 76 Abs. 3 RAGO.; siehe dagegen Striemer a. a. O.);

b) für die Erwirkung des Vollstreckungsbefehls $^5/_{10}$ der vollen Gebühr des § 9 RAGO. im ordentlichen Mahnverfahren, $^3/_{10}$ im Urkunden- und Wechselmahnverfahren nebst je einem Pauschsatz von $^{20}/_{100}$ nach § 76 Abs. II RAGO.

Zu a u. b. Obwohl die beiden vorstehenden Gebühren dem Anwalt nach dem Wortlaut des § 17 Nr. 1 u. 3 für die Erwirkung des Zahlungs- bzw. Vollstreckungsbefehls zustehen sollen, erhält er diese Gebühren zweifellos, auch wenn der Antrag ohne Erfolg ist, z. B. wenn der Antrag auf Erlaß des Vollstreckungsbefehls zwar nach Ablauf der Widerspruchsfrist eingereicht wurde, aber vorher oder gleichzeitig der Widerspruch des Schuldners beim Gericht einlief, da die Gebühren der RAGO. dem Anwalt grundsätzlich ohne Rücksicht auf den Erfolg zustehen; Striemer, JW. 1915 S. 1158; Heilberg, JW. 1915 S. 1515; vgl. auch Joachim-Walter (4. Aufl.) Anm. 7 u. 10 zu § 38 RAGO.; Sydow-Busch (10. Aufl.) Anm. 1 a. E. zu § 38 RAGO. Die Haftung des Anwalts für etwaiges Verschulden bleibt unberührt.

Erledigt sich ein Auftrag auf Zahlungs- oder Vollstreckungsbefehl bevor der Antrag an das Gericht eingereicht wurde, so stehen dem Anwalt nach § 14 Abs. II RAGO. die Gebühren zur Hälfte zu. Striemer, JW. 1915 S. 1159; Heilberg, JW. 1915 S. 1515.

Eine Kostenfestsetzungsgebühr kann weder für die Berechnung der Kosten des Zahlungsbefehls noch für die Berechnung der Kosten des Vollstreckungsbefehls verlangt werden. Striemer, JW. 1910 S. 1158; Levin, Gruchot Bd. 60 S. 16.

c) Wird infolge Widerspruchs das Mahnverfahren in den ordentlichen Rechtsstreit übergeleitet, so erhält der Rechtsanwalt die Prozeßgebühr nach § 13 oder 19 RAGO. mit den Pauschsätzen des § 76 Abs. 2 u. 3 RAGO. Auf diese Gebühr muß sich jedoch der Anwalt die ihm nach § 17 Nr. 1 zustehende Gebühr mit dem vollen Betrag anrechnen lassen, dagegen steht ihm der Pauschsatz nach § 76 Abs. 3 RAGO. nochmals ganz zu; eine Anrechnung des im Mahnverfahren angefallenen Pauschsatzes ist nicht bestimmt. Deiler, JW. 1915 S. 1144; Striemer, JW. 1915 S. 1157; Willenbücher (7. Aufl.) Anm. 6 zu § 38 der RAGO.; a. M. Trendelenburg Anm. 2; Sydow-Busch (10. Aufl.) Anm. 10 zu § 76 RAGO.; Samter Anm. 1 A a; Zelter, JW. 1915 S. 1235 Fußn. 3.

übersteigt der Pauschsatz für die Prozeßgebühr den Mindestpauschsatz von 4 Mk., so ist neben dem Pauschsatz für die Gebühr nach § 17 Nr. 1 der Verordnung der Pauschsatz für die Prozeßgebühr § 13 Nr. 1 RAGO. voll zum Ansatz zu bringen, ohne Rücksicht darauf, daß infolge der Anrechnungsbestimmung des § 17 Abs. 2 der Verordnung eine Prozeßgebühr rechnerisch nicht in Betracht kommt. Striemer, JW. 1915 S. 1159; vgl. auch MünchAnwVer., JW. 1910 S. 598/99; a. M. Knebusch, JW. 1910 S. 384; Dittenberger, JW. 1910 S. 732; Landger. München I v. 21. Juni 1910, JW. 1910 S. 732; auch Sydow-Busch Anm. 6 zu § 76 RAGO.; Quednau Anm. 39 zu § 76 RAGO.

Eine Anrechnung der $^5/_{10}$ oder $^3/_{10}$ Gebühr für die Erwirkung des Vollstreckungsbefehls findet nicht statt. Sydow-Busch Anm. 1.

d) Für die Erhebung des Widerspruchs erhält der Anwalt des Schuldners im ordentlichen Mahnverfahren $^2/_{10}$ der Sätze des § 9 RAGO.; im Urkunden- und Wechselmahnverfahren $^6/_{10}$ dieses Satzes $(= ^3/_{25})$. Auch diese Gebühr ist auf die im nachfolgenden Rechtsstreit anfallende Gebühr voll anzurechnen; bezüglich der Pauschsätze gilt das oben zu a und c bemerkte. Beschränkt sich der Widerspruch auf den Antrag, dem Beklagten die Ausführung der Rechte vorzubehalten, so erhält er die gleichen Sätzen wie für einen unbeschränkten Widerspruch. Bezüglich der Gebühren für den Antrag auf Bestimmung einer Zahlungsfrist siehe Anm. V zu § 1 ZahlFrVerord.

III. Die Gerichtskosten im amtsgerichtlichen Mahnverfahren sind wie bisher aus § 37 GKG. zu berechnen und zwar in gleicher Höhe im ordentlichen Verfahren wie im Urkunden- und Wechselmahnverfahren; für letzteres Verfahren ist eine Herabsetzung der Gerichtsgebühren, wie die amtliche Begründung bemerkt, nicht erfolgt, weil die Sätze an sich schon niedrig sind. Die Sätze betragen für die Entscheidung über den Antrag auf Erlaß eines Zahlungsbefehls $^2/_{10}$ der Gebühren des § 8 GKG., für die Entscheidung über das Gesuch um Erlaß eines Vollstreckungsbefehls $^1/_{10}$.

Auch hier sind die Gebühren grundsätzlich die gleichen, ob dem Antrag stattgegeben wird oder nicht; wird jedoch der Antrag auf Erlaß eines Zahlungsbefehls zurückgewiesen, weil das Gesuch teilweise nicht begründet erschien, so ist die Gebühr nur nach dem Wert dieses Teils zu berechnen (§ 37 Abs. 2 GKG.). Tritt an Stelle der Zurückweisung nach § 14 Abs. 5 die Anberaumung eines Termins zur mündlichen Verhandlung, so wird hiefür eine Gebühr nicht erhoben. Siehe oben zu § 14 Anm. V a. E.

Die Gebühr für den Erlaß des Zahlungsbefehls ist im Falle des Widerspruchs auf die im ordentlichen Rechtsstreit anfallende Verhandlungs-, Entscheidungs- oder Vergleichsgebühr (§§ 18 Ziff. 1 u. 3, 19, 21, 23, 25, 26 GKG.) voll anzurechnen. Daneben werden Pauschsätze im Betrage von 10 v. H. der zum Ansatz gelangten Gebühr nach § 80 b GKG. erhoben.

Der Gerichtskostenvorschuß (§ 81 GKG.) ist nach den für das Mahnverfahren geltenden Sätzen zu erheben, auch wenn eine Klage eingereicht wird, welche nach § 14 der Verordnung als Zahlungsbefehl zu behandeln ist. Trendelenburg Anm. 9 zu § 14.

Sühneversuch und Verfahren in geringfügigen Sachen.

§ 18.

Im Verfahren vor den Amtsgerichten soll das Gericht, wenn im Termine beide Parteien erscheinen, vor Eintritt in die mündliche Verhandlung die Sühne versuchen.

I. Nach § 296 ZPO. kann das Gericht in jeder Lage des Rechtsstreits die gütliche Beilegung desselben und einzelner Streitpunkte versuchen und zu diesem Zwecke das persönliche Erscheinen der Parteien anordnen. Der § 18 macht es nunmehr dem Amtsrichter zur Pflicht, vor Eintritt in die mündliche Verhandlung die Sühne zu versuchen,[1]) soferne beide Parteien im Termin erschienen sind; unter den Parteien im Sinne des § 18 sind auch die Parteivertreter zu verstehen. Amtl. Begr.; Trendelenburg Anm. 2; Seuffert Anm. 1; Sydow-Busch Anm. 1; Neukamp Anm. 2; Samter Anm. 1; Levin, DJZ. 1915 S. 371; Gruchots Beiträge Bd. 60 S. 31; Wach, JW. 1915 S. 1102. Der Amtsrichter ist jedoch befugt, die Verhandlung von Amts wegen zu vertagen (§ 228 ZPO.) und das persönliche Erscheinen der Parteien zum Zwecke des Sühneversuchs anzuordnen oder die nicht am Prozeßgericht wohnende Partei zu Protokoll des Gerichtsschreibers des örtlichen Amtsgerichts über Vergleichsvorschläge hören zu lassen. Trendelenburg Anm. 2; Levin 19 a. a. O.; Mangler, DRZ. 1915 S. 412. Nach § 141 Abs. 2 ZPO. ist in diesem Falle Partei von Amts wegen zu laden und die Ladung ihr persönlich zuzustellen, auch wenn sie einen Prozeßbevollmächtigten bestellt hat.

II. Erst nach fruchtlos erfolgtem Sühneversuch sind die Parteien zur Antragstellung zu veranlassen (§§ 502, 503 ZPO.). Daß erfolglose Vergleichsverhandlungen vorgenommen wurden, wird nach § 164 ZPO. im Sitzungsprotokoll festzustellen sein. Samter Anm. 2; Braun Anm. 1.

III. Begünstigt wird der Abschluß eines Vergleichs durch die im § 6 ZahlFrVerordn. vorgesehene Gebührenermäßigung (siehe die Anm. zu diesem Paragraphen oben S. 157).

IV. Die Bestimmung gilt nur für bürgerliche Rechtsstreitigkeiten, nicht auch für Privatklagen. Levin, Gruchot Bd. 60 S. 37; a. M. Meikel, DJZ. 1915 S. 696.

§ 19.

(Die Vorschrift des § 91 Abs. 2 der Zivilprozeßordnung findet keine Anwendung:

1. im Verfahren vor den Amtsgerichten, wenn der Wert des Streitgegenstandes (§§ 3 bis 9 der Zivilprozeßordnung) nicht mehr als fünfzig Mark beträgt;
2. im Verfahren auf erhobene Privatklage.)

---

[1]) Ob der für die Vornahme des zwingenden Sühneversuchs vorgeschriebene Zeitpunkt zweckmäßig ist, erscheint zweifelhaft; erfolgreicher ist erfahrungsgemäß die Vornahme eines Sühneversuchs nach Verhandlung eventuell Beweisaufnahme, wenn der Richter die Sach- und Rechtslage genau übersehen kann. Vgl. Levin, Gruchot Bd. 60 S. 39 ff.; Oppler, LZ. 1915 S. 1499; Bierhaus, DJZ. 1916 S. 17; vgl. hiezu auch die Verhandlungen des Reichstags v. 8. April 1916 a. a. O.

I. Da eine gütliche Einigung namentlich in geringfügigen Sachen oft lediglich an der Höhe der erwachsenden Kosten des Rechtsstreits scheitert und da der Kostennachlaß, den der § 6 ZahlFrVerordn. für die Gerichtsgebühren im Falle eines Vergleichs gewährt, den Abschlüssen für Vergleiche förderlich gewesen ist, wollte die Verordnung bei geringfügigen Sachen auch die in der Höhe der außergerichtlichen Kosten liegenden Hindernisse durch eine gütliche Einigung nach Möglichkeit beseitigen und hatte deshalb für die sogen. geringfügigen Sachen die in § 91 Abs. 2 festgesetzte unbedingte Erstattungsfähigkeit der Anwaltskosten aufgehoben. (So die die amtl. Begründung.) Durch die Bek. vom 18. Mai 1916, s. unten S. 109 wurde diese Aufhebung der Erstattungsfähigkeit wieder beseitigt und dem Grundsatz der absoluten Erstattbarkeit von Rechtsanwaltskosten Rechnung getragen. Die Kostenerstattung auf Grund der vor dem Inkrafttreten der Bek. vom 18. Mai 1916 verkündeten Entscheidungen richtet sich nach den bisherigen Vorschriften der Entlastungsverordnung, ebenso bei anderen vorher ergangenen Entscheidungen. Vgl. Art. 2 der Bek. vom 18. Mai 1916, s. unten S. 109. Über die Zweckmäßigkeit dieser Bestimmung war ein äußerst lebhafter Streit entstanden. Während man auf der einen Seite von der Bestimmung die in der Begründung angegebenen Vorteile erhoffte und deshalb teilweise sogar eine Erweiterung der Grenze der Bestimmung wünschte, wurde von anderer Seite geltend gemacht, daß die Bestimmung einen bedauerlichen Eingriff in die nach dem Prozeßgesetz dem Rechtsanwalt zugewiesene Stellung bedeute und daß sie geeignet sei, die durch den Krieg an sich schon geschwächte finanzielle Lage vieler Anwälte zu untergraben, was sich mit dem Zweck der Verordnung, Verhütung wirtschaftlicher Schädigung, schwer vertrage und daß die Bestimmung geeignet sei, das Publikum in erhöhtem Maße den angeblich billig arbeitenden Rechtsagenten in die Hände zu treiben. Zu den Verfechtern der Bestimmungen gehören u. a. Trendelenburg S. 15; Heilberg, JW. 1915 S. 1107; Mangler, DRZ. 1915 S. 656; Meikel, DRZ. 1915 S. 696; Landsberg, PosMSchr. 1915 S. 103; Bovensiepen, Thüringer Bl. f. R. Bd. 62 S. 189; Neumiller, BayZfR. 1915 S. 314; Levin, DJZ. 1915 S. 971 und (eingehend) Gruchots Beiträge Bd. 60 S. 22ff. (die beiden letzteren verkennen aber nicht die Gefahren des Rechtsagententums). Gegen die Bestimmung haben sich insbesonders ausgesprochen: Wach, JW. 1915 S. 1103; Kaufmann, JW. S. 1238 u. 1550; Klotzsch, JW. 1915 S. 1221; Bendix, JW. 1915 S. 1550, 1916 S. 31; Bach, JW. 1915 S. 1551; Auerbach, JW. 1916 S. 178; v. Miltner, LZ. 1915 S. 265; Kallir, Die Entlastungsverordnung und die praktischen Erfahrungen, JW. 1916, 621; Solban, DRAZ. 1915 S. 43; Eingabe des Vorstands des Deutsch. AnwVer. v. 23. Febr. 1916, JW. 1916 S. 559f.; Vorstellung der Vereinigung der Vorstände Deutscher Anwalts-Kammern v. 4. April 1916, JW. 1916 S. 617; vgl. hiezu auch Lemberg, Die Verordnung zur Entlastung der Gerichte und die Deutsche Anwaltschaft, DJZ. 1916, 482; ferner die Abg. Liesching (Berichterstatter), Heine, Dove, Junck in der Reichstagssitzung v. 8. April 1916, in der eine Resolution auf Aufhebung des § 19 vom Reichstag angenommen wurde (Amtl. Bericht S. 934, 937, 941, 942, 951) = JW. 1916, 659.

II. Nach § 91 Abs. 2 ZPO. sind die Gebühren und Auslagen des Rechtsanwalts der obsiegenden Partei in allen Prozessen zu erstatten; diese

Bestimmung fand im Verfahren vor den Amtsgerichten keine Anwendung, wenn der Wert des Streitgegenstands, der nach den Vorschriften der nach §§ 3—9 ZPO. zu berechnen ist, nicht mehr als 50 Mk. betrug. Dies galt für alle Verfahrensarten vor dem Amtsgericht sowohl im ordentlichen Verfahren wie im Urkunden- und Wechselprozeß, im Arrestverfahren, im Verfahren zur Erwirkung einer einstweiligen Verfügung und auch im Mahnverfahren. **A. M.** Oppenheim, JW. 1915 S. 1228; Stammler, DRZ. 1915 S. 751; Nürnberg, JW. 1916 S. 569 (auf das Mahnverfahren finde § 19 keine Anwendung).

Auf das Zwangsvollstreckungsverfahren fand § 19 keine Anwendung, auch soweit das Amtsgericht als Vollstreckungsgericht zuständig ist, vielmehr bewendet es hier bei der Regel des nach § 788 ZPO. anwendbaren § 91 Abs. 2. Denn unter „Verfahren vor den Amtsgerichten" ist hier ebenso wie in der Überschrift des 2. Abschnitts des 2. Buches der ZPO. nur das Erkenntnisverfahren zu verstehen, nicht aber das Verfahren vor dem Vollstreckungsgericht und soweit die Zwangsvollstreckung anderen Behörden (Gerichtsvollzieher, Notar) obliegt, kann sie unmöglich unter den Begriff „Verfahren vor den Amtsgerichten" subsumiert werden. Eine ausdehnende Auslegung verbot aber sowohl der Charakter der Bestimmung als Ausnahmevorschrift wie auch ihr Zweck, den Abschluß von Vergleichen im Erkenntnisverfahren zu befördern (auch aus der amtl. Begr. ergibt sich, daß der Gesetzgeber nur das Erkenntnisverfahren im Auge hatte). Schloß, JW. 1916 S. 616 Fußnote; **a. M.** die Praxis d. AG. München nach Dittrich, DJZ. 1916 S. 56; AG. Dresden vom 22. Dez. 1915, JW. 1916 S. 616; AG. Schweinfurt v. 15. Jan. 1916, a. gl. O. Fußnote.

Für die Berechnung des Werts des Streitgegenstands war grundsätzlich der Zeitpunkt der Klagserhebung maßgebend; eine Verminderung des Streitwerts im Laufe des Rechtsstreits infolge teilweiser Erledigung beeinträchtigt die Erstattbarkeit nicht. Neumiller, BayZfR. 1915 S. 314; Landsberg, PosMSchr. 1915 S. 162; eine nachträgliche Erhöhung des Streitwerts über 50 Mk. schloß aber die Anwendung des § 19 für die nachher anfallenden Gebühren aus. Landsberg a. a. O.

III. Auch in den unter § 19 fallenden Rechtsstreitigkeiten war jedoch die Pflicht der unterliegenden Partei zur Erstattung der Anwaltskosten keineswegs schlechthin ausgeschlossen, sie bestimmte sich vielmehr in diesen Fällen nach § 91 Abs. 1, d. h. der Gegner hat Anwaltskosten insoweit zu erstatten, als dieselben zur **zweckentsprechenden Rechtsverfolgung** oder **Rechtsverteidigung notwendig** waren. Die Erstattungsfähigkeit der Anwaltskosten war demnach insbesonders in folgenden Fällen regelmäßig anzunehmen.

a) wenn der Kläger oder Beklagte nicht am Orte, an dem die mündliche Verhandlung stattfindet, wohnte, und die Auslagen insbesondere mit Rücksicht auf die Reisekosten, die durch die persönliche Vertretung nach § 91 Abs. 1 ZPO. entstanden wären höher oder ebenso hoch wären, wie der Betrag der Anwaltskosten; Trendelenburg Anm. 1; Sydow-Busch Anm. 2; Freiesleben, DJZ. 1915 S. 1118; Levin, Gruchot Bd. 60 S. 24; Heilberg, JW. 1108 u. 1515;

b) wenn aus anderen Gründen die Wahrnehmung des Termins durch die Partei selbst ebenso viel oder mehr gekostet hätte, wie die Annahme eines Anwalts. Freiesleben a. a. O.; Levin a. a. O.;

c) wenn die Partei an der persönlichen Wahrnehmung dienstlich verhindert war oder wenn der Partei mit Rücksicht auf ihren Beruf der mit der Abwartung mehrerer Termine verbundene Zeitverlust nicht zugemutet werden konnte; Freiesleben a. a. O.; Levin a. a. O.; Feuchtwanger, BayZfR. 1916 S. 30;

d) wenn die Rechtslage an sich schwierig und undurchsichtig war und der Partei infolge mangelnder Sachkunde oder Ungewandtheit eine zweckentsprechende Rechtsverfolgung oder Rechtsverteidigung nicht möglich war, Trendelenburg Anm. 1; Heilberg, JW. 1915 S. 1108 u. 1515; Klotzsch, JW. 1915 S. 1221; Freiesleben a. a. O.; Levin a. a. O.; Sydow-Busch Anm. 2. In diesen Fällen mußte man die Zuziehung eines Anwalts auch in minder schwierigen Fällen für gerechtfertigt und notwendig erachten, wenn die Gegenpartei einen Rechtsanwalt zugezogen hatte oder auf vorprozessuale Mahnung mit der Bestellung eines Rechtsanwalts drohte, da sonst der andere Teil mit ungleichen Waffen hätte kämpfen müssen; Meikel, DRZ. 1915 S. 695; Heilberg, JW. 1915 S. 1515; Kaufmann, Nachr. DAV. 1915 S. 51. Das gleiche war anzunehmen, wenn der Kostenpflichtige die Führung des Rechtsstreits durch unbegründete und schikanöse Einwendungen absichtlich erschwert hatte. Heilberg, JW. 1915 S. 1108.

IV. Auch soweit die Zuziehung eines Anwalts zur zweckentsprechenden Rechtsverfolgung und Rechtsverteidigung nicht für notwendig erachtet wurde,[1]) waren der obsiegenden Partei die durch die Zuziehung eines Anwalts entstandenen Kosten jedenfalls insoweit zu erstatten, als die Partei bei persönlicher Erledigung für die Fertigung der Schriftsätze, Abgabe von Erklärungen zu Protokoll des Gerichtsschreibers oder Wahrnehmung der mündlichen Verhandlungen nach § 91 Ziff. 1 ZPO. Entschädigung hätte verlangen können. Kaufmann, JW. 1915 S. 1238; Freiesleben, DJZ. 1915 S. 1117; Heilberg, JW. 1916 S. 153; vgl. auch Gaupp-Stein Anm. XI 2 u. 3 mit Fußnote 146 u. 150 zu § 91 ZPO.

Die Frage, inwieweit die Kosten für eine vorprozessuale Tätigkeit des Anwalts insbesonders die Kosten eines anwaltschaftlichen Mahnschreibens ersatzpflichtig waren, wurde durch § 19 nicht berührt. Vgl. hiezu Gaupp-Stein Anm. VI Fußnote 80 zu § 91 ZPO.; Staudinger (7. u. 8. Aufl.) Anm. 2c zu § 86 BGB.; Planck (4. Aufl.) Anm. 2a zu § 286 BGB. Doch waren diese Kosten nicht in dem Festsetzungsverfahren als Prozeßkosten festzusetzen, sondern als Nebenforderung mit einzuklagen; Gaupp-Stein a. a. O.; Seuffert Anm. 1b zu § 91 ZPO.; Willenbücher, Das Kostenfestsetzungsverfahren S. 48; Quednau Anm. zu § 23 RAGebO. S. 350; a. M. OLG. Rostock v. 7. Juli 1906; OLG. Bd. 15 S. 77.

V. Die Entscheidung über die Ersatzfähigkeit von Anwaltskosten erfolgte im Kostenfestsetzungsverfahren gemäß §§ 103—107 ZPO., mit-

[1]) War der Rechtsanwalt selbst Partei, so konnte er nach § 7 RAGebO. stets Ersatz seiner Gebühren und Auslagen verlangen. Feuchtwanger, BayZfR. 1916 S. 30 und 148; Langenbach, Recht 1916 S. 36; Kaufmann, KammerG. Bl. 1916 S. 30; a. M. AG. Berlin v. 24. Febr. 1916, KammerG. Bl. 1916 S. 36.

hin in erster Linie durch den Gerichtsschreiber,[1]) gegen dessen Entscheidung Erinnerung an den Amtsrichter statthaft war. Eine Beschwerde gegen die Entscheidung des Amtsrichters fand nur statt, falls die zu erstattenden Kosten den Betrag von 50 Mk. überstiegen (§ 22 der Verordnung). Über die im Zahlungsbefehl festzusetzenden Kosten entschied (auch im Falle des § 14 der Verordnung) der Amtsrichter.

Bei vergleichsweiser Erledigung von Rechtsstreitigkeiten, die unter § 19 der Verordnung fallen, empfahl es sich in jedem Falle im Vergleich ausdrücklich zu bestimmen, wer die Anwaltskosten zu tragen hatte, damit nachträglich Streitigkeiten darüber, ob derjenige, der die Kosten übernommen hat, damit auch die Erstattungsfähigkeit der Kosten anerkannt hat, vermieden wurden. Heilberg, JW. 1916 S. 105 u. 153; Kahn, Recht 1915 S. 633; vgl. Samter Anm. 1.

VI. Da nach § 503 StPO. der § 91 ZPO. dem **Privatklageverfahren** entsprechend anzuwenden ist, galt auch hier bisher der Grundsatz, daß der unterliegende Teil die Anwaltskosten grundsätzlich zu erstatten habe; durch § 19 Nr. 2 war dieser Grundsatz auch für das Privatklageverfahren[2]) aufgehoben und es war deshalb auch hier nunmehr im Einzelfall zu entscheiden, ob die Zuziehung eines Anwalts zur zweckentsprechenden Rechtsverfolgung oder Rechtsverteidigung notwendig war. Es waren hiebei im allgemeinen die gleichen Grundsätze anzuwenden, wie oben in Anm. III ausgeführt. Im besonderen konnte man dem Privatkläger das Recht, einen Anwalt zuzuziehen, meist auch dann ohne weiteres zubilligen, wenn der Privatbeklagte ohne triftigen Grund zum Sühneversuch (§ 420 StPO.) nicht erschienen war. Meikel, DRZ. 1915 S. 696. Ein Ausspruch über die Nichterstattungspflicht im Kostenpunkt war nicht nötig; diese Frage war im Kostenfestsetzungsverfahren zu entscheiden. BayObLG. vom 8. Februar 1916, DJZ. 1916, 543.

In Privatklagesachen galt § 19 sowohl in der ersten Instanz, wie auch in der Berufungsinstanz, nicht aber in der Revisionsinstanz, wo nach § 430 Abs. 2 StPO. die Zuziehung eines Anwalts geboten ist. Trendelenburg Anm. 3. § 19 Ziff. 2 findet auch auf die Kosten der Nebenklage Anwendung, ebenso de l'Espine, BayZfR. 1916, 148.

VII. Übergangsvorschriften: Die Verordnung enthielt für den § 19 keine besonderen Übergangsvorschriften; der § 19 ist daher nach § 29 der Verordnung mit dem 1. Oktober 1915 in Kraft getreten. Welche

---

[1]) Dies war kein wünschenswerter Zustand, da der Gerichtsschreiber den Gang des Prozesses, insbesondere den Verlauf der mündlichen Verhandlung nicht kennt, auch häufig nicht die erforderliche Urteilsfähigkeit besitzt und daher seine Entscheidung dem Anwalt meist nicht maßgebend sein wird und diesen zur Erhebung von Erinnerungen veranlassen wird. Levin, Gruchot Bd. 60 S. 27; Eingabe des Vorstands des Deutsch. AnwVer. v. 23. Febr. 1916 JW. 1916 S. 559 Vorstellung der Vereinigung der Vorstände Deutsch. AnwKamm. v. 4. April 1916, JW. 1916 S. 618; die Abgeord. Liesching (Berichterst.), Heine, sowie Staatssekretär Lisco in der Reichstagssitz. v. 8. April 1916, Amtl. Bericht S. 934, 938, 939.

[2]) In den Fällen der §§ 437, 504 Satz 1, 466 StPO. galt der Grundsatz des § 91 Abs. 2 ZPO. auch weiterhin unbeschränkt. Rosenberg, ZStW. Bd. 37 S. 274.

Einwirkung sie auf schwebende Rechtsstreitigkeiten hatte, ist sehr bestritten. Es werden in der Literatur und in der Rechtsprechung folgende Ansichten vertreten.
a) Der § 19 findet nur Anwendung auf Rechtsstreitigkeiten (einschließlich Privatklagesachen), die nach dem 1. Oktober 1915 anhängig gemacht wurden; Schlechtriem, JW. 15/1220; Striemer, JW. 16/353; LG. Leipzig vom 10. Dez. 1914, JW. 16/352 = SächsArch. 16/126.
b) Der § 19 findet nur Anwendung auf die nach dem 1. Oktober 1915 erwachsenen (angefallenen) Anwaltsgebühren und -Kosten; Samter Anm. 1 a. E.; Reimar, JW. 16/352; LG. Breslau vom 2. Nov. 1915, ebenda; LG. Leipzig vom 2. Dezember 1915, JW. 16/216.
c) Der § 19 findet Anwendung, wenn das die Kostenpflicht begründende Urteil nach dem 1. Oktober 1915 ergangen ist, wenn es auch in diesem Zeitpunkt noch nicht rechtskräftig war. (Trendelenburg Anm. 1 zu § 29 u. JW. 15/1072; Braun Anm. 4 zu § 19; Neumiller, BayZfR. 1915 S. 321; Kahn, JW. 1916 S. 352 Fußnote und Recht 1915 S. 623; LG. Breslau vom 2. Nov. 1915, Recht 1915 S. 620; LG. Gleiwitz vom 6. Dez. 1915, JW. 1916 S. 353 = Recht 1916, 201; LG. Gießen vom 20. Dez. 1915, DJZ. S. 644; ähnl.: Landsberg, PosMSchr. 1915 S. 162).
d) § 19 findet auf alle Rechtsstreitigkeiten Anwendung, die am 1. Oktober 1915 noch nicht rechtskräftig abgeschlossen waren; Levin, Gruchot Bd. 60 S. 26 Fußnote 30; Müller, DJZ. 1915 S. 1227; LG. Frankfurt vom 6. Dezember 1915, JW. 1916 S. 352 = Recht 1916, 201; LG. Oppeln vom 4. Januar 1916, JW. 1916 S. 353 = Recht 1916, 201; LG. Neuwied vom 11. Januar 1916, JW. 1916, 770.

Richtig dürfte die unter b angeführte Ansicht sein, da der Anspruch auf Kostenersatz mit dem Anfall der Gebühren als (durch die Zuerkennung im Urteil) bedingter entsteht (vgl. auch Anm. I B f 4 zu § 1 ZahlFrVer. S. 133).

§ 20.

Die Zulässigkeit der Berufung ist, wenn die Berufung ausschließlich einen Anspruch betrifft, der die Zahlung einer Geldsumme zum Gegenstande hat, durch einen den Betrag von fünfzig Mark übersteigenden Wert des Beschwerdegegenstandes bedingt. Als ein Anspruch, welcher die Zahlung einer Geldsumme zum Gegenstand hat, gilt auch der Anspruch aus einer Hypothek, einer Grundschuld oder einer Rentenschuld.

In betreff des Wertes des Beschwerdegegenstandes kommen die §§ 3 bis 9 der Zivilprozeßordnung zur Anwendung.

Der Berufungskläger hat diesen Wert glaubhaft zu machen; zur Versicherung an Eides Statt darf er nicht zugelassen werden.

In Rechtsstreitigkeiten über Ansprüche, für welche die Landgerichte ohne Rücksicht auf den Wert des Streitgegenstandes ausschließlich zuständig sind, findet gegen die in erster Instanz erlassenen Endurteile der Landgerichte die Berufung ohne Rücksicht auf den Wert des Beschwerdegegenstandes statt.

I. Allgemeines. Gegen eine **Beschränkung der Zulässigkeit der Berufung,** wie sie nach § 55 Abs. 1 des GewGG. und nach § 16 des KfmGG. besteht, sind in den Verfahren vor den ordentlichen Gerichten vielfach Bedenken erhoben worden, hauptsächlich deshalb, weil bei den Amtsgerichten, nicht, wie jenen Sondergerichten, eine Mehrheit von Richtern entscheidet. Diese Bedenken mußten jedoch — nach der amtl. Begr. — im gegenwärtigen Zeitpunkt zurücktreten, wo eine Einschränkung der Rechtsmittel zwecks Entlastung der Gerichte dringend geboten erschien; vgl. hiezu insbesondere die Verhandlungen in der Reichstagssitzung vom 8. April 1916, Amtl. Bericht S. 933 (Berichterstatter Abg. Liesching), S. 937 (Abg. Heine), S. 939 (Staatssekretär Lisco), S. 943 (Abg. Stadthagen), S. 947 (Abg. Landsberg); ferner Eingabe des Vorstandes d. Deutsch. Anw.-Ver. v. 23. Febr. 1916, JW. 1916 S. 560.

II. Der § 20 enthält eine Einschränkung des § 511 ZPO., nach welchem gegen jedes in erster Instanz erlassene Endurteil Berufung zulässig ist. Er gilt in gleicher Weise für erstinstanzielle Urteile der Amtsgerichte und der Landgerichte (Miltner, LZ. 1915 S. 1270), jedoch nur für Rechtsstreitigkeiten über Geldansprüche einschließlich der Ansprüche aus Hypotheken, Grund- und Rentenschulden. Als Anspruch auf Zahlung einer Geldsumme im Sinne des § 20 hat auch der Anspruch auf Duldung der Zwangsvollstreckung in das eingebrachte Gut der Ehefrau zu gelten. Kahn, JW. 1916, 1013.

Die Beschränkung des Berufungsausschlusses auf Geldansprüche trat durch die Bek. vom 18. Mai 1916, s. unten S. 109 ein. Nach der ursprünglichen Fassung fielen unter den Berufungsausschluß alle vermögensrechtlichen Ansprüche unter 50 Mk.

Bei Entscheidungen, die vor dem Inkrafttreten der Verordnung vom 18. Mai 1916 (22. Mai 1916) verkündet sind, richtet sich die Zulässigkeit der Berufung nach den bisherigen Vorschriften. Vgl. Art. 2 der Bek. vom 18. Mai 1916, s. unten S. 109.

III. Die **Berufungssumme** bestimmt sich wie in § 546 ZPO. die Revisionssumme[1]) nach dem Werte des Beschwerdegegenstands, d. h. nicht (wie im § 55 GewGG. und § 16 Abs. 1 KfmGG.) nach dem Streitgegenstand des Prozesses, sondern nach demjenigen Betrag, um den der Berufungskläger durch das Urteil der ersten Instanz in seinem Rechte verkürzt zu sein behauptet und in dessen Höhe er deshalb nach seinem Berufungsantrag die Abänderung des Urteils erster Instanz zu seinen Gunsten verlangt. Maßgebend ist der Antrag, der in der letzten mündlichen Verhandlung vor dem Berufungsgericht vom Berufungskläger gestellt wurde. Hat der Berufungskläger daher zuerst den Antrag gestellt, aus dem sich die Berufungssumme ergab, später aber den Antrag so eingeschränkt, daß die Berufungssumme nicht mehr besteht, so ist die Berufung unzulässig geworden. Hat umgekehrt ein ursprünglicher Antrag die Berufungssumme nicht erreicht und wurde dieser Antrag in zulässiger Weise erweitert, so daß der neue Antrag die Berufungssumme erreicht, so ist die Berufung zulässig. Seuffert Anm. 1 b; RG. vom 19. Mai 1911 Bd. 76 S. 293; Gaupp-Stein Anm. III 3 zu § 546; a. M. Trendelenburg Anm. 5 b (maßgebend sei im allgemeinen die Sachlage zur Zeit der Berufung).

---

[1]) Die Rechtsprechung und Literatur zu diesem Paragraphen kann daher hier verwertet werden; im folgenden wird in der Hauptsache auf die Ausführungen zu diesem Paragraphen im Kommentar von Gaupp-Stein (10. Aufl.) Bezug genommen.

Da in der Berufungsinstanz die Klageerweiterung im Rahmen des § 529 Abs. 2 ZPO. zulässig ist, so kann die Berufungssumme auch dadurch erreicht werden, daß mit der Berufungseinlegung gleichzeitig der Klagsantrag erweitert wird. Jedoch sind Anträge, die ohne jede tatsächliche Grundlage oder im Widerspruch zum Sachverhalt lediglich behufs Erreichung der Berufungssumme gestellt werden, nicht zu berücksichtigen, während bei ernstgemeinten Anträgen dieser Zweck unerheblich ist. Gaupp-Stein Anm. III 1 zu § 546 mit Fußnote 14; Trendelenburg Anm. 4. Soweit nicht eine Klagserweiterung vorliegt und wenn der Beklagte Berufung einlegt, kann der Wert des Beschwerdegegenstands den des Streitgegenstands begrifflich niemals übersteigen. Gaupp-Stein a. a. O. Ein Urteil über prozeßhindernde Einreden beschwert im vollen Umfang des Streitgegenstands. Bei Teilurteilen muß hinsichtlich eines jeden die Beschwerdesumme gegeben sein. Eine Zusammenrechnung findet auch bei gleichzeitiger Berufung gegen mehrere Teilurteile nicht statt. Gaupp-Stein Anm. III 5 zu § 546 ZPO.; über objektive Klagehäufung siehe nachstehende Anm. IV. Ist die Berufung nur von einem oder gegen einen mehrerer Streitgenossen eingelegt, so ist bei teilbaren Rechtsverhältnissen der den einzelnen Streitgenossen treffende Teil maßgebend, bei unteilbaren Rechtsverhältnissen oder bei Gesamthaftung der Streitgenossen der Wert des ganzen Streitgegenstands. Gaupp-Stein a. a. O. Für die Berufung des Nebenintervenienten ist das Interesse der Hauptpartei maßgebend.

IV. Bei der **Berechnung des Werts des Streitgegenstands** hat das Gericht die §§ 3—9 ZPO. zur Anwendung zu bringen.

a) Nach § 3 ZPO. ist der Wert des Beschwerdegegenstands vom Gericht nach freiem Ermessen festzusetzen, unabhängig von einer etwaigen Vereinbarung der Parteien oder einem Geständnis des Berufungsbeklagten oder von einer früheren Festsetzung des Werts durch das erstinstanzielle Gericht oder das Berufungsgericht selbst.

b) Nach § 4 ZPO. ist für die Wertsberechnung der Zeitpunkt der Klagserhebung maßgebend, d. h. soweit der Beschwerdegegenstand mit dem Streitgegenstand identisch ist, kommt eine während der Dauer des Prozesses eingetretene Erhöhung oder Verminderung des Werts nicht in Betracht. Im übrigen ist jedoch für die Feststellung der Berufungssumme der Wert des Beschwerdegegenstands zur Zeit der Einlegung des Rechtsmittels maßgebend. RG. v. 19. Mai 1911 Bd. 76 S. 294, auch RG. v. 28. Juni 1911 Bd. 77 S. 15.

Nebenforderungen werden nach § 4 Abs. 1 Satz 2 und Abs. 2 bei Berechnung des Beschwerdegegenstands grundsätzlich nicht berücksichtigt, es sei denn, daß nach Erledigung der Hauptforderung nur noch über die bisherigen Nebenforderungen zu entscheiden ist. Gaupp-Stein Anm. V 1 zu § 546 ZPO.

c) Nach § 5 sind mehrere in einer Klage geltend gemachte Ansprüche zusammen zu rechnen. Dies gilt auch dann, wenn die Ansprüche ursprünglich gesondert geltend gemacht waren, die Prozesse aber gemäß § 47 ZPO. verbunden worden sind. Trendelenburg Anm. 4; Samter Anm. 2c.

Legt dieselbe Partei sowohl gegen die Entscheidung über die Klage als auch gegen die Entscheidung der damit verbundenen Widerklage Berufung ein, so sind die Beschwerdesummen zusammen zu rechnen, sofern nicht Klage und Widerklage den gleichen Streitgegenstand betreffen. Trendelenburg Anm. 5c; Gaupp-Stein Anm. V 2. Dagegen findet, wenn beide Teile Berufung einlegen, eine Zusammenrechnung der beiderseitigen Beschwerdesummen in Anwendung des § 5 Satz 2 ZPO. nicht statt. Gaupp-Stein a. a. O.

Die unselbständige Anschlußberufung nach §§ 521, 522 ZPO. ist ohne Rücksicht auf den Wert des Beschwerdegegenstands zulässig, wenn die Hauptberufung zulässig ist.

d) Bezüglich der Anwendung der §§ 6, 7, 8 und 9 ZPO. ist nichts besonderes zu bemerken.

V. Nach § 535 ZPO. hat das Berufungsgericht die **Zulässigkeit der Berufung von Amts wegen zu prüfen.** Hierunter fällt nunmehr auch die Prüfung der Frage, ob die Beschwerdesumme erfüllt ist. Seuffert Anm. 1c. Soweit sich das Vorhandensein der Beschwerdesumme nicht ohne weiteres aus dem Vergleich des Berufungsantrags mit den von den Parteien in der ersten Instanz gestellten Sachanträgen feststellen läßt, bilden die Grundlage für die Prüfung die vom Berufungskläger vorzulegenden Glaubhaftmachungsmittel. Zur Glaubhaftmachung kann der Berufungskläger sich mit Ausnahme der Eideszuschiebung und einer von ihm selbst abgegebenen eidesstattlichen Versicherung, welche nach § 20 Abs. 2 der Verordnung ausdrücklich ausgeschlossen ist, aller Beweismittel bedienen, soferne die Beweisaufnahme sofort erfolgen kann (§ 294 ZPO.) Insbesondere kommen in Betracht eidesstattliche Versicherung dritter Personen, Bescheinigungen sachkundiger Personen, soferne deren Sachkunde amtsbekannt ist oder bescheinigt wird. Samter Anm. 3. Auch die Vernehmung von Zeugen und Sachverständigen, die zum Termin mitgebracht werden, ist zulässig.

VI. Die Vorschrift **des Abs. 3 des § 20** entspricht dem § 547 Nr. 2 ZPO. In Betracht kommen insbesondere Pensionsansprüche der Offiziere und Mannschaften des Reichsheeres, Ansprüche auf Rückerstattung von Reichsstempeln und Haftpflichtansprüche gegen das Reich. Näheres vgl. Gaupp-Stein Anm. III 3 zu § 1 ZPO.; Seuffert Anm. 1 i—p zu § 1 ZPO.; Trendelenburg Anm. 7; Seuffert Anm. 3 zu § 20 der Verordnung.

VII. Soweit zweifelsfrei feststeht, daß die Berufung nicht zulässig ist, kann nach § 161 ZPO. die Beurkundung der Aussagen von Zeugen und Sachverständigen, die vor dem Prozeßgericht vernommen werden, unterbleiben; der wesentliche Inhalt der Aussagen muß dann aber im Tatbestand des Urteils wiedergegeben werden. Braun Anm. 3; Bovensiepen, ThürBlfR. Bd. 62 S. 191. Die Rechtskraft des Urteils tritt jedoch nach § 705 ZPO. stets erst nach Ablauf der Berufungsfrist ein, selbst wenn die Unzulässigkeit der Berufung offenkundig zu sein scheint (z. B. bei Summenklagen); denn über die Zulässigkeit des Rechtsmittels (insbesondere auch über den Streitwert, wobei auch die Möglichkeit einer Klagserweiterung in der Berufungsinstanz zu bedenken ist) entscheidet nur das Berufungsgericht. Schrohe, DJZ. 1916 S. 235; vgl. Gaupp-Stein Anm. II 1 zu § 705 ZPO., wonach das gleiche für Urteile der OLG. in Sachen unter 4000 Mk. Streitwert gilt.

VIII. **Übergangsvorschrift** siehe § 31 der Verordnung.

§ 21.

In den Fällen der §§ 3, 4 der Verordnung über die gerichtliche Bewilligung von Zahlungsfristen (Reichs-Gesetzbl. 1916 S. 451) ist die Zulässigkeit der sofortigen Beschwerde durch einen die Summe von fünfzig Mark übersteigenden Betrag der Forderung bedingt.

Wird eine **Zahlungsfrist** in einem Anerkenntnisurteil beantragt oder im sogen. Initiativverfahren, so ist gegen die Bewilligung oder Ablehnung der Zahlungsfrist die sofortige Beschwerde nach §§ 3, 4 ZahlFrVer. in der nunmehrigen Fassung vom 8. Juni 1916 (Reichsgesetzbl. 1916 S. 451) zulässig (vgl. Erläuterung zu dieser Bestimmung). Der § 21 macht nun die Zulässigkeit der sofortigen Beschwerde davon abhängig, daß die Beschwerdesumme den Betrag von 50 Mk. übersteigt. Als Beschwerdesumme gilt nicht das Interesse an der Fristgewährung, sondern der Betrag der Forderung, für den die Frist nach Ansicht des Beschwerdeführers zu Unrecht bewilligt oder abgelehnt wurde. Trendelenburg Anm. 1; Seuffert Anm. 3; Samter Anm. 2; Wach, JW. 1915 S. 1103.

Ist gemäß § 5 der ZahlFrVer. eine Zahlungsfrist vom Vollstreckungsgericht bewilligt, so ist die sofortige Beschwerde ohne Rücksicht auf den Beschwerdegegenstand zulässig, da der § 5, wenn auch wohl versehentlich, im § 21 der Verordnung nicht aufgeführt ist. Trendelenburg Anm. 1; Samter Anm. 1; Neumiller, BayZfR. 1915 S. 319 Fußnote 51; Heilberg, JW. 1915 S. 1516; Güthe-Schlegelberger Anm. 1; **a. M.** Wach, JW. 1915 S. 1103 (ausdehnende Auslegung).

§ 22.

Im Falle des § 99 Abs. 3 der Zivilprozeßordnung unterliegt die Entscheidung einer sofortigen Beschwerde nur, wenn die Beschwerdesumme den Betrag von fünfzig Mark übersteigt.

I. Nach § 568 Abs. 3 ZPO. unterliegen Entscheidungen der Landgerichte (bezüglich der OLG. vgl. § 567 Abs. 2 ZPO.) im Betreffe der **Prozeßkosten** einer weiteren Beschwerde nur, wenn die Beschwerdesumme den Betrag von 50 Mk. übersteigt. Diese Beschwerdesumme gilt jetzt im Fall des § 99 Abs. 3 ZPO. auch für die erste Beschwerde, gleichviel ob die Entscheidung von einem Amts- oder Landgericht erlassen ist. Der Reichstag hat in der Sitzung vom 8. April 1916 die Aufhebung dieser Bestimmung beantragt. Amtl. Bericht S. 936, 951.

II. § 22 hat seine jetzige Fassung durch die Bekanntm. v. 18. Mai 1916, s. unten S. 109, erhalten (vgl. BayZfR. 1916, 240). **Die ursprüngliche Fassung** lautete: „Entscheidungen in betreff der Prozeßkosten unterliegen einer Beschwerde nur, wenn die Beschwerdesumme den Betrag von 50 Mk. übersteigt." Außer dem jetzt noch der Verordnung unterliegenden Fall des § 99 Abs. 3 ZPO. (Entscheidung über die Kostentragung, wenn eine Entscheidung über die Hauptsache nicht ergangen ist), kamen für die Anwendung der alten Fassung des § 22 in Betracht die Fälle der §§ 104 Abs. 3, 107 Abs. 3 ZPO. (Entscheidung des Prozeßgerichts auf Erinnerung gegen die Festsetzung des Kostenbetrags durch den Gerichtsschreiber), 125 ZPO. (Nachzahlung von Kosten ohne Entziehung des Armenrechts), 766 mit 788 ZPO. (Entscheidung des Vollstreckungsgerichts auf Erinnerung gegen den Kostenansatz in der Zwangsvollstreckung), § 4 Abs. 2 GKG. (Entscheidung über den Ansatz von Gerichtsgebühren und Auslagen, insbesondere auch im Fall des § 92 GKG., OLG. München vom 14. Januar 1916 LZ. 1916, 485 = JW. 1916, 513; Seuffert, JW. 1916, 513 Fußnote Ziff. 2), § 16 Abs. 2 GKG. (Festsetzung des Streitwerts; OLG. München v. 16. Febr. 1916, JW. 1916 S. 612 = Recht 1916 S. 201 = LZ. 1916 S. 563; OLG. Karlsruhe v. 8. März 1916, LZ. 1916 S. 699), 47 Abs. 2, 48 Abs. 2 GKG. (Ansatz einer Strafgebühr),[1]) § 12 RAGO. (selbständige Beschwerde des Rechtsanwalts gegen die Streitwertfestsetzung; OLG. München v. 16. Febr. 1916, JW. 1916 S. 612 = Recht 1916 S. 207 = LZ. 1916 S. 563; OLG. Rostock v. 3. Nov. 1915, MecklenbZfR. Bd. 34 S. 232; ROLG. 32, 296), § 17 Abs. 3 GOfZuS. (Festsetzung der dem Zeugen oder Sachverständigen zu gewährenden Beträge; OLG. Kiel v. 6. Dez. 1915, DJZ. 1916, 546 = LZ. 1916 S. 254 i. OLG. Jena v. 24. Nov. 1915, ThürBl. Bd. 63 S. 57), § 22 GVGebO. mit § 4 GKG. (Entscheidung des Gerichts über den Ansatz von Gebühren und Auslagen des Gerichtsvollziehers). Der Begriff: „Entscheidung in betreff der Prozeßkosten" begreift nicht nur die Entscheidung über den Betrag, sondern auch über die Verpflichtung in sich. OLG. München v. 14. Jan. 1916 ROLG. 32, 295. **Nicht** anwendbar war der § 22 alter Fassung.

a) Auf Erinnerungen gegen den Kostenfestsetzungsbeschluß des Gerichtsschreibers § 104 Abs. 3 Satz 1, auf Erinnerungen gegen den Kostenansatz des Gerichtsvollziehers (§ 766 ZPO.) Neumiller, BayZfR. 1915 S. 319 Fußnote 53 sowie auf die Beschwerde wegen Auferlegung einer besonderen Gebühr nach § 48 GKG. OLG. Breslau v. 6. April 1916 ROLG. 32, 296.

b) Auf die Beschwerde gegen den Beschluß, durch welche das Armenrecht verweigert oder entzogen wird (§ 127 ZPO.) Seuffert Anm. 2b; Neumiller a. a. O.; Gaupp-Stein a. a. O.

c) Auf die Entscheidung, wodurch nach § 102 ZPO. ein Gerichtsschreiber, ein gesetzlicher Vertreter, ein Rechtsanwalt oder ein anderer Bevollmächtigter oder ein Gerichtsvollzieher wegen groben Verschuldens zur Tragung von Kosten verurteilt wird (OLG. Breslau v. 6. April 1916 ROLG. 32, 297), wie auch die **weitere** Beschwerde in diesem Falle der Beschränkung des § 568 Abs. 3 ZPO. nach der herrschenden Ansicht der Literatur und Rechtsprechung **nicht** unterliegt. Seuffert Anm. 2a; Neumiller a. a. O.; Gaupp-Stein Anm. III § 102 ZPO.; Seuffert Anm. IIIb zu § 568 ZPO.

d) Auf die Entscheidungen im Betreffe der Prozeßkosten in **Privatklagesachen**, da die Verordnung mit Ausnahme der Vorschrift im § 19 Nr. 2 nur die bürgerlichen Rechtsstreitigkeiten betrifft. LG. Leipzig vom 2. Dezember 1915, JW. 1916 S. 215 = SächsArch. 1916 S. 124; **a. M.** LG. Frankfurt v. 6. Dez. 1915, JW. 1916 S. 352; LG. Saarbrücken v. 27. Dez. 1915, JW. 1916, 770 mit Anmerkung von

---

[1]) Jedoch dann nicht, wenn die Gebühr unzulässigerweise dem Prozeßbevollmächtigten, nicht der Partei auferlegt wurde (OLG. Breslau v. 6. April 1916, ROLG. 32, 296).

Zelter; LG. Bochum v. 22. Febr. 1916, JW. 1916, 769; Kahn a. gl. O. Fußnote.

Die Zulässigkeit von Beschwerden gegen die vor dem Inkrafttreten der Verordnung vom 18. Mai 1916 verkündeten oder sonstwie ergangenen Entscheidungen richtet sich nach den bisherigen Vorschriften. Vgl. Art. 2 der genannten Bekanntmachung s. unten S. 109.

III. Für die **Berechnung der Beschwerdesumme** ist der Unterschied zwischen dem, was der Beschwerdeführer auf Grund der angefochtenen Entscheidung an Gebühren und Kosten zu zahlen oder zu beanspruchen hat und dem, was er durch die Beschwerde erlangen will, maßgebend Trendelenburg Anm. 3; Gaupp-Stein Anm. IVa zu § 568 ZPO.

Übergangsvorschrift siehe § 31 Abs. 2 der Verordnung.

Mündliche Verhandlung.

§ 23.

Sind die Parteien durch Rechtsanwälte vertreten, so kann mit deren Einverständnis ohne mündliche Verhandlung entschieden werden, wenn das Gericht den Sach- und Streitstand auf Grund einer früheren mündlichen Verhandlung und nach dem Ergebnis einer etwaigen Beweisaufnahme für hinreichend geklärt erachtet. Die Verkündung der Entscheidung wird durch schriftliche Mitteilung ersetzt.

Diese Vorschriften finden in dem Verfahren vor den Oberlandesgerichten und vor dem Revisionsgerichte keine Anwendung.

I. Diese Bestimmung bringt eine **Einschränkung der mündlichen Verhandlung.** Sie läßt die für das geltende Zivilrecht herrschenden Grundsätze im wesentlichen unberührt und beschränkt sich darauf, um Möglichkeit zu schaffen, daß unter gewissen Voraussetzungen der Rechtsstreit auch dann einer Entscheidung entgegengeführt wird, wenn außerhalb der Sache selbst liegende Hindernisse eine nochmalige mündliche Verhandlung unmöglich machen. Die Vorschrift schließt sich dabei eng an die Handhabung der Prozeßvorschriften an, wie sie im Drange der Geschäfte namentlich bei den großen Amtsgerichten und Landgerichten sich herausgebildet hat und will die Notwendigkeit einer nochmaligen mündlichen Verhandlung nur da beseitigen, wo die Schlußverhandlung schon bisher tatsächlich nicht vielmehr als eine bloße Form gewesen ist. (So die amtl. Begr.) Über die grundsätzliche Bedeutung und den Wert der Vorschrift vgl. insbesonders Levin, Gruchot Bd. 60 S. 49 ff.; ferner Kann, JW. 1915 S. 1132; Bielschowsky, JW. 1915 S. 1594; Eingabe des Vorstands d. Deutsch. AnwVer. vom 23. Febr. 1916, JW. 1916 S. 561; auch Hellmer, Z. f. Not. u. freiw. Gerichtsb. in Österreich 1915 S. 389; andererseits Bovensiepen, ThürBl. Bd. 62 S. 192 ff.

II. Umfang. Die Vorschrift bezieht sich auf das Verfahren vor den Amtsgerichten und Landgerichten, auch soweit das Landgericht Berufungsgericht ist (Heilberg, JW. 1915 S. 1516); dagegen nicht auf das Verfahren vor den Oberlandesgerichten und Revisionsgerichten.[1])

---

[1]) Vgl. hiezu Landsberg, PosMSchr. 1915 S. 104; Mangler, SächsArch. 1915 S. 407 (für Ausdehnung der Bestimmung); auch Neukamp Anm. 3 Abs. 2.

Anwendbar ist sie auch im Tatbestandsberichtigungsverfahren nach § 320 ZPO. und Urteilsergänzungsverfahren gemäß § 321 ZPO., sowie im Zwischenstreit gegen den die Aussage verweigernden Zeugen nach §§ 386 ff. ZPO.; Kann, JW. 1915 S. 1132.

III. Die **mündliche Verhandlung** kann unter folgenden Voraussetzungen **entfallen:**

a) Sämtliche Parteien, die am Rechtsstreit beteiligt sind, einschließlich des Nebenintervenienten (Trendelenburg Anm. 1; Kann, JW. 1915, S. 1132; **a. M.** Samter Anm. 2 d), müssen auch im amtsgerichtlichen Verfahren durch Anwälte vertreten sein, damit, wie die Begründung hervorhebt, eine ausreichende Darstellung und Würdigung des Streitstoffs in vorbereitenden Schriftsätzen gewährleistet wird.

b) Mindestens **eine** mündliche streitige Verhandlung muß stattgehabt haben und zwar in der gleichen Instanz (Kann, JW. 1915 S. 1132; a. M. Kullmann, Recht 1915 S. 629) und vor den gleichen Richtern, die die Entscheidung zu fällen haben; hat also ein Wechsel in der Besetzung stattgefunden, so ist stets neue Verhandlung erforderlich; Samter Anm. 2d; Neukamp Anm. 2a; Oppler, LZ. 1915 S. 1488; Bielschowsky, JW. 1915 S. 1394. Wegfallen wird also insbesonders häufig die Schlußverhandlung nach erfolgter Beweisaufnahme, mag diese durch den beauftragten oder ersuchten Richter, oder vor dem Prozeßgericht stattgefunden haben (Peters, DRZ. 1916 S. 85) — der in § 285 Abs. 2 ZPO. vorgeschriebene Vortrag des Ergebnisses einer nicht vor dem Prozeßgericht erfolgten Beweisaufnahme kann entfallen, Wach, JW. 1915 S. 1102 — sowie die mündliche Verhandlung zur Läuterung des bedingten Endurteils; Landsberg, PosMSchr. 1915 S. 104.

c) Der Sach- und Streitstand muß auf Grund der früheren mündlichen Verhandlung und nach dem Ergebnis einer etwaigen Beweisaufnahme einschließlich Beweissicherung (Kann, JW. 1915 S. 1132) vom Gericht für hinreichend geklärt erachtet werden. Betrifft die Entscheidung (z. B. Beweisbeschluß oder Teilurteil) nur einen Teil des Streitgegenstandes, so genügt es, wenn hinsichtlich dieses Teils Klarheit herrscht.

Da die hinreichende Aufklärung über den Sach- und Streitgegenstand auf Grund der früheren mündlichen Verhandlung und einer etwaigen Beweisaufnahme erfolgt sein muß, können Tatsachen, die nach der mündlichen Verhandlung in Schriftsätzen vorgetragen werden, nicht berücksichtigt werden. Soweit also nach der mündlichen Verhandlung Schriftsätze bei Gericht eingereicht werden, die sich nicht nur auf rechtliche Ausführungen oder auf eine Würdigung des Beweisergebnisses ohne Vorbringung neuer Tatsachen beschränken, ist stets neue mündliche Verhandlung erforderlich; Neukamp Anm. 2b; Samter Anm. 2b; Heilberg, JW. 1915 S. 1110 u. 1516; Vierhaus, DJZ. 1916 S. 16 und JW. 1915 S. 1393; Levin, Gruchot Bd. 60 S. 51; **a. M.** Trendelenburg Anm. 3 und JW. 1915 S. 1070; Neumiller, BayZfR. 1915 S. 315 Fußnote 15; Peters, DRZ. 1916 S. 84 (auch neues tatsächliches Vorbringen in späteren Schriftsätzen sei zu berücksichtigen).

d) Die Parteien müssen ihr Einverständnis erklärt haben, daß ohne nochmalige mündliche Verhandlung entschieden wird. Die Erklärung ist von den Rechtsanwälten abzugeben, da — nach der Begründung — die Mitwirkung von Rechtsanwälten ja gerade deshalb gefordert wurde, damit die mündliche Verhandlung nur dann unterbleibt, wenn diese das Sach- und Streitverhältnis für genügend geklärt erachten. Samter Anm. 2d; auch der Rechtsanwalt des Nebenintervenienten muß seine Zustimmung erklären. Trendelenburg Anm. 1; Kann, JW. 1915 S. 1132; Neumiller, BayZfR. 1915 S. 315 Fußnote 13. Eine Form für die Erklärung ist nicht vorgeschrieben; sie kann daher schriftlich wie mündlich als auch durch Fernsprecher erfolgen, muß aber stets dem Gericht gegenüber erklärt werden. Eine außergerichtliche Mitteilung an den Gegner, die nicht für das Gericht bestimmt ist, genügt nicht. Kann, JW. 1915 S. 1132. Auch dürfte es nicht genügen, daß die Parteien auf Anfrage des Gerichts, ob auf nochmalige Verhandlung verzichtet wird, nicht geantwortet haben, selbst wenn das Gericht bei Nichtbeantwortung binnen einer gesetzlichen Frist Bejahung unterstellt. Cahn S. 71/72; Heinsheimer, JW. 1915 S. 1384; 1916 S. 105; a. M. Seuffert Anm. 1c; Neukamp Anm. 2c; Neumiller, BayZfR. 1915 S. 315.

Das Einverständnis muß für jede mündliche Verhandlung besonders erklärt werden. Ist deshalb z. B. auf Grund einer Einverständniserklärung unter Wegfall der mündlichen Verhandlung ein Beweisbeschluß ergangen, so ist eine neuerliche Zustimmungserklärung erforderlich, wenn auch die Schlußverhandlung entfallen soll. Trendelenburg Anm. 2; Sydow-Busch Anm. 3; Wach, JW. 1915 S. 1102; Heilberg, JW. 1915 S. 1108; Striemer, JW. 1915 S. 1160. Zweifelhaft erscheint, ob die Einwilligungserklärung widerruflich ist. Man wird dies verneinen müssen. Haben die Parteien ihre Einwilligung erklärt, so ist die Rechtsfrage genau so, wie wenn sie am Schluß der mündlichen Verhandlung auf Frage des Vorsitzenden erklärt haben, daß sie nichts mehr vorzubringen hätten. Die Wiedereröffnung der mündlichen Verhandlung steht in beiden Fällen nach § 156 ZPO. im Ermessen des Gerichts. Heilberg, JW. 1915 S. 1110; **a. M.** Heinsheimer, JW. 1915 S. 1384 (Einverständnis widerruflich, solange das Gericht noch keine Entscheidung erlassen hat).

Erklären die Parteien ihr Einverständnis in einem Zeitpunkt, in dem das Verfahren durch Nichterscheinen der Parteien im Verhandlungstermin zum Ruhen gekommen ist, § 251 Abs. 2 ZPO., so bedarf es nicht einer neuen Ladung oder eines neuen Terminsantrags, vielmehr genügt diese Erklärung zur Beendigung des Ruhens des Verfahrens, sofern das Gericht auch seinerseits die Voraussetzungen des § 23 der Verordnung für gegeben erachtet. Trendelenburg Anm. 3; **a. M.** Samter Anm. 2d.

IV. Entschließt sich das Gericht auf Grund des § 23 ohne mündliche Verhandlung zu entscheiden, so hat dies folgende **Wirkungen:**

a) Die Verkündung der Entscheidung wird durch schriftliche Mitteilung ersetzt (§ 23 Abs. 1 Satz 2 der Verordnung). Die Mitteilung muß gemäß § 136 Abs. 4 ZPO. durch den Vorsitzenden erfolgen, d. h. von ihm verfügt werden. Trendelenburg Anm. 4; Samter Anm. 3; Kann, JW. 1915 S. 1132; Levin, Gruchot Bd. 60 S. 176; a. M. Oppler, LZ. 1915 S. 1501. Genügend, aber auch erforderlich ist die Mitteilung der Formel der Entscheidung also bei Urteilen ohne Tatbestand und Gründe, Neukamp Anm. 2e, Schloß, JW. 1915 S. 1465; **a. M.** Kann a. a. O. (es genügt die Mitteilung, daß ein Urteil oder Beweisbeschluß erging).

Eine Form, in der die Mitteilung zu erfolgen hat, ist nicht vorgeschrieben, so daß an sich jede formlose Mitteilung genügt. Da sich jedoch in dem Zeitpunkt, in dem die Entscheidung verkündet, d. h. hier den Parteien eröffnet wurde, verschiedene Rechtsfolgen knüpfen — vgl. § 315 Abs. 3, 317 Abs. 2 ZPO.; § 25 Satz 3 der Verordnung — ist die Feststellung des Tages, an dem die Mitteilung den Parteien zuging, notwendig und deshalb eine förmliche Zustellung der Mitteilung meist die zweckmäßigste Form. Der Tag der Zustellung ist sodann vom Gerichtsschreiber gemäß § 315 Abs. 3 ZPO. auf dem Urteil zu vermerken; Kann, JW. 1915 S. 1132; Levin, Gruchot Bd. 60 S. 176; a. M. Samter Anm. 3; Braun Anm. 3 (als Verkündungstag sei der Tag der Absendung der Mitteilung anzugeben); vgl. Lemberg, JW. 1915 S. 1394. Eine Frist für die Mitteilung ist nicht vorgesehen; doch werden die Vorschriften in §§ 310, 315 Abs. 2 ZPO. entsprechend anzuwenden sein. Neukamp 2e; Samter Anm. 3. Die sonst mit der Verkündung der Entscheidung eintretende Unwiderruflichkeit und Unabänderlichkeit der Entscheidung tritt hier ein, sobald eine Partei die Mitteilung erhalten hat. Vgl. Neukamp Anm. 2e; Oppler, LZ. 1915 S. 1501.

Die Mitteilung auf Grund des § 23 ersetzt, selbst wenn sie durch formelle Zustellung erfolgt, nicht die nach § 516 ZPO. für den Beginn der Berufungsfrist und die Zulässigkeit der Berufungseinlegung, noch die nach § 750 ZPO. für den Beginn der Zwangsvollstreckung erforderliche Zustellung. Seuffert Anm. 2; Neukamp Anm. 2e.

Jedoch ist auch, wenn die Entscheidung ohne mündliche Verhandlung erging, statt der schriftlichen Mitteilung, Verkündung der Entscheidung nach den §§ 310, 329 ZPO. zulässig und meist zweckmäßig. Neukamp Anm. 2e; Kann, JW. 1915 S. 1132; Levin, Gruchot Bd. 60 S. 176.

b) Die Zivilprozeßordnung knüpft an den Schluß der mündlichen Verhandlung verschiedene wichtige Rechtsfolgen, so in den §§ 249 Abs. 3, 278, 280, 283, 323 Abs. 2, 614, 767 Abs. 2 ZPO. Erfolgt nun die Entscheidung, insbesondere der Erlaß des Urteils ohne mündliche Verhandlung, so tritt an die Stelle des Zeitpunkts „Schluß der mündlichen Verhandlung" der Zeitpunkt, in dem die Einverständniserklärungen der Partei dem Gericht zugegangen und damit unwiderruflich geworden sind. Siehe oben Anm. III d; Heinsheimer, JW. 1915 S. 1384; ähnl. Trendelenburg Anm. 3.

V. **Übergangsvorschrift** siehe § 29.

Urteil.

§ 24.

Die Darstellung des Tatbestandes kann durch eine Bezugnahme auf den Inhalt der vorbereitenden Schriftsätze und auf die zum Sitzungsprotokoll erfolgten Feststellungen ersetzt werden, soweit sie den Sach- und Streitstand richtig und vollständig wiedergeben.

I. Nach § 313 Abs. 2 ZPO. war schon bisher bei der Darstellung des **Tatbestands** eine Bezugnahme auf Schriftsätze und Protokolle nicht ausgeschlossen. Jedoch durfte diese Bezugnahme die eigene Darstellung des Gerichts nur ergänzen, nicht ersetzen. Nunmehr kann der ganze Tatbestand durch eine Bezugnahme auf die vorbereitenden Schriftsätze und Protokolle ersetzt werden, soweit sich hieraus der Sach- und Streitstand richtig und vollständig ergibt. Auch die Niederschrift der Anträge kann durch Bezugnahme auf die Schriftsätze ersetzt werden. Trendelenburg Anm. 1; Heilberg, JW. 1916 S. 105; a. M. Samter Anm. 2. Insoweit in der mündlichen Verhandlung Tatsachen vorgebracht wurden, die von dem Inhalt der vorbereitenden Schriftsätze abweichen, muß dies im Tatbestand besonders hervorgehoben werden, wenn nicht eine entsprechende Feststellung im Sitzungsprotokoll gemacht wurde, auf die verwiesen werden kann.

In umfangreichen Sachen und wenn zahlreiche, vielleicht teilweise unklare und weitschweifige Schriftstücke gewechselt wurden, ist auch fernerhin eine Darstellung des Tatbestands nicht zu umgehen, denn einmal können sonst leicht Zweifel über den Umfang der Rechtskraft entstehen oder darüber, inwieweit der Prozeß durch ein Rechtsmittel in die höhere Instanz gelangt ist. Es würde dann nicht die durch die Bestimmung beabsichtigte Entlastung der Gerichte eintreten, sondern die Arbeit würde nur von den Untergerichten auf die Obergerichte abgeschoben. Heilberg, JW. 1915 S. 1110; Bierhaus, JW. 1915 S. 1393 und DJZ. 1916 S. 17; Levin, Gruchot Bd. 60 S. 52 u. S. 172. Eingabe des Vorstands der Deutsch. Anw.-Ver. vom 23. Febr. 1916, JW. 1916 S. 561; Warneyer, SächsRechtspfl. 1916 S. 140; a. M. Weinmann, Recht 1915 S. 536.

In einfachen Sachen kann demnach der Tatbestand nunmehr etwa lauten: „Wegen des Tatbestands wird auf die Klageschrift, die Klagsbeantwortung und auf das Sitzungsprotokoll vom ... Bezug genommen." Trendelenburg Anm. 1; Weinmann a. a. O. Doch soll das Urteil möglichst immer aus sich selbst heraus verständlich sein; soweit der gesonderte Tatbestand durch die Möglichkeit der Verweisung entfallen kann, sind in den Gründen die zum Verständnis der rechtlichen Ausführungen notwendigen Parteibehauptungen und Prozeßvorgänge anzugeben (was bisher als Wiederholung des Tatbestands verpönt war). Deinhard, ThürBlfR. Bd. 62 S. 195—207.

II. Die Vorschrift des § 24 gilt für die Urteile aller Instanzen und aller Gerichte, mithin nicht nur für die Urteile der Amtsgerichte und Landgerichte, sondern auch für die der Oberlandesgerichte und der Revisionsgerichte, die ab 1. Oktober 1915 verkündet wurden, mag auch die Schlußverhandlung früher stattgefunden haben. Neumiller, BayZfR. 1915 S. 321.

§ 25.

Das Verzeichnis der verkündeten und unterschriebenen Urteile (§ 316 der Zivilprozeßordnung) fällt fort. Die im § 320 der Zivilprozeßordnung vorgesehene Frist beginnt mit der Zustellung des Urteils. Die Berichtigung des Tatbestandes ist ausgeschlossen, wenn sie nicht binnen drei Monaten seit der Verkündung des Urteils beantragt wird.

I. Nach § 316 ZPO. hat der Gerichtsschreiber die verkündeten und unterschriebenen Urteile in ein auszuhängendes **Verzeichnis** zu bringen. Dieses Verzeichnis hat nach der Erfahrung der Praxis keinerlei Bedeutung erlangt und kommt rechtlich lediglich für die an den Aushang geknüpfte Frist zur Berichtigung des Tatbestandes in Betracht. Der § 25 hebt deshalb den § 316 ZPO. auf.

II. Die **Frist** von einer Woche — § 320 Abs. 1 — für den Antrag auf Berichtigung des Tatbestands beginnt nunmehr mit der Zustellung des Urteils; auch wenn nur ein abgekürztes Urteil (nach § 496 Abs. 6 ZPO., § 26 der Verordnung) zugestellt wurde; jedoch kann nach § 320 Abs. 2 Satz 2 ZPO. der Berichtigungsantrag auch schon vor der Zustellung gestellt werden.

Ohne Rücksicht auf den Zeitpunkt der Urteilszustellung ist die Berichtigung des Tatbestands unzulässig, wenn zur Zeit der Antragstellung schon mehr als 3 Monate seit der Verkündung des Urteils oder der nach § 23 der Verordnung die Verkündung ersetzende Mitteilung des Urteils, verstrichen sind.

III. Die Vorschrift des § 25 gilt für die **Urteile aller Gerichte** und aller Instanzen und ist nach § 30 der Verordnung mit dem 1. Oktober 1915 in Kraft getreten.

§ 26.

Für die Ausfertigung landgerichtlicher Urteile findet die Vorschrift des § 496 Abs. 6 der Zivilprozeßordnung entsprechende Anwendung.

I. Nach § 496 Abs. 6 ZPO. erfolgt im amtsgerichtlichen Verfahren die **Ausfertigung** des Urteils soferne von der Partei nicht ein anderes beantragt wird, unter Weglassung des Tatbestands und der Entscheidungsgründe. (Abgekürzte Urteilsausfertigung.) Diese Vorschrift wird durch § 26 auch auf die Ausfertigung landgerichtlicher Urteile I. und II. Instanz, (nicht aber für Urteile der Oberlandesgerichte und der Revisionsgerichte) ausgedehnt.

Die Zustellung einer solchen abgekürzten Urteilsausfertigung steht in den Wirkungen der Zustellung des vollständigen Urteils gleich (§ 496 Abs. 6 Satz 2 ZPO.), insbesonders wird durch eine derartige Zustellung die Rechtsmittelfrist und die Frist für die Tatbestandsberichtigung nach § 25 der Verordnung in Lauf gesetzt und der Beginn der Zwangsvollstreckung wird gemäß § 750 Abs. 1 ZPO. zulässig.

II. Die **Herstellung** einer abgekürzten Ausfertigung darf durch den Gerichtsschreiber erst erfolgen, wenn das Urteil nach § 315 ZPO. in vollständiger Form abgefaßt und von den Richtern unterschrieben ist. Eine entgegen dieser Vorschrift ausgefertigtes und zugestelltes Urteil ist jedoch wirksam und der Rechtskraft fähig. RG. vom 4. Mai 1914 Bd. 85 S. 17.

Unzulässig ist es aber (wie schon bisher bezüglich der amtsgerichtlichen Urteile), daß die Partei oder der Anwalt auf Grund eines vollständigen mit Tatbestand und Gründen versehenen Urteils selbst zum Zwecke der Zustellung abgekürzte Urteile herstellt; die Zustellung eines derartig hergestellten Urteils ist unwirksam. OLG. Karlsruhe vom

3. Nov. 1914, Bad. Rechtspraxis 1916 S. 19; Neumiller, BayZfR. 1915 S. 318 Fußnote 44.

Zuständigkeit.

§ 27.

Die Vorschrift des § 505 der Zivilprozeßordnung findet im Verfahren vor den Landgerichten entsprechende Anwendung. Verweist das Landgericht einen Rechtsstreit an ein anderes Gericht, so bildet das weitere Verfahren vor dem anderen Gerichte mit dem Verfahren vor dem Landgericht im Sinne des § 28 des Gerichtskostengesetzes Eine Instanz.

I. Für das amtsgerichtliche Verfahren ist durch § 505 ZPO. vorgeschrieben, daß wenn auf Grund der Bestimmung über die örtliche oder sachliche Zuständigkeit der Gerichte die Unzuständigkeit auszusprechen ist, das angegangene Gericht, soferne das zuständige Gericht bestimmt werden kann, auf Antrag des Klägers durch Beschluß sich für unzuständig zu erklären und den Rechtsstreit an das zuständige Gericht zu **verweisen** hat. Sind mehrere Gerichte zuständig, so erfolgt die Überweisung an das vom Kläger gewählte Gericht. Dieses Verweisungsverfahren wird nunmehr durch § 27 auf das Verfahren vor den Landgerichten ausgedehnt (während bisher im landgerichtlichen Verfahren örtliche oder sachliche Unzuständigkeit nach §§ 274—276 ZPO. die Abweisung der Klage durch Urteil zur Folge hatte).

Das Verweisungsverfahren vor dem Landgericht ist nunmehr gemäß § 523 ZPO. auch zulässig, wenn das Landgericht als Berufungsgericht entscheidet, wenn nämlich das Amtsgericht sich ausdrücklich in einem Zwischenurteil (§§ 275, 504 ZPO.) oder stillschweigend durch Erlaß eines Endurteils für zuständig erklärt hat. Unter den entsprechenden Voraussetzungen findet das Verweisungsverfahren auch vor dem Oberlandesgericht als Berufungsgericht sowie nach § 557 ZPO. vor dem Revisionsgericht Anwendung. Seuffert Anm. 3, OLG. Karlsruhe vom 18. Nov. 1915, DJZ. 1916, 451; a. M. Trendelenburg Anm. 1; Samter Anm. 3, OLG. Hamburg vom 7. März 1916, OLGRspr. 32, 297. (Im Mahnverfahren vor dem Landgericht fand das Verweisungsverfahren keine Anwendung, weil eine dem § 697 ZPO. entsprechende Vorschrift fehlte und das Verfahren nach § 505 eine mündliche Verhandlung voraussetzt. Seuffert Anm. 5; Braun Anm. 4.)

II. Die Verweisung kann entweder an ein **anderes Landgericht** oder an ein **Amtsgericht** und zwar auch an ein dem angegangenen Landgericht nicht unterstehendes Amtsgericht erfolgen, nicht aber an ein Sondergericht — Gewerbegericht oder Kaufmannsgericht — Sydow-Busch Anm. 1; Samter Anm. 1; Volkmar, DJZ. 1916 S. 596. Die Verweisung ist auch nach Beweiserhebung über die Zuständigkeit zulässig. Neumiller, BayZfR. 1915 S. 317; Gaupp-Stein Anm. III zu § 305.

Der Verweisungsantrag unterliegt dem Anwaltszwang (§ 378 ZPO.). Weinmann, JW. 1915 S. 1389; wird ein Verweisungsantrag nicht gestellt oder kann das zuständige Gericht nicht bestimmt werden, so verbleibt es bei der Klagsabweisung durch Urteil.

Der Verweisungsbeschluß, der nach § 505 Abs. 2 nicht anfechtbar ist, ist für das neue Gericht bindend und begründet die Rechtshängigkeit des Rechtsstreits beim neuen Gericht. Ist dieses ein Landgericht, so erfolgt die Fortsetzung des Verfahrens durch Ladung seitens einer Partei gemäß §§ 214, 215 ZPO.; ist es ein Amtsgericht, so ist von Amts wegen Verhandlungstermin gemäß § 497 Abs. 1 ZPO. zu bestimmen und die Parteien, richtiger deren Prozeßbevollmächtigte (§ 176 ZPO.), zu laden.

III. Kosten: Wie der § 30 GKG. im Falle der Verweisung durch ein Amtsgericht bestimmt, daß das weitere Verfahren vor dem neuen Gericht mit dem Verfahren vor dem Amtsgericht im Sinne des § 28 GKG. eine Instanz ist, so trifft der § 27 Abs. 2 die gleiche Bestimmung für den Fall der Verweisung im landgerichtlichen Verfahren. In dem Verweisungsbeschluß ist über die bei dem angegangenen Gericht entstandenen Kosten nicht zu entscheiden, da nach § 503 Abs. 3 Satz 1 ZPO. die im Verfahren vor dem angegangenen Gericht erwachsenen Kosten als ein Teil der Kosten behandelt werden, welche bei dem im Beschluß bezeichneten Gericht erwachsen. Dem Kläger sind die entstehenden Mehrkosten auch dann aufzuerlegen, wenn er in der Hauptsache obsiegt. Der Verweisungsbeschluß selbst ist gebührenfrei; Seuffert Anm. 4; OLG. München vom 19. Juni 1914, OLG. Bd. 29 S. 155; OLG. Hamburg vom 5. Juni 1914, OLG. Bd. 29 S. 156; **a. M.** Braun Anm. 3 ($^5/_{10}$ Gebühr nach § 26 Abs. 1 Ziffer 2 GKG.). Die Anwaltsgebühren des Beklagten, die in dem Verfahren vor dem angegangenen Landgericht entstanden sind, sind vom Kläger dem Beklagten stets zu erstatten, wenn der Beklagte infolge der Verweisung des Prozesses an ein anderes Gericht zur Annahme eines anderen Anwalts genötigt war; Samter Anm. 3. Vgl. über die Kosten auch Hümmert, Bl. f. d. bay. Finanzwesen 1915, 304.

Armenrecht.

§ 28.

Soll von einem unehelichen Kinde ein Anspruch auf Unterhalt gegen seinen Vater geltend gemacht werden, so bedarf es zur Bewilligung des Armenrechts des im § 118 Abs. 2 der Zivilprozeßordnung vorgesehenen Zeugnisses nicht.

Nach § 118 Abs. 2 ZPO. soll dem Gesuch um Bewilligung des **Armenrechts** ein von der zuständigen Behörde der Partei ausgestelltes Zeugnis beigefügt werden, in welchem das Unvermögen zur Bestreitung der Prozeßkosten bezeugt wird. Für Personen, die unter Vormundschaft stehen, kann das Zeugnis auch von der vormundschaftlichen Behörde ausgestellt werden.

Soweit es sich um Unterhaltsansprüche unehelicher Kinder handelt (§§ 1708 ff. BGB.), wird regelmäßig ein Zeugnis der Vormundschaftsbehörde beigefügt. Die Ausstellung dieses Zeugnisses ist meistens eine bedeutungslose Form, da Fälle, in denen ein unterhaltsberechtigtes uneheliches Kind Vermögen besitzt, wohl denkbar ist, aber tatsächlich nicht vorkommen. Es erscheint deshalb umso unbedenklicher, von der Vorlegung eines solchen Zeugnisses, dessen Erteilung nur eine zwecklose Schreibarbeit verursacht, abzusehen, als die Vorschrift des § 121 ZPO. unberührt bleibt, nach der das Armenrecht zu jeder Zeit entzogen werden kann, wenn sich ergibt, daß das Kind ausreichendes Vermögen besessen oder erworben hat. (Amtl. Begr.)

Die Vorschrift ist auf die Klage auf Feststellung der Vaterschaft sowie auf die Klage gegen den Erben des Kindsvaters § 1712 BGB. ausdehnend auszulegen. Seuffert Anm. 1; Neumiller, BayZfR. 1915 S. 314.

Schlußvorschriften.

§ 29.

Diese Verordnung tritt am 1. Oktober 1915 in Kraft. Der Bundesrat bestimmt, wann und in welchem Umfang diese Verordnung außer Kraft tritt.

I. Als öffentlich-rechtliche Verfahrensvorschriften sind die Bestimmungen der Verordnung soweit nicht in den §§ 30 und 31 abweichendes bestimmt ist, mit dem Beginn des 1. Oktober 1915 in Kraft getreten. Bei den an diesem Tag vorzunehmenden Prozeßhandlungen waren sie bereits anwendbar.

Bezüglich des Inkrafttretens des § 19 siehe Anm. VII zu § 19, wegen der §§ 20 u. 22 siehe § 31 der Verordnung. Die Paragraphen 23—28 sind vom 1. Oktober 1915 an anwendbar und zwar §§ 24 u. 26 unabhängig davon, wenn das Urteil erlassen oder verkündet worden ist. Wegen der Frist des § 25 siehe § 30.

II. Die Verordnung tritt nicht mit Beendigung des Kriegszustands ohne weiteres außer Kraft, sondern gilt bis zum Zeitpunkt, in dem es vom Bundesrat außer Kraft gesetzt wird.[1]) Da anzunehmen ist, daß auch nach Beendigung des Kriegszustands noch längere Zeit eine Überlastung der Gerichte bestehen wird, bis die wirtschaftlichen Verhältnisse wieder völlig geordnet sind, so wollte sich der Bundesrat vorbehalten, die Verordnung auch nach Beendigung des Kriegszustands ganz oder teilweise in Kraft zu lassen.

§ 30.

Eine Frist, die zur Zeit des Inkrafttretens dieser Verordnung läuft, wird nach den bisherigen Vorschriften beendet.

Die Übergangsvorschrift bezieht sich nach der Begründung auf die im § 25 neugeregelte Frist für den Antrag auf Berichtigung des Tatbestands.

§ 31.

Die Zulässigkeit der Berufung und der Beschwerde gegen die vor dem Inkrafttreten dieser Verordnung verkündeten Entscheidungen richtet sich nach den bisherigen Vorschriften.

---

[1]) Vgl. über das Recht des Reichstags, die Verordnung ganz oder teilweise außer Kraft zu setzen, die Reichstagsverhandlungen vom 8. April 1916, Amtl. Bericht S. 932, 935/6, 937, 942, 943.

Das gleiche gilt für die Zulässigkeit der Beschwerde gegen andere Entscheidungen, die vor dem Inkrafttreten dieser Verordnung ergangen sind.

Die Übergangsvorschrift des § 31 bezieht sich auf die im Paragraphen 20, 21 u. 22 bestimmten Einschränkungen der **Rechtsmittel.** Soweit es sich um Rechtsmittel gegen Entscheidungen handelt, welche in einer mündlichen Verhandlung verkündet worden sind, sind die Rechtsmittel ohne Rücksicht auf die Verordnung im bisherigen Umfang zulässig, wenn die Verkündung vor dem 1. Oktober 1915 erfolgte.

Bei Entscheidungen, die nicht verkündet worden sind, ist das Datum unter dem die Entscheidung ergangen ist, maßgebend, nicht die Zustellung. Trendelenburg Anm. 2; Braun Anm. 4 zu § 21; Anm. 2 zu § 22; Kammergericht vom 10. November 1915; LZ. 1916 S. 182 = Recht 1916 S. 82; a. M. Seuffert Anm. 1; Neumiller, BayZfR. 1915 S. 321 Fußnote 59a.

22a. Bekanntmachung über Änderungen der Verordnung zur Entlastung der Gerichte vom 9. September 1915.

Vom 18. Mai 1916.

(RGBl. 1916 S. 393 Nr. 5202.)

Der Bundesrat hat auf Grund des § 3 des Gesetzes über die Ermächtigung des Bundesrats zu wirtschaftlichen Maßnahmen usw. vom 4. August 1914 (Reichs-Gesetzbl. S. 327) folgende Verordnung erlassen:

Artikel 1.

Die Verordnung zur Entlastung der Gerichte vom 9. September 1915 (Reichs-Gesetzbl. S. 562) wird wie folgt geändert:

I. **Die §§ 1 bis 12 (Mahnverfahren vor den Landgerichten) werden aufgehoben.**

II. **Der § 16 Nr. 2 wird gestrichen. Statt dessen wird folgende Vorschrift als § 14a eingefügt:**

Die Frist für den Widerspruch wird von dem Gericht in dem Zahlnngsbefehle bestimmt; sie ist den Vorschriften über die Einlassungsfrist entsprechend zu bemessen.

III. **Der § 19 wird aufgehoben.**

IV. **Der § 20 Abs. 1 erhält folgende Fassung:**

Die Zulässigkeit der Berufung ist, wenn die Berufung ausschließlich einen Anspruch betrifft, der die Zahlung einer Geldsumme zum Gegenstande hat, durch einen den Betrag

von fünfzig Mark übersteigenden Wert des Beschwerdegegenstandes bedingt. Als ein Anspruch, welcher die Zahlung einer Geldsumme zum Gegenstande hat, gilt auch der Anspruch aus einer Hypothek, einer Grundschuld oder einer Rentenschuld.

V. Der § 22 erhält folgende Fassung:

Im Falle des § 99 Abs. 3 der Zivilprozeßordnung unterliegt die Entscheidung einer sofortigen Beschwerde nur, wenn die Beschwerdesumme den Betrag von fünfzig Mark übersteigt.

Artikel 2.

Diese Verordnung tritt mit dem 22. Mai 1916 in Kraft. Rechtsstreitigkeiten vor den Landgerichten, in denen die Klageschrift vor dem Inkrafttreten dieser Verordnung eingereicht ist, unterliegen den bisherigen Vorschriften über das Mahnverfahren vor den Landgerichten. Ist im Verfahren vor den Amtsgerichten die Klage oder das Gesuch um Erlaß des Zahlungsbefehls vor dem Inkrafttreten dieser Verordnung angebracht, so bemißt sich die Frist für den Widerspruch nach den bisherigen Vorschriften.

Die Kostenerstattung auf Grund der vor dem Inkrafttreten dieser Verordnung verkündeten Entscheidungen richtet sich nach den bisherigen Vorschriften. Das gleiche gilt für die Kostenerstattung auf Grund anderer Entscheidungen, die vor dem Inkrafttreten dieser Verordnung ergangen sind.

Die Zulässigkeit der Berufung und der Beschwerde gegen die vor dem Inkrafttreten dieser Verordnung verkündeten Entscheidungen richtet sich nach den bisherigen Vorschriften. Das gleiche gilt für die Zulässigkeit der Beschwerde gegen andere Entscheidungen, die vor dem Inkrafttreten dieser Verordnung ergangen sind.

Anmerkung. Die Verordnung trägt einigen der am meisten zutage getretenen Mängel der Entlastungsverordnung Rechnung, schließt die Bestimmungen der Verordnung in größerem Umfang als bisher der Zivilprozeßordnung an und beseitigt dadurch viele Unklarheiten. Über die einzelnen Änderungen vgl. die Erläuterungen zu den abgeänderten Paragraphen. Die Übergangsbestimmungen in Artikel 2 lassen die unter dem bisherigen Verfahren anhängig gemachten Mahnsachen nach diesem Verfahren erledigen. Die aufgehobenen Bestimmungen und das Schrifttum hiezu behalten in diesem Umfang daher noch für längere Zeit Bedeutung.

2. Einigungsämter in Miet- und Hypothekenangelegenheiten.

23. Bekanntmachung, betreffend Einigungsämter.

Vom 15. Dezember 1914.[1])

(RGBl. 1914 S. 511 Nr. 4572).

Der Bundesrat hat auf Grund des § 3 des Gesetzes über die Ermächtigung des Bundesrats zu wirtschaftlichen Maßnahmen usw. vom 4. August 1914 (Reichs-Gesetzbl. S. 327) folgende Verordnung erlassen:

§ 1.

Ist im Bezirk einer Gemeindebehörde eine kommunale oder gemeinnützige Anstalt (Einigungsamt) mit der Aufgabe betraut worden, zwischen Mietern und Vermietern oder zwischen Hypothekenschuldnern und Hypothekengläubigern zum Zwecke eines billigen Ausgleichs der Interessen zu vermitteln, so kann die Landeszentralbehörde anordnen, daß die Vorschriften der §§ 2 und 3 Geltung haben sollen.

§ 2.

Mieter, Vermieter, Hypothekenschuldner, Hypothekengläubiger sind verpflichtet, auf Erfordern des Einigungsamts vor diesem zu erscheinen. Die Gemeindebehörde kann sie hierzu durch eine einmalige Ordnungsstrafe bis zu einhundert Mark anhalten.

Mieter und Hypothekenschuldner sind verpflichtet, über die für die Vermittelung erheblichen, von dem Einigungsamte bestimmt zu bezeichnenden Tatsachen Auskunft zu erteilen. Die Vorschrift im Abs. 1 Satz 2 findet entsprechende Anwendung.

Gegen die Festsetzung der Ordnungsstrafe (Abs. 1, 2) findet Beschwerde statt. Sie ist binnen zwei Wochen bei der Gemeindeaufsichtsbehörde zu erheben; diese entscheidet endgültig.

§ 3.

Die Gemeindebehörde ist befugt, von den im § 2 Abs. 1 bezeichneten Personen eine Versicherung an Eides Statt über die Richtigkeit und Vollständigkeit ihrer Auskunft entgegen zu nehmen.

§ 4.[2])

Handelt es sich in einem Verfahren, in dem die §§ 1, 4 oder 5 der Bekanntmachung des Bundesrats vom 7. August 1914 (Reichs-

---

[1]) Erläuterungen siehe unten und BayGemZ. 25, 146.

[2]) Fassung nach Art. IV Bek. vom 20. Mai 1915 (RGBl. S. 289).

Gesetzbl. S. 359) in der Fassung vom 20. Mai 1915 (RGBl. S. 290) oder die §§ 1 oder 3 der Bekanntmachung des Bundesrats vom 18. August 1914 (Reichs-Gesetzbl. S. 377) in der Fassung vom 20. Mai 1915 (RGBl. S. 292) Anwendung finden, um die Verpflichtung zur Zahlung des Mietzinses oder des Zinses für ein hypothekarisch sichergestelltes Darlehen oder die besonderen Rechtsfolgen, die wegen der Nichtzahlung oder der nicht rechtzeitigen Zahlung nach Gesetz oder Vertrag eingetreten sind, oder eintreten, so hat das Gericht, sofern die Landeszentralbehörde von der ihr nach § 1 zustehenden Befugnis Gebrauch gemacht hat, das Einigungsamt vor der Entscheidung gutachtlich zu hören.

Der Gerichtsschreiber hat die Klage, die Ladung oder den Antrag in Abschrift dem Einigungsamt unverzüglich mitzuteilen. Das Einigungsamt ist verpflichtet, sein Gutachten mit tunlichster Beschleunigung dem Gerichte mitzuteilen.

§ 5.

Wer die gemäß § 2 Abs. 2 von ihm erforderte Auskunft wissentlich falsch erteilt, wird mit Geldstrafe bis zu 1000 Mark bestraft.

§ 6.

Die Landeszentralbehörden erlassen die Bestimmungen zur Ausführung dieser Verordnung.

§ 7.

Die aus Anlaß dieser Verordnung vorzunehmenden gerichtlichen Handlungen und das Verfahren vor dem Einigungsamt einschließlich aller hierfür erforderlichen Urkunden sind stempel- und gebührenfrei.

§ 8.

Diese Verordnung tritt mit dem Tage der Verkündung in Kraft.

23a. Ausführungsbestimmungen der Landeszentralbehörden.

Preußen:

Gemäß § 6 der als Anlage 1 abgedruckten Bundesratsbekanntmachung, betreffend Einigungsämter, vom 15. Dezember 1914 ist von uns die als Anlage 2 abgedruckte Ausführungsverordnung vom heutigen Tage erlassen worden.

Wir ersuchen, die nachgeordneten Behörden entsprechend zu verständigen sowie für die schleunige Veröffentlichung der Bekanntmachung und der Ausführungsverordnung im Regierungsamtsblatt und in den Kreisblättern Sorge zu tragen.

Berlin, den 17. Dezember 1914.

Der Justizminister. Beseler.

Der Minister des Innern. v. Loebell.

Der Minister für Landwirtschaft, Domänen und Forsten. Frhr. v. Schorlemer.

Der Minister für Handel und Gewerbe. J. A.: v. Meyeren.

An die Herren Regierungspräsidenten.

Ausführungsverordnung.[1])

Auf Grund des § 6 der Bundesratsbekanntmachung, betreffend Einigungsämter, vom 15. Dezember 1914 (Reichs-Gesetzbl. S. 511) verordnen wir zu deren Ausführung das Folgende:

§ 1.

Der Minister des Innern trifft die Anordnung nach § 1 der Bekanntmachung. Die Anordnung ist nicht auf kommunale Anstalten beschränkt. Unter den gemeinnützigen Anstalten, für welche die Anordnung erlassen werden kann, eignen sich die gemeinnützigen unparteiischen Rechtsauskunftsstellen, wie sie an vielen Orten bereits bestehen, besonders dazu, als Einigungsämter zu wirken oder zu Einigungsämtern ausgebaut zu werden. Der Antrag auf Erlaß der Anordnung ist von den Vorständen (Vorstehern) der Ortsgemeinden, in deren Bezirk Einigungsämter bestehen oder errichtet werden sollen, zu stellen. Der Antrag muß enthalten:

1. eine Darlegung über die Verfassung des Einigungsamts sowie über etwaige Verfahrensvorschriften,
2. die Bezeichnung des Vorsitzenden oder seines Vertreters (§ 2 dieser Verordnung),
3. die Mitteilung von den für die finanzielle Förderung der Einigungstätigkeit in Aussicht genommenen Maßnahmen.

§ 2.

Den Vorsitz bei den Verhandlungen des Einigungsamts hat ein für das Richteramt oder den höheren Verwaltungsdienst befähigtes Mitglied zu führen, das vom Gemeindevorstand (Gemeindevorsteher) ernannt oder bestätigt wird.

---

[1]) Ergänzt durch Runderlaß v. 29. März 1915.

Dieses Mitglied oder sein in gleicher Weise vorgebildeter und bestellter Vertreter bildet die Gemeindebehörde im Sinne der §§ 2 und 3 der Bekanntmachung.

§ 3.

Die Pflicht zum Erscheinen (§ 2 der Bekanntmachung) ist in der Regel eine persönliche.

Aus Gesetzen oder Generalvollmachten sich ergebende Vertretungsbefugnisse sind anzuerkennen.

§ 4.

Von der Verhängung einer Ordnungsstrafe (§ 2 Abs. 1 und 2 der Bekanntmachung) ist, wenn die Zuwiderhandlung durch die persönlichen oder wirtschaftlichen Verhältnisse des Verpflichteten entschuldigt wird, sowie in der Regel dann abzusehen, wenn sie erstmalig erfolgt.

Die Höhe der Ordnungsstrafe ist nach der wirtschaftlichen Lage des Betroffenen unter den Gesichtspunkten der Wirksamkeit und des Grades des Verschuldens abzumessen.

Vor der Verhängung der Ordnungsstrafe ist diese unter Bestimmung eines neuen Termins anzudrohen.

§ 5.

Das Nichterscheinen der Beteiligten (§ 2 Abs. 1 der Bekanntmachung) ist in der Regel als entschuldigt anzusehen, wenn sie einen zur Auskunftserteilung schriftlich bevollmächtigten Vertreter entsenden, der mit ihren für die Vermittelung erheblichen Verhältnissen vertraut ist.

Auswärtige Vermieter können sich durch ihre Hausverwalter vertreten lassen.

Auswärtige Hypothekengläubiger können nur dann in eine Ordnungsstrafe genommen werden, wenn sie vor dem von der Gemeindebehörde (§ 2 dieser Verordnung) ersuchten Gemeindevorstande (Gemeindevorsteher) ihres Wohnorts oder Aufenthaltsorts unentschuldigt nicht erscheinen und auch einen Vertreter (Abs. 1) nicht entsenden.

Als auswärtig im Sinne des § 2 und Abs. 3 gelten nicht diejenigen Beteiligten, deren Wohn- oder Aufenthaltsort in unmittelbarer Nähe des Sitzes des Einigungsamtes belegen ist. Der Minister des Innern bezeichnet die Orte, auf welche diese Voraussetzung zutrifft.

Schweben vor einem Einigungsamte mehrere Sachen, an denen ein und derselbe Vermieter oder ein und derselbe Hypothekengläubiger beteiligt ist, so sind diese Sachen möglichst derart miteinander zu vereinigen, daß nur ein einmaliges Erscheinen dieser Beteiligten erforderlich wird.

§ 6.

Das Verfahren vor dem Einigungsamt ist nicht öffentlich. Die Mitglieder des Einigungsamts haben die Verhandlungen sowie die hierbei zu ihrer Kenntnis gelangenden Verhältnisse geheim zu halten. Der Vorsitzende hat sie darauf hinzuweisen.

§ 7.

Das Einigungsamt hat, sobald die Mitteilung gemäß § 4 Abs. 2 der Bekanntmachung erfolgt ist, mit tunlichster Beschleunigung ein schriftliches Gutachten dem Gerichte zu übermitteln. Mit besonderer Eile sind die an das Vollstreckungsgericht gerichteten Anträge zu behandeln.

Sind zur Zeit der Mitteilung des Gerichts dem Einigungsamte die Verhältnisse bereits bekannt, so ist das Gutachten sofort abzusenden. Andernfalls hat das Einigungsamt das, was zur Erstattung des Gutachtens erforderlich ist, zu veranlassen. Es kann insbesondere von Amts wegen die Beteiligten laden.

Das Gutachten ist von dem Vorsitzenden oder dessen Vertreter zu unterschreiben.

Auf Verlangen des Gerichts hat das Einigungsamt das Gutachten näher zu erläutern. Das Einigungsamt kann dies schriftlich oder durch eines seiner Mitglieder mündlich tun.

§ 8.

Die Vorstände (Vorsteher) von Gemeinden, in deren Bezirk Einigungsämter bestehen, haben, soweit die in den §§ 2 und 3 der Bekanntmachung bezeichneten Befugnisse in Geltung gesetzt sind, dies und die Bezirke der Einigungsämter den beteiligten Gerichten mitzuteilen.

Berlin, den 17. Dezember 1914.

Der Justizminister.
Beseler.

Der Minister des Innern.
v. Loebell.

Der Minister für Landwirtschaft, Domänen und Forsten.
Frhr. v. Schorlemer.

Der Minister für Handel und Gewerbe.
J. A.: v. Meyeren.

Bayern:

K. Staatsministerien der Justiz und des Innern.

Bekanntmachung zum Vollzuge der Bundesratsverordnung vom 15. Dezember 1914 über Einigungsämter.

Auf Grund des Bundesratsverordnung vom 15. Dezember 1914 § 6 (Reichs-Gesetzbl. S. 511) wird folgendes bestimmt:

Zur Bundesratsverordnung § 1.

1. Die Vermittlungsämter, die nach der rechtsrheinischen Gemeindeordnung Art. 100, 144[1]) in allen Gemeinden rechts des Rheins bestehen, sind gemeindliche Einigungsämter im Sinne der Bundesratsverordnung § 1.

Für sie gelten die §§ 2 und 3 der Bundesratsverordnung.

2. Den sämtlichen Gemeinden des Landes steht es zu, andere gemeindliche oder gemeinnützige nicht gemeindliche Anstalten mit der Vermittlung zwischen Mietern und Vermietern oder zwischen Hypothekenschuldnern und -gläubigern zu betrauen.

Für solche Einigungsämter kann das Staatsministerium des Innern anordnen, daß die §§ 2 und 3 der Bundesratsverordnung gelten sollen.

Den Antrag auf diese Anordnung stellt die Gemeindeverwaltung, in Gemeinden, die einem Bezirksamt unterstehen, durch dessen Vermittlung. Der Antrag soll eine Darlegung enthalten:

a) über die Gestaltung des Einigungsamts oder der Einigungsämter und über etwaige Vorschriften für das Verfahren,

---

1) Diese beiden Artikel bestimmen übereinstimmend für Gemeinden mit städtischer, bzw. mit Landgemeindeverfassung:

„Die Ausübung des Vermittlungsamtes bei Rechtsstreitigkeiten unter Gemeindeeinwohnern steht dem Bürgermeister zu. Derselbe ist jedoch befugt, hiermit ein anderes Magistratsmitglied oder einen höheren Gemeindebeamten (bzw. Gemeindeausschußmitglied) zu beauftragen. Den Beteiligten ist es unbenommen, Männer ihres Vertrauens zu benennen, welche zum Sühneversuche beizuziehen sind. Die Zulassung von Advokaten ist ausgeschlossen.

Wenn auf gehörige Ladung nicht beide Parteien erscheinen, so ist der Vermittlungsversuch als vereitelt zu erachten. Ist der Kläger nicht erschienen, so verwirkt er eine Geldbuße von dreißig Kreuzer (= 90 Pfennige) zum Besten der Gemeindekasse.

Die Verhandlungen und Ausfertigungen des Vermittlungsamtes sind tax- und stempelfrei."

Die Bestimmungen werden ergänzt durch Art. 12 BayAG. z. ZPO. u. KO. v. 26. Juni 1899 (BayGVBl. 1899 S. 401). Aus den von diesen Vermittlungsämtern aufgenommenen Urkunden findet eine Zwangsvollstreckung nicht statt (Henle-Habel Anm. 3 zu § 12 BayAG. z. ZPO. u. KO.).

b) über die Maßnahmen, die mit gemeindlichen oder anderen Mitteln zur Förderung der Einigungstätigkeit getroffen werden sollen.

3. Das Verfahren vor dem Einigungsamt ist nicht öffentlich.

Die Mitglieder des Einigungsamts haben über die Verhandlungen sowie über Umstände, die dabei zu ihrer Kenntnis kommen, Verschwiegenheit zu beobachten. Der Bürgermeister oder der Vorsitzende hat sie auf diese Pflicht bei Beginn ihrer Tätigkeit hinzuweisen.

Zu § 2.

4. Die Gemeindebehörde, der die Ordnungsstrafbefugnis zusteht, ist der Bürgermeister, bei dessen Verhinderung sein gesetzlicher Stellvertreter.

5. Die Pflicht zum Erscheinen vor dem Einigungsamte trifft in der Regel die beteiligte Person selbst.

Vertretungsbefugnisse, die sich aus Gesetzen oder allgemeinen Vollmachten ergeben, sind anzuerkennen. Das gleiche gilt regelmäßig für Vertretungsbefugnisse, die auf Einzelvollmachten beruhen.

Auswärtige Vermieter können sich ohne ausdrückliche Vollmacht durch ihre Hausverwalter vertreten lassen.

Auswärtige Hypothekengläubiger sind nicht verpflichtet, vor einem anderen Einigungsamt als dem ihres Wohnsitzes, Aufenthalts oder Sitzes zu erscheinen. Das Einigungsamt kann jedoch den Bürgermeister oder das Einigungsamt des auswärtigen Wohnsitzes, Aufenthalts oder Sitzes um Einvernahme des Hypothekengläubigers ersuchen. Dieser ist alsdann verpflichtet, dort zu erscheinen oder sich vertreten zu lassen.

6. Die Festsetzung einer Ordnungsstrafe erfordert, daß die Ordnungsstrafe vorher angedroht worden ist.

Die Bestrafung hat zu unterbleiben, wenn die Zuwiderhandlung durch persönliche oder wirtschaftliche Verhältnisse der Pflichtigen entschuldigt wird.

Die Strafe ist nach der wirtschaftlichen Lage des Betroffenen sowie nach dem Grade und den Folgen des Verschuldens abzumessen.

Der Strafbescheid ist schriftlich gegen Nachweis zuzustellen.

Zu § 3.

7. Die Gemeindebehörde, der die Befugnis zur Entgegennahme eidesstattlicher Versicherungen zusteht, ist der Bürgermeister, bei dessen Verhinderung sein gesetzlicher Stellvertreter.

Zu § 4.

8. Besteht in einer Gemeinde neben dem Vermittlungsamte des Bürgermeisters (oben Ziff. 1) ein anderes gemeindliches oder nicht gemeindliches Einigungsamt, für das die §§ 2 und 3 der Bundesratsverordnung gelten (oben Ziff. 2), so hat das Gericht dieses Amt zu hören.

Bestehen in einer Gemeinde mehrere solche Einigungsämter, so entscheidet für die örtliche Zuständigkeit die Lage der Mietwohnung oder des Pfandgrundstückes.

9. Die Gutachten des Einigungsamts sind schriftlich zu erstatten.

Besondere Eile ist bei den Streitsachen geboten, die beim Vollstreckungsgericht anhängig sind.

Kennt das Einigungsamt die Verhältnisse bereits, so hat es das Gutachten alsbald zu erstatten. Andernfalls hat es zu veranlassen, was zur Erstattung des Gutachtens erforderlich ist: dabei kann es die Beteiligten von Amts wegen laden.

München, 31. Dezember 1914.

Dr. Frhr. von Soden-Fraunhofen.

von Treutlein-Mördes.

I. Die Bundesratsverordnung ist ein Blankettgesetz. Es findet nur dann Anwendung, wenn

1. für den Bezirk einer Gemeindebehörde ein kommunales oder gemeinnütziges Einigungsamt[1]) besteht und wenn
2. die Landeszentralbehörde (in Preußen und Bayern der Minister des Innern) angeordnet hat, daß auf dieses Einigungsamt die §§ 2 und 3 (und damit auch die §§ 4—7) der Bekanntmachung Anwendung finden sollen.

Die Bundesratsbekanntmachung enthält weder einen Zwang zur Errichtung von Einigungsämtern (ob die Bundeszentralbehörden selbst derartige Ämter einrichten oder die Gemeinden zur Errichtung zwingen können, bestimmt sich nach Landesrecht[2])), noch Vorschriften, wie diese Ämter eingerichtet sein müssen. Es steht deshalb im Ermessen der Landeszentralbehörden, welchen Ämtern sie die Befugnisse dieser Bekanntmachung einräumen wollen, insbesondere auch welche Ämter sie als „gemeinnützige" ansehen wollen. (A. M. Weil, JW. 1915 S. 60.)

---

[1]) Vgl. die Zusammenstellung DRZ. 1914 S. 894.

[2]) In Bayern bestehen die in Ziff. 1 der Vollzugsbekanntmachung v. 31. Dez. 1914 bezeichneten Einigungsämter seit dem Inkrafttreten dieser (3. Jan. 1915) in allen bayerischen Gemeinden und es stehen ihnen die Rechte der Bundesratsbekanntmachung insolange zu, als nicht ein Einigungsamt im Sinne der Ziff. 2 der Vollzugsbekanntmachung in einer Gemeinde errichtet wird. (Vgl. Ziff. 8 BayVollzBek.).

II. Zuständigkeit. Die Tätigkeit des Einigungsamtes kann sich auf Mietfragen und Hypothekenfragen erstrecken, oder auch nur auf eine von beiden beschränken; letzterenfalls erstrecken sich die Befugnisse des Einigungsamtes nur auf Angelegenheiten derjenigen Art, mit der es „betraut" ist. (Mittelstein, LZ. 1915 S. 277; Nußbaum, JW. 1915 S. 618).

III. Die Stellung der Einigungsämter, für welche auf Grund Anordnung einer Landeszentralbehörde die §§ 2 und 3 Geltung erlangt haben, ist insbesondere in zwei Richtungen gekennzeichnet:

a) Das Einigungsamt muß vom Gericht (ohne Rücksicht auf die Instanz, aber nur einmal) gutachtlich gehört werden, wenn es sich um eine der in § 4 erwähnten Streitigkeiten handelt. Gemäß § 13 der VO. über die Geltendmachung von Hypotheken usw. vom 8. Juni 1916 (RGBl. 1916 S. 454 Nr. 5238) sind für die Fälle der §§ 1, 4, 8, 9, 10 dieser VO. die Einigungsämter nunmehr auch über Rechtsstreitigkeiten hinsichtlich der Zahlung von Hypothekenkapitalien zu hören (vgl. unten Nr. 27).

Zu hören ist dasjenige Einigungsamt, in dessen Bezirk das vermietete oder mit den Hypotheken belastete Grundstück liegt. (Vgl. Ziff. 8 Abs. II 3 BayVollzBek.)

Wird eine Klage, in der ein unter § 4 fallender Anspruch geltend gemacht wird, bei Gericht eingereicht, so hat der Gerichtsschreiber sofort, ohne eine Äußerung des Gegners abzuwarten, Abschrift dem Einigungsamt zu übersenden; das gleiche gilt für eine Ladung und einen Antrag nach §§ 4 und 5 der Bundesratsverordnung vom 20. Mai 1915 Nr. 4741 oder nach § 1 Abs. 3 und § 3 der gleichen Bundesratsverordnung. Es empfiehlt sich deshalb, zur Beschleunigung des Verfahrens für diesen Zweck sofort eine Abschrift des betreffenden Schriftsatzes miteinzureichen.

b) Das Einigungsamt kann von Mietern, Vermietern, Hypothekenschuldnern und Hypothekengläubigern verlangen, daß sie bei Meidung einer Ordnungsstrafe erscheinen und weiter von Mietern und Hypothekenschuldnern — nicht auch von Vermietern und Hypothekengläubigern — daß sie, wiederum bei Meidung einer Ordnungsstrafe, über einzelne bestimmt bezeichnete Tatsachen eine Auskunft geben, welche bei Meidung einer Kriminalstrafe (§ 5) subjektiv richtig sein muß. Weiterhin kann das Einigungsamt von dem Auskunftspflichtigen verlangen, daß er seine Angaben durch eidesstattliche Versicherung vor der Gemeindebehörde bekräftige. (Mittelstein, LZ. 1915 S. 276; a. M. Weil, JW. 1915 S. 61); erzwungen kann sie nicht werden (Heß S. 96). Verweigert der Auskunftspflichtige die Abgabe dieser Versicherung, so wird das Einigungsamt daraus Schlüsse für die Glaubwürdigkeit der gemachten Angaben ziehen.

Die Verpflichtung zum Erscheinen besteht nur gegenüber dem am Wohnsitz des Vorgeladenen bestehenden Amt. Auswärts wohnende Auskunftspflichtige werden im Weg der Rechtshilfe von dem Einigungsamt bzw. der Gemeindebehörde ihres Wohnortes vernommen. (§ 5 PrAusfV., Ziff. 5 BayVollzBek.)

IV. Verfahren vor dem Einigungsamt.

Für das Verfahren vor dem Einigungsamt ergeben sich (unter Berücksichtigung der preußischen und bayerischen Ausführungsbestimmungen) folgende Grundsätze:

1. Außer der in vorstehender Ziffer III 2 erwähnten Befugnis zur Vernehmung der Beteiligten haben die Einigungsämter auch das Recht und die Pflicht, durch ihre Mitglieder oder Beauftragten (Helfer) Erkundigungen einzuziehen; gerade diese vielseitige Informationsmöglichkeit macht die Einigungsämter geeignet, einerseits einen den Bedürfnissen beider Parteien entsprechenden Ausgleich [1]) zu finden (und gegebenenfalls Mietunterstützungen in gerechter Weise zu verteilen), andererseits aber auch den Gerichten als wertvolles Hilfsorgan zu dienen (Mittelstein, LZ. 1915 S. 276); das Gericht ist aber an das Gutachten der Einigungsämter nicht gebunden (Mayer S. 84).

2. Vertretung der Beteiligten. Die Verpflichtung zum Erscheinen und zur Aussage trifft den Verpflichteten, soweit nicht tatsächliche Hindernisse entgegenstehen, regelmäßig persönlich bzw. den gesetzlichen Vertreter. Preußen (§ 3) und Bayern (Ziff. 5) lassen außerdem den Generalbevollmächtigten, sowie Hausverwalter auswärtiger Vermieter unbedingt zu; ob die Vertretung durch Spezialbevollmächtigte (Prozeßbevollmächtigte, insbesondere Rechtsanwälte) zugelassen wird, oder ob das Einigungsamt den Vertretenen persönlich hören will, steht im Ermessen des Amtes (nach Ziff. 5 der BayVollzBek. soll die auf Einzelvollmacht beruhende Vertretungsbefugnis regelmäßig anerkannt werden; ebenso Müller BayZfR. 1915 S. 368). Da jedoch die Erscheinens- und Erklärungspflicht dieser Personen nicht auf der Bundesratsbekanntmachung beruht (Nußbaum, JW. 1915 S. 10), sondern gegebenenfalls nur auf der vertraglichen Verpflichtung gegenüber dem Auftraggeber, sind die Ordnungsstrafen des § 2 dem (gewählten) Vertreter gegenüber nicht zulässig. Gibt der Vertreter aber Auskunft, so muß diese bei Meidung der Strafe des § 5 der Bundesratsbekanntmachung subjektiv richtig sein; ebenso trifft den Auftraggeber als mittelbaren Täter die Strafe des § 5, wenn er seinen Bevollmächtigten wissentlich falsch informiert. Die Verbeistandung durch Anwälte usw. muß mangels entgegenstehender Bestimmungen zulässig sein.

3. Kosten: Auf Grund des § 7 sind insbesondere auch Vollmachten für die Vertretung vor dem Einigungsamt frei von Landesstempeln, ferner vor dem Einigungsamt geschlossene Vergleiche, nicht aber gerichtliche Vergleiche (vgl. hierzu Fußnote [1]).

Die Gebühren der Rechtsanwälte (vgl. Art. 8, 10 PreußRAGO. vom 6. Sept. 1910; Art. 8, 10, 11 BayRAGO. vom 26. März 1912; ferner § 13 Ziff. 3 Deutsche RAGO.) und sonstiger Vertreter werden durch

---

[1]) Da die vor dem Einigungsamt geschlossenen Vergleiche nicht vollstreckbar sind (vgl. auch Fußnote 1 S. 159 Nußbaum, JW. 1915 S. 10; Weil, JW. 1915 S. 60), empfiehlt es sich, derartige Vergleiche gemäß §§ 500 oder 510c, Ziff. 1, 2 ZPO. in öffentlichen Sitzungen des Amtsgerichts gerichtlich protokollieren zu lassen (BayJMBek. v. 22. Aug. 1914, BayJMBl. 1914 S. 184). Diese Vergleiche genießen die Ermäßigung des § 6 der BundesratsVO. v. 20. Mai 1915 Nr. 4741, s. oben Nr. 25.

§ 7 nicht berührt. (Weil, JW. 1915 S. 61.) Die durch die Vertretung oder Verbeistandung durch einen Rechtsanwalt einer Partei entstehenden Kosten sind im Falle des § 4 der Bekanntmachung nach § 91 Abs. 2 ZPO. stets erstattungsfähig, da in diesem Fall das Verfahren vor dem Einigungsamt einen Teil des Rechtsstreites bildet. Findet außerhalb eines Rechtsstreites ein Verfahren vor dem Einigungsamt statt, so besteht keine Erstattungspflicht, soferne nicht eine Vereinbarung hierüber getroffen wird.

3. Änderungen der Rechtsanwaltsordnung.

24. Bekanntmachung, betreffend die Stellvertretung von Rechtsanwälten und die Beschlußfähigkeit der Vorstände der Anwaltskammern.

Vom 9. März 1916.

(RGBl. S. 156 Nr. 5089).

Literatur: Friedländer, JW. 1916 S. 463; BayZfR. 1916 S. 138.

Der Bundesrat hat auf Grund des § 3 des Gesetzes über die Ermächtigung des Bundesrats zu wirtschaftlichen Maßnahmen usw. vom 4. August 1914 (Reichs-Gesetzbl. S. 327) folgende Verordnung erlassen:

§ 1.

Ist ein Rechtsanwalt, für den gemäß § 25 der Rechtsanwaltsordnung ein Stellvertreter bestellt ist, gestorben, so sind Rechtshandlungen, die von dem Stellvertreter oder ihm gegenüber vor der Löschung des Rechtsanwalts vorgenommen worden sind, nicht deshalb unwirksam, weil der Rechtsanwalt zur Zeit der Bestellung des Vertreters oder zur Zeit der Vornahme der Rechtshandlung nicht mehr gelebt hat; die im § 244 der Zivilprozeßordnung vorgesehene Unterbrechung des Verfahrens tritt erst mit dem Zeitpunkt der Löschung des Rechtsanwalts ein.

Rechtshandlungen, die vor dem Inkrafttreten dieser Verordnung, aber nach dem 31. Juli 1914 vorgenommen worden sind, gelten als wirksam erfolgt, wenn sie bei Anwendung des Abs. 1 wirksam sein würden.

Ist der Rechtsanwalt vor dem Inkrafttreten dieser Verordnung, aber nach dem 31. Juli 1914 gestorben, so gilt die Unterbrechung des Verfahrens erst in dem Zeitpunkt als eingetreten, in welchem sie bei Anwendung des Abs. 1 eingetreten sein würde.

§ 2.

Bei Feststellung der Beschlußfähigkeit des Vorstandes der Anwaltskammern (§ 55 Abs. 1 der Rechtsanwaltsordnung) werden

Mitglieder nicht gezählt, die infolge des gegenwärtigen Krieges an der Teilnahme verhindert sind; jedoch ist zur Beschlußfähigkeit die Teilnahme eines Drittels der Mitglieder erforderlich.

§ 3.

Diese Verordnung tritt mit dem Tage der Verkündung in Kraft. Den Zeitpunkt des Außerkrafttretens bestimmt der Reichskanzler.

I. Die Verordnung findet **Anwendung** auf den nach § 25 RAO. rechtsgültig bestellten Vertreter eines jeden Rechtsanwaltes, nicht dagegen auf nicht derart bestellte Terminsvertreter und Hilfsarbeiter (Konzipienten). Irgendwelcher Zusammenhang mit dem Krieg ist nicht gefordert.

II. Fiktion des Lebens: Der Rechtsanwalt wird insoweit, als er gemäß § 25 RAO. vertreten ist als lebend betrachtet, bis die Löschung (§ 24 Abs. 1 RAO.), nicht erst deren Bekanntmachung (§ 24 Abs. 2 RAO.) erfolgt ist. Da Zulassung und Löschung für jedes Gericht getrennt zu erfolgen haben, und die Anwaltseigenschaft so lange bestehen bleibt als die Zulassung bei irgendeinem Gericht besteht, beendet die Löschung bei einem von mehreren Gerichten nur die Vollmacht des Vertreters für Handlungen, welche ein bei dem betreffenden Gericht zugelassener Anwalt vollziehen muß (§ 78 ZPO.). Die Befugnis für außergerichtliche Handlungen erlischt mit der Löschung beim letzten Gerichte. Vgl. Friedländer a. a. O.

III. Die Fiktion des Fortlebens hat folgende **Wirkungen**:

1. Die **Bestellung** des Vertreters durch die Landesjustizverwaltung[1]) (bzw. die Behörden, welchen die Befugnis hierzu delegiert wurde) oder **Rechtshandlungen** des Vertreters werden durch den Tod des Rechtsanwaltes nicht in ihrer Gültigkeit beeinträchtigt, letztere soweit sie innerhalb der Vertretungsmacht nach § 25 RAO. liegen. Vertretungsmacht besteht für alle anwaltschaftlichen Handlungen, also auch Bestellung von Spezial-(Termins-)Vertretern, Vertretung in eigenen Zivilsachen des Vertretenen (vgl. §§ 78 Abs. 3 ZPO., 7 RAGO.); dagegen nicht für Bestellung von Vertretern nach § 25 RAO. (höchstpersönliches Recht des zugelassenen Anwalts), rein persönliche eigene Sachen des Anwaltes, wie eigene Strafsachen und Steuersachen, Führung von Vormundschaften, Testamentsvollstreckungen und Konkursverwaltungen. Friedländer, Komm. zur RAO. Anm. 21ff. zu § 25. Zustellungen und Ersatzzustellungen an den Vertreter können insbesondere nach wie vor erfolgen; Zustellungen an den Anwalt selbst sind dagegen nach seinem Tode ungültig (RG. v. 14. März 1916, Warneyer 1916 Nr. 149; ferner unten Nr. 39). Die Haftung aus Vertretungshandlungen nach außen sowie die Rechte und Verpflichtungen aus dem Innenverhältnis gehen unverändert auf die Erben des vertretenen Anwalts über, da es sich nur um gesetzliche Verlängerung eines bestehenden Rechtsverhältnisses handelt. Vertretung kraft behördlicher Bestellung ohne Zutun des Rechtsanwalts ist Geschäftsführung ohne Auftrag; die behördliche Bestellung steht dem nicht im Wege und die Annahme der Berufung, zu der ja keine Ver-

---

[1]) Diese kann auch ohne Zutun des Anwalts geschehen. Vgl. Friedländers Komm. z. RAO. Anm. 13 zu § 25.

pflichtung besteht, läßt den Willen zur Geschäftsführung vermuten. Friedländer Anm. 34 zu § 25 RAO.; vgl. Staudinger Anm. 2 c β zu § 677 BGB.

2. Da die Partei durch den Tod eines vertretenen Anwalts des Rechtsbeistandes nicht mehr verlustig geht, besteht auch zur **Unterbrechung** des **Verfahrens** beim Tode des Anwaltes nach § 244 ZPO. keine Veranlassung. Der Eintritt derselben wird daher ausdrücklich bis zum Ende der Fiktion hinausgeschoben. Eintritt der Unfähigkeit zur Vertretung steht zwar in § 244 ZPO. dem Tode gleich, da sich die ganze Verordnung jedoch nur mit dem Tode eines Rechtsanwaltes befaßt, findet sie auf diesen Fall keine Anwendung; übrigens setzen die meisten Fälle der Unfähigkeit an sich schon die Löschung voraus, vgl. Gaupp-Stein Anm. II zu § 244.

IV. Die Verordnung wurde mit **rückwirkender Kraft** ausgestattet, da bereits bisher bei Zweifeln über das Leben eines Anwalts die Vertretungsmacht des Generalvertreters sehr oft stillschweigend als fortwirkend angenommen wurde.

1. Nach dem 31. Juli 1914 findet die Verordnung auf alle Rechtshandlungen usw. Anwendung, ohne Rücksicht darauf, wann der Tod erfolgt ist.

2. Die Aufhebung der Wirkungen des § 244 Abs. 1 ZPO. gilt für alle Fälle, in denen der Anwalt nach dem 31. Juli 1914 gestorben ist.

3. Wegen der Bedeutung der Rückwirkung für rechtskräftig entschiedene und in Revision befindliche Streitverhältnisse vgl. unten Nr. 39.

Der weitere Inhalt der Verordnung gehört ausschließlich dem öffentlichen Rechte an.

B. Erleichterungen der Zahlungspflicht.

25. Bekanntmachung über die gerichtliche Bewilligung von Zahlungsfristen.

Vom 7. August 1914.

[(RGBl. S. 359 ff. Nr. 4456) in der Fassung der Bek. v. 20. Mai 1915 (RGBl. 1915 S. 288 u. 290 Nr. 4740 u. 4741); für die alte Fassung vgl. 2. Auflage S. 93 f.; neuerdings geändert durch **Bek. v. 8. Juni 1916** RGBl. S. 451 Nr. 5236 (abgedruckt unten S. 169[1])].

Vorbemerkung.

Für Deutschland ist kein Moratorium erlassen worden, weder ein allgemeines noch ein auf gewisse Verbindlichkeiten, z. B. Wechselschulden, Mietzinsschulden, beschränktes. Der Schuldner ist demnach nicht befugt, ohne weiteres die Erfüllung einer fälligen Verbindlichkeit mit Rücksicht auf den Kriegszustand zu verweigern. Dagegen ist durch die Verordnung des Bundesrates vom 7. August 1914 (RGBl. 1914 S. 359) betreffend die gerichtliche Bewilligung von Zahlungsfristen, nunmehr in der Fassung vom 20. Mai 1915 mit den Änderungen ge-

---

[1]) Eine Bekanntmachung des vollständigen nunmehr geltenden Textes ist nicht erfolgt.

mäß Bek. vom 8. Juni 1916, die Möglichkeit eines gerichtlichen Zahlungsaufschubes geschaffen worden. (BayJMBl. 1914 S. 149; vgl. auch Denkschrift über wirtschaftliche Maßnahmen aus Anlaß des Krieges vom 23. November 1914 — Reichstags-Drucks. 13. Leg.-Per., II. Session 1914 Nr. 26 S. 13.) Die Novelle vom 20. Mai 1916 hat hauptsächlich das Anerkenntnisverfahren (früher § 2, jetzt § 4) neu geregelt, die Zahlungsfristenbewilligung auf das Mahnverfahren ausgedehnt und die Kostenvorschriften geändert.

Der Bundesrat hat auf Grund des § 3 des Gesetzes über die Ermächtigung des Bundesrats zu wirtschaftlichen Maßnahmen und über die Verlängerung der Fristen des Wechsel- und Scheckrechts im Falle kriegerischer Ereignisse vom 4. August 1914 (Reichs-Gesetzbl. S. 327) folgende Verordnung erlassen:

§ 1.

In bürgerlichen Rechtsstreitigkeiten, die bei den ordentlichen Gerichten anhängig sind oder anhängig werden, kann das Prozeßgericht auf Antrag des Beklagten eine mit der Verkündung des Urteils beginnende Zahlungsfrist von längstens drei Monaten in dem Urteile bestimmen. Die Bestimmung ist zulässig, wenn die Lage des Beklagten sie rechtfertigt, es sei denn, daß die Zahlungsfrist dem Kläger einen unverhältnismäßigen Nachteil bringt. Sie kann für den Gesamtbetrag oder einen Teilbetrag der Forderung erfolgen und von der Erfüllung bestimmter Bedingungen abhängig gemacht werden.

Der Antrag ist nur zulässig, wenn Gegenstand des Rechtsstreits eine vor dem 31. Juli 1914 entstandene Geldforderung ist. Die Parteien haben die tatsächlichen Behauptungen glaubhaft zu machen.

Die Zahlungsfrist wirkt wie eine von dem Gläubiger bewilligte Stundung. Der Zinsenlauf wird durch die Bestimmung der Zahlungsfrist nicht berührt.

§ 2.

Im Mahnverfahren kann der Schuldner für eine Forderung, die er anerkennt, die Bestimmung einer Zahlungsfrist beantragen, solange der Vollstreckungsbefehl noch nicht verfügt ist; die Dauer der Frist ist in dem Antrag zu bezeichnen. Abschrift des Antrags ist dem Gläubiger zuzustellen. Erklärt er sich mit der Bestimmung der beantragten Frist einverstanden, so ist in dem Vollstreckungsbefehle die Vollstreckung von dem Ablauf der Frist abhängig zu machen. Verweigert er die Zustimmung, so gilt der Antrag des Schuldners als Widerspruch gegen den Zahlungsbefehl.

Die Frist beginnt mit dem Tage, an dem der Zahlungsbefehl erlassen ist.

§ 3.

Wird ein Anerkenntnisurteil nur wegen der Zahlungsfrist angefochten, so erfolgt die Anfechtung durch sofortige Beschwerde.

I. Anwendungsgebiet.

A. Personen.

Die Bekanntmachung enthält keinerlei Beschränkungen bezüglich der Personen, auf die sie Anwendung findet. Sie kann deshalb von jedem, der vor einem deutschen Gericht als Beklagter erscheint, geltend gemacht werden, insbesondere also ebensogut von juristischen wie von natürlichen Personen. Für die Kriegsteilnehmer, die nach der herrschenden Ansicht (a. M. Holländer, JW. 1914 S. 172) schon bisher den Schutz dieser Bekanntmachung in Anspruch nehmen konnten, gilt nunmehr die Bekanntmachung vom 8. Juni 1916 RGBl. 1916 S. 452 Nr. 5237 (siehe unten Nr. 42), die der allgemeinen Zahlungsfristenbekanntmachung in der Fassung vom 20. Mai 1915 mit den Änderungen vom 8. Juni 1916 gegenüber als lex specialis zu erachten ist; den gegenwärtigen Kriegsteilnehmern sind diejenigen, die es gewesen sind (§ 1) sowie die den immobilen Truppenteilen angehörenden Personen gleichgestellt. Grundsätzlich kommt es auch auf die Staatsangehörigkeit und auf den Wohnsitz des Beklagten nicht an. Deshalb kann auch Angehörigen fremder und sogar feindlicher Staaten eine Zahlungsfrist bewilligt werden. Wiedervergeltung zu üben (so Hirsch in JW. 1914 S. 1003), ist Sache des Bundesrates (§ 3 des ErmG. vom 4. August 1914, § 24 EG. ZPO.), nicht der Gerichte. (Vgl. RG. vom 26. Okt. 1914 in DJZ. 1914 S. 1386 = LZ. 1915 S. 43; Gaupp-Stein Vorb. VII 2 vor § 1 ZPO.; Harder in JW. 1914 S. 1135, aber auch Horrwitz DJZ. 1914 S. 1334 ff.) Doch sind Staatsangehörigkeit und Wohnsitz insoferne von Bedeutung, als die wirtschaftliche Notlage des Beklagten mit der infolge des Krieges in Deutschland entstandenen allgemeinen Verschlechterung der Wirtschaftslage in ursächlichem Zusammenhang stehen muß; auch wird der dem Kläger erwachsene Nachteil eher als „unverhältnismäßig" anzusehen sein, wenn eine Vergünstigung für den Angehörigen eines fremden oder gar feindlichen Staates oder für eine im Ausland lebende Person geschaffen werden soll. Allzustrenge Anwendung insbesondere gegen Angehörige befreundeter und neutraler Staaten kann allerdings angesichts der in verschiedenen Ländern bestehenden Bestimmungen über Wiedervergeltung auch die Interessen inländischer Deutscher im Auslande schädigen. Im allgemeinen wie hier: Güthe, PrJMBl. 1914 S. 751 = Gruchot Bd. 59 S. 50; Sieskind S. 73 Fußnote; Harder in JW. 1914 S. 901 und S. 1135; Hirsch in JW. 1914 S. 1003; Neumeyer in DJZ. 1914 S. 1198; Unger im Recht 1914 S. 682; Reichel im Recht 1914 S. 590; Hachenburg, LZ. 1914 S. 1602; Hahnemann, NachrDAV. 1914 S. 129 Ziff. 8; Jaritz, JW. 1915 S. 61; OLG. Hamburg vom 21. Nov. 1914 in JW. 1915 S. 55/56; Mayer S. 53; a. M. Holländer in JW. 1914 S. 971 (nur für Österreicher, Ungarn und ständig in Deutschland wohnende Fremde);

Levis im Recht 1914 S. 593 (nicht für im Ausland Wohnende); OLG. Dresden vom 22. Okt. 1914 in JW. 1914 S. 1044 = DJZ. 1914 S. 1391 = Recht 1914 S. 705 (738) (Angehörige fremder Staaten nicht; das Urteil erging laut DRAZ. 1914 S. 211 gegen einen russischen Staatsangehörigen).

Fristgewährung für ein Nachlaßvermögen vgl. OLG. Nürnberg vom 29. Okt. 1914 im Recht 1914 S. 739.

B. Sachliche Voraussetzungen.

a) Zahlungsfristen können nur von **ordentlichen Gerichten** bewilligt werden. Dies sind nach § 12 GVG. Amtsgerichte, Landgerichte, Oberlandesgerichte und das Reichsgericht, ferner nach §§ 8, 10 EG. GVG. und Art. 42 BayAG. ZPO. das Bayer. Oberste Landesgericht. Es scheiden demnach aus die in § 14 GVG. erwähnten Sondergerichte, insbesondere Gewerbegerichte (RG. vom 29. Juli 1890/29. Sept. 1901), ferner die Kaufmannsgerichte (RG. vom 6. Juli 1904); Innungs- und Innungsschiedsgerichte (§§ 81b Ziff. 4, 91, 92b GewO.). Das Landgericht als Berufungsinstanz für die Urteile der Gewerbegerichte (§ 55 GewGG.) und der Kaufmannsgerichte (§ 16 KaufmGG.) ist ordentliches Gericht, weil eben in der zweiten Instanz die Schranke für die Ausübung der Gerichtsbarkeit durch die ordentlichen Gerichte wegfällt. (Gaupp-Stein 10. Aufl. Vorbem. IV vor § 1 ZPO.) Schiedsgerichte (§§ 1025 ff. ZPO.) können keine Zahlungsfrist bewilligen, denn ihre negative Seite besteht gerade in der Ausschaltung der ordentlichen Gerichte. Ebenso: Sieskind S. 74 Note 2; Güthe, PrJMBl. S. 753 = Gruchot Bd. 59 S. 54 (vgl. aber nachfolgende Anmerkung b!); Unger im Recht 1914 S. 719.

b) Die Bewilligung der Zahlungsfrist kann in **allen bürgerlichen Rechtsstreitigkeiten** erfolgen, die zur Zeit des Inkrafttretens der Bekanntmachung noch anhängig waren, oder nachher anhängig wurden und werden. Voraussetzung ist nur, daß das Verfahren mit einem Urteil abschließt und auf Zahlung einer Geldsumme gerichtet ist. Diese Einschränkung ergibt sich schon aus dem Wortlaut der Bestimmung. Im übrigen kommt es auf die Art des Verfahrens nicht an. Die Fristbewilligung kann daher sowohl im ordentlichen Verfahren (einschließlich des Läuterungsverfahrens §§ 462, 477 ZPO.) wie auch im Urkunden- und Wechselprozeß (§§ 952 ff. ZPO.), im Nichtigkeits- und im Restitutionsverfahren (§§ 578 ff. ZPO.), erfolgen. Dagegen kann im Vollstreckungsbefehl eine Fristgewährung nicht erfolgen (vgl. Güthe, PrJMBl. 1914 S. 763 = Gruchot Bd. 59 S. 54; Sieskind a. a. O. S. 74 Note 1), es sei denn, daß der Gläubiger sich damit einverstanden erklärt (was einer Beschränkung des Gesuches des Gläubigers gleichzuerachten ist); so Burkhardt, LZ. 1915 S. 27; a. M. Unger im Recht 1914 S. 720/21 (der auch Fristgewährung im Vollstreckungsbefehl unbeschränkt zuläßt). Das **Kostenfestsetzungsverfahren** (§ 102 ZPO.) scheidet aus; ebenso das **Arrestverfahren**, da sein Gegenstand nie Zahlung einer Geldforderung ist, sondern nur Sicherung. Im Verfahren auf Erlaß einer **einstweiligen Verfügung** ist, soweit ein Urteil ergeht (§§ 936, 937 Abs. 2, 922 Abs. 1, 925 Abs. 1 ZPO.) und soweit Zahlung einer Geldforderung in Frage steht, Fristgewährung grundsätzlich nicht ausgeschlossen. A. M. Güthe,

PrJMBl. S. 764 = Gruchot Bd. 59 S. 54 (dagegen Gaupp-Stein Vorbem. I 1 vor § 916 ZPO. und Stein, JW. 1914 S. 805); ferner Unger im Recht 1914 S. 720 (vgl. dagegen z. B. den Anspruch auf Kostenvorschuß im Ehescheidungsprozeß).

Unzulässig ist die Fristbewilligung für öffentlich-rechtliche Forderungen, soweit diese nicht im Wege des bürgerlichen Rechtsstreites geltend gemacht werden können. (Anders in § 5 KTSchG. vom 4. Aug. 1914.) Es scheiden deshalb aus insbesondere Steuern, Gebührenforderungen der Gerichte und anderer Behörden.[1] (Güthe, PrJMBl. 1914 S. 762 = Gruchot Bd. 59 S. 52; Sieskind S. 78; Sintenis a. a. O. Anm. 1 zu § 1; BayJMBl. S. 683.)

Über **Kostenerstattungsansprüche** vgl. nachfolgende Anm. I B f 4.

c) Die Zulässigkeit der Fristbestimmung im Mahnverfahren.

Für das Mahnverfahren, für das bereits in der 2. Auflage S. 97 die Fristbewilligung für anwendbar erachtet worden ist, gilt nunmehr die auf Grund der Art. I Ziffer 1 und Art. V bzw. Nr. 1 der Bekanntmachungen vom 20. Mai 1915 Nr. 4740, 4741 (RGBl. S. 288, 290) getroffene Regelung des jetzigen § 2 der ZahlFrVO.

In der bisherigen Fassung der ZahlFrVO. war das Mahnverfahren nicht besonders berücksichtigt. Es war deshalb bestritten, ob und unter welchen Voraussetzungen hier eine Fristgewährung erfolgen könne. Die 2. Auflage hatte sich für die Zulässigkeit der Fristbestimmung im Mahnverfahren erklärt, allerdings nur dann, wenn dieses durch Widerspruch in das ordentliche Verfahren übergeleitet war (vgl. die 2. Aufl. S. 97 angegebene Literatur). Nunmehr kann der Schuldner im Mahnverfahren uneingeschränkt den Zahlungsfristantrag stellen, wenn

1. er die Forderung selbst vorbehaltslos anerkennt,
2. der Vollstreckungsbefehl noch nicht verfügt ist.

Außerdem muß im Antrag auf Fristgewährung die Dauer der zu gewährenden Frist vom Schuldner angegeben und Abschrift des so detaillierten Antrags dem Gläubiger zugestellt werden. Bei Einverständnis des Gläubigers mit der gewünschten Frist ist die Vollstreckung aus dem Vollstreckungsbefehl vom Lauf der gewährten Frist abhängig zu machen; es handelt sich also um eine Art Vergleich über den Beginn der Zwangsvollstreckung. Das Mahnverfahren wird damit in das ordentliche Verfahren übergeleitet. In diesem Falle sind für die Entscheidung die Vorschriften des § 1 dieser Bekanntmachung allein maßgebend. Die Forderung darf in dem Falle, daß die Fristgewährung mit Zustimmung des Gläubigers erfolgt, auch nach dem 31. Juli 1914 entstanden sein. Da die Bewilligung der Zahlungsfrist nunmehr dem richterlichen Ermessen entzogen ist, vielmehr ganz im Belieben von Gläubiger und Schuldner liegt, wobei das Gericht nur zwischen beiden zu vermitteln hat, liegt kein Grund vor, die Zahlungsfrist auf vor dem

---

[1] Durch allgemeine Verfügung v. 5. Aug. 1914 hat aber der preuß. Justizminister (JMBl. 1914 S. 660) angeordnet, daß bei der Einziehung von Kosten und anderen dem Staate gehörenden Geldbeträgen Personen gegenüber, die infolge des gegenwärtigen Kriegszustandes in bedrängte Lage gekommen sind, mit Schonung vorzugeben ist und daß etwaigen Stundungsgesuchen im Bedarfsfalle zu entsprechen ist. (Abgedruckt bei Sieskind a. a. O. S. 127).

31. Juli 1914 entstandene Forderungen zu beschränken. (So schon 2. Aufl. Ergänzungsheft S. 8; Unger, Recht 1915 S. 326; Haberstumpf, BayZfR. 1915 S. 204; a. M. Wagner, Recht 1915 S. 461/62.) Ebensowenig ist die Fristgewährung auf eine zeitliche Höchstgrenze beschränkt (so schon 2. Aufl. Ergänzungsheft S. 8; Unger, Recht 1915 S. 326; a. M. Wagner S. 461/62). Der Vollstreckungsbefehl ist im Sinne des § 2 Abs. 1 Satz 1 der neuen Fassung der ZahlFrVO. verfügt, wenn er vom Gerichtsschreiber unterzeichnet ist (Menner, LZ. 1915 S. 870). Die Zustimmungsverweigerung durch den Gläubiger hat die Wirkung, daß der Schuldner mit seinem Antrag Widerspruch gegen den Zahlungsbefehl im Sinne des § 694 ZPO. erhoben hat.

Ist die Forderung rechtshängig oder vollstreckbar, dann ist der Antrag abzulehnen; im Falle der Rechtshängigkeit gelten die §§ 1, 2 der VO. Bei Vorlegen eines vollstreckbaren Titels kann nur mehr das Vollstreckungsgericht nach § 5 angegangen werden.

d) Das Verfahren bei der Fristgewährung.

α) Der Antrag. Nach Zustellung des Zahlungsbefehls beantragt der Schuldner die Bewilligung einer Zahlungsfrist unter gleichzeitiger ausdrücklicher Anerkennung der Forderung. Der Antrag erfolgt schriftlich oder zu Protokoll des Gerichtsschreibers. Zuständig ist das Gericht, welches den Zahlungsbefehl erlassen hat. Vertretung durch einen Anwalt ist nicht erforderlich. Der Antrag auf Bewilligung der Zahlungsfrist soll die gewünschte Frist möglichst genau angeben, am besten nach Kalendertagen. Eine Beschränkung auf 3 Monate ist nicht erforderlich, auch eine Begründung der Notwendigkeit der Zahlungsfrist durch Angabe von Tatsachen oder Glaubhaftmachung kann unterbleiben, da ja die Bewilligung allein im Ermessen des Gläubigers liegt. Die Angabe von Tatsachen wird allerdings möglicherweise auf den Gläubiger ihren Eindruck nicht verfehlen und auch spätere Verhandlungen vorbereiten. Dem Antrag ist eine Abschrift für den Gläubiger beizufügen; die Zustellung an den Gläubiger erfolgt von Amts wegen. Eine Aufforderung zur Erklärungsabgabe an den Gläubiger ist nicht vorgeschrieben, doch wird eine Fristbestimmung und ein Hinweis darauf am Platze sein, daß bei Ablehnung der Zahlungsfrist der Antrag auf Bewilligung derselben als Widerspruch gemäß § 694 zu betrachten ist. Stillschweigen des Gläubigers gilt nicht als Ablehnung des Antrags (a. M. Menner, LZ. 1915 S. 871; Sintenis S. 145), sondern der Prozeß ruht dann und ein Antrag auf Erlaß eines Vollstreckungsbefehls ist durch Beschluß gemäß § 699 Abs. 2 ZPO. zurückzuweisen.

β) Verlauf des Verfahrens. Das Verfahren wird fortgesetzt durch Antrag auf Anberaumung eines Termins, falls dies nicht bereits beim Gesuch um Erlaß eines Zahlungsbefehls beantragt wurde. Auf die notorische Ablehnung des Gläubigers, sei es durch Antrag auf Erlaß eines Vollstreckungsbefehls oder durch ausdrückliche Ablehnung des Zahlungsfristgesuchs, wird Termin anberaumt; dies ist für den Gläubiger der einzige Weg, um zu einem Vollstreckungstitel zu gelangen. Auf Grund der Verhandlung ergeht dann Anerkenntnisurteil, in welchem die Bewilligung einer Zahlungsfrist nach den Grundsätzen des § 1 (also nur hinsichtlich einer vor dem 31. Juli 1914 entstandenen Geldforderung und nur für 3 Monate) zulässig ist.

Auch wegen eines Teilbetrags ist ein Fristbewilligungsantrag zulässig. (Unger, Recht 1915 S. 327.)

Ist dagegen der Gläubiger mit der vom Schuldner gewünschten Frist einverstanden, so wird in den Vollstreckungsbefehl aufgenommen, daß die Vollstreckung erst nach Ablauf der Frist beginnen darf. Die Fristbewilligung hat materielle Wirkung.[1]) Die Frist beginnt mit dem Tage des Erlasses des Zahlungsbefehls und nicht mit dem Tage der Zustellung an den Schuldner oder mit dem Tage, an dem der Antrag auf Fristgewährung an den Gläubiger gestellt wurde. Fehlt die Frist im Vollstreckungsbefehl, so kann nur Einspruch eingelegt werden. Die Fristbewilligung vollzieht sich dann auf Grund der Vorschrift des § 1 der Verordnung mit der Erleichterung, daß die schon gegebene Einwilligung des Gläubigers als Stundung anzusehen ist und nur Verurteilung zur künftigen Zahlung gemäß § 257 ZPO. verlangt werden kann. Außerdem kann der Schuldner Einstellung der Zwangsvollstreckung nach § 5 der Verordnung verlangen.

e) Gegenstand des Rechtsstreits muß eine **Geldforderung** sein, das heißt das Ziel des Rechtsstreites muß ein auf die Zahlung einer bestimmten Geldsumme lautendes Urteil sein, doch braucht die Forderung nicht von vornherein auf Geld gerichtet gewesen zu sein, wenn sie sich später in eine Geldforderung verwandelt hat; dabei genügt es, wenn die Warenforderung vor dem 31. Juli 1914 entstanden ist (vgl. unten f 3). Unerheblich ist, ob die Geldsumme in deutscher oder fremder Währung ausgedrückt ist (vgl. § 244 BGB.) — so Sieskind S. 77 Note 13; Levis im Recht 1914 S. 591; a. M. Harder in JW. 1914 S. 901; Unger im Recht 1914 S. 684 —; ferner ob die Zahlung an den Kläger oder an einen Dritten z. B. an eine Hinterlegungsstelle zu erfolgen hat. Gleichgültig ist endlich auch der Rechtsgrund der Forderung. Es gehören deshalb auch dingliche, familien- und erbrechtliche Ansprüche auf Geldleistung hierher und auch Geldforderungen, die aus anders gearteten Forderungen z. B. aus Lieferungs- oder Warenforderungen entstanden sind. Demnach gehören hierher insbesondere auch Hypothekenforderungen, Grundschulden, Rentenschulden,[2]) Reallasten, die auf Zahlung einer Geldsumme gerichtet sind, Wechselforderungen, Schadensersatzforderungen wegen Nichtlieferung von Waren. Näheres vgl. nachfolgende Anm. f 3. Grundsätzlich ist die Fristgewährung auch für (familienrechtliche) Unterhaltsansprüche nicht ausgeschlossen. (LG. Hamburg vom 30. Okt. 1914, Recht 1914 S. 741; Bendix, JW. 1914 S. 1001; näheres vgl. Unger, Recht 1914 S. 686/687.) Weiter kann die Frist aber auch bewilligt werden:

1. Im Rechtsstreit, der auf **Duldung** der **Zwangsvollstreckung** (§§ 737, 739, 743, 745, 748 ZPO.) wegen einer Geldforderung gerichtet ist; denn rechtlich wird in diesen Fällen der Duldungsbeklagte verurteilt, aus dem seiner Verwaltung unterliegenden Gegenstand der Haftung den Kläger zu bezahlen. (Vgl. RG. Bd. 50 S. 53; RG. in JW. 1909 S. 321 Nr. 23; Gaupp-Stein 10. Aufl Anm III 2 zu § 592; a. M.

---

[1]) Diese ausdrückliche gesetzliche Bestimmung, daß die Fristbewilligung auch den materiellen Charakter einer Stundung habe, ist in der Änderungsverordnung vom 8. Juni 1916 enthalten

[2]) Vgl. hiezu nun noch die BundesratsVO v. 8 Juni 1916 RGBl. S. 454 u 5238, unten S 169

Staudinger Anm. 7a zu § 1411 BGB.; Planck 3. Aufl. Anm. 9 zu § 1411 BGB.; Planck 4. Aufl. Vorbem. III in Bd. 2 S. 33; ferner Erlanger, Recht 1915 S. 67.)

2. Im Rechtsstreit über die Zulässigkeit der Zwangsvollstreckung aus einem ausländischen Urteil (§ 722 ZPO.), aus einem Schiedsgerichtsurteil (§ 1042 ZPO.) und über die Erteilung der Vollstreckungsklausel für oder gegen den Rechtsnachfolger (§ 731 ZPO.). Denn wenn auch in diesen Fällen der materielle Anspruch nur mittelbarer Prozeßgegenstand ist, so ist doch das wirtschaftliche Ziel die Beitreibung einer Geldsumme. (Vgl. RG. in JW. 1903 S. 178 Nr. 17.) Auch werden in diesen Verfahren sonstige Einwendungen sogar gegen den materiellen Anspruch zugelassen. (Vgl. Gaupp-Stein 10. Aufl. Note 1 zu § 723; Unger im Recht 1914 S. 682, 684/685; a. M. Harder, JW. 1914 S. 902.)

3. In Rechtsstreitigkeiten, deren Gegenstand eine Anfechtung wegen Gläubigerbenachteiligung bildet (§ 37 KO., § 7 AnfG.), wenn die anfechtbare Zuwendung in einer Geldsumme bestand, oder wenn die Rückgewähr des veräußerten Gegenstandes in Natur ausgeschlossen ist. (Vgl. hierzu Jaeger 3./4. Aufl. Anm. 13, 16 und 24 zu § 37 KO.; Jaeger Anm. 4, 16 ff., 30 zu § 7 AnfG.; Unger, Recht 1914 S. 682.)

Unerheblich ist, ob für das den Gegenstand des Rechtsstreites bildende Rechtsverhältnis ausländisches Recht maßgebend ist. (Unger, Recht 1914 S. 682; Erlanger, JW. 1915 S. 71.) Dagegen scheiden aus Rechtsstreitigkeiten, in welchen Ansprüche auf Lieferung oder Herausgabe bestimmter Sachen (auch bestimmter Geldstücke oder Sorten), auf Abgabe von Willenserklärungen, auf sonstige Handlungen und Unterlassungen gerichtet sind; endlich selbstverständlich alle Streitigkeiten nicht vermögensrechtlicher Natur. (Vgl. Anm. zu § 2 Bundesratsverordnung vom 14. Jan. 1915 Nr. 4607, unten Nr. 38.)

f) Die Geldforderung muß vor dem 31. Juli 1914 entstanden sein:

1. **Vor dem 31. Juli**[1] ist eine Geldforderung dann entstanden, wenn der den Rechtsgrund der Forderung bildende historische Vorgang vor diesem Zeitpunkt liegt; wenn also das Schuldverhältnis, aus dem die Forderung entstanden ist, vor dem 31. Juli 1914 begründet wurde. Wenn jemand vor diesem Zeitpunkt eine Verpflichtung übernommen hat, konnte er nicht mit der durch den Krieg verursachten Umwälzung der wirtschaftlichen Verhältnisse und dem Einfluß dieser Umwälzung auf seine eigenen Vermögens- und Einkommensverhältnisse rechnen. Ihm soll daher durch die Verordnung im Bedarfsfalle Zeit und Möglichkeit gegeben werden, sich den neuen Verhältnissen anzupassen.[1])

---

[1]) Maßgebend ist der Beginn des 31. Juli 1914 (a. M. Unger, Recht 1914 S. 685) und zwar nach mitteleuropäischer Zeit. (So Harder, JW. 1914 S. 601).

[2]) Der in der Bundesratsbekanntmachung gebrauchte Ausdruck „vor dem 31. Juli 1914 entstandene Geldforderung“ ist ungenau; denn das Wort Forderung wird regelmäßig als mehr oder minder gleichbedeutend mit „Einzelanspruch“ gebraucht. Vgl. z. B. Art. 170 EG. BGB.; auch Staudinger, Vorbem. I 3 zu § 241; Planck, Bd. 1

Unerheblich ist deshalb, ob die Forderung vor oder nach dem 31. Juli 1914 fällig geworden ist und ob eine aufschiebende Bedingung nach diesem Zeitpunkt eingetreten ist. (Sieskind S. 78; Bendix S. 41; Güthe, PrJMBl. 1914 S. 753 = Gruchot Bd. 59 S. 52; BayJMBek. vom 16. Aug. 1914 JMBl. S. 150; BerlAnwVer., JW. 1914 S. 794; Goldmann, JW. 1914 S. 811; Kaufmann, JW. 1914 S. 812; Asch, JW. 1914 S. 854; Kipp, DJZ. 1914 S. 1028; Freiesleben, JW. 1914 S. 1155; Hachenburg, LZ. 1914 S. 1601; Levis, Recht 1914 S. 591; Unger, Recht 1914 S. 685; Bovensiepen, DRZ. 1914 S. 782; Hahn, Gesetz und Recht S. 559; Hallbauer, SächsArchfRechtspfl. 1914 S. 338; a. M. nur Kahn, JW. 1914 S. 809 [der sie aber a. gl. O. S. 862 aufgegeben hat], sowie Glaser, Einfluß des Krieges auf Privatrechtsverhältnisse S. 14.)

Weiterhin wird eine Forderung auch dann als vor dem 31. Juli entstanden zu gelten haben, wenn der Schuldner vor diesem Zeitpunkt gebunden war, mag auch die Begründung des Schuldverhältnisses, sei es durch Annahme eines widerruflichen Vertrages, sei es durch Erteilung einer vom Gläubiger vorbehaltenen Genehmigung begründet worden sein. (So: Sieskind, Güthe, Freiesleben, Levis, Unger a. a. O.)

2. Die Fristbewilligung ist demnach im einzelnen zulässig bei Kaufpreisforderungen, Miet- und Pachtzinsraten (OLG. Rostock vom 27. Mai 1915 Recht 1915 S. 355 Nr. 667),[1] Kapitalzinsen,[1] Dienstlöhnen, Versicherungsprämien, Leibrenten (RG. Bd. 67 S. 211), auch soweit diese nach dem 31. Juli 1914 fällig geworden sind, soferne nur die maßgebenden Verträge vor diesem Zeitpunkt abgeschlossen wurden (vgl. Brück, LZ. 1915 S. 1130 ff.; a. M. hinsichtlich der nach dem 31. Juli rückständig

---

Vorbem. VII S. 52. Dieser Einzelanspruch entsteht aber in vielen Fällen nicht schon mit dem die Bindung des Schuldners herbeiführenden Ereignisse (Vertragsabschluß), sondern erst durch Hinzutretung weiterer Umstände; so entsteht der Anspruch auf Werklohn regelmäßig erst mit völliger Fertigstellung des Werkes (RG. in JW. 1911 S. 770 Nr. 36); die Ansprüche auf die einzelnen Mietzinsraten (OLG. München, BayZfR. 1909 S. 173) Versicherungsprämien, Kapitalzinsraten, auf Dienstlohn, entstehen jeweils neu als Entgelt für die vom Bezugsberechtigten für die einzelnen Vertragsperioden zu gewährende Leistung (vgl. Kahn, JW. 1914 S. 808/809; ferner Jaeger, Anm. 18 und 19 zu § 3, Anm. 6 und 7 zu § 55 KO.). Immerhin ist dies nicht die allein mögliche Bedeutung des Wortes „Forderung", das vielmehr ebenso wie die Ausdrücke „Ansprüche", „Schuld", „Schuldverhältnis" doppelsinnig ist. (Planck, 4. Aufl., Vorbem. I 2c vor § 241 BGB.). Es ist auch möglich, mit „Forderung" das ganze Schuldverhältnis von der Seite des Gläubigers aus betrachtet, zu bezeichnen. (Vgl. Crome, System Deutsch. Bürg. R. Bd. 2 § 138 S. 2). Der Wortlaut der Bekanntmachung steht deshalb der im Text gegebenen, durch den Zweck der Bestimmung gebotenen ausdehnenden Auslegung nicht entgegen. Vgl. Goldmann, JW. 1914 S. 811; Kahn a. gl. O. S. 861.

[1]) Vgl. nunmehr auch die BundesratsVO. v. 15. Dez. 1914, Einigungsämter betr., RGBl. S. 511 Nr. 4572 oben S. 111.

gewordenen Zinsen eines vorher gegebenen Darlehens OLG. Hamburg vom 17. Dezember 1915 LZ. 1916 S. 415 = Recht 1916 S. 204 Nr. 475 und Recht 1916 S. 150 Nr. 368). Unerheblich ist, ob der Schuldner das Entstehen der eingeklagten Forderung durch Auflösung (Kündigung) nach dem 31. Juli 1914 verhindern konnte, da der Wortlaut des Gesetzes für eine derartige Einschränkung keine Stütze bietet. (Sieskind S. 78; Güthe, PrJMBl. 1914 S. 753 = Gruchot Bd. 59 S. 53/54); auch Mietzinsforderungen aus einem nach Ablauf der ursprünglichen Vertragsdauer mangels Kündigung auf Grund Vertrages oder auf Grund des § 568 BGB stillschweigend nach dem 31. Juli 1914 fortgesetzten Mietverhältnisses sind vor dem 31. Juli 1914 entstanden, da durch die stillschweigende Fortsetzung des Mietverhältnisses kein neuer Vertrag begründet wird. (Niendorff, Mietrecht S. 344; Staudinger Anm. II zu § 568 BGB.; Spiller, DJZ. 1915 S. 100; **a. M.** Mittelstein, DJZ. 1915 S. 195 für den Fall des § 568 BGB.; ferner RG. vom 24. Nov. 1914 JW. 1915 S. 193 für den Fall der Verlängerung des Mietverhältnisses auf Grund einer Klausel in dem alten Mietvertrag.)

Ausgleichungs- und Rückgriffsansprüche von Mitschuldnern und Bürgen (§§ 426 Abs. 2, 774, 2058 BGB.) entstehen als bedingte schon mit der Begründung des Gesamtschuldverhältnisses bzw. mit dem Abschluß des Bürgschaftsvertrages; Fristgewährung ist deshalb auch dann zulässig, wenn die Befriedigung des Gläubigers durch den Mitschuldner bzw. den Bürgen erst nach dem 31. Juli 1914 erfolgt. Der Rückgewähranspruch gegen den Anfechtungsgegner ist ebenfalls vor dem 31. Juli 1914 entstanden, wenn der anfechtbare Erwerb vor diesem Zeitpunkt stattgefunden hat. (Geib, ArchfZivPr. Bd. 113 S. 336.)

Ansprüche aus **Wechseln** gegen den **Akzeptanten**, sowie die Rückgriffsansprüche gegen **Indossanten**, **Aussteller** oder **Wechselbürgen** sind — ohne Rücksicht auf den Tag der Fälligkeit des Wechsels — dann als betagte bzw. durch Nichteinlösung und Protest bedingte, vor dem 31. Juli 1914 entstanden, wenn die Zahlungs- bzw. Regreßpflicht begründende Tatsache der Akzeptierung, Indossierung, Ausstellung oder Wechselverbürgung vor diesem Zeitpunkt stattfand. Anderenfalls ist eine Fristgewährung nicht zulässig, auch wenn die dem Wechsel zugrunde liegende Forderung vor diesem Zeitpunkt entstanden ist. (Bendix S. 41; Unger, Recht 1914 S. 687, LG. Berlin II vom 23. Okt. 1914 KammerGBl. 1914 S. 126; OLG. Dresden vom 27. Jan. 1916 SächsArchfRechtspfl. 1916 S. 123; LG. Essen vom 8. April 1915 DJZ. 1915 S. 935; **a. M.** Güthe, Gruchot Bd. 59 S. 53; OLG. Dresden vom 8. Mai 1915 JW. 1915 S. 729; Bovensiepen, DRZ. 1915 S. 510); es sei denn, daß der Schuldner die Wechselverpflichtung auf Grund einer vor diesem Zeitpunkt getroffenen Vereinbarung übernehmen mußte. (OLG. Frankfurt vom 20. Mai 1915 JW. 1915 S. 730 = Recht 1915 S. 409 Nr. 758.) Dies trifft meist bei Prolongationswechseln zu. (Levis, Recht 1914 S. 593 und die oben angeführte Entscheidung des OLG. Dresden vom 27. Jan. 1916; ferner Sintenis S. 139 Nach dem 31. Juli 1914 abgeschlossene Schuldanerkenntnisse und Vergleiche begründen neue selbständige Forderungen und schließen deshalb Fristgewährung aus. (Unger, Recht 1914 S. 687; Erlanger, JW. 1915 S. 71; vgl. OLG. München vom 2. Okt. 1914 LZ. 1914 S. 1918 = Recht 1914 S. 738; a. M. LG. München vom 8. Dez. 1914 JW. 1915 S. 55.)

Für Forderungen auf Grund unerlaubter Handlungen oder gesetzlicher Haftung kann die Frist dann gewährt werden, wenn das schadenstiftende Ereignis vor dem 31. Juli 1914 eingetreten ist.

3. **Verwandelt** sich eine vor dem 31. Juli 1914 entstandene Nicht-Geldforderung (z. B. Anspruch auf Lieferung von Waren) vor oder nach diesem Zeitpunkt durch Verzug (§§ 283, 286 Abs. 2, 326 BGB.) oder Unmöglichkeit der Erfüllung (§§ 280, 281, 323, 325 BGB.) in eine Geldforderung, so kann auch für die Bezahlung dieser Geldforderung Frist gewährt werden; denn einerseits ist die Ersatzverbindlichkeit schon gesetzlich bedingt in der ursprünglichen, vor dem 31. Juli 1914 entstandenen Forderung enthalten, also keine neue Forderung (vgl. Planck 4. Aufl. Vorbem. I 2c vor § 241 BGB.), andererseits verlangt die Bekanntmachung nur, daß zur Zeit des Rechtsstreites — genauer zur Zeit der Urteilsfällung — eine Geldforderung vorliegt. Güthe, PrJMBl. 1914 S. 753 = Gruchot Bd. 59 S. 52/53; Erl. d. Pr. Hand.-Min. vom 11. Juli 1914 PrJMBl. 1914 S. 677 (abgedruckt bei Sieskind S. 129); BayJMBek. vom 16. Aug. 1914 BayJMBl. 1914 S. 149; Reichstagsdenkschr. vom 23. Nov. 1914 S. 15; Striemer, JW. 1914 S. 852; Kipp, DJZ. 1914 S. 1027; Levis, Recht 1914 S. 591; Bovensiepen, DRZ. 1914 S. 782; a. M. Sieskind S. 77; Kahn, JW. 1914 S. 808; Kaufmann, JW. 1914 S. 812; Hachenburg, LZ. 1914 S. 1601; Unger, Recht 1914 S. 686; Hallbauer, SächsArchfR. 1914 S. 385.

4. Da der Entstehungsgrund für die Hauptforderung zugleich die Grundlage für die Entstehung von **Nebenforderungen** wie Zinsen, Verzugsschäden bildet, so ist für diese Nebenforderungen die Fristgewährung immer dann zulässig, wenn sie für die Hauptforderung zulässig ist. (Sieskind S. 78; Güthe, PrJMBl. 1914 S. 753 = Gruchot Bd. 59 S. 53; Nußbaum, JW. 1915 S. 1177; Sintenis S. 139.)

Der Anspruch auf Ersatz der Prozeßkosten hat seine Grundlage lediglich im Prozeßverhältnis und entsteht mit dem Prozeß als bedingter, bedingt durch die Zuerkennung im Urteil. (RG. Bd. 52 S. 332; ähnlich Hellwig, System des deutsch. Ziv.-Prozeßrechts S. 750; Gaupp-Stein Vorbem. II 4 vor § 91 ZPO.) Eine Fristgewährung ist deshalb nur für die Kosten der vor (a. M. irrtümlich 2. Aufl. S. 104) dem 31. Juli 1914 vorgenommenen gebührenpflichtigen Handlungen möglich, insoweit aber ohne Rücksicht auf den Gegenstand des Rechtsstreits. Sieskind S. 77; ähnlich Unger, Recht 1914 S. 687 (der diejenigen Kosten ausnimmt, die weder durch Anerkenntnis noch durch Klagsrücknahme vermieden werden könnten); Mayer S. 59; a. M. Güthe, PrJMBl. 1914 S. 755 = Gruchot Bd. 59 S. 58; Bendix, JW. 1914 S. 964; Harder, JW. 1914 S. 1046; Bovensiepen, DRZ. 1914 S. 784; Pfeiffer, DRAZ. 1915 S. 32; Sintenis S. 139 (welche eine Nebenforderung als vorliegend annehmen, aber auf jeden Fall besonderen Ausspruch über Fristgewährung verlangen).

g) Die Bestimmung der Zahlungsfrist ist nur dann zulässig, wenn die Lage des Beklagten sie rechtfertigt, es sei denn, daß die Zahlungsfrist dem Kläger einen unverhältnismäßigen Nachteil bringt.[1]) Dem Gläubiger darf durch die Stundungsgewährung nicht die Befriedigung des Anspruchs selbst erschwert oder gar vereitelt werden (OLG. Posen vom 25. Sept. 1915, PosMSchr. 1915 S. 148 = Recht 1916 S. 83 Nr. 167). Ob eine Zahlungsfrist zu gewähren ist, hat das Gericht nach freiem Ermessen zu beurteilen. Gleichwohl macht diese Befugnis zur Fristgewährung dem Richter die Bewilligung zur Pflicht, wenn die Voraussetzungen hiefür gegeben sind. (Unger, Recht 1914 S. 683 und 721.) Die BayVollzBek. vom 14. Aug. 1914 BayJMBl. 1914 S. 154 bemerkt hierzu:

„Der Richter muß hiebei bestrebt sein, die Interessen der Gläubiger und der Schuldner in billiger Weise gegeneinander abzugleichen. Der Zahlungsaufschub soll nur dort eintreten, wo er nötig ist und wo auch die Rücksicht auf den Gläubiger ihn gestattet. Handelt es sich um kleine Leute, denen z. B. weil ein Angehöriger im Felde ist, die Bezahlung des Mietzinses oder die Entrichtung einer Abzahlungsrate schwer fällt, so wird der Richter in der Regel unbedenklich die Rücksicht auf den Schuldner in den Vordergrund stellen dürfen. Bei Lohnforderungen wird die Rücksicht auf den Gläubiger die Bewilligung von Zahlungsfristen wohl fast ausnahmslos verbieten. Der Richter muß auch bedenken, daß der Gläubiger, namentlich ein Kaufmann, seinerseits wiederum Verpflichtungen hat, denen er nicht gerecht werden kann, wenn ihm seine Schuldner in ungerechtfertigter Weise die fälligen Verbindlichkeiten nicht erfüllen. Der gerichtliche Zahlungsaufschub kommt in seiner Wirkung einem individuellen Moratorium gleich. Dabei ist es sehr leicht möglich, daß das Gericht dem Schuldner dem einen Gläubiger gegenüber den Zahlungsaufschub bewilligt, einem anderen Gläubiger gegenüber aber versagt."

Gegenüber dem insbesondere in der ersten Zeit von den Gerichten den Schuldnern erwiesenen allzu großen Entgegenkommen wurde mit Recht darauf hingewiesen, daß nicht immer der Schuldner der schwächere Teil ist und daß deshalb insbesondere bei böswilligen Schuldnern Vorsicht in der Gewährung der Zahlungsfrist am Platze ist. Erl. d. Pr. Hand.-M. vom 11. Aug. 1914 PrJMBl. 1914 S. 677 (abgedruckt bei Sieskind S. 129); Juliusberg, DJZ. 1914 S. 1244; Jörrissen, DRZ. S. 747; Bovensiepen, DRZ. 1914 S. 783.

1. Daß die schlechte wirtschaftliche Lage des Beklagten ausschließlich und unmittelbar durch den Krieg verursacht ist, ist nicht Voraussetzung für die Anwendung der Bestimmung; es muß jedoch — entsprechend dem Anlaß und dem Zweck der Verordnung (vgl. oben Anm. II f 1 und auch die gleichen Fragen betr. Rechtsprechung und Literatur bei Aufhebung der Aussetzung wegen offenbarer Unbilligkeit nach § 2 der Bekanntmachung über die Vertretung des Kriegsteilnehmers in

---

[1]) Die Fassung ist durch Bek. vom 8. Juni 1916 aus redaktionellen Gründen unwesentlich geändert worden.

bürgerlichen Rechtsstreitigkeiten v. 14. Januar 1915 (RGBl. S. 17 Nr. 4607) unten Nr. 38 — verlangt werden, daß der Krieg wenigstens mittelbar eine der Ursachen für seine ungünstigen Vermögensverhältnisse ist, sei es, daß sich diese durch den Krieg erst verschlechtert haben, oder daß ihm die Möglichkeit der Besserung dadurch vereitelt wurde. Güthe, PrJMBl. 1914 S. 754/755 = Gruchot Bd. 59 S. 56; BerlAnwBer., JW. 1914 S. 794; Striemer, JW. 1914 S. 852; Holländer, JW. 1914 S. 971; Unger, Recht 1914 S. 689; Bovensiepen, DRZ. 1914 S. 783; OLG. München vom 28. Sept. und 21. Okt. 1914 LZ. 1914 S. 1917 = Recht 1914 S. 738 = OLG. Bd. 30 S. 10; OLG. Nürnberg vom 11. Nov. 1914 Recht 1914 S. 739; LG. Berlin I vom 26. Aug. 1914 KGBl. S. 115; OLG. Dresden vom 8. Mai 1915 JW. 1915 S. 730; OLG. Darmstadt vom 15. März 1915 DJZ. 1915 S. 724; Schweitzer, JW. 1915 S. 323; a. M. Sieskind S. 76; Hirsch, JW. 1914 S. 947; Langenbach, JW. 1914 S. 1070; OLG. Hamburg vom 9. Okt. 1914 DJZ. 1914 S. 1307 = LZ. 1914 S. 1917 = Recht 1914 S. 705 (welche annehmen, daß es sich um eine Maßnahme handelt, um allgemein während des Krieges wirtschaftlich schwächeren Schuldnern zu helfen). Daß die Lage des Schuldners die Gewährung einer Zahlungsfrist rechtfertigt, setzt voraus, daß es dem Schuldner einerseits (auch unter Inanspruchnahme von Kredit) nicht möglich ist, ohne Gefährdung seiner Existenz die eingeklagte Forderung sofort zu bezahlen (OLG. Nürnberg vom 1. Okt. 1914 Recht 1914 S. 739), daß aber andererseits begründete Aussicht besteht, daß er [1]) nach Ablauf der Frist seinen Verpflichtungen nachkommen kann; eine Fristbewilligung, die nur nutzlos die Befriedigung des Gläubigers hinausschiebt, ist unzulässig. (Sieskind S. 77; Hirsch, JW. 1914 S. 1004; Freiesleben, DJZ. 1914 S. 1156; Unger, Recht 1914 S. 688; Hahnemann, NachrDAV. 1914 S. 128; LG. Berlin I vom 26. Juli 1914 KammerGBl. 1914 S. 127; Beispiele s. OLG. Königsberg vom 1. Dez. 1914 Recht S. 741 und bei Unger a. a. O.); Menner, LZ. 1915 S. 876; OLG. Dresden vom 8. Mai 1915 JW. 1915 S. 730.

Über den von den Parteien zu führenden Nachweis s. unten Anm. II c!

Daß über das Vermögen des Schuldners auf Grund der Bundesratsbekanntmachung vom 8. Aug. 1914 Nr. 4459 RGBl. S. 363 (s. unten Nr. 33) Geschäftsaufsicht angeordnet ist, macht die Gewährung einer Zahlungsfrist weder unzulässig noch unnötig: die Geschäftsaufsicht kann auf Antrag des Schuldners wie auch auf Grund des § 10 jener Bekanntmachung jederzeit wieder aufgehoben werden (s. unten Anm. II zu § 10) und wegen der unter § 9 Ziff. 2—4 jener Bekanntmachung (§ 9 Ziff. 1 kommt hier nicht in Betracht) fallenden Forderungen ist auch während der Geschäftsaufsicht Zwangsvollstreckung zulässig. [2]) (Sieskind S. 80, 99; Güthe, PrJMBl. 1914 S. 756 =

---

[1]) Einem Gesamtschuldner darf nicht mit der Begründung Frist gewährt werden, daß der andere Gesamtschuldner zahlen könne (OLG. Nürnberg vom 14. Okt. 1914, Recht 1914 S. 739).

[2]) Da die Fristbewilligung die materielle Bedeutung einer Stundung hat (§ 1 Abs. 3 Satz 1, eingeführt durch die Änderungsbekannt-

Gruchot Bd. 59 S. 59; Kipp, DJZ. 1914 S. 1032; OLG. Braunschweig vom 25. Sept. 1914 DJZ. S. 1216.)

2. Die Fristbewilligung ist unzulässig, wenn sie dem **Gläubiger einen unverhältnismäßigen Nachteil** bringt, wenn also der dem Gläubiger durch das Ausbleiben der Leistung drohende Schaden den dem Schuldner bei Nichtbewilligung des Aufschubes erwachsenden Nachteil überwiegt: OLG. Augsburg vom 20. Okt. 1914 Recht 1914 S. 706. Schaden kann dem Gläubiger entweder dadurch entstehen, daß die Beitreibbarkeit seiner Forderung durch das Verhalten des Schuldners oder durch die Konkurrenz anderer Gläubiger gefährdet wird, oder dadurch, daß durch das längere Ausbleiben der Zahlung die Befriedigung seiner notwendigen Bedürfnisse oder der ungestörte Fortbetrieb seines Geschäftes in Frage gestellt wird. (Unger, Recht 1914 S. 690.)

Über die Beweislast s. unten Anm. II c Abs. 3.

II. Das Verfahren.

a) Zuständigkeit.

Die Fristbewilligung erfolgt im Falle des § 1 durch das Prozeßgericht, d. h. durch dasjenige Gericht, bei welchem der Rechtsstreit durch Erhebung der Klage anhängig geworden ist.

In der Berufungsinstanz — und zwar auch dann, wenn der Rechtsstreit nach der Revision zur neuerlichen Verhandlung zurückverwiesen ist — kann die Fristbewilligung ohne Einschränkung dann erfolgen, wenn die Klage in erster Instanz abgewiesen worden ist. Soweit der Klage in erster Instanz stattgegeben wurde, kann eine Fristbewilligung nur dann erfolgen, wenn der Beklagte Berufung einlegt oder sich der Berufung angeschlossen hat (im Hinblick auf das Verbot der reformatio in peius des § 536 ZPO. Güthe, PrJMBl. 1914 S. 754 = Gruchot Bd. 59 S. 55.) In der Revisionsinstanz kann die Bewilligung einer Zahlungsfrist nicht erfolgen, da es sich um eine nach freiem Ermessen des Gerichtes zu treffende Entscheidung handelt, die eine dem Revisionsgericht nicht obliegende Würdigung der Tatsachen bedingt. (Levis, Recht 1914 S. 594; vgl. auch Gaupp-Stein Anm. III 3 zu § 187 ZPO.; RG., JW. 1914 S. 478 Nr. 21; a. M. Unger, Recht 1914 S. 721.)

Über **Rechtsmittel** vgl. im übrigen unten Anm. IV.

Ist gegen ein vorläufig vollstreckbares Urteil Einspruch oder Berufung eingelegt, so kann, solange der Rechtsstreit nicht für Urteilsfällung reif ist, nur Einstellung der Zwangsvollstreckung nach § 5 der Verordnung durch das Vollstreckungsgericht erfolgen, nicht aber kann das Prozeßgericht vor Erlaß des Urteils etwa durch Beschluß eine Frist gewähren. KammerG. vom 17. Sept. 1914 DJZ. 1914 S. 1208 = Recht 1914 S. 739; das Prozeßgericht kann dann nur noch insoweit Frist gewähren, als etwa der Beklagte zu mehr verurteilt wird, als durch das vorläufig vollstreckbare Urteil. A. M. Levis, Recht 1914 S. 592 (das Prozeßgericht sei nicht gehindert, ohne Rücksicht auf die Entscheidung des Vollstreckungsgerichtes über die Fristgewährung zu befinden).

---

machung vom 8. Juni 1916 RGBl. S. 451 Nr. 5236 Art. I 1 c, — siehe unten Nr. 26 a), erhöht sich ihre Bedeutung für den unter Geschäftsaufsicht stehenden Schuldner; vgl. Sieskind S. 80; Kipp a. a. O.

b) Die Fristbewilligung findet nur auf **Antrag** des Beklagten bzw. Widerbeklagten (nicht von Amts wegen) oder an seiner Stelle durch einen Dritten statt. Im Amtsgerichtsverfahren hat aber das Gericht den Beklagten nach § 502 ZPO. über sein Antragsrecht zu belehren. Der Antrag kann nur in der mündlichen Verhandlung gestellt werden (vgl. § 721 mit §§ 714, 716 ZPO.) und unterliegt, soweit in dem betreffenden Verfahren die Vertretung durch Anwalt geboten ist, dem Anwaltszwang und der Bestimmung des § 297 ZPO. (vorbereitender Schriftsatz). Antragstellung in der Verhandlung bedeutet ein das Versäumnisurteil ausschließendes Verhandeln im Sinne des § 303 ZPO. (LG. Leipzig v. 12. Nov. 1915, DJZ. 1916 S. 147 = Recht 1916 S. 87 Nr. 206). Schriftlicher Antrag allein genügt nicht; Sieskind S. 75; Güthe, PrJMBl. 1914 S. 65 = Gruchot Bd. 59 S. 57; BerlAnwVer., JW. 1914 S. 793; Juliusberg, DJZ. 1914 S. 1244; Graßhoff, DJZ. 1914 S. 1376; Levis, Recht 1914 S. 595; Unger, Recht 1914 S. 717/718; Bovensiepen, DRZ. 1914 S. 787; Schweitzer, JW. 1915 S. 324; OLG. Stuttgart vom 8. Okt. 1914 Recht 1914 S. 648; **a. M.** VereinZK. Tübingen Recht 1914 S. 706.

Nicht nötig ist, daß der Beklagte die eingeklagte Geldforderung anerkennt. Er kann vielmehr den Klagsanspruch in erster Linie bestreiten und Klagsabweisung beantragen und in zweiter Linie, d. h. für den Fall seiner Verurteilung um Bewilligung einer Zahlungsfrist bitten. Güthe, PrJMBl. 1914 S. 754 = Gruchot Bd. 59 S. 56; Unger, Recht 1914 S. 720; Bovensiepen, DRZ. 1914 S. 784; freiwillige Stundung der Forderung durch den Gläubiger schließt die Fristgewährung nicht aus, jedoch wird das Gericht in diesen Fällen besonders sorgfältig zu prüfen haben, ob die Lage des Schuldners eine nochmalige Fristgewährung rechtfertigt. Sieskind S. 75; Güthe, PrJMBl. 1914 S. 756 = Gruchot Bd. 59 S. 59; Voß, Recht 1914 S. 746; Striemer, JW. 1914 S. 852; Heß S. 86; LG. Mannheim vom 3. Dezember 1914, Recht 1915 S. 115 u. 298 = JW. 1915 S. 55; **a. M.** Levis, Recht 1914 S. 593; Bovensiepen, DRZ. 1914 S. 785 (der Richter muß die freiwillig gewährte Frist anrechnen, kann aber diese bis auf 3 Monate verlängern), auch DRZ. 1915 S. 28; LG. Hamburg vom 30. Jan. 1915, JW. 1915 S. 604.

c) Zur **Begründung** des Antrages muß der Kläger diejenigen Tatsachen vorbringen und glaubhaft machen, aus welchen sich seine wirtschaftliche Notlage ergeben soll. Der allgemeine Hinweis auf den Krieg und auf die hierdurch hervorgerufene allgemeine Verschlechterung der Wirtschaftslage genügt nicht, vielmehr muß der Schuldner darlegen, inwieferne der Krieg gerade seine Einkommens- und Vermögensverhältnisse nachteilig beeinflußt hat. Sieskind S. 79; Güthe, PrJMBl. 1914 S. 756 = Gruchot Bd. 59 S. 57; Freiesleben, DJZ. 1914 S. 1155; Hachenburg, LZ. 1914 S. 1601; OLG. München in MittAGA. 1914 S. 73; OLG. Jena vom 30. Sept. 1914 DRAZ. 1914 S. 153.

Zur Glaubhaftmachung dienen alle nach § 294 ZPO. zulässigen Beweismittel. In Betracht kommen beeidigte oder unbeeidigte Aussagen von Zeugen, die zum Termin mitgebracht wurden, schriftliche Bescheinigungen, eidesstattliche Versicherungen Dritter und auch des Beklagten selbst, Auszüge aus den kaufmännischen Büchern, Zwischenbilanzen usw., vgl. BayJMBek. vom 14. Aug. 1914 BayJMBl. 1914 S. 150. Häufig wird sich die Glaubhaftmachung erübrigen, weil die tatsächliche Lage dem Gerichte offenkundig ist. Asch, JW. 1914 S. 855; Unger, Recht

1914 S. 718; vgl. auch Gaupp-Stein Note I 2 zu § 291 ZPO. Dem Kläger steht es in allen Fällen frei, mit den nach § 294 ZPO. zulässigen Mitteln Gegenbeweis anzubieten.

Daß die Fristbewilligung für den Gläubiger einen unverhältnismäßigen Nachteil bringt, muß von diesem behauptet und gegebenenfalls glaubhaft gemacht werden. Das Veränderungsgesetz vom 8. Juni 1916 hat in Art. I Nr. 1a statt der bisherigen koordinierten negativen Fassung („... wenn die Lage des Beklagten sie rechtfertigt und die Zahlungsfrist dem Kläger nicht einen unverhältnismäßigen Nachteil bringt") die zu § 1 angegebene Formulierung mit „es sei denn" eingefügt, wohl nur aus redaktionellen Gründen; denn die Beweislast mußte auch in der alten negativen Formulierung dem Gläubiger obliegen, da man dem Schuldner nicht die Beweislast für die Negative aufbürden konnte, wollte man nicht die ganze Bestimmung praktisch wertlos machen. Die neue Formulierung ist insofern glücklicher, weil sie mit der vom BGB. gewählten Ausdrucksweise übereinstimmt, bestimmte Tatbestandsmomente und Voraussetzungen besonders ersichtlich zu machen und damit die Behauptungs- und Beweislast einerseits, Bestreitungs- und Gegenbeweislast andrerseits schon durch die Fassung als solche entsprechend zu verteilen. Vgl. auch v. Miltner, LZ. 1916 S. 924 Anm. 2. Ist der Beweis einer Negative an sich schon schwer, so war der hier in Frage kommende Beweis dem Schuldner wohl fast nie möglich, da er eine genaue Kenntnis der Vermögensverhältnisse des Gläubigers voraussetzt, wie sie der Schuldner in den seltensten Fällen haben dürfte. Sieskind S. 79; Striemer, JW. 1914 S. 852; Freiesleben, DJZ. 1914 S. 1156; Unger, Recht 1914 S. 718/719; Bovensiepen, DRZ. 1914 S. 783; Hahnemann, NachrDAV. 1914 S. 128; **a. M.** Güthe, PrJMBl. 1914 S. 755 = Gruchot Bd. 59 S. 57; BerlAnwVer., JW. 1914 S. 794; mit Einschränkungen auch Sintenis S. 141 Anm. 13. Im amtsgerichtlichen Verfahren ist es Pflicht des Richters (§ 502 ZPO.), den Gläubiger auf diesen Rechtsbehelf hinzuweisen.

Was unter einem unverhältnismäßigen Nachteil zu verstehen ist, läßt sich nur von Fall zu Fall bestimmen, häufig wird eine und dieselbe Wirkung in dem einen Fall einen derartigen Nachteil darstellen, im andern nicht; jedenfalls darf aber dem Gläubiger keine offenbare Beeinträchtigung seiner Rechtslage zugefügt werden (vgl. auch v. Miltner, LZ. 1916 S. 924 Anm. 2).

d) Die Fristbestimmung.

Die Bestimmung der Frist, wie auch die Ablehnung des Antrages auf Fristbewilligung erfolgen im Urteil und zwar in der Urteilsformel (Tenor); Hahnemann, NachrDAV. 1914 S. 129; Unger, Recht 1914 S. 720; liegt bereits ein vorläufig vollstreckbares (Versäumnis- oder erstinstanzliches) Urteil vor, so ist dieses gegebenenfalls mit der Maßgabe der Zahlungsfrist aufrecht zu erhalten. Ein selbständiges Teilurteil (so Levis, Recht 1914 S. 595) oder ein Nachtragsbeschluß über die Fristbestimmung ist unzulässig. KammerG. vom 12. Nov. 1914, DJZ. 1914 S. 1389. Ebenso ist eine nachträgliche Abänderung — Verlängerung oder Abkürzung — der im Urteil bestimmten Frist durch das gleiche Gericht unzulässig; § 318 ZPO. Gaupp-Stein Anm. 2 a. E. zu § 721 ZPO.; Güthe, Gruchot Bd. 59 S. 55; **a. M.** Hachenburg, LZ. 1914 S. 1601. Ist die Entscheidung über den Antrag auf Fristgewährung im Urteilstenor übergegangen, so hat ein Ergänzungsurteil nach § 321 ZPO. zu ergehen. (Vgl. § 721 mit § 716 ZPO.) Güthe, PrJMBl. 1914 S. 754 = Gruchot Bd. 59 S. 56; Unger, Recht 1914 S. 720; **a. M.** Sieskind S. 75 (weil es sich nicht um einen Anspruch, sondern um ein Verteidigungsmittel handelt); daneben kann die Beseitigung dieses Mangels durch Berufung und Revision erreicht werden (vgl. Gaupp-Stein Anm. II 3 zu § 321 ZPO.; RG. Bd. 75 S. 293; **a. M.** Güthe a. a. O.). Die Begründung der Entscheidung über die Fristbewilligung darf sich nicht auf die bloße Wiedergabe der Worte der Verordnung beschränken, sondern muß — wenn auch in aller Kürze — erkennen lassen, daß und wie die Verhältnisse der Parteien gegeneinander abgewogen wurden. OLG. Nürnberg vom 11. Nov. 1914, Recht 1914 S. 739.

Ist der Antrag im Tatbestand übergangen, so findet § 320 ZPO. Anwendung. Vgl. im übrigen über Rechtsmittel unten Anm. IV.

III. Der Inhalt der Fristbestimmung.

Die Höchstdauer der Frist beträgt 3 Monate von der Verkündung des Urteils an. Dies gilt auch für Forderungen, die in diesem Zeitpunkt noch nicht fällig sind (§§ 257, 258, 259 ZPO.); denn der Zeitpunkt der Fälligkeit kommt grundsätzlich für die Fristbestimmung nicht in Betracht, sondern nur die Frage, welche Zeit der Schuldner braucht, um sich die erforderlichen Geldmittel zu beschaffen und welche Zeit der Gläubiger die Befriedigung ohne übermäßigen Schaden entbehren kann. Ist die Forderung erst längere Zeit nach der Urteilsverkündung fällig, so kann das Gericht auch oft noch gar nicht übersehen, wie sich bis dahin die Verhältnisse des Schuldners und des Gläubigers gestalten. In diesen Fällen ist deshalb die Einstellung der Zwangsvollstreckung nach § 5 dieser Bekanntmachung der gegebene Rechtsbehelf. Vgl. Unger, Recht 1914 S. 691; a. M. Sieskind S. 75; Güthe, PrJMBl. 1914 S. 755. = Gruchot Bd. 59 S. 57; Kipp, DJZ. 1914 S. 1028; Freiesleben, DJZ. 1914 S. 1156.

Das Gericht kann dem Schuldner sowohl für die ganze Forderung wie auch für Teile derselben — auch für Zinsen und sonstige Nebenforderungen (wegen der Prozeßkosten s. oben Anm. I B f 4) Frist gewähren; er kann die Frist auch für einzelne Teile verschieden abstufen (Ratenzahlungen) und kann hierbei wieder die Fristgewährung für die späteren Raten von der Bedingung rechtzeitiger Bezahlung der vorhergehenden abhängig machen (Verfall- oder kassatorische Klausel).[1]) Sieskind S. 77; Güthe, PrJMBl. 1914 S. 755 = Gruchot Bd. 59 S. 57/58; Bendix, JW. 1914 S. 965; Unger, Recht 1914 S. 692; Hahnemann, NachrDAV. 1914 S. 129 (unbestritten!). Bei Bemessung der einzelnen Fristen soll

---

[1]) Die Urteilsformel kann in diesem Fall lauten (vgl. auch Bendix, JW. 1914 S. 964 ff.):

I. Der Beklagte ist schuldig, an Kläger 500 Mk. nebst 4 % Zinsen hieraus ab 15. Jan. 1915 zu bezahlen.

II. Zur Bezahlung dieses Betrages werden dem Beklagten Fristen in der Weise gewährt, daß er am 15. Febr. 1915 200 Mk., am 15. März 1915 200 Mk. und den Rest mit Zinsen am 15. April 1915 zu zahlen hat. Zahlt der Beklagte eine Rate nicht pünktlich, so ist der ganze Rest sofort zur Zahlung fällig.

das Gericht — unter weitgehendster Ausübung des Fragerechts — auf die Einkommensverhältnisse und auf die sonstigen Verpflichtungen des Schuldners, aber auch auf die Bedürfnisse (Verbindlichkeiten) des Gläubigers Rücksicht nehmen. (Vgl. Unger a. a. O.) Erfolgt die Fristgewährung im Einspruchsverfahren oder in der Berufungsinstanz, so ist die Höchstdauer der Frist von der Verkündung des erstmals die Verurteilung des Beklagten (nach dem 31. Juli 1914) aussprechenden Urteils (Versäumnisurteil, Urteil erster, event. auch zweiter Instanz) an zu berechnen (§ 1 Abs. 1 Satz 1 der Bek.). Sieskind S. 76; Güthe, PrJMBl. S. 754 = Gruchot Bd. 59 S. 55; Hachenburg, LZ. 1914 S. 1600; OLG. Königsberg vom 1. Dez. 1914, Recht 1914 S. 741; a. M. Freiesleben, DJZ. 1914 S. 1156/1157.

Durch Art. I 1 a der Änderungsverordnung vom 8. Juni 1916 wurde an Stelle der bisherigen Zulässigkeit einer vom Gericht zu bestimmenden Sicherheit die erweiterte Bestimmung eingefügt, daß Bedingungen jeder Art, die vorher festgesetzt werden, als Voraussetzung für die Fristbestimmung gefordert werden können. Welcher Art diese Bedingungen sind, bleibt dem Ermessen des Gerichts, das naturgemäß auf Vorschlag der einen oder andern Partei handeln kann, oder der Parteivereinbarung unter Billigung des Gerichts vorbehalten.[1]) Die Bedingung darf jedoch keine materielle Veränderung der Schuld sein und würde auch dann dem Zweck der Gesetzesbestimmung entgegen sein, wenn sie eine wesentliche Erschwerung der Zahlungsmöglichkeit selbst oder eine dauernde Belastung des Schuldners bedeutete. Das Gericht hat sowohl die Lage des Schuldners als auch die angemessene Sicherung des Gläubigers im Auge zu behalten. Um letztere zu bewirken, wird es in der Regel zweckmäßig sein, wenn die Fristbewilligung an die Bedingung geknüpft wird, daß der Schuldner in einer bei Nichterfüllung sofort vollstreckbaren Urkunde diejenige Verpflichtung übernimmt, die das Gericht für angemessen hält (vgl. v. Miltner, LZ. 1916 S. 925). Insbesondere ist unter die Bestimmung einer Bedingung auch weiterhin der Fall einzubeziehen, daß sie (was in der Praxis allerdings sehr selten geschieht, da ein Schuldner, der Sicherheit zu bieten hat, in der Regel sich ohne das Gericht mit dem Gläubiger auseinandersetzt, vgl. dazu Juliusberg, DJZ. 1914 S. 1244) von der Leistung einer nach freiem Ermessen des Gerichtes zu bestimmenden Sicherheit abhängig gemacht wird. Dies empfiehlt sich insbesondere dann, wenn durch die Fristbewilligung die Sicherheit der Forderung gefährdet wird. Das Gericht ist hierbei nicht an die in § 108 ZPO. oder in §§ 232 ff. BGB. zugelassenen Arten der Sicherheitsleistung gebunden; es kann z. B. auch Verpfändung nicht gesicherter, persönlicher Forderungen, Hingabe von Wechseln, Sicherungsübereignungen zulassen. Sieskind S. 77; Güthe, PrJMBl. 1914 S. 755 = Gruchot Bd. 59 S. 59; Hahnemann, NachrDAV. 1914 S. 128 und eingehend Unger, Recht 1914 S. 692 ff. Wird die gerichtliche Hinterlegung von Wertpapieren oder anderen beweglichen Sachen z. B. Gold- und Silbersachen angeordnet, so empfiehlt es sich, die Urteilsformel der Fassung des § 713 Abs. 1 ZPO. anzupassen; in anderen Fällen ist es zweckmäßig, die Verhandlung kurz zu vertagen, durch Zwischenverfügung dem Schuldner die Leistung der gewählten

[1]) Vgl. auch § 2 der VO. vom 8. Juni 1916 über die Geltendmachung von Hypotheken usw. und die Erläuterungen dazu unten Nr. 27.

Sicherheit aufzugeben und die Entscheidung über den Antrag von der Erfüllung jener Anordnung abhängig zu machen, da sonst der Nachweis der Sicherheitsleistung bei der Zwangsvollstreckung auf große Schwierigkeiten stößt. Vgl. hierzu Unger a. a. O., auch Güthe a. a. O. Die Einwilligung zur Rückgabe der Sicherheit (§ 109 ZPO.) kann der Schuldner erst nach Zahlung der Forderung beanspruchen. (Sieskind S. 77.)

Über die Erteilung der vollstreckbaren Ausfertigung vgl. unten Anm. VI.

IV. Rechtsmittel.

(Vgl. auch § 3 der Zahlungs-FristenVO. neue Fassung).

Ist gegen den Beklagten Versäumnisurteil ergangen, so kann er **Einspruch** auch lediglich zu dem Zweck einlegen, um eine bisher noch nicht begehrte Frist zu erlangen. Denn der Einspruch ist überhaupt ohne Rücksicht darauf zulässig, ob der Einspruchеinlegende eine Abänderung des Urteils erzielen will. Gaupp-Stein Anm. I zu § 338 ZPO.; Sieskind S. 76; Güthe, PrJMBl. 1914 S. 754 = Gruchot Bd. 59 S. 55; Kracht, JW. 1914 S. 1047; DRAZ. 1914 S. 154; AG. Köln vom 1. Okt. 1914 JW. 1914 S. 947 = Recht 1914 S. 738; **a. M.** AG. Neisse vom 2. Sept. 1914 JW. 1914 S. 846 = Recht 1914 S. 737.

Ist der Antrag auf Bewilligung einer Zahlungsfrist vom erstinstanzlichen Gericht abgelehnt worden, oder ist die Frist nicht in dem erbetenen Umfang oder nur unter Bedingungen gewährt worden, so stand dem Schuldner, wenn er auch sonst die Entscheidung über die Hauptsache anfechten wollte, das Rechtsmittel der **Berufung** zu; Beschwerde war bisher nicht zulässig, selbst wenn die Fristbewilligung fälschlicherweise durch besonderen Beschluß erfolgte. Dagegen konnte der Gläubiger das Urteil, das trotz seines Widerspruches eine Frist bewilligte, (nur) mit Berufung anfechten. Sieskind S. 76; Bendix S. 87; Güthe, PrJMBl. 1914 S. 754 und 756 = Gruchot Bd. 59 S. 55 und S. 59; Kaufmann, JW. 1914 S. 813; Hachenburg, LZ. 1914 S. 1602; Freiesleben, DJZ. 1914 S. 1157; Bovensiepen, DRZ. 1914 S. 787; Unger, Recht 1914 S. 721; OLG. Hamburg vom 19. Sept. 1914, DJZ. 1914 S. 1307 = Recht 1914 S. 646 = OLG. Bd. 29 S. 307; dass. 10. Okt. 1914 DJZ. 1914 S. 1392; dass. 24. Okt. 1914 LZ. 1915 S. 74 = OLG. Bd. 30 S. 10 Fußnote; dass. 21. Nov. 1914 JW. 1915 S. 55/56; KammerG. vom 7. Nov. 1914 OLG. Bd. 29 S. 308; dass. 12. Nov. 1914 DJZ. 1914 S. 1389 = Recht 1914 S. 738; OLG. Darmstadt vom 23. Okt. 1914 OLG. Bd. 30 S. 10 Fußnote; LG. Berlin I vom 19. Nov. 1914 Recht 1914 S. 739; **a. M.** Hallbauer, SächsRpflArch. 1914 S. 339 (der eine auf die Entscheidung über die Frist beschränkte Berufung nicht für zulässig hält). Der Schuldner kann im Wege der Berufung auch dann Fristbewilligung verlangen (wahlweise mit der Einstellung der Zwangsvollstreckung nach § 5 der Verordnung), wenn er in erster Instanz einen derartigen Antrag noch nicht gestellt hat, da er durch das ihn verurteilende Erkenntnis immer beschwert ist. Vgl. Gaupp-Stein Anm. II 2 zu § 511, Anm. 2 zu § 721 ZPO., wohl auch Unger, Recht 1914 S. 721; BayJMBek. vom 16. Aug. 1914 BayJMBl. 1914 S. 152; OLG. Braunschweig vom 15. Jan. 1915 DJZ. 1915 S. 214; Schweitzer, JW. 1915 S. 321; **a. M.** Sieskind a. a. O.; Güthe a. a. O.

Um das Verfahren zu vereinfachen, wurde nunmehr durch Art. I Ziff. 2 und Art. V bzw. Nr. 1 der Bekanntmachungen v. 20. Mai 1915 Nr. 4740, 4741 (RGBl. S. 288, 290) der jetzt geltende § 3 eingefügt.

An die Stelle der Berufung ist sonach das Rechtsmittel der sofortigen Beschwerde getreten (was Hallbauer, SächsArch. 1914 S. 339 als Einziger aus der gesamten Literatur vertreten hatte), wenn es sich

1. um ein Anerkenntnisurteil handelt;

2. wenn die Anfechtung desselben nur wegen der Zahlungsfrist erfolgt, sei es von seiten des Klägers oder des Beklagten.

Für alle anderen Fälle gilt das Rechtsmittel der Berufung.

Die unbedingte Voraussetzung ist, daß ein Anerkenntnisurteil im Sinne des § 367 ZPO. vorliegt und daß allein wegen der Zahlungsfrist eine Anfechtung erfolgt; in allen übrigen Fällen, in denen das Urteil auf Grund einer kontradiktorischen Verhandlung ergeht oder wenn ein Versäumnisurteil ergangen ist oder auch wenn andere Gründe als die Zahlungsfrist zur Anfechtung geführt haben, ist das zulässige Rechtsmittel nicht die Beschwerde, sondern der oben behandelte Rechtsbehelf des Einspruchs bzw. der Berufung. Gegen Anerkenntnisurteil des Landgerichts in der Berufungsinstanz ist die sofortige Beschwerde, wie im § 99 Abs. 3 ZPO. unzulässig (Unger, Recht 1915 S. 330). Eine weitere Beschwerde gegen die in einem amtsgerichtlichen Anerkenntnisurteil enthaltenen Entscheidung über die Fristbewilligung gemäß § 3 ZahlFristVO. ist nicht gegeben, da eine Erweiterung des Instanzenzugs nicht im Sinne der auf möglichste Abkürzung des Verfahrens gerichteten Verordnung liegt (vgl. auch OLG. Cöln v. 29. Sept. 1915, Recht 1915 S. 566 Nr. 1098).

Auch die Revision ist grundsätzlich zulässig (a. M. RG. vom 4. Dezember 1915 in Warn. E.-Bd. 16 S. 51) und zwar:

a) wenn die Frist aus Rechtsgründen verweigert wurde, z. B. weil die unteren Instanzen die Forderung irrtümlich als nach dem 31. Juli 1914 entstanden betrachteten, oder weil sie Gewährung einer Frist an einen Nichtdeutschen grundsätzlich für unzulässig hielten. Daß die Gewährung der Frist im Ermessen des Gerichtes liegt, steht dem nicht entgegen; denn dessen ungeachtet ist das Gericht bei Bejahung der Voraussetzungen zur Anwendung des Gesetzes verpflichtet. Unger, Recht 1914 S. 721; Schweitzer, JW. 1915 S. 321; a. M. Güthe, PrJMBl. 1914 S. 754 = Gruchot Bd. 59 S. 55; W. H. in DRAZ. 1914 S. 229;

b) wenn die Frist in rechtlich unzulässiger Weise (zu lange) gewährt wurde, z. B. für eine nach dem 31. Juli 1914 entstandene Forderung oder für eine Nichtgeldforderung: ebenso Güthe a. a. O.

Soweit für den Kostenerstattungsanspruch eine Fristgewährung zulässig ist (s. oben Anm. I B f 4) ist ein gesondertes Rechtsmittel wegen Versagung oder Bewilligung der Frist ohne Rechtsmittel in der Hauptsache nicht zulässig. Unger, Recht 1914 S. 721/722. Im Falle des § 99 Abs. 3 ZPO. ist aber auch wegen der Frist allein Beschwerde und Fristbestimmung bzw. Abänderung in der Beschwerdeinstanz als zulässig zu erachten. Freiesleben, DJZ. 1914 S. 1157.

V. Kostenpflicht und Gebühren.

Die Entscheidung über den Antrag auf Fristbewilligung ist, wenn sie gleichzeitig mit der Entscheidung über die Hauptsache erfolgt, auf die Verteilung der Kosten regelmäßig ohne Einfluß. Der Beklagte hat deshalb auch dann sämtliche Kosten zu tragen, wenn er die Hauptsache anerkennt und die von ihm erbetene Frist im Widerspruch mit dem Antrag des Klägers bewilligt worden ist. Denn trotz der Fristbewilligung ist in diesem Fall der Klagantrag als in vollem Umfang berechtigt anerkannt, wenn auch unter richterlicher Abänderung hinsichtlich des ursprünglichen Zahlungstermins. Sieskind S. 75; Güthe, Gruchot Bd. 59 S. 58; Freiesleben, DJZ. 1914 S. 1160; Hahnemann, NachrDAB. 1914 S. 129; a. M. Bendix, JW. 1914 S. 966; Levis, Recht 1914 S. 595 (welche ebenso wie LG. Berlin II vom 7. Nov. 1914 JW. 1915 S. 532, § 92 ZPO. anwenden wollen). Soweit ein Rechtsmittel nur zwecks Bewilligung, Verlängerung, Abkürzung und Bedingung der Zahlungsfrist eingelegt wird, finden auf die Entscheidung hierüber die §§ 91 und 97 ZPO. Anwendung: Wird die Frist auf Antrag des Schuldners erst mit der Rechtsmittelinstanz unter Widerspruch des Gläubigers gewährt, verlängert, oder eine Bedingung in Wegfall gebracht, so treffen diesen die Kosten des Rechtsmittels. Wird die Fristbewilligung auf Grund des Rechtsmittels des Gläubigers aufgehoben, verkürzt, oder einer Bedingung unterworfen, so treffen die Kosten des Rechtsmittels (ganz oder teilweise) den Schuldner. Die Kosten eines erfolglos gebliebenen Rechtsmittels treffen denjenigen, der sich dessen bedient hat.

Ist der Einspruch oder ein Rechtsmittel nur wegen der Zahlungsfrist eingelegt worden, so ist gleichwohl Gegenstand des Rechtsstreites die Forderung, wegen der Zahlungsfrist verlangt wird. Unger, Recht 1914 S. 727; a. M. Eckstein, JW. 1914 S. 966. Bezieht sich der Rechtsstreit nur auf die Dauer und die Bedingung der Frist, so ist das Interesse an der Änderung der Frist oder Sicherheitsleistung schätzungsweise zugrunde zu legen.

Für die Entscheidung über die Zahlungsfrist kommen, wenn diese mit der Entscheidung über die Hauptsache verbunden ist, besondere Gerichtskosten nicht in Ansatz. Im übrigen finden auf das Verfahren die allgemeinen Vorschriften des Gerichtskostengesetzes (ohne eine Ermäßigung, insbesondere ohne die des § 6 dieser Bekanntmachung) Anwendung. BayJMBek. vom 16. Aug. 1914 JMBl. S. 154; Haberstumpf, DRZ. 1914 S. 742; a. M. Eckstein, JW. 1914 S. 967 (unklar).

Ebenso steht dem Anwalt weder allein für den Antrag auf Bewilligung oder Ablehnung einer Zahlungsfrist (der den in § 29 Ziff. 4 § 30 Ziff. 2 RAGO. bezeichneten Anträgen gleichzustellen ist, a. M. Schweitzer, JW. 1915 S. 323) noch auch für die Verhandlung über den Antrag auf Fristgewährung, wenn diese mit der Verhandlung über die Hauptsache verbunden ist, eine besondere Gebühr zu. Erkennt deshalb der Beklagte die Klagsforderung an, bittet aber um Bewilligung einer Zahlungsfrist unter Widerspruch des Gläubigers, so steht dem Anwalt lediglich $^{5}/_{10}$ der Gebühr, berechnet nach dem Streitwert der Forderung, zu (§ 16 Abs. 1 RAGO.), dagegen keine besondere Gebühr für die Verhandlung über den Fristgewährungsantrag; denn die Verhandlung über die Frist betrifft nur die (zeitliche) Einschränkung der Vollstreckung und ist daher nach § 29 Abs. 2 Ziff. 4 RAGO. nicht besonders zu bewerten.

Dies entspricht auch dem Zweck des Gesetzes, den Schuldner möglichst wenig zu belasten; vgl. auch § 6 Abs. 2 dieser Bek. unten S. 157. Kaufmann, NachrDAV. 1914 S. 125; Hahnemann a. gl. O. S. 129; OLG. Hamburg vom 23. Okt. 1914 DJZ. 1914 S. 1392 = Recht 1914 S. 738 und vom 29. Jan. 1915 LZ. 1915 S. 311 = Recht 1915 S. 113 Nr. 283 und vom 4. März 1915 Recht 1915 S. 231 Nr. 419; OLG. Cöln vom 5. Okt. 1914 Recht 1914 S. 647; OLG. Karlsruhe vom 10. Nov. 1914 LZ. 1915 S. 84; OLG. Nürnberg vom 16. Nov. 1914 Recht 1914 S. 739; OLG. München vom 26. Nov. 1914 JW. 1915 S. 56/57 = Recht 1915 S. 62 Nr. 204 = LZ. 1915 S. 155; OLG. Darmstadt vom 10. Dez. 1914 DJZ. 1915 S. 113; OLG. Colmar vom 8. Dez. 1914 DJZ. 1915 S. 114; OLG. Breslau vom 22. Jan. 1915 JW. 1915 S. 416 (auch für die Anwendung des § 89 RAGO. ist kein Raum); a. M. Schweitzer, JW. 1915 S. 323; KammerG. vom 8. März 1915 DJZ. 1915 S. 526, und vom 12. April 1914 DJZ. 1915 S. 526 = JW. 1915 S. 465; Mayer S. 60; abweichend W. H. DRAZ. 1914 S. 193, 211; a. gl. O. 1915 S. 8/9 (es liegt kein unumwundenes Anerkenntnis vor, sondern ein materieller Einwand auf Grund des § 1 dieser Bekanntmachung, deshalb $^{10}/_{10}$ Verhandlungsgebühr); Bendix, JW. 1914 S. 966; KG. vom 21. Dez. 1914 LZ. 1915 S. 238 = Recht 1915 S. 114 Nr. 289; OLG. Dresden vom 21. Jan. 1915 Recht 1915 S. 178 Nr. 366 = SächsRpflArch. 1915 S. 149; Josef, ebenda 1915 S. 169 ($^{5}/_{10}$ Gebühr für die Verhandlung über die Hauptsache und außerdem $^{10}/_{10}$ Gebühr für die Verhandlung über den nach § 3 ZPO. zu schätzenden Antrag auf Bewilligung der Zahlungsfrist); Hellmann, DRZ. 1914 S. 890 (auf jeden Fall keine Zusatzgebühr). Dementsprechend gebühren dem Anwalt in Wechselsachen, wenn nur über den Fristgewährungsantrag strittig verhandelt, der eingeklagte Anspruch aber im übrigen anerkannt wird, nur $^{6}/_{10}$ Prozeßgebühr und $^{3}/_{10}$ Verhandlungsgebühr. OLG. Colmar vom 8. Dez. 1914 DJZ. 1915 S. 114; LG. Berlin III vom 3. Nov. 1914 DRAZ. 1914 S. 211 = JW. 1915 S. 57. Um dem Schuldner die Stellung eines Antrages auf Fristbewilligung zu ermöglichen, kann dem Beklagten, soferne der Antrag nicht aussichtslos erscheint, das Armenrecht bewilligt werden, und insoweit eine Vertretung durch Anwälte geboten ist, ein Anwalt und im übrigen, soferne die arme Partei nicht im Bezirke des Prozeßgerichtes wohnt, ein Vertreter nach § 116 ZPO. beigegeben werden. Unger, Recht 1914 S. 718.

VI. Rechtliche Natur und Wirkungen der Fristgewährungen.

a) Es war in Literatur und Rechtsprechung bisher sehr bestritten, ob die Bewilligung einer Zahlungsfrist nur die prozessuale Wirkung einer zeitlichen Beschränkung der Zwangsvollstreckung habe oder ob ihr materiell-rechtliche Bedeutung zukomme. Die 2. Auflage hatte sich für die erstere Lösung entschieden (siehe 2. Auflage S. 119 und die dort angegebene Literatur; ferner: Menner, LZ. 1915 S. 870; OLG. Breslau vom 22. Jan. 1915 JW. 1915 S. 416; KG. vom 12. April 1915 JW. 1915 S. 465). Für die rein prozessuale Bedeutung war angeführt worden: einmal das Vorbild des § 1 der gegenwärtigen Bekanntmachung, nämlich der § 721 ZPO. (vgl. Reichstagsdenkschrift vom 23. Nov. 1914 S. 14); weiterhin bezeichne der § 14 Abs. 1 mit Abs. 2 Ziff. 4 EG. ZPO. die Befugnis des Richters, eine Zahlungsfrist zu gewähren, ausdrücklich als eine prozeßrechtliche Vorschrift; weiter spreche dafür der Umstand, daß die zu bewilligende Frist nicht von dem Zeitpunkt der Fälligkeit der Forderung ab, sondern erst von dem Zeitpunkt der Urteilsverkündung, also von dem Zeitpunkt ab, in dem die Forderung im Weg der Zwangsvollstreckung durchgesetzt werden kann, zu laufen beginne. Dem Umstand, daß nach Abs. 3 des § 1 der Bundesratsbekanntmachung durch die Fristbewilligung der Zinsenlauf nicht berührt wird, konnte allerdings für die Beantwortung dieser Frage nicht so sehr Gewicht beigelegt werden, da man diese Bestimmung ebensowohl als eine Ausnahmebestimmung zugunsten des Gläubigers ansehen konnte, wie auch als die Hervorhebung einer besonders wichtigen Folge der Fristbestimmung (Erlanger, JW. 1915 S. 70).

Nunmehr ist durch Artikel I 1 c der Änderungsverordnung vom 8. Juni 1916 (siehe unten Nr. 26 a) der Streit vom Gesetzgeber dahin entschieden worden, daß der Fristbewilligung die Bedeutung einer vom Gläubiger gewährten Stundung zukomme. (Ebenso § 6 der Bekanntmachung über die Geltendmachung von Hypotheken, Grundschulden und Rentenschulden vom 8. Juni 1916 RGBl. 1916 S. 454 Nr. 5238.) Diese Auffassung hatten schon bisher vertreten: Sieskind S. 79; Sintenis S. 142; Bendix S. 39; JW. 1914 S. 965; Güthe, PrJMBl. 1914 S. 752 = Gruchot Bd. 59 S. 50; Kipp, DJZ. 1914 S. 1029; **Hachenburg, LZ. 1914 S. 1601; Pinner, Recht** 1914 S. 745/746; Bovensiepen, DRZ. 1914 S. 785; W. H. in DRAZ. 1914 S. 193; Mayer S. 76 und 266; Schweitzer, JW. 1915 S. 320.

Die prozessualen Wirkungen der Fristbestimmung werden durch die gesetzliche Charakterisierung als Stundung nicht aufgehoben, bestehen vielmehr neben den materiell-rechtlichen Wirkungen fort.

b) Prozessuale Wirkungen:

Während der Dauer der Frist sind alle Vollstreckungsmaßregeln sowohl in das bewegliche wie in das unbewegliche Vermögen des Schuldners unzulässig und können gegebenenfalls im Wege der Erinnerung nach § 766 ZPO. zur Aufhebung gebracht werden. Ist die Zahlungsfrist von der Erfüllung bestimmter Bedingungen, insbesondere von einer Sicherheitsleistung abhängig gemacht, so wird die Vollstreckung erst nach Erfüllung der besonderen Bedingungen durch den Schuldner unzulässig. Da der Schuldner für die Erfüllung der Bedingungen beweispflichtig ist, ist dem Gläubiger auch ohne weiteres, ebenso wie im Falle einer bedingungslosen Fristgewährung, die Vollstreckungsklausel zu erteilen; dem Schuldner bleibt es überlassen, im Wege der Erinnerung nach § 766 ZPO. die Erfüllung der Bedingung nachzuweisen und die daraus sich ergebende Unzulässigkeit der Zwangsvollstreckung geltend zu machen. Erfolgt die Erfüllung der auferlegten Bedingung erst nach Beginn der Vollstreckung, so kann die Aufhebung der bereits erfolgten Vollstreckungsmaßregeln gleichfalls im Wege der Erinnerung unter entsprechender Anwendung von §§ 775, 776 Ziff. 3 Abs. 1 ZPO. erfolgen.

Dagegen ist

1. ein Urteil, das auf Grund Anerkenntnisses des Beklagten in der Hauptsache ergangen ist, trotz kontradiktorischer Entscheidung über die Frist ein Anerkenntnisurteil im Sinne des § 307 ZPO. und daher nach § 708 Ziff. 1 ZPO. auch ohne Antrag und ohne Sicherheit für vorläufig vollstreckbar zu erklären; denn die Grundlage für das

Urteil über die Hauptsache bildet das Anerkenntnis des Beklagten, welches vom Gericht ohne Prüfung der Richtigkeit auf Grund des Antrages des Beklagten der Entscheidung zugrunde zu legen ist. Bendix, JW. 1914 S. 965; a. M. W. H. DRAZ. 1914 S. 211; DRAZ. 1915 S. 8/9.

2. Die Erteilung einer vollstreckbaren Ausfertigung ist schon vor Ablauf der Frist zulässig, insbesondere da diese Maßnahme kein Teil der Zwangsvollstreckung ist, sondern nur zu ihrer Vorbereitung dient. (Gaupp-Stein Vorbem. VII 1 vor § 704 ZPO.) Sind für die Bezahlung der Klagssumme Raten unter kassatorischer Klausel bewilligt, so kann die vollstreckbare Ausfertigung sofort für die ganze Summe erteilt werden, und es bleibt dem Schuldner überlassen, falls vorzeitig wegen der ganzen Summe vollstreckt wird, im Wege des § 769 ZPO. die pünktliche Zahlung der bisher verfallenen Raten nachzuweisen. Gaupp-Stein Anm. II 3 zu § 726 ZPO.; Harder, JW. 1914 S. 1072; Dittrich, BayZfR. 1914 S. 322; a. M. Bendix, JW. 1914 S. 964 und 1915 S. 69.

3. Vollstreckungshandlungen, die vor Bewilligung der Zahlungsfrist vorgenommen wurden, also insbesondere, wenn die Zahlungsfrist erst im Einspruchsverfahren oder in der Berufungsinstanz bewilligt worden ist, bleiben trotz der Stundung zunächst auf Grund der §§ 775 Ziff. 4, 776 ZPO. bestehen; der Schuldner kann ihre Aufhebung nach §§ 767 mit 775 Nr. 1 und 776 ZPO. herbeiführen (vgl. auch LG. Karlsruhe vom 2. Februar 1915 Recht 1915 S. 177 Nr. 365; Buhe, Recht 1915 S. 532; Sintenis S. 141).

4. Die Fristbewilligung hindert den Gläubiger, die Eröffnung des Konkurses (§§ 103, 105 KO.) zu beantragen, da der Antrag eine fällige Forderung voraussetzt (a. M. Sintenis S. 141).

Im Konkursverfahren ist die Forderung wegen des materiellrechtlichen Charakters der Fristbewilligung nicht als fällig zu behandeln.

5. Vor Ablauf der Zahlungsfrist kann das Urteil auch nicht als Grundlage für eine Anfechtung wegen Gläubigerbenachteiligung dienen, da diese ebenfalls eine fällige Forderung voraussetzt.

c) Materielle Wirkungen.

Es ist hier im allgemeinen auf das unten Nr. 52 Anm. I—V zu § 2 der Zahlungsverbotsbekanntmachung vom 30. September 1914 Gesagte zu verweisen.

1. **Zinsen.** Hier steht die Bewilligung einer Zahlungsfrist in bewußtem Gegensatz zum Zahlungsverbot; denn während letztere auf das Interesse des Gläubigers wenig Rücksicht zu nehmen hat, darf die Fristbewilligung diese Interessen nur soweit berühren, als es zum Schutz des Schuldners unumgänglich nötig ist. Vertragliche Zinsen laufen daher weiter; soweit solche nicht vereinbart sind, treten die gesetzlichen Zinsen ein. Sind höhere als die gesetzlichen Zinsen für den Verzugsfall ausbedungen, so werden sie dem Gläubiger nur insoweit zuzubilligen sein, als sie nur Vergütung für Überlassung des Kapitals, nicht etwa versteckte Vertragsstrafen oder Schadensersatz darstellen.

2. War der Schuldner schon vor der Fristbewilligung in Verzug, so werden die bereits eingetretenen Verzugsfolgen nicht aufgehoben.

(Vertragsstrafen in Form hoher Zinsen, Schadensersatzansprüche wegen verspäteter Erfüllung, bereits erklärter Rücktritt und Schadensersatzanspruch wegen Nichterfüllung. Vgl. auch KG. vom 8. Juni 1915 Recht 1915 S. 457 Nr. 830 = DJZ. 1915 S. 837.) Vom Tage der Fristbewilligung ab laufen bisherige Verzugszinsen nicht mehr weiter. Verzugsfolgen aus Verzug vor dem Tage der Fristbewilligung, deren Entstehung durch eine Erklärung des Gläubigers bedingt ist, können nicht mehr eintreten; der Schuldner ist nicht mehr in Verzug. Ebenso können infolge der Stundung natürlich auch bei Forderungen, für die Schuldnerverzug am Tage der Fristbewilligung nicht bestand, Verzugswirkungen nicht eintreten.

Die Bestimmung trifft aber, wie ihr Wortlaut klar ergibt, nur die Rechtsfolgen, welche sich aus der Nichterfüllung der Verbindlichkeit ergeben. Ist aber die Verbindlichkeit vor Inkrafttreten der Verordnung getilgt worden (z. B. Aufrechnung), so lebt sie nicht wieder auf.

3. Die Stundung wirkt gegen jeden Erwerber der Forderung. Übernimmt ein neuer Schuldner die Schuld, so kommt ihm die Stundung nicht zugute, da sie auf den persönlichen Verhältnissen des Schuldners begründet ist.

4. **Beweislast.** Wer die Stundung behauptet, muß sie beweisen.

5. Der Gläubiger ist vor Ablauf der Frist nicht berechtigt, sich durch **Aufrechnung** (a. M. Sintenis S. 143; Mayer S. 76, 266) und aus **Pfandrechten** zu befriedigen, soweit dies ohne Vollstreckungstitel möglich ist (Sintenis S. 142; Mayer S. 55).

6. Da die Zahlungsfrist materiell-rechtliche Bedeutung hat, kann der vom Gläubiger belangte **Bürge** auf Grund der §§ 767 und 768 BGB. geltend machen, daß die Hauptforderung noch nicht fällig sei. Schweitzer, JW. 1915 S. 322; Mayer S. 71; von Harder, JW. 1915 S. 206 und 290; Heß S. 87. Die Einrede der Vorausklage wird dem Bürgen in der Regel zustehen (a. M. Flierl, BayZfR. 1914 S. 442), soweit diese Einrede nicht auf Grund der Ziff. 2 oder 4 des § 773 BGB. ausgeschlossen ist. Die Tatsache der Fristbewilligung allein genügt, um auf Grund der Ziff. 2 oder 4 des § 773 BGB. die Einrede der Vorausklage in Wegfall zu bringen, da der Bürge allgemein die dem Hauptschuldner zustehenden Einreden geltend machen kann.

§ 4.

Auf Antrag des Schuldners kann das Amtsgericht, bei dem der Gläubiger seinen allgemeinen Gerichtsstand hat, für eine Forderung, die der Schuldner anerkennt, eine Zahlungsfrist bewilligen. Die Entscheidung, die ohne vorgängige mündliche Verhandlung ergehen kann, erfolgt durch Beschluß. Vor der Entscheidung ist der Gläubiger zu hören. Der Antrag ist abzulehnen, wenn die Forderung rechtshängig oder vollstreckbar ist. In dem Beschlusse, durch den die Zahlungsfrist bewilligt wird, ist die Verpflichtung des Schuldners zur Zahlung der anerkannten Forderung auszusprechen. Die Vorschriften des § 1 gelten entsprechend.

Gegen den Beschluß findet sofortige Beschwerde statt.

I. Um dem Schuldner Gelegenheit zu geben, sich schon bevor er von seinem Gläubiger gerichtlich belangt wird, Gewißheit zu verschaffen, ob ihm das Gericht eine Zahlungsfrist bewilligen wird, hatte der Bundesrat in § 2 a. F. ein **Initiativverfahren** geschaffen, von dem aber in der Praxis äußerst wenig Gebrauch gemacht wurde (vgl. Haberstumpf, DRZ. 1914 S. 742; Bovensiepen a. a. O. S. 785), im wesentlichen deshalb, weil die Entscheidungen nach dem bisherigen § 2 nur in einem auf Antrag des Gläubigers zu erlassenden Anerkenntnisurteil ergehen konnte, der Gläubiger infolgedessen in der Lage war, den vom Schuldner erstrebten Zweck durch das Ausbleiben im Termine oder durch die Unterlassung des Antrags zu vereiteln. (Vgl. Anm. III C zu § 2 alte Fassung, 2. Aufl. S. 127.) Weitere Schwierigkeiten ergaben sich daraus, daß in allen Fällen eine mündliche Verhandlung vor Gericht erforderlich war, und daß die Kosten des Verfahrens insbesondere im Falle der Zuziehung von Anwälten eine erhebliche Höhe erreichen können. Das Bedürfnis, das Initiativverfahren in einer für die praktische Handhabung geeigneten Weise umzugestalten, ist — nach der Begründung — namentlich für Hypothekenforderungen hervorgetreten.

Die Bewilligung der Zahlungsfristen erfolgt nunmehr im **Beschlußverfahren.**

II. Die **persönlichen und sachlichen Voraussetzungen** für die Anwendbarkeit dieser Bestimmung sind die gleichen wie bei § 1 (§ 4 Satz 6 der Bekanntmachung; es kann deshalb auf die Erläuterungen des § 1 verwiesen werden. Besonders ist nur zu bemerken: Auch das Verfahren nach § 4 ist nur für Forderungen, welche vor die ordentlichen Gerichte gehören, zulässig; für Forderungen, welche vor die Sondergerichte oder vor ein Schiedsgericht gehören, ist es deshalb nicht zulässig. Sieskind S. 80; Levis, Recht 1914 S. 597/598; PrJMBl. 1914 S. 756 = Gruchot Bd. 59 S. 60.

Hat der Gläubiger für die in Frage stehende Forderung schon einen Vollstreckungstitel (vollstreckbares Urteil oder Urkunde nach § 794 ZPO.), so ist das Verfahren nach § 4 unzulässig, da es an einem Rechtsschutzbedürfnis fehlt; diese schon in der 2. Aufl. vertretene Ansicht (weitere Literatur 2. Aufl. S. 125) ist nunmehr durch den Satz 4 des § 4 Gesetz geworden; denn der Beklagte kann in diesem Fall nach § 5 der Bekanntmachung Einstellung der Zwangsvollstreckung beantragen. Auch wäre in diesem Fall das Verfahren nach § 4 vollkommen zwecklos, da durch die hier ergehende Entscheidung die Zwangsvollstreckung auf Grund des anderen im Besitze des Gläubigers befindlichen Titels nicht behindert würde (vgl. Begr. im Reichs-Anz. vom 21. Mai 1915 Nr. 117).

III. **Das Verfahren.**

Wenn auch grundsätzlich das Verfahren als ein Rechtsstreit im Sinne der Zivilprozeßordnung zu betrachten ist, wobei der Schuldner selbstverständlich die Rolle des Beklagten einnimmt, so können doch andererseits mit Rücksicht darauf, daß der Schuldner der betreibende Teil ist, die Vorschriften der Zivilprozeßordnung nicht ohne weiteres auf dieses Verfahren für anwendbar erklärt werden.

a) **Zuständigkeit.**

Örtlich zuständig ist das Gericht, bei dem der Gläubiger[1]) nach §§ 12—17 ZPO. seinen allgemeinen Gerichtsstand hat. Im Hinblick auf §§ 40 Abs. 2 und 38 ZPO. muß jedoch auch die Vereinbarung eines anderen Gerichtsstandes für zulässig erklärt werden. Güthe, PrJMBl. 1914 S. 756 = Gruchot Bd. 59 S. 60; BerlAnwVer., JW. 1914 S. 794. Hat der Gläubiger im Inland keinen allgemeinen Gerichtsstand, so kann er, wenn er im Ausland wohnt, auf Grund der Bundesratsbekanntmachungen vom 7. Aug. 1914, 22. Okt. 1914, 21. Jan. 1915 (s. unten Nr. 44ff.) vermögensrechtliche Ansprüche vor inländischen Gerichten nicht geltend machen, also auch nicht ein Anerkenntnisurteil auf Grund des § 4 erwirken. Das Gleiche wird für Gläubiger anzunehmen sein, die überhaupt keinen Wohnsitz haben und in Deutschland weder Aufenthaltsort noch letzten Wohnsitz haben. Levis, Recht 1914 S. 595/6; a. M. Harder, JW. 1914 S. 900. Sachlich ist das Amtsgericht ohne Rücksicht auf die Höhe des Streitwertes zuständig.

b) Der Antrag:

Der Antrag muß die vorbehaltlose Anerkennung der Forderung samt den Nebenforderungen enthalten, sonst ist er mangels der gesetzlichen Voraussetzungen abzuweisen. Er kann schriftlich oder zu Protokoll des Gerichtsschreibers erfolgen. Außerdem muß er ersehen lassen, daß der Schuldner eine Fristbewilligung beantragen will; daß auch die Gründe für die Fristbewilligung im Antrag niedergelegt sind, ist nicht notwendig, jedoch zweckmäßig. Sieskind S. 80; BayJMBek. vom 16. Aug. 1914 JMBl. S. 150; Unger, Recht 1914 S. 723 und Recht 1915 S. 328 (wo sogar Glaubhaftmachung der gesetzlichen Voraussetzungen verlangt wird).

Ergibt schon der Antrag die gesetzliche Unzulässigkeit, so ist der Gläubiger trotzdem zu hören und dann erfolgt, falls der Schuldner von der ihm vom Richter gegebenen Gelegenheit den Antrag zu ergänzen; keinen zweckdienlichen Gebrauch macht, Ablehnung des Antrags. Der Gläubiger ist vor der Entscheidung (also auch dann, wenn die Ablehnung schon aus dem mangelhaft begründeten oder gestellten Antrag hergeleitet wird, anzuhören (= was von Unger, Recht 1915 S. 328 für eine zwecklose Formalität gehalten wird, dagegen Wagner, Recht 1915 S. 462).

Ist der Fristantrag begründet, so braucht der Schuldner den Gläubiger nicht mehr vor das Amtsgericht zu laden (dies erfolgte bisher von Amts wegen, vgl. 2. Aufl. S. 126), sondern der Gläubiger wird vor der Entscheidung nurmehr „gehört", was am besten durch Übermittlung einer Abschrift des begründeten Fristantrags unter Aufforderung, sich innerhalb einer bestimmten Frist zu erklären, geschieht. Ist die Forderung bereits rechtshängig (oder auch vollstreckbar), so ist der Fristantrag durch amtsgerichtlichen Beschluß als unzulässig abzuweisen (§ 4 Abs. 1 Satz 4). Dadurch wird eine doppelte Fristgewährung vermieden. Das Verfahren schafft im Gegensatz zu § 2 a. F. keine Rechtshängigkeit (dort war dieselbe durch Ladung bewirkt worden). Die gerichtliche Aufforderung zur Erklärungsabgabe hat diese Wirkung nicht (Unger, Recht 1915 S. 328). Es können also weder Prozeßzinsen verlangt werden, noch kann der Klage durch die prozeßhindernde Einrede der Rechtshängigkeit begegnet

[1]) Über die sich hieraus ergebenden Unzuträglichkeiten vgl. Wertheimer, LZ. 1914 S. 1736. Da die Bestimmung aber im Interesse des Gläubigers geschaffen wird, dürfte der § 36 Nr. 3 ZPO. nicht anwendbar sein. Güthe, Gruchot Bd. 59 S. 60. A. M. Bendix S. 90.

werden, wenn auch das Verfahren bis zur Erledigung des Antrags nach § 4 auszusetzen sein wird. (Unger a. a. O.) Der Fristantrag ist zurücknehmbar, was wegen Untergangs der Forderung im Laufe des Verfahrens durch Zahlung, Aufrechnung oder Verzicht von Wichtigkeit ist. Die Unterbrechung der Verjährung tritt nach § 208 BGB. schon mit dem Antrag des Schuldners ein.

c) **Die mündliche Verhandlung:**

Erscheint die mündliche Verhandlung notwendig, was in der Mehrzahl der Fälle zu verneinen sein wird, so sind beide Parteien von Amts wegen zu laden. Eine Einlassungsfrist kommt nicht in Anwendung. Die bisherigen Streitfragen, ob nicht eine Zahlungsfrist zu gewähren sei, wenn der Gläubiger trotz Ladung nicht erschien (siehe 2. Aufl. S. 127), sind nunmehr gegenstandslos geworden, weil die mündliche Verhandlung nicht mehr unbedingt erforderlich ist, so daß die Versäumnis des Gegners ohne Einfluß bleibt. Auch fällt das wichtigste Hemmnis für die Einbürgerung des Initiativverfahrens weg, nämlich der Zweifel des Schuldners, ob der Gläubiger auch im Termin erscheinen wird und ob er, wenn er erscheint, ein Anerkenntnisurteil beantragen wird. Die Anhörung des Schuldners ist ein Recht des Gläubigers, nicht aber eine Pflicht und wenn er im Termin nicht erscheint, ist damit nur sein Wille festgestellt, von diesem Recht keinen Gebrauch zu machen. Über den Fristantrag ist dann einfach zu entscheiden. In beiden Fällen, sei es, daß es nach Anhörung des Gläubigers auch noch zur mündlichen Verhandlung kommt, oder daß dies nicht notwendig ist, erfolgt die Entscheidung durch Beschluß; derselbe ist ein Vollstreckungstitel gemäß §§ 794 Nr. 3, 795, 773, 577 mit 572 Abs. 1 u. 2 ZPO. und auch ohne Rechtskraft vollstreckbar.

Ist eine Ablehnung aus formellen oder materiellen Gründen erfolgt, so genügt es, dies im Beschluß zum Ausdruck zu bringen, wogegen ein Ausspruch über die Zahlungsverpflichtung der anerkannten Forderung zu unterbleiben hat. Dem Gläubiger steht es frei, durch Klagserhebung zu einem Vollstreckungstitel zu gelangen, dagegen ist die Verpflichtung zur Zahlung der ganzen anerkannten Forderung auszusprechen, wenn die Zahlungsfrist nur wegen eines Teils der Forderung oder gegen Sicherheitsleistung gewährt wird (Unger, Recht 1915 S. 328).

In dem die Zahlungsfrist gewährenden Beschluß ist gleichzeitig die Verpflichtung des Schuldners zur Zahlung der von ihm anerkannten Forderung auszusprechen (§ 4 Abs. 1 Satz 5).

Gegen den Beschluß, durch den über den Fristantrag entschieden wird (u. zw. im Falle der Gewährung wie auch der Ablehnung der Frist), steht dem Gläubiger und Schuldner die sofortige Beschwerde zu. Eine weitere Beschwerde ist auch hier wegen des Fehlens einer dritten Instanz in amtsgerichtlichen Sachen nicht gegeben (Unger, Recht 1915 S. 328). Einwendungen, welche den Anspruch selbst betreffen, sind durch Vollstreckungsgegenklage (§§ 795, 767 ZPO.) geltend zu machen. Die Vorschriften über die vollstreckbare Ausfertigung des Urteils sowie über die Verurteilung eines Dritten zur Duldung der Zwangsvollstreckung finden auch für den Beschluß nach § 4 Anwendung.

d) Über die **Kosten**, die bei richtiger Antragstellung durch den Gläubiger dem Schuldner aufzuerlegen sind, vgl. jetzt § 6 Abs. 3.

Sie treffen, auch wenn die Frist unter Widerspruch des Gläubigers bewilligt wird, sämtlich den Schuldner (vgl. Anm. V zu § 1 oben S. 143). Sieskind S. 81; Freiesleben, DJZ. 1914 S. 1160; Unger Recht 1914 S. 723; Mayer S. 59; OLG. Nürnberg vom 10. März 1915 Recht 1915 S. 178 Nr. 367. **A. M.** Bendix, JW. 1914 S. 966.

Für die Prozeßkosten selbst kann keine Zahlungsfrist gewährt werden, da sie nicht eine vor dem 31. Juli 1914 entstandene „Forderung" im Sinne des § 1 der BO. sind (Mayer S. 59; Cohn, JW. 1915 S. 540; Sieskind S. 77; **a. M.** Güthe, Gruchot Bd. 59 S. 58).

Für die Gerichtsgebühren gilt der § 6 Abs. 3 der Bekanntmachung. Hinsichtlich der Gerichts- und Anwaltskosten siehe dort unten S. 158 f. und Anm. V zu § 1.

§ 5.

Das Vollstreckungsgericht kann die Vollstreckung in das Vermögen des Schuldners auf dessen Antrag für die Dauer von längstens drei Monaten einstellen. Die Einstellung ist auch vor dem Beginn der Vollstreckung zulässig. Die Frist beginnt mit der Bekanntmachung des Beschlusses an den Schuldner. Die Vorschriften des § 1 Abs. 1 Satz 2, 3, Abs. 2 sind entsprechend anzuwenden. Vor der Entscheidung kann das Gericht eine vorläufige Anordnung erlassen; gegen eine vorläufige Anordnung findet kein Rechtsmittel statt.

Ist eine Zahlungsfrist bereits nach den §§ 1, 2, 4 bestimmt worden, so findet § 5 Abs. 1 keine Anwendung.

I. Der § 5 gewährt dem Schuldner die Möglichkeit, eine Frist zur Befriedigung des Gläubigers zu erlangen im Wege der **Einstellung der Zwangsvollstreckung.** Da § 1 Satz 1 nicht für anwendbar erklärt wurde, kann das Urteil auch von einem andern als dem ordentlichen Gericht ergangen sein (Kaufmanns- oder Gewerbegericht). Die Einstellung ist während der ganzen Dauer der Zwangsvollstreckung, aber auch schon bevor irgendeine Vollstreckungshandlung vorgenommen ist, zulässig. Dies ergibt sich aus dem Zweck der Bestimmung, dem Schuldner die Möglichkeit zu geben, die drohende Zwangsvollstreckung abzuwenden. Es ergibt sich auch aus entsprechender Anwendung des vom Reichsgericht Bd. 32 S. 395 für die Fälle der §§ 107 und 719 ZPO. ausgesprochenen Grundsatzes, wonach die Anordnung einer Einstellung der Zwangsvollstreckung für zulässig erachtet wurde, sobald die Möglichkeit der Zwangsvollstreckung durch das Vorliegen eines Vollstreckungstitels gegeben ist und ist nunmehr in der Fassung der Bekanntmachung vom 20. Mai 1915 ausdrücklich durch § 5 Abs. 1 Satz 2 gesetzlich festgestellt worden. (So schon die 2. Aufl. S. 129, siehe dort auch die reichhaltige Literatur über diese Frage.)

II. Die Zwangsvollstreckung kann entweder allgemein eingestellt werden[1]) oder es kann sich die Einstellung auf eine besondere Art der Vollstreckung (z. B. Mobiliar- und Immobiliar-Zwangsvollstreckung) oder es kann endlich die Fortsetzung einer einzelnen bestimmten Zwangsvollstreckungshandlung eingestellt werden. Levis, Recht 1914

S. 598/599; Unger, Recht 1914 S. 724; Harder, JW. 1914 S. 1045/1046; OLG. München vom 20. Nov. 1914 Recht 1914 S. 740 = LZ. 1915 S. 74; a. M. Sieskind S. 82/83; Güthe, PrJMBl. 1914 S. 757 = Gruchot Bd. 59 S. 62; Hirsch, JW. 1915 S. 743. Das Gericht wird aber in jedem einzelnen Fall zu prüfen haben, ob die Lage des Schuldners und die Rücksicht auf den Gläubiger eine allgemeine Einstellung der Zwangsvollstreckung rechtfertigt (vgl. auch LG. Essen vom 25. Juni 1915 JW. 1915 S. 806), oder ob es nicht unter Umständen zweckmäßig erscheint, dem Gläubiger die Möglichkeit zu lassen, Vollstreckungsobjekte zu finden, deren Verwertung dem Schuldner keine allzu großen Nachteile bringt und ob endlich nicht durch die allgemeine Einstellung begonnene Vollstreckungshandlungen zwecklos miteingestellt werden (vgl. unten Anm. VII). Dem Gericht ist freie Hand gelassen mit der durch Artikel I 2 der Änderungsverordnung vom 8. Juni 1916 zugelassenen „vorläufigen Anordnung“ noch vor Erlaß einer endgültigen Entscheidung die erforderlichen Maßnahmen zu treffen, die sowohl den Interessen des Gläubigers wie des Schuldners gerecht werden, wodurch insbesondere dem Schuldner nachteilige Verwertungsmaßregeln einstweilen aufgehalten werden; diese vorläufige Anordnung kann durch kein Rechtsmittel angegriffen werden.

III. Zuständigkeit (vgl. dazu Hirsch, JW. 1915 S. 742).

Zuständig für die Einstellung der Zwangsvollstreckung ist nur das Vollstreckungsgericht, niemals das Prozeßgericht. Auch wenn der Rechtsstreit in der Berufungsinstanz schwebt, kann die Einstellung nur durch das Vollstreckungsgericht erfolgen; das Berufungsgericht kann erst nach Durchführung des Verfahrens im Urteil eine Frist gewähren; KammerG. vom 17. Sept. 1914 DJZ. 1914 S. 1208 = Recht 1914 S. 739; als Vollstreckungsgericht ist dasjenige Amtsgericht anzusehen, in dessen Bezirk das Vollstreckungsverfahren stattfinden soll (§ 764 ZPO.).

Soweit die Einstellung *einzelner* Vollstreckungshandlungen in Betracht kommt, ist örtlich für die Einstellung das auf Grund der Bestimmungen der ZPO. zuständige Amtsgericht leicht festzustellen (vgl. §§ 828 Abs. 2, 858 Abs 3, 899 ZPO.). Soweit jedoch die *allgemeine* Einstellung der Zwangsvollstreckung in Frage steht, bietet die Bestimmung in der Zivilprozeßordnung kein Vorbild, weil in all den Fällen, in denen nach der Zivilprozeßordnung eine allgemeine Einstellung zulässig ist, das Prozeßgericht zuständig ist. Im Hinblick auf § 828 Abs. 2 ZPO. dürfte das Amtsgericht des allgemeinen Gerichtsstandes des Schuldners in diesem Fall für zuständig anzusehen sein (Levis, Recht 1914 S. 598/599; Unger, Recht 1914 S. 726; Harder, JW. 1914 S. 1045; OLG. Hamburg vom 10. Nov. 1915 Recht 1916 S. 25 Nr. 88), falls sich sein gesamtes Vermögen in diesem Bezirk befindet. (Hirsch, JW. 1915 S. 742.) Das Amtsgericht hat seine örtliche Zuständigkeit jedesmal von Amts wegen zu prüfen und nur insoweit einzustellen als seine Zuständigkeit reicht. Andere Gerichte als das Wohnsitzgericht des Schuldners dürfen

---

[1]) Wenn das Oberlandesgericht Breslau v. 3. Okt. 1910 DJZ. 1914 S. 1306 (auch Sieskind S. 82, Güthe, Gruchot Bd. 59 S. 65) ausgesprochen hat, daß das Vollstreckungsgericht nicht eine Zahlungsfrist bewilligen dürfe, so ist das zwar richtig, sachlich dürfte eine derartige Anordnung aber als eine allgemeine Einstellung der Zwangsvollstreckung gültig sein.

niemals eine ganz allgemeine Einstellung der Vollstreckung anordnen, sie müssen vielmehr die Grenzen ihrer Zuständigkeit von den in ihrem Bezirk belegenen Vermögensobjekten abhängig machen. Die Ansicht, daß jedes Gericht, wenn es nur irgendwie als Vollstreckungsgericht in Tätigkeit tritt, die allgemeine Einstellung anordnen dürfe, ist unrichtig (a. M. in diesem Punkt OLG. Hamburg v. 10. November 1915, Recht 1916 S. 25 Nr. 88, wo auch dann von dem Amtsgericht des allgemeinen Gerichtsstands die Einstellung verfügt werden kann, wenn das Vermögen des Schuldners in der Hauptsache aus einem in einem anderen Bezirk belegenen Grundstück besteht).

IV. Das Gericht kann auf Grund des § 5 nur die **Einstellung** der Zwangsvollstreckung anordnen, nicht aber schon erfolgte Vollstreckungshandlungen aufheben, z. B. die Zwangsverwaltung. Deshalb ist nach Beendigung (Gaupp-Stein Anm. VII 3 vor § 706 ZPO.) der Zwangsvollstreckung für die Anwendung dieser Bestimmung kein Raum mehr. (Sieskind S. 82; Güthe, PrJMBl. 1914 S. 758 = Gruchot Bd. 59 S. 65; Hirsch, JW. 1914 S. 1136; Unger, Recht 1914 S. 724; LG. Posen vom 22. Febr. 1915 DJZ. 1815 S. 936; Mayer S. 67; a. M. Buhe, JW. 1915 S. 1469). Während der Einstellung des Verfahrens finden auch keine Terminsbestimmungen statt (OLG. Hamburg vom 16. Sept. 1914 Recht 1915 S. 113 Nr. 284).

Die Einstellung ist zulässig bei allen Arten der Zwangsvollstreckung, sowohl bei der Pfändung beweglicher Sachen, insbesondere auch bei der Pfändung von Forderungen und sonstigen Rechten, ferner auch bei der Zwangsvollstreckung in das unbewegliche Vermögen, sowie im Offenbarungseidsverfahren.[1]) Sieskind S. 82; Güthe, PrJMBl. 1914 S. 757 = Gruchot Bd. 59 S. 62; Hirsch, JW. 1914 S. 1004; Unger, Recht 1914 S. 724; OLG. Cöln vom 10. Okt. 1914 Recht 1914 S. 649; KammerG. vom 30. Okt. 1914 bei Güthe a. a. O.; LG. Traunstein vom 28. Dez. 1914 Recht 1915 S. 38. A. M. Kluckhohn, DJZ. 1915 S. 1126. Im Arrestverfahren und bei einstweiligen Verfügungen kann die Einstellung jedoch nicht erfolgen (Mayer S. 65; Sintenis S. 148 Anm. 3).

V. Unerheblich ist, auf Grund welchen **Vollstreckungstitels** die Zwangsvollstreckung erfolgen soll, soferne es sich nur um die Vollstreckung einer vor dem 31. Juli 1914 entstandenen Geldforderung im Sinne des § 1 der Bekanntmachung handelt. (Vgl. Anm. I B e f zu § 1.) Deshalb scheidet das Vollstreckungsverfahren der Verwaltungsbehörden aus, sowie auch die Vollstreckung auf Grund von Urteilen der Sondergerichte. (Güthe, PrJMBl. 1914 S. 757 = Gruchot Bd. 59 S. 61/62; a. M. Sieskind S. 82; Freiesleben, DJZ. 1914 S. 1159; Levis, Recht 1914 S. 598.) Es kann auch nicht das Verfahren wegen jeder Art von Geldforderungen eingestellt werden, vielmehr betrifft § 5 nur die Einstellung der Vollstreckung wegen bürgerlich-rechtlicher Forderun-

[1]) Praktisch wird sich allerdings in diesem Stadium der Zwangsvollstreckung die Einstellung nicht empfehlen, weil sie nur dem Schuldner die Verschleppung von Vollstreckungsobjekten ermöglicht und deshalb in der Regel der dem Gläubiger entstandene Schaden größer sein wird, als der dem Schuldner erwachsende berechtigte Vorteil. (So auch die oben Angegebenen).

gen. (OLG. München v. 15. Febr. 1915, Recht 1915 S. 178 Nr. 364 = BayZfR. 1915 S. 126 = OLGRspr. Bd. 30 S. 249 = LZ. 1915 S. 453 [hinsichtlich der Beitragsrückstände einer Berufsgenossenschaft]).

In Betracht kommen demnach insbesondere vorläufig vollstreckbare und rechtskräftige Urteile, gerichtliche Vergleiche und sonstige vollstreckbare Urkunden im Sinne des § 794 ZPO.

Auszuscheiden haben jedoch die nach dem 31. Juli 1914 abgeschlossenen Vergleiche, da durch Abschluß des Vergleiches eine neue, von der strittigen und verglichenen Forderung unabhängige Forderung entsteht, auch der Schuldner bei Abschluß des Vergleiches nach dem 31. Juli 1914 mit der durch den Krieg geschaffenen Lage rechnen kann und muß. Unger, Recht 1914 S. 723; a. M. OLG. Dresden vom 17. Okt. 1914 LZ. 1914 S. 1815; LG. München vom 13. Dez. 1914 JW. 1915 S. 55 (welche ohne nähere Begründung die Zwangsvollstreckung aus einem nach dem 31. Juli 1914 abgeschlossenen Vergleich für zulässig erklärt haben).

VI. Für das **Verfahren** gelten die Vorschriften, welche die Zivilprozeßordnung für das Verfahren mit fakultativer mündlicher Verhandlung enthält. (Vgl. Gaupp-Stein Anm. V zu § 128 ZPO.) Der Antrag kann schriftlich oder mündlich zu Protokoll des Gerichtsschreibers erklärt werden; die mündliche Verhandlung ist zulässig (§ 764 Abs. 3 ZPO.) und wird auch häufig am besten geeignet sein, dem Richter eine gerechte Abwägung der Interessen des Schuldners und des Gläubigers zu ermöglichen. Auf jeden Fall wird das Gericht stets den Gläubiger vor der Verbescheidung des Antrages hören, wenn dies auch nicht ausdrücklich vorgeschrieben ist. Sieskind S. 83; Güthe, PrJMBl. 1914 S. 758 = Gruchot Bd. 59 S. 65; Holländer, JW. 1914 S. 971; Hirsch, JW. 1914 S. 1005; Unger, Recht 1914 S. 689; LG. Berlin I vom 28. Sept. 1914 DJZ. 1914 S. 1307 (die Nichtanhörung des Gläubigers kann einen Mangel des Verfahrens bilden, der zur Zurückweisung der Sache an das Amtsgericht führen kann). Hellmann, DRZ. 1916 S. 57. Die Entscheidung über den Antrag erfolgt durch Beschluß. Das Gericht kann die Einstellung von Teilzahlungen abhängig machen. OLG. Nürnberg vom 23. Nov. 1914 Recht 1915 S. 16 Nr. 167. Ist anzunehmen, daß sich die Lage des Schuldners auch nach Gewährung der Frist nicht bessern wird, so ist Ablehnung des Antrags zulässig. (OLG. Breslau vom 30. Nov. 1914 LZ. 1915 S. 453). Wird der Antrag abgelehnt, so ist der Beschluß nur dem Schuldner, wird dem Antrag ganz oder teilweise stattgegeben, so ist er den beiden Teilen von Amts wegen zuzustellen. Die Begründung des Beschlusses darf sich nicht auf die bloße Wiedergabe der Worte der Bundesratsbekanntmachung beschränken, sondern muß — wenn auch in aller Kürze — erkennen lassen, daß und wie die tatsächlichen Verhältnisse der Parteien gegeneinander abgewogen wurden. OLG. Nürnberg vom 11. Nov. 1914 Recht 1914 S. 739.

Eine einstweilige Einstellung auf Grund des § 766 Abs. 1 ZPO. und des § 732 Abs. 2 ZPO. (als Zwischenverfügung) hat das OLG. München vom 7. Nov. 1914 Recht 1914 S. 740 = LZ. 1915 S. 75 für unzulässig erklärt. A. M. Güthe, Gruchot Bd. 59 S. 65; Holländer, JW. 1914 S. 971; Bovensiepen, DRZ. 1914 S. 786; PrJMVerf. vom 28. Dez. 1914 JMBl. S. 836; BayJMBek. vom 27. Febr. 1915 JMBl. S. 41 (welche eine entsprechende Anwendung jener Vorschriften für zulässig erachten). Durch die ÄnderungsVO. vom 8. Juni 1916 ist eine einstweilige Anordnung ausdrücklich zugelassen (§ 5 Abs. 1 Satz 5).

VII. Wirkung der Einstellung.

Der Einstellungsbeschluß ist sofort vollziehbar (§ 752 ZPO.). Die Durchführung der Entscheidung bleibt dem Antragsteller überlassen. (§ 775 Nr. 1 und 2 ZPO.; vgl. Gaupp-Stein Anm. III zu § 775, auch OLG. München vom 20. Nov. 1914 Recht 1914 S. 740 = LZ. 1915 S. 75. Erfolgt die Einstellung vor Beginn der Zwangsvollstreckung allgemein, so hat der Beschluß die gleiche Wirkung wie eine Fristgewährung im Urteil (vgl. Anm. 6 zu § 1).[1]) Nach Beginn der Zwangsvollstreckung darf auf Grund des Einstellungsbeschlusses die Zwangsvollstreckung nicht weiter fortgesetzt werden; auch das Offenbarungseidverfahren ist gehemmt (LG. Berlin II vom 15. Jan. 1916 DJZ. 1916 S. 353 = Recht 1916 S. 204 Nr. 476). Vollstreckungshandlungen, die vor der Einstellung vorgenommen wurden, werden jedoch nicht berührt. Dies ist insbesondere von Bedeutung bei der Pfändung von Forderungen; erfolgt hier die Einstellung nach Erlaß des Pfändungsbeschlusses, so hat dies nur zur Folge, daß der Gläubiger vom Drittschuldner die gepfändete Forderung nicht mehr beitreiben kann; andererseits darf jedoch auch der Schuldner vom Drittschuldner nicht Zahlung an sich verlangen (§§ 1281, 1285 BGB.) und wenn gleichzeitig die Überweisung der Forderung zur Einziehung erfolgt ist, so kann der Schuldner überhaupt keine Zahlung mehr vom Drittschuldner verlangen. Die Einstellung der Zwangsvollstreckung kommt deshalb nur dem Drittschuldner zugute.[2]) Ähnlich sind die Verhältnisse, wenn eine Einstellung einer angeordneten Zwangsverwaltung oder einer Zwangsversteigerung nach dem Zuschlag erfolgt. Unger, Recht 1914 S. 724/725. Gegen Vollstreckungshandlungen, die im Widerspruch mit dem Einstellungsbeschluß vorgenommen wurden, kann der Schuldner im Wege der Erinnerung nach § 766 ZPO. vorgehen; das Gericht muß dann derartige Vollstreckungshandlungen aufheben, ohne zu prüfen, ob die Lage des Schuldners die Aufhebung der in Frage stehenden Vollstreckungshandlungen erfordert. OLG. München vom 20. Nov. 1914 Recht 1914 S. 740 = LZ. 1915 S. 75; Unger, Recht 1914 S. 726.

VIII. Rechtsmittel: Gegen den Beschluß, durch den der Antrag auf Einstellung der Zwangsvollstreckung ganz oder teilweise abgelehnt worden ist, steht dem Schuldner, gegen den Beschluß, durch den dem Antrag ganz oder teilweise stattgegeben wurde, dem Gläubiger das Recht der sofortigen Beschwerde nach § 793 ZPO. (577 ZPO.) zu. Sintenis S. 150 Anm. 10; Sieskind S. 83; Güthe, PrJMBl. 1914 S. 758 = Gruchot Bd. 59 S. 65; Levis, Recht 1914 S. 600; Unger, Recht 1914 S. 726; Hachenburg, LZ. 1914 S. 1602; OLG. Hamburg vom 19. Sept. 1914 Recht 1914 S. 646; OLG. Augsburg vom 29. Dez. 1914 Recht 1915 S. 37; OLG. München vom 23. Jan. 1915 (BeschwR. Nr. 22/1915); LG. Karlsruhe vom 24. Dez. 1914 Recht 1915 S. 37; LG. Traunstein vom 28. Dez. 1914 Recht 1915 S. 37/38; a. M. Bovensiepen, DRZ. 1914

---

[1]) Daß die Einstellung der Zwangsvollstreckung nur prozessuale Bedeutung hat und den materiell-rechtlichen Bestand der Forderung unberührt läßt, ist unbestritten. Über Einwirkung auf die Leistungspflicht des selbstschuldnerischen Bürgen vgl. Frankenburger, LZ. 1916, 936.

[2]) Dies scheint das OLG. München v. 20. Nov. 1914 a. a. O. übersehen zu haben.

S. 873, dieser betrachtet die Aussetzung der Vollstreckung gemäß § 5 als eine die Art und Weise der Zwangsvollstreckung betreffende Maßnahme und will ihr daher eine Erinnerung gemäß § 766 ZPO. vorausgehen lassen (ebenso LG. Posen vom 22. Febr. 1915 DJZ. 1915 S. 936; a. M. OLG. München v. 7. Nov. 1914 ROLG. Bd. 30 S. 11 = Recht 1914 S. 740 u. OLG. Karlsruhe v. 24. Dez. 1914 Recht 1915 S. 37 Nr. 176). Das Beschwerdegericht kann auch eine vom Erstgericht auf Grund der Bestimmungen der ZPO. angeordnete Einstellung, die es für unzulässig hält, auf Grund der vorliegenden Bestimmungen aufrecht erhalten. OLG. Augsburg vom 22. Okt. 1914 Recht 1914 S. 706. Im Zwangsversteigerungsverfahren kann jedoch das Beschwerdegericht eine Einstellung auf Grund einer Beschwerde gegen den Zuschlagsbeschluß nicht anordnen, wenn der Antrag nicht schon vor dem Zuschlag gestellt war (§ 100 ZVG.). OLG. Marienwerder vom 13. Okt. 1914 Recht 1914 S. 706.

Gegen die vorläufige Einstellung vor Erlaß der Entscheidung gibt es keine Rechtsmittel.

Eine wiederholte Einstellung der Zwangsvollstreckung durch das Vollstreckungsgericht ist unzulässig. Dagegen kann nach rechtskräftiger Ablehnung des Antrages auf Grund eines neuen Antrages mit neuer Begründung die Einstellung angeordnet werden. Unger, Recht 1914 S. 726; a. M. Güthe, PrJMBl. 1914 S. 758 = Gruchot Bd. 59 S. 64 (der wiederholte Einstellung bzw. Verlängerung der Frist bis zu insgesamt 3 Monaten zuläßt).

IX. Nach § 5 Abs. 2 ist eine Einstellung der Zwangsvollstreckung durch das Prozeßgericht unzulässig, wenn vom Prozeßgericht bereits auf Grund der §§ 1, 2 oder 4 eine Frist bestimmt worden war; unzulässig ist in diesem Fall auch die Verlängerung der Frist durch das Vollstreckungsgericht. Um eine doppelte Bewilligung einer Zahlungsfrist zu vermeiden, ist nunmehr auf § 4 Bezug genommen. Darnach ist die Bewilligung einer Zahlungsfrist durch Vollstreckungseinstellung unzulässig, wenn schon im Vollstreckungsbefehl eine Zahlungsfrist bewilligt ist (Unger, Recht 1915 S. 330). Unerheblich ist, ob der Antrag auf Fristbestimmung beim Prozeßgericht versehentlich oder absichtlich nicht gestellt wurde, oder ob er überhaupt nicht gestellt werden konnte (weil das Urteil vor dem 7. Aug. 1914 erging), oder endlich vom Prozeßgericht abgelehnt wurde. Auch in diesem Fall muß die Einstellung mangels entgegenstehender Vorschrift und, da ein Bedürfnis hierzu gegeben sein kann, zulässig sein; allerdings wird das Vollstreckungsgericht hier wohl nur dann die Einstellung anordnen, wenn neue Tatsachen oder neue Gründe für den Antrag vorgebracht werden. Güthe, PrJMBl. 1914 S. 758 = Gruchot Bd. 59 S. 64; BerlAnwVer., JW. 1914 S. 794; Juliusberg, DJZ. 1914 S. 1244; Unger, Recht 1914 S. 724; Bovensiepen, DRZ. 1914 S. 786; W. H., DRAZ. 1915 S. 75; OLG. Hamburg DJZ. 1914 S. 1307; OLG. München vom 23. Jan. 1915 (BeschwR. Nr. 22/1915); OLG. Königsberg v. 19. Jan. 1915 LZ. 1915 S. 311; OLG. Hamburg vom 7. Jan. 1915 LZ. 1915 S. 310 = Recht 1915 S. 61; a. M. Sieskind S. 83; Levis, Recht 1914 S. 599; Striemer, JW. 1914 S. 851; Freiesleben, DJZ. 1914 S. 1159; OLG. Augsburg vom 29. Dez. 1914 Recht 1915 S. 37 Nr. 175; Menner, LZ. 1915 S. 873.

§ 6.

Wird ein Rechtsstreit durch einen vor Gericht abgeschlossenen oder dem Gerichte mitgeteilten Vergleich erledigt, so werden die Gerichtsgebühren nur zur Hälfte erhoben; übersteigt der Streitgegenstand nicht einhundert Mark, so werden Gerichtsgebühren nicht erhoben.

Wird durch Endurteil über die Bewilligung einer Zahlungsfrist entschieden oder in einem Vergleich eine Zahlungsfrist bewilligt, so bleiben für die Berechnung der Gerichts- und Anwaltsgebühren die nur auf die Zahlungsfrist sich beziehenden Verhandlungen und Entscheidungen außer Betracht.

In den Fällen der §§ 3, 4 und 5 können die Kosten ganz oder teilweise dem Schuldner auferlegt werden, auch wenn seinem Antrag stattgegeben wird. Die Gerichts- und Anwaltsgebühren betragen zwei Zehntteile des Satzes des § 8 des Gerichtskostengesetzes und des § 9 der Gebührenordnung für Rechtsanwälte. Der Wert des Streitgegenstandes ist von dem Gericht nach freiem Ermessen, höchstens jedoch auf den zwanzigsten Teil der Forderung festzusetzen.

Die Vorschrift des § 6 geht über den sonst in der Bundesratsbekanntmachung gesteckten Rahmen hinaus und bildet für die Dauer des Kriegszustandes eine **Ergänzung des Gerichtskostengesetzes.** Die dort angeordnete Ermäßigung der Gerichtsgebühren greift nicht nur in Rechtsstreitigkeiten Platz, in denen eine Frist gewährt wurde, und auch nicht nur in Rechtsstreitigkeiten, welche vor dem 31. Juli 1914 entstandene Forderungen betreffen, sondern in allen während der Geltungsdauer des § 6 anhängigen Rechtsstreitigkeiten, soferne nur die Erledigung des Rechtsstreites auf Grund eines Vergleiches nach dem 7. August 1914 erfolgt ist. Sieskind S. 84; Güthe, PrJMBl. 1914 S. 759 = Gruchot Bd. 59 S. 66; BayJMBek. vom 16. Aug. 1914 BayJMBl. 1914 S. 155; SächsJMBl. 1914 S. 105; Altschul, JW. 1914 S. 1047; Langenbach, JW. 1914 S. 1070; Unger, Recht 1914 S. 728; Bovensiepen, DRZ. 1914 S. 787; VerZivKamm. Tübingen Recht 1914 S. 707; RG. vom 26. Nov. 1914 LZ. 1915 S. 42 = Recht 1915 S. 115 Nr. 302; OLG. Breslau vom 1. Sept. 1914 LZ. 1915 S. 453; Sintenis S. 151; a. M. Eckstein, JW. 1914 S. 968; die Vorschrift findet auch bei Prozessen vor Sondergerichten Anwendung (Sintenis S. 152; Güthe, Gruchot Bd. 59 S. 66).

Die Gebührenermäßigung bezieht sich auf alle Gebühren, nicht nur auf die nach dem 7. August 1914 fällig gewordenen und zwar auf alle Gerichtsgebühren. Jedoch wird nicht die Gesamtsumme der Gebühren halbiert, sondern jede einzelne Gebühr. Güthe a. a. O.; BayJMBl. 1914 a. a. O. Wird im Nachverfahren über den Betrag ein Vergleich abgeschlossen, so ermäßigen sich auch die Kosten des Vorverfahrens über den Grund des Anspruchs; findet die Erledigung in einer höheren Instanz statt, so werden die Gebühren sämtlicher Instanzen ermäßigt. Sieskind S. 84; Güthe a. a. O.; RG. vom 26. Nov. 1914

LZ. 1915 S. 43; OLG. Karlsruhe BadRpr. 1914 S. 220; nicht erforderlich ist auch, daß die Erledigung des Rechtsstreites durch einen formellen gerichtlichen Vergleich erfolgt; es genügt auch, wenn ein außergerichtlicher Vergleich abgeschlossen wird und dieser dem Gericht durch Vorlage oder sonstwie nachgewiesen wird (OLG. Colmar v. 15. Dez. 1915 LZ. 1916 S. 253 = Recht 1916 S. 149 Nr. 365; a. M. OLG. Dresden v. 19. Jan. 1915 LZ. 1915 S. 647 [eine vollinhaltliche Mitteilung der Vergleiche an das Gericht ist nicht erforderlich]; ebenso Haberstumpf, JW. 1915 S. 1146; a. M. Wolf, BayZfR. 1916 S. 176), mögen die Parteien auch durch Klagzurücknahme (a. M. OLG. Darmstadt v. 28. Juni 1915 LZ. 1915 S. 1174), durch Zurücknahme des Rechtsmittels oder durch Nichterscheinen ihren Willen zum Vergleich kundgetan haben. Güthe a. a. O.; Unger, Recht 1914 S. 728; OLG. Augsburg vom 18. Nov. 1914 Recht 1914 S. 742 = LZ. 1915 S. 75; LG. München II vom 14. Nov. 1914 Recht 1914 S. 649; OLG. Dresden v. 19. Jan. 1915, LZ. 1915 S. 647.

Der Vergleich kann auch erst nach Erlaß des Urteils, muß jedoch jedenfalls vor Eintritt der Rechtskraft geschlossen sein. (OLG. Stuttgart v. 31. Dez. 1914, Recht 1915 S. 115 Nr. 306; OLG. Hamburg v. 30. Nov. 1914, LZ. 1915 S. 240 = DJZ. 1915 S. 323, KammerG. v. 5. Okt. 1915 JW. 1915 S. 1375; LG. Beuthen v. 14. Juli 1915, JW. 1915 S. 1043; OLG. Darmstadt v. 1. Febr. 1915, Recht 1915 S. 231 Nr. 420 = DJZ. 1915 S. 431.

Der Rechtsstreit muß aber auch tatsächlich durch Vergleich und nicht auf andere Weise (etwa durch Urteil) erledigt sein (OLG. Karlsruhe v. 12. August 1915, JW. 1915 S. 1040, Rechtspr. d. OLG. Bd. 31 S. 387). Anders nur, wenn erklärt wird, daß die Zurücknahme auf Grund abgeschlossenen Vergleichs erfolgte (Haberstumpf, JW. 1915 S. 1146). Eine zuviel erhobene Jahresgebühr nach § 94 GKG. ist bei Ermäßigung der Gerichtsgebühren wegen Vergleichsabschlusses zurückzuvergüten, OLG. München v. 5. April 1916 Recht 1916 S. 361 Nr. 687. Die Ermäßigung betrifft auch nicht diejenigen Teile des Rechtsstreits, die schon vorher endgültig erledigt waren (OLG. Hamburg vom 30. Nov. 1914 LZ. 1915 S. 240 = DJZ. 1915 S. 323; die Ermäßigung der Gerichtsgebühren erfolgt nur für den Teil des Streitgegenstandes, der durch Vergleich betroffen wird (OLG. Darmstadt vom 28. Juni 1914 LZ. 1915 S. 1174 = Recht 1915 S. 525 Nr. 958).

Die Ermäßigung der Gebührensätze bewirkt gemäß § 80 GKG. gleichzeitig eine Ermäßigung der Pauschsätze. Güthe a. a. O.; BayJMBl. 1914 a. a. O.; Langenbach a. a. O.; Reger, JW. 1914 S. 1048; Mayer S. 62; OLG. Naumburg v. 14. Mai 1915, LZ. 1915 S. 781; OLG. Darmstadt v. 9. Juni 1915, JW. 1915 S. 730 u. vom 8. Okt. 1915, DJZ. 1916 S. 249 = Recht 1916 S. 149 Nr. 363; Reichsgericht v. 18. Sept. 1915, JW. 1916 S. 46; a. M. RG. vom 5. Okt. 1914 LZ. 1915 S. 43; OLG. Hamburg vom 16. Dez. 1914 DJZ. 1915 S. 215; Eckstein, JW. 1914 S. 669; Unger, Recht 1914 S. 728; BayJMBl. 1914 S. 154; OLG. Hamburg v. 10. Mai 1915 DJZ. 1915 S. 932 u. 13. März 1915, ebenda S. 826 u. v. 9. Juni 1915, ebenda S. 1041, aber a. M. (!), v. 6. März 1915, ebenda S. 725; OLG. Darmstadt vom 14. Sept. 1915 DJZ. 1916 S. 349 = Recht 1916

S. 204 Nr. 477; OLG. München vom 5. April 1916 Recht 1916 S. 362 Nr. 688; Sintenis S. 152 Anm. 3.

Die Anwaltskosten sind nunmehr gemäß § 6 Abs. 3 Satz 1 den Gerichtskosten hinsichtlich der Ermäßigung gleichgestellt. Auf andere Kosten als die Gerichtskosten, insbesondere auf die landesrechtlichen Stempelabgaben erstreckt sich die Ermäßigung des § 6 nicht (KammerG. vom 5. Oktober 1915 JW. 1915 S. 1375; GerSchr. d. OLG. Darmstadt v. 15. Febr. 1915 DJZ. 1915 S. 530 und v. 24. Nov. 1915 DJZ. 1916 S. 349 u. MinEntschl. v. 26. Febr. 1915 ebenda; Sintenis S. 152 Anm. 3).

Die bisher streitige Frage der Gerichts- und Anwaltsgebühr im Falle des § 4 (siehe 2. Aufl. S. 128) ist jetzt durch § 6 Abs. 3 dahin entschieden, daß für die Bewilligung einer Zahlungsfrist nach Anerkenntnis (mit oder ohne mündliche Verhandlung), da dieses Verfahren aufgehört hat, Prozeß im technischen Sinne zu sein, $^{2}/_{10}$ der Gerichts- und Anwaltskosten zu zahlen sind. Mit der einmaligen Gebühr ist das gesamte Verfahren abgegolten; Pauschsätze und etwaige Auslagen sind daneben zu erstatten. (Unger, Recht 1915 S. 331; vgl. ferner auch LG. Berlin v. 5. Juli 1915 JW. 1915 S. 936.)

Für die Einstellung der Vollstreckung galt bisher § 35 GKG. und § 26 RAGebO. entsprechend; nunmehr ist durch § 6 Abs. 3 der Bekanntmachung auch dafür die Höhe der Gerichts- und Anwaltskosten auf $^{2}/_{10}$ festgesetzt, wodurch also die Gerichtsgebühren gegenüber der früheren Fassung der Verordnung unverändert bleiben, die Anwaltskosten aber um $^{1}/_{10}$ herabgesetzt werden.

Die einschneidendste Änderung bringt aber für die Fälle der §§ 3, 4 und 5 der § 6 Abs. 3 letzter Satz, indem der Wert des Streitgegenstandes nicht nach dem Betrag der Forderung zu bestimmen ist, sondern von dem Gericht nach freiem Ermessen und zwar höchstens auf den zwanzigsten Teil der Forderung festzusetzen ist; dies bedeutet nach der ganzen Tendenz der Verordnung eine weitere Erleichterung für den Schuldner. Diese Art der Wertberechnung findet auch in der Beschwerdeinstanz Anwendung. (Unger, Recht 1915 S. 331.) § 6 Abs. 3 und nicht Abs. 2 hat auch dann in Anwendung zu kommen, wenn sich der ganze Rechtsstreit in der Rechtsmittelinstanz nunmehr um die Zahlungsfrist dreht, weil sonst die ganze Tätigkeit von Gericht und Anwalt umsonst geleistet werden müßte. (Menner, LZ. 1915 S. 874.) In allen Fällen also, in denen das Stundungsbegehren den einzigen Gegenstand von Verhandlung und Entscheidung bildet, ist der Streitwert einfach nach freiem richterlichen Ermessen festzusetzen. (§ 3 ZPO.)

Die gleichen Grundsätze gelten gemäß § 6 Abs. 3 für die Kostenentscheidung im Falle des § 5. Die Gebühren erwachsen, da es sich nicht mehr um eine Verhandlung zwischen Schuldner und Gericht, sondern um einen Rechtsstreit zwischen den Parteien handelt, für beide Teile und sind, wie sonst allgemein, vom unterliegenden Teil zu tragen (vgl. LG. Hannover v. 18. Aug. 1915 JW. 1915 S. 1128); jedoch erhält der Anwalt des vollstreckenden Gläubigers für seine bloße Erklärungsabgabe im Einstellungsverfahren keine Gebühren (OLG. Hamburg v. 29. Jan. 1915 Recht 1915 S. 115 Nr. 300 = LZ. 1915 S. 311 = OLGRspr. Bd. 30 S. 252).

Allerdings ist § 4 Abs. 2 a. F. (wo die Gerichtsgebühr auch für den Fall des Anerkenntnisurteils nach § 2 a. F. und § 4 n. F. erhoben wurde) in der Fassung vom 20. Mai 1915 weggelassen und nur der Fall behandelt, daß durch Endurteil über den Fristantrag entschieden ist und daß ein Vergleich abgeschlossen wurde. Dazu bemerkt Unger, Recht 1915 S. 330 mit Recht, daß die Gebührenfreiheit auch im Falle des § 3 n. F. durchgreifen müsse, wenn nämlich durch Beschluß auf sofortige Beschwerde über den Fristantrag entschieden würde. Diese Gleichstellung der sofortigen Beschwerde gegen ein Anerkenntnisurteil und einer auf Zahlungsfristbewilligung beschränkten Berufung gegen ein kontradiktorisches Urteil entspricht durchaus der Billigkeit.

Abs. 2 entscheidet die bisher in Literatur und Rechtsprechung äußerst bestrittenen Frage, ob die streitige Verhandlungsgebühr für die Beweisaufnahme und für die Entscheidung über die Zahlungsfrist besonders erhoben wird, wenn die Hauptsache selbst anerkannt worden ist.

Wird durch Endurteil (auf Grund kontradiktorischer Verhandlung oder auf Anerkenntnis) in irgendeiner Instanz oder durch einen Vergleich über eine Zahlungsfrist entschieden, so bleiben für die Berechnung der Gerichts- und Anwaltsgebühren die sich nur auf die Zahlungsfrist beziehenden Verhandlungen und Entscheidungen außer Betracht. Dies ist auch schon vorher der Standpunkt der herrschenden Meinung gewesen (statt vieler anderer Beschlüsse: KammerGer. v. 12. April 1915 DJZ. 1915 S. 526; OLG. Karlsruhe v. 5. Jan. 1915 LZ. 1915 S. 379 = Recht 1915 S. 177 Nr. 363 und die weitere Literatur zitiert von Menner LZ. 1915 S. 874 Note 14); eine Beweisgebühr entsteht nicht, jedoch sind die durch den Fristantrag besonders entstehenden Auslagen (z. B. Zeugengebühren oder Kosten des Anwalts) zu ersetzen. Auch Berufung, Revision, Einspruch und Widerspruch sind gebührenfrei, wenn das Rechtsmittel nur über den Fristantrag ergeht.

Durch Artikel I 3 der Änderungsverordnung vom 8. Juni 1916 wurde in § 6 Abs. 3 die Bestimmung neu eingeführt, daß die Kosten (Gerichts- und Anwaltskosten) ganz oder teilweise dem Schuldner selbst dann auferlegt werden können, wenn seinem Antrag nach §§ 3, 4, 5 stattgegeben wurde; dieser Antrag konnte zum Gegenstand haben: Anfechtung eines Anerkenntnisurteils nur wegen der Zahlungsfrist durch sofortige Beschwerde (§ 3), Gewährung einer Zahlungsfrist durch das Gericht des gläubigerischen allgemeinen Gerichtsstands für eine vom Schuldner anerkannte Forderung (§ 4), Einstellung der Vollstreckung auf die Höchstdauer von 3 Monaten durch das Vollstreckungsgericht (§ 5). Wenn das Gericht dem Antrag des Beklagten nach §§ 3, 4 und 5 stattgibt, ist die Rechtslage oft so, daß der Kläger mit seiner Klage ganz oder teilweise abgewiesen wird, obwohl er einen ihm zustehenden Anspruch ordnungsgemäß geltend macht. Nach den allgemeinen Kostenvorschriften hätte er dann die Kosten zu zahlen, was eine unbillige Belastung des Gläubigers zugunsten des Schuldners darstellen würde. Deshalb schafft der neu eingeführte Satz 1 des Abs. 3 § 6 eine gerechtere Kostenverteilung und auferlegt dem Antragsteller die Kosten, da ohne das Eingreifen des Richters dem an sich berechtigten Anspruch des Klägers entsprochen worden wäre.

§ 7.

Diese Verordnung tritt mit dem Tage der Verkündung in Kraft.

26. Bekanntmachung über die Folgen der nichtrechtzeitigen Zahlung einer Geldforderung vom 18. August 1914.

(RGBl S. 377 Nr. 4472) in der Fassung der BRVO. v. 20. Mai 1915 (RGBl. 1915 S. 288 u. 290 Nr. 4740 u. 4741), neuerdings geändert durch Bekanntmachung v. 8. Juni 1916 RGBl. S. 451 Nr. 5236 (abgedruckt unten S. 169).

Vorbemerkung.

„Über die Wirkung der gerichtlichen Bewilligung einer Zahlungsfrist enthält die Bekanntmachung vom 7. August nur die Vorschrift, daß dadurch der Zinsenlauf nicht berührt wird. Insbesondere sind also Verzugszinsen zu entrichten; es erschien im Interesse des Gläubigers geboten, und auch dem Schuldner gegenüber nicht unbillig, diese allgemeine Folge der nicht rechtzeitigen Zahlung einer Geldforderung unberührt zu lassen. Der Verzug kann aber nach Gesetz oder Vertrag auch andere Nachteile für den Schuldner haben, so die Verpflichtung zur Rückzahlung eines Kapitals wegen Nichtzahlung der Zinsen, die Verpflichtung zur Räumung der Wohnung wegen Verzugs mit der Mietzinszahlung, ferner die Verwirkung einer Vertragsstrafe oder den Eintritt eines Rücktrittsrechtes für den Gläubiger, eine Folge, die besonders bei Abzahlungsgeschäften Bedeutung hat. Darüber, inwieweit durch die gerichtliche Bewilligung einer Zahlungsfrist solche Folgen berührt werden, enthält die Bekanntmachung vom 7. August keine Vorschrift. Man wird davon auszugehen haben, daß durch die Bewilligung der Frist die gleiche Rechtslage geschaffen wird, wie sie im Falle einer vom Gläubiger gewährten Stundung entsteht." Dies ist nunmehr in § 3 Abs. 1 Satz 1 der Bekanntm. vom 7. August 1915/20. Mai 1916 ausdrücklich festgestellt worden. „Doch wird es nicht immer außer Zweifel sein, welchen Einfluß die Fristbewilligung in bezug auf die erwähnten Folgen hat, besonders, wenn sie zur Zeit des Urteils bereits eingetreten waren. Außerdem kann es vorkommen, daß ein gerichtliches Verfahren über die rückständige Geldzahlung nicht anhängig wird, sondern lediglich der Rechtsnachteil, der infolge der nicht rechtzeitigen Zahlung eingetreten ist, den Gegenstand der Klage bildet, z. B. wenn der Vermieter nicht auf Zahlung der Miete, sondern lediglich wegen Zahlungsverzugs auf Räumung klagt. Um für alle diese Fälle Vorsorge zu treffen, hat der Bundesrat die nachstehende Verordnung erlassen." (Reichstagsdenkschrift S. 15/16.)

Der Bundesrat hat auf Grund des § 3 des Gesetzes über die Ermächtigung des Bundesrats zu wirtschaftlichen Maßnahmen usw. vom 4. August 1914 (RGBl. S. 327) folgende Verordnung erlassen:

§ 1.

In bürgerlichen Rechtsstreitigkeiten, die bei den ordentlichen Gerichten anhängig sind oder anhängig werden, kann das Prozeßgericht — unbeschadet der Befugnis, gemäß der Verordnung über die gerichtliche Bewilligung von Zahlungsfristen (RGBl. S. 290)

Zahlungsfristen zu bewilligen — auf Antrag des Schuldners im Urteil anordnen, daß die Rechtsfolgen, die wegen der Nichtzahlung oder der nicht rechtzeitigen Zahlung einer vor dem 31. Juli 1914 entstandenen Geldforderung nach Gesetz oder Vertrag eingetreten sind oder eintreten (Verpflichtung zur Räumung wegen Nichtzahlung des Mietzinses, Fälligkeit des Kapitals wegen Nichtzahlung von Zinsen usw.), als nicht eingetreten gelten.

Die Anordnungen sind unzulässig, wenn die Rechtsfolgen am 31. Juli 1914 bereits eingetreten waren.

Die Vorschriften des § 1 Abs. 1 Satz 2, 3, Abs. 2 Satz 2, sowie die Vorschriften des § 4 und des § 6 Abs. 2, 3 der Verordnung über die gerichtliche Bewilligung von Zahlungsfristen (Reichs-Gesetzbl. S. 290) gelten entsprechend.

I. Die **persönlichen und sachlichen Voraussetzungen** für die nach dieser Bekanntmachung zulässigen Maßnahmen sind die gleichen wie bei der Bundesratsverordnung vom 7. August 1914 Nr. 4456 in der Fassung vom 20. Mai 1915 Nr. 4741 (vgl. oben S. 123).

Es kann deshalb insbesondere wegen der Begriffe: „Bürgerliche Rechtsstreitigkeiten“, „Ordentliches Gericht“, „Prozeßgericht“, „Vor dem 31. Juli 1914 entstandene Geldforderung“ auf die Erläuterung zur vorgenannten Bekanntmachung verwiesen werden.

Nach Abs. 2 des § 1 sind auch die hier in Frage stehenden Maßnahmen nur zulässig, wenn die Lage des Beklagten sie rechtfertigt, und wenn sie dem Kläger nicht einen unverhältnismäßigen Nachteil bringen. Die Maßnahmen können ferner sowohl für den Gesamtbetrag wie für einen Teilbetrag der Forderung erfolgen und von der Leistung einer nach freiem Ermessen des Gerichts zu bestimmenden Sicherheit sowie von der Erfüllung bestimmter Bedingungen abhängig gemacht werden. Auf die Erläuterungen zu diesen Begriffen in der Verordnung vom 7. August 1914 in der Fassung vom 20. Mai 1915 wird verwiesen. Vgl. ferner II S. 164 letzter Absatz.

Auch für das Verfahren gelten die gleichen Bestimmungen, wie sie in Anm. II zu § 1 der Bundesratsbekanntmachung vom 7. August 1914 in der Fassung vom 20. Mai 1915 oben ausgeführt sind. Besonders zu bemerken ist: Ohne Antrag kann eine Beseitigung der Verzugsfolgen nicht gewährt werden (RG. vom 25. Januar 1916 Recht 1916 S. 247 Nr. 540). In Revisionsinstanz kann der Antrag überhaupt nicht mehr gestellt werden. Gegenstand des Rechtsstreites kann entweder die Geldforderung sein, aus deren nichtrechtzeitiger Zahlung sich die besonderen Rechtsfolgen ergeben haben, oder der aus einer solchen Rechtsfolge sich ergebende Anspruch oder eine Verbindung des Anspruches und der Geldforderung. Sieskind S. 85; Güthe, PrJMBl. 1914 S. 759 = Gruchot Bd. 59 S. 67; auch BayJMBek. vom 22. Aug. 1914 JMBl. 1914 S. 181 (die aber nur von dem Rechtsstreit über den Eintritt der Rechtsfolge spricht).

II. Die **Rechtsfolgen**, welche auf Grund dieser Bekanntmachung in Wegfall gebracht werden können, können entweder auf Gesetz oder auf

Vertrag beruhen. Nicht nur diejenigen Rechtsfolgen, die einem bestimmten einzelnen Rechtsverhältnis auf Grund besonderer vertraglicher Vereinbarung eigen sind, oder die nur bei bestimmten Arten von Rechtsverhältnissen kraft Gesetzes eintreten, werden durch die Verordnung beseitigt, sondern alle Arten von Rechtsfolgen, insbesondere die allgemeinen bei allen Schuldverhältnissen eintretenden Verzugsfolgen (diese Änderung wurde durch die ÄnderungsVO. vom 8. Juni 1916 neu eingeführt). Es gehören deshalb hierher: die Fälle der §§ 455 BGB. (Eigentumsvorbehalt), 554 BGB. (außerordentliche Kündigung bei der Miete[1])), §§ 1 und 4 Abs. 2 AbzG., 219 HGB., § 21 GmbHG., §§ 38 und 39 VersVG. (Heine, Mitt. öff. Feuervers.-Anst. 1914 S. 516; a. M. Kaufmann, JW. 1914 S. 812; Mayer S. 74); ferner die Fälligkeit eines Kapitals, insbesondere eines Hypothekenkapitals,[2]) oder die Erhöhung des Zinsfußes wegen nicht rechtzeitiger Zahlung des Kapitals oder der Zinsen, die Verwirkung einer Vertragsstrafe wegen nicht rechtzeitiger Zahlung einer Geldschuld; die Fälle der kassatorischen Klausel, Rücktritt des Verkäufers bei Abzahlungsgeschäften (Mayer S. 73; Güthe, Gruchot Bd. 59 S. 68; Kaufmann, JW. 1914 S. 812), diese alle als „besondere" Rechtsfolgen eines bestimmten Rechtsverhältnisses. Ferner gehören nunmehr auch hierher: die allgemeinen Folgen des Vertrags, Vertragszinsen und Schadensersatz nach §§ 284, 286 und 288 BGB., Schadensersatz und Rücktritt vom Vertrag auf Grund des § 326 BGB. Es kann auch der Käufer, falls er vorzuleisten oder Zug um Zug zu leisten hat, von der Vorleistungspflicht entbunden werden; das Recht des Gläubigers auf Sicherheitsleistung nach § 321 BGB. kann ausgeschlossen werden. Die nunmehr gesetzlich festgestellte erweiterte Auffassung des Begriffs der Rechtsfolgen war schon vorher vertreten worden von Kipp, DJZ. 1914 S. 1030; Hachenburg, LZ. 1914 S. 1602; Güthe, PrJMBl. 1914 S. 760 = Gruchot Bd. 59 S. 69; (a. M. war die 2. Auflage S. 141 gewesen sowie die dort angegebene Literatur aus der letzten Zeit, insbesondere OLG. Hamburg vom 25. Nov. 1914 LZ. 1915 S. 158 = Recht 1915 S. 14 Nr. 162 = OLGRspr. Bd. 30 S. 13; Heß S. 93; Mayer S. 74; OLG. Colmar vom 12. Okt. 1915 Recht 1915 S. 622 Nr. 1210 = Elf.-LothrJZ. 1915 S. 399 [kein Ausschluß der Folgen des § 39 VVG. bei nicht rechtzeitiger Prämienzahlung]). (In der Privatversicherung kommen die „besonderen" Rechtsfolgen nicht in Betracht. Bendix, ZVersWiss. 1915 S. 141.) Die Vertreter der weiteren Auffassung sehen den Gegensatz zu den besonderen Verzugsfolgen darin, daß der Gläubiger infolge der Nichtzahlung der Geldforderung das Recht auf

---

[1]) Über die Anwendung der Bestimmung auf Mietverträge vgl. insbes. Asch, JW. 1914 S. 854; vgl. ferner nunmehr Bundesrats-Bek. v. 15. Dez. 1914, Einigungsämter betr. (RGBl. S. 511 Nr. 4572 oben S. 111).

[2]) Über die Anwendung der Bestimmungen im Hypothekenrecht vgl. insbes. Nußbaum, JW. 1914 S. 1106 ff., 1915 S. 1177 ff., Bauchwitz, JW. 1914 S. 1111 ff., Heine, JW. 1915 S. 254 und nunmehr auch BundesratsVO. vom 8. Juni 1916 über die Geltendmachung von Hypotheken, Grundschulden und Rentenschulden RGBl. S. 454 Nr. 5238 unten S. 170 ff. sowie die in der vorigen Fußnote erwähnte BundesratsVO. betr. Einigungsämter.

zwangsweise Durchführung seiner Forderung erlange, während die Geldforderung, an deren nicht rechtzeitige Zahlung der Eintritt der Rechtsfolge geknüpft ist, vor dem 31. Juli 1914 entstanden sein muß (weil nur dann der Schuldner bei Übernahme der Verpflichtung die durch den Krieg geschaffene Verschlechterung seiner Lage nicht berücksichtigen konnte), darf die Rechtsfolge selbst, deren Beseitigung angestrebt wird, erst nach dem 31. Juli 1914 entstanden sein (denn nur dann kann die durch den Krieg geschaffene Notlage die Ursache der nicht rechtzeitigen Zahlung gewesen sein). Wird also z. B. auf Zahlung eines Hypothekenkapitals geklagt, weil die am 1. Juli 1914 fällig gewesenen Zinsen nicht bezahlt worden sind, so kann eine Anordnung, daß die Fälligkeit des Hypothekenkapitals als nicht eingetreten zu gelten habe, nicht erfolgen (wohl aber kann eine Zahlungsfrist auf Grund der Bundesratsbekanntmachung vom 7. August 1914 Nr. 4456 in der Fassung vom 20. Mai 1915 bestimmt werden).

Bedarf es zur Herbeiführung der Rechtsfolge außer der nicht rechtzeitigen Zahlung der Geldforderung noch einer weiteren Tatsache, z. B. einer Kündigung, so ist die Rechtsfolge auch dann erst nach dem 31. Juli 1914 eingetreten, wenn nur diese Tatsache erst nach dem 31. Juli erfolgte. Sieskind S. 87; Güthe, PrJMBl. 1914 S. 760; Sintenis S. 159 Anm. 10; a. M. Asch, JW. 1914 S. 854 (die zu beseitigende Rechtsfolge sei das Recht zur Kündigung, sei also schon vor dem 30. Juli 1914 eingetreten).

Nicht beseitigt werden kann die Rechtsfolge dann, wenn sie aus einem anderen Grunde als wegen nicht rechtzeitiger Zahlung der Geldforderung eingetreten ist, z. B., wenn der Räumungsanspruch auf Grund ordentlicher Kündigung entstanden ist, wenn die Hypothekenforderung vereinbarungsgemäß fällig geworden ist, weil die Grundstücke in Zwangsversteigerung geraten oder veräußert werden. Sieskind S. 86; Güthe, PrJMBl. 1914 S. 760 = Gruchot Bd. 59 S. 70; Kaufmann, JW. 1914 S. 812; a. M. Nußbaum, JW. 1915 S. 1179, der nicht nur die unmittelbaren Folgen der nicht rechtzeitigen Zahlung einer Geldforderung, sondern auch die mittelbaren durch die vorliegende Bek. ausschließen will; darnach soll, wenn z. B. die unterlassene Zahlung die Einleitung der Zwangsversteigerung, Zwangsverwaltung oder des Konkurses nach sich zieht, die Fälligkeit im Sinne der Bek. ebenfalls als besondere Rechtsfolge der unterlassenen Zahlung zu behandeln sein; § 8 der Bekanntmachung betr. die Geltendmachung von Hypotheken usw. vom 8. Juni 1916 (RGBl. 1916 S. 454 Nr. 5238) dehnt nunmehr in ihrem Geltungsbereich (§ 1) die Beseitigung auch auf die Fälle aus, wo sie aus einem andern Grund als wegen nicht rechtzeitiger Zahlung einer Geldforderung eingetreten war. Siehe unten S. 179. Das Bestehen einer Geschäftsaufsicht hindert nicht, daß gerichtlich der Nichteintritt der Nachteile der Nichtleistung ausgesprochen wird (Kipp, DJZ. 1914 S. 1082; Mayer S. 80); dagegen macht die bereits bewirkte Bewilligung einer Zahlungsfrist die Heranziehung dieser Bekanntmachung für den Schuldner überflüssig (Hahn, Gesetz u. Recht 1915 S. 560; Jaffa, Der Zahlungsaufschub und die Konkursverhütung während des Krieges S. 17; a. M. Heß S. 94; Sintenis S. 157 Anm. 2); bei Ablehnung einer beantragten Zahlungsfrist kann auch von der Rechtswohltat dieser Bek. für den Schuldner kein Gebrauch gemacht werden (Mayer S. 76; a. M. Heß S. 111; Sintenis S. 157 Anm. 2; OLG. Düsseldorf vom 17. Dez. 1914 LZ. 1915 S. 160).

III. Das Verfahren: Der Antrag auf Ausschließung der Rechtsfolgen ist entweder beim Prozeßgericht (ZahlFrBewVO. § 1 Satz 1) oder bei dem vom Schuldner in Anspruch genommenen Amtsgericht, bei welchem der Gläubiger seinen allgemeinen Gerichtsstand hat (§ 4 ZahlFrBewVO., § 1 Abs. 3 GeldFordZahlVO.) anzubringen. Der Antrag unterliegt nicht dem Anwaltszwang (a. M. Güthe, Gruchot Bd. 59 S. 71) und ist bis zum Schlusse der mündlichen Verhandlung zu stellen, auf welche das Urteil ergeht. Hat der Gläubiger einen vollstreckbaren Titel, so ist neben dem dem Schuldner stets zugänglichen Amtsgericht des gläubigerischen allgemeinen Gerichtsstands für den Schuldner auch die Anrufung des nach § 732 ZPO. zuständigen Gerichts möglich, da der Schuldner den Antrag auf Beseitigung der Rechtsfolgen „durch Einwendung gegen die Zulässigkeit der Vollstreckungsklausel" geltend machen kann. Das in diesem Falle zuständige Gericht, also nicht das Vollstreckungsgericht, bestimmt sich nach § 797 Abs. 3 ZPO. (vgl. auch Nußbaum, JW. 1915 S. 1179, dagegen abweichend Buhe, JW. 1915 S. 1468). Der Vorteil dieses dem Schuldner offenstehenden Weges ist, daß die Zwangsvollstreckung unzulässig wird und dem Schuldner unter Umständen die Vollstreckungsgegenklage zusteht. Dagegen kann der Schuldner auf dem Weg des § 3 der Bek., § 732 ZPO. eine Aufhebung der Vollstreckungsmaßregeln nicht erreichen. (Nußbaum a. a. O. 1180; a. M. Buhe a. a. O. S. 1468). Einem erst in der Revisionsinstanz gestellten Antrag des Schuldners nach § 1 kann nicht mehr stattgegeben werden, weil diese nur über Gesetzesverletzung der in § 549 ZPO. angegebenen Art zu befinden hat (RG. vom 25. Jan. 1916 LZ. 1916 S. 591).

IV. Die **vom Gericht zu treffende Anordnung** besteht darin, daß entweder die bevorstehende Rechtsfolge nicht eintritt (nach dem Wortlaut der Bek. ist aber ein gerichtlicher Ausspruch, daß die an eine künftige Leistung geknüpften Rechtsfolgen nicht eintreten sollen, unmöglich; vgl. Mayer S. 77) oder, daß die bereits eingetretene Rechtsfolge als nicht eingetreten zu gelten hat. Sieskind S. 87. Das Gericht kann aber auch — nach freiem Ermessen unter Berücksichtigung der Lage des Gläubigers und des Schuldners — die Rechtsfolge nur teilweise beseitigen, z. B. anordnen, daß die Hälfte des Kapitals fällig ist. Die bisherige Befugnis des Gerichts anzuordnen, daß die Folgen nur unter einer Bedingung, insbesondere erst nach dem fruchtlosen Ablauf einer höchstens dreimonatlichen Frist eintreten sollen, ist durch Artikel II der Änderungsverordnung vom 8. Juni 1916 aufgehoben worden. Da aber durch Abs. 3 des § 1 der vorliegenden Bek. der § 1 Abs. 1 Satz 3 für anwendbar erklärt ist und die jetzige Fassung des Satz 3 a. a. O. gegenüber der vor der Veränderungsverordnung geltenden Fassung erweitert ist (statt der bisher allein erwähnten bloßen Sicherheitsstellung ist nunmehr ganz allgemein zulässig, die Zahlungsfristgewährung von der Erfüllung bestimmter Bedingungen abhängig zu machen), darf auch der Nichteintritt der Folgen bei Nichtleistung einer Geldforderung von allen Arten von bestimmten Bedingungen abhängig gemacht werden, unter welche auch die Stellung einer nach freiem Ermessen zu bestimmenden Sicherheitsleistung fällt. Die Anordnung von Teilzahlungen mit der Bedingung, daß die Nichteinhaltung der Ratenzahlungen den Eintritt der Rechtsfolge nach sich ziehe, ist zulässig. Die Auferlegung von bestimmten Bedingungen ersetzt die Aufschiebung des Eintritts der Rechtsfolgen auf drei Monate und gewährt Gläubiger und Schuldner den Vorteil einer sofortigen Gewißheit, wenn sie auch an bestimmte Bedingungen geknüpft ist, ob die Beseitigung der Rechtsfolgen vom Gericht zugestanden wird. Aus der jetzigen erweiterten und allgemeinen Fassung ergibt sich, daß das Gericht auch die weniger weitgehende Befugnis hat, den Eintritt der Rechtsfolge nur bestimmte Zeit hinauszuschieben, z. B., daß die Wohnung erst einen Monat nach erfolgter außerordentlicher Kündigung zu räumen ist (ohne daß hierbei dem Schuldner noch die Möglichkeit gelassen wird, durch rechtzeitige Zahlung den Räumungsanspruch des Gläubigers vollständig zu beseitigen).

Über die Fassung des Urteilstenors vgl. Güthe, PrJMBl. 1914 S. 761 = Gruchot Bd. 59 S. 71 ff.; Kaufmann, JW. 1914 S. 813; Hahnemann, NachrDAB. 1914 S. 129/130. Wenn die Durchführung der besonderen Rechtsfolge Gegenstand des Rechtsstreites ist (z. B. der Räumungsanspruch), so kann das Urteil auch auf Klagsabweisung lauten, wenn nämlich die Rechtsfolge unbedingt aufgehoben wird. Freiesleben, DJZ. 1914 S. 1158.

Rechtsmittel: vgl. Anm. IV zu § 1 der Bundesratsbekanntmachung vom 7. August 1914 in der Fassung vom 20. Mai 1915. Auch die Ablehnung ist im Urteil zu vermerken.

Für die Vollstreckung eines Urteils, in dem die Rechtsfolge bedingt beseitigt ist, gilt das in Anm. VI b 2 zu § 1 der eben genannten Bundesratsbekanntmachung Angeführte; vgl. Güthe, PrJMBl. 1914 S. 762 = Gruchot Bd. 59 S. 72.

Über Kosten: s. Anm. zu § 2.

Die **Wirkung der Anordnung**, durch die die Rechtsfolge als nicht eingetreten, oder nur bedingungsweise eingetreten gilt, beschränkt sich grundsätzlich auf die Parteien. Soweit jedoch die Rechtsfolge mehreren Gesamtschuldnern gegenüber nur einheitlich eintreten kann (vgl. § 356 und bezüglich der Kündigung Oertmann Note 1 zu § 426 BGB.), hat die Anordnung notwendig auch auf die Rechte und Pflichten dritter Personen Einfluß. Zugunsten des Hauptschuldners angeordnete Außerkraftsetzung der Kündigung des Kapitals wirkt auch zugunsten des Bürgen (§ 767 BGB.). Kaufmann, JW. 1914 S. 813; LG. Berlin I vom 19. Jan. 1915 LZ. 1915 S. 389.

V. Nach Abs. 3 des § 1 ist auch das in § 4 der Bundesratsbekanntmachung vom 7. August 1914 Nr. 4456 in der Fassung vom 20. Mai 1916 vorgesehene **Initiativverfahren** hier anwendbar. Es kann im allgemeinen auf die Erläuterungen zu dem erwähnten § 4 verwiesen werden. Besonders ist nur noch zu bemerken: auch wenn Antrag und Ladung des Schuldners zunächst nur zur Bestimmung einer Zahlungsfrist erfolgt ist, so kann doch der Schuldner im Termin seinen Antrag erweitern und Beseitigung einer Rechtsfolge verlangen. Güthe, PrJMBl. 1914 S. 762 = Gruchot Bd. 59 S. 64.

Der Antrag des Schuldners muß hier das Anerkenntnis einer besonderen Rechtsfolge (z. B. Räumungsanspruch) und das Anerkenntnis des Bestehens der nichtbezahlten Forderung, soweit sie neben den besonderen Rechtsfolgen bestehen bleibt, enthalten. Der Antrag ist schon zulässig, ehe die Rechtsfolge eingetreten ist, soferne deren Eintritt nahe bevorsteht. Sieskind S. 88; Kaufmann, JW. 1914 S. 813.

§ 2.

Die Kosten des Prozesses können der obsiegenden Partei ganz oder teilweise auferlegt werden, wenn sie auf Grund einer gemäß § 1 getroffenen Anordnung obsiegt.

Wenn das Gericht dem Antrag des Beklagten stattgibt, kann es vorkommen, daß der Kläger, obwohl er nur einen ihm nach den allgemeinen Bestimmungen des bürgerlichen Rechtes zustehenden Anspruch geltend macht, mit seiner Klage ganz oder teilweise abgewiesen wird. Nach den Bestimmungen der Zivilprozeßordnung über die Verteilung der Kosten des Rechtsstreites (§§ 91 ff. ZPO.) müßte er demnach die Kosten ganz oder teilweise tragen. Dies würde eine unbillige Belastung des Gläubigers zugunsten des Schuldners sein. Deshalb gestattet der § 2 eine abweichende Verteilung der Kosten. Es können insbesondere, auch wenn die Klage abgewiesen wird (vgl. Anm. IV zu § 1), die Kosten des Rechtsstreites dem Beklagten auferlegt werden. In allen Fällen, in denen ohne das Eingreifen des Richters dem Antrag des Klägers entsprochen worden wäre, wird es der Billigkeit entsprechen, alle Kosten dem Beklagten aufzuerlegen, soferne nicht dem Kläger rigoroses Vorgehen zur Last fällt. Sieskind S. 88; Bendix S. 88; Freiesleben, DJZ. 1914 S. 1160; Hahnemann, NachrDAV. 1914 S. 130; LG. Leipzig vom 12. Nov. 1915 DJZ. 1916 S. 147 = Recht 1916 S. 87 Nr. 206.

Für die Höhe der Kosten sind die allgemeinen Vorschriften des GKG. maßgebend. BayJMBek. vom 22. August 1914 S. 183.

Auf eine Anordnung gemäß § 3 bezieht sich die Kostenvorschrift des § 2 nicht (Mayer S. 80).

Auf Vergleiche findet der § 6 der Bundesratsbekanntmachung vom 7. August 1915 in der Fassung vom 20. Mai 1915 Nr. 4741 Anwendung.

§ 3.

Hat der Gläubiger für seine Forderung einen vollstreckbaren Titel, so kann der Schuldner den Antrag, die Rechtsfolgen der Nichtzahlung oder der nicht rechtzeitigen Zahlung zu beseitigen (§ 1), durch Einwendung gegen die Zulässigkeit der Vollstreckungsklausel (§ 732 der Zivilprozeßordnung) geltend machen. Diese Bestimmung findet keine Anwendung, wenn bereits eine Anordnung nach § 1 getroffen worden ist.

I. Entsprechend dem § 5 der Bundesratsbekanntmachung v. 7. August 1914 Nr. 4456 in der Fassung vom 20. Mai 1915 Nr. 4741 gibt auch hier der § 3 der Bekanntmachung vom 18. August 1914 die Möglichkeit, auch noch in der **Vollstreckungsinstanz** die Beseitigung der besonderen Rechtsfolgen zu erlangen. Für die Anordnung ist dasjenige Gericht zuständig, von dessen Gerichtsschreiber die Vollstreckungsklausel erteilt ist, also nach § 824 Abs. 2 ZPO. das Gericht erster Instanz und wenn der Rechtsstreit bei einem höheren Gericht anhängig ist, dieses Gericht, so daß auch die Zuständigkeit des Landgerichts, Oberlandesgerichts und des Reichsgerichts gegeben sein kann. Handelt es sich um vollstreckbare Urkunden nach § 794 Abs. 1 Ziff. 5 ZPO., so bestimmt sich die Zuständigkeit nach § 797 Abs. 3 ZPO. Güthe, PrJMBl. 1914 S. 763 = Gruchot Bd. 59 S. 75. Die Beseitigung der Verzugsfolgen trotz erfolgter Ablehnung durch Prozeß- oder Amts-(Vollstreckungs-)gericht ist nicht mehr zulässig (Striemer, JW. 1914 S. 851; Mayer S. 80; Sieskind S. 90; KammerG. OLGRspr. Bd. 30 S. 370; a. M. Güthe, Gruchot Bd. 59 S. 76).

Die Anordnung ist erst zulässig, wenn die Vollstreckungsklausel schon erteilt ist. Sieskind S. 89; Güthe a. a. O.; Bauchwitz, JW. 1914 S. 1111; (a. M. Jaffa a. a. O. S. 18 und Nußbaum, JW. 1915 S. 1180 mit dem Hinweis auf RG. Bd. 71 S. 181.

Der Vollstreckungstitel kann auch in einem Urteil bestehen; er muß sich auf die Rechtsfolgen der Nichtzahlung einer Geldforderung erstrecken. Hat der Gläubiger nur den Titel für die nicht befriedigte Forderung, so kann die Beseitigung der Vollstreckungsklausel nicht das geeignete Mittel sein, um die Beseitigung von Rechtsfolgen herbeizuführen, die noch gar nicht in vollstreckbarer Form festgestellt worden sind. Kipp, DJZ. 1914 S. 1031; a. M. Sieskind S. 89; Güthe, PrJMBl. 1914 S. 759 = Gruchot Bd. 59 S. 75.

Die sachlichen Voraussetzungen sind die gleichen wie in § 1; ebenso können inhaltlich die gleichen Anordnungen getroffen werden, wie im Falle des § 1. Für das Verfahren ist § 732 ZPO. maßgebend. Einstweilige Anordnung und Erlegung einer Sicherheit sind zulässig. Die Kostenverteilung richtet sich nach den allgemeinen Grundsätzen, nicht nach § 2 der Bekanntmachung. Güthe a. a. O.

Gerichtsgebühren: § 38 Ziff. 3 GKG.; für die Streitwertfestsetzung ist § 3 ZPO. maßgebend (OLG. Königsberg vom 18. Aug. 1915 DJZ. 1915 S. 934).

Anwaltsgebühren: § 24 RAGO.

Rechtsmittel: §§ 793 und 795 ZPO.; sie stehen Schuldner und Gläubiger in gleicher Weise zu.

II. In Satz 2 des § 3 wird bestimmt, daß die Anordnung im Wege der Einwendung gegen die Zwangsvollstreckung nicht getroffen werden kann, wenn schon das Prozeßgericht (nach § 1) eine derartige Anordnung getroffen hat. Unzulässig ist deshalb auch in diesem Fall eine Erweiterung der vom Prozeßgericht oder vom Amtsgericht getroffenen Anordnung. Im übrigen sind die in Anm. VIII zu § 5 der Bundesratsverordnung vom 20. Mai 1915 oben S. 155 angegebenen Grundsätze auch hier maßgebend; vgl. auch die Bemerkungen III zu § 1 der Bek. oben S. 165.

§ 4.

Diese Verordnung tritt mit dem Tage der Verkündung in Kraft.

26a. Bekanntmachung, betreffend Änderung der Verordnungen über die gerichtliche Bewilligung von Zahlungsfristen und über die Folgen der nicht rechtzeitigen Zahlung einer Geldforderung.

Vom 8. Juni 1916.

(RGBl. S. 451 Nr. 5236).

Der Bundesrat hat auf Grund des § 3 des Gesetzes über die Ermächtigung des Bundesrats zu wirtschaftlichen Maßnahmen usw. vom 4. August 1914 (Reichs-Gesetzbl. S. 327) folgende Verordnung erlassen:

Art. 1.

Die Verordnung über die gerichtliche Bewilligung von Zahlungsfristen (Reichs-Gesetzbl. 1915 S. 290) wird dahin geändert:

1. Im § 1

   a) treten im Abs. 1 an die Stelle von Satz 2 und 3 folgende Vorschriften:

   Die Bestimmung ist zulässig, wenn die Lage des Beklagten sie rechtfertigt, es sei denn, daß die Zahlungsfrist dem Kläger einen unverhältnismäßigen Nachteil bringt. Sie kann für den Gesamtbetrag oder einen Teilbetrag der Forderung erfolgen und von der Erfüllung bestimmter Bedingungen abhängig gemacht werden.

   b) wird im Abs. 2 der Satz 2 ersetzt durch die Worte:

   Die Parteien haben die tatsächlichen Behauptungen glaubhaft zu machen.

   c) wird im Abs. 3 als Satz 1 eingefügt:

   Die Zahlungsfrist wirkt wie eine von dem Gläubiger bewilligte Stundung.

2. Im § 5 Abs. 1 wird als Satz 5 angefügt:

   Vor der Entscheidung kann das Gericht eine vorläufige Anordnung erlassen; gegen eine vorläufige Anordnung findet kein Rechtsmittel statt.

3. Im § 6 Abs. 3 treten an die Stelle von Satz 1 folgende Vorschriften:

   In den Fällen der §§ 3, 4 und 5 können die Kosten ganz oder teilweise dem Schuldner auferlegt werden, auch wenn seinem Antrag stattgegeben wird. Die Gerichts- und Anwaltsgebühren betragen zwei Zehnteile des Satzes des § 8 des Gerichtskostengesetzes und des § 9 der Gebührenordnung für Rechtsanwälte.

Art. 2.

Die Verordnung über die Folgen der nichtrechtzeitigen Zahlung einer Geldforderung (Reichs-Gesetzbl. 1915 S. 292) wird dahin geändert:

Im § 1 Abs. 1 werden die Worte „die besonderen" und der Halbsatz:

„; das Gericht kann auch anordnen, daß die Folgen nur unter einer Bedingung, insbesondere erst nach dem fruchtlosen Ablauf einer auf höchstens drei Monate zu bemessenden Frist, eintreten"

gestrichen.

Art. 3.

Soweit in Verordnungen auf Vorschriften verwiesen ist, die durch diese Verordnung außer Kraft gesetzt sind, treten an deren Stelle die entsprechenden Vorschriften dieser Verordnung.

Art. 4.

Diese Verordnung tritt mit dem Tage der Verkündung in Kraft.

Erläuterungen siehe bei den betr. Verordnungen.

27. Bekanntmachung über die Geltendmachung von Hypotheken, Grundschulden und Rentenschulden.

Vom 8. Juni 1916.

(RGBl. S. 454 Nr. 5238).

Vorbemerkung:

1. **Literatur:** v. Miltner, LZ. 1916 S. 923 ff.; Nußbaum, JW. 1916 S. 931 ff., 1088 ff.; Scholz, JW. 1916 S. 991 ff., 1085 ff; Stillschweig, JW. 1916 S. 1067 ff.; nicht mehr benützt: Zweigert (Vahlen 1916) u. v. Dassel DJZ. 1916 S. 938. — Zur Kritik: Eingabe des Zentralverbandes des deutschen Bank- und Bankiergewerbes (BankArch. 1916 S. 403).

2. **Allgemeines:** Die Lage des durch den Krieg besonders schwer getroffenen Grundbesitzes hatte bereits zu einer Reihe von gesetzlichen Maßnahmen Anlaß gegeben. Zur gütlichen Verständigung zwischen Eigentümer und Hypothekengläubiger diente die Vermittlung der Einigungsämter (BRVO. v. 15. Dez. 1914 S. 511 Nr. 4572). Zum Ausgleich von Härten zugunsten des Realbesitzes waren ferner die Verordnungen über die gerichtliche Bewilligung von Zahlungsfristen (vom 20. Mai 1915 RGBl. 1915 S. 290, 292 Nr. 4741) und über die Folgen der nicht rechtzeitigen Zahlung einer Geldforderung (RGBl. ebenda) ergangen. Erweiterte Stundungsmögichkeiten waren durch die Verordnung betr. die Bewilligung von Zahlungsfristen für Hypotheken und Grundschulden vom 22. Dezember 1914 (RGBl. 1914 S. 543 Nr. 4590) für Hypotheken und Grundschuldkapitalien vorgesehen. Der zweite Hypothekengläubiger wurde gegen Verluste in der Zwangsversteigerung durch die Verordnung vom 10. Dezember 1914 (RGBl. 1914 S. 499 Nr. 4566: Versagung des Zuschlags bei unangemessenem Bietungsergebnis) geschützt. Die Zwangs-

verwaltung von Grundstücken hatte durch die Verordnung vom 22. April 1915 (RGBl. 1915 S. 236 Nr. 4718) eine entsprechende erleichternde Ausgestaltung erfahren.

Mit der längeren Kriegsdauer haben sich die Schwierigkeiten für den Grundbesitz weiter erhöht, insbesondere da der ständig zunehmende Mietausfall eine regelmäßige Erfüllung der Zinsverpflichtungen häufig in Frage stellte. Die bestehenden Vorschriften bedurften einer Ergänzung und Erweiterung; es erschien angezeigt, die neuen Bestimmungen nicht auf dem Wege einer Änderung der bisherigen Vorschriften zu treffen, sondern die sämtlichen einschlägigen Anordnungen in einer das Gebiet des Realkredits erschöpfenden Weise zusammen zu fassen. Dieser Kodifikation wird auch der allgemein gehaltene Titel: „Verordnung über die Geltendmachung von Hypotheken usw." gerecht. Die äußeren Vorteile einer einheitlichen Regelung liegen auf der Hand. Dabei wurden die beiden Verordnungen über die Bewilligung von Zahlungsfristen bei Hypotheken und Grundschulden vom 22. Dezember 1914 (RGBl. 1914 S. 543 Nr. 4590) und über die Versagung des Zuschlags bei der Versteigerung von Gegenständen des unbeweglichen Vermögens vom 10. Dez. 1914 (RGBl. 1915 S. 499 Nr. 4459) außer Kraft gesetzt. Vgl. im übrigen Begründung im Reichsanzeiger vom 13. Juni 1916.

Die Vorschriften der VO. gliedern sich in vier Abschnitte. Der 1. Abschnitt (§§ 1—7) behandelt die Bewilligung von Zahlungsfristen für Hypotheken und Grundschulden und tritt insoweit an die Stelle der VO. über die gerichtliche Bewilligung von Zahlungsfristen (RGBl. 1915 S. 290 Nr. 4741); diese letztgenannte Verordnung ist (ebenso wie die Verordnung über die Folgen der nicht rechtzeitigen Zahlung einer Geldforderung vom 20. Mai 1915, RGBl. 1915 S. 292 Nr. 4741) auf die Ansprüche der in § 1 der vorliegenden Verordnung erwähnten Art laut ausdrücklicher Feststellung in § 19 nicht mehr anwendbar. Der 1. Abschnitt ersetzt gleichzeitig die Verordnung betr. die Bewilligung von Zahlungsfristen bei Hypotheken und Grundschulden (RGBl. 1915 S. 292 Nr. 4741). Der 2. Abschnitt (§§ 8, 9) tritt auf dem Gebiete des Realkredits an die Stelle der Verordnung über die Folgen der nicht rechtzeitigen Zahlung einer Geldforderung (RGBl. 1915 S. 292 Nr. 4741). Der 3. Abschnitt (§§ 10—12) behandelt die Zwangsversteigerung und ersetzt in § 12 die Verordnung über die Versagung des Zuschlags vom 10. Dez. 1914 (RGBl. 1914 S. 499 Nr. 4566). Der 4. Abschnitt (§§ 13—20) enthält Schluß- und Übergangsvorschriften. In die Verordnung über die Zwangsverwaltung der Grundstücke vom 22. April 1915 (RGBl. 1915 S. 233 Nr. 4716) greift die vorliegende Verordnung nicht ein.

Der Bundesrat hat auf Grund des § 3 des Gesetzes über die Ermächtigung des Bundesrats zu wirtschaftlichen Maßnahmen usw. vom 4. August 1914 (Reichs-Gesetzbl. S. 327) folgende Verordnung erlassen:

I. Bewilligung von Zahlungsfristen.

§ 1.

In bürgerlichen Rechtsstreitigkeiten über Ansprüche aus einer Hypothek, Grundschuld oder Rentenschuld kann das Prozeßgericht

auf Antrag des Beklagten in dem Urteil eine Zahlungsfrist bestimmen, wenn die Lage des Beklagten dies rechtfertigt, es sei denn, daß die Zahlungsfrist dem Kläger einen unverhältnismäßigen Nachteil bringt. Bei Rechtsstreitigkeiten über Forderungen, für die eine Hypothek bestellt ist, gilt das gleiche, soweit der Eigentümer des belasteten Grundstücks zugleich der persönliche Schuldner ist.

Die Parteien haben die tatsächlichen Behauptungen glaubhaft zu machen.

I. **Geltungsbereich.** Die vorliegende Verordnung erstreckt sich ebenso wie die bisherige Verordnung betr. die Bewilligung von Zahlungsfristen bei Hypotheken und Grundschulden vom 22. Dezember 1914 auf dingliche Ansprüche aus Hypotheken, Grundschulden und Rentenschulden. Neu ist, daß die Beschränkung auf solche Hypotheken, die vor dem 31. Juli 1914 entstanden sind, fallen gelassen wurde; dadurch sind zunächst alle Streitfragen darüber aus der Welt geschafft, wann eine Forderung vor dem 31. Juli entstanden ist (z. B. bei Wechselforderungen, die vorher ausgestellt, nachher fällig oder prolongiert wurden); ferner aber genießen auch die sogenannten Kriegshypotheken die Vergünstigung der Zahlungsfrist, was unter Umständen billig sein kann, wenn man berücksichtigt, daß schon bei der Begründung mit der veränderten wirtschaftlichen Lage gerechnet wurde; dies ist namentlich dann der Fall, wenn der Ersteher eines Grundstücks das Bargebot nicht berichtigt und deshalb die Forderung gegen ihn auf die Berechtigten übertragen wird (§ 118 ZVG.); für die nach § 128 ZVG. eingetragene Sicherheitshypothek ihm dann eine Zahlungsfrist zu gewähren, ist durchaus angemessen, da er häufig zur Verhütung eigener Verluste gezwungen war, das Grundstück zu übernehmen. Vgl. Zweigert Anm. 2 und unten II a. E.

II. Nach § 1 der aufgehobenen Verordnung betr. die Bewilligung von Zahlungsfristen bei Hypotheken usw. v. 22. Dez. 1914 war es zweifelhaft, ob auch zugunsten der der Hypothek zugrundeliegenden persönlichen Forderung die Frist bewilligt werden könne; die 2. Auflage S. 140 hatte es abgelehnt; eine die Anwendung auf die persönliche Forderung ausdehnende Auslegung war jedoch allmählich herrschend geworden; vgl. Nußbaum, JW. 1915 S. 1177 f.; Stillschweig, JW. 1926 S. 1068 (mit Einschränkungen); OLG. Stuttgart vom 4. Jan. 1916 Recht 1916 S. 146 Nr. 323; OLG. Braunschweig vom 1. Okt. 1915, Recht 1916 S. 183 Nr. 166; OLG. Stettin vom 16. Oktober 1915, JW. 1915 S. 1455; OLG. München v. 24. Nov. 1915, LZ. 1916 S. 183 = Recht 1916 S. 24 Nr. 70 = OLGRspr. Bd. 32 S. 288; Heinitz, DJZ. 1915 S. 914. Nunmehr ist die Frage gesetzlich dahin geregelt, daß die Fristbewilligung sich auch auf die persönliche Forderung erstreckt, wenn der Schuldner Eigentümer des belasteten Grundstücks ist (weitergehend befürwortet Nußbaum, JW. 1915 S. 1177 die Ausdehnung auch dann, wenn persönlicher Schuldner und Eigentümer verschiedene Personen sind, sowie die Anwendung auf den Hypothekenbürgen). Der persönliche Schuldner, der nicht Grundstückseigentümer ist, kann demnach nur nach der allgemeinen BRVO. über die gerichtliche Bewilligung einer Zahlungsfrist eine Frist erlangen (was auch durch § 19 Abs. 1 nicht ausgeschlossen wird). Hinsichtlich der

Arten der Hypotheken besteht kein Unterschied (vgl. das angeführte Urteil des OLG. München) mit Ausnahme der Schiffshypothek (LG. Berlin vom 14. Sept. 1915 JW. 1916 S. 215.)

III. Im übrigen stimmt § 1 der VO. inhaltlich mit § 1 der ZahlFrVO. in der Fassung vom 20. Mai 1915 (mit den durch die Änderungsverordnung v. 8. Juni 1916 eingeführten Änderungen) überein; es kann daher hinsichtlich der Begriffe „bürgerliche Rechtsstreitigkeiten", „Lage des Beklagten", „unverhältnismäßiger Nachteil des Klägers", „Glaubhaftmachung der tatsächlichen Behauptungen" darauf verwiesen werden. Neu ist die nunmehr auch in § 1 der ZahlFrVO. aufgenommene dem Schuldner vorteilhafte Vorschrift, daß der Gläubiger den ihm erwachsenden unverhältnismäßigen Nachteil glaubhaft zu machen hat. Dem Gläubiger soll grundsätzlich kein unverhältnismäßiger Nachteil erwachsen, zumal da seine Lage ohnehin schutzbedürftiger wie die des Schuldners sein kann. Das Prozeßgericht wird demnach seine Entscheidung nach den Ergebnissen des beiderseitigen Vorbringens unter möglichster Klärung der Gesamtlage fällen müssen, wobei namentlich zu berücksichtigen ist, ob der Gläubiger schon freiwillig Stundung gewährt und aus welchen Gründen er dies getan hat. Aus der Würdigung der gesamten Sachlage ergibt sich insbesondere die Entscheidung, wenn der Gläubiger auf Grund von §§ 1133 Satz 2, 1192, 1201 BGB. Zahlung verlangt. Die Zahlungsfrist kann in diesen Fällen nicht grundsätzlich versagt werden, da es sich um einen Anspruch aus einer Hypothek im Sinne des § 1 handelt (v. Miltner, LZ. 1916 S. 924 Anm. 2; a. M. Mayer S. 264).

Ein unverhältnismäßiger Nachteil des Gläubigers liegt ferner dann vor, wenn ihm durch die Bewilligung der Zahlungsfrist die Möglichkeit wegen Zinsen oder anderer wiederkehrender Leistungen die Befriedigung aus dem Grundstück im Range der §§ 10 Nr. 4 ZVG. zu erlangen, vereitelt oder erschwert wird. Bei der Stundung von Zinsen ist auch zu würdigen, daß § 10 der VO. dem Gläubiger die Möglichkeit erschwert, die Zinsen durch Zwangsversteigerung beizutreiben, während ihm andererseits die Zwangsverwaltung wegen der Rangordnung des § 155 ZVG. bei der gegenwärtigen Lage des Grundstücksmarkts wenig Aussicht bietet, mit Zinsrückständen zur Hebung zu gelangen. Darin kann auch ein Rechtsverlust des Gläubigers liegen, dem gegenüber die Interessen des Schuldners zurückzutreten haben. Die Bestimmung des § 2 Abs. 1 Satz 2 wird hier ausgleichend wirken können; eine derartige Bedingung wäre z. B. rechtzeitige Tilgung der eintretenden Rückstände; auch durch vorsichtige Abmessung der Dauer der Frist kann etwaigen Nachteilen vorgebeugt werden.

IV. Nach § 1 der VO. v. 22. Dezember 1914 waren die Bestimmungen der VO. nicht auf Zinsenansprüche, Kosten und sonstige Nebenleistungen anwendbar (vgl. 2. Aufl. S. 148), nicht einmal, wenn sie mit dem Kapital zusammen eingeklagt werden; um für die Zinsen einer Hypothekforderung eine Zahlungsfrist zu erlangen, war man auf die ZahlFrVO. v. 7. Aug. 1914/20. Mai 1915 angewiesen.

Nunmehr fallen diese Ansprüche unter § 1 der VO. v. 8. Juni 1916 und für sie ist die Anwendung der ZahlFrVO. und der VO. über die nicht rechtzeitige Zahlung einer Geldforderung grundsätzlich ausgeschlossen. Eine Zahlungsfrist nach § 1 kann nur einmal gewährt werden („in dem Urteil"); der Wiederholung der Kapitalsschuldenzahlungsfrist nach § 4 steht dagegen nichts im Wege. Bei Ablehnung des Fristenantrages der 1. Instanz oder bei Gewährung einer kürzeren Frist als von einem Jahr kann der Schuldner in der Berufungsinstanz den Antrag wiederholen und das Berufungsgericht ihm stattgeben, jedoch nicht über die in § 2 Abs. 1 Satz 1 festgestellte Höchstdauer hinaus. (v. Miltner, LZ. 1916 S. 927). Die Frist läuft dann vom Urteil 1. Instanz an. Hat der Schuldner Berufung gegen seine Verurteilung eingelegt oder seinen Anschluß an die klägerische Berufung erklärt, so kann ihm das Berufungsgericht selbst dann noch eine Frist gewähren, wenn er es in der Vorinstanz überhaupt verabsäumt hatte den Fristantrag zu stellen. (Zur Nachholung des Antrags allein ist natürlich die Berufung unzulässig).

§ 2.

Die Zahlungsfrist kann für das Kapital der Hypothek oder Grundschuld oder für die Ablösungssumme der Rentenschuld bis zu einem Jahre, für Zinsen und andere Nebenleistungen bis zu sechs Monaten bemessen werden. Die Bestimmung der Frist kann für den Gesamtbetrag oder einen Teilbetrag des Anspruchs erfolgen und von der Erfüllung bestimmter Bedingungen abhängig gemacht werden.

Die Zahlungsfrist beginnt mit der Verkündung des Urteils.

I. § 2 enthält die näheren Bestimmungen über die **Höchstdauer** der **Zahlungsfrist** für Kapital und Zinsen.

Die Höchstdauer der richterlichen Zahlungsfrist betrug bisher für Hypotheken- und Grundschuldkapitalien sechs Monate, für Zinsen und sonstige Nebenleistungen drei Monate. Bei Zinsen und Nebenleistungen war die Fristbestimmung nur einmal zulässig, bei Kapitalsforderungen konnte auch nach Ablauf der Zahlungsfrist die Zwangsvollstreckung bis zur Dauer von 6 Monaten eingestellt werden; die Einstellung konnte nach § 2 Abs. 1 Satz 2 der VO. vom 22. Dez. 1914 in der Fassung v. 20. Mai 1915 auch mehrmals erfolgen.

Nunmehr ist die Höchstgrenze der einzelnen Zahlungsfrist für Kapitalforderungen auf ein Jahr, für Zinsen und andere Nebenleistungen auf 6 Monate heraufgesetzt; der Ausdruck Kapitalsforderungen umfaßt das Kapital der Hypothek und der Grundschuld, die Ablösungssumme der Rentenschuld und die Tilgungsbeiträge der Amortisationshypotheken. Das Gericht wird bei Abwägung der beiderseitigen Interessen eine den Gläubiger schonende Bemessung der Dauer der gewährten Frist vornehmen können; z. B. wird ein noch aus Friedenszeiten herrührender niedriger Zins einer Hypothek durch eine angemessene Zinserhöhung ausgeglichen werden können, was den Inhalt der „bestimmten Bedingung" bildet, von deren Erfüllung die Zahlungsfrist abhängig gemacht werden kann.

II. Als **Kapital** im Sinne des § 3 sind auch die Beträge anzusehen, die bei Tilgungshypotheken behufs allmählicher Kapitalstilgung als Zuschlag zu den Zinsen zu entrichten sind; da nunmehr § 1 auch für Zinsen gilt, denen die Annuitäten wirtschaftlich gleichstehen, ist dies gerechtfertigt; rechtlich war es schon bisher zulässig, wenn auch eine unterschiedliche Behandlung den Zinsen gegenüber wirtschaftlich nicht begründet war (vgl. auch 2. Aufl. S. 149 f.).

III. Die in § 2 Abs. 1 Satz 2 aufgestellte Vorschrift, daß die Fristgewährung von der Erfüllung bestimmter Bedingungen abhängig gemacht werden könne, stimmt inhaltlich mit § 1 Abs. 1 Satz 3 der ZahlFrVO. in der Fassung vom 20. Mai 1915 (mit den Änderungen durch die ÄnderungsVO. v. 8. Juni 1916) überein. Auf das dort Gesagte (siehe oben S. 140) kann verwiesen werden. Für die inhaltliche Bestimmung der Bedingung ist dem Gericht freier Spielraum gelassen; es kann in Betracht kommen: angemessene Erhöhung des Zinsfußes auf die Dauer der Frist oder darüber hinaus, zu welcher sich der Schuldner innerhalb einer möglichst kurzen Frist in grundbuchmäßiger und vollstreckbarer Form verpflichtet, Befriedigung eines anderen Gläubigers, von dem eine rücksichtslosere Rechtsverfolgung zu befürchten ist (v. Miltner a. a. O.), ferner Unterwerfung des Schuldners auf Fristdauer unter gewisse finanzielle oder geschäftliche Beschränkungen, ähnlich wie im § 7 der GeschäftsaufsichtsVO., ferner die Bedingung, daß die Fortdauer der Zahlungsfrist von der Zahlung der innerhalb der Frist fällig werdenden Zinsen abhängig gemacht wird. Es wird zweckmäßig sein, daß sich der Schuldner durch sofort vollstreckbare Urkunde verpflichtet, bei Ausfall der Bedingung die vom Gericht für angemessen erachtete Verpflichtung zu übernehmen. Die Nichteinhaltung der Bedingung muß zur Folge haben, daß ohne weiteres das Aufhören der Stundung eintritt (v. Miltner a. a. O. S. 925); denn die Vergünstigung soll nur eintreten, wenn die Bedingungen erfüllt sind.

IV. Die Beweislast für den Eintritt der Bedingungen obliegt unter allen Umständen dem Schuldner.

Die Fristbewilligung kann für das ganze Kapital oder die ganzen Zinsen oder für beide zusammen oder für Teilbeträge beider erfolgen.

Die Zahlungsfrist beginnt mit der Verkündung des Urteils.

§ 3.

Der Antrag auf Bewilligung einer Zahlungsfrist darf bei Kapitalschulden nicht deshalb abgelehnt werden, weil anzunehmen ist, daß der Beklagte nach Ablauf der Frist zur Befriedigung des Klägers außerstande sein wird.

Der § 3 schränkt bei Kapitalschulden (nicht aber bei Zinsen und Nebenleistungen) das freie richterliche Ermessen in der Bewilligung einer Zahlungsfrist ein; der Bewilligungsantrag darf nicht nur deshalb abgelehnt werden, weil zu erwarten ist, daß auch nach Ablauf der Zahlungsfrist die Lage des Schuldners sich nicht soweit gebessert habe, daß er den Gläubiger befriedigen könne. Diese Bestimmung entspricht der in § 5 vorgesehenen Regelung, daß die Bewilligung der Zahlungsfrist für Kapitalschulden mehrfach erfolgen könne; der Hypothekenschuldner soll bei unveränderter Sachlage stets von neuem Frist erhalten. (Vgl. Nußbaum, JW. 1915 S. 617 u. 1177 ff.)

Unzulässig ist allerdings nur eine ausschließlich darauf gegründete Ablehnung. Im Zusammenhang mit der Würdigung der gesamten Lage des Schuldners kann die sichere Erwartung, daß eine Besserung nicht eintreten werde, zur Ablehnung führen, um nicht dem Gläubiger einen unverhältnismäßigen Nachteil zu verursachen. (Begr.; v. Miltner, LZ. 1916 S. 925).

§ 4.

Auf Antrag des Schuldners kann das Amtsgericht, bei dem der dingliche Gerichtsstand begründet ist, für einen Anspruch der im § 1 bezeichneten Art, den der Schuldner anerkennt, eine Zahlungsfrist bewilligen. Die Entscheidung, die ohne mündliche Verhandlung ergehen kann, erfolgt durch Beschluß. Vor der Entscheidung ist der Gläubiger zu hören. Der Antrag ist abzulehnen, wenn der Anspruch rechtshängig ist.

Die Vorschriften der §§ 1 bis 3 sind entsprechend anzuwenden. Die Zahlungsfrist beginnt mit der Bekanntmachung des Beschlusses an den Schuldner.

In dem Beschlusse, durch den die Zahlungsfrist bewilligt wird, ist die Verpflichtung des Schuldners zur Zahlung des anerkannten Anspruchs auszusprechen, sofern der Anspruch nicht schon vollstreckbar ist.

Hat der Gläubiger für seinen Anspruch bereits einen vollstreckbaren Schuldtitel, so ist in dem Beschlusse, durch den die Zahlungsfrist bewilligt wird, die Zwangsvollstreckung für die Dauer der bewilligten Frist für unzulässig zu erklären oder, wenn sie begonnen hat, für die Dauer der bewilligten Frist einzustellen. Vor der Entscheidung kann das Gericht eine vorläufige Anordnung erlassen.

Gegen die Entscheidung über den Antrag auf Bewilligung der Zahlungsfrist findet sofortige Beschwerde, gegen eine vorläufige Anordnung findet kein Rechtsmittel statt.

I. **Zuständigkeit.** Die Entscheidung über den sog. Initiativantrag des Schuldners nach § 4 der VO. v. 7. Aug. 1914/20. Mai 1915 und § 1 der VO. v. 22. Dez. 1914 lag bisher beim Amtsgericht, bei dem der Gläubiger seinen allgemeinen Gerichtsstand hatte. Nunmehr spielt sich das Verfahren vor dem Amtsgericht des dinglichen Gerichtsstandes ab, der sich nach §§ 24, 36 ZPO. bestimmt (wobei im Falle von § 36 Nr. 2 oder 4 das zunächst höhere Gericht das zuständige Gericht zu bestimmen hat). Diese Neuerung entspricht der Praxis, da feststeht, daß das Gericht des dinglichen Gerichtsstandes zugleich Vollstreckungsgericht ist und bei ihm das Verfahren am besten zu überblicken ist; beseitigt werden dadurch auch die Schwierigkeiten, die entstanden sind, wenn der Gläubiger im Inland keinen allgemeinen Gerichtsstand hatte.

Das Verfahren greift zunächst in all den Fällen Platz, wo die Zahlungsfrist nicht in einem bereits anhängigen Rechtsstreit beantragt werden kann.

Die Tatsache der Rechtshängigkeit geltend zu machen, ist Sache des Gläubigers (v. Miltner, LZ. 1916 S. 927), der ja nach § 4 Abs. 1 Satz 3 vor der Entscheidung gehört werden muß; gegen die trotz Rechtshängigkeit gewährte Frist bliebe nur die sofortige Beschwerde nach Abs. 5 des § 4. Dieses Verfahren vor dem dinglichen Gerichtsstand nimmt die Stelle des sogenannten Initiativ-Verfahrens des § 4 ZahlFrVO. als des Verfahrens vor dem Vollstreckungsgericht nach § 5 ZahlFrVO. ein und gibt dem Schuldner die Möglichkeit, eine zweite oder öftere Zahlungsfrist zu erlangen, was bei unveränderter Sachlage durchaus angemessen erscheint.

II. Das **Verfahren** entspricht im wesentlichen den bisherigen Vorschriften. Der Antrag des Schuldners kann schriftlich oder zu Protokoll des Gerichtsschreibers gestellt werden. Der Gläubiger ist über den Antrag zu hören: eine Äußerungspflicht besteht für ihn nicht. Die Entscheidung erfolgt durch Beschluß und kann ohne mündliche Verhandlung ergehen. Im Beschluß, der die Zahlungsfrist bewilligt, ist die Verpflichtung zur Zahlung des anerkannten Anspruchs durch das Gericht auszusprechen, falls der Anspruch noch nicht vollstreckbar ist.

Bisher hatte der Antrag auf Fristgewährung gemäß § 4 Abs. 1 Satz 4 zur Voraussetzung, daß die Forderung weder rechtshängig noch vollstreckbar war. War eine Hypothekforderung schon vollstreckbar, so könnte der Schuldner nur nach § 2 der Verordnung vom 22. Dezember 1914 Einstellung der Zwangsvollstreckung beantragen, was allerdings auch schon vor Beginn der Vollstreckung möglich war (§ 5 Abs. 1 Satz 1 der Zahlungsfristenverordnung). Eine materiell wirkende Zahlungsfrist, die insbesondere die Verzugsfolgen ausschloß, könnte er aber nicht mehr erlangen. Neuerdings kann aber das Gericht des dinglichen Gerichtsstandes nach § 4 Abs. 4 auch dann eine Zahlungsfrist auf einen Anspruch der in § 1 bezeichneten Art bewilligen, wenn der Gläubiger bereits über einen vollstreckbaren Schuldtitel verfügt, eine aus wirtschaftlichen Gründen völlig berechtigte Maßregel. In dem Ausspruch der zu bewilligenden Zahlungsfrist hat dann das Gericht die Zwangsvollstreckung für die Dauer der Frist für unzulässig zu erklären, oder die schon begonnene Vollstreckung auf Fristdauer einzustellen. Während der Frist ist dann keine Vollstreckungsmaßregel mehr zulässig, eine im Widerspruch damit nachher erfolgte wird nach §§ 775 Nr. 1, 776 ZPO. aufgehoben, eine bereits vor dem Einstellungsbeschluß erfolgte bleibt dagegen bestehen, da dem Gläubiger der Verzicht auf wohlerworbene Pfand- und Beschlagnahmerechte nicht zugemutet werden kann. Eine Aufhebung der schon erfolgten Vollstreckungsmaßregel ist auch auf dem Wege des § 776 ZPO. nicht möglich, da die Hinausschiebung der Zwangsvollstreckung, die nur für die Dauer der Zahlungsfrist erfolgt, sich als einstweilige Einstellung nach § 775 Nr. 2 ZPO. darstellt. Vor der Entscheidung über die Bewilligung einer Zahlungsfrist und die Einstellung der Zwangsvollstreckung, kann eine vorläufige Anordnung nach § 4 Abs. 4 Satz 2 ergehen, die nach § 4 Abs. 5 unanfechtbar ist (in § 5 Abs. 1 der Zahlungsfristenverordnung ist eine übereinstimmende Vorschrift, bei Gewährung der allgemeinen Zahlungsfrist getroffen worden). Durch die spätere Entscheidung verliert sie ohne weiteres ihre Wirkung.

III. Das **Mahnverfahren**, das in § 2 Zahlungsfristenverordnung eine besondere Behandlung erfahren hatte, bedurfte keiner eigenen Regelung; denn das Amtsgericht, das ausschließlich zur Erlassung eines Zahlungsbefehls nach § 1 zuständig ist, ist das Amtsgericht des dinglichen Gerichtsstandes nach § 4 Abs. 1. Kommt es auf Widerspruch des Schuldners zum Prozeß, so erläßt dann das Prozeßgericht den Fristbeschluß; kommt es dagegen zum Vollstreckungsbefehl, dann beantragt der Schuldner nach § 4 Abs. 4 Zahlungsfrist auf Einstellung der Vollstreckung für die Dauer derselben; solange der Vollstreckungsbefehl nicht ergangen ist, steht dem Schuldner der Weg des § 4 Abs. 1 offen). (Vgl. v. Miltner, LZ. 1916 S. 926/27.)

§ 5.

Für Kapitalschulden kann die Bewilligung einer Zahlungsfrist gemäß § 4 mehrfach erfolgen; sie ist auch zulässig, wenn eine Zahlungsfrist gemäß § 1 bereits bestimmt ist.

Für Zinsen und sonstige Nebenleistungen kann eine Zahlungsfrist nur einmal bestimmt werden.

Mehrfache Bewilligung. Diese Vorschrift ist gegenüber der bisherigen Regelung neu; die Bewilligung kann auch dann erfolgen, wenn schon das Prozeßgericht eine Frist bewilligt hat. Die Bestimmung gilt nur für das Kapital der Hypothek und der Grundschuld, die Ablösungssumme der Rentenschuld und die Tilgungsbeiträge von Amortisationshypotheken, nicht aber für Zinsen und sonstige Nebenleistungen, für welche es bei der einmaligen Fristgewährung durch das Prozeßgericht bleibt und ist außerdem ausdrücklich auf die gemäß § 4 bewilligten Zahlungsfristen beschränkt; hinsichtlich eines bereits rechtshängigen Anspruchs ist die Bewilligung nur einmal zulässig.

§ 6.

Die Zahlungsfrist wirkt wie eine von dem Gläubiger bewilligte Stundung. Der Zinsenlauf wird durch sie nicht berührt. Die Stundung bedarf nicht der Eintragung in das Grundbuch.

Der § 6 regelt die bisher sehr bestrittene Frage der **rechtlichen Bedeutung der Zahlungsfrist** in der Weise, daß sie materiell-rechtlich einer vom Gläubiger bewilligten Stundung gleichsteht; dies ist in der gleichen Weise in § 1 Abs. 3 Satz 1 der ZahlFrVO. durch die ÄnderungsVO. v. 8. Juni 1916 eingeführt worden. Es besteht kein Unterschied, ob die Zahlungsfrist vom Prozeßgericht oder vom Vollstreckungsgericht gewährt wurde. Wegen der prozessualen und materiellen Wirkungen wird auf §1 ZahlFrVO. VIbc oben S. 145 verwiesen.

Nach § 6 Satz 3 kann die Stundungseinrede dem Zessionar entgegengesetzt werden, ohne daß die Stundung im Grundbuch eingetragen ist.

§ 7.

Wird ein Anerkenntnisurteil nur wegen der Zahlungsfrist angefochten, so erfolgt die Anfechtung durch sofortige Beschwerde.

Die Bestimmung entspricht vollinhaltlich dem § 3 der ZahlFrVO. Siehe oben S. 142.

II. Beseitigung von Rechtsfolgen.

§ 8.

In Rechtsstreitigkeiten über Ansprüche der im § 1 bezeichneten Art kann das Prozeßgericht auf Antrag des Schuldners im Urteil anordnen, daß Rechtsfolgen, die wegen der Nichtzahlung oder der nicht rechtzeitigen Zahlung einer Forderung oder auf Grund einer Verwirkungsabrede wegen anderer Umstände eingetreten sind oder eintreten (Fälligkeit des Kapitals wegen Nichtzahlung von Zinsen oder wegen Anordnung der Zwangsverwaltung, Erhöhung der Nebenleistungen usw.), als nicht eingetreten gelten.

Die Vorschriften des § 1 und des § 2 Abs. 1 Satz 2 sind entsprechend anzuwenden.

Beseitigung von Rechtsfolgen. § 8 entspricht dem § 1 der VO. über die Folgen der nichtrechtzeitigen Zahlung einer Geldforderung vom 20. Mai 1915 (RGBl. 1915 S. 292 Nr. 4741). Auf die Erläuterungen zu diesem Paragraphen (oben S. 161) wird verwiesen. Für das Gebiet der Geltendmachung von Hypotheken tritt er entsprechend dem erschöpfenden Charakter der vorliegenden Kodifikation ganz an die Stelle des § 1 der GeldFdgVO. und ist mit den Neuerungen des 1. Abschnitts betr. die Bewilligung von Zahlungsfristen in Übereinstimmung gebracht; er regelt den Fall, daß der Anspruch rechtshängig ist, während § 9 den sog. Initiativantrag des Schuldners behandelt. Abweichend von § 1 der GeldFdgVO. ist hervorzuheben, daß die Bestimmungen über die Beseitigung von Rechtsfolgen auch auf diejenigen Hypotheken ausgedehnt sind, die schon vor dem 31. Juli 1914 entstanden sind. Ebenso wie in § 1 der GeldFdgVO. durch die ÄnderungsVO. v. 8. Juni 1916 die Streichung des Ausdrucks „besonderen" erfolgt war, bringt auch § 8 der vorliegenden Verordnung alle Verzugsfolgen in Wegfall. Die Beseitigung der Rechtsfolgen kann ebenso wie die Bewilligungen nach dem 1. Abschnitt an bestimmte vom Gericht zu bestimmende Bedingungen geknüpft werden (§ 8 Abs. 2 mit § 2 Abs. 1 Satz 2). Neu ist folgende Bestimmung: Nach § 1 der GeldFdgVO. konnte nur die Rechtsfolge beseitigt werden, die gesetzlich oder vertraglich durch Versäumnis des Schuldners eintrat, nicht aber auch solche Folgen, die der Schuldner nicht verschuldet hatte. Dies war eine Lücke (vgl. auch Nußbaum, JW. 1915 S. 1179) besonders gegenüber zahlreichen in Hypothekenurkunden vorgesehenen Verfallklauseln, da sich hiebei eingetretene Rechtsfolgen an den Eintritt anderer Umstände knüpften als an die nicht rechtzeitige Erfüllung einer Zahlungsverbindlichkeit durch den Schuldner. Oft tritt nach den Vertragsbedingungen die vorzeitige Fälligkeit des Kapitals deshalb ein, weil die Zwangsverwaltung des Grundstücks eingeleitet ist oder weil die Zinsen einer im Rang vorhergehenden Hypothek nicht rechtzeitig gezahlt werden. Diese Folgen konnten, weil nicht auf nicht rechtzeitiger Bezahlung durch den Schuldner beruhend, nach dem bisherigen Wortlaut nicht beseitigt werden; jetzt ist dies der Fall; als Beispiele für derartige Verwirkungsabreden, deren Folgen nunmehr auch beseitigt werden können, werden Fälligkeit des Kapitals wegen Nichtzahlung der Zinsen (worunter nicht die vom Schuldner zu bezahlenden, sondern naturgemäß andere mit der Hypothek zusammenhängende, z. B. die einer vorgehenden Hypothek gemeint sind), wegen Anordnung der Zwangsverwaltung, wegen Erhöhung der Nebenleistungen aufgeführt: dazu gehört ferner der Fall, daß der Räumungsanspruch auf Grund ordentlicher Kündigung entstanden ist.

§ 9.

Erkennt der Schuldner den Anspruch an, so kann auf seinen Antrag das Amtsgericht, bei dem der dingliche Gerichtsstand begründet ist, die im § 8 bezeichneten Anordnungen erlassen. Die Entscheidung, die ohne mündliche Verhandlung ergehen kann, erfolgt durch Beschluß. Vor der Entscheidung, ist der Gläubiger zu hören. Der Antrag ist abzulehnen, wenn der Anspruch rechtshängig ist.

Die Vorschriften des § 1 und des § 2 Abs. 1 Satz 2 sind entsprechend anzuwenden.

Hat der Gläubiger für seinen Anspruch einen vollstreckbaren Schuldtitel, so sind in dem Beschlusse, soweit die Beseitigung der Rechtsfolgen angeordnet wird, bereits erfolgte Vollstreckungsmaßregeln aufzuheben. Vor der Entscheidung kann das Gericht die vorläufige Einstellung der Vollstreckung anordnen.

Gegen die Entscheidung über den Antrag auf Beseitigung der Rechtsfolgen findet sofortige Beschwerde, gegen eine vorläufige Anordnung findet kein Rechtsmittel statt.

§ 9 regelt den Fall des sogen. **Initiativantrags** des Schuldners auf Beseitigung von Rechtsfolgen und ist im Verfahren dem § 4 nachgebildet; auf diesen kann daher hinsichtlich der sachlichen und persönlichen Voraussetzungen sowie für das Verfahren verwiesen werden; vgl. im übrigen auch die Erläuterungen zu § 4 ZahlFrVO. oben S. 147

Der Initiativantrag ist auch zulässig, wenn der Gläubiger bereits einen vollstreckbaren Titel in Händen hat. Abweichend von der Regelung in § 4 ist aber, wenn die Beseitigung der Rechtsfolgen beschlußmäßig angeordnet wird, auch die Aufhebung der bereits erfolgten Vollstreckungsmaßregeln zu verfügen (§ 9 Abs. 3 Satz 1), da die Rechtsfolgen durch das Gericht definitiv außer Kraft gesetzt werden. Die Auferlegung bestimmter Bedingungen nach § 2 Abs. 1 Satz 2 ist auch hier zulässig.

III. Zwangsversteigerung.

§ 10.

Auf Antrag des Schuld kann die Zwangsversteigerung eines Gegenstandes des unbeweglichen Vermögens wegen eines Anspruchs der im § 1 bezeichneten Art für die Dauer von längstens sechs

Monaten eingestellt werden, auch wenn die Bestimmung einer Zahlungsfrist abgelehnt oder nicht zulässig ist. Die Einstellung ist auch vor der Anordnung der Versteigerung zulässig. Sie kann mehrfach erfolgen.

Die Vorschriften des § 1 und des § 2 Abs. 1 Satz 2 sind entsprechend anzuwenden. Der Antrag ist abzulehnen, wenn fällige Ansprüche des betreibenden Gläubigers auf wiederkehrende Leistungen für zwei Jahre nicht gezahlt sind.

Erfolgt die Einstellung des Verfahrens nach der Anordnung der Versteigerung, so ist der Beschluß allen Beteiligten (§ 9 des Gesetzes über die Zwangsversteigerung und die Zwangsverwaltung, Reichs-Gesetzbl. 1898 S. 713) zuzustellen. Auf Antrag eines Beteiligten ist die Einstellung aufzuheben, wenn ihm fällige Ansprüche auf wiederkehrende Leistungen für zwei Jahre im Range vorgehen.

Der 3. Abschnitt regelt die **Einstellung im Zwangsversteigerungsstadium**.

I. **Anwendungsgebiet.** § 10 enthält die Anordnung der Einstellungsmöglichkeit für den Fall, daß es sich um einen der in § 1 bezeichneten Ansprüche handelt, für den eine materielle Zahlungsfrist nicht mehr bewilligt werden kann; dies kann deshalb nicht möglich sein, weil beispielsweise die vom Prozeßgericht gewährte Frist von einem Jahr für das Kapital oder von sechs Monaten für Zinsen (§ 2 Abs. 1 Satz 1) oder die nur einmal zu bewilligende sechsmonatliche Frist für Zinsen (§ 4, § 5 Abs. 2) abgelaufen ist oder der Schuldner nicht den Nachweis erbringen konnte, daß er die ihm nach § 2 Abs. 1 Satz 2 (ebenso in §§ 4, 8, 9) auferlegten Bedingungen erfüllt hat. In allen diesen Fällen kommt es zur Zwangsvollstreckung; dem Schuldner kann nur auf dem Weg des § 10 durch Einstellung der Zwangsvollstreckung geholfen werden, sich seinen unbeweglichen Besitz zu sichern, zunächst auf die Zeit von 6 Monaten; diese Einstellungsfrist kann jedoch mehrmals bewilligt werden. Die Einstellung der Zwangsversteigerung nach § 10 läßt also dem Gläubiger den Zugriff auf bewegliches Vermögen des Schuldners und ist überhaupt nur dann anwendbar, wenn dem Gläubiger kein erheblicher Nachteil erwächst. Insbesondere ist vom Gericht auch hier zu prüfen, ob der Gläubiger nicht bereits freiwillig Stundung gewährt hat und ob ihm nicht durch die Einstellung die Möglichkeit beeinträchtigt wird, wegen Zinsen und anderer wiederkehrender Leistungen die Befriedigung aus dem Grundstück im Range des § 10 Nr. 4 ZVG. zu erlangen. Die zur Beurteilung der Interessenabwägung zwischen Gläubiger und Schuldner bei § 1 maßgebenden Gesichtspunkte sind auch hier heranzuziehen. Nur dann ist schon von vornherein die Gewährung der Einstellung ausgeschlossen, wenn fällige Ansprüche des betreibenden Gläubigers auf wiederkehrende Leistungen für zwei Jahre nicht befriedigt sind (§ 10 Abs. 2 Satz 2). Der Grundsatz, daß die Ablehnung der Einstellung nicht bloß deswegen erfolgen dürfe, weil von vornherein mit einer mehrfachen Einstellung gerechnet werden muß, ist von § 3 auch auf die Einstellung übertragen, aber weitergehend wie dort nicht nur im Hinblick auf das Kapital, sondern auch für die Zinsen (vgl. Begründung zu § 10).

II. Die Einstellungsmöglichkeit ist auf die Zwangsversteigerung beschränkt und kann auf die **Zwangsverwaltung** nicht angewendet werden, Sie ist sowohl vor als auch nach Anordnung der Versteigerung zulässig, wenn der Gläubiger für seinen Anspruch einen vollstreckbaren Titel hat.

III. Abs. 3 behandelt den Fall der Einstellung erst nach Anordnung der Versteigerung, er gibt jedem Beteiligten nach § 9 ZVG. die Möglichkeit, eine ihm ungünstige Einstellung der Versteigerung wieder aufheben zu lassen; für diesen Aufhebungsantrag ist eine Frist nicht gestellt; er bietet immer Aussicht auf Erfolg, wenn die Ansprüche auch nur eines Berechtigten, welcher dem die Aufhebung Beantragenden im Range vorgeht (also auch des betreibenden Gläubigers), auf wiederkehrende Leistungen für zwei Jahre nicht gezahlt sind.

IV. Wie schon bemerkt, erfolgt die **Ablehnung des Einstellungsantrags** wenn der Gläubiger für zweijährige fällige Ansprüche auf wiederkehrende Leistungen noch nicht befriedigt ist, und ferner die Aufhebung der Einstellung, wenn einem Beteiligten zweijährige fällige Ansprüche auf wiederkehrende Leistungen im Range nach §§ 10 ff. ZVG. vorgehen; dabei ist es belanglos, ob im Sinne von § 10 Nr. 4 und § 13 ZVG. die ungetilgten Ansprüche laufende Beträge oder Rückstände sind und ob die Beträge gerade in den letzten zwei Jahren vor der Entscheidung abgelaufen sind. Es kommt allein darauf an, daß Ansprüche auf wiederkehrende Leistungen in einer Höhe, die dem Gesamtbetrag zweijähriger Hebungen gleichkommt, ungetilgt sind (vgl. Begr. zu § 10).

§ 11.

Wird eine Zwangsversteigerung auf Grund § 4 Abs. 4 oder des § 10 eingestellt, so beginnt die im § 31 Abs. 2 des Gesetzes über die Zwangsversteigerung und die Zwangsverwaltung vorgesehene Frist erst mit dem Ablauf der Frist, für deren Dauer die Einstellung angeordnet ist.

Nach § 111 ZVG. ist eine Zwangsversteigerung, die einstweilen eingestellt ist, überhaupt aufzuheben, wenn der Gläubiger nicht binnen sechs Monaten die Fortsetzung des Verfahrens beantragt. Diese Frist würde in Fällen des § 4 Abs. 4, wo die Einstellung auf Grund einer einjährigen Zahlungsfrist gewährt wurde, bereits abgelaufen sein, während die Einstellung noch in Kraft ist; ähnlich wäre es im Falle des Einstellens nach § 10. Um dem Gläubiger nun seine Rechte zu wahren, wurde bestimmt, daß die Frist erst dann zu laufen beginnt, wenn die angeordnete Einstellung ihr Ende erreicht hat.

§ 12.

Ergibt sich nach Schluß der Versteigerung, daß ein Anspruch, der ein Recht auf Befriedigung aus dem Gegenstande gemäß § 10 Nr. 2 oder Nr. 4 des Gesetzes über die Zwangsversteigerung und die Zwangsverwaltung gewährt, durch das Meistgebot nicht gedeckt wird, so kann, wenn dieser Anspruch innerhalb der ersten drei Vierteile des zur Berechnung des Reichsstempels für den Zuschlags-

beschluß festzusetzenden Wertes des Gegenstandes steht, auf Antrag des Berechtigten der Zuschlag versagt werden, sofern nicht der betreibende Gläubiger glaubhaft macht, daß ihm die Versagung des Zuschlags einen unverhältnismäßigen Nachteil bringt. Wird der Zuschlag versagt, so ist zugleich von Amts wegen ein neuer Versteigerungstermin zu bestimmen.

Die Versagung des Zuschlags kann mehrfach erfolgen.

1. Literatur: Scholz, JW. 1915 S. 1085 ff.; Nußbaum, JW. 1915 S. 1088 ff.; Zieger, LZ. 1916 S. 995 ff.

2. Allgemeines: § 12 ist an die Stelle der Bekanntmachung über die Versagung des Zuschlags bei der Versteigerung von Gegenständen des unbeweglichen Vermögens vom 10. Dez. 1914 (RGBl. 1914 S. 499 Nr. 4566) vgl. 2. Aufl. S. 172 ff. getreten; die Bekanntmachung selbst wurde durch § 19 Abs. 2 der vorliegenden Verordnung aufgehoben. Außer den unten zu erwähnenden Neuerungen blieb dadurch die Rechtslage unverändert.

I. Zweck des § 12.

Die Durchführung des Zwangsversteigerungsverfahrens während der Kriegszeit birgt die Gefahr erheblicher wirtschaftlicher Schädigungen für die Beteiligten, insbesondere auch für die Hypothekengläubiger in sich, da häufig Hypotheken, die in Friedenszeiten aller Voraussicht nach zur Hebung gelangt wären, ausfallen werden, weil der Wert der Grundstücke (insbesondere städtischer und industrieller Grundstücke) eine Minderung erfahren und der Kreis der Bieter sich verringert hat. Bei dem großen Umfang des in Hypotheken angelegten Teiles des Nationalvermögens — man schätzt die in deutschem Grund und Boden angelegten Hypothekkapitalien auf 70 Milliarden Mark; vgl. Nußbaum, Deutsches Hypothekenwesen S. 185 — ist auch die Allgemeinheit an einem geeigneten Schutz der Hypothekgläubiger stark interessiert. (Vgl. Nußbaum, JW. 1914 S. 1106 ff.; Zweigert, DJZ. 1915 S. 36.)

Zunächst versuchten die Justizministerien Abhilfe zu schaffen, indem sie die Vollstreckungsgerichte (Versteigerungsbeamten) darauf hinwiesen, daß nach § 36 Abs. 2 ZVG. der Versteigerungstermin aus besonderen Gründen, insbesondere um Versteigerungen zu ungelegener Zeit zu vermeiden, auch über sechs Monate nach dem Zeitpunkt der Terminsanberaumung hinaus verlegt werden dürfte und daß aus den gleichen Gründen auch die Verlegung des bereits angesetzten Versteigerungstermines von Amts wegen ohne Zustimmung der Beteiligten erfolgen könne, ohne daß dies zur Einstellung des Verfahrens gemäß § 30 Abs. 2 ZPO. führt. PrJMVerf. vom 5. August 1914 PrJMBl. 661 (auch bei Sieskind S. 128; Jäckel-Güthe, Kommentar zur ZVG. 5. Aufl. S. 915); BayJMBek. vom 16. August 1914 JMBl. S. 164 (auch Recht 1914 S. 542); SächsJMBl. 1914 S. 85; WürttJMBl. S. 230 (vgl. ferner RG. vom 25. April 1911 JW. 1911 S. 599; RG. vom 27. Febr. 1914 Warneyer Erg.-Bd. 1914 S. 265; sowie LG. Saarbrücken vom 21. Nov. 1914 JW. 1915 S. 59 = DRAZ. 1915 S. 11).[1])

---

[1]) In einer weiteren Verfügung vom 3. November 1914 empfiehlt das PrJMBl. 1914 S. 799 (Sieskind S. 138) den Gerichten auf tun-

Da sich aber zeigte, daß diese Maßnahmen nicht genügten, wurde vom Bundesrat die Verordnung vom 10. Dez. 1914 betr. die Versagung des Zuschlages usw. erlassen (dieselbe lehnte sich an § 7 Ziff. 3 KTSchG. an) und diese bei der Kodifikation der Vorschriften über das Hypothekenwesen durch den § 12 der VO. vom 8. Juni 1916 ersetzt. Schon die Einschränkung der Zwangsversteigerungen nach § 10 der VO. vom 8. Juni 1916 kommt mittelbar den Gläubigern der zweiten Hypotheken zustatten, da sie dadurch vor einem Ausfall ihrer Rechte bewahrt wurden; § 12 dient ihren Interessen jedoch unmittelbar, insbesondere da der Zuschlag abweichend von der früheren Regelung schon dann zu versagen ist, wenn ein durch das Meistgebot nicht gedeckter Teil der Hypothek innerhalb der ersten drei Vierteile des Grundstückswerts steht.

II. Anwendungsgebiet:

§ 12 findet nur auf Zwangsversteigerungen Anwendung, für welche das Zwangsversteigerungsgesetz (vom 24. März 1897) Anwendung findet. Auf Bezirke, die für das Grundbuch noch nicht angelegt ist, findet § 12 daher keine Anwendung. (Zweigert, DJZ. 1914 S. 37; Jäckel-Güthe a. a. O. S. 917.)

Zeitliche Grenze: § 12 findet auf alle Zwangsversteigerungsverfahren Anwendung, in welchen der Versteigerungstermin (§§ 66 ff. ZVG.) nach dem 10. Dezember 1914 stattfand oder stattfindet; ob die Beschlagnahme vorher oder nachher erfolgte, ist unerheblich.

III. Festsetzung des Grundstückwertes und Versagung des Zuschlages:

Der Schwerpunkt des § 12 liegt im Schutz der dinglich Berechtigten (§ 10 Ziff. 4 ZVG.), denn die Lidlohngläubiger (§ 10 Ziff. 2 ZVG.) stehen infolge ihrer günstigeren Rangstellung an sich meist im geringsten Gebot. Geschützt sind diese Berechtigten nur insoweit, als ihre Ansprüche ganz oder teilweise innerhalb der ersten drei Vierteile[1]) des Grundstückwertes stehen.

a) Eine besondere Festsetzung des Grundstückwertes findet für diesen Zweck nicht statt, vielmehr sind die für die Berechnung des nach Tarif Nr. 11 RStempG. zu erhebenden Stempels erfolgenden Feststellungen auch hier maßgebend — eine Regelung, die insoferne befremdend ist, als nach § 84 RStempG. der Stempel erst für den Zuschlagsbeschluß zu entrichten und eine besondere Wert-Ermittlung[2]) erst

---

lichste Herabminderung der Zwangsverwaltungskosten Bedacht zu nehmen und von dem Angebot verschiedener Hypothekenbanken, einzelne ihrer Beamten als Zwangsverwalter unter Verzicht auf die Gewährung von Vergütung zur Verfügung zu stellen, Gebrauch zu machen.

[1]) In der VO. vom 10. Dez. 1914 waren nur die innerhalb der ersten zwei Dritteile stehenden Berechtigten geschützt.

[2]) Gemäß § 166 der Ausführungsbestimmungen des Bundesrats z. RStempG. v. 5. Febr. 1912, RGBl. S. 35, sind sowohl in Preußen (Allgem. Verf. d. JM. u. FinM. v. 14. März 1912 § 6 PrJMBl. S. 99) wie in Bayern (Verord. 1. April 1912 § 2, BayGVBl. S. 340, auch Art. 1 Abs. 2 des Gesetzes über Änderungen im Gebührenwesen v. 21. Aug. 1914) und auch in den meisten anderen Bundesstaaten im Einverständnis mit dem Reichskanzler (Reichsschatzamt) für die Ermittlung des Wertes des Gegenstandes des Reichsgrundstückstempels die für die Berechnung der Landesstempelabgabe bestehenden Vorschriften für maßgebend erklärt

nach Erlaß dieses Beschlusses und auch nur für den Fall vorgeschrieben ist, daß das Meistgebot den Wert des Grundstückes nicht erreicht. Auf Grund der vorliegenden Bekanntmachung muß nun schon vor dem Schluß des Versteigerungstermins eine vorläufige Wertfeststellung erfolgen. Zweigert, DJZ. 1915 S. 38; Nußbaum, JW. 1915 S. 10; Jäckel-Güthe (5. Aufl.) S. 916 (vgl. § 6 Abs. 3 Buchst. a der allgem. Verf. d. PrJ.- und FinM. vom 28. Juli 1910; Bayern: vgl. BayZfR. 1909 S. 112). Der Wert des Zubehörs hat bei der Wertfeststellung außer Betracht zu bleiben (OLG. Celle vom 6. Okt. 1915 LZ. 1916 S. 80 = Recht 1916 S. 88 Nr. 222). Die Wertfestsetzung ist nicht bindend für die spätere endgültige Feststellung des Wertes, bei der auch eine Mitwirkung des zahlungspflichtigen Erstehers stattfindet. (A. M. OLG. Celle vom 6. Okt. 1915 a. a. O. mit der Begründung, die endgültige Wertfestsetzung für die Berechnung des Reichsstempels brauche nicht erst nach Erlaß des Zuschlagsbeschlusses, müsse vielmehr schon vorher erfolgen. Zweigert Anm. 4 und die dort genannten.) Vgl. die in der Fußnote erwähnten Bestimmungen.

b) Wird ein in die 3/4 Grenze des festgesetzten Grundstückswertes fallender Anspruch durch das Meistgebot nicht gedeckt und stellt der Berechtigte einen entsprechenden Antrag, so steht es im pflichtgemäßen Ermessen des Gerichts (Versteigerungsbeamten), das von der höheren Instanz gegebenenfalls nachzuprüfen ist (OLG. Celle vom 15. August 1915 LZ. 1916 S. 81), ob es von der Befugnis, den Zuschlag zu versagen, Gebrauch machen will. Wenn dem Gericht auch nicht, wie in § 7 Ziff. 3 KTSchG., ausdrücklich vorgeschrieben ist, seine Entscheidung nach dem voraussichtlichen Ergebnis eines späteren Termins einzurichten, so werden sich doch naturgemäß seine Erwägungen hauptsächlich in dieser Richtung bewegen. Dem Ermessen des Gerichts ist insoferne eine Schranke gezogen, als die Versagung des Zuschlages unzulässig ist, wenn der Gläubiger glaubhaft macht, daß ihm die Versagung einen unverhältnismäßigen Nachteil bringen würde, z. B. auch wenn die Gefahr besteht, daß das zu versteigernde Gut wegen nachlässiger Bewirtschaftung erheblich im Wert sinkt.

c) Wird der Zuschlag versagt, so muß zugleich von Amts wegen ein neuer Versteigerungstermin bestimmt werden. Für ihn gelten die allgemeinen Vorschriften der §§ 36—43 ZVG.; doch darf auch hier die Sechsmonatsfrist des § 36 ZVG. unter Umständen überschritten

---

worden. Demgemäß erfolgt die Wertfestsetzung in Preußen grundsätzlich durch den Gerichtsschreiber (Nußbaum, JW. 1915 S. 10; OLG. Celle vom 6. Okt. 1915 LZ. 1916 S. 80 = Recht 1916 S. 88 Nr. 222); nur wenn es vom Gericht für angemessen erachtet wird, — Anlaß hierzu kann eine Anregung des Gerichtsschreibers oder eines Beteiligten geben — erfolgt die Festsetzung durch Gerichtsbeschluß, der auch auf Antrag des Kostenschuldners d. i. des Erstehers ergehen muß. (§§ 24, 30, 126 Abs. 2 PrGKG.; §§ 6, 9, 20 d. Allgem. Verf. d. JM. u. FinM. v. 24. März 1912). Für die Beschwerde gegen den gerichtlichen Wertfestsetzungsbeschluß ist im Aufsichtswege der Landgerichtspräsident zuständig (vgl. OLG. Celle vom 6. Okt. 1915 a. a. O.). — In Bayern erfolgt die Wertfeststellung durch den mit der Versteigerung (nach § 13 EG. ZVG., Art. 25 BayAG. ZVG.) beauftragten Notar (Art. 15 Abs. 1 Ziff. 2, 35, 36, 60 StempG. v. 21. Juli 1914; § 2 Abs. 1 Ziff. 2 d. Vollz. Verord. z. StempG. v. 28. Dez. 1914, BayGVBl. S. 684).

werden (s. oben Anm. I Abs. 2). Ergibt auch der neue Termin kein günstigeres Ergebnis, so ist eine wiederholte Versagung des Zuschlages zulässig; diese schon vorher vertretene Ansicht (vgl. 2. Auflage S. 176, ferner Zweigert, DJZ. 1915 S. 38; Nußbaum, JW. 1915 S. 10; Jäckel-Güthe 5. Aufl. S. 916/917) ist nunmehr im § 12 Abs. 2 ausdrücklich vom Gesetz bestätigt worden.

IV. Rechtsmittel: Gegen die Erteilung des Zuschlages steht dem Antragsteller die sofortige Beschwerde nach §§ 83 Ziff. 5 und 6, 97, 100 ZVG. zu. (Nußbaum, JW. 1915 S. 38/39; Zweigert, DJZ. 1915 S. 38/39; Jäckel-Güthe a. a. O. S. 917; OLG. Celle vom 15. Aug. 1915 LZ. 1916 S. 81 = Recht 1916 S. 88 Nr. 221; Zieger, LZ. 1916 S. 995. A. M. Starck, DJZ. 1916 S. 870.) Bei Versagung des Zuschlages steht den, in § 97 Abs. 1 ZVG. bezeichneten Personen das Beschwerderecht zu. Das Beschwerdegericht hat gegebenenfalls auch die Wertfestsetzung nachzuprüfen. Dafür spricht nicht nur der Wortlaut der in Betracht kommenden Stelle: „des zur Berechnung des Reichsstempels für den Zuschlagsbeschluß ‚festzusetzenden' Wertes", sondern auch die Erwägung, daß bei Bindung des Beschwerdegerichts an die Wertfestsetzung des Versteigerungsgerichts die Anfechtung der Wertfestsetzung nicht im Zwangsversteigerungsverfahren, sondern im Steuerverfahren zu erfolgen hätte; dieses bewegt sich aber entsprechend der verschiedenartigen einzelstaatlichen Regelung teilweise vor den Verwaltungsbehörden, was unter Umständen eine Einschränkung des Kreises der beschwerdeberechtigten Personen bedeuten könnte (Beschränkung des Beschwerderechts auf den Kostenschuldner). Ein derartiger Ausschluß der Hypothekengläubiger, die davon in erster Linie betroffen würden, liegt aber keinesfalls in der Absicht des § 12 (vgl. Zieger, LZ. 1916 S. 996). Übrigens ist die bei der Versteigerung zugrunde gelegte Wertfestsetzung überhaupt nicht eine anfechtungsfähige, endgültige Wertfestsetzung. (S. oben S. 175 Fußn. 1.) A. M. Nußbaum, JW. 1915 S. 10; OLG. Celle vom 6. Okt. 1915 LZ. 1916 S. 80 = Recht 1916 S. 88 Nr. 222.

V. Gebühren und Auslagen: Dieselben sind jetzt in § 18 (gleichlautend mit § 2 der Bek. vom 10. Dez. 1914) geregelt.

Die Bestimmung des § 18 soll eine unbillige Vermehrung der Kosten verhindern. Durch den Ausdruck Gebühren (statt Gerichtskosten) werden auch die Kosten mitbetroffen, die dadurch entstehen, daß die Amtshandlungen des Vollstreckungsgerichts nach § 13 EG. ZVG. einer anderen Behörde (Notar) übertragen sind. (Zweigert, DJZ. 1915 S. 39.) Der ergebnislose Termin ist für die Kostenberechnung als nicht geschehen und der nächste erfolgreiche Termin als erster Termin zu behandeln. (Vgl. § 125 PrGKG.; Art. 52, 53 BayNotGebO.; Zweigert a. a. O.; Jäckel-Güthe 5. Auflage S. 916/17; ebenso ist im Falle der wiederholten Zuschlagsversagung zu verfahren.)

Die Kosten der Beteiligten, insbesondere die Gebühren und Auslagenansprüche eines Rechtsanwalts werden durch die Bestimmung nicht berührt. (Zweigert a. a. O.; Jäckel-Güthe a. a. O.)

IV. Schlußvorschriften.

§ 13.

In einem Verfahren nach den §§ 1, 4, 8, 9 oder 10 dieser Verordnung hat das Gericht, sofern die Landeszentralbehörde von der ihr nach § 1 der Verordnung vom 15. Dezember 1914 (Reichs-Gesetzbl. S. 511) zustehenden Befugnis Gebrauch gemacht hat, das Einigungsamt vor der Entscheidung gutachtlich zu hören.

Die Vorschriften des § 4 Abs. 2 der Verordnung vom 15. Dezember 1914 sind entsprechend anzuwenden.

Anhörung der Einigungsämter. § 4 der Verordnung betreffend Einigungsämter vom 15. Dezember 1914 legte dem Gericht die Pflicht auf, nur vor der Entscheidung über ein Zahlungsfristgesuch für Hypotheken*zinsen* das Einigungsamt gutachtlich zu hören, nicht aber auch bei Rechtsstreitigkeiten über Hypotheken*kapitalien* (vgl. 2. Auflage S. 163); nunmehr ist die Anhörung des Einigungsamtes auch für die Fälle vorgeschrieben, wo es sich um ein Hypotheken- oder Grundschuld*kapital* handelt. Die Anhörung des Einigungsamts hat in den Fällen der §§ 1, 4, 8, 9, 10 zu erfolgen. Der in Abs. 2 für anwendbar erklärte Abs. 2 des § 4 der VO. vom 5. Dezember 1914 bestimmt, daß der Gerichtsschreiber des Gerichts, vor dem das Verfahren wegen Gewährung einer Zahlungsfrist oder einer Vollstreckungseinstellung eingeleitet ist, die Ladung oder den Antrag in Abschrift dem Einigungsamt unverzüglich mitzuteilen hat und daß das Einigungsamt dann gehalten ist mit tunlichster Beschleunigung sein Gutachten abzugeben. Unter Umständen wird es zweckmäßig sein, bis zum Eintreffen des Gutachtens des Einigungsamtes von der Möglichkeit einer vorläufigen Einstellung Gebrauch zu machen (§ 4 Abs. 4 Satz 2, § 9 Abs. 3 Satz 2).

§ 14.

Wird ein Rechtsstreit über einen Anspruch der im § 1 bezeichneten Art durch einen vor Gericht abgeschlossenen oder dem Gerichte mitgeteilten Vergleich erledigt, so werden die Gerichtsgebühren nur zur Hälfte erhoben; übersteigt der Streitgegenstand nicht einhundert Mark, so werden Gerichtsgebühren nicht erhoben.

§ 15.

Wird durch Endurteil über die Bewilligung einer Zahlungsfrist oder die Beseitigung von Rechtsfolgen entschieden oder wird in einem Vergleich eine Zahlungsfrist oder die Beseitigung von Rechtsfolgen vereinbart, so bleiben für die Berechnung der Gerichts- und Anwaltsgebühren die nur auf die Zahlungsfrist oder die Beseitigung der Rechtsfolgen sich beziehenden Verhandlungen und Entscheidungen außer Betracht.

§ 16.

In den Fällen der §§ 4, 7, 9 und 10 können die Kosten ganz oder teilweise dem Schuldner auferlegt werden, auch wenn seinem Antrag stattgegeben wird. Die Gerichts- und Anwaltsgebühren betragen zwei Zehnteile des Satzes des § 8 des Gerichtskostengesetzes und des § 9 der Gebührenordnung für Rechtsanwälte.

Der Wert des Streitgegenstandes ist von dem Gerichte nach freiem Ermessen, höchstens jedoch auf den zwanzigsten Teil der Forderung festzusetzen.

§ 17.

In den Fällen des § 8 können die Kosten des Rechtsstreits der obsiegenden Partei ganz oder teilweise auferlegt werden, wenn sie auf Grund einer gemäß dieser Vorschrift getroffenen Anordnung obsiegt.

Die §§ 14—18 enthalten die **Kostenvorschriften**, die den bisherigen Vorschriften entsprechen. § 14 deckt sich mit § 6 Abs. 1 der ZahlFrVO. in der Fassung vom 20. Mai 1915, § 15 Abs. 2 des § 6 der ZahlFrVO. (mit der Ergänzung, daß für die Kostenberechnung die Beseitigung der Rechtsfolgen durchweg der Zahlungsfristenbewilligung gleichgestellt wird), § 16 mit Abs. 3 des § 6 der ZahlFrVO., § 17 mit §§ 2, 1 Abs. 3 der VO. über die Folgen einer nicht rechtzeitigen Zahlung einer Geldforderung. Neu ist lediglich die (auch in § 6 Abs. 3 Satz 1 durch die Änderungsverordnung vom 8. Juni 1916 eingeführte) billigere Kostenverteilung: es können nämlich im Falle des § 4 (Zahlungsfrist im Initiativverfahren), § 7 (sofortige Beschwerde gegen ein Anerkenntnisurteil), § 9 (Rechtsfolgenbeseitigung im Initiativverfahren), § 10 (Einstellung der Zwangsversteigerung) die Kosten ganz oder teilweise dem Schuldner auferlegt werden und zwar auch dann, wenn er mit seinem Antrag durchdringt. (Vgl. die Erläuterungen zu § 6 Abs. 3 ZahlFrVO. oben S. 160 und zu § 2 der Verordnung über die Folgen der nicht rechtzeitigen Zahlung einer Geldforderung oben S. 167).

§ 18.

Wird der Zuschlag auf Grund des § 12 versagt, so dürfen für den Versteigerungstermin Gebühren und Auslagen nicht erhoben werden.

§ 18 entspricht dem § 2 der aufgehobenen Verordnung über die Versagung des Zuschlages. Erläuterungen vgl. oben § 12 Bem. V der vorliegenden Verordnung.

§ 19.

Die Verordnungen über die gerichtliche Bewilligung von Zahlungsfristen, über die Folgen der nicht rechtzeitigen Zahlung einer Geldforderung und über die Bewilligung von Zahlungsfristen an Kriegsteilnehmer (Reichs-Gesetzbl. 1915 S. 290, 292; 1916 S. 451, 452) finden auf die im § 1 bezeichneten Ansprüche keine Anwendung.

Die Verordnung, betreffend die Bewilligung von Zahlungsfristen bei Hypotheken und Grundschulden (Reichs-Gesetzbl. 1915 S. 293) und die Verordnung über die Versagung des Zuschlags bei der Zwangsversteigerung von Gegenständen des unbeweglichen Vermögens vom 10. Dezember 1914 (Reichs-Gesetzbl. S. 499) werden aufgehoben.

§ 19 enthält die **Außerkraftsetzung** der Verordnung betr. die Bewilligung von Zahlungsfristen bei Hypotheken und Grundschulden vom 20. Mai 1915 (RGBl. 1915 S. 293) und der Verordnung über die Versagung des Zuschlags bei der Zwangsversteigerung von Gegenständen des unbeweglichen Vermögens vom 10. Dez. 1914 (RGBl. 1914 S. 499 Nr. 4566). Daß die Kodifikation der Vorschriften über die Geltendmachung von Hypotheken usw. erschöpfenden Charakter trägt, daß also die allgemeine Zahlungsfristenverordnung (RGBl. 1915 S. 290 Nr. 4741), die Verordnung über die Folgen der nicht rechtzeitigen Zahlung einer Geldforderung (RGBl. 1915 S. 292 Nr. 4741) und die Verordnung über die Bewilligung von Zahlungsfristen an Kriegsteilnehmer (RGBl. 1916 S. 452 Nr. 5237) auf die in § 1 der vorliegenden Verordnung bezeichneten Ansprüche aus einer Hypothek, Grundschuld oder Rentenschuld nicht mehr zur Anwendung kommen dürfen, ist in § 19 Abs. 1 ausdrücklich festgestellt (vgl. auch die Vorbemerkungen zur vorliegenden Verordnung oben S. 170).

§ 20.

Diese Verordnung tritt mit dem Tage der Verkündung in Kraft. Der Reichskanzler bestimmt den Zeitpunkt des Außerkrafttretens.

Für ein bei dem Inkrafttreten der Verordnung schwebendes Verfahren nach den §§ 4 oder 5 der Verordnung über die gerichtliche Bewilligung von Zahlungsfristen sowie nach § 1 Abs. 3 oder § 3 der Verordnung über die Folgen der nicht rechtzeitigen Zahlung einer Geldforderung bleibt die bisherige Zuständigkeit bestehen.

Die neuen Vorschriften sind am 9. Juni 1916 in **Kraft getreten**; der Zeitpunkt des Außerkrafttretens wird vom Reichskanzler bestimmt; seine Anordnung hat dann auf die einzelne bereits gewährte Frist keinen Einfluß (v. Miltner, LZ. 1916 S. 927). § 20 Abs. 2 enthält die nötigen Übergangsvorschriften. Darnach bleibt die bisherige Zuständigkeit für diejenigen Verfahren bestehen, die vor einem nach Inkrafttreten der vorliegenden Verordnung nicht mehr zuständigen Gericht anhängig sind. Diese Vorschrift bezieht sich vor allem auf den Fall des § 4 der vorliegenden Verordnung, wo der bisherige allgemeine Gerichtsstand des Gläubigers (§ 4 Abs. 1 ZahlFrVO.) durch den dinglichen Gerichtsstand ersetzt ist.

27a. Bekanntmachung betreffend die Bewilligung von Zahlungsfristen bei Hypotheken- und Grundschulden.

Vom 22. Dezember 1914.

(RGBl. 1914 S. 543 Nr. 4590 in der Fassung der BRBek. vom 20. Mai 1915 (RGBl. 1915 S. 288 u. 290 Nr. 4740 u. 4741).

Aufgehoben durch § 19 Abs. 2 der VO. über die Geltendmachung von Hypotheken, Grundschulden und Rentenschulden vom 8. Juni 1916 (RGBl. 1916 S. 454 Nr. 5238) siehe oben S. 188.

c) Zwangsvollstreckung.

28. Bekanntmachung über das Mindestgebot bei der Versteigerung gepfändeter Sachen.

Vom 8. Oktober 1914.

(RGBl. 1914 S. 427 Nr. 4507.)

Der Bundesrat hat auf Grund des § 3 des Gesetzes über die Ermächtigung des Bundesrats zu wirtschaftlichen Maßnahmen usw. vom 4. August 1914 (Reichs-Gesetzbl. S. 327) folgende Verordnung erlassen:

§ 1.

Soweit eine Zwangsvollstreckung in körperliche Sachen nach den Vorschriften der Zivilprozeßordnung stattfindet, ist der gewöhnliche Verkaufswert der gepfändeten Sachen vor der Versteigerung zu schätzen.

Die Schätzung erfolgt durch den Gerichtsvollzieher. Ist gemäß § 813 der Zivilprozeßordnung zur Pfändung ein Sachverständiger zugezogen, so hat dieser die Schätzung vorzunehmen. Mit der Schätzung gepfändeter Wertpapiere, die einen Börsen- oder Marktpreis nicht haben, hat der Gerichtsvollzieher einen kaufmännischen Sachverständigen zu beauftragen; bei der Schätzung darf der gewöhnliche Verkaufswert solcher Wertpapiere, die in der letzten Woche vor dem 31. Juli 1914 noch einen Börsen- oder Marktpreis hatten, nicht unter dem letzten in dieser Woche amtlich notierten Markt- oder Börsenpreis festgestellt werden. In anderen Fällen kann der Gerichtsvollzieher einen Sachverständigen mit der Schätzung beauftragen.

Die Schätzung soll tunlichst bei der Pfändung erfolgen. In diesem Falle ist ihr Ergebnis in das Protokoll aufzunehmen.

Für Kostbarkeiten bewendet es bei der Vorschrift im § 814 der Zivilprozeßordnung.

§ 2.

Das Vollstreckungsgericht kann auf Antrag des Gläubigers oder des Schuldners die Schätzung durch einen Sachverständigen anordnen.

§ 3.

Bei der Versteigerung der gepfändeten Sachen darf unbeschadet der Vorschrift im § 820 der Zivilprozeßordnung der Zuschlag nur auf ein Gebot erteilt werden, das mindestens die Hälfte des gewöhnlichen Verkaufswerts erreicht (Mindestgebot).

Bei Wertpapieren, die von den auf Grund des Darlehnskassengesetzes vom 4. August 1914 (Reichs-Gesetzbl. S. 340) errichteten Darlehnskassen beliehen werden, darf das Mindestgebot nicht hinter dem Betrage zurückbleiben, zu dem die Darlehenskassen Wertpapiere dieser Art beleihen.

Der gewöhnliche Verkaufswert und das Mindestgebot sind bei dem Ausbieten bekanntzugeben.

§ 4.

Wird der Zuschlag nicht erteilt, weil ein das Mindestgebot erreichendes Gebot nicht abgegeben ist, so bleibt das Pfandrecht des Gläubigers bestehen. Er kann jederzeit die Anberaumung eines neuen Versteigerungstermins oder die Anordnung anderweitiger Verwertung der gepfändeten Sachen gemäß § 825 der Zivilprozeßordnung beantragen. Wird die anderweitige Verwertung angeordnet, so gilt § 3 entsprechend.

§ 5.

Diese Verordnung tritt nach Ablauf einer Woche seit dem Tage der Verkündung in Kraft. Den Zeitpunkt des Außerkrafttretens bestimmt der Reichskanzler.

Zu §§ 1 bis 5.

I. Zweck der Bekanntmachung:
Die Zivilprozeßordnung kennt für die Zwangsversteigerung beweglicher Sachen im allgemeinen kein Mindestgebot; nur bei Gold- und Silbersachen ist eine unterste Grenze für den Zuschlag nach dem Metallwerte vorgeschrieben (§ 820 ZPO.). Muß aber der Zuschlag zu jedem Preis erfolgen, so hat dies bei der gegenwärtigen verminderten Kauflust zur Folge, daß schon die Pfändungen auf erheblich mehr Sachen ausgedehnt werden müssen, als dies sonst zur Deckung einer Forderung von gleicher Höhe erforderlich war, und daß oft der Versteigerungserlös in dem größten Mißverhältnis zu dem wahren Werte der versteigerten Sachen steht. Mit Rücksicht hierauf hat der Bundesrat durch vorstehende Bekanntmachung nach dem Vorbilde der österreichischen Exekutionsverordnung vom 27. Mai 1896 (§§ 275, 276) für die Versteigerung körperlicher Sachen ein Mindestgebot eingeführt.

II. Anwendungsgebiet: Die Bekanntmachung findet auf jede Zwangsvollstreckung in körperliche Sachen Anwendung, soweit hierfür die §§ 808—827 ZPO. maßgebend sind, also auch soweit diese Vorschriften für ein nicht zivilprozessuales Vollstreckungsverfahren, wie das Verwaltungszwangsverfahren und das Verfahren auf dem Gebiete der freiwilligen Gerichtsbarkeit sowie für das Konkursverfahren (Mayer S. 180) zur Anwendung kommen. (Sieskind S. 91 Anm. 2 zu § 17; Bendix S. 93; Schiffer, DJZ. 1914 S. 1103.) Auf andere, öffentliche Versteigerungen, insbesondere auf den Verkauf eines durch

Rechtsgeschäft bestellten oder kraft Gesetzes entstandenen Pfandes (z. B. des Vermieters oder des gewerbsmäßigen Pfandleihers) bezieht sich die Verordnung nicht. (BerlAnwVer., JW. 1914 S. 1103; Bendix S. 94/95; ebensowenig auf die Zwangsvollstreckung in nicht körperliche Sachen, wie Forderungen, Hypotheken, Patente, Geschäftsanteile. (Bendix S. 94; vgl. auch oben Anm. V b zu § 5 KTSchG.)

Zeitliche Grenze: Die Bekanntmachung findet nach § 5 auf alle nach dem 16. Oktober 1914 stattfindenden Versteigerungen Anwendung; wann die Pfändung erfolgt ist, ist unerheblich. (Sintenis, S. 341 Note 1 zu § 5).

Auch Versteigerungen gegen Ausländer sind möglich (Mayer S. 181).

III. Schätzung und Mindestgebot:

Das Mindestgebot ist gleich der Hälfte des gewöhnlichen Verkaufswertes, d. h. desjenigen Preises, den die Waren beim Verkauf zu normalen Zeiten und unter normalen Verhältnissen erfahrungsgemäß erzielen würden. (Sieskind S. 91 Anm. 3 zu § 1.)

a) Dieser Wert ist schon **bei der Pfändung** zu schätzen (§ 1 Abs. 3 der Bek.), damit schon die Pfändung nicht übermäßig ausgedehnt wird, wie ja mit Rücksicht auf § 803 Abs. 1 Satz 2 ZPO. schon bisher dem Gerichtsvollzieher bei der Pfändung eine Schätzung der gepfändeten Sachen durch die Dienstanweisungen vorgeschrieben war. (Vgl. § 72 PrGeschAnw. vom 24. März 1914; §§ 94 Abs. 3, 106 Abs. 1 Ziff. 1 BayDAnw. vom 28. April 1900.) § 816 ZPO. bleibt unverändert in Kraft.

b) Die **Schätzung**[1] **erfolgt** grundsätzlich durch den Gerichtsvollzieher. Ausnahmsweise muß die Schätzung durch einen Sachverständigen erfolgen:

1. Bei der Pfändung landwirtschaftlicher Gegenstände nach § 813 ZPO. mit § 1 Abs. 2 Satz 2 der Bekanntmachung;
2. bei gepfändeten Wertpapieren, die keinen Börsen- und Marktpreis haben,[2] § 1 Abs. 2 Satz 3 der Bekanntmachung (s. nachfolgende Note c);
3. bei Kostbarkeiten nach § 814 ZPO. mit § 1 Abs. 4 der Bek. (nach § 3 Abs. 1 der Bek. mit § 820 ZPO.: unterste Grenze Gold- oder Silberwert!);
4. auf Grund Anordnung des Vollstreckungsgerichts, die auf Antrag des Gläubigers oder Schuldners erlassen werden kann und zwar kann der Antrag auch dann noch gestellt werden, wenn bereits der Gerichtsvollzieher einen Sachverständigen zugezogen hatte.

[1]) Gerichtsvollzieher und Sachverständige haften dem Schuldner nach § 823 Abs. 2 BGB., da die Bekanntmachung ein Schutzgesetz zugunsten des Schuldners ist. Bendix S. 95; auch Schiffer, DJZ. 1914 S. 1234; Mayer S. 180; unter Umständen auch der betreibende Gläubiger (Bendix S. 95; Mayer S. 180).

[2]) Unrichtig ist es, wenn Bendix S. 92/93 ausführt, bei Wertpapieren, die in der letzten Woche vor dem 31. Juli 1914 keinen Börsen- oder Marktpreis hatten, könne auch der Gerichtsvollzieher selbst die Schätzung vornehmen.

In allen übrigen Fällen **kann** der Gerichtsvollzieher die Schätzung einem Sachverständigen übertragen. (Sintenis S. 342 Anm. 5 zu § 1)

c) **Wertpapiere:** Nach § 821 ZPO. sind gepfändete Wertpapiere, die einen Börsen- oder Marktpreis haben, vom Gerichtsvollzieher zum Tageskurse zu verkaufen. Diese Vorschrift bleibt in Kraft, ist aber nicht anwendbar, solange in Deutschland — wie dies seit Kriegsausbruch der Fall ist — sämtliche Börsen geschlossen sind und nach der Bundesratsbekanntmachung vom 25. Februar 1915 (Nr. 4654 RGBl. S. 111) sogar die öffentlichen Mitteilungen und Bekanntmachungen über Preise von Wertpapieren verboten sind. Es sind deshalb während dieser Zeit gepfändete Wertpapiere zu versteigern. Grundsätzlich bildet auch für Wertpapiere die Hälfte des gewöhnlichen Verkaufswertes das Mindestgebot. Jedoch ist der Sachverständige in zweifacher Weise bei seiner Schätzung **nach unten hin** an eine Grenze gebunden:

1. Wertpapiere, die in der Zeit vom 24. bis 30. Juli 1914 einen **Börsenpreis hatten**, dürfen nicht unter dem letzten amtlich notierten Börsenpreis (vgl. Bundesratsbekanntmachung vom 21. November 1912 RGBl. 1912 S. 537) geschätzt werden; das Mindestgebot muß also mindestens die Hälfte dieses Börsenpreises betragen;
2. bei Wertpapieren, welche von der **Kriegsdarlehenskasse beliehen** werden (§ 4 Abs. 1 lit. C des RG. vom 4. August 1914 RGBl. S. 340),[2] darf das Mindestgebot nicht unter dem Beleihungswert zurückbleiben. Diese Schranken muß der Sachverständige einhalten, selbst wenn die Bewertung seiner Überzeugung widerspricht. (Bendix S. 92.)

Praktisch wird fast bei allen seinerzeit notierten Wertpapieren der letzte Kurs zugrunde zu legen sein, da kaum in einem einzigen Fall eine Steigerung des Wertes seit dieser Zeit eingetreten sein dürfte. (Jacusiel im BankArch. Bd. 14 S. 65.)

IV. Bedeutung des Mindestgebotes.

Auf Gebote, welche das bei der Versteigerung bekannt zu gebende Mindestgebot nicht erreichen, darf der Zuschlag nicht erteilt werden. (Gegen die Feststellung des Mindestgebotes ist die Erinnerung nach § 766 ZPO. zulässig; vgl. auch Sieskind a. a. O.) Eine Verletzung dieser Bestimmung bewirkt Unwirksamkeit der Versteigerung, weil die Erteilung des Zuschlags außerhalb der Machtbefugnisse des Gerichtsvollziehers lag. (Gaupp-Stein Anm. III zu § 814, Anm. IV zu § 817 ZPO.; Sintenis S. 343 Anm. 2 zu § 3 und mit abweichender Begründung Sieskind S. 92 Anm. 13 zu § 3; a. M. Mayer S. 180.) Guter Glaube des Erstehers kann den Mangel aber nach § 1244 BGB. heilen. (Gaupp-Stein a. a. O.; Sieskind a. a. O.) Kann infolge ungenügender Gebote der Zuschlag nicht erteilt werden, so greift § 4 der Bekanntmachung Platz. Die anderweitige Verwertung kann in freihändigem Verkauf, Verstei-

---

[2]) Ein von der Hauptverwaltung der Darlehenskassen am 6. September 1914 herausgegebenes Verzeichnis der zur Beleihung durch die Darlehenskassen zugelassenen Wertpapiere und der Beleihungsgrenzen befindet sich bei Sintenis nach S. 82; Bendix S. 158 ff.; ferner Salomon-Bud, Darlehenskassengesetz S. 95—100.

gerung durch einen Auktionator oder Versteigerung an einem anderen Ort oder auch im Zuschlag an den Gläubiger unter Aufrechnung gegen seine Forderung bestehen. In allen diesen Fällen darf jedoch nicht unter das Mindestgebot heruntergegangen werden. (Sieskind S. 93 Anm. 18 zu § 4; Bovensiepen, DRZ. 1914 S. 799.)

28a. Bekanntmachung über die Versagung des Zuschlages bei der Versteigerung von Gegenständen des unbeweglichen Vermögens.

Vom 10. Dezember 1914.

(RGBl. 1914 S. 499 Nr. 4566).

(Der Bundesrat hat auf Grund des § 3 des Gesetzes über die Ermächtigung des Bundesrats zu wirtschaftlichen Maßnahmen usw. vom 4. August 1914 (Reichs-Gesetzbl. S. 327) folgende Verordnung erlassen:

§ 1.

Ergibt sich bei der Zwangsversteigerung eines Gegenstandes des unbeweglichen Vermögens nach Schluß der Versteigerung, daß ein Anspruch, der ein Recht auf Befriedigung aus dem Gegenstande gemäß § 10 Nr. 2 oder Nr. 4 des Gesetzes über die Zwangsversteigerung und die Zwangsverwaltung (Reichs-Gesetzbl. 1898 S. 713) gewährt, durch das Meistgebot nicht gedeckt wird, so kann, wenn dieser Anspruch innerhalb der ersten zwei Dritteile des zur Berechnung des Reichsstempels für den Zuschlagsbeschluß festzusetzenden Wertes des Gegenstandes steht, auf Antrag des Berechtigten der Zuschlag versagt werden, sofern nicht der betreibende Gläubiger glaubhaft macht, daß ihm die Versagung des Zuschlags einen unverhältnismäßigen Nachteil bringt. Wird der Zuschlag versagt, so ist zugleich von Amts wegen ein neuer Versteigerungstermin zu bestimmen.

§ 2.

Wird der Zuschlag versagt, so dürfen für den Versteigerungstermin Gebühren und Auslagen nicht erhoben werden.

§ 3.

Diese Verordnung tritt mit dem Tage der Verkündung in Kraft. Den Zeitpunkt des Außerkrafttretens bestimmt der Reichskanzler.)

Aufgehoben durch § 19 Abs. 2 der VO. über die Geltendmachung von Hypotheken, Grundschulden und Rentenschulden vom 8. Juni 1916 (RGBl. 1916 S. 454 Nr. 5238) siehe oben S. 188 und ersetzt durch §§ 12 und 18 der genannten VO. siehe oben SS. 182, 188.

29. Bekanntmachung über die Einschränkung der Pfändbarkeit von Lohn-, Gehalts- und ähnlichen Ansprüchen.

Vom 17. Mai 1915.

(RGBl. S. 285 Nr. 4738.)

Vorbemerkung.

1. **Literatur:** Seuffert, Recht 1915 S. 497; Bovensiepen, SächsArch. 1915 S. 262 (teilweise abgedruckt in Güthe Bd. 2 S. 127 ff.).

2. Allgemeines: Die VO. will nicht die vielfach angestrebte dauernde Reform der Pfändungsgrenze bringen, sondern diese nur den veränderten Preisen, hauptsächlich der Lebensmittel, für die Kriegszeit anpassen. „Dieser veränderten Wirtschaftslage sucht die auf Grund des § 3 des sog. ErmG. ergangene Bek. . . . . . Rechnung zu tragen. Dabei handelt es sich nur um eine vorläufige, für die Dauer der Kriegsteuerung gedachte Maßregel" (Begr.)

Der Bundesrat hat auf Grund des § 3 des Gesetzes über die Ermächtigung des Bundesrats zu wirtschaftlichen Maßnahmen usw. vom 4. August 1914 (Reichs-Gesetzbl. S. 327) folgende Verordnung erlassen:

§ 1.

An die Stelle der im § 850 Abs. 2, 3 der Zivilprozeßordnung und im § 4 Nr. 4 des Gesetzes vom 21. Juni 1869 (Bundes-Gesetzbl. 1869 S. 242 und 1871 S. 63, Reichs-Gesetzbl. 1897 S. 159, 1898 S. 332) vorgesehenen Summe von eintausendfünfhundert Mark tritt bis auf weiteres die Summe von zweitausend Mark.

I. Die **Erhöhung der Pfändungsgrenze** tritt in folgenden Fällen ein:

A. Im Falle des **§ 850 Abs. 2 und 3 ZPO.**

1. Abs. 2. „übersteigen in den Fällen Nr. 7 („**Pensionen** der Witwen und Waisen und die denselben aus Witwen- und Waisenkassen zukommenden Bezüge, die Erziehungsgelder und die Studienstipendien, sowie die Pensionen invalider Arbeiter") und 8 („**Diensteinkommen** der Offiziere und Deckoffiziere, der Beamten, der Geistlichen, sowie der Ärzte und Lehrer an öffentlichen Anstalten, die Pensionen dieser Personen nach deren Versetzung in einstweiligen oder dauernden Ruhestand, sowie der nach ihrem Tode den Hinterbliebenen zu gewährende Sterbe- oder Gnadengehalt") das Diensteinkommen, die Pension oder die sonstigen Bezüge die Summe von . . . (nunmehr 2000 ℳ) für das Jahr, so ist der dritte Teil des Mehrbetrages der Pfändung unterworfen." Dienstaufwandsentschädigung und militärische Quartiervergütung (Servis) sind unpfändbar und bleiben bei der Berechnung der Pfändungsgrenze außer Betracht (Abs. 5); ebenso Verstümmelungs-, Kriegs- und Alterszulagen nach § 27 OffPensG.; Fondsbeiträge (zur Witwen- und Waisenkasse) sind abziehbar (RG. vom 26. Juni 1884 JW. 1884 S. 227).

2. Abs. 3: Nur für den die Grenze von nunmehr 2000 ℳ übersteigenden Betrag, aber für diesen vollständig, ist der Pfändung unterworfen die **Rente**, welche als Ersatz für die durch eine Körperverletzung oder Gesundheitsschädigung verminderte oder aufgehobene Erwerbsfähigkeit zu gewähren ist. Beispiele: Schadensersatz bei Körperverletzung (§ 843 BGB.), Ersatzleistungen des Dienstberechtigten, Prinzipals und Lehrherrn wegen mangelnder Schutzeinrichtungen (§§ 618 BGB., 62, 71 Abs. 2 HGB.), Renten für bei Eisenbahn- und Bergwerksunfällen Verunglückte (RHaftpflG. vom 7 Juni 1871 § 7 in der Fassung von EG. BGB. Art. 42), KraftfahrzG. vom 3. Mai 1909 (RGBl. S. 424) § 13. Seuffert a. a. O.; Sintenis Anm. 1.

B. RGes. vom 21. Juli 1869 (LohnbeschlG.) § 4 Ziff. 4: Der Pfändung vor Fälligkeit unterliegen darnach nicht mehr **Arbeits- und Dienstvergütungen** unter 2000 ℳ, wenn sie die Entlohnung für den hauptsächlichen Teil der Arbeitskraft bilden (vgl. § 1).

In § 75e HGB. (RGBl. 14/209; s. auch oben S. 10) ist für die Entschädigung des Prinzipals an den Handlungsgehilfen während der Dauer des Wettbewerbsverbotes das LohnbeschlG. nicht ausdrücklich für anwendbar erklärt, aber in Wiederholung desselben bestimmt, daß die Entschädigung bis 1500 ℳ einschließlich etwaiger anderer unter das LohnbeschlG. fallender Bezüge pfandfrei ist; es findet deshalb die VO. Anwendung (a. M. und deshalb für Ergänzung der VO. Giese, Recht 1915 S. 578).

Anhang: In Verwaltungszwangssachen findet in Bayern für Geldleistungen § 850 ZPO. in der jeweils geltenden Fassung an sich Anwendung (Art. 6, 7 BayAG. ZPO.); in Preußen wurde die VO. betr. Verwaltungszwangsverfahren vom 5. Nov. 1899 (PGS. S. 545) § 46 durch VO. vom 24. Aug. 1915 (PGS. S. 127) mit der BRVO. in Übereinstimmung gebracht.

II. Die VO. bewirkt:

A. Unpfändbarkeit der Beträge bis zu 2000 ℳ vom 18. Mai 1915 (dem Tag des Inkrafttretens) an. Gegen zu Unrecht erfolgte Überpfändungen hat der Schuldner die Einwendungen nach § 766 ZPO. Gaupp-Stein Anm. I 2 zu § 766, ferner Seuffert a. a. O. Die Einwendungen können vom Erlaß des Pfändungsbeschlusses bis zum Ende der Zwangsvollstreckung geltend gemacht werden. Diese endet mit der Überweisung an Zahlungsstatt bzw. Beitreibung oder Herausgabe aus Hinterlegung (vgl. Gaupp-Stein Anm. VII vor § 704).

B. Soweit die Forderung der Pfändung nicht unterliegt, kann gegen sie nicht **aufgerechnet** werden (§ 393 BGB.) und sie kann nicht **abgetreten** werden (§ 400 BGB.). Da sie nicht abtretbar ist, kann auch kein **Vertragspfandrecht** möglich sein (§ 1274 Abs. 2 BGB.). Gegenteilige Abmachungen sind nichtig. Im **Konkurs** fällt nur der 2000 ℳ übersteigende Betrag in die Masse (nach § 1 KO., aber auch schon deswegen, weil nur dieser Betrag „rechtlich verwertbar" — vgl. Jaeger Anm. 6 zu § 162 KO. — ist). Aus diesem letzteren Grunde findet die Erhöhung der Pfändungsgrenze auch auf alle Forderungen Anwendung, welche bei Inkrafttreten der VO. noch nicht verwertet waren (vgl. auch Anm. zu § 2).

Ist die Verpflichtung zu einer Aufrechnung, Abtretung oder Verpfändung Inhalt eines Schuldverhältnisses, so wird der Schuldner von der Verpflichtung zur Leistung frei (§ 275 BGB.); für gegenseitige Verträge vgl. § 323 BGB., insbesondere über nachträgliche teilweise Unmöglichkeit.

§ 2.

Diese Verordnung tritt mit dem Tage der Verkündung in Kraft. Den Zeitpunkt des Außerkrafttretens bestimmt der Reichskanzler.

Ist ein Anspruch der im § 850 Abs. 1 Nr. 1, 7, 8, Abs. 3 der Zivilprozeßordnung bezeichneten Art vor dem Inkrafttreten dieser Verordnung gepfändet, so verliert die Pfändung hinsichtlich später fällig werdender Bezüge ihre Wirksamkeit, soweit sie bei Anwendung des § 1 unzulässig sein würde. Dies gilt entsprechend für eine vor dem Inkrafttreten der Verordnung erfolgte Aufrechnung, Abtretung oder Verpfändung.

I. Auf **Pfändungen vor Inkrafttreten** der VO. findet diese Anwendung, soweit die Beträge erst nach ihrer Verkündigung **fällig** werden. Bezüglich des 2000 ℳ übersteigenden Betrages „verliert die Pfändung ihre Wirksamkeit". Angesichts dieser Ausdrucksweise der VO. ist das Erfordernis einer besonderen Geltendmachung nach § 766 ZPO. zu verneinen;[1] der staatliche Zwangsakt der Pfändung, welcher nach der gegenteiligen Ansicht eine solche erforderlich macht, ist bereits generell durch den neuen Akt der Staatsgewalt (BRVO.) aufgehoben. Sachlich wäre die Notwendigkeit der Geltendmachung für jeden einzelnen Fall eine überflüssige Form, die unter Umständen den Gläubiger noch mit Anwaltskosten (die Gerichtskosten könnten nach § 6 GKG. wegfallen) belasten würde; außerdem würde sie von den meist rechtsunkundigen Schuldnern nur allzuleicht versäumt werden. Lesser, Pos.-MSchr. 1915 S. 122; Schneider, BayZfR. S. 131; Dittrich (Praxis des AG. München!) ebenda S. 255; a. M. Seuffert a. a. O.; Kastner, DJZ. 1915 S. 813; Wertheimer, BayZfR. 1916 S. 255. Sobald das Pfändungspfandrecht erlischt, wird die Forderung wieder durch den Bezugsberechtigten einklagbar; Zahlung usw. des Drittschuldners an den betreibenden Gläubiger nach dem 18. Mai ist nach Maßgabe der §§ 407 ff. BGB. zu behandeln, da der ganze Vorgang als analog § 412 (Übergang einer Forderung kraft Gesetzes) zu betrachten ist.

II. Die Erweiterung der Pfändungsgrenze gilt entsprechend rückwirkend auch für Aufrechnung, Abtretung oder Verpfändung, soweit die Beträge nach dem 18. Mai 1915 fällig waren. Diese Rechtsgeschäfte werden daher unwirksam und zwar datiert die Unwirksamkeit vom Eintritt des Grundes, d. h. dem Inkrafttreten der VO. an (vgl. Crome, System Bd. 1 S. 347).

Bei der Aufrechnung gelangen die beiderseitigen Forderungen wieder zur Entstehung. Eine abgetretene Forderung fällt kraft Gesetzes wieder an den Abtretenden zurück; es findet auf das Verhältnis des Drittschuldners zum Gläubiger daher §§ 407 ff. Anwendung (§ 412 BGB.). Ein Pfandrecht erlischt ebenfalls am 18. Mai 1915.

Sind die unwirksamen Geschäfte selbst Teil eines (ev. gegenseitigen) Rechtsgeschäftes, so bewirken sie je nach Parteiwillen vollständige oder teilweise Unwirksamkeit (anal. § 139 BGB.). („Unmöglich" ist nicht die Leistung des Zessionars — diese ist ja bereits vollzogen —, sondern höchstens die des debitor cessus; a. M. Seuffert a. a. O.). War die Forderung Teil einer Konkursmasse, so ist ein etwaiger Bereicherungsanspruch des Erwerbers Masseschuld (§ 59 Ziff. 1 KO.).

---

[1] Dagegen besteht kein Bedenken, den neuen Rechtszustand durch Gerichtsbeschluß festzustellen. Näheres über eine derartige Praxis des AG. München bei Dittrich, BayZfR. 1916 S. 255.

30. Bekanntmachung über den dinglichen Rang öffentlicher Lasten.

Vom 22. April 1915.

(RGBl. 1915 S. 235 Nr. 4717).

Vorbemerkung. 1. Literatur: Marcus, ZBlFG. 1915, 701; Harnier, GenossBl. 1915, 686; Wolff, PrVerwBl. 36, 546; Ortenkirchen ebenda 515; Güthe-Schlegelberger, Kriegsbuch I, 434; II, 157.

2. Allgemeines. Die Verordnung will es ermöglichen, den Grundbesitzern öffentliche Lasten, die auf dem Grundstück liegen (nicht gewöhnliche Lasten, wegen deren in das Grundstück vollstreckt werden kann), über die Kriegszeit zu stunden, ohne daß durch die Stundung diese Ansprüche, soweit sie länger als zwei Jahre fällig sind, gemäß § 10 Ziff. 3 ZVG. ihres Ranges in der dritten Klasse vor den Hypotheken verlustig gehen.

„Zu diesen Lasten gehören vor allem die Beiträge der Anlieger zu Straßenbaukosten verschiedener Art (Anlegungs-, Pflaster-, Kanalisationskosten und dergleichen). Der Betrag solcher Abgaben ist häufig recht erheblich, er beläuft sich nicht selten auf viele tausend Mark für ein Grundstück. Die Aufbringung wird während der Kriegszeit vielen sonst leistungsfähigen Grundbesitzern schwer, wenn nicht unmöglich. Die Steuergläubiger, in Preußen die Gemeinden, haben unter diesen Umständen weitgehendes Entgegenkommen bewiesen und sind auch weiter hiezu bereit. Dabei ergibt sich aber eine Schwierigkeit. Nach § 10 Nr. 3 des Gesetzes über die Zwangsversteigerung und die Zwangsverwaltung werden an öffentlichen Lasten nur die Rückstände aus den letzten zwei Jahren vor der Beschlagnahme in der dritten Klasse vor den Hypotheken befriedigt, ältere Rückstände verlieren ihren Rang und kommen erst in der siebenten Klasse zur Hebung; in der Zwangsverwaltung werden in der dritten Klasse überhaupt keine Rückstände, sondern nur laufende Beträge wiederkehrender Leistungen berücksichtigt. Die Steuergläubiger sind daher genötigt, die Zwangsversteigerung der abgabepflichtigen Grundstücke einzuleiten, ehe zwei Jahre seit dem Verfalle der geschuldeten Lasten verstrichen sind. Um dieses Ergebnis zu vermeiden, sieht die Verordnung vor, daß alle Rückstände nicht wiederkehrender öffentlicher Lasten, die am 1. Januar 1915 noch keine zwei Jahre rückständig waren und demgemäß das Recht auf Befriedigung in der dritten Rangklasse noch nicht verloren hatten, es bis auf weiteres behalten. Die Wirkung dauert an, solange die Verordnung in Kraft bleibt; es ist in Aussicht genommen, den Zeitpunkt des Außerkrafttretens geraume Zeit vorher bekanntzugeben. Diese Erstreckung des dinglichen Ranges wird den Gläubigern weitere Stundung ermöglichen und so den betroffenen Grundbesitzern über die aus den Zeitverhältnissen erwachsene Zahlungsschwierigkeit hinweghelfen. Bedenken gegen eine solche Maßregel sind auch im Interesse der übrigen Grundstücksgläubiger nicht zu erheben, da sie sich auf die nach einem bestimmten Zeitpunkt fällig gewordenen, nicht wiederkehrenden Leistungen beschränkt, ein Anschwellen bevorrechtigter Rückstände also nicht zu besorgen ist. Nur insoweit ist auch ein Bedürfnis nach Abhilfe hervorgetreten." (Begründung.)

Der Bundesrat hat auf Grund des § 3 des Gesetzes über die Ermächtigung des Bundesrats zu wirtschaftlichen Maßnahmen

usw. vom 4. August 1914 (Reichs-Gesetzbl. S. 327) folgende Verordnung erlassen:

§ 1.

Die Ansprüche auf Entrichtung von öffentlichen Lasten eines Grundstücks, die nicht in wiederkehrenden Leistungen bestehen, gewähren bis auf weiteres ein Recht auf Befriedigung im Range der dritten Klasse des § 10 Nr. 3 des Gesetzes über die Zwangsversteigerung und die Zwangsverwaltung, soweit sie vom 1. Januar 1915 noch nicht zwei Jahre rückständig waren.

§ 2.

Diese Verordnung tritt mit dem Tage der Verkündung in Kraft.

Sie tritt mit Beendigung des Kriegszustandes außer Kraft. Den Zeitpunkt, mit dem der Kriegszustand als beendet anzusehen ist, bestimmt der Bundesrat. Ist in einem Zwangsversteigerungsverfahren die Beschlagnahme des Grundstücks vor diesem Zeitpunkt erfolgt, so bleiben für dieses Verfahren die Vorschriften der § 1 in Geltung.

31. Bekanntmachung über die Zwangsverwaltung von Grundstücken.

Vom 22. April 1915.

(RGBl. 1915 S. 233 Nr. 4716).

Vorbemerkung. 1. Literatur. Neben dem allgemeinen Schrifttum zum Kriegsnotrecht, Güthe, JW. 1915, 473, 552; Hallbauer, SächsArch. 1915, 205; Hirsch, Recht 1915, 269; Marcus, ZBlFG. 1915, 701; Nußbaum, JW. 1915, 482; Weinmann, JW. 1915, 695.

2. Bestimmung der Verordnung. Sie bezweckt die Ersparnis der hohen Kosten, die nach dem bisherigen Rechtszustand namentlich durch die Vergütungen erwuchsen, die an die Zwangsverwalter zu entrichten waren. „Die sich hieraus ergebenden Unzuträglichkeiten haben sich nicht nur bei den Grundbesitzern, sondern auch in den Kreisen der Hypothekengläubiger fühlbar gemacht. Die Klagen hierüber sind umso lebhafter hervorgetreten, als die Zwangsverwaltung heute infolge der tatsächlichen und rechtlichen Hindernisse, die der Versteigerung eines Grundstücks entgegenstehen, erhöhte Bedeutung gewonnen hat. Die auf Grund des § 3 des sogenannten Ermächtigungsgesetzes erlassene Bekanntmachung vom 22. April 1915 entlastet demgemäß das Verfahren von Kosten und trifft Vorsorge, daß die Verwaltung tunlichst solchen Personen übertragen wird, die für ihre Tätigkeit keine Vergütung beanspruchen und wegen ihrer besonderen Beziehungen zum Grundstück ein eigenes Interesse an der Verbilligung des Verfahrens haben." (Begründet in Nachtrag III zur Reichstagsdenkschrift über wirtschaftliche Maßnahmen.)

8. Allgemeines. Die Bekanntmachung ändert, abgesehen von einigen gebührenrechtlichen Bestimmungen an den materiellen Wirkungen der Zwangsverwaltung nichts und beschränkt sich lediglich darauf, unter bestimmten Voraussetzungen in erster Linie dem Schuldner (§§ 1, 2), in zweiter Linie der „beteiligten", unter öffentlicher Aufsicht stehenden Anstalt (§ 3), in dritter Linie dem betreibenden Gläubiger (§ 4) einen Anspruch auf Bestellung zum Zwangsverwalter zu geben, wobei Verfügungen des Schuldners über Grundstücksveräußerungen von der Zustimmung einer Aufsichtsperson abhängig sind. Ob die durch Bestellung des Schuldners zum Verwalter erzielte Kostenersparnis so wesentlich ist, daß sie die Nachteile aufwiegt, die mit seiner Aufstellung als Vollstreckungsorgan am eigenen Grundstück in fremdem Interesse verknüpft sind, kann dahingestellt bleiben. Interessenkonflikte lassen sich kaum vermeiden und erhalten auch durch die obligatorische Beigabe einer Aufsichtsperson keine befriedigende Lösung. (Vgl. hiezu auch Sintenis a. a. O. S. 357.)

Die Kriegszwangsverwaltung ist keine Analogon zur Geschäftsaufsicht oder Zahlungsfrist. Sie will die Zwangsvollstreckung nicht abwenden, sondern nur verbilligen, sie schafft keine „Grundstücksaufsicht", noch weniger kann sie die Zwangsversteigerung abwenden.

Der Bundesrat hat auf Grund des § 3 des Gesetzes über die Ermächtigung des Bundesrats zu wirtschaftlichen Maßnahmen usw. vom 4. August 1914 (Reichs-Gesetzbl. S. 327) folgende Verordnung erlassen:

§ 1.

Bei der Einleitung der Zwangsverwaltung eines Grundstücks ist der Schuldner zum Verwalter zu bestellen, wenn er bereit ist, die Verwaltung zu übernehmen, und wenn anzunehmen ist, daß er sie ordnungsmäßig führen wird. Zur Beaufsichtigung seiner Geschäftsführung hat das Gericht eine Aufsichtsperson zu bestellen, die für ihre Tätigkeit keine Vergütung erhält; Aufsichtsperson kann auch der Gläubiger, eine Behörde oder ein Einigungsamt sein. Findet sich keine geeignete Aufsichtsperson, die zur Übernahme der Aufsicht ohne Vergütung bereit ist, so ist von der Bestellung des Schuldners zum Verwalter abzusehen.

Die Vorschrift des Abs. 1 gilt entsprechend für den gesetzlichen Vertreter des Schuldners und, wenn der Schuldner ein Kriegsteilnehmer ist (§ 2 des Gesetzes vom 4. August 1914, Reichs-Gesetzbl. S. 328), für den von ihm zur Wahrnehmung seiner Rechte bestellten Vertreter.

§ 2.

Für die Aufsichtsperson gelten der § 81 Abs. 1, die §§ 82, 83, der § 84 Abs. 1 Satz 1 und Abs. 2 der Konkursordnung entsprechend. Gerichtliche Anordnungen, die dem Verwalter zugestellt werden, sind auch der Aufsichtsperson zuzustellen. Sie hat dem Gericht unverzüglich Anzeige zu erstatten, wenn der Schuldner die Verwaltung nicht ordnungsmäßig führt.

Der Schuldner ist verpflichtet, der Aufsichtsperson Einsicht in seine das Grundstück betreffenden Bücher und Aufzeichnungen zu gewähren und Auskunft über das Grundstück zu geben.

Der Schuldner kann — unbeschadet der Vorschriften der §§ 155 bis 158 des Gesetzes über die Zwangsversteigerung und die Zwangsverwaltung (Reichs-Gesetzbl. 1898 S. 713) — über die Nutzungen des Grundstücks nur mit Zustimmung der Aufsichtsperson verfügen. Zur Einziehung von Ansprüchen, auf die sich die Beschlagnahme erstreckt, ist der Schuldner ohne diese Zustimmung befugt; er ist jedoch verpflichtet, die Beträge, die zu den erforderlichen Zahlungen zur Zeit nicht notwendig sind, alsbald an die Aufsichtsperson abzuführen, die sie nach näherer Anordnung des Gerichts verzinslich anzulegen hat.

I. Voraussetzungen für die Anwendung der Bekanntmachung.

A. Es muß der Antrag eines Gläubigers auf Anordnung der Zwangsverwaltung vorliegen und vom Gericht als begründet erachtet werden. Die Zwangsverwaltung muß „eingeleitet" werden oder schon sein. Die Kriegszwangsverwaltung findet auch Anwendung auf Zwangsverwaltungen in grundstücksgleiche Rechte, ausgenommen Schiffe (z. B. Erbbaurechte §§ 864 Abs. 1, 870 Abs. 1 ZPO.) und in Grundstücksbruchteile in den Fällen des § 864 Abs. 2 ZPO.

B. Der Schuldner muß als Eigentümer eingetragen oder Erbe des eingetragenen Eigentümers oder wenigstens Eigenbesitzer des Grundstücks sein (§§ 17 Abs. 1, 146, 147 ZVG.)

Die Zwangsversteigerung eines Grundstücks wird durch die Bekanntmachung nicht berührt, da bei ihr der Schuldner an und für sich die volle Verwaltungsfreiheit für sein Grundstück behält (§ 24 ZVG.) und eine Zwangsverwaltung nicht eintritt.

II. Der Schuldner als Kriegszwangsverwalter.

A. Als Zwangsverwalter während des Krieges ist in erster Linie der Schuldner zu ernennen, vorausgesetzt, daß er zur Übernahme des Amts bereit ist und anzunehmen ist, daß er es ordnungsmäßig führen wird. Über die unter öffentlicher Aufsicht stehenden Anstalten und den Gläubiger als Verwalter s. Anm. zu §§ 3 und 4.

1. Hat der Schuldner einen gesetzlichen Vertreter, so ist dieser zu bestellen und, wenn der Schuldner Kriegsteilnehmer ist (§ 2 des Gesetzes vom 4. August 1914) der etwaige von ihm zur Wahrnehmung seiner Rechte bestellte Vertreter. Ist der gesetzliche Vertreter Kriegsteilnehmer, so kann das zuständige Gericht durch Bestellung eines Pflegers nach § 1909 BGB., bei Vormundschaften durch Aufstellung eines anderen Vormunds, bei juristischen Personen durch Bestellung eines anderen gesetzlichen Vertreters die Anwendung der Verordnung ermöglichen. (Ebenso Güthe, JW. 1915, 475.)

2. Gehört das Grundstück mehreren Personen zu Gesamteigentum (z. B. Gesamtgut der Gütergemeinschaft), so sind an und für sich sämtliche Eigentümer Schuldner und daher auch sämtlich berechtigt, als Verwalter zugelassen zu werden. Da als Zwangsverwalter aber immer nur eine Person ernannt werden kann, muß es dem Gericht überlassen bleiben, den Verwalter aus den mehreren Personen zu wählen. Das gleiche gilt für die mehreren Vertreter von juristischen Personen, auch wenn sie nur Gesamtvertretungsmacht haben. (A. M. Hirsch, Recht 1915, 271.)

3. Die Bekanntmachung spricht nur von der Bestellung des Schuldners bei „Einleitung" der Zwangsverwaltung. Dies schließt aber nicht aus, daß bei Tod des bisherigen Verwalters oder seiner Entlassung nach § 153 Abs. 2 ZVG. der Schuldner zum Verwalter bestellt wird. (Ebenso Güthe, JW. 1915, 475.) Dagegen ist eine Abberufung des bisherigen Verwalters nur zu dem Zweck, den Schuldner als Verwalter zu bestellen, ausgeschlossen. Die Bestimmung will auch nicht die Rechtsgrundsätze des ZVG. über den Zeitpunkt der Bestellung des Verwalters im allgemeinen aufheben. Nach §§ 146, 150 ZVG. ist es nicht erforderlich, daß Anordnung der Zwangsverwaltung und Bestellung des Verwalters gleichzeitig erfolgen (wenn dies auch wünschenswert ist). Daran wird für die Kriegszwangsverwaltung durch die Worte „bei Einleitung" nichts geändert. Auch im gewöhnlichen Zwangsverwaltungsverfahren erfolgt die etwa erst nach Anordnung der Verwaltung ergehende Bestellung des Verwalters immer noch bei Einleitung des Verfahrens, da diese erst durch sie beendet und nunmehr die Durchführung des Verfahrens ermöglicht wird. (Ebenso Sintenis a. a. O. S. 357; Weinmann, JW. 1915, 1051; a. M. hauptsächlich aus Zweckmäßigkeitserwägungen Buhe, JW. 1915, 1051.)

4. Bei Zwangsverwaltungen, die bereits bei Inkrafttreten der Bekanntmachung anhängig sind, kann das Gericht an Stelle des bisherigen Verwalters den Schuldner bzw. die anderen Berechtigten ernennen, ist hiezu aber nicht verpflichtet. Vgl. Anm. zu § 6.

5. Ob der Schuldner die Geschäfte ordnungsmäßig führen kann, ist Ermessenssache des Gerichts. Stellt sich im Laufe des Verfahrens das Gegenteil heraus, so kann er wie jeder Verwalter nach § 193 Abs. 2 ZVG. abberufen werden. Gegen seine Fähigkeit zur ordnungsmäßigen Verwaltung spricht es nicht, wenn er versucht, durch gesetzliche Behelfe die Verwaltung zur Aufhebung oder zur Einstellung zu bringen, sei es auf Grund des ZVG. oder der Bekanntmachung vom 7. Aug. 1914/20. Mai 1915 über die Bewilligung von Zahlungsfristen. (Ebenso Hirsch, JW. 1915, 1182.) Ob die Geschäftsaufsicht über das Vermögen des Schuldners ihn zum Verwalter untauglich macht, ist von Fall zu Fall zu entscheiden. Jedenfalls hindert sie seine Bestellung nicht schlechthin (so Hirsch, JW. 1915, 1181), denn die Bekanntmachung vom 8. August 1914 geht nicht, wie Hirsch annimmt, davon aus, daß auf den Schuldner kein voller Verlaß sei — sie will ja nicht die Gläubiger, sondern den Schuldner schützen —, sondern nur davon, daß er infolge des Krieges an und für sich zahlungsunfähig geworden ist. Steht fest, daß auf den Schuldner kein Verlaß ist, so wäre das vielmehr ein Aufhebungsgrund für die Geschäftsaufsicht. Vgl. Anm. zu § 10 der Bek. betr. Geschäftsaufsicht.

B. Die Bestellung des Schuldners zum Verwalter ist nur möglich bei gleichzeitiger Bestellung einer Aufsichtsperson. Die Wahl obliegt dem Gericht. Schuldner, Gläubiger und Beteiligte haben kein Beschwerderecht gegen die Auswahl. Vorschläge für die Person des Aufsichtführers zu machen, bleibt ihnen selbstverständlich unbenommen. Zur Übernahme des Amts ist niemand verpflichtet (ebenso Hallbauer, SächsA. 1915, 207).

Die Bekanntmachung nennt als Aufsichtsperson auch eine Behörde oder ein Einigungsamt. Dies wird nur in der Weise möglich sein, daß die genannten Stellen Beamte mit der Aufsicht betrauen, da Behörden und Einigungsämter mangels Rechtspersönlichkeit den Beteiligten nicht haften.

Für die Beurteilung der Frage, ob die Aufsichtsperson tatsächlich und rechtlich für ihr Amt geeignet ist, sind dieselben Gesichtspunkte maßgebend und vom Gericht zu würdigen wie bei den Aufsichtspersonen der Geschäftsaufsicht. Vgl. dort Anm. III zu § 4. Für die Aufsichtsperson gelten die §§ 81 Abs. 2, 82, 83, 84 Abs. 1 Satz 1 und Abs. 2 der Konkursordnung entsprechend (wie bei der Geschäftsaufsicht). Die Aufsichtsperson erhält hiernach eine Bestallung, die sie bei Beendigung des Amtes dem Gericht zurückzureichen hat; sie ist allen Beteiligten für die Erfüllung der ihr obliegenden Pflichten verantwortlich, d. h. allen durch das Verfahren Betroffenen (nicht nur den „Beteiligten" nach § 9 ZVG.); ebenso Güthe, JW. 1915, 482; sie steht unter Aufsicht des Gerichts und kann von diesem nach vorgängiger Anhörung durch Ordnungsstrafen bis zu zweihundert Mark zur Erfüllung ihrer Pflichten angehalten werden. Vgl. hierüber auch Anm. I a zu §§ 6, 7 der Bek. betr. Geschäftsaufsicht.

Anders wie bei der Geschäftsaufsicht kann immer nur eine Aufsichtsperson bestellt werden. Ist dem Schuldner infolge Geschäftsaufsicht eine Aufsichtsperson bereits beigegeben oder ist für sein Unternehmen auf Grund des § 1 der Bek. vom 4. September 1914 Nr. 4487 betr. die Überwachung ausländischer Unternehmungen (s. unten Nr. 75) eine Aufsichtsperson durch die Landeszentralbehörde bestellt, so wird das Gericht zweckmäßigerweise diesen Personen auch das Amt der Aufsichtsperson im Zwangsverwaltungsverfahren übertragen, um Einheitlichkeit der Überwachung zu ermöglichen. Ist ein Unternehmen auf Grund der Bekanntmachungen, betreffend die zwangsweise Verwaltung französischer, britischer usw. Unternehmungen (s. unten Nr. 76), unter zwangsweise Verwaltung gestellt, so ist der politische Verwalter zwar als Vertreter des Schuldners auch als Kriegszwangsverwalter zu bestellen, es ist ihm aber gerade weil er den Schuldner vertritt, eine Aufsichtsperson beizugeben. Vgl. hierzu auch unten Anm. I zu § 2 der Bek. betr. die zwangsweise Verwaltung französischer Unternehmungen vom 26. November 1914 Nr. 4558. Tatsächlich muß in diesem Fall die Beigabe einer Aufsichtsperson als überflüssig erscheinen, sie läßt sich aber nicht umgehen, wenn die Gebühren erspart werden sollen. **Anders wie bei der Geschäftsaufsicht** hat die Aufsichtsperson keinen Anspruch auf Vergütung. Findet sich keine geeignete Aufsichtsperson, die auf Vergütung nicht Anspruch erhebt, so kann der Schuldner nicht zum Verwalter bestellt werden. Dagegen wird man der Aufsichtsperson die Vergütung ihrer Auslagen zugestehen müssen. Über die Stellung der Aufsichtsperson vgl. auch unten Anm. D 1.

C. Formelle Wirkungen der Schuldner-Zwangsverwaltung.

Der Schuldner ist verpflichtet, der Aufsichtsperson Einsicht in seine das Grundstück betreffenden Bücher und Aufzeichnungen zu gewähren und Auskunft über das Grundstück zu geben. Ein diesbezügliches

Klagerecht gegen den Schuldner hat die Aufsichtsperson nicht. (Ebenso Hallbauer a. a. O. 208.) Dagegen stellt sich ein derartiges Verhalten des Schuldners als nicht ordnungsmäßige Verwaltung im Sinne der Bekanntmachung dar, auf Grund deren das Gericht gemäß § 153 Abs. 2 ZVG. den Schuldner als Verwalter abberufen kann. In diesen und in sonstigen Fällen nicht ordnungsmäßiger Verwaltung hat die Aufsichtsperson bei Meidung ihrer Haftung dem Gericht unverzüglich Anzeige zu erstatten. Die gerichtlichen Anordnungen, die dem Verwalter zugestellt werden, sind auch der Aufsichtsperson zuzustellen, um ihr die Überwachung zu ermöglichen.

Im übrigen hat Schuldner alle Pflichten und Rechte des gewöhnlichen Zwangsverwalters, insbesondere auch einen Anspruch auf angemessene Vergütung für seine Tätigkeit gemäß § 153 Abs. 1 ZVG. Zur unentgeltlichen Verwaltung ist er nicht verpflichtet. Sein Verlangen einer angemessenen Vergütung ist daher auch kein Grund für das Gericht, seine Aufstellung als Verwalter abzulehnen. (Ebenso Güthe, JW. 1915, 555; Nußbaum, JW. 1915, 483.) Als Verwalter haftet der Schuldner gemäß § 154 ZVG. auch den Beteiligten für Erfüllung der ihm obliegenden Verpflichtungen. Der Kreis der Beteiligten beschränkt sich hiebei auf § 9 ZVG. Der Schuldner untersteht neben der Aufsicht der Aufsichtsperson der Aufsicht des Gerichts, das gegen ihn Ordnungsstrafen festsetzen kann. Die Verwaltung und Nutzung des Grundstücks als Eigentümer wird ihm durch die Beschlagnahme entzogen. (§ 148 ZVG.) An ihre Stelle tritt der Verwaltungs- und Nutzziehungsauftrag nach § 152 ZVG.

Die Leistung einer Sicherheit darf dem Schuldner-Zwangsverwalter nicht auferlegt werden (§ 5).

D. Materielle Wirkungen der Schuldner-Zwangsverwaltung.

1. Der Schuldner-Zwangsverwalter kann grundsätzlich über die Nutzungen des Grundstücks nur mit Zustimmung der Aufsichtsperson verfügen. Ausnahmen s. unter Anm. 2 unten. Zustimmungspflichtig ist aber nur die Verfügung, d. h. der dingliche Veräußerungsvertrag, nicht der obligatorische Vertrag. Dementsprechend kann der Schuldner zwar obligatorische Miet- und Pachtverträge abschließen und Mietzinsen sowie sonstige Nutzungen verkaufen, er kann aber nicht ohne Zustimmung der Aufsichtsperson dem Mieter das Grundstück zur mietweisen Benutzung übergeben, dem Forderungskäufer die Mietzinsforderung abtreten oder sie verpfänden, ebenso nicht die für die Verwaltung entbehrlichen Naturalnutzungen an Dritte zu Eigentum übertragen. (A. M. Hallbauer a. a. O., der die Zustimmung zum Abschluß neuer Pacht- und Mietverträge schlechthin verlangt.)

Verfügungen des Schuldners, die ohne die erforderliche Zustimmung der Aufsichtsperson vorgenommen werden, haben keine rechtliche Wirksamkeit. Die Zustimmung kann aber nachträglich gegeben werden (§§ 182, 183, 185 Abs. 2 BGB.), entweder gegenüber dem Schuldner oder den Dritten und braucht die für das Rechtsgeschäft vorgeschriebene Form nicht einhalten.

Verletzt der Schuldner seine Verpflichtung die Zustimmung der Aufsichtsperson einzuholen und verheimlicht er der anderen Vertragspartei diese Verpflichtung, so macht er sich ihr gegenüber schadensersatz-ersatzpflichtig; für das Gericht kann ein solches Verhalten Grund sein, den Schuldner als Verwalter gemäß § 153 Abs. 2 abzuberufen.

Die durch die Bekanntmachung umschriebene Stellung der Aufsichtsperson hat keine Parallele im sonstigen Kriegs- oder Friedensrecht, weder in der Stellung des Gegenvormunds (so Hallbauer a. a. O. 205) noch in der des Konkursverwalters. Auch Verwalterstellung (so Güthe a. a. O.) hat die Aufsichtsperson nicht; sie führt nicht bestimmte Geschäfte gemeinsam mit dem Schuldner; die Initiative in der Geschäftsführung hat nur der Schuldner; die Aufsichtsperson steht nicht neben ihm wie einer von mehreren gesetzlichen Vertretern mit Gesamtvertretungsbefugnis.

2. Ausnahmsweise sind nicht zustimmungspflichtig:

a) Verfügungen, die sich als Bezahlung von Kosten der Verwaltung des Grundstücks und des Verfahrens, von öffentlichen Lasten und der auf gerichtliche Anordnung an die Gläubiger kraft Teilungsplan zu entrichtenden Beträge an Kapital und Zinsen darstellen. § 2 Abs. 3 Satz 1 der Bek. in Verbindung mit §§ 155—158 ZVG. Hiebei sind zu den Kosten der Verwaltung insbesondere Reparaturen zu rechnen, ferner Zahlungen an Makler für Vermittlung von Mietverträgen, zu den Kosten des Verfahrens auch die vom Gericht dem Schuldner als Verwalter gemäß § 153 Abs. 1 bewilligte Vergütung.

b) Verfügungen, die nur Einziehung von Ansprüchen darstellen, auf die sich die Beschlagnahme erstreckt. Die so erhaltenen Beträge hat Schuldner jedoch an die Aufsichtsperson abzuführen, die sie nach näherer Anordnung des Gerichts verzinslich anzulegen hat (§ 2 Abs. 3 Satz 2 und 3). Dementsprechend kann Schuldner insbesondere Mietzinsforderungen selbständig mahnen, Arrest und einstweilige Verfügung für sie erwirken, Bürgschaften und Pfandrechtbestellungen entgegennehmen und die Forderungen einklagen; er kann sie aber nicht stunden, teilweise nachlassen oder im Prozeß einen Vergleich abschließen, einen Verzicht oder ein Anerkenntnis erklären, da dies über die Einziehung hinausgeht. (Ebenso Güthe a. a. O.; Hallbauer a. a. O.)

3. Im übrigen erledigen sich die rechtlichen Beziehungen zwischen Schuldner, Gläubiger, Beteiligten und Gericht nach den allgemeinen Bestimmungen. Die Beschränkungen des Eigentumsrechts, die durch die Anordnung der Zwangsverwaltung entstehen, erfahren nur insofern eine Änderung, als sie Maßregeln gegen den Schuldner im Interesse der Verwaltung zum Gegenstand haben. Nach § 149 ZVG. hat das Gericht auf Antrag dem Schuldner die Räumung des Grundstücks aufzugeben, wenn er oder ein Mitglied seines Haushalts das Grundstück oder die Verwaltung gefährdet. Solange der Schuldner die Verwaltung ordnungsmäßig führt, kann aber dieser Fall nicht eintreten. Liegt er vor, so mag dies für das Gericht ein Grund sein, dem Schuldner die Verwaltung nach § 153 Abs. 2 ZVG. zu entziehen und dann gegen ihn auf Antrag mit Räumungsauftrag nach § 149 Abs. 2 ZVG. vorzugehen. Wenn aber das Gericht den Schuldner als Verwalter beläßt, kann es gegen ihn Ordnungsstrafen nach § 153 ZVG. verhängen, es kann aber nicht zum Ausdruck bringen, daß er die Verwaltung gefährdet und ihn trotzdem als Verwalter belassen. (A. M. Güthe a. a. O. 479.) Das auf Antrag des Verwalters zu erlassende Verbot an den Drittschuldner, an den Schuldner zu bezahlen (§§ 151 Abs. 3, 146 Abs. 1, 22 Abs. 2 Satz 2 ZVG.), wird durch die Bestellung des Schuldners zum einziehungsberechtigten Verwalter nicht hinfällig. Zweck des Verbots ist die Wirksamkeit der Beschlagnahme gegenüber dem Drittschuldner, auch wenn ihm die Beschlagnahme noch nicht bekannt ist. Solange der Schuldner Verwalter ist, tritt diese Wirkung allerdings nicht zutage; wird er aber entlassen und dem Drittschuldner ist die Beschlagnahme noch nicht bekannt, so kann er nicht mehr mit Rechtswirksamkeit an den Schuldner zahlen. (Ebenso Güthe a. a. O. 553).

Will der Schuldner über sein widerrufliches Wohnungsrecht hinaus auf Grund Mietvertrag das Grundstück benützen, so kann er zwar gemäß § 181 BGB. mit sich einen derartigen Vertrag nicht abschließen, sich aber gemäß der gleichen Gesetzesstelle vom Gericht hiezu ermächtigen lassen. (Ebenso Güthe a. a. O.; Buhe, JW. 1915, 1050.)

Über die Anwendung der Bestimmungen des ZVG. auch auf den Schuldner-Zwangsverwalter vgl. auch Güthe, JW. 1915, 554 ff.

E. **Rechtsmittel.** Betrachtet sich der Schuldner oder ein sonstiger zur Verwaltung Berechtigter (§§ 3, 4) zu Unrecht von der Verwaltung ausgeschlossen, so hat er hiegegen die Erinnerung nach § 766 ZPO. wegen der Art und Weise der Zwangsvollstreckung und gegen die hierauf getroffene Entscheidung die sofortige Beschwerde nach § 793 ZPO. Umgekehrt haben die gleichen Rechtsmittel die Beteiligten, wenn sie den Schuldner als zu Unrecht zum Verwalter bestellt erachten. (Ebenso Güthe a. a. O. 477.)

§ 3.

Gehört zu den Beteiligten eine unter staatlicher Aufsicht stehende Anstalt und wird der Schuldner oder sein Vertreter nicht zum Verwalter bestellt (§ 1), so kann die Anstalt innerhalb einer ihr vom Gerichte zu bestimmenden Frist eine in ihrem Dienste befindliche Person als Verwalter vorschlagen.

Das Gericht hat den Vorgeschlagenen zum Verwalter zu bestellen, sofern er nicht dazu ungeeignet ist; er erhält für seine Tätigkeit keine Vergütung.

Der Anstalts-Zwangsverwalter.

I. Voraussetzungen seiner Bestellung.

A. Der Schuldner oder sein Vertreter darf nicht zum Verwalter bestellt worden sein. Ist der Schuldner bestellt gewesen und nachträglich vom Gericht entlassen worden oder stirbt er, so hat die Anstalt keinen Anspruch auf Bestellung eines Anstaltverwalters. (Güthe a. a. O. 558 bejaht die Zulässigkeit der Bestellung bei Tod des Schuldner-Zwangsverwalters oder seines Vertreters, falls nicht ein Verwalter nach § 1 [Erbe] wieder zu bestellen ist.) Auch er kann grundsätzlich nur bei „Einleitung" des Verfahrens bestellt werden. War das Verfahren bereits bei Inkrafttreten der Bekanntmachung anhängig und bestellt das Gericht aus sachlichen Gründen den Schuldner oder seinen Vertreter nicht, so liegt es in seinem Ermessen, ob es einen Anstaltsverwalter bestellen will (vgl. § 6). Stirbt der gewöhnliche Verwalter und wird der Schuldner oder sein Vertreter nicht zum Verwalter bestellt, so wird der Anstalt der Anspruch auf Bestellung eines Anstaltsverwalters zuzubilligen sein. Vgl. oben Anm. II A 3 zu §§ 1, 2.

B. Die Anstalt braucht nicht besondere juristische Persönlichkeit besitzen; auch Sparkassen der Kommunalverbände fallen darunter, dagegen muß sie, um den Begriff der Anstalt zu erfüllen, mindestens einer juristischen Person organisch eingegliedert sein. Der Bankbetrieb einer offenen Handelsgesellschaft, die sich Anstalt nennt, fällt nicht unter den Begriff, auch wenn sie unter staatlicher Aufsicht steht. Gleichgültig ist dagegen, ob die juristische Person, der die Anstalt angegliedert ist, dem öffentlichen Recht oder dem Privatrecht angehört. (Ähnlich Güthe a. a. O. 558.) Die staatliche Aufsicht muß eine organisatorische, nicht durch den Krieg veranlaßte sein. Die Beaufsichtigung auf Grund der Bekanntmachung betr. die Überwachung ausländischer Unternehmungen vom 4. September 1914 genügt nicht. Im wesentlichen kommen Hypothekenbanken, Versicherungsanstalten, staatliche und kommunale Bodenkreditorganisationen, staatliche Banken, Sparkassen und Stiftungen in Betracht.

C. Die Anstalt bzw. die juristische Person, der sie angegliedert ist, muß als betreibender oder sonstiger Gläubiger am Verfahren „beteiligt" sein. Ist sie als Schuldner beteiligt, so kommt ausschließlich § 1 zur Anwendung. (Ebenso Güthe a. a. O. 558.) Sind mehrere Gläubiger beteiligt, so haben alle das Vorschlagsrecht. Das Gericht wählt dann den geeignetsten aus der Reihe der Vorgeschlagenen aus. (Ebenso Güthe a. a. O.; a. M. Hirsch, Recht 1915, 274.)

D. Der Verwalter muß im Dienst der Anstalt stehen und geignet sein. Ein Dienstvertrag nach §§ 611 ff. BGB. ist nicht erforderlich. Jedoch darf das Verhältnis des Vorgeschlagenen zur Anstalt nicht so lose sein, daß seine jeweilige Tätigkeit für die Anstalt zeitlich und rechtlich ein selbständiges Dienstverhältnis darstellt oder kein Dienstverhältnis, sondern ein Vertragsverhältnis des HGB. vorliegt (Makler, Agent, Kommissionär). Im Dienst der Anstalt steht auch ihr Vorstand, nicht aber ein Mitglied eines etwaigen Aufsichtsrates.

Ob der Vorgeschlagene geeignet ist, entscheidet das Gericht nach pflichtmäßigem Ermessen. Da er eine Vergütung für seine Tätigkeit nicht beanspruchen darf (§ 3 Abs. 2), ist er jedenfalls ungeeignet, wenn er eine solche verlangt.

E. Der Vorschlag muß von der Anstalt gemacht werden. Sie hat einen Rechtsanspruch auf Bestellung des Vorgeschlagenen, falls er geeignet ist. Gegebenenfalls hat sie wie der Schuldner als Rechtsmittel die Erinnerung nach § 766 ZPO. und gegen den darauf gehenden Beschluß die sofortige Beschwerde. Vgl. oben Anm. II B zu §§ 1, 2. Wird diese zurückgewiesen und ist die Anstalt betreibende Gläubigerin, so kann sie, falls sie sich zur unentgeltlichen Verwaltung erbietet, nach § 4 einen Rechtsanspruch darauf haben, daß ihr Vorstand zum Verwalter bestellt wird. S. Anm. zu § 4.

F. Der Anstaltsverwalter kann nur solange sein Amt ausüben, als er im Dienst der Anstalt steht, da er nicht im eigenen Interesse, sondern in dem der Anstalt berufen wird. Scheidet er daher vorzeitig aus dem Dienst der Anstalt aus, so kann die Anstalt eine andere in ihren Diensten stehende geeignete Person vorschlagen; ebenso wenn der Verwalter stirbt oder aus sachlichen Gründen vom Gericht entlassen wird.

II. **Wirkungen der Anstaltszwangsverwaltung.** Für sie gelten die Vorschriften des ZVG. mit der Maßgabe, daß dem Verwalter die Leistung einer Sicherheit nicht auferlegt werden darf (§ 5) und er eine Vergütung nicht erhält. Im übrigen tritt eine Änderung in der Anwendung der Vorschriften des ZVG. nicht ein. Auch wenn der Verwalter der einzige gesetzliche Vertreter der Anstalt ist und diese das Verfahren betreibt, wird hiedurch § 151 Abs. 3 ZVG. nicht gegenstandslos, wie Güthe a. a. O. 560, 561 annimmt, da Gläubiger und Verwalter nicht identisch sind. Die Stellung der Anstalt als „Beteiligte" wird durch die Bestellung des von ihr Vorgeschlagenen nicht weiter berührt.

§ 4.

Wird ein Verwalter weder nach § 1 noch nach § 3 bestellt, so ist der Gläubiger zu bestellen, falls er sich erbietet, die Verwaltung ohne Vergütung zu übernehmen, und anzunehmen ist, daß er sie ordnungsmäßig führen wird.

Der Gläubiger als Zwangsverwalter.

I. Voraussetzungen für seine Bestellung.

A. Der Schuldner, sein Vertreter oder ein Anstaltsverwalter nach § 3 darf noch nicht bestellt worden sein. Die Bestellung des Gläubigers kann nur bei Einleitung des Verfahrens erfolgen. Im einzelnen gilt hier analog das in Anm. I A zu § 3 Gesagte.

B. Als Gläubiger kommt nur der betreibende Gläubiger in Betracht, sei es, daß er den Antrag auf Anordnung der Zwangsverwaltung gestellt hat oder sein Beitritt im Laufe des Verfahrens zugelassen worden ist (§§ 146 Abs. 1, 27 ZVG.). Selbstverständlich darf im letzteren Fall zur Zeit des Beitritts ein anderer Zwangsverwalter auf Grund der Bek. noch nicht ernannt sein; es sei denn, daß es sich um Anwendung der Übergangsvorschrift in § 6 handelt.

C. Der Gläubiger muß sich zur unentgeltlichen Verwaltung anbieten und zur ordnungsmäßigen Verwaltung geeignet sein. Sind mehrere geeignete betreibende Gläubiger vorhanden, so hat das Gericht den geeignetsten zu wählen. Ist Gläubiger eine Personenmehrheit ohne juristische Persönlichkeit, so wählt das Gericht aus den mehreren Personen den Verwalter, ist Gläubiger eine juristische Person, so ist der Vorstand als Verwalter zu bestellen; bei mehreren Vorstandsmitgliedern wählt das Gericht das geeignetste. Mangels einer diesbezüglichen Vorschrift hat die juristische Person in diesem Fall ein Vorschlagsrecht auch dann nicht, wenn sie Anstalt im Sinne des § 3 ist.

D. Bei Erfüllung der genannten Voraussetzungen hat der Gläubiger einen Rechtsanspruch auf seine Bestellung. Über Rechtsmittel vgl. Anm. I E zu § 3.

II. Wirkungen der Gläubiger-Zwangsverwaltung.

Besondere rechtliche Änderungen gegenüber der gewöhnlichen Zwangsverwaltung treten durch die Bestellung des Gläubigers zum Verwalter nicht ein, abgesehen davon, daß er einen Anspruch auf Vergütung nicht hat und ihm die Leistung einer Sicherheit nicht auferlegt werden darf (§ 5). Insbesondere wird an seiner Stellung als Gläubiger nichts geändert. Mit Rücksicht darauf, daß, wenn Gläubiger eine juristische Person oder eine Personenmehrheit ist, Gläubiger und Verwalter nicht identisch sind, wird § 151 Abs. 3 ZVG. nicht, wie Güthe a. a. O. 561 annimmt, gegenstandslos; ebensowenig die Verpflichtung des Verwalters, dem Gläubiger Rechnung zu legen (§ 154 ZVG.).

§ 5.

Ist die Zwangsverwaltung angeordnet, weil der Schuldner infolge des Krieges außerstande ist, die aus dem Grundstück zu befriedigenden Ansprüche zu erfüllen, so dürfen für die Anordnung und das Verfahren Gebühren nicht erhoben werden.

Einem Verwalter, der auf Grund der §§ 1, 3 oder 4 bestellt ist, darf das Gericht die Leistung einer Sicherheit nicht auferlegen.

Ob das Gericht oder die mit der Gebührenerhebung beauftragte Stelle die **Gebührenfreiheit** zu bestimmen hat, bemißt sich nach Landesrecht. In Preußen entscheidet der Gerichtsschreiber über die Gebührenpflichtigkeit. Vgl. hiezu Güthe a. a. O. In Bayern obliegt ebenfalls dem Gerichtsschreiber der Ansatz; über Erinnerungen hiegegen entscheidet das Gericht, gegen dessen Entscheidung Beschwerde zulässig ist. §§ 45—47 bay. Kostengesetz, § 2 VollzVerordnung vom 21. August 1914. Auf Auslagen des Gerichts und Kosten der Rechtsanwälte bezieht sich die vorgesehene etwaige Gebührenfreiheit nicht.

§ 6.

Diese Verordnung tritt mit dem Tage der Verkündung in Kraft. Den Zeitpunkt des Außerkrafttretens bestimmt der Reichskanzler.

In den zur Zeit des Inkrafttretens der Verordnung bereits angeordneten Zwangsverwaltungen kann das Gericht an Stelle des bisherigen Verwalters nach Maßgabe der §§ 1, 3 und 4 einen anderen Verwalter bestellen; geschieht dies, so sind von dieser Zeit an die Vorschriften dieser Verordnung anzuwenden.

Der § 5 Abs. 1 gilt auch für die zur Zeit des Inkrafttretens der Verordnung angeordneten Zwangsverwaltungen; bereits erhobene Gebühren werden nicht zurückgezahlt.

Tag der Verkündung ist der 22. April 1915. Der Schuldner hat keinen Rechtsanspruch auf Entlassung des bisherigen Verwalters. Umgekehrt ist diese nicht auf die Fälle des pflichtwidrigen Verhaltens nach § 153 ZVG. beschränkt. Nimmt das Gericht die Entlassung vor, so muß es in der Bestellung des neuen Kriegszwangsverwalters die Reihenfolge der Berechtigten einhalten.

Vollzugsgrundsätze. Das Amtsgericht München hat im Benehmen mit Hypothekenbanken und sonstigen Interessenten sich auf Vollzugsgrundsätze geeinigt, die im wesentlichen das Verfahren bei der Verwalterbestellung betreffen und DRZ. 1915, 485 abgedruckt sind. Vgl. hiezu auch Dittrich, BayZfR. 1915, 187.

Zum Vollzug der Bekanntmachung äußert sich auch LG. Berlin I vom 2. Februar 1916 LGBl. 27, 32, DRAZ. 1916, 116. Die darin vertretene Auffassung, daß bei der Verwaltung nicht nur die Gesetzesparagraphen, sondern mit in erster Linie auch die volkswirtschaftlichen Grundsätze zu beachten seien und danach zu streben sei, daß möglichst gut und zugleich möglichst sparsam gewirtschaftet werde, ist insoweit richtig und selbstverständlich, als sie im Rahmen des Gesetzes wirtschaftliche Grundsätze beachtet wissen will; soweit sie diese neben den gesetzlichen Bestimmungen entscheiden läßt, erhebt sie unzulässigerweise Zweckmäßigkeitsgrundsätze an Stelle des Gesetzes zum Gesetz.

32. Gesetz zur Einschränkung der Verfügungen über Miet- und Pachtzinsforderungen.

Vom 8. Juni 1915.

(RGBl. S. 327 Nr. 4761).

Vorbemerkung. Die Schwierigkeiten, die auf dem Gebiete des Realkredites hinsichtlich der Beschaffung von Hypotheken mit zweiter und späterer Rangstelle zutage getreten sind, haben seit längerer Zeit Klagen laut werden lassen, daß die Vorschriften des geltenden Rechts dem Eigentümer eines vermieteten und verpachteten Grundstücks in zu weitem Umfang die Möglichkeit eröffneten, über die Miet- und Pachtzinsforderung mit Wirkung gegenüber dem dinglich berechtigten Gläubiger sowie gegenüber dem Ersteher zu verfügen. Es wurde darauf hingewiesen, daß namentlich bei städtischen Miethäusern immer häufiger und oft noch kurz vor der Beschlagnahme des Grundstücks die Mieten von den Hauseigentümern abgetreten oder von seinen Gläubigern gepfändet und damit in beträchtlichem Umfange dem Zugriff des dinglich-berechtigten Gläubigers entzogen werden.

Schon seit einer Reihe von Jahren haben sich deshalb wirtschaftliche Verbände an das Reichsjustizamt gewandt, um eine Abänderung der maßgebenden Gesetzesbestimmungen herbeizuführen (vgl. namentlich die Eingaben des Zentralverbands der Banken und Bankiers an das Reichsjustizamt v. 12. Juli 1910, BankArch. Bd. 9 S. 331 und v. 4. März und 4. Nov. 1913, BankArch. Bd. 13 S. 68; Eingabe der Ältesten der Kaufmannschaft Berlin an das Reichsjustizamt v. 15. April 1912; JW. 1912 S. 558; Höniger, Gutachten für den 32. Juristentag 1914 Bd. 1 S. 793 ff.).

Demgemäß wurde auch vom Reichsjustizamt ein Entwurf zur Abänderung der fraglichen Gesetzesbestimmungen ausgearbeitet, der am 9. Mai 1914 in der „Nordd. Allg. Zeitung" (Nr. 108) veröffentlicht wurde (vgl. Höniger a. a. O. 799).

Durch den Ausbruch des Krieges wurde die Erledigung des Gesetzentwurfs, der im Herbst 1914 dem Reichstag vorgelegt werden sollte, verhindert. Da jedoch mit der Dauer des Krieges die Not der Hausbesitzer und der Hypothekgläubiger sich noch erheblich steigerte, wurde dem Reichstag am 28. April 1915 der „Entwurf eines Gesetzes zur Einschränkung der Verfügungen über Miet- und Pachtzinsforderungen" vorgelegt, der fast unverändert vom Reichstag angenommen wurde (vgl. näheres hierüber Trendelenburg Seite 15—18).

Das Gesetz läßt die grundsätzliche Regelung der Haftung der Miet- und Pachtzinsforderung für die dinglich berechtigten Gläubiger, wie sie im BGB. und im ZVG. getroffen ist, unberührt; die Änderungen bestehen in der Hauptsache darin, daß der Zeitraum, für welchen der Eigentümer über die Miet- und Pachtzinsforderungen im voraus verfügen kann, abgekürzt wird und daß der Beginn dieses Zeitraums auf einen früheren Zeitpunkt vorverlegt wird. **Kommentare:** Trendelenburg, Das Gesetz zur Einschränkung über Miet- und Pachtzinsforderungen, Berlin 1915, Verlag F. Vahlen; Hagelberg, Abtretung und Pfändung von Mieten, Berlin 1915, C. Habers Verlag.

a)[1] Das Gesetz vom 8. Juni 1915.

Wir Wilhelm, von Gottes Gnaden Deutscher Kaiser, König von Preußen rc. verordnen im Namen des Reichs, nach erfolgter Zustimmung des Bundesrats und des Reichstags, was folgt:

Artikel 1.

Das Gesetz über die Zwangsversteigerung und die Zwangsverwaltung (Reichs-Gesetzbl. 1898 S. 713) wird dahin geändert:

I. An die Stelle des § 57 treten folgende Vorschriften:

§ 57.

Ist das Grundstück einem Mieter oder Pächter überlassen, so finden die Vorschriften der §§ 571, 572, des § 573 Satz 1 und der §§ 574, 575 des Bürgerlichen Gesetzbuchs nach Maßgabe der §§ 57a und 57b entsprechende Anwendung.

§ 57a.

Der Ersteher ist berechtigt, das Miet- oder Pachtverhältnis unter Einhaltung der gesetzlichen Frist zu kündigen. Die Kündigung ist ausgeschlossen, wenn sie nicht für den ersten Termin erfolgt, für den sie zulässig ist.

§ 57b.

Soweit nach den Vorschriften des § 573 Satz 1 und der §§ 574, 575 des Bürgerlichen Gesetzbuchs für die Wirkung von Verfügungen und Rechtsgeschäften über den Miet- oder Pachtzins der Übergang des Eigentums in Betracht kommt, ist an dessen Stelle die Beschlagnahme des Grundstücks maßgebend. Ist dem Mieter oder Pächter der Beschluß, durch den die Zwangsversteigerung angeordnet wird, zugestellt, so gilt mit der Zustellung die Beschlagnahme als dem Mieter oder Pächter bekannt; die Zustellung erfolgt auf Antrag des Gläubigers an die von ihm bezeichneten Personen. Dem Beschlusse soll eine Belehrung über die Bedeutung der Be-

[1]) Die Erläuterungen siehe bei **b**.

schlagnahme für den Mieter oder Pächter beigefügt werden. Das Gericht hat auf Antrag des Gläubigers zur Feststellung der Mieter und Pächter eines Grundstücks Ermittelungen zu veranlassen; es kann damit einen Gerichtsvollzieher oder einen sonstigen Beamten beauftragen, auch die zuständige örtliche Behörde um Mitteilung der ihr bekannten Mieter und Pächter ersuchen.

Der Beschlagnahme zum Zwecke der Zwangsversteigerung steht die Beschlagnahme zum Zwecke der Zwangsverwaltung gleich, wenn sie bis zum Zuschlag fortgedauert hat. Ist dem Mieter oder Pächter der Beschluß, durch den ihm verboten wird, an den Schuldner zu zahlen, zugestellt, so gilt mit der Zustellung die Beschlagnahme als dem Mieter oder Pächter bekannt.

Auf Verfügungen und Rechtsgeschäfte des Zwangsverwalters finden diese Vorschriften keine Anwendung.

II. Der § 183 erhält folgende Fassung:

Im Falle der Vermietung oder Verpachtung des Grundstücks finden die in den §§ 57a und 57b vorgesehenen Maßgaben keine Anwendung.

Artikel 2.

Das Bürgerliche Gesetzbuch (Reichs-Gesetzbl. 1896 S. 195) wird dahin abgeändert:

I. Im § 573 Satz 1 werden die Worte „und das folgende" gestrichen; ferner wird folgender neue Halbsatz hinzugefügt:

erfolgt der Übergang des Eigentums innerhalb des letzten halben Monats eines Kalendervierteljahrs, so ist die Verfügung auch insoweit wirksam, als sie sich auf den Mietzins für das folgende Kalendervierteljahr bezieht.

II. Im § 574 Satz 1 werden die Worte „soweit es sich nicht auf den Mietzins für eine spätere Zeit als das Kalendervierteljahr, in welchem der Mieter vor dem Übergange des Eigentums Kenntnis erlangt, und das folgende Vierteljahr bezieht" ersetzt durch die Worte „soweit es sich nicht auf den Mietzins für eine spätere Zeit als das Kalendervierteljahr bezieht, in welchem der Mieter von dem Übergange des Eigentums Kenntnis erlangt"; ferner wird folgender neuer Halbsatz hinzugefügt:

erlangt der Mieter die Kenntnis innerhalb des letzten halben Monats eines Kalendervierteljahrs, so ist das Rechtsgeschäft auch insoweit wirksam, als es sich auf den Mietzins für das folgende Kalendervierteljahr bezieht.

III. Im § 1123 Abs. 2 Satz 2 werden die Worte „und das folgende" gestrichen; ferner wird folgender neue Halbsatz hinzugefügt:

erfolgt die Beschlagnahme innerhalb des letzten halben Monats eines Kalendervierteljahrs, so erstreckt sich die Befreiung auch auf den Miet- oder Pachtzins für das folgende Kalendervierteljahr.

IV. Im § 1124 Abs. 2 werden die Worte „und das folgende" gestrichen; ferner wird folgender neue Halbsatz hinzugefügt:

erfolgt die Beschlagnahme innerhalb des letzten halben Monats eines Kalendervierteljahrs, so ist die Verfügung jedoch insoweit wirksam, als sie sich auf den Miet- oder Pachtzins für das folgende Kalendervierteljahr bezieht.

Artikel 3.

Die Konkursordnung (Reichs-Gesetzbl. 1898 S. 612) wird dahin geändert:

I. Im § 21 Abs. 2 Satz 1 werden die Worte „und das folgende" gestrichen; ferner wird folgender neue Halbsatz hinzugefügt:

erfolgt die Konkurseröffnung innerhalb des letzten halben Monats eines Kalendervierteljahrs, so ist die Verfügung auch insoweit wirksam, als sie sich auf den Miet- oder Pachtzins für das folgende Kalendervierteljahr bezieht.

II. Der § 21 Abs. 3 erhält folgenden Satz 2:

Die Vorschriften des § 57 b des Gesetzes über die Zwangsversteigerung und die Zwangsverwaltung bleiben jedoch außer Betracht.

Artikel 4.

Für die Wirkung von Verfügungen und Rechtsgeschäften, die vor dem Inkrafttreten dieses Gesetzes in Ansehung der Miet- oder Pachtzinsforderung vorgenommen sind, bleiben die im Artikel 2 und im Artikel 3 unter I bezeichneten Vorschriften bis zum Ablauf des dem Inkrafttreten dieses Gesetzes folgenden Kalendervierteljahrs in der bisherigen Fassung maßgebend.

Artikel 5.

Ist das Miet- oder Pachtverhältnis vor dem Inkrafttreten dieses Gesetzes begründet worden, so bleiben für die Wirksamkeit von Rechtsgeschäften, die zwischen dem Mieter oder Pächter und dem Vermieter oder Verpächter in Ansehung der Miet- oder Pachtzinsforderung vorgenommen werden, die im Artikel 2 und im Artikel 3 unter I bezeichneten Vorschriften in der bisherigen Fassung maßgebend, soweit es sich um den Miet- oder Pachtzins für die Zeit bis zu dem ersten Termine handelt, für den die Kündigung des Miet- oder Pachtverhältnisses zulässig ist.

Artikel 6.

Dieses Gesetz tritt am 20. Juni 1915 in Kraft.

b) Die abgeänderten Bestimmungen in der neuen Fassung.

1. Bürgerliches Gesetzbuch.

§ 573.

Eine Verfügung, die der Vermieter vor dem Übergange des Eigentums über den auf die Zeit der Berechtigung des Erwerbers entfallenden Mietzins getroffen hat, ist insoweit wirksam, als sie sich auf den Mietzins für das zur Zeit des Überganges laufende Kalendervierteljahr bezieht; erfolgt der Übergang des Eigentums innerhalb des letzten halben Monats eines Kalendervierteljahrs, so ist die Verfügung auch insoweit wirksam, als sie sich auf den Mietzins für das folgende Kalendervierteljahr bezieht. Eine Verfügung über den Mietzins für eine spätere Zeit muß der Erwerber gegen sich gelten lassen, wenn er sie zur Zeit des Überganges des Eigentums kennt.

I. Nach § 571 BGB. tritt der Erwerber eines vermieteten (oder verpachteten) Grundstücks an Stelle des Vermieters in die sich während der Dauer seines Eigentums aus dem Mietverhältnis ergebenden Rechte und Verpflichtungen ein, wenn das Grundstück zur Zeit der Veräußerung dem Mieter bereits überlassen war (Kauf bricht nicht Miete.) Diesem Grundsatz entsprechend müßten vom Tage des Eigentumserwerbs an die Mietzinsen ungeschmälert dem neuen Eigentümer zufließen. In den §§ 573—575 BGB. sind jedoch Ausnahmen hievon gemacht.

Der § 573 betrifft **Vorausverfügungen** des Vermieters über den Mietzins, der auf die Zeit der Berechtigung des Erwerbers entfällt, **zugunsten dritter Personen.** Hieher gehören: Abtretung und Verpfändung des Mietzinses sowie — nach der herrschenden Ansicht, vgl. Staudinger Anm. II 2 c zu § 573 BGB., Begründung S. 5; Trendelenburg S. 62 Note 2a; Hagelberg S. 48 Fußnote 6 — die Pfändung im Zwangsvollstreckungsweg, ferner die Bestellung eines Nießbrauchs an der Mietforderung — Jaeger Anm. 13 zu § 21 KO.; Trendelenburg a. a. O. —, nicht aber die Bestellung eines Nießbrauchs am Grundstück, Staudinger a. a. O. Anm. II 4; Hagelberg a. a. O. Fußnote 4.

II. Bisher mußte der Erwerber Vorausverfügungen des Vermieters über den Mietzins für das zur Zeit des Erwerbes (Eintrag im Grundbuch) laufende und das nächstfolgende Kalendervierteljahr gegen sich gelten lassen. Nunmehr ist die Gültigkeit von Vorausverfügungen grundsätzlich auf das zur Zeit des Übergangs laufende Kalendervierteljahr beschränkt (vgl. aber Satz 2 des § 573 BGB.).

Ausnahmsweise muß der Erwerber auch weiterhin die Verfügung für das dem Erwerb folgende Kalendervierteljahr gegen sich gelten lassen, wenn der Eigentumswechsel „innerhalb des letzten halben Monats eines Kalendervierteljahres" erfolgt. Hat also z. B. der Vermieter die Mietzinsen für das ganze Kalenderjahr einem Gläubiger abgetreten und er veräußert das Grundstück in der zweiten Hälfte des Monats März, so muß der Erwerber die Abtretung bis zum 30. Juni gegen sich gelten lassen. Was das Gesetz unter dem „letzten halben Monat eines Kalendervierteljahres" versteht, ist bestritten. Nach § 189 Abs. 1 BGB. (auf den auch in der Begründung Seite 11 verwiesen wird) ist unter einem halben Monat eine Frist von 15 Tagen zu verstehen. Der letzte halbe Monat umfaßt demnach im März und Dezember die Tage vom Beginn des 17. bis zum 31., im Juni und September die Tage vom Beginn des 16. bis zum 30. Ebenso: Trendelenburg S. 49; Heß, Kriegsgesetze S. 287 Fußnote 2; Reinhardt, ZBlfG. Bd. 16 (1915) S. 197; Kretschmar, BayZfR. 1915 S. 223; Bauer, BayZfR. 1915 S. 341 Fußnote 1; Konietzko, JW. 1916 S. 567; PrJMEntschl. v. 16. Juni 1915 (amtliche Belehrung), PrJMBl. S. 116 ff.; BayJMEntschl. v. 27. Juli 1915 (amtliche Belehrung), BayJMBl. S. 55 ff. II B 1. A. M. Hagelberg S. 49/50; Mittelstein, DJZ. S. 657/58, JW. 1915 S. 1135 und Recht 1915 S. 394, welche unter Berufung auf § 192 BGB. und weil eine gleichmäßige Berechnung ein Bedürfnis der Verkehrssicherheit sei, den letzten halben Monat stets vom Beginn des 16. Tages ab rechnen.

§ 574.

Ein Rechtsgeschäft, das zwischen dem Mieter und dem Vermieter in Ansehung der Mietzinsforderung vorgenommen wird, insbesondere die Entrichtung des Mietzinses, ist dem Erwerber gegenüber wirksam, soweit es sich nicht auf den Mietzins für eine spätere Zeit als das Kalendervierteljahr bezieht, in welchem der Mieter von dem Übergange des Eigentums Kenntnis erlangt; erlangt der Mieter die Kenntnis innerhalb des letzten halben Monats eines Kalendervierteljahrs, so ist das Rechtsgeschäft auch insoweit wirksam, als es sich auf den Mietzins für das folgende Kalendervierteljahr bezieht. Ein Rechtsgeschäft, das nach dem Übergange des Eigentums vorgenommen wird, ist jedoch unwirksam, wenn der Mieter bei der Vornahme des Rechtsgeschäfts von dem Übergange des Eigentums Kenntnis hat.

1. Dieser Paragraph bezieht sich auf Rechtsgeschäfte, die **zwischen dem Mieter und dem Vermieter** in Ansehung der Mietzinsforderung vorgenommen werden, also insbesonders Zahlung (Vorauszahlung), Stundung, Erlaß und Verrechnung des Mietzinses. In diesem Falle ist das Stich-Ereignis, d. h. das Ereignis, das für die Wirksamkeit des Rechtsgeschäfts von Bedeutung ist, nicht der Eigentumswechsel, sondern die Kenntnis des Mieters von dem Eigentumswechsel. Während bisher derartige Rechtsgeschäfte gültig waren, soweit sie sich auf das Kalendervierteljahr, in welchem der Mieter von dem Übergang Kenntnis erhielt und auf das nächstfolgende Kalendervierteljahr beziehen, ist nunmehr die Gültigkeit der Rechtsgeschäfte beschränkt auf das Kalendervierteljahr, in welchem der Mieter von dem Eigentumswechsel Kenntnis erhält (Kenntnisquartal). Auch hier wird jedoch die Gültigkeit für Rechtsgeschäfte auf das nächstfolgende Kalendervierteljahr ausgedehnt, wenn der Mieter innerhalb des letzten halben Monats des Kalendervierteljahres von dem Eigentumswechsel Kenntnis erhielt. Über den Begriff des letzten halben Monats eines Kalendervierteljahres siehe oben Anmerkung II Seite 215.

Rechtsgeschäfte, die der Mieter nach Kenntnis des Eigentumswechsels vornimmt, sind gem. Satz 2 unwirksam.

II. Diese zeitliche Schranke der Gültigkeit von Vorausverfügungen gilt auch insoweit als der Mieter nach dem Mietvertrag verpflichtet ist, den Mietzins für einen längeren als den im § 574 BGB. zugelassenen Zeitraum im voraus zu entrichten; denn das Gesetz will grundsätzlich dem Vermieter den Mietzins nur für ein Kalendervierteljahr zur freien Verfügung überlassen und es kann deshalb keinen Unterschied machen, ob der Vermieter sich den Mietzins für einen späteren Zeitraum schon bei Abschluß des Mietvertrags sichern will oder ob er dies erst durch spätere Vereinbarung mit dem Mieter tut. Diese ausdehnende Auslegung des § 574 BGB. wird in der Begründung zum vorliegenden Gesetz Seite 10 und 12 deutlich zum Ausdruck gebracht und ergibt sich auch aus der in Art. 5 enthaltenen Übergangsvorschrift, die es ja gerade dem Mieter, der nach dem Mietvertrag zur längeren als vierteljährlichen Vorauszahlung des Mietzinses verpflichtet ist, ermöglichen soll, sich durch rechtzeitige Abänderung des Mietvertrags vor der Gefahr, den Mietzins doppelt zahlen zu müssen, zu schützen. So Trendelenburg S. 70 und schon auf Grund des bisherigen Rechts Mittelstein Miete 3 Auf. S. 652; Jäckel-Güthe 5. Aufl. Anm. 7 zu § 57 ZVG.; Jaeger 3. u. 4. Aufl. Anm. 13 zu § 21 KO. A. M. Hagelberg S. 49 u. S. 60 und auf Grund des bisherigen Rechts Staudinger Anm. II 1 b § 574; Planck Anm. II § 574, Komm. d. RGR. Anm. I zu § 574; Oertmann Anm. I d zu § 574, weil bei einer dem Mietvertrag entsprechenden Vorauszahlung eine Verfügung über die während der Dauer des Eigentums des Erwerbers sich ergebenden Rechte (§ 571 BGB.) überhaupt nicht vorliege.

III. Das im § 575 BGB. dem Mieter eingeräumte Aufrechnungsrecht wird durch die Bezugnahme dieses Paragraphen auf § 574 BGB. auch entsprechend den neuen Vorschriften eingeschränkt.

Durch die Änderung der §§ 573 und 574 werden sogleich ohne weiteres die Fristen entsprechend geändert für die Wirksamkeit der Vorausverfügungen in den Fällen der Begründung und der Beendigung eines Nießbrauchs, eines Erbbaurechts oder eines dinglichen Wohnungsrechts §§ 577, 1056 BGB. und der Beendigung der ehelichen Güterstände (des § 1423 BGB.) und der Errungenschaftsgemeinschaft (§ 1346 Abs. 3) und der Fahrnisgemeinschaft (§ 1550 Abs. 2) sowie der elterlichen Nutznießung (§§ 1663 und 1686 BGB.), ferner im Falle des Eintritts der Nacherbfolge (§ 2135); denn für diese Verhältnisse nimmt das Gesetz unmittelbar oder mittelbar auf die Rechtslage im Falle einer rechtsgeschäftlichen Veräußerung Bezug. Begründung S. 11, Trendelenburg S. 50; Hagelberg S. 38 ff.; Josef, Recht 1915 S. 389; Hallbauer, JW. 1915 S. 885; Reinhardt, ZBlfG. Bd. 16 S. 188;

§ 21 KO. siehe unten Seite 225.

§ 1123.

Ist das Grundstück vermietet oder verpachtet, so erstreckt sich die Hypothek auf die Miet- oder Pachtzinsforderung.

Soweit die Forderung fällig ist, wird sie mit dem Ablauf eines Jahres nach dem Eintritte der Fälligkeit von der Haftung frei, wenn nicht vorher die Beschlagnahme zu Gunsten des Hypothekengläubigers erfolgt. Ist der Miet- oder Pachtzins im voraus zu entrichten, so erstreckt sich die Befreiung nicht auf den Miet- oder Pachtzins für eine spätere Zeit als das zur Zeit der Beschlagnahme laufende Kalendervierteljahr; erfolgt die Beschlagnahme innerhalb des letzten halben Monats eines Kalendervierteljahrs, so erstreckt sich die Befreiung auch auf den Miet- oder Pachtzins für das folgende Kalendervierteljahr.

§ 1124.

Wird der Miet- oder Pachtzins eingezogen, bevor er zu Gunsten des Hypothekengläubigers in Beschlag genommen worden ist, oder wird vor der Beschlagnahme in anderer Weise über ihn verfügt, so ist die Verfügung dem Hypothekengläubiger gegenüber wirksam. Besteht die Verfügung in der Übertragung der Forderung auf einen Dritten, so erlischt die Haftung der Forderung; erlangt ein Dritter ein Recht an der Forderung, so geht es der Hypothek im Range vor.

Die Verfügung ist dem Hypothekengläubiger gegenüber unwirksam, soweit sie sich auf den Miet- oder Pachtzins für eine spätere Zeit als das zur Zeit der Beschlagnahme laufende Kalendervierteljahr bezieht; erfolgt die Beschlagnahme innerhalb des letzten halben Monats eines Kalendervierteljahrs, so ist die Verfügung jedoch insoweit wirksam, als sie sich auf den Miet- oder Pachtzins für das folgende Kalendervierteljahr bezieht.

Der Uebertragung der Forderung auf einen Dritten steht es gleich, wenn das Grundstück ohne die Forderung veräußert wird.

I. Die grundsätzliche Regelung, daß zwar einerseits die Hypothek sich auf die Miet- und Pachtzinsforderung erstreckt, andererseits aber der Vermieter insolange über die Miete grundsätzlich frei verfügen kann und daß seine Gläubiger sie pfänden können (§ 865 ZPO.), solange nicht der Hypothekgläubiger die Miete in Beschlag genommen hat, ist unverändert geblieben. Die Beschlagnahme kann entweder durch Einleitung der Zwangsverwaltung (§ 148 ZVG.) oder im Wege der Forderungspfändung auf Grund dinglichen[1]) Titels (RG. Bd. 81 S. 146; Kammergericht vom 7. März 1914, OLG. Bd. 29 S. 246; Trendelenburg S. 32/33; Hagelberg S. 52; Mittelstein, DJZ. 1915 S. 656; Stillschweig, JW. 1915 S. 621 Fußnote 3 und S. 820) erfolgen.

Eine Änderung ist nur in einem Punkt erfolgt; während bisher die Verfügung über den Mietzins durch Vorauserhebung, Abtretung oder Pfändung dem Hypothekgläubiger gegenüber nur insoweit unwirksam war (im Falle des § 1123: nur insoweit der Haftung für die Hypothek unterstellt blieb) als sie sich auf den Mietzins für einen späteren Zeitraum als das zur Zeit der Beschlagnahme laufende und das folgende Kalendervierteljahr bezog, wird jetzt die Wirksamkeit derartiger Vorausverfügungen schon durch den Ablauf des zur Zeit der Beschlagnahme laufenden Kalendervierteljahres (Beschlagnahmequartal) begrenzt. Eine Ausnahme wird auch wieder für die Fälle gemacht, wenn die Beschlagnahme innerhalb des letzten halben Monats eines Kalendervierteljahres (siehe über diesen Begriff oben Seite 215) erfolgt: dann ist die Vorausverfügung auch noch für das folgende Kalendervierteljahr gültig.

Dem Zwangsverwalter oder dem auf Grund dinglichen Titels pfändenden Hypothekgläubiger gegenüber wirkt die Vorauseinhebung, Abtretung, Verpfändung oder Pfändung von Mietzinsen in der Regel, also nur noch bis zum Ende des Kalendervierteljahres, in dem die Beschlagnahme erfolgt ist. Erfolgt also die Beschlagnahme in dem gleichen Kalendervierteljahr, in welchem die Abtretung der Mietzinse erfolgte, so hat die Abtretung in der Regel überhaupt keine Wirkung mehr. Umgekehrt kann ein Gläubiger des Vermieters durch Abtretung von Mietzinsen nur dann ein einigermaßen zuverlässiges Sicherungsmittel erhalten, wenn die Abtretung in der zweiten Hälfte des letzten Monats eines Kalendervierteljahres erfolgt (Hallbauer, JW. 1915 S. 111).

II. Durch die Abänderung des § 1124 wird auch die im § 1125 unter Bezugnahme auf § 1124 dem Mieter eingeräumte **Aufrechnungsbefugnis** eingeschränkt: Nach der Beschlagnahme der Mietzinsforderung also insbesondere dem Zwangsverwalter gegenüber beschränkt sich die Aufrechnungsbefugnis des Mieters nunmehr in der Regel auf das zur Zeit der Beschlagnahme laufende Kalendervierteljahr.

Über die Wirkung der Abänderung der §§ 1123, 1124 BGB. auf die Bestimmung des § 1289 BGB. s. Liebenwalde, JW. 1915 S. 1553.

---

[1]) Dagegen genügt nicht eine Pfändung durch den Hypothekgläubiger auf Grund eines schuldrechtlichen Titels (RG. Bd. 76 S. 118; Bd. 81 S. 146; Stillschweig, JW. 1915 S. 79). Pfänden mehrere Hypothekgläubiger auf Grund dinglichen Titels, so wirkt die zeitlich frühere Pfändung jedenfalls während der Frist des § 1124 Abs. 2 BGB., alsdann entscheidet der Rang der Hypothek (§ 879 BGB.); vgl. hierüber ausführlich Stillschweig, JW. 1915 S. 376 ff.; JW. 1916 S. 314. (Dessen Ansicht, daß der im Rang vorgehende Hypothekgläubiger auch auf Grund einer Abtretung oder schuldrechtlichen Pfändung der Mietzinsen gegenüber einem später dinglich pfändenden Hypothekgläubiger über die Frist des § 1124 Abs. 2 BGB. hinaus sein Vorrecht geltend machen könne, kann nicht gebilligt werden.)

2. Zwangsversteigerungsgesetz.

§ 57.

Ist das Grundstück einem Mieter oder Pächter überlassen, so finden die Vorschriften der §§ 571, 572, des § 573 Satz 1 und der §§ 574, 575 des Bürgerlichen Gesetzbuchs nach Maßgabe der §§ 57a und 57b entsprechende Anwendung.

I. Der Wortlaut dieses Paragraphen stimmt, abgesehen von der Einschaltung der Worte „nach Maßgabe der §§ 57a und 57b" mit dem bisherigen § 57 Satz 1 Zwangsversteigerungsgesetz überein. Gleichwohl ist der Gesetzesinhalt in doppelter Beziehung ein anderer geworden, einmal dadurch, daß die in Bezug genommenen §§ 573 und 574 BGB. geändert, nämlich die in diesem Paragraphen normierten Fristen gekürzt worden sind, und dann dadurch, daß durch die Anwendung des § 57b die Bedeutung der Vorschrift wesentlich beeinflußt wird.

II. Die Bestimmnug enthält die Übertragung des Grundsatzes „Kauf bricht nicht Miete" auf das **Zwangsversteigerungsverfahren.**

Im einzelnen besagt die entsprechende Anwendung des § 571 BGB. auf das Zwangsversteigerungsverfahren: daß der Ersteher eines vermieteten oder verpachteten Grundstücks an Stelle des Vermieters oder Verpächters in die sich während der Dauer seines Eigentums aus dem Miet- oder Pachtverhältnis ergebenden Rechte und Verpflichtungen eintritt, soferne das Grundstück zur Zeit des Zuschlags dem Mieter oder Pächter bereits überlassen war. Die entsprechende Anwendung des § 572 BGB. räumt dem Ersteher die bis zum Zuschlag dem Verpächter zustehenden Rechte an einer vom Mieter oder Pächter geleisteten Sicherheit ein. Näheres über diese gegenüber dem bisherigen Rechtszustand unveränderten Bestimmungen vgl. die Komm. z. ZVG.

Die entsprechende Anwendung der §§ 573 Satz 1, 574 und 575 BGB. regelt die Gültigkeit von Vorausverfügungen über den Mietzins für den Erwerb im Wege der Zwangsversteigerung entsprechend den für den freihändigen Erwerb geltenden Vorschriften. Näheres hierüber siehe Anm. zu § 57b.

§ 57a.

Der Ersteher ist berechtigt, das Miet- oder Pachtverhältnis unter Einhaltung der gesetzlichen Frist zu kündigen. Die Kündigung ist ausgeschlossen, wenn sie nicht für den ersten Termin erfolgt, für den sie zulässig ist.

Dieser Paragraph stimmt nach Wortlaut und Inhalt mit dem bisherigen § 57 Satz 2 und 3 des ZVG. vollkommen überein. Es kann deshalb auf die Erläuterung zu dieser Bestimmung in den Kommentaren zu ZVG. verwiesen werden.

§ 57b.

Soweit nach den Vorschriften des § 573 Satz 1 und der §§ 574, 575 des Bürgerlichen Gesetzbuchs für die Wirkung von Verfügungen und Rechtsgeschäften über den Miet- oder Pachtzins

der Uebergang des Eigentums in Betracht kommt, ist an dessen Stelle die Beschlagnahme des Grundstücks maßgebend. Ist dem Mieter oder Pächter der Beschluß, durch den die Zwangsversteigerung angeordnet wird, zugestellt, so gilt mit der Zustellung die Beschlagnahme als dem Mieter oder Pächter bekannt; die Zustellung erfolgt auf Antrag des Gläubigers an die von ihm bezeichneten Personen. Dem Beschlusse soll eine Belehrung über die Bedeutung der Beschlagnahme für den Mieter oder Pächter beigefügt werden. Das Gericht hat auf Antrag des Gläubigers zur Feststellung der Mieter und Pächter eines Grundstücks Ermittelungen zu veranlassen; es kann damit einen Gerichtsvollzieher oder einen sonstigen Beamten beauftragen, auch die zuständige örtliche Behörde um Mitteilung der ihr bekannten Mieter und Pächter ersuchen.

Der Beschlagnahme zum Zwecke der Zwangsversteigerung steht die Beschlagnahme zum Zwecke der Zwangsverwaltung gleich, wenn sie bis zum Zuschlag fortgedauert hat. Ist dem Mieter oder Pächter der Beschluß, durch den ihm verboten wird, an der Schuldner zu zahlen, zugestellt, so gilt mit der Zustellung die Beschlagnahme als dem Mieter oder Pächter bekannt.

Auf Verfügungen und Rechtsgeschäfte des Zwangsverwalters finden diese Vorschriften keine Anwendung.

I. Diese Bestimmung enthält eine wesentliche Änderung gegenüber dem bisherigen Recht. Dadurch, daß bisher die §§ 573 Satz 1, 574 und 575 BGB. ohne Modifikation auf die Zwangsversteigerung anzuwenden waren, war ebenso wie bei der freiwilligen Veräußerung eines Grundstücks für die Frage der Gültigkeit von Vorausverfügungen der Zeitpunkt des Eigentumswechsels, d. h. der Zuschlag maßgebend. **An Stelle des Zuschlags tritt nunmehr die Beschlagnahme.** Hieraus ergeben sich nachstehende Folgerungen:

II. Die Beschlagnahme zum Zwecke der Zwangsversteigerung und die Beschlagnahme zum Zwecke der Zwangsverwaltung[1]) werden in ihrer Wirkung auf Verfügungen über den Miet- oder Pachtzins gleichgestellt. Es wird also einerseits (entgegen dem bisherigen Recht) der Beschlagnahme zum Zwecke der Zwangsversteigerung die Kraft beigelegt, die Wirksamkeit von Vorausverfügungen gegenüber dem Ersteher zu begrenzen, so daß es nicht mehr notwendig ist, neben dem Zwangsversteigerungsverfahren ein Zwangsverwaltungsverfahren lediglich zu dem Zwecke einzuleiten, um die Fortwirkung von Vorausverfügungen auszuschließen, andererseits wirkt die mit der Beschlagnahme zum Zwecke der Zwangsverwaltung (schon bisher) verbundene Einschränkung der Verfügungsbefugnis des Verpächters und Vermieters, sofern die Zwangsverwaltung bis zum

---

[1]) Die dingliche Pfändung der Mietzinsen durch einen Hypothekgläubiger — s. oben Anm. zu § 1124 Fußnote 1 S. 218 — hat hier nicht die gleiche Wirkung. Stillschweig, JW. 1915 S. 820.

Zuschlag fortgedauert hat (nicht nur wie bisher zugunsten der Hypothekgläubiger), sondern auch zugunsten des Erstehers. (§ 57b Abs. 2 ZVG.)[1])

Liegen mehrere Beschlagnahmen vor, so kann sich der Ersteher auf jede von ihnen berufen, nicht nur auf die zeitlich erste. Dies ist namentlich dann von Bedeutung, wenn es sich um die Wirksamkeit eines Rechtsgeschäfts zwischen Vermieter und Mieter handelt und der Mieter nur von einer späteren Beschlagnahme (durch Zustellung) Kenntnis erhalten hat. Siehe unten Anm. Seite 215.

Wirksamwerden der Beschlagnahme siehe §§ 22, 148, 151 ZVG.

III. Verfügungen, die von dem Vermieter nach der Beschlagnahme getroffen **werden und Rechtsgeschäfte des Vermieters mit dem Mieter, die nach dessen Kenntnis von der Beschlagnahme** vorgenommen werden, sind gegenüber dem mit dem Zuschlag kraft des § 571 BGB. in die Rechte aus dem Mietverhältnis eingetretenen Erstehers schlechthin unwirksam. Doch wird hiedurch ebensowenig wie überhaupt durch die neuen Bestimmungen etwas daran geändert, daß der Miet- oder Pachtzins dem Ersteher erst vom Zuschlag ab zukommt (§ 56 ZVG.); die Vorschriften des § 57b lassen also die Wirksamkeit von Verfügungen und Rechtsgeschäften insoweit unberührt, als sie sich auf Miet- oder Pachtzinsen beziehen, die auf die Zeit bis zum Zuschlag entfallen.

IV. Verfügungen, die der Vermieter oder Verpächter **vor der Beschlagnahme** über die Miet- oder Pachtzinse getroffen hat (siehe hierüber oben Anm. zu § 573 BGB. Seite 214), sind nur insoweit **wirksam**, als sie sich auf den Miet- oder Pachtzins **für das zur Zeit der Beschlagnahme** des Grundstücks **laufende Kalendervierteljahr** beziehen (Beschlagnahmequartal). Erfolgt die Beschlagnahme innerhalb des letzten halben Monats eines Kalendervierteljahres, so ist die Verfügung auch insoweit wirksam, als sie sich auf den Miet- oder Pachtzins für das folgende Kalendervierteljahr bezieht. (§§ 57, 57b ZVG. und § 573 Satz 1 BGB.)

Da zwischen Beschlagnahme und Zuschlag tatsächlich meist eine Frist von 3 bzw. 3½ Monaten liegt, so werden in der Regel Verfügungen des Vermieters oder Verpächters zur Zeit des Zuschlags ihre Wirksamkeit verloren haben und dem Ersteher die Mietzinsen sofort vom Zeitpunkt

---

[1]) Bisher haben Vorausverfügungen des Vermieters oder Verpächters, die durch die Anordnung der Zwangsverwaltung den Hypothekgläubigern gegenüber unwirksam geworden waren, mit dem Zuschlag und der damit verbundenen Beendigung der Zwangsverwaltung für das zur Zeit des Zuschlags laufende und das folgende Kalendervierteljahr wieder Wirksamkeit erhalten (RG. Bd. 64 S. 415); auch wurden Vorausverfügungen, die der Schuldner nach Einleitung der Zwangsverwaltung über die Mieten getroffen hatte, dem Ersteher gegenüber für das zur Zeit des Zuschlags laufende und das folgende Kalendervierteljahr in der Rechtsprechung für gültig erklärt. OLG. Hamburg OLG. Bd. 27 S. 214. Dieses als besonders mißlich empfundene „Wiederaufleben" früherer Verfügungen ist nunmehr ausgeschlossen. Begründung S. 6; Trendelenburg S. 37; Hagelberg S. 54 Fußnote 27; Stillschweig, JW. 1915 S. 622; Hallbauer, JW. 1915 S. 883; Mittelstein, DJZ. S. 658; Kretschmar, BayZfR. 1915 S. 222; Bauer, BayZfR. S. 363.

des Zuschlags an (keinesfalls aber vorher, siehe vorstehende Anmerkung III) zustehen. Über die Wirkung dieser Vorschrift für den Mieter oder Pächter siehe nachstehende Anmerkung VII.

V. **Rechtsgeschäfte, die zwischen Vermieter und Mieter oder Pächter** in Ansehung der Miet- oder Pachtzinsforderung vor der Beschlagnahme vorgenommen werden (siehe oben Anmerkung zu § 574 BGB. Seite 215), insbesondere die Entrichtung des Miet- oder Pachtzinses, sind dem Ersteher gegenüber nur insoweit wirksam, als sie sich auf den Miet- oder Pachtzins für dasjenige Kalendervierteljahr bezieht, in welchem der Mieter oder Pächter von der Beschlagnahme **Kenntnis erlangt** (Kenntnisquartal); erlangt der Mieter oder Pächter die Kenntnis innerhalb des letzten halben Monats eines Kalendervierteljahres, so ist das Rechtsgeschäft auch insoweit wirksam, als es sich auf den Miet- oder Pachtzins für das folgende Kalendervierteljahr bezieht. (§§ 57, 57b ZVG.; § 573 Satz 1 BGB.)

Um bei der Beschlagnahme zum Zwecke der Zwangsversteigerung im Interesse des Erstehers den Mieter möglichst rasch von der erfolgten Beschlagnahme in Kenntnis zu setzen und um den Ersteher von dem oft schwierigen Beweis der Kenntnis des Mieters zu befreien, bestimmt der § 57 Satz 2, daß auf Antrag des Gläubigers, der die Zwangsversteigerung anordnende Beschluß den Mietern zuzustellen ist und daß mit der erfolgten Zustellung die Kenntnis des Mieters oder Pächters als vorhanden anzunehmen ist (Fiktion). Die Zustellung erfolgt von Amts wegen (§ 2 ZVG.) und zwar nach den Vorschriften der ZPO. (§§ 208 ff., 166 ff.), soweit nicht die §§ 3—8 ZVG. abweichendes enthalten.

Die **Feststellung der Mieter** und Pächter wird für den betreibenden Gläubiger häufig schwierig oder überhaupt nicht alsbald möglich sein. Es wird daher weiter vorgesehen, daß auf Antrag des Gläubigers das Gericht zu jenem Zwecke Ermittlungen zu veranlassen hat. Es kann sich dabei eines Gerichtsvollziehers oder eines sonstigen Beamten bedienen, aber auch die zuständige örtliche Behörde (z. B. den Gemeindevorstand, Polizeibehörde, das Meldeamt usw.) um Mitteilung der Mieter und Pächter ersuchen, soweit diese dort bekannt sind. (Begründung S. 8.) Wird im Laufe des Verfahrens neu vermietet, hat die Zustellung auch an den neuen Mieter zu erfolgen (Reinhard, ZBlfG. Bd. 16 S. 199).

Im Verfahren der Zwangsverwaltung wird auf Antrag des betreibenden Gläubigers oder des Zwangsverwalters an die Mieter oder Pächter ein Zahlungsverbot erlassen, welches dann von Amts wegen zugestellt wird (§ 146 Abs. 1 mit § 22 Abs. 2, § 151 Abs. 3 und § 3 ZVG.). Hier wird deshalb die Annahme der Kenntnis des Mieters oder Pächters von der Beschlagnahme an diese Zustellung geknüpft (§ 57b Abs. 2 Satz 2). Eine Unterstützung durch das Gericht bei der Ermittlung der Mieter oder Pächter bedarf es hier nach Lage der Sache nicht.

Durch diese Vorschriften ist Sorge dafür getragen, daß Beschlagnahmequartal und Kenntnisquartal in der Regel (anders z. B., wenn die Beschlagnahme in der Mitte des letzten Monats eines Kalendervierteljahres stattfindet) zusammen fallen. So werden mit Rücksicht auf den zwischen Beschlagnahme und Zuschlag liegenden Zeitraum auch die Rechtsgeschäfte zwischen Mieter und Vermieter in der Regel den Anspruch des Erstehers auf die Mietzinsen vom Zeitpunkt des Zuschlags ab nicht mehr beeinträchtigen.

VI. Für **Verfügungen und Rechtsgeschäfte** des **Zwangsverwalters** bleiben nach Abs. 3 des § 57b die Bestimmungen des Abs. 1 und 2 außer Anwendung. Die Regel, daß Verfügungen über den Mietzins, die nach der Beschlagnahme getroffen wurden, dem Ersteher gegenüber über den Zuschlag hinaus keine Wirkung haben, gilt daher für Verfügungen des Zwangsverwalters nicht, vielmehr verbleibt es hier dabei, daß erst der Übergang des Eigentums, d. h. also der Zuschlag den Zeitpunkt bildet, von dem aus die Dauer der Fortwirkung zu berechnen ist, so daß Verfügungen des Zwangsverwalters dem Ersteher gegenüber für das zur Zeit des Zuschlags laufende, wenn der Zuschlag in der zweiten Hälfte des Kalendervierteljahres erfolgt ist, auch für das nächstfolgende Kalendervierteljahr (nach §§ 573 Satz 1, 574 BGB. in der neuen Fassung) Gültigkeit haben. Es bleibt wie bisher dem Ersteher überlassen, sich wegen der auf die Zeit nach dem Zuschlag entfallenden Mieten, die der Zwangsverwalter eingezogen hat, mit diesem auseinander zu setzen. Begründung S. 8 und 9.

VII. Rechtsstellung des Mieters. Der nichtrechtskundige Mieter oder Pächter wird im allgemeinen nicht wissen, was die Zustellung des Beschlagnahmebeschlusses an ihn bezweckt. Überdies ist durch die nunmehrige Regelung die Gefahr, daß der Mieter den Mietzins an einen Nichtberechtigten zahlt und deshalb an den Berechtigten nochmals zahlen muß, bedeutend gestiegen. Um den Mieter vor derartigen Nachteilen möglichst zu schützen, wurde — auf Veranlassung des Reichstags — in das Gesetz die Bestimmung aufgenommen, daß dem Beschluß, durch den die Zwangsversteigerung angeordnet wird, bei der Zustellung an den Mieter oder Pächter eine **Belehrung** über die Bedeutung der Beschlagnahme beigefügt werden soll (§ 57b Abs. 1 Satz 3). Die Bestimmung ist allerdings nur eine Ordnungsvorschrift; eine Zustellung, der diese Belehrung nicht beiliegt, ist daher gleichwohl wirksam; es könnten hieraus aber Schadensersatzverpflichtungen für den Staat nach §§ 839 ff. BGB. entstehen; Trendelenburg S. 79; Reinhard ZBlfG. Bd. 16 S. 200.

Die Abfassung der Belehrung ist an sich Sache des Vollstreckungsgerichts (Trendelenburg S. 90; Kretschmar, BayZfR. 1915 S. 223; a. M. Mittelstein, Recht 1915 S. 392). Die Justizverwaltungen haben jedoch den Gerichten Muster für diese Belehrungen zur Verfügung gestellt. Vgl. PrJMVerf. vom 16. Juni 1915; PrJMBl. 1915 S. 116, BayJMBek vom 27. Juli 1915; BayJMBl. 1915 S. 58 ff.[1])

Über das **Verhalten des Mieters bei der Zahlung des Mietzinses** ist folgendes zu sagen.

a) Es wird nur ein Zwangsversteigerungsverfahren ohne Zwangsverwaltung betrieben:

1. Der Mietzins ist (wie es ja bei städtischen Grundstücken die Regel ist) vierteljährlich vorauszahlbar (pränumerando). Die vor der

---

[1]) Ob diese Belehrungen für den rechtsunkundigen Mieter verständlich sind, erscheint sehr zweifelhaft; es dürfte aber überhaupt nicht möglich sein, allgemein eine gemeinverständliche Belehrung über die hier in Frage stehenden verwickelten Rechtsverhältnisse zu geben; wichtiger ist deshalb, daß im Einzelfalle der Mieter auf Verlangen durch den Gerichtsschreiber mündlich belehrt wird. Vgl. Hagelberg S. 58 Fußnote 37; Mittelstein im Recht 1915 S. 392 und DJZ. 1915 S. 660 a. E.

Beschlagnahme oder deren Bekanntgabe an die Mieter erfolgte Zahlung ist stets dem Ersteher gegenüber voll wirksam. Ist zur Zeit der Beschlagnahme oder deren Bekanntgabe an den Mieter die Mietzinsrate für das laufende Kalendervierteljahr im Rückstande, so kann der Mieter nicht mehr mit Sicherheit an den Vermieter zahlen; denn wenn der Zuschlag vor Ablauf des gleichen Kalendervierteljahres erfolgt, hat der Ersteher Anspruch auf den auf die Zeit nach dem Zuschlag entfallenden Teil des Mietzinses und braucht die nach der Beschlagnahme oder deren Bekanntgabe an den Mieter erfolgte Zahlung nicht mehr gegen sich gelten lassen (nach § 57 b Satz 1 ZVG. mit § 574 Satz 2 BGB.). Der Mieter kann daher infolge nicht auf Fahrlässigkeit beruhender Ungewißheit über die Person des Gläubigers seine Verbindlichkeit nicht erfüllen und ist nach § 372 Satz 2 BGB. berechtigt, den Mietzins zu hinterlegen. Er ist aber hiezu nicht verpflichtet (vgl. Staudinger Anm. 1, 3 und 4 zu § 372 BGB.); er kann auch den Ablauf des Kalendervierteljahres abwarten und falls bis zum Ende des Kalendervierteljahres der (rechtskräftige) Zuschlag nicht erfolgt, den Mietzins an den Vermieter zahlen, wenn der Zuschlag erfolgt, den auf die Zeit nach dem Zuschlag entfallenden Teil des Mietzinses an den Ersteher bezahlen.

Die Hinterlegung hat bei der für den Leistungsort (Mittelstein im Recht 1915 S. 399) zuständigen Hinterlegungsstelle (in Preußen beim Amtsgericht, in Bayern an den Orten, wo die kgl. Bank oder eine Filiale derselben ihren Sitz hat, bei der kgl. Bankanstalt, sonst ebenfalls beim Amtsgericht) zu erfolgen. Die Hinterlegung bei einer örtlich nicht zuständigen Hinterlegungsstelle hat jedoch die gleiche Wirkung und verpflichtet nur den Schuldner, dem Gläubiger den Schaden zu ersetzen, der diesem etwa daraus entsteht, daß nicht bei der zuständigen Stelle hinterlegt worden ist, z. B. die etwaigen Mehrkosten der Erhebung. (Trendelenburg S. 92 Anm. 30; Staudinger Anm. 2 zu § 374 BGB.).

Das gleiche wie für die zur Zeit der Beschlagnahme rückständigen Mietzinse gilt für die nach der Beschlagnahme fällig werdenden Mietzinsraten. Sobald der Mieter erfährt, daß der Zuschlag erteilt und rechtskräftig geworden ist — nach der preußischen und bayerischen Belehrung ist ihm dies durch den Gerichtsschreiber mitzuteilen — zahlt er die rückständigen (nicht hinterlegten) Mietzinsbeträge an den Vermieter und an den Ersteher anteilsmäßig, die nachher fällig werdenden Mietzinsbeträge voll an den Ersteher.

2. Ist die Miete hinterher zu zahlen (postnumerando), so kann der Mieter insolange den Mietzins an den bisherigen Vermieter bezahlen, als nicht der Zuschlag erteilt ist. Ist der Zuschlag erteilt aber noch nicht rechtskräftig, so kann der Mieter entweder die Rechtskraft abwarten oder hinterlegen. Ist der Zuschlag rechtskräftig, so zahlt der Mieter die nach dem Zuschlag fällig werdenden Mietzinsen voll an den Ersteher. Es bleibt dann dem Vermieter überlassen, sich den auf die Zeit vor dem Zuschlag entfallenden Teil vom Ersteher herausgeben zu lassen. (Hagelberg S. 36 Anm. 25; Mittelstein, Recht 1915 S. 397; derselbe Miete S. 643 Note 3; Staudinger Anm. B I 3 b zu § 571 BGB.; Steiner ZVG. 2. Aufl. Anm. 3 Abs. 1 zu § 57). A. M. Trendelenburg S. 57 und S. 92 Anm. 21; Hallbauer, JW. 1915 S. 1112, preuß. und bayer. Belehrung II A 1 b; Fischer-Schäfer, Zwangsvollstreckung 2. Aufl. Anm. 5a zu § 57 ZVG.; v. d. Pfordten, Zwangsvollstreckung Anm. 3 zu § 57 ZVG., welche annehmen, daß der Mieter auch

in diesem Falle den Mietzins zwischen dem Vermieter und dem Ersteher zu teilen habe; hiezu bietet aber das Gesetz keinen Anlaß, da der Ersteher in der Verfügung über den während der Zeit seines Eigentums anfallenden Mietzins durch keinerlei Bestimmung beschränkt ist.

3. Sind die Mietzinsen abgetreten, verpfändet oder gepfändet, so ist die Bezahlung des vierteljährlichen pränumerando-Zinses dem Ersteher gegenüber auf jeden Fall gültig. Auch der zur Zeit der Beschlagnahme bzw. deren Bekanntgabe an den Mieter rückständige pränumerando-Zinses für das Beschlagnahmequartal ist an den Zessionar bzw. Pfandgläubiger zu zahlen, da diese Zahlung nach § 57 b ZVG. mit § 573 BGB. dem Ersteher gegenüber auf jeden Fall wirksam ist. Der Zins für das der Beschlagnahme nachfolgende Kalendervierteljahr ist nur dann an den Zessionar bzw. Pfandgläubiger zu zahlen, wenn die Beschlagnahme in der zweiten Hälfte des letzten Monats eines Kalendervierteljahres erfolgt ist.

Bei Nachzahlungspflicht ist auf jeden Fall der zur Zeit der Beschlagnahme rückständige und der auf das Beschlagnahmequartal entfallende Zins an den Zessionar oder Pfandgläubiger zu zahlen; der auf das nächstfolgende Kalendervierteljahr entfallende Zins nur in dem oben erwähnten Ausnahmefalle.

Für die weiteren Mietzinse gelten die oben unter Ziffer 1 u. 2 aufgestellten Regeln (Hinterlegung bzw. Teilung des Mietzinses) mit der Maßgabe, daß an Stelle des Vermieters der Zessionar oder Pfandgläubiger tritt.

b) Wird neben der Zwangsversteigerung gleichzeitig die Zwangsverwaltung betrieben, so hat der Mieter alle während der Dauer der Zwangsverwaltung (also von der Beschlagnahme bis zum Zuschlag) fällig werdenden Mietzinse an den Zwangsverwalter zu zahlen.

§ 183.

Im Falle der Vermietung oder Verpachtung des Grundstücks finden die in den §§ 57 a und 57 b vorgesehenen Maßgaben keine Anwendung.

Bei der Zwangsversteigerung zum Zwecke der Aufhebung einer Gemeinschaft (§§ 180 ff. ZVG.) fanden die dem nunmehrigen § 57 a entsprechenden bisherigen Sätze 2 u. 3 § 57 ZVG. (außerordentliches Kündigungsrecht des Erstehers) auch bisher schon keine Anwendung. Wenn nunmehr für diese Fälle auch die Anwendbarkeit des § 57 b ausgeschlossen wird, so folgt daraus, daß in diesen Fällen gemäß (dem neuen) § 57 ZVG. nur die §§ 573 und 574 BGB. in der neuen Fassung Anwendung finden: Als Stichtag, nach dem die Dauer der Gültigkeit von Vorausverfügungen zu verurteilen ist, kommt der Eigentumsübergang, d. h. der Zuschlag und nicht die Beschlagnahme in Betracht.

3. Konkursordnung.

§ 21.

Hatte der Gemeinschuldner einen von ihm vermieteten oder verpachteten Gegenstand dem Mieter oder dem Pächter vor der

Eröffnung des Verfahrens überlassen, so ist der Miet- oder Pachtvertrag auch der Konkursmasse gegenüber wirksam.

Im Falle der Vermietung oder der Verpachtung eines Grundstücks, sowie im Falle der Vermietung von Wohnräumen oder anderen Räumen ist jedoch eine Verfügung, die der Gemeinschuldner vor der Eröffnung des Verfahrens über den auf die spätere Zeit entfallenden Miet- oder Pachtzins getroffen hat, insbesondere die Einziehung des Miet- oder Pachtzinses, der Konkursmasse gegenüber nur insoweit wirksam, als sich die Verfügung auf den Miet- oder Pachtzins für das zur Zeit der Eröffnung des Verfahrens laufende Kalendervierteljahr bezieht; erfolgt die Konkurseröffnung innerhalb des letzten halben Monats eines Kalendervierteljahrs, so ist die Verfügung auch insoweit wirksam, als sie sich auf den Miet- oder Pachtzins für das folgende Kalendervierteljahr bezieht. Soweit die Entrichtung des Miet- oder Pachtzinses der Konkursmasse gegenüber wirksam ist, kann der Mieter oder der Pächter gegen die Miet- oder Pachtzinsforderung der Konkursmasse eine ihm gegen den Gemeinschuldner zustehende Forderung aufrechnen.

Eine von dem Konkursverwalter vorgenommene freiwillige Veräußerung des von dem Gemeinschuldner vermieteten oder verpachteten Grundstücks wirkt, sofern das Grundstück dem Mieter oder dem Pächter vor der Eröffnung des Verfahrens überlassen war, auf das Miet- oder Pachtverhältnis wie eine Zwangsversteigerung. Die Vorschriften des § 57 b des Gesetzes über die Zwangsversteigerung und die Zwangsverwaltung bleiben jedoch außer Betracht.

I. Abs. I. Unverändert.

II. Abs. II. Der gleiche Zeitraum, für den nach §§ 1123, 1124 BGB. **Vorausverfügungen über den Miet- und Pachtzins** dem Hypothekgläubiger gegenüber wirksam sind, ist im § 21 Abs. II Satz 1 KO. für das Verhältnis zwischen dem in Konkurs geratenen Vermieter und dem Konkursverwalter bestimmt. Auch hier ist nunmehr das zweite Kalendervierteljahr gestrichen worden: Die Vorausverfügung wirkt in der Regel nur noch für das zur Zeit der Konkurseröffnung laufende Kalendervierteljahr. Eine Ausnahme ist auch hier wieder für den Fall gemacht, daß die Konkurseröffnung innerhalb des letzten halben Monats eines Kalendervierteljahres erfolgt. Wegen der Berechnung des „halben Monats" vgl. oben.

III. Nach **Abs. III** wirkt eine **freiwillige Veräußerung des Miet- oder Pachtgrundstückes durch den Konkursverwalter** auf das Vertragsverhältnis des Mieters oder Pächters wie eine Zwangsversteigerung. Es würden daher an sich auch die Vorschriften des § 57 b ZVG. Anwendung zu finden haben; da jedoch in diesem Falle eine Beschlagnahme nicht stattfindet, passen diese Vorschriften nicht. Es bewendet daher bei den Vorschriften der §§ 57 a ZVG. mit 573, 574 BGB.: Die Dauer der Gültigkeit von Vorausverfügungen wird vom Zeitpunkt des Eigentumsübergangs an gerechnet.

4. Übergangsvorschriften.

I. Nach Art. 6 trat das Gesetz vom 8. Juni am 20. Juni 1915 in Kraft.

Bei den im Art. 1 enthaltenen Abänderungen des Zwangsversteigerungsgesetzes handelt es sich um Vorschriften, die in erster Linie das Zwangsversteigerungs- und Zwangsverwaltungsverfahren betreffen. Nach allgemeinen Grundsätzen erlangen Verfahrensvorschriften mit dem Inkrafttreten des Gesetzes, sohin mit dem 20. Juni 1915 volle Wirksamkeit, auch hinsichtlich der zu dieser Zeit bereits schwebenden Verfahren. War also eine Beschlagnahme zum Zwecke der Zwangsversteigerung vor dem 20. Juni erfolgt, der Zuschlag aber vor dem 20. Juni noch nicht (rechtskräftig) erteilt, so ist für diesen Fall der Zeitraum für die Fortwirkung von Vorausverfügungen nicht nach dem Zeitpunkt des Zuschlags, sondern nach dem Zeitpunkt der Beschlagnahme des Grundstücks zu berechnen. Die Vorverlegung des Beginns der Fortwirkung hat allerdings zur Folge, daß auch ihr Ende früher eintritt, daß also die Zeit, für welche die Vorausverfügung nach dem Zuschlag ihre Wirkung behält, kürzer wird. Insoferne hat das sofortige Inkrafttreten der Verfahrensvorschriften auch eine materielle Wirkung. In dieser Beziehung enthält das Gesetz keine besonderen Übergangsbestimmungen. (Begründung S. 12, unbestritten!; vgl. Bauer, BayZfR. S. 343, Hallbauer a. a. O.)

II. **Zu Art. 4.** Anders, soweit es sich um die Änderung des Zeitraums selbst handelt, währenddessen die Fortwirkung dauern soll. Die im Art. 2 und Art. 3 l enthaltenen Änderungen der §§ 573 Satz 1, 574 Satz 1, 1123 Abs. 2 Satz 2 und 1124 Abs. 2 BGB., sowie des § 21 Abs. 2 Satz 1 KO. würden an sich als materiell-rechtliche Vorschriften nach allgemeinen Grundsätzen in allen Fällen Anwendung finden, wo auch nur ein Teil des Tatbestandes sich unter der Geltung des neuen Gesetzes verwirklicht hat. Dies würde aber einen Eingriff in wohlerworbene Rechte insoferne bedeuten, als die Wirksamkeit einer vor dem Inkrafttreten der Änderung vorgenommenen Verfügung — insbesonders einer Verpfändung oder Abtretung des Mietzinses — in stärkerem Maße beschränkt werden würde als bei ihrer Vornahme erwartet werden konnte. (Begründung S. 12.) In dieser Beziehung ist im Art. 4 eine Übergangsvorschrift getroffen, wonach „für die Wirkung von Verfügungen und Rechtsgeschäften, die vor dem Inkrafttreten dieses Gesetzes in Ansehung der Miet- und Pachtzinsforderungen vorgenommen worden sind, die §§ 573 Satz 1, 574 Satz 1, 1123 Abs. 2 Satz 2, 1124 Abs. 2 BGB. (sowie § 21 Abs. 2 Satz 2 KO.) bis zum Ablauf des dem Inkrafttreten dieses Gesetzes folgenden Kalendervierteljahres (d. h. bis zum 30. September 1915) in der bisherigen Fassung maßgebend bleiben." Die Bedeutung dieser Vorschrift ist folgende: Vorausverfügungen über den Miet- oder Pachtzins — also Vorauserhebung des Mietzinses, Abtretung, Verpfändung, Pfändung desselben —, welche vor dem 20. Juni 1915 getroffen worden sind, wirken

1. gegenüber dem **freihändigen Erwerber** des Grundstücks, wenn die Eigentumsübertragung zwischen dem 20. Juni und dem 30. September erfolgte, für das zur Zeit der Übertragung laufende und das nächstfolgende Kalendervierteljahr;

2. gegenüber dem **Ersteher** im Zwangsversteigerungsweg, gegenüber dem **Zwangsverwalter** und dem auf Grund dinglichen Titels pfändenden **Hypothekgläubiger**, wenn die Beschlagnahme vor dem 30. Sep-

tember 1915 erfolgte, stets, nicht nur wenn die Beschlagnahme in der zweiten Hälfte eines Kalendervierteljahres erfolgt, für das zur Zeit der Beschlagnahme (die den Zeitpunkt der Beschlagnahme an die Stelle des Zeitpunkts des Zuschlags setzende Verfahrensvorschrift des § 57b ZVG. ist sofort mit dem 20. Juni 1915 in Kraft getreten, siehe oben) laufende und das nächstfolgende Kalendervierteljahr. Hagelberg S. 67 und JW. 1915 S. 1052; Heß, Kriegsgesetze S. 290; Stillschweig, JW. 1915 S. 623 und S. 1051; Hallbauer, JW. 1915 S. 1161; Reinhard, ZBlfG. Bd. 16 S. 211; Kretschmar, BayZfR. S. 225; Mittelstein, Recht 1915 S. 400; LG. III Berlin vom 16. Febr. 1916, JW. 1916 S. 521. Ob der Zuschlag vor oder nach dem 30. September 1915 erfolgt, ist gleichgültig, da nach dem neuen Recht für die Dauer der Fortwirkung für Vorausverfügungen ausschließlich der Zeitpunkt der Beschlagnahme maßgebend ist und dem Zeitpunkt des Zuschlags nur die negative Bedeutung zukommt, daß der Ersteher den Mietzins keinesfalls vor dem Zuschlag beanspruchen kann. Hallbauer, JW. 1915 S. 1161; a. M. Hagelberg a. a. O. Im Gegensatz zu vorstehenden Ausführungen wird von Trendelenburg S. 83, Hirsch, JW. 1915 S. 955, Bauer, BayZfR. 1915 S. 341 ff. und S. 361 ff., Josef, Recht 1915 S. 391 die Ansicht vertreten, daß der Art. 4 lediglich bestimme: eine vor dem 20. Juni 1915 getroffene Vorausverfügung habe, wenn sie nach materiellem altem Recht bis zum 30. September 1915 oder länger Wirkung gehabt hätte, jedenfalls bis zum 30. September 1915, aber auch nicht länger Wirkung, auch wenn nach neuem Recht die Wirkung früher erlöschen würde. Diese Auslegung wäre berechtigt, wenn der Art. 4 besagen würde, daß vor dem Inkrafttreten des Gesetzes vorgenommene Verfügungen und Rechtsgeschäfte bis zum 30. September 1915 Wirkung haben sollen; das Gesetz sagt aber nicht, daß die Verfügungen Wirkung haben sollen, sondern daß die früheren Gesetzesbestimmungen bis zu dem erwähnten Zeitpunkt in Kraft bleiben sollen. Auch wäre bei dieser Auslegung die Übergangsvorschrift — wie von Trendelenburg zugegeben wird — überflüssig und zwecklos.

III. Zu Art. 5. Zum Schutze der Mieter und Pächter enthält der Art. 5 eine weitere Übergangsvorschrift. Er beschränkt sich auf Rechtsgeschäfte zwischen Mieter und Vermieter, besonders auf Vorausentrichtung des Mietzinses (§§ 574, 1124 BGB.). Ist nämlich in einem vor dem 20. Juni 1915 abgeschlossenen Mietvertrag dem Mieter oder Pächter eine mehr als vierteljährliche, z. B. halbjährliche Vorauszahlung des Zinses zur Pflicht gemacht oder ist der vierteljährliche Zins nicht am Beginn, sondern innerhalb des Kalendervierteljahres fällig, so könnte der Mieter durch die neuen Bestimmungen in die Gefahr geraten doppelt zahlen zu müssen. Hätte er z. B. am 1. Januar seinem Mietvertrag entsprechend den halbjährlichen Zins vorausbezahlt und das Grundstück würde vor dem 17. März beschlagnahmt werden, so wäre die Zahlung des Mietzinses für das zweite Kalendervierteljahr dem Hypothekgläubiger bzw. dem Ersteher gegenüber unwirksam.

Deshalb bestimmt der Art. 5, daß für Miet- und Pachtverträge, die vor dem Inkrafttreten des Gesetzes abgeschlossen wurden — wann die Miete begonnen hat, ist unerheblich — die Wirksamkeit derartiger Rechtsgeschäfte sich insolange nach dem bisherigen Recht (§§ 573—575, 1123—1125 BGB., 21 Abs. 2 KO.) richtet, als es sich um den Miet- oder Pachtzins für die Zeit bis zum ersten Termin handelt, für den die Kündigung des Miet- oder Pachtverhältnisses erstmals zulässig ist. Bis zu diesem Zeitpunkt sind sonach Vorausverfügungen über den Mietzins stets für das zur Zeit des Eigentumsübergangs bzw. der Beschlagnahme — die Verfahrensvorschrift des § 57b ZVG. gilt auch für derartige Fälle sofort von Inkrafttreten des Gesetzes ab — laufende und das nächstfolgende Kalendervierteljahr wirksam. Der Mieter oder Pächter kann sich jedoch auf diese Bestimmung nicht mehr berufen, soweit er nach dem Inkrafttreten des Gesetzes die Möglichkeit gehabt hatte, auf Grund des Vertrages oder nach den Bestimmungen des BGB. das Miet- oder Pachtverhältnis ordentlich zu kündigen. Auch kann sich der Mieter oder Pächter nur bei solchen Vorauszahlungen auf die Bestimmungen berufen, zu denen er nach dem Mietvertrag verpflichtet war. Hallbauer, JW. 1915 S. 1163; Mittelstein, Recht 1915 S. 401; Kretschmar, BayZfR. 1915 S. 226 (Ziff. IV a. E.); a. M. Trendelenburg S. 84; Hagelberg S. 68; Stillschweig, JW. 1915 S. 624, welche dem Mieter oder Pächter den Schutz des Art. 6 auch bei solchen Vorauszahlungen zubilligen, welche er freiwillig (auf Ersuchen des Vermieters oder Verpächters), ohne durch den Vertrag hiezu verpflichtet zu sein, geleistet hat. Es ist allerdings richtig, daß im Gesetz nicht ausdrücklich bestimmt ist, es müsse sich um Rechtsgeschäfte handeln, die dem Mietvertrag gemäß vorgenommen wurden, aber Zweck und Sinn des Art. 6 lassen diese auch in der Begründung S. 12 zum Ausdruck gebrachte einschränkende Auslegung geboten erscheinen: Es hätte keinen Sinn, dem Mieter oder Pächter den Schutz dieser Bestimmung gerade insolange zuzubilligen, bis es ihm möglich ist, durch Kündigung des Miet- oder Pachtvertrages die in dem ursprünglichen Mietvertrag vereinbarten Zahlungsbedingungen zu beseitigen, wenn die Bestimmung eben nicht nur die Erfüllung solcher im Mietvertrag niedergelegter Bestimmungen schützen wollte.

VI. Bestimmungen auf dem Gebiete des Konkursrechts.

33. Bekanntmachung, betreffend die Anordnung einer Geschäftsaufsicht zur Abwendung des Konkursverfahrens.

Vom 8. August 1914.

(RGBl. 1914 S. 363 Nr. 4459).

Vorbemerkung. 1. Literatur. Bendix, Bürgerliches Kriegssonderrecht; Glaser, Der Einfluß des Kriegs auf Privatrechtsverhältnisse; Heß, Kriegsgesetze zur Abhilfe wirtschaftlicher Schädigungen (3. Aufl.); Jaffa, Zahlungsaufschub und Konkurseröffnung während des Krieges; Licht, Die Kriegsgesetze; Levy, Die Geschäftsaufsicht zur Abwendung des Konkursverfahrens; Mayer, Das Privatrecht des Krieges; Rosenthal, Deutsches Kriegsrecht; Sieskind, Prozeßrechtlicher Schutz der Kriegszeit (2. Aufl.); Sintenis, Finanz- und wirtschaftspolitische Kriegsgesetze (2. Aufl.); Güthe-Schlegelberger, Kriegsbuch I und II; Heilberg und Schäffer, Schrifttum und Rechtsprechung zum Kriegsprozeßrecht, JW. **1915**, 851, 1084, 1304, 1503; **1916**, 220, 1223; Breit, Der Anfang des

Aufsichts-Moratoriums, JW. 1914, 161; Jaeger, Kriegsnot und Konkurs, BankArch. 14, 32; Ahnelt, Nochmals die Geschäftsaufsicht, JW. 1915, 494; Bovensiepen, DRZ. 1914, 780; Cahn, Geschäftsaufsicht und Präventivakkord, LZ. 1916, 111; Hachenburg, Die zivilrechtlichen Notgesetze, LZ. 1914, 1604; Gilbert, Die Geschäftsaufsicht usw., ZWlFG. 1915, 265; Hörle, Die Voraussetzungen der Anordnung der Geschäftsaufsicht im Licht der Praxis, Recht 1915, 222; Wertheimer, Die Geschäftsaufsicht, JW. 1915, 174; Michels, Aus der Praxis der Geschäftsaufsicht zur Abwendung des Konkurses, Recht 1915, 6; Heyn, Rechtsstellung des Gläubiger bei der Geschäftsaufsicht, Zeitschr. f. d. ges. Aktienwesen 1915, 86; Rothbarth, Treuhandtätigkeit während des Krieges, DRAZ. 14, 171.

2. Allgemeines. Die Reichstagsdenkschrift begründet die Verordnung folgendermaßen:

„Auch auf dem Gebiete des Konkursrechts ergab sich die Notwendigkeit, aus Anlaß des Krieges besondere Vorschriften zu erlassen. Nach § 102 Abs. 2 KO. kann bei Zahlungsunfähigkeit die Eröffnung des Konkursverfahrens beantragt werden; das Merkmal der Zahlungsunfähigkeit soll insbesondere dann gegeben sein, wenn Zahlungseinstellung erfolgt ist. Bei den gegenwärtigen außergewöhnlichen Verhältnissen kann eine Zahlungseinstellung leicht eintreten; sie kann sich infolge des verzögerten Einganges von Forderungen, infolge der Schwierigkeit, große Sachwerte gerade jetzt in Geld umzusetzen oder dem Kredite dienstbar zu machen, auch bei Betrieben ergeben, die durchaus lebensfähig und sonst fest gegründet sind. Die Eröffnung des Konkurses würde in solchen Fällen die wirtschaftliche Stellung des Schuldners für alle Zukunft in Frage stellen. Das zu verhüten, ist der Zweck nachfolgender Verordnung des Bundesrates."

Die Bekanntmachung ist eine Nachbildung der Preußischen Allgem. GerO. I 47 §§ 1 ff.; vgl. Bendix S. 95 und JW. 1914, 1002. Sie bezweckt, alle diejenigen Konkurse abzuwenden, die sich als Kriegsfolge darstellen und die sich voraussichtlich auch nach Beendigung des Krieges vermeiden lassen. (Vgl. OLG. Dresden vom 28. Oktober 1915, LZ. 1916, 77 = SächsArch. 1915, 494 = DJZ. 1916, 144.) Die Geschäftsaufsicht will nicht wie der Konkurs die Gläubiger schützen, sondern nur den Schuldner. Sie ist das Gegenteil des Konkurses. Bei ihrer Auslegung können daher Grundsätze des Konkursrechtes nicht analog herangezogen werden. Der Schutz, den sie dem Schuldner gewährt, ist ein rein prozessualer; während ihrer Dauer kann der Konkurs über sein Vermögen nicht eröffnet werden und sind Zwangsvollstreckungen und Arreste der Regel nach unstatthaft (§ 55). In die materiellen Rechte der Gläubiger greift sie nicht ein. Über Bewährung und Kritik der Bekanntmachung sowie ähnliche Vorschriften im Ausland und in den besetzten Gebieten siehe Anm. zu § 13.

Der Bundesrat hat auf Grund des § 3 des Gesetzes über die Ermächtigung des Bundesrats zu wirtschaftlichen Maßnahmen usw. vom 4. August 1914 (Reichs-Gesetzbl. S. 327) folgende Verordnung erlassen:

§ 1.

Wer infolge des Krieges zahlungsunfähig geworden ist, kann bei dem für die Eröffnung des Konkursverfahrens zuständigen Ge-

richte die Anordnung einer Geschäftsaufsicht zur Abwendung des Konkursverfahrens beantragen.

§ 2.

Der Schuldner hat mit dem Antrag ein Verzeichnis der Gläubiger unter Angabe ihrer Adressen, eine Übersicht des Vermögensstandes in Form einer Gegenüberstellung der einzeln aufzuführenden Aktiven und Passiven und, sofern er Kaufmann ist, auch die letzte Bilanz einzureichen.

§ 3.

Dem Antrag ist stattzugeben, wenn die Behebung der Zahlungsunfähigkeit nach Beendigung des Krieges in Aussicht genommen werden kann.

Das Gericht entscheidet über den Antrag nach freiem Ermessen.

Diese Bestimmungen enthalten die **Voraussetzungen** für die Anordnung einer Geschäftsaufsicht.

I. Personen. Die Abwendung des Konkursverfahrens durch Geschäftsaufsicht ist für alle Schuldner zulässig, die an und für sich Antrag auf Eröffnung des Konkurses über ihr Vermögen vor einem deutschen Gericht stellen könnten (das Vorliegen der sachlichen Voraussetzungen für die Geschäftsaufsicht vorausgesetzt).

1. Diese Begrenzung des persönlichen Umfangs der Bekanntmachung ergibt sich aus ihrem Zweck. (Vgl. oben Vorbemerkung 2.) Sie ist weder auf Kriegsteilnehmer beschränkt, noch sind diese ausgeschlossen. (Hahnemann, NachrDAV. 1914, 130 und DRAZ. 1914, 225; Jaeger, BankArch. 14, 32; Bendix, LZ. 1915, 189 Fußnote 1; Breit, JW. 1915, 163; Mayer a. a. O. 139.) Daß der Schuldner Gewerbetreibender oder Kaufmann ist, ist nicht notwendig (ebenso Kipp, DJZ. 1914, 1033; Bovensiepen, DRZ. 1914, 780; Breit, JW. 1915, 163; Levy a. a. O. 4; a. M. Jaffa a. a. O.; Meyer, DNotV. 1915, 130).

2. Außer den natürlichen Personen kommen auch den juristischen Personen des bürgerlichen Rechts die Vorteile der Verordnung zugute (vgl. hiezu die Bek. vom 8. August 1914 Nr. 4460 unten S. 8 und Jaeger a. a. O. 31; Mayer a. a. O. 138; Levy a. a. O. 4; Hörle a. a. O. 222; Lewinsky, GenossBl. 1915, 393); ebenso den Handelsgesellschaften, die keine juristische Persönlichkeit besitzen (vgl. Mayer a. a. O. 138; Jaeger a. a. O. 31; Wertheimer, JW. 1915, 176); den nicht rechtsfähigen Vereinen, da über deren Vermögen nach § 213 KO. Konkurs eröffnet werden kann (ebenso Levy a. a. O. 4; a. M. Mayer a. a. O. 139).

Bezüglich der Versicherungsgesellschaften verneint das Aufsichtsamt für Privatversicherung (Veröff. 1914 Nr. 14 S. 21 = Recht 1915, 404) die Anwendbarkeit der Bekanntmachung, da nach § 64 VAG. dem Amt die Aufgabe der Aufsichtsperson ohnehin obliege und es nach § 68 VAG. über die Konkurseröffnung zu entscheiden habe, so daß das Ziel der Bekanntmachung auf Grund des bestehenden Rechtszustands erreicht werden könne. Dieser Auffassung kann nicht beigetreten werden.

Ganz abgesehen davon, daß es einer ausdrücklichen Ausnahmebestimmung in der Bekanntmachung bedurfte, wenn sie auf einen bestimmten Personenkreis keine Anwendung finden soll, sind die Bekanntmachung und §§ 64, 68, 69 VAG. auch nicht inhaltlich identisch. Letztere Bestimmungen sollen die Gläubiger schützen und stellen es in das Ermessen des Aufsichtsamtes, ob Konkurs zu eröffnen ist. Die Bekanntmachung dagegen soll den Schuldner schützen und gibt ihm beim Vorliegen bestimmter Voraussetzungen einen prozessualen Anspruch auf Geschäftsaufsicht und damit auf Abwendung des Konkurses. Sie ist für die zahlungsunfähige Versicherungsgesellschaft ein viel weitergehender Schutz als die §§ 64, 68, 69 VAG. und kann daher durch diese nicht ersetzt werden. Umgekehrt besteht neben ihr die Befugnis der Aufsichtsbehörde nach § 69 VAG. weiter, das Unternehmen zu sanieren. (Gegen Aufsichtsamt auch Bendix, ZVersWiss. 1915, 179 = JW. 1915, 304; Levy a. a. O. 4, 7.)

3. Ausländer stehen den Inländern gleich, soferne ein inländischer Konkursgerichtsstand (§ 1 der Bek., vgl. §§ 71, 238 KO.) begründet ist. Jaeger a. a. O.; Breit a. a. O.; LG. Plauen vom 13. Jan. 1915, DRAZ. 1915, 8.

4. **Nicht anwendbar** ist die Bekanntmachung auf

a) Gesellschaften und Gemeinschaften des bürgerlichen Rechts, Personenmehrheiten und deren Vermögen (Ehegatten), da diese als solche nicht konkursfähig sind. (Vgl. hiezu Mayer a. a. O. 139, 146.)

b) Die juristischen Personen des öffentlichen Rechts, für die durch Landesgesetz die Zulässigkeit des Konkursverfahrens ausgeschlossen ist. Da dies überall geschehen ist, scheiden neben dem Fiskus die Körperschaften, Stiftungen und Anstalten des öffentlichen Rechts für die Anwendung der Bekanntmachung aus. (Vgl. Art. IV EG. z. Ges. betr. Änderungen d. Konkursordnung und für Bayern Art. 9 AG. ZPO. vom 23. Februar 1879, für Preußen § 153 Anh. zu § 45 AGO. I 24, für Württemberg Art. 21 G. vom 18. August 1879, für Sachsen § 4 V. z. Ausf. d. ZPO. u. KO. vom 20. November 1899.)

c) Auf den Nachlaß. Die Bekanntmachung will lebende Schuldner schützen, nicht Gläubiger eines toten Schuldners. Die Geschäftsaufsicht könnte hier keine Existenz erhalten. Davon abgesehen würde es auch an einem Antragsberechtigten fehlen; der Erbe kann den Antrag nicht stellen, da er nicht gesetzlicher Vertreter des Erblassers ist. Eine analoge Anwendung der Vorschriften der KO. über den Nachlaßkonkurs ist unzulässig (vgl. oben Vorbemerkung 2), insbesondere da für Geschäftsaufsicht Zahlungsunfähigkeit Bedingung ist, die KO. als ausschließlichen Konkursgrund für den Nachlaß aber nur Überschuldung kennt. Im übrigen ist auch für eine derartige Geschäftsaufsicht kein Bedürfnis vorhanden, da der Nachlaß begriffsmäßig zur Auflösung bestimmt ist und dort, wo eine demnächstige volle Befriedigung der Gläubiger erwartet werden darf, die Nachlaßverwaltung angeordnet werden kann (ebenso Breit, JW. 1915, 161, 164; Mayer a. a. O.; Levy a. a. O. 6, 139; a. M. Levis, LZ. 1915, 678; Gilbert, ZBlFG. 1916, 265).

II. **Die Zahlungsunfähigkeit des Schuldners**, deren Begriff hier der gleiche wie in § 102 KO. ist, muß

a) infolge der Kriegsnot unverschuldet entstanden sein. Geschützt sollen nur diejenigen Personen werden, deren geschäftlicher

Zusammenbruch eine Folge der mit dem Kriegszustand verbundenen Erschütterung des wirtschaftlichen Lebens ist, also insbesondere Schuldner, die infolge des Krieges ihre Außenstände (namentlich auch aus dem Auslande) nicht im normalen Umfang hereinbringen können, oder die infolge des durch Verminderung des Geschäftsumsatzes eingetretenen Rückganges der Einnahmen ihren Verbindlichkeiten nicht mehr nachkommen können. Nicht erforderlich ist aber, daß der Krieg die alleinige Ursache der Zahlungsunfähigkeit ist; es genügt, daß er sie mitverursacht hat. (Jaeger, BankArch. Bd. 14 S. 33; Hörle, Recht 1915, 221, wenn eine hohe Wahrscheinlichkeit für die Mitwirkung des Krieges spricht; Levy a. a. O. 5, wenn sie durch Vermehrung der Ausgaben, durch Verringerung der Einnahmen oder durch Kreditentziehung infolge des Krieges verursacht ist; a. M. Sieskind S. 44 und S. 94 Anm. 2 zu § 1.) Ausgeschlossen ist die Geschäftsaufsicht deshalb dann, wenn der Schuldner etwa schon stark verschuldet war — dies wird sich nicht selten aus dem Zusammenhalt der letzten Bilanz und der Gegenüberstellung der Aktiven und Passiven ohne weiteres feststellen lassen (BayJMBl. 1914 S. 159) — und etwa schon vor dem Krieg seinen Gläubigern erfolglos Vergleichs-(Akkord-)Vorschläge gemacht hat (vgl. Kipp, DJZ. 1914 S. 1031; Cahen, Generalsekretär des Gläubigerschutzverbandes, Berl. Tagbl. vom 17. November 1914 Nr. 640; Michels, Recht 1915 S. 7). Dagegen ist die Geschäftsaufsicht nicht ausgeschlossen, wenn die Durchführung einer schon bei Kriegsbeginn mit Aussicht auf Erfolg eingeleiteten Sanierung durch den Kriegsausbruch verhindert wurde. Ob neben der Zahlungsunfähigkeit auch Überschuldung vorliegt, oder nicht, ist grundsätzlich unerheblich (Jaeger, BankArch. Bd. 14 S. 33; vgl. auch Hachenburg, LZ. 1914 S. 160), ebenso ob die Forderungen, welche die Zahlungsunfähigkeit bewirken, vor oder nach dem 31. Juni 1914 entstanden sind.

Überschuldung allein genügt für die Anordnung der Geschäftsaufsicht nicht. Ebenso Breit, JW. 1915, 164; Pinner, BankArch. 14, 122; a. M. Jaeger a. a. O., der die Geschäftsaufsicht auch dann zuläßt, wo Überschuldung entweder neben Zahlungsunfähigkeit, so bei den Aktiengesellschaften (§ 207 KO.), Gesellschaften m. b. H. (§ 63 GmbHG.) und den juristischen Personen (§ 213 KO.) oder ausschließlich — so bei Nachlaßüberschuldung — selbständigen Konkursgrund bildet, wenn die — voraussichtlich zu behebende — Überschuldung infolge des Krieges eintrat; die zum Konkursantrag verpflichteten Personen würden durch die ihrem Antrag entsprechende Anordnung der Geschäftsaufsicht ihrer Antragspflicht überheben. Wie Jaeger Levis, LZ. 1915, 678. Bezüglich der Unzulässigkeit der Geschäftsaufsicht über einen Nachlaß vgl. auch oben Anm. I 4 c.

Die Geschäftsaufsicht ist nicht möglich, wenn bereits Konkurs eröffnet ist, da der Schuldner nicht mehr verfügungsberechtigter Eigentümer seines Vermögens ist und das „Konkursverfahren nicht mehr abgewendet" werden kann. Dagegen schließt ein bereits gestellter Antrag auf Konkurseröffnung die Anordnung der Geschäftsaufsicht nicht aus. (Ebenso Sieskind Anm. 4 zu § 1; Sintenis Anm. 4 zu § 1; Mayer a. a. O. 156.) Ist die Aufsicht angeordnet, so bleibt der gestellte Konkursantrag nicht in der Schwebe (so Levy a. a. O. 8, 20, da immer mit Aufhebung der Geschäftsaufsicht zu rechnen sei), sondern ist, wenn er nicht zurückgenommen wird, zurückzuweisen, da nach § 5 der Bek. Konkurs derzeit nicht eröffnet werden darf. Ein Recht, Konkursanträge solange zurückzustellen, bis die Voraussetzungen für den Konkurs vorliegen, hat das Konkursgericht nicht (wie das Prozeßgericht nicht die Befugnis besitzt, die Entscheidung über eine Klage solange zu vertagen, bis die Prozeßvoraussetzungen vorhanden sind).

b) Es muß Aussicht bestehen, daß die Zahlungsunfähigkeit nach Beendigung des Krieges behoben werden kann. Hiebei kommt in Betracht, ob das Unternehmen genügend fundiert ist, worüber namentlich auch frühere Bilanzen Aufschluß geben können. Faule Schuldner, die ihr überschuldetes Geschäft schon lange Zeit notdürftig durchschleppten, noch für die Zeit des Krieges über Wasser zu halten, ist nicht Zweck des Gesetzes (Michels, Recht 1915 S. 7).

III. Der Antrag.

a) **Antragsberechtigt** ist nur der Schuldner. Für prozeßunfähige Schuldner ist der Antrag vom gesetzlichen Vertreter zu stellen. Bei juristischen Personen mit mehreren gesetzlichen Vertretern ist jeder zur alleinigen Vertretung berechtigte Vertreter, bei der offenen Handelsgesellschaft und bei der Kommanditgesellschaft jeder zur alleinigen Vertretung berechtigte Teilhaber und Liquidator antragsberechtigt. (A. M. 2. Aufl. und Jaeger, BankArch. 1914 a. a. O., die in analoger [unzulässiger] Anwendung der konkursrechtlichen Bestimmungen das Antragsrecht auch dem nicht zur alleinigen Vertretung berechtigten Vorstandsmitglied und dem persönlich haftenden Teilhaber geben und anderseits Levy a. a. O. 7, wonach der Antrag von sämtlichen vertretungsberechtigten Gesellschaften bzw. Vorstandsmitgliedern zu stellen sei, da jeder Konkursantrag stellen könne.)

Nicht antragsberechtigt sind die Gläubiger; der Bundesrat hat den von vielen Seiten gestellten Anträgen, auch den Gläubigern, insbesondere dann, wenn der Schuldner im Felde steht, und vor seiner Einberufung nicht für Weiterführung des Geschäfts Sorge getragen hat, das Antragsrecht zu geben (vgl. Jaeger a. a. O.; aber auch Cahn, Recht und Wirtschaft 1914 S. 270 und LZ. 1915 S. 113), nicht stattgegeben und die Reichstagsdenkschrift vom 23. September 1914 S. 17 bemerkt hierzu:

> „Auch dem Gläubiger, wie mehrfach angeregt worden ist, das Recht zur Beantragung der Geschäftsaufsicht zu geben, erschien mit dem Grundgedanken der Maßregel nicht verträglich. Die Geschäftsaufsicht ist nicht als ein Zwangsmittel, sondern als eine Vergünstigung gedacht und ausgestaltet, die dem infolge des Krieges zahlungsunfähig gewordenen Schuldner ermöglichen soll, die mit dem Konkursverfahren verbundenen Schädigungen abzuwenden. Als solche setzt sie voraus, daß der Schuldner sich freiwillig unter die Aufsicht begibt; ihre Durchführbarkeit ist durch freiwillige Mitwirkung des Schuldners oder mindestens dadurch bedingt, daß er Handlungen unterläßt, die den Gläubigern nachteilig sind. Mit alledem ist es unvereinbar, einem Schuldner die Aufsicht gegen seinen Willen aufzuzwingen. Gegenüber böswilligen Schuldnern, die zu der Mitwirkung nicht bereit sind, bietet sie überhaupt nicht den geeigneten Schutz. Unterläßt es der Schuldner, sich unter Geschäftsaufsicht zu stellen, so ist dem Gläubiger unbenommen, die Eröffnung des Konkurses zu beantragen. Soweit übrigens die Anregungen das Ziel verfolgen, das Vermögen eines Kriegsteilnehmers vor einer Verschleuderung oder vor sonstigen unwirtschaftlichen Maßnahmen durch die Zurückbleibenden zu bewahren, bieten schon die Vorschriften des

Bürgerlichen Gesetzbuches über die Abwesenheitspflegschaft (§ 1911) eine Handhabe. Nach ihnen ist die Bestellung eines Abwesenheitspflegers insbesondere auch dann möglich, wenn der Kriegsteilnehmer durch Erteilung eines Auftrages oder einer Vollmacht Fürsorge getroffen hat, aber Umstände eingetreten sind, die zum Widerruf des Auftrages oder der Vollmacht Anlaß geben."

Um auf den Schuldner einen Druck auszuüben, daß er den Antrag auf Anordnung der Geschäftsaufsicht stellt, empfiehlt Kaufmann, NachrDAB. 1914 S. 125 dem Gläubiger, seinerseits Konkursantrag zu stellen mit dem Beifügen, daß er damit einverstanden sei, wenn an Stelle des Konkurses die Geschäftsaufsicht angeordnet werde und daß er vor endgültiger Verbescheidung seines Antrags gehört zu werden bitte.

Über das Zusammentreffen von Konkursantrag und Antrag auf Geschäftsaufsicht s. oben Anm. II und unten Anm. I zu § 5.

b) **Form, Inhalt und Beilagen des Antrags:** Der Antrag kann schriftlich oder mündlich zu Protokoll des Gerichtsschreibers gestellt werden (§ 4 der Bek.; § 72 KO.; § 496 Abs. 2 ZPO.). Der Antrag ist an das Gericht zu richten, das nach §§ 71, 238 KO. für die Eröffnung des Konkursverfahrens zuständig wäre. Hat der Schuldner weder im Ausland noch im Inland einen gewerblichen Wohnsitz, so kann er Aufsicht gemäß § 16 ZPO. dort beantragen, wo er Aufenthaltsort hat oder früher Wohnsitz hatte. Die Geschäftsaufsicht erstreckt sich aber dann nur auf das Inlandvermögen (Mayer a. a. O. 144). In dem Antrag muß dargelegt sein, daß und wieso der Schuldner infolge des Krieges zahlungsunfähig wurde (s. vorige Anm.) und welche Gründe die Annahme rechtfertigen sollen, daß die Behebung der Zahlungsunfähigkeit nach Beendigung des Krieges zu erwarten ist (s. Anm. II b) [Beispiel eines Antrages s. Bendix S. 96].

Der Schuldner hat nach § 2 der Bekanntmachung (diese Vorschrift entspricht dem § 104 KO. [vgl. Sintenis Anm. 1 zu § 2; Jaeger a. a. O.]) „mit" dem Antrag einzureichen:

1. ein Verzeichnis der Gläubiger unter Angabe der (wegen § 4 Abs. 1 Bek. erforderlichen) Adressen. (Nach der BayJMBek. vom 18. August 1914 BayJMBl. 1914 S. 158 können die Adressen der von dem Verfahren nach § 9 Nr. 4 der Verordnung mit § 61 Nr. 1 KO. nicht betroffenen Lidlohn-Gläubiger weggelassen werden; a. M. Jaeger, BankArch. Bd. 14 S. 32.)
2. eine Übersicht des Vermögensstandes in Form einer (bilanzmäßigen) Gegenüberstellung der einzelnen Aktiven und Passiven unter Beifügung des Schuldgrundes der Forderung (z. B. für Waren, als Darlehen). Auch die nach § 9 der Bekanntmachung von dem Verfahren nicht betroffenen Gläubiger müssen aufgenommen werden, zumal auch dem Antragsteller nicht immer eine richtige Abgrenzung zuzutrauen ist (ebenso BayJMBek. und Jaeger a. a. O.); doch empfiehlt es sich, diese als solche kenntlich zu machen. Bei den Aktiven ist der Wert anzugeben; wird der Einkaufspreis oder der normale Verkaufspreis angegeben (was nicht notwendig, aber unter Umständen wünschenswert ist), so ist auf jeden Fall auch der derzeitige Verkaufswert beizufügen. Bei unsicheren Außenständen ist neben dem Nennwert der Wahrscheinlichkeitswert anzugeben.

Da eine Einzelaufstellung in Waren- oder Fabrikgeschäften oft eine Arbeit von Wochen erfordert, die Anträge aber meist gestellt werden, wenn Gläubiger drängen und klagen, muß sich der Richter vielfach mit der Aufstellung der letzten Inventur oder Bilanz unter Anführung der meist nur geschätzten Abgänge begnügen (Michels, Recht 1915, 9).

3. Soferne der Schuldner ein **Kaufmann** d. h. ein Vollkaufmann (§ 4 HGB. e contr.), auch die letzte **Bilanz**.

Gemeint ist hiermit die letzte nach § 39 HGB. errichtete Jahresbilanz, nicht etwa eine auf den Zeitpunkt der Antragstellung abgestellte Zwischenbilanz; wenn bisher nur eine Eröffnungsbilanz zu errichten war, ist diese vorzulegen. (BayJMBek. und Jaeger a. a. O.; Sieskind S. 95.)

Diese Schriftstücke müssen spätestens zur Zeit der Beschlußfassung dem Gerichte vorliegen; eine Nachlieferung ist — abweichend vom § 104 Abs. 2 KO. — nicht zulässig. (Sieskind, BayJMBek., Jaeger a. a. O.)

c) Die **Entscheidung**, ob die Voraussetzungen für die Geschäftsaufsicht vorliegen, steht im freien Ermessen **des Gerichtes** (§ 3 Abs. 2), das jedoch berechtigt und verpflichtet ist, vor der Entscheidung von Amts wegen die erforderlichen Ermittlungen anzustellen. § 4 Abs. 2 der Bekanntmachung mit § 75 KO. (BayJMBl. 1914 S. 158; Jaeger, Bank-Arch. Bd. 14 S. 33; Sieskind S. 59 Anm. 10 zu § 3.) In Betracht kommt insbesondere die Anhörung des Schuldners, dem auch aufgegeben werden kann, nötigenfalls an Hand der Geschäftsbücher die Bilanz und die Übersicht des Vermögensstandes zu erläutern; ferner die Vernehmung von Zeugen (z. B. Prokurist des Schuldners) und Sachverständigen[1]) (nicht unmittelbaren Geschäftskonkurrenten). Bendix S. 97; BayJMBek.

---

[1]) Besondere Beachtung verdienen die beim **Amtsgericht München** zu diesem Zweck laut BayJMBek. v. 21. Aug. 1914 JMBl. 1914 S. 175 ff. getroffenen Einrichtungen:

1. Aus Mitgliedern der Handelskammer, der Handwerkskammer und des Münchener Anwaltsvereins wurde ein Ausschuß gebildet, der sich in drei Unterausschüsse gliedert, einer für industrielle Unternehmungen und Großfirmen, der zweite für eingetragene Detailfirmen, das Bankgewerbe und Privatpersonen mit größerem Vermögen und der dritte für Handwerker und Privatpersonen mit kleinerem Vermögen.

2. Wird beim Amtsgericht München ein Antrag auf Anordnung der Geschäftsaufsicht zur Abwendung des Konkursverfahrens gestellt und ist aus dem Antrag und dessen Unterlagen nicht ohne weiteres ersichtlich, daß die Voraussetzungen für eine Geschäftsaufsicht gegeben sind, so übersendet das Gericht die Akten an den Ausschuß mit dem Ersuchen, die gutachtliche Äußerung des zuständigen Unterausschusses zu veranlassen. Zugleich fordert es den Schuldner auf, dem Ausschuß oder dessen Beauftragten alle von diesem verlangten Aufschlüsse zu erteilen und seine Bücher vorzulegen.

3. Die Geschäftsführung des Ausschusses und der Unterausschüsse ist durch eine vom Ausschuß aufgestellte Geschäftsordnung geregelt.

a) Die Ausschüsse sind bei der Beschaffung der zur Erstattung des Gutachtens erforderlichen Grundlagen an keine Regeln gebunden; sie

vom 18. August 1914 BayJMBl. S. 158 und 159; Jaeger a. a. O.; Michels, Recht 1915 S. 9. Dem begründeten Antrag muß das Gericht stattgeben. BayJMBek. vom 18. August 1914 JMBl. 158; Mayer a. a. O. 143. Der Schuldner hat unter den gesetzlichen Voraussetzungen einen Anspruch auf Geschäftsaufsicht, ohne daß von ihm Sicherheit für die Kosten verlangt und hievon die Anordnung abhängig gemacht werden darf. (So Glaser a. a. O.; Levy a. a. O. 16).

§ 4.

Wird dem Antrag stattgegeben, so bestellt das Gericht eine oder mehrere Personen zur Beaufsichtigung der Geschäftsführung des Schuldners und teilt den Gläubigern die Anordnung der Geschäftsaufsicht und die Aufsichtspersonen mit.

§ 72, § 73 Abs. 1, 2 und § 75 der Konkursordnung gelten entsprechend. Öffentliche Bekanntmachungen finden nicht statt.

Dieser Paragraph enthält die (wenigen) formellen Vorschriften über das **Verfahren des Gerichts.**

I. Allgemeines: Die vom Amtsgericht bei der Anordnung, Überwachung und Aufhebung der Geschäftsaufsicht zu entwickelnde Tätigkeit bildet ein zivilprozessuales Verfahren (§ 4 Abs. 2 der Bek. mit § 72 KO; ebenso Jaeger, BankArch. 14, 33; Schlegelberger, Gruchot 59, 207; Josef, Recht 1915, 163; Levy a. a. O. 16; **a. M.** Breit, JW. 1915 S. 164, der das Verfahren der freiwilligen Gerichtsbarkeit zuzählt), für welches auf Grund des für anwendbar erklärten § 75 KO. der Offizialbetrieb gilt. Die Entscheidungen des Gerichtes können ohne mündliche Verhandlung ergehen und sind allen Beteiligten von Amts wegen zuzustellen (§ 4 Abs. 2 der Bek. mit § 73 Abs. 1 und 2 KO.). Über Rechtsmittel s. § 11; Kosten § 12.

II. Keine Öffentlichkeit: Akteneinsicht. Öffentliche Bekanntmachungen finden auch beim Anordnungs- und beim Aufhebungsbeschluß im Gegensatz zum Konkursverfahren nicht statt (§ 4 Abs. 2 Satz 2), eine Maßnahme, durch die einerseits, — was zweifellos zu begrüßen ist, — eine unnötige Ansehensminderung des Schuldners vermieden werden soll, die aber andererseits gutgläubige Dritte erheblich schädigen kann, wenn sie dem Schuldner bei Geschäften, die nicht unter § 9 Ziff. 1 der Bek. fallen, Kredite gewähren. Auch bei Gericht wird eine öffentliche Liste der unter Geschäftsaufsicht stehenden Schuldner nicht aufgelegt. Vgl. aber auch

---

können insbesondere einzelne Mitglieder oder auch Außenstehende mit der Prüfung der Verhältnisse des Schuldners betrauen und je für den einzelnen Fall Mitglieder anderer Ausschüsse oder Außenstehende zuwählen.

b) Konkurrenten des Schuldners sollen tunlichst nicht mit der Einsicht der Geschäftsbücher usw. betraut werden.

c) Das Gutachten soll sich darüber äußern, ob die Zahlungsunfähigkeit des Schuldners eine Folge des Krieges ist, ob die Behebung der Zahlungsunfähigkeit nach der Beendigung des Krieges in Aussicht genommen werden kann, und wer als Aufsichtsperson vorgeschlagen wird.

PrJMVerf. vom 1. März 1915 PrJMBl. S. 44.[1]) Eine Eintragung der Anordnung der Geschäftsaufsicht im Grundbuch, oder in den öffentlichen Registern (z. B. Handels- oder Genossenschaftsregister) findet nicht statt.

Dagegen muß den Gläubigern, die sich als solche ausweisen, da sie am Verfahren als Parteien beteiligt sind, — sie werden ja auch von der Anordnung der Aufsicht verständigt s. nachfolgende Anm. III 2. Abs. — die Einsicht in die gerichtlichen Akten der über ihre Schuldner geführten Geschäftsaufsicht nach dem § 4 Abs. 2 der Bek., § 72 KO., § 299 Abs. 1 ZPO., deren Anwendung durch keine andere Bestimmung der Verordnung ausgeschlossen wird, gestattet und müssen ihnen auf ihre Kosten Abschriften von einzelnen Aktenstücken erteilt werden, zumal doch die Gläubiger auch ein erhebliches wirtschaftliches Interesse an der Durchführung des Verfahrens haben und durch Anregungen beim Gericht und bei der Aufsichtsperson auch häufig einen berechtigten und den Interessen der Geschäftsaufsicht dienlichen Einfluß ausüben können. Über die Zulässigkeit der Beschwerde in diesem Fall s. Anm. zu § 11. LG. Frankfurt a. M., 6. ZK. vom 15. Dez. 1914 DJZ. 1915 S. 322; KG. laut Mitteilung von Cahen im Berliner Tageblatt vom 23. Februar 1915 Nr. 99; Jaeger, BankArch. Bd. 14 S. 33; Hahnemann, NachrDAV. 1914 S. 130. (A. M. die Praxis einzelner Gerichte, z. B. des Amtsgerichts München, laut Mitteilungen in den Tageszeitungen; AG. Hamburg vom 21. November 1914, DJZ. 1915, 322 = Recht 1915, 171, wonach dem einzelnen Gläubiger nur ausnahmsweise bei Vorliegen eines dringenden und überwiegenden Interesses Einsicht in das Gläubigerverzeichnis und in das Vermögensverzeichnis zu gewähren ist und wenn diesem Interesse durch bloße Auskunft der Aufsichtsperson nicht genügt werden kann. Gegen die Anwendbarkeit von § 299 Abs. 1 ZPO. Levy a. a. O. 36.)

III. Die Eröffnung des Verfahrens: Die formelle Durchführung des Antrages, wenn ihm stattgegeben wird, erfolgt in der Weise, daß das Gericht gleichzeitig mit der Anordnung der Geschäftsaufsicht eine oder mehrere Personen als Aufsichtspersonen bestellt. Für die Auswahl der Aufsichtspersonen, von deren Tauglichkeit ein günstiger Erfolg der Geschäftsaufsicht wesentlich abhängt, haben die Vollzugsvorschriften der Einzelstaaten dem Amtsgericht nahegelegt, die Mitwirkung der Vertretungen von Handel- und Gewerbe (Handels- und Handwerkskammern) in Anspruch zu nehmen. (PreußAllgVerf. d. Handels- und Justiz-Min. vom 11./13. August 1914 PrJMBl. S. 677; BayJMBek. vom 18. August 1914 BayJMBl. 1914 S. 175 ff., nach der in München z. B. der oben S. 185 Anm. 1 erwähnte Ausschuß jeweils geeignete Personen vorschlägt.) Als Aufsichtsperson kann jede natürliche Person bestellt werden; in Betracht kommen insbesondere Geschäftsleute, Rechts-

---

[1]) Diese lautet: Die Gerichtsschreiber der Amtsgerichte werden angewiesen, auf mündliche oder schriftliche Anfragen darüber Auskunft zu erteilen, ob gegen eine bestimmte Person die Geschäftsaufsicht zur Abwendung des Konkursverfahrens angeordnet ist, und die Namen der bestellten Aufsichtspersonen mitzuteilen.

Bei schriftlichen Auskünften sind Schreibgebühren in Ansatz zu bringen und die besonderen Bestimmungen über portopflichtige Sendungen zu beachten.

anwälte, Bücherrevisoren, berufsmäßige Vermögens- und Konkursverwalter. Ausgeschlossen sind der Schuldner selbst und sein etwaiger gesetzlicher Vertreter (aber nicht Verwandte des Schuldners), Geschäftsunfähige (nicht aber in der Geschäftsfähigkeit Beschränkte); nicht gewählt werden sollen auch Geschäftskonkurrenten des Schuldners. (BayJMBl. a. a. O.; Bendix, LZ. 1915 S. 189—191; Michels, Recht 1915 S. 9; Cahn, Recht und Wirtschaft 1914 S. 270.) Nicht gesetzlich ausgeschlossen, aber ungeeignet sind Personen, die selbst unter Geschäftsaufsicht stehen oder über deren Vermögen Konkurs eröffnet ist (vgl. hiezu auch Hirsch, JW. 1915, 1181) und bisherige Rechtsbeistände der Schuldner, da die Aufsichtsperson den Gläubigern persönlich verantwortlich ist. § 6 Abs. 2.

Die Bestellung mehrerer Aufsichtspersonen wird sich nur ausnahmsweise in verwickelteren Fällen empfehlen, wenn z. B. der Schuldner mehrere getrennte Geschäftsbetriebe hat oder wenn die im Geschäftsbetrieb zu erledigenden Rechtsangelegenheiten die Mitbestellung eines Anwaltes geboten erscheinen lassen.

Mehrere Aufsichtspersonen bilden kein Kollegium. (Bendix, LZ. 1915, 103.) Eine Verantwortung nach § 6 kann die Aufsichtsperson nur für ihre eigenen Handlungen gegenüber den Beteiligten übernehmen. Dementsprechend kann das Gericht bei Meinungsverschiedenheiten der mehreren Aufsichtspersonen auch nicht den Streit entscheiden, sondern nur die für die fragliche Maßnahme zuständige Aufsichtsperson bestimmen. (Vgl. hiezu Levy a. a. O. 15.) Überhaupt wird bei Aufstellung mehrerer Aufsichtspersonen zweckmäßig jedem ein besonderer Geschäftszweig zur Beaufsichtigung zugewiesen. (Ebenso Jaeger, BankArch. 14, 31; Mayer a. a. O. 147; Levy a. a. O. 15; a. M. BayJMBl. 158.)

Die Bestellung kann auch in einem Termin erfolgen, in dem Schuldner und Aufsichtsperson anwesend sind (Michels, Recht 1915, 10); auf jeden Fall ist der Anordnungsbeschluß dem Schuldner und der bzw. den Aufsichtspersonen zuzustellen (§ 4 Abs. 2 KO.; Bendix, LZ. 1915 S. 191). Sodann hat das Gericht den in der auf Grund des § 2 vorgelegten Liste aufgeführten Gläubigern die Anordnung der Geschäftsaufsicht mitzuteilen (einfaches Schreiben genügt, förmliche Zustellung ist nicht erforderlich); die Mitteilung an die am Verfahren nach § 9 der Bekanntmachung nicht betroffenen Gläubiger, insbesondere an die unter § 9 Nr. 4 (mit § 61 Nr. 1 KO.) fallenden Dienstboten und Angestellten kann unterbleiben, soweit nicht etwa die Interessen dieser Personen eine Benachrichtigung geboten erscheinen lassen. (BayJMBl. 1914 S. 160; Sieskind S. 95 Anm. 12 zu § 4; Cahn, Recht und Wirtschaft 1914 S. 270; a. M. Levy a. a. O. 13, der auch Mitteilung an die nicht vom Verfahren betroffenen Gläubiger verlangt, da diese insoferne betroffen seien, als sie nicht Konkursantrag stellen können.)

§ 5.

Während der Dauer der Geschäftsaufsicht darf das Konkursverfahren über das Vermögen des Schuldners nicht eröffnet werden. Arreste und Zwangsvollstreckungen in das Vermögen des Schuldners finden nur zugunsten der Gläubiger statt, die vom Verfahren nicht betroffen werden (§ 9).

Die Wirkung der Geschäftsaufsicht.

I. Der Konkurs ist während der Dauer der Geschäftsaufsicht unzulässig; auch diejenigen Gläubiger, welche nach § 9 der Bekanntmachung vom Verfahren nicht betroffen werden, können die Konkurseröffnung nicht beantragen (Jaeger, BankArch. Bd. 14 S. 34; Breit, JW. 1915 S. 172); erst nach Aufhebung der Geschäftsaufsicht wird die Konkurseröffnung wieder zulässig.

Wird nach dem Antrag auf Anordnung der Geschäftsaufsicht (während des Vorprüfungsverfahrens) von einem Gläubiger Antrag auf Konkurseröffnung gestellt, so wird durch die Anordnung der Geschäftsaufsicht der Antrag auf Konkurseröffnung unzulässig. Wird umgekehrt nach dem Antrag der Konkurseröffnung während des Eröffnungsverfahrens vom Schuldner der Antrag auf Anordnung der Geschäftsaufsicht gestellt, so ist zunächst letzterer zu prüfen; wird er für begründet erachtet, so ist die Geschäftsaufsicht anzuordnen und der Antrag auf Konkurseröffnung (falls er nicht zurückgenommen wird) abzuweisen. Andernfalls könnten auch rigorose Gläubiger dem Schuldner die Wohltat der Bekanntmachung leicht entziehen, indem sie sofort Konkursantrag stellen, sobald sie merken, daß der Schuldner in finanzielle Bedrängnis gerät, ein Ergebnis, das durch die Bekanntmachung ihrer gesetzlichen Zweckbestimmung nach, den Konkurs bei heilbarer Zahlungsunfähigkeit abzuwenden, gerade vermieden werden soll (so auch Stern, Das Konkursverfahren, Leipzig 1914 S. 155; DRZ. 1915 S. 56).

Vgl. hiezu auch oben Anmerkung II zu §§ 1, 2, 3.

II. Die **Einzelvollstreckung**, sowohl auf Grund von Urteilen wie auch auf Grund von Arresten und einstweiligen Verfügungen und sonstigen Vollstreckungstiteln (§ 794 ZPO.) ist grundsätzlich ausgeschlossen und zwar sowohl in das bei Anordnung der Geschäftsaufsicht vorhandene Vermögen, wie auch in den Neuerwerb. (Jaeger, BankArch. 14, 35.) Vgl. aber auch unten Anm. III zu § 9. Wenn die Rechtskraft eines Urteils wie im Fall des § 894 ZPO. zugleich Vollstreckungswirkung hat und sich eine besondere Vollstreckung erübrigt, so macht diese Wirkung darum das Urteil als solches nicht zu einem Akt der Zwangsvollstreckung; ein derartiges Urteil ist daher auch während der Geschäftsaufsicht zulässig (OLG. Düsseldorf vom 4. Dezember 1914 DJZ. 1915, 216; vgl. auch Jaeger Anm. 19 a. E. zu § 14 KO. und Ahnelt, JW. 1915, 495; a. M. Breit, JW. 1915, 170; Gilbert, ZBlFG. 1915, 548; Mayer a. a. O. 158).

Der Grundbuchrichter, dem ein rechtskräftiges Urteil nach §§ 894, 895 ZPO. vorgelegt wird, das auf Erteilung einer Eintragungsbewilligung oder Abgabe einer Auflassungserklärung lautet, muß die Eintragung vornehmen, auch wenn er weiß, daß der Verurteilte unter Geschäftsaufsicht steht. Levy a. a. O. 22.

a) Insoweit durch Zwangsvollstreckung bereits Pfandrechte vor Anordnung der Geschäftsaufsicht begründet sind, kann die Zwangsvollstreckung fortgesetzt werden, da die Geschäftsaufsicht in materielle, bereits bestehende Rechte der Gläubiger nicht eingreift. (Vgl. auch unten Anm. VII und II 3 zu § 9.) Die Versteigerung ist zulässig, selbst wenn das Pfandrecht im Konkurs anfechtbar wäre (vgl. LG. Eichstätt vom 25. November 1915 Recht 1916, 82. A. M. 2. Aufl. in Anm. II Ziff. 3 zu § 9), dementsprechend auch die Fortsetzung der Zwangsvollstreckung, die durch Pfändung des Anspruches auf Herausgabe einer Sache begonnen war, durch Inbesitznahme dieser Sache von seiten des Gerichtsvollziehers für den Gläubiger. (OLG. Colmar vom 15. Juni 1915 ElsLothrZ. 40, 329 = Recht 1915, 620.)

Das bereits begonnene Verteilungsverfahren nimmt seinen Fortgang, gepfändetes Geld ist an den Gläubiger abzuliefern, bereits gepfändete und zur Einziehung überwiesene Forderungen können vom Gläubiger eingezogen werden, wenn dem Drittschuldner vor Anordnung der Geschäftsaufsicht der Pfändungs- und Überweisungsbeschluß zugestellt wurde.

Die Bekanntmachung ist eine Schutzvorschrift für den Schuldner; er kann auf diesen Schutz ganz oder teilweise verzichten. Zwangsvollstreckung während der Geschäftsaufsicht ist daher auch möglich, wenn der Schuldner mit ihr einverstanden ist. Allerdings können aus einer solchen Duldung der Zwangsvollstreckung Anfechtungsansprüche der übrigen Gläubiger erwachsen und das Gericht nach § 10 das Verfahren aufheben.

b) **Nicht zulässig** ist während der Geschäftsaufsicht die Erlassung eines Pfändungsbeschlusses auf Grund einer vor ihrer Anordnung ergangenen Pfändungsbenachrichtigung, da diese nur auf Grund einer nachträglichen objektiv zulässigen Pfändung die Wirkung dieser Pfändung vordatieren kann, selbst aber kein Pfandrecht begründet. (Ebenso LG. Karlsruhe vom 5. März 1915 JW. 1915, 319 = Recht 1915, 228; Mayer a. a. O. 158; Kirchberger, JW. 1915, 491; a. M. Rothbarth, LZ. 1915, 964; Kullmann, JW. 1915, 318.) Unzulässig ist auch die Vorführung des bereits vor Anordnung der Geschäftsaufsicht verhafteten Schuldners zur Leistung des Offenbarungseides; der Schuldner ist vielmehr aus der Haft zu entlassen. Der Vollzug des Haftbefehls ist nicht Vollstreckungsmaßnahme, sondern nur Hilfsmittel der Vollstreckung. (Mayer a. a. O. 158.) Die Zustimmung der Aufsichtsperson allein hebt die Unzulässigkeit der Vollstreckung nicht auf (soweit es sich nicht um den Fall des § 9 Ziff. 1 handelt), gleichgültig, ob diese Zustimmung zur Erwirkung des vollstreckbaren Titels gegeben wurde (so OLG. Naumburg vom 16. November 1915 Recht 1916, 82 = NaumbAZ. 1915, 73) oder nachträglich zur Zwangsvollstreckung. Die Aufsichtsperson ist nicht Vertreter des Schuldners (siehe unten Anmerkung zu § 6) und kann nicht für ihn auf gesetzliche Schutzrechte verzichten. Gegenüber dem Gläubiger hat eine Zustimmung der Aufsichtsperson nur im Fall des § 9 Ziff. 1 Bedeutung und auch hier nur als Zustimmung zu einer Rechtshandlung des Schuldners, nicht des Gläubigers oder des Gerichts. Anerkennt der Schuldner mit Zustimmung der Aufsichtsperson, so ist nach § 9 Ziff. 1 der Gläubiger vom Verfahren nicht betroffen und kann vollstrecken. Bestreitet der Schuldner und erwirkt der Gläubiger mit Zustimmung der Aufsichtsperson ein obsiegendes Urteil, so kann er nicht vollstrecken.

c) Über die Wirkung der Geschäftsaufsicht und den Umfang der Vollstreckungsbeschränkung bei offenen Handelsgesellschaften, Gütergemeinschaften usw. siehe unten Anmerkung VI, bei Unterlassungsansprüchen Anmerkung III zu § 9.

III. Die Anfechtung wegen Gläubigerbenachteiligung

a) nach dem Anfechtungsgesetz auf Grund einer Forderung, die nicht unter § 9 der Bekanntmachung fällt, ist während der Dauer der Geschäftsaufsicht unzulässig, gleichgültig, ob sie durch Einrede oder Klage erfolgt, denn solange der Gläubiger nicht das Recht hat, in das Vermögen des Schuldners selbst zu vollstrecken, kann ihm auch nicht die Befugnis zustehen, aus dem Vermögen des Schuldners ausgeschiedene Gegenstände einem dritten Erwerber gegenüber zu seiner Befriedigung in Anspruch zu nehmen. Deshalb kann der Anfechtungsgegner die gleichen Einwendungen gegen die Zulässigkeit der Zwangsvollstreckung aus dem gegen den Hauptschuldner gerichteten Titel erheben, wie der Hauptschuldner selbst (vgl. Jaeger Anm. 16 zu § 2 AnfG.; RG. in LZ. 1909, 155).

Ist dagegen die Anfechtung bereits vor Anordnung der Geschäftsaufsicht durch Klage oder Einrede geltend gemacht, so bleibt sie in Kraft, bereits anhängige Anfechtungsprozesse werden fortgesetzt. (Ebenso Levy a. a. O. 25; a. M. 2. Aufl., die die Anfechtung während der Geschäftsaufsicht den nichtbevorrechtigten Gläubigern allgemein versagt und Breit, JW. 1915, 172, nach dem nicht nur der privilegierte, sondern auch der Gläubiger einer gestundeten Forderung zur Anfechtung berechtigt ist.)

Die Gläubiger, die während der Geschäftsaufsicht ihr Anfechtungsrecht nicht ausüben können, haben in § 4 AnfG. eine Handhabe, um den Ablauf der Anfechtungsfrist zu verhindern bzw. sich für zwei Jahre die Anfechtungsmöglichkeit zu sichern.

b) Auf Grund der Konkursordnung: Durch die Unzulässigkeit der Konkurseröffnung wird auch die Anfechtung auf Grund der Bestimmungen der KO. (§§ 29 bis 42) unmöglich; kommt es später zum Konkurse, so können die Anfechtungsfristen verstrichen sein. Eine Ergänzungsvorschrift in dieser Beziehung ist deshalb notwendig. (Cahn, Recht und Wirtschaft 1914 S. 271; DRZ. 1915 S. 56; a. M. Jaeger, BankArch. Bd. 14 S. 35: dem Zweck der Geschäftsaufsicht entsprechend werde die Dauer der Geschäftsaufsicht auf den Lauf der Anfechtungsfristen nicht angerechnet.) Das Vorliegen erheblicher, offenbar anfechtbarer Rechtsgeschäfte („Schiebungen") wird ein Grund zur Ablehnung bzw. Aufhebung der Geschäftsaufsicht sein (so auch Stern, Das Konkursverfahren, Leipzig 1914 S. 155). Über Anfechtbarkeit der während der Geschäftsaufsicht vorgenommenen Geschäfte s. Anm. zu § 8.

IV. Arrest und einstweilige Verfügung.

Arreste sind nach § 5 während der Dauer der Geschäftsaufsicht nur zugunsten der nach § 9 vom Verfahren nicht betroffenen Gläubiger zulässig. Ein bereits angeordneter Arrest darf nicht vollzogen werden. (Mayer a. a. O. 158.) Bereits in Vollziehung des Arrestes vorgenommene Pfändungen bleiben bestehen, wenn auch die Zustellung des Arrestbeschlusses bereits vor Anordnung der Geschäftsaufsicht stattfand, war der Beschluß in diesem Zeitpunkt noch nicht zugestellt, so sind die Pfändungen unwirksam; ebenso kann der Arrestbeschluß mit Wirksamkeit nicht mehr zugestellt werden. Für die bevorrechtigten Gläubiger ist die Tatsache, daß Geschäftsaufsicht angeordnet ist, kein Arrestgrund. (Vgl. auch Levy a. a. O. 20, 23.)

Die einstweiligen Verfügungen sind zwar in der Bekanntmachung nicht ausdrücklich als unzulässig aufgeführt. Sie sind aber grundsätzlich ebenfalls unzulässig, soweit sie als Akte der Zwangsvollstreckung anzusehen sind und einen Eingriff in das Vermögen des Schuldners zum

Zweck der alsbaldigen Vollstreckung darstellen (ebenso OLG. Darmstadt vom 4. August 1915 JW. 1915, 1127 = Recht 1915, 562 = HessRspr. 16, 157). Zulässig sind einstweilige Verfügungen, die nur Gebote und Verbote enthalten, wie sie insbesondere auf Grund des § 940 ZPO. erlassen werden. (So auf Geschäftsbüchereinsicht KG. vom 12. Februar 1915; OLG. 30, 368 = Recht 1915, 352; a. M. Breit a. a. O. 170; Mayer a. a. O. 156; KG. vom 12. Februar 1915 OLG. 30, 368 [einstweilige Verfügungen sind überhaupt zulässig]; OLG. Karlsruhe vom 4. Juni 1915 LZ. 1915, 1534 = BadRspr. 1915, 116 = Recht 1915, 520 [einstw. Verf. auf Eintragung einer Vormerkung im Grundbuch ist zulässig]; hiegegen Zieger, LZ. 1915, 420.) Beantragt ein Gläubiger für einen unter § 9 fallenden Anspruch einen Arrest oder eine einstweilige Verfügung, so muß er glaubhaft machen, daß sein Anspruch von der Geschäftsaufsicht nicht betroffen wird; denn dies ist die Voraussetzung dafür, daß der Arrest oder die einstweilige Verfügung auch alsbald vollzogen werden kann und daß sie deshalb nicht zwecklos sind.

V. Wie wird die Unzulässigkeit der Zwangsvollstreckung geltend gemacht?

a) Die Wirkungen der Geschäftsaufsicht äußern sich nur im Vollstreckungsverfahren; für die Erörterung der derzeitigen Unzulässigkeit der Vollstreckung im Verfahren vor dem Prozeßgericht ist daher kein Raum. (Vgl. auch unten Anmerkung VII.) Dementsprechend ist auch in das Urteil kein Vermerk aufzunehmen, daß die Vollstreckung erst nach Beendigung der Geschäftsaufsicht zulässig sei. (Ebenso LG. Karlsruhe vom 19. Januar 1915 Recht 1916, 171; Oppenheim, JW. 1915, 288; Gilbert, Recht 1915, 186; Levy a. a. O. 22; a. M. 2. Aufl.; OLG. Dresden vom 14. Oktober 1915 JW. 1915, 1377 = Recht 1916, 22; Mayer a. a. O. 159; Bovensiepen, DJZ. 1915, 101; Breit, JW. 1915, 171 mit analoger Anwendung konkursrechtlicher Grundsätze.) Auch im Versäumnisverfahren ist die Anordnung der Geschäftsaufsicht nicht zu beachten. A. M. Bovensiepen, DJZ. 1915, 101.

b) Aus den zu a angeführten Gründen ist auch die Erteilung der Vollstreckungsklausel ohne Rücksicht auf die Geschäftsaufsicht zulässig. (Vgl. hiezu Holländer, JW. 1915, 171; Oppenheim, JW. 1915, 289; a. M. Bovensiepen, DJZ. 1915, 102.)

c) Im Zwangsvollstreckungsverfahren ist das Vollstreckungsverbot von den Vollstreckungsorganen nicht von Amts wegen zu beobachten, auch wenn ihnen die Anordnung der Geschäftsaufsicht bekannt ist. Die Bekanntmachung ist eine Schutzvorschrift zugunsten des Schuldners. Es muß diesem überlassen bleiben, wieweit er von seinem gesetzlichen Recht vom Zwangszugriff der Gläubiger befreit zu sein, Gebrauch machen will; er kann auch darauf verzichten.

Zwangsvollstreckungshandlungen, die infolgedessen im Widerspruch mit dem Verbot erfolgt sind, sind auch nicht ohne weiteres unwirksam; es bleibt vielmehr dem Schuldner überlassen, die Beseitigung einer Vollstreckungsmaßregel im Wege des § 766 ZPO. herbeizuführen. Vgl. Gaupp-Stein Note IV 4 vor § 704 ZPO., Note III zu § 811 ZPO.; RG. Bd. 29 S. 76. Die Verhältnisse liegen hier wesentlich anders wie beim Konkurs (vgl. Gaupp-Stein Anm. IV 3 vor § 704 ZPO.; Jaeger Anm. 21 zu § 14 KO.; Falkmann, Die Zwangsvollstreckung § 39 S. 475/476), wo der Schuldner durch die Konkurseröffnung die Passivlegitimation verliert und wo im Interesse der Gläubiger auch dem

Konkursverwalter jede von den gesetzlichen Vorschriften abweichende Befriedigung der Gläubiger verboten ist, während hier das Vollstreckungsverbot ausschließlich im Interesse des Schuldners angeordnet ist, der die Verfügungsmacht über sein Vermögen behält, [formell] auch berechtigt bleibt, einzelne Gläubiger vor anderen zu befriedigen und deshalb freiwillig auch eine verbotswidrige Vollstreckung dulden kann. (Ebenso Breit, JW. 1915, 171; Levy a. a. O. 24; a. M. Bovensiepen, DJZ. a. a. O.; Mayer a. a. O. 159; vgl. auch Löwenwarter, JW. 1915, 288, der grundsätzlich zustimmt, aber auch den privilegierten Gläubigern den Rechtsbehelf der Erinnerung nach § 766 ZPO. gibt.)

Außer dem Schuldner sind dritte Personen nur insoweit zur Erhebung von Erinnerungen befugt, als sie es schon auf Grund des gemeinen Prozeßrechts sind. Ein Erinnerungsrecht auf Grund der Anordnung der Geschäftsaufsicht gegen die Vollstreckung haben weder die Aufsichtsperson noch die beteiligten und privilegierten Gläubiger.

VI. Umfang der Geschäftsaufsicht.

a) Ihr ist alles Vermögen des Beaufsichtigten unterworfen, das sonst der Vollstreckung offen stehen würde. Vermögensteile, in die an und für sich nicht vollstreckt werden kann, bedürfen eines Schutzes nicht und sind daher von der Aufsicht frei; im einzelnen die pfandfreien Gegenstände des § 811 ZPO., die pfandfreien Lohn- und Gehaltsbeträge, das elterliche Nutznießungsrecht am Kindesvermögen, das Nutznießungsrecht des Ehemannes am eingebrachten Gut, künftige Forderungen, Unterhaltsansprüche, Ansprüche aus Delikten usw. (A. M. Jaeger, BankArch. 14, 35; Breit, JW. 1915, 164; Schlegelberger, Gruchot 59, 201; Zieger, LZ. 1915, 420; Levy a. a. O. 30 „es gibt kein aufsichtsfreies Vermögen".) Das der Zwangsvollstreckung unterworfene Vermögen umfaßt die Aufsicht aber vollständig, auch den Neuerwerb.

b) Die Geschäftsaufsicht äußert nur für das Vermögen derjenigen Personen Wirkung, für die sie angeordnet ist. Die Geschäftsaufsicht über das Vermögen der offenen Handelsgesellschaft berührt daher das Privatvermögen der Gesellschafter nicht und umgekehrt. Jedoch scheidet beim Offenbarungseid des Gesellschafters die Angabe des Gesellschaftvermögens aus. (Vgl. OLG. Dresden vom 6. März 1915, LZ. 1915, 563 = Recht 1915, 283; OLG. Darmstadt vom 8. März 1915 DJZ. 1915, 724 = HessRspr. 1915, 125 = Recht 1915, 406; LG. Guben ohne Datum JW. 1915, 422 mit Anmerkung von Besar; Levy a. a. O. 26; Breit a. a. O. 164; a. M. Wertheimer, JW. 1915, 176.) Dementsprechend kann sich auch der Gesellschafter gegenüber einer Vollstreckung in sein Auseinandersetzungsguthaben nicht darauf berufen, daß die Gesellschaft unter Geschäftsaufsicht stehe. Die Verwaltung des Kindesvermögens endigt nicht mit der Geschäftsaufsicht über das Vermögen des Vaters oder der Mutter. Dagegen kann die Aufsicht für das Vormundschaftsgericht Anlaß zu Maßregeln nach §§ 1667, 68, 70 BGB. sein. (Mayer a. a. O. 176.)

Beim gesetzlichen Güterstand gehört das Nutznießungsrecht des Ehemannes mangels Übertragbarkeit nicht zum aufsichtspflichtigen Vermögen, sondern nur die Früchte. Ist über das Frauenvermögen Aufsicht angeordnet, so werden hiedurch die Rechte des Ehemannes nicht beeinträchtigt. Die Geschäftsaufsicht über den Mann als solche rechtfertigt auch nicht die Klage auf Aufhebung seiner Verwaltung und Nutznießung nach §§ 1418, 1391 BGB.

Bei den Gütergemeinschaften ist die Geschäftsaufsicht über den Mann das Gesamtgut der Aufsicht unterworfen, bei Geschäftsaufsicht über die Frau nur ihr Vorbehaltsgut in allgemeiner Gütergemeinschaft, ihr Vorbehaltsgut und eingebrachtes Gut in Fahrnisgemeinschaft und Errungenschaftsgemeinschaft. Über das Gesamtgut einer fortgesetzten Gütergemeinschaft allein gibt es keine Aufsicht (wie beim Nachlaß) (vgl. Mayer a. a. O. 175). Die Geschäftsaufsicht als solche kann eine Klage des Ehemannes oder der Ehefrau auf Aufhebung der Gemeinschaft nach §§ 1468 Ziff. 5, 1469, 1542, 1549 BGB. nicht begründen (a. M. Mayer a. a. O. 175).

VII. Zivil- und prozeßrechtliche Wirkungen der Geschäftsaufsicht.

Über den vollstreckungsrechtlichen Schutz hinaus tritt infolge der Geschäftsaufsicht für das Verhältnis zwischen Schuldner und Gläubiger eine Änderung nicht ein.

a) Die **materiellen** Rechte des Gläubigers werden nicht berührt. Die Forderungen gegen den Beaufsichtigten bleiben fällig und verzinslich. Der Gläubiger kann den Schuldner in Verzug setzen, die Verzugsfolgen und andere kraft Gesetzes oder besonderer Vereinbarung an die nicht rechtzeitige Erfüllung einer Verbindlichkeit geknüpfte Rechtsfolgen geltend machen. (Ebenso Kipp, DJZ. 1914, 1032; Jaeger, BankArch. 14, 35; Bendix, LZ. 1914, 198 unten; Breit, JW. 1915, 179; KG. vom 28. September 1914, 1304; Mayer a. a. O. 155.) Er darf Zurückbehaltungsrechte ausüben, wegen Verzug mit der Zahlung vom ganzen Vertrag zurücktreten (auch bei Sukzessivlieferungsverträgen), ohne daß dies der Schuldner durch Angebot sofortiger Zahlung des Kaufpreises für die noch zu liefernden Waren abwenden kann. Ebenso kann er sich durch Aufrechnung befriedigen. Eine entsprechende Anwendung der §§ 53 ff. KO. ist unzulässig. (OLG. Celle vom 5. Oktober 1915 JW. 1915, 1376 = Recht 1916, 22 = LZ. 1916, 178; OLG. Braunschweig vom 12. Oktober 1915 LZ. 1916, 177; Gilbert, Recht 1916, 38; Frucht, JW. 1915, 1148 und Heilberg am gleichen Ort 1085, 1305; a. M. LG. Nürnberg vom 4. Februar 1915 JW. 1915, 937 = Recht 1915, 521; OLG. Nürnberg vom 1. Juli 1915 LZ. 1915, 1174 = Recht 1915, 521; OLG. Braunschweig vom 22. Oktober 1915 DJZ. 1915, 1240 = Recht 1916, 82.)

Die Verpflichtung des Bürgen wird durch die Anordnung einer Geschäftsaufsicht über das Vermögen des Hauptschuldners nicht berührt. (Vgl. auch Anm. VI c zu § 1 der Zahlungsfristenverordnung.) Andererseits kann der Gläubiger von dem Bürgen Zahlung verlangen, auch wenn dieser nicht auf die Einrede der Vorausklage verzichtet hat (§ 773 Ziff. 4 BGB.), da eine demnächstige Befriedigung durch Zwangsvollstreckung bei Geschäftsaufsicht nicht zu erwarten ist. (OLG. Hamburg vom 12. Juli 1915 Recht 1915, 453.) Eine Hemmung der Verjährung tritt durch die Zwangsvollstreckung nicht ein (ebenso Breit a. a. O.; Mayer a. a. O. 155). Anfechtungs- und Ausschlußfristen laufen weiter. (Vgl. über die Fristen für die Geltendmachung von Ansprüchen gegen ausgeschiedene Genossenschaftsmitglieder auch Schink, Berl. Tagebl. vom 2. Juli 1916 Nr. 334.)

b) Abgesehen von der Vollstreckung werden auch die **prozessualen** Rechte des Gläubigers von der Geschäftsaufsicht nicht berührt. Sein Rechtsschutzinteresse besteht schon wegen der drohenden Verjährung nach wie vor. Klagen und Zahlungsbefehle sind daher gegen den Schuldner unbeschränkt zulässig, ebenso die Fortführung anhängiger Prozesse und zwar gleichgültig, ob Schuldner oder Aufsichtsperson oder beide den Klageanspruch anerkennen oder nicht. Der Schuldner behält durch die Anordnung der Geschäftsaufsicht nicht nur die volle Geschäftsfähigkeit, sondern grundsätzlich auch die Verwaltung und Verfügung über sein Vermögen (s. Anm. zu §§ 6 und 7) und bleibt daher passiv legitimiert. Anhängige Rechtsstreitigkeiten werden durch die Anordnung der Geschäftsaufsicht nicht unterbrochen. (OLG. Düsseldorf vom 4. Dezember 1914 DJZ. 1915 S. 216; KammerG. vom 28. Sept. 1914 DJZ. 1914 S. 1303; Sieskind S. 96 Anm. 17 zu § 5; Bovensiepen, DRZ. 1914 S. 780; Bendix, LZ. 1915, 193 Fußnote 18; Breit, JW. 1915, 171; Levy a. a. O. 24; OLG. Posen vom 11. März 1915 Recht 1915, 352 = OLG. 30, 369; LG. Posen vom 18. Januar 1915 PosMSchr. 1915, 56 = Recht 1915, 404; OLG. Dresden vom 30. April 1915 LZ. 1915, 1115 = Recht 1915, 454; OLG. Breslau vom 6. Nov. 1915 JW. 1915, 1452; OLG. Colmar vom 7. Mai 1915 LZ. 1915, 852; OLG. Dresden 4. Senat vom 14. Okt. 1915 DJZ. 1916, 249 = Recht 1916, 145 = LZ. 1916, 252 = JW. 1915, 1377 = SächsArch. 1915, 458 = OLG. 31, 389; OLG. Celle vom 20. November 1915 LZ. 1916, 176 = Recht 1916, 82; OLG. Nürnberg vom 5. Juli 1916 BayZfR. 1916 S. 318; OLG. München vom 23. August 1916 JW. 1916 S. 1212. **A. M.** OLG. Dresden 1. Senat vom 16. März 1916 LZ. 1916, 762 = JW. 1916, 866 („Aus der Pflicht des Schuldners die Leistung zu verweigern, ergibt sich die Versagung der Leistungsklage"); LG. Leipzig vom 8. April 1915 JW. 1915, 770 und 806 = Recht 1915, 454 „wenn die Aufsichtsperson die Zahlung untersagt hat"; OLG. Dresden vom 28. Oktober 1915 LZ. 1916, 77 = SächsArch. 1915, 494 „sobald feststeht, daß die Aufsichtsperson widersprochen hat"; Levis, DRZ. 1915, 409 „es sei denn, daß Gläubiger aus besonderen Gründen ein Interesse an der Erlangung eines Vollstreckungstitels hat"). Es kann deshalb auch zu seinen Gunsten eine Zahlungsfrist bestimmt oder eine Anordnung auf Grund der Bundesratsbekanntmachung vom 18. Aug. 1914 Nr. 4472 getroffen werden. (S. oben Anm. I B e 1 zu § 1 der Zahlungsfristenverordnung; Sieskind S. 94 Fußnote und S. 96 Anm. 17 zu § 5; Kipp, DJZ. 1914 S. 1032; Hachenburg, LZ. 1914 S. 1604; Jaeger, BankArch. Bd. 14 S. 34 und 35; Bendix, LZ. 1915 S. 193 Fußnote 18; Bovensiepen, DJZ. 1915 S. 10; Breit, JW. 1915 S. 171; OLG. Braunschweig vom 25. Sept. 1914 DJZ. 1914 S. 1215.) Vgl. ferner Heilberg, JW. 1916, 1223.

Kostenpflicht: Durch sofortiges Anerkenntnis der eingeklagten (fälligen) Forderung kann sich der Schuldner auch dann nicht von der Kostenpflicht unter Berufung auf § 93 ZPO. befreien, wenn er die Forderung nie bestritten und die Zahlung auf Weisung des Geschäftsaufsehers (§ 7 Abs. 2 der Bek.) unterlassen hatte, soferne er sich in Verzug befindet (Gaupp-Stein Anm. III 2 zu § 91 ZPO.; Hellwig, System des deutsch. Ziv.-Prozeßrechtes S. 755), was auch während der Dauer der Geschäftsaufsicht möglich ist (s. oben Anm. A); die vom Geschäftsaufseher an den Schuldner erfolgte Anweisung entschuldigt den Schuldner ebensowenig wie unverschuldeter Vermögensverlust und vermag die Rechtsfolge nicht rechtzeitiger Bezahlung nicht zu beseitigen, wie sie auch sonstige (zivilrechtliche) Folgen der Nichtzahlung nicht berührt. Dieses Ergebnis erscheint auch gerechtfertigt: mancher Schuldner, der unter dem Schutz der Geschäftsaufsicht einen Anspruch anerkennt, wird nach Wegfall dieses Schutzes zahlreiche Einwendungen finden und der Gläubiger, der bei der jederzeit möglichen Aufhebung der Geschäftsaufsicht keinen Vollstreckungstitel in Händen hat, kann anderen Gläubigern gegenüber leicht in Nachteil kommen. (Ebenso Breit, JW. 1915, 171; Wertheimer, JW. 1915, 175; Cahen im Berliner Tageblatt vom 23. Februar 1915 Nr. 99; Levy a. a. O. 25; Harder, JW. 1915, 1052; Kammern für Handelssachen beim Landgericht I Berlin und das Kammergericht nach Mitteilung von Schwabe im Berliner Tageblatt v. 26. Februar 1915 Nr. 105; KG. vom 12. Juli und 17. Aug. 1915 KGBl. 1915, 107 = Recht 1915, 562; OLG. Breslau vom 6. Nov. 1915 JW. 1915, 1452; OLG. Frankfurt vom 14. Oktober 1915 OLG. 31, 388; OLG. Dresden vom 30. April 1915 LZ. 1915, 1115 = Recht 1915, 454; OLG. Celle vom 20. November 1915 LZ. 1916, 176 = Recht 1916, 82. A. M. LG. Barmen vom 23. Oktober 1914, Recht 1914, 729; Peschke, HoldheimsMSchr. 15, 229; OLG. Dresden vom 28. Oktober 1915 DJZ. 1916, 144 = SächsArch. 1915, 494 = OLG. 31, 389 = LZ. 1916, 77 = Recht 1916, 82 („Die Zahlung braucht nicht zum Anerkenntnis kommen und zwar auch wenn in der Berufungsinstanz die Aufsicht weggefallen ist und die Leistung inzwischen noch nicht erfolgt ist.") OLG. Posen PosMSchr. 1915, 147 („wenn Schuldner die Forderung in das Gläubigerverzeichnis aufgenommen hatte, es sei denn, daß Gläubiger ohne sein Verschulden keine Kenntnis von der Geschäftsaufsicht hatte"); LG. Leipzig vom 8. April 1915 JW. 1915, 770 und 806; AG. Frankfurt vom 30. Sept. 1915 JW. 1916, 216 = Recht 1916, 145 („wenn Schuldner einen Schuldtitel vor der Klage angeboten hatte"); OLG. Dresden vom 14. Oktober 1915 DJZ. 1916, 249 = Recht 1916, 145 = LZ. 1916, 252 = JW. 1915, 1377 = SächsArch. 1915, 458 = OLG. 31, 389; OLG. Stuttgart vom 4. Februar 1916 Recht 1916, 201; OLG. Düsseldorf vom 1. März 1915 Recht 1915, 173 (nach diesen bemißt es sich nach Lage des Einzelfalls, ob § 93 ZPO. anwendbar ist); Levis a. a. O. („wenn der Schuldner außergerichtlich oder nötigenfalls durch Angebot einer vollstreckbaren Urkunde seine Schuld anerkannt hat oder wenn er in einer Urkunde bedingungslos Zahlung verspricht"); Klien, JW. 1915, 769. Vgl. ferner Heilberg, JW. 1916, 1223.

Über die Kostenpflicht de lege ferenda Mendel DJZ. 1915, 515.

§ 6.

Die Aufsichtspersonen haben die Geschäftsführung des Schuldners zu unterstützen und zu überwachen. Zu diesem Zwecke können sie die erforderlichen Maßnahmen treffen, insbesondere die Geschäftsführung ganz oder teilweise einer anderen Person übertragen. Widerspricht der Schuldner, so hat das Gericht das Erforderliche anzuordnen.

Für die Aufsichtspersonen gelten die §§ 81 Abs. 2, 82, 83, 84 Abs. 1 Satz 1 und Abs. 2 der Konkursordnung entsprechend.

Die Aufsichtspersonen haben gegen den Schuldner Anspruch auf Erstattung angemessener barer Auslagen und auf Vergütung für ihre Geschäftsführung. Die Festsetzung der Auslagen und der Vergütung erfolgt durch das Gericht.

§ 7.

Der Schuldner ist verpflichtet, jeder Aufsichtsperson Einsicht in seine Geschäftsbücher und sonstigen Aufzeichnungen zu gewähren und Auskunft über den Stand seines Vermögens und über seine Geschäfte zu geben.

Der Schuldner soll ohne Zustimmung der Aufsichtspersonen weder unentgeltliche Verfügungen oder Verfügungen über Grundstücke und Rechte an Grundstücken vornehmen, noch Ansprüche befriedigen oder sicherstellen, noch auch andere als solche Verbindlichkeiten eingehen, die zur Fortführung des Geschäfts oder zu einer bescheidenen Lebensführung des Schuldners und seiner Familie erforderlich sind.

Diese beiden Paragraphen regeln die rechtliche Stellung der Aufsichtspersonen und des Schuldners in einer allerdings sehr mangelhaften und ergänzungsbedürftigen Weise.

I. Die Stellung der Aufsichtspersonen.

a) Beginn des Amtes. Das Amt der Aufsichtsperson beginnt mit der Bestellung, wenn gleichzeitig oder vorher schon die Annahme, nicht bloß die Geneigtheit dazu, dem Gerichte gegenüber erklärt ist, sonst erst mit der ausdrücklichen oder stillschweigenden Übernahme durch den Bestellten. (Vgl. Jaeger Anm. 6 zu § 78 KO.; Bendix, LZ. 1915 S. 189.) Über Auswahl der Aufsichtsperson s. oben Anm. III zu § 4. Die Aufsichtsperson erhält vom Gericht eine urkundliche Bescheinigung über ihre Ernennung, die bei Beendigung des Amtes dem Gerichte zurückzureichen ist. (§ 6 Abs. 2 der Bekanntmachung mit § 81 Abs. 2 KO.) Eine Verpflichtung der Aufsichtsperson durch das Amtsgericht findet nicht statt. Doch soll das Gericht die Aufsichtsperson auf die in den §§ 6—10 der Verordnung enthaltenen Vorschriften und auf ihre Verantwortung bei Führung des Amtes hinweisen. (BayJMBek. vom 18. August 1914 BayJMBl. 1914 S. 159; Michels, Recht 1915 S. 9/10.)

b) Rechte und Pflichten der Aufsichtsperson.

1. Überwachung und Unterstützung des Schuldners. Die Aufsichtsperson ist als solche nicht gesetzlicher Vertreter des Schuldners und ist an sich nicht berechtigt, an Stelle des Schuldners Rechtshandlungen vorzunehmen, oder über dessen Vermögen zu verfügen (ebenso Mayer a. a. O. 149). Vielmehr besteht die Aufgabe der Aufsichtsperson grundsätzlich darin, die Geschäftsführung des Schuldners zu unterstützen und zu überwachen. Die unterstützende Tätigkeit der Aufsichtsperson wird insbesondere in der Beratung des Schuldners bestehen. Der Aufsichtführer ist nicht öffentlicher Beamter (Bendix, LZ. 1915, 202). Um die Aufsichtsperson in die Lage zu setzen, die ihr übertragenen Aufgaben, insbesondere die Überwachungspflicht zu erfüllen, ist dem Schuld-

ner in § 7 Abs. 1 eine Auskunftspflicht auferlegt. Die Aufsichtsperson hat demnach nicht nur das Recht, die bei den Gerichtsakten befindlichen Schriftstücke und Aufzeichnungen einzusehen (s. oben Anm. II zu § 4), sondern sie kann auch vom Schuldner verlangen, daß ihr in die Geschäftsbücher und in die sonstigen Aufzeichnungen (Briefwechsel mit Lieferanten und Kunden, Akten über anhängige Rechtsstreitigkeiten) Einsicht gewährt wird. Die Prüfung wird sich hierbei gegebenenfalls unter Zuziehung eines Sachverständigen zunächst darauf zu erstrecken haben, ob eine ordentliche Buchführung mit vorschriftsmäßiger oder sachgemäßer Werteinsetzung überhaupt stattgefunden hat oder noch stattfindet (soweit eine solche gesetzlich vorgeschrieben oder nach Art und Umfang des Geschäftes notwendig erscheint) und ob die Bilanzen mit den Büchern und Inventuren übereinstimmen. Weiterhin ist der Schuldner verpflichtet, der Aufsichtsperson über den Stand seines Vermögens und über den Gang der geschäftlichen Angelegenheiten jederzeit (schriftlich oder mündlich) Auskunft zu geben. Dies ermöglicht der Aufsichtsperson insbesondere die zu einer gewissenhaften Aufsichtführung erforderlichen periodischen Kassenrevisionen vorzunehmen. Ein Ausfluß des Überwachungsrechtes der Aufsichtsperson ist es, wenn in § 7 Abs. 2 dem Schuldner vorgeschrieben ist, zur Vornahme von unentgeltlichen Verfügungen oder Verfügungen über Grundstücke und Rechte an Grundstücken, bei Befriedigung und Sicherstellung von Ansprüchen und grundsätzlich auch zur Eingehung neuer Verbindlichkeiten (s. hierüber nachstehende Anm. II b) die Zustimmung der Aufsichtsperson zu erholen und wenn in § 8 der Bekanntmachung der Aufsichtsperson die Bestimmung darüber übertragen ist, in welchem Umfang und in welcher Reihenfolge die Gläubiger aus den vorhandenen Mitteln zu befriedigen sind. Über die rechtliche Bedeutung der Zustimmung s. Anm. II b, ferner Anm. zu § 8.

Zu weitgehend ist es, wenn Bendix a. a. O. 101 dem Aufsichtführer auch ein Hausrecht gegen den Schuldner gibt, so daß dieser im eigenen Haus Hausfriedensbruch begehen könne.

2. Besondere Maßnahmen, namentlich Entziehung der Geschäftsführung des Schuldners. Ist der Schuldner nicht fähig, oder durch Abwesenheit verhindert, das Geschäft in der von der Aufsichtsperson für nötig befundenen Weise fortzuführen, oder kann dem Schuldner die Geschäftsführung aus anderen Gründen nicht weiter anvertraut werden, so ist die Aufsichtsperson berechtigt, abgesehen von anderen Maßnahmen (z. B. Einfordern periodischer, unter Umständen täglicher Berichte über die Geschäftsvorgänge; Auflage an den Schuldner, ungeeignete oder entbehrliche Angestellte zu entlassen) die Geschäftsführung ganz oder teilweise dem Schuldner zu entziehen und einer anderen Person zu übertragen. Der auf diese Weise mit der Geschäftsführung betrauten Person kann die Aufsichtsperson auch die Befugnis erteilen, den Schuldner zu vertreten, so daß sie im Namen des Schuldners Außenstände einziehen, Vermögensstücke erwerben und aus dem Vermögen des Schuldners dessen Gläubiger befriedigen kann. Jaeger, BankArch. Bd. 14 S. 34/35; Kipp, DJZ. 1914 S. 1031; Bendix, LZ. 1915 S. 194. Daß die Aufsichtsperson selbst die Geschäftsführung übernimmt, dürfte mit ihrer Aufgabe, die Geschäftsführung zu überwachen, nicht vereinbar sein. (Bendix S. 101; Bendix, LZ. 1915 S. 194 Fußnote 21; a. M. Kipp a. a. O.: Die Aufsichtsperson könne ohne wei-

teres Geschäftsführung und Vertretung an sich ziehen; ebenso Sieskind Anm. 19 zu § 6; Sintenis Anm. 2 zu § 6; Mayer a. a. O. 150). Nur die Geschäftsführung, nicht das Aufsichtamt wird hiebei übertragen (Bendix, LZ. 1915, 191). Durch die Vertretungsmacht des bestellten Geschäftsführers wird die Vertretungsmacht des Geschäftsinhabers nicht beschränkt. Dieser kann nicht ausgeschaltet werden. (Ebenso LG. Karlsruhe vom 2. Februar 1915 Recht 1915, 172; Levy a. a. O. 33.) Bei widersprechenden Rechtshandlungen von Schuldner und Geschäftsführer sind gegenüber Dritten die Bestimmungen des BGB. in §§ 164 ff. maßgebend. Widersprechende Handlungen des Schuldners können Grund zur Aufhebung der Aufsicht sein.

Die Vergütung für den bestellten Geschäftsführer bestimmt die Aufsichtsperson. (AG. Pforzheim vom 22. Februar 1915 Recht 1915, 172. Im übrigen bemißt sich das Rechtsverhältnis zwischen ihm und dem Schuldner nach den Bestimmungen über den Dienstvertrag und Auftrag (Bendix, LZ. 1915, 195; Mayer a. a. O. 150).

Mangels einer dahingehenden Bestimmung ist der Schuldner nicht berechtigt außer dem Geschäftsführer auch Handlungsgehilfen anzustellen (a. M. Josef, Gruchot 59, 417).

Selbstverständlich kann es in den Rahmen der Unterstützungs- und Überwachungstätigkeit der Aufsichtsperson fallen, einzelne Rechtsgeschäfte selbst im Namen des Schuldners vorzunehmen. Nicht befugt ist die Aufsichtsperson, die Aufgabe des Geschäftes anzuordnen; denn es ist gerade ihre Aufgabe, den Bestand des Geschäftes zu sichern; erachtet sie das Geschäft nicht mehr für lebensfähig, so kann sie nur Aufhebung des Verfahrens (§ 10 der Bekanntmachung) beantragen. (Breit, JW. 1915 S. 165; auch Wertheimer, JW. 1915 S. 174.)

Soweit der Schuldner den Anordnungen oder besonderen Maßnahmen der Aufsichtsperson zustimmt, sind sie ohne weiteres durchführbar und wirksam (§§ 164, 167, 177, 182, 185 BGB.).

3. Widerspruch des Schuldners gegen die Anordnung der Aufsichtsperson: Der Schuldner ist berechtigt, den Anordnungen der Aufsichtsperson zu widersprechen, oder sich ihnen nicht zu fügen. Dann entscheidet auf Antrag der Aufsichtsperson oder des Schuldners das Gericht, und trifft selbst die dem Zwecke der Geschäftsaufsicht entsprechenden Anordnungen. (§ 6 Abs. 1 Satz 3; § 8 Satz 2 der Bek.) Das Gericht ist hierbei an keinerlei Anträge gebunden: es kann die von der Aufsichtsperson getroffenen Maßnahmen auch seinerseits anordnen, es kann diese Maßnahmen für unzulässig erklären, es kann aber auch selbständig anderweitige Bestimmungen treffen, die weder die Aufsichtsperson noch der Schuldner gewünscht haben. Für das Verfahren gilt das in Anm. II c zu §§ 1—3 und in Anm. I zu § 4 Ausgeführte.

Nur solche Maßnahmen des Gerichts sind zulässig, die eine Unterstützung oder Überwachung der Geschäftsführung des Schuldners darstellen. Das Gericht kann nicht, wie Mayer a. a. O. 152 annimmt, ein Veräußerungsverbot erlassen und im Grundbuch einen Sperrvermerk eintragen lassen (Levy a. a. O. 35). Das Gericht kann auch nicht der Aufsichtsperson oder einer dritten Person die Befugnis erteilen als Vertreter des Schuldners Rechtsgeschäfte vorzunehmen, soweit es sich hiebei nicht um Bestellung eines Geschäftsführers handelt. In letzterem Fall ist diesem vom Gericht eine seine Befugnisse und Obliegenheiten genau bezeichnende Bestallungsurkunde (§ 6 Abs. 2 der Bek. mit § 81 KO.) auszuhändigen. Die gerichtliche Verfügung ersetzt hier die mangelnde Vollmacht und verleiht den Handlungen der vom Gericht bestellten Person volle Wirksamkeit für und gegen den Schuldner. (Jaeger a. a. O.; Kipp, DJZ. 1914 S. 1032; Bendix, LZ. 1915 S. 194 und Fußnote 27.) Allerdings wird auch hierdurch die Geschäfts- und Verfügungsfähigkeit des Schuldners nicht beeinträchtigt. (Bendix, LZ. 1915 S. 195 Fußnote 29.) Macht der Schuldner Schwierigkeiten, so kann dies dem Gericht Anlaß zur Aufhebung der Geschäftsaufsicht geben. Widerstand der Aufsichtsperson s. unten Anm. d.

c) **Mehrere Aufsichtspersonen**: Werden vom Gerichte mehrere Aufsichtspersonen (vgl. oben Anm. III zu § 4) bestellt, so ist gleichzeitig anzuordnen (und in der Bestallung anzugeben), ob sie nur gemeinschaftlich handeln dürfen oder ob einzelne in getrennten Wirkungskreisen selbständig handeln können. (Vgl. § 79 KO.; Jaeger, BankArch. Bd. 14 S. 34; a. M. BayJMBek. vom 18. August 1914 S. 161; Bendix, LZ. 1914 S. 193.)

Einigen sich die gemeinschaftlich bestellten Aufsichtspersonen über eine Anordnung nicht, so kann jede von ihnen die Entscheidung des Gerichts anrufen und ist hiezu unter Umständen bei Meidung eigener Haftung sogar verpflichtet. (Bendix a. a. O.) Das Gericht kann aber nicht entscheiden, welche Anschauung die richtige ist, sondern nur eine der Aufsichtspersonen für die Vornahme der Maßregel zuständig erklären. Vgl. oben Anm. III zu § 4.

d) **Pflichten der Aufsichtspersonen** gegenüber dem Gericht und den Gläubigern; **Haftung** und Anspruch auf **Vergütung**. Die Aufsichtsperson untersteht der Aufsicht des Amtsgerichts und kann von diesem durch Gebote und Verbote und mit Ordnungsstrafen zur Erfüllung ihrer Verpflichtungen angehalten werden. (§ 6 Abs. 2 der Bek. mit §§ 83 und 84 KO.) Das Gericht kann insbesondere von der Aufsichtsperson periodische Berichterstattung über den Gang des Geschäftes (erforderlichenfalls unter Beifügung des Vermögensstandes) verlangen, eine Maßnahme, die sich insbesondere bei größeren Geschäften als Ersatz für mangelnde Kontrolle durch Gläubiger-Ausschuß und Gläubigerversammlung empfiehlt. (Vgl. Bendix, JW. 1913 S. 1002; Michels, Recht 1915 S. 10; Cahen, Berliner Tagblatt vom 23. Febr. 1915 Nr. 99.)

Den Gläubigern gegenüber ist die Aufsichtsperson nicht allgemein zur Auskunftserteilung verpflichtet, wohl aber dann, wenn eine gedeihliche Fortführung des Verfahrens die Mitwirkung von Gläubigern erforderlich macht, welche ihrerseits diese Mitwirkung von einer genauen Auskunftserteilung abhängig machen. Im übrigen bietet den Gläubigern das Recht der Einsicht in die Gerichtsakten (bei denen sich ja auch die Berichte der Aufsichtsperson befinden) genügenden Ersatz. (Vgl. Anm. II zu § 4 und AG. Pforzheim vom 9. Januar 1915 Recht 1915, 172.)

Ferner ist die Aufsichtsperson den sämtlichen Beteiligten gegenüber — sowohl dem Schuldner wie den Gläubigern — für Erfüllung ihrer Verbindlichkeiten persönlich verantwortlich (§ 6 Abs. 2 der Bek.; § 82 KO.). Die Aufsichtsperson hat nach § 276 BGB. Vorsatz und Fahrlässigkeit zu vertreten ohne Rücksicht darauf, ob sie ihr Amt gegen oder ohne Entgelt verwaltet.

Nach § 6 Abs. 3 der Bek. hat die Aufsichtsperson gegen den Schuldner **Anspruch auf Erstattung angemessener Barauslagen** und insoferne nicht das Gegenteil vereinbart ist, auf Vergütung für ihre Geschäftsführung; hiebei soll sich die Vergütung in bescheidenen Grenzen halten. (AG. Pforzheim oben angeführt.) Im Interesse möglichster Verbilligung des Verfahrens ist die ehrenamtliche Übernahme tunlichst zu fördern, doch darf aus diesem Grunde nicht minder geeigneten Personen die Aufsicht übertragen werden.

Die Festsetzung der Auslagen und der Vergütung erfolgt durch Beschluß des Amtsgerichts und zwar angemessenerweise von Zeit zu Zeit in nicht zu langen Zeitabschnitten (AG. Pforzheim oben; a. M. Mayer a. a. O. 169, wonach die Vergütung erst bei Beendigung des Amts festzusetzen sei). Der Beschluß ist unanfechtbar und zwar auch für den Schuldner (§ 11). OLG. Dresden vom 18. März 1915 LZ. 1915, 649 = Recht 1915, 283; OLG. Posen vom 21. August 1915 DJZ. 1915, 1041 = Recht 1915, 562; OLG. Hamburg vom 21. August 1915 DJZ. 1915, 1044. Dieser Beschluß bildet aber keinen Vollstreckungstitel, so daß die Aufsichtsperson unter Umständen den Klageweg gegen den Schuldner beschreiten muß. Ebenso Levy a. a. O. 38; Heilberg, JW. 1915, 1086; Mayer a. a. O. 169; Bendix, LZ. 1915, 194; Die Konkursrichter des AG. Berlin-Mitte nach Friedländer, JW. 1915, 956; LG. Berlin I vom 13. Juli 1915 KGBl. 1915, 108 = Recht 1915, 521 = LZ. 1915, 1182; a. M. Klier, JW. 1915, 770; OLG. Dresden vom 13. Januar 1916 JW. 1916, 684.

Die Ansprüche der Aufsichtsperson gehören zu den vom Verfahren nicht betroffenen Ansprüche im Sinne des § 9 Ziff. 1 und § 4 der Bek. (Jaeger, BankArch. 14, 35; Bendix, LZ. 1915, 191: Man muß unterstellen, daß der Schuldner diesen Betrag zugesichert habe; Breit, JW. 1915, 170: Das Gegenteil wäre offenbar unbillig, auch bildet die Honorarforderung eine zur Fortführung des Geschäftes unumgängliche Notwendigkeit im Sinne des § 7 Abs. 2 der Bek.; Mayer a. a. O. 167; OLG. Dresden vom 13. Jan. 1916 oben angeführt; a. M. Levy a. a. O. 38.

Ob der Anspruch innerhalb eines **Konkursverfahrens** bevorrechtigt ist, mag formell zweifelhaft sein, da eine Anwendung des § 58 KO. nicht ausdrücklich vorgeschrieben ist, im Sinne des Gesetzes liegt der Anspruch des Vermögensverwalters vor den übrigen Gläubigern jedenfalls. (Breit, JW. 1915 a. a. O.; RG. vom 26. Mai 1916 DJZ. 1916 S. 897; OLG. Dresden vom 13. Jan. 1916, oben angeführt; a. M. Levy a. a. O. 38; Bendix a. a. O. 801; Mayer a. a. O. 169).

e) Beendigung des Amtes: Das Amt der Aufsichtsperson endigt mit der Aufhebung der Geschäftsaufsicht, mit dem Tod und mit dem Eintritt der Geschäftsunfähigkeit der Aufsichtsperson. (A. M. Levis, JW. 1915, 678, wonach beim Tod die Geschäftsaufsicht fortdauert, da sie den Konkurs ersetzen solle. Vgl. hiezu auch oben Anm. I 4 c zu § 1.) Die Aufsichtsperson ist **nicht** berechtigt, das einmal übernommene Amt **selbständig niederzulegen**, sondern kann nur bei Vorliegen eines wichtigen Grundes (z. B. Krankheit, tatsächliche Behinderung) Enthebung vom Amte bei Gericht beantragen. (Vgl. Jaeger Anm. 6 zu § 84 und Anm. 2 zu § 78 KO.; BayJMBek. vom 18. August 1914 JMBl. 1914 S. 162; a. M. Bendix, LZ. 1915 S. 192.) Das Gericht ist seinerseits befugt, die Aufsichtsperson bei Vorliegen eines wichtigen Grundes von Amts wegen zu **entlassen**. (BayJMBek. a. a. O.; Mayer a. a. O. 169;

Levy a. a. O. 28; Heilberg, JW. 1915, 855. **A. M.** Bendix, LZ. 1915, 192. Die Aufsichtsperson hat bei Beendigung des Amtes die Bestallung dem Gerichte zurückzureichen; das Gericht kann die Rückgabe durch Ordnungsstrafen erzwingen (§ 6 Abs. 2 der Bek., §§ 81 Abs. 2, 82, 84 Abs. 1 und Abs. 3 KO.).

II. Die Stellung des Schuldners.

a) Im allgemeinen. Der Schuldner bleibt während der Geschäftsaufsicht nicht nur im Genusse seiner staatsbürgerlichen Rechte, sondern er behält auch die volle Geschäftsfähigkeit und Prozeßfähigkeit, sowie insbesondere die Verfügungsmacht und das Verwaltungsrecht über sein Vermögen. (Ebenso Mayer a. a. O. 151; Josef, Gruchot 59, 416; Levy a. a. O. 40.) Er ist sowohl zur entgeltlichen wie auch zur unentgeltlichen Verfügung über sein bewegliches und unbewegliches Vermögen, insbesondere auch über sein Geschäft im ganzen, zur Befriedigung und Sicherstellung von Gläubigern, wie auch zur Eingehung neuer Verbindlichkeiten einschließlich Wechselverbindlichkeiten befähigt. Vgl. auch Anm. I b 1 am Anf. und 3 a. E. zu §§ 6 und 7.

b) Zustimmungspflichtige Rechtsgeschäfte. Durch § 7 Abs. 2 ist der Schuldner verpflichtet, die Zustimmung der Aufsichtsperson einzuholen zu allen unentgeltlichen Verfügungen, zu Verfügungen über Grundstücke und Rechte an Grundstücken, zur Befriedigung oder Sicherstellung von bereits bestehenden Ansprüchen (gleichgültig, ob sie zur Fortführung des Geschäfts nötig ist, z. B. um ein Zurückbehaltungsrecht oder Verzugsfolgen zu beseitigen), zur Eingehung neuer Verbindlichkeiten, es sei denn, daß sie zur Fortführung des Geschäfts oder zu einer bescheidenen Lebensführung des Schuldners und seiner Familie erforderlich sind.

Die Wirkung einer Zuwiderhandlung gegen diese Bestimmungen beschränkt sich grundsätzlich auf § 5 der Bek. Gläubiger aus derartigen Rechtsgeschäften, die ohne die erforderliche Zustimmung der Aufsichtsperson abgeschlossen wurden, können die Zwangsvollstreckung nicht betreiben. Im übrigen hat der Mangel der Zustimmung keine prozessuale Bedeutung. Hat der Schuldner ein ihm gehöriges Grundstück aufgelassen, so darf die Eintragung nicht von dem Nachweis abhängig gemacht werden, daß die Aufsichtsperson der Verfügung zugestimmt hat. RG. vom 21. Januar 1915 Recht 1915, 106, 352 = JW. 1915, 1453. Zuwiderlaufende Rechtshandlungen können von der Aufsichtsperson oder von den Gläubigern nicht angefochten werden, soweit nicht für letztere eine Anfechtung wegen Gläubigerbenachteiligung auf Grund des Anfechtungsgesetzes oder in einem späteren Konkursverfahren in Frage kommt. (Sieskind S. 97 Anm. 1 zu § 7; Sintenis S. 80 Anm. 1 zu § 7; Bendix S. 182; Kipp, DJZ. 1914, 1032; Jaeger, BankArch. Bd. 14 S. 34; Bendix, LZ. 1915, 196; Waldecker, Hirths Annalen 1914, 661). Jedoch werden die meisten während der Geschäftsaufsicht vorgenommenen entgeltlichen Rechtshandlungen schon deshalb nicht anfechtbar sein, weil es an einer Benachteiligung der Gläubiger und an einer Benachteiligungsabsicht regelmäßig fehlen wird. (Levy a. a. O. 58.) Im übrigen können auch mit Zustimmung der Aufsichtsperson vorgenommene Rechtsgeschäfte anfechtbar sein. Der Mangel der Zustimmung und die Kenntnis hiervon auf Seite des anderen Kontrahenten macht das Geschäft noch nicht zu einem nach § 138 BGB. nichtigen. (So Mayer a. a. O. 169.)

Durch die Vornahme von Rechtsgeschäften ohne Zustimmung der Aufsichtsperson entgegen § 5 verstößt der Schuldner gegen die ihm durch die Bekanntmachung auferlegten Pflichten und setzt sich deshalb, falls durch seine Handlungsweise der Erfolg der Geschäftsaufsicht gefährdet wird, der Gefahr aus, daß ihm durch Aufhebung des Verfahrens der Schutz der Bekanntmachung entzogen wird.

c) Die zustimmungsfreien Rechtsgeschäfte. Ohne Zustimmung der Aufsichtsperson darf der Schuldner

1. nur solche Verbindlichkeiten eingehen, die zur Fortführung des Geschäfts erforderlich sind.

Im Innenverhältnis hat zunächst der Schuldner selbst, der ja grundsätzlich das Geschäft selbst fortführen soll, zu bestimmen, welche Geschäfte zur Fortführung des Betriebes erforderlich sind. Die Aufsichtsperson kann jedoch auf Grund ihres allgemeinen Rechtes zur Unterstützung und Überwachung auch in dieser Beziehung dem Schuldner Ratschläge erteilen und gegebenenfalls Vorschriften machen, denen sich der Schuldner zur Vermeidung weiterer Maßnahmen, wie sie oben unter Anm. Ib Ziff. 2 und 3 ausgeführt sind, fügen muß. Dritten Personen gegenüber genügt es jedoch, wenn ein Rechtsgeschäft zur Fortführung des Betriebes erforderlich sein kann und die erkennbaren tatsächlichen Besonderheiten des Geschäftes nicht darauf hinweisen, daß das Geschäft nicht zur Fortführung des Betriebes erforderlich ist. Schon dann wird der Gläubiger aus derartigen Rechtsgeschäften nicht vom Aufsichtsverfahren betroffen und unterliegt nicht den Beschränkungen des § 5. Dieser Grundsatz muß hier schon im Interesse der Verkehrssicherheit ebenso gelten, wie in ähnlichen Fällen, wo die Befugnis einer Person zur Vornahme von Rechtsgeschäften kausal beschränkt ist. (Vgl. die Vertretungsmacht des Liquidators, des Prokuristen, des Konkursverwalters; Staub, Kommentar z. HGB. Anm. 19 zu § 149; Staub-Hachenburg Anm. 16 bis 18 zu § 70 GmbHG.)

Weiter kommt hinzu, daß eine andere Auslegung dem Schuldner die Fortführung des Geschäftes äußerst erschwert, wenn nicht unmöglich machen würde, da niemand, der von der Geschäftsaufsicht Kenntnis hat, sich mit ihm in Geschäfte einlassen würde, wenn ihm nicht vorher die Zustimmung der Aufsichtsperson in jedem einzelnen Fall nachgewiesen würde. Es entspricht diese Auslegung aber auch der Tendenz der Bundesratsbekanntmachung (vgl. die in Anm. II zu § 1 wiedergegebene Bemerkung aus der Reichstagsdenkschrift vom 23. Sept. 1914 S. 17), die grundsätzlich davon ausgeht, daß der Schuldner sich freiwillig den ihm auferlegten Beschränkungen unterwirft und für böswillige Schuldner überhaupt nicht bestimmt ist. (A. M. Breit, JW. 1915, 167: Es entscheidet ausschließlich objektive Notwendigkeit; AG. Pforzheim mitgeteilt von Levis, Recht 1915, 239: Der Kreis der fortzuführenden Geschäfte ist im Interesse der Gläubiger aufs engste zu beschränken; zweifelnd Kipp, DJZ. 1914, 1032.)

2. Weiter darf der Schuldner die zu seiner und seiner Familie bescheidenen Lebensführung erforderlichen Verbindlichkeiten ohne Zustimmung der Aufsichtsperson eingehen. Eine bescheidene Lebensführung ist einerseits mehr als eine nur notdürftige (§ 1611 BGB.), andererseits weniger als eine standesgemäße (§ 1610 BGB.). Zur Familie gehört die getrennt lebende Ehefrau: ebenso Levy a. a. O. 43; Breit, JW. 1915, 167. Jedoch ist sie nicht bevorrechtigte Gläubigerin: a. M. Breit a. a. O. Im Gegensatz zum Konkurs (§§ 129/132

KO.) hat hier der Schuldner einen Anspruch auf Gewährung von Unterhalt aus der Masse. Im übrigen gilt hier das in vorstehender Anmerkung II c 1 Ausgeführte in entsprechender Weise.

§ 8.

Die vorhandenen Mittel sind, soweit sie nicht zur Fortführung des Geschäfts und zu einer bescheidenen Lebensführung des Schuldners und seiner Familie erforderlich sind, zur Befriedigung der Gläubiger zu verwenden; Umfang und Reihenfolge der Befriedigung bestimmen die Aufsichtspersonen nach billigem Ermessen. In Streitfällen entscheidet das Gericht.

Die **vorhandenen Mittel** sind in erster Linie zur Fortführung des Geschäftes und zu einer bescheidenen Lebensführung des Schuldners und seiner Familie zu verwenden. (Über diesen Begriff s. Anm. II b zu §§ 6 und 7.) Die hiernach noch übrig bleibenden Mittel sind zur Befriedigung der Gläubiger zu verwenden. Die Erfüllung erfolgt grundsätzlich durch den Schuldner selbst. Art, Umfang und Reihenfolge bestimmt jedoch die Aufsichtsperson nach billigem Ermessen. Leistungen, die der Schuldner entgegen oder ohne Weisung der Aufsichtsperson macht, sind jedoch rechtswirksam. (S. Anm. II a und b zu §§ 6/7 oben; ferner Waldecker, Hirths Annalen 1914 S. 661/662.) Zur Aufstellung eines Teilungs- oder Tilgungsplanes und dessen Bekanntgabe ist die Aufsichtsperson nicht verpflichtet. Im Gegensatz zu § 3 KO. ist eine gleichmäßige Anteilsbefriedigung (par conditio creditorum) nicht vorgeschrieben, wird aber immerhin, wenn nicht besondere Umstände dagegen sprechen, grundsätzlich einzuhalten sein. Schulden, deren nicht rechtzeitige Befriedigung Rechtsnachteile für den Schuldner nach sich zieht, sind jedoch zuerst zu befriedigen. Auch dürfte nichts dagegen einzuwenden sein, wenn kleinere Verbindlichkeiten, deren Gläubiger auf den rechtzeitigen Eingang angewiesen sind, vorweg befriedigt werden. (Sieskind S. 98 Anm. 23 zu § 8; Sintenis Anm. 1 zu § 8; Jaeger, BankArch. Bd. 14 S. 34; Bendix, LZ. 1915 S. 198; Cahen, Berliner Tagblatt vom 17. Dez. 1914 Nr. 640.) Entsteht über die Verwendung der Mittel ein Streit, sei es zwischen dem Schuldner oder der Aufsichtsperson, oder unter den mehreren Aufsichtspersonen, oder zwischen einem Gläubiger und der Aufsichtsperson, so entscheidet das Gericht. (BayJMBek vom 21. August 1914 BayJMBl. 1914 S. 177; Sieskind S. 98 Anm. 24 zu § 8; Jaeger a. a. O.; Bendix a. a. O. S. 199.)

Leistungen, die auf Grund Weisungen der Aufsichtsperson während des Aufsichtsverfahrens erfolgen, unterliegen grundsätzlich nicht der Anfechtung wegen Gläubigerbenachteiligung, wohl aber kann bei Leistungen, die der Schuldner ohne die erforderliche Zustimmung der Aufsichtsperson gemacht hat, dies zutreffen (Breit, JW. 1915 S. 173/174.)

§ 9.

Von dem Verfahren werden nicht betroffen:

1. **die Gläubiger, deren Ansprüche auf Rechtshandlungen des Schuldners beruhen, die dieser nach der Anordnung der Ge-**

schäftsaufsicht mit Zustimmung der Aufsichtspersonen vorgenommen hat oder ohne solche Zustimmung vornehmen durfte;

2. **die Gläubiger, denen nach § 43 der Konkursordnung im Falle des Konkurses ein Anspruch auf Aussonderung zusteht;**
3. **die Gläubiger, soweit sie im Falle des Konkurses abgesonderte Befriedigung beanspruchen können;**
4. **die im § 61 Ziffer 1 und 2 der Konkursordnung bezeichneten Gläubiger wegen der dort angegebenen Forderungen, auch soweit sie nach der Anordnung der Geschäftsaufsicht fällig werden.**

I. Die rechtliche Stellung der bevorrechtigten Gläubiger.

Dieser Paragraph enthält die sogenannten privilegierten Ansprüche, welche von der Geschäftsaufsicht „nicht betroffen werden". Ihr Vorzug besteht darin, daß ihretwegen entgegen der Regel des § 5 auch während der Geschäftsaufsicht Zwangsvollstreckung und Arrest (nicht aber Konkurs s. oben I zu § 5) zulässig sind.

Diese Ansprüche sind daher regelmäßig, soweit es die vorhandenen Mittel erlauben, bei Fälligkeit zu befriedigen. Hierfür Sorge zu tragen gehört (bei Meidung eigener Haftung) zu den Aufgaben der Aufsichtsperson. (A. M. Jaeger, BankArch. Bd. 14 S. 35.[1]))

Stellt sich heraus, daß die vorhandene Masse zur Befriedigung der privilegierten Gläubiger nicht ausreicht, so ist zwar ein Sonderkonkurs für diese nicht zulässig, es wird aber in diesem Fall die Aufhebung der Geschäftsaufsicht nach § 10 geboten sein. Es ist sogar Pflicht der Aufsichtsperson, in diesem Fall entsprechenden Antrag beim Gericht zu stellen. (Breit, JW. 1915 S. 172.) Kommt es zum Konkurs, so haben die privilegierten Gläubiger als *solche* im Konkursverfahren kein Vorrecht, insbesondere sind ihre Ansprüche *nicht* Masseansprüche. (Cahen, Berliner Tagblatt vom 17. Dez. 1914 Nr. 640.) Aus der Aufzählung der bevorrechtigten Gläubiger ergibt sich, daß die Vollstreckung von Ordnungsstrafen während der Dauer der Geschäftsaufsicht stets unzulässig ist. (Vgl. hiezu Schlegelberger Gruch. 59, 201.)

II. Im einzelnen gehören hierher folgende Ansprüche:

nach Ziffer 1: Die *Zustimmung*[2]) der Aufsichtsperson bedarf nicht der für das Rechtsgeschäft vorgeschriebenen Form, insbesondere aber bei

---

[1]) Die Meinung Jaegers a. a. O., daß sich die Aufsichtsperson um diese Ansprüche überhaupt nicht zu kümmern habe, weil sie „vom Verfahren nicht betroffen werden", kann nicht für zutreffend erachtet werden. Einerseits besteht die Ausnahmestellung dieser Ansprüche nur darin, daß sie von dem sogenannten Aufsichts*moratorium* (Breit, JW. 1915 S. 164) nicht betroffen werden, andererseits erstreckt sich die Unterstützung und Überwachung der Aufsichtsperson auf die *ganze* Geschäftsführung des Schuldners.

[2]) Eine Zustimmung im Sinne der §§ 182 ff. BGB. liegt hier nicht vor, da wie oben in Anm. II b zu §§ 6, 7 ausgeführt, die Wirksamkeit des Rechtsgeschäftes von der Zustimmung nicht abhängt. Bendix, LZ. 1915 S. 196; auch Breit, JW. 1915 S. 168; a. M. Sintenis Anm. 2 zu § 7.

Grundstücksveräußerungsverträgen nicht der notariellen Beurkundung. Sie kann formlos dem Schuldner und dessen Gegner gegenüber erfolgen. (Bendix, LZ. 1915 S. 196.) Die Zustimmung der Aufsichtsperson soll zwar grundsätzlich vor der Vornahme des Rechtsgeschäftes erfolgen, immerhin wird einer nachträglich erfolgten Genehmigung die gleiche Bedeutung beizumessen sein. (Breit, JW. 1915 S. 169.) Den mit Zustimmung der Aufsichtsperson vom Schuldner vorgenommenen Rechtsgeschäften sind gleichzustellen die von einem mit Vertretungsmacht ausstatteten Geschäftsführer vorgenommenen Rechtsgeschäfte. Die Zustimmung der Aufsichtsperson wird durch die Entscheidung des Gerichtes ersetzt. (§ 6 Abs. 1 Satz 3; § 8 Satz 3 der Bek.; a. M. Bendix, LZ. 1915 S. 197.) Forderungen aus unerlaubten Handlungen können unter Umständen auch hierher gehören, so z. B. Ansprüche wegen einer mit Zustimmung der Aufsichtsperson erfolgten, fahrlässigen Verletzung eines Patentrechtes. (Breit, JW. 1915 S. 168; a. M. Jaeger, BankArch. Bd. 14 S. 35.) Überhaupt alle Rechtshandlungen im weiteren Sinne wie Kündigungen, Mahnungen usw. Levy a. a. O. 49. Über Ansprüche aus Rechtsgeschäften, die der Schuldner ohne Zustimmung der Aufsichtsperson als zur Fortführung des Geschäftes oder zu einer bescheidenen Lebensführung des Schuldners und seiner Familie erforderlich, vornimmt, siehe oben Anm. II b und c zu §§ 6/7.

Familienrechtliche Unterhaltsansprüche gegen den Schuldner sind als solche nicht privilegiert. (Bendix, LZ. 1915 S. 198; a. M. Breit, JW. 1915 S. 167.) Es besteht hierzu auch kein Anlaß; denn im Falle des Konkurses würden sich die Unterhaltsberechtigten nach § 3 Abs. 2 KO. noch schlechter stellen wie bei der Geschäftsaufsicht, wo sie den übrigen nicht privilegierten Gläubigern gleichstehen, soweit nicht die Unterhaltspflicht im Einzelfall wegen Wegfalles der Leistungsfähigkeit des Schuldners (§ 1603 BGB.) überhaupt entfällt.

Unter Ziff. 1 des § 9 können stets nur Ansprüche fallen, die auf einer nach Anordnung der Geschäftsaufsicht vorgenommenen Rechtshandlung beruhen; es genügt also nicht, wenn die Fälligkeit oder Bedingung nach diesem Zeitpunkt eingetreten ist. (Vgl. hierüber auch Anm. I B d zu § 1 der Zahlungsfristenverordnung; die dort bemängelte ungenaue Ausdrucksweise ist hier vermieden. Unrichtig ist es, wenn Breit a. a. O. 167/168 Mietzinsforderungen für das Geschäftslokal und im beschränkten Umfang auch für die Wohnung des Schuldners die Vorzugsstellung des § 9 Ziff. 1 einräumen will; hiezu besteht übrigens auch sachlich kein Anlaß. gegen Breit Levy a. a. O. 49.) Unerheblich ist auch, ob sich vor Anordnung der Geschäftsaufsicht entstandene Ansprüche nach diesem Zeitpunkt infolge Verzugs oder aus ähnlichen Gründen verändern; soweit den Entstehungsgrund derartiger Ansprüche trotzdem ein vor der Anordnung der Geschäftsaufsicht begründetes Schuldverhältnis bildet, sind diese den Beschränkungen des § 5 der Bek. unterworfen. Nimmt der Schuldner nach Anordnung der Geschäftsaufsicht mit Zustimmung der Aufsichtsperson oder innerhalb der ihm in § 7 Abs. 2 gesteckten Grenzen ohne diese Zustimmung Rechtshandlungen vor, welche geeignet sind, neben oder an Stelle der alten Schuld novatorisch ein neues, selbständiges Schuldverhältnis zu begründen, z. B. Anerkenntnisse im Sinne der §§ 780 ff. BGB., Vergleiche innerhalb und außerhalb des Prozesses, so fallen die hieraus entspringenden Ansprüche an sich unter § 9

Ziff. 1 der Bek. (Vgl. auch Jaeger Anm. 1 zu § 59 KO.) Es ist aber zulässig, daß der Schuldner hierbei vereinbart, daß auch die neue Schuld den Beschränkungen des § 5 unterworfen sei. Eine solche Einschränkung wird sogar meist — wenn nicht besondere Gründe dagegen sprechen — als stillschweigend vereinbart zu gelten haben. (Ebenso Breit, JW. 1915 S. 166 mit abweichender Begründung.)

Was die viel umstrittene Frage anlangt, ob ein nach Anordnung der Geschäftsaufsicht (unter Beachtung des § 7 Abs. 2 der Bek.) ausgestellter Prolongationswechsel das Vorrecht des § 9 Ziff. 1 genießt, so hat Kitzinger, JW. 1915 S. 62 mit Recht unter Bezugnahme auf RG. Bd. 77 S. 52/53 (vgl. auch Staub-Stranz 8. Aufl. Anm. 27a zu Art. 4) darauf hingewiesen, daß durch die Wechselprolongation, auch wenn diese durch Hingabe eines neuen Wechsels, des Prolongationswechsels, erfolgt, regelmäßig nicht eine neue Verbindlichkeit geschaffen, sondern nur die alte Wechselschuld gestundet wird; der Anspruch aus dem Prolongationswechsel unterliegt deshalb den Beschränkungen des § 5 der Bek., soferne der Anspruch aus den alten Wechseln diesen Beschränkungen unterlag. Die Ausstellung von Prolongationswechseln und Erteilung der Zustimmung hierzu durch die Aufsichtsperson ist deshalb unbedenklich. (Breit, JW. 1915 S. 166 und 206; anders noch Berliner Tagblatt vom 31. Dez. 1914 Nr. 663; a. M. Weinberg, Berliner Tagblatt vom 27. Oktober 1914 Nr. 547; DRZ. 1915 S. 56; Wertheimer, JW. 1915 S. 174; Levy a. a. O. 44; Levis, DRZ. 1915, 408. Über die Rechte dritter gutgläubiger Wechsel-Erwerber s. unten Anm. IV.

Nach Ziffer 2. Ansprüche auf Aussonderung eines dem Schuldner nicht gehörigen Gegenstandes, die im Falle des Konkurses den Gläubiger berechtigen würden, Herausgabe aus der Konkursmasse zu verlangen, können auch während der Dauer der Geschäftsaufsicht geltend gemacht, erforderlichenfalls auch vollstreckt werden, z. B. der Räumungsanspruch des Vermieters. (Bendix S. 98; Asch, JW. 1914, 855; Breit, JW. 1915, 168.) Die Bekanntmachung nennt nur den Regelfall des § 43 KO. Es ist aber kein Grund ersichtlich, warum nicht die Erweiterungen der §§ 44, 46 KO. gleich zu behandeln sein sollten. (So auch Jaeger, BankArch. 14, 35; Breit, JW. 1915, 168 Fußnote 11; a. M. Bendix S. 99: argumentum e contrario.) Auch den Aussonderungsanspruch des Kommittenten nach § 392 Abs. 2 HGB. erkennt Jaeger a. a. O. als gleichberechtigt an.

Der Aussonderungsanspruch kann aber erst geltend gemacht werden, wenn er fällig ist. Durch die Anordnung des Geschäftsaufsicht wird dem Aussonderungsberechtigten kein außerordentliches Kündigungsrecht gewährt. (Levy a. a. O. 50.)

Aussonderungsansprüche können auch während der Dauer des Verfahrens neu entstehen, wenn z. B. der Schuldner eine Ware unter Eigentumsvorbehalt geliefert oder geliehen erhält; dagegen können an Gegenständen, die zur Zeit der Eröffnung des Verfahrens zum Vermögen des Schuldners gehören, Aussonderungsrechte nur aus den unter Nr. 1 des § 9 der Bek. fallenden Geschäften entstehen. (A. M. Breit, JW. 1915 a. a. O.; gegen Breit Levy a. a. O. 50.) LG. Berlin I vom 16. Februar 1915 Recht 1915, 171 gibt dem Vermieter ein Aussonderungsrecht, soweit ihm im Konkurse ein Vermieterpfandrecht zusteht, d. i. in den Grenzen des § 49 Ziff. 2 KO. und vorausgesetzt, daß das

Pfandrecht vor Eröffnung des Konkurses entstanden ist, wobei sich das gegenüber der Geschäftsaufsicht wirksame Vermietervorrecht nicht auch auf die Kostenforderung des Mietzinszessionars erstreckt.

Nach Ziffer 3: Absonderungsansprüche nach §§ 47—52 KO. Grundsätzlich gehören hierher auch vor Anordnung der Geschäftsaufsicht entstandene Pfändungspfandrechte; die Versteigerung der vor der Anordnung gepfändeten Sachen ist daher zulässig. Das gleiche gilt für die Versteigerung von Grundstücken, die vor Anordnung der Aufsicht beschlagnahmt wurden. (Vgl. LG. I Berlin vom 5. November 1914, KGBl. 1915, 8 = Recht 1915, 171 und vom 11. Jan. 1915 Recht 1915, 105 sowie die in Anmerkung II a b zu § 5 angeführte Rechtsprechung.) Ferner gehören insbesondere hierher die gesetzlichen und vertraglichen Pfandrechte und Belastungen von Grundstücken, die vor Anordnung der Aufsicht entstanden sind.

Unter Ziffer 3 fallen **nicht** Absonderungsgläubiger, deren Rechte nach Anordnung der Aufsicht entstanden sind, soweit sie ihr Absonderungsrecht durch Zwangsvollstreckung ausüben wollen und dieses Recht nicht gemäß § 9 Ziffer 1 privilegiert ist.

Das während der Aufsicht bestellte vertragliche Pfandrecht ist zwar dem Bestande nach wirksam, gleichgültig, ob es nach § 9 Ziff. 1 privilegiert ist oder nicht; das nicht privilegierte kann aber nur im Wege des Pfandverkaufs nach § 1228 BGB. ausgeübt werden, nicht im Wege der Zwangsvollstreckung nach § 1232 Abs. 2 BGB. Einer solchen Ausübung kann der Schuldner im Wege der Erinnerung nach § 766 ZPO. widersprechen. (S. oben Anm. V zu § 5; ebenso Levy a. a. O. 54.)

Das gleiche gilt für das nach der Anordnung der Geschäftsaufsicht entstandene gesetzliche Pfandrecht (vgl. § 1258 BGB.), nur daß hier für die Frage der Privilegierung natürlich maßgebend ist, ob die Rechtshandlung, die das Pfandrecht begründet, privilegiert ist. Bei der vertraglichen Belastung von Grundstücken erfolgt die Befriedigung immer durch Zwangsvollstreckung. Ist daher das Rechtsgeschäft, auf dem die Belastung beruht, nicht privilegiert, so kann der Schuldner der Ausübung des Rechtes durch Erinnerung nach § 766 ZPO. widersprechen.

Pfändungspfandrechte und Belastungen von Grundstücken dagegen, die auf Zwangsvollstreckung beruhen, kann der Schuldner, wenn sie nach Anordnung der Aufsicht entstanden sind, ohne daß die zugrundeliegenden Ansprüche privilegiert sind, durch Erinnerung nach § 766 ZPO. beseitigen; wenn sie vor Anordnung entstanden sind, kann er sie weder beseitigen noch ihrer Ausübung widersprechen, die Vollstreckung wird fortgesetzt (s. oben Anm. II a zu § 5).

Daß das Pfändungspfandrecht im Konkurs nach § 30 Ziff. 2 KO. anfechtbar wäre, hindert die Versteigerung nicht. Vgl. hiezu oben Anm. II a zu § 5. Ebenso DJZ. 1915, 56; **a. M.** 2. Aufl. und Jaeger, BankArch. 14, 35, wonach in diesem Fall das Pfandrecht nicht anerkannt werden könne. Hier wird übersehen, daß im Aufsichtsverfahren nichts festzustellen, anzuerkennen oder zu bestreiten ist; weder durch den Aufsichtführer noch durch das Gericht. (OLG. Darmstadt vom 4. August 1915 JW. 1915, 1127 = HessRspr. 1915, 157: Im Gegensatz zum Konkursverfahren findet eine Prüfung und Feststellung der Forderungen nicht statt.) §§ 29 ff. KO. finden mangels einer dahingehenden Bestimmung keine Anwendung. Da Ziff. 3 lediglich die Gläubiger, die im Konkurs abgesonderte Befriedigung verlangen könnten, privilegiert, finden die Bestimmungen der §§ 49 Abs. 2, 50 KO., die einen andern Inhalt haben, keine Anwendung. Ebenso Mayer a. a. O. 164, 165.

Soweit die Forderung eines Absonderungsberechtigten vor dem 31. Juli 1914 bzw. vor oder während der Teilnahme des Schuldners am Kriege entstanden ist, kann die Vollstreckung auch durch Bewilligung einer Zahlungsfrist hinausgeschoben werden; die Zwangsversteigerung eines Grundstückes kann gem. Bek. vom 8. Juli 1916 eingestellt werden. (Vgl. S. 123 ff.; Sieskind S. 99 Anm. 27 zu § 9. Jaeger a. a. O., Erlaß d. Preuß. Handelsmin. vom 11. August 1914 PrJMBl. 1914, 677; BayJMBek. vom 18. August 1914 BayJMBl. 1914, 136).

Nach Ziffer 4. Lidlohn und öffentliche Abgaben in den Grenzen der §§ 61 Nr. 1 und 2 KO., auch soweit die Fälligkeit erst während der Geschäftsaufsicht eintritt, sofern nur der Entstehungsgrund für diese Ansprüche vor der Anordnung der Geschäftsaufsicht liegt; Lidlohn aus einem nach diesem Zeitpunkt abgeschlossenen Dienstvertrag, sowie während der Dauer der Geschäftsaufsicht entstandene Abgabeforderungen können nur auf Grund der Ziffer 1 des § 9 der Wirkung der Geschäftsaufsicht entzogen sein. A. M. Josef, Gruch. 59, 415.

III. Gibt es noch andere vom Verfahren nicht betroffene Ansprüche?

Über den Anspruch der Aufsichtsperson auf Ersatz ihrer Auslagen und auf Vergütung für ihre Tätigkeit s. oben Anm. I 2 zu §§ 6/7. Breit, JW. 1915 will außerdem Zwangsvollstreckung zugunsten solcher Forderungen zulassen, die nicht auf eine Minderung des Vermögens des Schuldners gerichtet sind, wie insbesondere Unterlassungsansprüche und Ansprüche auf Vornahme gewisser nicht vertretbarer Handlungen, z. B. Ausstellung eines Zeugnisses, Rechnungslegung usw., da hier der Ausschluß nur den Gläubiger schädige, dem Schuldner aber entweder überhaupt nichts nütze oder ihm einen offensichtlich rechtswidrigen Vorteil verschaffe. Man wird diese Ansicht billigen müssen, mit der Einschränkung, daß die Erlassung von Strafbeschlüssen, z. B. §§ 888, 889, 899 ZPO. zwar zulässig ist, daß aber die Vollstreckung wegen verhängter Geldstrafen ebenso wie die Vollstreckung wegen eines etwaigen Schadensersatzanspruches des Gläubigers grundsätzlich erst nach Beendigung des Verfahrens zulässig ist. (Vgl. auch Jaeger Anm. 10 und 11 zu § 3 KO.) Levy a. a. O. 21 will diese Ansprüche als Aussonderungsansprüche nach § 9 Ziff. 2 behandelt wissen.

Bereicherungsansprüche (§ 59 Ziff. 3 KO.) sind, auch wenn die Bereicherung erst nach Anordnung der Geschäftsaufsicht eintritt, ebenso wie die anderen im Konkursverfahren als Masseansprüche (so § 59 Ziff. 2 KO.) oder bevorrechtigte Konkursforderungen (§ 61 Ziff. 3—5 KO.) mit Vorzugsrechten ausgestatteten Ansprüche, den Wirkungen des Geschäftsaufsichtsverfahrens nicht entzogen. (Jaeger, BankArch. Bd. 14 S. 35; Breit, JW. 1915 S. 169.)

IV. Schützt guter Glaube den Gläubiger gegen die Wirkungen der Geschäftsaufsicht? Grundsätzlich werden nur diejenigen Ansprüche vom Verfahren nicht betroffen, bei denen objektiv die Voraussetzungen eines der Fälle des § 9 der Bek. vorliegen. Wer deshalb in Unkenntnis der Geschäftsaufsicht mit dem Schuldner kontrahiert, wird gleichwohl vom Verfahren betroffen, wenn sein Anspruch nicht unter § 9 fällt; das gleiche gilt, wenn ein Gläubiger, der von der Geschäftsaufsicht

Kenntnis hat, irrtümlich glaubt, sein Anspruch falle unter § 9 und dies gilt endlich auch von dem dritten gutgläubigen Erwerber eines vom Schuldner gezeichneten Wechsels. Der Art. 82 WO. steht dem nicht entgegen; denn einerseits wird der materielle Bestand der Wechselschuld durch die Geschäftsaufsicht überhaupt nicht berührt, andererseits vermag der gute Glaube des Wechselnehmers den Mangel der Zulässigkeit der Zwangsvollstreckung ebensowenig zu ersetzen, wie etwa die Unfähigkeit des Gemeinschuldners die Konkursmasse zu verpflichten. (Jaeger, BankArch. Bd. 14 S. 35; Kitzinger, JW. 1915 S. 167; Breit, JW. 1915 S. 167 und 206; Bovensiepen, DRZ. 1914 S. 781; zweifelnd Kipp, DJZ. 1914 S. 1032.) Vgl. aber auch oben Anm. IIb zu §§ 6/7 über den Begriff, der zur Fortführung des Geschäftes und zu einer bescheidenen Lebensführung des Schuldners erforderlichen Rechtsgeschäfte.

§ 10.

Handelt der Schuldner seinen Verpflichtungen zuwider oder liegen sonstige wichtige Gründe vor, so kann das Gericht das Verfahren aufheben.

I. Die **Geschäftsaufsicht endigt** nicht ohne weiteres mit der Beendigung des Kriegszustandes. (Jaeger, BankArch. Bd. 14 S. 36; Breit, JW. 1915 S. 173; **a. M.** Mayer a. a. O. 171.) Dagegen dürfte mit dem Tode des Schuldners das Verfahren ohne weiteres endigen, da die Geschäftsaufsicht eine den Schuldner höchstpersönlich angehende Maßregel ist und ihr Zweck — Aufrechterhaltung der wirtschaftlichen Existenz des Schuldners — mit dessen Tod gegenstandlos geworden ist. Über Geschäftsaufsicht über einen Nachlaß siehe oben Anm. I 4 c zu §§ 1—3.

II. Der regelmäßige Beendigungsgrund des Verfahrens ist die **Aufhebung durch das Gericht.**

Das Verfahren ist vom Gericht aufzuheben:

a) wenn es der Schuldner beantragt. Da das Verfahren gegen den Willen des Schuldners nicht stattfinden soll (vgl. Reichstagsdenkschrift S. 17, abgedruckt oben Vorbemerkung zur Bek. Ziff. 2), so muß das Gericht dem Aufhebungsantrag des Schuldners ohne weitere Prüfung stattgeben. (BayJMBek. vom 18. August 1914 BayJMBl. 1914 S. 164; Michels, Recht 1915 S. 10; DRZ. 1915 S. 56; Breit, JW. 1915 S. 162; **a. M.** Jaeger, BankArch. Bd. 14 S. 35/36; Sieskind S. 99 Anm. 30 zu § 10.)

b) von Amts wegen: wenn

1. der Schuldner seinen Verpflichtungen zuwiderhandelt, wenn er also insbesondere der Aufsichtsperson nicht die erforderlichen Aufschlüsse erteilt, oder wenn er die Geschäftsführung gröblich vernachlässigt, wenn er Rechtsgeschäfte ohne die erforderliche Zustimmung der Aufsichtsperson vornimmt, oder über die vorhandenen Mittel entgegen den Weisungen der Aufsichtsperson verfügt, insbesondere für seinen Unterhalt übermäßig viel verbraucht. (Bendix S. 103.) Die Aufhebung soll jedoch in diesen Fällen erst erfolgen, wenn andere Maßnahmen des Gerichtes (s. Anm. Ib 3 zu §§ 6/7) ergebnislos waren. (Jaeger, BankArch. Bd. 14 S. 34/35.)

2. wenn sonstige wichtige Gründe vorliegen. Als ein wichtiger Grund wird es insbesondere anzusehen sein, wenn sich nachträglich herausstellt, daß die Behebung der Zahlungsunfähigkeit nach der Beendigung des Krieges nicht in Aussicht genommen werden kann (vgl. § 3 Abs. 1 der Bek.), oder, wenn die weitere Fortführung der Geschäftsaufsicht die Interessen der Gläubiger erheblich gefährdet, sei es, daß die vom Verfahren nicht betroffenen Ansprüche (insbesondere § 9 Ziff. 1 der Bek.) derart anwachsen, daß hierdurch die Verbindlichkeiten der anderen Gläubiger unbilligerweise beeinträchtigt werden. (BayJMBek. vom 18. August 1914 BayJMBl. 1914 S. 163; Jaeger, BankArch. Bd. 14 S. 35; Sieskind S. 99 Anm. 30 zu § 10; a. M. Cahn, Recht und Wirtschaft 1914 S. 271.) Wenn sich zeigt, daß der Schuldner vor Anordnung der Geschäftsaufsicht erhebliche Teile seines Vermögens in anfechtbarer Weise beiseite geschafft hat. (Vgl. oben Anm. III zu § 5; Bendix S. 103; Stern, Das Konkursverfahren, Leipzig 1914 S. 155.)

c) wenn es von einer Aufsichtsperson oder einem Gläubiger beantragt wird, soferne Gründe der unter b angegebenen Art vorliegen.

III. Form und Wirkung der Aufhebung.

Die Aufhebung des Verfahrens erfolgt durch (unanfechtbaren) Beschluß des Gerichtes, der dem Schuldner, der bzw. den Aufsichtspersonen und den bekannten Gläubigern von Amts wegen zugestellt wird (§ 4 Abs. 2 der Bek., § 73 Abs. 2 KO.) und mit der Zustellung an den Schuldner wirksam wird. (Jaeger a. a. O. S. 35.) Eine öffentliche Bekanntgabe findet nicht statt. (A. M. Levy a. a. O. 57: Die Aufhebung wird bereits wirksam mit dem Erlaß des Beschlusses.)

Mit der Aufhebung des Verfahrens fallen die Beschränkungen des des § 5 der Bek. weg; von diesem Zeitpunkt an stehen alle Gläubiger des Schuldners wieder gleich. In einem sich etwa anschließenden Konkursverfahren genießen die nach § 9 der Bek. insbesondere in dessen Ziff. 1 nicht betroffenen Ansprüche keinerlei Vorzugsrechte. (S. Anm. I zu § 9: Breit, JW. 1915 S. 173; der aber der Honorarforderung der Aufsichtsperson entweder die Stellung einer Masseschuld — nach dem Vorbild des § 224 Ziff. 4 KO. — oder wenigstens einer bevorrechtigten Konkursforderung nach § 61 Ziff. 1 KO. einräumen will.)

§ 11.

Die Entscheidungen des Gerichts sind unanfechtbar.

I. Der vollkommene **Ausschluß von Rechtsmitteln** gegen die Entscheidungen des Amtsgerichts hat in der Praxis und in der Literatur vielfach Widerspruch gefunden. (Vgl. Wertheimer, JW. 1915 S. 175; Generalsekretär Cahen, Berliner Tagblatt vom 23. Februar 1915 Nr. 99; aber auch Cahn, Recht und Wirtschaft 1914 S. 270; Breit, JW. 1915 S. 164; Erlanger, DRAZ. 1915, 1519.)

II. **Ausnahmen**: In der Praxis wurde die Beschwerde auf Grund § 567 Abs. 1 ZPO. gegen solche Entscheidungen zugelassen, welche nicht die Anordnung, Durchführung und Aufhebung des Verfahrens selbst betreffen, so z. B. gegen die Verweigerung der Akteneinsicht. (LG. Frankfurt 6. Ziv.-Kammer vom 15. Dez. 1914 DJZ. 1915 S. 322; ferner das KammerG. lt. Mitteilung von Cahen im Berliner Tagblatt vom

23. Febr. 1915 Nr. 99; **a. M.** OLG. Hamburg vom 3. Febr. 1915 DJZ. 1915 S. 322 = Recht 1915, 173 und vom 21. Dezember 1914 Recht 1915, 106).

Man wird weiterhin die Beschwerde auch dann zulassen müssen, wenn das Amtsgericht einen Antrag ohne sachliche Prüfung als unzulässig zurückgewiesen hat. (So: LG. Plauen vom 13. Jan. 1915 DRAZ. 1915 S. 8; LG. Frankfurt vom 15. Dezember 1914 DJZ. 1915, 322; Bujakowsky, Recht 1915, 124, auch wenn die Beschwerde sich gegen die Auswahl der Aufsichtsperson richtet; Erlanger a. a. O., ferner die ständige Praxis des RG. und der OLGe. bei den mit § 11 inhaltlich vollkommen übereinstimmenden §§ 319 Abs. 2 Satz 2, 320 Abs. 4 Satz 4, 707 Abs. 2 ZPO.; vgl. Gaupp-Stein Anm. IV und Fußnote 43 zu § 319, Anm. V und Fußnote 22 zu § 320, Anm. III und Fußnote 33 zu § 707.)

III. Die Haftung des Richters, die bei dem Fehlen eines Rechtsmittels erhöhte Bedeutung hat (vgl. § 839 Abs. 3 BGB.), bestimmt sich nach § 839 Abs. 1 BGB. (Bendix, LZ. 1915 S. 189 Fußnote 2, S. 192 Fußnote 14; auch Jaeger Anm. 3 zu § 83 KO.)

§ 12.

Das Verfahren ist gebührenfrei; auf die Auslagen finden die Vorschriften des fünften und sechsten Abschnitts des Gerichtskostengesetzes entsprechende Anwendung. Pauschsätze werden nicht erhoben.

Bare Auslagen werden nach Maßgabe der §§ 79 bis 80a GKG. erhoben; für diese Auslagen ist nach § 84 GKG. vom Antragsteller auch ein Vorschuß zu zahlen. (Bendix S. 103.)

§ 13.

Diese Verordnung tritt mit dem Tage der Verkündung in Kraft.

Wann die Verordnung außer Kraft tritt, ist nicht gesagt; mit der Beendigung des Kriegszustandes tritt die Verordnung nicht ohne weiteres außer Kraft; es bedarf hierzu vielmehr eines Reichsgesetzes bzw. während der Gültigkeit des § 3 des Gesetzes vom 3. August 1914 über die Ermächtigung des Bundesrates zu wirtschaftlichen Maßnahmen einer Bundesratsverordnung. (Vgl. im übrigen oben Anm. IV zu § 11.)

Kritik. Die Durchführung der Bekanntmachung hat in Gläubigerkreisen keine günstige Aufnahme gefunden, und dies nicht mit Unrecht. Die theoretischen Absichten der Bekanntmachung, dem infolge des Krieges zahlungsunfähig gewordenen Schuldner die Existenz zu erhalten, sind wirtschaftlich durchaus berechtigt. Die praktische Anwendung der Bekanntmachung hat aber vielfach die gesetzlichen Voraussetzungen für die Anordnung der Geschäftsaufsicht außer acht gelassen und sich an Stelle der Zahlungsunfähigkeit infolge des Krieges mit der Zahlungseinstellung im Krieg als Bedingung für die Anordnung begnügt. Daher auch die zahlreichen Aufsichtverfahren, vor und nach deren Eröffnung der Schuldner an seine Gläubiger mit Akkordvorschlägen in geringfügigen Quoten herantritt, und bei denen sich Schuldner und Aufsichtsperson darüber einig sind, daß an eine Behebung der Zahlungsunfähigkeit nach dem Kriege nicht zu denken ist. Eine, wenn auch nur geringfügige, Befriedigung der Gläubiger während der Aufsicht erfolgt nur in den seltensten Fällen, kann auch meistens nicht erfolgen, da der Schuldner für die Fortführung des Geschäftes auf sofortige Bezahlung der hiefür nötigen Waren angewiesen ist, während er früher hiefür langfristigen Kredit ausnützen konnte und mußte. In der Regel wird bei langdauernder Geschäftsaufsicht die Befriedigungsaussicht für die Gläubiger immer ungünstiger und damit auch die Aussicht für den Schuldner, sich mit seinen Gläubigern gütlich einigen zu können, da mangels eines außerordentlichen Kündigungsrechts die Beträge, für die ein Vermieterpfandrecht oder ein Vorrecht (Lohnansprüche) besteht, im Lauf der Zeit einen immer größeren Teil des Geschäftsvermögens beanspruchen, ohne daß sich dieses vergrößert.

Bei dem tiefgehenden Eingriff der Bekanntmachung in die Grundlagen des Schuldrechts wäre die Aufhebung der Unanfechtbarkeit der gerichtlichen Beschlüsse insbesondere zugunsten der Gläubiger nicht nur eine wirtschaftliche, sondern auch eine rechtliche Notwendigkeit, um die gerade bei der allgemeinen Fassung der Bekanntmachung zersplitterte Rechtsprechung zu vereinheitlichen. Die Anfechtbarkeit ermöglicht es dem Gläubiger, dem Gericht mannigfaches Material für die Beurteilung der Ursachen der Zahlungsunfähigkeit zu unterbreiten und führt eine Beschränkung der Anwendung der Bekanntmachung auf diejenigen Schuldner herbei, für die sie bestimmt ist.

Zweckentsprechender als die Geschäftsaufsicht wäre für die Mehrzahl der Schuldner, die die Praxis unter Geschäftsaufsicht gestellt hat, eine Regelung des außergerichtlichen Zwangsvergleichs gewesen. Erfolgt eine derartige Regelung nicht noch rechtzeitig, so wird der größte Teil der unter Geschäftsaufsicht stehenden Schuldner nach dem Außerkrafttreten der Verordnung in Konkurs verfallen. (Vgl. hierzu Jaeger, BankArch. Bd. 14 S. 36, 15 S. 334; Cahn, Recht und Wirtschaft 1914 S. 269 ff. und LZ. 1915 S. 111 ff.; Michels, Recht 1915 S. 11; Stein, LZ. 1915 S. 257; Breit, JW. 1915 S. 173; Wertheimer, JW. 1915 S. 175; Bovensiepen, DRZ. 1914 S. 781; Jörissen, DRZ. 1915 S. 40; R. A. Weinberg, Berliner Tagblatt vom 24. Dez. 1914; Generalsekretär Cahen, Berliner Tagblatt vom 23. Febr. 1915 Nr. 99; Cahn, JW. 1916, 891; Hörle, Recht 1915, 221 und über die bisherigen Erfahrungen Michels, Recht 1915, 6; Dittrich, DRZ. 1915, 171; Bndi, JW. 1916, 1075 ff.

Besetzte Gebiete. Für Russisch-Polen ist unter dem 13. März 1915 im wesentlichen die gleiche Verordnung ergangen. (Abgedr. in „Moratorien" S. 500 ff.)

Ausland. Österreich hat das Institut der Geschäftsaufsicht in ähnlicher Weise geregelt, wie Deutschland, gibt aber auch dem Gläubiger ein Antragsrecht. (K. VO. vom 17. Dez. 1915 abgedr. in „Moratorien" S. 267 ff.). Zusammenstellung der Staaten — darunter auch Österreich-Ungarn —, welche einen Zwangsvergleich außerhalb des Konkurses besitzen, bei Bondi, JW. 1916, 1075.

B. Sonderrecht der Kriegsteilnehmer.

---

34. Gesetz, betreffend den Schutz der infolge des Krieges an der Wahrnehmung ihrer Rechte behinderten Personen.

Vom 4. August 1914.

(RGBl. S. 328 Nr. 4437).

Vorbemerkung.

Bei Ausbruch des Krieges gegen Frankreich wurde mittels Gesetz vom 21. Juli 1870 (BGBl. 1870 S. 493, auch abgedruckt bei Bendix, Bürgerliches Kriegssonderrecht, Berlin 1914, S. 143 ff.) für die Dauer des damaligen Kriegszustandes die Einstellung der Zivilprozesse angeordnet, in welchen „Militärpersonen" als Haupt- oder Nebenpartei beteiligt waren. Ferner wurden durch dieses Gesetz für das Konkursverfahren, die Subhastationsprozesse usw. Maßregeln zum Schutze der erwähnten Personen gegen die infolge ihrer Abwesenheit drohenden Nachteile getroffen. Die Zwangsvollstreckung wurde erheblichen Beschränkungen unterworfen und endlich das Ruhen der Verjährung zugunsten der genannten Personen angeordnet. Da die allgemeinen Bestimmungen des bürgerlichen Rechts und der Zivilprozeßordnung nicht geeignet erschienen, um denjenigen Personen, welche infolge ihrer Beteiligung an dem gegenwärtig ausgebrochenen Krieg an der Wahrnehmung ihrer Rechte behindert sind, vor Rechtsnachteilen, insbesondere der prozessualen Nachteilen, welche aus ihrer Abwesenheit können, zu schützen — es kommen eigentlich im wesentlichen nur die §§ 247 und 850 Abs. 1 Nr. 6 ZPO. in Betracht, — bestand ein Bedürfnis, auch für den gegenwärtigen Krieg ein Spezialgesetz zu erlassen. Da das Gesetz vom 21. Juli 1870 sich, soweit bekannt, in der Praxis bewährt hatte, wurde es im allgemeinen bei Aufstellung des Entwurfes zum Anhalt genommen, und nur insoweit der Änderung unterzogen, als dies mit Rücksicht auf die veränderte Rechtslage, wie sie sich aus den inzwischen ergangenen Gesetzen, insbesondere aus den Reichsjustizgesetzen und dem BGB. ergibt, geboten erschien. (Begr. S. 5 und 6.)

Wir, Wilhelm, von Gottes Gnaden Deutscher Kaiser, König von Preußen usw., verordnen im Namen des Reichs, nach erfolgter Zustimmung des Bundesrats, was folgt:

§ 1.

Für den gegenwärtigen Kriegszustand gelten die in den §§ 2 bis 10 enthaltenen Vorschriften.

1. Zeitlicher Geltungsbereich. Da der Kriegszustand vom Kaiser durch Verordnung vom 31. Juli 1914 Nr. 4417 (RGBl. S. 263) bzw. für das Gesamtgebiet des Königreichs Bayern durch K. Verordnung vom 31. Juli 1914 (BayGVBl. S. 327) erklärt wurde, während das vorliegende Gesetz erst am 4. August 1914 erlassen wurde, und nach § 12 mit seiner Verkündung in Kraft trat, setzt es den Kriegszustand als etwas schon Bestehendes voraus. Das Gesetz hat jedoch keine rückwirkende Kraft; Handlungen, die in der Zeit von Beginn des Krieges bis zu Erlaß des Gesetzes vorgenommen wurden und nach dem gegenwärtigen Gesetz während der Dauer des Kriegszustandes unzulässig sind, bleiben gültig. (Vgl. Begr. S. 7 und OLG. Hamburg vom 5. März 1915 Recht 1915 S. 230 Nr. 409.)

Über den Zeitpunkt des Außerkrafttretens des Gesetzes vgl. § 11.

2. Einfluß des Gesetzes auf die materielle Rechtslage. Das Gesetz enthält (im Gegensatz zur KrTZahlfrVO. unten S. 375 ff.) in der Hauptsache nur prozeßrechtliche Bestimmungen; materiellen Inhalt haben lediglich § 7 Nr. 1, der den Kriegsteilnehmern in einem besonderen Fall einen Bereicherungsanspruch gewährt, und der § 8, der Bestimmungen über die Hemmungen der Verjährung sowie des Laufs der gesetzlichen Ausschlußfristen zugunsten der Kriegsteilnehmer und auch ihrer Gegner enthält. Abgesehen hievon wird durch das Gesetz die materielle Rechtslage der Kriegsteilnehmer nicht geändert. Daraus folgt insbesondere, daß auch während des Krieges ein Schadenersatzanspruch oder ein sonstiger Anspruch gegen einen Kriegsteilnehmer wegen Nichterfüllung oder nicht rechtzeitiger Erfüllung einer Verbindlichkeit entstehen kann und daß die Rechtsfolgen einer Mahnung, einer Kündigung, eines Rücktritts vom Vertrag, einer Wandlung, einer Anfechtung u. dgl. auch während des Krieges eintreten, soweit nicht durch das Vorliegen höherer Gewalt ein anderes Ergebnis bedingt wird. (Güthe, PrJMBl. 1914 S. 743 = Gruchot Bd. 59 S. 28; Juliusberg, DJZ. 1914 S. 1242; Bovensiepen, DRZ. 1914 S. 774; vgl. auch Josef, Recht 1915 S. 87, der die Ansicht Güthes für unrichtig erklärt, sachlich aber nur vorbringt, daß die tatsächlichen Verhältnisse häufig ein Verschulden der Kriegsteilnehmer und damit Verzug und Schadenersatzpflicht ausschließen, ebenso Sintenis [2. Aufl.] Vorbem. S. 253.) Allerdings ist — auch abgesehen vom Prozeß — die Geltendmachung von Rechten gegenüber Kriegsteilnehmern durch deren Abwesenheit und durch die damit bedingte Schwierigkeit, ihnen Willenserklärungen zugehen lassen zu können (vgl. Anhang 3 zu §§ 2, 3 S. 299), erschwert. (Vgl. Wertheimer, LZ. 1914 S. 1737.) Materiellen Schutz gewährt das Gesetz dem Kriegsteilnehmer insofern, als es ein Schutzgesetz im Sinne des § 823 Abs. 2 BGB. ist. (Schäffer, JW. 1915 S. 832.)

§ 2.

In bürgerlichen Rechtsstreitigkeiten, welche bei den ordentlichen Gerichten anhängig sind oder anhängig werden, wird das Verfahren unterbrochen:

1. wenn eine Partei vermöge ihres Dienstverhältnisses, Amtes oder Berufs zu den mobilen oder gegen den Feind verwendeten Teilen der Land- oder Seemacht oder zu der Besatzung einer armierten oder in der Armierung begriffenen Festung gehört;
2. wenn eine Partei dienstlich aus Anlaß der Kriegsführung des Reichs sich im Ausland aufhält;
3. wenn eine Partei als Kriegsgefangener oder Geisel sich in der Gewalt des Feindes befindet.

Die vorstehende Bestimmung findet auch Anwendung auf die bürgerlichen Rechtsstreitigkeiten, welche bei den auf Grund des Gewerbegerichtsgesetzes (Reichs-Gesetzbl. 1901 S. 353) zur Entscheidung gewerblicher Streitigkeiten berufenen Gerichten und den auf Grund des Gesetzes vom 6. Juli 1904 (Reichs-Gesetzbl. S. 266) errichteten Kaufmannsgerichten anhängig sind oder anhängig werden.

§ 3.

Eine Unterbrechung des Verfahrens tritt nicht ein.
1. wenn die im § 2 bezeichnete Partei einen persönlichen Sicherheitsarrest erwirkt hat, insoweit es sich um die Entscheidung handelt, ob der Arrest aufrechtzuerhalten oder aufzuheben sei;
2. wenn die Partei durch einen Prozeßbevollmächtigten vertreten ist oder einen anderen zur Wahrnehmung ihrer Rechte berufenen Vertreter hat.

In den unter Nr. 2 bezeichneten Fällen hat das Prozeßgericht auf Antrag des Vertreters die Aussetzung des Verfahrens anzuordnen. Betrifft der Rechtsstreit einen vermögensrechtlichen Anspruch, so kann das Prozeßgericht den Antrag ablehnen, wenn die Aussetzung nach den Umständen des Falles offenbar unbillig ist.[1])

§ 2 bestimmt den Kreis der Personen, denen der Schutz des Gesetzes zuteil wird. Er ist in dieser Richtung ergänzt durch § 9 und — für ein beschränktes Gebiet — durch § 5 Abs. 2. Im übrigen regeln die §§ 2 und 3 den bürgerlichen Rechtsstreit.

I. Anwendungsgebiet.

A. Personen.

Das Gesetz unterscheidet 3 Personengruppen, deren Angehörigen der Schutz des Gesetzes zuteil wird, ohne Rücksicht darauf, ob sie im einzelnen Fall tatsächlich an der Wahrnehmung ihrer Rechte behindert sind (kurz „Kriegsteilnehmer“ genannt). Zum Schutz der Angehörigen

---

[1]) Satz 2 des Abs. 2 ist durch BRVO. vom 14. Januar 1915 Nr. 4607 RGBl. 1915 S. 17 (abgedruckt unten S. 346) nachträglich eingefügt worden.

immobiler Truppenteile gilt jetzt die BRVO. vom 20. Januar 1916 (RGBl. 1916 S. 47 Nr. 5028); vgl. unten S. 330.

a) Angehörige der Land- und Seemacht.

1. Personen, die zu den **mobilen Teilen** der Land- und Seemacht gehören.

Der Begriff „mobile Teile" der Land- und Seemacht ist nirgends authentisch festgestellt, wenn auch ähnliche Ausdrücke vielfach in den Militärgesetzen vorkommen. Vgl. Bendix, Bürgerliches Kriegssonderrecht S. 11.) Der Ausdruck „mobil" ist ein militärischer und daher nach militärischen Grundsätzen auszulegen (Delius, JW. 1916 S. 176). Sicher ist, daß durch den Mobilmachungsbefehl des Kaisers bzw. des Königs von Bayern vom 1. August 1914 zwar das ganze deutsche Heer und die Marine in die Kriegsformation übergeleitet wurden, daß aber dadurch nicht alle Teile der Land- und Seemacht „mobil" wurden. (A. M. OLG. Braunschweig vom 2. Februar 1915 in LZ. 1915 S. 561 = OLGRspr. Bd. 30 S. 246 = DJZ. 1915 S. 322 = Recht 1915 S. 175 Nr. 342.) Denn „das in den Kriegszustand übergeführte Heer besteht aus dem Feld- und aus dem Besatzungsheer; das Feldheer besteht aus den Kommandobehörden, den Feldverwaltungsbehörden, den Feldtruppen, den Reservetruppen, den mobilen Landwehrtruppen, den mobilen Etappen- und den mobilen Eisenbahnformationen; das Besatzungsheer besteht aus den stellvertretenden Kommandobehörden, den Verwaltungsbehörden, den immobilen Landwehr-, Ersatz- und Landsturmtruppen, sowie den immobilen Etappen- und Eisenbahnformationen."[1]) (L. Meyer, Grundzüge der deutschen Militärverwaltung, Berlin 1908, S. 115; vgl. ferner Laband, Staatsrecht des Deutschen Reiches 1901 Bd. 4, § 101 IV S. 92; Oettinger, JW. 1914 S. 1071; Juliusberg, DJZ. 1914 S. 1242; Bovensiepen, DRZ. 1914 S. 847; Sieskind, Recht 1914 S. 616; Haberstumpf, DRZ. 1914 S. 891 und JW. 1915 S. 742; Delius, JW. 1916 S. 176.) Fest stationierte Behörden gelten im allgemeinen jedoch nicht als mobil. (KammerG. v. 25. März 1915, DJZ. 1915 S. 719 hinsichtlich der Kriegsbekleidungsämter.)

Den Ersatztruppenteilen wird der mobile Charakter im allgemeinen abzusprechen sein; so die herrschende Ansicht z. B. OLG. Karlsruhe v. 21. Febr. 1915 Recht 1915 S. 406 Nr. 732 = BadRpr. 1915 S. 70; OLG. Cassel vom 7. Dez. 1914 LZ. 1915 S. 64; LG. Frankfurt vom 19. Febr. 1915 JW. 1915 S. 291 = Recht 1915 S. 175; LG. Kiel vom 16. Jan. 1915 DJZ. 1915 S. 324 = Recht 1915 S. 174; **a. M.** OLG. Dresden vom 12. Okt. 1915 SächsArchfRpfl. 1915 S. 497; OLG. Braunschweig vom 7. Febr. 1915 LZ. 1915 S. 561 = ROLG. Bd. 30 S. 246; OLG. Hamburg vom 13. Mai 1916 LZ. 1916 S. 1050. Die Frage läßt sich jedoch kaum einheitlich beantworten; beispielsweise sind einzelne Linienkommandanturen mobil, obwohl sie fest stationiert sind und dauernd in der Heimat bleiben; die Mobil-

[1]) Vgl. auch Seydel-Graßmann-Piloty, BayStaatsrecht (1913) Bd. 2 S. 609, wonach dem Kaiser als Bundesfeldherrn nur über die mobilen, nicht über die Ersatztruppenteile des bayerischen Heeres der Oberbefehl zusteht.

erklärung von Ersatztruppenteilen erfolgt häufig je nach der Kriegslage sehr rasch und kann ebenso rasch wieder aufgehoben werden. Die Bildung der mobilen Truppenteile und die Überführung der immobilen Truppenteile in den mobilen Zustand vollzieht sich nach Maßgabe des — geheimen — Mobilmachungsplanes durch die ausdrückliche Erklärung der Militärbehörde, daß der Truppenteil mobil ist. Äußere Merkmale sind insbesondere die Ausstattung mit Personal und Material (Ausrüstung) für die Verwendung des Truppenteils im Felde, die Feldverpflegung und die Feldlöhnung, Bereitschaft zum sofortigen Ausmarsch ins Feld (so auch OLG. Darmstadt vom 21. Mai 1915, Recht 1916 S. 84 Nr. 173 = DJZ. 1915 S. 1240). Da nur die Zugehörigkeit zu einem „mobilen" Teil der Land- und Seemacht ohne weiteres die Anwendbarkeit der Ziffer 1 des § 2 begründet, nicht aber die Zugehörigkeit zum aktiven Heer an sich (vgl. § 38 Nr. 2 des Reichsmilitärgesetzes), so ist in jedem einzelnen Fall festzustellen, ob der Truppenteil, dem die fragliche Person angehört, für „mobil" oder „immobil" erklärt ist. In zweifelsfreier Weise kann dies nur durch Auskunft der Militärbehörde geschehen. (Erforderlich ist die Bescheinigung einer höheren Kommandostelle, das Zeugnis einer subalternen Charge [Feldwebel] genügt nicht. Bendix, ZVersWiss. 1915 S. 123.) (Begr. S. 7; Güthe, Gruchot Bd. 59 S. 31; Sieskind S. 17 ff.; Hahnemann, NachrDAB. 1914 S. 127; OLG. Stuttgart, 10 Nov. und 12. Dez. 1914 Recht 1914 S. 732 und 733; OLG. Cassel, 7. Dez. 1914 LZ. 1915 S. 64; OLG. Hamburg, 13. Okt. 1914 LZ. 1915 S. 64, und vom 7. Dez. 1914 Recht 1915 S. 36.) In Preußen wird die Zugehörigkeit einer Person zu den mobilen oder gegen den Feind verwendeten Truppenteilen lt. PrAllgVerf. vom 11. März 1916 (PrJMBl. S. 55) durch amtliche Anfrage bei dem stellvertretenden Generalkommando, in dessen Korpsbereich die um Auskunft ersuchende Behörde ihren Sitz hat; diese Vorschrift ist in gleicher Weise für Privatpersonen maßgebend, die Auskunft über den mobilen oder gegen den Feind verwendeten Charakter eines Truppenteils erlangen wollen.

2. Personen, welche zu den **gegen den Feind verwendeten** Truppenteilen der Land- und Seemacht gehören:

Als gegen den Feind verwendete Teile der Land- und Seemacht gelten nach der obigen Verfügung alle im Operationsgebiet verwendeten und bei der Abwehr eines feindlichen Angriffes mitwirkenden, sowie alle in einer bedrohten Festung befindlichen Formationen, letztere ohne Rücksicht darauf, ob sie zur Besatzung gehören (Preuß. KME. vom 17. März 1916 JM. Nr. 1294/16 A 1). In der Regel werden nur „mobile" Teile der Land- und Seemacht gegen den Feind verwendet.[1]) Insoweit ist die zweite Alternative der Ziffer 1 gegenstandslos (a. M. Bendix S. 21); es gibt aber auch Fälle, in denen Truppenteile, ohne daß sie sich in „mobilem" Zustand befinden, gegen den Feind verwendet werden, sei es, daß die Truppen einer Grenzgarnison im Bedürfnisfalle ohne vorherige Über-

---

[1]) Der Ausdruck „verwendet" wurde statt des im Gesetze vom 21. Juli 1870 enthaltenen Ausdruckes „geführt" deshalb gewählt, um einer zu engen Auslegung vorzubeugen (Begr. S. 6).

führung in den mobilen Zustand zum Angriff oder zur Abwehr gegen feindliche Truppen geführt werden (vgl. die Eroberung der Festung Lüttich, welche laut Bericht des Generalquartiermeisters vom 17. Aug. 1914 durch „nichtmobilisierte Regimenter" erfolgte), sei es, daß Truppenteile im Innern des Landes zur Abwehr drohender oder möglicher feindlicher Angriffe (z. B. Flieger) bestimmt und bereitgestellt sind.

Eine unmittelbare Tätigkeit zur Bekämpfung des Feindes und zur Erhaltung der bereits erlangten militärischen Vorteile ist erforderlich und zwar auf dem Kriegsschauplatz im weiteren Sinne, also einschließlich des Etappengebietes (Mayer S. 197). Nur die Truppen sind als gegen den Feind verwendet anzusehen, die einem mit Waffen versehenen Feind gegenübertreten, der imstande ist einen organisierten Widerstand mit der Masse seiner Truppen zu leisten. Es gehören also nicht zu den gegen den Feind verwendeten Truppenteilen die zur Bewachung der Kriegsgefangenen verwendeten Truppen [2. Aufl. a. M.] (so OLG. Darmstadt vom 5. März 1915 LZ. 1915 S. 714 = DJZ. 1915 S. 621 und vom 21. Mai 1915 DJZ. 1915 S. 1240, Recht 1916 S. 84 Nr. 172; KammerG. vom 14. Juni 1915 DJZ. 1915 S. 720 = Recht 1915 S. 406 Nr. 730 = LZ. 1915 S. 927 = JW. 1915 S. 803; LG. Frankfurt vom 3. April 1915 Recht 1915 S. 406 Nr. 727; OLG. Hamburg vom 8. April 1915 LZ. 1915 S. 713 = Recht 1915 S. 284 Nr. 465 und vom 24. April 1915 Recht 1915 S. 284 Nr. 466 = LZ. 1915 S. 849 = OLGRspr. Bd. 36 S. 159 = DJZ. 1915 S. 931; OLG. Breslau vom 18. Juni 1915 Recht 1915 S. 521 Nr. 910 = LZ. 1915 S. 927; LG. Guben vom 15. Sept. 1915 LZ. 1916 S. 264; OLG. Frankfurt a. M. vom 8. April 1915 LZ. 1915 S. 927 = Recht 1915 S. 352 Nr. 630; OLG. Bamberg vom 10. April 1915 = BayZfR. 1915 S. 218 = Recht 1915 S. 727 Nr. 728; LG. Magdeburg vom 7. Januar 1915 Recht 1915 S. 407 Nr. 746; OLG. Braunschweig vom 28. Juni 1915 LZ. 1915 S. 1171; LG. Berlin I vom 26. Mai 1915 DJZ. 1915 S. 1043; Preuß. Kriegs-Min.-Bescheid vom 25. Juli 1915; vgl. JW. 1915 S. 936; Delius, JW. 1915 S. 539; Schwabe, DJZ. 1915 S. 812; Haberstumpf, JW. 1915 S. 741; Erklärung des preuß. Kriegsministeriums, Recht 1915 S. 451 Nr. 807; ebenso im Berliner Tagblatt vom 4. August 1915; **a. M.** LG. Dresden vom 24. Juli 1915 JW. 1915 S. 936; OLG. Dresden vom 30. Sept. 1914 LZ. 1914 S. 1867 = Recht 1914 S. 732; Friedländer, DJZ. 1915 S. 513 [der die Garnisonsdienstfähigen, die in der Regel zur Gefangenenbewachung herangezogen werden, aus wirtschaftlichen Gründen den Feldsoldaten gleichstellt]; Bovensiepen, LZ. 1915 S. 742; OLG. Dresden vom 30. Nov. 1914 SächsArch. 1915 S. 145; OLG. Hamburg vom 30. Jan. 1915 LZ. 1915 S. 560 = DJZ. 1915 S. 531 = OLGRspr. Bd. 30 S. 246; OLG. Hamburg vom 29. Sept. 1915 LZ. 1915 S. 1533; OLG. Karlsruhe vom 2. Aug. 1915 DJZ. 1915 S. 932);

Eine nur zufällige, vorübergehende Verwendung, z. B. zur Abwehr eines unerwarteten Flugzeugangriffes im Innern des Landes, oder zum Aufgreifen entflohener Gefangener dürfte nicht hierher zu zählen sein. **A. M.** Sieskind S. 19; Güthe, Gruchot Bd. 59 S. 32; ebensowenig die zum Schutz der Grenze gegen Neutrale bereitgestellten Truppen (OLG. Köln vom 22. Dez. 1914 JW. 1915 S. 202 = Recht 1915 S. 109 Nr. 250); ferner die zum Schutz besonderer

Anlagen, wie Eisenbahnen, Bahnhöfe, Werkstätten, Luftschiff- und Flugzeughallen außerhalb des Operationsgebiets bestimmten Truppen (so OLG. Posen vom 22. Sept. 1915 Recht 1916 S. 84 Nr. 171 = PosMSchr. 1915 S. 143; **a. M.** 2. Aufl. S. 7 und die dort Zitierten).

Dagegen gehören die zum Küstenschutz verwendeten Truppen nach der herrschenden Ansicht zu den gegen den Feind verwendeten Teilen der Land- und Seemacht. (OLG. Kiel vom 1. Dez. 1914 LZ. 1915 S. 64; OLG. Hamburg v. 18. Jan. 1915 LZ. 1915 S. 308; OLG. Hamburg vom 14. Okt. 1915 LZ. 1916 S. 174 = Recht 1915 S. 620 Nr. 1191; OLG. Hamburg vom 14. Okt. 1915 LZ. 1916 S. 174 = Recht 1916 S. 84 Nr. 76; OLG. Dresden vom 9. Nov. 1914 DJZ. 1914 S. 1391 = Recht 1915 S. 12; Juliusberg, DJZ. 1914 S. 1243.)

Ferner sind hierher zu rechnen: kleine Kommandos immobiler Truppenteile, die mit Transporten von Mannschaften, Pferden, Paketen, Liebesgaben usw. zu mobilen Truppenteilen ins Feld geschickt werden (vgl. § 73 KBesoldV. vom 29. Dez. 1887; Delius, JW. 1915 S. 539).

3. Personen, die zur **Besatzung** einer armierten oder in der Armierung begriffenen **Festung** gehören[1]) (vgl. OLG. Hamburg vom 14. Juli 1915 LZ. 1915 S. 1170).

Zur Besatzung einer Festung gehören die als Kriegsbesatzung bezeichneten Formationen einschließlich der Rekrutendepots der Ersatzbataillone der Fußartillerie (Preuß. KME. v. 17. März 1916 JW. Nr. 1294/16 A 1).

Auch die Tätigkeit der Armierungsbataillone einer Grenzfestung ist gegen den Feind gerichtet (OLG. Hamburg vom 12. Juni 1915 LZ. 1915 S. 1035); die in der Festung beschäftigten Zivilarbeiter gehören jedoch nicht zur Besatzung (Mayer S. 198; Schäffer, JW. 1915 S. 834; Sintenis S. 269 Anm. 12).

Der Beginn der Armierung, d. i. die Überführung der Festung aus dem Friedens- in den Kriegszustand, läßt sich durch Auskunft der Militärbehörde zuverlässig feststellen. (Begr. S. 6.) Die Armierung dauert solange, bis die Desarmierung von der zuständigen Behörde verfügt wird (OLG. Stuttgart vom 12. März 1915 Recht 1915 S. 285 Nr. 480).

4. Die **Zugehörigkeit** zu diesen Truppenteilen muß für jeden Einzelnen besonders festgestellt werden. Sie beginnt entweder mit Überführung des immobilen Truppenteiles in den mobilen Zustand (bzw. mit der Bestimmung des Truppenteiles zu der Verwendung gegen den Feind, oder der Armierung der Festung) oder mit der Versetzung der Militärperson von einem immobilen Truppenteil zu einem mobilen Truppenteil, oder endlich mit der unmittelbaren Einreihung in einen mobilen Truppenteil.

Die Zugehörigkeit zu einem derartigen Truppenteil endigt entweder mit der Demobilisierung des betreffenden Truppenteils (bzw. mit dem Aufhören der Verwendung gegen den Feind, oder der Rück-

---

[1]) Das Gesetz vom 21. Juli 1870 schützte nur die Besatzungstruppen einer „eingeschlossenen" Festung; um diese im einzelnen Fall oft schwierigen tatsächlichen Feststellungen zu vermeiden, erfolgte die aus dem Text ersichtliche Abänderung. Begr. S. 6.

gängigmachung der Armierung) oder mit der Entlassung aus dem Militärdienst (wegen Dienstuntauglichkeit usw.) oder mit der Versetzung von einem mobilen Truppenteil zu einem immobilen Truppenteil (vgl. § 99 Ziff. 3 der Wehrordnung).

Ob die Zugehörigkeit durch eine vorübergehende Abwesenheit aus dienstlichen oder anderen Gründen gelöst wird, kann nur nach Lage des Einzelfalles beurteilt werden. (Begr. S. 7.) Solange nicht ausdrücklich eine Versetzung in einen immobilen Truppenteil erfolgt ist, ist es regelmäßig unerheblich, wenn jemand sich vorübergehend aus persönlichen oder dienstlichen Gründen (Krankheit, Urlaub, Abkommandierung) tatsächlich nicht bei dem mobilen Truppenteil befindet; BerlAnwBer., JW. 1914 S. 789; OLG. Kiel vom 1. Dez. 1914 in LZ. 1915 S. 64; OLG. Braunschweig vom 19. Jan. 1915 in LZ. 1915 S. 308 = Recht 1915 S. 13 Nr. 147; a. M. Bendix S. 19; bei Wiederaufnahme der bürgerlichen Beschäftigung bei einem mehrwöchigen Heimatsurlaub setzt die Zugehörigkeit zu dem mobilen Truppenteil nicht aus. (OLG. Braunschweig vom 19. Jan. 1915 LZ. 1915 S. 308 = Recht 1915 S. 109 Nr. 255.) Dagegen steht Überweisung zur Heilung in ein inländisches Lazarett regelmäßig der Überweisung an einen immobilen Ersatztruppenteil gleich (LG. Dresden vom 3. Juni 1915 Recht 1915 S. 406 Nr. 731; Schäffer, JW. 1915 S. 1077; Delius, JW. 1916 S. 176; OLG. Dresden vom 12. Okt. 1915 DJZ. 1916 S. 145; es genießen demnach Verwundete, Kranke oder nicht mehr felddienstfähige Kriegsteilnehmer, welche in die Heimat entlassen sind, den Schutz des KTSchG. nicht mehr. Vgl. hiezu aber Bekanntmachung, betr. die Bewilligung von Zahlungsfristen an Kriegsteilnehmer vom 8. Juni 1916 Nr. 5236. (Delius, JW. 1916 S. 176.) (Damit übereinstimmend die Verfügung des Preuß. Kriegsministeriums vom 25. Mai 1915, ArmeeVBl. S. 240, erlassen als Erläuterung zu dem durch Allerhöchste Kabinettsorder vom 22. April 1915 ArmeeVBl. S. 182 zu § 6 Ziffer 4 Abs. 2 und 3 der KBesoldV. eingeschobenen neuen Absatz, der bestimmt, daß die im Feindesland in Lazaretten befindlichen Militärpersonen mobil bleiben, mit ihrer Überführung in die Heimat aber immobil werden.) Der Verlust des Kriegsteilnehmer-Privilegs für diese Personen kann durch § 247 ZPO. ausgeglichen werden.

5. Die Zugehörigkeit zu einem dieser Truppenteile muß in einem **Dienstverhältnis, Amt oder Beruf** begründet sein. **Das Dienstverhältnis** (bei den Berufssoldaten zugleich der Beruf) ist insbesondere gegeben, bei den Personen des Soldatenstandes, das sind nach der Anlage zum MilitärStGB.: Offiziere, Unteroffiziere, Gemeine, mit Einschluß der Obergefreiten und Gefreiten, die Mitglieder des Sanitätskorps, die Mitglieder des Veterinärkorps, das Maschinen-Ingenieurkorps und die Militärbeamten. Militärbeamte sind alle im Heer und in der Marine für das Bedürfnis des Heeres oder der Marine dauernd oder auf Zeit angestellten, nicht zum Soldatenstande gehörenden und unter dem Kriegsminister oder Chef der Admiralität als Verwaltungschef stehenden Beamten, welche einen Militärrang haben, wobei es keinen Unterschied macht, ob sie einen Diensteid geleistet haben oder nicht. (Vgl. Näheres auch bei Bendix S. 14 ff.; Sieskind S. 17 und 18; Güthe, Gruchot Bd. 59 S. 31.)

Die Zugehörigkeit zu einem mobilen oder diesem gleichgestellten Truppenteil kann aber auch auf einem „nichtmilitärischen" (privat- oder öffentlich-rechtlichen) Dienstverhältnis beruhen. Hierher gehören z. B. von der Militärverwaltung angestellte Zivilärzte, Krankenpfleger und Krankenpflegerinnen,[1]) diese insbesondere auch, wenn sie in einem im Ausland fahrenden Lazarettzug beschäftigt sind (OLG. Oldenburg vom 2. Juni 1915 JW. 1915 S. 729; OLG. Naumburg vom 29. Nov. 1915 ROLG. Bd. 31 S. 385, JW. 1915 S. 1452), Marketender, Fuhrparkknechte, Motorrad- und Kraftfahrer,[2]) Zivilangestellte der Offiziere und Beamten des großen Hauptquartiers und der höheren Stäbe, Personen in zivilrechtlichem Dienstverhältnis (z. B. Chauffeur eines Herzogs) (OLG. Rostock vom 15. Dez. 1914 ROLG. Bd. 31 S. 160), Zivilhandwerker (sog. Heerestroß) (a. M. Kipp, DJZ. 1914 S. 1024).

Die Zugehörigkeit vermöge des Berufes wird für diejenigen Personen nicht anzunehmen sein, welche sich lediglich des Erwerbes halber freiwillig einem mobilen Truppenteil anschließen, ohne zu einer Dienstleistung berufen zu sein (Begr. S. 7), z. B. Privatkriegsberichterstatter, Photographen, Händler, nicht vom Truppenteil angenommene Marketender. (Vgl. Sieskind S. 21; Güthe, Gruchot Bd. 59 S. 31; LG. Berlin II vom 20. August 1915 KGBl. 1915 S. 89; Sintenis S. 267 Anm. 8; a. M. Bendix S. 25.) Dagegen sind hierherzurechnen Kriegsberichterstatter, Photographen, Künstler und Schriftsteller, die auf Grund amtlicher Aufforderung oder Auftrags sich bei einem mobilen Truppenteil befinden.

Kriegsteilnehmer kraft Amtes sind die im Hauptquartier, oder sonst im Felde beschäftigten Zivilbeamten des Reiches und der

---

[1]) „Insbesondere ist zu den Angehörigen der mobilen Heeresteile zu zählen das im Etappengebiet oder auf dem Kriegsschauplatz in der freiwilligen Krankenpflege zur Verwendung kommende Personal:

a) der deutschen Landesvereine vom Roten Kreuz und der mit ihnen verbundenen Vereine, sowie der Ritterorden — Johanniter-, Malteser-, St. Georgsritter,

b) derjenigen Vereine, Gesellschaften usw., die auf Grund des Gesetzes zum Schutze des Genfer Neutralitätszeichens vom 22. März 1902 (RGBl. S. 125) von dem zuständigen Kriegsministerium zur Unterstützung des Kriegssanitätsdienstes durch besondere Bescheinigung zugelassen sind.

Das äußere Zeichen der militärischen Verwendung innerhalb der „mobilen" Truppenteile ist in der für jeden Einzelnen — auch für den Ritter — von dem kaiserlichen Kommissar und Militärinspektor der freiwilligen Krankenpflege ausgestellten weißen „Ausweiskarte" (für die Tätigkeit im Heimatsgebiete werden blaue Karten ausgestellt) zu finden; der Zeitpunkt der Aushändigung dieser weißen Karte ist daher für die Begründung des Verhältnisses aus § 2 entscheidend. Sieskind S. 20/21 Fußnote **.

[2]) Die Mitglieder des Kaiserl. und des Kgl. bayer. freiwilligen Automobilklubs werden, soweit sie nicht militärdienstpflichtig sind, auf Grund des bereits im Frieden abzuschließenden Dienstvertrages eingestellt. Ihre Zugehörigkeit zu einem mobilen oder diesem gleichgestellten Truppenteil beginnt für jeden Einzelnen mit der Zuteilung zu einem solchen Truppenteil kraft des Gestellungsbefehles (vgl. Sieskind S. 21 Fußnote ***) OLG. Nürnberg vom 23. November 1914 Recht 1914 S. 733).

Bundesstaaten, sowie diplomatische Abgesandte der neutralen und befreundeten Staaten.

6. In allen diesen Gruppen kommen nur Personen in Betracht, die einem Truppenteil des **deutschen** Heeres oder der deutschen Marine angehören. Die anfänglich mancherseits vertretene Ansicht, daß auch Angehörige österreichisch-ungarischer Truppenteile den Schutz des § 1 Ziff. 1 genießen, findet im Gesetz keine Stütze; nachdem durch Verordnung des Bundesrats vom 22. Okt. 1914 Nr. 4522 RGBl. S. 450[1]) die Ausdehnung des Gesetzes auf Kriegsbeteiligte Österreich-Ungarns ausdrücklich von vorheriger Gewährung der Gegenseitigkeit abhängig gemacht ist, können in dieser Richtung Zweifel nicht mehr bestehen; denn selbst wenn man ursprünglich das Gesetz in der angegebenen Richtung hätte ausdehnen wollen und können, so wäre auf jeden Fall auf Grund der erwähnten Bundesratsverordnung (lex posterior derogat legi priori) eine derartige Auslegung ausgeschlossen; wie hier: Sieskind S. 16/17; Sintenis S. 305; Bendix S. 29; Güthe, PrJMBl. S. 744 = Gruchot S. 29/30; Kipp, DJZ. 1914 S. 1026; Hallbauer, Recht 1914 S. 579; BerlAnwVer., JW. 1914 S. 789; Menner, JW. 1915 S. 7; Mayer S. 196; Heß S. 51; Sintenis S. 305; ferner KammerG. vom 22. Okt. 1914 und vom 26. Okt. 1914 DJZ. 1914 S. 1387/1388; KG. vom 21. Sept. 1914 Recht 1914 S. 646/647; OLG. München vom 20. Nov. 1914 Recht 1914 S. 730; OLG. Kolmar vom 16. Dez. 1914 DJZ. 1915 S. 215. **A. M.** Reichel, Recht 1914 S. 588/589, der zwar Neutrale ausschließt, Österreich-Ungarn aber hierher rechnet; ferner ebenso Miltner, LZ. 1914 S. 1646; Haberstumpf, DRZ. 1914 S. 741, der aber nunmehr BayZfR. 1915 S. 48 die gleiche Ansicht[2]) vertritt, wie oben im Text; sowie das LG. Berlin I vom 24. Aug. 1914 JW. 1914 S. 846.

Die Ausdehnung des den Österreichern und Ungarn gewährten Schutzes auf Türken und Bulgaren auf dem Wege der analogen Anwendung bereits bestehender Verordnungen ist daher nicht zulässig; es bedürfte hiezu einer besonderen Verordnung (Sintenis S. 305; Bovensiepen, DJZ. 1916 S. 230; Hallbauer, DJZ. 1916 S. 331).

b) Personen, die sich dienstlich aus Anlaß der Kriegsführung des Deutschen Reiches im Auslande aufhalten.

Der Grund für diese Bestimmung liegt in der Erschwerung des Verkehrs mit der Heimat während des Krieges. (Begr. S. 6.) Ausland ist hier nicht nur das Feindesland, sondern auch befreundete und neutrale Länder. (Mansfeld, BayZfR. 1914 S. 334; Mayer S. 198; Starck, DJZ. 1915 S. 1024.) Der Aufenthalt in einem derartigen Lande muß auf einen von einer amtlichen Stelle (Behörde) erteilten,

[1]) Siehe S. 328.

[2]) Dagegen kann die dort ausgesprochene Ansicht, daß Angehörige der unter deutschem Oberbefehl kämpfenden österreichisch-ungarischen Truppen unter § 2 Abs. 1 Ziff. 1 fallen, nicht gebilligt werden; diese Truppen werden durch diese Art der Verwendung noch nicht zu Teilen der deutschen Land- oder Seemacht der zunehmenden Vermischung der Verbände. Und was wäre denn mit den unter österreichischem Oberbefehl kämpfenden deutschen Truppen?

mit der Kriegführung des Deutschen Reiches in ursächlichem Zusammenhang stehenden Auftrag zurückzuführen sein. Hierher gehören insbesondere die Verwaltungs-, Eisenbahn-, Post- usw. Beamten, die in einem von dem deutschen Heere besetzten Lande tätig sind. (Bendix S. 29; Güthe, Gruchot Bd. 59 S. 32; Hallbauer, Recht 1914 S. 579.) So sind namentlich alle an der Zivilverwaltung in Belgien, Kurland und Polen, ferner alle in dienstlicher Eigenschaft bei den Bundesgenossen des Reichs sich aufhaltenden Personen Kriegsteilnehmer im Sinne des Gesetzes. Auf die Staatsangehörigkeit der in diese Gruppe fallenden Personen kommt es nicht an; unter Umständen können es auch Nichtdeutsche sein.

c) Personen, welche sich als Kriegsgefangene oder Geiseln in der Gewalt des Feindes befinden. [1])

Kriegsgefangene sind diejenigen Personen, die während des Krieges im Interesse des Deutschen Reiches befugt wirksam geworden sind, oder von denen der Feind sich einer solchen Wirksamkeit versehen kann und die deshalb von dem kriegführenden Staat in Sicherungshaft werden, in erster Linie also die Angehörigen der bewaffneten Macht, ferner die Staatshäupter, die waffenfähigen Mitglieder des Herrscherhauses, Minister und Zivilbeamte, sonstige Angehörige der Truppenteile. (Siehe oben Ziff. I, A, a, 4; Goldschmidt, LZ. 1914 S. 1636 ff.) Spione gelten, wenn sie vom Feind aufgegriffen sind, im Sinne des Völkerrechts nicht als Kriegsgefangene, dürften aber im Sinne der gegenwärtigen Bestimmungen den Kriegsgefangenen gleichzuachten sein, soferne man sie nicht unter § 1 Ziff 2 des Gesetzes einreiht. Hierher gehören auch Heerespflichtige und überhaupt alle Deutschen, die dieser Eigenschaft wegen im feindlichen Staate zurückgehalten werden. (Kipp, DJZ. 1914 S. 1025; OLG. Hamburg vom 10. Nov. 1915 ROLG. Bd. 31 S. 378 = LZ. 1916 S. 251 = Recht 1916 S. 146 Nr. 329; OLG. Hamburg vom 10. Nov. 1915 DJZ. 1916 S. 450 = Recht 1916 S. 24 Nr. 75; Schäffer, JW. 1915 S. 1077; Bendix S. 29; a. M. jetzt Bendix, ZVersWiss. 1915 S. 123; Güthe, Gruchot Bd. 59 S. 33.)

Geiseln sind Personen, die zur Sicherheit für die Erfüllung völkerrechtlicher Verpflichtungen vom Feind festgehalten werden. (Sieskind S. 23; Goldschmidt, LZ. 1914 S. 1641; Waldecker, HirthsAnn. 1914 S. 668 Fußnote 35.) Die Bewohner der vom Feind noch besetzten deutschen Orte sind nicht ohne weiteres den Kriegsgefangenen oder Geiseln gleichzustellen. (OLG. Colmar vom 5. Juni 1915 DJZ. 1915 S. 1042 = Recht 1915 S. 562 Nr. 1046.) Als Kriegsgefangene und Geiseln können unter Umständen auch Nichtdeutsche, insbesondere Angehörige neutraler Staaten den Schutz des Gesetzes finden, wenn sie vom Feind auf Grund seiner Kriegführung gegen das Deutsche Reich gefangen gehalten werden. (Goldschmidt, LZ. 1914 S. 1641; Hallbauer, Recht 1914 S. 579; a. M. Neumeyer, DJZ. 1914 S. 1199); österr.-ungarische Geiseln und Kriegsgefangene sind in Anwendung der Bekanntmachung vom 22. Oktober 1914 (RGBl. S. 450 unten S. 328) den deutschen gleichgestellt; dagegen genießen Angehörige der gegen

[1]) Vgl. die einfachere und dem gegenwärtigen Krieg besser angepaßte Fassung der KriegsverschollenheitsVO. (unten S. 360 nebst Anm. S. 362.

das Deutsche Reich kriegführenden Staaten den Schutz dieser Bestimmung nicht, insbesondere auch nicht Angehörige feindlicher Staaten, die sich in Deutschland aufhalten und die im Wege der Wiedervergeltung in Gefangenenlagern untergebracht wurden. (OLG. Nürnberg vom 20. Nov. 1914 Recht 1915 S. 13 Nr. 154; **a. M.** anscheinend Sieskind S. 23.)

Die Kriegsgefangenschaft erlischt mit gelungener Flucht (sog. Selbstranzionierung), Freilassung, Auswechslung, Einbürgerung im Nehmestaat und der nach Kriegsbeendigung tatsächlich erfolgten Entlassung.

d) Juristische Personen und Handelsgesellschaften.

Seinem Wortlaut nach trifft das Gesetz nur natürliche Personen, denn nur natürliche Personen können Kriegsteilnehmer im Sinne des § 2 Ziff. 1—3 sein. Überdies bestimmt der § 9 Abs. 1 noch ausdrücklich, daß die Bestimmungen des § 2 nur auf „natürliche" nichtprozeßfähige Personen Anwendung finden. Über die grundsätzliche Anwendbarkeit des Gesetzes herrscht noch immer Streit (vgl. die Zusammenstellung bei Güthe-Schlegelberger II S. 10 ff.). Es wird, wenn auch nicht mehr von der überwiegenden Mehrheit wie in der ersten Zeit, so doch noch von zahlreichen Gerichten (so noch in der letzten Zeit KammerG. vom 16. Nov. 1915 DJZ. 1916 S. 244, wie schon früher vom 26. Nov. 1914 DJZ. 1915 S. 111) auch die analoge Anwendung des Gesetzes auf juristische Personen selbst dann abgelehnt, wenn die sämtlichen gesetzlichen Vertreter Kriegsteilnehmer sind. Um wirtschaftliche Schädigungen für juristische Personen zu vermeiden, werden als Notbehelfe die freie Anwendung der Vertagung von Amts wegen auf Grund des § 228 ZPO., die Bestellung neuerer Vorstandsmitglieder durch das Registergericht auf Grund der §§ 29, 86, 48 BGB. — unter entsprechender Anwendung dieser für Vereine und Stiftungen des bürgerlichen Rechtes gegebenen Bestimmungen auf die handelsrechtlichen Gesellschaften, insbesondere die Aktiengesellschaften und die Gesellschaften m. b. H. — empfohlen. (So Sieskind S. 15; Sintenis S. 263; Güthe, PrJMBl. 1914 S. 743 = Gruchot Bd. 59 S. 28/29; Hallbauer, Recht 1914 S. 586; Kipp, DJZ. S. 1025; BerlAnwVer., JW. 1914 S. 789; Asch, JW. 1914 S. 854 Fußnote 1; Harder, JW. 1914 S. 1046; Menner, JW. 1915 S. 6; Wertheimer, LZ. 1914 S. 1738; Mangold, LZ. 1914 S. 1744; Mansfeld, BayZfR. 1914 S. 334; Hahnemann, NachrDAV. 1914 S. 127; ferner KG. vom 17. Nov. 1914 JW. 1915 S. 54; KG. vom 26. November 1914 DJZ. 1915 S. 111; OLG. Darmstadt vom 7. Jan. 1915 DJZ. 1915 S. 213; OLG. München vom 18. Nov. 1914 LZ. 1915 S. 74; LG. Leipzig vom 12. Aug. 1914 LZ. 1914 S. 1613; auch OLG. Augsburg vom 24. Okt. 1914 Recht 1914 S. 704 [mangels eines bei der gegebenen Sachlage bestehenden Bedürfnisses, da die Geschäfte der Beklagten von einem Prokuristen weitergeleitet werden, welcher nach § 49 HGB. auch zur Führung des gegenwärtigen Rechtsstreites befugt und imstande ist]). KammerG. vom 5. Dez. 1914 Recht 1915 S. 174 Nr. 337; OLG. Breslau vom 8. Jan. 1915 LZ. 1915 S. 562 = Recht 1915 S. 285 Nr. 485; OLG. Hamburg vom 5. Jan. 1915 LZ. 1915 S. 305 = DJZ. 1915 S. 432 = Recht 1915 S. 59 Nr. 194 = ROLG. Bd. 30 S. 242; OLG Nürnberg vom 30. März 1915 Recht 1915 S. 230 Nr. 406; OLG.

Stuttgart vom 23. März 1915 Recht 1915 S. 286 Nr. 495; OLG. Dresden vom 10. März 1915 ROLG. Bd. 30 S. 363 = Sächs. ArchR. 1915 S. 197 = Recht 1915 S. 486 Nr. 725; OLG. Breslau vom 1. Mai 1915 LZ. 1915 S. 1323; LG. Leipzig vom 11. Mai 1915 JW. 1915 S. 665. Nichtigkeits-Abt. d. Kais. Patentamts vom 23. Febr. 1915 JW. 1915 S. 666.

Diese Meinung kann nicht gebilligt werden. Eine juristische Person, deren sämtliche gesetzliche Vertreter Kriegsteilnehmer sind, ist in demselben Maße an der Wahrnehmung ihrer Rechte behindert, wie eine natürliche Person, die selbst Kriegsteilnehmer oder deren gesetzlicher Vertreter Kriegsteilnehmer ist.

Um schwere wirtschaftliche Schädigungen, insbesondere kleinerer und weniger kapitalskräftiger juristischer Personen zu vermeiden, erscheint deshalb die Anwendung des Gesetzes auf juristische Personen notwendig, was auch vielfach von den Vertretern der Gegenmeinung anerkannt wird, die deshalb eine Ergänzungsbestimmung als wünschenswert bezeichnen. (So Kipp, Recht und Wirtschaft 1914 S. 213; Magnus, Recht und Wirtschaft 1914 S. 225; Wertheimer, LZ. 1914 S. 1738; Mangold, LZ. 1914 S. 1744; Menner, JW. 1915 S. 6 ff.; OLG. Breslau vom 26. Mai 1915 JW. 1915 S. 664.) Daß der Gesetzgeber juristische Personen nicht unter das Gesetz stellen wollte, steht einer ausdehnenden Auslegung nicht im Wege. (Vgl. Staudinger Ziff. I der Einleitung zum Bd. I BGB.)

Unbilligkeiten und eine allzugroße Erschwerung des Rechtsverkehres (so Harder, JW. 1914 S. 1046) können übrigens durch die Bundesratsverordnung vom 14. Jan. 1915 Nr. 4607 RGBl. S. 17 (KTVertrVO.) vermieden werden [1]) (OLG. Hamburg vom 6. Jan. 1915 Recht 1915 S. 229 Nr. 400 = DJZ. 1915 S. 432); allerdings muß auch dann die Aussetzung erfolgen, wenn die Möglichkeit einer anderweitigen Vertretung nur mit unverhältnismäßigen Schwierigkeiten erfolgen kann. (OLG. Darmstadt vom 22. März 1915 LZ. 1915 S. 714; OLG. Hamburg vom 16. Okt. 1915 Recht 1915 S. 620 Nr. 1193.)

Dem praktischen Bedürfnis entsprechend hat auch die Rechtsprechung sich allmählich mehr für die ausdehnende Auslegung des Gesetzes entschieden, wenngleich immer noch über diese einer unzweideutigen gesetzlichen Regelung dringlich bedürftigen Fragen eine bedauerliche Rechtsunsicherheit herrscht; diese wird dadurch noch vermehrt, daß die für die Entscheidung maßgebenden Gesichtspunkte fortwährend wechseln, einmal sind Nützlichkeitserwägungen hinsichtlich der Möglichkeit einer Vertreterbeschaffung oder Information ausschlaggebend, dann wieder kommt die Zahl der einberufenen und der zurückgebliebenen Vertreter in Betracht; alle Schattierungen von kleinlichster Gesetzestreue bis zur weitherzigsten allgemeinen Auslegung lassen sich nachweisen. Immerhin ist die Meinung, die

---

[1]) Siehe S. 334. Die Bestimmungen dieser Verordnung scheinen auf jeden Fall besser geeignet zu sein, einen Ausgleich zwischen den Bedürfnissen der juristischen Personen und ihrer Gegner zu schaffen als die in ihrer Anwendbarkeit zweifelhaften von den Vertretern der Gegenmeinung vorgeschlagenen Notbehelfe. Vgl. Lux, JW. 1914 S. 961/62. Jedenfalls hat sie die Bedeutung der Streitfrage wesentlich eingeschränkt (vgl. Schäffer, JW. 1915 S. 836 u. 1078).

das Gesetz uneingeschränkt auf juristische Personen ausdehnt, im Begriffe die herrschende zu werden. (So: RG. [VI] vom 10. Dez. 1914 LZ. 1915 S. 43; OLG. Dresden vom 26. Okt. 1914 LZ. 1915 S. 69 = SächsArchR. 1914 S. 521; OLG. Hamburg vom 5. Okt. 1914 DJZ. 1915 S. 114 = Recht 1914 S. 733 und vom 4. Nov. 1914 LZ. 1915 S. 70 = DJZ. 1915 S. 114 = Recht 1914 S. 734; OLG. Hamm vom 3. Dez. 1914 LZ. 1915 S. 70; OLG. Augsburg vom 5. Jan. 1915 LZ. 1915 S. 237; LG. Karlsruhe vom 16. Nov. 1914 Recht 1914 S. 614; ferner Lux, JW. 1914 S. 961/962; OLG. Bamberg vom 14. März 1915 Recht 1915 S. 175 Nr. 351; OLG. Hamburg vom 15. Febr. 1915 LZ. 1915 S. 452 = Recht 1915 S. 175 Nr. 349; OLG. Dresden vom 7. Juni 1915 JW. 1915 S. 729; OLG. Karlsruhe vom 15. Dez. 1914 LZ. 1915 S. 289 Nr. 499; LG. Leipzig vom 27. April 1915 JW. 1915 S. 532; OLG. Dresden vom 9. April 1915 SächsArchR. 1915 S. 219 = Recht 1915 S. 407 Nr. 744; OLG. Hamburg vom 10. Febr. 1915 DJZ. 1915 S. 725; OLG. Dresden vom 6. Juni 1915 Recht 1915 S. 454 Nr. 810 = LZ. 1915 S. 1114 = SächsArchR. 1915 S. 377; OLG. Darmstadt vom 7. Juni 1915 DJZ. 1915 S. 1241; OLG. Hamburg vom 16. Okt. 1915 LZ. 1916 S. 175 und vom 10. Febr. 1915 LZ. 1915 S. 561 und vom 9. Dez. 1915 LZ. 1916 S. 482; OLG. Dresden vom 7. Okt. 1915 LZ. 1916 S. 175.)

Auf die Gesellschaften mit beschränkter Haftung, die durch ihre Geschäftsführer repräsentiert werden, finden die für die juristischen Personen im allgemeinen und insbesondere auch für die offene Handelsgesellschaft (siehe unten) aufgestellten Grundsätze entsprechende Anwendung (LG. Leipzig v. 27. April 1915 JW. 1915 S. 532). Die Aussetzung ist jedenfalls dann zu gewähren, wenn der einzige oder alle Geschäftsführer Kriegsteilnehmer sind (so: OLG. Dresden v. 7. Juli 1915 JW. 1915 S. 729 und vom 3. Juni 1915 JW. 1915 S. 1126; OLG. Hamburg vom 9. Dez. 1915 LZ. 1916 S. 482 und vom 10. Febr. 1915 LZ. 1915 S. 561 = DJZ. 1915 S. 725; LG. Leipzig vom 27. Sept. 1915 JW. 1915 S. 532; a. M. OLG. Dresden vom 7. Okt. 1915 LZ. 1916 S. 175 = JW. 1916 S. 609 = Recht 1916 S. 84 Nr. 181; LG. Leipzig KfHS. vom 11. Mai 1915 JW. 1915 S. 665). Ist jedoch von mehreren selbständigen vertretungsberechtigten Geschäftsführern noch einer auch weiterhin mit der Geschäftsführung betraut, so ist für die Aussetzung kein Raum; der zurückgebliebene hat die Möglichkeit, sich die notwendige Sachkunde und Information zu verschaffen. (OLG. Darmstadt vom 7. Juni 1915 DJZ. 1915 S. 1242 = Recht 1916 S. 24 Nr. 77.) Zu eng ist es, die Aussetzung nur dann zu gewähren, wenn nicht nur die oder der Geschäftsführer, sondern auch die sämtlichen oder die Mehrzahl der Gesellschafter einer GmbH. Kriegsteilnehmer sind (a. M. OLG. Dresden vom 7. Oktober 1915 JW. 1916 S. 609 LZ. 1916 S. 175).

In Anwendung der für die juristischen Personen gewonnenen Grundsätze muß bei der offenen Handelsgesellschaft das Gesetz auf jeden Fall dann Anwendung finden, wenn der einzige oder sämtliche vertretungsberechtigte Gesellschafter Kriegsteilnehmer sind, oder — bei Gesamtvertretung — wenn die nicht behinderten Gesellschafter allein nicht vertretungsberechtigt sind. (So: Sintenis S. 264; Güthe, PrJMBl. 1914 S. 743 = Gruchot Bd. 59 S. 29; BerlAnwVer., JW.

1914 S. 789; Lux, JW. 1914 S. 962; Lewin, JW. 1915 S. 53; Byk, BankArch. Bd. 14 S. 20; Hackenberger, JurLitBl. 1914 S. 163; Hahnemann, NachrDAV. 1914 S. 127 und wohl auch Kipp, DJZ. 1914 S. 1026; ferner KG. vom 15. Sept. 1914 bei Güthe a. a. O. = OLGRspr. Bd. 29 S. 306; vom 21. Sept. 1914 Recht 1914 S. 647; OLG. Braunschweig vom 9. Okt. 1914 DJZ. S. 1306; OLG. Hamm vom 27. Nov. 1914 Recht 1914 S. 735; OLG. Stuttgart [AZ. 247/14] DRAZ. 1914 S. 173 und vom 30. Okt. 1914 Recht 1914 S. 732; OLG. Augsburg vom 5. Jan. 1915 LZ. 1915 S. 237 = BayZfR. 1915 S. 78 = Recht 1915 S. 37; OLG. Köln vom 18. Dez. 1914 DRAZ. 1915 S. 10; LG. Mainz vom 12. Dez. 1914 DRAZ. 1915 S. 10; OLG. Breslau vom 26. Mai 1915 JW. 1915 S. 664 = Recht 1915 S. 353 Nr. 638; LG. Berlin I vom 10. Juni 1915 JW. 1915 S. 733; [vgl. auch Düringer-Hachenburg Bd. IV 1 Anm. 7 Abs. 3 zu § 124 HGB. S. 451].)

Im Rechtsstreit der offenen Handelsgesellschaft sind nicht die Gesellschafter als Einzelpersonen Partei, sie sind es auch nicht als notwendige Streitgenossen, sondern Partei sind die Gesellschafter in ihrer Vereinigung. Die einzelnen Gesellschafter kommen nur als Vertreter der Gesellschaft in Betracht; die Gesellschaft ist parteifähig, aber nicht prozeßfähig und bedarf zur Vornahme einzelner Prozeßhandlungen der Vertretung durch die einzelnen vertretungsberechtigten Gesellschafter. (So: RG. vom 3. Mai 1912 LZ. 1912 S. 539 Nr. 5; Staub Anm. 5 zu § 124 HGB.; Skonietzki-Gelpcke Anm. 2 zu § 59 ZPO.; Förster-Kann Anm. 3 zu § 50 ZPO.) Die Frage der Anwendbarkeit dieses Gesetzes auf die offenen Handelsgesellschaften kann deshalb nicht unter dem Gesichtspunkt der Verhinderung der Partei, sondern nur unter dem des Mangels einer Parteivertretung betrachtet werden.

Zu eng ist es deshalb, das Gesetz auf offene Handelsgesellschaften überhaupt nicht anzuwenden — so: OLG. München vom 19. Oktober 1914 OLGRspr. Bd. 30 S. 7 = Recht 1914 S. 705 und vom 18. November 1914 LZ. 1915 S. 74; OLG. Cassel vom 30. November 1914 LZ. 1915 S. 66/68 (weil die offene Handelsgesellschaft für den Prozeß als juristische Person zu behandeln sei); vgl. Schäffer, JW. 1915 S. 835 und die dort Zitierten — oder nur dann, wenn sämtliche Gesellschafter Kriegsteilnehmer sind. (So: OLG. Hamburg vom 19. Okt. 1914 DJZ. 1914 S. 1307 = LZ. 1915 S. 65 = Recht 1914 S. 732; OLG. Colmar vom 16. Nov. 1914 LZ. 1915 S. 69 = DJZ. 1915 S. 116; OLG. Dresden vom 26. Okt. 1914 LZ. 1915 S. 69 = Recht 1915 S. 108 Nr. 238.)

Zu weitgehend ist es andererseits, das Gesetz schon dann anzuwenden, wenn nur ein oder mehrere nicht-vertretungsberechtigter Gesellschafter einberufen sind. (So: Harder, JW. 1914 S. 1046 und S. 1135; Menner, JW. 1915 S. 4; KammerG. vom 21. Okt. 1914 OLGRspr. Bd. 29 S. 306 und vom 12. Dez. 1915 LZ. 1915 S. 235; OLG. Hamm vom 19. Sept. 1914 DJZ. 1914 S. 1216 = Recht 1914 S. 735; OLG. Hamburg vom 9. Nov. 1914 LZ. 1915 S. 151 = DJZ. 1914 S. 1393; OLG. Dresden vom 6. Okt. 1914 DJZ. 1914 S. 1305 und vom 5. Nov. 1914 JW. 1914 S. 1045 = Recht 1914 S. 737; OLG. Frankfurt vom 17. Dez. 1914 LZ. 1915 S. 151 = ROLG. Bd. 30 S. 7 [weil jeder Gesellschafter Partei sei und die sämtlichen Gesellschafter notwendige Streitgenossen; auch könnten keine gemeinsamen, die Nichtschnur für die Handlungen des Vertretungsberechtigten bildenden Gesellschafterbeschlüsse gefaßt werden]; OLG. Dresden vom 11. Jan. 1916 SächsArchR. 1916 S. 121 [obwohl nur ein Teilhaber im Feld ist, was an sich kein Aussetzungsgrund wäre, wird trotzdem die Aussetzung gewährt, weil bei dem Prozeß die Ehre des im Feld befindlichen Teilhabers auf dem Spiel steht]; OLG. München vom 9. Jan. 1915 LZ. 1915 S. 235; OLG. Düsseldorf vom 3. Nov. 1914 LZ. 1915 S. 152. [In diesem Fall ist die offene Handelsgesellschaft nach Klagserhebung aufgelöst worden und der bisherige Gesellschafter und nunmehrige alleinige Inhaber im Feld]; OLG. Dresden vom 27. April 1915 Recht 1915 S. 407 Nr. 739 = SächsArchR. 1915 S. 221; LG. Berlin vom 13. Dez. 1915 JW. 1916 S. 148 = Recht 1916 S. 84 Nr. 180; OLG. Augsburg vom 5. Jan. 1915 LZ. 1915 S. 238/39 = Recht 1915 S. 37 Nr. 173 u. S. 109 Nr. 252; **a. M.** OLG. Stuttgart vom 27. April 1915 Recht 1915 S. 521 Nr. 909; OLG. Colmar vom 5. Juni 1915 ElsLothrZ. 1915 S. 278; OLG. Hamburg vom 5. Januar 1915 LZ. 1915 S. 309 = Recht 1915 S. 109 Nr. 253 = OLGRspr. Bd. 30 S. 243; OLG. Celle vom 1. März 1915 LZ. 1915 S. 645; OLG. Darmstadt vom 14. Juli 1915 LZ. 1915 S. 1113). Ebensowenig tritt die Unterbrechung ein bei einer zur Zeit der Klageerhebung schon aufgelösten offenen Handelsgesellschaft (RG. vom 7. Jan. 1915 Recht 1915 S. 60 Nr. 195 = DJZ. 1915 S. 318); dieselbe kommt immer nur dem früheren Gesellschafter zugut, der Kriegsteilnehmer ist.

Aber auch die Einberufung e i n e s v e r t r e t u n g s b e r e c h t i g t e n Gesellschafters kann die Anwendung des Gesetzes nicht rechtfertigen, wenn die nichtbehinderten Gesellschafter noch allein zur Vertretung berechtigt sind, und zwar selbst dann nicht, wenn von mehreren selbständig vertretungsberechtigten Gesellschaftern gerade derjenige im Feld ist, der den für den Prozeß in Frage kommenden Stoff allein beherrscht. OLG. Breslau vom 26. Mai 1915 JW. 1915 S. 664 und vom 12. März 1915 JW. 1915 S. 464 = LZ. 1915 S. 777; LG. Berlin I vom 13. Dez. 1915 JW. 1916 S. 148 und vom 10. Juni 1915 JW. 1915 S. 733; OLG. Dresden vom 9. Dez. 1914 LZ. 1915 S. 645; **a. M.** OLG. Cassel vom 23. Nov. 1914 LZ. 1915 S. 65; OLG. Bamberg vom 16. Nov. 1914 LZ. 1915 S. 68; OLG. Hamburg vom 1. Okt. 1914 ROLG. Bd. 30 S. 6; OLG. Darmstadt vom 7. Dez. 1914 DJZ. 1915 S. 113; OLG. Celle vom 1. März 1915 LZ. 1915 S. 645; LG. München I vom 30. Dez. 1914 [mit der Begründung, daß der einberufene Gesellschafter die Rechtskraft des gegen die Gesellschaft ergehenden Urteils nach § 28 HGB. auch gegen sich gelten lassen müßte und daß ihm dann die Einwendungen des § 129 Abs. 1 abgeschnitten wären]. Auf Schwierigkeiten in der inneren Geschäftsführung, wie sie in einigen der erwähnten Fälle allerdings entstehen können (vgl. insbesondere § 115 Abs. 1 Satz 2 HGB.), kann eine derartig weitgehende Rücksicht nicht genommen werden, zumal das Gesetz auch in anderen Fällen Schwierigkeiten, die z. B. auch durch Einberufung von Angestellten entstehen können (vgl. den häufigen Fall, daß der Ehemann Prokurist im Geschäfte der Ehefrau ist) nicht berücksichtigt Materielle Rechte der Kriegsteilnehmer zu wahren, ist das Gesetz grundsätzlich nicht bestimmt (vgl. Anm. 2 zu § 1); wenn Eideszuschiebungen oder Eidesleistungen erforderlich werden, muß allerdings möglicherweise Vertagung erfolgen.[1]) Die Einleitung einer Geschäftsaufsicht steht der Aussetzung des Prozesses gegen die offene Handelsgesellschaft nicht im Wege (OLG. Zweibrücken vom 23. Nov. 1915 JW. 1916 S. 610), wenn auch meistens die Aufsichtsperson als geeigneter Vertreter zu bestellen und darnach der Prozeß weiter zu führen ist.

Die gleichen Grundsätze wie für die offene Handelsgesellschaft gelten für die Kommanditgesellschaft (KG. v. 21. Sept. 1914 DJZ. 1914 S. 1213 = Recht 1914 S. 737; vom 19. Oktober 1914 KGBl. 1914 S. 141; vom 2. Oktober 1914 DJZ. 1914 S. 1389 = KGBl. 1914 S. 142; OLG. Colmar vom 16. Nov. 1914 DJZ. 1915 S. 116 = LZ. 1915 S. 69. [Es handelte sich hier immer um Fälle, in denen sämtliche bzw. der einzige persönlich haftende Gesellschafter Kriegsteilnehmer war.] OLG. Colmar v. 6. Januar 1915 LZ. 1915 S. 714 [keine Aussetzung, wenn nur einer von zwei vertretungsberechtigten persönlich haftenden Gesellschaftern im Felde ist] LG. Berlin I v. 13. Dezember 1915 JW. 1916 S. 148).

Bei der Gesellschaft des bürgerlichen Rechtes ist jeder Gesellschafter im Rechtsstreit selbständige Partei. Der Geschäftsführer ist nicht gesetzlicher Vertreter der Gesellschaft, er tritt für sich selbst als Partei, für die anderen Gesellschafter auf Grund der in der Befugnis zur Geschäftsführung und Vertretung liegenden Vollmacht auf. (Vgl. Düringer-Hachenburg Bd. 4 S. 121 Anm. 142 und dort Zitierte.) Die Kriegsteilnehmerschaft eines Gesellschafters kommt deshalb nur insoweit in Betracht, als allgemein die Kriegsteilnehmerschaft eines Streitgenossen auf den Rechtsstreit einwirkt. (OLG. Celle vom 10. Nov. 1914 LZ. 1915 S. 152; s. unten Anm. I D.)

Auf den nichtrechtsfähigen Verein finden, soweit er Kläger ist, die eben für die bürgerlich-rechtliche Gesellschaft erwähnten Grundsätze Anwendung, soweit er Beklagter ist (§ 50 Abs. 2, § 735 ZPO.), die für die juristische Person geltenden, so daß das Verfahren zu unterbrechen ist, wenn der Vorstand als gesetzlicher Vertreter des Vereins Kriegsteilnehmer ist (Mayer S. 203 ff.; a. M. LG. Karlsruhe vom 9. Jan. 1915 DJZ. 1915 S. 321 = Recht 1915 S. 176).

B. Gerichte.

Die §§ 2, 3, 4 und 9 des Gesetzes finden auf das Verfahren bei den ordentlichen Gerichten Anwendung (vgl. dagegen Immob.-SchVO. unten S. 332). Die ordentlichen Gerichte sind nach § 13 GVG.

---

[1]) Werden neben der offenen HG. auch die Gesellschafter gleichzeitig für eine Gesellschaftsschuld in Anspruch genommen, so liegt nach der herrschenden Meinung notwendige Streitgenossenschaft vor; Unterbrechung oder Aussetzung zugunsten eines mitbeklagten Gesellschafters bewirkt dann auch Unterbrechung oder Aussetzung für die Gesellschaft und die übrigen mitbeklagten Gesellschafter; KammGer. vom 19. und 22. Okt. 1914 DJZ. 1914 S. 1304, 1387; OLG. Dresden vom 6. Okt. 1914 DJZ. 1914 S. 1305 = Recht 1914 S. 732; KammGer. vom 2. Okt. 1914 DJZ. 1914 S. 1388 = Recht 1914 S. 735 (betrifft KommG.); vgl. aber auch Gaupp-Stein Anm. II 3 a zu § 62 ZPO.; Förster-Kann Anm. zu § 62 ZPO. S. 215; ferner DRAZ. 1915 S. 10 und OLG. München vom 9. Jan. 1915 LZ. 1915 S. 235 (nur für die Gesellschaft, nicht dem andern Gesellschafter).

Amtsgerichte, Landgerichte, Oberlandesgerichte und das Reichsgericht; ferner nach §§ 8, 10 EG. GVG. und Art. 42 AG. ZPO. das bayerische Oberste Landesgericht. Zu den ordentlichen Gerichten gehören auch die Konsular- und Schutzgebietsgerichte. Begr. S. 7. (Vgl. aber Hellwig, System des deutsch. Ziv.-Prozeßrechtes Bd. 1 S. 65.) § 2 Abs. 2 bringt die Ausdehnung des Gesetzes auf das Verfahren vor den Gewerbegerichten und Kaufmannsgerichten; nach § 10 findet das Gesetz auch auf das Verfahren vor den Sondergerichten des § 14 GVG. Anwendung, soferne nicht durch Landesrecht etwas anderes bestimmt wird. Auf das Verfahren vor den Schiedsgerichten hingegen findet das Gesetz keine Anwendung (vgl. Güthe, PrJMBl. 1914 S. 744 = Gruchot Bd. 59 S. 33; Mansfeld, BayZfR. 1914 S. 333), da die prozessualen Normen über die Unterbrechung des Verfahrens auf die an die prozeßrechtlichen Vorschriften nicht gebundene Erledigung des Rechtsstreites vor dem Schiedsgerichte nicht passen (RG. Bd. 62 S. 24); überdies gewähren die Vorschriften des § 1041 Ziff. 3 und 4 ZPO. genügenden Schutz gegen Schädigungen des Kriegsteilnehmers (vgl. Wassermann, JW. 1915 S. 952; a. M. Sintenis S. 256 Anm. 3, Schäffer, JW. 1915 S. 832; Hallbauer, Recht 1914 S. 587; DJZ. 1915 S. 676; Mayer S. 194 [stellt die Anwendung des Gesetzes in das Ermessen des Schiedsgerichts]); soweit eine Mitwirkung der Gerichte im schiedsgerichtlichen Verfahren erforderlich ist (§§ 1029, 1031, 1041, 1044 ZPO.), insbesonders im Verfahren zur Erwirkung des Vollstreckungsurteils (§ 1042 ZPO.) findet das Gesetz allerdings Anwendung, ebenso im Verfahren zur Bestellung des Schiedsrichters (Wassermann, JW. 1915 S. 951).

Das Gesetz findet keine Anwendung auf das Verfahren vor dem Geheimen Justizrat (Geh. Justizrat in 2. Instanz v. 1. Juni 1915, JW. 1915 S. 802), das preuß. Auseinandersetzungsverfahren (vgl. Holzapfel, DJZ. 1915 S. 706), auf das Nichtigkeitsverfahren vor dem Patentamt nach §§ 10 und 28 PatG. (Nichtigkeits-Abt. des Kais. Patentamts v. 23. Febr. 1915, JW. 1915 S. 660), auf das Verfahren vor den Verwaltungsgerichten (Bad. VerwGerHof v. 10. Nov. 1914 = Recht 1915 S. 521 Nr. 908 = Bad. Rechtsprechung 1915 S. 86, Popitz, PrVerwBl. Bd. 35 S. 871) und es kann daher aus einem solchen Urteil nicht gemäß §§ 722, 723 ZPO. auf Vollstreckung geklagt werden (vgl. Mayer S. 223).

Als prozeßrechtliche Norm kann das Gesetz nur auf das Verfahren vor deutschen Gerichten Anwendung finden (Hellwig, System des deutsch. Ziv.-Prozeßrechtes Bd. 1 S. 25); Urteilen ausländischer Gerichte, die jedoch unter Verletzung der Vorschriften dieses Gesetzes ergangen sind, muß nach § 328 ZPO. Ziff. 4 die Anerkennung von den deutschen Gerichten versagt werden (Neumeyer, DJZ. 1914 S. 1199). Über den Kriegsteilnehmerschutz vor österreichischen Gerichten vgl. Abel, JW. 1916 S. 229.

C. Bürgerliche Rechtsstreitigkeiten.

Unter den bürgerlichen Rechtsstreitigkeiten im Sinne dieser Bestimmung sind alle in der Zivilprozeßordnung geregelten Verfahren zur Erledigung streitiger Rechtsangelegenheiten zu verstehen, soweit nicht das Gesetz wie hinsichtlich der Zwangsvollstreckung in § 5, hinsichtlich des Aufgebots- und des Verteilungsverfahrens in § 7 eine besondere Regelung getroffen hat. Unerheblich ist es, ob Gegenstand des Rechtsstreites eine Geldforderung ist, oder nicht, ob es sich um vermögensrechtliche

Angelegenheiten handelt oder nicht. Es gehören also hieher das ordentliche Verfahren [einschließlich Rechtsmittel- und Berichtigungsverfahren nach § 319 ZPO.] (OLG. Stuttgart vom 1. Dezember 1914, Recht 1915 S. 36 = LZ. 1915 S. 234), das Mahnverfahren, das auf Rechnungslegung gerichtete Verfahren (OLG. Düsseldorf v. 24. März 1915, ROLG. Bd. 31 S. 169; Schäffer, JW. 1915 S. 1299 mit abweichender Begründung), die Kostenfestsetzung und die Streitwertfestsetzung (OLG. Hamburg v. 13. Okt. 1914, DJZ. 1914 S. 1307 = Recht 1914 S. 734; OLG. München v. 22. Okt. 1914, ROLG. Bd. 30 S. 6), dann das Verfahren auf Einwilligung in die Rückgabe einer Sicherheit (vgl. KG. v. 15. Oktober 1914, Recht 1914 S. 743), das Eheverfahren, Entmündigungsverfahren (Glaser, DJZ. 1914 S. 1077, Hallbauer, Recht 1914 S. 587); auch das Beweissicherungsverfahren (§§ 485 ff. ZPO.) und zwar das prozessuale und das außerprozessuale (KG. in JW. 1915 S. 1040) fällt als zivilprozessuales Verfahren [1]) unter das Gesetz (Sieskind S. 14; Bendix S. 69; Güthe, PrJMBl. 1914 S. 744; Gruchot Bd. 50 S. 34; Bovensiepen, DRZ. 1914 S. 777. OLG. Hamburg vom 7. Nov. 1914 Recht 1915 S. 13 u. 153 = LZ. 1915 S. 753, OLG. Marienwerder vom 23. März 1915 = JW. 1915 S. 1040 = ROLG. Bd. 30 S. 365, Schäffer, JW. 1915 S. 1078; a. M. LG. Karlsruhe vom 1. Dez. 1914 Recht 1915 S. 176 u. 354); vgl. auch Gaupp-Stein Vorb. I vor § 485 ZPO. Die von Glaser in DJZ. 1914 S. 1076 und Hallbauer im Recht 1914 S. 584 gegen die Anwendung des Gesetzes auf dieses letztere Verfahren vorgebrachten Bedenken (damnum irreparabile) sind nunmehr durch die BRVO. vom 14. Jan. 1915 Nr. 4607 [2]) gegenstandslos geworden.

Das gleiche gilt für das Verfahren auf Erlassung eines Arrestes oder einer einstweiligen Verfügung. Diese Verfahren bilden ein mit der Zustellung des Beschlusses endendes streitiges Erkenntnisverfahren. (Gaupp-Stein Vorbem. I, 1 vor § 916 ZPO.; Sieskind S. 14; Sintenis Anm. 5 zu § 2 S. 259; Bendix S. 69; Güthe, PrJMBl. 1914 S. 744 = Gruchot Bd. 59 S. 33/34; Stein, JW. 1914 S. 805; Koch im Recht 1915 S. 41; Sauer, DJZ. 1915 S. 202; OLG. München vom 12. Aug. 1914 Recht 1914 S. 731; OLG. Posen vom 11. Nov. 1914 ROLG. Bd. 30 S. 6; LG. Kiel vom 21. September 1914 in DJZ. 1914 S. 1308 = Recht 1914 S. 732; LG. Allenstein vom 13. Okt. 1914 JW. 1914 S. 989; OLG. Hamburg 10. Dez. 1914 Recht 1915 S. 37 [Beschwerde-Instanz]; OLG. Nürnberg v. 24. Nov. 1915, Recht 1916 S. 24 Nr. 76; KG. vom 4. Februar 1915, ROLG. Bd. 30 S. 8; OLG. Braunschweig v. 11. Dez. 1915, LZ. 1916 S. 413 = Recht 1916 S. 84 Nr. 179 [Ablehnung der Zustellung einer einstweiligen Verfügung]; OLG. Dresden v. 5. Jan. 1916, LZ. 1916 S. 624 = DJZ. 1916 S. 449); a. M. Harder, JW. 1914 S. 902 und Recht 1914 S. 707; OLG. Königsberg vom 5. Nov. 1914 DJZ. 1914 S. 1394 = Recht 1914 S. 736; Mayer S. 225; Cohn, JW. 1915 S. 234 [die die Zustellung zum Vollstreckungsverfahren rechnen und sie daher trotz der Kriegsteilnehmer-

---

[1]) Die Beweissicherung nach §§ 164 ff. FGG. ist als ein Verfahren der freiwilligen Gerichtsbarkeit zulässig. Vgl. auch Josef, Recht 1914 S. 638 ff.

[2]) S. unten S. 334 ff.

schaft des Zustellungsadressaten vollwirksam gelten lassen]; RG. vom 27. Februar 1915, DJZ. 1915 S. 428 [die im Erkenntnisverfahren eingereichte einstweilige Verfügung wird von der Unterbrechung betroffen, dagegen nicht das Arrestverfahren]; vgl. aber OLG. Hamburg v. 8. April 1915, LZ. 1915 S. 779 [Der Kriegsteilnehmer, der einen Arrest oder eine einstweilige Verfügung erwirkt und den Widerspruch des Gegners unter Hinweis auf seine Kriegsteilnehmerschaft niederschlägt, handelt dolos]; ebenso OLG. München v. 10. Nov. 1914, LZ. 1915 S. 150). Auch hier können Unbilligkeiten (vgl. OLG. München vom 10. Nov. 1914 ROLG. Bd. 30 S. 18 = LZ. 1915 S. 150 = Recht 1914 S. 736) durch Anwendung der BRVO. vom 14. Jan. 1915 vermieden werden.

Das Verfahren auf Erteilung einer vollstreckbaren Ausfertigung gehört noch zum Erkenntnisverfahren; es dient zwar zur Vorbereitung der Zwangsvollstreckung, gehört aber noch nicht zu dieser. (Gaupp-Stein Vorbem. VII 1 vor § 704 ZPO.; Güthe, Gruchot Bd. 59 S. 34; LG. Bautzen vom 11. Sept. 1914, Recht 1914 S. 465 = SächsArchR. 1914 S. 439.) Ebenso gehört das Verfahren auf Rückgabe einer Sicherheit nach § 715 ZPO. zum Prozeß und nicht zur Vollstreckung. (OLG. München vom 4. Jan. 1915, LZ. 1915 S. 235.) Das Ordnungsstrafverfahren gegen einen Zeugen ist kein bürgerlicher Rechtsstreit und fällt deshalb nicht unter das Gesetz. (LG. Limburg vom 21. Aug. 1914 Recht 1914 S. 645; a. M. Güthe, Gruchot Bd. 59 S. 34.) Der Erteilung eines Notfristzeugnisses nach § 706 Abs. 2 ZPO. steht die Unterbrechung des Verfahrens nicht im Weg (OLG. Braunschweig vom 27. Sept. 1915, ROLG. Bd. 31 S. 380 = Recht 1916 S. 24 Nr. 74 = LZ. 1916 S. 174).

Bezüglich der Zwangsvollstreckung vgl. § 5.

Auf **das Verfahren der freiwilligen Gerichtsbarkeit** findet das Gesetz **keine Anwendung**; vgl. Josef, Recht 1914 S. 638 ff. (der aber gegen Unger, Zeitschr. f. Zivilpr. Bd. 39 S. 73 ff. auch in diesem Verfahren Aussetzung für zulässig hält und sie dem Ermessen des Gerichts anheimstellt, ebenso Sintenis S. 255 Anm. 2).

Zulässig ist ferner das Verfahren um Bewilligung des Armenrechts gegenüber einem Kriegsteilnehmer, da ja auch die Erhebung der Klage und auch alle sonstigen einleitenden Prozeßhandlungen wirksam sind (Levis, Recht 1914 S. 546; Hachenburg, LZ. 1914 S. 1599; Stein, JW. 1914 S. 804; Hallbauer, Recht 1914 S. 580; Werner, JW. 1915 S. 289; OLG. Naumburg vom 12. Februar 1915, JW. 1915 S. 289; a. M. LG. Kiel vom 27. Februar 1915, LZ. 1915 S. 460 = Recht 1915 S. 175 Nr. 344; OLG. Kiel vom 13. April 1915, LZ. 1915 Nr. 777; Haberstumpf, JW. 1915 S. 204; die abweichende Meinung wird begründet durch den empfindlichen Eingriff in den vom Gesetz zu schützenden Rechtsfrieden des Kriegsteilnehmers. Unbilligkeiten könnten durch Anwendung der BRVO. vom 14. Jan. 1915 beseitigt werden).

Außerdem werden von der Unterbrechung nicht betroffen: Zwangsvollstreckung (einschließlich Zwangsversteigerung und Zwangsverwaltung) (§ 5), Konkursverfahren (§ 6) und Aufgebotsverfahren.

Über die Unzulässigkeit der Anwendung des Gesetzes auf öffentlich-rechtliche Rechtsstreitigkeiten siehe oben S. 282.

D. Die §§ 2, 3, 4 und 9 des Gesetzes finden dann Anwendung, wenn in einem der vorerwähnten Verfahren ein Kriegsteilnehmer „Partei“

ist, also nicht nur dann, wenn er Beklagter oder Antragsgegner, sondern auch, wenn er Kläger oder Antragsteller ist. (Sieskind S. 24; Bendix S. 69; Güthe, PrJMBl. 1914 S. 745 = Gruchot Bd. 59 S. 36; Stein, JW. 1914 S. 806; Hachenburg, LZ. 1914 S. 1593; Nissen, LZ. 1914 S. 1611; Hallbauer, Recht 1914 S. 759; KG. v. 4. Febr. 1915 DJZ. 1915 S. 427 = Recht 1915 S. 110 Nr. 258; a. M. Glaser, DJZ. 1914 S. 1077 = JW. 1914 S. 906 [der die Bestimmungen dann nicht anwenden will, wenn der Kriegsteilnehmer Kläger bzw. Antragsteller ist und die Anwendung der Bestimmungen seinem Interesse oder seinem mutmaßlichen Willen widersprechen.] Ebenso Mayer S. 209; OLG. Colmar vom 13. Nov. 1915 ElsLothZ. 1916 S. 1).

Auch der Testamentsvollstrecker, der Konkursverwalter,[1] der Nachlaßverwalter und der Zwangsverwalter gemäß §§ 23, 148 ZVG. sind in den von ihnen in dieser Eigenschaft geführten Rechtsstreitigkeiten Parteien im Sinne der ZPO. (Gaupp-Stein Vorm. I 3 vor § 50 ZPO.). Sind sie Kriegsteilnehmer, so findet das Gesetz Anwendung. (Sieskind S. 24; OLG. Hamburg vom 16. Sept. 1914 DJZ. 1914 S. 1306; Friedländer, JW. 1914 S. 1076 [bezgl. des Konkursverwalters]); Mayer S. 199 (hinsichtlich aller oben angeführten Personen, nicht aber der Aufsichtsperson bei Anordnung der Geschäftsaufsicht, da sie nicht gesetzlicher Vertreter des Schuldners ist) vgl. auch KG. vom 6. Jan. 1915 KGBl. 1915 S. 37; Schäffer, JW. 1915 S. 838.)

Ist der Kriegsteilnehmer nur Nebenintervenient, so ist er nicht Partei im Sinne der ZPO. und seine Kriegsteilnehmerschaft berührt daher den Rechtsstreit nicht, es sei denn, daß die Voraussetzungen des § 69 ZPO. bei ihm vorliegen. (So: Gaupp-Stein Anm. 1 zu § 239 ZPO.; Förster-Kann Anm. 1 zu § 239 ZPO.; Sieskind S. 24; Güthe, PrJMBl. 1914 S. 746 = Gruchot Bd. 59 S. 37; Hallbauer, Recht 1914 S. 585; Niemeyer, LZ. 1914 S. 1791; Harder, JW. 1914 S. 1135; KG. v. 9. Nov. 1914 DJZ. 1914 S. 1390; OLG. Darmstadt vom 6. Nov. 1914 DJZ. 1914 S. 1392 = Recht 1915 S. 13; Mayer S. 208; Sintenis S. 262; KG. vom 4. Febr. 1915, Recht 1915 S. 110 Nr. 258 = DJZ. 1915 S. 427 und vom 12. Juli 1915, LZ. 1915 S. 1392; OLG. Karlsruhe vom 5. Mai 1915, DJZ. 1916 S. 325; OLG. Hamburg vom 1. Dez. 1914 DJZ. 1915 S. 431; a. M. Skonietzki-Gelpcke Anm. 1 zu § 239; Bendix S. 70; OLG. Breslau vom 17. Sept. 1914 JW. 1914 S. 1044; OLG. Hamburg vom 19. Okt. 1914 DJZ. 1914 S. 1307 = LZ. 1914 S. 1687 = Recht 1914 S. 704; OLG. Hamm vom 25. Sept. 1914 Recht 1915 S. 13; OLG. Dresden vom 5. Jan. 1915 DJZ. 1915 S. 213 = LZ. 1915 S. 309; OLG. Hamm v. 3. Febr. 1915, LZ. 1915 S. 452; OLG. Dresden vom 5. Januar 1915, LZ. 1915 S. 309 = Recht 1915 S. 111 Nr. 263 = DJZ. 1915 S. 213.) Noch weniger kommt es natürlich in Betracht, wenn derjenige, dem der Rechtsstreit verkündet worden ist,

---

[1]) Aussetzung (bzw. Unterbrechung) des Verfahrens dauert an, wenn an Stelle des verhinderten Konkursverwalters ein neuer Verwalter vom Gericht ernannt ist; denn dieser hat selbständig und im eigenen Namen (nicht als Stellvertreter) die Befugnisse und Obliegenheiten der Konkursverwalter wahrzunehmen. Es muß deshalb eventuell ihm gegenüber die Aufnahme des Rechtsstreits gemäß §§ 246 Abs. 2 mit 239, 241—243 ZPO. betrieben werden (Jaeger, Anm. 6 zu § 78 KO.; OLG. München vom 18. Dez. 1914 im Recht 1915 S. 14).

bevor er dem Rechtsstreit beitrat, Kriegsteilnehmer wird. (Hallbauer, Recht 1914 S. 579; KG. vom 4. Februar 1915 DJZ. 1915 S. 427 = Recht 1915 S. 110 Nr. 258; **a. M.** Bendix S. 70.)

Ist einer von mehreren Streitgenossen (§§ 61 ff. ZPO.) Kriegsteilnehmer, so hat dies für die übrigen Streitgenossen nur dann Bedeutung, wenn einer der Fälle des § 62 (notwendige Streitgenossenschaft) vorliegt. (Hellwig, System des deutsch. Ziv.-Prozeßrechtes S. 244 Ziff. IV²; Sintenis Anm. 7 zu § 2 S. 261; Güthe, PrJMBl. 114 S. 745 = Gruchot Bd. 59 S. 37; Hallbauer, Recht 1914 S. 585; OLG. Hamburg vom 13. Okt. und 2. Nov. 1914, und vom 7. Dez. 1914 DJZ. 1915 S. 215 = Recht 1914 S. 734; OLG. Stuttgart vom 12. Nov. 1914 Recht 1914 S. 736; OLG. Frankfurt vom 12. Jan. 1915, LZ. 1915 S. 646; OLG. Dresden vom 7. Juni 1915, JW. 1915 S. 729 [keine Aussetzung für den Akzeptanten, wenn der Aussteller Kriegsteilnehmer ist, weil keine notwendige Streitgenossenschaft vorliegt, sondern lediglich eine prozessuale] OLG. Colmar vom 13. Nov. 1915, Recht 1916 S. 24 Nr. 72; OLG. Karlsruhe vom 31. März 1915, JW. 1915 S. 664 [notwendige Streitgenossenschaft bei Eheleuten, die wegen ihres gemeinsam betriebenen Geschäfts in einem Gesellschaftsverhältnis stehen]: KG. vom 28. Febr. 1915 Recht 1915 S. 229 Nr. 402 = DJZ. 1915 S. 427); es genügt also insbesondere nicht, wenn die Streitgenossen als Gesamtschuldner verklagt sind; OLG. Hamburg vom 2. Nov. 1914 Recht 1914 S. 734; OLG. Stuttgart vom 1. Dez. 1914 Recht 1915 S. 36 = LZ. 1915 S. 310 (betr. Mitbürgen); OLG. Darmstadt vom 7. Jan. 1915 DJZ. 1915 S. 214 = Recht 1915 S. 111 Nr. 268 (Klage gegen Miterben nach § 2058 BGB., vgl. auch Entscheidung des Reichsgerichts Bd. 71 S. 370 u. Bd. 68 S. 223, ebenso KG. vom 8. Febr. 1915 DJZ. 1915 S. 427 = Recht 1915 S. 110 Nr. 259 und vom 17. Sept. 1915 JW. 1915 S. 1271 = Recht 1916 S. 25 Nr. 80; anders jedoch, wenn die Klage nach BGB. § 2059 Abs. 2 erhoben ist, somit eine notwendige Streitgenossenschaft vorliegt); Gaupp-Stein Vorb. III 4 vor § 59 ZPO.; **a. M.** Sieskind S. 24 (der auch bei notwendiger Streitgenossenschaft daraus, daß ein Kriegsteilnehmer Streitgenosse ist, Folgerungen für die übrigen Streitgenossen ablehnt); Bendix S. 70 (welcher einfache Streitgenossenschaft ebenso behandelt wie hier die notwendige). OLG. München vom 15. Jan. 1915 Recht 1915 S. 111 Nr. 229. Keine notwendige Streitgenossenschaft ist bei Gesellschaftern der offenen Handelsgesellschaft vorhanden, weil nach § 129 Abs. I HGB. die rechtliche Unmöglichkeit einer verschiedenen Feststellung des unmittelbar streitigen Rechtsverhältnisses nicht gegeben ist, siehe oben S. 279.

Über Klagen gegen eine offene Handelsgesellschaft und deren Gesellschafter, s. oben S. 281 Fußnote 1, über Räumungsklagen gegen Eheleute, wenn der Ehemann Kriegsteilnehmer ist, s. unten Anhang 1 S. 295. Über den Fall, daß ein Zeuge Kriegsteilnehmer ist, s. unten Anhang 2 S. 297.

II. Der den Kriegsteilnehmern gewährte Schutz.

Das Gesetz bestimmt ausdrücklich nur die Voraussetzungen, unter denen sein Schutz — nämlich Unterbrechung oder Aussetzung des Verfahrens — eintritt; rechtliche Bedeutung und Wirkung der Unterbrechung und Aussetzung bestimmen sich nach den allgemeinen Vorschriften (Buch I Abschnitt 3 Teil V) der Zivilprozeßordnung. (Begründung S. 7.)

a) Nach § 2 Abs. 1 des Gesetzes wird grundsätzlich das Verfahren **unterbrochen.** Unterbrechung des Verfahrens ist der Stillstand, der ohne Rücksicht auf Wissen und Willen der Parteien und des Gerichtes von selbst (kraft Gesetzes) eintritt. Es bedarf daher keines Gerichtsbeschlusses, der die eingetretene Unterbrechung feststellt. Doch muß im Streitfalle ein solcher Beschluß als zulässig erachtet und gleich einem Aussetzungsbeschluß (§ 252 ZPO.) behandelt werden. Die Rechtsmittel sind deshalb: wenn die Unterbrechung als nicht eingetreten erklärt wird, die einfache Beschwerde (§ 567 ZPO.); Hellwig, System des deutsch. Ziv.-Prozeßrechtes Bd. 1 S. 602; Gaupp-Stein Note 1 und 2 zu § 252; Bendix, LZ. 1914 S. 1702; **a. M.** OLG. Stuttgart vom 10. Nov. 1914 Recht 1914 S. 732 (das einen derartigen Beschluß als bedeutungslos, eine Beschwerde hiegegen deshalb als unzulässig betrachtet; die Beschwerde sei erst gegen einen Gerichtsbeschluß zulässig, der die Vornahme einer prozessualen Tätigkeit ablehnt). Gegen den Beschluß des Gerichts, der Terminsanberaumung wegen Kriegsteilnehmerschaft versagt, ist Beschwerde zulässig gemäß § 252 ZPO. (OLG. Stuttgart vom 29. Dez. 1914 Recht 1915 S. 109 Nr. 251). Die Tatsache der Unterbrechung ist vom Gerichte von Amts wegen d. h. ohne besonderen Antrag zu beachten; dies setzt aber voraus, daß das Gericht von den Tatsachen, die die Unterbrechung herbeiführen, Kenntnis hat. Im Versäumnisverfahren ist das Gericht nicht ohne weiteres befugt, Ermittlungen von Amts wegen anzustellen, ob die nicht erschienene Partei etwa Kriegsteilnehmer ist, noch darf es vom Gegner einen dahingehenden Beweis verlangen. Die maßgebenden Bestimmungen der ZPO. (§§ 239 ff., 330 ff. ZPO.), zu denen die vorliegende Bestimmung nur eine Ergänzung bildet, bieten für ein derartiges Vorgehen keine Stütze, insbesondere folgt dies nicht aus der Ziffer 1 des § 335 ZPO. („die vom Gericht wegen eines von Amts wegen zu berücksichtigenden Umstandes erforderliche Nachweisung“); denn dies ist auch in den Fällen der sogenannten „Prüfung von Amts wegen“ hinsichtlich prozessualer Punkte nur im Falle des Zweifels erforderlich. (Gaupp-Stein Anm. III 4 vor § 128 ZPO.) Nur dann, wenn dem Gericht ein Unterbrechungsgrund bekannt ist (Gaupp-Stein § 249 IV), oder, wenn sich aus den Umständen des einzelnen Falles — z. B. aus der Standesbezeichnung in der Klage, aus der Zustellungsurkunde [1]) — für den Unterbrechungsgrund eine derartige Vermutung ergibt, daß dem Antragsteller der Nachweis des Gegenteils billigerweise zugemutet werden darf, kann und muß das Gericht die weiteren richterlichen Handlungen verweigern, bis klargestellt ist, daß der vermutete Unterbrechungsgrund nicht vorhanden ist. Die erstere Voraussetzung beruht auf dem Gedanken des § 291, wonach auch das Gegenteil von den Behauptungen, die ausdrücklich oder stillschweigend im Rechtsstreit aufgestellt werden, keines Beweises bedarf, wenn es beim Gericht offenkundig ist; die zweite Voraussetzung entspricht den Regeln, die sich aus der freien Beweis-

[1]) Durch allgemeine Verfügung des preuß. JustMin. vom 2. Sept. 1914 PrJMBl. 1914 S. 701 (abgedruckt bei Sieskind S. 136) und ebenso durch Verfügung des bayer. Verkehrs- und des bayer. Justizministeriums vom 21./22. August 1914, BayJMBl. 1914 S. 185 ist den Zustellungsbeamten besonders zur Pflicht gemacht, Mitteilungen über Kriegsteilnehmerschaft des Zustellungsempfängers auf Grund der Zustellungsurkunde zu vermerken.

würdigung ergeben (vgl. Stein § 282 IV 7). In diesen Fällen darf das Prozeßgericht auch auf Antrag des Klägers amtliche Auskünfte oder Gutachten einholen; man wird es aber auch für zulässig und zweckmäßig halten müssen, wenn das Gericht in diesen Fällen von Amts wegen derartige Auskünfte erholt, da hierdurch einerseits der antragstellenden Partei die ihr obliegende Beweisführung erleichtert, andererseits dem Gegner der ihm zugedachte Schutz in höherem Maße gesichert wird. **Juliusberg**, DJZ. 1914 S. 1243; **Levis**, **Recht** 1914 S. 548; **Hahnemann**, NachrDAB. 1914 S. 127; **Bovensiepen**, DRZ. 1914 S. 778; Mayer S. 206; Sintenis S. 271 Bem. 15; **KammerG.** vom 26. Okt. 1914 DJZ. 1914 S. 1388; OLG. Braunschweig vom 27. Nov. 1914 LZ. 1915 S. 64 und vom 2. Dez. 1914 DJZ. 1915 S. 114; LG. Leipzig vom 12. Aug. 1914 LZ. 1914 S. 1613; **a. M.** **Mansfeld**, BayZfR. 1914 S. 333; **Dietrich**, DRZ. 1914 S. 735; **Kurtzig**, DJZ. 1914 S. 1269; **Bendix**, LZ. 1914 S. 1702 (welche in jedem Fall den Nachweis verlangen, daß der Abwesende nicht Kriegsteilnehmer ist); ferner **Förder**, JW. 1914 S. 814; **Striemer**, JW. 1914 S. 853; **Hachenburg**, LZ. 1914 S. 1594; **Mangold**, LZ. 1914 S. 1742 (die eine Ermittlung durch das Gericht von Amts wegen für unzulässig halten); **Cohn**, JW. 1915 S. 238.

Eine praktisch nicht sehr bedeutsame Ausnahme[1]) bringt der § 3 Ziff. 1: Wenn der Kriegsteilnehmer einen persönlichen Sicherheitsarrest (§ 918 ZPO.) erwirkt hat, tritt eine Unterbrechung des Verfahrens nicht ein, insoweit es sich um die Entscheidung handelt, ob der Arrest aufrecht zu erhalten oder aufzugeben sei. Das Interesse des Schutzes der persönlichen Freiheit überwiegt hier das Interesse des Schutzes des Kriegsteilnehmers. (Begr. S. 8; **Mansfeld**, BayZfR. 1914 S. 334.)

b) Wann die Unterbrechung des Verfahrens **beginnt**, ergibt sich aus § 2 in Verbindung mit den §§ 1 und 12. In den bei Verkündung des Gesetzes anhängigen Rechtsstreitigkeiten beginnt die Unterbrechung, wenn eine Partei bereits zu einem mobilen Heeresteil usw. gehört, mit der Verkündung, wenn eine Partei erst später in ein solches Verhältnis tritt (vgl. oben S. 269), oder eine derartige Person erst später Partei wird, mit diesem Zeitpunkt. In keinem Falle sind die Wirkungen der Unterbrechung auf die Zeit vor der Verkündung des Gesetzes zurückzubeziehen, wenn die Kriegsteilnehmerschaft auch bereits früher begonnen haben sollte. Wird eine an dem Kriege beteiligte Person nach der Verkündung des Gesetzes verklagt, so tritt die Unterbrechung erst mit dem Zeitpunkt ein, in welchem der Rechtsstreit anhängig geworden ist. Die Erhebung der Klage, welche erst die Rechtshängigkeit begründet (§ 263 ZPO.), ist also zulässig und wirksam, was in den Worten des § 2 „oder anhängig werden" zum Ausdruck gebracht ist, auch aus dem Begriffe der Unterbrechung folgt. Zulässig ist demnach auch die Terminsbestimmung und Zustellung der Klage mit Terminsbestimmung und Ladung; ebenso ist die Zustellung des Zahlungsbefehles, durch die die Rechtshängigkeit begründet wird, zulässig. Dem Gläubiger darf nicht die

[1]) **Glaser**, DJZ. 1914 S. 1079 und JW. 1914 S. 986, will die Unterbrechung auch dann nicht eintreten lassen, wenn sie nicht dem mutmaßlichen Willen des Kriegsteilnehmers entspricht, oder, wenn sie dem Gegner einen nicht ersetzbaren Nachteil bringt (vgl. Bundesratsbekanntmachung vom 14. Jan. 1915 Nr. 4607 RGBl. S. 17).

Möglichkeit genommen werden, die Rechtshängigkeit herbeizuführen. Dies wird nunmehr allgemein anerkannt. (Begr. S. 7 und 8; Bendix S. 66 und JW. 1914 S. 824; Güthe, PrJMBl. 1914 S. 746 = Gruchot Bd. 59 S. 37; BayJMinBek. vom 16. Aug. 1914 JMBl. S. 144; BerlAnwVer., JW. 1914 S. 789; Stein, JW. 1914 S. 804; Kaufmann, JW. 1914 S. 907; Löwenwarter, JW. 1914 S. 949; Lewin, JW. 1915 S. 53; Juliusberg, DJZ. 1914 S. 1243; Hachenburg, LZ. 1914 S. 1599; Nissen, LZ. 1914 S. 1611; Levis, Recht 1914 S. 546; Hallbauer, Recht 1914 S. 580; Mansfeld, BayZfR. 1914 S. 333; Bnk, BankArch. Bd. 14 S. 20; Sintenis S. 257 Anm. 4; OLG. München v. 28. Oktober 1914 in ROLG. Bd. 30 S. 2 = LZ. 1914 S. 1916 = Recht 1914 S. 730 = BayZfR. 1914 S. 451; RG. vom 19. März 1915 DJZ. 1915 S. 616; OLG. Hamburg vom 15. September 1915 DJZ. 1915 S. 1241 = ROLG. Bd. 31 S. 379 = Recht 1916 S. 24 Nr. 73 = LZ. 1915 S. 1602; a. M. Sieskind S. 13/14; Kipp, DJZ. 1914 S. 1026 [Buchstabenjurisprudenz!]; Rosenberg, KGBl. 1914 S. 195 und Reichel, DJZ. 1914 S. 1373, sowie Deumer, DJZ. 1914 S. 1376; LG. Kiel vom 27. Febr. 1915 LZ. 1915 S. 460; OLG. Kiel vom 13. April 1915 LZ. 1915 S. 777). Noch weiter geht Mayer S. 208, 224 ff., der trotz der Unterbrechung die einstweiligen Anordnungen nach § 769 ZPO. zuläßt.

Obwohl in den Fällen der Klagserhebung gegen einen Kriegsteilnehmer sofort nach der Rechtshängigkeit das Verfahren unterbrochen wird, kann die Klagserhebung doch praktische Bedeutung haben; denn wenn durch § 8 des Gesetzes auch die Gegner des Kriegsteilnehmers gegen Ablauf der Verjährung und der Ausschlußfristen geschützt sind, so knüpfen sich doch an den Eintritt der Rechtshängigkeit auch noch andere materiell- und auch prozeßrechtliche Folgen. Es sei nur verwiesen auf §§ 291, 292, 561, 818, 847, 864, 1300, 1613, 2023 BGB. und § 263 Abs. 2 Ziff. 2 ZPO.; Gaupp-Stein Anm. II zu § 267 ZPO.; Stein, JW. 1914 S. 805; Levis, Recht 1914 S. 547; Bendix, JW. 1914 S. 824; a. M. Reichel, DJZ. 1914 S. 1373 (der hier nur die prozeßrechtlichen und nicht materiellrechtlichen Folgen der Rechtshängigkeit eintreten lassen will).

Einen zweifelsfreien Weg der Klagserhebung gegen den Kriegsteilnehmer bietet nunmehr auch § 1 der KTVertrVO. vom 14. Jan. 1915 RGBl. (unten S. 334), doch ist die Anwendbarkeit dieser Vorschrift auf Ausnahmefälle beschränkt.

Über die Zustellung an einen Kriegsteilnehmer s. Anhang 3 S. 299.

c) An Stelle der Unterbrechung kraft Gesetzes tritt nach § 3 Abs. 1 Ziff. 2 mit Abs. 2 die **Aussetzung** des Verfahrens auf Antrag dann, wenn die Partei durch einen Prozeßbevollmächtigten vertreten ist, oder einen anderen zur Wahrnehmung ihrer Rechte berufener Vertreter hat; derselbe muß jedoch Kenntnis von der Unterbrechung und die tatsächliche Möglichkeit haben, für den Kriegsteilnehmer einzutreten (vgl. OLG. Stuttgart vom 11. Mai 1915 LZ. 1915 S. 1114 = Recht 1915 S. 454 Nr. 813).

1. Der Begriff des **Prozeßbevollmächtigten** ergibt sich aus der ZPO. §§ 81 und 82. Wichtig ist insbesondere, daß sich die Prozeßvollmacht auch auf die Vertretung gegenüber der Widerklage in den selbständigen Prozessen, die im Laufe der Zwangsvollstreckung entstehen (§§ 731, 767, 771, 785, 796, 836, 841, 856 und 878 ZPO.; Gaupp-Stein Note II 3 zu § 81 ZPO.; Holländer, JW. 1914

S. 970/71), sowie auf das Verfahren für eine Hauptintervention, einen Arrest und eine einstweilige Verfügung, jedoch nicht auch auf eine höhere Instanz, für die ein Anwalt nicht aufgestellt ist, erstrecken (RG. vom 16. April 1915 DJZ. 1915 S. 921 [in diesem Falle tritt Unterbrechung ein, da es an einem zur Wahrnehmung der Rechte berufenen Vertreter fehlt]; zuweitgehend OLG. Rostock vom 22. Okt. 1914 ROLG. Bd. 30 S. 247 = Recht 1915 S. 454 Nr. 819, wo der Vertreter in einem erledigten Hauptprozeß auch in dem zwar wegen der gleichen Sache, jedoch wegen eines noch nicht fälligen Anspruchs, eingeleiteten Arrestverfahrens wirksam tätig sein darf). Vertritt ein beim Prozeßgericht zugelassener Anwalt sich selbst (§ 78 Abs. 3 ZPO.), so findet § 3 keine Anwendung; das Verfahren wird vielmehr unterbrochen (Mayer S. 212; Friedländer, JW. 1914 S. 1076; Sintenis S. 272 Anm. 3; Schäffer, JW. 1915 S. 840). Kündigung des Mandats bewirkt keine Aussetzung (§ 87 ZPO.; OLG. Hamburg vom 18. Juli 1916 LZ. 1916 S. 1262).

2. Ob die **Vertretungsmacht** des anderen zur Wahrnehmung der Rechte des Kriegsteilnehmers berufenen Vertreters auf Gesetz beruht, oder auf rechtsgeschäftlicher Bestellung, ist gleichgültig; erforderlich aber ist auf jeden Fall, daß seine Vertretungsmacht die Befugnis betrifft, oder wenigstens mitumfaßt, die Rechte des Kriegsteilnehmers gerade in dem in Frage stehenden Rechtsstreit wahrzunehmen. Hiezu ist naturgemäß auch der eigentliche Prozeßbevollmächtigte befugt (OLG. Braunschweig vom 5. Aug. 1915 LZ. 1915 S. 1173 = Recht 1915 S. 455 Nr. 818).

Zur Stellung des Aussetzungsantrags ist auch der gemäß der Bekanntmachung vom 14. Jan. 1915 bestellte Vertreter befugt (Amtsgericht München vom 8. Jan. 1916 JW. 1916 S. 290; OLG. Königsberg vom 4. Juli 1916 LZ. 1916 S. 1263).

Nicht vertretungsberechtigt, also auch nicht befugt zur Stellung des Antrags sind Eltern, Vormünder und Pfleger, wenn der Rechtsstreit eine Verpflichtung betrifft, welche das Mündel (z. B. nach §§ 112, 113 BGB.) rechtswirksam eingehen konnte (§ 52 Abs. 1 ZPO.). Abgesehen hiervon besteht Vertretungsmacht in den Fällen der §§ 1409, 1630, 1684 ff., 1793, 1896 ff., 1909 ff., insbesondere 1911 BGB. (Bendix, LZ. 1914 S. 1701; Graßhof, DJZ. 1915 S. 707.)

Zu beachten ist insbesondere auch, daß nach § 1685 mit § 1677 BGB. die elterliche Gewalt auf die Mutter übergeht, wenn der Vater an der Ausübung derselben tatsächlich behindert ist. Eine solche Behinderung wird meist anzunehmen sein, wenn der Vater Kriegsteilnehmer ist. (Vgl. aber auch Niemeyer, LZ. 1914 S. 1793). Ferner gehört hierher auch der vom Vorsitzenden des Prozeßgerichts gemäß § 1 der Bundesratsverordnung vom 14. Jan. 1915 Nr. 4607 RGBl. S. 17 (unten S. 80) für den Kriegsteilnehmer bestellte Vertreter. Fälle der Berufung kraft Parteiwillens sind insbesondere der Prokurist (§ 49 Abs. 1 HGB.), der Generalsubstitut eines Rechtsanwalts (§ 25 RAO.) und der Generalbevollmächtigte, soferne sich, was im einzelnen Fall zu prüfen ist, die Vollmacht auf die Führung des in Frage kommenden Rechtsstreites nach dem Willen des Vollmachtgebers erstreckt. Der Handlungsbevollmächtigte ist im allgemeinen nicht als Vertreter im Sinne der hier in Frage stehenden

Bestimmung anzusehen (§ 54 Abs. 2 HGB.); ebenso sind Angestellte oder die Ehefrau des Kriegsteilnehmers, die in seiner Abwesenheit das Geschäft führen, nicht ohne weiteres als befugt anzusehen, den Kriegsteilnehmer in Rechtsstreitigkeiten zu vertreten. (Mayer, Württ. ZRB. 1914 S. 232.)

Wer sich darauf berufen will, daß der Kriegsteilnehmer einen zur Wahrnehmung seiner Rechte berufenen Vertreter habe, daß deshalb das Verfahren nicht unterbrochen sei, muß dies als Ausnahme von der Regel des § 2 beweisen; dies gilt auch im Falle des Versäumnisurteils. (Bendix, LZ. 1914 S. 1702; Mangold, LZ. 1914 S. 1743.)

3. Gehört nicht nur der Vertretene, sondern auch der **Vertreter** zu den **Kriegsteilnehmern**, so findet, soferne es sich um die gesetzliche Vertretung einer prozeßunfähigen Partei handelt, der § 9 des Gesetzes Anwendung; handelt es sich dagegen um einen gewählten Vertreter, so tritt weder Unterbrechung ein, noch kann Aussetzung beantragt werden, weil — wie die Begründung S. 8 ausführt — angenommen werden darf, daß in solchen Fällen durch Stellung eines Aussetzungsantrages oder Beschaffung eines anderweitigen Vertreters für die Interessen der Partei gesorgt werden wird. Außerdem kann aber auch dadurch die Unterbrechung des Verfahrens herbeigeführt werden, daß der Vertreter, insbesondere der Prozeßbevollmächtigte, rechtzeitig die Vertretung niederlegt, wobei allerdings die Vorschrift des § 87 Abs. 1 ZPO. zu beachten ist. (Nissen, LZ. 1914 S. 1611; OLG. Posen vom 28. Juli 1915 DJZ. 1915 S. 1043.) Nötigenfalls wird das Gericht von dem Recht zur Aussetzung nach § 247 ZPO. Gebrauch zu machen haben. (Mansfeld, BayZfR. 1914 S. 334.) Die Frage ist nunmehr infolge der Bekanntmachung vom 14. Jan. 1915 ziemlich bedeutungslos geworden.

Die gleichen Grundsätze wie für den gewählten Vertreter im allgemeinen gelten auch für den prozeßbevollmächtigten Anwalt. Der § 244 Abs. 1 ZPO. findet keine Anwendung, weil der Anwalt durch seine Einberufung tatsächlich an der Fortführung der Vertretung gehindert ist, nicht aber hierzu unfähig im Rechtssinne wird. (Gaupp-Stein Anm. II a. E. zu § 244 ZPO.; Nissen, LZ. 1914 S. 1611; VerZivKamm. LG. Tübingen Recht 1914 S. 707; **a. M.** Hallbauer, Recht 1914 S. 585.)

4. Wenn der Prozeßbevollmächtigte oder Vertreter des Kriegsteilnehmers den **Antrag** auf Aussetzung des Verfahrens **nicht stellt**, so nimmt das Verfahren ohne Rücksicht auf die Kriegsteilnehmerschaft seinen Fortgang. Wird der Antrag gestellt, wozu alle in § 3 Abs. 1 Nr. 2 der VO. bezeichneten Vertreter berechtigt sind (vgl. OLG. Braunschweig vom 16. April 1915 LZ. 1915 S. 1173), so muß das Gericht grundsätzlich dem Antrag stattgeben, ohne näher zu prüfen, ob der Vertreter einer Information noch bedarf, oder ob diese Information trotz der Kriegsteilnehmerschaft des Vertretenen ohne Schwierigkeiten möglich wäre.[1])

---

[1]) Sehr formalistisch ist es, wenn das OLG. Braunschweig vom 19. Okt. 1914 DJZ. 1914 S. 1306 in den Fällen, in denen ein Anspruch auf Aussetzung besteht, das doch minder weitgehende Recht auf Vertagung versagt.

Der Aussetzungsantrag kann entweder in der mündlichen Verhandlung oder schriftlich zu Protokoll des Gerichtsschreibers angebracht werden, und unterliegt — auch im Anwaltsprozeß — nicht dem Anwaltszwang. (§ 248 mit § 78 Abs. 2 ZPO.) Mangold, LZ. 1914 S. 1744; VerZivKamm. LG. Tübingen im Recht 1914 S. 705; **a. M.** Landsberg, PosMSchr. 1914 S. 149; Sintenis S. 274 Anm. 6; er ist in dem Fall, daß die Aussetzung zwar nach Verkündung des Urteils, aber vor Einlegung der Berufung beantragt wird, beim Gericht erster Instanz einzubringen, da das Rechtsmittelgericht vor Einlegung der Berufung mit der Sache gar nicht befaßt ist (OLG. Hamburg vom 29. Nov. 1915 LZ. 1915 S. 1533).

Bestreitet der Gegner die Kriegsteilnehmerschaft, oder wird der Aussetzungsantrag nicht in der mündlichen Verhandlung gestellt, so trifft den Antragsteller die Beweislast.

Rechtsmittel: Siehe § 252 ZPO.

Auch das Gericht, das den Aussetzungsbeschluß erlassen hat, kann den Beschluß auf Antrag wieder aufheben, wenn sich herausstellt, daß die Annahme der Zugehörigkeit einer Partei zu den Kriegsteilnehmern irrtümlich war. Dies gilt auch dann, wenn der Gegner dem Aussetzungsantrag zugestimmt hat, denn diese Zustimmung ist einer Vereinbarung, daß das Verfahren bis zur Beendigung des Krieges ruhen soll, nicht gleichzustellen. (OLG. Nürnberg vom 26. Sept. 1914 Recht 1914 S. 733.) Ebenso kann das Gericht von Amts wegen eine erschlichene Aussetzung wieder aufheben (RG. vom 10. Juni 1915 Recht 1915 S. 408 Nr. 748).

5. Von dem **Anspruch** des Kriegsteilnehmers **auf Aussetzung**, der ihm vom Gesetz ursprünglich ohne Einschränkung gewährt worden war, hat der durch die KTVertrVO. vom 14. Jan. 1915 (unten S. 347) zu § 3 Abs. 2 beigefügte Satz 2 eine Ausnahme vorgesehen, wenn der Rechtsstreit einen vermögensrechtlichen Anspruch betrifft und die Aussetzung nach den Umständen des Falles offenbar unbillig ist. Näheres über den Grund des Erlasses dieser Bestimmung und über die unter die Bestimmung fallenden Fälle siehe Vorbemerk., Anm. 3 zu § 1 und Anm. zu § 2 der Bek., unten S. 338, 346 (unter Verwertung der sehr kasuistischen Rechtsprechung).

Die Entscheidung darüber, ob dem Aussetzungsantrag stattzugeben ist, oder ob ein Ausnahmefall vorliegt, unterliegt dem Ermessen des Gerichts. Es darf jedoch nicht die Aussetzung auf unbestimmte Zeit oder auf Kriegsdauer aussprechen (KG. vom 18. Sept. 1915 KGBl. 1915 S. 114).

Die Beweislast dafür, daß ausnahmsweise die Aussetzung nicht stattzufinden habe, obliegt dem Gegner des Kriegsteilnehmers (vgl. OLG. München vom 1. März 1915 ROLG. Bd. 30 S. 248). Für die Rechtsmittel ist wiederum § 252 ZPO. maßgebend.

Für die Aufnahme von vermögensrechtlichen Streitigkeiten, in denen das Verfahren auf Grund der vorliegenden Bestimmungen vor dem 14. Jan. 1915 ausgesetzt (oder unterbrochen) wurde, gibt der § 4 der Bundesratsverordnung vom 14. Jan. 1915 Nr. 4607 besondere Bestimmungen.

6. Zweifelhaft erscheint, ob auf das Recht, Aussetzung zu verlangen, im voraus **verzichtet** werden kann.

Der allgemein anerkannte Grundsatz, daß es keinen Konventionalprozeß gibt, spricht dagegen. Ebenso der Umstand, daß eine zum Zeitpunkt des Verzichtes nicht voraussehbare Änderung der Umstände (z. B. neue Behauptungen oder Beweise; anderweitige Verwendung des Kriegsteilnehmers) eine Bindung des Kriegsteilnehmers an seinen unter anderen Voraussetzungen gegebenen Verzichterklärungen nicht wünschenswert erscheinen lassen. (Vgl. Hellwig, System des deutsch. Ziv.-Prozeßrechtes S. 450; Gaupp-Stein Note V 7, 3. Absatz vor § 128 ZPO.; Reichel, Unklagbare Ansprüche in JhringsJ. Bd. 59 S. 438 ff. und S. 445 ff.) Die OLG. Augsburg vom 1. Dez. 1914 Recht 1914 S. 735 und München vom 10. Nov. 1914 OLG. Bd. 30 S. 8 = LZ. 1915 S. 150 = Recht 1914 S. 736 haben sich für die Zulässigkeit des Verzichtes — auch durch schlüssige Handlungen — ausgesprochen. Ein Verzicht liegt aber noch nicht allein darin, daß der Kriegsteilnehmer irgendwelche prozessualen Handlungen vornimmt, z. B. eine Klage einreicht. Auf jeden Fall wird aber ein solcher Verzicht des Kriegsteilnehmers oder seines Prozeßbevollmächtigten von maßgebender Bedeutung für die Frage sein, ob die Aussetzung auf Grund des § 2 Abs. 2 Satz 2 abzulehnen ist.

d) Die Wirkungen der Unterbrechung und der Aussetzung.

1. Die prozeßrechtlichen Wirkungen:

Die Wirkungen der Aussetzung und der Unterbrechung des Verfahrens bestimmen sich nach den Vorschriften der ZPO. insbesondere des § 249 (Begr. S. 7). Es gilt deshalb auch hier der für die Fälle der Unterbrechung oder Aussetzung auf Grund der Bestimmungen der Zivilprozeßordnung allgemein anerkannte Grundsatz, daß Entscheidungen, die während der Unterbrechung oder der Aussetzung vom Gerichte erlassen werden, nicht absolut nichtig und wirkungslos sind, sondern der Kriegsteilnehmer muß sie anfechten mit den Mitteln, die gegen Entscheidungen dieser Art zugelassen sind, also z. B. Versäumnisurteile mit dem Einspruch (OLG. Braunschweig vom 11. Juni 1915 LZ. 1916 S. 337 [Einspruch gegen ein zu Unrecht erlassenes Versäumnisurteil]), vollstreckte Versäumnisurteile mit der Erinnerung gemäß § 766 ZPO., die sich gegen die Zustellung, nicht gegen das Versäumnisurteil selbst als den unwirksamen Rechtsakt richtet. (OLG. Colmar vom 5. Juni 1915 DJZ. 1915 S. 1042.) Die Einlegung der Rechtsmittel und des Einspruchs ist aber erst nach vorheriger Aufnahme des Verfahrens möglich; wenn es bei fortdauernder Kriegsteilnehmerschaft geschehen soll, was mit Nachteilen für den Kriegsteilnehmer verbunden ist. Mit der Einlegung durch den aufzustellenden Prozeßbevollmächtigten ist nach Schäffer, JW. 1915 S. 839 nichts gedient.

Andere Urteile sind mit der Berufung oder Revision, landgerichtliche Berufungsurteile mit der Nichtigkeitsklage (nach § 579 Ziff. 4 ZPO.) anzufechten [vgl. auch Cohn, JW. 1915 S. 234]. (Gaupp-Stein Note II 2 zu § 249 ZPO.; Seuffert Anm. 2 d zu § 249 ZPO.; Skonietzki-Gelpcke Note 13 zu § 249; Förster-Kann Note I c zu § 249 ZPO.; ferner Sieskind S. 25; Güthe, PrJMBl. 1914 S. 746 = Gruchot Bd. 59 S. 38; Stein, JW. 1914 S. 806 [besonders hinsichtlich Arrest und einstweiliger Verfügung]; Mangold,

LZ. 1914 S. 1742; Deumer, DJZ. 1914 S. 1376 und 1377; Bovensiepen, DRZ. 1915 S. 35; Bendix, DJZ. 1915 S. 199; OLG. Colmar vom 5. Juni 1915 DJZ. 1915 S. 1042; OLG. Braunschweig vom 11. Juni 1915 LZ. 1916 S. 337 = Recht 1916 S. 146 Nr. 326; Mayer S. 223; Lißner, JW. 1915 S. 206; Cohn, JW. 1915 S. 235; a. M. Ellie, DJZ. 1914 S. 1384; ferner übereinstimmend mit den Obigen: KG. vom 21. Juni 1915 DJZ. 1915 S. 927 [Rückziehung eines zu Unrecht erteilten Rechtskraftattestes; jedoch dürfen nach Cohn a. a. O. die Vollstreckungsorgane die Vornahme von Vollstreckungshandlungen nicht ablehnen, ehe nicht die Aufhebung des Urteils verfügt ist. Ergibt sich nach Erteilung des Rechtskraftzeugnisses zu einem Versäumnisurteil, daß bei Erlassung desselben das Verfahren wegen Kriegsteilnehmerschaft unterbrochen war, dann genügt einfache Gegenvorstellung zur Zurücknahme des Zeugnisses; KG. vom 21. Juni 1915 = Recht 1915 S. 521 Nr. 912 = DJZ. 1915 S. 926 = JW. 1915 S. 1078].)

2. Die Einwirkungen auf das materielle Recht:

Der materielle Anspruch des Gläubigers wird durch die Bestimmungen der §§ 2 und 3 nicht berührt. Die Leistung des Kriegsteilnehmers ist nicht Zahlung einer Nicht-Schuld, auch nicht eine unentgeltliche Zuwendung (insbesondere auch nicht im Sinne des § 30 Ziff. 2 KO.); der Gläubiger kann sie durch Aufrechnung befriedigen und durch Verwertung eines Faustpfandes (soweit er hierzu keines Vollstreckungstitels bedarf); er darf die vertraglichen und gesetzlichen Zurückbehaltungsrechte ausüben, und insbesondere darf auch der Vermieter, das nach § 561 BGB. ihm zustehende Selbsthilferecht gebrauchen. (Vgl. auch § 1 Anm. 2.)

Der Bürge für eine Verbindlichkeit eines Kriegsteilnehmers verliert durch die in den §§ 2 und 3 geschaffene Unmöglichkeit bzw. Behinderung der Rechtsverfolgung die Einrede der Vorausklage nicht, kann jedoch wegen des rein prozessualen Charakters des Kriegsteilnehmerschutzes, der seinem Hauptschuldner zukommt, eine ihm selbst günstige Einrede nicht herleiten (Reichel, Recht 1915 S. 35; vgl. Schäffer, JW. 1915 S. 842 und 1300); die Bestimmung des § 773 Ziff. 2 BGB. ist auf eine anderweitige Erschwerung der Rechtsverfolgung als die dort vorgesehene nicht auszudehnen. Die dort erwähnte Änderung des Aufenthaltsortes des Hauptschuldners, die mit der Einberufung des Hauptschuldners zum Kriegsdienst meistens verbunden sein wird, kommt in den Fällen nicht in Betracht, in denen der Hauptschuldner einen Wohnsitz oder eine gewerbliche Niederlassung hat. (Staudinger Note II b zu § 773 BGB.; Sieskind S. 25; Lesser, JW. 1914 S. 847; Bendix, JW. 1914 S. 1113; Mayer S. 246; Sintenis S. 261; a. M. Harder, JW. 1914 S. 846; Reichel, DJZ. 1914 S. 1373.)

3. Die Bestimmungen der §§ 2 und 3 dienen, wie schon die Überschrift des Gesetzes ergibt, dem Schutze der Kriegsteilnehmer. Wer deshalb, obwohl er weiß, daß sein Gegner Kriegsteilnehmer ist, oder, wenn er dies aus Fahrlässigkeit nicht weiß, Handlungen vornimmt, die gegen das Gesetz verstoßen und den Kriegsteilnehmer schädigen, macht sich nach § 823 Abs. 2 BGB. (übrigens auch nach § 826 BGB.) **schadensersatzpflichtig.** Dies trifft insbesondere dann zu, wenn auf Grund eines gegen den Kriegsteilnehmer erwirkten Versäumnisurteiles schuldhafterweise vollstreckt wird. (BerlAnwVer., JW. 1914 S. 789; Striemer, JW. 1914 S. 853; Juliusberg, DJZ. 1914 S. 1243; Deumer, DJZ. 1914 S. 1376; Hachenburg, LZ. 1914 S. 1594; Mangold, LZ. 1914 S. 1742; Bovensiepen, DRZ. 1915 S. 35; Mayer S. 217.)

Anhang 1.

Kann der **Anspruch auf Räumung der Wohnung** gegen die Ehefrau eines Kriegsteilnehmers durchgesetzt werden?

a) Der Mietvertrag ist vom Ehemann und von der Ehefrau gemeinsam abgeschlossen (unterschrieben). Die Räumungsklage wird aber, sei es von Anfang an, sei es nach der Unterbrechung oder Aussetzung in der Richtung gegen den Mann (notwendige Streitgenossenschaft im Sinne des § 62 ZPO. liegt nicht vor; Güthe, PrJMBl. 1914 S. 744 = Gruchot Bd. 59 S. 34/35; Asch, JW. 1914 S. 854 Fußnote 2; OLG. Frankfurt vom 26. Nov. 1914 JW. 1915 S. 58 = LZ. 1915 S. 72 = OLGRspr. Bd. 30 S. 4; RG. vom 31. Jan. 1916 Recht 1916 S. 147 Nr. 336; **a. M.** Schwabe, Recht 1914 S. 708; Flatow, JW. 1915 S. 75; LG. Hamburg vom 16. Dez. 1914 DJZ. 1915 S. 432 = Recht 1915 S. 229 Nr. 407) nur gegen die Ehefrau durchgeführt.

Der Räumungsanspruch entsteht — mag er auf ordentliche, oder wegen nichtrechtzeitiger Zahlung des Mietpreises auf außerordentliche Kündigung gestützt werden — erst, wenn die Kündigung den beiden Mietern gegenüber erklärt ist. (Staudinger Anm. II 2 e zu § 564; Niendorff, Mietrecht S. 347; Mittelstein, Die Miete nach dem Recht des BGB. S. 75; Flatow, JW. 1915 S. 75.) Ist dem Ehemann nicht gekündigt, oder kann im Bestreitungsfall nicht nachgewiesen werden, daß ihm die Kündigungserklärung zuging, so ist meist auch die Klage gegen die Ehefrau abzuweisen, da diese regelmäßig auch auf Grund des Rechtes ihres Ehemannes und der Gewährung des Mitbewohnungsrechtes durch diesen die Wohnung benützen darf. (Anders, wenn sich die Eheleute nach Abschluß des Mietvertrags getrennt haben oder geschieden wurden.) Kipp, Recht u. Wirtsch. 1914 S. 213; Schwabe, Recht 1914 S. 708. (Die auf § 1354 BGB. gestützte Konstruktion Güthes a. a. O. ist verfehlt. Vgl. hingegen Schwabe a. a. O. und OLG. Frankfurt vom 26. Nov. 1914 a. a. O.) Ist dem Ehemann nachweisbar ordnungsmäßig gekündigt — inwieweit die in der Wohnung zurückgebliebene Ehefrau, sei es auf Grund der Schlüsselgewalt, sei es auf Grund stillschweigender oder ausdrücklicher Ermächtigung seitens des Mannes zur Entgegennahme der Kündigungserklärung, auch als Vertreterin des Mannes berechtigt ist, ist Tatfrage (vgl. Flatow, JW. 1915 S. 75/76) —, so kann gegen die Ehefrau Räumungsurteil ergehen, da sie hinsichtlich der Mieträume Besitzereigenschaft hat und auch der Eigentumsklage gegenüber passiv legitimiert ist (Eicken, JW. 1915 S. 252; OLG. Frankfurt vom 26. Nov. 1914 a. a. O.; **a. M.** Sieskind S. 25; Flatow, JW. 1915 S. 75 und Asch, JW. 1915 S. 253 mit der Begründung, daß die Angehörigen nicht Dritte im Sinne des § 556 BGB. und als Besitzdiener des Kriegsteilnehmers nicht passiv legitimiert sind). Die Vollstreckung des Urteils ist aber nicht möglich, da hierzu auch ein Titel gegen den Ehemann erforderlich wäre und zwar, soweit er die Benützung der Wohnung seiner Frau und seinen Kindern überlassen und soweit er ihm gehörige

Gegenstände in die Wohnung eingebracht hat, ein Räumungstitel, soweit eingebrachtes Gut der Ehefrau in der Wohnung ist, auch ein Duldungstitel.[1]) (Asch, JW. 1914 S. 854; Gumbinner, DJZ. 1914 S. 1203; ähnlich LG. Berlin III vom 13. Nov. 1914 JW. 1914 S. 1095; Eicken, JW. 1915 S. 252; Mayer S. 217.)

Liegt gegen den Ehemann ein Urteil bereits vor (vgl. auch die KTVertrVO. vom 14. Januar 1915 Nr. 4607 unten S. 334), so ist die Vollstreckung zulässig. Wird die Räumungsklage nicht auf die obligatorische Rückgabeforderung, sondern auf den dinglichen (Eigentums-)-Herausgabeanspruch gestützt, so ergeben sich die gleichen Schlußfolgerungen. (Seeger, JW. 1914 S. 991; AG. Hamburg vom 28. Sept. 1914 DJZ. 1914 S. 1308 = Recht 1914 S. 732; a. M. Wertheimer, JW. 1914 S. 948.)

b) Ist der Mietvertrag nur vom Ehemann abgeschlossen, so besteht gegen die Ehefrau ein obligatorischer Herausgabeanspruch überhaupt nicht; aber auch der Herausgabeanspruch auf Grund Eigentums kann gegen sie nicht gerichtet werden, da sie nur Besitzdienerin für ihren Mann ist (§ 855 BGB.), deshalb für den Anspruch aus § 985 BGB. nicht passiv legitimiert ist. (Staudinger Note II 2 b zu § 985 BGB.; Asch, JW. 1914 S. 853; OLG. Frankfurt vom 26. Nov. 1914 a. a. O.; AG. Cuxhaven vom 1. Okt. 1914 LZ. 1915 S. 85; a. M. von Eicken, JW. 1914 S. 1116; AG. Wattenscheid vom 13. Nov. 1914 JW. 1914 S. 1117 [welche annehmen, daß die Ehefrau bei der tatsächlichen Behinderung des Mannes Habe und Gut verwaltet und deshalb Besitzerin sei].) Auf jeden Fall würden gegen die Vollstreckung eines derartigen Urteiles die gleichen Bedenken bestehen, wie oben unter a ausgeführt, wenn nicht auch ein Vollstreckungstitel gegen den Ehemann vorliegt. (Vgl. Flatow, JW. 1915 S. 75.)

c) Ist der Mietvertrag von der Ehefrau allein abgeschlossen, so steht einem Urteil gegen sie die Kriegsteilnehmerschaft des Ehemannes nicht entgegen. Die Wegnahme des in der Wohnung befindlichen „eingebrachten Gutes" der Ehefrau ist aber nur beim Vorliegen eines Duldungstitels gegen den Ehemann zulässig. (Vgl. auch § 885 Abs. 2, § 886 ZPO. [daß die aus dem Mietvertrag für die Ehefrau entstandenen Rechte eingebrachtes Gut sind, kommt allerdings nicht in Betracht (vgl. Breslauer, JW. 1915 S. 1390); denn einmal sind diese Rechte bereits wieder erloschen, dann aber sind sie nicht Gegenstand der Zwangsvollstreckung]; a. M. Schwabe, Recht 1914 S. 708; Flatow, JW. 1915 S. 76; Breslauer a. a. O.) Auch die Vollstreckung eines gegen die Ehefrau allein ergangenen Räumungsurteils ist zulässig. Der Ehemann wird davon nicht betroffen (vgl. über die die Ehefrau eines Kriegsteilnehmers als Alleinmieterin betreffenden Fragen die Ausführungen von Breslauer, JW. 1915 S. 1390, der eine ausgedehnte

---

[1]) Dementsprechend hat das PrJM. durch allg. Verf. v. 26. Sept. 1914 JMBl. S. 717 — abgedruckt bei Sieskind S. 137 — die Gerichtsvollzieher angewiesen — unbeschadet der auf Erinnerung des Gläubigers ergehenden Entscheidung des Vollstreckungsgerichts — die Vollstreckung eines Versäumnisurteils abzulehnen, falls sich das Urteil gegen die Ehefrau allein richtet. Vgl. aber auch Schiffer, DJZ. 1914 S. 1238 und Hachenburg, DJZ. 1914 S. 1270.

Anwendung der Vertreterbestellung nach der Verordnung vom 14. Januar 1915 fordert um gegen die Ehefrau vorgehen zu können, die sonst wegen des fehlenden Duldungstitels gegen den Mann hinsichtlich des zum eingebrachten Gut gehörenden Besitzes der ehelichen Wohnung nicht zur Erfüllung ihrer Verbindlichkeiten gezwungen werden könne. Leben aber die Eheleute in Gütertrennung, so ist die Vollstreckung gegen die Ehefrau ohne weiteres zulässig. Hahnemann, NachrDAV. 1914 S. 127; a. M. Francke, Recht 1915 S. 17/18 (verneint die Zulässigkeit des Urteils und der Vollstreckung in allen Fällen; seine Ausführungen sind nicht recht klar).

Über das Kündigungsrecht der Hinterbliebenen vgl. jetzt BRVO. vom 7. Okt. 1915 (dazu Zweigert, LZ. 1915 S. 1345). Siehe unten S. 382.

Anhang 2. Kriegsteilnehmer als Zeugen.

Daß die §§ 2 und 3 des Gesetzes dann keine Anwendung finden können, wenn ein Zeuge, sei es, daß dessen Vernehmung schon angeordnet ist, oder erst angeordnet werden soll, Kriegsteilnehmer ist, ist unbestritten. Auch die Zivilprozeßordnung bietet keine Grundlage, den Rechtsstreit in diesem Fall auszusetzen. (LG. Leipzig vom 27. Okt. 1914 JW. 1914 S. 1044; OLG. Dresden vom 17. Dez. 1915 SächsArchRpfl. 1916 S. 122 und vom 26. April 1915 mit ROLG. Bd. 30 S. 376 = Recht 1915 S. 356 Nr. 673; vgl. Bergmann, DJZ. 1915 S. 187.) Nun ist aber die Vernehmung derartiger Zeugen aus militärischen Gründen manchmal überhaupt nicht durchführbar oder erschwert, wenngleich der Stellungskrieg hierin manche Verbesserung gebracht hat. Die Zulässigkeit derartiger Zeugenvernehmungen ist jetzt allgemein anerkannt; Klingspohr, DRZ. 1915 S. 265; Hartmann, DRZ. 1915 S. 342; Delius, Recht 1915 S. 257; Haberstumpf, LZ. 1915 S. 740; LG. Essen vom 12. Jan. 1915, SächsArchfRpfl. 1915 S. 163; LG. Wiesbaden vom 17. April 1915, JW. 1915 S. 467; a. M. KG. vom 12. Jan. 1915, LZ. 1915 S. 559; eine Verpflichtung der Gerichte von dieser Möglichkeit Gebrauch zu machen, ist jedoch nicht gegeben. Die Prüfung der Frage, ob die Maßnahme notwendig ist, obliegt dem Prozeßgericht, nicht dem ersuchten Richter (a. M. Schweitzer, JW. 1915 S. 818). Soweit die Truppen sich im Feindesland befinden oder an Orten, wo die Gerichte nicht tätig sind, sind die Kriegs- oder Oberkriegsgerichtsräte für die Vernehmung im Wege der Rechtshilfe an Stelle der Amtsgerichte zuständig (vgl. Bek. vom 14. Jan. 1915 unten S. 354). Für die dem Oberbefehlshaber Ost unterstellten russischen Gebiete mit deutscher Verwaltung ist das Ersuchen um Rechtshilfe gemäß Allg. Verf. vom 15. März 1916 an die kaiserlichen deutschen Friedensgerichte (aufgeführt JW. 1916 S. 476), im Gebiete des Generalgouvernements Belgien gem. Preuß. Allg. Verf. betr. die Erledigung von Rechtshilfeersuchen im Felde vom 14. Juni 1915 (JMBl. S. 116) und vom 14. August 1915 (JMBl. S. 188) an die Kriegsgerichts- und Oberkriegsgerichtsräte der dort aufgeführten deutschen Gerichte in Belgien zu richten.

Das BayJM. hat durch Verfügung vom 14. Sept. 1914 (JMBl. 1914 S. 201) angeordnet, daß im Interesse der mobilen Truppen Ersuchen an deren Gerichte um Vernehmung von Angehörigen der Truppen möglichst zu vermeiden sind und daß deshalb erwartet wird, daß die

Justizbehörden solche Ersuchen nur stellen, wenn die Vernehmung unbedingt geboten ist und auch nicht bis zum Ende des Krieges verschoben werden kann. Dagegen hat das preuß. Justizministerium mit Allg. Verf. vom 14. Juni 1915 betr. die Erledigung von Rechtshilfesachen im Feld (PrJMBl. 1915 S. 116 Nr. 24, abgedruckt JW. 1915 S. 739) die Zulässigkeit des Rechtshilfeersuchens an Kriegsgerichts- und Oberkriegsgerichtsräte nicht eingeschränkt und die dazu erforderlichen Wege gewiesen. Vgl. ferner SächsJMBl. 1915 S. 55.

Neuerdings hat gemäß Allg. Verf. vom 20. Juni 1915 (JMBl. 1915 S. 116) vgl. JW. 1916 S. 108 — über die Benachrichtigung der Beteiligten von den zur Erledigung von Rechtshilfeersuchen im Feld anzuberaumenden Terminen — der Vorsitzende des Prozeßgerichts, von dem das Ersuchen ausgeht, vor Erlaß des Ersuchungsschreibens unter Hinweis auf die Schwierigkeit einer Teilnahme der Partei am Termin festzustellen, ob die Parteien auf die Terminsbenachrichtigung verzichten und dies im Ersuchungsschreiben zu bemerken.

Nicht immer wird sich aber die Zeugenvernehmung durchführen lassen; dann ist es aber auch nicht angängig, die beweispflichtige Partei darunter leiden zu lassen, daß ihr Zeuge nicht vernommen werden kann. Stellt sich deshalb heraus, daß ein Zeuge, dessen Vernehmung angeordnet ist, Kriegsteilnehmer ist und einem Truppenteil angehört, bei dem eine Zeugenvernehmung nicht durchführbar ist, so ruht das Verfahren. (Vgl. Skonietzki-Gelpke Anm. 3 zu § 356 ZPO.) Stellt aber der Gegner des Beweisführers einen Antrag auf Fristbestimmung, nach § 356 ZPO. — die Voraussetzungen des § 356 liegen vor, da es unerheblich ist, ob das Hindernis durch Verschulden des Beweisführers oder ohne sein Verschulden entstanden ist, ebenso ob die Beseitigung desselben in seiner Macht liegt oder nicht — so wird das Gericht zunächst eine angemessene Frist von ungefähr 2—3 Monaten stellen. Kann auch nach Ablauf dieser Frist die Vernehmung noch nicht erfolgen, so ist die Frist nach § 224 ZPO. entweder durch Vereinbarung der Parteien oder auf Antrag einer Partei durch das Gericht zu verlängern; das Gesuch um Verlängerung der Frist kann ohne vorherige mündliche Verhandlung verbeschieden werden (§ 225 ZPO.). Ob eine mit „Beendigung des gegenwärtigen Krieges beginnende Frist von 3 Monaten" nach § 356 ZPO. zulässig ist, und ob nicht vielmehr die Frist sofort mit der Fristbestimmung beginnen muß, erscheint zweifelhaft. Löwenwarter, JW. 1914 S. 1135; Schloß, JW. 1915 S. 63; LG. Lissa vom 18. Mai 1915 JW. 1915 S. 733; Kretzschmar, LZ. 1915 S. 1046; a. M. Kracht, DRZ. 1914 S. 893 [der § 356 ZPO. für unanwendbar hält]; Sieskind S. 24 [der den Beweisführer als beweisfällig betrachtet wissen will]. (Vgl. auch LG. Thorn in JW. 1915 S. 111.)

Die nach Erlaß des Beweisbeschlusses infolge des Krieges eingetretene Erschwerung des Reiseverkehrs ist ein Grund, den Zeugen in Abweichung vom Beweisbeschluß nach § 356 ZPO., durch das Gericht des Aufenthaltsortes vernehmen zu lassen. (OLG. Stuttgart vom 30. Okt. 1914 Recht 1914 S. 744.) Der Antrag auf Vernehmung eines Zeugen im feindlichen Ausland darf nicht abgelehnt werden, weil es sich nicht um einen Fall der Unmöglichkeit in der Ausführung des Beweisantrags handelt (RG. 4. Senat vom 2. Febr. 1915, JW. 1915 S. 720).

Die drohende oder bereits erfolgte Einberufung eines Zeugen gibt Anlaß zu der Besorgnis, daß das Beweismittel verloren geht und rechtfertigt den Antrag auf Beweissicherung (OLG. München vom 2. Sept. 1914, Recht 1914 S. 744; Schweitzer, JW. 1915 S. 818, mit Einschränkungen auch OLG. Breslau vom 18. Aug. 1915, LZ. 1915 S. 1338 [dort wird neben der Kriegsteilnehmerschaft auch noch die Gefahr einer drohenden Erinnerungstrübung vorausgesetzt]).

Anhang 3. Zustellungen an Kriegsteilnehmer. [1])

Wenn man die Erhebung einer Klage für Kriegsteilnehmer für zulässig erachtet (vgl. oben Anm. II b), so gewinnt die Frage Bedeutung, wie Zustellungen an Kriegsteilnehmer zu erfolgen haben. Aber auch abgesehen hievon können Zustellungen an Kriegsteilnehmer erforderlich werden, wenn dem Kriegsteilnehmer als Schuldner oder Drittschuldner ein Pfändungsbeschluß zugestellt werden soll, oder, wenn wichtige außerprozessuale Erklärungen (§ 132 BGB.!) an ihn erfolgen sollen, z. B. Mahnung, Kündigung, Widerruf, Rücktritt, Anfechtung (insbesondere auch nach § 4 des AnfG.).

a) Soweit eine Zustellung an einen Bevollmächtigten erfolgen kann oder muß (§§ 173, 176, 178 ZPO.) ist die Tatsache, daß der Vollmachtgeber Kriegsteilnehmer ist, ohne Einfluß, also eine Zustellung an den Generalbevollmächtigten im Falle des § 173 ZPO. erforderlich und genügend (LG. Berlin vom 29. Oktober 1915, LZ. 1915 S. 1686; **a. M.** LG. Berlin vom 17. Sept. 1915 LZ. ebenda).

b) Nach § 172 ZPO. erfolgt die Zustellung für einen Unteroffizier oder einen Gemeinen des aktiven Heeres oder der aktiven Marine an den Chef der zunächst vorgesetzten Kommandobehörde (Chef der Kompagnie, Eskadron, Batterie usw.) und ist mit der Übergabe des zuzustellenden Schriftstückes an diesen vollzogen (Gaupp-Stein Anm. II zu § 172 ZPO. Sauer, DJZ. 1915 S. 203). Daß diese Bestimmung auch für Angehörige mobiler Truppenteile, die sich im Felde befinden, Anwendung findet, ist unbestritten. (Kaufmann, JW. 1914 S. 908; LG. Leipzig vom 6. Nov. 1914 Recht 1914 S. 743, jedoch kommen erfahrungsgemäß derartige Zustellungen nach § 172 aus dem Felde unerledigt zurück (Schäffer, JW. 1915 S. 1074); dem a k t i v e n Heere gehören nach § 38 RMilG. an:

A. die Militärpersonen des Friedensstandes,

B. die aus dem Beurlaubtenstand zum Dienste einberufenen Offiziere, Ärzte, Militärbeamten und Mannschaften von dem Tage an, zu welchem sie einberufen sind bis zu dem Tage der Wiederentlassung; ferner alle in den Kriegszeiten zum Heeresdienst aufgebotenen oder freiwillig eingetretenen Offiziere, Ärzte, Militärbeamte und Mannschaften, welche zu keiner der vorgenannten Kategorien gehören, von dem Tage, zu welchem sie einberufen sind bzw. von dem Zeitpunkt des freiwilligen Eintritts an bis zum Ablauf des Tages der Entlassung,

C. die Zivilbeamten der Militärverwaltung vom Tage der Einstellung bis zum Tage ihrer Entlassung aus dem Dienste.

Die Bestimmung des § 172 gilt jedoch n i c h t für Offiziere und Militärbeamte im Offiziersrang.

c) Nach § 201 ZPO. k ö n n e n Zustellungen an Personen, welche zu einem im A u s l a n d e befindlichen oder zu einem mobilen Truppenteil

---

[1]) Zum Ganzen vgl. K a u f m a n n, JW. 1914 S. 907 ff.

oder zur Besetzung eines in Dienst gestellten Kriegsfahrzeuges gehören, mittels Ersuchen der vorgesetzten Kommandobehörde erfolgen. Diese Bestimmung findet sowohl auf Mannschaften und Unteroffiziere, sowie auf Offiziere und Militärbeamte Anwendung, nicht aber auf die Angehörigen immobiler Truppenteile, die sich im Inlande befinden. Das Ersuchen muß nicht an die zunächst vorgesetzte Kommando-Behörde ergehen, sondern kann auch an ein höheres Kommando z. B. das Korpskommando ergehen. Während nach der ZPO. Zustellungen an Unteroffiziere und Mannschaften im Ausland nach §§ 172 oder 201 zugelassen sind, lassen die postalischen Bestimmungen nur solange nach § 172 zustellen, als sich der Adressat an seinem Wohnsitz oder wenigstens im Inland befindet (Haberstumpf, Recht 1915 S. 299; Holländer, DPostZeitg. 1915 S. 604, zitiert von Schäffer, JW. 1915 S. 1074).

Vollzogen ist die Zustellung (da die Kommandobehörde nur vermittelt) erst mit der Aushändigung des Schriftstückes an den Adressaten selbst. Auf außerprozessuale Zustellungen findet diese Vorschrift keine Anwendung, da § 132 BGB. nur von Zustellungen durch Vermittlung des Gerichtsvollziehers und öffentlichen Zustellungen spricht. (Planck Anm. 2 zu § 132 BGB.)

d) Ob an diejenigen Militärpersonen, welche unter § 172 ZPO. fallen, Zustellungen auch im Wege der Ersatzzustellungen nach §§ 181—196 bewirkt werden können, ist bestritten. Gaupp-Stein Anm. II zu § 172 ZPO.; Skonietzki-Gelpcke Anm. 5 zu § 172 ZPO.; Neumiller Anm. zu § 172 ZPO.; Striemer, JW. 1914 S. 853; Löwenwarter, JW. 1914 S. 749; Seeger, JW. 1914 S. 991; Kipp, Recht und Wirtschaft 1914 S. 213; Koch, Recht 1915 S. 42; ferner das LG. Leipzig vom 6. Nov. 1914 Recht 1914 S. 743; die allgem. Verfügung des Preuß. Just.-Min. vom 2. Sept. 1914 JMBl. 1914 S. 701 (abgedruckt bei Sieskind S. 135); das Sächs. Just.-Min. (SächsJMBl. 1914 S. 111; Sintenis S. 257; RG. vom 29. Jan. 1915, DJZ. 1915 S. 423; LG. Berlin I KfHS. vom 17. September 1915 und Zivilk. vom 29. Oktober 1915, LZ. 1915 S. 1686; v. Harder, BayZfR. 1916 S. 43; Goldschmitt, JW. 1916 S. 610 Anmerkung zu Nummer 5 ebenda, anscheinend auch LG. Bamberg vom 12. Jan. 1916, JW. 1916 S. 610; Schäffer, JW. 1915 S. 673; vgl. jetzt BRVO. vom 22. Dez. 1915 RGBl. S. 833 siehe unten S. 350) halten die Bestimmung des § 172 ZPO. für eine zwingende, jede andere Art der Zustellung ausschließende Vorschrift; a. M. Seuffert Anm. 3 zu § 172; Struckmann-Koch Anm. 3 zu § 172; Hellwig, System des deutsch. Ziv.-Prozeßrechtes S. 515; Drese, DJZ. 1914 S. 1298; Kaufmann, JW. 1914 S. 908; Schiedermair, BayZfR. 1914 S. 354; KG. in ROLG. Bd. 6 S. 394 und wohl auch OLG. Königsberg vom 5. Nov. 1914 DJZ. 1914 S. 1394 = Recht 1914 S. 737 (denn nach dem Tatbestand des erstinstanziellen Urteils JW. 1914 S. 989 war an die Ehefrau des Kriegsteilnehmers zugestellt worden); BayJustMinBek. vom 16. Aug. 1914 Z. A II 1 letzter Absatz, BayJMBl. S. 144 (abgedruckt im Recht 1914 S. 532, KG. vom 6. Jan. 1916, DJZ. 1916 S. 345, LG. Breslau vom 9. Sept. 1915, JW. 1916 S. 64; Mayer S. 205), welche eine Zustellung nach den allgemeinen Vorschriften für zulässig erachten. Der letzteren Ansicht wurde auch von der 2. Auflage der Vorzug gegeben, weil die Bestimmung des § 172 ZPO. lediglich eine Erleichterung der Zustellung neben den sonst im Gesetze zugelassenen Zustellungsmöglichkeiten bieten soll (vgl. Kaufmann a. a. O.). In Anbetracht der sowohl innerhalb der einzelnen Bundesstaaten als auch sogar zwischen den verschiedenen Senaten einzelner Gerichte noch immer höchst streitigen Frage der Zulässigkeit der Ersatzzustellung ist eine gesetzliche Regelung dringend erforderlich geworden. Die unten S. 350 behandelte VO. v. 22. Dez. 1915 betr. die Zustellung an als Unteroffiziere und Mannschaften zum Heere eingerückter Rechtsanwälte beginnt bereits in die ausschließliche Zulässigkeit der auf dem Weg des § 172 betätigten Zustellung Bresche zu legen. Eine gesetzliche Regelung kann sich nur gegen die starre Anwendung des § 172 aussprechen.

An Offiziere und Militärbeamte mit Offiziersrang sind die Ersatzzustellungen unbestritten zulässig, da der § 172 ZPO. auf sie keine Anwendung findet. Zu den Offizieren gehören auch die Feldwebelleutnants (Gravenhorst, PrVerwBl. Bd. 36 S. 484; vgl. auch die obige RGEntsch.). Der Erlaß eines Zahlungsbefehls an Personen, bei denen die Ersatzzustellung nicht möglich ist, ist ausgeschlossen. (Haberstumpf, Recht 1915 S. 299; KG. vom 8. November 1915 JW. 1915 S. 1452 = LZ. 1915 S. 1671 [für das landgerichtliche Mahnverfahren wegen ZPO. § 688 Abs. 2!]; zuweitgehend Levis, Recht 1915 S. 437, der das Mahnverfahren sogar für die Fälle ausschließt, in denen nach § 201 im Inland zugestellt werden kann, weil die Einhaltung der einwöchigen Widerspruchsfrist bei Benützung der Feldpost zu sehr erschwert ist.)

Ob der ins Feld Ziehende seine Wohnung, in der die Zustellung gemäß § 180 ZPO. zu erfolgen hat, aufgibt, kann nur nach Lage des Falles entschieden werden. Wer seine Familie zurückläßt, wird regelmäßig seine Wohnung auch für seine Person nicht aufgeben wollen. Eine, wenn auch ohne sein Wissen erfolgte Wohnungsänderung durch die Zurückgebliebenen, wird auch für ihn eine Änderung und Neubegründung seiner Wohnung bedeuten. Wer sein Geschäft fortbetreiben läßt, während er im Felde steht, behält regelmäßig auch sein Geschäftslokal (§ 183 ZPO.) bei. (Vgl. Schiedermair, BayZfR. 1914 S. 354 ff.)

e) Öffentliche Zustellung an einen Kriegsteilnehmer ist nur dann zulässig, wenn der beantragende Teil nachweist, daß er weder den Aufenthaltsort noch den Truppenteil des Adressaten bei den zuständigen Stellen in Erfahrung bringen konnte, oder wenn nach Mitteilung der Post die Zustellung an den betreffenden Truppenteil unmöglich ist. Vgl. die Bemerkungen auf S. 300 über die postalischen Bestimmungen für die Zustellung.

Zustellung nach § 199 ZPO. mittels Ersuchen der zuständigen Behörde des fremden Staates ist in den okkupierten Gebieten möglich. Für Belgien sind die den kaiserlich deutschen Militärgouverneuren in den belgischen Provinzen zugeteilten Verwaltungschefs (siehe Verordnung des Generalgouverneurs von Belgien vom 29. Juli 1916 Gesetz- und Verordnungsblatt für Belgien 1916 Nr. 242) die „zuständige Behörde" im Sinne des § 199 (Kaufmann, JW. 1915 S. 1049, 1916 S. 1180); für Russisch-Polen der Chef der Zivilverwaltung (vgl. Katz, JW. 1915 S. 1050; **a. M.** Schäffer, JW. 1915 S. 828; Menner, JW. 1915 S. 873). Zustellungen nach Österreich sind mittels Ersuchens der zuständigen Behörden (vgl. BayJMBl. 1907 S. 159) zu bewirken, außer es ist in Deutschland ein Generalbevollmächtigter des eingerückten Österreichers, z. B. seine Ehefrau, in der Wohnung zurückgeblieben (KG. vom 6. Jan. 1916 DJZ. 1916 S. 345 = Recht 1916 S. 204 Nr. 480). Für die Zustellung an Angehörige der österr.-ungarischen Armee ist der Weg des § 172 nicht erforderlich (AG. Magdeburg vom 21. August 1915 Recht 1915 S. 623).

f) Endlich kann die Zustellung einer Klage gegen einen Kriegsteilnehmer an den nach § 1 der Verordnung vom 14. Jan. 1915 Nr. 4607 RGBl. S. 17 vom Prozeßgericht bestellten Vertreter erfolgen, denn — wie die Begründung in der Norddeutschen Allgem. Zeitg. vom 15. Jan. 1915 Nr. 15 S. 3 ausführt — es kann die Bestellung eines Vertreters auf Grund dieser Verordnung auch vor Erhebung der Klage und zum Zwecke der Zustellung der Klage erfolgen.

Anhang 4.

Das Verhältnis des § 247 ZPO. zu §§ 2 und 3 des Kriegsteilnehmerschutzgesetzes.

Die Gültigkeit des § 247 ZPO. wird durch die §§ 2 und 3 des Kriegsteilnehmerschutzgesetzes nicht berührt (ebenso Mayer S. 193). Er hat auch während des gegenwärtigen Kriegszustandes Bedeutung insbesondere für diejenigen Personen, auf welche sich das Kriegsteilnehmerschutzgesetz nicht bezieht; vgl. auch Vorbemerkung zur BRVO. vom 20. Januar 1916 zum Schutz der Angehörigen immobiler Truppenteile unten S. 358. In Betracht kommen für die Anwendbarkeit des § 247: Zivilpersonen, die sich an einem Ort aufhalten, welcher durch den Krieg vom Verkehr mit dem Prozeßgericht abgeschnitten ist (Begr. S. 5; OLG. Colmar vom 26. Februar 1916 JW. 1916 S. 612 [öffentliche Zustellung nach § 203 Abs. 1 muß bewilligt werden, auch wenn das Verfahren vielleicht nachher auszusetzen ist]), Personen, die ohne unter § 2 Ziff. 2 und 3 zu fallen im Auslande sich aufhalten und vom Verkehr mit dem Inlande abgeschnitten sind (BerlAnwVer., JW. 1914 S. 789; OLG. Hamburg vom 9. Oktober 1914 Recht 1914 S. 743), Zivilpersonen, welche sich freiwillig (Anm. I A 5 zu §§ 2 und 3) bei den Truppen aufhalten, z. B. freiwillige Krankenpfleger, soferne sie unter militärischer Kommandogewalt stehen (OLG. Hamburg vom 1. Juli 1915 DJZ. 1915 S. 1040), nicht auch Arbeiter in militärischen Fabriken (OLG. Breslau vom 8. Juni 1915 JW. 1915 S. 1040). Endlich dürften hierher zu zählen sein die Angehörigen fremder Heere, insbesondere der feindlichen und neutralen Staaten. (So: Haberstumpf, DRZ. 1914 S. 742; BayZfR. 1915 S. 48; BerlAnwVer., JW. 1914 S. 789; Reichel, Recht 1914 S. 589; Angehörige der österr.-ungar. Armee; Haberstumpf, BayZfR. 1915 S. 48; OLG. Colmar vom 16. Dez. 1914 DJZ. 1915 S. 215 = Recht 1915 S. 116 Nr. 310; **a. M.** KG. vom 22. Okt. 1914 und vom 26. Okt. 1914 DJZ. S. 1387/1388 = Recht 1914 S. 743/744.)

Auch die Aussetzung nach § 247 findet jedoch nur zugunsten der Partei statt, bei der die Behinderung vorliegt, nicht auch zugunsten des Nebenintervenienten oder eines Streitgenossen, soferne die Streitgenossenschaft keine notwendige ist. (KG. vom 9. November 1914 DJZ. S. 1390; OLG. Darmstadt vom 16. Nov. 1914 S. 1392.) Die Aussetzung nach § 247 ZPO. ist nicht von einem Antrag abhängig, sondern kann auch von Amts wegen nach Ermessen des Gerichtes angeordnet werden. Das Gericht wird hierbei insbesondere darauf Rücksicht zu nehmen haben, ob nach der besonderen Sachlage des Einzelfalles die Partei ein berechtigtes Interesse an der Aussetzung hat, insbesondere ob nicht schon das Tatsachenmaterial dem Gericht vollkommen vorliegt, so daß eine weitere Information des Prozeßbevollmächtigten nicht mehr erforderlich erscheint und ob ein wirklich die Prozeßführung hindernder Militärdienst vorliegt und die Mitwirkung beim Prozeß tatsächlich notwendig ist (LG. Breslau vom 18. Mai 1915 DJZ. 1915 S. 935 = DRAZ. 1915 S. 219; KG. vom 25. März 1915 DJZ. 1915 S. 719, zuweitgehend in der Rücksicht auf den Prozeßführenden; OLG. Dresden vom 18. Juni 1915 LZ. 1915 S. 1045 und vom 29. Juni 1915 SächsArch. 1915 S. 327).

Die Aussetzung auf Grund des § 247 ZPO. endigt nicht ohne weiteres mit der Beseitigung des Hindernisses, sondern erst durch einen die Aussetzung aufhebenden Beschluß. Der Beschluß kann (wie im Falle des § 150 ZPO.) von Amts wegen oder auf Antrag ohne mündliche Verhandlung erfolgen. (Gaupp-Stein Anm. II zu § 247 ZPO.; Seuffert Anm. 7 zu § 247, Anm. 4 Abs. 2 zu § 150 ZPO.)

§ 4.

Die Unterbrechung oder Aussetzung des Verfahrens hört auf:

1. **mit der Beendigung des Kriegszustandes;**
2. **vor diesem Zeitpunkt mit der Aufnahme des Verfahrens durch die im § 2 bezeichnete Partei (Zivilprozeßordnung § 250).**

Erfolgt die Aufnahme durch die Partei nicht bis zum Ablauf eines Monats seit der Beendigung des nach § 2 maßgebenden Verhältnisses, so kann die Partei zur Aufnahme und zugleich zur Verhandlung der Hauptsache geladen werden. Erscheint sie in dem Termine nicht und wird der Ablauf der für die Aufnahme festgesetzten Frist glaubhaft gemacht, so ist auf Antrag die Beendigung des nach § 2 maßgebenden Verhältnisses als zugestanden anzunehmen und zur Hauptsache zu verhandeln.

Die in diesem Paragraphen enthaltenen Bestimmungen über das Ende der Unterbrechung oder der Aussetzung werden nunmehr ergänzt durch den § 4 der KTVertrVO. vom 14. Jan. 1915 Nr. 4607 unten S. 334.

Der § 4 des Gesetzes kennt drei Beendigungsgründe. Die Aufzählung des § 4 ist erschöpfend (OLG. Köln vom 10. Nov. 1915 ROLG. Bd. 31 S. 380). Die Aufhebung eines begründeten Aussetzungsbeschlusses ist nur zulässig, wenn die weitere Aussetzung offenbar unbillig wäre. Auch ist die nachträgliche Aufhebung eines gesetzmäßig ergangenen Aussetzungsbeschlusses aus anderen als den im § 4 aufgezählten Gründen ausgeschlossen. (OLG. Breslau vom 23. Jan. 1915 LZ. 1915 S. 1323 = Recht 1915 S. 563 Nr. 1057); somit besteht keine Möglichkeit, den die Aussetzung des Verfahrens anordnenden Beschluß wieder aufzuheben, außer auf dem Wege der Bundesratsverordnung vom 14. Jan. 1915 durch Ladung des Kriegsteilnehmers zu Händen seines Vertreters zur Aufnahme des Verfahrens und zugleich zur Verhandlung zur Hauptsache unter Darlegung der tatsächlichen Behauptungen, welche die Verpflichtung des Kriegsteilnehmers zur Aufnahme des Verfahrens begründen. (OLG. Breslau v. 14. Aug. 1915 LZ. 1915 S. 1393.)

1. **Die Beendigung des Kriegszustandes.**

Der Zeitpunkt, in welchem der Kriegszustand als beendet anzusehen ist, wird nach § 11 des Gesetzes durch besondere Kaiserliche Verordnung festgesetzt. Im Amtsgerichtsprozeß ist dann von Amts wegen Termin anzuberaumen und sind die Parteien von Amts wegen zu laden (§ 497 ZPO.). Im Verfahren vor den Kollegialgerichten muß einer der Streitsteile einen Ladungsschriftsatz einreichen, auf Grund dessen vom Gericht zu bestimmen ist, zu dem dann der den Prozeß Aufnehmende den Gegner zu laden hat. Bis dahin ruht das Verfahren.

2. **Aufnahme des Verfahrens vor diesem Zeitpunkt durch den Kriegsteilnehmer.**

Der Kriegsteilnehmer kann das Verfahren jederzeit freiwillig wieder aufnehmen. Die Aufnahme erfolgt gemäß § 250 ZPO. durch Zustellung eines Schriftsatzes, in welchem entweder ausdrücklich die Aufnahme erklärt ist, oder der eine andere Prozeßhandlung enthält, z. B. Ladung (bzw. Antrag auf Anberaumung eines Termins), aus der der Wille zur Fortsetzung des Verfahrens geschlossen werden kann. Ein Aussetzungsbeschluß kann nur auf dem Wege des § 4, nicht aber etwa durch einfachen Antrag des Gegners des Kriegsteilnehmers an das Gericht aufgehoben werden. Daran hat auch die Verordnung vom 14. Januar 1915 nichts geändert. Gegen den auf nicht prozeßordnungsmäßiger Grundlage beruhenden Aufhebungsbeschluß ist einfache Beschwerde gegeben. (OLG. Hamburg vom 11. September 1915 LZ. 1916 S. 339; OLG. Hamm vom 11. Juli 1916 JW. 1916 S. 1215). Mit der Einlegung eines Rechtsmittels kann die Aufnahmeerklärung nicht verbunden werden, sie muß jener vielmehr vorhergehen. (Gaupp-Stein Anm. 1 zu § 250; Hellwig, System des deutsch. Ziv.-Prozeßrechtes § 185 S. 601; a. M. Seuffert Anm. 2 zu § 250 ZPO.) Mit einer derartigen freiwilligen Aufnahme des Verfahrens oder auch mit einem nachträglichen freiwilligen Verzicht auf die bereits eingetretenen Folgen der Aussetzung oder Unterbrechung (Cohn, JW. 1915 S. 234) verliert der Kriegsteilnehmer das Recht im Laufe des gleichen Verfahrens Unterbrechung oder Aussetzung des Verfahrens nach §§ 2 und 3 des Gesetzes zu beanspruchen. Die Aufnahme des Verfahrens bedeutet jedoch keineswegs auch, daß der frühere Aussetzungsbeschluß als unbegründet aufgehoben wird. (RG. v. 11. Nov. 1915 Recht 1916 S. 85 Nr. 190.) Aussetzung nach § 247 ZPO. wird dadurch nicht ausgeschlossen.

3. **Aufnahme wegen Beendigung der Kriegsteilnehmerschaft.**

Verzögert der Kriegsteilnehmer seit Beendigung des nach § 2 maßgebenden Verhältnisses die Aufnahme länger als einen Monat, so kann er zur Aufnahme gezwungen werden. Der bisherige Kriegsteilnehmer ist zur Aufnahme des Verfahrens zu laden; im Falle des Ausbleibens ist das Verfahren durch Versäumnisurteil für aufgenommen zu erklären (analog ist die Entscheidung über die Aussetzung in der Revisionsinstanz vor Ablauf der Begründungsfrist durch Zwischenurteil zu fällen; RG. vom 11. Nov. 1915 Recht 1916 S. 85 Nr. 189 und vom 12. Juni 1915 LZ. 1915 S. 985 = Recht 1915 S. 408 Nr. 794 = DJZ. 1915 S. 922). Das Aufnahmeverfahren ist den im § 239 ZPO. für den Fall des Todes einer Partei erlassenen Vorschriften nachgebildet; nach den für diesen Fall geltenden Grundsätzen richtet sich daher auch das Verfahren, wenn eine Verhandlung zur Hauptsache nicht erforderlich ist und es sich nur darum handelt, durch die Aufnahme des Verfahrens eine Frist in Lauf zu setzen. Für das Versäumnisverfahren ist die Glaubhaftmachung vorgeschrieben, weil mit der Möglichkeit gerechnet werden muß, daß die zur Aufnahme geladenen Personen tatsächlich noch zu den in § 2 bezeichneten Personen gehören, aber nicht in der Lage sind, dies im Termin geltend zu machen. (Begr. S. 9.) Mittel der Glaubhaftmachung sind nach § 294 ZPO. alle Beweismittel mit Ausnahme der Eideszuschiebung; hauptsächlich werden amtliche Bescheinigungen in Betracht kommen; aber auch eidesstattliche Versicherungen können genügen.

a) Ist glaubhaft gemacht, daß der Nichterschienene seit mindestens einem Monat nicht mehr Kriegsteilnehmer ist, so kann gegen ihn unter den Voraussetzungen der §§ 330, 331 ZPO. Versäumnisurteil ergehen (siehe oben).

b) Ist in dem Rechtsstreit eine Widerklage erhoben worden, so bezieht sich die Aufnahme ohne weiteres auch auf sie. Eine Beschränkung der Aufnahme auf die Klage wäre nur dann zulässig, wenn das Gericht gemäß § 145 Abs. 2 ZPO. die Verhandlungen von Klage und Widerklage in getrennten Prozessen angeordnet hätte. Für diese Fälle darf aber angenommen werden, daß das Gericht unbilligen Härten für den Gegner durch Verbindung der Prozesse auf Grund des § 150 ZPO. vorbeugt. (Begr. S. 9.)

c) Mit dem Aufhören der Unterbrechung oder Aussetzung beginnen alle Fristen neu zu laufen. § 249 ZPO. (damit dieser Zeitpunkt in einer für den Gegner des Kriegsteilnehmers kenntlichen Weise festgestellt wird, ist das besondere Aufnahmeverfahren vorgesehen worden). (Begr. S. 9.) Die durch Klagserhebung unterbrochene Verjährungsfrist beginnt in allen Fällen wieder zu laufen, wenn die Voraussetzungen der §§ 2, 3 nicht mehr vorliegen. Der Kreis der davon betroffenen Personen ist durch die Bundesratsverordnung v. 20. Jan. 1916 betr. den Schutz der Angehörigen immobiler Truppenteile bedeutend erweitert worden und es wird von Süßer und Wentriner, JW. 1916 S. 654 mit Recht darauf hingewiesen, welche Gefahren für den Anwalt erwachsen, wenn er ein unterbrochenes oder ausgesetztes Verfahren nach Wegfall der Kriegsteilnehmerschaft nach § 211 Abs. 2 BGB. verjähren läßt.

§ 5.

Die Zwangsvollstreckung gegen die im § 2 bezeichneten Personen wegen privatrechtlicher und öffentlich-rechtlicher Geldforderungen unterliegt folgenden Beschränkungen:

1. Die Versteigerung und die anderweite Verwertung beweglicher körperlicher Sachen ist unzulässig. Die Vollstreckungsbehörde kann jedoch auf Antrag oder von Amts wegen anordnen,

daß eine verbrauchbare Sache oder eine Sache, die der Gefahr einer beträchtlichen Wertsverringerung ausgesetzt ist oder deren Aufbewahrung unverhältnismäßige Kosten verursachen würde, versteigert und der Erlös hinterlegt oder zur Befriedigung des Gläubigers an diesen abgeführt werde.

Die Ablieferung von gepfändetem Gelde an den Gläubiger wird hierdurch nicht ausgeschlossen.

2. Die Versteigerung von Gegenständen, welche der Zwangsvollstreckung in das unbewegliche Vermögen unterliegen, ist unzulässig.

Die vorstehenden Bestimmungen finden auch Anwendung auf Zwangsvollstreckungen in das Vermögen der Ehefrauen und Kinder der im § 2 bezeichneten Personen, insoweit die Zwangsvollstreckung die Vermögensrechte berührt, die dem Ehemann auf Grund des ehelichen Güterrechts oder die den Eltern auf Grund der elterlichen Gewalt zustehen.

I. Der § 5 behandelt die **Beschränkungen der Zwangsvollstreckung**, wenn der Schuldner Kriegsteilnehmer ist. Die Vorschriften über die Unterbrechung und Aussetzung des Verfahrens stehen an sich der Zwangsvollstreckung gegen die am Kriege beteiligten Personen auf Grund der vollstreckbaren Titel, welche bereits bei Verkündung des Gesetzes erworben sind, oder später erlangt werden, nicht entgegen. Die unbeschränkte Zulassung der Zwangsvollstreckung würde aber unter Umständen zu großen Härten gegen die genannten Personen führen, da ihnen durch die Abwesenheit von der Heimat die Geltendmachung von Einwendungen (§§ 732, 766, 767 ZPO.) und die Beschaffung der Mittel zur Befriedigung der begründeten Ansprüche erschwert wird. Andererseits verbietet die Rücksicht auf die Gläubiger die völlige Ausschließung der Zwangsvollstreckung. (Begr. S. 9/10.)

Soweit demnach die Zwangsvollstreckung gegen Kriegsteilnehmer zulässig ist, darf sie, wenn sie sich gegen eine dem aktiven Heere oder der aktiven Marine angehörenden Militärperson[1]) (s. hierüber Anh. 3 zu §§ 2 und 3) richtet, erst beginnen, nachdem von derselben die vorgesetzte Militärbehörde[2]) Anzeige erhalten hat (§ 752 ZPO.). Wird der Nachweis, daß die Anzeige erfolgt ist (§ 752 Abs. 2 ZPO.), vom Gläubiger bei Stellung des Vollstreckungsantrages nicht vorgelegt, so hat die Vollstreckungsbehörde — Vollstreckungsgericht oder Gerichtsvollzieher — entweder selbst die Anzeige zu bewirken oder dem Gläubiger die Beibringung des Anzeigenachweises aufzugeben (Meyer, DJZ. 1915 S. 512; Klotzsch, JW. 1915 S. 1147; Margoninsky, JW.

[1]) Dazu gehören jedoch die Angehörigen der österr.-ungarischen Armee nicht (AG. Magdeburg vom 21. Aug. 1915 Recht 1915 S. 623 Nr. 1218).

[2]) Verzeichnis der zuständigen Behörden im Zentralblatt f. d. Deutsche Reich 1880 Nr. 26; PrJMBl. 1880 S. 156; BayJMBl. 1880 S. 199; ferner bei Falkmann, Die Zwangsvollstreckung (2. Aufl.) S. 161 und Bab, JW. 1916 S. 1102.

1915 S. 1148; vgl. auch Schäffer, JW. 1915 S. 1076 und 1296). Die ganze Formalität ist für den Schuldner kein Schutz, für den Gläubiger aber eine unbillige Härte, die Möglichkeit einer Einwirkung der vorgesetzten Behörde auf den Vollstreckungsschuldner, wie sie in Friedenszeiten vor allem bei jüngeren Mannschaften nicht ausgeschlossen ist, so gut wie gegenstandslos; eine solche wird auch fast nie versucht. Dagegen sind die Nachteile für den Gläubiger überwiegend. Der „Schuldnerschutz" wird jedenfalls dann übertrieben, wenn auch bei Bestellung eines Vertreters gemäß § 1 der Bekanntmachung vom 14. Jan. 1915 die Anzeige gemäß § 752 verlangt wird (so AG. Königsberg vom 30. Aug. 1915 JW. 1915 S. 1130; dagegen Holz, JW. 1915 S. 1131 (siehe unten). Die Vollstreckungsbehörden sind jedoch weder auf Grund der Zivilprozeßordnung noch auf Grund des KTSchG. berechtigt, vom Gläubiger den Nachweis zu verlangen, daß der Schuldner keine Militärperson sei, soferne sich nicht aus dem Vollstreckungsantrag oder aus den mit vorgelegten Urkunden besondere Anhaltspunkte hierfür ergeben. (Güthe, Gruchot Bd. 59 S. 45; LG. München vom 17. Sept. 1914 JW. 1914 S. 1044; OLG. Frankfurt vom 5. Dez. 1914 ROLG. Bd. 30 S. 248; Mayer S. 228; a. M. Dittrich, DRZ. 1914 S. 735; LG. Posen vom 7. Dez. 1915 JW. 1916 S. 214, [welch letztere Entscheidung dem Gerichtsvollzieher die Aussetzung der Vollstreckung bis zum Eingang der Empfangsbestätigung für die Anzeige von seiten der Militärbehörde aufgibt]), vgl. ferner Verfügung des PrJustMin. vom 19. März 1915 JMBl. 1915 S. 61. Unterbleibt die Anzeige, so ist deshalb die Vollstreckungshandlung nicht ungültig, da die Bestimmung des § 752 ZPO. ihrem Zwecke nach nur instruktioneller Natur sein kann. Die Militärbehörde hat keinerlei Recht die Vollstreckung zu verhindern. Es soll nur verhindert werden, daß das Ansehen der Militärperson durch öffentlich vollzogene Vollstreckungshandlungen herabgesetzt wird, bevor nicht der Vorgesetzte des Vollstreckungsschuldners versucht hat, diesen zur freiwilligen Erfüllung zu veranlassen. Aus dem gleichen Grund wird die Anzeige auch dann für erforderlich erachtet, wenn die Vollstreckung sich auf das eingebrachte Gut der Ehefrau oder das seiner Verwaltung unterstellte Kindesvermögen erstrecken soll. (KG. vom 21. April 1915 ROLG. Bd. 31 S. 89; LG. Berlin I Recht 1915 S. 232 Nr. 424 = KGBl. 1915 S. 60; OLG. Augsburg vom 26. Mai 1915 LZ. 1915 S. 1340; Sintenis S. 282 Anm. 12; vgl. auch Schäffer, JW. 1915 S. 842.) Ist die Vollstreckung schon erfolgt, so kann die damit vielleicht verbundene Minderung des Ansehens der Militärperson nicht mehr beseitigt werden. So Falkmann, Die Zwangsvollstreckung (2. Aufl.) § 17 S. 162; a. M. Gaupp-Stein Anm. 2 zu § 752 ZPO. und die übrigen Kommentare; ferner Dittrich a. a. O. (die ihre Ansicht gar nicht oder nur durch Hinweis auf die §§ 750, 751 ZPO. begründen) und neuerdings Bab a. a. O. Ein Verzicht des Schuldners auf die Befolgung der Vorschrift ist — nach dem oben angegebenen Zweck — für die Vollstreckungsorgane ohne rechtliche Bedeutung (§ 45 Abs. 1 Satz 2 RMilG. vom 2. Mai 1874).

Ist dem Kriegsteilnehmer ein Vertreter gemäß § 1 der Bekanntmachung vom 14. Jan. 1915 bestellt, so ist für die Anzeige nach § 752 ZPO. kein Raum mehr, da es nicht angängig ist, dem Gläubiger die Verfolgung eines begründeten Anspruchs unnötig zu erschweren. (Busch, DJZ. 1915 S. 1127, gegen Meyer, DJZ. 1915 S. 512; Holz, JW.

1915 S. 1131 Note 2; Schäffer, JW. 1915 S. 1296; a. M. LG. Posen vom 7. Dez. 1915 JW. 1916 S. 214; AG. Königsberg vom 30. Aug. 1915 JW. 1915 S. 1130.)

Die Anzeige nach § 752 ist somit nur mehr in den Fällen erforderlich, in denen die „aktiven Militärpersonen" (vgl. § 38 B 2 RMilG. vom 2. Mai 1874 RGBl. S. 45) vom Kriegsteilnehmerschutz ausgeschlossen sind, weil sie nicht „mobil" oder nicht „gegen den Feind verwendet" sind.

II. **Personenkreis**: Die Vorschriften des § 5 finden zugunsten der unter § 2 Ziff. 1—3 des Gesetzes fallenden Personen Anwendung, jedoch nur solange, als dieses Verhältnis andauert. Das Vorliegen der Voraussetzungen dieses Paragraphen ist stets von Amts wegen, insbesondere die Unzulässigkeit der Versteigerung durch den Gerichtsvollzieher, zu beachten. (Sintenis S. 277 Anm. 1.) Ob die Zwangsvollstreckung gegen das eigene Vermögen des Kriegsteilnehmers gerichtet ist, oder gegen ein ihm materiell fremdes Vermögen, das der Kriegsteilnehmer als Partei kraft Amtes im eigenen Namen verwaltet (Testamentsvollstrecker, Nachlaßverwalter usw.), ist gleichgültig. Weder der Wortlaut des Gesetzes noch die zur Ergänzung heranzuziehenden Bestimmungen der Zivilprozeßordnung (Gaupp-Stein Anm. II 4 vor vor § 704 ZPO.) bieten Anhaltspunkte für eine derartige Unterscheidung. Auch der (in Ziff. I angegebene) Zweck der Bestimmung trifft für beide Fälle in gleicher Weise zu, da die Partei kraft Amtes das ihr anvertraute fremde Vermögen mit der gleichen Sorgfalt verwalten soll, wie das eigene und die Verantwortung dafür meist sogar viel größer und gefährlicher ist. Auszunehmen ist hievon der Konkursverwalter, da sich die Zwangsvollstreckung ausschließlich gegen den Gemeinschuldner, um dessen Vermögen es sich trotz aller Verwaltungsbeschränkung handelt, und nicht gegen den Konkursverwalter richtet. Es ist hier also die Kriegsteilnehmerschaft des Gemeinschuldners erforderlich und genügend. Bnk, BankArch. Bd. 14 S. 20; Sieskind S. 33 (Analogie aus § 9 Abs. 1 des Gesetzes): Güthe, PrJMBl. 1914 S. 747 = Gruchot Bd. 59 S. 40; Mayer S. 224 f.; Sintenis S. 277 Anm. 2; Schäffer, JW. 1915 S. 1300; KG. vom 30. Juli 1915 JW. 1915 S. 1126 = LZ. 1915 S. 1324 = DJZ. 1915 S. 1036. Da die aus der Kriegsteilnehmerschaft entspringenden Rechte höchstpersönlicher Natur sind, besitzt der Gemeinschuldner die Möglichkeit, gegen etwaige Vollstreckungshandlungen ohne Rücksicht auf § 6 KO. selbst die Erinnerung nach § 766 ZPO. einzulegen. (Schäfer a. a. O.; a. M. Hirsch, JW. 1915 S. 1182.) Vgl. zum Ganzen oben S. 285.

Wenn auch dem Vater oder Ehemanne Rechtsbehelfe gegen die Zwangsvollstreckung in das Vermögen der Kinder (§ 1659 BGB., § 746 ZPO.), oder — wenn er einmal zur Duldung der Zwangsvollstreckung verurteilt ist, — der Ehefrau in der Regel nicht zustehen, so ist doch zu berücksichtigen, daß es ihm, wenn der Kriegsdienst ihn nicht von der Heimat fernhielte, häufig gelingen würde, die zur Befriedigung der Gläubiger erforderlichen Mittel zu beschaffen, oder die Zwangsversteigerung auf andere Weise abzuwenden. Es würde daher schwere und unberechtigte wirtschaftliche Schädigung bedeuten, wenn die Habe der Ehefrau und der Kinder des Kriegsteilnehmers während der Abwesenheit des Ernährers dem Zugriffe der Gläubiger schutzlos preisgegeben würde. Deshalb dehnt der Abs. 2 des § 5 den

Vollstreckungsschutz auch auf diese aus unter Beschränkung auf diejenigen Vermögensteile, an denen dem Kriegsteilnehmer Nutzungs- oder Verwaltungsrechte zustehen. Es ist daher die Zwangsvollstreckung in das Vorbehaltsgut der Frau (§§ 1366—1370, 1440, 1526 Abs. 1, 1549 BGB. (OLG. Frankfurt vom 15. Dezember 1914 RDLG. Bd. 30 S. 248 = SächsArchR. 1915 S. 331; OLG. Posen vom 28. April 1915 PosMSchr. 1915 S. 81 = RDLG. Bd. 31 S. 170 = Recht 1915 S. 563 Nr. 1058; OLG. Rostock: RDLG. Bd. 31 S. 169) und in das freie Vermögen der Kinder (§§ 1650, 1651 BGB.) unbeschränkt zulässig. Dagegen ist das nicht freie Kindesvermögen (§ 1649 BGB.) und das eingebrachte Gut der Frau (OLG. Königsberg vom 4. Mai 1915 LZ. 1915 S. 850) — solches gibt es bei dem gesetzlichen Güterrechte (§ 1363 BGB.), der Errungenschaftsgemeinschaft (§§ 1520 bis 1524 BGB.) und der Fahrnisgemeinschaft (§§ 1551 bis 1554 BGB.) — den gleichen Vollstreckungsbeschränkungen unterworfen wie das Vermögen des Kriegsteilnehmers selbst. Das gleiche gilt auch für das Gesamtgut bei der allgemeinen Gütergemeinschaft (§ 1438 BGB.), der fortgesetzten Gütergemeinschaft (§ 1485 BGB.), (a. M. in einem Sonderfall der westfälischen fortgesetzten Gütergemeinschaft OLG. Hamm vom 14. März 1915 DJZ. 1915 S. 726 = Recht 1915 S. 408 Nr. 750), der Errungenschaftsgemeinschaft (§ 1519 BGB.) und der Fahrnisgemeinschaft (§ 1549 BGB.); da indessen das Gesamtgut gemeinschaftliches Vermögen beider Eheleute ist, also auch dem Manne gehört, so ergibt sich die Vollstreckungsbeschränkung schon aus § 5 Abs. 1, weshalb beispielsweise bei allgemeiner Gütergemeinschaft die Vollstreckung auch nicht in das von der Frau selbständig betriebene Erwerbsgeschäft erfolgen kann. OLG. Posen vom 26. Juni 1915 PosMSchr. 1915 S. 144.

Die Vergünstigungen des § 5 gelten auch für diejenigen Kriegsteilnehmer, die einen Prozeßbevollmächtigten oder sonstigen Vertreter (im Sinne des § 2 Ziff. 2 des Gesetzes) haben, nicht aber für prozeßunfähige Personen, deren gesetzliche Vertreter Kriegsteilnehmer sind (§ 9 Abs. 1 des Gesetzes). Durch § 5 KTSchG. werden häufig die mit der Verordnung vom 14. Jan. 1915 gewährten Vorteile unwirksam gemacht, wenn zwar zur Verhütung offenbarer Unbilligkeiten ein Vertreter bestellt, ein Urteil erwirkt und gepfändet werden dürfte, aber einer Verwertung der Pfandobjekte § 5 entgegensteht. Vgl. Margoninsky, JW. 1915 S. 1148; Haberstumpf, DJZ. 1915 S. 392.

III. Umfang des Schutzes: Da der § 5 eine dem § 2 entsprechende Beschränkung auf das Verfahren bei bestimmten Behörden nicht enthält, gelten die hier festgesetzten Beschränkungen für jede Art der Zwangsvollstreckung, namentlich auch für das von den Verwaltungsbehörden innerhalb ihrer Zuständigkeit betriebene Zwangsvollstreckungsverfahren (jedoch nicht hinsichtlich der in Preußen im Wege des Verwaltungszwangsverfahrens gemäß KVO. vom 15. Nov. 1899 [PrGKG. § 19] beizutreibenden Gerichtskosten; LG. Berlin I vom 12. Juli 1915 JW. 1915 S. 1042) sowie auch für die auf einfachen Antrag ohne Rechtsstreit zu betreibenden Zwangsvollstreckungsansprüche privilegierter Anstalten, z. B. landschaftliche Kreditanstalten (Franke, DJZ. 1916 S. 236) und der Ordnungsstrafen im freiwilligen Gerichtsbarkeitsverfahren (Josef, Gruchot 1915 S. 1094). An Stelle des Gerichtsvollziehers und des Vollstreckungsgerichtes treten alsdann die mit den gleichartigen Amtsverrichtungen betrauten Beamten und Behörden. (Begr. S. 11.) Unerheblich ist auch, ob der Vollstreckungstitel vor oder nach dem 4. Aug. 1914 erwirkt wurde.

Die Beschränkungen sind von Amts wegen zu beachten, ohne daß es eines Antrages bedarf (Mayer S. 227; OLG. Dresden vom 11. Febr. 1915 SächsArchR. 1915 S. 331); gegen ein gegenteiliges Verfahren steht dem Benachteiligten die Erinnerung nach § 766 ZPO. zu (OLG. Darmstadt vom 19. Febr. 1915 DJZ. 1915 S. 621 = Recht 1915 S. 354 Nr. 650; **a. M.** AG. Magdeburg vom 21. Aug. 1915 JW. 1915 S. 1130 [das die Feststellung der Kriegsteilnehmerschaft der Gläubigerpartei überbürdet, vgl. Schäffer JW. 1915 S. 1300]); andererseits ergibt sich jedoch hieraus nicht eine Pflicht des Gerichtes zur eigenen Wahrheitsforschung, soferne nicht das der Vollstreckungsbehörde vorliegende Material zu Zweifeln Anlaß gibt. (Vgl. Gaupp-Stein Anm. III 4 vor § 128 ZPO.)

IV. Die Beschränkungen des § 5 gelten aber nur für die Zwangsvollstreckung wegen „Geldforderungen" (vgl. Anm. B e zur Zahlungsfristenverordnung oben S. 129). Die Zwangsvollstreckung zur Erwirkung der Herausgabe von Sachen oder zur Erwirkung einer Handlung oder Unterlassung (Buch 8 Abschn. 3 ZPO.) ist daher an sich zulässig, weil eine „Verwertung" bei dieser Art von Vollstreckung nicht in Betracht kommt (OLG. Düsseldorf vom 24. März 1915 ROLG. Bd. 31 S. 164), insbesondere die Herausgabe und Räumung von Grundstücken nach § 885 ZPO.; das in § 883 Abs. 2 ZPO. vorgesehene Offenbarungseidsverfahren ist jedoch der Natur der Sache nach ausgeschlossen. Die in §§ 887—893 vorgesehenen prozeßrechtlichen Verfahren sind als bürgerliche Rechtsstreitigkeiten im Sinne des § 2 des Gesetzes anzusehen und verfallen daher der Unterbrechung bzw. der Aussetzung. Soweit die Verurteilung zur Abgabe einer Willenserklärung in Betracht kommt, sind nach den §§ 794 ff. besondere Vollstreckungshandlungen nicht erforderlich. Die dort vorgesehenen Rechtswirkungen treten auch gegen den Kriegsteilnehmer ein. So: Hallbauer, Recht 1914 S. 586; **a. M.** Sieskind S. 34; Güthe, PrJMBl. 1914 S. 747 = Gruchot Bd. 59 S. 40 (welche die Zwangsvollstreckung auf Grund der §§ 883—893 unbeschränkt zulassen); Mansfeld, BayZfR. 1914 S. 334 (der eine derartige Zwangsvollstreckung überhaupt nicht zulassen will, weil in allen Fällen ein „Verfahren" im Sinne der §§ 2—4 vorliege); Bendix S. 72; Sintenis S. 278 Anm. 4. Bezüglich des Urteils auf Räumung einer Wohnung gegen den Kriegsteilnehmer und dessen Ehefrau s. oben Anh. 1 zu §§ 2 und 3 des Gesetzes.

Das Offenbarungseidsverfahren ist — auch wenn man es nicht als ein unter §§ 2—4 des Gesetzes fallendes Verfahren betrachtet, schon der Natur der Sache nach gegen Kriegsteilnehmer nicht zulässig. [Vgl. §§ 904, 905 ZPO.] (Hallbauer, Recht 1914 S. 586; Mansfeld, BayZfR. 1914 S. 335; Hahnemann, NachrDAV. 1914 S. 128; Kluckhohn, DJZ. 1915 S. 1125; **a. M.** OLG. Hamburg vom 28. Sept. 1914 DJZ. 1914 S. 1307; Schäffer, JW. 1915 S. 1502; LG. Berlin II vom 15. Jan. 1916 DJZ. 1916 S. 354 = Recht 1916 S. 202 Nr. 454. Haft ist gegen den Kriegsteilnehmer unter allen Umständen naturgemäß ausgeschlossen.

V. Die Zwangsvollstreckung in das bewegliche Vermögen (ZPO. Buch VIII Abschn. II Titel 1).

a) Zwangsvollstreckung in körperliche Sachen (§§ 808—827 ZPO.). Die Pfändung körperlicher Sachen unterliegt keinerlei besonderen Beschränkungen, die Versteigerung ist dagegen grundsätzlich ausgeschlossen. Denn erfahrungsgemäß wird bei diesen Versteigerungen ein dem wahren Werte entsprechender Erlös selten erzielt,[1]) dem Schuldner erwächst daher durch die Versteigerung unter Umständen ein erheblicher Schaden, den er bei Aussetzung der Versteigerung bis zu seiner Rückkehr möglicherweise noch abwenden kann. (Begr. S. 10.)

Eine im Widerspruch mit dieser Bestimmung vorgenommene Versteigerung ist jedoch nicht ohne weiteres nichtig (ebenso Mayer S. 226; Sintenis S. 279 Anm. 7), sondern nur anfechtbar, da grundsätzlich Handlungen, die die Vollstreckungsorgane innerhalb ihrer Zuständigkeit in der vorgeschriebenen Form vornehmen, so lange als gültig zu betrachten sind, bis sie durch eine anderweitige Verfügung aufgehoben werden. Eine derartige Versteigerung ist deshalb auch als geeignet anzusehen, auf den Ersteher Eigentum zu übertragen. Vgl. Gaupp-Stein Anm. III zu § 814 und Anm. IV zu § 817 ZPO.; **a. M.** Sieskind S. 39 (der in analoger Anwendung des § 1243 Abs. 1 BGB. eine nicht rechtmäßige Veräußerung annimmt und nur den gutgläubigen Ersteher Eigentum erwerben läßt, vgl. dagegen Gaupp-Stein a. a. O.); Levis, Recht 1914 S. 551 (der den Eigentumserwerb des Erstehers im Interesse eines möglichst durchgreifenden Schutzes des Kriegsteilnehmers ausschließt); Güthe, Gruchot Bd. 59 S. 43.

Ein schuldhafter Verstoß gegen das Versteigerungsverbot macht jedoch nach § 823 Abs. 2 BGB. schadensersatzpflichtig (unter Umständen nach § 249 BGB. Rückübertragung des Eigentums) Hachenburg, LZ. 1914 S. 1591. Der Gerichtsvollzieher haftet nach § 839 BGB.

Ausnahmen:

1. Die Versteigerung ist zulässig, wenn der Kriegsteilnehmer auf das Versteigerungsverbot verzichtet, was auf jeden Fall nach erfolgter Pfändung für zulässig erachtet werden muß und unter Umständen für den Kriegsteilnehmer sehr vorteilhaft sein kann, wenn die Versteigerung ein besonders günstiges Ergebnis erwarten läßt und somit seinem wohlverstandenen Interesse entspricht, z. B. Metalle, Wolle. (Levis, Recht 1914 S. 551; LG. Meiningen vom 10. Dez. 1915 JW. 1916 S. 290. **A. M.** Mayer S. 227; Schack, JW. 1916 S. 290).
2. Bei verbrauchbaren Sachen (§ 92 BGB.) und solchen Sachen, die durch ihre Beschaffenheit der Gefahr einer beträchtlichen Wertverringerung ausgesetzt sind, oder deren Aufbewahrung unverhältnismäßige Kosten verursacht, kann durch die Vollstreckungsbehörde auf Antrag oder von Amts wegen die Versteigerung angeordnet werden, wenn ohne diese Anordnung ein Nachteil für den Schuldner entstehen würde (OLG. Breslau vom 11. Jan. 1915 LZ. 1915 S. 453 = Recht 1915 S. 176 Nr. 358) oder wenn die Versteigerung durch die Natur der gepfändeten Sache bedingt ist (OLG. Posen vom 2. Juni 1915 PosMSchr. 1915 S. 144 = Recht 1916 S. 145 Nr. 338); auch die Versteigerung eines Warenlagers ist unter

---

[1]) Vgl. nunmehr allerdings die Bundesratsbekanntmachung vom 8. Okt. 1914 Nr. 4507 über das Mindestgebot bei der Versteigerung gepfändeter Sachen oben S. 196.

obigen Voraussetzungen zulässig (Sintenis S. 280 Anm. 9. **A. M.** Jaffa, Prozeßrecht des Krieges S. 11).

Die Vollstreckungsbehörde ist entweder das Vollstreckungsgericht oder — bei öffentlich-rechtlichen Forderungen — die an seine Stelle tretende Behörde. Die Behörde entscheidet ohne mündliche Verhandlung nach freiem Ermessen. Gegen die Entscheidung ist die sofortige Beschwerde zulässig. (Vgl. die Vorschriften des § 930 Abs. 3 ZPO.) Ob der Erlös zu hinterlegen ist, oder zur Befriedigung des Gläubigers an ihn abgeführt werden darf, unterliegt dem freien Ermessen der Vollstreckungsbehörde.

Die Hinterlegung wird dann anzuordnen sein, wenn etwaige Schadensersatzansprüche des Schuldners durch die Vermögenslage des Gläubigers gefährdet sind. (Vgl. Bendix S. 72.)

3. Gepfändetes Geld (das an sich zu den beweglichen körperlichen Sachen gehört) darf kraft besonderer Vorschriften an den Gläubiger abgeliefert werden. Zu beachten ist aber § 811 Ziff. 8 ZPO.

b) Die Zwangsvollstreckung in Forderungen (einschließlich Hypothekenforderungen) und andere Vermögensrechte, z. B. Anteilsrechte an einer Gesellschaft, Reallasten, Patentrechte, Urheberrechte (§§ 828 bis 863 ZPO.) ist auch gegen Kriegsteilnehmer ohne besondere Beschränkungen zulässig — von den allgemeinen Beschränkungen der Zivilprozeßordnung kommt insbesondere § 850 Ziff. 5[1]) und 6[2]) in Betracht —; Forderungen können nicht nur gepfändet, sondern auch zur Einziehung und an Zahlungs Statt überwiesen werden. Auch eine anderweitige Verwertung der Forderung ist zulässig, nach § 844 ZPO.; ebenso die Veräußerung eines gepfändeten Rechtes nach § 857 Abs. 5 ZPO. Bei dieser Art der Zwangsvollstreckung ist der Kriegsteilnehmer vor Schädigung dadurch geschützt, daß diese Maßnahmen dem Ermessen des Vollstreckungsgerichtes unterliegen. Bei Erwägung aller Umstände wird hiernach das Gericht, soweit Nutzungsrechte — z. B. Patent- und Gebrauchsmuster- — Gegenstand der Zwangsvollstreckung sind, es vielfach bei der Übertragung der Rechte zur Ausübung bewenden lassen. (Güthe, Gruchot Bd. 59 S. 44; Sieskind S. 36; Bendix S. 72; OLG. Dresden vom 17. Okt. 1914 LZ. 1914 S. 1867; LG. München vom 17. Okt. 1914 JW. 1914 S. 1044 = Recht 1914 S. 736; auch Hachenburg, LZ. 1914 S. 1595; Sintenis S. 279 Anm. 6; **a. M.** Hahnemann, NachrDAV. 1914 S. 127/128; LG. Leipzig vom 5. Sept. 1914 S. 1935, zweifelnd Schäffer, JW. 1915 S. 843.

VI. Die Vorschriften über die Zwangsvollstreckung in das unbewegliche Vermögen[3]) gelten für Grundstücke, für Berechtigungen, für welche die sich auf Grundstücke beziehenden Vorschriften gelten (Erbbaurecht [873 BGB.] und sonstige von der Landesgesetzgebung zugelassene Berechti-

---

[1]) Der Feldwebelleutnant ist Offizier und bezieht Gehalt, welches pfändbar ist (Anl. 2 Ziff. 4 KrBesoldV.; DJZ. 1915 S. 195; **a. M.** LG. Gießen v. 18. Nov. 1914 DJZ. 1915 S. 116). Der Offiziersstellvertreter ist Unteroffizier und bezieht Löhnung, welche unpfändbar ist.

[2]) Diese Bestimmung gilt auch für Offiziere, ohne Rücksicht auf die Höhe des Gehaltes.

[3]) Vgl. nunmehr zum Ganzen auch Jäckel-Güthe, Komm. z. ZVG., 5. Aufl., 1915 S. 909 ff.

gungen), die ins Schiffsregister eingetragenen Schiffe (§ 864 Abs. 1 ZPO.); ferner für diejenigen Gegenstände, auf welche sich bei Grundstücken und Berechtigungen die Hypothek, bei Schiffen das eingetragene Pfandrecht erstreckt (§ 865 ZPO., aber auch § 65 ZVG.).

Für alle diese Gegenstände, welche hiernach der Zwangsvollstreckung in das unbewegliche Vermögen unterliegen, ist nach § 5 Abs. 1 Ziff. 2 die Versteigerung unzulässig, da durch die Versteigerung dem Eigentümer häufig die Grundlage seiner wirtschaftlichen Existenz entzogen werden würde. (Begr. S. 10.) Hieraus ergibt sich:

a) Zulässig sind die dem Versteigerungsverfahren vorhergehenden Maßnahmen, nämlich der Antrag[1]) auf Anordnung der Zwangsversteigerung, der Anordnungsbeschluß mit der Wirkung der Beschlagnahme und die Eintragung des Zwangsversteigerungsvermerks ins Grundbuch (§§ 15 bis 27 ZVG.), denn nur jene Vollstreckungshandlungen sollen ausgeschlossen werden, durch die der Schuldner das Eigentum am Grundstücke verliert, nicht aber die den Gläubiger nur sichernden Maßnahmen [vgl. oben Anm. V a]. (Ebenso Sieskind S. 36; Sintenis S. 281; Güthe, PrJMBl. 1914 S. 749 = Gruchot Bd. 59 S. 45.) Der Antrag auf Anordnung der Zwangsversteigerung ist für den im Besitz einer vollstreckbaren Hypothekurkunde befindlichen Gläubiger das einzige Mittel, um den länger als 2 Jahre rückständigen Hypothekzinsen den Rang der Hypothek zu wahren. Bei Fehlen eines Vollstreckungstitels ist dagegen der Verlust der Rechte nach § 10 Ziff. 4 ZVG. unvermeidlich (vgl. Fuchs, JW. 1915 S. 60 u. 204; Mayer S. 218; Siehr, JW. 1915 S. 540; Fürnrohr, JW. 1915 S. 254 [der im Ergebnis übereinstimmt, aber im Gegensatz diese von den vorigen als Lücke der Kriegsnotgesetze gekennzeichnete Folge im Interesse der nachrangigen Hypothekgläubiger billigt.] Vgl. auch das Schreiben des Staatssekretärs Lisco, abgedruckt JW. 1915 S. 204, der durch die Verordnung vom 14. Jan. 1915 einen der Billigkeit entsprechenden Ausgleich erhofft. Einschlägige Urteile sind seither nicht bekannt geworden.)

b) Unzulässig sind die zur Ausführung der Versteigerung dienenden Maßnahmen (Versteigerungsverfahren im engeren Sinn), also die Abhaltung der Versteigerungstermine (§§ 35—78 ZVG.) und die Erteilung des Zuschlags[2]) (§§ 79—104 ZVG. und zwar selbst dann, wenn nur ein Miteigentümer des Grundstücks Kriegsteilnehmer ist (OLG. Nürnberg vom 3. Nov. 1915 Recht 1915 S. 621 Nr. 1195). Die Bestimmung eines Zwangsversteigerungstermins innerhalb der sechsmonatlichen Frist des § 39 ZVG. ist zulässig bei Grundstücken, die nicht im Eigentum von Kriegsteilnehmern stehen, es sei denn, daß das Grundstück unmittelbar z. B. durch seine Lage im Kriegsgebiet, vom Krieg betroffen wird. Wird der Vollstreckungsschuldner zwischen dem Schluß der Versteigerung und der Verkündung des Zuschlages (§ 87 ZVG.) Kriegsteilnehmer, oder wird in diesem Zeitpunkt bekannt, daß er Kriegsteilnehmer ist, so ist auf Grund des § 83 Nr. 6 ZVG. der Zuschlag zu versagen. Hat die Versteigerung entgegen der Vorschrift des § 5 Abs. 1 Ziff. 2 des Gesetzes stattgefunden, so ist der Zuschlagsbeschluß nicht unwirksam, sondern nur nach §§ 95 bis 100 ZVG. mit § 83 Nr. 6 ZVG. anfechtbar. Mit der Rechtskraft des Zuschlags-

---

1) Über die Bedeutung des § 752 ZPO. s. oben Anm. I S. 306.

2) Vgl. hiezu auch § 12 BRVO. vom 8. Juni 1916 oben S. 182.

beschlusses erlangt der Ersteher — ohne Rücksicht auf bösen oder guten Glauben — unanfechtbares Eigentum, das ihm insbesondere auch nicht nachträglich im Prozeßwege entzogen werden kann. (Sieskind S. 39; Güthe, PrJMBl. 1914 S. 749 = Gruchot Bd. 59 S. 46.)

Über Schadensersatzpflicht der Vollstreckungsgläubiger usw. s. oben Anm. V a. Verzicht des Schuldners auf das Versteigerungsverbot ist zulässig.

c) Das Verteilungsverfahren (§§ 105—145 ZVG.) fällt nicht unter den Begriff der Versteigerung und ist deshalb zulässig, auch wenn der Schuldner nach Verkündung des Zuschlages Kriegsteilnehmer wird, oder wenn in diesem Zeitpunkt seine Kriegsteilnehmerschaft bekannt wird. Sieskind S. 36/37; Mayer S. 226; Sintenis S. 281 Anm. 11; a. M. Güthe, PrJMBl. 1914 S. 749 = Gruchot Bd. 59 S. 45/46 (der aus den nachfolgenden Gründen das Verteilungsverfahren für unzulässig hält). Andererseits stehen dem Schuldner auch in diesem Teil des Verfahrens wesentliche Rechte zu (vgl. z. B. §§ 115, 118, 125, 126, 128 Abs. 2 ZVG.) und er kann insbesondere durch Widerspruch gegen die angemeldeten Ansprüche seine Lage so verbessern, daß ihm die Möglichkeit, diese Rechte geltend zu machen, möglichst gewahrt werden muß. Da nun § 105 ZVG. keinerlei Bestimmung gibt, daß der Verteilungstermin sofort oder innerhalb einer bestimmten Frist anzuberaumen ist, bei der Terminsanberaumung aber auch sonst auf die Interessen der Beteiligten Rücksicht zu nehmen ist (vgl. Jäckel-Güthe Anm. 5 Abs. 2 zu § 105 ZVG.), so muß es für zulässig erachtet werden, daß ein Termin so lange nicht anberaumt wird, als der Schuldner an der Wahrnehmung seiner Rechte behindert ist, soferne nicht feststeht, daß im Einzelfalle die Interessen des Schuldners durch die Verteilung des Erlöses nicht verletzt werden können, oder daß sie durch einen Prozeßbevollmächtigten oder sonstigen Vertreter genügend geschützt werden. (Gegen die Nichtanberaumung des Termines können die übrigen Beteiligten Erinnerungen nach § 766 ZPO. und dann sofortige Beschwerde nach § 793 ZPO. erheben.)

d) Unbeschränkt zulässig ist die Eintragung einer Zwangshypothek [§§ 866, 867 ZPO.] und die Anordnung und Durchführung einer Zwangsverwaltung[1]) [§§ 146—161 ZVG.]. (Güthe a. a. O.; Sintenis S. 220 Note 11; OLG. Königsberg vom 13. Okt. 1914 LZ. 1915 S. 154; LG. Breslau vom 24. Dez. 1914 Recht 1915 S. 112 Nr. 244 = JW. 1915 S. 202.)

e) Die Zwangsversteigerung in besonderen Fällen (§§ 172 bis 184 ZVG.) ist unbeschränkt zulässig, da diese Arten der Zwangsversteigerung nicht unter den Begriff der Zwangsvollstreckung fallen. (Güthe, Gruchot Bd. 59 S. 46; Bovensiepen, DRZ. 1914 S. 779; Mayer S. 229).

---

[1]) Ist eine Zwangsverwaltung durch eine einstweilige Verfügung angeordnet, so kann das Verfahren gegen einen Kriegsteilnehmer nicht durchgeführt werden, weil die Zustellung der einstweiligen Verfügung nach § 2 des Gesetzes unzulässig ist. Güthe, Gruchot Bd. 59 S. 46, LG. Allenstein vom 13. Okt. 1914 JW. S. 989; Stein, JW. S. 805; a. M. OLG. Königsberg vom 5. Nov. 1914, DJZ. 1914 S. 1394 = Recht 1914 S. 731, das die Zustellung einer einstweiligen Verfügung als einen Teil der Zwangsvollstreckung betrachtet.

VII. Die Zulässigkeit der **Anfechtung wegen Gläubigerbenachteiligung** auf Grund des AnfG. wird durch das KTSchG. grundsätzlich nicht berührt; außerdem wird durch das Versteigerungsverbot der nach § 2 AnfG. erforderliche Nachweis, daß die Zwangsvollstreckung in das Vermögen des Kriegsteilnehmers zu einer vollständigen Befriedigung des Gläubigers nicht geführt hat und voraussichtlich auch nicht führen wird, tatsächlich sehr erschwert. (Vgl. auch Harder, JW. 1914 S. 818.)

Die Vollstreckungsbeschränkung tritt nur ein, wenn der Vollstreckungsgegner selbst Kriegsteilnehmer ist. Daraus ergibt sich: Für den Prozeß gegen den Anfechtungsgegner bleibt es bei den Grundsätzen der §§ 2 u. 3 des KTSchG. Bei der Vollstreckung ist zu unterscheiden (vgl. Schäffer, JW. 1915 S. 1097):

a) Wenn der anfechtbar veräußerte Gegenstand noch im Besitz des Anfechtungsgegners ist, so ist Vollstreckungsschuldner nicht dieser, sondern der eigentliche Schuldner; es muß also bei dessen Kriegsteilnehmerschaft die Vollstreckung unterbleiben. (Bunge, DJZ. 1915 S. 920.)

b) Ist der Anfechtungsgegner nicht mehr in der Lage, den Gegenstand zurückzugeben und somit zum Wertersatz verpflichtet, so ist er selbst Vollstreckungsschuldner und in seiner Person kommen die Beschränkungen des § 5 bei Kriegsteilnehmerschaft zur Wirkung.

VIII. Unterliegen Gegenstände, an denen dem Kriegsteilnehmer ein die Veräußerung hinderndes Recht zusteht, bei dritten Personen der Zwangsvollstreckung (§ 805 ZPO.), so bietet das Gesetz dem Kriegsteilnehmer dagegen, obwohl er infolge seiner Behinderung nicht in der Lage ist, **Widerspruchsklage** zu erheben, keinerlei Schutz; vgl. aber LG. Berlin I vom 5. Juli 1915, JW. 1915 S. 936, wo die Aussetzung des über ein Vorrecht an dem hinterlegten Erlös schwebenden Prozesses wegen Kriegsteilnahme die Aussetzung des Verteilungsverfahrens selbst nach sich zog. Hat er keinen Vertreter, so kann ihm vom Vormundschaftsgericht gemäß § 1911 BGB. ein Abwesenheitspfleger bestellt werden, oder das Vollstreckungs- und Prozeßgericht kann gemäß § 89 ZPO. einen Vertreter ohne Vertretungsmacht zulassen. (Sieskind S. 38; BerlAnwVer. 1914, JW. 1914 S. 889; Güthe, PrJMBl. S. 748 = Gruchot Bd. 59 S. 42; Sintenis S. 283 Anm. 13.)

IX. Auch ein **Verzicht** auf die Vollstreckungsbeschränkung ist zulässig, wenn damit dem Interesse des Schuldners entsprochen wird (LG. Meiningen vom 10. Dez. 1915, JW. 1916 S. 290 = Recht 1916 S. 148 Nr. 339; LG. Berlin I vom 23. Mai 1916 JW. 1916 S. 922; Levis, Recht 1914 S. 551; Sintenis S. 283 Anm. 14; **a. M.** LG. Darmstadt in HessRspr. 1916 S. 25).

X. Weitere Beschränkungen der Zwangsvollstreckung: S. § 7 dieses Gesetzes; § 5 der Bundesratsbekanntmachung betreffend die Anordnung einer Geschäftsaufsicht zur Abwendung des Konkurses vom 8. Aug. 1914 Nr. 4459 oben S. 239; ferner die Bundesratsbekanntmachung über das Mindestgebot bei Versteigerung gepfändeter Sachen vom 8. Okt. 1914 Nr. 4507 oben S. 190; § 5 der Bekanntmachung über Bewilligung von Zahlungsfristen vom 7. Aug. 1914 in der Fassung vom 20. Mai 1915 Nr. 4741 oben S. 151; § 2 der Bekanntmachung über die Bewilligung von Zahlungsfristen an Kriegsteilnehmer vom 8. Juni 1916 Nr. 5237 unten S. 379; vgl. ferner § 12 der Bekanntmachung betr. Geltendmachung von Hypotheken, Grundschulden und Rentenschulden vom 8. Juni 1916 Nr. 5238 oben S. 182.

§ 6.

Die Eröffnung des Konkursverfahrens über das Vermögen der im § 2 bezeichneten Personen ist nur auf deren Antrag zulässig.

Ist das Konkursverfahren über das Vermögen einer solchen Person eröffnet, so kann das Konkursgericht auf den Antrag des Gemeinschuldners die Aussetzung des Verfahrens anordnen.

Die Aussetzung hört auf:

1. **mit der Beendigung des Kriegszustandes;**
2. **vor diesem Zeitpunkt mit einem die Fortsetzung des Verfahrens anordnenden Beschlusse des Gerichts. Der Beschluß erfolgt auf den Antrag des Gemeinschuldners oder nach Anhörung desselben auf den Antrag des Verwalters oder eines Konkursgläubigers. Die Fortsetzung des Verfahrens ist anzuordnen, wenn sie vom Gemeinschuldner oder nach Ablauf der im § 4 Abs. 2 festgesetzten Frist vom Verwalter oder von einem Konkursgläubiger beantragt wird.**

Der die Aussetzung und der die Fortsetzung des Verfahrens anordnende Beschluß sowie der Grund der Anordnung sind öffentlich bekanntzumachen.

I. Allgemeines: Das für das gegenwärtige Gesetz vorbildliche Bundesgesetz vom 21. Juli 1870 bestimmte in der Einleitung zum § 11 lediglich, daß die Einleitung und Fortsetzung des Konkursverfahrens (Falliment, Debitverfahren, konkursmäßige Einleitung usw.) durch den Kriegszustand nicht gehindert wird. Da jedoch der Konkurs in die Rechtslage des Schuldners bei weitem tiefer eingreift, als die Zwangsvollstreckung, hat das gegenwärtige Gesetz einen Schutz des Kriegsteilnehmers auch im Konkursverfahren für nötig erachtet. (Begr. S. 11.) Die vom Gesetz getroffene Regelung, insbesondere Abs. 1 des § 6 ist aber sowohl für den Kriegsteilnehmer wie für seine Gläubiger deshalb gefährlich, weil die in § 5 enthaltenen Beschränkungen die Einzelvollstreckung gegen den Kriegsteilnehmer nicht verhindern, so daß durch den untergeordneten Einzelzugriff, bei dem ein Gläubiger dem anderen den Rang abzulaufen sucht, die Interessen des Kriegsteilnehmers und seiner Gläubiger mehr geschädigt werden können, wie dies bei der grundsätzlich gleichmäßigen Konkursbefriedigung geschehen würde. Vgl. hierzu Hachenburg, LZ. 1914 S. 1596; Jaeger, BankArch. Bd. 14 S. 32; aber auch Bendix S. 77 (der durch Bestellung eines Pflegers nach § 1911 Abs. 1 und 2 BGB. helfen will, wenn die Interessen des Kriegsteilnehmers dies erfordern).

II. Die Bestimmung findet nur auf die unter § 2 fallenden Personen Anwendung und zwar nur, so lange sie in einem derartigen Verhältnis sich befinden. Bei offenen Handelsgesellschaften verleiht der § 210 KO. allen persönlich haftenden Gesellschaftern das Gemeinschuldnerantragsrecht; § 6 Abs. 1 ist deshalb schon dann anzuwenden, wenn nur ein persönlich haftender Gesellschafter Kriegsteilnehmer ist (OLG. Stuttgart vom 12. März 1915 LZ. 1915 S. 1115 = Recht 1915 S. 287 Nr. 504), zumal durch die Konkurseröffnung die offene Handelsgesellschaft aufgelöst wird (§ 231 HGB.) und damit die bisherige Geschäftsführungs- und Vertretungsmacht der Gesellschafter endigt. (Jaeger Anm. 10 zu §§ 209 und 210 KO.); ebenso steht das Antragsrecht nach § 6 Abs. 2 des Gesetzes jedem persönlich haftenden Gesellschafter, wenn er Kriegsteilnehmer ist, allein zu. (Jaeger, BankArch Bd. 14 S. 31; OLG. Bamberg vom 4. Nov. 1914 LZ. 1915 S. 173; Sintenis S. 285 Anm. 6; a. M. OLG. Breslau vom 26. Mai 1915 JW. 1915 S. 664.)

Ist der gesetzliche Vertreter eines prozeßunfähigen Gemeinschuldners Kriegsteilnehmer, so hat dies auf den Gang des Verfahrens keinen Einfluß [§ 9 Abs. 1 des Gesetzes] (Sintenis S. 284 Anm. 2.) Die Begründung (S. 13) verneint für diesen Fall ein wesentliches Bedürfnis zur besonderen Vorsorge, da dem Gemeinschuldner in der Regel ein besonderer Vertreter vom Vormundschaftsgericht bestellt werden wird, wenn der gesetzliche Vertreter infolge seiner Beteiligung am Kriege zur Wahrnehmung der Interessen nicht imstande ist.

Ob der (prozeßfähige) Kriegsteilnehmer einen Prozeßbevollmächtigten oder sonstigen Vertreter im Sinne des § 2 Ziff. 2 hat, ist unerheblich.

III. Unzulässigkeit der Eröffnung des Konkursverfahrens. Nach Abs. 1 des § 6 darf über das Vermögen eines Kriegsteilnehmers das Konkursverfahren[1]) nur eröffnet werden, wenn der Schuldner selbst einen Eröffnungsantrag stellt; während sonst der künftige Gemeinschuldner und jeder künftige Konkursgläubiger die Konkurseröffnung beantragen kann (§ 103 Abs. 2 KO.), wurde hier das Antragsrecht dem Gemeinschuldner vorbehalten, wenngleich der hierin liegende Eingriff in die Rechte der Gläubiger, insbesondere auch die Beschränkung des Anfechtungsrechtes[2]) (§§ 31, 32, 33 KO.) unter Umständen erhebliche Nachteile für die Gläubiger zur Folge haben wird. (Begr. S. 12.) Auch der Konkursverwalter kann den Antrag auf Aussetzung nicht im eigenen Namen stellen, ist vielmehr auf eine Vollmacht des Gemeinschuldners zur Stellung eines auf Aussetzung abzielenden Antrags angewiesen. Hirsch, JW. 1915 S. 1183.

Ist entgegen dieser Bestimmung auf Antrag eines Gläubigers vom Konkursgericht, das nach § 75 KO. in dieser Richtung von Amts wegen Ermittlungen anzustellen hat (Sintenis S. 284 Anm. 3), Konkurs eröffnet worden, so ist der Eröffnungsbeschluß nicht ohne weiteres unwirksam, vgl. auch Mayer S. 233. Dem Schuldner steht aber die sofortige Beschwerde nach § 109 KO. zu. Ist er durch den Krieg an der Wahrung der Beschwerdefrist verhindert worden, so kann er das Rechtsmittel im Wege der Wiedereinsetzung in den vorherigen Stand nachholen. (§ 72 KO.; §§ 232 Abs. 1, 577 Abs. 2 ZPO.; Sintenis S. 285 Anm. 3; Hachenburg, LZ. 1914 S. 1596; Jaeger, BankArch. Bd. 14

---

[1]) Die Anordnung der Nachlaßverwaltung ist zulässig, auch wenn der Erbe Kriegsteilnehmer ist, vgl. Josef im Recht 1914 S. 642 und bei Gruchot 1915 S. 1094.

[2]) Teilweise Abhilfe gewährt der § 4 des AnfG. (BerlinAnwVer. JW. 1914 S. 789).

S. 31.) Unzulässig sind auf Antrag eines Gläubigers auch einstweilige Anordnungen zur Sicherung der Masse auf Grund des § 106 KO.; denn diese Anordnungen setzen einen zwar noch nicht verbeschiedenen, aber auf jeden Fall zulässigen Antrag auf Eröffnung des Verfahrens voraus. Güthe, Gruchot Bd. 59 S. 48; auch Jaeger Anm. 1 zu § 106 KO.; **a. M.** OLG. Stuttgart vom 15. Okt. 1914 LZ. 1914 S. 1917 = Recht 1914 S. 649 (das dem Eröffnungsbeschluß vorausgehende Eröffnungsverfahren sei nicht unzulässig, sondern werde nur unterbrochen). Sintenis S. 285 Anm. 5 hält vorläufige Sicherungsmaßnahmen für zulässig, bis feststeht, daß der Antrag gemäß § 1 unzulässig ist.

IV. Aussetzung des schwebenden Konkursverfahrens. Schwebt bereits das Konkursverfahren über das Vermögen eines Kriegsteilnehmers, so kann es auf Antrag des Gemeinschuldners vom Konkursgericht nach Abs. 2 des § 6 ausgesetzt werden. Die Befugnis des Konkursgerichtes zur Aussetzung gilt für jedes anhängige Konkursverfahren, also sowohl für dasjenige, welches bereits vor der Verkündung des Gesetzes (also vor dem 4. Aug. 1914) wie auch für dasjenige, das vor Beginn der Kriegsteilnahme des Gemeinschuldners, schließlich auch für dasjenige, das nach diesem Zeitpunkt auf Antrag des Kriegsteilnehmers oder unter Verletzung des § 6 Abs. 1 auf Antrag eines Gläubigers eröffnet worden ist. (Begr. S. 12.)

Die Anordnung der Aussetzung steht im Ermessen des Konkursgerichtes (Sintenis S. 285 Anm. 7; **a. M.** Jaffa a. a. O. S. 16). Der Aussetzungsbeschluß sowie der Grund der Anordnung sind öffentlich bekannt zu geben (§ 76 KO.). Eine besondere Zustellung an die Konkursgläubiger findet daneben nicht statt. (Jaeger Anm. 4 zu § 73 KO.) Die Aussetzung sowie die Ablehnung der Aussetzung unterliegen der sofortigen Beschwerde [§ 73 Abs. 3 KO.]. (Jaeger, BankArch. Bd. 14 S. 31.)

V. Wirkung der Aussetzung des Konkursverfahrens.

Weder das Gesetz noch die Begründung äußern sich darüber, welche Folgen die Aussetzung hat; auch die Konkursordnung kennt weder den Begriff der Aussetzung noch der Unterbrechung oder des Ruhens des Verfahrens. (Jaeger Anm. 7 zu § 72 KO.) Von den nach § 72 KO. entsprechend anzuwendenden Vorschriften der Zivilprozeßordnung über die Aussetzung des Verfahrens eignet sich nur der § 249 ZPO. zur Übertragung, aber auch dieser nur mit Einschränkungen.

Hiernach ergeben sich folgende Grundsätze (vgl. auch Mayer S. 233 f., der die einzelnen Fragen einer eingehenden Prüfung unterzieht):

a) Die Fristen des Konkursverfahrens, also insbesondere die Anfechtungsfristen der §§ 41, 42 KO., die Beschwerdefristen der §§ 73, 189 KO., die Ausschlußfristen der §§ 152 ff. KO., die Fristen für die Wiedereinsetzung nach § 165 KO. hören auf zu laufen und beginnen nach Beendigung der Aussetzung von neuem zu laufen (§ 249 Abs. 1 ZPO.). (Bendix S. 75; Jaeger, BankArch. Bd. 14 S. 31; Sintenis S. 286 Anm. 8; **a. M.** Glaser, DJZ. 1914 S. 1078; Harder, JW. 1914 S. 990; Hachenburg, LZ. 1914 S. 1591; Schäffer, JW. 1915 S. 945.)

b) Da das Konkursverfahren nicht aufgehoben, sondern nur seine Durchführung gehemmt wird (Konkurshängigkeit = Rechtshängigkeit), bleibt dem Gemeinschuldner Verwaltungsrecht und Verfügungsmacht über das Konkursvermögen entzogen (er könnte ja sonst durch einen Vertreter die

Masse verschleudern), wie auch Einzelvollstreckungen in dieses Vermögen unzulässig bleiben (so auch Sintenis S. 286 Anm. 8). Die nach Aussetzung des Konkursverfahrens gegen die Masse einzuleitenden Prozesse sind gegen den Konkursverwalter zu richten, vgl. unten d.

Der im Konkurs befindliche Kriegsteilnehmer ist selbständig berechtigt, Beschwerde gegen die Zwangsversteigerung seines Grundstücks einzulegen (siehe oben Anm. II zu § 5).

c) Konkursverwalter und Gläubigerausschuß bleiben im Amte, haben aber ebenso wie das Konkursgericht ihre Tätigkeit zunächst einzustellen. Die Verwertung der Masse einschließlich der Außenstände ruht grundsätzlich, da ja die Aussetzung vornehmlich deshalb vorgesehen ist, um eine mögliche Verschleuderung zu verhindern. Die Abwicklung schwebender Rechtsgeschäfte des Gemeinschuldners, die Anerkennung von Aussonderungs- und Absonderungsrechten, die Anfechtung von Rechtshandlungen wegen Gläubigerbenachteiligung, die Prüfung und Feststellung von Konkursforderungen, insbesondere aber die Vornahme von Verteilungen hat zu unterbleiben. Eine ausnahmslose Durchführung dieser Grundsätze wird aber meist dem Gemeinschuldner nicht nur keinen Nutzen bringen, sondern ihn — wie auch die Konkursgläubiger — erheblich schädigen. Das Konkursgericht, in dessen Ermessen die ganze Aussetzung steht, muß daher auch zu angemessener Beschränkung seiner Anordnung ermächtigt sein und der Konkursverwalter ist bei Meidung seiner persönlichen Haftung (§ 82 KO.) für Unterlassungen verpflichtet, nötigenfalls derartige Ermächtigungen zu erwirken; in Betracht kommen hierbei insbesondere: Verkauf einzelner Massegegenstände, deren Verderb oder Entwertung zu befürchten ist; Einziehung beitreibbarer Außenstände, deren Verlust wegen schlechter Vermögenslage des Schuldners oder wegen drohender Verjährung (§ 8 des Ges. findet nur Anwendung, wenn der Konkursverwalter Kriegsteilnehmer ist) zu besorgen ist; Aufhebung von Verträgen, deren Fortbestand die Konkursmasse nutzlos stark belasten würde usw. So: Jaeger, BankArch. Bd. 14 S. 31; ferner Sieskind S. 43 und im allgemeinen auch Sintenis S. 286 Anm. 8 (der insbesondere auch die Vornahme von Verteilungen während der Aussetzung zuläßt); vgl. ferner Mayer S. 223; Schäffer, JW. 1915 S. 844; abweichende Ansichten vertreten Glaser, DJZ. 1914 S. 1078 (der Verwalter darf alle notwendigen, und alle dem mutmaßlichen Willen des Gemeinschuldners entsprechenden Maßnahmen selbständig durchführen) und ähnlich Harder, JW. 1914 S. 990 (nur was die Herbeiführung eines Zwangsvergleiches unnötig erschwert, darf der Konkursverwalter nicht tun), Levis, Recht 1914 S. 552 ff. (Verwaltungs- und notwendige Verwertungshandlungen und alle hiermit notwendig zusammenhängenden Tätigkeiten der verschiedenen Konkursorgane sind zulässig; unterbleiben müssen insbesondere Verteilungen); Bendix S. 75 (jede zur Fortführung des Konkurses dienende Handlung ist ausnahmslos[1]) verboten).

d) Auf Rechtsstreitigkeiten, die für oder gegen die Konkursmasse anhängig sind, ist die Aussetzung ohne Einfluß; da hier der Konkursverwalter Partei ist, kommt es nur auf seine Kriegsteilnehmerschaft

---

1) Die gleiche Ansicht scheint Hallbauer, Recht 1914 S. 582/583 zu vertreten.

an (Sieskind S. 44/45; Lewis, Recht 1914 S. 555), auch nach Aussetzung des Verfahrens sind Prozesse hinsichtlich der Masse gegen den Konkursverwalter zu richten (RG. vom 24. März 1915 Recht 1915 S. 754 Nr. 654 = ROLG. Bd. 30 S. 381).

e) Handlungen, die der Konkursverwalter unter Nichtbeachtung der Aussetzung des Verfahrens vornimmt, sind Dritten gegenüber gültig (§ 136 KO.), können aber zivilrechtliche und disziplinäre Folgen haben (§§ 82, 84 KO.).

VI. Die Aussetzung endigt:

a) mit Beendigung des Kriegszustandes (§ 11 des Ges.) ohne weiteres, d. h. ohne besonderen Beschluß des Konkursgerichtes;

b) vor diesem Zeitpunkt nur kraft eines die Beendigung der Aussetzung aussprechenden, nur auf Antrag vom Konkursgericht zu erlassenden Beschlusses, falls die betreffende Person aus dem in § 2 bezeichneten Verhältnis ausscheidet (Sintenis S. 285 Anm. 4). Stellt der Gemeinschuldner den Antrag, so muß der Beschluß stets erlassen werden. Stellt der Konkursverwalter oder ein Konkursgläubiger den Antrag, so muß der Beschluß erlassen werden, wenn die in § 4 Abs. 2 des Gesetzes festgesetzte Frist nachgewiesenermaßen (vgl. § 75 KO.) abgelaufen ist; anderenfalls liegt die Entscheidung über den Antrag im Ermessen des Gerichtes. (Begr. S. 12.) **A. M.** Mansfeld, BayZfR. 1914 S. 335 („zwar läßt der Wortlaut, nicht aber der Sinn der Bestimmung und ihr Zusammenhang mit § 4 dies zu").

Vor der Entscheidung hat das Konkursgericht auf jeden Fall den Gemeinschuldner-Kriegsteilnehmer zu hören, d. h. es muß ihm Gelegenheit zur mündlichen oder schriftlichen Äußerung geboten werden; macht dieser innerhalb angemessener Frist von der Gelegenheit keinen Gebrauch, so ist der Vorschrift trotzdem Genüge geleistet. Jaeger Anm. III zu § 73 KO.; Byk, BankArch. Bd. 14 S. 20; Sintenis S. 287 Anm. 11; **a. M.** Sieskind S. 43 (der eine Äußerung des Gemeinschuldners für unbedingt notwendig erachtet).

Der Beschluß über die Fortsetzung des Verfahrens, sowie der Grund der Anordnung sind öffentlich bekannt zu machen (§ 6 Abs. 4 des Ges., § 76 KO.).

Gegen den die Fortsetzung anordnenden Beschluß, der sofort wirksam wird (Jaeger Anm. 11 zu § 73; **a. M.** Mansfeld, BayZfR. Bd. 14 S. 335, der den Beschluß erst mit seiner Rechtskraft wirksam werden läßt), steht dem Gemeinschuldner, gegen den sie ablehnenden Beschluß dem Antragsteller die sofortige Beschwerde zu (§ 73 Abs. 3 KO.).

Anhang.

Ist der Konkursverwalter in der Ausübung seines Amtes durch Kriegsteilnehmerschaft verhindert, so ist das Konkursgericht berechtigt, zum Zwecke seiner Vertretung neben ihm einen anderen Konkursverwalter zu bestellen. (Jaeger Anm. 6 zu § 78; vgl. auch OLG. München vom 18. Dez. 1914, oben Anm. I D Fußnote — s. oben — zu §§ 2/3.)

Wird ein Gläubigerausschuß durch Einberufung der Mehrheit seiner Mitglieder beschlußunfähig, so kann — sei es auf Antrag, sei es von Amts wegen — von der Gläubigerversammlung durch Neuwahl oder Zuwahl Abhilfe geschaffen werden. Preuß. JMVerf. vom

20. Aug. 1914 JMBl. S. 688.[1]) Vgl. ferner die Allgem. Verfügung des Preuß. JM. vom 13. Aug. 1914[1]) über die Förderung von Abschlag- und Schlußverteilung im Konkursverfahren. Zur Abwendung des Konkursverfahrens während des Kriegszustandes dient die Geschäftsaufsicht (siehe oben S. 229).

§ 7.

Die Eröffnung und die Fortsetzung eines Konkurs-, Aufgebots- oder Verteilungsverfahrens sowie die Anordnung und die Fortsetzung einer Zwangsversteigerung oder Zwangsverwaltung von Gegenständen des unbeweglichen Vermögens wird, unbeschadet der Vorschriften in den §§ 5, 6, durch die Beteiligung der im § 2 bezeichneten Personen als Gläubiger oder anderweit Berechtigte nicht berührt.

Es gelten jedoch hierbei folgende Bestimmungen:

1. **Ist gegen diese Personen ein Versäumnis- oder ein Ausschlußurteil ergangen oder sind sie infolge ihrer Abwesenheit sonstwie als säumig behandelt oder mit ihren Rechten ausgeschlossen worden, so können sie binnen sechs Monaten nach Beendigung des Kriegszustandes oder des nach § 2 maßgebenden Verhältnisses, soweit es in dem Verfahren noch möglich ist, die versäumten Handlungen nachholen und ihre Ansprüche geltend machen oder, soweit dies nicht mehr möglich ist, von demjenigen, zu dessen Gunsten die Rechtsänderung eingetreten ist, die Herausgabe des erlangten Vorteils nach den Vorschriften über die Herausgabe einer ungerechtfertigten Bereicherung verlangen.**

   Ist ein Recht von einer der im § 2 bezeichneten Personen angemeldet oder ist anzunehmen, daß ein solches ihr zusteht, so wird ihr dasselbe in der betreffenden Entscheidung oder Verfügung ausdrücklich vorbehalten.
2. **Ergibt sich bei einer vorzunehmenden Verteilung, daß eine solche Person eine bei der Verteilung zu berücksichtigende Forderung angemeldet hat oder daß eine derartige Forderung ihr mutmaßlich zusteht, so muß bei der Verteilung so verfahren werden, als wenn die Forderung und das für sie in Anspruch genommene oder anscheinend begründete Vorrecht endgültig festgestellt wäre. Die auf die Forderung fallenden Beträge sind zu hinterlegen.**
3. **Ergibt sich bei der Zwangsversteigerung eines Gegenstandes des unbeweglichen Vermögens nach Beendigung der Versteigerung, daß eine der im § 2 bezeichneten Personen wegen**

---

[1]) Abgedruckt bei Sieskind S. 133/134.

einer Forderung, für welche die Zwangsversteigerung betrieben wird oder der Gegenstand der Zwangsversteigerung dinglich haftet oder die ein Recht auf Befriedigung aus dem Grundstück gewährt oder wegen einer Grundschuld oder einer Rentenschuld durch das Meistgebot nicht gedeckt wird, so kann der Zuschlag versagt und ein neuer Versteigerungstermin bestimmt werden, sofern die Umstände die Annahme begründen, daß ein höheres, zur gänzlichen oder teilweisen Befriedigung genügendes Gebot erfolgen werde.

4. Die Bestimmungen unter Ziff. 1 bis 3 gelten nicht zugunsten derjenigen Personen, welche einen zur Wahrnehmung ihrer Rechte berufenen Vertreter haben.

I. Richtet sich ein Konkursverfahren oder ein Aufgebot- oder Verteilungsverfahren, eine Zwangsversteigerung oder eine Zwangsverwaltung nicht gegen einen Kriegsteilnehmer, so wird ein solches Verfahren dadurch grundsätzlich nicht berührt, daß **Kriegsteilnehmer** als **Gläubiger** oder **anderweitig Berechtigte** daran teilnehmen. Damit jedoch in diesen Fällen die Kriegsteilnehmer nicht die nach den gesetzlichen Vorschriften bei nichtrechtzeitiger Anmeldung und Verfolgung ihrer Rechte eintretenden Nachteile erleiden, schützt der § 7 die Interessen des Kriegsteilnehmers, soweit dies ohne gänzliche Hemmung des Verfahrens möglich ist.

Da die in Betracht kommenden gesetzlichen Vorschriften hinsichtlich der Voraussetzungen und Wirkungen überaus verschieden sind, hat sich das Gesetz (im Anschluß an das Bundesgesetz vom 21. Juli 1870) auf die Aufstellung allgemeiner Grundsätze beschränkt, deren Anwendung im einzelnen sich nach den für das Verfahren geltenden Vorschriften richtet. (Begr. S. 12.)

II. Die Bestimmungen dieses Paragraphen finden auf die in § 2 Abs. 1 des Gesetzes erwähnten **Personen** Anwendung; ferner auch auf diejenigen (prozeßunfähigen) Personen, welche durch eine in § 2 bezeichnete Person gesetzlich vertreten werden (§ 9 Abs. 1 des Ges.).

Dagegen finden die Bestimmungen nach Ziff. 4 des § 7 keine Anwendung, wenn der Kriegsteilnehmer einen zur Wahrnehmung seiner Rechte — sei es auf Grund Gesetzes, sei es auf Grund Vertrags — berufenen Vertreter hat (vgl. hierzu § 2 Abs. 1 Ziff. 2 und die Erläuterungen dazu). Die §§ 5—7 beziehen sich auf die Zwangsvollstreckung, §§ 2—4 auf das Erkenntnisverfahren. Auf Versäumnisurteile im Erkenntnisverfahren findet § 7 keine Anwendung, da es sich, wie sich schon aus dem Wortlaut ergibt, hier nur um den Kriegsteilnehmer in seiner Eigenschaft als Gläubiger oder sonstwie materiell Berechtigten handelt. (Cohn, JW. 1915 S. 234; Mayer S. 243.)

III. Zu § 7 Ziff. 1:

Hierher gehört z. B. das Versäumnisurteil nach § 881 ZPO. in seiner Wirkung auf das Verteilungsverfahren (§ 882 ZPO.), das Ausschlußurteil in den Fällen der §§ 952, 987, 1017 ZPO.; die Behandlung als säumig nach § 877 ZPO.; nach § 152 KO.; die Ausschließung von Rechten nach §§ 37 Nr. 4, 66, 110 ZVG.; § 954 ZPO. Auch die

Zustellung von Entscheidungen durch die Partei gehört während der Unterbrechung des Verfahrens zu den unwirksamen Prozeßhandlungen. So beginnt die Rechtsmittelfrist trotz der während der Unterbrechung etwa vorgenommenen Zustellungen erst mit der nachher wirksam erneuten Zustellung. Der erneuten Zustellung bedarf es dort nicht, wo, wie beim Einspruch, der Rechtsbehelf auch ohne Zustellung der Entscheidung zulässig ist. Der Kriegsteilnehmer, der den Einspruch gegen ein unwirksam zugestelltes Versäumnisurteil einlegen will, kann also von der nochmaligen Zustellung absehen.

In diesen Fällen ist der Kriegsteilnehmer berechtigt, binnen sechs Monaten nach Beendigung des Kriegszustandes oder der Kriegsteilnehmerschaft die versäumten Handlungen nachzuholen und die Ansprüche geltend zu machen, soweit dies in dem Verfahren noch möglich ist, d. h. insbesondere, soweit dieses Verfahren noch nicht endgültig abgeschlossen ist.

Soweit dies nicht mehr möglich ist, gewährt das Gesetz dem Kriegsteilnehmer (subsidär) einen Bereicherungsanspruch, dessen Umfang sich nach § 818 BGB. richtet, gegen den, zu dessen Gunsten die Rechtsänderung eingetreten ist. Nähere Bestimmungen darüber, gegen wen sich dieser Anspruch zu richten hat, hat das Gesetz nicht getroffen und konnte es nicht treffen, da diese Frage nur aus den Verhältnissen des Einzelfalles entschieden werden kann (Begr. S. 12); ein praktisches Beispiel siehe Sintenis S. 290 Anm. 8.

Alle diese Fälle können nicht praktisch werden, wenn der Kriegsteilnehmer in dem Verfahren sein Recht angemeldet hat, oder, wenn anzunehmen ist, — es kann sich dies aus den Akten oder aus zufälligen Äußerungen anderer Beteiligten ergeben —, daß ihm ein solches zusteht; dann muß das Gericht dem Kriegsteilnehmer das Recht in der betreffenden Entscheidung oder Verfügung ausdrücklich vorbehalten.

IV. Zu § 7 Ziff. 2.

Verteilungen im Sinne dieser Bestimmung finden im Verteilungsverfahren der Zwangsvollstreckung in das bewegliche Vermögen (§§ 872 ff. ZPO.), im Verteilungsverfahren bei der Zwangsvollstreckung in das unbewegliche Vermögen (§ 105 ZVG.) statt. Hierbei müssen die vom Kriegsteilnehmer angemeldeten oder ihm mutmaßlich — auch hier können sich derartige Vermutungen sowohl aus den Akten, wie aus gelegentlichen Äußerungen dritter Beteiligter ergeben (dem Gericht obliegt es auch in Zweifelsfällen Nachfrage zu halten) — zustehenden Ansprüche so behandelt werden, wie wenn sie bereits endgültig festgestellt werden, jedoch mit der Maßgabe, daß die auf derart festgestellte Forderungen entfallenden Beträge nicht auszuzahlen, sondern zu hinterlegen sind. Angemeldete Beträge sind unter allen Umständen zu hinterlegen. Beträge, welche auf wirklich endgültig festgestellte Forderungen des Kriegsteilnehmers entfallen, sind, wie auch sonst, auszuzahlen.

V. § 7 Ziffer 3 findet Anwendung, wenn dem Kriegsteilnehmer (und zwar nur als Forderungsberechtigten, denn der schuldende Kriegsteilnehmer kann sich auf diese Bestimmung nicht berufen; OLG. Kiel vom 22. April 1915 Recht 1915 S. 563 Nr. 1059) zusteht:

1. die Forderung, für welche die Zwangsversteigerung betrieben wird, gleichviel, ob sie durch Hypothek oder sonst dinglich gesichert oder eine persönliche Forderung ist,

2. Forderungen, für welche der Gegenstand der Zwangsversteigerung dinglich haftet, also Hypothekenforderungen, Reallastforderungen, Schiffspfandrechte,
3. Forderungen, die ein Recht auf Befriedigung aus dem Grundstücke gewähren, d. h. die in § 10 Nr. 1 und 2 ZVG. bezeichneten Ansprüche (§ 10 Nr. 3 ZVG. kommt praktisch nicht in Frage),
4. Grundschulden,
5. Rentenschulden.

Das Zwangsversteigerungsverfahren ist in diesem Fall wie sonst bis zum Schlusse der Versteigerung (§ 73 ZVG.) durchzuführen. (Vgl. OLG. München vom 26. Oktober 1914 Recht 1914 S. 744.) Die allgemeine wirtschaftliche Lage während des Kriegs kann auch einen Grund bilden, den Versteigerungstermin über die in § 36 Abs. 2 ZVG. vorgeschriebene Frist hinauszulegen oder den Termin zu vertagen (was aber nicht zur Einstellung des Verfahrens nach § 30 Abs. 2 ZVG. führt); vgl. PrJMBl. 1914 S. 661 (= Sieskind S. 128), BayJMBl. 1914 S. 164, LG. Saarbrücken vom 21. Nov. 1914, JW. 1915 S. 59 = DRAZ. 1915 S. 11; ferner RG. vom 27. Febr. 1914 bei Warneyer, ErgBd. 1914 S. 265; **a. M.** LG. Thorn vom 9. Nov. 1915, JW. 1915 S. 1458. Die Hinausschiebung des Versteigerungstermins darf jedoch nicht sachlich der Einstellung des Verfahrens auf Kriegsdauer gleichkommen. Deshalb darf der Termin nur mehr aus besonderen Gründen, deren Vorliegen jetzt mit der weiteren Entfernung der deutschen Grundstücke von der eigentlichen Kriegszone immer seltener geworden sein dürfte, über die Frist des § 36 Abs. 2 ZVG. hinaus anberaumt werden und eine Aufhebung ohne gleichzeitige Festsetzung eines neuen Termins ist völlig unzulässig. (OLG. Posen vom 24. April 1915, PosMSchr. 1915 S. 82 zitiert von Schäffer, JW. 1915 S. 1080.) Nach der aus der ordnungsgemäßen Durchführung des Zwangsversteigerungsverfahrens folgenden Anhörung der anwesenden Beteiligten hat das Vollstreckungsgericht bzw. der Notar zu prüfen, ob der Anspruch des Kriegsteilnehmers durch den Zuschlag gedeckt wird. Ist dies der Fall, so ist der Zuschlag zu erteilen. Wird der Anspruch des Kriegsteilnehmers durch das Meistgebot nicht gedeckt, erscheint aber dem Versteigerungsbeamten unter Berücksichtigung aller Umstände die Annahme begründet, daß in einem späteren Versteigerungstermin ein höheres Gebot erfolgen wird, durch das der Anspruch des Kriegsteilnehmers ganz oder teilweise gedeckt wird, so hat er den Zuschlag zu versagen. Gegen den Beschluß ist nach §§ 97, 100 mit 83 Ziff. 6 ZVG. die sofortige Beschwerde zulässig und zwar im Falle der Versagung des Zuschlags durch den Gläubiger, im Falle der Erteilung durch den Kriegsteilnehmer (Nußbaum, JW. 1915 S. 9; Sintenis S. 291 Anm. 13; Sieskind S. 49). Die rechtskräftige Versagung des Zuschlages wirkt wie einstweilige Einstellung (§ 86 ZVG.), hat also insbesondere das Erlöschen des Meistgebotes zur Folge. Der vom Versteigerungsbeamten von Amts wegen anzuberaumende neue Termin soll innerhalb der 6 Monatsfrist des § 36 Abs. 2 ZVG. liegen. (Nußbaum, JW. 1914 S. 1106; Mayer S. 244.) In dem neuen Termin ist die neuerliche Anwendung des § 7 Nr. 3 des Gesetzes nicht ausgeschlossen. (Sieskind S. 49; Güthe, Gruchot Bd. 59 S. 48; Nußbaum a. a. O.)

Hält der Versteigerungsbeamte ein entsprechend höheres Gebot in einem späteren Termine nicht für wahrscheinlich, so hat er wie sonst

S. 197), 1594 Abs. 3, 1599, 1944 Abs. 2, 1954 Abs. 2, 1997, 2082 Abs. 2, 2283 Abs. 2 BGB.; § 41 Abs. 1 Satz 2 KO.; § 12 Abs. 1 AnfG.; § 47 BörsG.; ferner §§ 39 OffiziersPensG., 42 Mannschaftsvers G., 35 MilitärhinterblG. (Nicht dazu gehört z. B die Frist des § 31 ZVG.)

b) Sonstige gesetzliche Fristen (Ausschlußfristen) für die Beschreitung des Rechtsweges, deren Nichteinhaltung den Rechtsverlust des Anspruches herbeiführt; hierher gehören z. B.: § 864 BGB.; §§ 269, 271 HGB.;[1]) § 150 Abs. 1 RBeamtG.; §§ 39, 40 Abs. 2 RRayonG.; § 23 PrPensG.; § 30 PrEnteignG.; § 14 PrBaufluchtlinienG.; § 177 Abs. 3 BayBeamtG.; Art. 21 BayAG. BGB. (Zwangsenteignung).

IV. Nicht unter den Schutz des § 8 fallen alle anderen Fristen, auch wenn deren Ablauf den Berechtigten einen Rechtsverlust bringt (vgl. Begr. S. 13) insbesondere nicht: vertraglich vereinbarte Ausschlußfristen (besonders in Versicherungsverträgen[2]) § 12 Abs. 2 VersVertrG., richterliche Ausschlußfristen (z. B. § 249 AngestVersG.), gesetzliche Fristen, insbesondere auf dem Gebiete des Verwaltungsrechts. (Bendix S. 33; Sintenis S. 293 Anm. 4; **a. M.** Popitz, PrVerwBl. Bd. 35 S. 871.)

V. Allgemeine nicht auf Kriegsteilnehmer beschränkte Gültigkeit behalten außerdem die Vorschriften des BGB. über Unterbrechung und Hemmung (vgl. insbesondere § 203 BGB.) der Verjährung, ferner die Bundesratsverordnung oben S. 6 betreffend Verjährungsfristen; auf diese Vorschriften kann sich auch ein Ausländer berufen (vgl. v. Miltner, LZ. 1916 S. 213ff., welcher eingehend die Bestimmung des § 8 KTSchG. den Verjährungsvorschriften der zitierten Bundesratsverordnungen gegenüberstellt). Über Fristen des Wechsel- und Scheckrechts s. oben S. 18ff.

§ 9.

Die Bestimmungen dieses Gesetzes, mit Ausnahme der in den §§ 5, 6 enthaltenen Vorschriften finden entsprechende Anwendung auf diejenigen natürlichen Personen, welche durch eine im § 2 bezeichnete Person gesetzlich vertreten werden, sofern sie nicht prozeßfähig sind.

Soll eine solche Person verklagt oder soll der Rechtsstreit gegen sie fortgesetzt werden, so kann ihr der Vorsitzende des Prozeßgerichts, falls mit dem Verzuge Gefahr verbunden ist, auf Antrag einen besonderen Vertreter bestellen. Ist der Rechtsstreit bei der Bestellung des besonderen Vertreters bereits anhängig, so endet mit der Bestellung desselben die Unterbrechung des Verfahrens.

---

[1]) Bendix S. 33; **a. M.** Pinner, BankArch. Bd. 14 S. 124; Sintenis S. 292 Anm. 4.

[2]) Vgl. hiezu die von Bendix bei den Versicherungsgesellschaften veranstaltete Umfrage, Bendix, Bürgerliches Kriegssonderrecht, Anlage II S. 149 und ZfVersWiss. 1915 S. 123, dazu Hagen a. a. O. S. 360.

S. 197), 1594 Abs. 3, 1599, 1944 Abs. 2, 1954 Abs. 2, 1997, 2082 Abs. 2, 2283 Abs. 2 BGB.; § 41 Abs. 1 Satz 2 KO.; § 12 Abs. 1 AnfG.; § 47 BörsG.; ferner §§ 39 OffiziersPensG., 42 Mannschaftsvers G., 35 MilitärhinterblG. (Nicht dazu gehört z. B die Frist des § 31 ZVG.)

b) Sonstige gesetzliche Fristen (Ausschlußfristen) für die Beschreitung des Rechtsweges, deren Nichteinhaltung den Rechtsverlust des Anspruches herbeiführt; hierher gehören z. B.: § 864 BGB.; §§ 269, 271 HGB.;[1]) § 150 Abs. 1 RBeamtG.; §§ 39, 40 Abs. 2 RRayonG.; § 23 PrPensG.; § 30 PrEnteignG.; § 14 PrBaufluchtlinienG.; § 177 Abs. 3 BayBeamtG.; Art. 21 BayAG. BGB. (Zwangsenteignung).

IV. Nicht unter den Schutz des § 8 fallen alle anderen Fristen, auch wenn deren Ablauf den Berechtigten einen Rechtsverlust bringt (vgl. Begr. S. 13) insbesondere nicht: vertraglich vereinbarte Ausschlußfristen (besonders in Versicherungsverträgen[2]) § 12 Abs. 2 VersVertrG., richterliche Ausschlußfristen (z. B. § 249 AngestVersG.), gesetzliche Fristen, insbesondere auf dem Gebiete des Verwaltungsrechts. (Bendix S. 33; Sintenis S. 293 Anm. 4; **a. M.** Popitz, PrVerwBl. Bd. 35 S. 871.)

V. Allgemeine nicht auf Kriegsteilnehmer beschränkte Gültigkeit behalten außerdem die Vorschriften des BGB. über Unterbrechung und Hemmung (vgl. insbesondere § 203 BGB.) der Verjährung, ferner die Bundesratsverordnung oben S. 6 betreffend Verjährungsfristen; auf diese Vorschriften kann sich auch ein Ausländer berufen (vgl. v. Miltner, LZ. 1916 S. 213 ff., welcher eingehend die Bestimmung des § 8 KTSchG. den Verjährungsvorschriften der zitierten Bundesratsverordnungen gegenüberstellt). Über Fristen des Wechsel- und Scheckrechts s. oben S. 18 ff.

§ 9.

Die Bestimmungen dieses Gesetzes, mit Ausnahme der in den §§ 5, 6 enthaltenen Vorschriften finden entsprechende Anwendung auf diejenigen natürlichen Personen, welche durch eine im § 2 bezeichnete Person gesetzlich vertreten werden, sofern sie nicht prozeßfähig sind.

Soll eine solche Person verklagt oder soll der Rechtsstreit gegen sie fortgesetzt werden, so kann ihr der Vorsitzende des Prozeßgerichts, falls mit dem Verzuge Gefahr verbunden ist, auf Antrag einen besonderen Vertreter bestellen. Ist der Rechtsstreit bei der Bestellung des besonderen Vertreters bereits anhängig, so endet mit der Bestellung desselben die Unterbrechung des Verfahrens.

---

[1]) Bendix S. 33; **a. M.** Pinner, BankArch. Bd. 14 S. 124; Sintenis S. 292 Anm. 4.

[2]) Vgl. hiezu die von Bendix bei den Versicherungsgesellschaften veranstaltete Umfrage, Bendix, Bürgerliches Kriegssonderrecht, Anlage II S. 149 und ZfVersWiss. 1915 S. 123, dazu Hagen a. a. O. S. 360.

Der besondere Vertreter ist zu dem Antrag auf Aussetzung des Verfahrens nicht befugt.

I. Der Absatz 1 des § 9 stellt natürliche Personen, soweit sie prozeßunfähig sind, und durch einen **Kriegsteilnehmer gesetzlich** (nicht kraft Vertrages) **vertreten** werden, den Kriegsteilnehmern gleich, d. h. z. B. die Unterbrechung bzw. Aussetzung des Verfahrens tritt auch dann ein, wenn zwar nicht die prozeßunfähige Partei, aber ihre gesetzlichen Vertreter Kriegsteilnehmer sind. Soweit ein Minderjähriger prozeßfähig ist (§§ 112, 113 BGB. mit § 52 ZPO.), verbleibt es bei der allgemeinen Regel der §§ 2, 3; vgl. auch oben Anm. II c 2 zu §§ 2 und 3.

Gesetzliche Vertreter im Sinne dieser Bestimmung sind insbesondere: Der Vater (§ 1630 BGB.), die Mutter (§§ 1684, 1685,[1]) 1686 BGB., der Vormund (§§ 1793, 1897), der Pfleger (§§ 1909 ff. mit Ausnahme des Gebrechlichkeitspflegers nach § 1910 BGB.), ferner z. B. die nach §§ 1187, 1189 und 1270 BGB. bestellten Personen, jedoch nicht der Beistand der Mutter gemäß § 1687 BGB. und nicht der Ehemann bei gesetzlichem Güterstand und bei Gütergemeinschaft (RG. vom 11. März 1915 Recht 1915 S. 454 Nr. 808; **a. M.** Mayer S. 200).

Über juristische Personen und offene Handelsgesellschaften vgl. oben Anm. I A d zu §§ 2 und 3 und Schäffer, JW. 1915 S. 846, 1080, 1301.

II. Auf die von Kriegsteilnehmern vertretenen prozeßunfähigen Personen **finden Anwendung** insbesondere die Vorschriften über bürgerliche Rechtsstreitigkeiten (§§ 2, 3 und 4 des Ges.), die Vorschriften über die Beteiligung als Gläubiger oder sonstige Berechtigte am Konkurs-, Aufgebots- und Verteilungsverfahren (§ 7), die Vorschriften über die Hemmung der Verjährungs- und Ausschlußfristen (§ 8). Keine Anwendung finden die Vorschriften über die Zwangsvollstreckung (§ 5) und über die Beteiligung im Konkursverfahren als Gemeinschuldner (§ 6). In ersterer Beziehung wurde die Bestimmung des Absatzes 2 des § 5 als genügender Schutz erachtet. (Bezgl. des Konkursverfahrens vgl. Anm. II zu § 6.)

III. Eine Ausnahmebestimmung enthält der Absatz 2, indem er in Anlehnung an den § 57 ZPO. die Bestellung eines **Sondervertreters** zuläßt. Voraussetzung ist, daß mit dem Verzug Gefahr verbunden ist, d. h., es muß der Aufschub bis zur Möglichkeit der Aufnahme des Rechtsstreites auf Grund des § 4 des Gesetzes außergewöhnliche Nachteile für den Kläger haben. Darüber, ob dies zutrifft, entscheidet das freie Ermessen des Vorsitzenden des Prozeßgerichts, d. h. desjenigen Gerichtes, bei welchem der Rechtsstreit anhängig gemacht werden soll oder bei dem er bereits anhängig ist.

Die Bestellung des Sondervertreters ist in allen Rechtsstreitigkeiten nicht nur in vermögensrechtlichen zulässig. Vgl. im übrigen nunmehr die ähnliche Bestimmung des § 1 der Bundesratsverordnung vom 14. Jan. 1915 Nr. 4607 unten S. 334.

---

[1]) Über § 1685 mit § 1677 BGB. vgl. oben Anm. II c 2 zu §§ 2 und 3.

§ 10.

Die Bestimmungen dieses Gesetzes über die Unterbrechung und die Aussetzung des Verfahrens finden, sofern nicht das Landesrecht etwas anderes bestimmt, auch auf die bürgerlichen Rechtsstreitigkeiten Anwendung, welche bei den im § 14 des Gerichtsverfassungsgesetzes zugelassenen besonderen Gerichten anhängig sind oder anhängig werden. Die Landesregierungen sind befugt, ergänzende und abweichende Anordnungen im Verordnungswege zu erlassen.

Vgl. über die in Betracht kommenden **besonderen Gerichte** Gaupp-Stein Vorbem. IV B vor § 1 ZPO.; Hellwig, System des deutsch. Ziv.-Prozeßrechtes § 24 Ziff. 2c S. 64. Für Gewerbe- und Kaufmannsgerichte gilt bereits § 2 Abs. 2 des Gesetzes.

§ 11.

Der Zeitpunkt, mit welchem der Kriegszustand als beendet anzusehen ist, wird durch Kaiserliche Verordnung bestimmt.

Beendigung des Kriegszustands: „Die im Jahre 1870 und in Preußen bei früheren Gelegenheiten gemachten Erfahrungen haben gezeigt, daß mit dem Friedensschlusse das Bedürfnis nach besonderen Schutzmaßregeln für die Angehörigen des Heeres nicht unbedingt beseitigt wird. Andererseits wird es nicht unter allen Umständen geboten sein, die außerordentlichen Maßnahmen bis zur völligen Demobilisierung aufrecht zu erhalten. Sobald die Wiederherstellung des ordentlichen Zustandes möglich erscheint, wird im Interesse der Rechtssicherheit zu ihm zurückzukehren sein. Deshalb erscheint es zweckmäßig, die Bestimmungen dieses Zeitpunktes, entsprechend dem Vorgang vom Jahre 1870, Kaiserlicher Verordnung zu überlassen.“ (Begr. S. 14.)

§ 12.

Dieses Gesetz tritt mit der Verkündung in Kraft.

Das Gesetz ist in Nummer 53 des Reichsgesetzblattes, das am 4. August 1914 in Berlin ausgegeben wurde, enthalten und daher an diesem Tage in Kraft getreten.

35. Bekanntmachung über die Ausdehnung des Gesetzes, betr. den Schutz der infolge des Krieges an der Wahrnehmung ihrer Rechte behinderten Personen, vom 4. August 1914 (RGBl. S. 328) auf Kriegsbeteiligte Österreich-Ungarns.

Vom 22. Oktober 1914.

(RGBl. S. 450 Nr. 4522.)

Der Bundesrat hat auf Grund des § 3 des Gesetzes über die Ermächtigung des Bundesrats zu wirtschaftlichen Maßnahmen usw. vom 4. August 1914 (Reichs-Gesetzbl. S. 327) folgende Verordnung erlassen:

§ 1.

Im Sinne des Gesetzes, betreffend den Schutz der infolge des Krieges an Wahrnehmung ihrer Rechte behinderten Personen, vom 4. August 1914 (Reichs-Gesetzbl. S. 328) stehen die deutsche und die österreichisch-ungarische Land- und Seemacht, die deutschen und die österreichisch-ungarischen Festungen sowie die Kriegsführung des Reichs und die Kriegsführung Österreichs-Ungarns einander gleich.

§ 2.

Diese Verordnung tritt mit dem Tage in Kraft, an dem der Reichskanzler im Reichs-Gesetzblatt bekannt macht, daß durch die Gesetzgebung Österreich-Ungarns die Gegenseitigkeit verbürgt ist.[1])

36. Bekanntmachung über die Gegenseitigkeit im Verhältnis zu Österreich-Ungarn hinsichtlich der Kriegsbeteiligten.

Vom 4. Februar 1915.

(RGBl. S. 70 Nr. 4634).

Auf Grund des § 2 der Verordnung des Bundesrats über die Ausdehnung des Gesetzes, betreffend den Schutz der infolge des Krieges an Wahrnehmung ihrer Rechte behinderten Personen, vom 4. August 1914 (Reichs-Gesetzbl. S. 328) auf Kriegsbeteiligte Österreich-Ungarns vom 22. Oktober 1914 (Reichs-Gesetzbl. S. 450) wird hiedurch bekannt gemacht, daß durch gesetzliche Verordnungen der Regierungen Österreich-Ungarns die Gegenseitigkeit im Sinne jener Vorschrift verbürgt ist.

Zu Nr. 35 u. 36: Der § 2 der BRVO. macht das Inkrafttreten der Gegenseitigkeitsbestimmung ausdrücklich von einer Bekanntmachung des Reichskanzlers im Reichsgesetzblatt abhängig. Die Frage, ob die Gegenseitigkeit verbürgt ist, unterliegt daher (anders wie im Falle des § 328 Ziff. 5 ZPO.) nicht der Beurteilung des Gerichtes. Ebensowenig genügte eine ausdrückliche Bestimmung der Gesetzgebung Österreichs oder Ungarns, wie z. B. die Verordnung des österreichischen Gesamtministeriums vom 27. Nov. 1914 Österr. RGBl. Nr. 328, wonach die Gegenseitigkeit gewährt wird, solange nicht der Reichskanzler daraufhin eine entsprechende Bekanntmachung im Reichsanzeiger erlassen hatte. (Haberstumpf, BayZfR. 1915 S. 48; **a. M.** Recht 1914 S. 728 und 1915 S. 13 Fußnote; zweifelnd DRAZ. 1915 S. 10 und Recht 1915 S. 35 [da die österreichischen und ungarischen Gerichte tatsächlich Gegenseitigkeit gewähren, sollten zum gerechten Ausgleich die deutschen Gerichte ebenso verfahren].) Auf Grund der Bek. des Reichskanzlers vom 4. Februar 1915 ist die BRVO. vom 22. Oktober 1914 am 11. Februar

---

[1]) Siehe nachfolgende Nr. 36 nebst Anmerkungen.

1915 — an diesem Tag ist das die Reichskanzlerbekanntmachung enthaltene RGBl. in Berlin ausgegeben worden — in Kraft getreten (ebenso Güthe-Schlegelberger Bd. I S. 170). Dieser Zeitpunkt ist insbesondere auch für den Beginn der Hemmung der Verjährung (§ 8 KTSchG.) und für die Frage der Gültigkeit der vor diesem Zeitpunkt vorgenommenen prozessualen Handlungen von Bedeutung.

Zu beachten ist, daß durch die vorstehenden Verordnungen ausschließlich das KTSchG. auf österreichisch-ungarische Kriegsteilnehmer (wer zur österr.-ungarischen Land- und Seemacht gehört, bestimmt sich nach österr.-ungar. Gesetz; s. S. 361) anwendbar erklärt ist, daß aber für alle anderen Kriegssondergesetze Österreicher und Ungarn sonstigen Ausländern und das österreichisch-ungarische Gebiet sonstigem Ausland (vgl. die sog. Ausländermoratorien unten Abschn. C) an sich gleichstehen. Über die Anwendbarkeit des KTSchG. im einzelnen vgl. die Zusammenstellung bei Güthe-Schlegelberger Bd. I S. 170, Bd. II S. 54. Vgl. ferner Literatur und Rechtsprechung über die mit dem Kriegsteilnehmerschutz der österr.-ungar. Wehrmacht zusammenhängenden Fragen; Schäffer, JW. 1915 S. 833. Die frühere Literatur bleibt wichtig für die rechtliche Behandlung der Angehörigen der Türkei, Bulgariens und der sich dem Deutschen Reich etwa noch anschließenden Staaten, für die eine der Bekanntmachung v. 22. Okt. 1914 (RGBl. Nr. 4522 S. 450) entsprechende Verordnung noch nicht ergangen ist. Die Ausdehnung des für Österreicher und Ungarn gegebenen Schutzes auf Türken und Bulgaren befürwortet Bovensiepen, DJZ. 1916 S. 230.

37. Bekanntmachung zum Schutze von Angehörigen immobiler Truppenteile.

Vom 20. Januar 1916.

(RGBl. 1916 S. 47 Nr. 5028).

Vorbemerkung:

1. Literatur. Schäffer, JW. 1916 S. 227 (kurze Zusammenfassung S. 453), BayZfR. 1916 S. 98.

2. Allgemeines. Da sich das Bedürfnis herausstellte, auch den bisher durch das KTSchG. vom 4. August 1914 nicht berührten Immobilen besonderen Schutz zu gewähren, wurde obige Bekanntmachung erlassen, welche wenigstens einen Teil des Schutzes unter etwas erschwerten Voraussetzungen den Immobilen zukommen läßt. Allerdings ist dabei tatsächlich ein wesentlicher Fortschritt gegenüber § 247 ZPO. (welcher gem. § 4 nicht berührt wird) nicht erzielt worden. Überdies wird der inzwischen allen Kriegsteilnehmern zuteil gewordene wirkungsvolle Schutz der VO. über die Bewilligung von Zahlungsfristen an Kriegsteilnehmer vom 8. Juni 1916 (s. unten S. 375) meist dem der vorliegenden Verordnung vorzuziehen sein.

Der Bundesrat hat auf Grund des § 3 des Gesetzes über die Ermächtigung des Bundesrats zu wirtschaftlichen Maßnahmen usw. vom 4. August 1914 (Reichs-Gesetzbl. S. 327) folgende Verordnung erlassen:

§ 1.

In bürgerlichen Rechtsstreitigkeiten hat das Gericht auf Antrag einer Partei, die vermöge ihres Dienstverhältnisses, Amtes oder Berufs zu anderen als den mobilen oder gegen den Feind verwendeten Teilen der Land- oder Seemacht oder zu der Besatzung einer weder armierten noch in der Armierung begriffenen Festung gehört, die Aussetzung des Verfahrens anzuordnen, wenn die Partei infolge ihrer Zugehörigkeit zur bewaffneten Macht an Wahrnehmung ihrer Rechte behindert ist.

Der Antrag ist abzulehnen, wenn die Aussetzung nach den Umständen des Falles offenbar unbillig ist.

§ 2.

Auf Antrag des Gegners hat das Gericht die Aussetzung wieder aufzuheben, wenn die Voraussetzungen für ihre Anordnung weggefallen sind oder die weitere Aussetzung offenbar unbillig ist. Die Entscheidung kann ohne mündliche Verhandlung erfolgen. Vor der Entscheidung ist die im § 1 bezeichnete Parkei zu hören; die Äußerung kann vor dem Gerichtsschreiber zu Protokoll erklärt werden.

§ 3.

Die Vorschriften der §§ 1 und 2 finden entsprechende Anwendung auf die natürlichen Personen, die durch eine im § 1 bezeichnete Person gesetzlich vertreten werden, sofern sie nicht prozeßfähig sind.

§ 4.

Die Befugnis des Gerichts, auch von Amts wegen die Aussetzung des Verfahrens anzuordnen (§ 247 der Zivilprozeßordnung), wird durch diese Verordnung nicht berührt.

§ 5.

Diese Verordnung tritt mit dem Tage der Verkündung in Kraft. Der Reichskanzler bestimmt den Zeitpunkt des Außerkrafttretens.

I. Anwendungsbereich.

A. Personen.

1. Schutzberechtigt sind (wie nach KTSchG. § 2 Ziff. 1) Personen, welche vermöge Dienst, Amt oder Beruf zu einem Teil der Land- oder Seemacht gehören. (Näheres vgl. oben S. 272).

Nicht erforderlich ist die Zugehörigkeit zu einem mobilen oder gegen den Feind verwendeten Truppenteil bzw. einer armierten usw. Festung (vgl. KTSchG. oben S. 268). Als Wehrmacht im Sinne der VO. gilt vorerst nur die deutsche. Da die VO. dem KTSchG. nachgebildet ist, für dieses aber die Unanwendbarkeit auf ausländische Heere durch den Erlaß der Spezialverordnung vom 22. Oktober 1914 dargetan worden ist, wäre auch hier eine besondere VO. nötig, um diesen Schutz herbeizuführen. Eine solche ist bis heute noch nicht ergangen; es können jedoch durch Anwendung des § 247 ZPO. (s. Vorbemerkung) Härten ausgeglichen werden.

2. Den betreffenden immobilen Kriegsteilnehmern selbst sind diejenigen natürlichen Personen ausdrücklich gleichgestellt (§ 3), welche mangels eigener Prozeßfähigkeit von solchen gesetzlich vertreten werden. Für die Anwendung auf juristische Personen findet sich in der vorliegenden VO. ebensowenig eine direkte Handhabe wie im KTSchG. Es bestehen jedoch andererseits keinerlei Gründe, welche die Anwendung der geübten wohlwollenden Praxis auch auf die durch immobile vertretenen juristischen Personen (und offenen Handelsgesellschaften) verhindern würden. (S. auch oben S. 276.) Eine ungebührliche Begünstigung solcher Gesellschaften wird dabei um so weniger zu befürchten sein, als die „Behinderung an der Wahrnehmung der Rechte" (s. unten) besonders zu prüfen ist. Schäffer a. a. O., Sintenis zu § 1.

B. Gerichte und Verfahren.

1. Der Schutz findet wie der des KTSchG. nur Anwendung auf das Verfahren in bürgerlichen Rechtsstreitigkeiten. „Bürgerliche" Rechtsstreitigkeiten siehe oben S. 282. „Rechtsstreitigkeiten" i. S. der VO. ist nur das Verfahren bis zum Vorliegen eines rechtskräftigen Urteils. Daß Zwangsvollstreckung und Konkurs hierzu nicht gehören, beweist schon die besondere Regelung in §§ 5 ff. KTSchG., welche hier unterblieben ist (vgl. Zieger DJZ. 1916 S. 724). Zu bemerken ist jedoch, daß die Vollstreckungs-Gegenklage zum „Verfahren in bürgerlichen Rechtsstreitigkeiten" gehört und mithin unter gewissen Umständen auf dem Wege des § 767 ZPO. eine Vollstreckung abgewendet werden kann. In den meisten Fällen bietet jedoch die KTZahlFrVO. (insbesondere durch Einstellung der Zwangsvollstreckung nach § 2; siehe unten S. 379) wirkungsvollere Hilfe.

2. Das Erfordernis der Anhängigkeit vor ordentlichen Gerichten wurde fallen gelassen, wohl in der Erkenntnis, daß angesichts der im § 10 KTSchG. enthaltenen Ausdehnung auf die wichtigsten Sondergerichte die in Betracht kommenden Ausnahmen praktisch zu geringfügig sind.

C. Weitere Voraussetzungen.

Während KTSchG. (§ 3) und KTVertrVO. nur die Möglichkeit vorsehen, im Falle offenbarer Unbilligkeit den Schutz zu versagen, ist in der Erwägung, daß der Immobile sehr häufig durch seine Kriegsteilnehmerschaft an der Prozeßführung nicht verhindert ist, die Bestimmung getroffen, daß die positive „Behinderung an der Wahrnehmung der Rechte", d. h. an zweckentsprechender Führung des Rechtsstreites (OLG. Hamburg vom 2. März 1916 ROLG. 32, 280) zur Erlangung des Schutzes nachzuweisen ist. Ob sie vorhanden se, ist reine Tatfrage. Grundsätzlich zu bejahen ist sie bei Unmöglichkeit des Erscheinens im Beweistermin, wenn erhebliche Gegensätze vorhanden sind (OLG. Hamburg v. 10. und 29. Febr. 1916, ROLG. 32, 279); dagegen nicht unbedingt bei Verhinderung des Erscheinens im Sühnetermin. (OLG. Hamburg v. 2. März 1916 a. a. O.) Zu verneinen ist sie, wenn das Beweismaterial (z. B. Postanweisungsabschnitte) so wenig umfangreich ist, daß seine Prüfung in dienstfreien Stunden erfolgen kann. (OLG. Dresden v. 14. März 1916, LZ. 1916 S. 764.)

Diese Erschwerung der Vorbedingungen schließt die Berücksichtigung offenbarer Unbilligkeit nicht aus. Diese kann vielmehr zur Ablehnung des Antrages (§ 1 Abs. 2), wie zur Wiederaufhebung des Schutzes (§ 2) führen. Offenbare Unbilligkeit der Aussetzung kann insbesondere darin liegen, daß zwar Behinderung vorhanden ist, aber nur in so geringem Maße, daß die prozessuale Lage des Kriegsteilnehmers nicht gefährdet wird. Dies wird stets der Fall sein, wenn ein gut informierter Vertreter vorhanden ist oder wenn dessen rechtzeitige Information trotz der Möglichkeit hierzu versäumt wurde. (OLG. Nürnberg v. 12. April 1916, Recht S. 406.) Dies gilt besonders in der Revisionsinstanz. (RG. 5. Juni 1916, Recht 1916 S. 462 Nr. 924.) In einzelnen Fällen wird die Behinderung durch Bestellung eines geeigneten Vertreters auf dieses geringe Maß herabgedrückt werden können (z. B. wenn die Lage des Verfahrens nur Entscheidung von Rechtsfragen erfordert). Ist der Kriegsteilnehmer hierzu nicht selbst in der Lage, so kann die KTVertrVO. (s. unten S. 334) anwendbar sein. **A. M.** BayZfR. a. a. O.

II. Der gewährte Schutz ist die **Aussetzung** des Verfahrens, entspricht also dem des § 3 Abs. 2 KTSchG. Näheres s. daher oben S. 289. Besonderer Schutz gegen Verjährung (vgl. § 8 KTSchG.) ist hier nicht vorgesehen.

Aufhebung des Schutzes nach § 2 bedeutet den Wiederbeginn des Verfahrens, wo es aufgehört hat. Der Fristenlauf beginnt von neuem. Besondere Zustellungen seitens einer Partei sind nicht erforderlich, da die Entscheidung über den Fortgang des Verfahrens verkündet, bzw. mangels mündlicher Verhandlung von Amts wegen zugestellt wird (§ 329 Abs. 3 ZPO.).

III. Verfahren.

A. Zur **Erlangung des Schutzes** bedarf es immer des Antrages des Kriegsteilnehmers (vgl. dagegen KTSchG. und § 247 ZPO.). Da über diesen Antrag nähere Vorschriften nicht vorhanden sind, wird auch hier § 248 ZPO. Anwendung zu finden haben. BayZfR. a. a. O. Danach ist dieser beim Prozeßgericht einzureichen; er kann auch zu Protokoll des Gerichtsschreibers erklärt werden. (Daher kein Anwaltszwang.) Begründung ist nicht gesetzlich notwendig, aber zur Beschleunigung des Verfahrens angebracht. Der Antrag ist zulässig, so lange die Möglichkeit der Aussetzung besteht d. h. bis zum Vorliegen eines rechtskräftigen Urteils.

Die Entscheidung kann ohne mündliche Verhandlung ergehen. In diesem Falle wird sie von Amts wegen zugestellt. Gegen die Ablehnung des Antrages findet sofortige, gegen die Gewährung der Aussetzung einfache Beschwerde statt (§ 252 ZPO.).

B. Aufhebung des Schutzes wegen Wegfalls der Gründe für die Aussetzung oder offenbarer Unbilligkeit findet auf Antrag des Gegners statt. Dieser kann nicht zu Protokoll des Gerichtsschreibers erklärt werden, unterliegt also im Anwaltsprozesse dem Anwaltszwang. Mündliche Verhandlung ist fakultativ. Es ist jedoch der Kriegsteilnehmer zu hören; seine Äußerung kann zu Protokoll des Gerichtsschreibers erklärt werden, unterliegt daher nicht dem Anwaltszwang (§ 2).

C. **Kosten.**

1. Gerichtsgebühren werden weder beim Verfahren über die Aussetzungs-, noch bei dem über den Wiederaufhebungsantrag erhoben. (Prozeß- und Sachleitung gem. § 47 Ziff. 1 GKG.)

2. Dem Anwalt stehen besondere Gebühren neben denen des § 13 RAGO. nicht zu (§ 25 RAGO.). Wird der Anwalt nur im Verfahren über die Aufhebung der Aussetzung tätig, so stehen ihm jeweils $^5/_{10}$ der Gebühr zu (§§ 20 RAGO., 26 Ziff. 4 GKG.). Wird er jedoch mit der Sache selbst irgendwie befaßt (z. B. durch Zustellung des Urteils JW. 1892 S. 39 Nr. 6), so findet § 13 RAGO. Anwendung.

38. Bekanntmachung über die Vertretung des Kriegsteilnehmers in bürgerlichen Rechtsstreitigkeiten.

Vom 14. Januar 1915.

(RGBl. S. 17 Nr. 4607).

Vorbemerkung. Über Anlaß und Zweck dieser Bundesratsbekanntmachung bemerkt die amtliche Begründung (Nordd. Allgem. Ztg. vom 15. Jan. 1915 Nr. 15 S. 3): „Die Vorschriften der §§ 2 und 3 des Gesetzes betreffend den Schutz der infolge des Krieges an der Wahrnehmung ihrer Rechte behinderten Personen vom 4. Aug. 1914, sind in einer Reihe von Fällen aus Böswilligkeit dazu mißbraucht worden, um die Erfüllung bestehender Zahlungsfristen ohne Grund zu verweigern. Unter Berufung auf das Gesetz haben Kriegsteilnehmer, die in günstigen wirtschaftlichen Verhältnissen leben, die Zahlung unbestrittener laufender Verbindlichkeiten, insbesondere der Mietschulden mit Erfolg abgelehnt. Ehefrauen, die das Geschäft ihres zur Fahne einberufenen Mannes in dem bisherigen Umfang mit gutem Erfolg weiterführen, oder das Einkommen des Mannes unverkürzt fortbeziehen, sind namens ihres Mannes gegen dessen Schuldner gerichtlich vorgegangen, haben sich aber, wenn sie ihrerseits von Vermietern oder Geschäftsgläubigern in Anspruch genommen wurden, der Zahlung der Schulden entzogen. Besonders schwer sind die Mißstände empfunden worden, wenn der Kriegsteilnehmer, wie es mehrfach vorgekommen ist, in seinem Heimatsorte verwendet wurde, oder wenn der benachteiligte Gläubiger selbst zu den Kriegsteilnehmern gehörte. In der Öffentlichkeit sind hierüber in steigendem Maße lebhafte Klagen geführt; auch aus den Kreisen des Reichstages ist allgemein eine Einschränkung des Gesetzes vom 4. August 1914 als notwendig bezeichnet worden. Diese Unzuträglichkeiten sucht die vorliegende Bundesratsbekanntmachung zu beseitigen.“

Der Bundesrat hat auf Grund des § 3 des Gesetzes über die Ermächtigung des Bundesrats zu wirtschaftlichen Maßnahmen usw. vom 4. August 1914 (Reichs-Gesetzbl. S. 327) folgende Verordnung erlassen:

§ 1.

Einem Kriegsteilnehmer (§ 2 des Gesetzes vom 4. August 1914, Reichs-Gesetzbl. S. 328), der ohne Vertreter ist, kann der Vor-

sitzende des Prozeßgerichts auf Antrag des Gegners einen geeigneten Vertreter bestellen, der die Rechte und Verpflichtungen des Kriegsteilnehmers im Rechtsstreit wahrzunehmen hat. Die Bestellung ist nur zulässig, wenn sie zur Verhütung offenbarer Unbilligkeiten erforderlich erscheint. Vor der Bestellung soll der Vorsitzende, soweit tunlich, Verwandte des Kriegsteilnehmers oder andere Personen hören, die mit dessen Verhältnissen vertraut sind.

Die Bestellung des Vertreters soll dem Kriegsteilnehmer unverzüglich mitgeteilt werden. Der Kriegsteilnehmer kann dem Vertreter die Vertretungsbefugnis entziehen, soweit er einen anderen Vertreter bestellt.

I. Allgemeines. Die Vorschrift des § 1 lehnt sich an die Vorschriften der §§ 57 und 58 ZPO. und § 7 KTSchG. an. Sie ist nur dann anwendbar, wenn der Kriegsteilnehmer *keinen Vertreter* im Sinne des § 3 Abs. 1 Ziff. 2 hat, dem die Befugnis zusteht, den Kriegsteilnehmer gerade in dem bestimmten Prozeß, für den das Bedürfnis hervortritt, zu vertreten. (Vgl. hierzu Anm. II c 1 und 2 zu §§ 2 und 3 KTSchG.) Auf den Aussetzungsfall des § 247 ZPO. findet die Bekanntmachung natürlich keine Anwendung (OLG. Hamburg vom 24. März 1915 Recht 1915 S. 288 Nr. 508 = ROLG. Bd. 30 S. 364 = DJZ. 1915 S. 931; Hallbauer, SächsArchR. 1915 S. 277; vgl. dazu Anhang 4 zu § 3 des KTSchG. oben S. 302); sie steht der Aussetzung nach § 247 ZPO. weder entgegen noch führt sie zur Aufhebung einer solchen (OLG. Braunschweig vom 28. Juni 1915 ROLG. Bd. 31 S. 162).

Eine Partei, die einen Prozeßbevollmächtigten bestellt hat, ist nicht „*ohne Vertreter*" (OLG. Braunschweig vom 5. Aug. 1915 LZ. 1915 S. 1173 und vom 16. April 1915 Recht 1915 S. 455 Nr. 822 = JW. 1915 S. 1081); hat aber der Prozeßbevollmächtigte seine Vertretung niedergelegt, so ist ein Vertreter, der die Bestellung eines gerichtlichen Vertreters ausschließen würde, auch im landgerichtlichen Verfahren trotz § 87 ZPO. nicht mehr vorhanden (OLG. Posen vom 28. Juli 1915 DJZ. 1915 S. 1043 = JW. 1915 S. 1301).

II. Besondere Voraussetzungen. Die Bestellung eines Vertreters ist nur zulässig für **bürgerliche Rechtsstreitigkeiten** im Sinne des § 2 KTSchG. (Vgl. Anm. I C zu §§ 2 und 3.)

Hier kann die Bestellung des Vertreters auch schon *vor* oder *bei* Erhebung der Klage und zum Zwecke der Zustellung der Klageschrift erfolgen (Begründung a. a. O.; Mayer S. 214; Peschke, JW. 1916 S. 247; OLG. Bamberg vom 12. Jan. 1916, LZ. 1916 S. 482 = JW. 1916 S. 610; AG. Breslau vom 20. Aug. 1915, Recht 1915 S. 621 Nr. 1196; LG. Freiberg vom 29. Juli und 6. Nov. 1915, Recht 1916 S. 84 Nr. 170; Lafrenz, JW. 1916 S. 249; Goldschmitt, JW. 1916 S. 610; OLG. Breslau vom 4. März 1916 JW. 1916 S. 611 = DJZ. 1916 S. 447; Schäffer, JW. 1916 S. 219; **a. M.** Seuffert, BayZfR. 1915 S. 113 [mit der nichtstichhaltigen Begründung, es sei unzweckmäßig, dem Kriegsteilnehmer vorher einen Vertreter zu bestellen, da es nicht ausgeschlossen sei, daß der Kriegsteilnehmer selbst nach Zustellung der Klage einen Vertreter bestellen werde]; LG. Leipzig vom

1. März 1915, Recht 1915 S. 177 Nr. 360; Sintenis S. 298 Anm. 4), ferner auch insbesondere zum Zwecke der Erwirkung und der Zustellung eines Arrestes oder einer einstweiligen Verfügung.

Zulässig ist sie auch in Rechtsstreitigkeiten, welche auf Grund des § 2 KTSchG. unterbrochen worden sind (Sintenis S. 297 Anm. 1). (Vgl. § 4 dieser Bekanntmachung.) Nicht zulässig ist die Bestellung eines Vertreters für die Zwangsvollstreckung[1]) (§ 5) (ebenso Mayer S. 214), für das Konkursverfahren (§ 6) und für die in § 7 KTSchG. erwähnten Verfahren.

Die Bestellung des Vertreters ist ferner an das Erfordernis geknüpft, daß sie zur **Verhütung offenbarer Unbilligkeiten** erforderlich erscheint. Über den Begriff der offenbaren Unbilligkeit gehen die Ansichten weit auseinander; die sehr umfangreiche Rechtsprechung ist zur Aufstellung einheitlicher Grundsätze nicht gelangt und die Unsicherheit der Meinungen geht häufig so weit, daß einzelne Tatsachen mit dem gleichen Nachdruck für die Unbilligkeit der Aussetzung wie für ihre Zulässigkeit ins Feld geführt werden.

1. Ausschlaggebend ist zunächst, daß die Bestellung des Vertreters zur Verhütung offenbarer Unbilligkeiten erforderlich erscheint, d. h. daß die **Nichtbefriedigung** der vom Kläger geltend gemachten Ansprüche **gegen Treu und Glauben** in gröblicher Weise **verstößt** und daß sich dies einer **unbefangenen Betrachtung** der tatsächlichen Verhältnisse **sofort aufdrängen** muß (vgl. auch die Vorbemerkung, ferner Bendix S. 80; Menner, JW. 1915 S. 6; OLG. Hamburg vom 23. März 1915 Recht 1915 S. 284 Nr. 514; OLG. Bamberg vom 10. Juni 1915 JW. 1915 S. 1272).

Die Unbilligkeit muß offensichtlich sein, so daß sie für jeden unbefangenen Beobachter erkenntlich ist, auch wenn sie erst durch nähere Untersuchung und Ermittlung der Sachlage zweifellos gemacht werden muß. Denn „offenbar" bedeutet lediglich unzweifelhaft, nicht aber auf den ersten Blick unmittelbar ersichtlich (a. M. OLG. Dresden SächsArchR. 1915 S. 248 = ROLG. Bd. 31 S. 166; Bendix, Recht 1915 S. 97).

Neben diesem formalen Erfordernis der Offensichtlichkeit kommt in erster Linie in Betracht, daß die Bekanntmachung die Interessen des Kriegsteilnehmers schützen will. Diese stehen stets im Vordergrund und selbst ein unbestreitbarer Nachteil des Gegners darf im allgemeinen nicht dazu führen, dem Kriegsteilnehmer die Vergünstigung der Aussetzung durch Vertreterbestellung wieder zu entziehen (OLG. Stuttgart vom 25. Juni 1915 Recht 1915 S. 455 Nr. 817; a. M. OLG. Posen vom 7. April 1915 DJZ. 1915 S. 532).

Aus diesem Grunde ist die Aussetzung die Regel und die Vertreterbestellung darf nur aus gewichtigen Gründen erfolgen (OLG. Stuttgart vom 25. Juni 1915 Recht 1915 S. 455 Nr. 817; OLG. München vom 17. April 1915 ROLG. Bd. 31 S. 165; KG. vom 18. Nov. 1915 SächsArchR. 1916 S. 77; OLG. Breslau vom 24. Juni 1915 JW. 1915 S. 935; OLG. München vom 1. März 1915 JW. 1915 S. 416).

[1]) Dadurch wird der Zweck der Bekanntmachung in vielen Fällen vereitelt werden; bei der derzeitigen Fassung dieser Bestimmungen wäre ja auch die Bestellung eines Vertreters bedeutungslos.

Im Zweifel sind die Gründe, die **für** offenbare Unbilligkeit angeführt werden, durch den Gegner des Kriegsteilnehmers zu **beweisen**, und nicht die für die Aussetzung sprechenden (KG. vom 18. Okt. 1915 KGBl. 1915 S. 114 = SächsArchR. 1916 S. 77; OLG. München v. 1. April 1915 Recht 1915 S. 176 Nr. 35; OLG. Nürnberg vom 23. April 1915 Recht 1915 S. 522 Nr. 916; OLG. Bamberg vom 10. Juli 1915 JW. 1915 S. 1172 = Recht 1916 S. 25 Nr. 82; Englmann, JW. 1915 S. 416).

Die einzelnen Unbilligkeitsgründe sind in der Regel im Urteil anzuführen (OLG. Hamburg vom 25. März 1915 ROLG. Bd. 30 S. 371).

2. Aussetzung oder offenbare Unbilligkeit derselben mit Rücksicht auf die **wirtschaftliche Lage** des **Kriegsteilnehmers und seines Gegners**.

Man wird zuerst die Frage zu prüfen haben, ob der Kriegsteilnehmer wirtschaftlich gefestigt genug ist, um die Wohltat der Aussetzung entbehren zu können; es müssen seine gesamten Lebensverhältnisse berücksichtigt werden (LG. Mannheim vom 5. Febr. 1915 Recht 1915 S. 177 Nr. 359 = LZ. 1915 S. 390; OLG. Stuttgart vom 9. März 1915 Recht 1915 S. 287 Nr. 500 und vom 28. Okt. 1915 Recht S. 621 Nr. 1199; OLG. Posen vom 24. Jan. 1916 DJZ. 1916 S. 548).

Die Aussetzung ist **nicht** schon deswegen unbillig, **weil das Geschäft weiter geführt** wird (OLG. Cöln vom 27. März 1915 JW. 1915 S. 532; OLG. Breslau vom 24. Juni 1915 JW. 1915 S. 935 und vom 24. Juni 1915 LZ. 1915 S. 1172 = ROLG. Bd. 31 S. 164; OLG. Dresden SächsArchR. 1915 S. 429 = ROLG. Bd. 31 S. 382; OLG. Jena vom 21. Juni 1915 ROLG. Bd. 31 S. 164 und die Beschlüsse der OLG. Kiel, Karlsruhe und Stuttgart, zitiert bei Güthe-Schlegelberger Bd. II S. 42, 43, ferner OLG. Dresden vom 21. März 1916 SächsArchR. 1916 S. 199.)

A. M. (jedoch meist für den Fall, daß das Geschäft durch die Ehefrau oder den Vertreter unverändert und **in vollem Umfang** weitergeführt wird): OLG. Hamm vom 31. März 1915 DJZ. 1915 S. 623 = ROLG. Bd. 31 S. 163; OLG. Breslau vom 18. März 1915 LZ. 1915 S. 778 = ROLG. Bd. 30 S. 273 wie vom 17. März 1915 LZ. 1915 S. 646 = SächsArchR. 1915 S. 196; OLG. Nürnberg vom 5. Juli 1915 Recht 1915 S. 522 Nr. 915; OLG. Posen, ROLG. Bd. 31 S. 167. Häufig erfolgt die Fortführung des Geschäfts nur zu dem Zweck, daß der wirtschaftliche Zusammenbruch des Kriegsteilnehmers vermieden und ihm nach dem Krieg wieder die Sicherung seiner Existenz erleichtert wird (OLG. Breslau vom 24. Juni 1915 JW. 1915 S. 935; OLG. Dresden vom 28. Sept. 1915 ROLG. Bd. 31 S. 382) oder sie erreicht einen so geringen Umfang, daß sie gerade zur Lebenshaltung der Familie des Kriegsteilnehmers (OLG. Jena vom 21. Juni 1915 ROLG. Bd. 31 S. 164) oder zur Tilgung früherer dringlicher Schulden ausreicht (OLG. Stuttgart vom 25. Juni 1915 Recht 1915 S. 455 Nr. 817).

In diesen oder ähnlich gelagerten Fällen kann von Unbilligkeit der Aussetzung keine Rede sein. Anders liegt der Fall allerdings dann, wenn die Schulden erst nach Einziehung des Geschäftsmannes zum Kriegsdienst und zwar zu dem ausgesprochenen Zweck der Weiterführung des Geschäfts durch den Vertreter des Kriegsteilnehmers kontrahiert wurden; eine Aussetzung wäre bei dieser Sachlage offenbar unbillig (OLG.

Dresden vom 5. Aug. 1915 DJZ. 1915 S. 1040 = ROLG. Bd. 31 S. 183 und vom 8. Dez. 1915 DJZ. 1916 S. 350 = SächsArchR. 1916 S. 179; a. M. OLG. Nürnberg vom 5. Juli 1915 Recht 1915 S. 522 Nr. 915); ebenso ist die Aussetzung zu versagen, wenn bei altem Umfang des Geschäfts der Vertreter es unterläßt seine früheren Verbindlichkeiten zu begleichen (OLG. München vom 1. Aug. 1915 ROLG. Bd. 30 S. 248 und vom 10. Mai 1915 LZ. 1915 S. 779; OLG. Nürnberg vom 3. April 1915 Recht 1915 S. 288 Nr. 509).

Die Aussetzung ist auch dann offenbar unbillig, wenn mit der Aussetzung dem berechtigten Anspruch eines wirtschaftlich schwächeren Gegners begegnet werden soll und der Umfang des Geschäfts die Erfüllung des Anspruchs ungeschmälert zuläßt (OLG. Breslau vom 12. März 1915 LZ. 1915 S. 779).

Zu berücksichtigen ist ferner bei den Fällen, in denen die Aussetzung oder Vertreterbestellung von der Fortführung des Geschäfts abhängt, ob die Geschäftsführung wesentlich von der in Friedenszeiten üblichen abweicht, was dann meist nicht der Fall ist, wenn der Eingezogene etwa in der Heimat Militärdienste tut und dem Geschäftsführer fortlaufend die entsprechenden Weisungen erteilen kann (OLG. Posen vom 25. März 1915 ROLG. Bd. 30 S. 372, Recht 1915 S. 353 Nr. 642; OLG. Braunschweig vom 28. Juni 1915 Recht 1915 S. 621 Nr. 1179 = BraunschwZ. 1915 S. 133); die behauptete Benachteiligung in der Verteidigung oder Prozeßführung wegen Kriegsteilnehmerschaft ist aber ebensowenig wie die Unmöglichkeit für Deckungsmittel zu sorgen (a. M. OLG. Dresden vom 24. Febr. 1915 LZ. 1915 S. 646 = SächsArchR. 1915 S. 195 und vom 29. Juni 1915 DJZ. 1915 S. 931 und vom 8. Dez. 1915 SächsArchR. 1916 S. 79) oder schlechter Geschäftsgang auf Grund der allgemeinen Kriegslage (OLG. Posen vom 7. April 1915 DJZ. 1915 S. 532 = Recht 1915 S. 289 Nr. 515 und OLG. Dresden vom 15. Juni 1915 LZ. 1915 S. 1036 = DJZ. 1915 S. 931 = BayZfR. Bd. 70 S. 480) ein genügender Grund um die Aussetzung zu befürworten, da die gleiche Notlage auch ohne Kriegsteilnahme des Geschäftsinhabers eingetreten wäre; noch viel weniger ist Armut des Kriegsteilnehmers an sich ein Grund die Aussetzung zu gewähren (OLG. Posen vom 24. Jan. 1916 DJZ. 1916 S. 548).

3. Wenn auch die Bekanntmachung auf die Wahrung der Interessen des Kriegsteilnehmers abgestellt ist und im allgemeinen auch erhebliche Interessen des Gegners demgegenüber zu weichen haben, so darf doch die Rücksichtnahme auf den Kriegsteilnehmer nicht so weit gehen, daß seinem **Gegner** durch die Aussetzung ein **unheilbarer** oder schwerwiegender **Schaden erwächst** (RG. vom 17. März 1915 DJZ. 1915 S. 927; OLG. Dresden vom 4. Oktober 1915 SächsArchR. 1916 S. 78; OLG. Bamberg vom 22. Dez. 1915 ebenda S. 191; OLG. Braunschweig vom 11. Juni 1915 LZ. 1915 S. 1170). Darunter fällt z. B. das Verstreichen einer Anfechtungsfrist zuungunsten des Gegners des Kriegsteilnehmers (OLG. Braunschweig vom 9. Nov. 1915 LZ. 1916 S. 175, Recht 1916 S. 85 Nr. 183); auch persönliche Gründe können hierfür in Betracht kommen (vgl. OLG. Dresden vom 21. März 1916 SächsArchR. 1916 S. 245); die Tatsache, daß der Gegner den Betrag notwendig braucht, ist jedoch allein noch kein Grund, die Aussetzung als unbillig zu behandeln (OLG. Dresden vom 27. April 1915 DJZ. 1915 S. 723 und SächsArch. 1915 S. 294 und ROLG. Bd. 30 S. 374).

Dabei ist, wie schon unter 2. angeführt, immer zu beachten, daß die Aussetzung die Regel ist und die offenbare Unbilligkeit die Ausnahme (vgl. auch OLG. Braunschweig vom 29. Mai 1915 LZ. 1915 S. 1170 und die oben S. 336 bereits zitierten Entscheidungen). Stets ist die Lage des Einzelfalles zu berücksichtigen. Bei den Gerichten besteht neuerdings eine unverkennbare Neigung dem Gegner dadurch allzusehr entgegenzukommen, daß die Aussetzung als offenbar unbillig erachtet und dem Kriegsteilnehmer so der ihm nach dem Willen des Gesetzgebers zukommende Schutz entzogen wird (vgl. z. B. OLG. Nürnberg vom 12. Juli 1915 Recht 1915 S. 522 Nr. 914 und die treffenden Ausführungen des OLG. Bamberg vom 28. März 1916 LZ. 1916 S. 698, wo hervorgehoben wird, daß es gerade die liquiden Forderungen sind, die die wirtschaftliche Existenz des Kriegsteilnehmers, der unter Hintansetzung der eigenen Interessen sich für Staats- und Volkstum einsetzt, am meisten bedrohen). Hierzu gehört auch die Vertreterbestellung wegen offenbarer Unbilligkeit bei Alimentationsforderungen, wo eine 16jährige Belastung einem Kriegsteilnehmer aufgebürdet werden soll und wo deshalb mit besonderer Vorsicht von der Versagung der Aussetzung Gebrauch gemacht werden muß (siehe unten S. 341).

4. Von Bedeutung ist ferner, ob der Kriegsteilnehmer für seine Angelegenheiten als Geschäftsmann und als Privater einen **geeigneten, vollwertigen Vertreter** hat. Es liegt auf der Hand, daß bei Fortführung eines Geschäfts durch einen eingeweihten und sachkundigen Vertreter die Aussetzung eine offenbare Unbilligkeit wäre. (OLG. Hamburg vom 12. März 1915, DJZ. 1915 S. 826; OLG. Hamm vom 31. März 1915, DJZ. 1915 S. 623 = Recht 1915 S. 353 Nr. 647.) Es kann im allgemeinen auf die Grundsätze verwiesen werden, die für die Aussetzung nach den §§ 2 und 3 KTSchG. maßgebend sind (siehe oben S. 289), da es sich hier wie dort um die gleichen Fragen der Sachkunde und Information, der Fähigkeit zur Führung der Angelegenheiten des Abwesenden usw. handelt. Die Rechtsprechung ist jedoch gerade bei diesen Fragen ungemein widerspruchsvoll und läßt jede Einheitlichkeit vermissen.

Diese Frage der Vollwertigkeit der Vertretung ist schon bei Alleininhaberschaft (vgl. OLG. Posen vom 26. Juni 1915 ROLG. Bd. 31 S. 168) von großer Bedeutung, spielt aber begreiflicherweise eine besondere Rolle da, wo eine Personenmehrheit vertretungsberechtigt ist, z. B. bei den offenen Handelsgesellschaften, Kommanditgesellschaften usw. Die Aussetzung ist hier nur dann offenbar unbillig, wenn der zurückgebliebene Gesellschafter in der Lage ist, das Geschäft in gleichem Umfange und mit derselben Sachkunde und Geschicklichkeit zu führen, wie der Abwesende (OLG. Hamburg vom 12. März 1915, DJZ. 1915 S. 826 und ROLG. Bd. 31 S. 372 und ebenda Bd. 31 S. 163; OLG. Nürnberg vom 1. Juni 1915, Recht 1915 S. 522 Nr. 914; OLG. München vom 10. Mai 1915, Recht 1915 S. 289 = ROLG. Bd. 31 S. 163 = LZ. 1915 S. 779; a. M. OLG. Nürnberg vom 12. Juli 1915, Recht S. 522 Nr. 917 [wonach die Aussetzung selbst dann als unbillig erachtet wurde, wenn der von 3 Gesellschaftern allein einberufene die Seele des Geschäfts und allein sachkundig ist]), doch ist hiebei nach Lage des Einzelfalles zu prüfen, ob nicht dem abwesenden Gesellschafter durch die Unmöglichkeit selbst seine Angelegenheiten zu führen, ein unheilbarer Schaden erwächst, wobei immer der Gesichtspunkt im Vordergrund zu stehen hat, daß die Interessen des Kriegsteilnehmers in erster Linie zu wahren sind (OLG. Dresden vom 12. Mai 1915, LZ. 1915 S. 1113 = Recht 1915 S. 454 Nr. 809; OLG. München vom 7. April 1915, ROLG. Bd. 31 S. 165); eine offenbare Unbilligkeit kann ferner auch schon darin liegen, daß die Aussetzung beantragt wird, obwohl verabsäumt wurde, für geeignete Vertretung zu sorgen (OLG. Karlsruhe vom 4. September 1915 ROLG. Bd. 31 S. 384; OLG. Hamburg vom 16. Okt. 1915, Recht 1915 S. 620 Nr. 1193) oder wenn der zurückgebliebene Vertreter seine Information nicht erholte, obwohl er es hätte tun können (OLG. Darmstadt vom 7. Juni 1915, DJZ. 1915 S. 1241; OLG. Posen vom 25. März 1915 und OLG. Dresden vom 18. März 1915 ROLG. Bd. 30 S. 372.

Die Aussetzung ist demnach **nicht unbillig** wenn

a) der Einberufene der einzige Vertreter einer juristischen Person oder Gesellschaft ist, z. B. der einzige Geschäftsführer einer Gesellschaft mit beschränkter Haftung (OLG. Dresden vom 28. Dez. 1915, SächsArchR. 1916 S. 78; **a. M.** OLG. Dresden vom 6. Juli 1915 ROLG. Bd. 31 S. 187/88 und ebenso SächsArchR. 1915 S. 498);

b) wenn der Einberufene allein mit einer Angelegenheit vertraut ist, trotzdem der Weiterführung der Gesellschaft durch den oder die zurückgebliebenen übrigen Vertreter sonst nichts im Wege steht. (OLG. Darmstadt vom 14. Juli 1915 LZ. 1915 S. 1113 = Recht 1915 S. 454 Nr. 811; **a. M.** OLG. Nürnberg vom 12. Juli 1915 Recht S. 522 Nr. 917.) Bei juristischen Personen kann in der Möglichkeit der Bestellung eines Vertreters durch den Registerrichter kein Ersatz für sachkundige Geschäftsführung gesehen werden. (OLG. Dresden vom 3. Juni 1915 JW. 1915 S. 1126 = ROLG. Bd. 31 S. 164.)

Über die Frage der Information des Vertreters siehe unten S. 342.

5. Andererseits kann er das **Verhalten des Kriegsteilnehmers** rechtfertigen, ihm trotz Vorliegens der Voraussetzungen für ihre Aussetzung die Wohltat derselben zu versagen und der Anspruchverfolgung durch den Gegner freien Lauf zu lassen: wenn der Kriegsteilnehmer nämlich in doloser Absicht sich der Aussetzung bedienen will, um den berechtigten Anspruch des Gegners lahm zu legen, sei es, daß er benachteiligende Vermögensverschiebungen vornimmt (OLG. Nürnberg vom 22. Mai 1915 Recht 1915 S. 407 Nr. 735) oder daß er vertragsbrüchig oder arglistig handelt (OLG. Dresden vom 11. Nov. 1915 LZ. 1916 S. 176 = JW. 1916 S. 513 und ähnlich vom 2. Juli 1915, LZ. 1915 S. 1172/73 und vom 8. März 1916 SächsArch. 1916 S. 165 = DJZ. 1916 S. 545 oder daß er versucht begründete und unbestreitbare Forderungen durch Aussetzungsantrag zu hintertreiben (OLG. Dresden vom 5. Juni 1915 LZ. 1915 S. 1036 = DJZ. 1915 S. 931, ferner prinzipiell übereinstimmend OLG. Königsberg vom 27. April 1915 LZ. 1915 S. 851; OLG. Dresden vom 14. März 1916 SächsArchR. 1916 S. 199 und die Entscheidungen des OLG. Dresden, SächsArchR. 1915 S. 294 und 1915 S. 221, ferner Volkmar, DJZ. 1916 S. 227).

6. Bei einer weiteren Kategorie von Fällen ist die Abwägung der Interessen des Klägers, dem durch die Aussetzung die Anspruchverfolgung genommen wird, gegenüber denen des Kriegsteilnehmers besonders geboten, wenn es sich nämlich um **Ansprüche besonderer Art** handelt.

Zunächst kann schon die beträchtliche Höhe des Anspruchs Grund zur Verweigerung der Aussetzung sein (OLG. Naumburg vom 22. März 1915 Recht 1915 S. 285 Nr. 478; OLG. Hamburg vom 7. Okt. 1915 LZ. 1915 S. 1670), andererseits kann eine genügende Sicherung des Gläubigers die offenbare Unbilligkeit der Aussetzung wettmachen (OLG. München vom 21. Mai 1915 LZ. 1915 S. 850); ferner kann die Natur des Anspruchs eine beschleunigte Erledigung bedingen oder eine Verzögerung seiner Verwirklichung für den Gegner des Kriegsteilnehmers offenbar unbillig sein (vgl. OLG. Posen PosMSchr. 1915 S. 146 hinsichtlich kleiner Handwerkerforderungen; OLG. Hamm vom 9. März 1915 JW. 1915 S. 935 hinsichtlich rückständiger Lohnforderungen; OLG. Nürnberg vom 3. April 1915 Recht 1915 S. 288 Nr. 509, ferner Breslauer, JW. 1915 S. 1390 für Mietzinsen, wenn die Kriegersfrau die Miete entbehren kann, KG. vom 17. März 1915 DJZ. 1915 S. 927 hinsichtlich einer Herausgabe von Gegenständen und Schriftstücken, die der Gegner zu seinem Fortkommen dringend braucht, OLG. Hamm vom 14. Juli 1916 JW. 1916 S. 1142 hinsichtlich der auch in § 10 der BRVO. vom 8. Juni 1916 betr. Geltendmachung von Hypotheken geschützten zweijährigen Zinsrückstände aus der Hypothek).

Für die offenbare Unbilligkeit einer Aussetzung kann schon die gewählte Prozeßart sprechen, z. B. die Verfolgung des Anspruchs im Wechselprozeß wegen der dadurch gegebenen Beschleunigung (OLG. Nürnberg vom 22. April 1915 Recht 1915 S. 406 Nr. 733); dagegen ist grundsätzlich bei Alimentationsprozessen das Interesse des Kriegsteilnehmers an persönlicher Vertretung seiner Angelegenheiten so stark, daß die Aussetzung auch gegenüber allen Dringlichkeiten auf der Gegenseite geboten erscheint. Die langjährige Belastung, die aus einer Verurteilung entspringen kann, erfordert große Vorsicht, insbesondere, da durch die gesetzliche Unterstützung auch der unehelichen Kinder die schlimmste Not meist ferngehalten ist (OLG. München vom 5. November 1915 ROLG. Bd. 31 S. 382; LG. München-Gladbach vom 15. Juni 1915 DJZ. 1915 S. 1243 = Recht 1916 S. 24 Nr. 78; a. M. OLG. Hamburg vom 3. Jan. 1916 LZ. 1916 S. 338 = Recht 1916 S. 147 Nr. 334; OLG. Bamberg vom 6. März 1916 LZ. 1916 S. 624; OLG. Dresden vom 5. April 1916 SächsArchR. 1916 S. 244/45.)

7. Weiterhin kann die Aussetzung eine offenbare Unbilligkeit bedeuten mit Rücksicht auf die **Lage des Verfahrens** und die **Art der Prozeßführung** durch den Kriegsteilnehmer.

a) Lage des Verfahrens. Obenan muß wiederum der Gesichtspunkt stehen, daß der Kriegsteilnehmer, ohne daß seinem Vertreter die Gelegenheit zur vollen materiellen und prozessualen Wahrung seiner Rechte gegeben wird, nicht dadurch geschädigt werden soll, daß die Aussetzung für offenbar unbillig erachtet wird.

Nur dann also, wenn nach dem Stand des Prozesses aller Voraussicht nach gar keine Möglichkeit mehr besteht, aus der Aussetzung eine gerechtfertigte Verbesserung der Prozeßlage zu ziehen, andererseits aber die Aussetzung dem Gegner unbillige Nachteile zufügen würde, ohne dem Kriegsteilnehmer zu nützen, ist die Aussetzung zu versagen.

Dies ist z. B. der Fall:

bei völlig klarer Prozeßlage und Einfachheit des Prozeßstoffes (OLG. Dresden vom 6. Juli 1915 SächsArchR. 1915

S. 177 = OLGRspr. Bd. 31 S. 387; OLG. Hamm vom 19. März 1915, JW. 1915 S. 935),

bei völlig unbestrittenen Verbindlichkeiten (OLG. Königsberg vom 27. April 1915 LZ. 1915 S. 851; LG. Berlin I vom 16. Aug. 1915 LZ. 1915 S. 1258),

bei Wegfall aller die Entscheidungsreife zugunsten des Beklagten hindernden Einreden (OLG. Frankfurt vom 9. Febr. 1915 LZ. 1915 S. 646; LG. Berlin I vom 18. Aug. 1915 LZ. 1915 S. 1258; OLG. Hamm vom 19. März 1915 JW. 1915 S. 935; OLG. München vom 5. Nov. 1915 ROLG. Bd. 31 S. 382) oder bei Vorliegen solcher Einreden, von denen feststeht (bloße Behauptung genügt nicht), daß sie nur zur Prozeßverschleppung vorgebracht werden (OLG. Hamburg vom 8. März 1915 Recht 1915 S. 353 Nr. 641 = ROLG. Bd. 30 S. 370); **jedoch macht Verhandlungsreife des Prozesses schon vor Kriegsausbruch eine nunmehrige Aussetzung nicht unbillig** (OLG. Hamburg vom 30. März 1915 Recht 1915 S. 354 Nr. 657).

Weiterhin ist die Aussetzung offenbar unbillig, wenn der Kriegsteilnehmer auf den Ausgang des Prozesses und die Spruchrichtigkeit nach Lage des Verfahrens völlig einflußlos bleiben wird (vgl. Volkmar, DJZ. 1916 S. 227), sei es, daß die Entscheidung nunmehr vom Sachverständigen oder vom richterlichen Ermessen abhängt (OLG. Hamburg vom 17. Febr. 1915 LZ. 1915 S. 560 [die Aussetzung wurde zwischen letztem Verhandlungs- und Verkündungstermin beantragt]) oder daß nur noch Rechtsfragen zu entscheiden sind; RG. vom 12. Juni 1915 LZ. 1915 S. 985 = Recht 1915 S. 408 Nr. 749 = DJZ. 1915 S. 922 und vom 5. Jan. 1916 LZ. 1916 S. 451 [in der Revisionsinstanz]; OLG. Braunschweig vom 11. Juni 1915 LZ. 1915 S. 1171 = Recht 1915 S. 456 Nr. 826 = OLGRspr. Bd. 31 S. 161; OLG. Nürnberg vom 27. April 1915 Recht 1915 S. 406 Nr. 734 [Kostenfestsetzungsverfahren, wenn die Hauptsache schon gegen den Kriegsteilnehmer entschieden war]).

b) Die Art und Weise der Prozeßführung durch den Kriegsteilnehmer oder dessen Vertreter.

Die persönliche Anwesenheit des Kriegsteilnehmers in einem bestimmten Stadium des Prozesses vermag unter Umständen von entscheidendem Einfluß auf den Verlauf zu sein. Z. B. bei der Beweiserhebung (OLG. Rostock vom 6. März 1915, Recht 1915 S. 654 Nr. 816; OLG. Dresden vom 25. Jan. 1916, SächsArchR. 1916 S. 122; OLG. Braunschweig vom 29. Mai 1915 LZ. 1915 S. 1170 = OLGRspr. Bd. 31 S. 162). Die erwünschte Anwesenheit des Kriegsteilnehmers bei der Eidesleistung der Gegenpartei bildet jedoch keinen Grund, die Aussetzung zu beantragen (OLG. Nürnberg vom 22. Mai 1915 Recht 1915 S. 406 Nr. 733; a. M. OLG. Braunschweig vom 9. Nov. 1915 LZ. 1916 S. 176 und vom 1. Juni 1915 LZ. 1915 S. 1171 = OLGRspr. Bd. 31 S. 161). Die Anwesenheit des Kriegsteilnehmers ist aber dann nicht erforderlich und deshalb der Aussetzungsantrag offenbar unbillig, wenn er einen Vertreter ausreichend informiert und ihn somit befähigt hat, den Prozeß auch in diesem Stadium mit entsprechendem Erfolg zu führen (statt aller Entscheidungen: LG. Berlin I vom 16. Aug. 1915 LZ. 1915 S. 1258). Für den Kriegsteilnehmer ist die Gewähr einer sachgemäßen Prozeßführung, die seine persönliche Tätigkeit ersetzt, nur dann gegeben, wenn der Vertreter ausreichend informiert ist. Bei Versäumung einer Information des Vertreters muß ebenso wie bei der verpaßten Möglichkeit zur Vertreterbestellung eine offenbare Unbilligkeit der Aussetzung als vorliegend erachtet werden (OLG. Posen vom 25. März 1915 ROLG. Bd. 30 S. 372). Grundsätzlich ist daran festzuhalten, daß nur eine ausreichende und fortlaufende Information die persönliche Tätigkeit des Vertretenen entbehrlich machen kann (OLG. München vom 1. März 1915 JW. 1915 S. 415; LZ. 1915 S. 562 = DJZ. 1915 S. 623 = ROLG. Bd. 30 S. 248 und vom 27. Dez. 1915 Recht 1916 S. 147 Nr. 333; OLG. Nürnberg vom 22. April 1915 Recht 1915 S. 406 Nr. 733). Die Möglichkeit und Ausgiebigkeit der Information ist im einzelnen Fall verschieden und hängt auch mit der Person und dem Bildungsgrad des Vertreters und der Parteien überhaupt zusammen (OLG. Bamberg vom 10. Juni 1915 JW. 1915 S. 1272).

Ob der Kriegsteilnehmer seinen Vertreter vor dem Ausmarsch oder fortlaufend vom Feld aus informiert, ist gleichgültig (OLG. Bamberg vom 4. März 1915 Recht 1915 S. 177 Nr. 361; OLG. München vom 10. Mai 1915 Recht 1915 S. 177 Nr. 361; OLG. München vom 10. Mai 1915 Recht 1915 S. 289 Nr. 516); ist der Vertretene nach seinem Eintritt in den Militärdienst im Inland verblieben, so ist die Möglichkeit einer Information in der Regel ausreichend vorhanden (OLG. Hamm vom 31. März 1915 DJZ. 1915 S. 623 und vom 19. März 1915 JW. 1915 S. 935; OLG. Posen vom 25. März 1915 ROLG. Bd. 30 S. 372; OLG. München vom 5. Nov. 1915 ROLG. Bd. 31 S. 382). Die Aussetzung ist aber auch dann offenbar unbillig, wenn sich die Information besonders einfach gestaltet (OLG. Dresden vom 6. Juli 1915 ROLG. Bd. 31 S. 187/88) oder wenn ihr Umfang sehr gemindert ist, wie in der Revisionsinstanz, wo es sich nur noch um Rechtsfragen handelt (RG. vom 12. Juni 1915 LZ. 1915 S. 985 = DJZ. 1915 S. 922 = Recht 1915 S. 608 Nr. 749).

Ob die Darlegungen die Bestellung des Vertreters rechtfertigen, entscheidet der Vorsitzende nach freier Überzeugung. Seinem Ermessen ist es im allgemeinen auch überlassen, ob er sich mit dem Vorbringen des Antragstellers begnügen will, ob er vom Antragsteller weitere Aufklärung verlangen will, ob er zur Bildung seiner Überzeugung weitere Vorprüfungen z. B. Heranziehung von Akten, Einholung polizeilicher Auskünfte und dergleichen für nötig hält. Doch sollen Verwandte des Kriegsteilnehmers oder andere Personen, die mit seinen Verhältnissen betraut sind, z. B. Angestellte, sein Anwalt, vor der Bestellung soweit tunlich stets gehört werden. Eine Verpflichtung dieser Personen, zu erscheinen oder Erklärungen abzugeben, besteht jedoch nicht.

III. Verfahren. Die Bestellung des Vertreters erfolgt durch den Vorsitzenden des Prozeßgerichts (im Mahnverfahren ist dies auch bei Zuständigkeit des Landgerichts der Amtsrichter, Peschke, JW. 1915 S. 1147), welcher die Voraussetzungen (s. Anm. I u. II) zu prüfen hat. Der Vorsitzende ist, wenn diese Voraussetzungen vorliegen, zur Vertreterbestellung verpflichtet; dies ist schon daraus zu schließen, daß gegen die Ablehnung Beschwerde zulässig ist (siehe unten IV) (a. M. Cahn, BayZfR. 1915 S. 99); für seine Entscheidung haftet er gemäß § 839 Abs. 1 u. 3 BGB. Der Vorsitzende kann seine Entscheidung nachträglich nicht mehr aufheben; die Zurücknahme der Bestellung ist nur auf dem Wege der Beschwerde möglich (Heß S. 48; Nissen, LZ. 1915 S. 208; a. M. Ring, DJZ. 1915 S. 136; Bendix S. 304).

Über die Auswahl des Vertreters enthält die Bekanntmachung keine Vorschriften, doch wird — wie die Begründung bemerkt — die oben erwähnte Vernehmung der Auskunftspersonen Anhaltspunkte hierfür ergeben. Eine Verpflichtung zur Übernahme oder zur Beibehaltung des Amtes besteht nicht. KG. vom 12. April 1915 DJZ. 1915 S. 524; LG. Hamburg vom 1. Dez. 1915 DJZ. 1916 S. 147; v. Harder, JW. 1915 S. 956 und LZ. 1915 S. 962; OLG. Posen vom 28. Juli 1915 DJZ. 1915 S. 1043; OLG. Jena vom 10. Juni 1916 ROLG. Bd. 33 S. 27; OLG. Celle vom 18. März 1916 S. 828; OLG. Breslau vom 13. Nov. 1915 LZ. 1916 S. 625; a. M. Bovensiepen, LZ. 1915 S. 884; Mayer S. 126 (für den Anwalt). Der Vertreter kann sein Amt auch nach einiger Zeit wieder niederlegen (OLG. Breslau vom 13. Nov. 1915 LZ. 1916 S. 625).

Die Bestellung eines Anwalts zum Vertreter ist auch in Anwaltsprozessen nicht erforderlich (Bovensiepen, LZ. 1915 S. 884; Harder, JW. 1915 S. 956; a. M. Seuffert BayZfR. 1915 S. 113; Mayer S. 210); wenn ein anderer als der vom Antragsteller Benannte als Vertreter bestellt wird, so ist deswegen eine Beschwerde unzulässig (a. M. Bendix, Recht 1915 S. 99).

Die Bestellung ist sowohl dem Antragsteller wie dem Kriegsteilnehmer zuzustellen (§ 1 Abs. 1 der Bekanntmachung; § 329 ZPO.).

IV. Rechtsmittel. Gegen die Ablehnung des Antrages ist nach § 567 ZPO. Beschwerde zulässig; dies ist unbestritten. (KG. vom 13. Juni 1915 JW. 1915 S. 935 und vom 29. April 1915 DJZ. 1915 S. 617 = JW. 1915 S. 531 = Recht 1915 S. 288 Nr. 511; OLG. Dresden vom 15. April 1915 LZ. 1915 S. 851; Bendix, Recht 1915 S. 99; v. Harder, JW. 1915 S. 160; Ring, DJZ. 1915 S. 136; Mayer S. 215; Seuffert, BayZfR. 1915 S. 114; Bovensiepen, LZ. 1915 S. 884.) Die weitere Beschwerde ist unter den gleichen Voraussetzungen zulässig wie die einfache, also nur, wenn der Antrag abgelehnt wird, nicht aber wenn ihm stattgegeben wird. (OLG. Oldenburg vom 4. März 1916 DJZ. 1916 S. 547, ein Fall von Unzulässigkeit der weiteren Beschwerde wegen § 568 Abs. 2 ZPO.; OLG. Königsberg vom 2. April 1916 DJZ. 1916 S. 547).

Gegen die Bestellung eines Vertreters steht weder dem Vertreter noch dem Vertretenen unmittelbar ein Rechtsbehelf zu; ersterem nicht, weil ihn die Bestellung nicht zur Annahme verpflichtet (vgl. III), also nicht beschwert, letzterem nicht, weil Beschwerde nach § 567 Abs. 2 ZPO. nur gegen eine das Gesuch ablehnende Entscheidung zulässig ist; dies ist die herrschende Meinung. OLG. Hamburg vom 9. Juni 1915 LZ. 1915 S. 1036 = Recht 1915 S. 408 Nr. 752 und vom 20. April 1916 LZ. 1916 S. 829 und vom 7. Jan. 1916 LZ. 1916 S. 413; OLG. Colmar vom 5. Jan. 1916 ElsLothrZ. Bd. 41 S. 92; OLG. Kiel vom 9. März 1915 Recht 1915 S. 288 Nr. 507 = LZ. 1915 S. 562; KG. vom 18. Juni 1915 DJZ. 1915 S. 927; OLG. München ROLG. Bd. 31 S. 169; OLG. Posen vom 26. Juni 1915 PosMSchr. 1915 S. 147 = Recht 1916 S. 148 Nr. 340; OLG. Hamburg vom 7. Januar 1916 LZ. 1916 S. 431 = Recht 1916 S. 202 Nr. 457; OLG. München vom 28. Mai 1915 ROLG. Bd. 31 S. 168 = Recht 1915 S. 563 Nr. 1063; OLG.

Dresden vom 12. Aug. 1915 DJZ. 1915 S. 1040 = Recht 1915 S. 563 Nr. 1064 = SächsArchR. 1915 S. 378; KG. vom 13. Juni 1915 KGBl. 1915 S. 74 = Recht 1915 S. 455 Nr. 821; KG. vom 9. Juni 1915 JW. 1916 S. 61; OLG. Nürnberg vom 24. Nov. 1915 Recht 1916 S. 25 Nr. 85; OLG. Jena vom 19. Juni 1916 ROLG. Bd. 33 S. 27; OLG. Königsberg vom 21. September 1915 LZ. 1916 S. 176; Bendix, Recht 1915 S. 99; Ring, DJZ. 1915 S. 136; Mayer S. 215; Bendix S. 302; v. Harder, JW. 1915 S. 956; Sintenis S. 298 Anm. 5. Hinsichtlich der Beschwerde eines Vertreters gegen sein Bestellung weichen ab: Bovensiepen allgemein, LZ. 1915 S. 885; v. Seuffert, BayZfR. S. 114 [dieser hält Beschwerde nach § 36 RAO. für zulässig]; Haberstumpf, Recht 1915 S. 363 (siehe unten).

Wird der Vertreter trotzdem gegen den Willen des Kriegsteilnehmers bestellt, so bietet der von Haberstumpf, Recht 1915 S. 363 gezeigte Weg einen Behelf: Der bestellte Vertreter hat ein Beschwerderecht gegen die Zurückweisung seines Entlassungsgesuchs; damit ist formell dem § 567 Abs. 1 ZPO. Genüge geleistet (vgl. auch Skonietzki, Komm. zur ZPO. Note 7 zu § 57). Soweit dem Kriegsteilnehmer die Person des bestellten Vertreters nicht genehm ist, kann er diesem die Vertreterbefugnis dadurch entziehen, daß er einen selbst gewählten Vertreter bestellt (Mayer S. 216). Mit dem Eintritt dieses vom Kriegsteilnehmer bestellten Vertreters in den Rechtsstreit, der in entsprechender Anwendung des § 241 ZPO. durch Anzeige an den Gegner zu erfolgen hat, erlischt dann die Vertretungsmacht des vom Gericht aufgestellten Vertreters. Ist er mit der Vertreterbestellung überhaupt an sich nicht einverstanden, so kann er durch den Vertreter den Aussetzungsantrag stellen und bestreiten, daß ein weiteres Ruhen des Verfahrens offenbar unbillig ist.

V. Die als Vertreter bestellte Person nimmt für den Prozeß die Stellung eines gesetzlichen Vertreters ein, dessen Vertretungsmacht dem Umfang einer Prozeßvollmacht entspricht (ebenso Sintenis S. 298 Anm. 6; weitergehend hinsichtlich des Umfangs der Vertretungsmacht: Bendix, Recht 1915 S. 100; Nissen, LZ. 1915 S. 207; Bovensiepen, LZ. 1915 S. 883, welch letztere wegen der Ähnlichkeit der Rechtsstellung die für Pfleger und Vormund geltenden Vorschriften für anwendbar erklären; dagegen Seuffert, BayZfR. 1915 S. 114; die im Text vertretene Anschauung von dem der gesetzlichen Vertretung entsprechenden Umfang wird im übrigen angenommen von Mayer S. 125; Cahn, BayZfR. 1915 S. 100; Heß S. 48; Bendix, Recht 1915 S. 100). Es liegt ein echtes Vertreterverhältnis vor, keine Amtsstellung; der Umfang der Vertretungsmacht erstreckt sich ebenso wie auf den ganzen Prozeß auch auf die Zwangsvollstreckung (die Anzeige an die vorgesetzte Militärbehörde nach § 752 ZPO. wird dadurch überflüssig gemacht [Holz, JW. 1915 S. 1130 gegen AG. Königsberg vom 30. Aug. 1915 ebenda]) und auf die sämtlichen Instanzen (LG. Posen vom 14. Juni 1915 DJZ. 1915 S. 828); soweit der Vertreter selbst nicht in der Lage ist, als Prozeßbevollmächtigter im Prozeß aufzutreten, ist er berechtigt, einen Prozeßbevollmächtigten zu bestellen. Der Vertreter ist, wie jeder andere Vertreter eines Kriegsteilnehmers, berechtigt, nach § 3 Abs. 2 Satz 1 die Aussetzung des Verfahrens zu beantragen. Wird dieser Antrag gestellt, so ist ihm, da die Aussetzung „als leitender Grundsatz nach wie vor bestehen bleibt, regelmäßig stattzugeben, es sei denn, daß das Gericht unter Würdigung aller Umstände — selbstverständlich ohne hierbei an die Vorprüfung durch den Vorsitzenden gebunden zu sein — dieses Ergebnis für offenbar unbillig erachtet" (Begr. a. a. O.) und deshalb den Antrag auf Grund des § 2 Abs. 2 Satz 2 KTSchG. zurückweist.

VI. Das **Verhältnis** zwischen **Vertreter** und **Kriegsteilnehmer** (über dessen rechtliche Natur Streit herrscht, siehe Erläut. zu § 3) ist jedenfalls, mag man es als Geschäftsbesorgung (Ring, DJZ. 1915 S. 136; Bendix, Recht 1915 S. 103) oder als Dienst- oder Auftragsverhältnis (Schäffer, JW. 1915 S. 945, der die hier vertretene Auffassung einer Geschäftsführung ohne Auftrag ablehnt) oder als Amtsverhältnis (Pflegschaft: Bovensiepen, LZ. 1915 S. 884 und Bendix S. 310; Vormundschaft: Nissen, LZ. 1915 S. 207) auffassen, so geartet, daß der Vertreter den Anordnungen oder, falls diese nicht erteilt werden können, dem mutmaßlichen Willen (§ 677 BGB.) des Vertretenen zu folgen hat; er ist ihm von der Übernahme der Vertretung an verantwortlich, ohne daß man allerdings seine Haftung überspannen darf, da eine Prüfung der Eignung durch den bestellenden Richter nicht immer effektiv sein wird; der Umfang der Haftung wird sich mindestens nach den Grundsätzen der Geschäftsführung ohne Auftrag für jedes Verschulden bestimmen (ebenso Schäffer, JW. 1915 S. 1082).

Einen **Rechtsanspruch** auf eine angemessene **Vergütung** hat der Vertreter nicht (Bovensiepen, LZ. 1915 S. 884; a. M. Ring, DJZ. 1915 S. 137).

§ 2.

Der § 3 Abs. 2 des Gesetzes, betreffend den Schutz der infolge des Krieges an Wahrnehmung ihrer Rechte behinderten Personen, vom 4. August 1914 (Reichs-Gesetzbl. S. 328) erhält folgenden Satz 2:

> **„Betrifft der Rechtsstreit einen vermögensrechtlichen Anspruch, so kann das Prozeßgericht den Antrag ablehnen, wenn die Aussetzung nach den Umständen des Falles offenbar unbillig ist."**

Die Bestimmung wurde bereits im Text des § 3 KTSchG. eingefügt. Vgl. hierzu Anm. II c 5 zu §§ 2 und 3.

Über den Begriff „offenbar unbillig" s. Anm. II zu § 1 dieser Bekanntmachung.

Die Bestimmung findet nur auf „vermögensrechtliche" Streitigkeiten Anwendung.

Dieser Begriff ist einerseits weiter, als der in § 1 der Bundesratsbekanntmachung vom 7. Aug. 1914 über die gerichtliche Bewilligung von Zahlungsfristen Nr. 4456 in der Fassung vom 20. Mai 1915 (RGBl. S. 290 Nr. 4741) verwendete Begriff des eine Geldforderung zum Gegenstand habenden Rechtsstreits und umfaßt daher auch Rechtsstreitigkeiten, die auf Lieferung oder Herausgabe von Waren, auf Anfechtung oder Wandlung, auf Unterlassung (insbesondere auch auf dem Gebiete des unlauteren Wettbewerbes), auf Abgabe von Willenserklärungen (insbesondere auf dem Gebiete des Grundbuchrechts) gerichtet sind. Andererseits ist er enger, als der in

§ 2 KTSchG. gebrauchte Begriff der bürgerlichen Rechtsstreitigkeiten und umfaßt daher **insbesondere nicht** Ehesachen, Feststellung der Rechtsverhältnisse zwischen Eltern und Kindern und Entmündigungssachen (§§ 606—687 ZPO.), (ebenso: v. Harder, JW. 1915 S. 160; a. M. Bendix, Recht 1915 S. 96; Ring, DJZ. 1915 S. 136; LG. Kiel vom 9. Sept. 1915 DJZ. 1915 S. 1044; vgl. auch Haberstumpf, DRZ. 1915 S. 568; LG. München-Gladbach vom 15. Juni 1915 DJZ. 1915 S. 1243); dagegen sind Unterhaltsansprüche auf familienrechtlicher Grundlage, Ansprüche aus dem ehelichen Güterrecht eben wegen ihres vermögensrechtlichen Charakters für die Vertreterbestellung geeignet; dies ergibt schon die Berücksichtigung des meist auf der andern Seite größeren Rechtsschutzbedürfnisses (AG. München vom 5. Febr. 1915 Recht S. 112 Nr. 279).

Über die Klage gegen den unehelichen Vater vgl. Gaupp-Stein Anm. II zu § 1 mit Fußnote 13, aber auch Anm. I und Fußnote 26 zu § 3 ZPO.

Der Antrag kann auch von dem nach § 1 bestellten Vertreter gestellt werden (Heß S. 53; Sintenis S. 301 Anm. 2; a. M. Mayer S. 215). Über den Antrag findet mündliche Verhandlung statt; gegen die Ablehnung steht dem Vertreter des Kriegsteilnehmers die sofortige Beschwerde zu, gegen die Aussetzung selbst und gegen die Ablehnung der Aufhebung einer Aussetzung dem Gegner Beschwerde nach § 252 zu (KG. vom 29. März 1915 DJZ. 1915 S. 525).

§ 3.

Soweit durch die Bestellung eines Vertreters (§ 1) besondere Kosten entstehen, hat der Gegner des Kriegsteilnehmers sie auch im Falle des Obsiegens zu tragen.

Der Kriegsteilnehmer soll durch die Bestellung des Vertreters, die eine Folge seiner Abwesenheit ist, keinen Nachteil erleiden. Deshalb ist bestimmt, daß die **besonderen** Kosten, die infolge Bestellung (d. h. durch den Akt der Bestellung selbst und die sich daran anschließende Tätigkeit des Vertreters. Heß, DRAZ. 1915 S. 240) des Vertreters entstehen und die vermieden worden wären, wenn der Kriegsteilnehmer in der Heimat geblieben wäre (v. Harder, JW. 1915 S. 160; OLG. Hamm vom 21. Jan. 1916 JW. 1916 S. 611; OLG. Dresden vom 9. Dez. 1915 SächsArchR. 1916 S. 124; vgl. Mayer S. 216 [zu eng]; a. M. Fürnrohr, JW. 1915 S. 288), von dem Gegner (Antragsteller) als veranlassenden Teil auch im Falle des Obsiegens zu tragen sind. Gegen den Kriegsteilnehmer steht dem Vertreter ein Anspruch auf Gebühren und Ersatz der entstandenen Kosten nur dann zu, wenn dieser die Bestellung und die Annahme der Bestellung durch den Vertreter, die als eine Geschäftsführung ohne Auftrag zu betrachten ist, (ebenso Bendix, Recht 1915 S. 103: ähnlich Ring, DJZ. 1915 S. 136 [Geschäftsbesorgung]; a. M. Schäffer, JW. 1915 S. 945 [Dienst- oder Auftragsverhältnis]: Bovensiepen, LZ. 1915 S. 884 [Pflegschaftsverhältnis] vgl. bereits Bem. VII zu § 1 und III 1 zu RAVertrVO. oben S. 122) **genehmigt** hat.[1]) (Hievon abweichend: v. Harder,

[1]) Die Bemerkung Schäffers a. a. O., daß ein „Auftrag" des Gerichts vorliege, somit von einer „auftraglosen Geschäftsführung"

JW. 1915 S. 956 und LZ. 1915 S. 962; Bendix, SächsArchR. 1915 S. 308, die dem Vertreter jeden unmittelbaren Anspruch gegen den Kriegsteilnehmer versagen); Mayer S. 216 und LG. Essen vom 7. Juli 1915 JW. 1915 S. 1043; OLG. Hamm vom 31. Mai 1916 DJZ. 1916 S. 827 (letztere lassen eine Beitreibung der Kosten vom Gegner in sinngemäßer Anwendung des § 124 ZPO. zu). Die Genehmigung wird insbesondere darin zu erblicken sein, wenn der Kriegsteilnehmer ohne von dem ihm nach § 1 Satz 2 Abs. 2 der Bekanntmachung zustehenden Recht Gebrauch zu machen, die weitere Tätigkeit des bestellten Vertreters duldet. (Vgl. auch Seuffert Anm. 5 zu § 57; a. M. Förster-Kann Anm. 3 zu § 57 ZPO.) Über die Verpflichtung zur Tragung dieser Kosten, die als Prozeßkosten zu behandeln sind, wird im Urteil Entscheidung getroffen (a. M. Bendix, Recht 1915 S. 182 und DRAZ. 1915 S. 240; Heß S. 49, die den Entscheid über die Kosten dem Kostenfestsetzungsverfahren überlassen wollen). Welcher Betrag von den Gesamtkosten des Rechtsstreites „besondere" durch die Bestellung des Vertreters entstandene Kosten und inwieweit diese notwendig und deshalb erstattungsfähig sind, wird nach den allgemeinen Vorschriften der §§ 91 ff. ZPO. im Kostenfestsetzungsverfahren festgestellt.

Besondere Gerichtskosten werden für die Verhandlung und Entscheidung über die Bestellung des Vertreters nach § 47 GKG. nicht erhoben. Wird als Vertreter ein Anwalt bestellt, so wird seine Tätigkeit durch die ihm allgemein für die prozeßführende Tätigkeit zustehende Gebühr mitabgegolten (§ 23 RAGebO.). Nimmt sich der bestellte Vertreter einen Anwalt, so sind dessen Kosten nur dann „besondere", wenn sich der persönlich anwesende Kriegsteilnehmer keinen Anwalt genommen hätte (LG. Frankfurt a. M. vom 26. Okt. 1915 JW. 1915 S. 1458; v. Harder, JW. 1915 S. 160; Sintenis S. 301 Anm. 2; a. M. Fürnrohr, JW. 1915 S. 288; Mayer S. 216). Besondere Kosten für die Bestellung des Vertreters werden deshalb in der Hauptsache nur dann entstehen, wenn der Kriegsteilnehmer auf Grund des § 1 Abs. 2 Satz 2 einen anderen Vertreter bestellt. Außerdem kann aber wohl der Kriegsteilnehmer, soweit die Vertretung durch Anwälte nicht geboten ist, im Falle des Unterliegens die durch die Bestellung eines Anwalts als Vertreter entstandenen Kosten ersetzt verlangen, wenn er nachweist, daß er, wäre er durch seine Kriegsteilnahme nicht verhindert gewesen, seine Rechte im Prozesse persönlich wahrgenommen hätte. Für die durch die Vertreterbestellung erwachsenden Kosten kann gemäß § 84 GKG. ein Auslagenvorschuß gefordert werden (Grashof, DJZ. 1915 S. 182; Bendix, SächsArchR. S. 308; a. M. OLG. Posen vom 25. Sept. 1915 JW. 1915 S. 1213; Sintenis S. 301 Anm. 1).

§ 4.

Diese Verordnung tritt mit dem Tage der Verkündung in Kraft.

In den zur Zeit des Inkrafttretens der Verordnung anhängigen vermögensrechtlichen Streitigkeiten, in denen das Verfahren auf

---

nicht gesprochen werden könne, ist kein Einwand gegen die hier vertretene Auffassung, da die Geschäftsführung ja im Verhältnis zum Geschäftsherrn, dem Kriegsteilnehmer, auftraglos ist; andernfalls müßte man das Gericht als bevollmächtigten Vertreter des Kriegsteilnehmers ansehen, der zur Beauftragung legitimiert ist.

Grund des Gesetzes vom 4. August 1914 (Reichs-Gesetzbl. S. 328) unterbrochen oder ausgesetzt ist, kann der Gegner den Kriegsteilnehmer zu Händen des Vertreters zur Aufnahme des Verfahrens und zugleich zur Verhandlung der Hauptsache laden. Der Kriegsteilnehmer ist zur Aufnahme des Verfahrens nur verpflichtet, wenn die weitere Unterbrechung oder Aussetzung nach den Umständen des Falles offenbar unbillig ist; die tatsächlichen Behauptungen, die zur Begründung dieser Verpflichtung dienen, sind in dem die Ladung enthaltenden Schriftsatz mitzuteilen. Erscheint in dem Termine für den Kriegsteilnehmer niemand und ist nach den als zugestanden anzunehmenden tatsächlichen Behauptungen die Verpflichtung zur Aufnahme begründet, so gilt das Verfahren als aufgenommen und ist zur Hauptsache zu verhandeln.

Aus der Natur der Bundesratsverordnung als Prozeßgesetz ergibt sich, daß ihre Bestimmungen auch auf die zur Zeit ihres Inkrafttretens — 14. Jan. 1915 — anhängigen Rechtsstreitigkeiten Anwendung finden. (Vgl. Gaupp-Stein Anm. I zu Art. 1 EG. vom 17. Mai 1898 Bd. 2 S. 1002.)

Soweit deshalb ein Rechtsstreit auf Grund des KTSchG. zur Zeit des Inkrafttretens der Bundesratsbekanntmachung unterbrochen war, könnte die Bestellung eines Vertreters für den Kriegsteilnehmer und die Aufnahme des Rechtsstreites schon auf Grund des § 1 erfolgen. Um dies jedoch zweifelsfrei festzustellen und um gleichzeitig in den Fällen, in denen das Verfahren auf Grund des KTSchG. in der Fassung vom 4. Aug. 1914 ausgesetzt werden mußte, die Möglichkeit zu schaffen, das Verfahren wieder in Gang zu bringen, ist in Abs. 2 des § 4 eine besondere Übergangsvorschrift geschaffen. (Vgl. Begr. a. a. O. und KG. vom 29. März 1915 DJZ. 1915 S. 526 = Recht 1915 S. 231 Nr. 414.) Nach dieser Bestimmung gestaltet sich das Aufnahmeverfahren folgendermaßen:

a) Ist das Verfahren auf Grund des § 2 KTSchG. unterbrochen worden, so kann der Gegner zunächst einen Antrag nach § 1 der Bundesratsbekanntmachung stellen; ist auf Grund dieses Antrages vom Vorsitzenden ein Vertreter für den Kriegsteilnehmer bestellt worden, so kann er den Kriegsteilnehmer zu Händen des Vertreters zur Aufnahme des Verfahrens und zugleich zur Verhandlung über die Hauptsache laden; er kann aber auch zu Händen einer anderen Person, die zur Wahrung seiner Rechte bestellt ist, laden lassen, ohne daß zu diesem Zweck nach § 1 BRBek. ein Vertreter zu bestellen wäre. In diesem Punkt stehen § 3 Abs. 2 des KTSchG. und § 4 Abs. 2 Satz 1 der Bek. vom 14. Jan. 1915 einander durchaus gleich (OLG. Breslau vom 16. März 1915 JW. 1915 S. 465).

b) Ist das Verfahren auf Grund des § 3 Abs. 2 KTSchG. (in der Fassung vom 4. Aug. 1914) ausgesetzt worden, so bedarf es der Bestellung eines besonderen Vertreters nicht, vielmehr kann der Kriegsteilnehmer zu Händen derjenigen Person, die ihn bis zur

Aussetzung im Rechtsstreit vertreten hatte, geladen werden (vgl. den zitierten Beschl. des OLG. Breslau).

c) Ist der bisherige Vertreter des Kriegsteilnehmers während der Zeit der Aussetzung weggefallen, sei es, daß seine Vertretungsmacht erloschen ist, sei es, daß er gestorben ist oder sonst zur Fortführung der Vertretung unfähig wurde, so ist wie unter a zu verfahren.

Vertreter im Sinne des § 4 Abs. 2 ist sowohl der vom Gericht als auch der vom Kriegsteilnehmer bestellte Vertreter; der gerichtlich bestellte Vertreter kommt nur bei Unterbrechung des Verfahrens, der vom Kriegsteilnehmer bestellte Vertreter nur bei Aussetzung des Verfahrens in Betracht [KTSchG. § 3]. (Bendix, SächsArchR. 1915 S. 303); vgl. auch OLG. Breslau vom 16. März 1915 Recht 1915 S. 389 Nr. 519 = JW. 1915 S. 465.

In allen Fällen müssen im Ladungsschriftsatz diejenigen Tatsachen enthalten sein, aus denen sich nach Ansicht der ladenden Partei ergibt, daß die weitere Unterbrechung oder Aussetzung nach den Umständen des Falles offenbar unbillig ist. Erscheint im Termin der Vertreter des Kriegsteilnehmers und erkennt die Verpflichtung zur Fortführung des Verfahrens ausdrücklich oder stillschweigend an, so kann sofort zur Hauptsache verhandelt werden. Bestreitet er die Verpflichtung zur Fortführung des Verfahrens, so ist zunächst hierüber zu verhandeln, und der Gegner des Kriegsteilnehmers hat, soweit notwendig, die Tatsachen zu beweisen, welche er zur Begründung seines Antrages oder nachträglich zur Ergänzung desselben vorgebracht hat.

Über diesen Streit ist sodann durch Beschluß zu entscheiden, gegen den die Rechtsmittel des § 252 ZPO. zulässig sind.

Erscheint der Vertreter des Kriegsteilnehmers im Termin nicht und beantragt der Gegner Versäumnisurteil, so hat das Gericht zunächst zu prüfen, ob die von der ladenden Partei vorgebrachten tatsächlichen Behauptungen, welche als richtig zu unterstellen sind, die weitere Unterbrechung und Aussetzung des Verfahrens als offenbar unbillig erscheinen lassen.

Bejaht das Gericht diese Frage, so hat es, soferne die allgemeinen Voraussetzungen der Zivilprozeßordnung gegeben sind, Versäumnisurteil gegen den Kriegsteilnehmer ergehen zu lassen. Verneint das Gericht die Frage, so ist der Antrag auf Erlassung eines Versäumnisurteils in Anwendung des § 335 Ziff. 2 ZPO. durch Beschluß zurückzuweisen.

39. Bekanntmachung betreffend das Verfahren bei Zustellungen.

Vom 22. Dezember 1915.

(RGBl. S. 833 Nr. 4996).

Vorbemerkung.

1. Literatur. Schäffer, JW. 1916 S. 91; Keidel, LZ. 1916 S. 292; Sintenis S. 306.

2. Allgemeines. Die Frage der Zustellung an als Unteroffiziere und Mannschaften eingezogene Anwälte war Gegenstand lebhafter Erörterungen, besonders nachdem das Reichsgericht mit der Entscheidung vom 29. Januar 1915, DJZ. 1915 S. 423 in starrer Auslegung des § 172 ZPO. jede Ersatzzustellung abgelehnt hatte (vgl. Literatur und Rechtsprechung oben S. 299).

Damit entbehrte die überwiegende Mehrheit aller Zustellungen, die seit Kriegsbeginn an als Unteroffiziere oder Mannschaften eingezogene Anwälte erfolgt waren, der Wirksamkeit, andererseits hätte die strikte Durchführung der Zustellung durch Vermittlung der Kommandobehörde zu einer höchst unzweckmäßigen und unwirtschaftlichen Überlastung der Vorgesetzten des Eingezogenen geführt, ganz abgesehen von den dem Zustellungsadressaten selbst erwachsenen Nachteilen durch die Verzögerung. Der Streit ging trotz des Reichsgerichtsurteils weiter (für die Ersatzzustellung z. B. LG. Hamburg vom 18. Okt. 1915, JW. 1915 S. 1273 mit der Begründung § 172 beziehe sich nur für den Fall der Zustellung an eine Partei im Heeresdienst, wogegen für den Anwalt als Prozeßvertreter § 183 Abs. 2 ZPO. anwendbar sei; ebenso LG. Breslau vom 9. Nov. 1915 JW. 1916 S. 64), bis die Frage der Ersatzzustellung durch die vorliegende Bekanntmachung geregelt wurde. Deren Bedeutung liegt im allgemeinen darin, daß sie zwar dem § 172 zwingenden Charakter beläßt, ihn aber für Rechtsanwälte außer Kraft setzt. Sie wirkt den zahlreichen Fällen von Fristversäumung und Einlegungen von unzulässigen Rechtsmitteln entgegen, verwirklicht im übrigen eine in der Praxis bereits bestehende Übung, die sich in zahlreichen Fällen über die Zustellung nach § 172 hinweggesetzt hatte.

§§ 1—3 regeln die Zustellung an Rechtsanwälte; § 4 die Ausschaltung von nichtanwaltschaftlichen Preßbevollmächtigten bei Zustellungen.

Der Bundesrat hat auf Grund des § 3 des Gesetzes über die Ermächtigung des Bundesrats zu wirtschaftlichen Maßnahmen usw. vom 4. August 1914 (Reichs-Gesetzbl. S. 327) folgende Verordnung erlassen:

§ 1.

Zustellungen an einen Rechtsanwalt, der als Unteroffizier oder Gemeiner dem aktiven Heere oder der aktiven Marine angehört, können außer auf dem im § 172 der Zivilprozeßordnung vorgeschriebenen Wege auch nach den sonstigen Vorschriften der Zivilprozeßordnung erfolgen.

Eine Zustellung, die vor dem Inkrafttreten dieser Verordnung, aber nach dem 31. Juli 1914 vorgenommen worden ist, gilt als wirksam erfolgt, wenn sie bei Anwendung des Abs. 1 wirksam sein würde.

§ 2.

Ist im Falle des § 1 Abs. 2 durch die Zustellung eine Frist in Lauf gesetzt worden, gegen deren Versäumung nach gesetzlicher Vorschrift Wiedereinsetzung in den vorigen Stand erteilt werden kann, so ist auf Antrag die Wiedereinsetzung zu erteilen, wenn nach

freier Überzeugung des Gerichts die Einlegung eines Rechtsmittels oder eine sonstige Handlung im Vertrauen auf die Unwirksamkeit der Zustellung unterlassen worden ist.

Die Wiedereinsetzung muß innerhalb einer einmonatigen Frist, von dem Zeitpunkt des Inkrafttretens dieser Verordnung an gerechnet, beantragt werden.

§ 3.

Ist im Falle des § 1 Abs. 2 vor dem Zeitpunkt des Inkrafttretens dieser Verordnung eine weitere Zustellung vorgenommen worden, die nach den bisherigen Vorschriften wirksam ist, so gilt die Einlegung eines Rechtsmittels oder eine sonstige Handlung als nicht verspätet, wenn die vorgeschriebene Frist, von der weiteren Zustellung an gerechnet, eingehalten worden ist.

I. Zustellungen an Rechtsanwälte.

A. Anwendungsgebiet.

1. §§ 1—3 finden nur Anwendung auf **Rechtsanwälte**, also jedenfalls nur auf Personen, welche bei einem Gericht als solche zugelassen sind oder auf die infolge eines Vertretungsverhältnisses nach § 25 RAO. das gesamte anwaltschaftliche Sonderrecht Anwendung findet. Voraussetzung jedoch ist Ausübung des Anwaltsberufes in irgendeiner Form; denn nur dann besteht Bedürfnis für vereinfachte Zustellung, sowie die Berufspflicht sich über Zustellungen auf dem Laufenden zu halten und Vorkehrungen für geeignete Ersatzzustellungen zu treffen. Da letztere allen Zustellungen zugute kommen, ist Unterscheidung von eigenen und fremden Sachen nicht am Platze (vgl. gleichmäßige Behandlung nach § 7 RAGO.). **A. M.** Keidel a. a. O. und Sintenis a. a. O. (Ablehnung der Zustellungen in Privatsachen); Schäffer a. a. O. (Anwendung auch auf den Beruf nicht ausübende Anwälte in allen Sachen).

2. Zu den **Unteroffizieren und Gemeinen** zählen auch Offiziers- und Beamtenstellvertreter, Unterbeamte und Portepeeunteroffiziere (nicht Feldwebelleutnants). Sie gehören zum aktiven Heere, wenn sie aus irgendeinem Grunde aufgeboten oder freiwillig eingetreten sind (§ 38 RMilGes.).

3. **Zustellungen** im Sinne dieser Verordnung sind alle Zustellungen, auf welche die Vorschriften der ZPO. Anwendung finden. (§§ 37 StPO., 132 BGB. usw.)

B. Der Rechtsanwalt ist hinsichtlich der Zustellungen als **Zivilperson** zu behandeln. Meist wird Ersatzzustellung nach § 182 Abs. 2 ZPO. in Betracht kommen. Besitzt er trotz Fortführung der Praxis kein Büro und auch keine Privatwohnung mehr, so empfiehlt sich aus Zweckmäßigkeitsgründen die nach wie vor zulässige Zustellung nach § 172 ZPO. Die Zustellung an den Anwalt (nicht aber an seinen Generalvertreter) setzt sein Erleben voraus. (RG. 14. März 1916, Warneyer, 1916, 149, RAVertrVO. S. 122 Anm. III 1).

C. Rückwirkende Kraft.

1. Die Verordnung ist mit rückwirkender Kraft vom 1. **August** 1914 ausgestattet, da wegen der Schwierigkeit der Zustellung nach § 172 ZPO.

schon vor Veröffentlichung der Verordnung zahlreiche Zivilzustellungen gemacht wurden, aufgrund deren die Prozesse dann weitergingen. Die Rückwirkung tritt nicht ein, wenn der Rechtsstreit bei Inkrafttreten der Verordnung bereits rechtskräftig entschieden war. Restitutionsklage ist ausgeschlossen, weil das neue Gesetz keine „Urkunde" ist (RG. Bd. 48 S. 384; JW. 1902 S. 802 Nr. 22) und sein Inkrafttreten keine Tatfragen berührt (RG. Bd. 68 S. 304). Wird ein auf Grund des bisherigen Rechts erlassenes Urteil durch Revision angefochten, so ist die Revision zurückzuweisen, wenn der Rechtszustand zur Zeit des Urteils nicht verletzt ist. Gaupp-Stein Anm. 1 zu § 563 ZPO. Fußn. 1. Revision wegen Verletzung des Rechts zur Zeit des Urteils ist aber ebenfalls zurückzuweisen, da die „Entscheidung aus anderen Gründen sich als richtig darstellt". (§ 263 ZPO.).

2. Härten werden vermieden durch die Möglichkeit der **Wiedereinsetzung** gegen Fristversäumnis infolge Rückwirkung der Verordnung unter folgenden Voraussetzungen:

a) Wiedereinsetzung muß für die betr. Frist gesetzlich zulässig sein, z. B. Notfristen und Revisionsbegründungsfrist (§ 23 ZPO.), Fristen der StPO. (§ 44), bestimmte Fristen des FGG. usw. — nicht die Frist zum Berichtigungs- und Ergänzungsantrag (§§ 320, 321 ZPO.).

b) Wiedereinsetzung muß bis spätestens 22. Januar 1916 Mitternacht beantragt sein.

c) Das Gericht muß der Überzeugung sein, daß die Frist versäumt wurde, weil die Ungültigkeit der Zustellung angenommen war. Mittel zur Glaubhaftmachung bes. Erklärungen des Anwaltes, ev. auch Vorlage seiner Korrespondenz. — Keine Wiedereinsetzung bei Feststellung der Versäumnis durch rechtskräftiges Urteil vor Erlaß der Verordnung, da nicht die Verordnung Rechtsgrund. Vgl. Schäffer a. a. O.

d) Wurde die Frist nach der zweifelhaften Zustellung versäumt, dagegen die Frist gewahrt, welche durch eine **weitere Zustellung** in Lauf gesetzt wurde, so gilt die Frist (ohne Wiedereinsetzung) als gewahrt (§ 3); die zweite Zustellung kann mit Wechsel der Rollen (Kl. an Bekl. — Bekl. an Kl.) vor sich gehen. (Schäffer a. a. O.) Ist die Frist schon nach der ersten Zustellung gewahrt, so ist diese erste Handlung maßgebend (§ 3).

e) **Kosten**: Bes. Gerichtskosten erwachsen nur in Höhe von $^5/_{10}$ bei Akten, welche die Wiedereinsetzung ausschließlich betreffen (§ 26 Ziff. 2 GKG.), doch findet § 6 GKG. (richterlicher Gebührenerlaß „wegen unrichtiger Behandlung der Sache ohne Schuld der Beteiligten") Anwendung. Besondere Anwaltskosten (ebenfalls $^5/_{10}$) nur bei ausschließlicher Tätigkeit für die Wiedereinsetzung (§ 20 RAGO.). Sämtliche Kosten fallen dem Antragsteller zur Last (§ 238 Abs. 3 ZPO.).

3. Die rückwirkende Kraft äußert sich auch im **materiellen Rechte**: Eintritt der materiellen Folgen der Rechtshängigkeit; Eintritt von Nichtigkeit wegen Beschlagnahme (§ 23 ZwVG.); Gültigwerden der Anfechtung (§ 3 AnfG.). — Begründet Gültigkeit der Zustellung eine Einwendung gegen einen Anspruch, so kann der Schuldner in der Zwangsvollstreckung die Gegenklage erheben (§ 767 ZPO.). Schäffer a. a. O.

§ 4.

Gehört ein Prozeßbevollmächtigter, der nicht Rechtsanwalt ist, dem aktiven Heere oder der aktiven Marine an, so hat das Prozeßgericht auf Antrag zu bewilligen, daß eine Zustellung, die nach §§ 176, 178 der Zivilprozeßordnung an ihn erfolgen müßte, an den Zustellungsbevollmächtigten, in Ermangelung eines solchen an den Gegner selbst erfolgen darf.

Die Entscheidung über den Antrag kann ohne mündliche Verhandlung erlassen werden. Eine Anfechtung der die Zustellung bewilligenden Entscheidung findet nicht statt.

II. Zustellungen an sonstige Bevollmächtigte.

A. Zustellungen an einen (gleichviel mit welchem Dienstgrad) eingezogenen prozeßbevollmächtigten Nichtanwalt würden stets verzögernd wirken; denn er besitzt in der Regel keine bes. Vorkehrungen für Zivilzustellungen (vgl. dagegen oben A 1). Er wird daher als **unbekannten Aufenthaltes** i. S. § 177 ZPO. behandelt. Die Zustellung erfolgt an den Zustellungsbevollmächtigten (§ 174 ZPO.) bzw. falls ein solcher nicht vorhanden, an die Partei.

B. 1. Es ist **Antrag** des Betreibenden an das Prozeßgericht erforderlich.

2. Das Gericht kann die **Voraussetzungen** nach der Verordnung **prüfen**; bei deren Vorhandensein hat es die Zustellung zu bewilligen. Mündliche Verhandlung fakultativ.

3. Beschwerde nur gegen Abweisung des Antrages (§§ 4 VO., 567 ZPO.).

C. § 210 ZPO. (Anwendung des § 177 bei Zustellungen von **Amts wegen**) findet Anwendung, da § 4 VO. mit § 177 vollkommen übereinstimmt

§ 5.

Die Verordnung tritt mit dem Tage der Verkündung in Kraft, den Zeitpunkt des Außerkrafttretens bestimmt der Reichskanzler.

40. Bekanntmachung über die freiwillige Gerichtsbarkeit in Heer und Marine.

Vom 14. Januar 1915.

(RGBl. S. 18 Nr. 4608.)

Der Bundesrat hat auf Grund des § 3 des Gesetzes über die Ermächtigung des Bundesrats zu wirtschaftlichen Maßnahmen usw. vom 4. August 1914 (Reichs-Gesetzbl. S. 327) folgende Verordnung erlassen:

§ 1.

Die §§ 1 bis 4, 6, 7 des Gesetzes, betreffend die freiwillige Gerichtsbarkeit und andere Rechtsangelegenheiten in Heer und

Marine, vom 28. Mai 1901 (Reichs-Gesetzbl. S. 185) finden auf die Kaiserliche Marine entsprechende Anwendung.

Die Vorschriften des § 184 des Gesetzes über die Angelegenheiten der freiwilligen Gerichtsbarkeit vom 17. Mai 1898 (Reichs-Gesetzbl. S. 771) und des § 5 des Gesetzes, betreffend die freiwillige Gerichtsbarkeit und andere Rechtsangelegenheiten in Heer und Marine, vom 28. Mai 1901 (Reichs-Gesetzbl. S. 185) bleiben unberührt.

I. Der § 1 des erwähnten Gesetzes vom 28. Mai 1901 überträgt den Kriegsgerichts- und Oberkriegsgerichtsräten (nach einer weitergehenden, aber aus formellen Gründen kaum zutreffenden Ansicht auch den Gerichtsoffizieren (Kaufmann, JW. 1916 S. 118; a. M. Delius, LZ. 1916 S. 377; Jacobi, JW. 1915 S. 1551) privatrechtliche Funktionen.

a) Ihre sachliche Zuständigkeit umfaßt die gerichtliche Beurkundung von Rechtsgeschäften aller Art, die öffentliche Beglaubigung von Unterschriften und Handzeichen (§ 167 FGG.), sowie die Entgegennahme von eidesstattlichen Versicherungen und die Aufnahme von Urkunden über Tatsachen; außerdem die Erledigung von Gesuchen um Rechtshilfe.

b) Persönlich zuständig sind sie für die „im Felde" d. i. (gem. § 5 EG. MStGO.) bei mobilen Heeresteilen[1]) oder bei der nicht mobilen Besatzung eines vom Feinde bedrohten festen Platzes befindlichen Militär- und sonstigen Personen, welche aufgrund eines Dienst- oder Vertragsverhältnisses sich beim kriegführenden Heere aufhalten. (Näheres s. § 1 MStGO.; ferner oben S. 268). Alle Feldjustizbeamten, Kriegsgerichts- und Oberkriegsgerichtsräte sind in gleicher Weise für alle unter das Gesetz fallenden Personen zuständig, ohne Rücksicht auf deren Zugehörigkeit zu einem bestimmten Befehlsverband. Verstöße gegen eine etwa angeordnete Geschäftsverteilung bleiben daher auf die Rechtsgültigkeit des Aktes ohne Einfluß. (Schlayer, DJZ. 1914 S. 1246; KG. in JW. 1916 S. 1140).

§§ 2 und 3 jenes Gesetzes regeln das Verfahren. § 4 bestimmt, daß Beschwerden im Aufsichtsweg (und zwar im militärischen Dienstweg) zu erledigen sind. §§ 6 und 7 betreffen die Sicherung des privaten und amtlichen Nachlasses. (Vgl. hierzu Schlayer, DJZ. 1914 S. 1245 ff.)

II. Nach § 5 des Gesetzes vom 28. Mai 1901 fanden nur die §§ 1 bis 4 auf die Kaiserliche Marine Anwendung, aber nur „solange das Schiff sich außerhalb eines inländischen Hafens befindet". Auf Grund des § 1 der Bekanntmachung vom 14. Januar 1915 finden nunmehr auch die §§ 6 und 7 des erwähnten Gesetzes auf die Marine Anwendung und weiterhin alle Bestimmungen des Gesetzes auch auf „alle Schiffe", solange sie sich im Kriegszustand befinden (§ 6 Ziff. 2 EG. MilStGO.).

§ 1 der Bek. vom 14. Jan. 1915 schafft demnach folgende Rechtslage (vgl. Unger, Recht 1915 S. 211):

a) mit Beginn des mobilen Zustands sind Heer und Marine im Rahmen den §§ 1—4, 6, 7 des Gesetzes vom 28. Mai 1901 vollkommen gleichgestellt;

b) nach Verlassen des inländischen Hafens gelten bis zur Rückkehr in diesen für die Marine neben den genannten Bestimmungen auch der § 5 des Gesetzes vom 28. Mai 1901 und § 184 FGG., weil beide Voraussetzungen (mobiler Zustand, Verlassen des inländischen Hafens) gegeben sind (ebenso Kretzschmar, SächsArchR. 1915 S. 134; **a. M.** Schlegelberger, Gruchot Bd. 59 S. 246).

§ 2.

Der § 44 des Reichsmilitärgesetzes findet auf die Kaiserliche Marine auch außer den Fällen des Artikel 44 des Einführungsgesetzes zum Bürgerlichen Gesetzbuch vom 18. August 1896 (Reichs-Gesetzbl. S. 604) entsprechende Anwendung.

Für die Personen, die sich an Bord eines Schiffes oder Fahrzeugs der Kaiserlichen Marine befinden, beginnt die Befugnis, privilegierte militärische letztwillige Verfügungen zu errichten mit der Einschiffung; die Frist, mit deren Ablauf die Verfügungen ihre Gültigkeit verlieren, beginnt mit der Ausschiffung.

Die nach § 44 RMilG. zugelassenen erleichterten Formen für privilegierte militärische letztwillige Verfügungen sind:

1. eine vom Testator eigenhändig geschriebene und unterschriebene Urkunde, bei der Angabe von Ort und Zeit fehlen können;
2. eine vom Testator eigenhändig unterschriebene und von 2 Zeugen oder einem Kriegsgerichtsrat oder Offizier mitunterschriebene Urkunde;
3. schriftliche Protokollierung einer vom Testator bloß mündlich abgegebenen Erklärung, aufgenommen von einem Kriegsgerichtsrat oder Offizier unter Zuziehung zweier Zeugen oder eines andern Kriegsgerichtsrats oder Offiziers, welche dem Testator vorgelesen und vom Kriegsgerichtsrat oder Offizier und den andern zugezogenen Personen unterschrieben ist.

Nach Art. 44 EG. BGB. können diese privilegierten militärischen letztwilligen Verfügungen des § 44 RMilG. nur von der Besatzung von Schiffen, die sich außerhalb eines inländischen Hafens befinden, und von Kriegsgefangenen und Geiseln errichtet werden. Die Beschränkung beseitigt der § 2. (Näheres über Militär- und Marinetestament vgl. Levin, DJZ. 1914 S. 1064 ff.; Wehl ebenda 1915 S. 298; Sintenis S. 311 Anm. 1 und die bei Güthe-Schlegelberger Bd. I S. 157 angegebene Literatur.)

Nach § 44 Nr. 4 RMilG. sind die Militär- und nach § 2 der VO. auch die Marinetestamente einer vorgesetzten Militärbehörde zur Aufbewahrung zu geben; die darnach erfolgende Behandlung derselben siehe Güthe-Schlegelberger Bd. I S. 161.

§ 3.

Für die öffentliche Beglaubigung der Unterschrift einer der im § 1 Nr. 1, 6, 7, 8 der Militärstrafgerichtsordnung vom 1. Dezember 1898 bezeichneten Personen sind im Felde außer den Kriegsgerichts-

räten und den Oberkriegsgerichtsräten (§ 1 des Gesetzes, betreffend die freiwillige Gerichtsbarkeit und andere Rechtsangelegenheiten in Heer und Marine) auch die militärischen Disziplinarvorgesetzten oder die vorgesetzten Beamten sowie die Gerichtsoffiziere zuständig.

Die Bestimmung dehnt für einen Teil der freiwilligen Gerichtsbarkeit, nämlich für öffentliche Beglaubigungen von Unterschriften im Feld die Zuständigkeit (vgl. Anm. zu § 1) auf die im allgemeinen für jeden Kriegsteilnehmer ohne Schwierigkeit erreichbaren militärischen Disziplinarvorgesetzten, d. h. vor allem auf die Kompagnie-, Eskadron- und Batterieführer (dies können unter Umständen auch Offiziersstellvertreter sein [vgl. ArmeeVBl. 1914 S. 449, 1915 S. 297; Haberstumpf, DNotZ. 1915 S. 380]), sowie die Chefärzte der größeren Lazarette aus; daneben erklärt sie aus praktischen Gründen die Gerichtsoffiziere für zuständig.

§ 4.

Für die öffentliche Beglaubigung einer Unterschrift gemäß § 3 dieser Verordnung gelten die Vorschriften des § 183 des Gesetzes über die Angelegenheiten der freiwilligen Gerichtsbarkeit entsprechend; die Gültigkeit der im Felde erfolgten öffentlichen Beglaubigung einer Unterschrift wird nicht berührt, wenn der Beglaubigungsvermerk den Vorschriften des § 183 Abs. 2 des Gesetzes nicht entspricht.

Die Beglaubigung darf demnach nur erfolgen, wenn die Unterschrift in Gegenwart der beglaubigenden Person vollzogen oder anerkannt wird. Die Beglaubigung geschieht — nach § 183 Abs. 2 FGG. — durch einen unter die Unterschrift zu setzenden Vermerk. Der Vermerk muß die Bezeichnung desjenigen, welcher die Unterschrift vollzogen oder anerkannt hat, enthalten und den Ort und den Tag der Ausstellung angeben sowie mit Unterschrift und Siegel oder Stempel versehen sein.

Da diese Formvorschriften voraussichtlich häufig aus Rechtsunkenntnis nicht beachtet werden dürften oder auch nicht beachtet werden können (es ist kein Siegel oder Stempel da, der Ort der Ausstellung darf aus militärischen Gründen nicht angegeben werden), bestimmt der Satz 2 des § 4, daß derartige Formverletzungen die Rechtsgültigkeit der Beglaubigung nicht berühren. Ausführungsanweisung (mit Musterbeispiel) gibt Preuß. KME. vom 20. Januar 1915 (ArmeeVOBl. S. 20), BayKME. vom 26. Jan. 1915 Nr. 8294, abgedr. in der (bayerischen) n. DV. 25 (Handbuch für Militärrechtspflege) S. 172 a. Vgl. ferner Schlegelberger, Gruchot Bd. 59 S. 276, 279.

§ 5.

Für die öffentliche Beglaubigung einer Unterschrift im Felde dürfen Stempelabgaben nicht erhoben werden.

Die Bestimmung bringt eine Verbilligung und weitere Erleichterung des Verfahrens. Die Stempelfreiheit bezieht sich nur auf die Beglaubigung nicht auf den Inhalt der von der beglaubigten Unterschrift gedeckten Erklärung (Schlegelberger, Gruchot Bd. 59 S. 280).

§ 6.

Diese Verordnung tritt mit dem Tage ihrer Verkündung in Kraft. Den Zeitpunkt des Außerkrafttretens bestimmt der Reichskanzler.

Ist eine Urkunde nach dem 1. August 1914 von einem Beamten oder einem Offizier aufgenommen worden, der nach den Vorschriften dieser Verordnung hierzu befugt gewesen wäre, so gilt sie als vom einem zuständigen Beamten oder Offizier im Felde aufgenommen.

Der § 2 dieser Verordnung gilt für alle nach dem 1. August 1914 errichteten letzwilligen Verfügungen, bei deren Errichtung seine Voraussetzungen vorlagen.

Der § 4 dieser Verordnung gilt für alle nach dem 1. August 1914 im Felde erfolgten öffentlichen Beglaubigungen von Unterschriften.

Dieser Paragraph ordnet die rückwirkende Kraft der ganzen Bekanntmachung an.

41. Bekanntmachung über die Todeserklärung Kriegsverschollener.

Vom 18. April 1916.

(RGBl. 1916 S. 296 Nr. 5154).

Vorbemerkung.

1. Literatur:

a) Von der Kriegsverschollenheit im allgemeinen, von einigen Einzelfragen und von der notwendigen Weiterbildung der bestehenden Vorschriften handeln folgende nach Dronke (siehe unten zusammengestellte Aufsätze von Elvers, Deutsches Recht 14, 313; Fürnrohr, DJZ. 16, 332; Hähnel, PrVBl. 15, 212; Isay, JW. 15, 470; Lenel, DJZ. 16, 28; Reineke, Dtsch. Landwirtsch.-Genossenschaftspresse 15, 157; Starck, Recht 15 S. 417, 461; Topphoff, Dtsch. Landwirtsch.-Genossenschaftspresse 15, 327; Weyl, DJZ. 15, 326; Gemeinnützige Rechtsauskunft 1, 107; GuR., 16. Jahrg., S. 37; Das Standesamt 15, 241; ZVersWiss. 15, 363, sowie einige Abhandlungen in Tageszeitungen. (Z. B. Freudenthal, Berl. Tageblatt Nr. 456 vom 7. September 1915; Lebensversicherung!)

b) De lege lata sind erwähnenswert: Dronke, JW. 1916 S. 632; Seuffert, Recht 1916 S. 429; v. Miltner, LZ. 1916 S. 727; Weyl, DJZ. 1916 S. 617; Riezler, BayZfR. 1916 S. 161; Lemme, Recht 1916 S. 372 (vielfach abweichend); Freudenthal im Berliner Tageblatt Nr. 239 vom 10. Mai und Nr. 255 vom 19. Mai 1916.

2. Allgemeines. „In der Begründung zu § 15 BGB., der die Todeserklärung wegen Kriegsverschollenheit regelt, ist (Amtl. Ausgabe der Mot. Bd. 1 S. 39) gesagt, daß die Vorschrift insoferne nur von beschränkter Bedeutung sein werde als erfahrungsgemäß das Bedürfnis dazu dränge, daß nach jedem größeren Kriege besondere Gesetze erlassen würden, durch welche das Verfahren und der Zeitpunkt des Todes in einer den besonderen Verhältnissen entsprechenden Weise geordnet werde. Der gegenwärtige Krieg bestätigt diese Erfahrung. Infolge seiner langen Dauer und der großen Zahl der als Angehörige der bewaffneten Macht an ihm teilnehmenden Personen ist das Bedürfnis einer Sonderregelung bereits während des Krieges hervorgetreten. Die Zahl der im Laufe des Krieges vermißten Heeresangehörigen, von deren Leben keine Nachricht mehr eingetroffen ist, obwohl dies den Umständen nach erwartet werden konnte und die demnach als verschollen anzusehen sind, beläuft sich auf viele Tausende. Es erscheint untunlich, die Rechtsbeziehungen aller dieser Kriegsverschollenen bis zum Ablauf der im § 15 BGB. vorgesehenen Frist von 3 Jahren nach dem Friedensschluß oder auch nur bis zu diesem in der Schwebe zu lassen. Vielmehr erweist es sich zur Verhütung erheblicher wirtschaftlicher Schädigungen und zur Sicherung des Rechtsverkehrs als geboten, daß in den Fällen, in denen der Tod eines Kriegsteilnehmers zwar nicht nachgewiesen, aber den Umständen nach so gut wie gewiß ist, die Hinterbliebenen und die sonst in rechtlichen Beziehungen zu dem mutmaßlich Verstorbenen stehenden Personen baldmöglichst in die Rechtslage versetzt werden, die beim Nachweis des Todes für sie eintreten würde. Bei Benutzung des ausgebildeten, auch das Schicksal der Kriegsgefangenen umfassenden Nachrichtendienstes und der bei den verschiedenen amtlichen Auskunftsstellen gesammelten Nachweisungen erscheint die Gefahr, daß der Tod eines Kriegsverschollenen zu Unrecht angenommen werde, auf ein verschwindendes Mindestmaß beschränkt. Dieser Gefahr wird zudem noch begegnet, wenn durch entsprechende Anordnungen dafür gesorgt wird, daß in dem Verfahren auch der Eigenart besonders zweifelhafter Fälle besonders Rechnung getragen werden kann. Wird schließlich die Beseitigung eines trotzdem zu Unrecht ergangenen Ausschlußurteils zweckmäßig erleichtert, so steht der Zulassung der Todeserklärung Kriegsverschollener schon vor Eintritt des Friedenszustandes kein ernstliches Bedenken entgegen."

Einleitung.

„Der vorliegende Entwurf (der unverändert Gesetz geworden ist) schlägt daher vor, den in der Öffentlichkeit in zunehmendem Maße hervorgetretenen wirtschaftlichen Schädigungen durch eine Verordnung gemäß § 3 des Gesetzes über die Ermächtigung des Bundesrats zu wirtschaftlichen Maßnahmen vom 14. August 1914 (Reichsgesetzbl. S. 327) abzuhelfen. Seine Vorschriften beschränken sich auf eine zweckentsprechende Ausgestaltung des geltenden Rechtes."

Über die Befugnis des Bundesrats zur Erlassung einer solchen Verordnung: Dronke a. a. O. S. 632 und unten III A 2 Abs. 2.

Der Bundesrat hat auf Grund des § 3 des Gesetzes über die Ermächtigung des Bundesrats zu wirtschaftlichen Maßnahmen usw. vom 4. August 1914 (Reichs-Gesetzbl. S. 327) folgende Verordnung erlassen:

§ 1.

Wer als Angehöriger der bewaffneten Macht des Deutschen Reichs oder eines mit ihm verbündeten oder befreundeten Staates an dem gegenwärtigen Kriege teilgenommen hat (§ 15 des Bürgerlichen Gesetzbuchs) und während des Krieges vermißt worden ist, kann im Wege des Aufgebotsverfahrens für tot erklärt werden, wenn von seinem Leben ein Jahr lang keine Nachricht eingegangen ist.

Das gleiche gilt für Personen, die nicht zur bewaffneten Macht gehören, wenn sie sich bei ihr aufgehalten haben oder ihr gefolgt sind, oder wenn sie in die Gewalt des Feindes geraten sind.

§ 2.

Als Zeitpunkt des Todes ist, sofern nicht die Ermittlungen ein anderes ergeben, der Zeitpunkt anzunehmen, in dem der Antrag auf Todeserklärung zulässig geworden ist. Wird der Verschollene seit einem besonderen Kriegsereignis (einem Gefecht, einer Sprengung, einem Schiffsunfall oder dergleichen), an dem er beteiligt war, vermißt, so ist der Zeitpunkt des Ereignisses als Zeitpunkt des Todes anzunehmen, es sei denn, daß die Ermittlungen die Annahme rechtfertigen, der Verschollene habe das Ereignis überlebt.

§ 3.

Solange nicht die Todeserklärung erfolgt ist, wird das Fortleben des Verschollenen bis zu dem Zeitpunkt vermutet, der nach § 2 in Ermangelung eines anderen Ergebnisses der Ermittlungen als Zeitpunkt des Todes anzunehmen ist.

Unter Wahrung der im BGB. aufgestellten Grundsätze sehen die §§ 1—3 die notwendigen Ergänzungen der **materiellen** Vorschriften vor. § 1 stellt das Anwendungsgebiet fest, § 2 enthält eine gesetzliche Todesvermutung, § 3 eine gesetzliche Lebensvermutung.

I. Personenkreis. (§ 1.) Innerhalb der Personen, welche unter Berücksichtigung der Staatsangehörigkeit (Art. 9, 29 EG. BGB.) nach deutschem Recht für tot erklärt werden können, findet die Verordnung nur auf 2 Gruppen Anwendung.

A. Die erste Gruppe ist im wesentlichen die des **§ 15 BGB.** auf den § 1 der Verordnung verweist. Jedoch „während der § 15 BGB. die Kriegsverschollenheit allgemein ohne Rücksicht auf den bestimmten Krieg regelt, begrenzt der § 1 VO. dem Zweck der VO. entsprechend, den Kreis einmal dahin, daß nur die Angehörigen der bewaffneten Macht des Deutschen Reiches oder eines mit ihm verbündeten oder befreundeten Staates unter die Vorschrift fallen." (Begr.)

Der Zusatz „oder befreundeten" ermöglicht die Anwendung bei Fällen, die vor dem Abschluß eines formellen Bündnisses liegen (Türkei) und erleichtert sie, wenn der Nachweis eines solchen etwa aus politischen Gründen erschwert ist. Maßgebend ist die politische Lage bei Abgang der letzten Nachricht von dem Vermißten; denn sie allein präzisiert die Stellung, in der er sich beim Übergang in den Zustand des Vermißtseins befunden hat. Die Andauer des Freundschaftsverhältnisses während der ganzen Verschollenheitsfrist zu verlangen oder ein Befreundetwerden der bewaffneten Macht, welcher der Vermißte ehemals angehörte, genügen zu lassen, ist nicht angängig, da eine Zugehörigkeit zu irgendeinem Personenkreis während des Vermißtseins sich gar nicht feststellen ließe; **a. M.** Weyl a. a. O.

a) Die Zugehörigkeit zur bewaffneten Macht im engeren Sinne bestimmt das Recht des betreffenden Staates. Es sei denn, daß ein Fall des Art. 30 EG. BGB. (Verstoß gegen deutsche Gesetze usw.) vorläge. (Staudinger Anm. 3a zu § 15 BGB.)

1. Deutschland: „Die bewaffnete Macht besteht aus dem Heere, der Marine und dem Landsturm" (WehrpflG. § 2). Zum Heere gehören nach § 38 RMilG. neben den Militärpersonen des Friedens- und Beurlaubtenstandes (§ 38 A, B, 1) „alle in Kriegszeiten zum Heeresdienst aufgebotenen oder freiwillig eingetretenen Offiziere, Ärzte, Militärbeamte und Mannschaften, welche zu keiner der vorgenannten Kategorien gehören, von dem Tage an, zu welchem sie einberufen sind bzw. von dem Tage des freiwilligen Eintritts an bis Ablauf des Tages der Entlassung". (§ 38 B. 2.) Ferner die „Zivilbeamten der Militärverwaltung vom Tage ihrer Anstellung bis zum Zeitpunkt ihrer Entlassung aus dem Dienst". (§ 38 C.) Zum Heere gehören auch Feldgendarmen und Landgendarmen (letztere nicht in Bayern und Württemberg, vgl. § 2 Abs. 3 MilStGO. nebst Anm. in Elsner v. Gronow und Sohl, MilStrRecht). Für die Marine besteht eine ähnliche gesetzliche Feststellung nicht, doch steht deren analoger Anwendung auf diese angesichts der organisatorischen Einheit von Heer und Marine kein Bedenken entgegen; einigen Anhalt gibt auch WehrpflG. § 13; Landsturm siehe §§ 24 ff. Gesetz betr. Änderung der Wehrpflicht vom 11. Febr. 1888. Armierungssoldaten gehören je nach dem Wehrverhältnis zum Heer oder Landsturm.

2. Österreich-Ungarn: „Die gesamte bewaffnete Macht gliedert sich in die gemeinsame Wehrmacht, dann in die Landwehr und in den Landsturm. Die gemeinsame Wehrmacht umfaßt das gemeinsame Heer und die Kriegsmarine" (Ges. vom 5. Juli 1912 betr. die Einführung eines neuen Wehrgesetzes, § 2; abgedruckt u. a. im Jahrbuch des öffentlichen Rechts 1913 S. 468).

b) Im weiteren Sinne gehört zur bewaffneten Macht auch „derjenige, welcher sich in einem Amts- oder Dienstverhältnis oder zum Zwecke freiwilliger Hilfeleistung bei der bewaffneten Macht befindet" (§ 15 Abs. 2 BGB.). Neben dem besonderen Rechtsgrund oder dem Zwecke der freiwilligen Hilfeleistung wird nicht nur räumliche Anwesenheit, sondern auch eine gewisse organische Einfügung in die bewaffnete Macht zu fordern sein [Erlaubnis, Zuteilung] (Planck Anm. 1 zu § 15; dort weitere Literatur); im einzelnen besonders Eisenbahn- und Postpersonal, Zivilverwaltungsbeamte von Gebieten unter Militärverwaltung; Ärzte, Techniker, Arbeiter auf Privatdienstvertrag, Krankenpfleger aller Art, freiwillige Führer und

Dolmetscher, Marketender und Aufkäufer der Heeresverwaltung (nicht freie Händler). Vgl. auch die Erläuterungen zu § 2 KTSchG. oben S. 272.

B. Über § 15 BGB. „hinaus erstreckt der Absatz 2 des § 1 VO. hervorgetretenen Bedürfnissen entsprechend den Geltungsbereich der Verordnung auf solche Personen, die nicht zur **bewaffneten Macht** gehören, wenn sie sich bei ihr **aufhalten oder ihr gefolgt sind** (Heeresgefolge[1]); vgl. § 155 MStGB.), oder wenn sie z. B. als Zivilgefangene oder als Geiseln in die **Gewalt des Feindes geraten sind.**"

a) Der Begriff des **Heeresgefolges** in diesem Sinne ist außerordentlich weit und umfaßt alle diejenigen, welche aus irgendeinem Grund sich an einem Platze befinden oder von einem Ort zum andern begeben, um bei der bewaffneten Macht zu sein. Irgendwelche Zulassung, Zugehörigkeit oder dergleichen ist im Gegensatz zu § 15 BGB. nicht zu fordern (vgl. § 155 MStGB. nebst Anmerkung bei Elsner v. Gronow-Sohl; ferner oben S. 273).

b) In die Gewalt des Feindes geraten ist, wer von diesem auf irgendwelche Weise seiner persönlichen Freiheit beraubt wird, bis zur Wiedererlangung derselben. Es fällt unter die Verordnung (vgl. dagegen § 2 Ziffer 3 KTSchG. Anm. S. 275) also auch Strafgefangenschaft, Schutzhaft, Schuldhaft u. dgl. soweit der nötige Kausalzusammenhang mit dem Kriege (siehe unten S. 363) besteht. — Feind ist das mit der Waffe bekämpfte Völkerrechtssubjekt; mangelnde Kriegserklärung macht den Kriegszustand völkerrechtswidrig, schafft ihn aber nicht aus der Welt. Teile der bewaffneten Macht, die sich mit Billigung ihres Staates im Kampfe befinden und gefangen werden, kommen daher stets in Gewalt des „Feindes". — Feind im Sinne dieser Verordnung ist wohl nicht nur Feind des Deutschen Reiches. Da vielmehr in § 1 Abs. 1 die bewaffnete Macht unserer Verbündeten als Einheit betrachtet wird, ist mangels entgegengesetzter Äußerung des Gesetzgebers unter Feind ebenfalls der unsrige wie der unserer Bundesgenossen zu verstehen. (Ähnlich v. Miltner a. a. O.; ähnlich, aber mit abweichender Begründung Dronke a. a. O.)

II. Allgemeine materielle Voraussetzungen.

A. Der für tot zu Erklärende muß am gegenwärtigen Kriege teilgenommen haben und während des Krieges vermißt sein.

---

[1]) Als zum Heere gehörig, wird das Heeresgefolge auch in den Verordnungen behandelt, welche die Beurkundung von Sterbefällen der Militärpersonen regeln, welche den Standort verlassen haben bzw. eingeschifft sind (Heer: RGBl. 1879 S. 5, Marine: RGBl. 1875 S. 313, 1906 S. 359). Hiezu während des Krieges zahlreiche Ausführungsvorschriften (besonders ArmeeVBl. 1915 S. 52, BayMilVBl. 1915 S. 306; ArmeeVBl. 1915 S. 281, BayMilVBl. 1915 S. 739, welch letztere dem Standesbeamten die Möglichkeit gibt, Sterbefallanzeigen solcher Personen seines Bezirks, von deren Tod er zuverlässig erfährt, vom Ersatztruppenteile und Nachweisbüro im Kriegsministerium zu verlangen) und eine Ergänzungsverordnung hinsichtlich solcher, die im Inland weder Wohnort noch Geburtsort haben; RGBl. 1915 S. 583/84; vgl. Boschan, PrVBl. 37 S. 144; Delius, LZ. 1916 S. 273).

1. a) Die **Teilnahme** am Kriege hat allein für sich als rein äußeres **Merkmal** einer Person keine allzu große Bedeutung. Begriff der Kriegsteilnehmerschaft ist unsicher (kasuistische Voraussetzungen im § 2 KTSchG. nicht erschöpfend); denn Träger der Kriegführung ist gegenwärtig der gesamte Staatsorganismus, Kriegsteilnehmer also jeder einzelne, der ihm dient. Sie bedeutet nicht viel mehr als eine Wiederholung der persönlichen Vorbedingungen [vgl. Begr.: „Bei Personen, die an sich nicht zur bewaffneten Macht gehören, ergibt sich aus den Verhältnissen, die zu ihrer Gleichstellung mit den Angehörigen der bewaffneten Macht führen (z. B. Aufenthalt im Kampfbereich, Verschleppung oder Internierung durch den Feind) zugleich, worin im Einzelfalle das der Teilnahme am Kriege gleich zu erachtende Tatbestandsmerkmal zu erblicken sein wird]."

b) Den gegenwärtigen Krieg trennt von einem vergangenen und zukünftigen der vollkommene Friedenszustand, der inzwischen liegt.

c) **Vermißt** ist der, über dessen Dasein mangels Nachrichten **nichts bekannt ist** (vgl. Planck Anm. 2 und Staudinger Anm. 5 zu § 15 BGB.). Die Feststellung des Todes beseitigt jeden Zweifel über das Dasein, Vermißtsein liegt also nicht vor. Die Ungewißheit über die Sterbezeit allein rechtfertigt darnach keine Todeserklärung (Dronke a. a. O.; Seuffert a. a. O.; Planck Anm. 2 zu § 13; **a. M.** Cosack § 25, II 1a).

d) Während des Krieges vermißt, ist vom Beginn bis zum Ende des — gegenwärtigen — Kriegszustandes mit allen Kriegführenden (vgl. jedoch 2).

2. Kriegsteilnahme, Kriegszustand und Vermißtsein sind nicht nur Erfordernisse nebeneinander. Sie sind begrifflich nicht klar genug, um bei rein äußerlichem Vorhandensein das Anwendungsgebiet der Verordnung hinreichend abzugrenzen. Nötig ist vielmehr noch **sachlicher innerer Zusammenhang.** „Während des Krieges vermißt" ist eine Person nicht schon dann, wenn dieser Zustand zeitlich vor Beendigung des Krieges eingetreten ist, vielmehr ist ein sachlicher Zusammenhang des Vermißtseins mit der Teilnahme am Kriege in dem gekennzeichneten Sinne erforderlich." (Begr.; ähnlich Dronke und Freudenthal a. a. O.)

Nur in diesem Sinne kann auch der Ort, an den die letzte Spur führt, von Bedeutung werden, ob ein Zusammenhang mit dem Krieg vorhanden ist; z. B. ist bei Kriegsschauplätzen, die durch Teilfriedensschlüß ausscheiden, der Zusammenhang meist unwahrscheinlich (ähnlich Dronke a. a. O.; **a. M.** Planck Anm. 2 und Staudinger Anm. 5 zu § 15 BGB.).

B. Vom Leben des für tot zu Erklärenden muß ein Jahr lang keine Nachricht eingelaufen sein, d. h., er muß **verschollen** sein. Verschollenheit ist Nichteingang von Nachrichten — und dadurch Vermißtsein — während so langer Zeit, daß solche nicht mehr zu erwarten sind. Hiefür ist nach Ansicht der Verordnung 1 Jahr erforderlich. Die Frist kann unter besonderen Umständen bis zu einem weiteren Jahr auf prozessualem Wege (durch Aussetzung des Verfahrens) verlängert werden (§ 9). (Zum Begriff Verschollenheit vgl. Anm. zu § 13 BGB. bei Planck, Staudinger usw.)

Das Jahr endet mit dem Ablauf des Kalendertages, der auf denjenigen folgt, an welchem die letzte Nachricht eingegangen ist (§§ 187 Abs. 1, 188 Abs. 2 BGB.).

Beginn der Frist ist Eingang der Nachricht; zweifelhaft kann dabei sein, welcher Empfänger das Eingangsdatum bestimmt. Am geeignetsten hiefür ist der natürliche Empfänger, d. h. derjenige, an den die Nachricht adressiert ist oder an den sie ohne weiteres Zutun seinerseits auf Grund von Sitte, Recht, Dienstvorschriften usw. unmittelbar weitergeleitet wurde; denn dies wäre der Weg, den jede neue Nachricht voraussichtlich nehmen würde (**a. M.** — Eingang an den zur Todeserklärung Berechtigten — Dronke a. a. O.). Da Vermißtsein eine Folge des Nichteingangs von Nachrichten ist, das Vermißtsein aber im Kriege eingetreten sein muß, muß die letzte Nachricht vor dem Kriegsende an den natürlichen Empfänger eingehen. Da die Verordnung weder auf die Aufgabe der Nachricht, noch im Gegensatz zu BGB. § 14 Abs. 3 auf ihren Inhalt Wert legt, geht es nicht an, das Vermißtsein nach Maßgabe dieser beiden Umstände vorzuverlegen (**a. M.** Dronke a. a. O.; Lemme a. a. O. will sogar § 14 Abs. 3 stets auf die Verordnung anwenden, wogegen deutlich der Wortlaut spricht).

III. Wirkung (§§ 2, 3).

A. Die Todeserklärung begründet die **Vermutung**, daß der Verschollene in dem Zeitpunkt **gestorben** sei, welcher in dem die Todeserklärung aussprechenden Urteil festgestellt ist. Ist dies nur dem Tage nach der Fall, so gilt das Ende des Tages als Zeitpunkt des Todes. (§ 18 Abs. 3 BGB.).

1. Zeitpunkt des Todes.

a) Erste Grundlage zur Feststellung (§ 8) bilden die angestellten Ermittlungen. Ergeben sie Wahrscheinlichkeit für einen gewissen Zeitpunkt, so ist dieser anzunehmen; ergeben sie dagegen die sichere Feststellung des Todes, so ist Todeserklärung unzulässig (vgl. oben S. 363). Es ist dann unter Umständen der zuständige Standesbeamte zu verständigen, damit er eine Sterbefallanzeige im Sinne der Verordnungen von 1879/1906 herbeiführt [vgl. oben Anmerkung 1] (ebenso Staudinger Anm. III 4; **a. M.** Planck Anm. 3 zu § 18 BGB.).

b) Haben die Ermittlungen nur ergeben, daß der Verschollene seit einem besonderen Kriegsereignis vermißt wird, so ist dieses im Zweifel als Zeitpunkt des Todes zugrunde zu legen. „Kriegsereignis" ist jedes Ereignis, das mit der Kriegsteilnahme des Verschollenen im Kausalzusammenhang steht. Der in der Verordnung genannte „Schiffsunfall" muß z. B. nicht durch Feindesgewalt verursacht sein. (Ebenso v. Miltner a. a. O.) „Besonderes" Kriegsereignis ist ein solches, das für einen bestimmten Personenkreis auf bestimmte Zeit eine bestimmte Gefahrerhöhung mit sich bringt; ein wichtiges Kennzeichen ist, ob Veranlassung bestand, nach dem Ereignis durch Appell oder dgl. festzustellen, wer ihm entronnen sei. Beispiel: Explosion eines Forts, Patrouillenritt. (Etwas abweichend Dronke a. a. O.) Unwahrscheinlich ist der Zeitpunkt des Ereignisses als Todeszeit, wenn eine Anzahl Beteiligter nachweislich gerettet, aber seit Eingang der Nachricht von ihrer Rettung vermißt werden. Analog § 18 Abs. 3 BGB. ist bei längerer Dauer des Ereignisses der letzte Tag maßgebend (ebenso Lemme a. a. O.). Werden mehrere Personen als gelegentlich des gleichen besonderen Kriegsereignisses gestorben erklärt, so wird gleichzeitiger Tod vermutet (§ 20 BGB.).

c) Bei Fehlen besonderer Anhaltspunkte ist als Todeszeit das Zulässigwerden der Todeserklärung anzunehmen (siehe hierüber oben S. 363). §§ 15, 18 BGB. bezeichnen dagegen als im Zweifel maßgebend die Zeit des Friedensschlusses, weshalb hiernach spätere Todeserklärung mit früherer Todeszeit möglich ist, wenn der Verschollene kürzer als ein Jahr vor Friedensschluß vermißt wurde.

2. Für die Annahme, daß der für tot Erklärte im festgestellten Zeitpunkt gestorben sei, spricht nur eine **Vermutung.** Der Gegenbeweis ist daher stets zulässig. (§ 292 ZPO.) Materielle Rechtskraft dieses Gegenbeweises ist jedoch nur durch Anfechtung oder Aufhebungsantrag nach §§ 10, 11 der Verordnung zu erzielen. (§ 322 ZPO. und Anm. 1 und 2 hiezu in Freudenthals Komm.; vgl. Staudinger Anm. III 3 zu § 18.)

Die Bedeutung der Vermutung gleicht der nach BGB. Zweifelhaft könnte sein, ob bei der Grundlage der Verordnung — Ermächtigung zu wirtschaftlichen Maßnahmen — die Wirkungen nichtwirtschaftlicher Natur ebenfalls eintreten oder ob in dieser Hinsicht die Zuständigkeit mangelt. Da jedoch die Todeserklärung ein einheitliches Rechtsinstitut mit vorwiegend wirtschaftlicher Bedeutung ist, treten auch die von ihr untrennbaren nichtwirtschaftlichen Nebenwirkungen ein.

3. Folgen: Erlöschen von Rechten durch Erlöschen des Subjekts oder deren Übergang auf andere (Beerbung, Erlöschen von Leibrenten, Mitgliedschaften usw.); Auflösbarwerden oder Auflösung von Familienrechtsverhältnissen (Ehe, Vormundschaften); Erlöschen und Entstehen von Rechten durch Eintritt des Todes als Bedingung (Anrecht auf reichsgesetzliche Unterstützung[1]), Anspruch auf Auszahlung von Witwen- und Waisenrenten aller Art und Lebensversicherungssummen, Mietkündigungsrecht nach § 569 BGB. und VO. über die Kündigung von von Hinterbliebenen der Kriegsteilnehmer vom 7. Oktober 1915 (unten Nr. 43).

B. Wirkung der **Verschollenheit ohne Todeserklärung.**

1. Beim Verschollenen wird vermutet, daß er bis zum Eintritt der Verschollenheit **gelebt** hat (bzw. bis zu dem besonderen Kriegsereignis, seit dem er vermißt wurde. Da letzteres stets vor dem Eintritt des Vermißtseins stattgefunden haben muß, gibt es hier überhaupt keine Vermutung). Nach dem erwähnten Zeitpunkt muß bei nicht für tot erklärten Verschollenen Leben oder Tod bewiesen werden (vgl. § 19 BGB. nebst Anmerkungen bei Staudinger).

---

[1]) Familienunterstützung erlischt an sich erst mit Demobilisierung des Truppenteiles, dem der Verschollene angehörte. Werden jedoch Hinterbliebenenbezüge gewährt, so erhält der betreffende Rentenbezieher die Unterstützung nur während 3 Monate; weitere Zahlungen gelten als Vorschuß auf die Versorgungsgebührnisse (FUG. § 10 Abs. 5 und Gesetz betr. Änderung usw. v. 30. Sept. 1915 RGBl. S. 629; näheres bei Liebrecht, FUG. 1916).

2. Die Gewährung von Hinterbliebenenversorgung ist meist schon bei Verschollenheit möglich.[1] Soweit jedoch diese Leistungen nur fakultativ sind, werden die Leistungspflichtigen meist die Todeserklärung abwarten. Ohlshausen, JW. 1916 S. 642.

C. Das **Vermißtsein** allein hat nach der Verordnung keine besonderen Wirkungen[2], [3], [4].

D. Die Folgen der Aufhebung der Todeserklärung sind unverändert die des bisherigen Rechtes.

§ 4.

Für das Aufgebotsverfahren in den Fällen des § 1 gelten die Vorschriften der Zivilprozeßordnung, soweit nicht im folgenden ein anderes bestimmt ist.

§ 5.

Die Aufgebotsfrist muß mindestens einen Monat betragen.

§ 6.

Die Bekanntmachung des Aufgebots durch öffentliche Blätter kann unterbleiben.

Das Gericht kann anordnen, daß das Aufgebot außer an die Gerichtstafel in der Gemeinde, in der der Verschollene seinen letzten

---

[1] § 34 MHG. und verschiedene Beamtenhinterbliebenen-Gesetze, ferner §§ 1265/66 RVO., 33 VGfA. lassen fakultativ die Leistungen zu.

[2] Gewisse Bedeutung wegen der Wirkungen auf militärische Gebühren. Der Bezug endet (wie bei Gefangenen) mit Ablauf des Monatsdrittels bei Mannschaften und des Monats bei Offizieren; sie können jedoch bei nachgewiesener Bedürftigkeit zum Unterhalt von Angehörigen, durch vorgesetzte Stellen ganz, zum Teil und wenn aus Not Schulden gemacht wurden, rückwirkend zugebilligt werden; Anträge an Ersatztruppenteile oder Bezirkskommandos (§§ 12, 23 KBesoldV.). Familienzahlungen laufen einfach weiter (vgl. Ohlshausen, JW. 1916 S. 642).

[3] Familienunterstützung wird gezahlt bis der Truppenteil des Vermißten demobilisiert (FUG. § 10 Abs. 5).

[4] Da bei Vermißten der Tod stets möglich ist, ist für Sterbegeld nach § 201 RVO. stets sofortige Anmeldung nötig, da der Anspruch nach 2 Jahren vom Tode ab gerechnet erlischt (§ 223 Abs. 1 RVO.). Dagegen gelten die Hinterbliebenen hinsichtlich der rückwirkenden Gewährung der Rente, sowie die Witwe hinsichtlich des Witwengeldes als verhindert an der Stellung des Antrags, bis der Vermißte als tot ins Sterberegister eingetragen oder für tot erklärt ist oder bis Schluß des Kalenderjahres, das dem Jahr folgt, in dem der Krieg beendet ist. Anträge bis 3 Monate nach Aufhören der Behinderung erhalten den Genuß der Versicherungsleistungen. (Bekanntmachung des Reichskanzlers über die Wahrung von Antragsrechten in der Invaliden- und Hinterbliebenenversicherung v. 12. Mai 1916 RGBl. 371.) Über diese und andere Fristen vgl. Hoffmann, DJZ. 1916 S. 619; Jaeger, BayGemZ. 1916 S. 281 ff., 303 ff.

Wohnsitz gehabt hat, an die für amtliche Bekanntmachungen bestimmte Stelle angeheftet wird.

Die Aufgebotsfrist beginnt mit der Anheftung des Aufgebots an die Gerichtstafel.

§ 7.

Die Vorschrift des § 972 Abs. 1 Satz 2 der Zivilprozeßordnung findet keine Anwendung.

§ 8.

In dem Urteil ist der Zeitpunkt des Todes nach Maßgabe des § 2 festzustellen.

§ 9.

Das Gericht kann das Verfahren auf die Dauer von längstens einem Jahre aussetzen, wenn eine weitere Nachricht nach den Umständen des Falles, insbesondere nach der Entfernung des letzten bekannten Aufenthaltsorts des Verschollenen, nicht ausgeschlossen erscheint. Gegen den Beschluß findet sofortige Beschwerde statt. Nach Ablauf der Frist ist das Verfahren von Amts wegen fortzusetzen.

§ 10.

Für die Anfechtung eines nach dieser Verordnung erlassenen Ausschlußurteils gelten die Vorschriften der Zivilprozeßordnung.

Erhebt der für tot Erklärte die Anfechtungsklage, so ist die Klage nicht an die Fristen der §§ 958, 976 der Zivilprozeßordnung gebunden.

§ 11.

Hat der Verschollene die Todeserklärung überlebt, so kann er ihre Aufhebung bei dem Aufgebotsgerichte beantragen.

Der Antrag kann schriftlich oder zu Protokoll des Gerichtsschreibers gestellt werden. Der Antrag soll eine Angabe der ihn begründenden Tatsachen und die Bezeichnung der Beweismittel enthalten.

§ 12.

Vor der Entscheidung ist der Staatsanwalt sowie derjenige zu hören, der die Todeserklärung erwirkt hat.

§ 13.

Der § 968 der Zivilprozeßordnung gilt entsprechend.

Ergeben sich Zweifel, ob der Antragsteller der für tot Erklärte ist, so ist der Antrag zurückzuweisen und der Antragsteller auf den Weg der Anfechtungsklage zu verweisen.

§ 14.

Die Entscheidung kann ohne mündliche Verhandlung ergehen. Sie erfolgt durch Beschluß. Gegen die Aufhebung der Todeserklärung findet kein Rechtsmittel statt; gegen die Zurückweisung des Antrags steht dem Antragsteller die sofortige Beschwerde zu.

§ 15.

Der Antrag auf Aufhebung der Todeserklärung hat dieselben Wirkungen wie die Erhebung der Anfechtungsklage.

Ist die Todeserklärung durch Klage angefochten, so ist das Verfahren über die Anfechtungsklage bis zur Entscheidung über den Antrag auszusetzen.

Wird die Todeserklärung aufgehoben, so wirkt der Beschluß für und gegen alle.

§ 16.

In den Fällen des § 1 und des § 11 ist auch der Staatsanwalt antragsberechtigt.

§ 17.

In einem Verfahren nach den Vorschriften dieser Verordnung genügt zum Nachweis von Tatsachen, die bei dem Truppenteile des Verschollenen bekannt sind, eine mit dem Dienstsiegel versehene schriftliche Erklärung des militärischen Disziplinarvorgesetzten.

Soweit es sich um Tatsachen handelt, die bei der obersten Militärverwaltungsbehörde bekannt sind, genügt zum Nachweis die schriftliche, mit dem Dienstsiegel versehene Auskunft der Behörde.

§ 18.

Für das Verfahren nach den Vorschriften dieser Verordnung werden Gerichtsgebühren nicht erhoben.

Wird ein Ausschlußurteil gemäß § 14 aufgehoben, so können die dem Antragsteller erwachsenen außergerichtlichen Kosten (§ 91 der Zivilprozeßordnung) demjenigen auferlegt werden, der das Ausschlußurteil erwirkt hat. Auch kann angeordnet werden, daß derjenige, der die Todeserklärung erwirkt hat, die Kosten erstattet, die gemäß § 971 der Zivilprozeßordnung dem Nachlaß des für tot Erklärten zur Last gefallen sind.

§ 19.

Diese Verordnung tritt mit dem Tage ihrer Verkündung in Kraft.

§§ 4 ff. behandeln das **Verfahren** zur Todeserklärung und ihrer Aufhebung.

„Der § 4, mit dem die Verfahrensvorschriften beginnen, enthält an der Spitze die Anordnung, daß für das Verfahren die Vorschriften der Zivilprozeßordnung gelten, soweit nichts anderes bestimmt ist. In Betracht kommen die allgemeinen Bestimmungen über das Aufgebotsverfahren (§§ 946 bis 959) nebst den Ergänzungen und Abweichungen der besonderen Bestimmungen der §§ 960 bis 976 über die Todeserklärung, beide im Rahmen der allgemeinen Vorschriften der Zivilprozeßordnung." (Begr.).

I. Das Verfahren zum Zweck der Todeserklärung.

1. Zuständig ist das **Amtsgericht** (§ 23 Ziff. 2 GVG.), in dessen **Bezirk der Verschollene seinen letzten Wohnsitz hatte.** (§ 961 ZPO.) **Bei Militärpersonen ist der gegenwärtige oder letzte inländische Garnisonsort** ausschließlich maßgebend (Staudinger Anm. III zu § 9 BGB.; Seuffert a. a. O.; **a. M.** Hölder u. Oertmann Anm. 3 zu § 9 BGB.). Besteht ein solcher nicht und ist auch keiner gemäß Reichsgesetz vom 28. Mai 1901 durch Kaiserl. Verordnung bestimmt,[1]) so ist der letzte Wohnsitz, gleichgültig ob Militär- oder Zivilwohnsitz, maßgebend (§ 9 Abs. 1 BGB.). Für Personen, die nur in Erfüllung ihrer Wehrpflicht dienen, gibt es nur einen Zivilwohnsitz. Hiezu gehört im Sinne des Gesetzes jeder, der sich nicht „ständig beim Militär niederläßt" (vgl. § 7 BGB.), d. h. Berufssoldat ist, also auch Landstürmer und Kriegsfreiwillige (§ 9 Abs. 2 BGB.; KG. 28. Okt. 1915; Recht 1915 S. 616 Nr. 1118; PrJMBl. 1915 S. 271; Schiedermair, BayZfR. 1914 S. 353). Der Militärwohnsitz ist ohne Einfluß auf das Bewilligungsrecht des gesetzlichen Vertreters nach § 7 BGB. (vgl. § 9 Abs. 2 BGB.; Anmerkungen hiezu bei Planck, Staudinger; PrMinBl. f. d. i. V. 1915 S. 197 = JW. 1916 S. 1046).

Besonderheit der KrVerschVO.:

Wenn eine Landesjustizverwaltung die Erledigung der Aufgebotsanträge für mehrere Amtsgerichtsbezirke einem Amtsgericht überträgt (§ 972 Abs. 1 Satz 1 der Zivilprozeßordnung), so soll dessen Zuständigkeit eine ausschließliche sein und der Antragsteller die Erledigung durch das Wohnsitzgericht des Verschollenen nicht verlangen können (§ 7.)

2. Erforderlich ist Antrag.

a) Antragsberechtigt ist der gesetzliche Vertreter des Verschollenen mit Genehmigung des Vormundschaftsgerichts und jeder, der an der Todeserklärung ein rechtliches Interesse hat (§ 962 ZPO.). Ein solches besteht jedenfalls, wenn ein gegenwärtiges Recht oder eine Pflicht des Interessenten von dem Leben oder Tod des Verschollenen abhängt (vgl. Anmerkung zu § 962 bei Gaupp-Stein und Seuffert). Diese Begriffsbestimmung genügt für die im Frieden fast ausschließlich in

[1]) Ist bisher nicht geschehen. „Im übrigen wird mangels anderweitiger Bestimmungen eine Änderung des ursprünglich für den Wohnsitz maßgebenden Garnisonsort nicht dadurch begründet, daß ein Heeresangehöriger während des Krieges bei einer anderen Formation Verwendung findet." (KME. Nr. 2109/12. 15. A 1 ABBl. S. 129) (für Bayern nicht einschlägig); **a. M.** Dronke a. a. O. Anm. 7a.

Betracht zu ziehende materiellrechtliche Form des Interesses; infolge der Bestimmungen zum Schutz der Kriegsteilnehmer kann jedoch die Todeserklärung des Kriegsteilnehmers für den Gläubiger die Durchsetzbarkeit seines Rechts bedeuten. In solchen Fällen ist auch er antragsberechtigter Interessent (vgl. Güldenstein, JW. 1916 S. 898; Seuffert a. a. O.). Das Interesse der Lebensversicherung wird begründet durch Zweifel über Bestehen einer Schuld (Versicherungssumme) und meist auch Forderung (Prämie) (vgl. Dronke a. a. O.).

Besonderheit der KrVerschVO.: Antragsrecht des Staatsanwalts (§ 16 VO.).

„Die Frage, ob ein Kriegsverschollener als lebend oder als gestorben anzusehen ist, kann auch öffentliche Interessen berühren. Es geht nicht an, die Wahrung dieser Interessen davon abhängig sein zu lassen, ob ein zum Antrag auf Todeserklärung berechtigter Beteiligter vorhanden ist und ob er von seiner Antragsbefugnis Gebrauch macht. Erscheint es sonach geboten, die Möglichkeit einer Todeserklärung im öffentlichen Interesse zu schaffen, so empfiehlt es sich, das Antragsrecht der Staatsanwaltschaft zu übertragen, der auch sonst in Sachen der Personenstandsrechte, z. B. bei der Entmündigung, ähnliche Aufgaben zugewiesen sind und deren Mitwirkung in Sachen der Todeserklärung in anderer Hinsicht gleichfalls schon vorgesehen ist (§ 974 Abs. 2 der Zivilprozeßordnung, § 12 des Entwurfs). Entsprechende Erwägungen greifen Platz, wenn Zweifel auftauchen, ob ein für tot Erklärter nicht den Zeitpunkt, auf den sein Tod angenommen worden ist, überlebt hat. Der § 16 will deshalb der Staatsanwaltschaft das Recht und damit gegebenenfalls auch die Pflicht übertragen, die Todeserklärung oder ihre Aufhebung zu beantragen." (Begr.)

Zuständig ist die Staatsanwaltschaft des dem zuständigen Amtsgericht übergeordneten Landgerichts.

Der Anschluß an den Antrag nach § 967 ZPO. gilt in jedem Stadium und für jedermann ohne Ausnahme des Staatsanwalts. Das Gericht kann Verfahren auf Grund mehrerer Anträge und bezüglich verschiedener Personen ohne „rechtlichem Zusammenhang" verbinden (§§ 959, 147 ZPO.). Praktisch besonders für Massenaufgebote der bei besonderen Kriegsereignissen Vermißten, jedoch nur bei gemeinsamem Wohnsitz (§ 36 Nr. 3 ZPO. nicht anwendbar; vgl. Gaupp-Stein Anm. 4 Satz 2; ferner unter Befürwortung reichsgesetzlicher Erweiterung der Massenaufgebote, Sommer, Recht 1916 S. 407; a. M. Freudenthal a. a. O.).

b) Der Antrag ist schriftlich oder zu Protokoll des Gerichtsschreibers unter Glaubhaftmachung der Erfordernisse der §§ 1 VO., 9 EG. BGB., Staatsangehörigkeit, Aktivlegitimation und Zuständigkeit (§ 963 ZPO.) zu stellen. Der Antragsteller kann zur Versicherung an Eidesstatt zugelassen werden (§ 294 ZPO.). Beim Staatsanwalt wird dies kaum vorkommen, da die Vorlage seiner Akten meist ausreicht; eventuell Berufung auf Diensteid (§ 386 ZPO.; gegen Zulässigkeit der Versicherung durch den Staatsanwalt Dronke a. a. O.).

3. Entscheidung über **Zulässigkeit** des Antrags erfolgt durch Beschluß eventuell ohne vorgängige mündliche Verhandlung (§ 947 ZPO.; über fakultative mündliche Verhandlung Freudenthal Anm. 3; Gaupp-Stein Anm. 5 zu § 128 ZPO.). Bei Zurückweisung des Antrags ist einfache Beschwerde zulässig (§ 567 ZPO.). Erachtet das Gericht den Antrag für zulässig, so erläßt es das Aufgebot. Dieses enthält unter anderem den Aufgebotstermin (§ 947 Abs. 2 ZPO.). Liegt in der Bestimmung eines zu weiten Aufgebotstermins eine indirekte Zurückweisung oder Aussetzung des Gesuchs, so ist einfache Beschwerde zulässig; das Prinzip von Treu und Glauben ist für die Zivilprozeßordnung nirgends ausgesprochen, aber stillschweigende Grundlage unseres gesamten Rechts. (Vgl. Freudenthal, Komm. z. ZPO. Anm. 5 zu § 567.) Das Aufgebot bedarf öffentlicher Bekanntmachung durch Anheftung an die Gerichtstafel und Einrückung in den Reichsanzeiger (§ 848 ZPO.).

Besonderheiten der KrVerschVO.: Die Einrückung kann unterbleiben. — Das Gericht kann Anheftung außer an die Gerichtstafel auch an der üblichen Stelle in der Gemeinde des letzten Wohnsitzes anordnen. — Die Aufgebotsfrist beginnt mit Anheftung an die Gerichtstafel und beträgt mindestens einen Monat. Der Grundsatz von § 950 ZPO., eine Art der Bekanntmachung als maßgebend zu erachten, ist damit gewahrt; da in der ZPO. diejenige maßgebend ist, welche hier nur fakultativ, war eine Änderung nötig. Diese ist also wohl eine Folge des § 6 Abs. 1, aber sie auf das Unterbleiben der Einrückung zu beschränken, liegt weder ein formeller Grund vor, noch wäre eine derartige Komplikation sachlich erwünscht; **a. M.** Lemme a. a. O.

4. Grundlage des **Ausschlußurteils** bilden die Angaben im Antrag (§ 952 ZPO.) und in der Verhandlung im Aufgebotstermin, ferner soweit erforderlich, von Amts wegen erhobene Beweise und eidesstattliche Versicherung des Antragstellers. (Untersuchungsverfahren! §§ 968, 952 Abs. 3 ZPO.; vgl. Gaupp-Stein Anm. III 1 zu § 128).

Besonderheit der KrVerschVO.: Schriftliche, gesiegelte Auskunft des Disziplinarvorgesetzten oder der obersten Militärverwaltungsbehörde genügt als Beweis für die bei diesen bekannten Tatsachen. AusfVO.: AVBl. 16, 191; BayMilVBl. 16, 454.

a) „Der § 17 enthält zwei Vorschriften über die Beweisaufnahme. Die hauptsächlichsten Hilfsmittel bei der Ermittlung der für die Entscheidung des Gerichts in Betracht kommenden Tatsachen werden in vielen Fällen Wahrnehmungen von Kameraden und Vorgesetzten der Verschollenen sein. Nach den allgemeinen Vorschriften der Zivilprozeßordnung müßten diese als Zeugen vernommen werden, und zwar in der Regel im Wege der Rechtshilfe durch Ersuchen der zuständigen Militärgerichtsbeamten. Es geht jedoch weder an, noch erscheint es erforderlich, die Truppen und die Militärgerichtsbeamten im Felde mit derartigen Ersuchen zu belasten. Zum Nachweis der bei dem Truppenteile des Verschollenen bekannten Tatsachen soll es daher genügen (Abs. 1), wenn der den Vorgängen am nächsten stehende Disziplinarvorgesetzte des Verschollenen, nämlich in der überwiegenden Mehrzahl der Fälle der Kompagnie-, Schwadrons- oder Batterieführer, sie durch eine schriftliche Erklärung gerichtskundig macht. Dabei macht es keinen Unterschied, ob der Vorgesetzte seine Kenntnis aus eigener unmittelbarer Wahrnehmung, aus dienstlichen Meldungen oder aus etwaigen Ermittlungen hat. Zur Kennzeichnung des dienstlichen Charakters dieser Erklärung und zur sicheren Feststellung ihres Ursprunges und ihrer Echtheit wird die Beifügung des Dienstsiegels vorgeschrieben; führt der Disziplinarvorgesetzte kein eigenes

Dienstsiegel, so hat er seine Erklärung der nächst vorgesetzten Dienststelle zur Beifügung des Siegels vorzulegen. Die Vorschrift des Abs. 1 ist nur anwendbar, solange der Truppenteil, dem der Verschollene angehört hat, besteht; ist er aufgelöst, so treten die allgemeinen Vorschriften über die Beweiserhebung ein. Die Frage, ob die durch eine dienstliche Erklärung des Disziplinarvorgesetzten nachgewiesenen Tatsachen zur Begründung der Todeserklärung ausreichen (§ 970 der Zivilprozeßordnung) oder ob daneben noch weitere Ermittlungen erforderlich sind, bleibt nach § 968 der Zivilprozeßordnung dem pflichtmäßigen Ermessen des Gerichts überlassen." (Begr.)

Die Person des Disziplinarvorgesetzten ergibt sich aus den DStO.: Heer vom 31. Oktober 1872, AVBl. S. 330 (Bayern gleichlautend 12. Dezember 1872 MilVBl. S. 508); Marine 1. November 1902 MarVBl. S. 112 (zusammen abgedruckt in n. DV. 25). Der Disziplinargewalt unterliegt auch das Heeresgefolge. (§§ 238 DStO. 2, 44 Mar.-DStO.), weshalb auch hier § 17 Abs. 1 VO. zutrifft.

b) „Neben den Wahrnehmungen der Kriegsgefährten werden die Nachrichten ein wertvolles Hilfsmittel der Entscheidung bilden, die bei den Nachweisebureaus der deutschen Kriegsministerien, des Reichs-Marineamts und des Kommandos der Schutztruppen zusammenfließen. Auch hier erscheint eine Beweiserhebung in den gewöhnlichen Formen untunlich, auch hier soll daher eine schriftliche formgerechte dienstliche Auskunft der Behörde ausreichen. Die Fassung des Abs. 2 beruht auf der Tatsache, daß die bezeichneten Nachrichtenstellen keine selbständigen Behörden, sondern als Abteilungen der obersten Militärverwaltungsbehörden der deutschen Kontingente, der Marine und der Schutztruppen eingerichtet sind; sie gestattet es, die erleichterte Form der Beweisaufnahme auch dann noch anzuwenden, wenn die zurzeit bestehenden Nachrichtenabteilungen aufgelöst und ihre Geschäfte anderen Abteilungen der betreffenden Behörden zugeteilt sein werden. Die Vorschriften des § 17 sollen in allen nach der Verordnung zu entscheidenden Fällen bei Anträgen auf Todeserklärung, bei Anfechtungsklagen und bei Anträgen auf Aufhebung eines Ausschlußurteils gemäß §§ 11, 16 des Entwurfs angewendet werden." (Begr.)

5. Die **Entscheidung** des Gerichts erfolgt auf Grund freier Würdigung der Ermittlungen. Die Voraussetzungen der Todeserklärungen müssen bewiesen, nicht nur glaubhaft gemacht werden (§ 79 ZPO.). Für die den betreffenden Militärbehörden bekannten Tatsachen genügt Nachweis nach § 17 VO.; Mutmaßungen, Schlüsse usw. haben diese besondere Bedeutung nicht.

a) Sind alle Voraussetzungen erwiesen, so erfolgt Todeserklärung durch Anschlußurteil mit Angabe des Todestages (§§ 8 VO.; 970 ZPO.). Veröffentlichung im Reichsanzeiger nach Anordnung des Gerichts (§ 956 ZPO.). Ergibt sich, daß die Voraussetzungen des § 1 VO. nicht vorhanden sind, d. h. daß der Verschollene noch lebt, so ergeht abweisender Beschluß. Gegen den Beschluß ist sofortige Beschwerde zulässig (§§ 952 Abs. 4, 577 ZPO.).

b) Aussetzung. Wird das materielle Recht des Antragstellers in einer auf Grund des Aufgebots erfolgten Anmeldung bestritten, so ist das Verfahren entweder bis zur Entscheidung im ordentlichen Verfahren auszusetzen oder (bei minder einschneidenden Ausstellungen) im Ausschlußurteil vorzubehalten (§ 953 ZPO.). Letzteres ist unzulässig, wenn sich der Verschollene meldet, aber seine Identität bestritten wird (§ 969 ZPO.; vgl. Gaupp-Stein Anm. zu §§ 953, 969).

Besonderheit der KrVerschVO.:

„Nach § 970 Abs. 1 der Zivilprozeßordnung ist die Todeserklärung auszusprechen, wenn die zu ihrer Begründung erforderlichen Tatsachen, das sind für Kriegsverschollene des gegenwärtigen Krieges die im § 1 aufgestellten Voraussetzungen, erwiesen sind. Es ist denkbar, daß in Ausnahmefällen gleichwohl die Annahme nicht ausgeschlossen ist, daß das Ausbleiben von Nachrichten auf anderen Gründen beruht und den Schluß auf den Tod des Verschollenen nicht rechtfertigt, z. B. weil er nach der letzten Nachricht die Möglichkeit, weitere Nachrichten zu senden, nicht oder nur in erschwertem oder beschränktem Maße hatte. Dies kann insbesondere dann der Fall sein, wenn die letzte Nachricht aus weit entfernten Gegenden mit schwacher Verkehrsgelegenheit (etwa aus dem Innern Sibiriens oder Afrikas oder von einer Insel der Südsee) gekommen war. Für solche Fälle gewährt der § 9 dem Gerichte die Möglichkeit, das Verfahren auf die Dauer von längstens einem Jahre auszusetzen, wenn nach seiner pflichtmäßigen Beurteilung der Sachlage eine weitere Nachricht über das Leben des Verschollenen nicht ausgeschlossen erscheint. Gegen den Beschluß findet die sofortige Beschwerde statt." (Gegen die Abweisung des Gesuchs im Aussetzungsverfahren findet einfache Beschwerde statt gemäß § 567 ZPO.) „Geht vor Ablauf der Frist, für die das Verfahren ausgesetzt ist, eine Nachricht ein, so wird sich die weitere Behandlung nach dem Inhalt der Nachricht richten; andernfalls wird nach Ablauf der Frist das Verfahren von Amts wegen fortgesetzt." (Begr.) Ein Gesuch um Aussetzung nach § 9 VO. wird in erster Linie eine Lebensversicherung zu stellen Ursache haben.

II. Anfechtungsklage.

Gegen das Ausschlußurteil ist nur Anfechtungsklage, kein Rechtsmittel zulässig (§ 957 ZPO.). Zuständig ist das dem Aufgebotsgericht übergeordnete Landgericht. Anfechtungsgründe sind bestimmte wesentliche Verfahrensmängel (§ 957 ZPO.) und die Tatsache, daß die Todeserklärung zu Unrecht erfolgt oder der Todestag falsch festgesetzt sei (§ 973 ZPO.) Sie kann von jedem rechtlich Interessierten — nicht dem Staatsanwalt — erhoben werden und richtet sich gegen den, welcher die Todeserklärung erwirkt hat; ist der frühere Antragsteller selbst Kläger, ist er gestorben, unbekannten Aufenthalts oder im Ausland, so ist Anfechtungsgegner der Staatsanwalt (§ 974 ZPO.). Nach § 958 ZPO. ist die Erhebung wegen Verfahrensmängel an eine Notfrist von einem Monat von der Kenntnis des Klägers an, gebunden; 10 Jahre nach Erlaß des Ausschlußurteils wird sie unstatthaft. Die Klage nach § 973 ZPO. ist nach § 976 innerhalb der einfachen Frist von einem Monat seit Erlaß des Ausschlußurteils zu erheben (vgl. jedoch unten 2). Ein Urteil im Anfechtungsprozeß, welches die Todeserklärung aufhebt und die Todeszeit ändert, wirkt für und gegen alle (§ 976 Abs. 3 ZPO.).

Besonderheiten der KrVerschVO.: Nach § 10 Abs. 2 VO. ist die Erhebung der Anfechtungsklage an keine Frist gebunden, wenn der

Verschollene Kläger ist. — Das Anfechtungsverfahren ist ein „Verfahren nach den Vorschriften dieser Verordnung" (geregelt in § 10); Beweisregel des § 17 findet also Anwendung.

III. Antragsverfahren nach KrVerschVO.

A. Die Aufhebung der Todeserklärung kann auf einfachen **Antrag** beim Aufgebotsgericht erfolgen (§ 11). Antragsberechtigt ist der Verschollene und der Staatsanwalt (§§ 11, 16); einen eigentlichen Antragsgegner gibt es nicht. Der Antrag kann schriftlich oder zu Protokoll des Gerichtsschreibers erklärt werden und soll (nicht „muß") eine Angabe der ihn begründenden Tatsachen und die Beweismittel enthalten (§ 11 Abs. 1).

B. Das **Verfahren** ist Untersuchungsverfahren; Staatsanwalt und Antragsteller im vorhergegangenen Aufgebotsverfahren sind zu hören (§§ 13, 12 VO.). Ergeben sich Zweifel, ob der Antragsteller gemäß seiner Behauptung der Verschollene ist, so ist der Antrag zurückzuweisen; es ist dann auf die gewöhnliche Anfechtungsklage zu verweisen.

Mündliche Verhandlung ist fakultativ. Die durch Beschluß zu fällende Entscheidung ist in der mündlichen Verhandlung zu verkünden, mangels einer solchen dem Antragsteller u. dem Erwirker der Todeserklärung zuzustellen (§ 329 ZPO.). Sie ist durch kein Rechtsmittel (also auch nicht durch Beschwerde wegen eines Nichtigkeits- oder Restitutionsgrundes [vgl. Seuffert a. a. O.]) anfechtbar, wenn dem Antrag stattgegeben wird. Gegen Zurückweisung des Antrags ist sofortige Beschwerde zulässig; die Notfrist beginnt anal. § 952 ZPO. mit der Verkündung bzw. Offizialzustellung (Seuffert a. a. O.). Der fast einzige Fall der Zurückweisung ist der der zweifelhaften Identität des Antragstellers (§ 13 Abs. 2 VO.). Der Ausschluß gerade des letzten Falles von der Beschwerdemöglichkeit ist formell nicht begründet („zurückzuweisen" in § 13 — „gegen die Zurückweisung" in § 14) und würde das Beschwerderecht aus dem angeführten Grunde tatsächlich illusorisch machen (a. M. Lemme a. a. O.).

C. Die Eröffnung des Antragverfahrens steht der Eröffnung des Anfechtungsverfahrens gleich (§ 15 Abs. 1 VO.). Wirkungen: Rechtshängigkeit (§ 263 ZPO.); keine Beendigung des Verfahrens durch Tod des Antragstellers; Ehehindernis für den Ehegatten (§ 1349 BGB.) usw. Eröffnung des Antragsverfahrens bewirkt Unterbrechung eines eventuellen Anfechtungsverfahrens (§ 15 Abs. 2); also keine Verbindung (wegen der Verschiedenheit der Gerichte).

Der Beschluß auf Nichtaufhebung der Todeserklärung ist ein materiellrechtskräftiger im Sinne von Gaupp-Stein Anm. 2 zu § 329. Er präjudiziert daher jedes andere Antrags- wie Anfechtungsverfahren mit gleichen Beweismitteln, es sei denn, daß der Beschluß mit einem Mangel in der Person des Antragstellers begründet ist. Daher auch der besondere Hinweis auf die Möglichkeit der Anfechtungsklage für letzteren Fall in § 13 Abs. 2. Das gleiche gilt übrigens auch für den Beschluß im Anfechtungsverfahren gegenüber einem etwaigen Antragsverfahren.

Die Aufhebung der Todeserklärung durch Beschluß wirkt wie durch Urteil im Anfechtungsprozeß rückwirkend „für und gegen alle". Durch diesen Gebrauch des gleichen Ausdrucks — dies ist eigentlich überflüssig, denn einen Antragsgegner, gegen welchen sie allein wirken könnte, gibt es nicht — ist betont, daß die beiden Aufhebungsarten in der Wirkung vollständig gleich sind (Seuffert a. a. O.; a. M. Lemme a. a. O.).

IV. Kosten.

A. Gerichtsgebühren werden nicht erhoben (§ 18 Abs. 1).

Die Anwaltsgebühren: Grundgebühr im Regelfalle 36 *M* (§ 10 RAGO. und GKG., § 9 RAGO.). Es stehen regelmäßig zu dreimal $^{3}/_{10}$ für Durchführung des Aufgebotsverfahrens (§ 40 RAGO.); im Anfechtungsverfahren 2 volle Gebühren eventuell noch $^{5}/_{10}$ Beweisgebühr (§ 13 RAGO.; § 20 Nr. 1 GKG.). Die Gebühren im Antragsverfahren sind die gleichen wie im Anfechtungsverfahren mit der Abweichung, daß mit der mündlichen Verhandlung auch die dafür zuständige Gebühr wegfallen kann. Formell begründet durch §§ 89, 85 a. E. RAGO., § 15 Abs. 1 BO. (Ebenso Dronke a. a. O.).

B. Die Kosten des Verfahrens zum Zwecke der Todeserklärung fallen, wenn eine solche erfolgt, dem Nachlaß zur Last (§ 971 ZPO.). Vollstreckbare Kostenfestsetzung im Ausschlußurteil zulässig (§§ 103, 794 Nr. 3 ZPO.). Die Kosten der Anfechtungsklage trägt der unterliegende Teil; ist dies der Staatsanwalt, trägt sie die Staatskasse (§§ 91, 975, 673 ZPO.). Sie können nicht im Urteil festgesetzt werden (Landgericht! § 103 ZPO.). Der für tot Erklärte kann unter Umständen die vom Nachlaß getragenen Kosten durch Schadensersatzklage zurückverlangen.

Antragsverfahren: Die Kosten dieses und unter Umständen des vorangegangenen Ausschlußverfahrens, welche dem Nachlaß zur Last fielen, können bei Aufhebung der Todeserklärung dem auferlegt werden, der das Ausschlußurteil erwirkt hat (§ 18 Abs. 2 BO.). Anhörung des Antragstellers im Aufgebotsverfahren auch vor dieser „Entscheidung" ist wohl nach § 12 geboten. (In der Begründung abweichend Dronke a. a. O.) Festsetzung durch besonderen Kostenfestsetzungsbeschluß, da gegen Beschluß auf Aufhebung der Todeserklärung Beschwerde unzulässig ist (§§ 103, 794 Ziff. 3 ZPO.).

42. Bekanntmachung über die Bewilligung von Zahlungsfristen an Kriegsteilnehmer.

Vom 8. Juni 1916.

(RGBl. 1916 S. 452 Nr. 5237).

Vorbemerkung:

„Die Vermögensverhältnisse zahlreicher Kriegsteilnehmer werden durch den Kriegsdienst schwer in Mitleidenschaft gezogen. Die zu den Fahnen Einberufenen sind auf Jahre hinaus ihrer gewohnten Erwerbstätigkeit entfremdet. Mag auch häufig für sie die Möglichkeit bestehen, ihre Geschäfte durch Vertreter betreiben zu lassen, so läßt sich doch in vielen Fällen nicht vermeiden, daß infolge der Inanspruchnahme zum Kriegsdienst ein erheblicher Rückgang in der wirtschaftlichen Lage der Kriegsteilnehmer eintritt. Es ist notwendig, diese schädigenden Wirkungen tunlichst zu mildern und auszugleichen. Auf dem Gebiete der

Rechtspflege muß zur Erreichung dieses Zieles darauf Bedacht genommen werden, die Kriegsteilnehmer gegen einen überstürzten Zugriff ihrer Gläubiger, der ihren dauernden wirtschaftlichen Zusammenbruch herbeiführen könnte, zu schützen.

Das Gesetz, betreffend den Schutz der infolge des Krieges an Wahrnehmung ihrer Rechte behinderten Personen, vom 4. August 1914 (RGBl. S. 328) und die zu seiner Ergänzung erlassene Verordnung zum Schutze Angehöriger immobiler Truppenteile vom 20. Januar 1916 (RGBl. S. 47) vermögen diese Aufgaben nur zum Teil zu erfüllen. Abgesehen davon, daß diese Gesetze von dem Gesichtspunkt der prozessualen Behinderung, nicht von dem der wirtschaftlichen Bedrängnis des Kriegsteilnehmers ausgehen und demgemäß ihre Fürsorge auf Maßnahmen prozessualer Natur beschränken, hört ihr Schutz für den einzelnen Kriegsteilnehmer ganz auf, wenn seine Zugehörigkeit zur bewaffneten Macht ihr Ende erreicht hat. Nach diesem Zeitpunkt können Prozesse gegen ihn von dem Gläubiger aufgenommen (§ 4 Abs. 2 des Gesetzes vom 4. August 1914), Zwangsvollstreckungen können wieder ohne Beschränkung gegen ihn betrieben und fortgesetzt werden. Die in Geltung befindlichen Vorschriften versagen also gerade in dem Augenblick, in dem eine Fürsorge für den Kriegsteilnehmer besonders geboten ist. Mit den erforderlichen Schutzmaßregeln kann nicht bis zur Beendigung des Krieges gewartet werden. Denn bereits jetzt mehren sich die Fälle, daß Soldaten, die nicht mehr dienstfähig sind, in die Heimat zurückkehren.

Der Entwurf knüpft an die bewährte Einrichtung der richterlichen Zahlungsfristen an und legt auch formell die Vorschriften der Verordnung über die gerichtliche Bewilligung von Zahlungsfristen (RGBl. 1915 S. 290) zugrunde. *Er läßt zugunsten der Kriegsteilnehmer Zahlungsfristen in erweitertem Umfang und von längerer Dauer zu, als sie dort vorgesehen sind, und trifft ferner Vorsorge, daß eine Fristbestimmung mehrmals erfolgen kann.*" (Begründung.)

Der Bundesrat hat auf Grund des § 3 des Gesetzes über die Ermächtigung des Bundesrats zu wirtschaftlichen Maßnahmen usw. vom 4. August 1914 (Reichs-Gesetzbl. S. 327) folgende Verordnung erlassen:

§ 1.

Auf Antrag eines Schuldners, der Kriegsteilnehmer ist oder gewesen ist, kann die Zahlungsfrist gemäß §§ 1, 4 der Verordnung über die gerichtliche Bewilligung von Zahlungsfristen (Reichs-Gesetzbl. 1915 S. 290, 1916 S. 451) bis zu sechs Monaten bestimmt werden, wenn die wirtschaftliche Lage des Schuldners durch die Teilnahme am Kriege so wesentlich verschlechtert ist, daß sein Fortkommen gefährdet erscheint.

Der Antrag ist auch bei einer nach dem 31. Juli 1914 entstandenen Geldforderung zulässig, sofern die Forderung vor oder während der Teilnahme des Schuldners am Kriege entstanden ist.

Der Antrag darf nicht deshalb abgelehnt werden, weil anzunehmen ist, daß der Schuldner nach Ablauf der Frist zur Befriedigung des Gläubigers außer Stande sein wird.

I. Persönliche Voraussetzung des erweiterten Rechtsschutzes ist die derzeitige oder ehemalige Kriegsteilnehmereigenschaft des Schuldners (§ 1). Kriegsteilnehmer im Sinne dieser Bekanntmachung ist, wer

1. vermöge seines Dienstverhältnisses, Amtes oder Berufs zu den mobilen oder immobilen Teilen der Land- oder Seemacht gehört (§ 5 der Bek. in Verbindung mit § 2 Ziff. 1 KTSchG.). Durch die Ausdehnung des Schutzes auf die Immobilen überhaupt wird für den Bereich der Bekanntmachung eine Menge von Streitfragen gelöst, die bisher bei der Anwendung des Kriegsteilnehmerbegriffs im KTSchG. dadurch entstanden, daß von den Immobilen nur die gegen den Feind verwendeten Teile der Land- oder Seemacht sowie die Besatzungen einer armierten oder in der Armierung begriffenen Festung zu den Kriegsteilnehmern gerechnet wurden. Vgl. oben Anm. I A a 1, 2 und 3 zu § 2 KTSchG. über die Frage der Zugehörigkeit zu den „Teilen" auf Grund Dienstverhältnis, Amt oder Beruf vgl. oben Anm. I A a 4 und 5 zu § 2 KTSchG.

2. dienstlich aus Anlaß der Kriegsführung sich im Ausland aufhält. § 5 der Bek., § 2 Ziff. 2 KTSchG. Vgl. hiezu oben Anm. I A b zu § 2 KTSchG.

3. als Kriegsgefangener oder Geisel sich in der Gewalt des Feindes befindet. Vgl. hiezu oben Anm. I A c zu § 2 KTSchG.

Juristische Personen. Die Kriegsteilnehmereigenschaft eines oder sämtlicher gesetzlicher Vertreter der juristischen Person führt anders wie beim KTSchG. (vgl. oben Anm. I A d zu § 2 KTSchG.) nicht zur Anwendung der Bekanntmachung auf die juristische Person, da sie nicht prozessuale Bedeutung wie das KTSchG. hat, dessen Vergünstigungen daher auch der juristischen Person zugute kommen müssen, wenn ihre Prozeßstellung durch die Einberufung ihrer Vertreter beeinträchtigt ist. Die Wirkung der Bekanntmachung aber liegt in der Hauptsache auf rein materiellrechtlichem Gebiet und ist bedingt durch die persönlichen Verhältnisse des Kriegsteilnehmers. Eine juristische Person beteiligt sich aber nicht am Kriege; ebenso nicht eine offene Handelsgesellschaft; in letzterem Fall ist jedoch bei der Klage gegen den Gesellschafter bzw. bei der Vollstreckung nicht ausgeschlossen, daß er die Anwendung der Bek. für sich beansprucht.

II. Sachliche Voraussetzungen des Rechtsschutzes.

1. Wie bei der gewöhnlichen Zahlungsfrist muß eine bürgerliche Rechtsstreitigkeit vorliegen, die bei ordentlichen Gerichten anhängig ist. Hierüber gilt das in Anm. I B zu § 1 ZahlFristBek. Gesagte.

2. Gegenstand des Rechtsstreits muß eine Geldforderung sein, die vor der Beendigung der Teilnahme des Schuldners am Kriege entstanden ist. § 1 Abs. 2. Beendigt ist die Teilnahme des Schuldners, wenn seine Kriegsteilnehmereigenschaft im Sinne von Anm. I oben aufgehört hat: d. h. im Fall der Ziff. 1 bei seiner Entlassung aus dem Heeresverband (Beurlaubung genügt nicht), im Fall der Ziff. 2 und 3 bei Beendigung der dort vorausgesetzten Umstände. Gegenüber der allgemeinen Zahlungsfristbek., die Entstehung **vor dem**

31. Juli 1914 verlangt, ist diese Bestimmung für den Kriegsteilnehmer eine weitgehende Vergünstigung. Über die Begriffe „Geldforderung" und „Entstehen" vgl. oben Anm. I B c und A zu § 1 ZahlFristBek. Für Forderungen, die nach Beendigung der Kriegsteilnehmereigenschaft entstanden sind, kann eine Frist nicht bewilligt werden, dagegen kann der ehemalige Kriegsteilnehmer sie für Geldforderungen beanspruchen, die vor Beendigung seiner Teilnahme am Krieg entstanden sind. Vgl. Anm. I oben.

3. Ausnahme: Auf Ansprüche aus einer Hypothek, Grundschuld oder Rentenschuld sowie auf Hypothekforderungen, bei denen der Eigentümer des belasteten Grundstücks zugleich der persönliche Eigentümer ist, bezieht sich die Bek. nicht, da für diese Fälle die besonderen Bestimmungen der Bek. über Geltendmachung von Hypotheken usw. vom 8. Juni 1916, §§ 1, 19 gelten. S. oben S. 170.

4. Die wirtschaftliche Lage des Schuldners muß durch die Teilnahme am Krieg so verschlechtert sein, daß sein Fortkommen gefährdet erscheint. Diese Voraussetzung ist strenger wie im Fall der allgemeinen Zahlungsfrist, wo nur verlangt wird, daß die Lage des Beklagten sie rechtfertigt. Die Gefährdung seines Fortkommens infolge seiner Kriegsteilnahme hat der Schuldner glaubhaft zu machen (§ 1 Abs. 2 Satz 2 ZahlFristBek.). Dabei kann die Gefährdung allgemein schon ohne Rücksicht auf die Forderung gegeben sein oder durch deren Geltendmachung erst eintreten.

Der Kläger kann (anders wie bei der allgemeinen Zahlungsfrist) der Bewilligung nicht deshalb widersprechen, weil sie ihm unverhältnismäßige Nachteile bringe, er kann insbesondere nicht vorbringen, daß der Schuldner nach Ablauf der Frist zur Befriedigung außerstande sein wird (§ 1 Abs. 3). Umgekehrt kann er die Versagung der Bewilligung auch dadurch nicht erreichen, daß er nachweist, Schuldner verfüge derzeit über genügend Mittel, um die Forderung zu tilgen. Maßgebend ist lediglich, ob das Fortkommen des Schuldners infolge seiner Teilnahme am Kriege gefährdet erscheint. Eine solche Gefährdung kann aber auch (insbesondere bei Kriegsbeschädigten) gegeben sein, obwohl er noch über einige Mittel verfügt. Die Bekanntmachung will dem Kriegsteilnehmer die nächste Zukunft sicherstellen, gleichgültig ob sie dadurch die Aussichten des Gläubigers, Befriedigung zu erlangen, noch verschlechtern. Die Gefährdung des Fortkommens seiner Familie in sich und zwar vom Standpunkt der bisherigen Lebensführung aus betrachtet.

So erscheint das Fortkommen des Kriegsteilnehmers gefährdet, wenn sich infolge seiner Teilnahme am Kriege seine Vermögensverhältnisse derart verschlechtert haben, daß der weitere Besuch der bisher von seinen Kindern frequentierten Lehranstalten oder die Fortsetzung ihrer dem Stande und den bisherigen Vermögensverhältnissen des Vaters angemessenen Berufsausbildung in Frage gestellt ist.

Eine Berücksichtigung seiner Interessen kann der Gläubiger erst im Zwangsvollstreckungsverfahren beanspruchen. S. § 3.

III. Das Verfahren. Die Fristbewilligung erfolgt durch das Prozeßgericht und setzt einen Antrag des Schuldners voraus. Im einzelnen gilt hiefür das oben in Anm. II zu § 1 ZahlFristBek. Gesagte.

IV. Inhalt der Fristbestimmung. Die Höchstdauer der Frist beträgt sechs Monate. Im übrigen richtet sich der Inhalt der Fristbewilligung nach §§ 1—4 ZahlFristBek. Sie kann also für den Gesamtbetrag oder einen Teilbetrag der Forderung erfolgen und von der Erfüllung bestimmter Bedingungen abhängig gemacht werden; sie kann im Mahnverfahren beantragt werden, solange der Vollstreckungsbefehl noch nicht verfügt ist und auf Antrag des Schuldners schon vor Geltendmachung der Forderung durch den Gläubiger vom Gericht bewilligt werden. Vgl. im einzelnen die Erläuterungen zu §§ 1—4 ZahlFristBek.

V. Rechtsmittel. Als solche sind gegeben bei Versäumnisurteil Einspruch, bei Anerkenntnisurteil unter Versagung der beantragten Fristbewilligung sofortige Beschwerde (§ 3 ZahlFristBek.), im übrigen Berufung und Revision. Vgl. Anm. IV zu § 1 und zu § 3 ZahlFristBek.

VI. Kostenpflicht und Gebühren. Vgl. § 6 Abs. 3 ZahlFristBek.

VII. Rechtliche Natur und Wirkungen der Fristgewährung. Sie ist materiellrechtliche Stundung. Vgl. hiezu § 1 Abs. 3 Satz 1 ZahlFristBek. und Anm. VI zu § 1 ZahlFristBek.

§ 2.

Unter den im § 1 Abs. 1 und 2 bezeichneten Voraussetzungen kann die Einstellung der Zwangsvollstreckung (§ 5 der Verordnung über die gerichtliche Bewilligung von Zahlungsfristen) für die Dauer von längstens sechs Monaten erfolgen; sie kann mehrfach erfolgen und ist auch zulässig, wenn eine Zahlungsfrist bereits bestimmt ist.

Die Vorschrift des § 1 Abs. 3 ist entsprechend anzuwenden.

Fristbewilligung im Zwangsvollstreckungsverfahren. Unter den Voraussetzungen für die Bewilligung einer Zahlungsfrist von sechs Monaten (s. oben Anm. I und II zu § 1) kann im Zwangsvollstreckungsverfahren die Einstellung der Zwangsvollstreckung für die Dauer von längstens sechs Monaten erfolgen und zwar im Unterschied von der allgemeinen Regelung in § 5 ZahlFristBek. auch dann, wenn im Erkenntnisverfahren bereits eine Zahlungsfrist bestimmt wurde oder im Vollstreckungsverfahren die Einstellung bereits einmal oder mehrfach erfolgte. Dabei macht es keinen Unterschied, ob die vorausgegangene Zahlungsfristbestimmung oder Einstellung auf Grund der Bek. oder der allgemeinen Zahlungsfristbekanntmachung erfolgte. (Sei es nun, daß in letzterem Fall Schuldner erst später Kriegsteilnehmer wurde oder zwar schon Kriegsteilnehmer war, aber die besonderen Bedingungen für die Anwendung der Bekanntmachung nicht glaubhaft machen konnte oder diese Bekanntmachung noch nicht in Kraft getreten war.) Die Einstellung ist auch vor dem Beginn der Vollstreckung zulässig. Vor der Entscheidung kann das Gericht eine unanfechtbare vorläufige Anordnung erlassen. Vgl. hierüber, über das Verfahren, die Zuständigkeit, die Wirkung der Einstellung usw. oben Anm. zu § 5 ZahlFristBek. Über das Recht des Gläubigers, Aufhebung der Einstellung unter bestimmten Voraussetzungen zu verlangen, s. § 3.

§ 3.

Auf Antrag des Gläubigers kann das Vollstreckungsgericht die Einstellung der Vollstreckung aufheben, wenn die Einstellung infolge

nachträglicher wesentlicher Veränderungen der Umstände dem Gläubiger einen unverhältnismäßigen Nachteil bringen würde, insbesondere wenn die spätere Befriedigung des Gläubigers durch andere Zwangsvollstreckungen erheblich gefährdet wird.

Die Gerichts- und Anwaltsgebühren betragen zwei Zehnteile des Satzes des § 8 des Gerichtskostengesetzes und des § 9 der Gebührenordnung für Rechtsanwälte. Der Wert des Streitgegenstandes ist von dem Gerichte nach freiem Ermessen, höchstens jedoch auf den zwanzigsten Teil der Forderung festzusetzen.

Einspruchsrecht des Gläubigers im Zwangsvollstreckungsverfahren.

„Bei der längeren Dauer der Einstellungsfristen können sich für den Gläubiger Nachteile daraus ergeben, daß die tatsächlichen Verhältnisse, die für die richterliche Entscheidung maßgebend waren, nachträglich wesentliche Änderungen erfahren. Der Gläubiger kann z. B. durch seine Einberufung zum Heeresdienste, plötzliche Vermögenseinbußen oder andere unvorhergesehene Umstände in die Notwendigkeit versetzt werden, zur Abwendung unverhältnismäßiger Nachteile den geschuldeten Betrag sofort flüssig zu machen. Nachteile für den Gläubiger können auch dadurch entstehen, daß seine spätere Befriedigung erheblich gefährdet wird; eine solche Gefährdung wird namentlich eintreten können, wenn ihm, solange er durch die Einstellung der Zwangsvollstreckung gehindert ist, sich eine Sicherung zu verschaffen, andere Gläubiger mit Vollstreckungsmaßregeln zuvorzukommen suchen. Der § 3 ermächtigt deshalb das Vollstreckungsgericht, die Einstellung der Vollstreckung in den geeigneten Fällen auf Antrag des Gläubigers wieder aufzuheben. Das Verfahren folgt den gleichen Grundsätzen wie das Verfahren bei Anordnung der Einstellung. Die tatsächlichen Behauptungen, die den Antrag begründen, sind glaubhaft zu machen. Vor der Entscheidung wird das Gericht den Schuldner, auch ohne daß dies besonders vorgeschrieben ist, regelmäßig zu hören haben. Gegen die Entscheidung findet nach § 793 der Zivilprozeßordnung sofortige Beschwerde statt. Die Vorschriften des § 3 Abs. 2 über die Gerichts- und Anwaltsgebühren und über die Festsetzung des Streitwerts entsprechen dem § 6 Abs. 3 der Verordnung über die gerichtliche Bewilligung von Zahlungsfristen." (Begründung.)

Ein Analogon zu dieser Bestimmung ist in der allgemeinen ZahlungsfristBek. nicht enthalten und auch nicht nötig, da nach ihr der Gläubiger das Recht der sofortigen Beschwerde nach § 793 ZPO. hat. Vgl. oben Anm. VIII zu § 5 ZahlFristBek., das bei der engeren Fassung der Bedingungen für die Bewilligung der Einstellungsfrist völlig ausreichend ist. Dieses Recht der sofortigen Beschwerde hat auch der Gläubiger bei Einstellung der Zwangsvollstreckung auf Grund der Zahl.-FristBek. für Kriegsteilnehmer. Jedoch ist für deren Verbescheidung vom Gericht *nur* zu prüfen, ob die Voraussetzungen des § 1 gegeben sind. § 3 gibt dem Gläubiger daher *daneben* die Möglichkeit, *Aufhebung der Einstellung* zu beantragen, *wenn ihm infolge nachträglich eingetretener wesentlicher Veränderungen der Umstände die Einstellung einen unverhältnismäßigen Nachteil bringen würde, insbesondere wenn seine* spätere Befriedigung durch andere Zwangsvollstreckungen erheblich gefährdet wird.

§ 4.

Die Verordnung über die Folgen der nicht rechtzeitigen Zahlung einer Geldforderung (Reichs-Gesetzbl. 1915 S. 292, 1916 S. 451) findet, wenn der Schuldner Kriegsteilnehmer ist oder gewesen ist, auch bei den nach dem 31. Juli 1914 entstandenen Geldforderungen Anwendung, sofern sie vor oder während der Teilnahme des Schuldners am Kriege entstanden sind. Die Vorschrift des § 1 Abs. 1 ist entsprechend anzuwenden.

„Die in den §§ 1 und 2 vorgesehenen Erweiterungen der Vorschriften über Zahlungsfristen machen es erforderlich, auch die Verordnung über die **Folgen der nicht rechtzeitigen Zahlung einer Geldforderung** zugunsten der Kriegsteilnehmer auf die nach dem 31. Juli 1914 entstandenen Geldforderungen auszudehnen, sofern sie vor oder während der Kriegsteilnahme entstanden sind. Auch hier ist die Ausdehnung an die Voraussetzung gebunden, daß die wirtschaftliche Lage des Schuldners durch die Teilnahme am Kriege so wesentlich verschlechtert ist, daß sein Fortkommen gefährdet erscheint." (Begründung.)

Voraussetzung des erweiterten Rechtsschutzes ist auch hier derzeitige oder ehemalige Kriegsteilnehmereigenschaft des Schuldners und Entstehung der Schuld vor Beendigung dieser Eigenschaft. Vgl. hiezu im einzelnen oben Anm. I und II zu § 1 und Erläuterung zur Bek. über die Folgen nicht rechtzeitiger Zahlung einer Geldforderung oben S. 162.

§ 5.

Kriegsteilnehmer im Sinne dieser Verordnung sind außer den im § 2 Abs. 1 des Gesetzes, betreffend den Schutz der infolge des Krieges an der Wahrnehmung ihrer Rechte behinderten Personen, vom 4. August 1914 (Reichs-Gesetzbl. S. 328) bezeichneten Personen auch die Personen, die vermöge ihres Dienstverhältnisses, Amtes oder Berufs zu den immobilen Teilen der Land oder Seemacht gehören.

Vgl. oben Anm. I zu § 1.

§ 6.

Diese Verordnung tritt mit dem Tage der Verkündung in Kraft. Der Reichskanzler bestimmt den Zeitpunkt des Außerkrafttretens.

Anm. Tag der Verkündung 9. Juni 1916.

43. Bekanntmachung über das Kündigungsrecht der Hinterbliebenen von Kriegsteilnehmern.

Vom 7. Oktober 1915.

(RGBl. 1915 S. 642 Nr. 4907.)

Vorbemerkung. Nach § 569 BGB. ist beim Tode des Mieters sowohl der Erbe als der Vermieter berechtigt, das Mietverhältnis unter Einhaltung der gesetzlichen Frist zu kündigen, auch wenn der Mietvertrag für eine bestimmte längere Zeit abgeschlossen ist oder wenn für die ordentliche Kündigung eine längere Frist vereinbart ist, als die (vierteljährliche) gesetzliche Kündigungsfrist. Soweit hier dem Erben des verstorbenen Mieters ein außerordentliches Kündigungsrecht eingeräumt wurde, geschah dies auf Grund der Erwägung, daß durch den Tod des Mieters häufig eine durchgreifende Änderung sowohl in der finanziellen Leistungsfähigkeit wie auch in dem Bedarf an Wohnräumen eintritt, gegenüber den Verhältnissen z. Z. des Vertragsabschlusses. Die Bestimmung des § 569 BGB. ist jedoch, wie in der Literatur und Rechtsprechung unbestritten ist (vgl. Staudinger Anm. III zu § 569 BGB.; Mittelstein, Miete S. 343 und Gruchot Bd. 60 S. 57; Stillschweig, JW. 1915 S. 1334; Zweigert, LZ. 1915 S. 1345; RG. vom 21. Juni 1910 Bd. 74 S. 37), nicht zwingend, vielmehr kann dieses außerordentliche Kündigungsrecht im Mietvertrag ganz ausgeschlossen oder eingeschränkt werden; tatsächlich sind nun in den Städten derartige Vereinbarungen zum Nachteil der Erben des Mieters sehr häufig und namentlich fast in allen formularmäßigen Mietverträgen enthalten. Bei Todesfällen von Kriegsteilnehmern können derartige Vereinbarungen zu großen Härten führen, da sich die wirtschaftlichen Verhältnisse der Kriegerfamilien durch die lange Abwesenheit des Kriegsteilnehmers an sich schon häufig sehr verschlechtert haben. Gleichwohl sah der Bundesrat im ersten Kriegsjahre von einem gesetzgeberischen Einschreiten ab, weil wiederholte Erhebungen ergaben, daß die Vermieter regelmäßig freiwillig den Hinterbliebenen von Kriegsteilnehmern Entgegenkommen zeigten. Erst auf wiederholte Anregungen seitens des Reichstags entschloß sich der Bundesrat [1]) auf Grund des sogen. Ermächtigungs-Gesetzes vom 3. August 1914 (s. oben S. 24) zur Abhilfe wirtschaftlicher Schädigungen die nachstehende Verordnung zu erlassen.

Der Bundesrat hat auf Grund des § 3 des Gesetzes über die Ermächtigung des Bundesrats zu wirtschaftlichen Maßnahmen usw. vom 4. August 1914 (RGBl. S. 327) folgende Verordnung erlassen:

§ 1.

Auf eine Vereinbarung, durch die für den Fall, daß der Mieter stirbt, das Kündigungsrecht des Erben abweichend von den

---

[1]) Näheres über die Verhandlungen im Reichstag und über die Erhebungen des Bundesrats vgl. Zweigert, LZ. 1915 S. 1345 ff.; Mittelstein, DJZ. 1915 S. 802 und Gruchot Bd. 60 S. 57.

Vorschriften im § 569 des Bürgerlichen Gesetzbuchs geregelt ist, kann sich der Vermieter nicht berufen, wenn der Mieter infolge seiner Teilnahme am Kriege gestorben ist.

I. Wenn der Mieter **infolge seiner Teilnahme am Kriege** gestorben ist, kann sich der Vermieter auf eine von den Vorschriften des § 569 BGB. abweichende Vereinbarung nicht berufen. Es muß der Mieter also

a) am Kriege teilgenommen haben. In erster Linie trifft dies zu bei den unter § 2 Nr. 1—3 KTSchG. (oben Nr. 34 ff.) fallenden Personen, die sowohl in späteren Verordnungen (s. § 1 der Bekanntm. über die Vertretung des Kriegsteilnehmers in bürgerl. Rechtsstreitigkeiten vom 14. Januar 1915, oben Nr. 38; Bekanntmachung vom 22. Oktober 1914 und vom 4. Februar 1915 betr. Kriegsbeteiligte Österreich-Ungarns, oben Nr. 35/6; KrVerschVO. vom 18. April 1916 oben Nr. 41) wie auch allgemein in der Rechtsprechung und Literatur als Kriegsteilnehmer (oder Kriegsbeteiligte) bezeichnet werden. Die Anwendung der Verordnung ist jedoch auf diesen Personenkreis nicht beschränkt — dies ergibt sich sowohl aus dem Zwecke der Verordnung, wie auch aus dem Wortlaut, der den Ausdruck Kriegsteilnehmer oder eine Bezugnahme auf § 2 des KTSchG. offenbar absichtlich vermeidet —, sondern erstreckt sich auf jedermann, der sich in irgendeiner gesetzlich erlaubten Weise[1]) an der Kriegsführung unmittelbar beteiligt. Dies kann insbesondere auch bei Angehörigen immobiler Truppenteile zutreffen, soweit sie z. B. mit der Bewachung von Gefangenen, mit Grenz- und Bahnschutz, mit Fliegerabwehr betraut sind (inwieweit diese Personengruppen unter § 2 Nr. 1 KTSchG. fallen s. oben Anm. I A a 2 zu §§ 2 und 3, oben S. 270). Dagegen dürfte es zu weit gehen, die Angehörigen der immobilen Truppenteile schlechthin hierher zu rechnen (so: Mittelstein, JW. 1915 S. 1336); soweit diese mit friedensmäßigen Übungen beschäftigt werden, nehmen sie nicht am Kriege selbst, sondern ebenso wie z. B. die Arbeiter in Munitions-, Uniform- usw. Fabriken nur an der Vorbereitung zum Kriege teil. Ähnlich wie hier: Zweigert, LZ. 1915 S. 1348; Josef, Recht 1915 S. 607 (die die Grundsätze der §§ 19, 26 MilHinterblG. vom 17. Mai 1907 entsprechend anwenden wollen); Mittelstein, Gruchot Bd. 60 S. 58 ff. (Eigenschaft als mobiler Soldat oder überhaupt als Teil der bewaffneten Macht sei nicht erforderlich); **a. M.** Harder, JW. 1915 S. 1389 (nur die unter § 2 des KTSchG. fallenden Personen).

b) Infolge seiner Teilnahme am Krieg muß der Mieter gestorben sein, d. h. die Todesursache muß mit dem Krieg und der Teilnahme des Mieters am Krieg in ursächlichem Zusammenhang stehen[2]), also insbesondere Tod und Verwundung auf dem Schlachtfeld, aber auch Unglücksfälle und Ansteckung während der Kriegsteilnahme usw. Daß beim Tode des Mieters noch andere Ursachen mitgewirkt haben, z. B. schwächliche Konstitution des Verstorbenen, ungeeignetes Ver-

[1]) Dagegen rechnet Bovensiepen, SächsArchR. 1915 S. 449 auch Personen hierher, die sich unbefugt in die Gefahrlinie hineindrängen.

[2]) Bei Beantwortung dieser Frage wird die Rechtsprechung zu den Unfallversicherungsgesetzen über den Begriff des Betriebsunfalls entsprechend verwertet werden können; vgl. auch KVerschVO. oben S. 363.

halten während der Genesungszeit ist unschädlich. Zweigert, LZ. 1915 S. 1348; Stillschweig, JW. 1915 S. 1336; Mittelstein, Gruchot Bd. 60 S. 69. Unerheblich ist es auch, ob der Mieter z. Z. des Todes noch am Kriege teilgenommen oder ob er erst nach Beendigung dieser Teilnahme z. B. nach Entlassung aus dem Heeresdienst an einer früher erlittenen Kriegsfolge (Verwundung, Ansteckung) gestorben ist. Gesetz und Recht Bd. 17 S. 139.

II. Der Vermieter kann sich auf eine das Kündigungsrecht abweichend von den Vorschriften des §569 BGB. regelnde Vereinbarung nicht berufen, d. h. er kann einerseits **nicht** geltend machen, daß im Mietvertrag (oder durch eine nach Abschluß des Mietvertrags getroffene Vereinbarung) das außerordentliche Kündigungsrecht des § 569 BGB. ausgeschlossen oder die Zulässigkeit der Kündigung gegenüber den Vorschriften des § 569 BGB. eingeschränkt wurde, z. B. nur mit halbjähriger Frist oder nur am 1. April und 1. Oktober eines Jahres zulässig sei, andererseits kann er aber auch nicht geltend machen, wegen der Ungültigkeit dieser Vertragsbestimmung sei der ganze Mietvertrag nach § 139 BGB. nichtig. Zweigert, LZ. 1915 S. 1348; Mittelstein, Gruchot Bd. 60 S. 59. Wohl aber kann der Vermieter gegen die Kündigung Widerspruch erheben. Siehe § 3.

Nicht berührt werden durch die Verordnung Vereinbarungen, durch welche das außerordentliche Kündigungsrecht des Mieters gegenüber den gesetzlichen Vorschriften erweitert wird (Zweigert a. a. O.), ferner Vereinbarungen, welche das Kündigungsrecht des Vermieters betreffen. Zweigert a. a. O.; Mittelstein a. a. O.

III. Die Erben des Mieters sind berechtigt, das Mietverhältnis unter Einhaltung der gesetzlichen Kündigungsfrist zu **kündigen.** Für die Kündigung gelten die Bestimmungen, die für die außerordentliche Kündigung nach § 569 BGB. gelten. Mehrere Miterben müssen daher nach § 2040 BGB. gemeinschaftlich kündigen; Testamentsvollstrecker (§§ 2205, 2211 BGB.; vgl. RG. vom 21. Juni 1910 Bd. 74 S. 35); Nachlaßverwalter (§§ 1984, 1985 BGB.), Nachlaßkonkursverwalter (§ 6 Abs. 2 KO. vgl. Jaeger Anm. 28 zu § 214 KO.) üben das Kündigungsrecht für die Erben aus. Zweigert, LZ. 1915 S. 1349; Mittelstein, Gruchot Bd. 60 S. 61. Über die Stellung der Ehefrau des Mieters s. § 2.

Eine Form ist für die Kündigungserklärung auch hier nicht vorgeschrieben; eine vertraglich vereinbarte Form ist jedoch einzuhalten. Auch empfiehlt es sich in der Kündigungserklärung auf die Verordnung Bezug zu nehmen und die Gründe für die Ausübung des Kündigungsrechts (s. § 3 der VO.) darzulegen, sowie etwaige Urkunden mit vorzulegen. Die Kündigung kann jedoch vom Vermieter nicht deshalb zurückgewiesen werden, weil die Erben bei der Kündigung den Tod des Mieters und ihre Erbfolge nicht urkundlich nachweisen. Zweigert, LZ. 1915 S. 1349; Stillschweig, JW. 1915 S. 1338; Mittelstein, Gruchot Bd. 60 S. 61, auch Miete § 73 Nr. 4 und Recht 1910 S. 268 Nr. 4; **a. M.** Niendorf, Mietrecht S. 349; KammerG. vom 11. März 1913, KammerGBl. 1913 S. 63.

Die Kündigung kann nur für den ersten Termin erfolgen, für den sie zulässig ist § 569 Satz 2 BGB. Die herrschende Meinung sieht als ersten Kündigungstermin den Termin an, zu dem die zur

Kündigung berechtigten Personen im einzelnen Fall bei Beobachtung der im Verkehr erforderlichen Sorgfalt tatsächlich in der Lage sind, zu kündigen d. h. wenn zu dem ersten auf den Tod des Mieters folgenden gesetzlichen Kündigungstermin die Erben (oder einzelne von ihnen) ohne schuldhaftes Zögern noch keine zuverlässige Kenntnis von dem Tode oder ihrer Erbeneigenschaft hatten oder wenn der Testamentsvollstrecker sein Amt noch nicht angetreten hatte, so ist die Kündigung auch zu dem nächstfolgenden Termin noch zulässig. Zweigert, LZ. 1915 S. 1348; Stillschweig, JW. 1915 S. 1338; Harder, JW. 1915 S. 1389; Mittelstein, Gruchot Bd. 60 S. 62 und Miete § 73 Nr. 4; Niendorf, Mietrecht S. 310; RG. vom 21. Juni 1910 Bd. 74 S. 35; a. M. Staudinger Anm. I 3 zu § 569 BGB. (der objektiv erstzulässige Termin entscheidet, ohne Rücksicht auf subjektive Möglichkeit). Ohne Rücksicht auf diese Streitfrage eröffnet bei Todeserklärung stets erst die Verkündigung des Urteils die Möglichkeit der Kündigung.

Die Kündigungsfrist beträgt nach § 565 Abs. 4 BGB. ein Kalendervierteljahr und die Kündigungserklärung muß dem Vermieter spätestens am 3. Tag des Kalendervierteljahres zugehen. Diese Frist ist auch dann einzuhalten, wenn der Mietzins nach Monaten oder Wochen bemessen ist, sofern auf längere bestimmte Zeit gemietet oder eine längere ordentliche Kündigungsfrist vereinbart ist. Mittelstein a. a. O.

IV. Auf das **Pachtverhältnis** (vgl. § 581 Abs. 2, aber auch § 569 Abs. 2 BGB.) findet die Verordnung als Sondervorschrift keine Anwendung. Zweigert, LZ. 1915 S. 1348; Mittelstein, Gruchot Bd. 60 S. 56.

§ 2.

Haben Eheleute gemeinschaftlich gemietet, und stirbt der Ehemann infolge seiner Teilnahme am Kriege, so ist die Ehefrau berechtigt, das Mietverhältnis unter Einhaltung der gesetzlichen Frist für den ersten zulässigen Termin zu kündigen. Auf eine abweichende Vereinbarung kann sich der Vermieter nicht berufen.

Hat die **Ehefrau** des verstorbenen Mieters neben diesem selbständig, wenn auch nicht notwendigerweise gleichzeitig, den Mietvertrag mit abgeschlossen,[1]) so steht ihr nach § 569 BGB., soweit ihre eigene Vertragsverpflichtung in Betracht kommt, ein Kündigungsrecht nicht zu. Der § 2 der Verordnung gewährt nun der Ehefrau, wenn sie gemeinschaftlich mit dem Ehemann gemietet hat und der Ehemann infolge seiner Teilnahme am Krieg stirbt, das außerordentliche Kündigungsrecht des § 569 BGB., wobei es gleichgültig ist, ob im Mietvertrag das Kündigungsrecht nach § 569 BGB. ausgeschlossen oder beschränkt wurde.

Die Stellung der Ehefrau, deren Mann infolge seiner Teilnahme am Krieg gestorben ist, gegenüber dem Vermieter ist demnach folgende:

---

[1]) In der Mitunterzeichnung des Mietvertrags durch die Ehefrau liegt nicht ohne weiteres der Abschluß eines selbständigen Mietvertrags durch diese, vgl. Staudinger Anm. 3, 6 zu § 425, Anm. B, III 2 zu § 535 BGB.

a) Der Ehemann hatte allein gemietet; dann kann die Ehefrau, sofern sie Miterbin ist, nur gemeinschaftlich mit den anderen Erben (s. Anm. III zu § 1) kündigen; ist sie überhaupt nicht Erbin, so hat sie auf die Beendigung des Mietvertrags keinen Einfluß, haftet aber auch nicht für den Mietzins.

b) Die Ehefrau hatte allein gemietet: Es besteht weder nach § 569 BGB., noch nach der Verordnung ein Kündigungsrecht. Zweigert, LZ. 1915 S. 1349; Stillschweig, JW. 1915 S. 1336; Mittelstein, Gruchot Bd. 60 S. 63/64; Josef, Recht 1915 S. 609.

c) Haben die Eheleute gemeinschaftlich gemietet, so kann die Ehefrau, sofern sie Alleinerbin ist, selbständig nach § 569 BGB. mit §§ 1 und 2 der VO. kündigen. Ist sie nur Miterbin oder ist sie überhaupt nicht Erbin, so kann sie nur gemeinschaftlich mit den (anderen) Erben kündigen. Denn einerseits befreit der § 2 der VO. die Ehefrau nur „von den Schranken ihrer eigenen vertraglichen Gebundenheit" (Zweigert a. a. O.) gibt ihr aber nicht das Recht auch das Vertragsverhältnis des verstorbenen Ehemanns für oder an Stelle dessen Erben zu lösen, andererseits kann ein gemeinschaftlich abgeschlossener Mietvertrag nur einheitlich von sämtlichen Mietern oder deren Rechtsnachfolgern gekündigt werden nach §§ 709 Abs. 1, 730 BGB. (vgl. Staudinger Anm. 2a zu § 730 BGB., sowie Anm. III 3 zu § 569 BGB.); verweigern also die Erben oder Miterben des Ehemanns die Mitwirkung zur Kündigung, so bleibt auch die Ehefrau gebunden. Ebenso: Denkschrift des Reichskanzlers, VI. Nachtrag S. 100; Zweigert, LZ. 1915 S. 1350; Mittelstein, Gruchot Bd. 60 S. 63; Josef, Recht 1915 S. 609 (Grundsatz der Unteilbarkeit des Mietverhältnisses); a. M. Stillschweig, JW. 1915 S. 1336; Harder, JW. 1915 S. 1389 (vgl. auch: Francke, BlfRA. Bd. 77 S. 161/162), welche der Ehefrau das Recht zubilligen, ihre Vertragsverpflichtung zu lösen, auch wenn die Erben des Mannes nicht kündigen, so daß der Mietvertrag mit diesen fortbesteht; Unbilligkeiten für den Vermieter könnten durch Anwendung des § 3 der VO. vermieden werden.

§ 3.

Gegen eine Kündigung, die auf Grund des § 1 oder des § 2 erfolgt, kann der Vermieter binnen einer Woche bei dem Amtsgericht, in dessen Bezirke sich die Mietsache befindet, Widerspruch erheben. Das Gericht hat Abschrift des Widerspruchs dem Gegner zur Erklärung mitzuteilen.

Das Gericht entscheidet darüber, ob trotz des Widerspruchs die Kündigung wirksam ist. Die Kündigung ist für unwirksam zu erklären, wenn nicht die Fortsetzung des Mietverhältnisses zu einem unverhältnismäßigen Nachteil für den Erben oder die Ehefrau führen würde. Bei dieser Entscheidung sind die beiderseits geltend gemachten Umstände in billiger Weise gegeneinander abzuwägen. Die tatsächlichen Behauptungen sind glaubhaft zu machen.

Die Entscheidung, die ohne mündliche Verhandlung ergehen kann, erfolgt durch Beschluß. Gegen den Beschluß findet sofortige Beschwerde statt.

Die Gerichts- und Anwaltsgebühren betragen zwei Zehnteile des Satzes des § 8 des Gerichtskostengesetzes und des § 9 der Gebührenordnung für Rechtsanwälte.

I. **Widerspruchsrecht des Vermieters**: „Um die Interessen der Vermieter zu wahren und zu verhüten, daß eine vorzeitige Lösung des Mietverhältnisses auch da Platz greift, wo sie sachlich nicht gerechtfertigt ist, gibt die Verordnung dem Vermieter das Recht, gegen die Kündigung Widerspruch zu erheben." Der Widerspruch muß innerhalb einer Woche, nachdem die Kündigung dem Vermieter zugegangen ist, erhoben werden und zwar bei dem Amtsgericht, in dessen Bezirk sich die Mietsache befindet.

Eine bestimmte Form ist für den Widerspruch nicht vorgeschrieben; er kann schriftlich oder zu Protokoll des Gerichtsschreibers erklärt werden. Der Widerspruch muß erkennen lassen, gegen welche Kündigung er sich richtet, außerdem empfiehlt es sich gleichzeitig anzugeben, wann die Kündigung dem Vermieter zugegangen ist und aus welchen Gründen die Kündigung vom Vermieter als ungültig oder unbillig erachtet wird. Mittelstein, Gruchot Bd. 60 S. 69.

II. **Das Widerspruchsverfahren**. Das Gericht hat zunächst Abschrift des Widerspruchs dem Kündigenden zur Erklärung mitzuteilen, womit zweckmäßigerweise eine Mitteilung des Eingangsvermerks zu verbinden ist. Das Gericht entscheidet im Beschlußverfahren mit fakultativer mündlicher Verhandlung (vgl. Gaupp-Stein Anm. V zu § 128); ein Versäumnisverfahren gemäß § 330 ZPO. findet nicht statt. Stillschweig, JW. 1915 S. 1337; Mittelstein, Gruchot Bd. 60 S. 70.

Das Gericht hat zu entscheiden

a) ob der Widerspruch rechtzeitig und richtig erhoben wurde; für den Fall der Bejahung dieser Frage

b) ob die Kündigung nach §§ 1, 2 der Verordnung, § 569 BGB. rechtlich zulässig ist,

c) ob die Kündigung bei billiger Abwägung der Umstände sachlich berechtigt ist, d. h. für den Fall rechtzeitiger Widerspruchserhebung hat das Amtsgericht im Beschlußverfahren nicht nur die Billigkeitsfrage zu prüfen (so Josef, Recht 1915 S. 609 ff.) sondern die Wirksamkeit der Kündigung nach jeder Seite zu prüfen. Denn die Prüfung der Frage, ob die Kündigung vom Billigkeitsstandpunkt aus gerechtfertigt ist, setzt voraus, daß die rechtlichen Voraussetzungen der Kündigung geprüft und bejaht sind; da die Verordnung eine Aussetzung des Beschlußverfahrens zwecks Prüfung der Rechtsfragen im ordentlichen Verfahren nicht kennt, eine solche Aussetzung auch dem Zweck des § 3, möglichst rasch eine endgültige Entscheidung über die Wirksamkeit der Kündigung herbeizuführen, widersprechen würde, erübrigt nur, auch die Prüfung der Rechtsfragen dem beschleunigten Verfahren zuzuweisen. Stillschweig, JW. 1915 S. 1337; Mittelstein, DJZ. 1916 S. 224 ff.; Zweigert, LZ. 1915 S. 1351; a. M. Josef a. a. O. Ist dagegen der Widerspruch verspätet eingelegt, so ist er ohne weiteres als unzulässig zu verwerfen; das Gericht hat dann keine Veranlassung und damit auch keine Legitimation, sich im Beschlußverfahren mit den Fragen, die die rechtlichen Voraussetzungen der Kündigung betreffen, zu befassen. Bestreitet deshalb in diesem Falle der Vermieter die Kündigung aus Rechtsgründen (z. B. weil der Mieter nicht infolge seiner Teilnahme am Krieg gestorben sei oder weil die Kündigung nicht für den erstzulässigen Termin erfolgt sei oder nicht von sämtlichen Erben ausgegangen sei) so sind diese Fragen im ordentlichen Rechtsstreit auszutragen. Stillschweig a. a. O.; **a. M.** Mittelstein a. a. O. und Gruchot Bd. 60 S. 69 Fußnote 25 (die auch in diesem Falle aus Zweckmäßigkeitsgründen ausschließlich das Beschlußverfahren zulassen will).

Wird die außerordentliche Kündigung auf § 569 BGB. gestützt, so greift das Beschlußverfahren überhaupt nicht Platz.

III. Beweislast und Beweismittel: Eine Verpflichtung oder Berechtigung des Gerichts von Amts wegen Ermittlungen über die Verhältnisse vorzunehmen, besteht nach der Verordnung nicht. Vielmehr haben die Erben des Mieters und die Ehefrau diejenigen Tatsachen darzutun, aus denen sich ergeben soll, daß die Fortsetzung des Mietverhältnisses zu einem unverhältnismäßigen Nachteil für sie führen würde, z. B. daß die Vermögensverhältnisse infolge des Todes des Mieters sich derart verschlechtert haben, daß der bisherige Mietaufwand für sie eine unverhältnismäßig drückende Last darstellt.[1] Sache des Vermieters ist es, darzutun, daß der ihm durch die Kündigung erwachsene Nachteil seine wirtschaftliche Existenz gefährdet; die Tatsache, daß er sich einen neuen Mieter suchen muß, wird im allgemeinen nicht als hinreichend zu erachten sein.

Die tatsächlichen Behauptungen sind von den Parteien im Bestreitungsfalle mit den Mitteln des § 294 ZPO. glaubhaft zu machen; auch soweit die rechtlichen Voraussetzungen für die Kündigung strittig sind, genügt Glaubhaftmachung, da eine Beweisführung nach den Vorschriften der §§ 355 ff. ZPO. mit der Natur des Beschlußverfahrens als einem beschleunigten Verfahren nicht verträglich ist, auch der § 3 der Verordnung allgemein ohne Beschränkung auf die Billigkeitsfrage Glaubhaftmachung für ausreichend bezeichnet. Mittelstein a. a. O.; **a. M.** Stillschweig a. a. O. (der für die nicht die Billigkeitsfrage, sondern den anderweitigen Streitstoff betreffenden Behauptungen volle Beweisführung verlangt).

IV. Als **Rechtsmittel** ist die sofortige Beschwerde vorgesehen, die nach § 569 Abs. 2 ZPO. dem Anwaltszwang nicht unterliegt. Eine weitere Beschwerde gegen die Entscheidung des Landgerichts ist nicht zulässig.

Kosten siehe § 3 Abs. 4. Für die Bemessung des Streitwerts ist § 8 ZPO. und § 9a Abs. 1 GKG. maßgebend.

§ 4.

Diese Verordnung tritt mit dem Tage der Verkündung in Kraft. Sie findet auch Anwendung, wenn der Tod des Mieters

---

[1]) Die Verweisung der Hinterbliebenen auf die Möglichkeit einer Untervermietung wird regelmäßig nicht für durchschlagend erachtet werden können, da hierin nur eine sehr unsichere Einnahmequelle liegt und die Haftung der Hinterbliebenen hiedurch nicht berührt wird. Mittelstein, Gruchot Bd. 60 S. 68.

vor diesem Tage eingetreten war; die Kündigung kann für den ersten zulässigen Termin nach dem Inkrafttreten erfolgen.

Den Zeitpunkt des Außerkrafttretens der Verordnung bestimmt der Reichskanzler.

Die Verordnung hat insoferne rückwirkende Kraft als sie auch Anwendung findet, wenn der Tod des Mieters vor dem 9. Oktober 1915, an dem die Verordnung in Kraft getreten ist, eingetreten war; die Kündigung hatte in diesem Falle regelmäßig für den 31. März 1916 zu erfolgen. Vgl. aber Anm. III § 1.

Die Verordnung enthält als eine zum Schutz der Schwachen erlassene Sondervorschrift zwingendes Recht und gilt auch für die nach dem Inkrafttreten der Verordnung abgeschlossenen Verträge. Stillschweig, JW. 1915 S. 1338; Mittelstein, Gruchot Bd. 60 S. 62; **a. M.** Harder, JW. 1915 S. 1389 (der in Anlehnung an die ZahlFristVerord. den zwingenden Charakter der Verordnung für die nach dem Inkrafttreten abgeschlossenen Verträge leugnet).

C. Maßnahmen gegen das Ausland.

Vorbemerkungen.

1. Literatur: Bendix, Kriegssonderrecht; Güthe-Schlegelberger, Kriegsbuch I und II; Heß, Die Kriegsgesetze zur Abhilfe wirtschaftlicher Schädigungen (3. Aufl.); Bernhard Mayer, Das Privatrecht des Krieges in materieller und formeller Beziehung; Sieskind, Prozeßrechtlicher Schutz der Kriegszeit (2. Aufl.); Sintenis, Finanz- und wirtschaftliche Kriegsgesetze (2. Aufl.); Curti, Handelsverbot und Vermögen in Feindesland; Denkschrift des Bundesrats über wirtschaftliche Maßnahmen aus Anlaß des Kriegs vom 23. November 1914 mit Nachträgen; Denkschrift des Auswärtigen Amts über Ausnahmegesetze gegen deutsche Privatrechte in England, Frankreich und Rußland vom 10. Dezember 1915; Menner, Ausländer im Inlandsprozeß unter besonderer Berücksichtigung der Rechtsprechung der jetzigen Kriegszeit, JW. 1915, 859, 1088, 1306, 1507, 1916, 221, 454, 771; Dove, JW. 1916 S. 1236.

2. Grundsätzliches: Das deutsche Recht gibt in Friedenszeiten dem Ausländer grundsätzlich den gleichen Rechtsschutz wie dem Inländer. Die Ausnahmen sind nur geringfügiger Natur. Die Kriegsgesetzgebung hat zwar diesen Rechtsschutz vermindert, das deutsche Recht kennt aber auch in Kriegszeiten keine Rechtlosmachung des Ausländers und insbesondere des feindlichen Ausländers. Nur soweit völkerrechtlich oder durch ausdrückliche Rechtssatzung des Reichs (oder innerhalb seiner Zuständigkeit eines Bundesstaats) der bisherige Rechtsschutz des Ausländers aufgehoben ist, wird die Anwendung des genannten Grundsatzes eingeschränkt. Ähnlich Reichsgericht 1. ZS. vom 26. Oktober 1914 (LZ. 1915, 43 = DJZ. 1914, 1385 = JW. 1915, 145 = Recht 1915, 113 = Sammlung 85, 374. „Dem deutschen Völkerrecht liegt die Anschauungsweise gewisser ausländischer Rechte fern, daß der Krieg unter möglichster wirtschaftlicher Schädigung der Angehörigen feindlicher Staaten zu führen ist [1]) und daß dieselben daher in weitem Umfange der Wohltaten des gemeinen bürgerlichen Rechtes zu berauben sind; vielmehr gilt der Grundsatz, daß der Krieg nur gegen den feindlichen Staat als solchen und gegen dessen bewaffnete Macht geführt wird, und daß die Angehörigen der feindlichen Staaten in bezug auf das bürgerliche Recht in demselben Maße den

---

[1]) Vgl. hiezu und über den gegensätzlichen Standpunkt des engl. Rechts Strupp, FrankfurterZ. v. 2. Mai 1916, 1. MorgBl. Nr. 121.

Inländern gleichgestellt sind, wie das vor dem Krieg der Fall war, soweit nicht gesetzliche Ausnahmen bestehen, in allen Beziehungen."

Aus dem aufgestellten Grundsatz ergeben sich wichtige Folgerungen.

a) Auch die nach den Kriegserklärungen erlassenen Reichsgesetze (insbesondere die sogenannten Notgesetze) sind auf den Ausländer anzuwenden, soweit nicht ausdrücklich das Gegenteil angeordnet ist oder ihre Anwendung auf Ausländer von der Erfüllung bestimmter Voraussetzungen abhängig gemacht ist. (Vgl. hiezu oben Anm. zu § 3 I A b KTSchG.; I A zu § 1 ZahlFVO.; I zu §§ 1—3 GeschAuffVO.)

b) Die Bestimmungen der internationalen Verträge, welche Gegenstände des gemeinen bürgerlichen Rechts regeln (wie die Pariser Union über den gewerblichen Rechtsschutz) und im Inland Gesetzeskraft erlangt haben, sind auch während des Krieges in ihrer gesetzlichen Geltung aufrecht erhalten geblieben, soweit sie nicht mit dem Kriegszustand und insbesondere mit den Zwecken der Kriegsgesetzgebung unvereinbar sind. Die Pariser Union insbesondere ist entsprechend Art. 11 Abs. 3 Reichsverfassung unter Zustimmung des Bundesrats abgeschlossen und vom Reichstag genehmigt worden. Der Beitritt des Reichs zur Konvention wurde im Reichsgesetzblatt publiziert. Dadurch wurde die Union Bestandteil des deutschen Gewerbeschutzrechts und zwar nicht kraft Völkerrecht und Staatsvertrag, sondern kraft Reichsrecht. Wenn nun auch die internationalen Verträge mit den feindlichen Staaten durch den Krieg aufgelöst wurden, soweit sie nicht ausdrücklich für den Kriegsfall geschlossen sind, so verliert doch nicht das auf Grund des Vertrags bekannt gemachte Reichsgesetz seine Wirkung und ist von den deutschen Gerichten nach wie vor anzuwenden. (Ebenso RG. vom 26. Oktober 1914 siehe oben; Heymann, Mitt. d. Patentanw. 1915, 20; Düringer, Recht u. Wirtschaft 1914, 207; Niemeyer, JW. 1914, 989. A. M. Fuld, Recht 1915, 32; Junck, LZ. 1915, 328; Osterrieth, DJZ. 1914, 1072; Menner, JW. 1915, 875; Meikel, BayZfR. 1916, 141, 172, 193; vgl. zu diesem Gegenstand auch Cahn, Gewerblicher Rechtsschutz und Urheberrecht 1915, 258; Seligsohn, DJZ. 1916, 61; Fritze, Gewerblicher Rechtsschutz und Urheberrecht 1915, 249). Da die Pariser Union nur noch als Reichsgesetz und nicht mehr als Staatsvertrag in Kraft ist, besteht auch keine Kollision zwischen Staatsvertrag und dem auf Bundesratsverordnung beruhenden deutschen Gegenmoratorium. Die Verordnung vom 7. August 1914 Nr. 4457 z. B. ist daher auf Ansprüche, die von Ausländern auf Grund der Pariser Union oder einer sonstigen bürgerlichrechtlichen Konvention geltend gemacht werden, ohne weiteres anwendbar.

Um trotz des reichsgesetzlichen Weiterbestehens der Pariser Union die Beschränkung und Aufhebung von gewerblichen Schutzrechten deutscher Reichsangehöriger durch Frankreich, England und Rußland vergelten zu können, mußte die auf der allgemeinen Ermächtigung des Bundesrats zu wirtschaftlichen Maßnahmen beruhende Verordnung über gewerbliche Schutzrechte feindlicher Staatsangehöriger vom 1. Juli 1915 ergehen (s. unten S. 472).

Als unvereinbar mit der Kriegsgesetzgebung und daher als unanwendbar kommen insbesondere die Bestimmungen des **Haager Abkommens über den Zivilprozeß** vom 17. Juli 1905 in Frage. (Prozeßkostenvorschuß des Ausländers.) Ebenso Meikel, DJZ.

1914, 1201, 1296; Osterrieth, DJZ. 1914, 1072; Menner, JW. 1915, 872; KammerG. vom 28. Jan. 1915, DJZ. 1915, 317 = KammerGBl. 1915, 36 und vom gleichen Tag JW. 1915, 802; KammerG. vom 26. Febr. 1915 OLGRspr. 30, 239 = KammerGBl. 1915, 49 = DJZ. 1915, 616 = Recht 1915, 291; KammerG. vom 6. März 1915 OLGRspr. 30, 240; OLG. Hamburg vom 11. Juni 1915 OLGRspr. 31, 32 = LZ. 1915, 1039 = Recht 1915, 409 = SeuffArch. 70, 417; OLG. Dresden vom 26. Mai 1915 LZ. 1915, 1177 = DRAZ. 1915, 219; LG. Berlin vom 6. Nov. 1914 in Markenschutz und Wettbewerb 1915, 155; LG. Berlin I vom 30. Okt. 1914 Mitt. Verb. d. PatA. 1914, 159, vom 6. Nov. 1914 KammerGBl. 1915, 36 = Recht 1915, 292; LG. Cöln vom 16. Okt. 1914 JW. 1915, 118 = Recht 1915, 57; LG. Leipzig vom 20. März 1915 JW. 1915, 418 = SächsArch. 1915, 222 = Recht 1915, 291; LG. Kiel vom 10. Juli 1915 LZ. 1915, 1052. Für die Fortdauer des Haager Abkommens Harder, JW. 1915, 289; Niemeyer, JW. 1914, 801; Düringer, Recht und Wirtschaft 1914, 207. Im Verkehr mit Italien ist das Haager Abkommen nicht aufgehoben, da es sich mit Deutschland nicht im Kriegszustand befindet; ebenso Frankenstein, JW. 1915, 739; a. M. Hirsch, JW. 1916, 180 u. LG. Ulm ebenda.

c) Als Organe der Rechtspflege sind die deutschen Rechtsanwälte nach wie vor auch zur Vertretung und Verbeistandung feindlicher Staatsangehöriger befugt und, — soweit die besonderen Voraussetzungen vorliegen, — verpflichtet. (Vgl. hiezu auch Haber, JW. 1916, 523.) Eine Vergeltung des gegenteiligen Standpunkts der Pariser und Mailänder Anwaltskammern, die ihren Mitgliedern die Ablehnung deutscher Mandate grundsätzlich zur Pflicht machen (besondere Fälle vorbehalten), könnte nur durch Bundesratsverordnung erfolgen.

3. Als Maßnahmen gegen das Ausland wurden bisher erlassen Gegenmoratorien, die die gerichtliche Geltendmachung ausländischer Vermögensansprüche verhindern, Verordnungen über die Fälligkeit der im Ausland ausgestellten Wechsel, durch die die Fälligkeit hinausgeschoben wird, Zahlungsverbote gegen das feindliche Ausland, Handelsverbote für in England abgestempelte Wertpapiere, für ausländische Zahlungsmittel, Kauffahrteischiffe, Beschränkungen der gewerblichen Schutzrechte feindlicher Staatsangehöriger, Vorschriften über Anmeldung und Sperre des Vermögens feindlicher Staatsangehöriger, über Überwachung und über zwangsweise Verwaltung ausländischer Unternehmungen im Inland.

I. Gegenmoratorien.

Vorbemerkung.

1. Literatur außer der oben S. 390 angeführten: Harder, JW. 1914, 900, 991; Asch, ebenda 911; Steffens, JW. 1915, 231; Hachenburg, LZ. 1914, 1605; Glaser ebenda 1782; Hallbauer, SächsArch. 1915, 49.

2. Die Vorschriften tragen keinerlei feindseligen Charakter gegen das Ausland. Sie sind lediglich Maßnahmen gegen die vom Ausland erlassenen Moratorien und sollen verhindern, daß „im Ausland ansässige Gläubiger ihre Forderungen eintreiben können". (Denkschrift S. 22.)

3. Maßnahmen des Auslands gegen Deutsche. Vgl. Sammlung der Moratorien des Auslands, herausgegeben von der Handelskammer Berlin (wird fortlaufend ergänzt). Vielfach sind die Bestimmungen auch in den Amtlichen Nachrichten für Handel und Industrie (herausgegeben vom Reichsamt des Innern) zum Abdruck gebracht. Dazu **Wassermann**, JW. 1914, 855, ebenda 1915, 10, DJZ. 1914, 1372 (infolge der fortwährenden Änderungen der Gesetze ist vorsichtige Benützung geboten); Bayerische Handelszeitung (Handelskammer München) vom 29. April 1916, 135 (Stand vom 1. April 1916); Kaufmann, Schweizerische Kriegsbestimmungen betr. die Zwangsvollstreckung JW. 1915, 256; Oskar Meyer, Die Moratorien im Ausland JW. 1915, 387; Denkschrift des Auswärtigen Amts (siehe oben Ziff. 1); Curti, Handelsverbot und Vermögen in Feindesland.

Über die Nichtanwendbarkeit ausländischer Moratoriengesetze vor deutschen Gerichten: Wassermann, JW. 1915, 10. Vgl. Oertmann im BankArch. 13, 388 und OLG. Hamburg vom 19. Dez. 1914 LZ. 1915, 313.

Moratorienbestimmungen haben folgende außereuropäische Länder erlassen: Argentinien, Brasilien, Chile, China, Ecuador, Ägypten, Kanada, Mexiko, Nicaragua, Paraguay, Uruguay. Über die Moratorienbestimmungen des europäischen Auslands gibt die umstehende der JW. 1916, 940 entnommene von Willemsen aufgestellte Tabelle Auskunft.

4. De lege ferenda: Bendix 130 f.; Glaser, LZ. 1914, 1782; Wassermann, JW. 1915, 10; Asch, Deutscher Außenhandel 1915, 16.

Name des Staates	Welche Verpflichtungen sind aufgeschoben?	Bis zu welchem Zeitpunkt?	Ausnahmen und besond Bemerkungen
Belgien a) Besetztes Gebiet	1. Auszahlung von Bankguthaben.	Bis auf weiteres.	Ausgezahlt werden könne 1. Beträge von 1000 ℳ 14 Tage; 2. höhere Beträge bei gl würdigem Nachweis i Verwendung: a) zur Zahlung von Schu und Verbindlichke aller Art, b) zur Beschaffung Material oder W für den eigenen kaufm nischen, gewerblic land- oder forstw schaftlichen Betrieb; 3. ohne Einschränkung: Beträge seitens Zwangsverwalters einer unter Verwalt stehenden Unternehm und seitens einer u Aufsicht gestellten Un nehmung mit Geneh gung der Aufsichtsper
	2. Alle Zahlungsverpflichtungen.	Nach richterlichem Ermessen. — Die erteilten Fristen beliefen sich früher auf 1—3 Monate nach Friedensschluß. In jüngerer Zeit ist die Bewilligung von Fristen in Handelssachen häufiger abgelehnt worden.	Der Kaiserl. Generalkomm für die Banken in Belg empfiehlt, offene For rungen zur Einklagung bringen. Zunächst Ersu an den Zivilpräsidenten für den Wohnsitz des Sch ners zuständigen Geri bzw. an die Ortskomm dantur (im Etappen- Operationsgebiet, Prov zen Ost- und Westflande um Mahnung und, falls so vergeblich, um Benenn eines Anwalts!
	3. Wechselmoratorium. Die Fristen für die Erhebung des Protestes und sonstiger Handlungen zur Erhaltung des Regresses und für gezogene Wechsel, die vor dem 3. August 1914 ausgestellt und in der Zeit vom 31. Juli 1914 bis 31. Januar 1916 einschl. im Gebiet des Generalgouvernements Belgien zahlbar sind, sind verlängert. Vor Ablauf der nebenstehend genannten Fristen kann die Einlösung vom Indossanten und den anderen Verpflichteten nicht verlangt werden. Die Protesterhebung ist nur zulässig innerhalb der letzten 7 Tage vor Ablauf der Fristen.	Bis zum Ablauf von 19 Monaten und 7 Tagen nach dem Verfalltage, jedoch nicht über den 8. Aug. 1916 hinaus, sofern die Wechsel im Gebiet des Generalgouvernements Belgien ausgestellt sind und die Wechselsumme 200 Fr. übersteigt; bis zum Ablauf von 22 Monaten und 7 Tagen nach dem Verfalltage, jedoch nicht über den 8. November 1916 hinaus, wenn die Wechsel außerhalb des Gebietes des Generalgouvernements Belgien ausgestellt sind oder die Wechselsumme 200 Fr. oder weniger beträgt.	Zinsen laufen von der Fäl keit bis zur Zahlung.

Name des Staates	Welche Verpflichtungen sind aufgeschoben?	Bis zu welchem Zeitpunkt?	Ausnahmen und besondere Bemerkungen
	4. Zahlungen nach Großbritannien und Irland oder den britischen Kolonien und auswärtigen Besitzungen, Frankreich, den französischen Schutzgebieten, Rußland, Finnland, Portugal.	Bis auf weiteres.	Verboten. Leistungen zur Unterstützung von Deutschen bleiben gestattet. Ausnahmen können durch den Generalkommissar für die Banken in Belgien zugelassen werden. Die verbotene Zahlung gilt als gestundet. Keine Zinspflicht; keine Rechtsfolgen aus der Nichterfüllung.
) Nicht-besetztes Gebiet	1. Auszahlungen von Bankguthaben.	Für die Dauer des Krieges.	Ausgezahlt werden können: 1. 10 % des Guthabens für 14 Tage, jedoch nicht mehr als 1000 Fr.; 2. Beträge, welche im Gesetz besonders ausgenommen sind.
	2. Alle vor dem 1. Februar 1915 eingegangenen Zahlungsverpflichtungen aus Handelspapieren.	Für die Dauer des Krieges.	5½% Zinsen von der Fälligkeit bis zur Zahlung.
ulgarien	Geldverbindlichkeiten, die aus zivil- und handelsrechtlichen, vor dem 10./23. September 1915 getroffenen Abmachungen herrühren.	Bis auf weiteres, und zwar erhalten 1. befristete Geldverbindlichkeiten einen Aufschub von soviel Tagen von ihrer Fälligkeit ab gerechnet, als Tage, a) wenn sie vor dem 25. Juli/7. August 1914 eingegangen sind, seit diesem Datum, b) wenn sie in der Zeit vom 25. Juli/7. August 1914 bis 10./23. September 1915 eingegangen sind, seit 10./23. September 1915, bis zur Aufhebung des Moratoriums verflossen sind; 2. unbefristete Geldverbindlichkeiten, deren Fälligkeitstermine vor dem 10./23. September 1915 eingetreten sind, einen Aufschub von 3 Monaten (90 Tagen) vom Tage der Aufhebung des Moratoriums an gerechnet.	Ausgenommen sind: Unterhalsforderungen, Forderungen aus Mietverträgen über unbewegliche Güter bis zur Hälfte des Mietbetrags, falls Mieter nicht zum Kriegsdienste eingerückt ist. Außerdem Sonderbestimmungen für die Auszahlung von Einlagen. Der Lauf der vereinbarten oder gesetzlichen Zinsen wird nicht beeinträchtigt; Erhöhung der vor dem 10./23. September 1915 vereinbarten Zinsen unzuläßig. Sicherung fälliger Forderungen durch Erwirkung eines dinglichen Arrestes in das unbewegliche Vermögen des Schuldners zuläßig. Protest wegen Nichtannahme eines Wechsels ist stets und sofort zu erheben. Protest mangels Zahlung eines akzeptierten moratorischen Wechsels erst nach Ablauf des Aufschubes (8% Zinsen von der Fälligkeit).
änemark	1. Zahlung von Geldschulden, die durch Pfand an unbeweglichem Eigentum gesichert sind.	Vorläufig bis 31. Dezember 1916.	Ausgenommen, wenn Schuldner Zinsen oder vereinbarte Abzahlungen nicht rechtzeitig zahlt oder sonstige Bestimmungen des Pfandbriefes nicht beachtet.

Name des Staates	Welche Verpflichtungen sind aufgeschoben?	Bis zu welchem Zeitpunkt?	Ausnahmen und besonde Bemerkungen
	2. Auszahlung von Bank- und Sparkassenguthaben.	Bis auf weiteres.	Ausgenommen Beträge bis 300 Kr. für die Woche u Überschreibungen.
	3.		Das richterliche Moratori ist am 15.Okt.1915 abgelau und nicht erneuert word
Frankreich	1. Einlösung aller vor dem 4. August 1914 ausgestellten Handelspapiere, die vor dem 1. Juli 1916 fällig geworden sind oder fällig werden. — Dieser Aufschub erstreckt sich auf alle mit oder ohne bestimmten Zahlungstermin geschuldeten Beträge, auf alle vor dem 1. August 1914 in laufender Rechnung oder ohne Deckung gewährten Vorschüsse oder Darlehen, die vor demselben Tage auf kurshabende Wertpapiere und auf Handelspapiere gewährt worden sind oder für die diese Wertpapiere und Handelspapiere haften.	Bisher 690 Tage.	Ausgenommen die auf Staatsschatz oder zu sei Gunsten ausgestellten H delspapiere. Der Inhaber eines Hande papiers muß, um sei Zinsanspruch während Aufschubes zu wahren, d Schuldner mitteilen, daß im Besitz des Papiers ist u die Zahlung an ihn gelei werden kann.
	2. Verwirklichung von Krediteröffnungen.	Bisher 690 Tage.	Fristlauf beginnt mit dem Ta des Gesuches um die Ve wirklichung des Kredits.
	3. Bezahlung von Warenlieferungen, die vor dem 4. August 1914 zwischen Kaufleuten ausgeführt worden sind.	Bisher 690 Tage.	Ausgenommen Forderung aus Börsengeschäften, für Sonderbestimmungen lassen sind.
	4. Auszahlung der Gelddepots und Kreditsaldi in laufender Rechnung bei Banken oder Kredit- und Depotanstalten.	Bisher 690 Tage.	Depotinhaber und Bankgläu ger haben Anspruch auf stimmte Abschlagszahlunge Außerdem sind Abhebung zulässig für Lohnzahlunge Leibrenten, Bezug von Ro stoffen, Frachten, Heereslie rungen, Steuern, Monop erzeugnisse, jedoch im a gemeinen auch in diesen Fäl nur Abhebungen bis zu 60 des Restsaldos der Rechnu am 2. August 1914.
	5. Bezahlung von Mieten.	—	Näheres über den jetzigen Rech zustand ist nicht bekannt.
	6. Einlösung von Schuldverschreibungen und darauf entfallenden Losgewinnen, Aktien, Zins- u. Gewinnanteilscheinen, die bis zu einem nach Einstellung der Feindseligkeiten festzusetzenden Tage fällig werden.	Bis zu einem Zeitpunkt, der nach Einstellung der Feindseligkeiten festgesetzt wird.	Besondere Bestimmungen n gen der Verzinsung.
	7. Leistungen an Angehörige des Deutschen Reichs und Österreich-Ungarns sowie an die dort sich aufhaltenden Personen.	—	Verboten.

Name des Staates	Welche Verpflichtungen sind aufgeschoben?	Bis zu welchem Zeitpunkt?	Ausnahmen und besondere Bemerkungen
riechenland	Eingestellt sind: 1. die Verjährung von Rechten und Klagen in Zivil- und Handelssachen; 2. alle gesetzlichen und gerichtlichen Fristen in Zivil-, Handels- und Verwaltungssachen; 3. Die Zwangsvollstreckung von Zivilurteilen und die Personalhaft als Sicherungsmaßnahme; 4. Fristen, die sich auf vertragsmäßige Abmachungen beziehen, soweit nach deren Ablauf ein Verlust von Rechten oder die Verpflichtung zu Konventionalstrafen in Betracht kommt; 5. die Verurteilung in contumaciam in Zivilsachen.	Bis 12. April, teilweise bis 12. Mai 1916.	Ausnahmen finden statt. Alle Einstellungen und Verbote gelten nicht für gesetzmäßige Angelegenheiten, welche nach dem 31. Januar 1916 entstehen, außer denen, die sich auf Wechsel und auf Handelsnoten beziehen. Eine Verlängerung dieser Maßnahmen ist bisher nicht bekannt.
roß-britannien und Irland	1. Bezahlung von **Wechseln**, die vor dem 4. August 1914 akzeptiert sind und deren ursprünglicher Fälligkeitstag nach dem 3. Oktober 1914 liegt.	Bis auf weiteres um 1 Monat nach Fälligkeit.	—
	2. Leistungen an **ausländische Feinde**.	—	Verboten.
talien	1. Verpflichtungen von Kaufleuten, deren Aktivum das Passivum übersteigt und die infolge der Kriegslage Zahlungen nicht leisten können.	Nach richterlichem Ermessen; längstens bis 60 Tage nach Veröffentlichung des Friedensschlusses.	Die Voraussetzung der Zahlungsunfähigkeit wegen des Krieges gilt stets als erwiesen, wenn der Schuldner unter den Waffen ist.
	2. Nach richterlichem Ermessen können wegen der Kriegslage unbeschränkt prozessuale Fristen gewährt werden.	—	—
uxemburg	**Richterliches** Moratorium für alle Forderungen.	Nach richterlichem Ermessen.	—
Montenegro	—	—	Der jetzige Rechtszustand ist nicht bekannt.
iederlande	1. Verpflichtungen zur Zahlung von Geldsummen, die vor dem 29. Juli 1914 entstanden sind.	Nach richterlichem Ermessen; die Zahlungsfrist kann bis zu 6 Monaten betragen und ein oder mehrere Male verlängert werden.	—
	2. Konkurseröffnungen können aufgeschoben u. Zwangsvollstreckungen ausgesetzt werden.	—	—
orwegen	—	—	Das Moratorium ist abgelaufen.
sterreich-Ungarn	—	—	Das gesetzliche Moratorium ist abgelaufen.

Name des Staates	Welche Verpflichtungen sind aufgeschoben?	Bis zu welchem Zeitpunkt?	Ausnahmen und besond… Bemerkungen
1. Österreich	1. Zahlung auf Grund vor dem 21. Mai 1915 entstandener Forderungen aus laufender Rechnung und aus Einlagen.	Innerhalb eines Kalendermonats können nur Zahlungen in festgesetzter Höhe verlangt werden.	Diese Bestimmung gilt nur … Aktienbanken, deren Gr… kapital nicht mehr als 1 … lion Kronen beträgt, … Sparkassen und für Kr… genossenschaften, die i… Sitz in Dalmatien, im Küs… land oder in den Kreisgeri… sprengeln Rovereto … Trient haben.
	2. Privatrechtliche, vor dem 1. August 1914 entstandene Geldforderungen.	Nach richterlichem Ermessen, jedoch nicht über den 31. Dezember 1916 hinaus.	Die Stundung kann gew… werden auf Antrag des … klagten, wenn dessen w… schaftliche Lage es r… fertigt und der Gläub… dadurch keinen unverhält… mäßigen Nachteil erleide… Kleingewerbe- und Kl… handelstreibende in S… und Gebiet Triest k… Stundung gewährt wer… ohne Nachweis der sonst… forderlichen Voraussetzun… für privatrechtliche G… forderungen, die vor … 21. Mai 1915 entstanden … Ausgenommen von … Stundung sind Forderun… aus Wechseln und Sch… Dienst- und Lohn-, Miet- … Pachtverträgen, Anspr… auf Zahlung gewisser Zi… und Annuitäten, Renten … Unterhaltsforderungen, F… derungen gegen Kreditste… aus laufender Rechnung … aus Einlagen, Forderun… aus Versicherungsverträg… jedoch Ausnahmen zugun… von Exportgeschäften … Unternehmungen, die auf … Fremdenverkehr angewie… sind. Ferner sind in Stadt … Gebiet Triest von der St… dung ausgenommen For… rungen aus vor dem 21. … 1915 abgeschlossenen War… kaufverträgen, wenn die Üb… gabe oder Lieferung erst n… dem 20. Mai 1915 bew… worden ist oder bewirkt w… es sei denn, daß sie vor … 21. Mai 1915 vorzunehm… war.
	3. Forderungen aller Art und ohne Rücksicht auf die Zeit ihrer Entstehung.	Nach richterlichem Ermessen.	Diese Bestimmung gilt nur … Schuldner, die ihren Wo… sitz oder ihre ständige gesch… liche Niederlassung in ein… Gebiete haben, in dem … Bezirksgericht infolge … kriegerischen Ereignisse … weise seine Tätigkeit e… gestellt oder seinen Stand… verlegt hat oder in ein…

Name des Staates	Welchen Verpflichtungen sind aufgeschoben?	Bis zu welchem Zeitpunkt?	Ausnahmen und besondere Bemerkungen
			infolge behördlichen Auftrags von einem erheblichen Teil der Bevölkerung verlassenen Gebiete.
	4. Zwangsvollstreckung.	Nach richterlichem Ermessen bis längstens 31. Dezember 1916.	Voraussetzungen wie unter 2. Ausgenommen Pfändung von Gegenständen des beweglichen Vermögens und zwangsweise Pfandrechtsbegründung sowie Zwangsvollstreckung wegen solcher Forderungen, für die bereits eine Zahlungsfrist bewilligt worden ist.
	5. Vereinbarte Rechtsnachteile.	—	Diese können nicht geltend gemacht werden, wenn der Schuldner nur mit Zinsen, Annuitäten oder Raten im Rückstand ist, die spätestens am 31. August 1915 fällig geworden sind.
	6. Leistungen an Angehörige von Großbritannien und Irland sowie der britischen Kolonien und Besitzungen, ferner von Frankreich und dessen Kolonien, sowie an russische Staatsangehörige und an Personen, die in den genannten Gebieten oder in Rußland ihren Wohnsitz (Sitz) haben.	—	Verboten.
	7. Verpflichtungen gegenüber sonstigen ausländischen Gläubigern nach dem Grundsatze des Gegenseitigkeitsrechts.	—	—
Bosnien und die Herzegowina			Das allgemeine Moratorium ist am 31. März 1916 abgelaufen.
	Sondermoratorien für die Bezirke Foca, Visegrad, Cajnice, Rogatica, Sebrenica, Kladanj, Vlasenice, Gacko, Bileca und Trebinje:		
	1. Vor dem 2. August 1914 entstandene privatrechtliche Geldforderungen einschließlich Forderungen aus Wechseln und Schecks, ferner aus Versicherungsverträgen, die vor diesem Tage abgeschlossen sind, bei Fälligkeit vor dem 1. Januar 1917.	Bis einschließlich 31. Dezember 1916.	Ausgenommen sind Forderungen aus Dienst- und Lohn-, Pacht- und Mietverträgen, aus gewissen Warenkaufverträgen, Ansprüche auf Zahlung gewisser Zinsen und Annuitäten, Forderungen aus Versicherungsverträgen — ganz oder teilweise —; Forderungen aus laufender Rechnung und aus Einlagen nur mit Einschränkungen gestundet.

Name des Staates	Welche Verpflichtungen sind aufgeschoben?	Bis zu welchem Zeitpunkt?	Ausnahmen und besonde Bemerkungen
	2. Wechsel und Schecks: a) ausgestellt vor dem 1. April 1916, wenn der Bezogene und beim eigenen Wechsel der Aussteller in dem genannten Gebiete seinen Wohnsitz hat, bei Fälligkeit zwischen dem 2. August 1914 und 31. Dezember 1916,	Zahlungstag: vorläufig 1. Januar 1917.	—
	wenn nur infolge Domizilvermerks in dem genannten Gebiete zahlbar, bei Fälligkeit vor dem 30. April 1916,	Zahlungstag: 1. Mai 1916.	—
	(Bei später fälligen Wechseln und Schecks dieser Art keine Hinausschiebung des Zahlungstages.) b) ohne Unterschied des Zahlungsortes und des Ausstellungstages, wenn der Präsentation oder der Protesterhebung ein infolge der kriegerischen Ereignisse eingetretenes unüberwindliches Hindernis entgegensteht. Hinausschiebung der Zahlungszeit, der Frist für die Präsentation zur Annahme oder zur Zahlung und für die Protesterhebung	um soviel, als erforderlich ist, um nach Wegfall des Hindernisses die wechselrechtliche Handlung vorzunehmen, mindestens bis zum Ablauf von zehn Werktagen nach Wegfall des Hindernisses.	—
	c) ausgestellt nach dem 31. März 1916 keine gesetzliche Stundung.	—	—
			Zu 1 und 2: Die gesetzl Stundung kann durch rich lichen Ausspruch aufgeho werden, wenn der Gläubi es beantragt und glaubh macht, daß die wirtschaftl Lage des Schuldners die

Name des Staates	Welche Verpflichtungen sind aufgeschoben?	Bis zu welchem Zeitpunkt?	Ausnahmen und besondere Bemerkungen
			setzliche Stundung nicht oder nicht in vollem Umfange rechtfertigt.
	3. Verpflichtungen aller Art.	Nach richterlichem Ermessen, jedoch nicht über den 31. Dezember 1916 hinaus.	Die Stundung kann gewährt werden auf Antrag des Beklagten, wenn dessen wirtschaftliche Lage es rechtfertigt und der Gläubiger dadurch keinen unverhältnismäßigen Nachteil erleidet. Von der Stundung ausgenommen sind Forderungen, für welche die gesetzliche Stundung durch richterlichen Ausspruch aufgehoben ist.
	4. Zwangsvollstreckung wegen einer von der gesetzlichen Stundung ausgenommenen Forderung.	—	Wie Österreich.
	5. Vereinbarte Rechtsnachteile.	—	Wie Österreich.
	6. Zahlungsverbot.	—	Wie Österreich.
	7. Zahlungen an sonstige ausländische Gläubiger nach dem Grundsatze des Gegenseitigkeitsrechts.	—	—
[illegible]. Galizien und die Bukowina	1. Vor dem 1. August 1914 entstandene privatrechtliche Geldforderungen, einschließlich Forderungen aus Wechseln und Schecks, ferner Geldforderungen aus Versicherungsverträgen bei Fälligkeit vor dem 1. Januar 1917	Bis 31. Dezember 1916.	Ausnahmen wie bei Bosnien und der Herzegowina.
	2. Wechsel und Schecks: a) ausgestellt vor dem 1. Oktober 1915, wenn der Bezogene und bei eigenen Wechseln der Aussteller in Galizien und der Bukowina seinen Wohnsitz hat, bei Fälligkeit zwischen dem 1. August 1914 und 31. Dezember 1916,	Zahlungstag vorläufig 1. Januar 1917.	—
	wenn nur infolge Domizilvermerks in Galizien und der Bukowina zahlbar, bei Fälligkeit vor dem 31. Januar 1916,	Zahlungstag 1. Februar 1916.	—
	(Bei später fällig werdenden Wechseln und Schecks keine Hinausschiebung des Zahlungstages.)		

Name des Staates	Welche Verpflichtungen sind aufgeschoben?	Bis zu welchem Zeitpunkt?	Ausnahmen und besondere Bemerkungen
	b) wie 2 b bei Bosnien und der Herzegowina.	—	—
	c) ausgestellt nach dem 30. September 1915 keine gesetzliche Stundung.	—	—
			Zu 1 und 2: Aufhebung der g setzlichen Stundung vgl. Bo nien und die Herzegowin Teilzahlungen und Za lungstermine sind im Ge bestimmt.
	3. Im übrigen wie Bosnien und die Herzegowina Nr. 3 bis 7.		
IV. Ungarn	1. Die bis einschließlich 31. Juli 1915 fällig gewordenen Geldschulden aus einem vor dem 1. August 1914 ausgestellten Wechsel. einer derartigen kaufmännischen, Anweisung, einem derartigen Lagerschein, Scheck oder im allgemeinen aus einem solchen handelsrechtlichen Geschäft oder einem anderen privatrechtlichen Rechtstitel, der vor dem 1. August 1914 entstanden ist, sofern die Schuld am 31. Juli 1915 noch unter das Moratorium gefallen ist.	Die Schulden sind in bestimmten Raten und innerhalb bestimmter Fristen zu tilgen; Raten und Fristen sind je nach dem Schuldgrunde verschieden.	Sonderbestimmungen bestehe für Schuldner, welche ihr Wohnsitz oder ihre Geschäft niederlassung in einer v den kriegerischen Ereigniss unmittelbar betroffenen G gend haben, insbesondere i auch die richterliche Stundun für nicht der gesetzliche Stundung unterliegen Schulden vorgesehen.
	2. Zahlungsverbote.	—	Wie in Österreich.
V. Kroatien, Slawonien und Dalmatien	—	—	Es gelten die für Ungarn e lassenen Bestimmungen, e gänzt durch Verordnung des Banus der Königreic
Portugal	1. Verpflichtungen zu Zahlungen in ausländischer Währung aus Wechseln, Schecks, laufender Rechnung und Geldgeschäften, die aus der Zeit vor dem 10. August 1914 herrühren.	Zunächst ein Aufschub von 150 Tagen von der Fälligkeit an, bei unbefristeten Forderungen vom 10. August 1914 an. Nach Ablauf dieser Frist sind zu zahlen: 25% innerhalb einer Frist von 30 Tagen, 25% innerhalb einer Frist von 60 Tagen, 25% innerhalb einer Frist von 90 Tagen, 25% innerhalb einer Frist von 120 Tagen.	

Name des Staates	Welche Verpflichtungen sind aufgeschoben?	Bis zu welchem Zeitpunkt?	Ausnahmen und besondere Bemerkungen
	2. Verpflichtungen aus Wechseltermingeschäften, die an den Börsen von Lissabon und Porto bis zum 3. August 1914 bewirkt worden sind.	Es sind zu zahlen: a) 10% am 6. 9. 1915, b) 15% „ 6.10.1915, c) 25% „ 6. 1. 1916, d) 25% „ 6. 4. 1916, e) 25% „ 6. 6. 1916.	Die angegebenen Teilzahlungen gelten für Geschäfte an den Börsen von Lissabon und Porto; bei Geschäften zwischen diesen Börsen und denjenigen von Funchal erhöhen sich die Prozentsätze zu a, b und c um das Doppelte, so daß diese Geschäfte bis zum 6. 1. 1916 abzuwickeln waren.
umänien	Zahlungsverbindlichkeiten aus kaufmännischen oder Privatgeschäften, die mit dem Auslande vor dem Tage der Einreichung des ersten Moratoriumsgesetzes vom 24. Dezember 1914/6. Januar 1915 abgeschlossen worden sind.	Vorläufig 20 Monate. Die Frist wird gerechnet: bei befristeten Forderungen, die nach Einreichung des Gesetzes fällig werden, von der Fälligkeit an, bei unbefristeten oder vor Hinweisung des Gesetzes fälligen Forderungen vom 20./23. Dezember 1914 an.	Während der Dauer der Stundung darf kein Protest erhoben, keine Klage eingereicht, keine Konkurserklärung ausgesprochen werden.
ußland Nicht besetztes Gebiet	I. Gouvernements: Warschau, Kalisch, Kielce, Lomscha, Lublin, Petrikau, Plotzk, Radom, Suwalki und Cholm. 1. Alle Verbindlichkeiten mit Zahlungsort in den genannten Gouvernements, welche vor dem 17. Juli 1914 (a. St.) entstanden sind.	—	Ausnahmen finden statt. Besondere Bestimmungen für Wechsel (siehe unter 2.). Nicht mehr der Stundung unterliegende Wechselsummen fallen unter die allgemeine Stundung.
	Bei Fälligkeit: nach dem 17. 7. 14—17.11 14, „ „ 17.11.14—17. 1. 15, „ „ 17. 1. 15—17. 3. 15, „ „ 17. 3. 15—17 4. 15, „ „ 17.4. 15—17. 7. 15, „ „ 17. 7. 15—17.10. 15, „ „ 17.10.15—17. 4. 16, „ „ 17. 7. 14 auf Verlangen.	21 Monate, 17 „ 15 „ 13 „ 12 „ 10 „ 6 „ bis 17. 4. 1916.	—
	2. Wechselverbindlichkeiten aus vor dem 17. Juli 1914 (a. St.) ausgestellten Wechseln Bei Fälligkeit: nach dem 17. 7. 14—17.11.14, vom 18.11.14—17. 1. 15, „ 18. 1. 15—17. 3. 15, „ 18. 3. 15—17. 4. 15, „ 18. 4. 15—17. 6. 15, „ 18. 6. 15—17.10.15, „ 18.10.15—17. 4. 16,	21 Monate, 17 „ 15 „ 13 „ 12 „ 10 „ 6 „	

Name des Staates	Welche Verpflichtungen sind aufgeschoben?	Bis zu welchem Zeitpunkt?	Ausnahmen und besonde Bemerkungen
	3. Pfandschulden, entstanden bis 17. Juli 1914 (a. St.) mit Zahlungsfristen vor dem 17. Januar 1917.	Bis 17. April 1917.	—
	4. Öffentliche Versteigerung des unbeweglichen Eigentums.	Bis 1. Januar 1917.	—
	5. Auszahlung auf Bankguthaben.	—	Saldo bis 100 Rubel sofort a zahlbar, bei höherem Sa 100 Rubel einmalig und natlich 5% des Saldos, a nicht über 500 Rubel, A nahmen finden statt.
	II. In den Gouvernements: Wilna, Grodno, Kowno, Kurland, Livland, Minsk, in den Kreisen Wladimir-Wolhynisk, Dubno, Kremenetz, Kowel, Luzk, Ostrag, Kowno, und Alt-Konstantin des Gouvernements Wolhynien, in den Kreisen Kamenetz-Podolsk und Proskurow des Gouvernements Podolien:		
	Wechsel ausgestellt bis 10. Juni 1915 mit Zahlungsort in den genannten Gouvernements.		
	fällig bis 10. 1. 1916,	12 Monate,	
	fällig vom 11. 1 1916 bis 10. 7. 1916.	6 „	
	III. In Rußland allgemein:		
	1. Leistungen an Deutsche, Österreicher, Ungarn und Türken.	—	Verboten.
	2. Ausfuhr von Geld usw. im Werte von mehr als 500 Rubel ins Ausland.	—	Verboten.
Schweden	—	—	Auslandsmoratorium am 1. nuar 1916 abgelaufen.
Schweiz	1. Alle Verpflichtungen der im Kriegsdienste befindlichen Wehrmänner. (Rechtsstillstand zu deren Gunsten.)	Bis auf weiteres.	—
	2. Verpflichtungen gegenüber ausländischen Gläubigern nach dem Grundsatze des Gegenseitigkeitsrechtes.	Bis auf weiteres.	—
	3. Betreibungsstundung kann nach richterlichem Ermessen gewährt werden.	Bis 31. Dezember 1916.	Ausnahmen finden stat.
	4. Konkurseröffnungen können nach richterlichem Ermessen hinausgeschoben werden.	Bis zu 4 Monaten.	—

Name s Staates	Welche Verpflichtungen sind aufgeschoben?	Bis zu welchem Zeitpunkt?	Ausnahmen und besondere Bemerkungen
bien	Alle Zahlungsverpflichtungen.	Bis 60 Tage nach der Demobilisierung.	Der Rechtszustand im besetzten Gebiet ist nicht bekannt.
enien	—	—	Einschlägige Bestimmungen sind bisher nicht bekannt geworden.
kei	Alle Verpflichtnngen, die auf bis zum 21. Juli 1914/3. August 1914 eingegangenen Verbindlichkeiten beruhen.	Vorläufig bis 13. Dezember 1916 (n. St.).	Tilgung in Teilzahlungen, von denen eine Reihe fällig sind. Sonderbestimmungen für Rückzahlung von Guthaben seitens der Aktienbanken.
	Leistungen an Angehörige feindlicher Staaten und im feindlichen Auslande wohnhafte Personen.	—	Verboten.

.4. Bekanntmachung über die Geltendmachung von Ansprüchen von Personen, die im Ausland ihren Wohnsitz haben.

Vom 7. August 1914.

(RGBl. 1914 S. 360 Nr. 4457).

Der Bundesrat hat auf Grund des § 3 des Gesetzes vom . August 1914 (Reichs-Gesetzbl. S. 327) über die Ermächtigung es Bundesrats zu wirtschaftlichen Maßnahmen und über die Verlngerung der Fristen des Wechsel- und Scheckrechts im Falle riegerischer Ereignisse folgende Verordnung erlassen.

§ 1.

Personen, die im Ausland ihren Wohnsitz haben, sowie juristische ersonen, die im Ausland ihren Sitz haben, können vermögensrechtliche Insprüche, die vor dem 31. Juli 1914 entstanden sind, [bis zum 31. Oktober 914] vor inländischen Gerichten nicht geltend machen. Ist ein Anspruch or dem Inkrafttreten dieser Vorschrift bereits rechtshängig geworden, wird das Verfahren [bis zum 31. Oktober 1914] unterbrochen.

Der Reichskanzler ist ermächtigt, Ausnahmen von diesen Vorhriften zuzulassen. Er kann aus Gründen der Vergeltung die Vorhriften auf Angehörige und juristische Personen eines ausländischen Staates ohne Rücksicht auf den Wohnsitz oder Sitz für anwendbar erklären.

Voraussetzungen für die Anwendung der Bekanntmachung.

. Persönliche.

. Bei natürlichen Personen. Verlangt wird Wohnsitz im Ausland. ur der Wohnsitz ist entscheidend, nicht die Staatsangehörigkeit. Die erordnung richtet sich nicht gegen den Ausländer, sondern den Ausndsbewohner. (Vgl. aber Bek. vom 25. Juni 1915, betr. Schweiz unten S. 425.) über die Klagbarkeit von Ansprüchen russischer Arbeiter, denen durch das Kaiserl. Arbeitsamt Stellungen in Deutschland verschafft wurden: Gewerbe-Ger. Berlin v. 9. Febr. 1915 u. 21. Juli 1915, Reichsarbeitsbl. 1916 S. 247/24 = Mitt. d. Handelsk. Berlin 1916 S. 95/96. **Begriff des Wohnsitzes** vgl. §§ 7 ff. BGB. Dementsprechend sind bei abgeleitetem Wohnsitz nach §§ 10, 11 BGB. nicht der tatsächliche Aufenthalt der Ehefrau usw., sondern der Wohnsitz des Ehemannes usw. maßgebend. Hat der Mann seinen Wohnsitz im Ausland begründet und ist ihm die Frau dorthin gefolgt, so bleibt auch für sie dort ihr gesetzlicher Wohnsitz, selbst wenn sie aus Gründen, die sie berechtigt hätten, dem Mann nicht zu folgen, ins Inland zurückgekehrt ist und sich hier dauernd aufhält. (Vgl. KG. vom 28. Nov. 1914 KGBl. 1915, 10 = OLGRspr. 30, 355 = JW. 1915, 861.)

2. Juristische Personen. Im allgemeinen bestimmt sich die Rechtsfähigkeit juristischer Personen nach den Gesetzen des Staates, dem sie angehören, d. h. in dem sie ihren Sitz haben. (ROLG. 5, 101, 8, 12, 9, 29, 10, 129.) Nur Vereine, die nach dem Gesetz ihres Heimatstaates rechtsfähig sind, die aber Rechtsfähigkeit im Inland nur nach den Vorschriften der §§ 21, 22 BGB. erlangen könnten, bedürfen zur Erlangung der Rechtsfähigkeit für das Bundesgebiet außerdem noch der Anerkennung ihrer Rechtsfähigkeit durch Beschluß des Bundesrats. Art. 10 EG. BGB. Verlangt wird Sitz im Ausland. Der Sitz ist an dem Ort, wo die Verwaltung der juristischen Person geführt wird (nicht wo sie im Register eingetragen ist oder — wie nach § 177 ZPO. beim Gerichtsstand — auch wo nach ihrer Satzung der Sitz ist).

Unterhält eine juristische Person des Inlands im Ausland eine Niederlassung oder Zweigniederlassung, so wird die Klage dieser Niederlassung bzw. der juristischen Person unter der Firma dieser Niederlassung noch nicht zur Klage eines Ausländers, da die Niederlassung der eigenen juristischen Persönlichkeit entbehrt und damit auch des „Sitzes im Ausland". (Vgl. OLG. Colmar vom 12. Dez. 1914 DJZ. 1915, 115 = Recht 1915, 105). Die inländischen Zweigniederlassungen, Niederlassungen, sogenannte Agenturen (die nicht Betriebe von Handlungsagenten im Sinne §§ 84 ff. HGB. sind) usw. ausländischer juristischer Personen können gemäß § 2 als im Inland unterhaltene gewerbliche Niederlassungen zur Klagbarkeit der in ihnen entstandenen Forderungen Anlaß geben, zu Inländern werden sie aber mangels eigener Rechtspersönlichkeit nicht. (**A. M.** LG. Mannheim vom 13. Nov. 1914 LZ. 1915, 84 und Hachenburg, LZ. 1914, 1606, wonach die inländischen eingetragenen Agenturen der ausländischen Firma keine Ausländer sein sollen; tatsächlich kann es derartige Agenturen nach deutschem Recht überhaupt nicht geben, da der Gewerbebetrieb des eingetragenen Handlungsagenten begrifflich immer ein selbständiger ist und seine Staatszugehörigkeit mit den Firmen, die der Agent jeweils vertritt, nichts zu tun hat.)

Über die juristische Persönlichkeit des alten hamburgischen Testaments s. OLG. Hamburg vom 25. Febr. 1915 Recht 1915, 171. („Faßt man mit der herrschenden Ansicht das Testament des vor Inkrafttreten des BGB. gestorbenen Erblassers als selbständiges Rechtssubjekt auf, so findet die Verordnung keine Anwendung, wenn der Erbe Engländer, der Testamentsvollstrecker aber Deutscher ist, denn er vertritt die juristische Person des Testaments, die in Deutschland ihren Sitz hat.")

3. Handelsgesellschaften ohne juristische Persönlichkeit, Gesamtgläubigerschaft, Gemeinschaft. Die offene Handelsgesellschaft ist Ausländerin, wenn der Sitz der Geschäftsführung im Ausland liegt. Zwar ist zuzugeben, daß im allgemeinen die Gesellschafter in ihrer Gesamtheit Prozeßpartei sind (Staub, HGB. Anm. 8 zu § 105), so daß an und für sich mit der 2. Auflage und OLG. München vom 26. Nov. 1914 Recht 1915, 12 = ROLG. 30, 253 = JW. 1915, 54 anzunehmen wäre, die Ausländereigenschaft der Gesellschaft richte sich nach dem Wohnsitz der Gesellschafter. Für die Anwendung der Verordnung ist aber maßgebend, ob durch die Geltendmachung Inlandsvermögen ins Ausland abwandert. Diese Gefahr ist gegeben, wenn der Sitz der Geschäftsführung im Ausland liegt, gleichgültig ob die Gesellschafter im Inland oder Ausland ihren Wohnsitz haben.

Die gleiche Beurteilung greift Platz bei allen sonstigen Handelsgesellschaften und Gesellschaften des bürgerlichen Rechts, bei denen die Geschäftsführung zentralisiert ist.

Anders bei der Gesamtgläubigerschaft (§§ 428—430 BGB.). Der inländische Gläubiger kann klagen, der ausländische nicht, wenn der Schuldner sich durch Leistung an einen Gläubiger befreien kann. Sind mehrere Gläubiger zu einer unteilbaren Leistung berechtigt und kann ein Gläubiger nur auf Leistung an alle klagen, so kann auch der Inländer nicht klagen, wenn einer der Gläubiger Ausländer ist. (Ebenso OLG. Frankfurt a. M. vom 24. März 1915 Recht 1915, 348 = OLGRspr. 30, 377 = LZ. 1915, 919, OLG. Frankfurt vom 24. März 1915 DJZ. 1915, 725 = LZ. 1915, 919.) Sind mehrere zu einer teilbaren Leistung berechtigt, so kann der inländische Gläubiger auf Leistung des auf ihn treffenden Teils klagen, der ausländische nicht. (§ 420 BGB.) (Ebenso OLG. Frankfurt vom 24. März 1915 siehe oben.)

4. Leistung an einen Dritten. Ist Kläger Ausländer, der Dritte aber Inländer, so ist die Klage zuzulassen, da Abwanderung von Inlandsvermögen ins Ausland nicht zu befürchten ist, dagegen nicht, wenn der Dritte Ausländer und der Kläger Ausländer oder Inländer ist. Ebenso Hallbauer, SächsArch. 1915, 53.

5. Besondere Fälle.

a) Der Auslandbewohner hat doppelten Wohnsitz im In- und Ausland. Die Verordnung ist auf ihn anzuwenden, da sie aus Vergeltungsrücksichten die Abwanderung von Inlandsvermögen ins Ausland verhindern soll und diese Gefahr hier gegeben ist. (Ebenso Heß, a. M. Sintenis.) Nur wenn der Auslandbewohner eine eigene gewerbliche Niederlassung im Inland hat und der Anspruch in ihr entstanden ist (§ 2 Abs. 1 der Verordnung), sieht die Verordnung darüber hinweg, daß er einen Wohnsitz im Ausland hat und behandelt ihn als Inländer.

b) Der Kläger hat überhaupt keinen Wohnsitz. Er ist dann nicht Auslandbewohner im Sinne der Verordnung und ihrer Anwendung nicht unterworfen (ebenso Wassermann, JW. 1915, 317). Die gegenteilige von Levis, Recht 1914, 596, vertretene Auffassung würde dazu führen, daß die zahlreichen Auslanddeutschen, die vor und bei Kriegsbeginn ihren bisherigen Wohnsitz aufgaben, um ihrer Dienstpflicht im deutschen Heer zu genügen, vor den Inlandgerichten nicht klagen könnten, da sie durch Erfüllung ihrer Dienstpflicht einen Wohnsitz im Inland nicht erwerben. (§ 9 Abs. 2 BGB.)

6. Der Wohnsitz im Ausland muß im Zeitpunkt der Klageerhebung (normal Zustellung) vorhanden sein (ebenda RG. vom 15. Februar 1915 DJZ. 1915, 318 = Recht 1915, 171 = OLGRspr. 30, 255; OLG. Frankfurt a. M. vom 21. Okt. 1915 LZ. 1916, 179 = Recht 1916, 78 = ROLG. 31, 386.) Verlegt ein Inlandbewohner vor der Urteilsverkündung seinen Wohnsitz nach dem Ausland, so wird dadurch das Verfahren in analoger Anwendung des Satz 2 des § 1 Abs. 1 nur unterbrochen (ebenso Menner, JW. 1915, 861 und OLG. Nürnberg vom 22. Nov. 1915 Recht 1916, 17, dieses bezüglich der Widerklage).

7. Begriff des Auslands. Ausland im Sinn der Verordnung sind alle Gebiete, die nicht gleichzeitig staatsrechtlich und tatsächlich der Herrschaft des Deutschen Reichs unterstehen.

a) Allerdings gelten die Reichsgesetze nur für das Gebiet des Deutschen Reichs; es ist daher im allgemeinen, wenn ein Reichsgesetz von „Ausland" spricht, darunter alles zu verstehen, was nicht Bundesgebiet ist. Für die begriffliche Zugehörigkeit der deutschen Schutzgebiete zum Inland im Sinn der Verordnung spricht aber der Umstand, daß die Bewohner der Schutzgebiete durch die Verordnung in ihrer bisherigen Rechtsstellung vor den deutschen Gerichten zweifelsohne nicht beeinträchtigt werden sollten, um so weniger als Inlandbewohner vor den Gerichten der Schutzgebiete nicht den Einwand eines Moratoriums gegen Reichsdeutsche zu fürchten haben. Wären die Bewohner der Schutzgebiete Ausländer im Sinne der Verordnung, so hätte zweifelsohne zu ihren Gunsten der Reichskanzler von seiner Befugnis, nach § 1 Abs. 2 Satz 1 allgemein Ausnahmen zuzulassen, ebenso Gebrauch gemacht wie für Österreich-Ungarn und die Schweiz mit den Bekanntmachungen vom 20. April und 25. Juni 1915 (s. unten S. 425). Allerdings kann die Inlandeigenschaft der Schutzgebiete nicht darauf gestützt werden, daß sie angeblich mit dem Deutschen Reich ein gemeinsames einheitliches Wirtschaftsgebiet bilden (wie dies Menner, JW. 1915, 860; Steffens, OLG. Hamburg 6. ZS. vom 25. März 1915 OLGRspr. 30, 379 = Recht 1915, 280 = HansGerZ. 1916, 58 tun), da — abgesehen von der während des Krieges tatsächlich bestehenden Absperrung — infolge der Zollgrenze, die den Schutzgebieten nur die Rechte von meistbegünstigten Staaten einräumt (§ 1 Zolltarifgesetz und Bundesratsbeschluß vom 2. Juni 1896) nicht ein gemeinsames, einheitliches Wirtschaftsgebiet, sondern getrennte Wirtschaftsgebiete vorhanden sind. Im übrigen ist auch die Einheitlichkeit des Wirtschaftsgebietes kein Kriterium für den Auslandbegriff. Sonst würden zum Ausland die deutschen Zollausschlüsse und zum Inland Luxemburg gehören, obwohl dieses ein Moratorium erlassen hat.

Gegen die Inlandeigenschaft der Schutzgebiete: OLG. Hamburg 1. ZS. vom 12. Mai 1915 OLGRspr. 30, 374 = Recht 1915, 351; vgl. ferner nachstehende Anm. b.

b) Als Kriegsgesetz, das die Abwanderung von Inlandvermögen ins Ausland und damit die direkte oder indirekte Schwächung der eigenen und Verstärkung der ausländischen, insbesondere der feindlichen Wirtschaft verhindern soll, kann die Verordnung sich nicht damit begnügen, als Ausland die staatsrechtlich nichtdeutschen Gebiete anzusehen. Auch die deutschen, vom Feind besetzten Gebiete, deren Wirtschaft ihm zugute kommt, sind daher Ausland im Sinne der Verordnung, also derzeit die Schutzgebiete mit Ausnahme des Teils von Deutsch-Ostafrika, der noch die Gewalt der dortigen Behörden untersteht und die vom Feind besetzten Grenzdörfer des Elsaß. (Vgl. hiezu auch OLG. Hamburg vom 12. Mai 1915 RJA. 14, 140 über die Wirkung des Kriegszustandes und der Besetzung durch den Feind auf die Entscheidung der Frage, ob das Schutzgebiet Inland nach § 73 FGG. ist.)

c) Die von den deutschen Truppen besetzten fremdländischen Gebiete bleiben Ausland, da das Reich in ihnen zwar eine tatsächliche, aber keine staatsrechtliche Herrschaft ausübt. (Über die dortigen Moratorienbestimmungen vgl. Dove, Der Rechtszustand in den okkupierten Gebieten Belgiens und Russisch-Polens JW. 1915, 425 f. und 965 f; Laband, Die Verwaltung Belgiens während der kriegerischen Besetzung in der Festschrift für Otto Mayer S. 6.)

d) Ausland sind auch die mit dem Reich verbündeten Staaten Österreich-Ungarn, Türkei und Bulgarien (ebenso bezüglich Österreich-Ungarn OLG. München vom 11. Jan. 1915 Recht 1915, 56 = LZ. 1915, 241.)

Für Österreich-Ungarn hat der Reichskanzler durch die Bekanntmachung vom 20. April 1915 gemäß § 1 Abs. 2 Satz 1 eine allgemeine Ausnahme bewilligt, so daß seitdem Österreich-Ungarn praktisch als Inland gilt, ebenso die Schweiz seit der Bekanntmachung vom 25. Juni 1915, diese aber nur, soweit nicht Angehörige Englands, Frankreichs oder Rußlands in Betracht kommen. (Siehe unten S. 424 u. S. 425.)

Angehörige der uns feindlichen Länder, die im Inland ihren Wohnsitz haben, werden als Inländer behandelt und von der Verordnung nicht betroffen. (Ebenso KammerG. vom 8. Febr. 1915 DJZ. 1915, 427 = Recht 1915, 173 = ROLG. 30, 254 = KGBl. 1915, 36.)

8. Wo der Beklagte seinen Wohnsitz hat, ist gleichgültig. (LG. Düsseldorf vom 12. März 1915 JW. 1915, 466; LG. Metz vom 12. Febr. 1915 Recht 1915, 106; KammerG. vom 20. Febr. 1915 DJZ. 1915, 428 = Recht 1915, 226.) Der Auslandbewohner hat auch gegen den Auslandbewohner kein Klagerecht, da hiedurch Inlandvermögen ins Ausland abwandern könnte (ebenso Rothbarth, Cahn, Haberstumpf, Reichel, JW. 1915, 291; Wassermann am gleichen Ort 315; OLG. Breslau vom 25. Febr. 1916 JW. 1916, 765; a. M. Fürnrohr, JW. 1915, 238).

B. Sachliche Voraussetzung ist die Geltendmachung eines vermögensrechtlichen Anspruchs, der vor dem 31. Juli 1914 entstanden ist.

1. Vermögensrechtliche Ansprüche sind alle Ansprüche, deren Erfüllung für den Beanspruchenden Vermögenswert hat, gleichgültig, ob sie im bürgerlichen, öffentlichen oder Strafrecht wurzeln, auf Geld oder Erfüllung von Miet-, Dienstverträgen usw. gerichtet sind. Insbesondere fallen darunter auch die Ansprüche aus dem Gebiet des gewerblichen Rechtsschutzes (a. M. bezüglich der Ansprüche von Ausländern wegen Patentverletzung Seligsohn, DJZ. 1916, 66), die Klage auf Löschung des Warenzeichens, die Ansprüche auf Unterlassung, auf Entschädigung, auf Zuerkennung einer Buße, auf Kostenersatz im Privatklageverfahren, auf Zuerkennung von Renten, auf Rückvergütung von Gebühren, Stempeln und Abgaben.

Nicht unter den Begriff vermögensrechtliche Ansprüche fallen die Ansprüche aus dem Namenrecht, die Statusklagen, die Eheanfechtungs-, Nichtigkeits- und Scheidungsklagen, die Strafansprüche (vgl. auch Anm. II zu § 19 GerEntlVer. oben S. 91).

2. Vor dem 31. Juli 1914 ist der Anspruch entstanden, wenn die Tatsachen, die ihn begründen, vor diesem Zeitpunkt eingetreten sind. Gleichgültig ist daher, wann der Anspruch fällig wird. Hypothekzinsen, die nach dem 31. Juli 1914 fällig werden, unterliegen der Verordnung, wenn das zugrunde liegende Rechtsgeschäft vor dem 31. Juli 1914 abgeschlossen wurde (ebenso OLG. Frankfurt a. M. vom 21. Okt. 1915 LZ. 1916, 179 = OLGRspr. 31, 386 = Recht 1916, 78; **a. M.** OLG. Hamburg vom 17. Dez. 1915 LZ. 1916, 415 = JW. 1916, 771). Bei Wechselschulden ist der Ausstellungstag des Wechsels, nicht der Entstehungstag der durch den Wechsel gedeckten Forderung maßgebend. (AG. Westerland vom 6. März 1915 Recht 1915, 179.) Vgl. hiezu auch Anm. I B d zu § 1 der Bekanntmachung über Bewilligung von Zahlungsfristen.

3. Zusammenhang mit anderen Ansprüchen. Ob der geltend gemachte Anspruch mit einem andern Anspruch zusammenhängt, ist gleichgültig. Maßgebend für die Frage, ob ein selbständiger Anspruch vorliegt, auf den die Verordnung anzuwenden ist, ist nur die Form seiner Geltendmachung. Für die sogenannten Nebenansprüche (Zinsen, Prozeßkosten) hat ihr Zusammenhang mit anderen Forderungen so wenig eine besondere rechtliche Behandlung im Gebiet der Verordnung zur Folge, wie etwa der Umstand, daß eine Forderung in Teilbeträgen eingeklagt wird. Die Prozeßkosten, die der Ausländer beitreiben will, der sich auf den vom Inländer gegen ihn angestrengten Prozeß eingelassen hat, unterliegen daher ebenfalls der Anwendung der Verordnung. Wenn demgegenüber in der 2. Auflage und vom KG. vom 2. November 1914 LZ. 1915, 75 = Recht 1915, 105 ausgeführt wurde, es könne nicht im Sinne der Verordnung liegen, daß der Ausländer trotz seiner Einlassung und seines Obsiegens verhindert sein sollte, die Prozeßkosten beizutreiben, so wurde hiebei verkannt, daß die Verordnung in erster Linie den Abfluß von Inlandvermögen ins Ausland verhindern will, und dies geschieht durch die Kostenerstattung. Im übrigen ist nicht einzusehen, warum die Verweigerung der Kostenerstattung unbilliger sein soll wie etwa die Verweigerung des Rechtsschutzes für Ansprüche aus einer unerlaubten Handlung oder einem erfüllten Kaufvertrag. Auch kennt ein großer Teil des Auslandrechts die Kostenerstattung selbst nicht oder nur in beschränktem Umfang (vgl. hiezu OLG. Celle vom 28. April 1915 LZ. 1915, 919 u. Niemeyer LZ. 1914, 179). Wenn Hallbauer, SächsArch. 1915, 50 ff. dem Ausländer die Geltendmachung des Kostenerstattungsanspruches gestattet, sofern der Rechtsstreit erst nach dem 31. Juli 1914 gegen ihn angestrengt wurde, so ist dies bei der selbständigen Natur des Anspruchs selbstverständlich.

Der Inländer, der einen Titel für den Kostenerstattungsanspruch hat, kann ihn trotz der Unterbrechung betreiben, da die Bekanntmachung nicht gegen den Inländer und das Inland gerichtet ist. **A. M.** Niemeyer, LZ. 1915, 791 u. OLG. Hamburg vom 28. Sept. 1914 LZ. 1915, 157.

Im allgemeinen ist auch die Festsetzung des Streitwerts als Anspruch vermögensrechtlicher Natur der Anwendung der Verordnung unterworfen (vgl. OLG. Hamburg vom 17. Sept. 1914 und 13. Okt. 1914 DJZ. 1914, 1507 = Recht 1914, 729 = LZ. 1915, 157 = OLGRspr. 29, 309). Nicht unter die Verordnung fällt ein Antrag des inländischen Prozeßbevollmächtigten auf Wertfestsetzung nach § 12 RAGebO., da es sich hier um den selbständigen Anspruch des inländischen Anwalts handelt.

Ebenso erstreckt sich die Anwendung der Verordnung nicht auf das Beitreibungsverfahren der Gerichtskasse wegen Gerichtsgebühren bei Unterbrechung des Verfahrens, denn der Kostenanspruch ist nicht ein Anspruch des Ausländers, sondern des Staates (OLG. Hamburg Recht 1914, 729 = LZ. 1915, 158).

II. Folge der Auslandnatur des vermögensrechtlichen Anspruchs ist die Versagung der Geltendmachung vor inländischen Gerichten.

A. Geltendmachung ist jeder Versuch des Gläubigers, durch die inländische Gerichtsorganisation eine Anerkennung oder Erfüllung seines Anspruchs zu erlangen.

Im einzelnen ist insbesondere Geltendmachung außer der gewöhnlichen Leistungsklage

1. die positive Feststellungsklage (ebenso Hallbauer, SächsArch. 1915, 55);
2. die negative Feststellungsklage. Der Auslandbewohner, der die Feststellung verlangt, daß die angebliche Forderung eines Inlandbewohners nicht bestehe, erhebt einen Anspruch vermögensrechtlicher Natur, ebenso RG. vom 6. Nov. 1914 Recht 1915, 105 = LZ. 1915, 43; Steffens, Cohn, JW. 1915, 291; **a. M.** 2. Auflage; Hallbauer, SächsArch. 1915, 55; RG. 4. ZS. vom 28. Febr. 1916, Recht 1916, 243, wonach die Verordnung auf Ansprüche bloß prozessualer Art, „Rechtsschutzansprüche" nicht zutreffe;
3. die Widerklage des Auslandbewohners, ebenso Sieskind, Sintenis, KammerG. vom 20. Febr. 1915 Recht 1915, 226 = DJZ. 1915, 428; **a. M.** Steffens a. a. O.;
4. die Hauptintervention;
5. das Mahnverfahren, ebenso Sintenis, Hallbauer, SächsArch. 1915, 55; Glaser, LZ. 1915, 1782;
6. Arrest und einstweilige Verfügung, ebenso OLG. Cöln DJZ. 1915, 201 = Recht 1915, 206; Steinert, Recht 1915, 121; Steffens, Hallbauer, SächsArch. 1915, 51; OLG. Hamburg vom 24. März 1915 HansGerZ. Beibl. 1916, 58 = JW. 1916, 222; **a. M.** Knippschaar, DJZ. 1915, 201 (da die Sicherung des Anspruchs durch die Verordnung nicht ausgeschlossen sei) und Hirsch, JW. 1914, 1003, der die Verordnung bei einstweiliger Verfügung nur angewendet wissen will, wenn sie auf eine Geldforderung gerichtet ist;
7. der Antrag auf Beweissicherung: auch durch ihn nimmt der Auslandbewohner die inländische Gerichtsorganisation in Anspruch. ebenso Menner, JW. 1915, 863; Reichel, JheringsJ. 1915, 66. **A. M.** 2. Auflage, LG. München I vom 20. Nov. 1914 LZ. 1915, 84; Hallbauer, SächsArch. 1915, 52; Steffens, Steinert, Recht 1915, 121;
8. Antrag auf Kostenfestsetzung, siehe oben I B 3;
9. die Zwangsvollstreckung. Gerade sie würde das Inlandvermögen ins Ausland bringen. Zu den inländischen Gerichten im

Sinne der Verordnung gehört nicht nur das erkennende Gericht, sondern die gesamte Gerichtsorganisation. Die Verordnung wäre für den Schutz der deutschen Wirtschaft wertlos, wenn der Auslandbewohner vor 31. Juli 1914 titulierte Ansprüche vollstrecken lassen könnte. Wäre die Vollstreckung von der Verordnung nicht betroffen, so hätte keine Veranlassung zur Bekanntmachung des Reichskanzlers vom 18. Febr. 1916 bestanden, durch welche die Vollstreckbarkeitserklärung und die Vollstreckung der im Artikel 18 des Abkommens über den Zivilprozeß vom 17. Juli 1905 (RGBl. 1909, 410) bezeichneten Kostenentscheidungen von Gerichten nichtfeindlicher Staaten als Ausnahme zugelassen wird.

Ebenso KammerG. 8. ZS. vom 28. Nov. 1914 KammerGBl. 1915, 10 und vom 20. März 1915 KammerGBl. 1915, 50 = Recht 1915, 226 = JW. 1915, 464 = OLGRspr. 30, 380 und die überwiegende Literatur und Rechtsprechung (vgl. hiezu die Angaben bei Menner, JW. 1915, 863 Fußnote 31). **A. M.** OLG. Hamburg vom 28. Sept. 1914 DJZ. 1914, 1307 = OLGRspr. 29, 310 = Recht 1914, 703, 1915, 12 = LZ. 1915, 157 und KammerG. 13. ZS. vom 19. Nov. 1914 DJZ. 1915, 111 = Recht 1915, 12, 105 = KammerGBl. 1915, 6 und AG. Straßburg ElsLothNotZ. 1915, 287.

Der Vornahme der Zwangsvollstreckung ist durch Einwendungen nach § 766 ZPO. zu begegnen. Was für die Vollstreckung in bewegliches Gut gilt, muß auch für die Zwangsversteigerung und Zwangsverwaltung gelten.

Insbesondere sind als Akte des Zwangsvollstreckungsverfahrens im weiteren Sinne unzulässig:

a) die Vollstreckungsgegenklage § 767 ZPO. und die Widerspruchsklage 771 ZPO., da in beiden Klagen vermögensrechtliche Ansprüche geltend gemacht werden. Ebenso Steffens, JW. 1915, 253. **A. M.** Leo, JW. 1915, 366 und bezüglich der Vollstreckungsgegenklage Wodtke, JW. 1915, 1221, unentschieden bez. der Widerspruchsklage RG. 3. ZS. vom 18. Jan. 1916 JW. 1916, 597 mit Anmerkung von Heilberg;

b) die Klage des beklagten Auslandbewohners, der im Rechtsstreit obsiegt hat, nach § 717 Abs. 2 Satz 1, 2 ZPO. auf Ersatz des Vollstreckungsschadens usw.; ebenso die entsprechende Widerklage;

c) die Klage auf Erlassung des Vollstreckungsurteils für Urteile des Auslands nach § 722 ZPO; ebenso OLG. Karlsruhe vom 29. Juni 1915 BadRpr. 1915, 118 = JW. 1915, 1127. Für die Vollstreckung von Kostenentscheidungen des nichtfeindlichen Auslands ist durch Reichskanzlerbekanntmachung vom 18. Febr. 1916 eine allgemeine Ausnahme zugelassen (siehe dort S. 426);

d) die Erteilung der Vollstreckungsklausel; ebenso Menner, JW. 1915, 863; **a. M.** OLG. München vom 10. März 1915 Recht 1915, 226 = LZ. 1915, 647;

e) das Verteilungsverfahren, ebenso Hirsch, JW. 1914, 1004. **A. M.** Hallbauer a. a. O., der Hinterlegung verlangt.

f) der Antrag auf Rückgabe einer hinterlegten Sicherheit, OLG. Cöln vom 18. Juni 1915 Recht 1915, 404; RG. 7. ZS. vom 22. Okt. 1915 JW. 1916, 138 = Recht 1915,

616; RG. 3. ZS. vom 18. Jan. 1916 JW. 1916, 597 = Recht 1916, 152 = Warn. 1916, 100. Ist die Veranlassung zur Sicherheitsleistung erst nach dem 31. Juli 1914 weggefallen, so ist die V. unanwendbar. RG. ebenda.

1) die Beteiligung des Auslandbewohners am Inlandkonkurs. Die Anmeldung selbst und die Eintragung in die Tabelle durch den Gerichtsschreiber sind als lediglich registrierende Akte ebenso zulässig wie die Einreichung einer Klageschrift.

Dagegen ist die Prüfung durch den Konkursverwalter und das Konkursgericht abzulehnen, und zwar auch bei bevorrechtigten oder rechtskräftig festgestellten Forderungen. Dementsprechend haben die Forderungen auch kein Stimmrecht und werden bei der Berechnung absoluter und qualifizierter Mehrheiten nicht mitgezählt. A. M. LG. Plauen vom 3. u. 21. Dez. 1914 DRAZ. 1915, 8; AG. Reichenhall MittAGA. 1915, 16.

Läßt sich der Verwalter auf die Prüfung der Forderung ein und bestreitet sie, so muß auch eine eventuelle Feststellungsklage des Gläubigers gegen den Verwalter nach § 146 KO. als vermögensrechtlicher Anspruch eines Ausländers entsprechend der Verordnung abgewiesen werden.

(Vgl. hiezu Jaeger, LZ. 1915, 416 ff., SächsArch. 1915, 341 ff.; OLG. Dresden vom 19. Juli 1915 LZ. 1915, 1174 = SächsArch. 1915, 342, 377 = OLGRspr. 31, 186 in JW. 1915, 1088 von Menner besprochen; Haberstumpf, BayZfR. 1915, 37.) A. M. bezüglich der Eintragung in die Tabelle Glaser LZ. 1914, 1779 (der das Ergebnis allerdings für wenig befriedigend hält); Hahnemann, NachrDAW. 1914, 128.

Gegen die Versagung der Eintragung durch den Gerichtsschreiber ist nur Dienstaufsichtsbeschwerde zulässig (Haberstumpf a. a. O.), gegen den ablehnenden Beschluß des Gerichtes im Prüfungstermin sofortige Beschwerde gemäß § 73 KO. Der Beschluß ist dem Anmelder zuzustellen. Eine Beschränkung der Ablehnung auf die Zeit des Auslandmoratoriums (hiefür Jaeger, LZ. 1915, 417; Menner, JW. 1915, 864) findet im Gesetz keine Stütze.

War das Konkursverfahren schon vor dem Inkrafttreten der Verordnung eingeleitet und die Forderung des Ausländers festgestellt, so ist seine weitere Teilnahme am Verfahren für unzulässig zu erklären (ebenso Jaeger a. a. O. 418).

Weiterhin findet auch eine Berücksichtigung der Ausländerforderung durch Auszahlung oder Hinterlegung nicht statt. Konkursverwalter und Richter sind nicht Abwesenheitspfleger für Auslandgläubiger. A. M. Dietrich, BayZfR. 1915, 87, wonach die Auszahlung der Quote an den Auslandgläubiger statthaft sein soll, vorausgesetzt, daß der Verwalter die Forderung in das nach § 151 KO. niederzulegende Verzeichnis einträgt und im Schlußtermin hiegegen Erinnerungen nicht erhoben werden. Hallbauer, SächsArch. 1915, 55 hält Anmeldung und Feststellung für zulässig, dagegen die Auszahlung für verboten und nur Hinterlegung für zulässig; Stocher, MittAGA. 1914, 78 auch die Auszahlung, OLG. Hamburg vom 22. Febr. 1915 Recht 15, 280, LZ. 1915, 781 nur die Hinterlegung.

Seuffert, Recht 1915, 359 hält Anwendung, Prüfung, Feststellung und Auszahlung für zulässig (letztere soweit nicht Zahlungsverbote entgegenstehen).

Masseansprüche, Aus- und Absonderungsansprüche, die gegenüber dem Konkursverwalter geltend gemacht werden, fallen nicht unter die Verordnung, da dies keine gerichtliche Geltendmachung ist (ebenso Jaeger, SächsArch. 1915, 341 f.; anders natürlich, wenn diese Ansprüche eingeklagt werden);

11. das Aufgebotsverfahren, Hallbauer a. a. O. S. 56;
12. die Geltendmachung im Verfahren der freiwilligen Gerichtsbarkeit (ebenso Josef, ZBlFG. 1916, 23, 30, ZZPr. 45, 609;
13. die Geltendmachung eines Anspruchs im Wiederaufnahmeverfahren durch Nichtigkeits- und Restitutionsklage, wenn der Auslandbewohner wegen Abweisung der Klage von diesen außerordentlichen Rechtsmitteln Gebrauch macht. War er im vorhergehenden Verfahren Beklagter und will er seine Verurteilung beseitigen, so ist die Klage unzulässig, wenn er bereits urteilsgemäß geleistet hat, hat er noch nicht geleistet, so liegt die Sache so, als wenn er im gewöhnlichen Verfahren als Beklagter Berufung einlegt; die Klage ist zuzulassen (ebenso Hallbauer, SächsArch. 1915, 55).

B. Geltendmachung liegt nicht vor, wenn der Auslandbewohner vor inländischen Gerichten lediglich Ansprüche abzuwehren versucht, die vor inländischen Gerichten gegen ihn oder Dritte erhoben werden; insbesondere gehören hierher:

1. die Streitverkündung; ebenso Steffens a. a. O.;
2. die Nebenintervention (ebenso OLG. Hamburg vom 1. Dez. 1914 Recht 1915, 56, 226 = DJZ. 1915, 431), da der Nebenintervenient keine eigenen Ansprüche geltend macht, es müßte denn sein, daß Leistung an den Nebenintervenienten beantragt wird. Vgl. hiezu Hallbauer, SächsArch. 1915, 52;
3. Geltendmachung durch Einrede, da am materiellen Rechtsbestand und an der außergerichtlichen Durchsetzbarkeit der Forderung durch die Unklagbarkeit nichts geändert wird;
4. die Sicherheitsleistung insbes. zur Abwendung der Zwangsvollstreckung.

C. Inländische Gerichte.

Das Verbot der Geltendmachung bezieht sich nur auf inländische Gerichte, aber auf alle. Nicht hierher gehören die Gerichte der Schutzgebiete und die Konsulargerichte, da die Reichsgesetze nur für das Bundesgebiet gelten, was nicht ausschließt, daß die Schutzgebiete begrifflich für die Anwendung der Verordnung Inland sind (siehe oben I A). Zu den inländischen Gerichten gehören auch die Sondergerichte (Kaufmanns-, Gewerbegerichte usw.), dagegen nicht das schiedsrichterliche Verfahren bzw. die Schiedsgerichte, da das Verfahren vor ihnen zwar gesetzlich geregelt ist, sie selbst aber keine Behörde im Rahmen der staatlichen Gerichtsorganisation und daher auch kein Gericht im Sinne des allgemeinen Sprachgebrauchs und des Staatsrechts sind, sondern nur ein Kollegium von Schiedsmännern, deren Spruch erst der gerichtlichen Sanktion bedarf. Die Zivilprozeßordnung vermeidet auch den Ausdruck Schiedsgericht und spricht nur vom schiedsrichterlichen Verfahren und von Schiedsrichtern. Da der Auslandbewohner zur Vollstreckung aus dem Schiedsspruch immer erst ein Vollstreckungsurteil beim zuständigen Inlandsgericht erlangen muß und er wegen der Verordnung diesen Anspruch nicht geltend machen kann, besteht auch keine Gefahr, daß durch ein schiedsrichterliches Verfahren Inlandsvermögen ins Ausland wandert (ebenso Hallbauer, SächsArch. 1915, 52, DJZ. 1915, 678; **a. M.** Sieskind, Steffens, OLG. Rostock vom 28. Nov. 1915, SeuffArch. 71, 176 = JW. 1916, 771 wendet auf §§ 1041—47 ZPO. die Verordnung an). Dementsprechend kann der Auslandbewohner auch die Aufhebung des Verfahrens nach § 1041 ZPO. beantragen, gleichgültig, ob er Kläger oder Beklagter ist, dagegen kann er nach Erlassung des Vollstreckungsurteils die Aufhebungsklage nur erheben, wenn er vorher nicht geleistet hat (ebenso Hallbauer a. a. O.).

Eine Erstreckung der Vorschrift auf Ansprüche, die von Auslandbewohnern vor Verwaltungsgerichten erhoben werden (Ansprüche aus der Reichsversicherungsordnung, dem Bergrecht usw.), wäre wünschenswert, kann aber aus der Verordnung nicht gefolgert werden.

D. Das Verbot ist zeitlich beschränkt. Der erste Termin vom 31. Oktober 1914 wurde hinausgeschoben durch Bek. vom 22. Juli 1915 auf den 31. Oktober 1915, durch Bek. vom 21. Oktober 1915 auf den 31. Jan. 1916, durch Bek. vom 6. Jan. 1916 auf den 1. Mai 1916, durch Bek. vom 13. April 1916 auf 31. Juli 1916, durch Bek. vom 13. Juli 1916 auf 31. Oktober 1916, durch Bek. vom 5. Okt. 1916 auf 31. Jan. 1917 (s. unten S. 421 ff.).

E. Das Verbot ist zwingender Natur und kann von den Parteien weder stillschweigend (durch Einlassung zur Hauptsache) noch ausdrücklich aufgehoben werden, ebenso RG. vom 22. Sept. 1914 DJZ. 1914, 1385 = Recht 1914, 615, JW. 1914, 988, RG. vom 13. Juli 1915 JW. 1915, 1265 u. 1291 = LZ. 1915, 1518, RG. Warn. 1915, 387, OLG. Karlsruhe vom 2. Dez. 1915 Recht 1915, 520 und 29. Juni 1915, Recht 1915, 519; OLG. Dresden vom 15. Okt. 1914 JW. 1914, 989 = LZ. 1915, 176; Hachenburg, LZ. 1914, 1606.

III. Prozessuale Anwendung der Verordnung.

A. Die Forderungen von Ausländern sind unklagbar. Es fehlt einer etwaigen Klage an einer absoluten Prozeßvoraussetzung. Die Einrede ist daher von Amts wegen zu beachten und zwar als Einrede nicht vom Vorsitzenden, der daher auch die Terminsbestimmung nicht ablehnen kann, sondern vom Gericht (ebenso Sintenis, Sieskind, Menner, JW. 1915, 84; **a. M.** OLG. Frankfurt a. M. vom 17. Febr. 1914 OLG. Bd. 31 S. 386, OLG. Dresden vom 10. Nov. 1915 SächsArch. 1916, 46 = DJZ. 1916, 544). Die nach dem Inkrafttreten der Verordnung erhobene Klage ist angebrachtermaßen durch Prozeßurteil abzuweisen (ebenso KammerG. v. 4. Nov. 1914 OLG. Bd. 29 S. 309 = Recht 1915, 170; Hachenburg a. a. O.; Menner, JW. 1915, 864; OLG. Karlsruhe vom 23. Juni 1915 BadRpr. 15, 118 = JW. 15, 1127; Heine, JW. 1915, 1383, LZ. 1916, 143; **a. M.** Steffens, Reichel, DJZ. 1914, 173, LG. Bielefeld vom 18. Okt. 1915 JW. 1915, 1383, OLG. Dresden SächsArch. 1916, 46, die lediglich Unterbrechung des Verfahrens in analoger Anwendung des Abs. 1 Satz 2 eintreten lassen. Für eine derartige Analogie ist aber kein Raum, da die Fassung des Satz 1 dem Beklagten eine prozeßhindernde Einrede gibt, die zur Klageabweisung führen muß, da schon die Zustellung an den Beklagten der Rechtswirksamkeit entbehrt, und auch bei bereits rechtshängigen Klagen führen müßte, wenn für diese in Satz 2 aus Zweckmäßigkeitsgründen nicht die Unterbrechung als Ausnahmevorschrift bestimmt wäre.

Bei Nichterscheinen des Beklagten hat das Gericht die Erlassung eines Versäumnisurteils abzulehnen (ebenso Sintenis, Sieskind, Steffens, Hachenburg, LZ. 1914, 1591; Jaeger, LZ. 1915, 417; Menner, JW. 1915, 864). Gegen die Ablehnung ist als Rechtsmittel die sofortige Beschwerde nach § 252 ZPO. gegeben. OLG. München vom 11. Jan. 1915 Recht 1915, 56.

Ergeht unter Außerachtlassung der Verordnung Urteil, so ist hiegegen das gewöhnliche Rechtsmittel zulässig. Die Rechtsmittelinstanz hat das Urteil aufzuheben und die Klage abzuweisen oder im Fall des Satz 2 das Verfahren für unterbrochen zu erklären (vgl. OLG. Frankfurt a. M. vom 21. Okt. 1915 Recht 1915, 615 = OLGRspr. 31, 386 = LZ. 1916, 179).

B. Wirkungen der Unterbrechung.

1. Die während ihrer Dauer von beiden Parteien vorgenommenen **Rechtshandlungen** sind absolut — nicht nur der andern Partei gegenüber — **unwirksam** und nicht heilbar, da die Verordnung im öffentlichen Interesse erlassen ist; ebenso OLG. Breslau vom 25. Februar 1916 JW. 1916, 765 mit zustimmender Anerkennung von Schäffer; a. M. RG. 1. ZS. vom 12. Juni 1915, Warn. 1915, 337, wonach die Prozeßhandlungen nur gegenüber der andern Partei ohne Rechtswirksamkeit und daher durch nachträgliche Ausnahmebewilligung des Reichskanzlers heilbar sein sollen; ebenso OLG. Naumburg vom 30. Juni 1915 (beide Urteile von Menner, JW. 1915, 1088 ablehnend besprochen), und bezüglich der Gerichtsentscheidungen RG. 3. ZS. vom 18. Januar 1916 JW. 1916, 597 = Warn. 1916, 101. Dem während der Unterbrechung eingelegten Rechtsmittel fehlt für alle Zeiten jede Rechtswirkung (OLG. Stuttgart vom 15. Okt. 1915 Recht 1915, 616).

2. Unterbrechung und Widerklage. Die Unterbrechung geht nicht soweit, daß sie die Widerklage des Inländers mitumfaßt, da für deren Erhebung das Vorliegen sämtlicher Prozeßvoraussetzungen bei der Klage nicht erforderlich ist. Dabei ist gleichgültig, ob Haupt- und Widerklage in einem rechtlichen Zusammenhang stehen. Es wäre vielleicht für die Rechtsprechung zweckmäßig, beim Vorliegen eines solchen Zusammenhanges auch für die Widerklage Unterbrechung eintreten zu lassen. Der Zweck der Verordnung aber, die Abwanderung und nur die Abwanderung von Inlandvermögen ins Ausland zu verhindern, muß dazu führen, die Klage des Inlandbewohners gegen den Auslandbewohner, die in Form der Widerklage erhoben wird, von der Unterbrechung der Klage des Auslandbewohners nicht berühren zu lassen. Tatsächliche Schwierigkeiten können sich auch nicht ergeben, die Widerklage prozessual weiter zu behandeln und das Verfahren auf die Klage ruhen zu lassen. Ebenso Josef, Gruch. 59, 1096; Menner, JW. 1915, 865, RG. 3 ZS. vom 28. Sept. 1915 Bd. 87 S. 168; RG. 1. ZS. vom 8. Dez. 1915 JW. 16, 454 = Warn. 1916 S. 52; RG. 3. ZS. vom 10. März 1916 Warn. 1916, 161; OLG. Dresden SächsArch. 1915, 150; OLG. Hamburg 6. ZS. vom 29. Jan. 1916 LZ. 652 = Recht 1916, 243 (vgl. hiezu auch OLG. Dresden vom 25. Nov. 1914 in DJZ. 1915, 211; Hallbauer, SächsArch. 1915, 50). A. M. RG. 2. ZS. vom 9. Okt. 1914

DJZ. 1914, 1385 = LZ. 1915, 43 mit der wenig stichhaltigen und nach der oben erwähnten Entsch. d. RG. v. 28. Sept. 1915 nur für die Umstände des damals vorliegenden Falls zutreffenden Begründung, daß das Verfahren aus Klage und Widerklage einheitlich und untrennbar sei; OLG. Dresden vom 29. Jan. 1915 LZ. 1915, 379 = DJZ. 1915, 321 = OLGRspr. 30, 255 = Recht 1915, 170; OLG. Frankfurt a. M. vom 5. Mai 1915 LZ. 1915, 852 = OLGRspr. 30, 378 = Recht 1915, 349; OLG. Königsberg vom 18. Mai 1915 DJZ. 1915, 726.

Auch umgekehrt wird die Klage des Inländers durch die Unterbrechung der Widerklage des Auslandbewohners nicht unterbrochen, ebenso OLG. Dresden vom 8. Juni 1915 SächsArch. 1915, 296; RG. 3. ZS. vom 28. Sept. 1915 JW. 1915, 1440, 1473 = Recht 1915, 559; OLG. Posen PosMSchr. 1915, 117. **A. M.** RG. 2. ZS. vom 9. Juli 1915, JW. 1915, 1265 = LZ. 1915, 1518 = Recht 1915, 559 = DJZ. 15, 1129 („wenn die materiellen Rechtsbehauptungen der Klage und Widerklage identisch sind, zieht die Unterbrechung des Verfahrens über die Widerklage des Auslandbewohners eine Ausdehnung dieser Unterbrechung auf das gesamte Verfahren nach sich, wenn dagegen die beiderseitigen Forderungen lediglich auf das nämliche Rechtsgeschäft gegründet sind, beschränkt sich die Unterbrechung auf das vom Auslandbewohner betriebene Verfahren"); ähnlich OLG. Königsberg oben angeführt.

3. Bei notwendiger Streitgenossenschaft wirkt die Unterbrechung aus den gleichen Gründen wie bei der Widerklage nur gegen den Auslandbewohner und nicht gegen alle Streitgenossen schlechthin; ebenso Menner, JW. 1915, 366; OLG. Hamburg Recht 1914, 729; (**a. M.** Harder, JW. 1914, 990; Steffens; KG. vom 23. Oktober 1914 DJZ. 1914, 1387 = Recht 1915, 12 = OLGRspr. 29, 308). Um so mehr gilt dies bei nicht notwendiger Streitgenossenschaft. Für Nichtunterbrechung des Verfahrens in diesem Fall hinsichtlich der übrigen Streitgenossen RG. 4. ZS. vom 16. März 1916 Warn. 1916, 147.

4. Die Unterbrechung geht nicht soweit, daß der Inländer durch sie gehindert wird, Leistungen, die er an Auslandbewohner gemacht hat, mit prozeßordnungsgemäßen Mitteln wieder zu erlangen. Die Verordnung ist eine Schutzvorschrift zugunsten des Inländers und soll zuungunsten des ausländischen Gläubigers angewendet werden. Dementsprechend kann der Berufung des Inländers, mit der er die Rückzahlung der Summe verlangt, die er nach § 717 ZPO. an den in erster Instanz obsiegenden Gläubiger zur Abwendung der Zwangsvollstreckung gezahlt hat, nicht entgegengehalten werden, daß das Verfahren infolge der Ausländereigenschaft des Gläubigers unterbrochen sei; ebenso RG. 7. ZS. vom 22. Okt. 1915 Bd. 87, 188 = JW. 1916, 139 = Recht 1915, 616 = DJZ. 1916, 130; Menner, JW. 1916, 138; Hallbauer, SächsArch. 1915, 15; Schäfer, JW. 1914, 174; **a. M.** 2. Auflage, Sieskind, KammerG. vom 4. Nov. 1914 OLGRspr. 29, 309 = Recht 15, 170.

Aus den gleichen Gründen ist mit Menner, JW. 1915, 865 dem Inlandbewohner auch die Unterbrechung des Verfahrens, die Verfolgung seiner Ansprüche nach §§ 302 Abs. IV Satz 3 und 2, 541 Abs. II, 600 Abs. II ZPO. zu gestatten.

Dagegen muß die vom OLG. Hamm OLGRspr. 30, 255 vertretene Zulässigkeit des Antrags auf Verlustigerklärung des Rechtsmittels nach

§ 515 Abs. 3 ZPO. durch den inländischen Beklagten, wenn der Auslandkläger seine durch die Verordnung unterbrochene Berufung zurücknimmt, als mit der Unterbrechung unvereinbar abgelehnt werden.

IV. **Materielle Rechtswirkungen** der Verordnung. Am materiellen Rechtsbestand und an der außergerichtlichen Durchsetzbarkeit der Forderung wird durch die Verordnung nichts geändert; ebenso Reichel, DJZ. 1914, Hachenburg, LZ. 1914, 606. Dem Schuldner ist keine Stundung gewährt; sofern die allgemeinen Voraussetzungen gegeben sind, treten die Verzugsfolgen ein. Dem Gläubiger steht das Zurückbehaltungsrecht nach §§ 273, 320, 321 BGB. zu (ebenso Reichel a. a. O.; **a. M.** Hallbauer, SächsArch. 1915, 50), ferner die Einrede des nicht erfüllten Vertrags. Er kann sich aus dem Faustpfand befriedigen (vgl. LG. Frankfurt JW. 1915, 11: Was vom Zahlungsverbot gilt, trifft hier natürlich verstärkt zu). Sicherheitsleistungen sind zulässig, Aufrechnungen (auch einredeweise) statthaft (ebenso Reichel a. a. O.; Harder, JW. 1915, 1146; zweifelnd Sieskind). Hallbauer, SächsArch. 1915, 50 unterscheidet zwischen der früher erklärten Aufrechnung, die er zuläßt und der nach Inkrafttreten der Verordnung erklärten, in der er eine Geltendmachung erblickt.

Solange die gerichtliche Geltendmachung ausgeschlossen ist, ist die Verjährung gehemmt. So aus § 203 Abs. 2 BGB. zu folgern; ebenso Bendix 109; Höchster, JW. 1914, 1096; Fuld, ZVersWiss. 1916, 44. Zum gleichen Resultat kommen Sieskind 52, 313 auf dem Weg über die Motive zu § 203 Abs. 1 BGB.; Heine, JW. 1916, 31 auf dem Weg über § 8 KTSchG. (gegen letzteren mit Recht Harder, JW. 1916, 180).

V. **Ausnahmen.**

Von der Befugnis, Ausnahmen von der Vorschrift zu bewilligen, kann der Reichskanzler für einen einzelnen Prozeß, für die Prozesse einer einzelnen Person oder für ganze Personenklassen Gebrauch machen; in letzterem Fall kann er die Ausnahme auch sachlich auf bestimmte Arten der Geltendmachung beschränken. Der Reichskanzler kann aber nicht die bereits eingetretenen Wirkungen der Verordnung durch nachträgliche Ausnahmebewilligung beseitigen, oder die Ausnahme auf bestimmte Folgen der Verordnung beschränken.

Wird die Ausnahmebewilligung während eines anhängigen Prozesses erteilt, so werden die bisher erfolgten nichtigen Prozeßhandlungen nicht geheilt. **A. M.** RG. 1. ZS. vom 12. Juni 1915; vgl. oben III B und Heine, JW. 1915, 1050.

Die einmal erteilte Ausnahmebewilligung hat auch gegenüber den Verlängerungen des Verbots Gültigkeit (vgl. NorddAllgZ. vom 23. Jan. 1915)

Allgemeine **Ausnahmebewilligungen wurden bisher** erteilt zugunsten von Österreich-Ungarn durch Bek. vom 20. April 1915, der Schweiz durch Bek. vom 25. Juni 1915, der Kostenentscheidungen nichtfeindlicher Staaten durch Bek. vom 18. Febr. 1916. (Vgl. diese Bekanntmachungen unten S. 424 ff.)

§ 2.

Die Vorschriften des § 1 Abs. 1 finden keine Anwendung auf Ansprüche, die im Betriebe der von den dort bezeichneten physischen oder juristischen Personen im Inland unterhaltenen gewerblichen Niederlassungen entstanden sind.

Der Reichskanzler ist ermächtigt aus Gründen der Vergeltung die Vorschriften auf Ansprüche der im Abs. 1 bezeichneten Art auszudehnen.

I. Niederlassung. Gewerbliche Niederlassung ist die organisatorische Einrichtung eines auswärtigen gewerblichen Unternehmens, die rechtlich und tatsächlich in der Lage ist, selbständige Geschäfte des in Betracht kommenden Gewerbezweiges namens des Hauptunternehmens abzuschließen. Keine derartigen Niederlassungen sind landwirtschaftliche Güter, Verkaufsbüros ohne Lager, Lager bei Handlungsagenten, im Versicherungsgewerbe die Subdirektionen (soweit sie nicht Abschlußvollmacht haben). Gleichgültig ist, ob es sich um Haupt- oder Zweigniederlassung handelt, ob die Erträgnisse oder Kasseneingänge an das Hauptunternehmen abgeliefert werden, ob dieses die Geschäftsführung (wie selbstverständlich) leitet und kontrolliert. (Vgl. hiezu Sieskind, Steffens und § 21 ZPO., § 720 BGB.; §§ 29, 31 HGB.; OLG. München Recht 1914, 650.)

Der Betrieb einer G. m. b. H. kann niemals Niederlassung einer AG. sein, da zwei verschiedene Rechtspersönlichkeiten vorliegen. (AG. München Recht 1914, 650.)

II. Entstanden. Der Anspruch ist im Betrieb der Niederlassung entstanden, wenn der ihn begründende Tatbestand (insbes. Vertrag) in ihrem Betriebe geschaffen wurde (ebenso Steffens). Die Ausführung einer Bestellung usw. kann jedoch vom Hauptgeschäft erfolgt sein. (OLG. Hamburg v. 25. Mai 1916 Recht 1916 S. 457). Da die Verordnung verhindern will, daß deutsches Geld auf Umwegen nach dem Ausland kommt, müssen an die Prüfung dieser Voraussetzung strenge Anforderungen gestellt werden. Dabei ist namentlich zu beachten, daß „entstehen" nicht dasselbe ist wie „fällig werden" (so auch Niemeyer, LZ. 1914, 1793). Gestützt wird diese Anschauung durch die Bekanntmachung Nr. 4588 vom 22. Dez. 1914, der dieselbe ratio legis zugrunde liegt. Inland, vgl. Anm. I A zu § 1.

III. Prozessuale Behandlung. Die gewerbliche Niederlassung muß noch zur Zeit der Geltendmachung im Inland bestehen (ebenso OLG. Hamburg vom 25. Febr. 1915 DJZ. 1915, 931 = Recht 1915, 227 = LZ. 1915, 648 = OLGRspr. 31, 171), und zwar nicht nur rechtlich, sondern auch tatsächlich; es müssen in ihr noch Geschäfte abgeschlossen werden (ebenso LG. Berlin I vom 11. Okt. 1915 KammerGBl. 1915, 116 = JW. 1915, 1089).

Stellt die Niederlassung im Laufe des Verfahrens den Geschäftsbetrieb ein, so wird das Verfahren in analoger Anwendung des Satz 2 des § 1 Abs. 1 unterbrochen.

Daß der Anspruch im Betrieb einer inländischen Niederlassung entstanden sei, ist Prozeßvoraussetzung und vom Gericht von Amts wegen nachzuprüfen. (Vgl. hiezu OLG. Frankfurt a. M. vom 17. Febr. 1915 Recht 1915, 520 = OLGRspr. 31, 386.)

Wie § 1 bezieht sich § 2 auf jede gerichtliche Geltendmachung, insbesondere auch auf die Zwangsvollstreckung.

IV. Eine Vergeltungsmaßnahme auf Grund des Abs. 2 ist bisher nicht erfolgt.

§ 3.

Die in den §§ 1, 2 vorgesehene Beschränkung in der Geltendmachung von Ansprüchen, mit Einschluß der Unterbrechung des Verfahrens, gilt auch für die Rechtsnachfolger der von der Beschränkung betroffenen Personen, sofern nicht die Ansprüche vor dem 31. Juli 1914 auf sie übergegangen sind.

I. Rechtsnachfolger ist jeder Rechtsnachfolger (auf Grund Vertrages, auf Grund Gesetzes oder gerichtlicher Entscheidung, die Einzel- und die Gesamtnachfolge). Insbesondere gehört hierher auch die Rechtsnachfolge durch Wechselindossament, da zwar formell der Anspruch bei jedem Wechselerwerber neu entsteht, wirtschaftlich aber, und darauf muß bei Anwendung der Verordnung in erster Linie Rücksicht genommen werden, ein bereits bestehender Anspruch übertragen wird (vgl. auch Wassermann, JW. 1915, 13). Mit Hachenburg, LZ. 1914, 1608 und der 2. Auflage den Gesamtrechtsnachfolger durch Erbfolge von der Anwendung der Verordnung freizulassen, besteht kein Grund, da seine Eigenschaft als Rechtsnachfolger unzweifelhaft ist, wenn die ratio legis allerdings auch nicht zutrifft. Ist die Auslandforderung vor dem 31. Juli 1914 auf den Inländer übergegangen und von diesem nach dem genannten Zeitpunkt auf einen Inländer übertragen worden, so findet die Verordnung keine Anwendung; übertrug er sie aber nach dem 31. Juli auf einen Auslandbewohner und dieser sie wieder auf einen Inländer, so ist die Verordnung anzuwenden (Mayer, Privatrecht des Krieges 95).

II. Eine Übertragung vor dem 31. Juli 1914, die nur zum Zweck des Inkassomandats erfolgte, hindert die Anwendung der Verordnung nicht, da dies bloße Vorschiebung einer dritten Person, aber keine tatsächliche Abtretung ist (ebenso OLG. Celle vom 23. Febr. 1916 LZ. 1916, 561 = JW. 1916, 771 = Recht 1916, 243). Um so mehr findet die Verordnung Anwendung, wenn der ausländische Gläubiger nach dem 31. Juli 1914 durch eine vorgeschobene Person das Guthaben einklagen läßt oder der Agent für ein ausländisches Haus einen Wechsel auf den deutschen Schuldner abgegeben hat (vgl. Hachenburg a. a. O.).

III. Die Beweislast, daß der Übergang vor dem 31. Juli 1914 erfolgt sei, obliegt, entsprechend der Fassung der Bestimmung, dem Rechtsnachfolger; ebenso Mayer a. a. O.

§ 4.

Diese Verordnung tritt mit dem Tage der Verkündung in Kraft.

Die Verkündung erfolgte am 7. August 1914.

44a. Bekanntmachung über die Geltendmachung von Ansprüchen von Personen, die im Ausland ihren Wohnsitz haben.

Vom 22. Oktober 1914.

(RGBl. 1914 S. 449 Nr. 4521).

Der Bundesrat hat auf Grund des § 3 des Gesetzes über die Ermächtigung des Bundesrats zu wirtschaftlichen Maßnahmen

usw. vom 4. August 1914 (Reichs-Gesetzbl. S. 327) folgende Verordnung erlassen:

Die Wirksamkeit der Bekanntmachung über die Geltendmachung von Ansprüchen von Personen, die im Ausland ihren Wohnsitz haben, vom 7. August 1914 (Reichs-Gesetzbl. S. 360) wird in der Weise ausgedehnt, daß an die Stelle des 31. Oktober 1914 [der 31. Januar 1915] tritt.

1. 31. Januar 1915: Nunmehr 31. Januar 1917 s. unten S. 424.

44 b. Bekanntmachung über die Geltendmachung von Ansprüchen von Personen, die im Ausland ihren Wohnsitz haben.

Vom 21. Januar 1915.

(RGBl. 1915 S. 31 Nr. 4617).

Der Bundesrat hat auf Grund des § 3 des Gesetzes über die Ermächtigung des Bundesrats zu wirtschaftlichen Maßnahmen usw. vom 4. August 1914 (Reichs-Gesetzbl. S. 327) folgende Verordnung erlassen:

Die Wirksamkeit der Bekanntmachungen über die Geltendmachung von Ansprüchen von Personen, die im Ausland ihren Wohnsitz haben, vom 7. August 1914 und 22. Oktober 1914 (Reichs-Gesetzbl. S. 360, 449) wird in der Weise ausgedehnt, daß an die Stelle des 31. Januar 1915 der [30. April 1915] tritt.

Die amtliche Begründung der Norddeutschen Allgemeinen Zeitung vom 23. Januar 1915 rechtfertigt die Maßnahme damit, daß die für den Erlaß der Vorschrift maßgebenden Gründe („erforderliche Gegenmaßregeln gegenüber den im Ausland ergangenen Moratorien und zugleich Schutz der wirtschaftlichen Interessen der am Auslandshandel beteiligten inländischen Schuldner, die durch den Krieg besonders betroffen sind") noch fortbestehen und fährt dann fort: „Die Befugnis, Ausnahmen von dem Verbot zuzulassen, steht nach wie vor dem Reichskanzler zu. Von dieser Befugnis ist bisher in weitem Umfang Gebrauch gemacht worden, indem das Verbot für den einzelnen Prozeß oder das Vollstreckungsverfahren auf Ansuchen der Partei nach Prüfung der Umstände des Falles außer Kraft gesetzt ist. Die bereits bewilligten Ausnahmen behalten auch gegenüber dem verlängerten Verbot ihre Gültigkeit."

44 c. Bekanntmachung über die Geltendmachung von Ansprüchen von Personen, die im Ausland ihren Wohnsitz haben.

Vom 22. April 1915.

(RGBl. 1915 S. 236 Nr. 4718).

Der Bundesrat hat auf Grund des § 3 des Gesetzes über die Ermächtigung des Bundesrats zu wirtschaftlichen Maßnahmen usw.

vom 4. August 1914 (Reichs-Gesetzbl. S. 327) folgende Verordnung erlassen:

Die Wirksamkeit der Bekanntmachungen über die Geltendmachung von Ansprüchen von Personen, die im Ausland ihren Wohnsitz haben, vom 7. August 1914, 22. Oktober 1914 und 21. Januar 1915 (Reichs-Gesetzbl. 1914 S. 360, 449; 1915 S. 31) wird in der Weise ausgedehnt, daß an die Stelle des 30. April 1915 der [31. Juli 1915] tritt.

44d. Bekanntmachung über die Geltendmachung von Ansprüchen von Personen, die im Ausland ihren Wohnsitz haben.

Vom 22. Juli 1915.

(RGBl. 1915 S. 451 Nr. 4814).

Der Bundesrat hat auf Grund des § 3 des Gesetzes über die Ermächtigung des Bundesrats zu wirtschaftlichen Maßnahmen usw. vom 4. August 1914 (Reichs-Gesetzbl. S. 327) folgende Verordnung erlassen:

Die Wirksamkeit der Bekanntmachungen über die Geltendmachung von Ansprüchen von Personen, die im Ausland ihren Wohnsitz haben, vom 7. August 1914, 22. Oktober 1914, 21. Januar 1915 und 22. April 1915 (Reichs-Gesetzbl. 1914 S. 360, 449; 1915 S. 31, 236) wird in der Weise ausgedehnt, daß an die Stelle des 31. Juli 1915 der [31. Oktober 1915] tritt.

44e. Bekanntmachung über die Geltendmachung von Ansprüchen von Personen, die im Ausland ihren Wohnsitz haben.

Vom 21. Oktober 1915.

(RGBl. 1915 S. 679 Nr. 4920).

Der Bundesrat hat auf Grund des § 3 des Gesetzes über die Ermächtigung des Bundesrats zu wirtschaftlichen Maßnahmen usw. vom 4. August 1914 (Reichs-Gesetzbl. S. 327) folgende Verordnung erlassen:

Die Wirksamkeit der Bekanntmachungen über die Geltendmachung von Ansprüchen von Personen, die im Ausland ihren Wohnsitz haben, vom 7. August 1914, 22. Oktober 1914, 21. Januar 1915, 22. April 1915 und 22. Juli 1915 (Reichs-Gesetzbl. 1914 S. 360, 449; 1915 S. 31, 236, 451) wird in der Weise ausgedehnt, daß an die Stelle des 31. Oktober 1915 der [31. Januar 1916] tritt.

44f. Bekanntmachung über die Geltendmachung von Ansprüchen von Personen, die im Ausland ihren Wohnsitz haben.

Vom 6. Januar 1916.

(RGBl. 1916 S. 1 Nr. 5007).

Der Bundesrat hat auf Grund des § 3 des Gesetzes über die Ermächtigung des Bundesrats zu wirtschaftlichen Maßnahmen usw. vom 4. August 1914 (Reichs-Gesetzbl. S. 327) folgende Verordnung erlassen:

Die Wirksamkeit der Bekanntmachungen über die Geltendmachung von Ansprüchen von Personen, die im Ausland ihren Wohnsitz haben, vom 7. August 1914, 22. Oktober 1914, 21. Januar 1915, 22. April 1915, 22. Juli 1915 und 21. Oktober 1915 (Reichs-Gesetzbl. 1914 S. 360, 449; 1915 S. 31, 236, 451, 679) wird in der Weise ausgedehnt, daß an die Stelle des 31. Januar 1916 der [1. Mai 1916] tritt.

44g. Bekanntmachung über die Geltendmachung von Ansprüchen von Personen, die im Ausland ihren Wohnsitz haben.

Vom 13. April 1916.

(RGBl. 1916 S. 273 Nr. 5141).

Der Bundesrat hat auf Grund des § 3 des Gesetzes über die Ermächtigung des Bundesrats zu wirtschaftlichen Maßnahmen usw. vom 4. August 1914 (Reichs-Gesetzbl. S. 328) folgende Verordnung erlassen:

Die Wirksamkeit der Bekanntmachungen über die Geltendmachung von Ansprüchen von Personen, die im Ausland ihren Wohnsitz haben, vom 7. August 1914, 22. Oktober 1914, 21. Januar 1915, 22. April 1915, 22. Juli 1915, 21. Oktober 1915 und 6. Januar 1916 (Reichs-Gesetzbl. 1914 S. 360, 449; 1915 S. 31, 236, 451, 679; 1916 S. 1) wird in der Weise ausgedehnt, daß an die Stelle des 1. Mai 1916 der [31. Juli 1916] tritt.

44h. Bekanntmachung über die Geltendmachung von Ansprüchen von Personen, die im Ausland ihren Wohnsitz haben.

Vom 13. Juli 1916.

(RGBl. 1916 S. 694 Nr. 5319).

. . . . . . wird in der Weise ausgedehnt, daß an die Stelle des 31. Juli 1916 der [31. Oktober 1916] tritt.

44i. Bekanntmachung über die Geltendmachung von Ansprüchen von Personen, die im Ausland ihren Wohnsitz haben.

Vom 5. Oktober 1916.

(RGBl. 1916 S. 1132 Nr. 5493).

. . . . . . wird in der Weise ausgedehnt, daß an die Stelle des 31. Oktober 1916 der 31. Januar 1917 tritt.

44k. Bekanntmachung über die Geltendmachung von Ansprüchen vor dem Reichsgericht in Sachen der Konsulargerichtsbarkeit.

Vom 31. Juli 1916.

(RGBl. 1916 S. 878 Nr. 5368).

Auf Grund des § 1 Abs. 2 Satz 1 der Bekanntmachung über die Geltendmachung von Ansprüchen von Personen, die im Ausland ihren Wohnsitz haben, vom 7. August 1914 (Reichs-Gesetzbl. S. 360) wird zur Beseitigung obwaltender Zweifel eine Ausnahme von den Vorschriften im § 1 Abs. 1 der Bekanntmachung insoweit zugelassen, als es sich um die Geltendmachung vermögensrechtlicher Ansprüche vor dem Reichsgericht in Sachen handelt, die der Konsulargerichtsbarkeit unterliegen.

I. Die Verordnung bedeutet eine Durchbrechung des Prinzipes, daß Personen, die im Auslande ihren Wohnsitz haben, ihre vermögensrechtlichen Ansprüche vor inländischen Gerichten nicht geltend machen können zugunsten der Fälle, in welchen das RG. als oberste Instanz der Konsulargerichtsbarkeit tätig wird.

II. Die Konsulargerichtsbarkeit als solche umfaßt in den Ländern, in welchen ihre Ausübung durch Gesetz oder Herkommen gestattet ist, die dort wohnenden Deutschen, soweit sie nicht völkerrechtlich exterritorial sind, und die sogenannten Schutzgenossen. (§§ 1, 2 Ges. über die Konsulargerichtsbarkeit vom 7. April 1900). Das RG. ist zuständig als Beschwerde- und Berufungsinstanz gegen die Entscheidungen des Konsuls und des Konsulargerichtes (§ 14 d. Ges.).

45. Bekanntmachung über die Geltendmachung von Ansprüchen von Personen, die in Österreich-Ungarn ihren Wohnsitz haben.

Vom 20. April 1915.

(RGBl. 1915 S. 231 Nr. 4715).

Auf Grund des § 1 Abs. 1 Satz 1 der Bekanntmachung über die Geltendmachung von Ansprüchen von Personen, die im Ausland ihren Wohnsitz haben, vom 7. August 1914 (Reichs-Gesetzbl. S. 360

wird zugunsten der Personen, die in Österreich-Ungarn ihren Wohnsitz haben, sowie der juristischen Personen, die dort ihren Sitz haben, eine Ausnahme von den Vorschriften im § 1 Abs. 1 der Bekanntmachung zugelassen.

I. Die Verordnung ist mit dem Tag ihrer Verkündung in Kraft getreten (analoge Anwendung des § 4 der Verordnung vom 7. August 1914, ebenso OLG. Dresden vom 10. Nov. 1915 DJZ. 1916, 544).

II. Eine Außerkraftsetzung des Wechselmoratoriums (siehe Ziff. II unten) zugunsten österreichisch-ungarischer Wechselgläubiger ist durch die Bekanntmachung nicht erfolgt. OLG. Dresden vom 10. Nov. 1915 Sächs.-Arch. 1916, 46 = JW. 1916, 455. Die während der Unterbrechung eingelegte Berufung ist unwirksam und muß nach dem 20. April 1914 rechtzeitig nochmals eingelegt werden. RG. vom 22. November 1915 LZ. 1916, 251 = JW. 1916, 455.

III. Auf Personen, welche in Österreich zwar einen Gewerbebetrieb, nicht aber einen Wohnsitz haben, findet die Ausnahme keine Anwendung. OLG. Naumburg vom 7. Mai 1915 DJZ. 1915, 726 = Güthe II, 96.

Auf Personen, die ihren Wohnsitz in dem vom Feind besetzten Teil Galiziens haben, bezieht sich die Ausnahme nicht. Vgl. Anm. I A oben S. 408.

IV. Die Verordnung ist in Kraft getreten am 20. April 1915.

46. Bekanntmachung über die Geltendmachung von Ansprüchen von Personen, die in der Schweiz ihren Wohnsitz haben.

Vom 25. Juni 1915.

(RGBl. 1915 S. 361 Nr. 4777).

Auf Grund des § 1 Abs. 2 Satz 1 der Bekanntmachung über die Geltendmachung von Ansprüchen von Personen, die im Ausland ihren Wohnsitz haben, vom 7. August 1914 (Reichs-Gesetzbl. S. 360) wird zugunsten der Personen, die in der Schweiz ihren Wohnsitz haben, sowie der juristischen Personen, die dort ihren Sitz haben, eine Ausnahme von den Vorschriften im § 1 Abs. 1 der Bekanntmachung zugelassen. Die Ausnahme gilt nicht für Angehörige Großbritanniens und Irlands, Frankreichs, Rußlands und Finnlands sowie der Kolonien oder auswärtigen Besitzungen dieser Staaten.

Die Verordnung enthält eine Durchbrechung des Grundsatzes, daß nur der Wohnort, nicht die Staatsangehörigkeit des Klägers usw. in Betracht kommt. (Vgl. Anm. I A 1 zur Bek. v. 7. Aug. 1914 Nr. 4457 oben S. 405.)

Keine Kolonien sind Ägypten für Großbritannien und Marokko für Frankreich. Die Bek. ist in Kraft getreten am 28. Juni 1915.

47. Bekanntmachung über die Vollstreckung von Kostenentscheidungen ausländischer Gerichte.

Vom 18. Februar 1916.

(RGBl. 1916 S. 109).

Auf Grund des § 1 Abs. 2 Satz 1 der Bekanntmachung über die Geltendmachung von Ansprüchen von Personen, die im Ausland ihren Wohnsitz haben, vom 7. August 1914 (Reichs-Gesetzbl. S. 360) wird zur Beseitigung obwaltender Zweifel eine Ausnahme von den Vorschriften im § 1 Abs. 1 der Bekanntmachung insoweit zugelassen, als es sich um die Vollstreckbarkeitserklärung und die Vollstreckung der im Artikel 18 des Abkommens über den Zivilprozeß vom 17. Juli 1905 (Reichs-Gesetzbl. 1909 S. 410) bezeichneten Kostenentscheidungen von Gerichten nichtfeindlicher Staaten handelt.

Art. 18 des Abkommens vom 17. Juli 1905 lautet: Ergeht in einem der Vertragstaaten eine Verurteilung in die Prozeßkosten gegen einen Kläger oder Intervenienten, der von Sicherheitsleistung, Hinterlegung oder Vorauszahlung auf Grund des Art. 17 Abs. 1, 2 oder des im Staate der Klageerhebung geltenden Gesetzes befreit ist, so ist diese Verurteilung gemäß einem auf diplomatischem Wege zu stellenden Antrag in jedem der anderen Vertragsstaaten durch die zuständige Behörde kostenfrei für vollstreckbar zu erklären.

Die gleiche Regel findet Anwendung auf gerichtliche Entscheidungen, durch die der Betrag der Kosten des Prozesses später festgesetzt wird.

Die vorhergehenden Bestimmungen hindern nicht, daß sich zwei Vertragsstaaten dahin verständigen, auch die Stellung des Antrags auf Vollstreckbarkeitserklärung unmittelbar durch die beteiligte Partei zu gestatten.

Näheres über Art. 18 des Haager Zivilprozeßabkommens s. Gaupp-Stein Anm. III zu § 723 ZPO.; die Vertragsstaaten s. Gaupp-Stein Vorm. VII 3 vor § 1 ZPO.

Die Bekanntmachung ist in Kraft getreten am 22. Februar 1916.

II. Maßnahmen betreffend die Fälligkeit der im Ausland ausgestellten Wechsel.

Vorbemerkung.

1. Charakter und Geltungsbereich der Vorschriften: Die Vorschriften stellen sich als Ergänzungen zu dem Gegenmoratorium dar. In Übereinstimmung mit diesem wird die Fälligkeit aller im Ausland vor dem 31. Juli 1914 ausgestellten Wechsel bis zum 30. April 1915 hinausgeschoben. Voraussetzung ist dabei nur, daß der Wechsel im Inlande zahlbar ist und vor dem 31. Juli 1914 fällig war. Welche Staatsangehörigkeit der Wechselinhaber oder der Zahlungspflichtige hat, spielt dabei keine Rolle. Ebenso finden die Vorschriften auch auf Österreicher Anwendung. Die Denkschrift macht hierzu S. 23/24 folgende Ausführungen: „Ein solches Auslandswechselmoratorium erschien auch bei sonstiger grundsätzlicher Ablehnung eines Teilmoratoriums zulässig, da es in sich geschlossen war und keinerlei weitere Kreise ziehen konnte. Maßgebend soll sein, daß der Wechsel im Ausland ausgestellt und im Inlande zahlbar ist. Wegen der formalen Natur der Wechselverbindlichkeiten war es notwendig, den Kreis der betroffenen Wechsel nach Merkmalen zu bestimmen, die aus dem Wechsel selbst zu entnehmen sind; anderenfalls würde der Inhaber des Wechsels vielfach im Ungewissen darüber sein, wann er den Protest zu erheben hätte und ebenso würde für die Regreßpflichtigen die Unklarheit darüber, ob der Protest rechtzeitig erhoben ist, zu Schwierigkeiten führen. Es war daher insbesondere nicht möglich, etwa den Umstand, ob dem Wechsel eine Warenlieferung aus dem Auslande zugrunde liegt, für ausschlaggebend zu erklären. Daß bei dem gewählten Merkmal unter Umständen Wechsel, die zur Deckung von Warenlieferungen aus dem Auslande bestimmt waren, von dem Fälligkeitsaufschub nicht getroffen werden, soferne sie nämlich einen inländischen Ausstellungsort aufweisen, ließ sich nicht vermeiden. Ebenso muß es im Interesse der Allgemeinheit in Kauf genommen werden, daß umgekehrt auch inländischen Verkäufern der Fälligkeitsaufschub entgegengehalten werden kann, wenn etwa der zur Deckung der Kaufforderung bestimmte Wechsel im Ausland ausgestellt worden ist." Bei Wechseln, deren Forderungen den Zahlungsverboten gegen England, Frankreich und Rußland unterliegen, hat, wenn sie vor dem Tage des Inkrafttretens der Verbote fällig geworden sind, eine einmalige Hinausschiebung um 3 Monate stattgefunden. Nach Ablauf dieser 3 Monate, sowie in allen Fällen, in denen der Wechsel erst nach Inkrafttreten des Verbotes fällig wurde, finden die Vorschriften der Verbote Anwendung (§ 2 der Bundesratsbekanntmachung Nr. 4520 vom 22. Okt. 1914, unten S. 303). Auf Wechsel, die lediglich im Auslande zahlbar, aber im Inlande ausgestellt sind, beziehen sich die hier erörterten Vorschriften nicht. (Unzutreffend Bendix S. 65.) Das ergibt sich schon aus dem klaren Wortlaut („Im Ausland ausgestellt") der Bestimmungen. Wohl aber bezieht sich auch auf sie die Bekanntmachung vom 6. Aug. 1914 Nr. 4454, oben S. 26 und das Gesetz vom 4. Aug. 1914, oben S. 18, sowie die Bekanntmachung Nr. 4458 vom 7. Aug. 1914, oben S. 27. Diese Bestimmung hat Deutschland einwandfrei lediglich gegenüber Inländern als Verpflichteten treffen können. Die Hinausschiebung hat die Wirkung, daß ohne weiteres die neue Zielzeit an Stelle der alten tritt, als ob von Anfang an die abgeänderte Verfallzeit auf dem Wechsel gestanden wäre. Dies ist vor allem für die Präsentations- und Protestfrist und für die Anspruchverjährung zu beachten. Über die Zinspflicht s. unter III. Die Pflicht zur Entrichtung des Wechselstempels wird dagegen kraft ausdrücklicher gesetzlicher Vorschrift so beurteilt, als ob es bei der ursprünglichen Verfallzeit geblieben wäre. Ebenso wird die Bankfähigkeit der Wechsel durch die Hinausschiebung der Verfallzeit nicht berührt.

II. Der im „Ausland ausgestellte" Wechsel. Es herrscht lebhafter Streit darüber, ob Wechsel unter die Vorschrift fallen, die in Wirklichkeit im Ausland ausgestellt worden sind, die aber einen inländischen Ausstellungsort tragen.

a) Die Norddeutsche Allgemeine Zeitung Nr. 27 vom 10. September hat ausgeführt, daß lediglich der angegebene Zahlungsort als Ausstellungsort zu berücksichtigen sei. Dem ist das LG. Berlin III am 24. Okt. 1914 DRAZ. 1914 S. 210 beigetreten. Von der Literatur haben sich Sintenis S. 202 Anm. 3, die Kommission des BerlAnwVer., Sieskind (unter Berufung auf eine nach Felix Meyer [s. unten] zweifelhafte Entscheidung des RG. Bd. 32 S. 118) S. 67 Anm. 2 und Koch im Recht 1915 S. 49ff. auf den gleichen Standpunkt gestellt. Auch die Denkschrift S. 23/24 scheint von dieser Auffassung auszugehen (vgl. oben unter I). Von der älteren Literatur stehen auf diesem Standpunkt Thöl, Handelsrecht Bd. 2 Göttingen 1865 S. 68 Anm. 10: „Der Wechsel ist im Inland ausgestellt, wenn der Ort, welchen das Ortsdatum des Wechsels aufweist, im Inland liegt." Canstein, Lehrbuch des Wechselrechts S. 99 § 8 III a; Lehmann, Lehrbuch des deutschen Wechselrechts S. 120; Rehbein, Mansfeld, WO. S. 26 Anm. 32.

b) Daß der wirkliche Ausstellungsort maßgebend sei, hat das OLG. Karlsruhe (wie früher auch schon das LG. Karlsruhe vom 16. Sept. 1914 Recht 1914 S. 614) am 10. Nov. 1914 in einer Entscheidung, deren Gründe nach der DRAZ. 1915 S. 46 bisher nur im Buchh. Börsenbl. 1915 S. 155 mitgeteilt worden sind, ausgesprochen. Von neuerer Literatur nehmen diesen Standpunkt ein Neumeyer in DJZ. 1914 S. 1199; Felix Meyer, BankArch. Bd. 13 S. 407; Wassermann, JW. 1915 S. 12; Fürst, LZ. 1914 S. 1884; Bendix S. 64. Von älterer Literatur sind der gleichen Meinung Hartmann, Wechselrecht S. 64; Bernstein, WO. S. 354; Staub-Stranz, WO. S. 259 Anm. 3; Grünhut, Wechselrecht II S. 579 Anm. 35; Bettelheim, Internationales Wechselrecht I S. 650.

Die Meinung zu b verdient mit Rücksicht auf den Zweck der Vorschrift den Vorzug. Es kann nicht von dem guten Willen des Ausstellers oder Ausfüllers des Ortsdatums abhängen, ob er den Inländer, dem die Stundung zugute kommen soll, der ihm vom Gesetzgeber zugebilligten Wohltat berauben will. Selbstverständlich obliegt in den Fällen, in denen sich die wahre Ausstellung des Wohnortes nicht aus dem Wechsel ergibt, dem Wechselschuldner die Beweislast dafür, daß der Wechsel im Auslande ausgestellt worden ist. Schwierigkeiten macht noch die Frage, inwieweit der gute Glaube von Erwerbern solcher angeblich im Auslande ausgestellter Wechsel Schutz verdient. Das OLG. Karlsruhe hat sich in der erwähnten Entscheidung dahin ausgesprochen, daß jedenfalls dann der tatsächliche Ausstellungsort maßgebend sei, wenn aus den sonstigen auf dem Wechsel befindlichen Erklärungen (Indossamenten, Stempel mit der Adresse des Ausstellers) ersichtlich sei, daß es sich um einen Auslandswechsel handle: Die prinzipielle Frage, ob das gleiche auch dann gelte, wenn bei pflichtmäßiger Sorgfalt die ausländischen Beziehungen nicht erkennbar gewesen seien, hat der Senat dahingestellt gelassen. Für den Schutz lassen sich die Ausführungen von Staub zu 2 Art. 87 § 8; Grünhut, Wechselrecht II S. 579 (den übrigens Koch u. E. unzutreffend für den Standpunkt zu a reklamiert); Bar, Internationales Privatrecht II S. 182; Meyer, Weltscheckrecht I S. 503 und im BankArch. Bd. 13 S. 407 Anm. 3 und Koch a. a. O. anführen. Gegen den Schutz hat sich Fürst a. a. O. erklärt. Man wird sich für den Schutz entscheiden müssen. Wenn der Akzeptant seinen Namen auf einen im Ausland ausgestellten Wechsel geschrieben hat, aus dem der Ausstellungsort bei pflichtgemäßer Sorgfalt nicht hervorgeht, so hat er damit dem Aussteller gegenüber auf seine Rechte nicht verzichtet, aber er hat sich dadurch, daß er zuließ, daß seine Willenserklärung in Umlauf gesetzt, Dritten gegenüber des ihm zustehenden Rechtes, den ausländischen Wechselausstellungsort einzuwenden, begeben. Dies entspricht auch den sonst im Wechselrecht herrschenden Grundsätzen. Man vergleiche z. B., daß ein domizilierter Wechsel rücksichtlich derjenigen Verpflichteten, ohne deren Wissen und Willen der Domizilvermerk beigefügt worden ist, wie ein nicht domizilierter zu behandeln ist. (RG. Bd. 32 S. 38; J. u. M. Stranz, WO. Anm. 4 zu Art. 24.) Die gleichen Grundsätze gelangen zur Anwendung, wenn der Akzeptant ein Akzept aus der Hand gegeben hat, bevor der Ausstellungsort ausgefüllt war und nun der Aussteller oder ein Nachmann die Ausstellung vorgenommen und einen inländischen Ort eingefügt hat (Blankowechsel). Vgl. Staub-Stranz, Kommentar Anm. 7 zu Art. 7. Der Akzeptant haftet den gutgläubigen Indossataren gegenüber (nicht den bösgläubigen) gemäß dem Inhalt des Wechsels. (A. M. infolge seiner Gesamtanschauung Koch a. a. O. S. 53.) Über den Begriff Ausland siehe Anm. I A zur Verordnung vom 7. August oben S. 408.

III. Die **Zinspflicht**, welche, da die Fälligkeit hinausgeschoben ist, an sich nicht eintreten würde, ist dahin geregelt, daß gleichzeitig mit Hinausschiebung der Fälligkeit die Pflicht, 6% Zinsen zu leisten, für den Zeitraum der Hinausschiebung eintritt. Es war nun ursprünglich bestritten, ob dem Wechselschuldner nicht eine vorzeitige Zahlung unter Kürzung der Zinsen gestattet sei. (So Sieskind S. 67 Anm. 4 und Bendix S. 64.) Dies war, wie sich aus der Denkschrift S. 24 ergibt, zu verneinen. Dort ist ausdrücklich ausgesprochen, daß der Schuldner „zur Vermeidung des Anschwellens der Wechselsumme" nur dann „die vorzeitige Leistung bewirken könne", wenn der Gläubiger hiermit einverstanden ist. (Ebenso in Ergebnis Sintenis S. 93.) Die Streitfrage hat heute keine praktische Bedeutung mehr, weil die Bekanntmachung vom 18. Januar 1915 diese zweifellos unzweckmäßigen Zustände beseitigt hat (s. unten S. 432).

IV. Eine Verpflichtung zur Entrichtung eines weiteren **Wechselstempels** wird durch die Hinausschiebung nicht begründet.

V. Eine Außerkraftsetzung des Wechselmoratoriums zugunsten **österreichisch-ungarischer** oder **schweizer** Wechselgläubiger ist durch die Reichskanzlerbekanntmachungen vom 20. April 1915 und vom 25. Juni 1915 über Nichtanwendung der Verordnung auf Österreich-Ungarn und die Schweiz (siehe oben S. 424 ff.) nicht erfolgt. OLG. Dresden vom 10. November 1915 SächsArch. 1916, 46 = JW. 1916, 455.

48. Bekanntmachung über die Fälligkeit im Ausland ausgestellter Wechsel.

Vom 10. August 1914.

(RGBl. 1914 S. 368 Nr. 4463).

Der Bundesrat hat auf Grund des § 3 des Gesetzes über die Ermächtigung des Bundesrats zu wirtschaftlichen Maßnahmen usw. vom 4. August 1914 (Reichs-Gesetzbl. S. 327) folgende Verordnung erlassen:

§ 1.

Die Fälligkeit aller Wechsel, die im Ausland vor dem 31. Juli 1914 ausgestellt worden und im Inland zahlbar sind, wird, falls sie nicht schon am 31. Juli 1914 verfallen waren, [um 3 Monate] hinausgeschoben.

Eine Verpflichtung zur Entrichtung des weiteren Wechselstempels nach § 3 Abs. 2 des Wechselstempelgesetzes wird durch diese Hinausschiebung der Fälligkeit nicht begründet.

Um 3 Monate hinausgeschoben: Die Bekanntmachung enthält eine Hinausschiebung um weitere 3 Monate. Siehe im übrigen die Vorbemerkung S. 429.

§ 2.

Diese Verordnung tritt mit dem Tage der Verkündung in Kraft.

49. Bekanntmachung, betreffend Auslandswechsel.

Vom 12. August 1914.

(RGBl. 1914 S. 369 Nr. 4465).

Der Bundesrat hat auf Grund des § 3 des Gesetzes über die Ermächtigung des Bundesrats zu wirtschaftlichen Maßnahmen usw. vom 4. August 1914 (Reichs-Gesetzbl. S. 327) folgende Verordnung erlassen:

§ 1.

Bei Wechseln, deren Fälligkeit durch die Verordnung über die Fälligkeit im Ausland ausgestellter Wechsel vom 10. August 1914 (Reichs-Gesetzbl. S. 368) um drei Monate hinausgeschoben ist, erhöht sich die Wechselsumme um sechs Prozent jährlicher Zinsen [1] [für drei Monate]. [2]

1. **Zinsen:** S. Vorbemerkungen unter III S. 429.

2. **für drei Monate:** An Stelle der drei Monate sind durch Bekanntmachung vom 22. Oktober 1914 (unten S. 431 zum Abdruck gebracht) weitere drei Monate getreten. Heute ersetzt durch die Bekanntmachung vom 18. Januar 1915 (unten S. 432 abgedruckt); vgl. auch Vorbemerkung III oben.

§ 2.

Für die im § 1 bezeichneten Wechsel bleibt bei Anwendung der Vorschriften des § 13 Nr. 2 und des § 17 des Bankgesetzes die durch die Verordnung vom 10. August 1914 angeordnete Hinausschiebung der Fälligkeit außer Betracht.

Außer Betracht: Damit dem Inhaber eines unter den Zahlungsaufschub fallenden Wechsels bei der Diskontierung aus den gesetzlichen

Vorschriften keine Schwierigkeiten entstehen, ist ausdrücklich bestimmt, daß die Reichsbank und die Privatnotenbanken, die im allgemeinen nur Wechsel mit einer höchstens dreimonatlichen Laufzeit erwerben, und zur Deckung ihrer Noten benutzen dürfen, befugt sind, die Wechsel trotz der verlängerten Verfallzeit zu diskontieren und zur Notendeckung zu verwenden. (Denkschrift S. 24.)

§ 3.

Diese Verordnung tritt mit dem Tage der Verkündung in Kraft.

Tag der Verkündung: 13. August.

50. Bekanntmachung über die Fälligkeit im Ausland ausgestellter Wechsel.

Vom 22. Oktober 1914.

(RGBl. 1914 S. 448 Nr. 4519).

Der Bundesrat hat auf Grund des § 3 des Gesetzes über die Ermächtigung des Bundesrats zu wirtschaftlichen Maßnahmen usw. vom 4. August 1914 (Reichs-Gesetzbl. S. 327) folgende Verordnung erlassen:

§ 1.

Die Fälligkeit von Wechseln, deren Fälligkeit durch die Bekanntmachung vom 10. August 1914 (Reichs-Gesetzbl. S. 368) um drei Monate hinausgeschoben ist, wird um [weitere drei Monate][1] **hinausgeschoben. An die Stelle der in der Bekanntmachung vom 12. August 1914 (Reichs-Gesetzbl. S. 369) vorgesehenen Erhöhung der Wechselsumme um sechs Prozent jährlicher Zinsen für drei Monate tritt eine solche** [für sechs Monate].[2]

Eine Verpflichtung zur Entrichtung des weiteren Wechselstempels nach § 3 Abs. 2 des Wechselstempelgesetzes wird durch die Hinausschiebung der Fälligkeit nicht begründet. Bei Anwendung der Vorschriften des § 13 Nr. 2 und des § 17 des Bankgesetzes bleibt die Hinausschiebung außer Betracht.[3]

1. drei Monate: Mit Bekanntmachung vom 18. Januar 1915 ist eine weitere letzte Hinausschiebung um drei Monate erfolgt (s. unten S. 432).
2. für sechs Monate: Vgl. oben Vorbem. III.
3. außer Betracht: Vgl. oben S. 430 § 2 Anm.

§ 2.

Die Vorschriften dieser Verordnung finden keine Anwendung auf Wechsel, bei denen die Zeit der Vorlage zur Zahlung und der Protesterhebung durch die Bekanntmachung, betreffend Zahlungs-

verbot gegen England, vom 30. September 1914 (Reichs-Gesetzbl. S. 421) oder durch die Bekanntmachung, betreffend Zahlungsverbot gegen Frankreich, vom 20. Oktober 1914 (Reichs-Gesetzbl. S. 443) hinausgeschoben ist.

Zahlungsverbot. Vgl. oben Vorbem. I S. 426.

§ 3.

Diese Verordnung tritt mit dem Tage der Verkündung in Kraft.

51. Bekanntmachung über die Fälligkeit im Ausland ausgestellter Wechsel.

Vom 18. Januar 1915.

(RGBl. 1915 S. 23 Nr. 4611).

Vorbemerkung: Durch die früheren Verordnungen des Bundesrats ist die Fälligkeit solcher im Inlande zahlbarer Wechsel, die vor dem Kriegsausbruch im Auslande ausgestellt sind und bei Kriegsbeginn noch nicht verfallen waren, um sechs Monate hinausgeschoben worden, mit der Maßgabe, daß sich die Wechselsumme um 6% jährliche Zinsen für sechs Monate erhöht. Hiernach würden Auslandswechsel, die anfangs August fällig gewesen sind, Anfang Februar eingelöst werden müssen. Ein Teil der in Frage kommenden Wechsel ist inzwischen auf Grund gütlicher Vereinbarung zwischen den Beteiligten unter Abzug des Zwischenzinses freiwillig bezahlt worden. Es kann darauf gerechnet werden, daß durch Fortsetzung solcher freiwilliger Zahlungen, zu denen auch der flüssige Geldstand einen Ansporn gibt, der für die Auslandswechsel geschaffene besondere Rechtsstand nach und nach im wesentlichen tatsächlich beseitigt wird. Angesichts dieser Sachlage hat der Bundesrat nunmehr eine neue Verordnung erlassen, durch die zwar die Fälligkeit der Auslandswechsel — und damit der Zwang zur Zahlung — nochmals um drei Monate hinausgeschoben, zugleich aber für freiwillige Vorausbezahlung eine gesetzliche Grundlage geschaffen wird. Für die weitere Hinausschiebung der Fälligkeit sprach nämlich die Erwägung, daß die am Auslandhandel beteiligten Handelsfirmen nach wie vor insbesondere wegen der im Ausland bestehenden Moratorien ihrerseits ihre Forderungen gegen Personen im Auslande zum großen Teil nicht zu Geld machen können. Die vorzeitige Einlösung des Wechsels war den Schuldnern bisher vielfach nicht möglich, weil sie in Unkenntnis über den Inhaber des Wechsels waren, oder, weil der Inhaber es ablehnte, den Wechselbetrag unter vermindertem Zinsenzuschlag anzunehmen. Die neue Verordnung beseitigte diese Hindernisse. Sie erklärt den Schuldner ausdrücklich für berechtigt, den Wechsel vorzeitig in der Weise einzulösen, daß der Zinsenzuschlag nur bis zum Tage der Zahlung berechnet wird. Die Zahlung kann an demjenigen Tage, der sich nach der bisherigen sechsmonatigen Hinausschiebung der Fälligkeit als Zahlungstag ergeben würde, oder innerhalb einer Woche nach diesem Tage erfolgen. (Nordd. Allgem. Zeitung vom 19. Januar 1915.)

Der durch die Verordnungen des Bundesrats vom 10. und 12. August, 22. Oktober 1914, sowie vom 18. Januar 1915 gewährte Fälligkeitsaufschub für solche im Inland zahlbare Wechsel, die vor dem Kriege im Ausland ausgestellt sind, beträgt insgesamt neun Monate. Diese Frist endigt für die ersten in Betracht kommenden Wechsel, also für diejenigen, die im August 1914 fällig waren, im Laufe des Mai 1915. **Von einer weiteren Hinausschiebung der Fälligkeit ist abgesehen worden**, weil der größte Teil der in Betracht kommenden Wechsel von den Schuldnern bereits freiwillig bezahlt ist und die wirtschaftliche Lage eine weitere Hinausschiebung der Fälligkeit weder notwendig noch wünschenswert erscheinen läßt.

Die Zahlungsverbote gegen das feindliche Ausland bleiben selbstverständlich auch für die Wechsel bestehen. (Vgl. Reichstagsdenkschrift, 4. Nachtrag vom 8. Mai 1915.)

Der Bundesrat hat auf Grund des § 3 des Gesetzes über die Ermächtigung des Bundesrats zu wirtschaftlichen Maßnahmen usw. vom 4. August 1914 (Reichs-Gesetzbl. S. 327) folgende Verordnung erlassen:

§ 1.

Die Fälligkeit von Wechseln, deren Fälligkeit durch die Bekanntmachungen vom 10. August und 22. Oktober 1914 (Reichs-Gesetzbl. S. 368, 448) um sechs Monate hinausgeschoben ist, wird um weitere drei Monate hinausgeschoben.

Eine Verpflichtung zur Entrichtung des weiteren Wechselstempels[1] nach § 3 Abs. 2 des Wechselstempelgesetzes wird durch die Hinausschiebung der Fälligkeit nicht begründet. Bei Anwendung der Vorschriften des § 13 Nr. 2 und des § 17 des Bankgesetzes[2] bleibt die Hinausschiebung außer Betracht.

1. **Wechselstempel:** Vgl. oben Vorbem. IV S. 429.
2. **Bankgesetz:** Vgl. oben S. 430 Anm. zu § 2.

§ 2.

Zu der in der Bekanntmachung vom 22. Oktober 1914 vorgesehenen Erhöhung der ursprünglichen Wechselsumme um die Zinsen für sechs Monate tritt — unbeschadet der Vorschriften des § 3 — eine Erhöhung der ursprünglichen Wechselsumme um sechs Prozent jährlicher Zinsen für weitere drei Monate hinzu, wenn der wechselmäßig legitimierte Inhaber des Wechsels den Bezogenen in der Woche vor dem aus der Bekanntmachung vom 22. Oktober 1914 sich ergebenden Zahlungstage schriftlich benachrichtigt, daß er den Wechsel in Händen hat; es genügt, wenn das Benachrichtigungsschreiben vor dem bezeichneten Tage zur Post gegeben ist. Bei domizilierten Wechseln ist der Domiziliat, bei Wechseln, deren Zahlung am Wohnort des Bezogenen durch eine andere Person erfolgen soll, ist diese zu benachrichtigen. Der Empfang der Benachrichtigung ist unverzüglich zu bestätigen.[1]

Hinsichtlich des Nachweises, daß die Benachrichtigung erfolgt ist, findet Artikel 46 Satz 1 der Wechselordnung Anwendung.[2] Auch genügt im Wechselprozesse zur Berücksichtigung des Anspruchs auf die weitere Erhöhung der Wechselsumme die Glaubhaftmachung, daß die Benachrichtigung erfolgt ist.[3]

1. **Zweck dieser Bestimmung**: Die in der Vorbemerkung erwähnte Unkenntnis des Schuldners über die Person des Gläubigers zu beseitigen.

2. **Benachrichtigung**: Die Benachrichtigung soll — wie nach Art. 46 WO. die Notifikation — durch Vorlegung des Postscheines über die Absendung eines eingeschriebenen Briefes an den Schuldner als voll erwiesen gelten, soferne nicht dargetan wird, daß der angegebene Brief einen anderen Inhalt gehabt hat. (Begr.) Staub-Stranz macht zu Art. 46 WO. noch folgende, auch für die vorliegenden Bestimmungen anwendbaren Ausführungen:

„Da es sich um Beweiserleichterung handelt, so ist an diese Beweisregelung der Richter in der Weise gebunden, daß er beim Vorliegen der gedachten Postbescheinigung die betreffende Tatsache für bewiesen erachten muß; insoweit liegt eine singuläre Abänderung des § 286 ZPO. vor. Doch kann der Richter den Beweis auch auf sonstige Weise zulassen; nach dieser Richtung ist der freien Überzeugungstheorie keine Schranke gesetzt. Auch das Briefkopierbuch kann ihm unter Umständen genügen. (Hahn, HGB. 4. Aufl. S. 213 Note 6.)"

3. **Glaubhaftmachung**: Für den Wechselprozeß ist darüber hinaus im Anschluß an die im § 605 Abs. 2 ZPO. über die Nebenforderungen gegebene Vorschrift bestimmt, daß es genügt, wenn die rechtzeitige Benachrichtigung glaubhaft gemacht wird. Dadurch wird Weiterungen auch für den Fall vorgebeugt, daß die Benachrichtigung auf andere Weise als durch eingeschriebenen Brief erfolgt, oder daß der Postschein verloren gegangen ist. (Begr.)

§ 3.

Der Bezogene ist berechtigt, den Wechsel an dem aus der Bekanntmachung vom 22. Oktober 1914 sich ergebenden Zahlungstag oder innerhalb einer Woche nach diesem Zahlungstag im Geschäftslokal und in Ermangelung eines solchen in der Wohnung des Gläubigers einzulösen; bei einer solchen Einlösung braucht der Zinsenzuschlag nur für die Zeit bis zur Einlösung entrichtet zu werden. Macht der Bezogene eine Teilzahlung, so ist der Zinsenzuschlag für die Zeit nach dieser Zahlung nur auf den nichtgezahlten Betrag zu entrichten; die geleistete Zahlung ist zunächst auf die bis zur Zahlung aufgelaufenen Zinsen anzurechnen.

Zahlt der beklagte Wechselschuldner alsbald nach Fälligwerden eines Auslandwechsels vom 15. Oktober 1914, fällig gemäß Verordnung (s. Vorbem. oben S. 432) am 15. Juli 1915, so treffen in entsprechender Anwendung des § 93 ZPO. den Klageteil die Prozeßkosten, weil der Beklagte zur Erhebung der schon im April 1915 anhängig gemachten Klage keine Veranlassung gegeben hat. OLG. Dresden vom 10. Nov. 1915 SächsArch. 1916, 46 = JW. 1916, 455.

§ 4.

Für Wechsel, bei denen die Zeit der Vorlage zur Zahlung und der Protesterhebung durch die Bekanntmachungen, betreffend Zahlungsverbot gegen England, Frankreich und Rußland, vom 30. September, 20. Oktober und 19. November 1914 (Reichs-Gesetzbl. S. 421, 443, 479) hinausgeschoben ist, bewendet es bei den Vorschriften dieser Bekanntmachungen. Bei solchen Wechseln findet die Erhöhung der Wechselsumme, die in den Bekanntmachungen vom 12. August und vom 22. Oktober 1914 und der gegenwärtigen Verordnung vorgesehen ist, nicht statt.

§ 5.

Diese Verordnung tritt mit dem Tage der Verkündung in Kraft.

Tag der Verkündung 19. Januar 1915.

III. Zahlungsverbote.

Vorbemerkungen.

1. Literatur außer der oben S. 390 angeführten: Hachenburg, LZ. 1914, 1681; Dalberg, DJZ. 1914, 1259; Friedländer, BayZfR. 1915, 67; Wassermann, LZ. 1915, 280; Jaeger, LZ. 1915, 416; Asch, JW. 1914, 912; Sieskind, Recht 1914, 696.

2. Grundsätzliches: Die erlassenen Zahlungsverbote sind im Interesse der Kriegführung erlassene gesetzliche Ausnahmen des Grundsatzes, daß der Kriegszustand die Rechtsstellung des feindlichen Ausländers nicht beeinträchtigt. (Siehe oben S. 390.) Die Verordnung ist im „Wege der Vergeltung" gegen die entsprechenden Maßnahmen des feindlichen Auslands erlassen. Damit sind etwaige Zweifel eines Verstoßes gegen Artikel 23 lit. h des Haager Abkommens betreffend Gesetze und Gebräuche des Landkrieges vom 18. Oktober 1906 beseitigt (zweifelnd Sieskind Anm. 16 zu § 1 und im Recht a. a. O.). Die reichsgesetzliche innerstaatliche Wirksamkeit der Verordnungen ist übrigens von den Bestimmungen des Haager Abkommens unabhängig. Vgl. hiezu auch die offiziöse Erläuterung in Nr. 238 der 2. Ausgabe der Norddeutschen Allgemeinen Zeitung vom 1. Oktober 1914, abgedruckt bei Bendix S. 221, bei Güthe-Schlegelberger I, 890. De lege ferenda: Bendix S. 125 ff.

3. Ausdehnung: Zahlungsverbote sind erlassen gegen Großbritannien und Irland und die britischen Kolonien und Besitzungen (s. unten S. 437),

Frankreich und die französischen Kolonien und Besitzungen (s. unten S. 453), Rußland und Finnland (s. unten S. 454), Ägypten und Französisch-Marokko (s. unten S. 455), Portugal (s. unten S. 456), Rumänien (s. unten S. 457), vorderhand nicht gegen Italien. Die Bestimmungen des Verbots gegen England gelten mit einer geringen Abweichung (§ 2 Abs. 2) auch für die Verbote gegen die übrigen Länder.

Neben den Verboten der Zahlung nach dem feindlichen Ausland besteht noch ein allgemeines Verbot der Zahlung im Wege der Nachnahme nach dem Ausland überhaupt, abgesehen von Postnachnahmen, von Zahlungen nach Österreich-Ungarn, den darüber hinaus gelegenen Ländern (Balkan), Luxemburg und den von den deutschen und österreichisch-ungarischen Truppen besetzten Gebieten des feindlichen Auslands. S. unten S. 461.

4. **Ausnahmen** vom Verbot §§ 5, 7 (siehe dort).

5. **In Belgien** hat die deutsche Verwaltung Zahlungsverbote für die okkupierten Gebiete gegen England, Frankreich, Rußland und Finnland erlassen. (GVBl. für die okkupierten Gebiete Belgiens S. 28 f.; VO. vom 3. Nov. 1914 S. 58; VO. vom 28. Nov. 1914, S. 907; VO. vom 12. Aug. 1915). In **Polen usw.** wurden das bisherige russische Zahlungsverbot aufgehoben und die deutschen Zahlungsverbote in den von den deutschen Truppen besetzten Gebieten durch Verordnungen vom 21. März 1915 Nr. 4 und 5 eingeführt. (Verordnungsblatt der Kais. Deutschen Verwaltung in Polen Nr. 1 vom 1. April 1915, S. 4 ff.) Vgl. hiezu auch Dove, Der Rechtszustand in den okkupierten Gebieten Belgiens und Russisch-Polens JW. 1915, 425 f. und 965 f; Reier, Die neuen Zivilrechtsverhältnisse in dem von Deutschland besetzten Polen links der Weichsel Gruch. 59, 831; Menner, JW. 1915, 1307.

Bei diesen Zahlungsverboten handelt es sich nicht um eine Ausdehnung der deutschen Zahlungsverbote durch die Reichsgesetzgebung bzw. den Reichskanzler auf die besetzten Gebiete kraft Staatsrecht, sondern um eine durch die Okkupationsverwaltung kraft Völkerrecht erlassene Bestimmung, die nur zufällig den gleichen Inhalt hat wie das Reichsgesetz, aber nicht selbst Reichsgesetz ist, auch nicht für Reichsgebiet gilt und gelten kann. Die Strafbestimmungen dieser Zahlungsverbote sind zwar die gleichen wie im Reichsgesetz, aber nicht selbst Reichsgesetz, sondern auf Grund der gleichen Rechtsquelle erlassen und mit derselben Gültigkeit für das besetzte Gebiet ausgestattet wie die zahlreichen anderen Verordnungen und Strafbestimmungen der Verwaltungen für die besetzten Gebiete. Die Annahme der 2. Auflage, daß die Strafbestimmungen der Zahlungsverbote nicht für die besetzten Gebiete gelten (da nach § 3 RStGB. die Strafgesetze des Deutschen Reichs nur auf die in seinem Gebiet begangenen strafbaren Handlungen Anwendung fänden), kann daher nicht aufrecht erhalten werden. Diese Strafbestimmungen sind dort nicht Reichsgesetz.

6. **Zahlungsverbote des Auslands.** Ähnliche Verbote haben erlassen: Österreich-Ungarn gegen Frankreich und England (HK. Berlin S. 32, 52, Curti S. 108) und gegen Rußland (HK. Berlin S. 54, 80); die Türkei (HK. Berlin S. 17). Zahlungsverbote gegen das Deutsche Reich haben erlassen: England (HK. Berlin S. 21, Curti S. 21, außer dem Zahlungsverbot auch ein absolutes Handelsverbot; die englische Rechtsprechung hiezu s. Mendelssohn-Bartholdy, Der Kriegsbegriff

des engl. Rechts, Anhang VI, S. 81—92; ferner: Rhein. Z. f. Zivil- u. Prozeßrecht Bd. VIII S. 180ff.), Frankreich (HK. Berlin ebenda, Curti S. 30, ebenfalls mit Handelsverbot), Rußland (HK. Berlin S. 11, Curti 111). Ob Japan und Portugal derartige Vorschriften erlassen haben, steht nicht fest. Italien hat ein allgemeines Handelsverbot erlassen (Reichsanz. vom 11. August 1916 Nr. 188).

52. Bekanntmachung, betreffend Zahlungsverbot gegen England.

Vom 30. September 1914.

(RGBl. 1914 S. 421 Nr. 4504).

Der Bundesrat hat auf Grund des § 3 des Gesetzes über die Ermächtigung des Bundesrats zu wirtschaftlichen Maßnahmen usw. vom 4. August 1914 (Reichs-Gesetzbl. S. 327) im Wege der Vergeltung folgende Verordnung erlassen:

§ 1.

Es ist bis auf weiteres verboten, Zahlungen nach Großbritannien und Irland oder den britischen Kolonien und auswärtigen Besitzungen mittelbar oder unmittelbar in bar, in Wechseln oder Schecks, durch Überweisung oder in sonstiger Weise zu leisten, sowie Geld oder Wertpapiere mittelbar oder unmittelbar nach den bezeichneten Gebieten abzuführen oder zu überweisen.

Leistungen zur Unterstützung von Deutschen bleiben gestattet.

I. Verbotsgebiet. Verboten ist die Zahlung nach Großbritannien und Irland oder den britischen Kolonien und auswärtigen Besitzungen. Da die Reichsgesetze nur für das Bundesgebiet gelten, gilt das Verbot nicht für Zahlungen, die durch Deutsche und Ausländer von den Schutzgebieten oder vom Ausland aus nach England oder in England selbst erfolgen, es müßte denn sein, daß dabei mittelbare Zahlung vorliegt. Die zeitweilige Besetzung einiger Grenzdörfer des Südelsaß durch den Feind hebt die Geltung der Reichsgesetze und damit des Verbots für das besetzte Gebiet nicht auf. Über die Ungenauigkeit des Ausdrucks „Kolonien und Besitzungen" vgl. Bendix S. 124. Ägypten fällt als Tributärstaat der Türkei nicht darunter; es mußte daher das Zahlungsverbot durch besondere Bekanntmachung des Reichskanzlers vom 19. Oktober 1915 erst auf Ägypten und Marokko (das ebenfalls nicht als französische Kolonie oder Besitzung angesehen werden kann) ausgedehnt werden (s. unten S. 455).

Verboten ist die Zahlung nur nach bestimmten Ländern; die Staatsangehörigkeit des Empfängers ist nur insofern von Bedeutung, als sie unter Umständen einen Anhaltspunkt dafür geben kann, daß eine mittelbare Zahlung nach den Gebieten, für die ein Zahlungsverbot erlassen ist, vorliegt (ebenso Sieskind, Sintenis, Heß, Mayer, Friedländer, Menner, JW. 1915, 1089). Der Umstand, daß der in Deutschland wohnende Kläger britischer Staatsangehöriger ist, steht daher der Geltendmachung nicht entgegen (vgl. KG. vom 8. Februar 1915

KammerGBl. 1915, 36 = DJZ. 1915, 427 = Recht 1915, 227). Umgekehrt wird der Deutsche im feindlichen Ausland vom Verbot betroffen; es dürfen an ihn keine Zahlungen gemacht werden (ausgenommen Unterstützung Abs. 2). Auch die Befriedigung der Ansprüche der Auslanddeutschen gegen Versicherungsgesellschaften im Inland ist daher unzulässig.

Das Verbot wirkt nicht gegen das Ausland überhaupt, sondern nur gegen die namentlich genannten Staaten, also insbesondere nicht gegen die deutschen Schutzgebiete (OLG. Hamburg vom 25. März 1915 DJZ. 1915, 828). Gegen die feindlichen Staaten gilt es aber schlechthin ohne Rücksicht, ob sie von den Truppen besetzt sind oder nicht, auch die Zahlung nach dem okkupierten Nordfrankreich ist verboten, da auch diese Gebiete noch feindliche Wirtschaftsgebiete sind und ihre Versorgung mit Geldmitteln die feindliche Volkswirtschaft kräftigt. Deren Erstarkung auf Kosten der deutschen Valuta soll verhindert werden, gleichgültig ob es sich um besetztes oder nicht besetztes Gebiet handelt. Auch bietet die Nichtbefriedigung der feindlichen Forderungen gerade des besetzten Gebietes für den Friedensschluß eine wertvolle Handhabe, die vollständige Befriedigung der deutschen Gläubiger zu erlangen. (A. M. die 2. Aufl. und im Anschluß an sie OLG. Colmar vom 17. April 1916 DJZ. 1916, 740). Es war daher ursprünglich auch die Zahlung nach dem okkupierten Rußland verboten (ebenso Handelskammer Leipzig bei Menner, JW. 1915, 1090, RG. vom 21. Mai 1915, RGSt. Bd. 49 S. 253 f., S. 258), bis der Reichskanzler von seiner Befugnis nach § 7 Abs. 1 Gebrauch machte und eine Ausnahme zuerst für die Gebiete der deutschen Zivilverwaltung, dann für alle Gebiete unter deutscher oder österreichisch-ungarischer Verwaltung durch Verordnung vom 19. April 1916 (s. unten S. 460) bewilligte.

Diese Ausnahme für die Gebiete der deutschen Zivilverwaltung beseitigte nicht, wie die 2. Aufl. und mit ihr OLG. Colmar a. a. O. annimmt, lediglich Zweifel, die auch die Auslegung zu beheben in der Lage war, sondern stellte eine echte Ausnahme dar. Eine bloße Interpretation hätte sich nicht nur auf das Gebiet der deutschen Zivilverwaltung in Rußland beschränkt, sondern von vornherein das ganze okkupierte Gebiet, also insbesondere auch das unter militärischer oder österreichisch-ungarischer Verwaltung stehende russische und das okkupierte französische Gebiet umfaßt.

Ohne allgemeine oder besondere Ausnahmebewilligung sind Zahlungen nach dem okkupierten Gebiet nur ohne weiteres gestattet, soweit sie an Personen gerichtet sind, die sich dort im Militär- oder Staatsdienst des Deutschen Reichs oder seiner Verbündeten oder kraft besonderer Zulassung oder Auftrags dieser Staaten aufhalten, da diese Personen nicht zur feindlichen Volkswirtschaft gehören.

Gegen Belgien war ein deutsches Zahlungsverbot nie erlassen worden. Bei den Zahlungsverboten handelt es sich um Maßnahmen gegen feindliche Staaten, welche ihrerseits die Geltendmachung von Ansprüchen Deutscher gegen die eigenen Staatsangehörigen hindern; es wäre daher wünschenswert, wenn das Zahlungsverbot gegen alle Gebiete ausgeübt werden könnte, die tatsächlich der feindlichen Herrschaft unterstehen und in denen sie nach diesem Grundsatz verfährt, also insbesondere auch gegen die vom Feind besetzten deutschen Schutzgebiete. Bei der engen Fassung des Verbotsgebiets, die es nicht einmal ermöglichte, Ägypten zu Großbritannien zu rechnen, bedürfte es aber hiefür einer besonderen Erstreckung des Verbots durch Reichskanzlerbekanntmachung.

Ist eine Zahlung an mehrere Personen einheitlich zu leisten, so ist sie unstatthaft, wenn nur eine der Personen ihren Wohnsitz im Verbotsgebiet hat, da hiedurch Geld nach dem Verbotsgebiet gelangt (ebenso Friedländer).

II. Verbotsinhalt. Verboten ist sachlich Zahlung und Abführung oder Überweisung von Geld oder Wertpapieren nach dem Verbotsgebiet. Es läßt sich theoretisch darüber streiten, ob die beiden Alternativen des Zahlungsverbots scharf gegeneinander abgegrenzt sind oder ob die zweite Alternative die erste mitumfaßt. Praktisch ist ein Streit hierüber belanglos, da die Anwendung des Verbots hiedurch nicht beeinflußt wird.

1. Zahlung ist die Leistung zwecks Tilgung einer Geldschuld (ebenso Sieskind, Heß). Der Rechtsgrund der Schuld ist unbeachtlich (Hachenburg, LZ. 1914, 1681), ebenso der Zeitpunkt ihrer Entstehung; insbesondere ist auch die Zahlung für künftige Schulden (z. B. aus Warenlieferungen) verboten. Die Barzahlung kann durch alle Währungsmünzen, alle Scheidemünzen und alle Geldsurrogate (Banknoten, Kassenscheine) des Reichs oder eines andern Staates erfolgen. Bei Wechseln und Schecks macht es keinen Unterschied, ob sie zahlungshalber oder an Zahlungs Statt gegeben werden (ebenso Sintenis). Die Überweisung ist die Zahlung durch Anweisung dritter Personen, zur Auszahlung namens des Absenders, insbesondere auch Postanweisungen und Banküberweisungen. (Vgl. hiezu Friedländer, BayZfR. 1915, 70.)

Zur Zahlung in sonstiger Weise gehört vor allem die Hingabe an Zahlungs Statt (ebenso Friedländer, Sieskind; a. M. Heß, Harber, JW. 1914, 991), insbesondere die Abtretung von Forderungen zu diesem Zweck.

War die Geldschuld bereits vor Inkrafttreten des Verbots in eine Waren- oder sonstige Schuld umgewandelt, so ist die Leistung an Zahlungs Statt natürlich zulässig (ebenso Friedländer).

2. Die Abführung oder Überweisung von Geld oder Wertpapieren liegt dann vor, wenn hiedurch nicht eine Geldschuld getilgt werden soll, sondern Eigentum des Absenders zu dessen Verfügung an eigene oder fremde Adresse nach dem Verbotsgebiet geschickt wird, oder Geld und Wertpapiere als Handelsware ausgeführt werden. Hiebei sind unter Geld alle Zahlungsmittel aller Staaten zu verstehen. Belanglos ist, ob durch das Wort „Geld" auch Gold- und Silberbarren mitumfaßt werden (verneint von Sieskind), da ihre Ausfuhr schon wegen des erlassenen Ausfuhrverbotes unzulässig ist. Der Begriff „Wertpapier" ist derselbe wie im Handelsgesetzbuch (also nicht z. B. Sparkassenbücher, Hypothekenbriefe, Gesellschaftsanteile); vgl. zum Ganzen auch Bendix S. 125.

3. Zulässig ist die **Aufrechnung** (ebenso Friedländer a. a. O.; **a. M.** Asch, JW. 1914 S. 912) und zwar gleichgültig, ob die Aufrechnung vom inländischen oder ausländischen Gläubiger erklärt worden ist.

Das Ausgeben von Geld im Verbotsgebiete durch Deutsche ist zulässig, aber nicht unbeschränkt, wie in der 2. Aufl. mit Friedländer a. a. O. angenommen wurde. Es ist dann verboten, wenn der Aufenthalt des Deutschen im Ausland zu dem Zweck genommen wird, Zahlungen im Verbotsgebiet zu machen. Der Deutsche, der nach England reist, um dort bisherige Schulden zu bezahlen oder Waren zu erwerben, ist ebenso zu behandeln, als wenn er von Deutschland nach England zahlen würde.

Umgekehrt ist auch die Zahlung an den Engländer verboten, der zum Zweck der Einkassierung seiner Außenstände nach Deutschland reist.

Wie die Staatsangehörigkeit, so ist auch der ständige Wohnsitz des Zahlungsempfängers gleichgültig. Das Verbot bezweckt, das Abwandern von Geld nach dem feindlichen Ausland zu verhindern. Der Auslandbewohner, dessen Wohnsitz im Ausland liegt, das nicht Verbotsgebiet ist, der sich aber während des Krieges im Verbotsgebiet aufhält, kann sich gegenüber der Zahlungsweigerung nicht darauf berufen, daß sein Wohnsitz im neutralen Ausland sei. (Auch wenn er Exterritorialer ist.) Vgl. hiezu Probst, JW. 1916, 567. Der dort vertretenen Anschauung, daß der Schuldner in diesem Fall gemäß § 3 hinterlegen müsse, da die Stundung der Forderung vom Wohnsitz des Gläubigers im feindlichen Ausland nach § 2 abhängig sei und mangels dieser Voraussetzung der Zwangsvollstreckung nichts im Wege stehe, kann aber nicht beigepflichtet werden. Das Zahlungsverbot ist von Amts wegen zu beachten und verhindert auch den Gerichtsvollzieher, die Pfändung wegen einer Geldforderung vorzunehmen. S. unten S. 442.

Die Zahlung an den im Inland wohnenden Ausländer ist nur dann verboten, wenn nach den besonderen Umständen die Gefahr des Abflusses der Zahlung ins feindliche Ausland gegeben ist. Ebenso OLG. Marienwerder vom 20. Juli 1915 OLGRspr. 32, 294.

4. Verboten ist auch die **mittelbare Zahlung.** Mittelbar ist sie, wenn sie nach dem Verbotsgebiet nicht durch direkte Übersendung oder Überweisung gelangt. Insbesondere gehören hierher:

a) **Die Zahlung an den Vertreter**, Ersatzmann, Vermittler im Inland, aber auch nur, wenn dieser die Zahlung nach dem Verbotsgebiet weiterleitet. Darum ist es unzutreffend, wenn die offiziöse in der Nordd. Allg. Zeitung vom 1. Oktober 1914 erschienene Erläuterung, die Zahlungen an bloße Agenten, die im Auftrag von in England wohnenden Gläubigern Forderungen einzuziehen suchen, schlechthin unter das Verbot des § 1 rechnet und daher schon den Schuldner für verpflichtet ansieht, die Zahlung an den inländischen Agenten zu verweigern, weil unmittelbare Zahlung stattfinde. Diese Auffassung findet in der Verordnung keine Stütze, solange nicht Grund zu der Annahme besteht, daß der Agent die Zahlung während der Geltung des Verbots nach England abführen werde. Die Zahlung an den inländischen Agenten kann, aber muß nicht eine Zahlung an das feindliche Ausland sein; es kommt auf die Umstände des Einzelfalls an, insbesondere darauf, ob Grund zu der Annahme besteht, daß der Agent das Geld an das feindliche Ausland weiterleiten werde. (So RG. vom 5. Juli 1916 JW. 1916 S. 1277; OLG. Hamburg vom 15. Dezember 1915 JW. 1916, 350 = LZ. 1916, 340 = ROLG. 32, 296 und bezüglich der Zahlung an den Verkaufskommissionär im Inland OLG. Stuttgart vom 11. Februar 1916 Recht 1916, 200; ebenso Freudenthal in dem oben erwähnten Aufsatz, noch weitergehend Bendix S. 124; vgl. auch Leo im Bankarchiv XIV S. 94 und LG. Mannheim vom 13. November 1914 LZ. 1915 S. 84; a. M. Sieskind zu § 5 und Friedländer a. a. O.) Auch die Zahlung gegen Konnossement, das von einer inländischen Bank im Auftrag eines Ausländers präsentiert wird, kann nach den Umständen des Falls mittelbare Zahlung sein. (Hachenburg a. a. O. nimmt schlechthin Mittelbarkeit an, Leo a. a. O. verneint sie.)

b) Die Zahlung in ein Verbotsgebiet **über feindliches und neutrales Ausland**, wie Übersendung eines Schecks an eine Person im neutralen Ausland zur Zahlung einer Schuld des Scheckausstellers an eine im feindlichen Ausland ansässige Firma (RG. vom 24. Januar 1916, LZ. 1916, 302 = JW. 1916, 438), Auftrag eines Inlanddeutschen an einen in Frankreich lebenden Franzosen, seinerseits daselbst Zahlung an einen andern Franzosen zu leisten und mit dem Betrag den Auftraggeber zu belasten (RG. vom 21. Januar 1916 RGSt. Bd. 49 S. 320 = LZ. 1916, 380), die von Deutschland über Chile nach England versuchte Zahlung (RG. vom 26. Okt. 1915 RGSt. Bd. 49 S. 286 = DJZ. 1915 S. 1233 = Recht 1915 S. 615), überhaupt alle Zahlungen, die nach feindlichem oder neutralem Ausland mit dem Erfolg gehen, daß sie einer im Verbotsgebiet ansässigen Person letzten Endes zukommen.

Zu weit geht in dieser Hinsicht aber der Erlaß des preußischen Handelsministeriums an die Handelsvertretungen, vom 6. August 1915, JW. 1915, 1036, Güthe-Schlegelberger II, 412, der mittelbare Zahlung auch annimmt, wenn die neutrale Firma für eigene Rechnung die Ware aus dem feindlichen Ausland bezieht und nach Deutschland weiterverkauft und es schon für genügend erachtet, daß mit dem Weiterfließen auch nur eines Teiles des gezahlten Preises nach dem feindlichen Ausland gerechnet werden muß. Eine derartige Auffassung führt in das uferlose Gebiet des dolus eventualis; macht bei der heutigen Gestaltung des Welthandels den Bezug der meisten Produkte aus dem neutralen Ausland (insbesondere Schweiz) zu einer verbotenen Handlung und findet im Gesetz nicht die geringste Stütze.

c) Eine mittelbare Zahlung kann endlich auch in den Fällen vorliegen, in denen **als Sicherung gewährte Leistungen** (Pfandbestellungen) in absehbarer Zeit zur Erfüllung von Forderungen führen können. Unzulässig ist auch die gerichtliche Überweisung von Forderungen zugunsten englischer Gläubiger und zwar nicht nur die praktisch wenig bedeutsame an Zahlungs Statt (so Sieskind, Recht 1914, 698), sondern auch die Überweisung zur Einziehung nach § 835 ZPO. (ebenso Friedländer, BayZfR. 1915, 70). Auch die Pfändung auf Grund von vollstreckbaren Titeln, die auf Zahlung einer Geldsumme lauten, wird man als nicht zulässig erachten können; sie bezweckt unmittelbar die Befriedigung einer Geldforderung durch Ausübung von Zwang. Durch eine Geldpfändung wird die Befriedigung sogar ohne weiteres herbeigeführt (§ 815 Abs. 3 ZPO.). So zutreffend Friedländer. Das gleiche gilt für alle übrigen Akte der Zwangsvollstreckung und die Arrestpfändungen.

5. **Keine mittelbare Zahlung** liegt vor, wenn durch sie eine im Ausland ansässige Person von Schulden gegenüber Inländern befreit wird, z. B. Einlösung des Wechsels einer russischen Firma, der von einem inländischen Wechselberechtigten präsentiert wird, durch den inländischen Wechselverpflichteten. (Vgl. OLG. Hamburg vom 3. Febr. 1916 LZ. 1916, 562 = Recht 1916, 200 = OLGRspr. 32, 294.) Zum Begriff der verbotenen Zahlung vgl. auch die bei § 6 angeführte Rechtsprechung.

III. Verbotswirkung.

1. strafrechtliche s. § 6;

2. zivilrechtliche. Die trotz des Verbots vorgenommene Zahlung ist als Rechtsgeschäft, das gegen ein gesetzliches Verbot verstößt, nichtig (§ 134 BGB.). Die Frage, ob die verbotswidrige Zahlung zurückgefordert werden kann, beantwortet sich nach den Vorschriften über die ungerechtfertigte Bereicherung. Dementsprechend kann die Zahlung nicht zurückgefordert werden, wenn der Zahler bei Zahlung gewußt hat, daß er entsprechend dem Zahlungsverbot zur Leistung nicht verpflichtet sei (§ 814 BGB.). War der Leistende gutgläubig, so kann er die Zahlung zurückfordern (§ 812 BGB.; vgl. hiezu Hachenburg, LZ. 1914, 1686; Friedländer a. a. O.; Sieskind a. a. O.). § 817 BGB. ist nicht anwendbar, da der „Empfänger" der Leistung durch die Annahme der Zahlung nicht gegen ein gesetzliches Verbot verstößt. Verboten ist die Zahlung nach Großbritannien usw., aber nicht die Annahme der Zahlung. Ein solches Verbot wäre auch praktisch wertlos, da es eine Handlung beträfe, die im Ausland begangen wird und daher der Geltung der deutschen Zivil- und Strafgesetze im Regelfall entzogen ist.

In bereits bestehende dingliche Rechte der Ausländer wird durch das Verbot nicht eingegriffen; Pfandrechte bleiben bestehen, daher keine Erinnerung nach § 766 ZPO., sondern Klage nach § 767 ZPO. und Einstellung der Vollstreckung nach § 769 ZPO. LG. Frankfurt JW. 1915, 11 = Recht 1915, 61; ebenso können zugunsten von Ausländern geleistete Sicherheiten nicht zurückverlangt werden, wenn die Rechte des Ausländers an der Sicherheit schon vor Erlassung des Zahlungsverbots begründet waren. OLG. Dresden vom 1. Febr. 1916 SächsArch. 1916, 123 = JW. 1916, 772.

Das Verbot ist vom Gericht von Amts wegen zu berücksichtigen; es hindert aber nur die Verurteilung des Beklagten auf die Klage des Engländers, nicht aber eine andere Entscheidung. OLG. Dresden vom 25. Okt. 1915 JW. 1916, 288 = SächsArch. 1916 S. 45. Die Vereinbarung, daß Beanstandungen einem Schiedsgericht unterliegen, begreift nicht die Zahlungsweigerung auf Grund des Zahlungsverbots ein. OLG. Karlsruhe vom 23. März 1915 BadRpr. 1915, 147 = DJZ. 1916, 351 = Recht 1916, 200. Die Zahlungsverbote stehen, wenn vom Reichskanzler eine Ausnahmebewilligung zur Prozeßführung erteilt ist, der Entscheidung eines solchen, infolgedessen nicht unterbrochenen Rechtsstreits nicht entgegen. Ein lediglich auf das Zahlungsverbot gestützter Aussetzungsantrag wäre unbegründet. OLG. Dresden vom 25. Okt. 1915 SächsArch. 1916, 45 = LZ. 1916, 180.

Die Fälligkeit der Schulden der Deutschen ist gegenüber dem feindlichen Ausland nicht unter allen Umständen durch das Verbot beseitigt worden. Die Verordnung will nicht in die Vertragsbeziehungen derart eingreifen, daß sie dem deutschen Schuldner Vorteile neu verschafft, auf die er nach dem Vertrag keinen Anspruch hat. OLG. Hamburg vom 2. Nov. 1915 ROLG. 31, 376 = Recht 1916, 26 = JW. 1915, 1291 Fußn. 10.

IV. Beweislast. Wer das Recht zur Zahlungsweigerung behauptet, muß beweisen, daß Anhaltspunkte vorhanden sind, eine Zahlung könne dem Verbot zuwiderlaufen. Ebenso Hachenburg, LZ. 1914, 1686; a. M. Sintenis Anm. 2 (der, die Strafandrohung unberücksichtigt lassend, dem

Zahlungsverweigernden im Prozeß die ganze Beweislast auferlegt). Gegenbeweis möglich (ebenso wie hier Freudenthal im Aufsatz Neues Kriegsnotrecht im Berliner Tagblatt, Wassermann, LZ. 1915, 280). Darum nicht schlechthin unzulässig die Honorierung von Schecks, die auf Grund von Guthaben englischer Banken gezogen sind (Wassermann a. a. O., Friedländer a. a. O.), und auch nicht schlechthin zulässig, die Annahme oder Auszahlung von Wechseln, weil eine inländische Niederlassung eines ausländischen Unternehmers den Wechsel vorgelegt hat. (Vgl. Bek. Nr. 4588 unten S. 451.)

Eine Umkehrung der Beweislast ergibt sich in dem Fall, in dem die Zahlung an einen Deutschen erfolgen soll, der vor Ausbruch des Krieges Inhaber oder Teilhaber eines Unternehmens des feindlichen Auslandes war und nunmehr nach Deutschland zurückgekehrt ist. (Vgl. Bekanntmachung Nr. 4594 S. 495.) Auch in den beiden zuletzt erwähnten Fällen kann die Zahlung daher, falls trotz des Vorliegens der dort erwähnten Momente die Gefahr einer mittelbaren Zahlung an das feindliche Ausland besteht, verweigert werden. Vgl. hiezu auch Deutscher Außenhandel 1915 S. 17.

V. Ausnahmen vom Verbot.

1. Leistung von Unterstützung an Deutsche im feindlichen Ausland. Abs. 2. Hierunter ist nur Unterstützung für die Lebensführung, nicht für den Gewerbebetrieb zu verstehen (ebenso Sieskind).
2. Ansprüche aus ausländischer Niederlassung im Inland (§ 5).
3. Ansprüche aus zwangsweise verwalteten Grundstücken (unten S. 454).
4. Ausnahmen nach § 7 S. dort.

§ 2.

Schon entstandene oder noch entstehende vermögensrechtliche Ansprüche solcher natürlicher oder juristischer Personen, die in den im § 1 bezeichneten Gebieten ihren Wohnsitz oder Sitz haben, gelten vom 31. Juli 1914 an, oder wenn sie erst an einem späteren Tage zu erfüllen sind, von diesem Tage an bis auf weiteres als gestundet. Für die Dauer der Stundung können Zinsen nicht gefordert werden. Rechtsfolgen, die sich nach den bestehenden Vorschriften in der Zeit vom 31. Juli 1914 bis zum Inkrafttreten dieser Verordnung aus der Nichterfüllung ergeben haben, gelten als nicht eingetreten.

Die Stundung wirkt auch gegen jeden Erwerber des Anspruchs, es sei denn, daß der Erwerb vor dem 31. Juli 1914, oder wenn der Erwerber im Inland seinen Wohnsitz oder Sitz hat, vor dem Inkrafttreten dieser Verordnung stattgefunden hat.

Dem Erwerber des Anspruchs steht gleich, wer durch dessen Erfüllung einen Erstattungsanspruch erlangt hat.

I. Da § 1 die Leistung nach England verbietet, mußten Bestimmungen getroffen werden über die materiellrechtlichen Folgen des Verbots für die Schulden der in Deutschland Ansässigen. Diese Bestimmungen enthält § 2. Die **Stundung**, die er gewährt, hat einen weiteren Umfang als das Zahlungsverbot in § 1. Dieses beschränkt sich darauf, Zahlung (Erfüllung von Geldansprüchen) und die Ausfuhr von Geld und Wertpapieren zu verbieten; § 2 gewährt aber eine Stundung der sämtlichen englischen vermögensrechtlichen Ansprüche (über „vermögensrechtliche Ansprüche" siehe oben S. 346). Entscheidend ist bei natürlichen Personen der Wohnsitz, bei juristischen Personen der Sitz im Verbotsgebiet (vgl. zu diesen Begriffen oben S. 405). Bei doppeltem Wohnsitz werden auch die Ansprüche des Engländers, die in seinem nichtenglischen Wohnsitz entstanden sind, von der Stundung betroffen. Die Forderungen von Engländern, die zwar in England ihren Wohnsitz haben, sich aber während des Kriegs gezwungen im Reichsgebiet aufhalten müssen, fallen nach dem Wortlaut der Verordnung sämtlich der Stundung anheim. Soweit diese Forderungen im Inland während des Aufenthalts der Engländer entstanden sind und noch entstehen, wird man sie aber von der Stundung ausnehmen müssen, da sie dem Grundsatz der Territorialität, von dem die Verordnung beherrscht wird, zuwiderläuft; es ist anzunehmen, daß territorial die Stundung nicht weiter ausgedehnt werden sollte, als in § 1 das Zahlungsverbot.

Ausnahme: Ist englisches Vermögen unter staatliche Zwangsverwaltung gestellt (Bek. vom 26. Nov. 1914 und 10. Febr. 1916) oder Liquidation unterworfen (Bek. vom 31. Juli 1916), so kann der Verwalter die Erfüllung vermögensrechtlicher Ansprüche fordern. Die Stundung endet mit dem Ablauf eines Monats nach der Aufforderung zur Leistung. (Bek. vom 24. Aug. 1916 s. unten S. 518 und § 4 LiquiVO.) Jedoch sind bei Wechseln und Schecks Protest und Rückgriff dann ausgeschlossen.

Gestundet sind die Ansprüche, soweit sie nach dem 31. Juli 1914 zur Erfüllung fällig sind oder fällig werden, vom Tag ihrer Fälligkeit an, und wenn sie schon vor dem 31. Juli fällig waren, von diesem Tag an.

II. Allgemeine Wirkung der Stundung.

1. Zinsen. Für die Dauer der Stundung können Zinsen nicht gefordert werden. Gilt die Forderung seit 31. Juli als gestundet und wurden für die Zeit nach dem 31. Juli Zinsen bezahlt, so können sie, gleichgültig ob für die Zeit bis zur Fälligkeit vertragsmäßig Zinsen vereinbart waren oder nicht, zurückgefordert werden. Praktisch kann das Rückforderungsrecht durch Aufrechnung ausgeübt werden (Friedländer a. a. O.).

Wird die Forderung erst nach dem 31. Juli fällig und gilt sie daher erst vom Fälligkeitstag ab gestundet, so sind, wenn bis zur Fälligkeit vertragsmäßig Zinsen zu zahlen waren, diese nicht erlassen, da die Zinsfreiheit nur für die Dauer der Stundung gilt. Vom Tag der Fälligkeit ab sind die Zinsen erlassen, auch wenn sie bis zur Fälligkeit vertragsmäßig zu zahlen waren.

2. War der Schuldner schon am 31. Juli 1914 in **Verzug**, so werden die damals bereits eingetretenen Verzugsfolgen nicht aufgehoben. (Zinsen bis zu diesem Zeitpunkt, ebenso Schadensersatzansprüche wegen verspäteter Erfüllung und bereits erklärter Rücktritt und Schadensersatzanspruch wegen Nichterfüllung.) Vom 31. Juli ab laufen bisherige Verzugszinsen nicht mehr weiter. Verzugsfolgen aus Verzug vor dem 31. Juli 1914, deren Entstehung durch eine Erklärung des Gläudigers bedingt ist, können nicht mehr eintreten, der Schuldner ist nicht mehr in Verzug.

Ebenso können infolge der Stundung natürlich auch bei Forderungen, für die Schuldnerverzug am 31. Juli noch nicht bestand, Verzugswirkungen nicht eintreten.

Die Bestimmung trifft, wie ihr Wortlaut klar ergibt, nur die Rechtsfolgen, welche sich aus der Nichterfüllung der Verbindlichkeit ergeben. Ist aber eine deutsche Forderung vor Inkrafttreten der Verordnung durch Aufrechnung getilgt worden, so lebt sie nicht wieder auf und zwar auch dann nicht, wenn die Kompensation durch den englischen Gläubiger erfolgte. (Ebenso Friedländer a. a. O.; **a. M.** Asch, JW. 1914, 912.) Ebensowenig kann die Rückgabe einer vor Erlaß der VO. zur Abwendung der ZwVollstr. geleisteten Sicherheit an einen deutschen Schuldner erfolgen (OLG. Dresden vom 1. Febr. 1916 LZ. 1916 S. 959).

III. Wirkung der Stundung gegen Dritte.

A. Im Zahlungsverbot gegen England.

1. Sie wirkt gegen jeden Erwerber, der die Forderung nach dem 30. September 1914 erworben hat (Tag des Inkrafttretens der Verordnung);
2. gegen den Erwerber, der die Forderung zwischen 31. Juli und 30. September 1914 erworben hat, nur dann, wenn er seinen Wohnsitz oder Sitz nicht im Inland hat (gleichgültig, ob feindliches oder neutrales Ausland). Über die Begriffe Inland und Ausland s. oben S. 408;
3. gegen den Erwerber, der die Forderung vor dem 31. Juli 1914 erworben hat, überhaupt nicht.

B. In den Zahlungsverboten gegen Frankreich, Rußland, Ägypten, Französisch-Marokko usw. wirkt die Stundung nur gegen den Erwerber, der die Forderung nach dem Inkrafttreten der jeweiligen Bekanntmachung erlassen hat (s. unten S. 453 ff.).

Unter Erwerb ist jede Rechtsnachfolge im weitesten Sinne zu verstehen (vgl. oben S. 420). Darunter fällt insbesondere auch der Erwerb durch Indossament (z. B. eines Konnossements), ohne daß es darauf ankommt, ob der Erwerb zu eigenem Recht oder nur zum Zweck des Einziehens für Rechnung des Veräußerers erfolgt ist. OLG. Hamburg vom 15. Dezember 1915 JW. 1916, 349 = LZ. 1916, 340. (Unzutreffend Sintenis, Nachtrag 18 Anm. 5; vgl. auch Wassermann, JW. 1915, 13.) Auch die Erbfolge ist Erwerb und zwar wird mit Friedländer im Fall der Erbengemeinschaft auch nicht an den gemeinsamen z. B. im neutralen Ausland wohnenden Vertreter gezahlt werden dürfen. (Vgl. Friedländer a. a. O. 68.)

Die Stundung bezieht sich auch auf Ansprüche, die von einem Deutschen gepfändet und ihm zur Einziehung überwiesen sind. Maßgebend für den Zeitpunkt der Pfändung ist nicht der Zeitpunkt der Zustellung des etwaigen Arrestbeschlusses, sondern der Zustellung des endgültigen Pfändungs- und Überweisungsbeschlusses. (OLG. Augsburg vom 5. Okt. 1915, JW. 1915, 1454, 1508; **a. M.** OLG. Hamburg vom 12. Juli 1916 DJZ. 1916 S. 1001 = JW. 1916 S. 1291.) Selbstverständlich ist es, daß die Stundung den Gläubiger nicht hindert, freiwillig zu zahlen, soweit er hiedurch nicht gegen das Zahlungsverbot verstößt. (Vgl. Bescheid des Reichsjustizamts vom 9. Juni 1915, JW. 1915, 728; Güthe-Schlegelberger II, 412.)

IV. **Die Stundung gibt eine** gewöhnliche, materiellrechtliche Einrede; sie ist daher vom Gericht auch nicht von Amts wegen zu berücksichtigen (ebenso OLG. Hamburg HansGZ. Beibl. 1915, 276, Güthe-Schlegelberger II, 413). Von einem zwingenden Charakter der Vorschrift kann schon deshalb nicht gesprochen werden, weil es sich nicht um ein Gebots- oder Verbotsgesetz, sondern lediglich um eine gesetzliche Fiktion mit entsprechenden Wirkungen handelt. Auf die Wirkung dieser Fiktion kann verzichtet werden; das militärische Interesse ist durch das Zahlungsverbot genügend gewahrt. Unrichtig ist es daher, wenn Dalberg, DJZ. 1914, 1261 verlangt, daß die Einrede der Stundung, wenn sie nicht im Prozeß erhoben wird, von Amts wegen zu berücksichtigen sei. (Richtig Sieskind und Friedländer a. a. O.)

V. **Beweislast.** Wer die Stundung behauptet, muß beweisen, daß die Forderung einmal einem im Verbotsgebiet Ansässigen zustand. Der Gläubiger muß bei englischen Forderungen beweisen, daß er die Forderung vor dem 31. Juli 1914 erworben hat, bzw. wenn er im Inland wohnt, vor dem 30. September 1914, bei Forderungen aus anderen Verbotsgebieten, daß der Erwerb vor dem Inkrafttreten der einschlägigen Bekanntmachung stattfand.

§ 3.

Der Schuldner kann sich dadurch befreien, daß er die geschuldeten Beträge oder Wertpapiere bei der Reichsbank für Rechnung des Berechtigten hinterlegt.

Befreiung des Schuldners: Nur dann, wenn bei der Hinterlegung die Rücknahme ausgeschlossen wird (§ 378 BGB; vgl. Dalberg, DJZ. 1914, 1261, Bendix 128). Aus der Berechtigung zur Hinterlegung nach § 2 kann nicht gefolgert werden, daß eine nach § 1 verbotene Zahlung zur Tilgung einer Schuld statthaft sei, wenn die in § 2 vorgesehene Hinterlegung nicht ausführbar ist. RG. 2. StrS. vom 26. Okt. 1915 RGSt. Bd. 49, 286 = DJZ. 1915, 1233 = Recht 1915, 615 = Güthe-Schlegelberger II, 413.

§ 3 statuiert eine Berechtigung des Schuldners, aber keine Pflicht. Es kann daher nicht der vom OLG. Colmar vom 7. Mai 1915 LZ. 1915, 852, Güthe-Schlegelberger II, 413 vertretenen Auffassung beigepflichtet werden, der unter Geschäftsaufsicht stehende Untermieter, welcher die Miete unmittelbar an den Hausvermieter bezahlen muß, sei, wenn dieser in Frankreich wohnt, dem Unter*ver*mieter gegenüber verpflichtet, die Miete auf der Reichsbank zu hinterlegen.

§ 4.

Bei Wechseln, bei denen zur Zeit des Inkrafttretens dieser Verordnung die Frist für die Vorlage zur Zahlung und für die Protesterhebung wegen Nichtzahlung noch nicht abgelaufen und Protest noch nicht erhoben ist, wird durch das Zahlungsverbot und die Stundung die Zeit, zu der die Vorlage zur Zahlung und die

Protesterhebung wegen Nichtzahlung zulässig und erforderlich ist, bis nach dem Außerkrafttreten dieser Verordnung hinausgeschoben. Die Frist, innerhalb deren die Vorlage und die Protesterhebung nach dem Außerkrafttreten zu erfolgen hat, bestimmt der Reichskanzler.

Die Vorschriften des Abs. 1 finden entsprechende Anwendung auf Schecks, bei denen die Zeit, innerhalb deren sie zur Zahlung vorzulegen sind, bei dem Inkrafttreten dieser Verordnung noch nicht abgelaufen ist.

Eine Verpflichtung zur Entrichtung des weiteren Wechselstempels nach § 3 Abs. 2 des Wechselstempelgesetzes wird durch das Zahlungsverbot und die Stundung nicht begründet.

I. **Zu Abs. 1 und 2. Zweck der Bestimmung:** Um Zweifel zu beseitigen, wird ausdrücklich die **Zeit der Präsentation oder des Protestes für Wechsel und Schecks,** die unter § 2 fallen, bis nach Außerkrafttreten der Vorschriften hinausgeschoben. Unter die Vorschrift fallen, wie schon § 2 erwähnt, nicht nur Wechsel und Schecks, die in England ausgestellt worden sind, sondern auch solche mit englischen Giros, wenn im übrigen die Voraussetzungen des § 2 gegeben sind. (Anders Sintenis infolge seiner zu § 2 erwähnten unzutreffenden Anschauung.)

II. **Zu Abs. 3.** Nach der erwähnten Vorschrift des Wechselstempelgesetzes ist periodisch eine weitere Abgabe von je $1/2^0/_{00}$ zu entrichten, wenn die Verfallzeit eines Wechsels später als drei Monate nach dem Ausstellungstag eintritt; diese weitere Abgabe ist hier nicht zu entrichten.

§ 5.

Die Vorschriften der §§ 1 bis 4 finden keine Anwendung, wenn es sich um eine im Inland erfolgende Erfüllung von Ansprüchen handelt, die für die im § 2 bezeichneten natürlichen oder juristischen Personen im Betrieb ihrer im Inland unterhaltenen Niederlassungen entstanden sind. Die Vorschriften der §§ 2, 3 finden jedoch Anwendung, wenn es sich um Rückgriffsansprüche der bezeichneten Personen wegen der Nichtannahme oder Nichtzahlung eines im Ausland zahlbaren Wechsels handelt.

I. **Niederlassung** einer natürlichen oder juristischen im Verbotsgebiet ansässigen Person ist die gewerbliche organisatorische Einrichtung dieser Person im Inland, die tatsächlich und rechtlich zum Abschluß von Geschäften des betreffenden Gewerbezweiges in der Lage ist (vgl. oben S. 419). Der im Bescheid des Reichskanzlers an den Deutschen Handelstag vom 14. Juli 1915, JW. 1915, 933, Güthe-Schlegelberger II, 414 vertretenen Auffassung, daß Niederlassung auch gegeben sei, wenn ein inländischer Agent zum selbständigen Abschluß von Geschäften für die ausländische Firma bevollmächtigt sei und die Agentur mit einem dauernden inländischen Wohnsitz und örtlich gebundenen Geschäftseinrichtungen verknüpft sei, kann nicht beigetreten werden, da insbesondere beim Handlungsagenten der Betrieb ein selbständiger ist. (Vgl. oben S. 419; vgl. zum Begriff Niederlassung auch LG. Hamburg vom 23. Febr. 1915 DJZ. 1915, 1243 „Niederlassung ist nicht Zweigniederlassung im Sinne des HGB., es gehört eine gewisse Selbständigkeit des Betriebs dazu".)

Der § 5 kann nicht durch die allgemeine Erwägung außer Wirksamkeit gesetzt werden, es bestehe die Gefahr, daß der Vertreter der inländischen Niederlassung das von ihm vereinnahmte Geld nach dem Verbotsgebiet abführe. Soweit die Gefahr einer „mittelbaren Zahlung" gegeben ist, trifft § 1 genügend Vorsorge (OLG. Kiel, SchlHolstA. 1915, 196, Güthe-Schlegelberger II, 415). Der Begriff **„entstanden"** ist einschränkend zu interpretieren wie in § 2 der Bekanntmachung vom 7 Aug. 1914 Nr. 4457 (s. oben S. 410). Dies ist nunmehr zweifellos in Bekanntmachung Nr. 4588, die eine authentische Interpretation zu unserer Stelle bildet, ausgesprochen (s. unten S. 451). Die Bekanntmachung regelt die Frage der Anwendbarkeit der §§ 2 bis 4 für Ansprüche, die im Betrieb der inländischen Niederlassung einer auswärtigen Bank entstanden sind.

Als „Niederlassung im Sinne des § 5" gilt auch ein **Grundstück**, das auf Grund der Verordnung betreffend die zwangsweise Verwaltung französischer Unternehmungen vom 26. Nov. 1914 (s. unten N 76) oder einer gemäß dieser Verordnung ergangenen Bekanntmachung unter zwangsweise Bekanntmachung gestellt ist, und zwar in Ansehung der Erfüllung von Ansprüchen, insbesondere von Miet- oder Pachtzinsforderungen ohne Rücksicht auf die Zeit ihrer Entstehung und auf die Art der Benutzung oder Bewirtschaftung des Grundstücks. Da bei Niederlassungen, die unter Aufsicht oder zwangsweiser Verwaltung nach den Verordnungen vom 4. September 1914, 26. November 1914 und den Bekanntmachungen vom 22. Dezember 1914 und 4. März 1915 stehen, eine Gefahr der Zahlung nach dem Verbotsgebiet nicht besteht, erscheint die Zahlung an sie erlaubt, auch wenn die Fälle des § 5 nicht gegeben sein sollten. (Ebenso Bescheid des Reichskanzlers vom 14. Juli 1915 siehe oben.)

II. Eine Einschränkung erfährt § 5 durch seinen Schlußsatz. Es handelt sich um Fälle, in denen eine deutsche Firma eine inländische Niederlassung einer englischen Firma mit Wechseln auf das Ausland bezahlt hat. Nun weigert sich der bezogene Ausländer zu bezahlen. In diesem Fall hat Deutschland kein Interesse, der inländischen Niederlassung der englischen Firma ein Rückgriffsrecht gegen den deutschen Schuldner zu gewähren. Die Niederlassung soll vielmehr sehen, daß sie sich nach dem Krieg bei dem ihr zunächst verpflichteten Schuldner befriedigt, oder doch erst dann Rückgriff nehmen können.

III. Inland und Ausland. Die Reichsgesetze finden nur auf das Bundesgebiet Anwendung, nicht auf die Schutzgebiete; infolgedessen gehören sie im Sinne dieser Verordnung nicht zum Inland (anders beim Gegenmoratorium s. oben S. 408).

§ 6.

Mit Gefängnis bis zu drei Jahren und mit Geldstrafe bis zu 50000 Mark oder mit einer dieser Strafen wird, sofern nicht nach anderen Strafgesetzen eine höhere Strafe verwirkt ist, bestraft:

1. **wer wissentlich der Vorschrift des § 1 zuwiderhandelt;**
2. **wer wissentlich einem deutschen Ausfuhrverbot zuwider Waren nach den im § 1 bezeichneten Gebieten mittelbar oder unmittelbar ausführt;**
3. **wer wissentlich Waren, für die in Deutschland ein Ausfuhrverbot besteht, aus einem andern Lande nach den im § 1 bezeichneten Gebieten mittelbar oder unmittelbar abführt oder überweist.**

Der Versuch ist strafbar.

1. Die Voraussetzung der „**Wissentlichkeit**" in sämtlichen Tatbeständen schließt den dolus eventualis aus.

Das Wissen des Täters muß sich auch auf die Verbotswidrigkeit der unter Strafandrohung gestellten Handlung beziehen. Der gegenteilige und nur ganz vereinzelt durchbrochene Standpunkt der Friedensrechtsprechung des Reichsgerichts mochte für die Tatbestände des Reichsstrafgesetzbuchs richtig sein, die im allgemeinen schon nach dem herrschenden sittlichen Empfinden als Bruch der Rechtsordnung verpönt sind, für die Verbotstatbestände der Kriegsnotgesetzgebung, die in der Hauptsache nur aus Zweckmäßigkeitserwägungen der Landesverteidigung entstanden sind, durfte er keine Geltung beanspruchen. Eine allgemeine staatsbürgerliche Verpflichtung, sich von allen während der Kriegszeit ergangenen Gesetzen und Verordnungen des Reichs, der Bundesstaaten der Provinzialbehörden und Gemeinden Kenntnis zu verschaffen (allein das Reich hat bisher 800 Kriegsgesetze erlassen), kann nicht anerkannt werden. Auch die Verbotswidrigkeit ist objektives Tatbestandsmerkmal im Sinne des § 59 RStGB. Der entschuldbare Irrtum des Täters über sie entlastet ihn daher völlig, der unentschuldbare kann da, wo eine fahrlässige Begehung des Delikts möglich ist, nur zur Bestrafung wegen eines fahrlässig begangenen Delikts führen, wenn sie nicht möglich ist, wie beim Zahlungsverbot, wo Wissentlichkeit ausdrücklich verlangt wird, hat Freisprechung einzutreten. (Dies auch neuerdings Ansicht des Reichsgerichts (RG. vom 23. Mai 1916 LZ. 1916 S. 1107; vgl. auch Lobe, LZ. 1916, 641, 718 und die dort aufgeführte bisherige Rechtsprechung.)

Strafbar ist nur die Zahlung, die Ausfuhr und Überweisung nach den Verbotsgebieten, nicht die Empfangnahme. Nicht strafbar ist daher der Engländer oder Deutsche, die im Verbotsgebiet ansässig sind und dort die Zahlung in Empfang nehmen, und zwar auch schon deshalb, weil die Strafgesetze nur für das Bundesgebiet gelten und Landesverrat nicht in Frage kommt (RStGB. §§ 3, 4). Strafbar ist dagegen der Engländer, der zum Zweck der Einkassierung sich in Deutschland aufhält und Zahlungen entgegennimmt, um sie nach England zu bringen, wegen in Mittäterschaft begangener mittelbarer Zahlung.

2. Die Strafbestimmung hat **subsidiären Charakter** (sofern nicht nach anderen Strafgesetzen eine höhere Strafe verwirkt ist). Sie ist daher nicht anzuwenden

a) wenn Landesverrat vorliegt. § 89 RStGB. Vgl. hiezu Liszt, ZStW. Bd. 36 S. 788; Ebermayer, LZ. 1916 S. 664 (Landesverrat durch Lieferung von Waren ins feindl. Ausland);

b) wenn die Zahlung in Gold geleistet wurde. Durch Verordnung vom 13. November 1915 (RGBl. 1915, 763) ist die Ausfuhr von Gold nach dem Ausland (gleichgültig ob feindlich oder neutral) verboten und zwar werden Ziffer 1 und 2 der Strafvorschrift hinsichtlich der Goldzahlung und Goldausfuhr unanwendbar.

3. **Ausfuhrverbote** bestehen durch Verordnung vom 31. Juli 1914 für Tiere und tierische Erzeugnisse, durch Verordnungen vom 31. Juli 1914 für Verpflegungs-, Streu- und Futtermittel, für Kraftfahrzeuge aller Art, Mineralrohöle und alle aus diesen hergestellte Öle, für Waffen, Munition, Pulver, Sprengstoffe, andere Kriegsartikel und Gegenstände für die Herstellung von Kriegsbedarf, für Eisenbahnmaterial aller Art, Telegraphen- und Fernsprechgerät, Luftschiffgerät, Fahrzeuge und Teile davon; für Rohstoffe, die bei der Herstellung und dem Betrieb von Gegenständen des Kriegsbedarfs zur Verwendung gelangen; für Verband- und Arzneimittel, ärztliche Instrumente und Geräte, Tauben.

Die Ausfuhr von Gold ist durch Verordnung vom 13. Nov. 1915 Nr. 4960 (RGBl. S. 763) in jeder Form verboten und unter besondere Strafandrohung gestellt.

4. **Ein vollendetes Vergehen** nach Ziff. 1 liegt nicht erst dann vor, wenn erwiesen ist, daß bei Barzahlung das Geld, bei Hingabe von Wechseln oder Schecks die Valuta nach dem feindlichen Ausland oder gar in die Hand des feindlichen Gläubigers gelangt ist. Nicht erst die Befriedigung des Ausländers durch Tilgung seiner Forderung ist verboten, sondern schon die unmittelbare oder mittelbare Leistung von Zahlung nach dem Ausland. RG. vom 24. Jan. 1916 LZ. 1916, 471, 302.

Ein **Versuch** einer unmittelbaren Zahlung liegt vor, wenn ein Deutscher, der im neutralen Ausland ein Geschäft betreibt, an dieses vom Inland aus die (behördlich angehaltene) Aufforderung richtet, den Geldbetrag einer Geschäftsschuld dem französischen Gläubiger nach Frankreich zu übersenden. RG. 4. StS. vom 17. März 1916 LZ. 1916, 591 = Recht 1916, 272. Ein Versuch nach Ziff. 2 ist bereits das Heranschaffen von (über die Grenze zu bringende) Ware an die russische Grenze. RG. vom 26. Okt. 1915 LZ. 1916, 69 = Recht 1915, 615.

Der Versuch, Spiritus nach Rußland auszuführen, verletzt das in Abs. 1 Nr. 2 und in Abs. 2 enthaltene Verbot. Er ist als Unternehmen der Konterbande gemäß § 134 VerZG. mit Konfiskation der Ware und daneben mit einer Strafe nach § 6 zu bestrafen. RG. 4. StS. vom 3. März 1916 Recht 1916, 242.

§ 7.

Der Reichskanzler kann Ausnahmen von dem Verbote des § 1 und des § 6 Abs. 1 Nr. 3 zulassen.

Er kann im Wege der Vergeltung die Vorschriften dieser Verordnung auch auf andere feindliche Staaten für anwendbar erklären.

Ausnahmen sind erlassen für **§ 1** zwecks Zahlungen zur Erlangung und Aufrechterhaltung des gewerblichen Rechtsschutzes durch Bekanntmachungen vom 13. Okt. und 16. Dez. 1914 (s. unten S. 459), zwecks Zahlungen an In- und Teilhaber deutscher Unternehmungen im feindlichen Ausland, die das Ausland verlassen haben, durch Bekanntmachung vom 20. Dezember 1914 (s. unten S. 459), zwecks Zahlung von Mieten durch Bekanntmachung vom 20. Okt. 1915 (s. unten S 460), zwecks Zahlung nach den unter deutscher oder österreichisch-ungarischer Verwaltung stehenden Gebieten Rußlands (s. unten S. 460).

Eine **Ausnahme von der Stundungsvorschrift** des § 2 kann der Reichskanzler **nicht** bewilligen (vgl. hiezu auch Peschke, JW. 1915, 817).

Im Weg der Vergeltung sind mit einer geringen Änderung die Vorschriften für anwendbar erklärt auf Frankreich, Rußland, Ägypten, Französisch-Marokko und Rumänien.

§ 8.

Diese Verordnung tritt mit dem Tage der Verkündung, der § 6 jedoch erst mit dem 5. Oktober 1914 in Kraft.

Der Reichskanzler bestimmt, wann und in welchem Umfang diese Verordnung außer Kraft tritt.

53. Bekanntmachung, betreffend die für eine auswärtige Bank im Betrieb einer inländischen Niederlassung entstandenen Ansprüche.

Vom 22. Dezember 1914.

(RGBl. 1914 S. 542 Nr. 4588).

Der Bundesrat hat auf Grund des § 3 des Gesetzes über die Ermächtigung des Bundesrats zu wirtschaftlichen Maßnahmen usw. vom 4. August 1914 (Reichs-Gesetzbl. S. 327) in Ergänzung des § 5 der Verordnung, betreffend Zahlungsverbot gegen England, vom 30. September 1914 (Reichs-Gesetzbl. S. 421) folgende Verordnung erlassen:

Art. 1.

Für die Frage der Anwendbarkeit der §§ 2 bis 4 der Verordnung vom 30. September 1914 gelten Ansprüche einer Bank auf Annahme oder Zahlung von Wechseln, die im Ausland ausgestellt sind, oder auf Deckung für Wechselzahlungen, die im Ausland bewirkt oder zu bewirken sind, nicht schon deshalb als im Betrieb einer inländischen Niederlassung der Bank entstanden, weil die Niederlassung den Kredit, der den Ansprüchen zugrunde liegt, gewährt oder vermittelt hat, oder weil die auf dem Wechsel befindliche Order auf die inländische Niederlassung der Bank lautet, oder weil die Niederlassung den Wechsel — wenn auch unter Aushändigung der Verschiffungsdokumente über die den Gegenwert bildenden Waren — zur Annahme vorgelegt hat.

I. Die Bekanntmachung enthält nur eine authentische Interpretation des Begriffes **„entstanden"** der vorstehenden Bekanntmachung vom 30. Sept. 1914 (Zahlungsverbot gegen England). Vgl. auch Denkschrift 2. Nachtrag S. 82. Der Begriff „entstanden" ist hier in demselben Sinn gebraucht wie in Bekanntmachung Nr. 4457 (oben S. 410).

II. Im **einzelnen** sind folgende Fälle unterschieden:

A. Ansprüche einer Bank auf Annahme oder Zahlung von Wechseln, die im Auslande ausgestellt worden sind

1. Fälle, in denen die Niederlassung den Kredit, der den Ansprüchen zugrunde liegt, gewährt oder vermittelt hat. Es handelt sich hauptsächlich um Fälle, wo die fremde Bank einem deutschen Kaufmann Wechsel zur Annahme und Zahlung vorlegt, die auf ihn von überseeischen Geschäftsfreunden mit Rücksicht auf Warenlieferung gezogen sind. Diese Wechsel sind meist von der überseeischen Niederlassung der fremden Bank in der Weise erworben, daß sie dem Aussteller des Wechsels beim Erwerb eine Zahlung geleistet, also den Wechsel angekauft oder bevorschußt hat. (Begründung der Nordd. Allgem Ztg.)

2. in denen die Order auf dem Wechsel auf die inländische Niederlassung der Bank lautet. Gemeint sind Fälle wie zu 1;

3. in denen die Niederlassung den Wechsel — wenn auch unter Aushändigung der Verschaffungsdokumente über die den Gegenwert bildenden Waren — zur Annahme vorgelegt hat. Ein Beispiel eines solchen Falles erwähnt Niemeyer — wenn auch in anderem Zusammenhange — in LZ. 1914 S. 1793. (Englische Reedereien.)

B. Ansprüche auf Deckung für Wechselzahlungen, die im Auslande bewirkt oder zu bewirken sind. Es handelt sich hierbei um Wechsel, die ein deutscher Kaufmann oder sein Geschäftsfreund beispielsweise in London gezogen hat und für die der deutsche Kaufmann der Londoner Bank Deckung zu verschaffen verpflichtet ist. Die Abmachung ist meist im Geschäftsverkehr mit der inländischen Niederlassung der Londoner Bank getroffen und kann bisweilen dahin ausgelegt werden, daß die Deckung, wenn sie auch in der Regel in London geleistet werden soll, doch gegebenenfalls auch bei der inländischen Niederlassung zu leisten ist. Andererseits kommt in Betracht, daß die Wechselzahlungen, für die die Bank Deckung verlangen kann, nicht durch die inländische, sondern durch die Londoner Niederlassung erfolgen. (Begründung der Nordd. Allgem. Ztg.)

Art. 2.

Diese Verordnung tritt mit dem Tage der Verkündung in Kraft.

Soweit in der Verordnung vom 30. September 1914 oder in den die Anwendung auf Frankreich und Rußland betreffenden Bekanntmachungen vom 20. Oktober und 19. November 1914 (Reichs-Gesetzbl. S. 443, 479) auf den Zeitpunkt ihres Inkrafttretens verwiesen ist, tritt bei Anwendung der Vorschriften des Artikel 1 der Zeitpunkt des Inkrafttretens der gegenwärtigen Verordnung an die Stelle.

Der Vorschrift ist keine rückwirkende Kraft beigelegt, die sie ohne besondere Bestimmung nach dem Wortlaut hätte.

54. Bekanntmachung, betreffend Zahlungsverbot gegen Frankreich.

Vom 20. Oktober 1914.

(RGBl. 1914 S. 443 Nr. 4515).

Auf Grund des § 7 Abs. 2 der Verordnung, betreffend Zahlungsverbot gegen England, vom 30. September 1914 (Reichs-Gesetzbl. S. 421) wird folgendes bestimmt:

Art. 1.

Die Vorschriften der Verordnung vom 30. September 1914 werden im Wege der Vergeltung auch auf Frankreich und die französischen Kolonien und auswärtigen Besitzungen für anwendbar erklärt.

Die Anwendung unterliegt folgenden Einschränkungen:

1. Für die Frage, ob die Stundung gegen den Erwerber wirkt oder nicht (§ 2 Abs. 2 der Verordnung), kommt es ohne Rücksicht auf den Wohnsitz oder Sitz des Erwerbers nur darauf an, ob der Erwerb nach dem Inkrafttreten dieser Bekanntmachung oder vorher stattgefunden hat.
2. Soweit in der Verordnung vom 30. September 1914 auf den Zeitpunkt ihres Inkrafttretens verwiesen wird, tritt der Zeitpunkt des Inkrafttretens an die Stelle.

Art. 2.

Diese Bekanntmachung tritt mit dem Tage der Verkündung, hinsichtlich der Strafbestimmungen des § 6 der Verordnung vom 30. September 1914 jedoch erst mit dem 25. Oktober 1914 in Kraft.

1. anwendbar erklärt: Gemeint ist das Zahlungsverbot gegen England (oben S. 437). Auch zu dieser Verordnung ist eine offiziöse Erläuterung in der Nordd. Allgem. Ztg. erschienen (Nr. 259 vom 22. Okt. 1914); sie ist abgedruckt bei Bendix. Die Bekanntmachung ist wie die Verordnung gegen England eine Gegenmaßregel gegen ein Handels- und Zahlungsverbot der französischen Regierung. Sie entspricht vollständig der Verordnung vom 30. September 1914 (s. diese und Anmerkungen. Unterschied: s. oben S. 445).

2. Einschränkungen: Die Bekanntmachung tritt erst mit dem 20. Oktober 1914 in Kraft. Von diesem Tage an wirkt sie auch gegen jeden Erwerber von Forderungen von Personen, die in Frankreich oder den französischen Kolonien ihren Wohnsitz haben. Doch wird dies nur für den ersten Erwerber nach diesem Zeitpunkt gelten. (Vgl. Sieskind Anm. 4.)

55. Bekanntmachung, betreffend die Erfüllung von Ansprüchen im Falle zwangsweiser Verwaltung von Grundstücken.

Vom 26. März 1915.

(RGBl. 1915 S. 185 Nr. 4691).

Der Bundesrat hat auf Grund des § 3 des Gesetzes über die Ermächtigung des Bundesrats zu wirtschaftlichen Maßnahmen usw. vom 4. August 1914 (Reichs-Gesetzbl. S. 327) folgende Verordnung erlassen:

Art. 1.

Ist ein Grundstück auf Grund der Verordnung, betreffend die zwangsweise Verwaltung französischer Unternehmungen, vom 26. November 1914 (Reichs-Gesetzbl. S. 487) oder einer gemäß dieser Verordnung ergangenen Bekanntmachung des Reichskanzlers unter zwangsweise Verwaltung gestellt, so gilt das Grundstück in Ansehung der Erfüllung von Ansprüchen, insbesondere von Miet- oder Pachtzinsforderungen, ohne Rücksicht auf die Zeit ihrer Entstehung und auf die Art der Benutzung oder Bewirtschaftung des Grundstücks, als eine im Inland unterhaltene Niederlassung im Sinne des § 5 Satz 1 der Verordnung, betreffend Zahlungsverbot, vom 30. September 1914 (Reichs-Gesetzbl. S. 421).

Die Bekanntmachung stellt die Fiktion einer Niederlassung auf. Vgl. hiezu oben S. 447.

Art. 2.

Diese Verordnung tritt mit dem Tage der Verkündung in Kraft.

Tag der Verkündung 26. März 1915.

56. Bekanntmachung, betreffend Zahlungsverbot gegen Rußland.

Vom 19. November 1914.

(RGBl. 1914 S. 479 Nr. 4548).

Auf Grund des § 7 Abs. 2 der Verordnung, betreffend Zahlungsverbot gegen England, vom 30. September 1914 (Reichs-Gesetzbl. S. 421) wird folgendes bestimmt:

Art. 1.

Die Vorschriften der Verordnung vom 30. September 1914 werden im Wege der Vergeltung auch auf Rußland und Finnland für anwendbar erklärt.

Die Anwendung unterliegt folgenden Einschränkungen:

1. Für die Frage, ob die Stundung gegen den Erwerber wirkt, oder nicht (§ 2 Abs. 2 der Verordnung), kommt es ohne Rücksicht auf den Wohnsitz oder Sitz des Erwerbers nur darauf an, ob der Erwerb nach dem Inkrafttreten dieser Bekanntmachung oder vorher stattgefunden hat.
2. Soweit in der Verordnung vom 30. September 1914 auf den Zeitpunkt ihres Inkrafttretens verwiesen wird, tritt der Zeitpunkt des Inkrafttretens dieser Bekanntmachung an die Stelle.

Art. 2.

Diese Bekanntmachung tritt mit dem Tage der Verkündung, hinsichtlich der Strafbestimmungen des § 6 der Verordnung vom 30. September 1914 jedoch erst mit dem 25. November 1914 in Kraft.

Die Bekanntmachung ist vollständig dem Zahlungsverbot gegen Frankreich nachgebildet. Wie auf dieses sind die Vorschriften der Bekanntmachung betreffend das Zahlungsverbot gegen England (s. dieses oben und Anmerkungen) für anwendbar erklärt. Sie unterscheidet sich wie dieses von ihrem Vorbild. Untereinander besteht zwischen der Bekanntmachung betreffend das Zahlungsverbot gegen Frankreich und der Bekanntmachung betreffend das Zahlungsverbot gegen Rußland lediglich der Unterschied, daß ersteres am 20. Oktober, letzteres am 19. November in Kraft getreten ist. Das dort Gesagte gilt darum auch hier.

57. Bekanntmachung, betreffend Zahlungsverbot gegen Ägypten und Französisch-Marokko.

Vom 14. Oktober 1915.

(RGBl. 1915 S. 673 Nr. 4915)

Auf Grund des § 7 Abs. 2 der Verordnung, betreffend Zahlungsverbot gegen England, vom 30. September 1914 (Reichs-Gesetzbl. S. 421) wird folgendes bestimmt.

Art. 1.

Die Vorschriften der Verordnung vom 30. September 1914 werden im Wege der Vergeltung auch auf das britische Okkupationsgebiet in Ägypten sowie auf die unter französische Protektorat stehenden Gebietsteile Marokkos für anwendbar erklärt.

Die Anwendung unterliegt folgenden Einschränkungen:

1. Für die Frage, ob die Stundung gegen den Erwerber wirkt oder nicht (§ 2 Abs. 2 der Verordnung) kommt es ohne Rücksicht auf den Wohnsitz oder Sitz des Erwerbers nur darauf

an, ob der Erwerb nach dem Inkrafttreten dieser Bekanntmachung oder vorher stattgefunden hat.

2. Soweit in der Verordnung vom 30. September 1914 auf den Zeitpunkt ihres Inkrafttretens verwiesen wird, tritt der Zeitpunkt des Inkrafttretens dieser Bekanntmachung an die Stelle.

Vgl. oben Anm. I zu § 1 Engl. ZahlV.

Art. 2.

Diese Bekanntmachung tritt mit dem Tage der Verkündung, hinsichtlich der Strafbestimmung des § 6 der Verordnung vom 30. September 1914 jedoch erst mit dem 20. Oktober 1915 in Kraft.

Tag der Verkündung 19. Oktober 1915.

57a. Bekanntmachung, betreffend wirtschaftliche Vergeltungsmaßnahmen gegen Portugal.

Vom 14. Mai 1916.

(RGBl. 1916 S. 375 Nr. 5195).

Im Wege der Vergeltung wird auf Grund des § 7 Abs. 2 der Verordnung, betreffend Zahlungsverbot gegen England, vom 30. September 1914 (Reichs-Gesetzbl. S. 421), des § 4 Abs. 2 der Verordnung über die Anmeldung des im Inland befindlichen Vermögens von Angehörigen feindlicher Staaten, vom 7. Oktober 1915 (Reichs-Gesetzbl. S. 633) und des § 9 der Verordnung, betreffend die zwangsweise Verwaltung französischer Unternehmungen, vom 26. November 1914 (Reichs-Gesetzbl. S. 487) folgendes bestimmt:

Art. 1.

Die Vorschriften der Verordnung, betreffend Zahlungsverbot gegen Englaud, vom 30. September 1914 werden auch auf Portugal und die portugiesischen Kolonien für anwendbar erklärt.

Die Anwendung unterliegt folgenden Einschränkungen:

1. Für die Frage, ob die Stundung gegen den Erwerber wirkt oder nicht (§ 2 Abs. 2 der Verordnung), kommt es ohne Rücksicht auf den Wohnsitz oder Sitz des Erwerbers nur darauf an, ob der Erwerb nach dem 9. März 1916 oder vorher stattgefunden hat.
2. Soweit in der Verordnung vom 30. September 1914 auf den Zeitpunkt ihres Inkrafttretens verwiesen wird, tritt der Zeitpunkt des Inkrafttretens die Bekanntmachung an die Stelle.

Die Bek. schließt sich hinsichtlich des Zahlungsverbots völlig an die Bek. betr. das gleiche Verbot gegen Rußland oben S. 454 an

Art. 2.

Die Vorschriften der Verordnung über die Anmeldung des im Inland befindlichen Vermögens von Angehörigen feindlicher Staaten vom 7. Oktob 1915 finden insoweit, als sie sich auf die Beschränkung der Verfügung über das inländische Vermögen und das Verbot der Abführung des Eigentums feindlicher Staatsangehöriger beziehen (§§ 5 bis 11, § 13 der Verordnung), auf das Vermögen portugiesischer Staatsangehöriger Anwendung.

Vgl. Bek. vom 7. Oktober 1915 unten S. 478.

Art. 3.

Die Vorschriften der Verordnung, betreffend die zwangsweise Verwaltung französischer Unternehmungen, vom 26. November 1914 in der Fassung der Verordnung vom 10. Februar 1916 (Reichs-Gesetzbl. S. 89), werden auch gegenüber portugiesischen Staatsangehörigen für anwendbar erklärt.

Vgl. Bek. vom 26. November 1914 unten S. 500.

Art. 4.

Diese Bekanntmachung tritt mit dem Tage der Verkündung, hinsichtlich der Strafbestimmungen jedoch erst mit dem 20. Mai 1916 in Kraft.

57b. Bekanntmachung, betreffend Zahlungsverbot usw. gegen Rumänien.

Vom 28. August 1916.

(RGBl. 1916 S. 971 Nr. 5414).

Auf Grund des § 7 Abs. 2 der Verordnung, betreffend Zahlungsverbot gegen England, vom 30. September 1914 (Reichs-Gesetzbl. S. 421) und des § 4 Abs. 2 der Verordnung über die Anmeldung des im Inland befindlichen Vermögens von Angehörigen feindlicher Staaten vom 7. Oktober 1915 (Reichs-Gesetzbl. S. 633) wird folgendes bestimmt:

Art. 1.

Die Vorschriften der Verordnung, betreffend Zahlungsverbot gegen England, vom 30. September 1914 werden auch auf Rumänien für anwendbar erklärt.

Die Anwendung unterliegt folgenden Einschränkungen:

1. Für die Frage, ob die Stundung gegen den Erwerber wirkt oder nicht (§ 2 Abs. 2 der Verordnung) kommt es ohne Rücksicht auf den Wohnsitz oder Sitz des Erwerbers nur darauf an, ob der Erwerb nach dem 28. August 1916 oder vorher stattgefunden hat.
2. Soweit in der Verordnung vom 30. September 1914 auf den Zeitpunkt ihres Inkrafttretens verwiesen wird, tritt der Zeitpunkt des Inkrafttretens dieser Bekanntmachung an die Stelle.

Vgl. Anm. zu Art. 1 Nr. 57a.

Art. 2.

Die Vorschriften der Verordnung über die Anmeldung des im Inland befindlichen Vermögens von Angehörigen feindlicher Staaten vom 7. Oktober 1915 finden insoweit, als sie sich auf die Beschränkung der Verfügung über das inländische Vermögen und das Verbot der Abführung des Eigentums feindlicher Staatsangehöriger beziehen (§§ 5 bis 11, § 13 der Verordnung), auf das Vermögen rumänischer Staatsangehöriger Anwendung.

Vgl. Anm. zu Art. 2 Nr. 57a.

Art. 3.

Diese Bekanntmachung tritt mit dem Tage der Verkündung in Kraft.

Erhaltung gewerblicher Schutzrechte im feindlichen Ausland.

Vorbemerkung: Eine gewisse Besorgnis machte sich bald nach Ausbruch des Krieges wegen der Erhaltung der in feindlichen Staaten genommenen Patente geltend. Nach den ausländischen Gesetzen müssen, wie bei uns für die Patente Jahresgebühren gezahlt werden, um ihren Verfall zu hindern. Da aber nach § 89 RStGB. wegen Landesverrat bestraft wird, wer einer feindlichen Macht Vorschub leistet, wurde von manchen Seiten davor gewarnt, durch Zahlung von Patentgebühren — etwa auf dem Umweg über das neutrale Ausland — den feindlichen Staatskassen Gelder zuzuführen. Es entstand die Frage, ob deutschen Interessenten angesonnen werden könne, die von den feindlichen Staaten gewährten Patente verfallen zu lassen. Die Reichsverwaltung hat Bedenken getragen, diese Frage zu bejahen und in Fällen, wo sie um Rat angegangen wurde, unter Wahrung der gesetzlichen Zuständigkeit des Reichsgerichts zur Entscheidung der Rechtsfrage, derartige Zahlungen nicht als schlechthin verboten bezeichnet. Die ausländischen Patente stellen wirtschaftliche Werte dar, die auch der deutschen Gesamtwirtschaft zugute kommen und haben für die heimische Industrie und ihre

Geltung in der Welt so hohe Bedeutung, daß gegenüber dem Interesse an ihrer Erhaltung und an der allmählichen Einbringung der bisher dafür aufgewendeten Mittel der verhältnismäßig geringe Betrag einer Jahresgebühr in den Hintergrund tritt. Die Zahlung dieser Gebühr dürfte daher, weder objektiv noch subjektiv, als Verstoß gegen das StGB anzusehen sein. Für Frankreich und Belgien ist übrigens die Frage dadurch gegenstandslos geworden, daß dort die gesetzlichen Fristen allgemein auf unbestimmte Zeit verlängert worden sind; ebenso entfallen praktisch derartige Zahlungen von Deutschland nach Rußland, seitdem bekannt geworden ist, daß die russische Behörde Deutschen keinen Patentschutz gewähren will. In England ist gerade für den Fall der Gebührenzahlung für gewerbliche Schutzrechte eine Ausnahme oon dem allgemeinen Zahlungsverbot gegen Deutschland und Österreich-Ungarn zugelassen worden. Um so weniger bestand ein Bedenken, auch unsererseits von dem unterm 30. September 1914 erlassenen Zahlungsverbot gegen England solche Zahlungen, die zum Erlangen und Erhalten von Patenten usw. erforderlich sind, auszunehmen. (Denkschrift S 24/25.)

58. Bekanntmachung vom 13. Oktober 1914.

(Deutscher Reichsanzeiger Nr. 242).

Auf Grund des § 7 der Verordnung des Bundesrates, betreffend Zahlungsverbot gegen England, vom 30. September 1914 (Reichs-Gesetzbl. 421) werden Zahlungen, die zum Erlangen, Erhalten oder Verlängern des Patent-, Muster- und Warenzeichensschutzes erforderlich sind, bis auf weiteres zugelassen.

58a. Bekanntmachung vom 16. Dezember 1914.

(Deutscher Reichsanzeiger Nr. 295).

Auf Grund der Bekanntmachungen, betreffend Zahlungsverbot gegen Frankreich und gegen Rußland, vom 20. Oktober 1914 (Reichs-Gesetzbl. S. 443) und vom 19. November 1914 (Reichs-Gesetzbl. S. 479) werden gemäß § 7 der Verordnung des Bundesrats vom 30. September 1914 (Reichs-Gesetzbl. S. 421) Zahlungen, die zum Erlangen, Erhalten oder Verlängern des französischen oder des russischen Patent-, Muster- oder Warenzeichenschutzes erforderlich sind, bis auf weiteres zugelassen.

59. Bekanntmachung, betreffend die Zahlungsverbote gegen England, Frankreich und Rußland.

Vom 20. Dezember 1914.

(RGBl. 1914 S. 550 Nr. 4594).

Auf Grund des § 7 Abs. 1 der Veordnung, betreffend Zahlungsverbot gegen England vom 30. September 1914 (Reichs-Gesetzbl.

S. 421) und des Artikel 1 der Bekanntmachungen, betreffend Zahlungsverbot gegen Frankreich und gegen Rußland, vom 20. Oktober und vom 19. November 1914 (Reichs-Gesetzbl. S. 443 und 479) wird folgendes bestimmt:

Die gegen England, Frankreich und Rußland erlassenen Zahlungsverbote (§ 1 der Verordnung vom 30. September 1914, Reichs-Gesetzbl. S. 421; Artikel 1 der Bekanntmachungen vom 20. Oktober und vom 19. November 1914, Reichs-Gesetzbl. S. 443 und 479, in Verbindung mit § 1 der genannten Verordnung) gelten nicht für Zahlungen aus einem Schuldverhältnisse gegenüber einem im feindlichen Ausland ansässigen Unternehmen, sofern die Zahlung an einen Deutschen erfolgt, der Inhaber oder Teilhaber des Unternehmens ist und anläßlich des Krieges das feindliche Ausland verlassen hat.

Vgl. Bekanntmachung Nr. 4504 (Zahlungsverbot gegen England) S. 437 und Denkschrift 2. Nachtrag S. 81.

60. Bekanntmachung, betreffend Mietzahlung nach dem feindlichen Auslande.

Vom 20. Oktober 1915.
(Reichsanzeiger Nr. 248).

Auf Grund des § 7 der Verordnung vom 30. September 1914 (Reichs-Gesetzbl. S. 421) und der hiezu ergangenen Bekanntmachungen vom 20. Oktober und vom 19. November 1914 (Reichs-Gesetzbl. S. 443, 471) wird hierdurch die Zahlung fälliger Mieten einschließlich der damit verbundenen Mietsteuer nach dem feindlichen Ausland genehmigt, soweit nicht an Bargeld, Bankguthaben oder sonstigen flüssigen Mitteln ausreichende Deckung im feindlichen Ausland zurückgelassen war.

Vgl. oben S. 450.

61. Bekanntmachung, betreffend Ausnahme von dem Zahlungsverbote gegen Rußland und von der Sperre feindlichen Vermögens.

Vom 19. April 1916.
(RGBl. S. 312 Nr. 5163).

Auf Grund des § 7 Abs. 1 der Verordnung, betreffend Zahlungsverbot gegen England, vom 30. September 1914 (Reichs-Gesetzbl. S. 421) und der Bekanntmachung, betreffend Zahlungsverbot gegen Rußland, vom 19. November 1914 (Reichs-Gesetzbl. S. 479) sowie der §§ 8, 10 der Verordnung über die Anmeldung des im Inland befindlichen Vermögens von Angehörigen feindlicher Staaten vom 7. Oktober 1915 (Reichs-Gesetzbl. S. 633) wird folgendes bestimmt:

1. Das Verbot, Zahlungen nach Rußland zu leisten und Geld oder Wertpapiere dorthin abzuführen oder zu überweisen (§ 1 Abs. 1 der Verordnung vom 30. September 1914 in Verbindung mit Artikel 1 der Bekanntmachung vom 19. November 1914) findet gegenüber den unter deutscher oder österreichisch-ungarischer Verwaltung stehenden Gebieten Rußlands keine Anwendung.
2. Für natürliche Personen, die in den unter deutscher oder österreichisch-ungarischer Verwaltung stehenden Gebieten Rußlands ihren Wohnsitz und in diesen Gebieten oder im Inland ihren gegenwärtigen Aufenthalt haben, sowie für juristische Personen, die in den genannten Gebieten Rußlands ihren Sitz und ihre gegenwärtige Verwaltung haben, werden folgende Ausnahmen zugelassen:
    1. Die Veräußerung, Abtretung oder Belastung ihres im Inland befindlichen Vermögens zugunsten von Personen der bezeichneten Art oder von Personen, die im Inland ihren Wohnsitz, Sitz oder dauernden Aufenthalt haben, wird gestattet.
    2. Es wird gestattet, Sachen, insbesondere Wertpapiere und Geldstücke, die im Eigentume der bezeichneten Personen stehen, nach den unter deutscher oder österreichisch-ungarischer Verwaltung stehenden Gebieten Rußlands abzuführen.
3. Diese Bekanntmachung tritt mit dem Tage der Verkündung in Kraft. Sie tritt an die Stelle der Bekanntmachungen vom 4. Februar 1915, betreffend Zahlungsverbot gegen Rußland (Reichs-Gesetzbl. S. 69) und vom 21. Oktober 1915, betreffend Ausnahme von der Sperre feindlichen Vermögens (Reichs-Gesetzbl. S. 707).

Durch die Bek. vom 4. Febr. 1915 war nur das unter deutscher Zivil-Verwaltung stehende Gebiet Rußlands ausgenommen.

Die Bek. vom 21. Okt. 1915 s. unten S. 486. Die vorstehende Bek. ist in Kraft getreten am 20. April 1916.

62. Bekanntmachung, betreffend den Nachnahme- und Frachtenverkehr mit dem Ausland.

Vom 16. März 1916.

(RGBl. 1916 S. 171 Nr. 5097).

Der Bundesrat hat auf Grund des § 3 des Gesetzes über die Ermächtigung des Bundesrats zu wirtschaftlichen Maßnahmen usw.

vom 4. August 1914 (Reichs-Gesetzbl. S. 327) folgende Verordnung erlassen:

§ 1.

Zahlungen nach dem Ausland im Wege der Nachnahme sind verboten.

Bei Nachnahmezahlungen nach dem Ausland ist die Prüfung erschwert, ob sie nicht mittelbar ins feindliche Ausland gelangen. Ausnahmen vom Verbot s. § 3.

§ 2.

Bei Eisenbahngütersendungen nach dem Ausland muß die Fracht in Überweisung gestellt werden.

Eisenbahngütersendungen aus dem Ausland werden nur übernommen, wenn die Fracht im Ausland gezahlt wird.

§ 3.

Der Reichskanzler kann Ausnahmen von den Vorschriften dieser Verordnung zulassen.

Geschehen durch die nachfolgende Bekanntmachung vom 16. März 1916 für Postnachnahmen, Vorfrachten und Barauslagen der Eisenbahn, Nachnahmen unter zehn Mark und Nachnahmen im Verkehr mit Österreich-Ungarn, den darüber hinaus gelegenen Ländern, Luxemburg und den durch Deutschland und Österreich-Ungarn okkupierten Gebieten; ferner durch die nachfolgende Bek. vom 17. April 1916 für den See- und Binnenschiffahrtsverkehr.

§ 4.

Diese Verordnung tritt mit dem 1. April 1916 in Kraft. Der Reichskanzler bestimmt, wann und inwieweit diese Verordnung außer Kraft tritt.

63. Bekanntmachung, betreffend Ausnahmen von der Verordnung, betreffend den Nachnahme- und Frachtverkehr mit dem Ausland, vom 16. März 1916.

Vom 23. März 1916.

(RGBl. 1916 S. 195 Nr. 5108).

Auf Grund des § 3 der Verordnung, betreffend den Nachnahme- und Frachtverkehr mit dem Ausland, vom 16. März 1916 (Reichs-Gesetzbl. S. 171) wird folgendes bestimmt:

Art. 1.

Die Vorschriften der Verordnung, betreffend den Nachnahme- und Frachtverkehr mit dem Ausland, vom 16. März 1916 finden keine Anwendung auf den Verkehr mit Österreich-Ungarn und den darüber hinaus gelegenen Ländern, Luxemburg und den von den deutschen und österreichisch-ungarischen Truppen besetzten Gebieten des feindlichen Auslandes.

Art. 2.

§ 1 der Verordnung findet keine Anwendung auf den Postnachnahmeverkehr, auf die Einziehungen der Vorfrachten und Barauslagen der Eisenbahn sowie auf Nachnahmebeträge und Barvorschüsse unter zehn Mark.

Art. 3.

Diese Bekanntmachung tritt am 1. April 1916 in Kraft.

64. Bekanntmachung über Ausnahmen von der Verordnung betreffend den Nachnahme- und Frachtverkehr mit dem Ausland, vom 16. März 1916 (RGBl. S. 171).

Vom 17. April 1916.

(RGBl. 1916 S. 288 Nr. 5151).

Auf Grund des § 3 der Verordnung, betreffend den Nachnahme- und Frachtverkehr mit dem Ausland, vom 16. März 1916 (Reichs-Gesetzbl. S. 171) wird folgendes bestimmt:

Der § 1 der Verordnung findet keine Anwendung auf den See- und Binnenschiffahrtsverkehr.

Diese Bekanntmachung tritt mit dem Tage der Verkündung in Kraft.

Tag der Verkündung 19. April 1916.

IV. Handelsverbote.

65. Bekanntmachung über das Verbot des Handels mit in England abgestempelten Wertpapieren.

Vom 19. November 1914.

(RGBl. 1914 S. 477 Nr. 4547).

Der Bundesrat hat auf Grund des § 3 des Gesetzes über die Ermächtigung des Bundesrats zu wirtschaftlichen Maßnahmen usw. vom 4. August 1914 (Reichs-Gesetzbl. S. 327) folgende Verordnung erlassen:

§ 1.

Kaufverträge über Schuldverschreibungen des Reichs oder eines Bundesstaats, die mit dem englischen Stempel versehen sind, sind verboten. Das gleiche gilt von der Vermittelung solcher Verträge.

Den Schuldverschreibungen des Reichs oder eines Bundesstaats stehen gleich Schuldverschreibungen, deren Rückzahlung oder Verzinsung von dem Reiche oder einem Bundesstaate gewährleistet ist.

1. **Verboten:** Gleichwohl abgeschlossene Geschäfte sind nach § 134 BGB. nichtig. (Denkschrift, Nachtrag S. 4.)

§ 2.

Wer es unternimmt, Wertpapiere, von denen er weiß oder den Umständen nach annehmen muß, daß sie zu den im § 1 bezeichneten gehören, zu verkaufen, zu kaufen oder Kaufverträge über sie zu vermitteln,[1] oder wer zu ihrem An- oder Verkauf auffordert oder sich erbietet,[2] wird mit Gefängnis bis zu einem Jahre und zugleich mit Geldstrafe bis zu 5000 Mark bestraft.[4] Sind mildernde Umstände vorhanden, so kann ausschließlich auf Geldstrafe erkannt werden.

Ebenso[3] wird bestraft,[4] wer Wertpapiere, von denen er weiß oder den Umständen nach annehmen muß, daß sie zu den im § 1 bezeichneten gehören, in Erfüllung eines Kaufvertrags oder in Abwickelung eines Kommissionsgeschäfts liefert oder annimmt.

1. **Vermitteln:** Hierunter fallen beispielsweise der Selbstverkäufer, Kommissionär, Agent und Makler. (Denkschrift, Nachtrag S. 4.)

2. **Erbietet:** Nach der Denkschrift, Nachtrag S. 4 auch der Kaufmann, der, ohne bereits ein *bestimmtes* Geschäft anzubahnen, sich zum Verkauf oder Ankauf bereit erklärt.

3. **Ebenso:** Die Strafvorschrift des Absatzes 2 wird von der Denkschrift wie folgt begründet: „Vielfach wird sich erst bei der Erfüllung des abgeschlossenen Geschäftes herausstellen, daß solche Papiere in Frage stehen; Strafe soll daher auch dann eintreten, wenn jemand sie in Erfüllung eines Kaufgeschäftes liefert oder annimmt. Um alle Fälle des kommissionsweisen Ver- oder Ankaufes zu treffen, ist der Erfüllung eines Kaufgeschäftes die Abwickelung eines Kommissionsgeschäftes gleichgestellt."

4. **Bestraft:** Bestraft wird nur die vorsätzliche Tat (Ersuchen, Erbieten, Auffordern). Neben der Strafe, die im Regelfall Gefängnis bis zu einem Jahre und zugleich Geldstrafe bis zu fünftausend Mark beträgt, kann nach § 40 StGB. die Einziehung der Wertpapiere in Frage kommen. (Denkschrift, Nachtrag S. 4.)

§ 3.

Diese Verordnung findet keine Anwendung auf Schuldverschreibungen der im § 1 bezeichneten Art, die seit dem 31. Juli 1914 ununterbrochen im Inland sich befunden haben.

Der Reichskanzler kann die Vorschriften dieser Verordnung auch auf andere Wertpapiere für anwendbar erklären.

Der Reichskanzler kann Ausnahmen von den Vorschriften dieser Veronenung zulassen.

Der Nachweis dafür ist, da die Papiere vielfach bei den Banken aufbewahrt werden, im übrigen aber auch über ihren Erwerb Schlußscheine usw. vorhanden zu sein pflegen, leicht zu führen. Wenn gleichwohl eine gewisse Erschwerung der Verkäuflichkeit der mit dem englischen Staatsstempel versehenen Papiere der genannten Art für eine bestimmte Zeit eintritt, so ist dies notwendig, um den Versuchen der oben erwähnten Art wirksam entgegenzutreten. (Denkschrift a. a. O.)

Abs. 3 eingefügt durch nachstehende Bekanntmachung vom 4. November 1915.

§ 4.

Diese Verordnung tritt mit dem Tage der Verkündung, der § 2 jedoch erst mit dem 25. November 1914 in Kraft. Den Zeitpunkt des Außerkrafttretens bestimmt der Reichskanzler.

65a. Bekanntmachung, betreffend Ergänzung der Verordnung über das Verbot des Handels mit in England abgestempelten Wertpapieren.

Vom 4. November 1915.

(RGBl. 1915 S. 731 Nr. 4944).

Der Bundesrat hat auf Grund des § 3 des Gesetzes über die Ermächtigung des Bundesrats zu wirtschaftlichen Maßnahmen usw. vom 4. August 1914 (Reichs-Gesetzbl. S. 327) folgende Verordnung erlassen:

§ 1.

Der § 3 der Verordnung über das Verbot des Handels mit in England abgestempelten Wertpapieren vom 19. November 1914 (Reichs-Gesetzbl. S. 447) erhält folgenden Abs. 3:

Der Reichskanzler kann Ausnahmen von den Vorschriften dieser Verordnung zulassen.

§ 2.

Diese Verordnung tritt mit dem Tage der Verkündung in Kraft.

Tag der Verkündung 5. November 1915.

66. Bekanntmachung über den Handel mit ausländischen Zahlungsmitteln.

Vom 20. Januar 1916.

(RGBl. 1916 S. 49 Nr. 5030).

Vorbemerkung: Seit Kriegsbeginn hatte sich der auswärtige Wechselkurs infolge der verminderten Ausfuhr bei verhältnismäßig starker Einfuhr mehr und mehr zuungunsten Deutschlands entwickelt. Im ausländischen Währungsverkehr war infolgedessen die Nachfrage nach deutscher Währung geringer als die nach ausländischer, was auf den deutschen Markkurs ungünstig einwirkte und außerdem eine sehr unerwünschte Spekulation in Auslandsvaluten (Devisen) als einer lebhaft begehrten Ware zur Folge hatte. Die Verordnung macht dieser Spekulation, die verteuernd auf den Preis ausländischer Zahlungsmittel einwirkte, durch ein behördlich überwachtes Handelsmonopol einiger vom Reichskanzler zu bestimmenden Personen und Firmen ein Ende. (Vgl. hiezu Begründung in der Nordd. Allg. Zeit. vom 23. Januar 1916 Nr. 22, 2. Ausg.)

Literatur: Hartung, Die Neuordnung des Devisenhandels, Bank-Arch. 1916, 169 ff.

Der Bundesrat hat auf Grund des § 3 des Gesetzes über die Ermächtigung des Bundesrats zu wirtschaftlichen Maßnahmen usw. vom 4. August 1914 (Reichs-Gesetzbl. S. 327) folgende Verordnung erlassen:

§ 1.

Ausländische Geldsorten und Noten, sowie Auszahlungen, Schecks und kurzfristige Wechsel auf das Ausland dürfen im Betrieb eines Handelsgewerbes nur bei den vom Reichskanzler bestimmten Personen und Firmen gekauft, umgetauscht oder darlehensweise erworben und nur an sie verkauft, verpfändet oder darlehensweise veräußert werden.

Über Guthaben im Ausland darf im Betrieb eines Handelsgewerbes zum Zwecke des Erwerbes von Geldsorten, Noten, Guthaben, Auszahlungen, Schecks und kurzfristigen Wechseln in anderer Währung nur verfügt werden, sofern der Erwerb bei einer der bezeichneten Personen und Firmen erfolgt.

Die Geschäfte mit den bezeichneten Personen und Firmen können auch durch Kommissionäre vermittelt werden; der Selbsteintritt ist ausgeschlossen.

Als kurzfristige Wechsel im Sinne dieser Verordnung gelten Wechsel auf die europäischen Länder mit einer Laufzeit von höchstens zwei, auf andere Länder mit einer solchen von höchstens sechs Wochen; bei unakzeptierten Nach-Sicht-Wechseln ist die Frist nach Sicht maßgebend.

Über „Ausland" siehe oben S. 308. Über die Nichtzugehörigkeit der okkupierten Gebiete Belgiens und Rußlands durch Ausnahmebewilligung des Reichskanzlers s. unten S. 468. Verboten ist der Ankauf im Betriebe eines Handelsgewerbes (nicht bloß im Betriebe eines Bankgeschäfts, sondern eines jeden Geschäfts). Der An- und Verkaufsverkehr zwischen Privatleuten wird daher nicht von der Verordnung betroffen, solange er nicht gewerbsmäßig geschieht.

Gestattet ist durch Ausnahmebewilligung des Reichskanzlers sämtlichen Personen, die den Geldwechsel gewerbsmäßig betreiben, die Umwechslung ausländischer Sorten und Noten gegen deutsche unbeschränkt und die Umwechslung deutscher Sorten und Noten gegen ausländische an die gleiche Person bis zum Höchstbetrag von 1000 ℳ pro Tag. (Bek. Nr. 5034 s. unten S. 468.

Zum Devisenhandel sind derzeit außer der Reichsbank zugelassen: in Berlin: Königliche Seehandlung (Preußische Staatsbank), Bank für Handel u. Industrie, Berliner Handelsgesellschaft, S. Bleichröder, Kommerz- und Diskontobank, Delbrück, Schickler u. Co., Deutsche Bank, Direktion der Diskonto-Gesellschaft, Dresdner Bank, Hardy u. Co. G. m. b. H., Mendelssohn u. Co., Mitteldeutsche Kreditbank, Nationalbank für Deutschland, in Frankfurt a. M.: Deutsche Effekten- und Wechselbank, Deutsche Vereinsbank, J. Dreyfus u. Cie., E. Ladenburg, Lincoln Menny Oppenheimer, Frankfurter Niederlassung der Pfälzischen Bank, Lazard Speyer-Ellissen, L. u. E. Wertheimber, Ernst Wertheimber u. Co. und die Frankfurter Niederlassungen der zu Berlin aufgeführten Firmen, in Hamburg: L. Behrens u. Söhne, Norddeutsche Bank in Hamburg, Vereinsbank in Hamburg, M. M. Warburg u. Co. und die Hamburger Niederlassungen der zu Berlin aufgeführten Firmen.

Ausnahmen s. § 5.

§ 2.

Die auf Grund des § 1 Abs. 1, 2 getroffene Bestimmung der Personen und Firmen wird im Reichsanzeiger bekannt gemacht. Sie kann zurückgenommen werden; die Rücknahme wird in gleicher Weise veröffentlicht.

§ 3.

Auf Erfordern der Reichsbank oder der vom Reichskanzler bestimmten Personen und Firmen ist der Erwerber, der Veräußerer oder Verpfänder (§ 1 Abs. 1 und 2) verpflichtet, der Reichsbank über Inhalt und Zweck des Geschäfts wahrheitsgemäß Auskunft zu erteilen und die Nachweise vorzulegen. Die Verpflichtung trifft in den Fällen des § 1 Abs. 3 den Kommittenten und den Kommissionär.

§ 4.

Der Kurs, zu dem die im § 1 Abs. 1, 2 bezeichneten Personen und Firmen ankaufen und verkaufen, wird mit Zustimmung der Reichsbank festgesetzt.

§ 5.

Der Reichskanzler kann Ausnahmen von den Vorschriften dieser Verordnung zulassen.

Geschehen durch Bekanntmachung vom 22. Januar 1916. S. unten S. 468.

§ 6.

Wer es unternimmt, den Vorschriften des § 1 zuwider zu erwerben, zu veräußern, zu verpfänden oder zu verfügen, wird, sofern nicht nach anderen Strafgesetzen eine höhere Strafe angedroht ist, mit Geldstrafe in Höhe des doppelten Betrags der Werte, in bezug auf welche die strafbare Handlung verübt ist, bestraft. Neben der Geldstrafe kann auf Gefängnis bis zu einem Jahre erkannt werden. Wegen der Zuwiderhandlung kann ein Deutscher auch dann verfolgt werden, wenn er sie innerhalb eines inländischen Geschäftsbetriebs im Ausland begangen hat.

Mit Geldstrafe bis zu fünfzigtausend Mark und mit Gefängnis bis zu einem Jahre oder mit einer dieser Strafen wird bestraft:

1. wer zum Zwecke des Erwerbes der im § 1 bezeichneten Werte über den Inhalt und Zweck des Geschäfts unrichtige Angaben macht;
2. wer den Vorschriften des § 3 zuwiderhandelt.

§ 7.

Diese Verordnung tritt am 28. Januar 1916 in Kraft. Der Reichskanzler bestimmt den Zeitpunkt des Außerkrafttretens.

66a. Bekanntmachung, betreffend den Handel mit ausländischen Zahlungsmitteln.

Vom 22. Januar 1916.

(RGBl. 1916 S. 53 Nr. 5034).

Auf Grund des § 5 der Verordnung über den Handel mit ausländischen Zahlungsmitteln vom 20. Januar 1916 (Reichs-Gesetzbl. S. 49) werden bis auf weiteres folgende Ausnahmen zugelassen:

Art. 1.

Bei allen Personen und Firmen, die gewerbsmäßig Geldwechslergeschäfte betreiben, dürfen eingewechselt werden

1. deutsche Geldsorten und Noten gegen Hingabe ausländischer Geldsorten und Noten,
2. von einer und derselben Person innerhalb eines Kalendertags ausländische Geldsorten und Noten gegen Hingabe deutscher Geldsorten im Betrage von höchstens eintausend Mark.

Art.

Der § 1 Abs. 1 der Verordnung findet auf Auszahlungen, Schecks und kurzfristige Wechsel auf die unter deutscher Verwaltung stehenden Gebiete Belgiens und Rußlands, sowie auf belgische Geldsorten keine Anwendung.

Der § 1 Abs. 2 der Verordnung findet insoweit keine Anwendung, als über Guthaben in Belgien zum Zwecke des Erwerbes deutscher Zahlungsmittel verfügt wird.

Art. 3.

Auf den Postanweisungs-, Postscheck-, Postnachnahme- und Postauftragsverkehr finden die Vorschriften der Verordnung keine Anwendung.

Die Bekanntmachung ist am 22. Januar 1916 in Kraft getreten.

67. Bekanntmachung, betreffend Veräußerung von Kauffahrteischiffen an Nichtreichsangehörige.

Vom 21. Oktober 1915 in der Fassung vom 17. Februar 1916.

(RGBl. 1915 S. 685 Nr. 4926, 1916 S. 107 Nr. 5034).

Der Bundesrat hat auf Grund des § 3 des Gesetzes über die Ermächtigung des Bundesrats zu wirtschaftlichen Maßnahmen usw. vom 4. August 1914 (Reichs-Gesetzbl. S. 327) folgende Verordnung erlassen:

§ 1.

Alle Rechtsgeschäfte, durch die das Eigentum an Kauffahrteischiffen (Gesetz vom 22. Juni 1899 § 1, Reichs-Gesetzbl. 1899 S. 319, Reichs-Gesetzbl. 1901 S. 184) ganz oder teilweise an Nichtreichsangehörige übertragen werden soll, sind verboten.

Das gleiche gilt für Kauffahrteischiffe, die für Rechnung eines Reichsangehörigen gebaut oder für Rechnung eines Nichtreichsangehörigen deutschen Werften in Bau gegeben werden.

Ferner sind verboten alle die Beförderung von Gütern bezweckenden Miet- oder Frachtverträge, die sich auf Schiffe der im Abs. 1, 2 bezeichneten Art mit einem Bruttoraumgehalt von 500 Registertons beziehen, und durch die zusammen mehr als der dritte Teil des Nettoraumgehalts oder der Tragfähigkeit des einzelnen Schiffes in Anspruch genommen wird, soweit die Beförderung nicht ausschließlich von oder nach Häfen des Inlandes oder deutscher Schutzgebiete erfolgen soll.

Abs. 2 Alternative 2 und Abs. 3 eingefügt durch Bek. vom 17. Februar 1916. Die Veräußerung deutscher Kauffahrteischiffe nach dem neutralen Ausland während der Dauer des Krieges liegt nicht im Reichsinteresse. Einerseits könnten durch den dadurch verfügbar werdenden Schiffsraum die augenblicklichen Schwierigkeiten des Überseehandels erleichtert und die jetzt schon hohen Frachtraten gedrückt werden; hiervon würden in erster Linie die mit Deutschland im Krieg befindlichen Staaten Vorteil haben, die zur Zeit unter dem Mangel an Schiffsraum und unter den hohen Frachtraten leiden. Anderseits würde, insbesondere wenn der Verkauf einer größeren Anzahl von Schiffen nach dem Auslande stattfände, nach Friedensschluß ein Mangel an deutschem Schiffsraum eintreten, der unserem Handel und unserem Wirtschaftsleben abträglich sein würde. (Vgl. hierzu Denkschrift, Nachtrag VI 96.) Das neu eingefügte Verbot des Abschlusses von Miet- oder Frachtverträgen, durch die zusammen mehr als ein Drittel des Schiffsraums in Anspruch genommen wird, soweit nicht die Beförderung ausschließlich von und nach deutschen Häfen erfolgen soll, verhindert eine etwaige Beeinträchtigung des deutschen Handels durch Vergebung deutschen Schiffsraums an ausländische Verfrachter. Aus den gleichen Gründen erging die nachfolgende Bekanntmachung, betreffend Veräußerung von Binnenschiffen an Nichtreichsangehörige vom 26. Juni 1916.

Strafbestimmung s. § 2; Ausnahmen s. § 3.

§ 2.

Zuwiderhandlungen gegen diese Verordnung werden mit Gefängnis bis zu drei Jahren und mit Geldstrafe bis zu fünfzigtausend Mark oder mit einer dieser Strafen bestraft, sofern nicht nach anderen Strafgesetzen eine höhere Strafe verwirkt ist. Die Zuwiderhandlung ist auch strafbar, wenn ein Deutscher sie im Ausland begeht.

Der Versuch ist strafbar.

§ 3.

Der Reichskanzler kann Ausnahmen von dem Verbote des § 1 zulassen.

Geschehen für den Abschluß von Miet- und Frachtverträgen von oder nach niederländischen Häfen.

§ 4.

Diese Verordnung tritt mit dem Tage der Verkündung in Kraft.

Der Reichskanzler bestimmt, wann und in welchem Umfang diese Verordnung außer Kraft tritt.

Tag der Verkündung 22. Oktober 1915.

68. Bekanntmachung, betreffend Veräußerung von Binnenschiffen an Nichtreichsangehörige.

Vom 26. Juni 1916.

(RGBl. 1916 S. 587 Nr. 5282).

Der Bundesrat hat auf Grund des § 3 des Gesetzes über die Ermächtigung des Bundesrats zu wirtschaftlichen Maßnahmen usw.

vom 4. August 1914 (Reichs-Gesetzbl. S. 327) folgende Verordnung erlassen:

§ 1.

Alle Rechtsgeschäfte, durch die das Eigentum eines zur Schiffahrt auf Flüssen oder sonstigen Binnengewässern bestimmten Schiffes ganz oder teilweise von einem Reichsangehörigen an einen Nichtreichsangehörigen übertragen werden soll, sind verboten.

Das gleiche gilt für Rechtsgeschäfte, durch die das Eigentum von Schiffen, die zur Schiffahrt auf Flüssen oder sonstigen Binnengewässern bestimmt sind und für Rechnung eines Reichsangehörigen gebaut oder für Rechnung eines Nichtreichsanhörigen deutschen Werften in Bau gegeben werden, an Nichtreichsangehörige übertragen werden soll.

Ferner sind für die im Abs. 1 bezeichneten Schiffe, die in ein deutsches Schiffsregister eingetragen sind und eine Tragfähigkeit von mehr als 15 000 Kilogramm haben, sowie für die im Abs. 2 bezeichneten Schiffe mit einer solchen Tragfähigkeit verboten:

1. alle die Beförderung von Gütern bezweckenden Miet- oder Frachtverträge, durch die zusammen mehr als der dritte Teil des Nettoraumgehalts oder der Tragfähigkeit eines solchen Schiffes in Anspruch genommen wird, soweit die Beförderung nicht ausschließlich von oder nach Häfen des Inlandes erfolgen soll;
2. alle Verträge, durch die ein solches Schiff einem Nichtreichsangehörigen für einen anderen Zweck als für die Beförderung von Gütern zum Gebrauch überlassen wird.

Über die Gründe zum Erlaß dieses Veräußerungsverbots s. Anmerkung zu § 1 der vorangehenden Bekanntmachung. Strafbestimmung s. § 3. Ausnahmen s. § 4.

§ 2.

Die Verlegung des Heimatsorts eines Schiffes der im § 1 bezeichneten Art in das Ausland ist verboten.

§ 3.

Zuwiderhandlungen gegen diese Verordnung werden mit Gefängnis bis zu drei Jahren und mit Geldstrafe bis zu fünfzigtausend Mark oder mit einer dieser Strafen bestraft, sofern nicht nach anderen Strafgesetzen eine höhere Strafe verwirkt ist. Die Zuwiderhandlung ist auch strafbar, wenn ein Deutscher sie im Ausland begeht.

Der Versuch ist strafbar.

§ 4.

Der Reichskanzler kann Ausnahmen von den Verboten dieser Verordnung zulassen.

§ 5.

Diese Verordnung tritt mit dem Tage der Verkündung in Kraft. Der Reichskanzler bestimmt, wann und in welchem Umfang sie außer Kraft tritt.

Tag der Verkündung 27. Juni 1916.

V. Beschränkungen gewerblicher Schutzrechte feindlicher Staatsangehöriger.

69. Bekanntmachung über gewerbliche Schutzrechte feindlicher Staatsangehöriger.

Vom 1. Juli 1915.

(RGBl. 1915 S. 414 Nr. 4790).

Vorbemerkungen.

1. Literatur: Neuberg, Der Krieg und das gewerbliche Urheberrecht LZ. 1915, 1078; Wertheimer, Gewerbliche Schutzrechte als Kampfmittel LZ. 1915, 1415; Seligsohn, DJZ. 1915, 806; Güthe-Schlegelberger II 445; Fünfter Nachtrag zur Denkschrift über wirtschaftliche Maßnahmen aus Anlaß des Krieges, 74; Delius, Die Ausnahmegesetze gegen deutsche Privatrechte in England, Frankreich und Rußland, BankArch. XV, 160 ff., 179 ff.

2. Allgemeines: Nachdem in England schon im August und September 1914 zur Beschränkung deutscher Patent-, Muster- und Markenrechte Ausnahmevorschriften erlassen und seither bereits zahlreiche Rechte, insbesondere Patente, von Deutschen zugunsten von Engländern außer Kraft gesetzt worden sind, haben sich in letzter Zeit Rußland und Frankreich diesem Vorgehen angeschlossen. In Rußland sind deutsche Patente, soweit sie militärisch wichtige Erfindungen betreffen oder soweit ihr Fortbestand zum Nutzen russischer Lizenzträger erforderlich ist, für Staatseigentum erklärt, im übrigen aber ihrer Wirkung entkleidet worden. Ein französisches Gesetz vom 27. Mai 1915 läßt für Erfindungen, die Deutschen patentiert sind, die Benutzung durch den Staat oder durch Privatpersonen zu. Die Erteilung neuer Schutzrechte an Deutsche ist in allen drei Ländern bis auf weiteres eingestellt. Während es anfangs nicht erforderlich und nicht nützlich erschien, die englischen Gesetze und ihre praktische Anwendung mit entsprechenden Schritten zum Nachteil englischer Besitzer deutscher Schutzrechte zu beantworten, hat es nach längerem Zögern der Bundesrat aus politischen und nationalen Gründen für geboten erachtet, dem von unseren Feinden geschlossen geführten wirtschaftlichen Kampfe gegen verbürgte Privatrechte der Deutschen durch gesetzliche Vergeltungsmaßnahmen zu begegnen. (Denkschrift, V. Nachtrag a. a. O.)

Da die Pariser Union durch den Krieg nicht aufgehoben wurde (s. oben S. 391), war eine besondere Verordnung nötig, um die feindlichen Maßnahmen vergelten zu können. Umgekehrt setzt die Verordnung den Unionsvertrag gegenüber den feindlichen Staaten nicht allgemein außer Kraft, sondern nur insoweit als sie gegenteilige Bestimmungen ausdrücklich trifft (ebenso Wertheimer a. a. O. 1422). Über Zahlungen ins Ausland zur Erhaltung der Inländern zustehenden Schutzrechte s. oben S. 458 ff.

Der Bundesrat hat auf Grund des § 3 des Gesetzes über die Ermächtigung des Bundesrats zu wirtschaftlichen Maßnahmen usw. vom 4. August 1914 (Reichs-Gesetzbl. S. 327) folgende Verordnung erlassen:

§ 1.

Patentrechte, Gebrauchsmusterrechte und Warenzeichenrechte können, soweit sie Angehörigen feindlicher Staaten zustehen, durch Anordnungen des Reichskanzlers im öffentlichen Interesse beschränkt und aufgehoben werden. Insbesondere können anderen Ausübungs- und Nutzungsrechte erteilt werden.

Den Anordnungen kann rückwirkende Geltung beigelegt werden. Sie können jederzeit geändert und zurückgenommen werden.

I. Über die in Frage kommenden Rechte vgl. § 12 PatG., § 13 GebrMG., § 23 WZG. Geschmacksmuster sind von der Verordnung nicht betroffen (ebenso Wertheimer und Neuberg). Nicht nur die Patente usw., sondern alle mit ihnen verbundenen Rechte fallen unter die Verordnung, insbesondere auch die Lizenzen, selbst solche feindlicher Staatsangehöriger an deutschen Patenten usw. (ebenso Wertheimer). Über den Begriff feindliche Staatsangehörige s. §§ 4, 5. Ob **öffentliches Interesse** vorliegt, ist dem Ermessen des Reichskanzlers überlassen und der Nachprüfung durch die Gerichte entzogen. Öffentliches Interesse wird nur dann gegeben sein, wenn die Beschaffung einer für die deutsche Wirtschaft (nicht nur die Landesverteidigung) notwendigen oder nützlichen Ware durch das Weiterbestehen des gewerblichen Schutzrechts wesentlich erschwert wird. Wenn es sich um die Löschung von Warenzeichen handelt, sind die Interessen deutscher Industrieller an der Beseitigung der Auslandszeichen — nach den Entscheidungen des Reichskommissars für gewerblichen Rechtsschutz — kein Grund zur Löschung derselben, auch müsse es verhindert werden, daß durch die Löschung solcher Zeichen Wirkungen hervorgerufen werden, die die Entstehung eines unlauteren Wettbewerbes ermöglichen. Wertheimer, GewRschutz Bd. 21 S. 84. (Vgl. hiezu Bescheid des Reichskommissars für gewerbliche Schutzrechte vom 20. Oktober 1915, JW. 1915, 1383 = GewRschutz Bd. 20 S. 271: „Die tatsächlichen Angaben der Antragstellerin machen nicht ersichtlich, daß die Freigabe des Wortzeichens „Cerebos" zum allgemeinen Gebrauch für das heimische Gewerbe erforderlich oder dem Wohle der deutschen Bevölkerung dienlich ist oder sonst im öffentlichen Interesse liegt" und Wertheimer a. a. O., der zu Unrecht das öffentliche Interesse wegen des Vergeltungscharakters der Verordnung aufgefaßt wissen will, wie es die entsprechenden Auslandgesetze tun. Die Vergeltung geht nicht soweit, daß die deutsche Gesetzesinterpretation ausländische Rechtsanschauungen zu den ihrigen macht.)

II. Ein Anspruch desjenigen, in dessen Recht eingegriffen wird, auf Entschädigung besteht nicht. Der Eingriff selbst kann je nach Lage des Falles verschieden gestaltet werden. Hauptsächlich wird es sich um Erteilung von Lizenzen handeln, wobei demjenigen, zu dessen Gunsten die Anordnung ergeht, genaue Auflagen über Maß und Dauer, über die Übertragbarkeit seiner Befugnis und über die Höhe der etwa zu entrichtenden Abgabe vorzuschreiben sein werden. Er erlangt in keinem Falle ein unwiderrufliches Recht auf die Befreiung von dem fremden Ausschlußrechte, die Anordnung kann jederzeit geändert und auch zurückgenommen werden, wenn es die veränderten Umstände oder das eigene Verhalten des Begünstigten gebieten. Insbesondere haben die Beteiligten von vorneherein damit zu rechnen, daß nach der Beendigung des Krieges die einzelnen ihrer Wirkung entkleideten feindlichen Rechte möglicherweise wieder hergestellt werden. (Denkschrift, V. Nachtrag S. 75.)

III. Über die russischen Patente s. § 6, Ausdehnungsbefugnis des Reichskanzlers § 7.

§ 2.

Auf Anmeldungen von Angehörigen feindlicher Staaten werden Patente nicht erteilt, Gebrauchsmuster oder Warenzeichen nicht eingetragen. Im übrigen kann das Patentamt, soweit Angehörige feindlicher Staaten in Betracht kommen, Amtshandlungen, die ihm nach gesetzlichen Vorschriften obliegen, aussetzen und das Verfahren vorläufig einstellen; der Präsident des Patentamts kann Bestimmungen darüber erlassen.

§ 3.

Die Anwendung der Verordnung wird nicht dadurch ausgeschlossen, daß die Rechte nach dem 31. Juli 1914 auf Angehörige anderer Staaten übertragen oder daß zur Verdeckung der Rechtsverhältnisse Angehörige anderer Staaten vorgeschoben sind.

§ 4.

Den Angehörigen feindlicher Staaten stehen gleich die Angehörigen ihrer Kolonien und auswärtigen Besitzungen, Personen, die in den Gebieten dieser Staaten oder ihrer Kolonien und auswärtigen Besitzungen ihren Wohnsitz oder ihre Niederlassung haben, sowie juristische Personen, Gesellschaften und Unternehmungen, die in den bezeichneten Gebieten ihren Sitz haben oder von dort aus geleitet oder beaufsichtigt werden oder deren Erträgnisse ganz oder zum Teil dorthin abzuführen sind.

Kolonien und Besitzungen sind nicht Ägypten und Französisch-Marokko.

§ 5.

Feindliche Staaten im Sinne dieser Verordnung sind England, Frankreich und Rußland.

Ausdehnungsbefugnis des Reichskanzlers § 7. Von ihr ist zur Anwendung der Verordnung auf Portugal Gebrauch gemacht durch die nachfolgende Bekanntmachung vom 23. Juni 1916 (vorderhand noch nicht auf Italien und Rumänien).

§ 6.

Die Wirkung von Patenten, die Angehörigen Rußlands zustehen, ist, unbeschadet der für Angehörige anderer als der feindlichen Staaten bestellten ausschließlichen Rechte zur Ausübung oder Nutzung, vom 11. März 1915 an als erloschen anzusehen. Rechte der bezeichneten Art sind bei dem Patentamt anzumelden und werden durch den Reichsanzeiger bekanntgemacht; die Wirkung des Rechts erlischt, wenn es nicht spätestens am 30. September 1915 zur Kenntnis des Patentamts gebracht ist. Das Reich ist berechtigt, die für die Gewährung des Rechtes vereinbarte Gegenleistung zu fordern; die Zahlungen sind bei der Kasse des Patentamts zu leisten.

Die Wirkung der für Angehörige Rußlands bestellten Rechte zur Ausübung oder Nutzung von Patenten ist vom 11. März 1915 an als erloschen anzusehen.

Durch Patentanmeldungen, die nach dem 11. März 1915 bewirkt sind, können für Angehörige Rußlands keine Rechte begründet werden.

Diese Vorschriften (Abs. 1 bis 3) sind auf Gebrauchsmuster entsprechend anzuwenden.

Russischen Staatsangehörigen ist rückwirkend von dem Tage an, mit dem die deutschen Patentinhaber in Rußland ihrer Rechte entsetzt worden sind, der Schutz ihrer deutschen Patente und die Fähigkeit, durch Anmeldung irgendein Recht zu erlangen, allgemein entzogen, Patentanmeldungen von Russen werden also fortan abgewiesen und begründen auch keine Prioritätsrechte. Die Patente der Russen behalten ihren formalen Bestand, sind aber wirkungslos, die Benutzung der Erfindung steht jedermann frei. Dabei sind jedoch die etwa für Angehörige anderer als der drei feindlichen Staaten (also insbesondere für Deutsche) bestellten ausschließlichen Lizenzrechte ausdrücklich gewahrt. Nur ist solchen Lizenzträgern die Pflicht auferlegt, bis spätestens zum 30. September 1915 ihre Rechte bei dem Patentamt anzumelden, welches sie zur öffentlichen Kenntnis bringt. Wer dies versäumt, kann nicht hindern, daß die ins Freie gefallene Erfindung von anderen benutzt wird. Dem Reiche ist das Recht zugesprochen, die für die Gewährung des Ausschließungsrechts dem Russen zugesagte Gegenleistung von dem (deutschen) Lizenzträger zu fordern. (Denkschrift, V. Nachtrag S. 75.)

§ 7.

Der Reichskanzler erläßt die zur Ausführung dieser Verordnung erforderlichen Bestimmungen; er kann die im § 1 bezeichneten Befugnisse einer anderen Stelle übertragen.

Der Reichskanzler kann im Wege der Vergeltung diese Verordnung ganz oder teilweise auf die Angehörigen anderer als der im § 5 bezeichneten Staaten für anwendbar erklären.

Ausführungsbestimmungen sind ergangen durch Bekanntmachung vom 2. Juli 1915 s. unten. Der Reichskanzler hat nun eine Ausdehnungsbefugnis und zwar auch gegen nichtfeindliche Staaten, aber keine Ausnahmebefugnis; er kann daher insbesondere nicht die Angehörigen der okkupierten russischen Gebiete von der Vorschrift ausnehmen. Von seiner Ausdehnungsbefugnis hat er für Portugal durch die nachfolgende Bekanntmachung Gebrauch gemacht.

§ 8.

Diese Verordnung tritt mit dem Tage ihrer Verkündung in Kraft. Der Reichskanzler bestimmt, wann und wieweit die Verordnung außer Kraft tritt.

Tag der Verkündung 2. Juli 1915.

69a. Bekanntmachung, betreffend gewerbliche Schutzrechte von Angehörigen Portugals.

Vom 23. Juni 1916.

(RGBl. 1916 S. 575 Nr. 5276).

Im Wege der Vergeltung wird auf Grund des § 7 Abs. 2 der Verordnung des Bundesrats über gewerbliche Schutzrechte feindlicher Staatsangehöriger vom 1. Juli 1915 (Reichs-Gesetzbl. S. 414) folgendes bestimmt:

Art. 1.

Die Vorschriften der §§ 1 bis 4 der Verordnung über gewerbliche Schutzrechte feindlicher Staatsangehöriger vom 1. Juli 1915 werden auf die Angehörigen Portugals für anwendbar erklärt.

S. Vorbemerkung und Anmerkung zu §§ 1, 5, 7 der vorangehenden Bek.

Art. 2.

Diese Bekanntmachung tritt mit dem Tage der Verkündung in Kraft.

Tag der Verkündung 26. Juni 1916.

70. Bestimmungen zur Ausführung der Verordnung über gewerbliche Schutzrechte feindlicher Staatsangehöriger.

Vom 2. Juli 1915.

(RGBl. 1915 S. 417 Nr. 4792).

Auf Grund des § 7 der Verordnung über gewerbliche Schutzrechte feindlicher Staatsangehöriger vom 1. Juli 1915 (Reichs-Gesetzbl. S. 414/15) bestimme ich:

Zu § 1 der Verordnung.

1. Zuständig für die Anordnungen ist der für gewerbliche Schutzrechte bestellte Reichskommissar.

2. Die Anordnungen werden nur auf Antrag getroffen. Der Antrag ist schriftlich an den Präsidenten des Patentamts zu richten. Die Angaben, mit denen der Antrag begründet wird, sind glaubhaft zu machen. Zugleich ist bei der Kasse des Patentamts für jedes Schutzrecht, auf das sich der Antrag bezieht, eine Gebühr von 50 Mark zu bezahlen.

3. Der Präsident des Patentamts trifft die erforderlichen Verfügungen, um den Sachverhalt aufzuklären. Er kann den Antrag in geeigneter Weise bekanntmachen und die Beteiligten zur Anhörung laden. Die entstandenen Verhandlungen legt er mit seinem Gutachten dem Reichskommissar vor.

4. Der Reichskommissar kann bei der Vorbereitung und der Durchführung seiner Anordnungen Zeugen und Sachverständige eidlich vernehmen, die Hilfe der Verwaltungsbehörden in Anspruch nehmen und das Patentamt sowie die Gerichte um Rechtshilfe ersuchen. Er kann den Betrag der Geldleistungen, die auf Grund seiner Anordnungen zugunsten des Reichs fällig geworden sind, festsetzen. Die festgesetzten Beträge sind als öffentliche Abgaben anzusehen und können nach den am Orte des Wohnsitzes oder Sitzes des Verpflichteten geltenden landesrechtlichen Vorschriften zwangsweise beigetrieben werden.

5. Zeugen und Sachverständige erhalten Gebühren nach Maßgabe der Gebührenordnung vom 30. Juni 1878 (Reichs-Gesetzbl. 1878 S. 173, 1914 S. 214). Die dadurch entstehenden Kosten fallen dem Antragsteller zur Last.

6 Die für Zwecke des Heeres oder der Flotte erforderlichen Anordnungen können von der obersten Heeres- oder Flottenbehörde unmittelbar bei dem Reichskommissar angeregt werden.

Zu § 6 der Verordnung.

7. Die Einsicht der Urkunden, auf Grund deren die Bekanntmachungen von dem Patentamt erlassen sind, steht jedermann frei.

8. Das Reich wird in bezug auf das ihm zustehende Forderungsrecht durch den Präsidenten des Patentamts vertreten.

Die Bekanntmachung ist am 3. Juli 1915 in Kraft getreten. Über Einzelheiten vgl. § 7 der Verordnung vom 1. Juli 1915.

VI. Überwachung, Liquidation und Zwangsverwaltung des feindlichen Vermögens.

Vorbemerkung.

Die Reichsgesetzgebung hat nur zögernd und in erst allmählich wachsendem Umfang das Vermögen feindlicher Staatsangehöriger unter Kontrolle gestellt. Erst die weitgehenden Maßnahmen der feindlichen Regierungen, die teilweise bis zur Verschleuderung und positiven Schädigung des deutschen Vermögens im feindlichen Ausland gingen (vgl. Strupp, Frankfurter Zeitung vom 2. Mai 1916, 1. Morgenbl. Nr. 121), haben die deutsche Gesetzgebung veranlaßt, die grundsätzliche bürgerlichrechtliche Gleichstellung des feindlichen Ausländers mit dem Inländer zu beschränken und entsprechende Gegenmaßregeln zu ergreifen. Zuerst wurden die Bestimmungen über die Überwachung ausländischer Unternehmungen erlassen, später die über zwangsweise Verwaltung feindlicher Unternehmungen, durch Bek. vom 7. Oktober 1915 wurde eine allgemeine Anmeldungspflicht und Sperre für Vermögen feindlicher Staatsangehöriger statuiert und durch Bek. vom 31. Juli 1916 die Liquidation britischer Unternehmungen ermöglicht.

Über die Bestimmungen des feindlichen Auslands vgl. Curti: Handelsverbot und Vermögen in Feindesland; Denkschrift des Auswärtigen Amts über Ausnahmegesetze gegen deutsche Privatrechte in England, Frankreich und Rußland vom 10. Dezember 1915. Delius, Die Ausnahmegesetze gegen deutsche Privatrechte in England, Frankreich und Rußland, BankArch. XV, 160ff., 179 ff.

Zwecks Erledigung von Anfragen über Verbleib deutschen Vermögens in Frankreich durch neutrale Vermittlung hat sich unter Zustimmung des Auswärtigen Amts eine „Beratungsstelle für Angelegenheiten des deutschen Privatvermögens in Frankreich“, Berlin, Prinz Albrechtstr. 5, gebildet, die im Auftrag des Auswärtigen Amts, soweit möglich, Aufschluß erteilt.

a) Anmeldung und Sperre.

71. Bekanntmachung über die Anmeldung des im Inland befindlichen Vermögens von Angehörigen feindlicher Staaten.

Vom 7. Oktober 1915.

(RGBl. 1915 S. 633 Nr. 4905).

Literatur: Bernstein, Die Sicherstellung feindlichen Vermögens zu Vergeltungszwecken JW. 1915, 1315; Heymann, Die Anmeldung des feindlichen Vermögens GenossBl. 1915, 687; Hachenburg, DJZ. 1916, 202; Menner, LZ. 1916, 286; Güthe-Schlegelberger II, 438.

Vorbemerkung: Die Verordnung ist als Vergeltungsmaßregel gegenüber weitgehenden Maßnahmen gleicher Art Frankreichs, Rußlands und Englands ergangen. Mit geringfügigen Ausnahmen wird durch sie das gesamte Vermögen von Angehörigen dieser Staaten in Deutschland zur Anmeldung gebracht und gesperrt. Der Reichskanzler ist in weitem Umfang zur Erlassung von Vorschriften über die Anmeldung berechtigt. Von seiner Befugnis hat er durch die nachfolgende Bekanntmachung vom 10. Oktober 1915 Gebrauch gemacht. Nur Sperre (nicht Anmeldungszwang) ist durch die Bek. vom 14. Mai 1916 (s. oben S. 456) über portugiesisches und durch die Bek. vom 28. August 1916 (s. oben S. 457) über rumänisches Vermögen verfügt. Die Verordnung ermöglicht erst eine genaue Durchführung der Bestimmungen über Überwachung und Verwaltung feindlicher Unternehmungen. Sie kann seitens der Landeszentralbehörden auch auf landesflüchtige oder der deutschen Staatsangehörigkeit für verlustig erklärte Personen angewendet werden. Bek. vom 23. März 1916 s. unten S. 500.

Der Bundesrat hat auf Grund des § 3 des Gesetzes über die Ermächtigung des Bundesrats zu wirtschaftlichen Maßnahmen usw. vom 4. August 1914 (Reichs-Gesetzbl. S. 327) folgende Verordnung erlassen:

§ 1.

Das im Inland befindliche Vermögen von Angehörigen feindlicher Staaten ist nach Maßgabe der vom Reichskanzler zu erlassenden Vorschriften anzumelden.

I. Objektive Anmeldepflicht. Anzumelden ist das im Inland befindliche Vermögen feindlicher Staatsangehöriger.

1. Vermögen im Sinne der Verordnung ist nur das Aktivvermögen, wie es bei einer Inventur aufzunehmen ist. Insbesondere gehören dazu Eigentumsrechte, vermögensrechtliche Ansprüche aller Art, wenn sie gegen Personen gerichtet sind, die im Inland ihren Wohnsitz haben, sowie Beteiligungen an Inlandunternehmungen (s. § 6).

Nicht zum Vermögen gehören begrifflich künftige Ansprüche, Früchte und Rechte, wertlose Gegenstände.

Objektiv nicht anmeldepflichtig kraft ausdrücklicher Bestimmung sind

a) Leistungen, die von einer noch ausstehenden Gegenleistung abhängig sind (Art. 11 AusfB.);

b) noch nicht fällig gewordene Bürgschafts- und Regreßverbindlichkeiten, Versicherungsprämien; noch nicht fällige Versicherungssummen, Urheberrechte und gewerbliche Schutzrechte als solche, Seeschiffe (s. Art. 10 AusfB.);

c) Vermögen, das von Reichs-, Staats- oder Kommunalbehörden verwaltet, verwahrt oder geschuldet wird (s. Art. 9 AusfB.). Zu den Behörden zählen auch die gemeindlichen und Distriktssparkassen, da sie der Behördenorganisation eingegliedert sind (a. M. Bernstein a. a. O. 1320), die Postanstalten, einschließlich der Postscheckämter. Keine Behörden sind die Reichsbank und die Staatsbanken, die Notare (auch wenn diese wie in Baden zu einer behördenähnlichen Organisation zusammengefaßt sind);

d) Vermögen, das nach den Verordnungen vom 4. September und 26. November 1914 (ReichsGesetzbl. S. 397, 487) unter staatlicher Überwachung oder zwangsweiser Verwaltung steht (s. Art. 9 AusfB., vgl. unten S. 500ff. Für derartige Vermögen ist die Anmeldung überflüssig, da ihr Bestehen den amtlichen Stellen bereits bekannt ist. Für die Vermögenssperre haben die ausdrücklichen Ausnahmen von der objektiven Anmeldepflicht keine Geltung.

2. Inland ist nur das Bundesgebiet, nicht auch die Schutzgebiete und die von den deutschen Truppen okkupierten Gebiete. Im Inland befindlich sind Sachen durch Belegenheit, Forderungen durch den Wohnsitz des Schuldners. Bei Gesamtschuldnern genügt der Wohnsitz eines Schuldners im Inland. Schulden einer deutschen Auslandniederlassung eines inländischen Unternehmens sind nicht im Inland befindlich, ebenso sind keine anmeldepflichtigen Forderungen Schulden an eine solche Niederlassung (ebenso Menner, JW. 1916, 223; Bernstein a. a. O. 1318), allerdings nur solange, als die Niederlassung tatsächlich betrieben wird.

Bei Beteiligungen an einem **Unternehmen** ist der Sitz im Inland maßgebend, d. h. der Ort, wo tatsächlich die Geschäfte geführt werden (nicht wo nach dem Statut der Sitz sein soll).

Das Unternehmen braucht nicht gewerblich sein; auch ein Landgut fällt darunter; gleichgültig ist, ob es sich um eine Haupt- oder Zweigniederlassung handelt. Es genügt, wenn ein auf die Dauer berechneter wirtschaftlicher Betrieb vorhanden ist. Bloße Gelegenheitsgesellschaften oder Gemeinschaften nach Bruchteilen fallen nicht darunter (ebenso Bernstein a. a. O.). Nicht nötig ist, daß das Betriebsvermögen vom sonstigen Vermögen der Unternehmer getrennt ist (a. M. Bernstein a. a. O.).

Beteiligung im Sinn der Verordnung ist nicht nur der Anteil des Gesellschafters bei der offenen Handelsgesellschaft, der G. m. b. H., der Kommanditgesellschaft und der stillen Gesellschaft, sondern auch die durch Wertpapier verbriefte gesellschaftliche Berechtigung, die Aktie, der Kux, da in vielen Fällen erst durch die Anmeldung solcher im Ausland befindlicher Aktien von inländischen Unternehmungen festgestellt werden kann, ob infolge der ausländischen Kapitalbeteiligung Überwachung oder zwangsweise Verwaltung des Unternehmens einzutreten hat. Die gegenteilige, von Bernstein a. a. O. 1318, 1319 vertretene Auffassung, die insbesondere auch den Art. 4 AusfB., wonach für die Anmeldung von Beteiligungen auch die Aktie als Beteiligung gilt, nur als Sonderbestimmung aufgefaßt wissen will, übersieht, daß der Reichskanzler zwar ermächtigt ist, Vorschriften über die Anmeldung des Feindesvermögens zu erlassen, daß er aber nicht ermächtigt ist, Vermögen anmeldepflichtig zu machen, das nach der Verordnung nicht anmeldepflichtig ist.

Die Aktie hat im Sinn der Verordnung eine Doppelnatur; sie ist Wertpapier und gleichzeitig Beteiligung. Dabei ist zu beachten, daß Beteiligung und Inhaberschaft an einem Unternehmen nicht identisch sind.

Bei sämtlichen **Wertpapieren**, gleichgültig, ob sie Forderungen oder Gesellschaftsanteile repräsentieren, ist der Verwahrungsort maßgebend; auch die ausländische Aktie des Ausländers, die im Inland verwahrt wird, ist anmeldepflichtig. Bei **Sparkassebüchern** entscheidet der Sitz der Sparkasse, bei Konnossement, Ladeschein, Lagerschein der Wohnsitz des durch das Dispositionspapier zur Leistung Verpflichteten (**a. M.** Bernstein a. a. O., der diesen Papieren selbständigen Vermögenswert zuschreibt).

3. Stichtag für die Anmeldung ist der 12. Oktober 1915 (Tag der Verkündung der AusfB. s. dort Art. 13, 15). **Objektiv** anmeldepflichtiges Vermögen, das zwischen 31. Juli und 12. Oktober 1914 **unter** Umständen abgetreten oder veräußert wurde, die auf die Absicht schließen lassen, es den deutschen Vergeltungsmaßregeln zu entziehen, kann auf Anordnung des Reichskanzlers für das Anwendungsgebiet der Verordnung als nicht abgetreten oder veräußert behandelt werden (s. § 7).

4. Angehörige feindlicher Staaten im Sinn der Verordnung sind:

a) die natürlichen Personen, die Staatsangehörige von England, Frankreich, Rußland und deren Kolonien und auswärtigen Besitzungen im staatsrechtlichen Sinn sind, gleichgültig, wo sie ihren Wohnsitz oder Aufenthalt haben (§ 4). Das Territorialitätsprinzip, das sonst im großen und ganzen die Kriegsgesetzgebung für Ausländer beherrscht, ist hier aufgegeben. Keine Kolonien oder auswärtige Besitzungen sind Ägypten, Französisch-Marokko, Monako. Der Reichskanzler besitzt Ausdehnungsbefugnis auf andere Länder und hat von ihr für Portugal Gebrauch gemacht (§ 4, Art. 6 AusfB., Art. 2 der **Bek.** Nr. 5195 s. oben S. 456), jedoch findet § 12 auf portugiesisches Vermögen keine Anwendung; im gleichen Umfang findet **die Verordnung auf** Rumänien Anwendung (**Bek. vom** 28. **August** 1916 **Art.** 2 s. **oben** S. 457);

b) die juristischen Personen, die in den bezeichneten Ländern ihren Sitz haben, insbesondere die feindlichen Staaten selbst (§ 5, Art. 6 AusfB.);

c) Unternehmungen, die im feindlichen Ausland ansässig sind und von deren Inhabern mindestens einer feindlicher Staatsangehöriger ist (Art. 3, 5 AusfB.). Juristische Personen (z. B. Aktienges.) gehören nicht hierher, da sie keinen Inhaber, sondern nur Beteiligte haben;

d) Unternehmungen, die im nichtfeindlichen Ausland ansässig sind und deren sämtliche Inhaber feindliche Staatsangehörige sind (Art. 5 AusfB.);

e) Personen, die ihren Wohnsitz oder dauernden Aufenthalt im feindlichen Ausland haben und deren Staatsangehörigkeit ungewiß ist (Art. 7 AusfB.).

II. Subjektive Anmeldepflicht.

A. Zur Anmeldung sind verpflichtet:

1. der feindliche Ausländer, der seinen Aufenthalt im Inland hat, ausgenommen die Kriegsgefangenen (Art. 1 AusfB.). Wohnsitz des Ausländers ist nicht erforderlich. Kriegsgefangene sind alle Personen feindlicher Staatsangehörigkeit, die durch die Kriegsmacht des Reichs gezwungen wurden, sich im Inland aufzuhalten, also nicht die schon vor Kriegsausbruch im Bundesgebiet sich aufhaltenden Ausländer, auch wenn sie interniert wurden (ebenso Bernstein a. a. O. 1321). Die Anmeldepflicht ist eine öffentlich-rechtliche. Auf die Volljährigkeit des Ausländers kommt es daher nicht an (**a. M.** Bernstein a. a. O. 1321);

2. wer im Inland befindliche Vermögenswerte eines feindlichen Staatsangehörigen im Sinn der Verordnung **verwaltet oder in Verwahrung hat.** Unter Verwalter ist hiebei der mit der bestimmungsgemäßen Verwertung des Gegenstandes Beauftragte zu verstehen. Der Rechtsanwalt, die Bank usw., die mit der Einziehung von Forderungen feindlicher Ausländer gegen das Inland beauftragt sind, haben die Forderung anzumelden.

Unter Verwahrer ist über den bürgerlich-rechtlichen Begriff hinaus jeder zu verstehen, der mit oder ohne oder gegen den Willen des Ausländers die tatsächliche Verfügungsgewalt über den Vermögensgegenstand hat. Auch der Vermieter, in dessen Haus der abgereiste Ausländer Möbel zurückgelassen hat, ist Verwahrer, ebenso der Rechtsanwalt, dem ein Wechsel des gegnerischen Ausländers zu treuen Händen übergeben wurde.

Die Geheimhaltungspflicht des Rechtsanwalts und Notars kraft gesetzlicher Bestimmung zessiert gegenüber der Anmeldepflicht der Verordnung als einer lex specialis. Eine Anwendung des § 300 RStGB. kommt daher nicht in Frage (ebenso Bernstein a. a. O. 1322; Liszt, JW. 1916, 155; Menner, Bay. Staatsz. 1915, 291; Schulz, JW. 1915, 1465; 1916, 32; teilweise **a. M.** Bendix, LZ. 1915, 1574). Ebenso wird die bürgerlich-rechtlich vereinbarte Geheimhaltungspflicht aufgehoben;

3. **der inländische Schuldner** eines im Ausland befindlichen feindlichen Staatsangehörigen im Sinn der Verordnung, wenn der Schuldner im Inland seinen Wohnsitz hat (Art. 3 AusfB.). Wer sich nur im Inland aufhält, ist nicht anmeldepflichtig. Bejahendenfalls ist aber auch der feindliche und neutrale Ausländer anmeldepflichtig. Ob der anzumeldende feindliche Ausländer sich im feindlichen oder neutralen Ausland befindet, ist gleichgültig. Über Ausland s. oben S. 408;

4. **die Leiter oder Geschäftsführer** eines Inlandunternehmens, an dem feindliche Staatsangehörige beteiligt sind, und zwar auch durch Aktien, haben Person und Umfang der Beteiligung anzumelden (Art. 4 AusfB.).

B. **Nicht anmeldepflichtig** sind der an und für sich Anmeldepflichtige, wenn das Vermögen eines feindlichen Ausländers weniger als 500 *M* beträgt, ferner Personen, die im Inland weder Wohnsitz noch Aufenthalt haben (ebenso Bernstein a. a. O. 1321).

C. **Ausführung der Anmeldung.** Vgl. hiezu im allgemeinen die AusfB. Mit Rücksicht auf die Strafvorschriften in § 11 ist der Anmeldepflichtige zu sorgfältiger Prüfung verpflichtet. Hat er Zweifel über die Staatsangehörigkeit einer Person, so hat er sie als feindlichen Staatsangehörigen zu behandeln. Art. 7 AusfB. Dementsprechend haben Banken bei Depositen unbekannter Personen zu handeln. Im übrigen geht seine Anmeldepflicht nicht weiter als seine Kenntnis von den in Betracht kommenden Personen und Verhältnissen. Zur Anstellung von Nachforschungen ist er nicht verpflichtet. Vgl. auch Preuß. AusfAnw. vom 26. Oktober und 30. November 1915.

§ 2.

Die Landeszentralbehörden bestimmen, bei welchen Stellen die Anmeldungen zu erfolgen haben. Auf Erfordern dieser Stellen ist jedermann verpflichtet, binnen einer von der Anmeldestelle festzusetzenden Frist eine Erklärung darüber abzugeben, ob bei ihm die Voraussetzungen der Anmeldepflicht vorliegen, sowie eine abgegebene Erklärung oder Anmeldung durch nähere Auskünfte zu ergänzen.

Anmeldungsbehörden sind in Preußen die Handelskammern, in Bayern die Rentämter. BayJMBek. vom 1. November 1915.

Strafbestimmungen § 12.

§ 3.

Die mit der Entgegennahme oder Bearbeitung der Anmeldung befaßten Personen sind verpflichtet, über die aus Anlaß der Anmeldung zu ihrer Kenntnis gelangten Verhältnisse Verschwiegenheit zu beobachten.

Strafbestimmungen § 12.

§ 4.

Als feindliche Staaten im Sinne dieser Verordnung gelten Großbritannien und Irland, Frankreich, Rußland und Finnland, sowie die Kolonien und auswärtigen Besitzungen dieser Staaten.

Der Reichskanzler kann die Vorschriften dieser Verordnung ganz oder teilweise auch auf andere feindliche Staaten, sowie auf Länder, die vom Feinde besetzt sind, für anwendbar erklären.

§ 5.

Juristische Personen, die im feindlichen Ausland (§ 4) ihren Sitz haben, stehen einem Angehörigen der feindlichen Staaten im Sinne dieser Verordnung gleich.

Von seiner Befugnis hat der Reichskanzler bisher durch die Bek. vom 14 Mai 1916 (s oben S. 456) und vom 28. August 1916 (s. oben S 457) gegen Portugal und Rumänien Gebrauch gemacht; jedoch nur Sperre über das inländische Vermögen dieser Staaten verfügt. Von einem Anmeldungszwang ist abgesehen.

§ 6.

Zu dem im Inland befindlichen Vermögen im Sinne dieser Verordnung gehören insbesondere auch Beteiligungen an einem Unternehmen, das im Inland seinen Sitz hat, sowie vermögensrechtliche Ansprüche aller Art, wenn sie gegen Personen gerichtet sind, die im Inland ihren Wohnsitz oder Sitz haben.

§ 7.

Ist nach dem 31. Juli 1914 ein im Inland befindlicher Vermögensgegenstand von einem Angehörigen der feindlichen Staaten veräußert oder abgetreten worden, und ist anzunehmen, daß die

Veräußerung oder Abtretung geschehen ist, um ihn den deutschen Vergeltungsmaßregeln zu entziehen, so kann der Reichskanzler anordnen, daß die Veräußerung oder Abtretung für die Anwendung dieser Verordnung als nicht geschehen anzusehen ist.

Da die Vorschrift sich auch auf die Sperre bezieht, kann der Reichskanzler auch Geschäfte anfechten, die nach Inkrafttreten der Verordnung vorgenommen wurden.

Wirkung einer entsprechenden Anordnung des Reichskanzlers ist Anmeldepflicht und Sperre. Von einer relativen Unwirksamkeit der Veräußerung und Abtretung, auf die § 135 BGB. entsprechend anzuwenden wäre (so Bernstein a. a. O. 1326), kann nicht gesprochen werden, da die Unwirksamkeit sich in dem öffentlich-rechtlichen Rahmen der Verordnung äußert. Die bürgerlich-rechtlichen Vorschriften zugunsten derer, die Rechte von einem Nichtberechtigten herleiten, können daher keine Anwendung finden. Auf Belastungen bezieht sich § 7 nicht.

§ 8.

Im Inland befindliches Vermögen von Angehörigen feindlicher Staaten, insbesondere auch ein dazu gehöriger Anspruch, kann vom Inkrafttreten der Verordnung an, unbeschadet weitergehender Anordnungen der Militärbefehlshaber, nur mit Genehmigung des Reichskanzlers veräußert, abgetreten oder belastet werden.

Unberührt bleibt die Zulässigkeit der Ausübung eines vor dem Inkrafttreten dieser Verordnung erlangten dinglichen Rechtes oder kaufmännischen Zurückbehaltungsrechts.

I. **Der Sperre unterworfen** ist alles feindliche im Inland befindliche Vermögen, auch das objektiv und subjektiv nicht anmeldepflichtige. Das Vermögen muß im Zeitpunkt der Verfügung feindlich sein. Unbeachtlich ist, ob es früher feindlich und insbesondere anmeldepflichtig war; es müßte denn sein, daß eine Anordnung des Reichskanzlers nach § 7 Platz greift. Die Voraussetzungen für die Zugehörigkeit zum feindlichen Ausland sind die gleichen wie bei der Anmeldepflicht.

Andere Verfügungen als Veräußerung, Abtretung und Belastung sind nicht verboten, also insbesondere nicht die Einziehung, Aufrechnung und Erlaß von Forderungen, die Abhebung von Guthaben, die Verfügung von Todes wegen, die Verarbeitung, die Ausübung einer schon vor Inkrafttreten der Verordnung bestandenen Belastung (Abs. 2). Auch die Zwangsvollstreckung Dritter ist nicht verboten (ebenso Menner, LZ. 1916, 286; **a. M.** Bernstein a. a. O.). Dagegen können die erlaubten Verfügungen gegen ein Zahlungsverbot verstoßen. Verboten ist auch die Ausfuhr nach dem Ausland, soweit es sich nicht um Reisegut handelt (§ 10).

Die zivilrechtlichen Folgen einer Veräußerung ohne Genehmigung des Reichskanzlers bemessen sich nach §§ 182 ff. BGB.; bis zur Genehmigung ist das Geschäft in der Schwebe. Die erteilte Genehmigung wirkt auf den Zeitpunkt der Veräußerung zurück. § 309 BGB. ist nicht anwendbar, da der Veräußerungsvertrag nicht gegen ein gesetzliches Verbot verstößt, sondern nur genehmigungsbedürftig ist (ebenso Bernstein a. a. O. 1326).

II. Nicht der Sperre unterworfen ist

a) das Vermögen der natürlichen und juristischen Personen, die in den unter deutscher oder österreichisch-ungarischer Verwaltung stehenden Gebieten Rußlands ihren Wohnsitz und hier oder im Inland ihren gegenwärtigen Aufenthalt bzw. Verwaltung haben, soweit darüber zugunsten von Personen dieser Art oder von Personen verfügt wird, die im Inland Wohnsitz, Sitz oder dauernden Aufenthalt haben oder soweit solches Vermögen nach den bezeichneten okkupierten Gebieten ausgeführt werden soll. (Bek. vom 21. Oktober 1915 und 19. April 1916 s. unten S. 486 und oben S. 460.)

b) Vermögen feindlicher Staatsangehöriger, die sich im Inland aufhalten oder das zu einem in Inland befindlichen Betrieb gehört, soweit darüber zugunsten von Personen verfügt wird, die im Inland ihren Wohnsitz, Sitz oder dauernden Aufenthalt haben (s. § 9).

(Vgl. auch Bernstein a. a. O. 1325 f.)

§ 10.

Es ist bis auf weiteres verboten, ohne Genehmigung des Reichskanzlers Sachen, die im Eigentume von Angehörigen feindlicher Staaten stehen, insbesondere auch Wertpapiere und Geldstücke, unmittelbar oder mittelbar nach dem Auslande abzuführen, soweit es sich nicht um die Mitnahme von Reisegut handelt. Der Reichskanzler kann nähere Bestimmungen darüber erlassen, was als Reisegut anzusehen ist.

§ 10 betrifft nur körperliche Gegenstände und Wertpapiere, nicht Forderungen. Strafbestimmungen s. § 13.

§ 11.

Die weitergehenden Vorschriften der Bekanntmachungen betreffend die Zahlungsverbote gegen England, Frankreich und Rußland vom 30. September, 20. Oktober und 19. November 1914 (Reichs-Gesetzbl. S. 421, 433, 479) bleiben unberührt.

S. oben S. 435 ff.

§ 12.

Mit Geldstrafe bis zu eintausendfünfhundert Mark oder mit Gefängnis bis zu drei Monate wird bestraft:

1. **wer vorsätzlich den gemäß § 1 ergehenden Anordnungen des Reichskanzlers über die Vermögensanmeldung oder einer gemäß § 2 Abs. 2 ergehenden Aufforderung nicht oder nicht innerhalb der vorgeschriebenen Frist nachkommt;**

2. wer bei der Anmeldung oder bei einer nach § 2 Abs. 2 abzugebenden Erklärung oder Auskunft wissentlich unvollständige oder unrichtige Angaben macht;
3. wer den Vorschriften des § 3 zuwider Verschwiegenheit nicht beobachtet.

In dem Falle der Nr. 3 tritt die Verfolgung nur auf Antrag ein.

Auf portugiesisches und rumänisches Vermögen findet § 12 keine Anwendung. Vgl. Art. 2 der Bek. Nr. 5195 und 5414 s. oben S. 456/7.

§ 13.

Mit Gefängnis bis zu drei Jahren und mit Geldstrafe bis zu fünfzigtausend Mark oder mit einer dieser Strafen wird, sofern nicht nach anderen Strafgesetzen eine höhere Strafe verwirkt ist, bestraft, wer wissentlich dem Verbote des § 10 zuwiderhandelt.

Idealkonkurrenz möglich mit § 6 Ziff. 1, 2 ZahlVerbVO. (s. oben S. 449) und der Strafbestimmung des Goldausfuhrverbots. Einziehung nach §§ 40 f. RStGB. möglich.

§ 14.

Diese Verordnung tritt mit dem Tage der Verkündung, die Vorschrift des § 13 tritt jedoch erst mit dem 11. Oktober 1915 in Kraft.

Der Reichskanzler bestimmt, wann und in welchem Umfang diese Verordnung außer Kraft tritt.

Tag der Verkündung 9. Oktober 1915.

71a. Bekanntmachung, betreffend Ausnahme von der Sperre feindlichen Vermögens.

Vom 21. Oktober 1915.

(RGBl. 1915 S. 707 Nr. 4931).

Auf Grund der §§ 8, 10 der Verordnung über die Anmeldung des im Inland befindlichen Vermögens von Angehörigen feindlicher Staaten vom 7. Oktober 1915 (Reichs-Gesetzbl. S. 633) werden für natürliche Personen, die in den unter deutscher Verwaltung stehenden Gebieten Rußlands ihren Wohnsitz und gegenwärtigen Aufenthalt haben, sowie für juristische Personen, die dort ihren Sitz und ihre gegenwärtige Verwaltung haben, folgende Ausnahmen zugelassen:

1. Die Veräußerung, Abtretung oder Belastung ihres im Inland befindlichen Vermögens zugunsten von Personen der bezeichneten

Art oder von Personen, die im Inland ihren Wohnsitz, Sitz oder dauernden Aufenthalt haben, wird gestattet.

2. Es wird gestattet, Sachen, insbesondere Wertpapiere und Geldstücke, die im Eigentum der bezeichneten Personen stehen, nach den unter deutscher Verwaltung stehenden Gebieten Rußlands abzuführen.

In Kraft getreten am 28. Oktober 1915. Nunmehr erweitert durch die Bek. vom 19. April 1916 (Nr. 5163 RGBl. S. 312) s. oben S. 460.

72. Bekanntmachung, betreffend Vorschriften über die Anmeldung des im Inland befindlichen Vermögens von Angehörigen feindlicher Staaten.

Vom 10. Oktober 1915.

(RGBl. 1915 S. 653 Nr. 4911).

Auf Grund des § 1 der Verordnung über die Anmeldung des im Inland befindlichen Vermögens von Angehörigen feindlicher Staaten vom 7. Oktober 1915 (Reichs-Gesetzbl. S. 633) wird folgendes bestimmt:

Art. 1.

Angehörige eines feindlichen Staates, die ihren Aufenthalt im Inland haben — mit Ausnahme der Kriegsgefangenen — haben ihr gesamtes im Inland befindliches Aktivvermögen unter Angabe der einzelnen dazu gehörigen Vermögensgegenstände nach Maßgabe des Anmeldebogens A anzumelden.

Art. 2.

Wer im Inland befindliche Vermögenswerte eines feindlichen Staatsangehörigen oder eines im feindlichen Ausland ansässigen Unternehmens verwaltet oder in Verwahrung hat, hat diese Vermögenswerte unter Aufführung der einzelnen Gegenstände und unter Angabe von Namen, Wohnort (Firma und Sitz) und Staatsangehörigkeit des Berechtigten nach Maßgabe des Anmeldebogens B anzumelden.

Art. 3.

Wer einem im Ausland befindlichen feindlichen Staatsangehörigen oder einem im feindlichen Ausland ansässigen Unternehmen eine auf Geld lautende Leistung schuldet, hat deren Betrag sowie Namen, Wohnort (Firma und Sitz) und Staatsangehörigkeit des Berechtigten nach Maßgabe des Anmeldebogens C anzumelden. Anzumelden haben nur diejenigen natürlichen oder juristischen Personen, welche im Inland ihren Wohnsitz oder Sitz haben.

Gesamtschulden sind als solche zu bezeichnen.

Bei wiederkehrenden Leistungen ist die Jahresleistung und die Zeitdauer, für die sie geschuldet werden, anzugeben. Wird die Leistung auf Lebenszeit geschuldet, so ist das Alter des Berechtigten anzugeben.

Art. 4.

Die Leiter oder Geschäftsführer eines im Inland ansässigen Unternehmens, an dem feindliche Staatsangehörige beteiligt sind, haben Namen, Wohnort und Staatsangehörigkeit der beteiligten feindlichen Staatsangehörigen sowie Art und Umfang ihrer Beteiligung nach Maßgabe des Anmeldebogens D anzumelden. Als Beteiligung im Sinne dieser Vorschrift gilt auch der Aktienbesitz. Dieser ist anzumelden, soweit den Leitern oder Geschäftsführern bekannt ist, ob und in welchem Umfang Aktien im Besitze feindlicher Staatsangehöriger sind.

Art. 5.

Ist keiner der Inhaber eines im feindlichen Ausland ansässigen Unternehmens feindlicher Staatsangehöriger, so entfällt die Anmeldepflicht nach Artikel 2 bis 4.

Ein im nichtfeindlichen Ausland ansässiges Unternehmen, dessen sämtliche Inhaber feindliche Staatsangehörige sind, steht einem im feindlichen Ausland ansässigen Unternehmen im Sinne der Vorschriften der Artikel 2 bis 4 gleich.

Art. 6.

Einem feindlichen Staatsangehörigen im Sinne dieser Bekanntmachung stehen privatrechtliche oder öffentlich-rechtliche juristische Personen, die in den feindlichen Staaten ihren Sitz haben, insbesondere diese Staaten selbst gleich.

Art. 7.

Besteht Zweifel über die Staatsangehörigkeit einer Person, die ihren Wohnsitz oder ihren dauernden Aufenthalt im feindlichen Ausland hat, so hat der Anmeldepflichtige sie als feindlichen Staatsangehörigen im Sinne dieser Bekanntmachung zu behandeln.

Art. 8.

Beträgt das vom Anmeldepflichtigen anzumeldende Vermögen eines feindlichen Staatsangehörigen weniger als 500 Mark, so darf die Anmeldung dieses Vermögens unterbleiben.

Bei wiederkehrenden Leistungen ist der Jahresbetrag maßgebend.

Art. 9.

Für die Anmeldung auf Grund der Verordnung scheidet das von einer Reichs-, Staats- oder Kommunalbehörde verwaltete, verwahrte oder geschuldete Vermögen sowie das nach den Verordnungen vom 4. September und 26. November 1914 (Reichs-Gesetzbl. S. 397, 487) unter staatlicher Überwachung oder zwangsweiser Verwaltung stehende Vermögen aus. Für Staatsbanken hat es bei der Anmeldepflicht nach Maßgabe dieser Bekanntmachung zu bewenden. Das gleiche gilt auch hinsichtlich der Reichsbank.

Art. 10.

Nicht anzumelden sind:

1. Bürgschafts- und Regreßverbindlichkeiten, es sei denn, daß der Bürgschafts- oder Regreßfall schon eingetreten ist,
2. Versicherungsprämien; Verpflichtungen, welche die Zahlung einer Versicherungsleistung zum Gegenstande haben, sind nur insoweit anzumelden, als der Versicherungsfall eingetreten ist,
3. Urheberrechte und gewerbliche Schutzrechte, unbeschadet der Anmeldung von vermögensrechtlichen Ansprüchen, die auf Grund solcher Rechte entstanden sind,
4. Seeschiffe.

Art. 11.

Bedingte oder bestrittene Verbindlichkeiten sind mit dem Vermerk „bedingt“ oder „bestritten“ zu kennzeichnen.

Ist eine Leistung von einer noch ausstehenden Gegenleistung abhängig, so entfällt die Anmeldepflicht.

Art. 12.

Für die Anmeldung auf Grund der Artikel 1, 2, 3 und 4 sind Anmeldebogen nach den als Anlage beigefügten Mustern (A, B, C, D) zu verwenden.

Art. 13.

Maßgebend für die Anmeldung ist, vorbehaltlich besonderer Anordnungen auf Grund des § 7 der Verordnung, der Stand am Tage des Inkrafttretens dieser Bekanntmachung.

Art. 14.

Die Anmeldung hat bis zum 15. Dezember 1915 zu erfolgen; dem Anmeldepflichtigen kann auf seinen Antrag eine Nachfrist gewährt werden.

Art. 15.

Diese Bekanntmachung tritt mit dem Tage der Verkündung in Kraft.

Tag der Verkündung 12. Oktober 1915.

Als feindliche Staaten im Sinne der Verordnung gelten Großbritannien und Irland, Frankreich, Rußland und Finnland sowie die Kolonien und auswärtigen Besitzungen dieser Staaten.

Anmeldebogen A

(auszufüllen von feindlichen Staatsangehörigen, die im Inland ihren Aufenthalt haben, vgl. Artikel 1 der Bekanntmachung.)

Name (Vor- und Zuname) } **des** ....

Wohnort } **Anmelde-** ....

Staatsangehörigkeit } **pflichtigen** ....

Anmerkung: Die Anmeldepflicht entfällt, wenn das anzumeldende Vermögen weniger als 500 Mark beträgt.

Ich melde mein gesamtes **im Inland** befindliches Aktivvermögen wie folgt an:

---

1. Inländische **Grundstücke** und dingliche Berechtigungen an solchen (Nießbrauch, Erbbaurecht, Fideikommißrecht usw.).

(Die Grundstücke sind nach Lage, Größe und Benutzungsart zu bezeichnen.)

---

2. Im Alleineigentume des Anmeldepflichtigen stehende **Unternehmungen**:

(Der Anmeldung ist ein Inventar sowie eine Bilanz des Unternehmens beizufügen. Es genügt das Inventar und die Bilanz des letzten Geschäftsjahrs. Inventar und Bilanz sind gleichfalls zu unterschreiben.

Die Anmeldepflicht entfällt, wenn das Unternehmen unter staatliche Aufsicht oder zwangsweise Verwaltung gestellt ist.)

Firma } des Unter- ....

Sitz } nehmers ....

---

3. Beteiligungen an inländischen Unternehmungen:

(Firma).. (Sitz)....................................

....

(Eine in Aktien oder Wertpapieren bestehende Beteiligung ist unter 4. anzugeben.)

Die Beteiligung besteht in: ....

4. Geld und Wertpapiere:

Bargeld und Banknoten ....

Wechsel ....

Schecks ....

Aktien und Anteilscheine ....

sonstige Wertpapiere ....

(Bei Bargeld und Banknoten, Wechseln und Schecks genügt die Angabe des Gesamtbetrags; im übrigen ist außer dem Gesamtbetrage [nach dem Nennwert] auch Zahl, Art, Bezeichnung und Betrag der Stücke anzugeben. Erforderlichenfalls ist diese Einzelaufstellung als besondere Anlage diesem Bogen anzuheften. Diese Anlage ist gleichfalls zu unterschreiben.)

---

5. Wertsachen (Gold, Silber, Juwelen usw.):
(einzeln aufzuführen)

---

6. Auf Geld lautende Forderungen gegen inländische Schuldner in Höhe von insgesamt Mark

a) darunter folgende Bankguthaben (die Bank ist anzugeben) Mark

"

"

.... "

"

b) darunter folgende Hypotheken (das Grundstück ist anzugeben)

"

"

"

"

"

---

7. Sonstiges Vermögen im Inland — mit Ausnahme gewöhnlichen Hausrats —:
(einzeln aufzuführen)

Unterschrift:

(Ort und Zeit der Unterschrift) (Vor- und Zuname des Anmeldepflichtigen)

Als feindliche Staaten im Sinne der Verordnung gelten Großbritannien und Irland, Frankreich, Rußland und Finnland sowie die Kolonien und auswärtigen Besitzungen dieser Staaten.

Anmeldebogen B

(auszufüllen von Personen oder Unternehmungen, die feindliches Vermögen verwalten oder verwahren, vgl. Artikel 2 der Bekanntmachung.)

1. **Name** (Vor- und Zuname) / **Firma**	**des feindlichen Berechtigten, dessen Vermögen verwaltet oder verwahrt wird**	....
Wohnort (Sitz)		....
Staatsangehörigkeit		....
2. **Name** (Vor- und Zuname)	**des Anmeldepflichtigen**	....
Wohnort		....

(Erfolgt die Anmeldung für ein Unternehmen, so ist auch dessen Firma und Sitz hier anzugeben.)

Anmerkung 1. Für jeden feindlichen Staatsangehörigen sowie jedes feindliche Unternehmen, über dessen Vermögenswerte eine Anmeldung erfolgt, ist ein besonderer Bogen auszufüllen.

Anmerkung 2. Die Anmeldung über das Vermögen eines inländischen Unternehmens, an welchem feindliche Staatsangehörige beteiligt sind, erfolgt nicht nach diesem Anmeldebogen (vgl. Anmeldebogen D).

Anmerkung 3. Für die Anmeldung scheidet das Vermögen eines unter staatliche Aufsicht oder zwangsweise Verwaltung gestellten Unternehmens aus.

Anmerkung 4. Beträgt das vom Anmeldepflichtigen anzumeldende Vermögen eines feindlichen Staatsangehörigen weniger als 500 Mark, so darf die Anmeldung dieses Vermögens unterbleiben.

Anmerkung 5. Bei mehreren Niederlassungen des anmeldepflichtigen Unternehmens erfolgt die Anmeldung durch die Hauptniederlassung.

Ich verwalte oder verwahre (das von mir geleitete Unternehmen verwaltet oder verwahrt) für den auf der Vorderseite bezeichneten feindlichen Staatsangehörigen (für das auf der Vorderseite bezeichnete, im feindlichen Ausland ansässige Unternehmen) [vgl. Artikel 5, 7 der Bekanntmachung] nachstehende im Inland befindliche Vermögensstücke:

---

1. Inländische **Grundstücke** und dingliche Berechtigungen an solchen (Nießbrauch, Erbbaurecht, Fideikommißrecht usw.).

(Lage, Größe und Benutzungsart des Grundstücks ist einzeln näher zu bezeichnen.)

---

2. Geld und Wertpapiere, und zwar:

Bargeld und Banknoten ....

Wechsel ....

Schecks ....

Aktien und Anteilscheine ....

sonstige Wertpapiere ....

(Bei Bargeld und Banknoten genügt die Angabe des Gesamtbetrags, bei Wechseln und Schecks die Angabe des Betrages der einzelnen Stücke, im übrigen ist außer dem Gesamtbetrage [nach dem Nennwert] auch Zahl, Art, Bezeichnung und Betrag der Stücke anzugeben. Erforderlichenfalls ist diese Einzelaufstellung **als besondere Anlage diesem Bogen anzuheften.** Die Anlage ist gleichfalls zu unterschreiben.)

3. Sonstige Wertsachen (Gold, Silber, Juwelen usw.) [einzeln aufzuführen]:

---

4. Auf Geld lautende Forderungen gegen inländische Schuldner:

insgesamt .... Mark

a) darunter folgende Bankguthaben .... „

(die Bank ist anzugeben) ....

....

b) darunter folgende Hypotheken .... „

(das Grundstück ist anzugeben) ....

....

....

---

5. Sonstiges Vermögen mit Ausnahme gewöhnlichen Hausrats (einzeln aufzuführen):

---

6. Besitzt der auf der Vorderseite bezeichnete feindliche Staatsangehörige (das auf der Vorderseite bezeichnete, im feindlichen Ausland ansässige Unternehmen) bei dem Anmeldepflichtigen ein verschlossenes Depot oder ein Bankfach (Safe), so ist dies hier anzugeben.

....

Unterschrift:

....	....
(Ort und Zeit der Unterschrift)	(Vor- und Zuname des Anmeldepflichtigen; erfolgt die Anmeldung für ein Unternehmen, so ist die Firma beizufügen)

Als feindliche Staaten im Sinne der Verordnung gelten Großbritannien und Irland, Frankreich, Rußland und Finnland sowie die Kolonien und auswärtigen Besitzungen dieser Staaten.

Anmeldebogen C

(auszufüllen von im Inland ansässigen Personen oder Unternehmungen, die im Ausland befindlichen feindlichen Staatsangehörigen oder im feindlichen Ausland ansässigen Unternehmungen eine auf Geld lautende Leistung schulden, vgl. Artikel 3 der Bekanntmachung.)

1. Name (Vor- und Zuname)
Firma
Wohnort (Sitz)
Staatsangehörigkeit
} **des feindlichen Gläubigers** ....

2. Name (Vor- und Zuname)
Wohnort
} **des Anmeldepflichtigen** ....

(Erfolgt die Anmeldung für ein Unternehmen, so ist hier auch Firma und Sitz des Unternehmens anzugeben.)

Anmerkung 1. Für jeden feindlichen Gläubiger ist ein besonderer Anmeldebogen auszufüllen.

Anmerkung 2. Die Anmeldung über die Beteiligung feindlicher Staatsangehöriger an einem Unternehmen erfolgt nicht nach diesem Anmeldebogen (vgl. Anmeldebogen D).

Anmerkung 3. Beträgt das vom Anmeldepflichtigen anzumeldende Vermögen eines feindlichen Staatsangehörigen weniger als 500 Mark, so darf die Anmeldung dieses Vermögens unterbleiben.

Anmerkung 4. Wird die Leistung einer inländischen Niederlassung eines feindlichen Unternehmens geschuldet, so entfällt die Anmeldepflicht.

Anmerkung 5. Bei mehreren Niederlassungen des anmeldepflichtigen Unternehmens erfolgt die Anmeldung durch die Hauptniederlassung.

verstößt, sondern nur genehmigungsbedürftig ist (ebenso Bernstein a. a. O. 1326).

II. Nicht der Sperre unterworfen ist

a) das Vermögen der natürlichen und juristischen Personen, die in den unter deutscher oder österreichisch-ungarischer Verwaltung stehenden Gebieten Rußlands ihren Wohnsitz und hier oder im Inland ihren gegenwärtigen Aufenthalt bzw. Verwaltung haben, soweit darüber zugunsten von Personen dieser Art oder von Personen verfügt wird, die im Inland Wohnsitz, Sitz oder dauernden Aufenthalt haben oder soweit solches Vermögen nach den bezeichneten okkupierten Gebieten ausgeführt werden soll. (Bek. vom 21. Oktober 1915 und 19. April 1916 s. unten S. 486 und oben S. 460.)

b) Vermögen feindlicher Staatsangehöriger, die sich im Inland aufhalten oder das zu einem in Inland befindlichen Betrieb gehört, soweit darüber zugunsten von Personen verfügt wird, die im Inland ihren Wohnsitz, Sitz oder dauernden Aufenthalt haben (s. § 9).

(Vgl. auch Bernstein a. a. O. 1325 f.)

§ 10.

Es ist bis auf weiteres verboten, ohne Genehmigung des Reichskanzlers Sachen, die im Eigentume von Angehörigen feindlicher Staaten stehen, insbesondere auch Wertpapiere und Geldstücke, unmittelbar oder mittelbar nach dem Auslande abzuführen, soweit es sich nicht um die Mitnahme von Reisegut handelt. Der Reichskanzler kann nähere Bestimmungen darüber erlassen, was als Reisegut anzusehen ist.

§ 10 betrifft nur körperliche Gegenstände und Wertpapiere, nicht Forderungen. Strafbestimmungen s. § 13.

§ 11.

Die weitergehenden Vorschriften der Bekanntmachungen betreffend die Zahlungsverbote gegen England, Frankreich und Rußland vom 30. September, 20. Oktober und 19. November 1914 (Reichs-Gesetzbl. S. 421, 433, 479) bleiben unberührt.

S. oben S. 435 ff.

§ 12.

Mit Geldstrafe bis zu eintausendfünfhundert Mark oder mit Gefängnis bis zu drei Monate wird bestraft:

1. **wer vorsätzlich den gemäß § 1 ergehenden Anordnungen des Reichskanzlers über die Vermögensanmeldung oder einer gemäß § 2 Abs. 2 ergehenden Aufforderung nicht oder nicht innerhalb der vorgeschriebenen Frist nachkommt;**

Als feindliche Staaten im Sinne der Verordnung gelten Großbritannien und Irland, Frankreich, Rußland und Finnland sowie die Kolonien und auswärtigen Besitzungen dieser Staaten.

Anmeldebogen D

(auszufüllen von den Leitern oder Geschäftsführern eines im Inland ansässigen Unternehmens, an dem feindliche Staatsangehörige beteiligt sind, vgl. Artikel 4 der Bekanntmachung.)

Firma und Sitz des Unternehmens ....

Name (Vor- und Zuname) und Wohnung des anmeldepflichtigen Leiters oder Geschäftsführers ....

Anmerkung 1. Handelt es sich um ein ausschließlich feindlichen Staatsangehörigen gehöriges Unternehmen oder um die Niederlassung eines im feindlichen Ausland ansässigen Unternehmens, so erfolgt die Anmeldung nicht nach diesem Anmeldebogen (zu vergleichen Anmeldebogen A und B).

Anmerkung 2. Die Anmeldung entfällt für ein unter staatliche Aufsicht oder zwangsweise Verwaltung gestelltes Unternehmen.

Anmerkung 3. Bei mehreren Niederlassungen des anmeldepflichtigen Unternehmens erfolgt die Anmeldung durch die Hauptniederlassung.

1. Gegenstand und Gesellschaftsform des Unternehmens ....

2. Name, Wohnort und Staatsangehörigkeit der an dem Unternehmen beteiligten feindlichen Staatsangehörigen ....

....

3. Art der Beteiligung (z. B. Aktienbesitz, Anteil an einer offenen Handelsgesellschaft, Geschäftsanteil bei einer G. m. b. H.) ....

4. Wie hoch wird der Wert des Anteils der einzelnen feindlichen Staatsangehörigen geschätzt? ....

....

....

5. Höhe des Gesamtkapitals des Unternehmens ....

Unterschrift:

....

(Ort und Zeit der Unterschrift) (Vor= und Zuname des Anmeldepflichtigen)

Die Bekanntmachung ist am 12. Oktober 1915 in Kraft getreten.

73. Bekanntmachung, betreffend Sperre und Anmeldung des Vermögens von landesflüchtigen Personen.

Vom 23. März 1916.

(RGBl. 1916 S. 185 Nr. 5104).

Der Bundesrat hat auf Grund des § 2 des Gesetzes über die Ermächtigung des Bundesrats zu wirtschaftlichen Maßnahmen usw. vom 4. August 1914 (Reichs-Gesetzbl. S. 327) folgende Verordnung erlassen:

Art. 1.

Die Vorschriften der Verordnung über die Anmeldung des im Inland befindlichen Vermögens von Angehörigen feindlicher Staaten vom 7. Oktober 1915 (Reichs-Gesetzbl. S. 633) finden auf das Vermögen von Personen, die auf Grund des § 27 Abs. 1 des Reichs- und Staatsangehörigkeitsgesetzes vom 22. Juli 1913 (Reichs-Gesetzbl. S. 583) der deutschen Staatsangehörigkeit verlustig erklärt worden sind, mit der Maßgabe entsprechende Anwendung, daß die Landeszentralbehörden bestimmen, ob und nach welchen Vorschriften das Vermögen anzumelden ist.

Die Landeszentralbehörden können in Einzelfällen die Vorschrift des Abs. 1 auch auf das Vermögen im Ausland sich aufhaltender Deutschen für anwendbar erklären, welche einer vom Kaiser angeordneten Aufforderung zur Rückkehr keine Folge geleistet haben. Die Anordnung kann zurückgenommen werden.

S. oben S. 478. Eine Aufforderung des Kaisers zur Rückkehr erging für alle Elsaß-Lothringer, die sich im Ausland aufhielten, durch Verordnung vom 1. Februar 1916 RGBl. S. 83.

Art. 2.

Diese Verordnung tritt mit dem Tage der Verkündung in Kraft.

Soweit in der Verordnung vom 7. Oktober 1915 auf den Zeitpunkt ihres Inkrafttretens verwiesen wird, tritt der Zeitpunkt des Inkrafttretens dieser Verordnung an die Stelle.

Tag der Verkündung 24. März 1916.

b) Überwachung ausländischer Unternehmungen.

74. Bekanntmachung, betreffend die Überwachung ausländischer Unternehmungen.

Vom 4. September 1914.

(RGBl. 1914 S. 397 Nr. 4487).

I. **Vorbemerkungen:** Die Denkschrift macht interessante Angaben über die wirtschaftliche Tragweite dieser Maßnahmen. Darnach ist von ihr in zahlreichen Fällen gegenüber englischen wie auch französischen, russischen und belgischen Unternehmungen Gebrauch gemacht worden. Über die Maßnahmen gegenüber ausländischen Versicherungsunternehmungen wird folgendes ausgeführt: Diese Überwachung ausländischer Unternehmungen ist durch das Kaiserl. Aufsichtsamt für Privatversicherung gegenüber allen Niederlassungen ausländischer Versicherungsunternehmungen durchgeführt worden, welche im englischen, französischen und belgischen Gebiet ihren Sitz haben und in Deutschland einen aufsichtspflichtigen Betrieb unterhalten und zwar bei 23 englischen, 4 französischen und 2 belgischen Gesellschaften. Hierzu kam noch eine deutsche Sachversicherungsgesellschaft, deren Aktienkapital sich zu einem großen Teile in englischem Besitz befindet. Die Übernahme der Aufsichtsführung hat sich nach einem Berichte des Aufsichtsamtes überall glatt vollzogen, die Aufsichtspersonen sind veranlaßt worden, auch andere Geschäftsstellen der beaufsichtigten Unternehmen (Generalagenturen, Subdirektionen), namentlich solche, die mit der heimischen Zentrale selbständig abrechnen, bei ihrer Tätigkeit einzubeziehen und dafür zu sorgen, daß über Bankguthaben nur mit ihrer Zustimmung verfügt werden kann. Vgl. hiezu Bendix in der Zeitschrift für die gesamte Versicherungswissenschaft Bd. 15 S. 123 und Denkschrift zweiter Nachtrag S. 83 ff. sowie fünfter Nachtrag S. 74.

Die Zuständigkeit des Aufsichtsamtes aus § 1 Abs. 2 der Bekanntmachung vom 4. September 1914 konnte nur auf solche Unternehmungen bezogen werden, welche nach dem Reichsgesetz über die privaten Versicherungsunternehmungen vom 12. Mai 1901 (RGBl. S. 139 ff.) auch sonst seiner Beaufsichtigung unterstehen. Dies trifft nicht zu nach § 104 a. a. O. bei den zahlreichen, namentlich englischen Unternehmungen, welche früher im Inlande tätig waren, aber mit dem Inkrafttreten der Reichsaufsicht das Neugeschäft aufgaben und sich auf die Abwickelung des Bestandes beschränkten, ferner nach § 116 a. a. O. bei den nicht auf Gegenseitigkeit betriebenen Transport- oder Rückversicherungsunternehmungen. Insoweit greift daher die Zuständigkeit der Landeszentralbehörden zur Einleitung der Aufsicht Platz.

Mit der Einrichtung einer Aufsicht im Sinne der Bekanntmachung vom 4. September 1914 trat die vorher verschiedentlich aufgeworfene Frage in den Hintergrund, ob nicht den in Deutschland tätigen Versicherungsunternehmungen mit Sitz in feindlichem Ausland, insbesondere in England, allgemein — sei es durch den Bundesrat gemäß § 91 Abs. 2 VersAufsG., sei es durch das Aufsichtsamt gemäß § 67 in Verbindung mit § 91 Abs. 1 daselbst — der weitere Geschäftsbetrieb im Inlande zu untersagen sei. Denn die von der Aufsichtsperson geübte Kontrolle bietet genügende Gewähr dafür, daß die Mittel der Niederlassung nicht dem feindlichen Auslande zugute kommen; auch kann jeder neue Geschäftsabschluß, wenn überhaupt denkbar, durch die Aufsichtsperson untersagt werden. (Denkschrift S. 84).

II. Kritik der Vorschrift bei Waldecker, DJZ. 1914 S. 1164 und Bendix S. 111.

III. Weitergehende Maßnahmen enthält die Bekanntmachung Nr. 4558 (unten S. 505); Nr. 4598 und 4639 (unten S. 519); Nr. 5365 (unten S. 520).

Der Bundesrat hat auf Grund des § 3 des Gesetzes über die Ermächtigung des Bundesrats zu wirtschaftlichen Maßnahmen usw. vom 4. August 1914 (Reichs-Gesetzbl. S. 327) folgende Verordnung erlassen:

§ 1.

Die Landeszentralbehörden können unter Zustimmung des Reichskanzlers im Wege der Vergeltung [1] für solche innerhalb ihres Gebietes ansässigen [2] Unternehmungen [3] oder Zweigniederlassungen von Unternehmungen, welche vom feindlichen Ausland aus geleitet oder beaufsichtigt werden, oder deren Erträgnisse [4] ganz oder zum Teil in das feindliche Ausland [5] abzuführen sind, auf Kosten der Unternehmungen Aufsichtspersonen [6] bestellen, die unter Wahrung der Eigentums- und sonstigen Privatrechte des Unternehmens darüber zu wachen haben, daß während des Krieges der Geschäftsbetrieb nicht in einer den deutschen Interessen widerstreitenden Weise geführt wird.

Auf Versicherungsunternehmungen [7] finden die Vorschriften dieser Verordnung mit der Maßgabe Anwendung, daß die Überwachung auf Anordnung des Reichskanzlers durch das Aufsichtsamt für Privatversicherung veranlaßt wird.

1. **Vergeltung**: Die Maßnahme darf nur den Angehörigen derjenigen Staaten gegenüber getroffen werden, die auf wirtschaftlichem Gebiete eine Schädigung der deutschen Interessen verfolgen. (Ebenso Sieskind; vgl. Waldecker, DJZ. 1914 S. 1164.)

2. **Ansässig**: Nicht identisch mit „Sitz haben" (§ 17 ZPO.). Es kommt hier nicht auf das juristische Gegebensein der Voraussetzungen des § 176 ZPO. an (so Sieskind), sondern lediglich auf die Tatsache, daß im Inland Geschäftswirksamkeit entfaltet wird oder wirtschaftliche Werte vorhanden sind.

3. **Unternehmungen**: Jeder Geschäftsbetrieb gewerblicher, kaufmännischer und landwirtschaftlicher Art, gleichgültig ob Haupt- oder Zweigniederlassung, ob physische oder juristische Personen. (Ebenso Sieskind und Liebmann, DJZ. 1914 S. 1199; vgl. § 2 und Anm.)

4. **Erträgnisse**: §§ 99 und 100 BGB.

5. **Feindliches Ausland**: Geographisch und territorial. Die Staatsangehörigkeit des Empfängers ist belanglos. (Vgl. oben Anm. S. 405.) Nach dem 26. November 1914 eingetretene Veränderungen in dieser Beziehung sind belanglos. Vgl. Bekanntmachung Nr. 4605 (RGBl. 1915 S. 13) unten S. 514. Die Besetzung von Teilen des feindlichen Auslands durch Deutsche oder verbündete Truppen hebt die Zugehörigkeit zum feindlichen Ausland nicht auf.

6. **Aufsichtspersonen**: Vgl. § 2 und Anm.

7. **Versicherungsunternehmungen**: S. Vorbem.

§ 2.

Die Aufsichtspersonen sind insbesondere befugt:

1. geschäftliche Maßnahmen jeder Art, insbesondere Verfügungen über Vermögenswerte und Mitteilungen über geschäftliche Angelegenheiten, zu untersagen,

2. die Bücher und Schriften des Unternehmens einzusehen sowie den Bestand der Kasse und die Bestände an Wertpapieren und Waren zu untersuchen,
3. Auskunft über alle Geschäftsangelegenheiten zu verlangen.

I. Der **Aufgabenbereich** der Aufsichtsperson ergibt sich im allgemeinen aus § 1. In § 2 sind nur — nicht erschöpfend — einige besondere Aufgaben aufgezählt. Darum wohl nicht ganz zutreffend Bendix S. 113, s. ferner § 4.

II. **Einschränkungen**: Wahrung der Eigentums- und sonstigen Privatrechte des Unternehmens (§ 1). Keine selbständige Tätigkeit. Im wesentlichen Untersagungsrecht. (Argumentiert aus „überwachen" in §§ 1 und 2; ebenso Denkschrift S. 84.) Zwangsvollstreckungen, Arreste, einstweilige Verfügungen und Konkursanträge können nur mit Genehmigung der Landeszentralbehörde erfolgen (§ 1 Bek. vom 24. August 1916 unten S. 517). Die vor Inkrafttreten dieser Bek. erfolgten Vollstreckungsakte sind auf einen von der Landeszentralbehörde genehmigten Antrag der Aufsichtsperson aufzuheben.

III. **Stellung**: Keine Beamtenstellung, aber doch im Interesse des Deutschen Reiches. (Vgl. Waldecker a. a. O.) Die Anordnungen unterliegen, abgesehen vom Aufsichtswege keiner Anfechtung. Indes kann die Rechtmäßigkeit, nicht die Zweckmäßigkeit, im Strafverfahren nach § 5 nachgeprüft werden. Die Überwachung kann nie zur Liquidation des Unternehmens durch die Aufsichtsperson führen. (Waldecker, Recht u. Wirtschaft 1915, 141.)

In das Rechtsverhältnis zu Dritten greift die Bestellung der Aufsichtsperson nicht ein. Sie ist nicht befugt, den Inhaber des Unternehmens nach außen zu vertreten und Zahlungen für ihn anzunehmen (OLG. Kiel vom 14. Mai 1915 LZ. 1915, 782 = Güthe-Schlegelberger II, 405.

Ansprüche gegen die Aufsichtsperson wegen der von ihr in Ausübung oder in Veranlassung der Ausübung ihrer Obliegenheiten vorgenommenen Handlungen oder Unterlassungen kann der Inhaber oder ein Beteiligter des Unternehmens nur mit Genehmigung der Landeszentralbehörde geltend machen. Vgl. Bek. vom 24. Juni 1915 s. unten S. 515.

§ 3.

Die Leiter und Angestellten der Unternehmungen haben den zum Zwecke der Überwachung des Unternehmens von den Aufsichtspersonen getroffenen Anordnungen und Weisungen Folge zu leisten.

§ 4.

Gelder oder sonstige Vermögenswerte eines unter Aufsicht gestellten Unternehmens dürfen weder mittelbar noch unmittelbar in das feindliche Ausland abgeführt oder überwiesen werden.

Die Aufsichtspersonen können Ausnahmen zulassen. Sie können in geeigneten Fällen anordnen, daß Geld oder Wertpapiere, deren Abführung oder Überweisung nach Abs. 1 nicht erfolgen darf, zugunsten der Berechtigten bei der Reichsbank hinterlegt werden.

1. **Überwiesen:** Vgl. oben Seite 439; doch ist der hier gebrauchte Begriff „Vermögenswerte" weiter als der dort gebrauchte Begriff „Geld oder Wertpapiere". §§ 134, 812, 814, 816 Satz 2 BGB. sind anwendbar.

2. **Ausnahmen:** Soweit England, Frankreich, Rußland, Rumänien, Portugal, Ägypten und Französisch-Marokko in Frage kommen, ist diese Vorschrift durch das später ergangene Zahlungsverbot, von dem nur der Reichskanzler Ausnahmen bewilligen kann, hinfällig geworden. (Denkschrift S. 84.)

§ 5.

Wer als Leiter oder Angestellter eines Unternehmens den Vorschriften der §§ 3 oder 4 vorsätzlich zuwiderhandelt, wird, sofern nicht nach anderen Strafgesetzen eine höhere Strafe verwirkt ist, mit Geldstrafe bis zu 50000 Mark und mit Gefängnis bis zu 3 Jahren oder mit einer dieser Strafen bestraft. Der Versuch ist strafbar.

Nur das **vorsätzliche** Zuwiderhandeln macht strafbar, nicht auch passive Resistenz, selbst wenn sie an grobe Fahrlässigkeit grenzt. Im übrigen ist hier für die Anwendung des dolus eventualis ein weites Gebiet. (Vgl. Waldecker, DJZ. a. a. O.)

§ 5 a.

Ist für eine unter Aufsicht gestellte Unternehmung oder Zweigniederlassung kein Leiter oder Angestellter im Inland vorhanden, der zu Rechtshandlungen für die Unternehmung oder die Zweigniederlassung befugt ist, oder nimmt der Leiter oder Angestellte die Geschäfte nicht wahr, so ist auf Antrag der Aufsichtsperson ein Vertreter zu bestellen.

Die Bestellung erfolgt durch das Amtsgericht, in dessen Bezirke die Unternehmung oder Zweigniederlassung ansässig ist. Über die Auswahl des Vertreters ist die Aufsichtsperson zu hören.

Der Vertreter hat die laufenden Geschäfte der Unternehmung oder Zweigniederlassung ganz oder teilweise zu beendigen; zur Beendigung schwebender Geschäfte kann er auch neue Geschäfte eingehen. Er hat den Anordnungen und Weisungen der Aufsichtsperson Folge zu leisten.

Der Vertreter hat Anspruch auf Erstattung barer Auslagen und auf eine angemessene Vergütung für seine Tätigkeit. Der Betrag ist durch das Amtsgericht nach Anhörung der Aufsichtsperson festzusetzen und von dem Vertreter bei der Unternehmung oder Zweigniederlassung einzuziehen.

Während der Dauer der Vertretung ruht die Befugnis der Leiter und Angestellten zu Rechtshandlungen für die Unternehmung oder Zweigniederlassung.

Das Amtsgericht hat die Vertretung auf Antrag der Aufsichtsperson aufzuheben.

Ist die Unternehmung oder Zweigniederlassung in das Handelsregister oder das Genossenschaftsregister eingetragen, so ist die Bestellung des Vertreters, sowie die Aufhebung der Vertretung von Amts wegen in das Register einzutragen.

Gerichtsgebühren werden nicht erhoben.

Eingefügt durch BRVO. vom 22. Oktober 1914 (BRBl. S. 447 Nr. 4518). Diese Verordnung hat, wie die Denkschrift ausführt, Vorsorge dafür getroffen, daß auch in solchen Fällen das zur Erhaltung von Werten, zur Erfüllung eingegangener Verpflichtungen und zur Abwicklung von Geschäften Nötige veranlaßt werden kann. Das Amtsgericht hat unter den genannten Voraussetzungen auf Antrag der Aufsichtsperson einen Vertreter zu bestellen, der — unter Kontrolle der Aufsichtsperson — die laufenden Geschäfte ganz oder teilweise zu beendigen hat; während seiner Amtszeit ruht die Vertretung der sonst zur Vertretung berechtigten Personen. Ist die Unternehmung in das Handelsregister eingetragen, so wird auch die Bestellung des Vertreters in das Register eingetragen und dementsprechend veröffentlicht (§ 10 HGB.; § 156 GenG.).

Über die Einzelheiten der Eintragung: vgl. PrJMV. vom 22. Oktober 1914 (PrJMBl. S. 772, abgedruckt bei Sieskind S. 138).

Über die Rechtmäßigkeit (nicht Zweckmäßigkeit) der Anordnung oder Nichtanordnung gegen den Beschluß einer Vergütung Beschwerde gemäß §§ 19 ff. FGG. Ob man aus dem Wort „einzuziehen" folgern darf, daß die gerichtliche „Festsetzung" schon den vollstreckbaren Titel bildet (so Sieskind) erscheint zweifelhaft.

Der bestellte Vertreter hat die Vollmacht selbständig Prozesse für die von ihm vertretene Firma zu führen, soweit sie laufende Geschäfte oder solche Geschäfte betreffen, die zur Beendigung von laufenden Geschäften eingegangen werden, LG. Leipzig vom 12. Februar 1915 Recht 1915, 177 = Güthe-Schlegelberger I, 877. Vgl. auch Schlegelberger, Kriegsrecht der freiwilligen Gerichtsbarkeit, Gruch. 59, 264 und Josef, Recht 1915, 164 ff.

§ 6.

Diese Verordnung tritt mit dem Tage der Verkündung in Kraft.

c) Zwangsweise Verwaltung feindlicher Unternehmungen.

75. Bekanntmachung, betreffend zwangsweise Verwaltung französischer Unternehmungen.

Vom 26. November 1914.

(RGBl. 1914 S. 487 Nr. 4558).

Der Bundesrat hat auf Grund des § 3 des Gesetzes über die Ermächtigung des Bundesrats zu wirtschaftlichen Maßnahmen usw.

vom 4. August 1914 (Reichs-Gesetzbl. S. 327) folgende Verordnung erlassen:

§ 1.

Die Landeszentralbehörden können unter Zustimmung des Reichskanzlers im Wege der Vergeltung solche Unternehmungen, deren Kapital ganz oder überwiegend französischen Staatsangehörigen zusteht, zwangsweise unter Verwaltung stellen. Die Anwendung dieser Vorschrift wird nicht dadurch ausgeschlossen, daß zur Verdeckung der Beteiligung französischer Staatsangehöriger Angehörige anderer Staaten vorgeschoben werden.

Die sogen. **politische Zwangsverwaltung** ist ein Glied der Kette von Abwehrmaßnahmen gegen die Schädigung deutscher Vermögenswerte durch wirtschaftliche und privatrechtliche Anordnungen des feindlichen Auslands. Die Verordnung hat eine Ansässigkeit der feindlichen Unternehmungen im Inland nicht zur Voraussetzung. Es ergibt sich dies aus § 2 Abs. 2, §§ 3, 7 der Verordnung, ferner daraus, daß nach § 1 der BRVO. vom 4. Sept. 1914 die Überwachung nur für die im Inland ansässigen Unternehmungen oder Zweigniederlassungen, bei denen feindliche Ausländer beteiligt sind, zulässig ist, dieses Erfordernis aber im § 1 der vorliegenden Verordnung nicht Aufnahme gefunden hat.

Gegenstand der zwangsweisen Verwaltung ist darnach — soweit nicht in der die Verwaltung anordnenden Entschließung der Landeszentralbehörde ein anderes bestimmt ist — die gesamte Unternehmung, ein Güterkomplex, also ein Inbegriff von Rechten und Pflichten, ohne Rücksicht auf den Sitz der Unternehmung, aber in der Beschränkung in der ein von Deutschland eingesetzter Zwangsverwalter die Verwaltung des fremden Gutes nur auszuüben vermag, also nur insoweit, als der Güterkomplex der inländischen Herrschaft tatsächlich unterliegt (vgl. hiezu Anm. III 3 d zu § 2) und die fremde Unternehmung rechtsgeschäftlich in Deutschland tätig gewesen ist. RG. vom 12. Okt. 1915, LZ. 1916 S. 47 = JW. 1916 S. 140 = DJZ. 1915 S. 1229 = Recht 1915 S. 619 = SächsArch. 1916 S. 22 = Gruchot Bd. 60 S. 114; ferner RG. vom 30. Nov. 1915, LZ. 1916 S. 310.

Nach dem 26. November 1914 eingetretene Veränderungen in der Kapitalsbeteiligung eines Unternehmens schließen die Zwangsverwaltung nicht aus. Vgl. Bekanntmachung vom 5. Januar 1915 Nr. 4605 unten S. 514.

Wirkungen der Zwangsverwaltung siehe § 2 und Anmerkungen; Eintragung im Handelsregister siehe § 2 Abs. 4; Unzulässigkeit der Eintragung im Grundbuch siehe Anm. I zu § 2; über die Versicherungsunternehmungen siehe § 8. Erstreckung der Verwaltung auch auf britisches, russisches und portugiesisches Vermögen siehe § 9.

§ 2.

Der Verwalter hat sich in den Besitz des Unternehmens zu setzen. Er ist zu allen Rechtshandlungen für das Unternehmen

befugt. Er kann das Unternehmen ganz oder teilweise fortführen oder sich auf die Beendigung der laufenden Geschäfte beschränken.

Nach Abwickelung der Geschäfte kann der Verwalter, wenn es sich um eine Gesellschaft handelt, die im Inland ihren Sitz hat, auf Antrag eines deutschen Gesellschafters die Gesellschaft unter Zustimmung der Landeszentralbehörde auflösen.

Während der Dauer der Verwaltung ruhen die Befugnisse des Inhabers des Unternehmens sowie die Befugnisse anderer Personen zu Rechtshandlungen für das Unternehmen. Das gleiche gilt von den Befugnissen aller Organe.

Ist das Unternehmen in das Handelsregister eingetragen, so ist die Bestellung des Verwalters sowie die Aufhebung der Verwaltung von Amts wegen gebührenfrei einzutragen.

I. **Materiell-rechtliche Wirkungen** der Zwangsverwaltung: Durch die politische Zwangsverwaltung wird dem Inhaber des Unternehmens im öffentlichen Interesse die Verfügungsbefugnis über die der Verwaltung unterstehenden Rechte entzogen; die Eigentumsverhältnisse werden jedoch nicht berührt.[1]) Da demnach auch bei den im Grundbuch eingetragenen Rechten eine der Eintragung fähige Änderung nicht eintritt, das Grundbuch andererseits nicht bestimmt ist, über öffentlich-rechtliche Verfügungsbeschränkungen Auskunft zu geben, so kann die Anordnung der Zwangsverwaltung nicht im Grundbuch eingetragen werden. OLG. Hamburg vom 19. April 1915, RJA. Bd. 1914 S. 245 = ZBlFG. Bd. 16 S. 554 = Recht 1915 S. 526; OLG, OLG. Colmar vom 19. Juni 1915 LZ. 1915 S. 1175 = DJZ. 1915 S. 804; OLG. Colmar vom 28. Juni 1915, RJA. Bd. 14 S. 247 = JW. 1915 S. 1091 = DJZ. 1915 S. 803 = ZBlFG. Bd. 16 S. 556; ferner Deumer, LZ. 1915 S. 422. Da die Verfügungsbeschränkung im öffentlichen Interesse angeordnet ist, finden ihr gegenüber die Vorschriften des Bürgerlichen Rechts zugunsten derer, die Rechte von einem Nichtberechtigten herleiten, keine Anwendung; dies gilt auch im Grundbuchverkehr, wo eine Berufung auf den öffentlichen Glauben des Grundbuchs nicht zulässig ist, wenn etwa bei einem unter Zwangsverwaltung stehenden Grundstück (fälschlicherweise) auf Bewilligung des Eigentümers eine Eintragung im Grundbuch vorgenommen wäre. OLG. Colmar vom 19. Juni 1915 a. a. O.; ferner ElsLothNotZ. 1915 S. 227 ff., 280. Umgekehrt bleiben auch die Verpflichtungen des Unternehmers seinen Gläubigern gegenüber im vollen Umfang aufrecht erhalten. Jedoch können Zwangsvollstreckungen, Arreste, einstweilige Verfügungen und Konkursanträge nur mit Genehmigung der Landeszentralbehörde erfolgen (§ 1 der Bek. vom 24. August 1916 Nr. 5406 f. unten S. 517).

[1]) Ist bei Grundstücksübertragungen obligatorisches Rechtsgeschäft und Auflassung vor dem Eintritt der ZwV. vorgenommen, so steht der Eintragung ins Grundbuch nach Anordnung der ZwV. nichts im Weg, da hiezu eine Rechtshandlung des Eigentümers nicht mehr erforderlich ist. OLG. Colmar vom 19. Juni 1915, LZ. 1915 S. 1175 = DJZ. 1915 S. 804 = Recht 1915 S. 619 = ElsLothNotZ. 1915 S. 280.

Soweit Vollstreckungsakte vor dem Inkrafttreten jener Bek. erfolgten, kann der Verwalter mit Genehmigung der Landeszentralbehörde die Aufhebung erlangen. Vor dieser Bek. waren Zwangsvollstreckungsakte ohne weiteres zulässig. OLG. Colmar vom 12. Mai 1915, DJZ. 1915 S. 701 = LZ. 1915 S. 1534 = ElsLothrZ. Bd. 40 S. 210; OLG. Colmar vom 25. März 1915 DJZ. 1915 S. 704; BayObLG. vom 10. März 1916, BayZfR. 1916 S. 154. Zustimmung der Landeszentralbehörde vorausgesetzt ist daher neben der politischen Zwangsverwaltung auch die gerichtliche (nach §§ 146 ff. ZVG.) zulässig. Dem politischen Zwangsverwalter stehen im gerichtlichen Zwangsverwaltungsverfahren dann nur die sonst dem Eigentümer zustehenden Rechte zu. OLG. Colmar vom 12. Mai 1915 a. a. O.; Mock, DJZ. 1915 S. 701 ff.; LG. Dresden vom 1. Juli 1915, Recht 1915 S. 411 Nr. 774; **a. M.** LG. Straßburg vom 23. März 1915 in DJZ. 1915 S. 701. Um Unzuträglichkeiten zu vermeiden, die bei dem gleichzeitigen Bestehen der politischen und der gerichtlichen Zwangsverwaltung entstehen können, wenn neben dem politischen Zwangsverwalter eine andere Person als gerichtlicher Zwangsverwalter bestellt wird, empfiehlt es sich, soweit dies möglich ist, den politischen Verwalter auch zum gerichtlichen Verwalter zu bestellen. So auch eine Allg. Verf. des OLGPräs. in Colmar an die reichsländischen Amtsgerichte vom 25. März 1915; Mock, DJZ. 1915 S. 704. Bei der Kriegszwangsverwaltung auf Grund der Bek. vom 22. April 1915 betr. die Zwangsverwaltung von Grundstücken (s. dort Anm. II B zu §§ 1, 2 muß der politische Verwalter als Vertreter des Schuldners zum Zwangsverwalter bestellt werden, allerdings unter Beigabe einer Aufsichtsperson. Über die prozessuale Durchführung der Zwangsvollstreckung siehe nachfolgende Anmerkung.

II. Zweck der politischen Zwangsverwaltung ist das Festhalten des im Inland befindlichen Vermögens des Ausländers, eine den wirtschaftlichen Interessen des Inlandes entsprechende Verwaltung und die Erhaltung dieses Vermögens zu Kompensationszwecken. Hiebei ist zwar auf den (mutmaßlichen) Willen und die Absichten des abwesenden Eigentümers keinerlei Rücksicht zu nehmen, wohl aber sind seine objektiven Interessen soweit möglich zu berücksichtigen. Nordd. Allg. Z. vom 2. Oktober 1915 Nr. 273, 2. Ausgabe; Verordnung des Reichskanzlers vom 5. Juli 1915, SächsArch. 1915 S. 314 (abgedruckt S. 509 Fußnote), Rehm, LZ. 1915 S. 1126 (der jedoch als eine weitere Aufgabe der kriegsrechtlichen Verwaltung ansieht, die ihm unterstellten Geschäfte zu schädigen, um die feindlichen Staaten zum Aufheben der Beschlagnahme deutschen Vermögens zu veranlassen; ähnlich Menner, LZ. 1916 S. 514; hiegegen mit Recht Hachenburg, JW. 1915 S. 339; auch Strupp, Frankfurter Zeitung vom 2. Mai 1916, 1. Morgenblatt Nr. 221).

III. Rechtstellung des politischen Zwangsverwalters. Der Zwangsverwalter hat die Stellung eines **gesetzlichen Vertreters des Unternehmers** und schließt alle anderen sonst berechtigten Personen von der Vertretung aus. Vgl. OLG. Colmar vom 27. Okt. 1915, LZ. 1916 S. 181 = DJZ. 1916 S. 147 = ElsLothrZ. 1915 S. 401 = Recht 1916 S. 21; OLG. Colmar vom 29. Sept. 1915, DJZ. 1915 S. 1218; OLG. Colmar vom 29. Sept. 1915, DJZ. 1915 S. 1218; Mock, DJZ. 1915 S. 1219; Menner, LZ. 1915 S. 514; ähnlich: OLG. Colmar vom 12. Mai 1915, LZ. 1915 S. 1534 = DJZ. 1915 S. 701 = JW. 1915 S. 1090 (Stellung nach Art eines gesetzl. Vertreters); Menner, JW. 1915 S. 870 (ist im Prozeß dem gesetzlichen Vertreter gleichzustellen); abweichend das LG. in d. Entsch. d. BayObLG. vom 10. März 1916, BayZfR. 1916 S 154 (er sei jedoch nicht schlechthin gesetzlicher Vertreter der Person, . . ., er stehe ihr vielmehr, da er eigene Rechte wahrzunehmen habe, als Dritter gegenüber).

Hieraus ergeben sich wichtige Folgerungen

1. Der Verwalter ist berechtigt und verpflichtet, die Verbindlichkeiten des Unternehmers im Inland zu erfüllen (soweit nicht etwa anderweitige Gesetze oder Verordnungen entgegenstehen) RG. vom 12. Okt. 1915, LZ. 1915 S. 47 = DJZ. 1915 S. 1229 = JW. 1916 S. 140 = Recht 1915 S. 619 = Gruchot Bd. 60 S. 114 = SächsArch. 1916 S. 22; RG. vom 30. Nov. 1915, LZ. 1916 S. 310; Verordnung des Reichskanzlers vom 5. Juli 1915,[1]) SächsArch. 1915 S. 314 (abgedruckt in der Fußnote).

---

[1]) Die Verordnung lautet: Die Frage, ob Zahlungen an inländische Gläubiger aus den Bankguthaben oder sonstigen Vermögen feindlicher Staatsangehöriger zulässig sind, wird in allen den Fällen zu bejahen sein, wo nicht nach den besonderen Umständen des Einzelfalles mit einer Weiterführung der gezahlten Beträge nach dem feindlichen Ausland gerechnet werden muß und somit das Verbot der mittelbaren Zahlung gemäß § 1 V. vom 30. Sept. 1914 (Bd. 1, 887) und der Bek. vom 20. Okt. (Bd. 1, 904) und vom 19. Nov. (Bd. 1, 907) Platz greift. Wo besondere Anhaltspunkte hierfür nicht vorliegen, dürfte bei Zahlung an einen deutschen Gläubiger im Inland ein Verstoß gegen die Zahlungsverbote nicht in Frage kommen.

Ob die Zahlung an einen Deutschen, der den einem feindlichen Ausländer zustehenden Anspruch während des Krieges erworben hat, ohne besondere Genehmigung gemäß § 7 V. vom 30. Sept. 1914 als erlaubt anzusehen ist, wird dahingestellt bleiben können. Jedenfalls wird in diesem Falle besondere Vorsicht geboten und die Berufung auf die Stundung nach § 2 V. vom 30. Sept. 1914 regelmäßig am Platze sein.

Es ist zwar erwünscht, daß das im Inland befindliche feindliche Vermögen an den Stellen, wo es sich befindet, festgehalten werde, jedoch nicht auf Kosten und zum Nachteil der Befriedigung berechtigter deutscher Gläubigerinteressen.

Dieser Grundsatz wird auch für ein unter zwangsweiser Verwaltung stehendes feindliches Vermögen zu gelten haben. Wenngleich die Festhaltung dieses Vermögens zu Kompensationszwecken grundsätzlich geboten erscheint, so soll diese doch in keinem Falle unter Benachteiligung berechtigter deutscher Privatinteressen und unter Vorenthaltung der Befriedigung deutscher Rechtsansprüche durchgeführt werden. Im Gegenteil bildet, ähnlich wie für die Aufsichtsperson, auch für den Zwangsverwalter die Berücksichtigung berechtigter deutscher Privatinteressen eine wichtige Aufgabe. Er wird für die Sicherung der Ansprüche und Interessen deutscher Beteiligter, deutscher Gläubiger und Angestellter des Unternehmens Sorge tragen müssen und fällige Ansprüche zu befriedigen haben. Auch im übrigen wird die Berücksichtigung und Wahrung schutzwürdiger deutscher Privatinteressen aller Art Aufgabe des Zwangsverwalters sein.

2. Der Verwalter hat das (vom Willen des Unternehmers unabhängige) Prozeßführungsrecht, während der Inhaber des Unternehmens Partei ist (vgl. hiezu KammerG. vom 17. Febr. 1916 KammerGBl. 1916, 34 = JW. 1916, 772); ob dieser als Zeuge vernommen werden kann, hängt von der Beantwortung der Frage ab, ob man die Partei, welche nicht das Prozeßführungsrecht hat und damit nicht das Recht, Parteieide zu leisten, allgemein als Zeugen zuläßt. Bejahend Jaeger, Gaupp-Stein (11. Aufl.), ferner Steffens, DJZ. 1915 S. 311; Menner, LZ. 1916 S. 513; verneinend RG. s. Gaupp-Stein Vorb. I vor § 373 ZPO.

a) Aktivprozesse: Alle zur Verwaltungsmasse gehörigen Rechte können ausschließlich vom Verwalter gerichtlich geltend gemacht werden; dies folgt aus der ausschließlichen Verfügungsbefugnis des Verwalters (§ 2 Abs. 3) BayOLG. vom 10. März 1916, BayZfR. 1916 S. 155.

b) Passivprozesse: Da die politische Zwangsverwaltung das ganze inländische Vermögen des feindlichen Ausländers umfaßt (siehe oben Anm. zu § 1), der Verwalter allein berechtigt ist, Verbindlichkeiten aus diesem Vermögen zu befriedigen, eine Schädigung inländischer Gläubiger durch die politische Zwangsverwaltung aber nicht eintreten soll, muß der Verwalter auch verpflichtet sein, den Ausländer, wenn Verbindlichkeiten gegen ihn geltend gemacht werden, nu vertreten. Er ist deshalb auch für Passivprozesse gegen den Ausländer zur Prozeßführung legitimiert, ohne daß ein Zusammenhang des geltend gemachten Anspruchs mit den Gegenständen der Zwangsverwaltung (z. B. mit dem Betriebe des Geschäfts) notwendig ist. RG. vom 12. Okt. 1915 und vom 30. Nov. 1915 a. a. O. (s. vorstehende Anm. 1; betrifft Wechselprozesse). Da der Unternehmer trotz der politischen Zwangsverwaltung handlungs- und damit prozeßfähig bleibt, kann er auch verklagt werden. Auf Grund eines solchen während der Dauer der Zwangsverwaltung erwirkten Titels kann jedoch nicht in die Verwaltungsmasse d. h. in das inländische Vermögen vollstreckt werden. BayObLG. vom 10. März 1916, a. a. O. und nachfolg. Anm. 3 b.

c) Auf Prozesse, die zur Zeit der Anordnung der Zwangsvollstreckung schweben, finden die §§ 241, 246 ZPO. Anwendung. LG. Berlin I, Recht 1915 S. 226; Menner, JW. 1915 S. 870.

d) Die Gerichte des neutralen **Auslands** erkennen das Recht des Zwangsverwalters beim Widerspruch des ausländischen Unternehmers, Forderungen im Klagewege geltend zu machen, nicht an. v. Miltner, LZ. 1916 S. 380 (vgl. auch Anm. zu § 1).[1])

3. Die **Zwangsvollstreckung**

a) **für** das Unternehmen kann ausschließlich vom Zwangsverwalter betrieben werden; soweit Titel vorliegen, die vom Unternehmer vor Einleitung der Verwaltung erwirkt wurden, ist eine Umstellung der Klausel nach § 727 ZPO. nicht notwendig (vgl. Gaupp-Stein Anm. I 3 zu § 727 ZPO.);

---

[1]) Umgekehrt hindert auch die Sequestration einer deutschen Niederlassung im feindl. Ausland den Inhaber (wenn er Inländer ist) nicht, dort entstandene Ansprüche in Deutschland geltend zu machen. OLG. Düsseldorf vom 11. Febr. 1916, JW. 1916 S. 656; Heinsheimer, Fußnote b a. gl. O.

b) gegen das Unternehmen kann auf Grund eines vor Anordnung der Zwangsverwaltung erlangten Titels, Genehmigung der Landeszentralbehörde vorausgesetzt (s. unten S. 517), ohne weiteres die Zwangsvollstreckung in die der Verwaltung unterstellten Vermögensstücke betrieben werden (vgl. Gaupp-Stein a. a. O.); Mock, DJZ. 1915 S. 1220; ist dagegen der Titel erst nachher erwirkt worden — ohne Zuziehung des Zwangsverwalters — so ist die Vollstreckung unzulässig. Der Gläubiger muß in diesem Fall entweder nochmals Leistungsklage gegen den Verwalter erheben, oder einen Duldungstitel erwirken. Mock, DJZ. 1915 S. 1220; OLG. Colmar vom 29. Sept. 1915 a. gl. O.; und bei Menner, JW. 1916 S. 222; BayObLG. vom 10. März 1916, BayZfR. 1916 S. 154 (wo allerdings auch — mit Unrecht — die Möglichkeit einer Umstellung der Vollstreckungsklausel erwähnt wird). Vgl. auch OLG. Dresden vom 21. Sept. 1909, ROLG. Bd. 20 S. 332.

Gegenstand der Zwangsvollstreckung können nicht angebliche Ansprüche des Unternehmers gegen den Verwalter auf Herausgabe einzelner vom Verwalter vereinnahmter Einkünfte sein; denn während der Dauer der politischen Zwangsverwaltung stehen dem Unternehmer derartige Herausgabeansprüche nicht zu (Ausnahme § 5 Abs. 2 Satz 2); es kann deshalb nur gepfändet werden: die (künftige) Forderung des Unternehmers an die Reichsbank auf Auszahlung der während oder nach Aufhebung der Zwangsverwaltung vom Verwalter dort hinterlegten Überschüsse (vgl. § 5 Abs. 2 Satz 1) oder die Forderung des Unternehmers an den Zwangsverwalter auf die nach Aufhebung der Zwangsverwaltung etwa in seinen Händen befindlichen Überschüsse; OLG. Colmar vom 12. Mai 1915, LZ. 1915 S. 1534 = DJZ. 1915 S. 703 = ElsLothZ. 1915 S. 210.

4. Der Verwalter kann Organe des Unternehmens abberufen und durch andere ersetzen. Z. B. den Geschäftsführer einer GmbH. seiner Stellung entheben und ihn gleichzeitig zum Prokuristen ernennen. KG. vom 19. März 1915, LZ. 1915 S. 649 = JW. 1915 S. 1039; KG. vom 21. Aug. 1915, Berliner Tageblatt vom 24. Aug. 1915 Nr. 430, nach JW. 1915 S. 1092.

5. Ist das Kapital nur teilweise in Händen feindlicher Ausländer, so vertritt der Verwalter im Falle der Zwangsverwaltung auch die inländischen Teilhaber. So für den Fall der Erbengemeinschaft OLG. Colmar vom 27. Oktober 1915, DJZ. 1916 S. 146 = LZ. 1916 S. 81 = Recht 1916 S. 21 = ElsLothNotZ. 1915 S. 401.

6. Über Schadensersatzansprüche gegen den Verwalter siehe Bekanntmachung vom 24. Juni 1915 unten S. 515 und die Vorbemerkung dazu.

IV. Rechtsstellung des Unternehmers. Dem Unternehmer ist während der Dauer der politischen Zwangsverwaltung die Befugnis, Rechtshandlungen für das Unternehmen im Privatrechtsverkehr oder im Prozesse oder gegenüber Behörden vorzunehmen, entzogen; Mock, DJZ. 1915 S. 1219. Ist das unter Verwaltung gestellte Unternehmen eine Gesellschaft, so ruhen nicht nur die Befugnisse des Geschäftsführers (Direktors, geschäftsführenden Gesellschafters), sondern auch die Befugnisse des Aufsichtsrats und der Gesellschaftsversammlung (§ 2 Abs. 3 Satz 2).

Dagegen ist die Veräußerung von Anteilen an zwangsverwalteten Unternehmungen zulässig, daher auch das Ausscheiden einzelner Gesellschafter. Dies setzt die Bekanntmachung des BR. vom 15. Januar 1915 § 1 (siehe unten S. 514) gerade voraus, in dem sie bestimmt, daß eine solche nach dem 26. November 1914 eingetretene Veränderung in der Teilhaberschaft die Zulässigkeit der Zwangsvollstreckung oder ihr Fortbestehen nicht ausschließt. Dann muß aber auch die Offenbarmachung derartiger Veränderungen im Handelsregister zulässig sein, ohne daß es der Mitwirkung des Zwangsverwalters bedarf. Hachenburg, JW. 1916 S. 350; **a. M.** OLG. Dresden vom 23. Dez. 1915 a. gl. O., welches für alle Anmeldungen zum Handelsregister ausschließlich den Verwalter für befugt erklärt.

Gegen den Verwalter hat der Unternehmer während der Dauer der Zwangsverwaltung keine Ansprüche auf Herausgabe einzelner Einnahmen (Ausnahme § 5 Abs. 2 Satz 2) sondern nur einen Anspruch auf Rechnungslegung und Rückgabe des gesamten Überschusses bei Beendigung der Verwaltung. Die Geltendmachung von Schadensersatzansprüchen gegen den Verwalter wegen angeblich pflichtwidriger Handlungen oder Unterlassungen ist durch die Bekanntmachung vom 24. Juni 1915 (unten S. 515) an die vorherige Genehmigung der Landeszentralbehörde nach Art der landesgesetzlich für die Verfolgung öffentlicher Beamter bestehenden Konfliktsbestimmungen geknüpft.

§ 3.

Der Reichskanzler kann im Wege der Vergeltung die Auflösung der im § 1 bezeichneten Unternehmungen sowie bei Gesellschaften, die im Inland ihren Sitz haben, die Auflösung der Gesellschaft für zulässig erklären.

1. **Im Wege der Vergeltung:** Das heißt in diesem Zusammenhang, falls die französische Regierung ihrerseits Liquidationen der deutschen Vermögen gutheißen oder anordnen sollte. (Denkschrift, Nachtrag S. 18.)

2. **Folge der Auflösung:** Auch in diesem äußersten Fall würde es sich wie bei den übrigen Vorschriften der Verordnung nicht um eine Vermögenskonfiskation handeln, da die Ergebnisse der Liquidation wie die der Verwaltung für Rechnung des Unternehmers bis auf weiteres zu hinterlegen sind. (Denkschrift a. a. O.)

3. § 3 ist durch die Bek. vom 31. Juli 1916 betr. die Liquidation britischer Unternehmungen (s. unten S. 520) nicht gegenstandslos geworden. Die Liquidation nach § 3 setzt eine bisherige Zwangsverwaltung voraus und kann bei den Unternehmungen aller Staaten erfolgen, auf welche die Verwaltungsbek. Anwendung findet. Die Anwendung der Liquidationsverordnung kann auch bei Unternehmungen erfolgen, die bisher nicht unter Verwaltung standen und vorläufig nur bei britischen Unternehmungen, da der Reichskanzler von seiner Ausdehnungsbefugnis nach § 12 der LiquidVO. bisher keinen Gebrauch gemacht hat.

§ 4.

Die Landeszentralbehörde kann bestimmen, in welcher Weise die in den §§ 1 bis 3 bezeichneten Maßnahmen durchzuführen sind.

§ 5.

Die Kosten der in den §§ 1 bis 4 bezeichneten Maßnahmen hat das Unternehmen zu tragen.

Überschüsse, die sich für die am Unternehmen Beteiligten ergeben, sind, soweit es sich um Angehörige des feindlichen Auslandes handelt, für deren Rechnung bei der Reichsbank zu hinterlegen. Die Landeszentralbehörde kann, wenn der Angehörige des feindlichen Auslandes im Inland wohnt, die Auszahlung der für seinen Unterhalt erforderlichen Beträge gestatten.

§ 6.

Wer vorsätzlich einer auf Grund der §§ 1 bis 3 angeordneten Verwaltung Gegenstände ganz oder teilweise entzieht, wird mit Gefängnis bis zu einem Jahre bestraft.

Das Verbot, einer angeordneten Zwangsverwaltung Gegenstände zu entziehen, kann die Wirksamkeit einer bereits vor Anordnung der Zwangsverwaltung geschehenen, ernsthaft gewollten Erbeinsetzung zugunsten eines Deutschen nicht berühren. OLG. Colmar vom 27. Okt. 1915 LZ. 1916, 181 = Güthe-Schlegelberger II 410.

§ 7.

Einem Unternehmen im Sinne dieser Verordnung stehen die Niederlassung eines Unternehmens sowie ein Grundstück gleich, ferner Vermögenswerte, die zu einem Unternehmen gehören, sowie Nachlaßmassen.

Aus besonderen Gründen können im Wege der Vergeltung mit Zustimmung des Reichskanzlers auch sonstige Vermögenswerte, wenn sie französischen oder auf Grund des § 9 der Verordnung gleichgestellten Staatsangehörigen zustehen, zwangsweise unter Verwaltung gestellt werden.

Abs. 1, 2. Halbsatz und Abs. 2 eingefügt durch Bek. vom 10. Febr. 1916 s. unten S. 516. Über die Bedeutung der Zwangsverwaltung ausländischer Unternehmungen als Verfügungsbeschränkung im Grundbuchverkehr s. oben S. 507 und Deumer, LZ. 1915, 422.

§ 8.

Auf Versicherungsunternehmungen, die dem Aufsichtsamte für Privatversicherung unterstehen, finden die Vorschriften dieser Verordnung mit der Maßgabe Anwendung, daß die in den §§ 1 bis 4 bezeichneten Maßnahmen auf Anordnung des Reichskanzlers durch das Aufsichtsamt für Privatversicherung getroffen werden.

Vgl. Bekanntmachung Nr. 4487 Vorbem. I oben S. 501.

§ 9.

Der Reichskanzler kann im Wege der Vergeltung die Vorschriften dieser Verordnung auf die Angehörigen anderer feindlicher Staaten für anwendbar erklären.

Anwendbar erklären: Geschah gegen englische (Bek. Nr. 4598 unten S. 519), russische (Bek. Nr. 4669 unten S. 519), portugiesische (Bek. Nr. 5195 s. oben S. 456) und rumänische Staatsangehörige (Bek. Nr. 5480 s. unten S. 457). Vorläufig nicht gegen italienische Staatsangehörige.

§ 10.

Diese Verordnung tritt mit dem Tage der Verkündung in Kraft.

76. Bekanntmachung, betreffend Änderungen hinsichtlich der Kapitalbeteiligung an einem Unternehmen.

Vom 5. Januar 1915.

(RGBl. 1915 S. 13 Nr. 4605).

Der Bundesrat hat auf Grund des § 3 des Gesetzes über die Ermächtigung des Bundesrats zu wirtschaftlichen Maßnahmen usw. vom 4. August 1914 (Reichs-Gesetzbl. S. 327) folgende Verordnung erlassen:

§ 1.

Nach dem 26. November 1914 eingetretene Änderungen in der Kapitalbeteiligung eines Unternehmens schließen die Zulässigkeit der in der Verordnung vom 26. November 1914, betreffend die zwangsweise Verwaltung französischer Unternehmungen (Reichs-Gesetzbl. S. 487), und in den auf Grund derselben ergangenen Bekanntmachungen des Reichskanzlers vorgesehenen Maßnahmen nicht aus.

Vgl. oben S. 582 Anm. 5 zu § 1 und Denkschrift 2. Nachtrag S. 80.

§ 2.

Wer in der Zeit nach dem 26. November 1914 bis zum Inkrafttreten dieser Verordnung Anteile an dem Unternehmen erworben hat, die am 26. November 1914 einem Angehörigen des feindlichen Auslandes zustanden, kann von dem Vertrage zurücktreten, sofern das Unternehmen unter zwangsweise Verwaltung gestellt wird. Der Rücktritt ist innerhalb eines Monats, nachdem der Berechtigte von der Einsetzung der Verwaltung Kenntnis erlangt hat, gegenüber dem Verwalter zu erklären.

Der § 2 hat den Zweck, möglichst zu verhindern, daß Dritte durch die Bestimmungen der Bekanntmachung vom 26. November 1914 geschädigt werden.

§ 3.

Diese Verordnung tritt mit dem Tage der Verkündung in Kraft

Tag der Verkündung: 6. Januar 1915.

76a. Bekanntmachung, betreffend Ergänzung der Verordnungen über die Überwachung und zwangsweise Verwaltung ausländischer Unternehmungen.

Vom 24. Juni 1915.

(RGBl. 1915 S. 351 Nr. 4772).

Vorbemerkung: Die Verordnungen über die Geschäftsaufsicht und zwangsweise Verwaltung enthalten über die Haftung der Aufsichtspersonen, der Vertreter (Verordnung vom 22. Oktober 1914 und der Verwalter keine Vorschriften. Zur Entscheidung über Schadensersatzansprüche der Unternehmer und der an dem Unternehmen Beteiligten gegen die bestellten Personen wegen angeblich pflichtwidriger Handlungen oder Unterlassungen würden danach lediglich die Gerichte berufen sein. Diese Rechtslage hat bei den bestellten Personen vielfach die Besorgnis hervorgerufen, sie könnten für Handlungen, die ihnen geboten erscheinen, ohne weiteres vor den jeweils zuständigen Gerichten und auf Grund einer anderen Auslegung des Gesetzes oder auf Grund einer abweichenden Auffassung der Verhältnisse zur Verantwortung gezogen werden. Hierdurch wird eine den deutschen Interessen entsprechende Durchführung der Überwachung und Verwaltung erschwert. In der auf Grund des § 3 des sogenannten Ermächtigungsgesetzes ergangenen nachfolgenden Bekanntmachung werden daher für die Erhebung von Schadensersatzansprüchen Vorschriften nach Art der landesgesetzlich für die Verfolgung öffentlicher Beamter bestehenden Konfliktsbestimmungen gegeben. (Denkschrift, V. Nachtrag S. 73.)

Der Bundesrat hat auf Grund des § 3 des Gesetzes über die Ermächtigung des Bundesrats zu wirtschaftlichen Maßnahmen usw. vom 4. August 1914 (Reichs-Gesetzbl. S. 327) in Ergänzung der Verordnungen, betreffend die Überwachung ausländischer Unternehmungen, vom 4. September und 22. Oktober 1914 (Reichs-Gesetzbl. S. 397, 447), sowie betreffend die zwangsweise Verwaltung französischer Unternehmungen vom 26. November 1914 (Reichs-Gesetzbl. S. 487), folgende Verordnung erlassen:

Art. 1.

Ist nach Maßgabe der Verordnungen vom 4. September, 22. Oktober oder 26. November 1914 oder einer ergänzenden Bekanntmachung des Reichskanzlers eine Aufsichtsperson, ein Vertreter oder ein Verwalter bestellt worden, so können wegen der von der bestellten Person in Ausübung oder in Veranlassung der Ausübung ihrer Obliegenheiten vorgenommenen Handlungen oder Unterlassungen Schadenersatzansprüche des Inhabers des Unternehmens oder eines an dem Unternehmen Beteiligten nur mit Genehmigung der Landeszentralbehörde geltend gemacht werden. Die Genehmigung ist zu erteilen, wenn eine schuldhafte Pflichtverletzung vorliegt. Soweit die Genehmigung nicht erteilt ist, ist der Rechtsweg unzulässig.

Vgl. die Vorbemerkung.

Art. 2.

Leiter und Angestellte eines unter zwangsweise Verwaltung gestellten Unternehmens sind verpflichtet, dem Verwalter auf Erfordern Auskunft über die Geschäftsangelegenheiten des Unternehmens zu erteilen; dies gilt auch dann, wenn ihre Beschäftigung bei dem Unternehmen nach dem 30. Juli 1914 ein Ende genommen hat. Wer die Auskunft vorsätzlich nicht erteilt oder wissentlich unwahre Angaben macht, wird mit Geldstrafe bis zu eintausendfünfhundert Mark oder mit Gefängnis bis zu drei Monaten bestraft.

Hinsichtlich der Verpflichtung zur Auskunft an Aufsichtspersonen bewendet es bei den Vorschriften der Verordnung vom 4. September 1914.

Gegenüber den Aufsichtspersonen war diese Pflicht der Leiter und Angestellten zur Auskunfterteilung bereits in § 2 Nr. 3 d. Bek. v. 4. Sept. 1914 (oben S. 503) ausgesprochen und die Zuwiderhandlung in § 5 mit § 3 jener Bek. mit Strafe bedroht. Für die Fälle zwangsweiser Verwaltung nach der Bek. vom 26. Nov. 1914 (und der Ergänzungen s. oben S. 514 ff.) fehlte es an entsprechenden Vorschriften. Vgl. oben S. 514.

Art. 3.

Die Vorschriften des Artikel 1 treten mit dem Tage der Verkündung, die Vorschriften des Artikel 2 mit dem 28. Juni 1915 in Kraft.

Tag der Verkündung: 25. Juni 1915.

76b. Bekanntmachung, betreffend Ergänzung der Vorschriften über die zwangsweise Verwaltung ausländischer Unternehmungen.

Vom 10. Februar 1916.

(RGBl. 1916 S. 89 Nr. 5055).

Der Bundesrat hat auf Grund des § 3 des Gesetzes über die Ermächtigung des Bundesrats zu wirtschaftlichen Maßnahmen usw. vom 4. August 1914 (Reichs-Gesetzbl. S. 327) folgende Verordnung erlassen:

Art. 1.

Der § 7 der Verordnung, betreffend die zwangsweise Verwaltung französischer Unternehmungen, vom 26. November 1914 (Reichs-Gesetzbl. S. 487) wird dahin ergänzt, daß einem Unternehmen im Sinne der Verordnung außer der Niederlassung eines Unternehmens und Grundstücken, auch Vermögenswerte, die zu einem Unternehmen gehören, sowie Nachlaßmassen gleichstehen.

Aus besonderen Gründen können im Wege der Vergeltung mit Zustimmung des Reichskanzlers auch sonstige Vermögenswerte, wenn sie französischen oder auf Grund des § 9 der Verordnung gleichgestellten Staatsangehörigen zustehen, zwangsweise unter Verwaltung gestellt werden.

S. oben S. 513.

Art. 2.

Diese Verordnung tritt mit dem Tage der Verkündung in Kraft.

Tag der Verkündung: 11. Februar 1916.

76c. Bekanntmachung, betreffend die Überwachung und zwangsweise Verwaltung ausländischer Unternehmungen.

Vom 24. August 1916.

(RGBl. S. 961 Nr. 5406)

Vorbemerkung:

„Eine unbeschränkte Freiheit in der Verfolgung der einzelnen privaten Interessen ist mit der in erster Linie im öffentlichen Interesse erfolgenden Aufsicht oder Verwaltung nicht vereinbar. Insbesondere hat die Erfahrung gezeigt, daß die Durchführung dieser öffentlichen Interessen durch die von einzelnen Gläubigern veranlaßten gerichtlichen Schritte erheblich beeinträchtigt werden kann." (Denkschr. N. 9 S. 919.) Die VO. dient besonders der Angleichung an die LiquVO. (unten S. 520)

Der Bundesrat hat auf Grund des § 3 des Gesetzes über die Ermächtigung des Bundesrats zu wirtschaftlichen Maßnahmen usw. vom 4. August 1914 (Reichs-Gesetzbl. S. 327) folgende Verordnung erlassen:

§ 1.

Zwangsvollstreckungen, Arreste, einstweilige Verfügungen und Konkursanträge gegen das Vermögen, das einer staatlichen Aufsicht oder Verwaltung nach Maßgabe der Verordnungen vom 4. September und 26. November 1914 sowie vom 10. Februar 1916

(Reichs-Gesetzbl. 1914 S. 397, 487; 1916 S. 89) untersteht, können nur mit Genehmigung der Landeszentralbehörde erfolgen. Soweit nach dem Inkrafttreten der Verordnung über die Anmeldung des im Inland befindlichen Vermögens von Angehörigen feindlicher Staaten vom 7. Oktober 1915 (Reichs-Gesetzbl. S. 633) Zwangsvollstreckungen, Arreste oder einstweilige Verfügungen erfolgt sind, kann die Aufsichtsperson oder der Verwalter mit Genehmigung der Landeszentralbehörde die Aufhebung verlangen.

1. Nach der Ausdrucksweise der **VO.** muß die **Genehmigung** der Landeszentralbehörde formell der Erteilung der Vollstreckungsklausel derart gleichgestellt werden, daß ihr Fehlen den ganzen Vollstreckungsakt nichtig macht. Da die Behörde nicht unmittelbar am Verfahren beteiligt ist, wäre hier auch mit der Erinnerung gem. § 766 ZPO. wenig geholfen. Im Konkurs gehört die Genehmigung zu den Erfordernissen des Antrages; ihr Fehlen kann nach Eröffnung des Konkurses nur vom Vertreter des Gemeinschuldners (dem Ausländer selbst fehlt die Prozeßfähigkeit) geltend gemacht werden, dagegen nicht von der Behörde selbst (§ 109 KO.). Durch die Rechtskraft des Eröffnungsbeschlusses wird der Mangel der Genehmigung geheilt (Jaeger Anm. 6 zu § 103 KO.).

2. Das Verlangen der **Aufhebung** erfolgt auf dem Wege der Erinnerung nach § 766 ZPO. Die Aufhebung erfolgt dann nach §§ 775 Ziff. 1, 776 ZPO. (Näheres s. bei Seuffert, Gaupp-Stein usw. Anm. zu § 776.) Für Arrest und einstw. Verf. vgl. § 927 ZPO.

§ 2.

Ist Vermögen nach Maßgabe der Verordnungen vom 26. November 1914 und vom 10. Februar 1916 unter Verwaltung gestellt, so kann der Verwalter ungeachtet der Vorschrift des § 2 der Verordnung, betreffend Zahlungsverbot gegen England, vom 30. September 1914 (Reichs-Gesetzbl. S. 421) die Erfüllung vermögensrechtlicher Ansprüche fordern; die Stundung endet mit dem Ablauf eines Monats nach der Aufforderung zur Leistung.

Endet bei einem Wechsel, bei welchem durch die Stundung gemäß § 4 der Verordnung vom 30. September 1914 die Protesterhebung hinausgeschoben ist, die Stundung auf Grund der Vorschrift des Abs. 1, so bleiben gleichwohl die Protesterhebung und der Rückgriff aus dem Wechsel bis auf weiteres ausgeschlossen. Diese Vorschrift findet auf Schecks entsprechende Anwendung.

Vgl. oben S. 443, 446.

§ 3.

Die Verordnung tritt mit dem Tage der Verkündung in Kraft. Der Reichskanzler bestimmt den Zeitpunkt des Außerkrafttretens.

77. Bekanntmachung, betreffend die zwangsweise Verwaltung britischer Unternehmungen.

Vom 22. Dezember 1914.

(RGBl. 1914 S. 556 Nr. 4598).

Auf Grund des § 9 der Verordnung vom 26. November 1914, betreffend die zwangsweise Verwaltung französischer Unternehmungen (Reichs-Gesetzbl. S. 487) wird folgendes bestimmt:

Art. 1.

Die Vorschriften der Verordnung vom 26. November 1914 werden im Wege der Vergeltung auch auf Unternehmungen, deren Kapital ganz oder überwiegend britischen Staatsangehörigen zusteht, für anwendbar erklärt.

Art. 2.

Diese Bekanntmachung tritt mit dem Tage der Verkündung in Kraft.

Die Verordnung vom 26. November 1914 ist S. 505ff. abgedruckt.

78. Bekanntmachung über die zwangsweise Verwaltung russischer Unternehmungen.

Vom 4. März 1915.

(RGBl. 1915 S. 133 Nr. 4669).

Auf Grund des § 9 der Verordnung vom 26. November 1914, betreffend die zwangsweise Verwaltung französischer Unternehmungen (Reichs-Gesetzbl. S. 487)[1]) wird folgendes bestimmt:

Art. 1.

Die Vorschriften der Verordnung vom 26. November 1914 werden im Wege der Vergeltung auch auf Unternehmungen, deren Kapital ganz oder überwiegend russischen Staatsangehörigen zusteht, für anwendbar erklärt.

Art. 2.

Diese Bekanntmachung tritt mit dem Tage der Verkündung in Kraft.[2])

---

[1]) Vgl. oben S. 505. [2]) Tag der Verkündung 8. März 1915.

79. Bekanntmachung, betreffend zwangsweise Verwaltung rumänischer Unternehmungen.

Vom 28. September 1916.

(RGBl. 1916 S. 1099 Nr. 5480.)

Im Wege der Vergeltung wird auf Grund des § 9 der Verordnung, betreffend die zwangsweise Verwaltung französischer Unternehmungen, vom 26. November 1914 (Reichs-Gesetzbl. S. 487) folgendes bestimmt:

Die Vorschriften der Verordnung, betreffend die zwangsweise Verwaltung französischer Unternehmungen, vom 26. November 1914 in der Fassung der Verordnung vom 10. Februar 1916 (Reichs-Gesetzbl. S. 89) werden auch gegenüber rumänischen Staatsangehörigen für anwendbar erklärt.

Diese Bekanntmachung tritt mit dem Tage der Verkündung in Kraft.

80. Bekanntmachung, betreffend die Liquidation britischer Firmen.

Vom 31. Juli 1916.

(RGBl. S. 871 Nr. 5365).

Vorbemerkung:

Als der Deutsche Bundesrat im Oktober 1915 über das gesamte inländische Vermögen von Engländern, Franzosen und Russen eine Sperre verhängte, wurde zur Begründung bekanntgegeben: „Es soll dem feindlichen Ausland zum Bewußtsein gebracht werden, daß das in deutscher Hand befindliche englische, französische, russische Vermögen in dem Maße gefährdet und bedroht ist, als die Regierungen dieser Staaten gegen das in ihrer Gewalt befindliche deutsche Vermögen vorgehen.“ Diese Warnung ist am wenigsten beachtet worden in England. Unter dem Drucke einer durch gewissenlose Hetzer aufgepeitschten öffentlichen Meinung haben sich Regierung und Parlament von England im Januar dieses Jahres entschlossen, durch einen Gewaltakt ohnegleichen in der neueren Geschichte der zivilisierten Nationen alles, was die Tüchtigkeit deutscher Kaufleute und Gewerbetreibenden in England geschaffen, entweder ganz zu vernichten, oder dem Eigentümer wegzunehmen, um den britischen Konkurrenten daran zu bereichern. Das englische Gesetz vom 21. Januar 1916 ordnet die vollständige Auflösung aller Unternehmungen mit überwiegender deutscher Beteiligung oder mit deutscher Leitung an und sieht die Enteignung alles sonstigen den Engländern begehrenswert erscheinenden deutschen Besitzes vor. Rücksichtslos wie das Gesetz, ist seine Anwendung; wird doch in den meisten Fällen den beteiligten Deutschen nicht einmal gestattet, an der Auflösung ihrer Geschäfte mitzuwirken, so daß der Unkenntnis und dem Übelwollen der Liquidatoren weiter Spielraum gelassen ist.

Die Zeit ist daher gekommen, die im vorigen Jahre ausgesprochene Warnung gegenüber England zu verwirklichen. Zu diesem Zwecke hat der Bundesrat durch eine Verordnung vom 31. Juli dieses Jahres den Reichskanzler ermächtigt, die Liquidierung britischer Unternehmungen anzuordnen.

Die Verordnung schließt sich im allgemeinen dem britischen Gesetze vom 21. Januar 1916 an. (Amtliche Begründung in der Nordd. Allg. Ztg. vom 1. August 1916 Nr. 216 = Denkschrift Nachtr. 9 S. 217.)

Der Bundesrat hat auf Grund des § 3 des Gesetzes über die Ermächtigung des Bundesrats zu wirtschaftlichen Maßnahmen usw. vom 4. August 1914 (Reichs-Gesetzbl. S. 327) im Wege der Vergeltung folgende Verordnung erlassen:

§ 1.

Der Reichskanzler kann die Liquidation solcher Unternehmungen, deren Kapital überwiegend britischen Staatsangehörigen zusteht oder die vom britischen Gebiet aus geleitet oder beaufsichtigt werden oder bis zum Kriegsausbruche geleitet oder beaufsichtigt worden sind, sowie die Liquidation der britischen Beteiligung an einem Unternehmen anordnen. Einem Unternehmen im Sinne dieser Verordnung stehen Niederlassungen eines Unternehmens, Nachlaßmassen und Grundstücke gleich.

Die Entscheidung des Reichskanzlers, daß die Voraussetzungen für die Anordnung der Liquidation gegeben sind, ist endgültig.

„Während das britische Gesetz die Regierung grundsätzlich verpflichtet, die Liquidierung feindlicher Unternehmungen anzuordnen, wird in der Bundesratsverordnung die Entscheidung darüber, ob ein britisches Unternehmen zu liquidieren ist, dem **Reichskanzler** anheimgestellt. Die Ursache dieser Verschiedenheit leuchtet ein. Die deutsche Volkswirtschaft ist stark genug, um die freie Betätigung ausländischen Unternehmungsgeistes im Inlande zu ertragen. Während englische Wirtschaftskreise auf der Suche nach den Ursachen des Rückganges und nach den Mitteln zum Wiederaufbau ihrer Vormachtstellung keinen besseren Plan ausfindig machen konnten, als die gewaltsame Vernichtung der in friedlicher deutscher Arbeit geschaffenen Werte, kommen für Deutschland solche Gesichtspunkte des Handelsneides nicht in Betracht. Die Reichsleitung wird auch hier Besonnenheit walten lassen und die Waffe, mit der sie der Bundesrat versehen hat, nur zu den Zwecken gebrauchen, für die sie bestimmt ist.“ (Begr.)

§ 2.

Die Liquidation ist nach den von der Landeszentralbehörde im Benehmen mit dem Reichskanzler erlassenen allgemeinen und besonderen Weisungen durch einen von der Landeszentralbehörde ernannten Liquidator durchzuführen.

I. „Das gilt insbesondere auch hinsichtlich der **Art** der Liquidationsmaßnahmen, deren Bestimmung im einzelnen dem Ermessen der Verwaltungsbehörden überlassen ist. Es wird den beteiligten Engländern Gelegenheit gegeben werden, bei ihrer Regierung dahin zu wirken, daß für die Handhabung des englischen Gesetzes nicht die Böswilligkeit der Ausführungsorgane und der Eigennutz der Wettbewerber den Ausschlag geben; gelingt ihnen das, so können sie ihrerseits in Deutschland einer angemessenen Berücksichtigung ihrer Interessen bei der Auflösung ihrer Unternehmungen sicher sein. Sollte sich freilich die britische Regierung auch in dieser Hinsicht der Stimme der Vernunft und der Billigkeit verschließen, so würden die britischen Unternehmungen in Deutschland die ganze Schärfe eines entsprechenden Vorgehens zu fühlen haben." (Begr.)

II. „Die **Organisation der Liquidierung** schließt sich an die der Zwangsverwaltung und der Staatsaufsicht über feindliche Unternehmungen im wesentlichen an, jedoch mit der Maßgabe, daß die Anordnung der Liquidierung von Reichs wegen erfolgt, und daß auch bei der Durchführung dem Reichskanzler eine unmittelbare Mitwirkung zusteht. Die erforderlichen Anordnungen sollen dem Liquidator, sei es als allgemeine Richtschnur, sei es als besondere Anweisung für den Einzelfall, erteilt werden. Die Vorschriften über die Liquidation nach dem Handelsgesetzbuch sind demgemäß nicht ohne weiteres anwendbar (§§ 1, 2)." (Begr.)

III. **Allgemeine Weisungen** sind bis jetzt noch nicht veröffentlicht worden.

§ 3.

Der für ein Unternehmen bestellte Liquidator hat sich in den Besitz des Unternehmens zu setzen. Er ist zu allen Rechtshandlungen für das Unternehmen befugt. Er kann das Unternehmen als Ganzes veräußern.

Die Befugnisse des Inhabers des Unternehmens sowie die Befugnisse anderer Personen zu Rechtshandlungen für das Unternehmen ruhen. Das gleiche gilt von den Befugnissen aller Organe.

Ist das Unternehmen in das Handelsregister eingetragen, so hat der Liquidator die Anordnung der Liquidation sowie ihre Aufhebung zur Eintragung in das Handelsregister anzumelden.

Ist für die britische Beteiligung an einem Unternehmen ein Liquidator bestellt, so übt er alle Rechte des britischen Beteiligten aus; er ist insbesondere auch befugt, die Beteiligung an das Unternehmen oder an Dritte zu veräußern. Handelt es sich um die Beteiligung an einer offenen Handelsgesellschaft, Kommanditgesellschaft oder Gesellschaft mit beschränkter Haftung, so kann der Liquidator die Gesellschaft ohne Einhaltung einer Frist kündigen.

Ist das Recht der Beteiligung in einer Urkunde verbrieft, so kann der Reichskanzler bestimmen, daß das Unternehmen an Stelle der von dem Liquidator für kraftlos zu erklärenden Urkunde eine neue Urkunde über die Beteiligung auszustellen hat.

Die **Befugnisse des Liquidators** (§ 3) sind denen des Zwangsverwalters ähnlich gestaltet. Besondere Bedeutung kommt der Befugnis zu, ein britisches Unternehmen als Ganzes oder die britische Beteiligung an einem Unternehmen zu veräußern oder eine Gesellschaft, woran eine britische Beteiligung besteht, zu kündigen. Die Übertragung der Beteiligung ist nicht davon abhängig, daß die Urkunde, in der die Beteiligung verbrieft ist, z. B. die Aktie übertragen wird. Befindet sich die Aktie, die feststehendermaßen einem britischen Staatsangehörigen zusteht, im Ausland, so kann der Reichskanzler bestimmen, daß der Liquidator die Aktie für kraftlos erklärt, und daß das Unternehmen eine neue Aktie auszustellen hat. Die näheren Vorschriften bleiben auch hier den gemäß § 2 zu erlassenden Weisungen vorbehalten. (Begr.) Als Vertreter des Unternehmens ist der Liquidator insbesondere für Prozesse aktiv und passiv legitimiert. Im übrigen vgl. Anm. zu § 2 der Bek. betr Zwangsverwaltung französischer Unternehmungen oben S 508.

§ 4.

Der Liquidator kann ungeachtet der Vorschrift des § 2 der Verordnung, betreffend Zahlungsverbot gegen England, vom 30. September 1914 (Reichs-Gesetzbl. S. 421) die Erfüllung vermögensrechtlicher Ansprüche fordern; die Stundung endet mit dem Ablauf eines Monats nach der Aufforderung zur Leistung.

Endet bei einem Wechsel, bei welchem durch die Stundung gemäß § 4 der Verordnung vom 30. September 1914 die Protesterhebung hinausgeschoben ist, die Stundung auf Grund der Vorschrift des Abs. 1, so bleiben gleichwohl die Protesterhebung und der Rückgriff aus dem Wechsel bis auf weiteres ausgeschlossen. Diese Vorschrift findet auf Schecks entsprechende Anwendung.

§ 5.

Für das der Liquidation unterstehende Vermögen gelten die im § 8 der Verordnung über die Anmeldung des im Inland befindlichen Vermögens von Angehörigen feindlicher Staaten vom 7. Oktober 1915 (Reichs-Gesetzbl. S. 633) bezeichneten Verfügungsbeschränkungen nicht.

Zwangsvollstreckungen, Arreste, einstweilige Verfügungen und Konkursanträge können nur mit Genehmigung der Landeszentralbehörde erfolgen. Soweit nach dem Inkrafttreten der Verordnung vom 7. Oktober 1915 Zwangsvollstreckungen, Arreste oder einstweilige Verfügungen erfolgt sind, kann der Liquidator mit Genehmigung der Landeszentralbehörde die Aufhebung verlangen.

Zu §§ 4 u. 5. Die Durchführung der Liquidierung darf nicht daran scheitern oder dadurch beeinträchtigt werden, daß die Schuldner des Unternehmens sich auf den Stundungseinwand des § 2 der Verordnung vom 30. September 1914 (oben S. 443) berufen, oder daß einzelne Gläubiger durch Zwangsvollstreckungen, Arreste, einstweilige Verfügungen oder Konkursanträge dem im öffentlichen Interesse bestellten Liquidator das zu liquidierende Vermögen vorenthalten oder entziehen. Mit der Einsetzung eines Liquidators muß daher die Freiheit der Verfolgung der einzelnen privaten Interessen selbst wesentlich eingeschränkt werden. Für den Liquidator ist die nachdrückliche und gleichmäßige Berücksichtigung und Befriedigung der Interessen der deutschen Beteiligten, Gläubiger, Schuldner, Angestellten usw. des Unternehmens, eine der wichtigsten Aufgaben. Die §§ 4, 5 enthalten daher nähere Bestimmungen zur Beseitigung des Stundungseinwandes sowie über Zwangsvollstreckungen, Arreste, einstweilige Verfügungen und Konkursanträge gegen das der Liquidierung unterstehende Vermögen. (Begr.) Vgl. hiezu Bek. betr. die Überwachung und zwangsweise Verwaltung ausländischer Unternehmungen Nr. 5406 oben S. 517.

§ 6.

Ist ein Unternehmen oder eine Beteiligung an einem Unternehmen unter Liquidation gestellt, so sind die Leiter und Angestellten verpflichtet, dem Liquidator auf Erfordern Auskunft über die Geschäftsangelegenheiten des Unternehmens, insbesondere über die beteiligten feindlichen Staatsangehörigen, zu geben. Dies gilt auch dann, wenn die Beschäftigung bei dem Unternehmen nach dem 30. Juli 1914 ein Ende genommen hat.

Wer die Auskunft vorsätzlich nicht erteilt oder wissentlich unwahre Angaben macht, wird mit Geldstrafe bis zu eintausendfünfhundert Mark oder mit Gefängnis bis zu drei Monaten bestraft.

§ 7.

Die Kosten der Liquidation sind aus dem Liquidationserlöse zu decken. Der Erlös ist, soweit er auf britische Staatsangehörige entfällt, zu hinterlegen. Die Landeszentralbehörde kann an im Inland wohnende britische Beteiligte die Auszahlung der für den Unterhalt erforderlichen Beträge gestatten.

Die **Kosten** der Liquidierung und demgemäß auch die der Veräußerung von Aktien und sonstigen Anteilsrechten sind aus dem Erlöse zu decken (§ 7). Zu diesen Kosten gehören z. B. auch die der Ausstellung einer neuen Aktie nach § 3 Abs. 5. Im übrigen ist bezüglich des Erlöses nur bestimmt, daß der auf britische Beteiligte entfallende Anteil zu hinterlegen ist, die Landeszentralbehörde jedoch Ausnahmen zulassen kann. Was als Erlös anzusehen ist, in welcher Weise und nach welchen Grundsätzen er zu verteilen oder sonst zu behandeln ist, in welcher Weise die Hinterlegung zu erfolgen hat, all diese wie auch die sonstigen bei der Liquidierung hervortretenden Fragen bleiben der auf Grund des § 2 zu erlassenden Regelung vorbehalten. (Begr.)

§ 8.

Wer vorsätzlich einem gemäß dieser Verordnung bestellten Liquidator Gegenstände ganz oder teilweise entzieht, wird mit Gefängnis bis zu einem Jahre bestraft.

§ 9.

Auf Versicherungsunternehmen, die dem Aufsichtsamte für Privatversicherung unterstehen, finden die Vorschriften dieser Verordnung mit der Maßgabe Anwendung, daß die Durchführung der Liquidation nach den vom Reichskanzler erlassenen Anordnungen erfolgt.

§ 10.

Wegen der von dem Liquidator in Ausübung oder in Veranlassung der Ausübung seiner Obliegenheiten vorgenommenen Handlungen oder Unterlassungen können Schadenersatzansprüche des Inhabers des Unternehmens oder eines an dem Unternehmen Beteiligten nur mit Genehmigung der Landeszentralbehörde geltend gemacht werden. Die Genehmigung ist zu erteilen, wenn eine schuldhafte Pflichtverletzung vorliegt. Soweit die Genehmigung nicht erteilt ist, ist der Rechtsweg unzulässig.

§ 11.

Der Reichskanzler kann die ihm nach dieser Verordnung zustehenden Befugnisse ganz oder teilweise einem Reichskommissar übertragen.

§ 12.

Als britisches Gebiet im Sinne dieser Verordnung gelten Großbritannien und Irland sowie, mit Ausnahme Kanadas und der Südafrikanischen Union, die britischen Kolonien und auswärtigen Besitzungen; als britische Staatsangehörige gelten die Angehörigen dieser Länder sowie die nach britischem Rechte begründeten juristischen Personen.

Der Reichskanzler kann im Wege der Vergeltung die Vorschriften dieser Verordnung auch auf andere feindliche Länder für anwendbar erklären.

§ 13.

Diese Verordnung tritt mit dem Tage der Verkündung in Kraft.

D.

I. Übersicht über den Rechtszustand in den besetzten Gebieten.

Literatur: Dove, Der Rechtszustand in den okkupierten Gebieten Belgiens und Russisch-Polens. JW. 1915, 425, 965; Heilfron, Deutsche Gesetzgebung und Verwaltung in Feindesland JW. 1915, 971; Philipsborn, Die Fortentwicklung des Rechtszustandes im Gebiet des Generalgouvernements Belgien JW. 1916, 157; Rümelin, Die neue Rechtsprechung im Gebiet des Oberbefehlshabers Ost. JW. 1916, 366; Kiesow, Die deutsche Rechtspflege im Gebiete der östlichen Etappenverwaltungen JW. 1916, 486; Schiffer, Neues Kriegsnotrecht, insbesondere für Belgien und Polen DJZ. 1915, 841; Weigert, Die Rechtsprechung im Gebiet des Generalgouvernements in Belgien R. u. W. 1915, 253; Huberich-Nicol-Speyer, Deutsche Gesetzgebung für die okkupierten Gebiete Belgiens; Norden, Handbuch der Rechtsverfolgung in Belgien; Hirschfeld, Der Rechtszustand Belgiens nach einjähriger deutscher Besetzung; Beier, Die neuen Zivilrechtsverhältnisse in dem von Deutschland besetzten Polen links der Weichsel; Klibanski, Bürgerliches Gesetzbuch für das Königreich Polen; Laband, Die Verwaltung Belgiens während der kriegerischen Besetzung in der Festgabe für Otto Mayer; Bissing, Belgien unter deutscher Verwaltung, München und Leipzig 1915; Cohnitz, Bemerkungen zum Abbau des Wechselmoratoriums in Belgien JW. 1916, 297; Fiege, R. u W. IV, 281; über Rechtspflege im Gouvernement Warschau DNotV. XV, 449; Goldtschmidt, über die Rechtsgrundlage der deutschen Strafgewalt gegen Ausländer im besetzten Feindesgebiet ZStrafrWiss. 37, 52; Lieske, Die Verwaltung Belgiens BlAdmPr. 65, 273; Meurer, Die völkerrechtliche Stellung der vom Feinde besetzten Gebiete ArchÖffR 33, 353; Haußmann, Literaturübersicht und Bemerkungen JW. 1916, 1058; Beling, Feindliche Heeressplitter im deutschen Machtbereich LZ. 1916, 1077.

Grundlage für die Verwaltung feindlichen besetzten Gebiets und damit auch für die Regelung der Privatrechtsverhältnisse ist Art. 43 der Landkriegsordnung vom 18. Oktober 1907 (der gleichen Inhalt wie Art. 43 der Landkriegsordnung vom 29. Juli 1899 hat). Er lautet:

„Nachdem die gesetzmäßige Gewalt tatsächlich in die Hände des Besetzenden übergegangen ist, hat dieser alle von ihm abhängenden Vorkehrungen zu treffen, um nach Möglichkeit die öffentliche Ordnung und das öffentliche Leben wieder herzustellen und aufrecht zu erhalten und zwar, soweit kein zwingendes Hindernis besteht, unter Beachtung der Landesgesetze."

Hieraus ergibt sich: Soweit die Okkupationsgewalt des Deutschen Reichs in den besetzten Gebieten das bisher geltende Privatrecht nicht ausdrücklich aufgehoben hat, besteht es weiter. (Öffentlich-rechtlichen Eingriffen in das Privatvermögen auf Grund des völkerrechtlichen Requisitions- und Beschlagnahmerechts steht dieser Grundsatz nicht entgegen.)

Ein Anlaß für die deutsche Verwaltung, das bestehende Privatrecht zu ändern, lag einerseits in ihrer völkerrechtlichen Verpflichtung, nach Möglichkeit die öffentliche Ordnung wieder herzustellen, anderseits in dem Bedürfnis, das Privatrecht der besetzten Gebiete abzuändern, soweit es bestimmt war, die Kriegszwecke des Deutschen Reichs zu schädigen, und zu ergänzen, soweit ohne solche Regelung eine derartige Schädigung eintreten konnte. Dementsprechend bezieht sich die privatrechtliche Gesetzgebung der deutschen Okkupationsgewalt in der Hauptsache auf das Prozeßrecht und die privatrechtliche Kriegsnotgesetzgebung.

Hiebei sind territorial zu unterscheiden:

1. Gebiete unter reiner Militärverwaltung.

Zu ihnen gehören die Operationsgebiete (Nord- und Ostfrankreich, Ost- und Westflandern, russisches Operationsgebiet). Im Zweifel gehört besetztes Gebiet zu den nur militärisch verwalteten Landesteilen.

Dem Charakter als Operationsgebiet entsprechend ist für diese Gebiete eine besonders Kriegsprivatrecht noch nicht ausgebildet. Die etwa erforderlichen Anordnungen auf privatrechtlichem Gebiet trifft der zuständige Truppenbefehlshaber, der auch für die Führung der Zivilverwaltung bestimmte Personen und Behörden delegieren kann. Bei der Mannigfaltigkeit der in Frage kommenden Anordnungen, ihrer den gegebenen Verhältnissen entsprechenden Verschiedenheit und dem raschen Wechsel muß ihre Darstellung in der nachfolgenden Übersicht ausscheiden.

2. Gebiete unter Zivilverwaltung.

Zu ihnen gehören nur solche Teile des Okkupationsgebiets, die durch ausdrückliche Bestimmung der deutschen Okkupationsgewalt unter Zivilverwaltung gestellt sind. Im einzelnen sind zu unterscheiden

a) das Gebiet der Zivilverwaltung beim Generalgouvernement Belgien; ihr sind unterstellt das besetzte Belgien mit Ausnahme der Provinzen Ost- und Westflandern, ferner von französischem Gebiet der Umkreis der Festung Maubeuge und mehrere Gemeinden um Givet und Fumay. Im einzelnen vgl. hiezu Philipsborn a. a. O. 158. Die Verordnungen des Generalgouverneurs sind enthalten im Gesetz- und Verordnungsblatt für die okkupierten Gebiete Belgiens. Inhaltsübersicht hierüber wird fortlaufend in der DJZ. veröffentlicht;

b) Zivilverwaltung beim Generalgouvernement Warschau. Ihr ist unterstellt der Bezirk des Generalgouvernements Polen links und rechts der Weichsel. Die Verordnungen des Generalgouverneurs werden im Verordnungsblatt für das Generalgouvernement Warschau veröffentlicht. Inhaltsübersicht wie in a;

c) Zivilverwaltung beim Oberbefehlshaber Ost. Ihr unterstehen die Verwaltungsbezirke Kurland, Litauen, Suwalki, Wilna, Grodno und Bialystok.

Im einzelnen ist der heutige Rechtszustand in den genannten drei Gebieten (die Gesetzgebung ist fortwährend im Fluß) etwa folgender:

A. Gerichtsorganisation.

Belgien: Die bestehenden Gerichte amtieren weiter. Für Mietstreitigkeiten sind besondere Schiedsgerichte eingeführt.

Warschau: Streitige und freiwillige Gerichtsbarkeit wird ausgeübt durch Gemeindegerichte, Bezirksgerichte und das Obergericht in Warschau.

Die Gemeindegerichte entscheiden Streitigkeiten mit einem Streitwert bis 3000 Rubeln, ausgenommen Ehescheidungssachen, Ansprüche gegen einen deutschen Fiskus oder deutsche Beamte, Ansprüche wegen Privilegien, Erfindungen, Grundstücke und Grundstücksrechte.

In Sachen der freiwilligen Gerichtsbarkeit sind die Gemeindegerichte zur Erledigung der ihnen bisher übertragenen Angelegenheiten zuständig. In Lodz, Bendzin, Czenstochau und Pabianice (sämtliche Bezirksgerichts Lodz) sind die Gemeindegerichte durch Friedensgerichte (mit deutscher Gerichtssprache) ersetzt.

Die Bezirksgerichte entscheiden erstinstanziell alle Streitigkeiten, die nicht zur Zuständigkeit der Gemeindegerichte und des Obergerichts gehören und als zweite Instanz alle Berufungen und Beschwerden gegen die Entscheidungen der Gemeindegerichte, die jedoch nur anfechtbar sind, wenn der Streitwert 1500 Rubel übersteigt. Für Ehescheidung zwischen Christen sind die bisher hiezu berufenen Organe zuständig. Das Obergericht entscheidet erst- und letztinstanziell bürgerliche Rechtsstreitigkeiten mit mehr als 30 000 Rubel Streitwert, zweitinstanziell die Berufungen und Beschwerden gegen die Entscheidungen der Bezirksgerichte bei mehr als 15 000 Rubel Streitwert oder Zuständigkeit des Bezirksgerichts ohne Rücksicht auf den Streitwert.

Die Gerichtssprache bei den Gemeindegerichten ist die polnische, sonst die deutsche. Abgesehen von den Gemeindegerichten sind die Gerichte mit deutschen Richtern besetzt. Vgl. im einzelnen hiezu Heilfron a. a. O. 976 und Dove a. a. O. 965.

Ost. Jeder Landkreis hat ein Friedensgericht, für jeden Verwaltungsbezirk sind Bezirksgerichte gebildet. Höchstes Gericht ist das Obergericht im Hauptquartier des Oberbefehlshabers. Die Gerichte sind namentlich aufgeführt JW. 1916, 476.

Die Friedensgerichte entscheiden bürgerliche Rechtsstreitigkeiten mit einem Streitwert bis zu 5000 Rubeln und Streitigkeiten über ländliche Grunddienstbarkeiten, diese unbeschränkt. Unzuständig sind sie für Ansprüche gegen einen deutschen Fiskus, deutsche und verbündete Offiziere und Beamte sowie wegen Privilegien und Erfindungen, Grundstücke und dingliche Rechte.

Die Bezirksgerichte entscheiden erstinstanziell alle Rechtsstreitigkeiten über 5000 Rubel sowie die der Zuständigkeit der Friedensgerichte entzogenen Ansprüche, zweitinstanziell die Berufungen gegen Entscheidungen der Friedensgerichte mit mehr als 3000 Rubel Streitwert

Für Ehesachen bleiben die geistlichen Gerichte zuständig, soweit nicht schon nach russischem Recht die ordentlichen Gerichte zuständig waren. Die Angelegenheiten der freiwilligen Gerichtsbarkeit, die bisher von den russischen Gerichten erledigt wurden, gehören zur Zuständigkeit der Friedensgerichte. Beschwerdegericht ist das Bezirksgericht.

Das Obergericht entscheidet die Berufungen gegen erstinstanzielle Entscheidungen der Bezirksgerichte. Revision gibt es nicht.

Die Gerichtssprache ist deutsch; ebenso sind die Gerichte mit deutschen Richtern besetzt.

B. Das materielle Recht. (Kriegsnotrecht s. unter D.)

Belgien. Das Recht des code civil und des code de commerce sowie die sonstigen materiellrechtlichen Bestimmungen gelten weiter. Über Legalisation der in Belgien ausgestellten öffentlichen Urkunden s. Anhang.

Warschau. Das bisher geltende bürgerliche, Handels- und Wechselrecht gilt weiter, ebenso das Grundbuch- und Hypothekenrecht.

Im einzelnen gelten das Bürgerliche Gesetzbuch für das Königreich Polen vom 1./13. Juni 1825 und der code civil, soweit er nicht durch das genannte und andere Gesetze ersetzt bzw. abgeändert ist. Vgl. Klibanski a. a. O.

C. Prozeß- und Konkursrecht.

Belgien. Die Geltung des code de procedure civile ist aufrecht erhalten, ebenso die bisherigen konkursrechtlichen Bestimmungen.

Warschau. In bürgerlichen Rechtsstreitigkeiten ist die deutsche Zivilprozeßordnung anzuwenden, in Angelegenheiten der freiwilligen Gerichtsbarkeit das entsprechende deutsche und preußische Recht. Anwaltszwang gibt es nicht, die Parteien können sich durch schriftlich bestellte Bevollmächtigte vertreten lassen, über deren Zulassung entscheidet der Gerichtsvorsitzende. In Lodz sind die bisherigen Rechtsanwälte von der Vertretung ausgeschlossen; ihre Funktionen sind deutschen Justizkommissaren übertragen. Die Einlegung der zulässigen Rechtsmittel hat binnen zwei Wochen seit Zustellung schriftlich oder zu Protokoll des Gerichtsschreibers des unteren oder des oberen Gerichts zu erfolgen.

Deutsche Schuldtitel, aus denen im Gebiet des Generalgouvernements vollstreckt werden soll, gelten als inländische; die Frage ihrer Vollstreckbarkeit ist ausschließlich nach deutschem Recht zu beurteilen. Vgl. hiezu Thiesing, JW. 1916, 368.)

Konkursangelegenheiten und Zwangsvollstreckung in das unbewegliche Vermögen sind nach bisherigem Recht zu erledigen. Die Gemeindegerichte erheben die bisherigen Gebühren, die übrigen Gerichte die Reichs- und preußischen Gebühren. (Im einzelnen vgl. hiezu Heilfron a. a. O.; Dove a. a. O.). Da es sich bei den Gerichten um deutsche Gerichtsorganisation handelt, sind sie den deutschen Gerichten zur Rechtshilfe verpflichtet und umgekehrt. (Vgl. Delius, LZ. 1916, 377.)

Ost. In bürgerlichen Rechtsstreitigkeiten ist die deutsche Zivilprozeßordnung anzuwenden, in Angelegenheiten der freiwilligen Gerichtsbarkeit, die von deutschen Gerichten zu erledigen sind, das deutsche und preußische Gesetz über die freiwillige Gerichtsbarkeit.

Vor dem Obergericht müssen sich die Parteien, wenn sie nicht selbst die nötige Vorbildung besitzen, durch rechtskundige Personen vertreten lassen; im übrigen gibt es keinen Anwaltszwang. Konkursangelegenheiten und Zwangsvollstreckung in das unbewegliche Vermögen sind nach bisherigem Recht zu erledigen. An Gebühren werden für jeden Akt die doppelten Beträge der hiefür im deutschen und preußischen Gerichtskostengesetz und der preußischen Gebührenordnung für Gerichtsvollzieher vorgesehenen Gebühren erhoben. (Vgl. im einzelnen auch Rümelin a. a. O. 366.) Rechtshilfe wie Warschau.

D. Kriegsnotrecht (vgl. „Auslandsmoratorien" der Handelskammer Berlin).

Belgien. Die Protest- und Regreßfrist ist für alle vor dem 3. August 1914 im Gebiet des Generalgouvernements ausgestellten und in der Zeit vom 31. Juli 1914 bis 31. Januar 1916 einschließlich dort zahlbaren Wechsel über 200 Fr. bis zum Ablauf von 19 Monaten und 7 Tagen nach dem Verfalltage, jedoch nicht über den 8. August 1916 hinaus verlängert. Für die außerhalb des Gebiets des Generalgouvernements ausgestellten und für alle Wechsel von 200 Fr. und weniger wird die Frist bis zum Ablauf von 22 Monaten und 7 Tagen nach dem Verfalltage, jedoch nicht über den 8. November hinaus verlängert. Vor Ablauf der Frist kann die Einlösung von den Indossanten und den anderen Verpflichteten nicht verlangt werden. Die Erhebung des Protestes ist von der Verkündung der Verordnung ab nur innerhalb der letzten 7 Tage vor Ablauf der Frist zulässig. Für alle Wechsel, die vom 1. Februar 1916 ab im Gebiete des Generalgouvernements zahlbar werden, wird die Protestfrist um 5 Tage, die Regreßfrist um 14 Tage verlängert.

Die Rückzahlung von Bankguthaben kann unbeschränkt zur Zahlung von Schulden jeder Art und zur Beschaffung von Material oder Waren für den eigenen kaufmännischen, gewerblichen, land- oder forstwirtschaftlichen Betrieb, im übrigen nur bis zu 1000 Fr. für je 14 Tage gefordert werden. Forderungspfändungen oder Zahlungsverbote dürfen deutschen Behörden gegenüber nicht vorgenommen werden. Der Gläubiger muß vielmehr nach Einholung einer Erlaubnis beim Präsidenten des erstinstanziellen Wohnsitzgerichtes des Schuldners ein Gesuch an die Behörde richten, die nach ihrem Ermessen den beanspruchten pfändbaren Betrag bei der belgischen Hinterlegungskasse hinterlegt, worauf die Pfändung nach belgischem Recht bei dieser Kasse erfolgen kann.

Für die besonderen Rechtsfolgen, die wegen der Nichtzahlung oder der nicht rechtzeitigen Zahlung einer vor dem 4. August 1914 entstandenen Geldforderung nach Gesetz oder Vertrag eintreten, kann der Richter anordnen, daß sie als nicht eingetreten gelten oder nur unter gewissen Voraussetzungen insbesondere nach fruchtlosem Ablauf einer Frist von höchstens 3 Monaten eintreten.

Der Handel mit Gold-, Silber- und Nickelmünzen oder französischen Banknoten zu einem ihren Nennwert übersteigenden Preis ist nur mit behördlicher Genehmigung zulässig. Zahlungsverbot besteht gegen England, Frankreich, Rußland, Finnland, Ägypten und Französisch-Marokko.

Für feindliche Unternehmungen kann Aufsicht und Zwangsverwaltung bestellt werden.

Mieter, die infolge des Krieges an der Benutzung der Mietsache verhindert waren, sind berechtigt Auflösung des Mietvertrags oder

Herabsetzung des Mietpreises für die Zeit ihrer Verhinderung zu verlangen und zwar ohne weitere Entschädigung des Vermieters. Zur Entscheidung von Mietstreitigkeiten sind besondere Schiedsgerichte errichtet.

Die Verjährungsfrist für Kaufleute und Handwerker aus Lieferungen an Nichtkaufleute ist, soweit sie noch nicht verjährt sind, bis Ende 1916 verlängert. Auf die französischen unter belgischer Verwaltung stehenden Gebiete bezieht sich das Kriegsnotrecht nicht. (Vgl. im einzelnen Heilfron a. a. O., Dove a. a. O., Philipsborn a. a. O.)

Warschau. Das russische Moratorium ist aufgehoben; das Prozeßgericht kann dagegen Zahlungsfristen bis zu sechs Monaten bewilligen und für diesen Zeitraum die Zwangsvollstreckung einstellen. Die Protest- und Regreßfristen sind jeweils verlängert; für Zinszahlung Benachrichtigung statt Protest genügend. Geschäftsaufsicht zur Abwendung des Konkursverfahrens nach deutschem Recht ist zulässig. Zahlungsverbot besteht wie in Belgien. Das russische Zahlungsverbot ist aufgehoben. Gewerbliche Schutzrechte deutscher Reichsangehöriger dürfen nicht ohne Zustimmung des Berechtigten benutzt werden. (Vgl. hiezu Finger, Zum gewerblichen Rechtsschutz im Generalgouvernement Warschau M. u. W. 1916, 292.) Feindliche Unternehmungen können unter Aufsicht und Zwangsverwaltung gestellt werden. (Vgl. hiezu Dove a. a. O. 428, 965; Heilfron a. a. O. 976; JW. 1916, 562.)

Ost. Geschäftsaufsicht kann eingeleitet werden, Rechtsgeschäfte unter Lebenden zur Übertragung von Grundstücken und Grundstücksrechten sind nichtig, sonst im allgemeinen wie Warschau.

II. Beglaubigung von Unterschriften und Legalisation von Urkunden in den besetzten Gebieten.

Vorbemerkung: Die besetzten Gebiete sind für das deutsche Recht Ausland geblieben. Öffentliche Urkunden, die in ihnen aufgenommen werden, bedürfen daher nach wie vor einer besonderen Legalisation, um für den Bereich der deutschen Rechtsanwendung beweiskräftig zu sein (vgl. § 438 ZPO., § 2 des Reichsgesetzes vom 1. Mai 1878), soweit nicht durch noch in Kraft stehende Staatsverträge die Legalisation für überflüssig erklärt ist. Die Legalisationsbefugnis steht im Frieden den deutschen Gesandten und Konsuln zu, ebenso die Befugnis ein für die deutsche Rechtsanwendung wirksame Beglaubigung einer Unterschrift oder eines Handzeichens vorzunehmen. (Vgl. § 14 des Gesetzes über die Bundeskonsulate vom 8. November 1867 mit § 2 des Reichsgesetzes vom 1. Mai 1878.) Ihre Amtstätigkeit in den besetzten Gebieten ist durch den Krieg beendigt. Um Legalisation und Beglaubigung zu ermöglichen übertragen daher die nachstehenden Verordnungen vom 20. Januar und die auf Grund deren ergangene Reichskanzlerbekanntmachung vom 6. Mai 1916 im Bereich der Zivilverwaltung des Generalgouvernements Belgien den Präsidenten der Zivilverwaltung das Recht zur Legalisation und Beglaubigung, im Bereich der Zivilverwaltung beim Oberbefehlshaber Ost das Recht der Legalisation den Verwaltungschefs, die Beglaubigung den Friedensgerichten, im Bereich des Generalgouvernements Warschau das Recht der Legalisation dem Verwaltungschef beim Generalgouvernement Warschau, das Recht der Beglaubigung die Bezirksgerichte und deutschen Justizkommissare (in Warschau für gerichtliche Beglaubigung dem Bezirksgericht II allein).

Anderseits ist in Belgien durch Verordnung des Generalgouverneurs vom 16. Juni 1915 der Gebrauch deutscher öffentlicher Urkunden ermöglicht, wenn sie durch den Verwaltungschef beim Generalgouverneur legalisiert sind. (Vgl. Heilfron a. a. O.)

81. Bekanntmachung über die Beglaubigung von Unterschriften und die Legalisation von Urkunden in den besetzten Gebieten.

Vom 20. Januar 1916.

(RGBl. 1916 S. 48 Nr. 5029).

Der Bundesrat hat auf Grund des § 3 des Gesetzes über die Ermächtigung des Bundesrats zu wirtschaftlichen Maßnahmen usw. vom 4. August 1914 (Reichs-Gesetzbl. S. 327) folgende Verordnung erlassen:

§ 1.

In den besetzten Gebieten Belgiens und Frankreichs, soweit sie unter der Verwaltung des Kaiserlichen Generalgouverneurs in Brüssel stehen, sind die Präsidenten der Zivilverwaltung befugt, die nach den Vorschriften eines deutschen Gesetzes erforderliche öffentliche Beglaubigung einer Unterschrift oder eines Handzeichens vorzunehmen. Für die Beglaubigung gelten die Vorschriften des § 183 des Gesetzes über die Angelegenheiten der freiwilligen Gerichtsbarkeit (Reichs-Gesetzbl. 1898 S. 771) entsprechend.

Der Reichskanzler kann auch anderen Dienststellen der Zivilverwaltung diese Befugnis verleihen.

§ 2.

Die Präsidenten der Zivilverwaltung in den im § 1 bezeichneten Gebieten sind befugt, Urkunden, die in ihrem Amtsbezirk ausgestellt oder beglaubigt sind, zu legalisieren. Die Legalisation hat dieselbe Wirkung wie die Legalisation durch einen Konsul oder Gesandten des Reichs.

§ 3.

Der Reichskanzler kann anordnen, daß die Vorschriften der §§ 1, 2 für andere besetzte Gebiete entsprechend gelten, und die dort zuständigen Dienststellen bestimmen.

§ 4.

Diese Verordnung tritt mit dem Tage ihrer Verkündung in Kraft. Der Reichskanzler bestimmt, wann und inwieweit die Verordnung außer Kraft tritt.

82. Bekanntmachung über die Beglaubigung von Unterschriften und die Legalisation von Urkunden in den besetzten Gebieten.

Vom 6. Mai 1916.

(RGBl. 1916 S. 364 Nr. 5187).

Auf Grund des § 3 der Verordnung über die Beglaubigung von Unterschriften und die Legalisation von Urkunden in den besetzten Gebieten vom 20. Januar 1916 (Reichs-Gesetzbl. S. 48) wird folgendes bestimmt:

Die Vorschriften der §§ 1, 2 der Verordnung gelten für die dem Oberbefehlshaber Ost unterstellten russischen Gebiete, in denen die deutsche Verwaltung eingeführt ist, entsprechend. Für die öffentlichen Beglaubigungen sind die dortigen Friedensgerichte, für die Legalisationen die dortigen Chefs der Verwaltungen zuständig.

83. Bekanntmachung über die Beglaubigung von Unterschriften und die Legalisation von Urkunden in den besetzten Gebieten.

Vom 25. November 1916.

(RGBl. 1916 S. 1299 Nr. 5578).

Auf Grund des § 3 der Verordnung über die Beglaubigung von Unterschriften und die Legalisation von Urkunden in den besetzten Gebieten vom 20. Januar 1916 (Reichs-Gesetzbl. S. 48) wird folgendes bestimmt:

Die Vorschriften der §§ 1, 2 der Verordnung gelten für das besetzte Gebiet von Longwy und Briey entsprechend. Für die öffentlichen Beglaubigungen sind der Chef der Zivilverwaltung beim Gouvernement Metz für dieses Gebiet, der Vorsitzende und Einzelrichter des deutschen Gerichts für dieses Gebiet und die zur Ausübung ihres Amtes innerhalb dieses Gebiets zugelassenen deutschen Notare zuständig. Die Legalisationen gehören zur Zuständigkeit des Chefs der Zivilverwaltung beim Gouvernement Metz.

Nachtrag.

1. Bekanntmachung, betreffend die Verlängerung der Prioritätsfristen in Norwegen.

Vom 18. August 1916.

(RGBl. 1916 S. 949 Nr. 5398).

Auf Grund des § 1 Abs. 2 der Verordnung des Bundesrats betreffend die Verlängerung der im Artikel 4 der revidierten Pariser Übereinkunft zum Schutze des gewerblichen Eigentums vom 2. Juni 1911 vorgesehenen Prioritätsfristen, vom 7. Mai 1915 (Reichs-Gesetzbl. S. 272) wird hierdurch bekannt gemacht, daß in Norwegen für Patente die bezeichneten Fristen, soweit sie nicht am 29. Juli 1914 abgelaufen sind, bis zum 31. Dezember 1916 zugunsten der deutschen Reichsangehörigen verlängert sind; darüber hinaus sind weitere Verlängerungen, höchstens um je sechs Monate, vorbehalten.

Zu S. 52 Nr. 21 i.

2. Bekanntmachung über die Bestätigung von Schecks durch die Reichsbank.

Vom 31. August 1916.

(RGBl. 1916 S. 985 Nr. 5421).

Vorbemerkungen: Das zurzeit in Geltung befindliche Scheckgesetz vom 11. März 1908 verbot ausdrücklich das Scheckakzept.

§ 10 lautet: „Der Scheck kann nicht angenommen werden. Ein auf den Scheck gesetzter Annahmevermerk gilt als nicht geschrieben." Die Motive bemerken dazu:

> „Das Akzept, wodurch der Bezogene zu einem selbständigen Schuldner wird, während er nach dem Charakter des Schecks lediglich Zahlungsorgan sein soll, ist mit der Natur des Schecks nicht verträglich. Dadurch, daß bis zur Vorlage des Schecks unbestimmt bleibt, ob er eingelöst wird oder nicht, wird erreicht,

daß der Scheck seinem Endziele, der Einlösungsstelle so rasch als möglich zutreibt, und es wird hintangehalten, daß er unnötig lange gleich dem Papiergelde herumwandert."

Diese Bestimmungen gelten auch für das sogenannte „Certifying". (So die Motive.) über das „Certifying" vgl. Buff, „Das deutsche Scheckgesetz (S. 60 und die dort angegebene Literatur). Mit der Vorschrift des § 10 SchG. bricht unter allen Umständen Art. 1 der obigen Bekanntmachung, da er unter bestimmten Voraussetzungen ein Scheckakzept zuläßt.

Zulässig ist jedoch nur ein Bestätigungsvermerk von seiten der Reichsbank. Für Bestätigungsvermerke von anderer Seite hat es bei der Vorschrift des § 10 Scheckgesetz sein Bewenden. Neuerdings strebt der Zentralverband des deutschen Bank- und Bankiergewerbes die Ausdehnung der Bestimmungen obiger Bekanntmachung auf die Privatbanken an (vgl. hierzu Handelsteil des Berliner Tageblattes vom 12. September 1916 abends [Nr. 468]).

„Der Bundesrat hat auf Grund des § 3 des Gesetzes über die Ermächtigung des Bundesrats zu wirtschaftlichen Maßnahmen usw. vom 4. August 1914 (Reichs-Gesetzbl. S. 327) folgende Verordnung erlassen:

Art. 1.

Versieht die Reichsbank einen auf sie gezogenen Scheck mit einem Bestätigungsvermerke, so wird sie hierdurch dem Inhaber zur Einlösung verpflichtet, für die Einlösung haftet sie auch dem Aussteller und den Indossanten.

Die Verpflichtung aus der Bestätigung erlischt, wenn der Scheck nicht innerhalb der Vorlegungsfrist (§ 11 des Scheckgesetzes vom 11. März 1908 — Reichs-Gesetzbl. S. 71) zur Zahlung vorgelegt wird. Hinsichtlich des Nachweises der Vorlegung finden die Vorschriften des § 16 des Scheckgesetzes Anwendung.

Der Anspruch aus der Bestätigung verjährt in zwei Jahren vom Ablauf der Vorlegungsfrist an.

Für einen bestätigten Scheck, auf dem eine Unterschrift gefälscht ist, gelten die Vorschriften des § 23, für die gerichtliche Geltendmachung von Ansprüchen auf Grund der Bestätigung die Vorschriften des § 28 des Scheckgesetzes entsprechend.

Die Reichsbank ist nur nach vorheriger Deckung befugt, Schecks mit einem Bestätigungsvermerke zu versehen.

Art. 2.

Die Bestätigung begründet nicht die Verpflichtung zur Entrichtung des Wechselstempels oder einer landesgesetzlichen Abgabe.

Die Vorschrift des Art. 2 war notwendig, da sonst gemäß § 24 Abs. 2 Nr. 1 ein Wechselstempel zur Erhebung gelangen würde.

Art. 3.

Diese Verordnung tritt mit dem Tage der Verkündung in Kraft. Der Reichskanzler bestimmt den Zeitpunkt des Außerkrafttretens.

3. Bekanntmachung, betreffend die Verlängerung der Prioritätsfristen in Dänemark.

Vom 8. September 1916.

(RGBl. 1916 S. 1007 Nr. 5435).

Auf Grund des § 1 Abs. 2 der Verordnung des Bundesrats, betreffend die Verlängerung der im Artikel 4 der revidierten Pariser Übereinkunft zum Schutze des gewerblichen Eigentums vom 2. Juni 1911 vorgesehenen Prioritätsfristen, vom 7. Mai 1915 (Reichs-Gesetzbl. S. 272) und im Anschluß an die Bekanntmachung vom 8. Februar 1916 (Reichs-Gesetzbl. S. 89) wird hierdurch bekanntgemacht, daß in Dänemark die Prioritätsfristen zugunsten der deutschen Reichsangehörigen weiter bis zum 1. Januar 1917 verlängert worden sind.

Zu S. 51 Nr. 21 f.

4. Bekanntmachung, betreffend die Fristen des Wechsel- und Scheckrechtes in Elsaß-Lothringen.

Vom 5. Oktober 1916.

(RGBl. 1916 S. 1133 Nr. 5494).

Der Bundesrat hat auf Grund des § 3 des Gesetzes über die Ermächtigung des Bundesrats zu wirtschaftlichen Maßnahmen usw. vom 4. August 1914 (Reichs-Gesetzbl. S. 327) im Anschluß an die Bekanntmachung vom 13. Juli 1916 (Reichs-Gesetzbl. S. 694) folgende Verordnung erlassen:

Die Fristen für die Vornahme einer Handlung, deren es zur Ausübung oder Erhaltung des Wechselrechts oder des Regreßrechts aus dem Scheck bedarf, werden, soweit sie nicht am 31. Juli 1914 abgelaufen waren, für die in Elsaß-Lothringen zahlbaren Wechsel oder Schecks in der Weise verlängert, daß sie mit dem 31. Januar 1917 ablaufen, sofern sich nicht aus anderen Vorschriften ein späterer Ablauf ergibt.

Diese Vorschrift findet keine Anwendung auf die Frist, innerhalb deren nach den gesetzlichen Vorschriften der Regreßpflichtige von der Nichtzahlung des Wechsels oder Schecks zu benachrichtigen ist.

Zu S. 36 Nr. 17 q.

5. Bekanntmachung, betreffend Erleichterungen auf dem Gebiet des Patent- und Warenzeichenrechts in ausländischen Staaten.

Vom 5. Oktober 1916.

(RGBl. 1916 S. 1144 Nr. 5500).

Auf Grund des § 3 der Verordnung des Bundesrats, betreffend vorübergehende Erleichterungen auf dem Gebiete des Patent-, Gebrauchsmuster- und Warenzeichenrechts, vom 10. September 1914 (Reichs-Gesetzbl. S. 403) wird hierdurch bekanntgemacht, daß in den Niederlanden deutschen Reichsangehörigen gleichartige Erleichterungen gewährt werden.

Zu S. 48; einzuschalten nach Nr. 20 d.

6. Bekanntmachung, betreffend Änderung der Postordnung vom 20. März 1900.

Vom 9. Oktober 1916.

(RGBl. 1916 S. 1153 Nr. 5504).

Auf Grund des § 50 des Gesetzes über das Postwesen vom 28. Oktober 1871 (Reichs-Gesetzbl. S. 347) und des § 3 Abs. 2 des Gesetzes, betreffend die Erleichterung des Wechselprotestes, vom 30. Mai 1908 (Reichs-Gesetzbl. S. 321) sowie auf Grund der Bekanntmachung des Bundesrats vom 5. Oktober 1916 (Reichs-Gesetzbl. S. 1133), betreffend die Fristen des Wechsel- und Scheckrechts für Elsaß-Lothringen, wird die Postordnung vom 20. März 1900 wie folgt geändert.

1. Im § 18a „Postprotest" erhält der Abs. V unter B und C folgende Fassung:

B. Postprotestaufträge mit Wechseln, die in Elsaß-Lothringen zahlbar sind, werden erst an folgenden Tagen nochmals zur Zahlung vorgezeigt:

a) wenn der Zahlungstag des Wechsels in der Zeit vom 30. Juli 1914 bis einschließlich 29. Januar 1917 eingetreten ist,
am 31. Januar 1917;

b) wenn der Zahlungstag des Wechsels nach dem 29. Januar 1917 eintritt,
am zweiten Werktag nach dem Zahlungstage.

Solange die Verlängerung der Fristen des Wechsel- und Scheckrechts nach der Vorschrift des vorhergehenden Satzes besteht, kann der Auftraggeber verlangen, daß ein davon betroffener Wechsel mit dem Postprotestauftrage schon am zweiten Werktag nach dem Zahlungstage des Wechsels nochmals zur Zahlung vorgezeigt und, wenn auch diese Vorzeigung oder der Versuch dazu erfolglos bleibt, protestiert werde. Dieses Verlangen ist durch den Vermerk „Ohne die verlängerte Protestfrist" auf der Rückseite des Postprotestauftrags auszudrücken. Auch kann die Post damit betraut werden, für solche Wechsel neben der Wechselsumme auch die für die verlängerte Frist vom Tage der ersten Vorzeigung des Wechsels an fälligen Wechselzinsen einzuziehen und im Nichtzahlungsfalle deswegen Protest zu erheben. Wird hiervon Gebrauch gemacht, so ist in den Vordruck zum Postprotestauftrage hinter „Betrag des beigefügten Wechsels" einzutragen „nebst Verzugszinsen von 6 vom Hundert vom Tage der ersten Vorzeigung, nämlich vom . . . . ab". Der Zeitpunkt, von dem an die Zinsen zu berechnen sind, ist nicht anzugeben, wenn die Post die erste Vorzeigung des Wechsels bewirkt. Hat der Auftraggeber die Einziehung der Zinsen verlangt, so wird der Wechsel nur gegen Bezahlung der Wechselsumme und der Zinsen ausgehändigt, bei Nichtzahlung auch nur der Zinsen aber wegen des nicht gezahlten Betrags Protest mangels Zahlung erhoben.

C. Als Zahlungstag gilt der Fälligkeitstag des Wechsels oder, wenn dieser ein Sonn- oder Feiertag ist, der nächste Werktag. Fällt der Schlußtag der Frist zur Vorzeigung des Wechsels auf einen Sonn- oder Feiertag, so wird der Wechsel am nächsten Werktag zur Zahlung vorgezeigt. Die Postverwaltung behält sich vor, die Vorzeigung der Wechsel, deren Protestfrist am 31. Januar 1917 (Abs. B) abläuft, auf mehrere vorhergehende Tage zu verteilen.

1. Die Änderungen treten sofort in Kraft.

Zu S. 81 Nr. 18n. Vgl. auch Nachtr. Nr. 4.

7. Verordnung über die Verjährungsfristen.

Vom 26. Oktober 1916.

(RGBl. 1916 S. 1198 Nr. 5533).

Der Bundesrat hat auf Grund des § 3 des Gesetzes über die Ermächtigung des Bundesrats zu wirtschaftlichen Maßnahmen usw.

vom 4. August 1914 (Reichs-Gesetzbl. S. 327) folgende Verordnung erlassen:

In der Verordnung über die Verjährungsfristen vom 4. November 1915 (Reichs-Gesetzbl. S. 732) und in der Verordnung über Verjährungsfristen des Seerechts vom 9. Dezember 1915 (Reichs-Gesetzbl. S. 811) tritt an die Stelle der Jahreszahl 1916 die Jahreszahl 1917.

Zu S. 7 Nr. 8 und 9.

8. Gesetz, betreffend Änderungen des Gerichtskostengesetzes, der Gebührenordnung für Rechtsanwälte und der Gebührenordnung für Gerichtsvollzieher.

Vom 8. November 1916.

(RGBl. 1916 S. 1263 Nr. 5558).

Vorbemerkungen.

1. Allgemeines.

Das vorliegende Gesetz bezweckt weder eine Erhöhung der Gerichtsgebühren im fiskalischen Interesse, noch steht es im Zusammenhang mit den immer dringender werdenden Wünschen der Rechtsanwälte die Gebühren entsprechend dem Sinken des Geldwertes zu erhöhen; es regelt nur die Abgeltung der durch Einführung einer Reichsabgabe auf den Postverkehr erwachsenden Auslagen. Die amtliche Begründung zum Entwurf, der unverändert Gesetz wurde (Reichstagsdrucks. Nr. 414 d. 13. Leg.-Per.), führt hiezu aus:

„Bei den Kostenberechnungen im Bereiche der Rechtspflege sind Zweifel darüber hervorgetreten, wie die nach dem Gesetze vom 21. Juni 1916 (RGBl. S. 577) mit den Post- und Telegraphengebühren zu erhebende außerordentliche Reichsabgabe bei der Anwendung der §§ 79, 80 b des Gerichtskostengesetzes, des § 76 der Gebührenordnung für Rechtsanwälte und des § 13 der Gebührenordnung für Gerichtsvollzieher zu behandeln ist. Die Erstattung von Auslagen, die durch die Beförderung von Mitteilungen erwachsen, ist in diesen Gesetzen nur für die Post- und Telegraphengebühren einschließlich der Fernsprechgebühren geregelt. Es gelten nun zwar nach dem § 2 des Gesetzes vom 21. Juni 1916 die für die Entrichtung, Erhebung, Beitreibung und Hinterziehung von Post- und Telegraphengebühren gegebenen Vorschriften auch für die Reichsabgaben. Gleichwohl sind diese nach dem Aufbau des Gesetzes vom 21. Juni 1916 nicht als Gebühren dieser Art anzusehen. Aus dieser auch im Schrifttum überwiegend vertretenen Auffassung ergeben sich für das Kostenwesen im Bereiche der Rechtspflege Unzuträglichkeiten, deren Beseitigung geboten erscheint. Für die Rechtsanwälte führt die Unterscheidung zwischen Postgebühren und Reichsabgaben zu dem Ergebnis, daß diese neben den im § 76 der Gebührenordnung vorgesehenen Pauschsätzen angesetzt werden können, da hier der Pauschsatz nur die im Gesetze besonders aufgeführten Auslagen umfaßt. Bei der Berechnung der Gerichtskosten nach den §§ 47, 80 b des Gerichtskostengesetzes würden sie hingegen durch den Pauschsatz abgegolten, während sie bei der Auslagenberechnung der Gerichtsvollzieher außer Ansatz zu bleiben hätten, da hier bare Auslagen nur in den vom Gesetze besonders hervorgehobenen Fällen vergütet werden.

Diese Rechtslage ist unbefriedigend. Sie führt hinsichtlich der Erstattung der Reichsabgaben zu Ungleichheiten, die der inneren Begründung entbehren, und steht mit den die Auslagenerstattung im gerichtlichen Kostenwesen beherrschenden Grundsätzen nicht im Einklange. Sowohl das Gerichtskostengesetz wie die Gebührenordnungen für Rechtsanwälte und für Gerichtsvollzieher behandeln die Post- und Telegraphengebühren als Auslagen, die von dem Kostenschuldner zu erstatten sind, und zwar erfolgt die Erstattung entweder durch Bezahlung des im einzelnen Falle aufgewendeten Betrags oder durch Entrichtung von Pauschsätzen. Die Reichsabgabe aber würde nach der dargelegten Auffassung entweder von der Erstattung ausgeschlossen sein oder durch den bisherigen Pauschsatz einzeln berechnet werden. In diesem Falle müssen die Einzelbeträge in der Berechnung aufgeführt und im Kostenfestsetzungsverfahren belegt und geprüft werden. Hierdurch werden die mit der Pauschalierung verbundenen Vorteile in Frage gestellt.

Es ist daher geboten, den Ersatz der Reichsabgabe im Wege der Gesetzgebung zu regeln. Hierbei wird davon auszugehen sein, daß die Abgaben zu den Kosten der Beförderung von Mitteilungen gehören und daher nach den gleichen Grundsätzen erstattet werden müssen wie die Post- und Telegraphengebühren, mit denen sie erhoben werden. Der vorliegende Entwurf sieht demnach die Ausdehnung der für diese Gebühren bestehenden Erstattungspflicht auf die Reichsabgaben vor und regelt die Form der Erstattung im einzelnen Falle entsprechend den für Post- und Telegraphengebühren gegebenen Vorschriften. Soweit diese Gebühren pauschaliert sind, sollen auch die Reichsabgaben durch die Pauschsätze abgegolten werden. Bei dieser Regelung läßt sich eine Erhöhung der Pauschsätze nicht umgehen. Bliebe es bei den gegenwärtigen Sätzen, bei deren Bemessung die Reichsabgabe nicht in Betracht gezogen werden konnte, so würde eine Überwälzung dieser Auslagen nicht eintreten, vielmehr die Rechtsanwälte und die Gerichtskassen damit belastet bleiben. Dies würde unbillig sein, zumal die Pauschsätze, die zugleich zur Abgeltung des Schreibwerkes bestimmt sind, bei dem unter den gegenwärtigen Verhältnissen erheblich gesteigerten Kanzleiaufwand als unzulänglich erscheinen.

Der Entwurf sieht daher die Erhöhung aller Pauschsätze um fünfzig vom Hundert vor. Soweit die Pauschsätze der Rechtsanwälte in Betracht kommen, entspricht diese Normierung den aus den Kreisen der Rechtsanwaltschaft geäußerten Wünschen. Die gleichen Erwägungen führen zu einer entsprechenden Heraufsetzung der gerichtlichen Sätze. Auch die Finanzverwaltungen des Reichs und der Bundesstaaten können unter den gegenwärtigen Verhältnissen nicht darauf verzichten, die aus der Einführung einer Reichsabgabe für das gerichtliche Kostenwesen sich ergebende Folgerung zu ziehen und diese Auslagen in gleicher Weise wie die Post- und Telegraphengebühren von den Kostenschuldnern zu erheben."

2. Literatur. Irmler, DJZ. 1916 S. 1031; Drucker, JW. 1916 S. 1372.

Art. I.

Das Gerichtskostengesetz wird dahin geändert:

1. Im § 79 werden im Abs. 1 Nr. 2 hinter den Worten „zu entrichtenden Fernsprechgebühren" die Worte „einschließlich der mit diesen Gebühren auf Grund des Gesetzes vom 21. Juni 1916 (Reichs-Gesetzbl. S. 577) zu erhebenden Reichsabgabe" eingestellt.
2. Im § 80 b werden
   a) im Abs. 1 der Satz 2 durch folgende Vorschrift ersetzt:
   Der einzelne Pauschsatz beträgt fünfzehn vom Hundert der zum Ansatz gelangenden Gebühr, jedoch mindestens zwanzig Pfennig und höchstens fünfundsiebzig Mark.
   b) im Abs. 2 das Wort „fünfzig" durch das Wort „achtzig" und das Wort „einhundert" durch das Wort „einhundertfünfzig" ersetzt.

Art. II.

Die Gebührenordnung für Rechtsanwälte wird dahin geändert: Im § 76 werden

a) im Abs. 1 hinter dem Worte „Sendungen" die Worte „und der mit den Postgebühren auf Grund des Gesetzes vom 21. Juni 1916 (Reichs-Gesetzbl. S. 577) zu erhebenden Reichsabgabe" eingestellt;
b) im Abs. 2 die Worte „zwanzig vom Hundert" durch die Worte „dreißig vom Hundert", das Wort „dreißig" durch das Wort „fünfundvierzig", das Wort „fünfzig" durch das Wort „achtzig" und das Wort „zwei" durch das Wort „drei" ersetzt;
c) im Abs. 3 das Wort „vier" durch das Wort „sechs", das Wort „fünfzig" durch das Wort „fünfundsiebzig", das Wort „sechs" durch das Wort „neun" und das Wort „sechzig" durch das Wort „neunzig" ersetzt;
d) im Abs. 5 das Wort „vier" durch das Wort „sechs" ersetzt.

Art. III.

Die Gebührenordnung für Gerichtsvollzieher wird dahin geändert: Im § 13 erhält die Nr. 2 folgende Fassung:

2. die Post- und Telegraphengebühren einschließlich der mit diesen Gebühren auf Grund des Gesetzes vom 21. Juni 1916 (Reichs-Gesetzbl. S. 577) zu erhebenden Reichsabgabe; der einzuziehende Betrag ist nötigenfalls auf volle Pfennig aufwärts abzurunden.

„Die Artikel I bis III enthalten die durch die Ausdehnung der Erstattung auf die Reichsabgabe und die Erhöhung der Pauschsätze im einzelnen erforderlichen Änderungen der §§ 79, 80 b des Gerichtskosten-Gesetzes, des § 76 der Gebührenordnung für Rechtsanwälte und des § 13 der Gebührenordnung für Gerichtsvollzieher. Soweit nötig, sind die Beträge der Pauschsätze nach § 7 Abs. 2 des Gerichtskostengesetzes (zu vergleichen § 76 Abs. 2 Satz 2 der Gebührenordnung für Rechtsanwälte) abgerundet. Der Mindestsatz für den gerichtlichen Pauschsatz für die Fälle, in denen die Erhebung einer Klage nicht in Frage steht, entsprechend der Vorschrift im § 7 Abs. 1 des Gerichtskostengesetzes auf zwanzig Pfennig bemessen. Der Artikel III, der die Auslagen der Gerichtsvollzieher behandelt, sieht zugleich für den Fall, daß sich bei dem einzuziehenden Betrage Bruchteile eines Pfennigs ergeben, die Abrundung auf volle Pfennig vor." (Begr.)

Die einschlägigen Gesetze lauten also nunmehr:

1. Gerichtskostengesetz.

§ 79.

An baren Auslagen werden erhoben:

1. Schreibgebühren für solche Ausfertigungen und Abschriften, welche nur auf Antrag erteilt werden, oder welche angefertigt werden, weil die Partei es unterläßt, einem von Amts wegen zuzustellenden Schriftsatz die erforderliche Zahl von Abschriften beizufügen;
2. Telegraphengebühren und die im Fernverkehre zu entrichtenden Fernsprechgebühren **einschließlich der mit diesen Gebühren auf Grund des Gesetzes vom 21. Juni 1916 (Reichs-Gesetzbl. S. 577) zu erhebenden Reichsabgabe**;
3. die durch Einrückung einer Bekanntmachung in öffentliche Blätter entstehenden Kosten;
4. die an Zeugen und Sachverständige zu zahlenden Gebühren;
5. die bei Geschäften außerhalb der Gerichtsstelle den Gerichtsbeamten zustehenden Tagegelder und Reisekosten;
6. die an andere Behörden oder Beamte oder an Rechtsanwälte für deren Tätigkeit zu zahlenden Beträge;
7. die Kosten eines Transports von Personen;
8. die Haftkosten nach Maßgabe der für die Strafhaft geltenden landesgesetzlichen Vorschriften.

Wird ein Urteil nach § 317 Abs. 3 der Zivilprozeßordnung unter Benutzung einer dem Gerichte vorgelegten beglaubigten Abschrift der Klageschrift oder des Zahlungsbefehls ausgefertigt, so sind für die Ausfertigung keine Schreibgebühren zu entrichten.

§ 80 b.

Zur Deckung der von den Parteien nicht zu ersetzenden baren Auslagen werden Pauschsätze erhoben. **Der einzelne Pauschsatz beträgt fünfzehn vom Hundert der zum Ansatze gelan-**

genden Gebühr, jedoch mindestens zwanzig Pfennig und höchstens fünfundsiebzig Mark. Die Vorschrift des § 7 Abs. 2 findet Anwendung.

In bürgerlichen Rechtsstreitigkeiten beträgt im Falle der Erhebung einer Klage die Summe der in einer Instanz anzusetzenden Pauschsätze mindestens achtzig Pfennig und höchstens einhundertfünfzig Mark; die Vorschriften des § 32 Abs. 1 und des § 33 sowie die Vorschrift des § 39 Abs. 1, soweit sie sich auf die in den §§ 36, 38 Nr. 1, 2 bestimmten Gebühren bezieht, finden keine Anwendung. Der Erhebung einer Klage steht es gleich, wenn nach Erhebung des Widerspruchs gegen einen Zahlungsbefehl zur mündlichen Verhandlung geladen wird oder wenn gegen einen Vollstreckungsbefehl Einspruch eingelegt wird; in diesem Falle gelten das Mahnverfahren und der entstehende Rechtsstreit als Eine Instanz.

2. Gebührenordnung für Rechtsanwälte.

§ 76.

Für die Herstellung des Schreibwerkes sowie zum Ersatze der Postgebühren seiner Sendungen und der mit den Postgebühren auf Grund des Gesetzes vom 21. Juni 1916 (Reichs-Gesetzbl. S. 577) zu erhebenden Reichsabgabe erhält der Rechtsanwalt Pauschsätze, soweit Schreibwerk und Postsendung innerhalb des Rahmens einer gebührenpflichtigen Tätigkeit vorkommen.

Der einzelne Pauschsatz beträgt dreißig vom Hundert der zum Ansatze gelangenden Gebühr, jedoch höchstens fünfundvierzig Mark und mindestens achtzig Pfennig, in der Zwangsvollstreckungsinstanz mindestens drei Mark. Die Vorschrift des § 7 Abs. 2 des Gerichtskostengesetzes findet Anwendung.

Steht dem als Prozeßbevollmächtigten bestellten Rechtsanwalte nach § 13 Nr. 1, §§ 19, 52 die Prozeßgebühr zu, so beträgt die Summe der in einer Instanz anzusetzenden Pauschsätze mindestens sechs Mark und höchstens fünfundsiebzig Mark und, wenn dem Rechtsanwalt auch nach § 13 Nr. 4, §§ 19, 52 die Beweisgebühr oder nach § 13 Nr. 3, §§ 19, 52 die Vergleichsgebühr zusteht, mindestens neun Mark und höchstens neunzig Mark; die Vorschriften des § 27 Abs. 1, des § 28 und des § 30 Abs. 1 Nr. 3 finden keine Anwendung.

In den Fällen der §§ 43 und 45 der Gebührenordnung für Rechtsanwälte werden die dem Prozeßbevollmächtigten und dem anderen Rechtsanwalte zustehenden Pauschsätze nach der Summe der beiden Anwälten zustehenden Gebühren berechnet. Von dem Betrage dieser Pauschsätze erhält der Prozeßbevollmächtigte zwei Dritteile, der andere Rechtsanwalt ein Dritteil.

Steht dem als Verteidiger oder als Vertreter eines Privatklägers, eines Nebenklägers oder einer Verwaltungsbehörde bestellten Rechtsanwalte die im § 63 bestimmte Gebühr zu, so beträgt der Pauschsatz mindestens sechs Mark.

Neben den Pauschsätzen stehen dem Rechtsanwalte Schreibgebühren zu:

1. für die auf besonderes Verlangen gefertigten Abschriften;
2. für eine von ihm gefertigte beglaubigte Abschrift der Klageschrift, falls diese zur Herstellung einer Ausfertigung des Urteils (§ 317 Abs. 3 der Zivilprozeßordnung) benutzt wird;

3. für ein Schreibwerk, soweit es außerhalb des Rahmens einer gebührenpflichtigen Tätigkeit entsteht.

Für die Höhe der im Abs. 5 erwähnten Schreibgebühren sind die Vorschriften des § 80 des Gerichtskostengesetzes maßgebend.

Der Ansatz der im § 79 Nr. 2 des Gerichtskostengesetzes bezeichneten Gebühren wird durch den Pauschsatz nicht ausgeschlossen.

3. Gebührenordnung für Gerichtsvollzieher.

§ 13.

An baren Auslagen werden dem Gerichtsvollzieher vergütet:

1. die Schreibgebühren;
2. die Post- und Telegraphengebühren einschließlich der mit diesen Gebühren auf Grund des Gesetzes vom 21. Juni 1916 (Reichs-Gesetzbl. S. 577) zu erhebenden Reichsabgabe; der einzuziehende Betrag ist nötigenfalls auf volle Pfennig aufwärts abzurunden.
3. die durch öffentliche Bekanntmachungen, insbesondere durch Einrückung in öffentlichen Blättern entstandenen Kosten;
4. die an Zeugen und Sachverständige zu zahlenden Beträge;
5. die Entschädigung der zum Öffnen von Türen und Behältnissen zugezogenen Personen;
6. die für Umschreibung eines auf Namen lautenden Wertpapiers oder für Wiederinkurssetzung eines Inhaberpapiers zu zahlenden Beträge;
7. die Kosten eines Transports von Personen oder Sachen, die Kosten der Verwahrung und Beaufsichtigung von Gegenständen, die Kosten der Aberntung von Früchten sowie der Erhaltung von Tieren;
8. die Reisekosten.

Art. IV.

Soweit in Reichsgesetzen oder in Landesgesetzen auf Vorschriften der in den Artikeln I bis III bezeichneten Gesetze verwiesen ist, welche durch dieses Gesetz geändert werden, treten die entsprechenden Vorschriften dieses Gesetzes an ihre Stelle.

„Der Artikel IV stellt nach dem Vorbilde des Artikel VI des Gesetzes, betreffend Änderungen des Gerichtsverfassungsgesetzes usw., vom 1. Juni 1909 (Reichs-Gesetzbl. S. 475) ausdrücklich klar, daß die Änderungen der Kostengesetze auch in den Fällen maßgebend sind, in denen Reichsgesetze oder Landesgesetze auf die Vorschriften der Kostengesetze verweisen." (Begr.)

Art. V.

Die Vorschriften dieses Gesetzes finden auf die vor seinem Inkrafttreten anhängig gewordenen Rechtssachen Anwendung. Dies gilt nicht, soweit die Instanz vor dem Tage des Inkrafttretens beendigt war.

„Der Artikel V enthält die erforderlichen Übergangsvorschriften. Sie schlagen, da die Abgabe bereits seit dem 1. August 1916 erhoben wird, vor, daß die Kostenberechnung auch in den zur Zeit des Inkrafttretens des Gesetzes anhängigen Sachen nach den neuen Vorschriften erfolgen soll, soweit nicht in diesem Zeitpunkte die Instanz beendet war. Für diese Instanzen soll eine Nachforderung auf Grund der neuen Vorschriften ausgeschlossen sein.“ (Begr.)

Die Instanz endet in der Regel mit der Zustellung des Schlußurteiles, umfaßt aber auch den Zeitraum bis zur Einlegung des Rechtsmittels (vgl. Gaupp-Stein Anm. zu § 176 ZPO.). Da es sich im vorliegenden Falle um Festlegung der Instanz i. S. des Gebührenrechtes handelt, finden auch §§ 30 ff. GKG. Anwendung.

Art. VI.

Dieses Gesetz tritt am 16. November 1916 in Kraft.

„Die Erhöhung der Auslagen, die nach Artikel VI am 1. November 1916 in Kraft treten soll, ist zunächst nur für die Zeit gedacht, während welcher die durch das Gesetz vom 21. Juni 1916 (Reichs-Gesetzbl. S. 577) eingeführte Reichsabgabe erhoben wird. Sollte diese Abgabe gemäß § 4 des bezeichneten Gesetzes aufgehoben werden, ehe eine allgemeine Neuordnung des Gebührenwesens platzgreifen kann, so wird in Frage kommen, die vorgeschlagene Erhöhung der Pauschsätze wieder zu beseitigen.“ (Begr.)

9. Bekanntmachung, betreffend wirtschaftliche Vergeltungsmaßregeln gegen Italien.

Vom 24. November 1916.

(RGBl. 1916 S. 1289 Nr. 5573.)

Im Wege der Vergeltung wird auf Grund des § 7 Abs. 2 der Verordnung, betreffend Zahlungsverbot gegen England, vom 30. September 1914 (Reichs-Gesetzbl. S. 421), des § 4 Abs. 2 der Verordnung über die Anmeldung des im Inland befindlichen Vermögens von Angehörigen feindlicher Staaten vom 7. Oktober 1915 (Reichs-Gesetzbl. S. 633) und des § 9 der Verordnung, betreffend die zwangsweise Verwaltung französischer Unternehmungen, vom 26. November 1914 (Reichs-Gesetzbl. S. 487) folgendes bestimmt:

§ 1.

Zahlungen nach Italien, nach den italienischen Kolonien und auswärtigen Besitzungen sowie nach den von italienischen Streitkräften besetzten Gebieten mittelbar oder unmittelbar in bar, Wechseln oder Schecks, durch Überweisung oder in sonstiger Weise zu leisten, sowie Geld oder Wertpapiere mittelbar oder unmittelbar nach den

bezeichneten Gebieten abzuführen oder zu überweisen, ist verboten, wenn solche Zahlungen, Abführungen oder Überweisungen Handelsgeschäfte im Sinne des Handelsgesetzbuches sind, oder wenn sie erfolgen

1. zur Erfüllung von Geschäften, die für einen Teil oder für beide Teile Handelsgeschäfte im Sinne des Handelsgesetzbuchs sind,
2. zur Einlösung von Wechseln oder Schecks,
3. auf Schuldverschreibungen des Reichs oder eines Bundesstaates, die vor dem 31. Juli 1914 ausgestellt sind.

§ 2.

Die Vorschriften des § 1 Abs. 2 sowie der §§ 2 bis 7 der Verordnung, betreffend Zahlungsverbot gegen England, vom 30. September 1914 finden auch gegenüber den im § 1 bezeichneten Gebieten Anwendung. Die Stundung gilt nur insoweit, als es sich um Ansprüche aus Geschäften oder Wertpapieren der im § 1 Nr. 1 bis 3 der gegenwärtigen Verordnung bezeichneten Art handelt. Für die Frage, ob die Stundung gegen den Erwerber wirkt (§ 2 Abs. 2 der Verordnung), kommt es ohne Rücksicht auf den Wohnsitz oder Sitz des Erwerbers nur darauf an, ob der Erwerb nach dem 30. April 1916 oder vorher stattgefunden hat.

Soweit in der Verordnung vom 30. September 1914 auf den Zeitpunkt ihres Inkrafttretens verwiesen wird, tritt der Zeitpunkt des Inkrafttretens dieser Bekanntmachung an die Stelle.

Die Vorschriften des § 6 Nr. 2, 3 der Verordnung finden keine Anwendung.

1. Das Zahlungsverbot beschränkt sich im Gegensatz zu allen übrigen auf Zahlungen zur Tilgung bestimmter Verpflichtungen; die Beschränkung läßt jedoch nur rein private (familienrechtliche usw.) Zahlungen frei vom Verbot. — Zum Begriff Handelsgeschäft s. §§ 343 u. 344 HGB.

2. Im übrigen schließt sich das Verbot an das gegen England erlassene an (s. oben S. 437). Bek. Nr. 58, 58a u. 59 finden vorläufig mangels ausdrücklicher Ausdehnung keine Anwendung; dagegen bezieht sich Bek. Nr. 60 (betr. Mietzahlung, s. oben S. 460) auf jedes feindliche Ausland und ist daher anwendbar.

§ 3.

Die Vorschriften der §§ 5 bis 11 und des § 13 der Verordnung über die Anmeldung des im Inland befindlichen Vermögens von Angehörigen feindlicher Staaten vom 7. Oktober 1915 finden auf das Vermögen italienischer Staatsangehöriger Anwendung.

Vgl. Art. 2 Bek. betr. wirtschaftliche Maßnahmen gegen Portugal (s. oben S. 457).

§ 4.

Die Vorschriften der Verordnung, betreffend die zwangsweise Verwaltung französischer Unternehmungen, vom 26. November 1914 in der Fassung der Verordnung vom 10. Februar 1916 (Reichs-Gesetzbl. S. 89) werden auch gegen italienische Staatsangehörige für anwendbar erklärt.

Vgl. oben S. 505.

§ 5.

Diese Bekanntmachung tritt mit dem Tage der Verkündung, hinsichtlich der Strafbestimmungen jedoch erst mit dem 27. November 1916 in Kraft.

Tag der Verkündigung 24. November 1916.

Sachregister.

A.

B.

D.

G.

H.

J. (i)

J. (j)

K.

L.

M.

R.

S.

T.

U.

V.

W.

Z.

Meurer, Dr. Christian, Professor der Rechte in Würzburg.

Die Haager Friedenskonferenz. I. Band: Das Friedensrecht der Haager Konferenz. gr. 8°. (VIII, 391 S.) 1915. Preis Mk. 15.—.

II. Band: Das Kriegsrecht der Haager Konferenz. gr. 8°. XIII, 689 S. 1907. Preis Mk. 26.—

Meurer, Dr. Christian, Professor der Rechte in Würzburg.

Übersicht über die Arbeiten der Haager Friedenskonferenz, insbesondere das Abkommen zur friedlichen Erledigung internationaler Streitfälle vom 29. Juli 1899. gr. 8°. (60 S.) 1903. Mk. 1.80.

Meurer, Dr. Christian, Professor der Rechte in Würzburg.

Die Genfer Konvention und die Frage ihrer Reform. gr. 8°. (VII, 67 S.) 1906. Mk. 3.—.

Meurer, Dr. Christian, Professor der Rechte in Würzburg.

Luftschiffahrtsrecht. gr. 8°. (41 S.) 1909. Mk. 1,50.

Hirschmann, Dr. Otto, Rechtsanwalt in Nürnberg.

Das internationale Prisenrecht nach den Beschlüssen der II. Haager Friedens- und der Londoner Seekriegsrechts-Konferenz. gr. 8°. (164 S.) 1912. Mk. 4.50.

Wilhelm, Dr. Oskar in München.

Der Einfluß des Krieges auf Privatverträge. gr. 8°. (53 S.) 1916. Mk. 1.50.

Mayer, Dr. Bernhard, Justizrat, Rechtsanwalt in München.

Das Privatrecht des Krieges in materieller und formeller Beziehung. gr. 8°. (283 S.) 1915. Mk. 5.—.

Andrassy, Graf Julius in Budapest.

Interessen-Solidarität des Deutschtums und Ungartums. 8°. 33 S. 1916. Mk. 1.20.

Calker, Dr. Fritz van, Univ.-Prof. in Straßburg i. E.

Grundriß des Strafrechts. 8°. VII u. 128 S. 1916. Mk. 4.—.

FSC
www.fsc.org
MIX
Papier | Fördert
gute Waldnutzung
FSC® C083411

Kolibri 360 GmbH
Ferdinand-Jühlke-Straße 7
99095 Erfurt, Deutschland
produktsicherheit@kolibri360.de